W0059051

Musikpraxis in der Schule

herausgegeben von

Siegmund Helms
und
Reinhard Schneider

2001
Gustav Bosse Verlag, Kassel

Band 2

Musiktheater

herausgegeben von
Matthias Kruse

2001
Gustav Bosse Verlag, Kassel

Inhalt

http://www.bosse-verlag.de

© 2001 Gustav Bosse GmbH & Co. KG,
Heinrich-Schütz-Allee 35, 34131 Kassel
Printed in Germany
Nachdruck, auch auszugsweise, bedarf der Genehmigung des Verlages
Lektorat: Stefan Gros
Umschlaggestaltung: Michael Rechl
unter Verwendung eines Fotos von Rainer O. Brinkmann
ISBN 3-7649-2692-9
ISMN M-2011-2692-0

Zur Popularität des Musiktheaters in der Musikpädagogik – Versuch einer Einordnung

Matthias Kruse

1. Musiktheater und seine Stellung in der Musikpädagogik

Der Begriff „Musiktheater" wird seit den zwanziger Jahren des vergangenen Jahrhunderts mit Blick auf die wachsende Vielfalt von Bühnenwerken benutzt, in denen Sprache, Szene, Musik, Bild und Bewegung miteinander kombiniert werden.[1] Abgrenzungen innerhalb des Genres vorzunehmen, fällt zunehmend schwer: zu vielfältig sind die Stile, zu unterschiedlich die Behandlung des Tonmaterials und die wechselnde Gewichtung der Anteile von Musik, Text und szenischer Darstellung.[2]

Aus gattungsgeschichtlicher Sicht ist zunächst die traditionelle Oper zu nennen, eine Bühnenhandlung, bei der die Musik eigene Mittel zum Ausdruck von Rede und Gebärde einsetzt und die dramatische Aktion verdeutlicht. Sie entstand an der Schwelle zum 17. Jahrhundert im geistigen Umfeld der Florentiner Camerata als Folge des Bemühens, die angenommene affektgesättigte Einheit von Wort und Ton in der griechischen Tragödie zu erneuern, wenngleich ihre Wurzeln mit Intermedien, Maskeraden und Mysterienspielen weit in die vorangegangenen Jahrhunderte zurückreichen.[3] Als erste Oper gilt *Dafne* (1597) von Jacopo Peri (1561–1633) und Ottavio Rinuccini (1562–1621), es folgte in gleicher Zusammenarbeit *Euridice* (1600).[4] Claudio Monteverdis (1567–1643) *Orfeo* aus dem Jahr 1607 ist die früheste Oper, die sich bis in die Gegenwart im Repertoire gehalten hat.[5]

Weitaus jünger als die traditionelle Oper ist das Musical, das in seiner hoch technisierten und kommerzialisierten Form – als Beispiel sei *Starlight Express* (1984) von Richard Stilgoe (Text) und Andrew Lloyd Webber (Musik) genannt – in den letzten Jahrzehnten die deutsche Kulturlandschaft nachhaltig beeinflusste. Das Musical ging ausgangs des 19. Jahrhunderts in Amerika aus der Verschmelzung unterschiedlicher europäischer und afroamerikanischer Elemente hervor – der Bogen spannt sich von der englischen Balladenoper über die Burleske und die Revue bis zu Elementen des Jazz. Als Geburtsstunde des Musicals wird häufig die Uraufführung des Werkes *The Black Crook* im Jahr 1866 angeführt; es handelte sich dabei um eine mehr als fünf Stunden dauernde so genannte „Extravaganza", eine Show, die mit ihren Sensationsdarbietungen aus Zirkus und Varieté auf manches Musical-Spektakel der heutigen Zeit vorauszuweisen scheint. Die Handlung war demgegenüber – auch dies ist für viele Musicals durchaus typisch – recht dürftig: *The Black Crook* wurde – völlig frei – nach Motiven aus Johann Wolfgang von Goethes *Faust* und Carl Maria von Webers *Der Freischütz* gestaltet. Die Musik bestand – wie in der damaligen Unterhaltungsbranche üblich – aus einer Mischung populärer Melodien.[6]

Als eine bedeutende Vorform des Musicals gilt die Operette. Mit diesem Terminus werden gemeinhin musikalische Bühnenwerke von geringerem Umfang bezeichnet, in denen Gesänge und Instrumentalstücke mit gesprochenen Dialogszenen abwechseln. Die englische Balladenoper, das französische Vaudeville sowie das deutsche Singspiel gelten als ihre Vorläufer. Bedeutsam für den Durchbruch der Operette war sicherlich das Jahr 1855, in dem Jacques Offenbach (1819–1880) auf den Champs Elysées seine Bühne „Les Bouffes parisiens" eröffnete, und zwar u. a. mit seinem Einakter *Die beiden Blinden*.

Trotz des weiten Spektrums, das der Begriff Musiktheater umfasst – neben Oper, Operette und Musical existieren eine Reihe anderer Genres wie etwa die Schuloper, die Kantate und das Singspiel –, fand es in den sechziger und siebziger Jahren des 20. Jahrhunderts in weiten Kreisen der deutschen Bevölkerung wenig Beachtung. Die Oper stand nur in geringem Ansehen, bei Jugendlichen war kaum eine künstlerische Gattung so negativ besetzt wie sie.[7] Eine Allensbach-Umfrage aus dem Jahr 1980 weist ihr in der Beliebtheitsskala der Gesamtbevölkerung einen bescheidenen 16. Rang zu, nur 1–2 % der 10–20-Jährigen gaben an, Oper gegenüber anderen Musikarten zu bevorzugen.[8] Auch Operette und Musical waren kaum von Bedeutung. Immerhin kam aber die Operette auf Rang 5, das Musical rangierte auf Platz 10.[9]

Auch die Musikpädagogik nahm in dieser Zeit von Musiktheater wenig Notiz. Die Oper galt vielfach als kulturelles Attribut einer gehobenen Sozialschicht.[10] Noch 1989 formulierte Arnold Werner-Jensen: „[...] – das Reizwort ‚Oper' wirkt vorurteilsbelastet, im Zweifelsfall eher abschreckend."[11] Viele MusiklehrerInnen brachten für die Oper kaum Interesse auf.[12] Wenn überhaupt, so wurde sie im Sinne der traditionellen Gattungsanalyse behandelt, die in erster Linie auf die Vermittlung von theoretisch-handwerklichem Wissen abzielt.[13] Erst in den achziger Jahren wurde Musiktheater sowohl unter dem Aspekt des Kunstwerkes als auch unter dem Gesichtspunkt seiner Vorbereitung und Aufführung aufgefasst. Über das einzelne Werk hinaus sollte der gesamte künstlerische, architektonische, historische, organisatorische und berufskundliche Radius der Institution erschlossen werden.[14]

In der Zwischenzeit hat sich die Stellung des Musiktheaters im deutschen Kulturleben grundlegend geändert. Die Zahl der Opernaufführungen für Kinder nahm erheblich zu, die Operette ist seit Mitte der neunziger Jahre wieder im Kommen; in der Werkstatistik des deutschen Bühnenvereins 1997/98 erreichten *Die Fledermaus* von Johann Strauß (1825–1899) und *Im Weißen Rössl* von Ralph Benatzky (1884–1957) Platz 2 bzw. 3 in der Aufführungsstatistik.[15] Dass sich das Musical sowohl bei der jüngeren als auch älteren Generation großer Beliebtheit erfreut, muss kaum erwähnt werden.[16] Jugendlichen gilt dieses Genre als die zeitgemäße Form von Musiktheater überhaupt und als musiktheatralischer Ausdruck ihrer Generation.[17]

Die skizzierte Trendwende findet eine Entsprechung in der Musikpädagogik, deren verstärktes Interesse Musiktheater etwa ab Mitte der achtziger Jahre erweckte.[18] Es bahnte sich eine Entwicklung an, die im Lauf der Zeit geradezu eine Euphorie auslöste. An allgemein bildenden Schulen und Musikschulen etablierten sich Musiktheater-AGs, zahllose Projekte wurden durchgeführt.[19]

In diesem Zusammenhang stellt sich die Frage, ob die Neubewertung von Musiktheater in der Musikpädagogik nur als Folge des Booms kommerzieller Musicals zu erklären ist, oder ob eventuell (auch) andere Momente für die Hinwendung zu diesem Gegenstand verantwortlich sind. Im Folgenden werden zentrale Aspekte der pädagogischen Diskussion der letzten Jahrzehnte skizziert und hinsichtlich einer (möglichen) Begünstigung von Musiktheater befragt.[20] Die These ist, dass Musiktheater aufgrund seiner spezifischen Machart und Komplexität, die vor Jahrzehnten Lehrerinnen und Lehrer vor einer schulischen Behandlung zurückschrecken ließ, Forderungen in Bezug auf eine moderne Unterrichtsgestaltung entgegenkommt. Die je anders akzentuierte Kombination aus Sprache, Bild, Bewegung, szenischer Darstellung und Musik bietet für den Musikunterricht eine Fülle entsprechender Zugangs- und Umgangsweisen. Aufgrund der Vereinigung unterschiedlichster Elemente und des damit verbundenen umfassenden organisatorischen Apparates ermöglicht es der Sachgegenstand Musiktheater, sehr individuelle Lernprozesse auf Seiten der SchülerInnen anzustoßen. Auch die ebenso häufig vorherrschende wie beklagte Ausrichtung des Unterrichts an kognitiven Lernstrukturen kann damit überwunden werden.

2. Aktuelle pädagogische Prinzipien

Eine große Rolle spielt in der gegenwärtigen pädagogischen Diskussion das Prinzip des fächerübergreifenden Unterrichts. Mit ihm sucht die Schule der grundsätzlichen und in Zukunft sicherlich zunehmenden Aufgabe nachzukommen, SchülerInnen einen Einblick in die strukturelle Vernetzung der Welt zu ermöglichen.[21] Unterschiedliche Fächer wirken zusammen mit dem Ziel, SchülerInnen eine konkrete Hilfestellung bei der Erschließung der komplexen Lebenswirklichkeit zu bieten. Das Prinzip des fächerübergreifenden Unterrichts will also der Einsicht Rechnung tragen, dass die Aufsplitterung von Lerninhalten in isolierte Teilgebiete der Lebensrealität kaum noch entspricht. Die über die Fächergrenzen hinausweisenden Sachverhalte werden allerdings unter Einbeziehung der verschiedenen fachunterrichtlichen Methoden behandelt. Der wesentliche Gesichtspunkt des Ansatzes liegt darin, SchülerInnen Gelegenheit zu geben, die in den unterschiedlichen Fächern gewonnenen Erkenntnisse zueinander in Beziehung zu setzen. Zur Begründung des fächerübergreifenden Ansatzes lautet es in den Richtlinien für den Musikunterricht in der Sekundarstufe I:

„Fachliches und fachübergreifendes Lernen ergänzen sich ‚gegenseitig'. Nur so können die Schülerinnen und Schüler zu einer Integration und Ordnung ihrer Lernerfahrungen befähigt werden und konkrete Hilfen zur Erschließung der Lebenswirklichkeit erhalten. Nur so können sie auch aus der Begegnung mit kulturellen Grund-

mustern und Erklärungsmodellen die Interpretationshilfen und Handlungsmöglichkeiten gewinnen, die für eine aktive, auf wachsende Mitgestaltung ausgerichtete Teilhabe am sozialen und kulturellen Leben und zu einem vorurteilsfreien Umgang mit anderen Gesellschaften und Kulturen erforderlich ist."[22]

Ein Unterrichtsverfahren, das häufig in unmittelbarem Zusammenhang mit dem fächerübergreifenden Unterricht genannt wird, ist die Projektarbeit.[23] Projektarbeit sieht aber nicht nur – wie der fächerübergreifende Unterricht – das Zusammenwirken, sondern ein Überspringen der einzelnen Fächer vor. Schulorganisatorische Vorgaben wie Klassen-, Fächer- und Stundeneinteilung werden überwunden, schulisches und außerschulisches Lernen miteinander in Beziehung gesetzt.[24] Die Unterrichtsinhalte sind in der Regel durch einen deutlichen Bezug auf das Leben der SchülerInnen charakterisiert. Kennzeichnend ist ferner ihre starke Realitätsbezogenheit. Sie ermöglicht es den SchülerInnen, die Aufgabenstellung praktisch handelnd zu bewältigen. SchülerInnen werden in der Projektarbeit selbst tätig, sie arbeiten in einem von ihnen selbst geplanten und verantworteten Unterrichtsgeschehen an einer selbst gewählten Aufgabe, was eine hohe intrinsische Motivation sicherstellt. Dabei ist der Unterricht stets produktorientiert, d. h. Projektarbeit zielt immer auf ein sinnlich wahrnehmbares Ergebnis ab.[25]

Von erheblicher Bedeutung für die pädagogische Diskussion der Gegenwart ist auch das Prinzip des handlungsorientierten Unterrichts.[26] Die Konzeption der Handlungsorientierung, die auf die Erkenntnis zurückgreift, dass Denken aus dem Tun hervorgeht, Denken und praktisches Tätigsein in unmittelbarem Zusammenhang stehen, wendet sich ausdrücklich gegen die einseitig kognitive Dimension des Lernens.[27] Über die Kategorie des Handelns, die bezüglich des Musikunterrichts auf die „Kommunikation" des Einzelnen mit dem Musikwerk sowie auf die „Interaktion" in der Gruppe verweist, soll die Trennung von Innen und Außen, von Bewusstsein und Verhalten überwunden werden.[28] Indem Handeln stets auch Intentionalität bedeutet, erfordert es die Antizipation und die Reflexion von Handlungsabläufen. Denken und Tätigsein sind durch Probehandeln und Reflexion miteinander verbunden.[29] Ist handlungsorientierter Unterricht somit generell durch den Ausgleich von Kopf- und Handarbeit gekennzeichnet, so lässt sich insbesondere hinsichtlich der Musik festhalten, dass

der Handlungsvollzug durch das Zusammenwirken psychomotorischer, kognitiver und affektiver Vorgänge charakterisiert wird.[30]

Damit verweist das Prinzip der Handlungsorientierung – ebenso wie das des fächerübergreifenden Unterrichts und das der Projektarbeit – auf den Versuch, Lernprozesse ganzheitlich zu gestalten. Neben kognitiven Aspekten kommt affektiven und psychomotorischen Momenten große Bedeutung zu.[31] Der ganze Mensch ist Ziel der Erziehung. Zur Begründung der Konzeption formulierte Wilfried Ribke:

„Die oftmals feststellbare geringe Effektivität schulischen Lernens dürfte nicht zuletzt darin zu suchen sein, dass der Theorieüberhang in unseren Lehrplänen und Richtlinien vorrangig an kognitive Vermittlungsformen appelliert und affektive sowie psychomotorische Komponenten weitgehend unberücksichtigt läßt. Die relative Stabilität und Beharrlichkeit frühkindlich erworbener Erlebens- und Handlungsmuster ist ja gerade auf das ursprüngliche Zusammenwirken psychomotorischen, affektiven und kognitiven Lernens mit Betonung des konkreten Handlungsvollzuges durch das Prinzip der Selbsterfahrung, d. h. der handelnden Auseinandersetzung mit der Umwelt zurückzuführen."[32]

Aufgrund der ganzheitlichen und schüleraktiven Ausrichtung des handlungsorientierten Unterrichtsverfahrens sieht Hilbert Meyer in ihm einen entscheidenden Schritt in Richtung auf das Prinzip der Schülerorientierung, das sich von einer einseitigen Lernzielbestimmung des Unterrichts (Stichwort: „Operationalisierung"), aber auch einer übermäßigen Sachorientierung absetzt.[33] Schülerorientierter Unterricht ist wesentlich darum bemüht, die Sichtweisen und Interessen der SchülerInnen in den Mittelpunkt des Unterrichts zu rücken.[34] Nicht nur ihre (fachlichen) Lernvoraussetzungen, sondern auch ihre biographischen und sozialen Prägungen, ihre individuellen Erfahrungen und Bedürfnisse, die sie in den Unterricht mitbringen, sollen ernst genommen werden.[35] Eine Konsequenz dessen besteht darin, dass sie grundsätzlich an den unterrichtlichen Entscheidungen zu beteiligen sind.[36]

Für Wolfgang Klafki sind beide Konzeptionen – sowohl die Handlungs- als auch die Schülerorientierung – in direktem Zusammenhang mit dem exemplarischen Lernen zu sehen, das für die Pädagogik von grundlegender Bedeutung ist.[37] Soll der Lehrer zu Selbständigkeit, zu Erkenntnis-, Urteils- und Handlungsfähigkeit erziehen, SchülerInnen die Möglichkeit vermitteln, aus eigener Initiative zu lernen, wie dies für exemplarisches Lernen charakteristisch ist, so bedeutet dies zum einen, dass der Unterricht unmittelbar bei dem jeweils erreichten psychomotorischen, kognitiven, ästhetischen, sozialen, moralischen Entwicklungsstand des Lernenden, an seine Interessen, seine Sicht- und Umgangsweisen mit Sachverhalten und Problemen anknüpfen muss.[38] Das besagt zum anderen aber auch, dass sich Unterricht nicht in der Vermittlung abgeschlossener Inhalte erschöpfen darf, sondern dass er dazu verhelfen muss, die sachlogischen Stufen der Entwicklung solcher Inhalte aufbauend nachzuvollziehen und zu entdecken.[39] Wolfgang Klafki beruft sich auf Heinrich Roth, der formulierte:

„Kind und Gegenstand verhaken sich ineinander, wenn das Kind die Aufgabe, das Kulturgut, in seiner ‚Werdensnähe' zu spüren bekommt, in seiner Ursprungssituation, aus der heraus er ‚Gegenstand', ‚Aufgabe', ‚Kulturgut' geworden ist. Alle methodische Kunst liegt darin beschlossen, tote Sachverhalte in lebendige Handlungen rückzuverwandeln, [...]."[40]

Um die Berücksichtigung der Bewusstseins- und Interessenslage der Schülerschaft bemüht sich auch das Prinzip der „Lebensweltlichkeit". Zentrales Anliegen ist es, eine Basis zu finden, die die Welt der SchülerInnen und damit ihre Musik ebenso bestimmt wie die Welt bzw. die Musik anderer Menschen.[41] Allgemeine Erfahrungen, die Menschen mit sich und der Welt machen – Trauer, Freude, Gespräch, Begegnung –, werden zum Ausgangspunkt des Unterrichts. Daran anknüpfend gilt es hinsichtlich des Gegenstandes Musik zu fragen, inwieweit entsprechende, ähnliche, kontrastierende Erfahrungen in ihn eingegangen sind und wie sie in ihm unter Umständen zum Ausdruck kommen. Ziel ist es, SchülerInnen über ihre lebensweltlichen Erfahrungen in ein „Gespräch" mit dem Kunstwerk zu bringen. Dies soll zu einem Verstehen des Werkes und des Komponisten führen und – im Sinne des hermeneutischen Zirkels – auf den Schüler zurückwirken.[42] Um ein Verstehen der Musik zu ermöglichen, soll der Musikunterricht einen möglichst vielfältigen Umgang mit ihr ermöglichen.[43]

3. Musiktheater im Unterricht unter Berücksichtigung aktueller pädagogischer Prinzipien

Wie im Folgenden zu zeigen ist, legen die für die musikpädagogische Diskussion der letzten Jahre bzw. Jahrzehnte wesentlichen Stichwörter mit ihrer Abwendung von der kognitiven Ausrichtung des Unterrichts, der Orientierung am handelnd tätigen, „ganzen" Menschen, der Beachtung individueller Schülerbedürfnisse und -interessen und der Ausrichtung an gesellschaftlichen Gegebenheiten eine Berücksichtigung des Bereiches Musiktheater im Unterricht nahe. Dabei ist vorab festzuhalten, dass sich ein zeitgemäßer Unterricht zu diesem Thema keinesfalls auf die Analyse eines Werkes und dessen Bedingungen beschränken darf – wenngleich dieser Aspekt nicht grundsätzlich zu verwerfen ist.[44] Die genannten Stichwörter bieten aber im Verein mit dem Facettenreichtum von Musiktheater eine immense Vielfalt an unterrichtlichen Möglichkeiten, die weit über die reine Werkanalyse hinausreicht. Musiktheater eröffnet für den Unterricht eine Vielzahl an Zugangs- und Umgangsweisen, durch die ebenso die eigene Vielseitigkeit wie die des Gegenstandes erfahren werden kann.[45]

Zunächst ist das praktische Musizieren anzuführen. Einzelne Stücke aus Musiktheater-Werken werden in Gruppen oder im Klassenverband musiziert. Dabei muss es sich nicht notwendigerweise um ein Stück aus einem Musical handeln, wenngleich dies musikalisch SchülerInnen oftmals näher steht, darüber hinaus weniger anspruchsvoll ist als Oper und Operette, sich daher leichter realisieren lässt. Auch Teile aus Opern und Operetten können im Musikunterricht – unter Umständen in reduzierter Form – ausgeführt werden. Für den Schüler gilt es dabei nicht nur, mit dem Musikwerk in ein „Gespräch" einzutreten, es geht auch um die Interaktion in der Gruppe. Handlungsabläufe werden antizipiert, vollzogen, reflektiert und koordiniert. Kognitive, psychomotorische, affektive Gesichtspunkte treten neben soziale Aspekte, der Mensch lernt ganzheitlich. Das Wissen um die Stellung und Bedeutung eines Musikstücks innerhalb eines Bühnengeschehens kann dabei sicherlich dem Zugang zur Musik förderlich sein. Über den musikalisch-praktischen Zugang hinaus kann die Musik auch den Ausgangspunkt für Malen, Basteln, Bewegen und Texten der SchülerInnen bilden, Momente, durch die sehr individuelle

Verstehensprozesse angestoßen werden können.[46] Ergebnisse solcher Art der Auseinandersetzung lassen sich dann wiederum auf das Werk rückbeziehen.

Unter dem Aspekt der Handlungsorientierung ist auch der große Bereich des darstellenden Spiels zu subsumieren. Ob einzelne Szenen vorgegebener Werke – der Gesamtzusammenhang ließe sich dann z. B. über die Person eines Erzählers herstellen – oder aber vollständige Stücke – SchülerInnen lassen sich oftmals recht schnell für das Theaterspielen begeistern. Dies mag darauf zurückzuführen sein, dass das Rollenspiel, dessen Spannungscharakter darin besteht, einerseits in der Rolle eines anderen zu handeln, gleichzeitig aber noch „ich selbst" zu sein, eine überaus charakteristische Verhaltensweise von Kindern bereits in den ersten Lebensjahren ist.[47] Der für das Rollenspiel typische Wechsel von Real- zu imaginativer Spielwelt, von Selbst- und Fremddarstellung wird vom Kind denn auch häufig problemlos, rasch und beständig vollzogen.[48]

Verweist das darstellende Spiel somit nicht nur auf das Prinzip der Handlungs-, sondern auch auf das der Schülerorientierung, so tritt der letztgenannte Aspekt umso mehr in den Vordergrund, je offener die vom Schüler auszufüllende Rolle ist. Mit dem Begriff „Rollenspiel" verbindet sich nicht nur die mögliche Darstellung einer charakterlich und handlungsmäßig festgelegten Figur innerhalb eines Theaterstückes. Der Begriff erstreckt sich auch auf grob gefasste Rahmenvorgaben zu bestimmten Spielsituationen sowie auf freie Improvisationen mit weitreichenden Möglichkeiten der Selbstbestimmung.[49] Bedeutsam ist dies unter Berücksichtigung der Tatsache, dass Kinder im freien Spiel in der Regel solche Themen aufgreifen, in denen sie Inhalte ihres Seelenlebens – Spannungen, Probleme, Wünsche – zum Ausdruck bringen können.[50] Demgemäß wäre im Musikunterricht weniger von einem vorgegebenen Stück mit festgelegten Rollen auszugehen und auf dessen Aufführung hinzuarbeiten. Vielmehr müssten (auch) improvisatorische Aspekte zugelassen werden, SchülerInnen müssten die Möglichkeit einer stärkeren Selbstdarstellung und -erfahrung erhalten.[51] Hinsichtlich der Musik schließt sich die Forderung an, dass Schüler ihre eigene Musik, ihre Lieder und Tänze, in ein Musiktheater-Spiel einbringen, darüber hinaus, dass sie klangliche Improvisationen als Erfahrung der eigenen künstlerischen Ausdruckskraft beisteuern. Erwähnt sei in diesem Zusammenhang auch, dass die Musik

anderer Genres und Gattungen zur Grundlage musiktheatralischer Aktionen (Puppenspiel, Schattenspiel, etc.) herangezogen werden kann.

Dass über die Berücksichtigung improvisatorischer Momente dem Prinzip der „Lebensweltlichkeit" entsprochen werden kann, ist evident. Indem Probleme, Wünsche, Erfahrungen der SchülerInnen zum Gegenstand des Spiels werden, knüpft der Unterricht unmittelbar an ihre Bewusstseinslage an. Die Lebenswelt der SchülerInnen wird zur Grundlage des Unterrichts; durch einen Vergleich von Szenen, in denen Erfahrungen der Schüler thematisiert sind, mit entsprechenden Szenen gegebener Werke kann ein Brückenschlag zwischen der Lebenswelt der SchülerInnen und der in Bühnenwerke eingegangenen erfolgen.

Unter dem Aspekt des fächerübergreifenden Arbeitens bieten sich sowohl hinsichtlich der Behandlung einzelner Werke als auch in Bezug auf die Institution Musiktheater vielfältige Möglichkeiten an. Die Fächer Deutsch, Kunst, Sport, Musik, Geschichte, ebenso die Fremdsprachen sowie die Politik- und Sozialwissenschaften können Beiträge im Hinblick auf die Erarbeitung von Musiktheater leisten. Das einzelne Werk wird – über immanente Gesichtspunkte hinaus – nach zeitgeschichtlichen Bezügen, nach den Hintergründen seiner Entstehung und der Rezeption befragt. Dabei gilt es, den SchülerInnen das Werk als Teil einer ständig im Wandel begriffenen Kultur vertraut zu machen, ihnen aufzuzeigen, dass auch das scheinbar Unverrückbare und Überzeitliche einem Bedingungsgefüge unterliegt, das es relativiert. Hinsichtlich der Institution Musiktheater lässt sich nach den Voraussetzungen und Möglichkeiten einer Realisierung von Werken fragen. Dabei können Probleme der Bühnenbildgestaltung, der Regie, der Besetzung ebenso behandelt werden wie etwa die berufliche Struktur oder die finanzielle Problematik der Institution.[52] So werden dem Schüler am Beispiel Musiktheater eben jene Lebenszusammenhänge aufgezeigt, die in der vernetzten Welt immer mehr Bedeutung erhalten – ausgehend von einem einzelnen Werk bis zu kulturpolitischen Entscheidungen der Gegenwart.

Insbesondere unter dem Aspekt der Projektarbeit schließlich ist die Produktion von Musiktheater-Werken mit dem Ziel einer (schulöffentlichen) Aufführung zu sehen. Neben dem Griff zu vorliegenden Werken bietet sich die Möglichkeit einer Erarbeitung eigener Stücke an. Aufgrund der vielfältigen Anforderungen an eine Bühnenproduktion ergeben sich für die SchülerInnen unterschiedlichste Möglichkeiten der Beteiligung – von der Übernahme der Hauptrolle bis zur Bedienung des Vorhangs. So lässt sich auch hier der Unterricht an den Interessen und Bedürfnissen der Schülerschaft ausrichten. Die Prinzipien der Projektarbeit müssen allerdings konsequent eingehalten werden, die Produktorientierung darf keinesfalls allein den Unterricht bestimmen. Ziel ist es, Lernprozesse anzustoßen, die durch Eigenverantwortung und Selbsttätigkeit gekennzeichnet sind. Dies darf nicht zugunsten der Perfektion einer Aufführung übergangen werden.

Zu diesem Buch

Die in diesem Buch versammelten Beiträge zur Didaktik und Methodik des Musiktheaters wollen LehrerInnen bei der Vorbereitung und Durchführung ihres Unterrichts eine konkrete Hilfestellung bieten. Dabei sucht der Band insgesamt mehrere Aspekte im Blick zu halten:

• Der Bogen spannt sich vom szenischen Spiel bis zur traditionellen Oper. Über einen ersten Zugang zum Bereich des Darstellens kann somit ein Weg in die Vielfalt von Musiktheater gefunden werden. Die Anlage des Buches bietet für den Lehrer dabei die Möglichkeit, im Sinne eines Spiralcurriculums zu verfahren. Neben Werken, die sich primär für eine Erarbeitung mit SchülerInnen der Orientierungsstufe bzw. Sekundarstufe I eignen, stehen solche, die insbesondere für eine Erarbeitung auf der Sekundarstufe II geeignet scheinen.

• Grundsätzlich bemühen sich die einzelnen Beiträge um eine Orientierung an den Bedürfnissen und Interessen von SchülerInnen. Darüber hinaus bieten sie unterschiedliche Verfahren an, mit dem Sachgegenstand Musiktheater im Unterricht umzugehen. So stehen beispielsweise neben Beiträgen zur Szenischen Interpretation Artikel, die Musiktheater mehr unter dem Kunstwerk-Aspekt zu erfassen suchen. Den LehrerInnen soll damit die Möglichkeit geboten werden, unterschiedliche Zugänge zu Musiktheater in ihrem Unterricht zu erproben.

• Die wesentlichen Formen von Musiktheater – Oper, Operette und Musical – werden berücksichtigt. Ihren je unterschiedlichen Problemstellungen bei der Erarbeitung in der Schule wird Rechnung getragen. So kann – ausgehend vom szenischen Spiel, das wesentlich improvisatorische Momente szenischer wie musikalischer Art enthält und daher entsprechend weitreichende Möglichkeiten bietet – auf die Eigenproduktion eines Musicals hingearbeitet werden, ebenso auf die Produktion vorgegebener Werke. Ein anderer Weg führt zu Oper und Operette. Das spielerische Nachgestalten von Szenen, das Spiel einzelner Musikstücke steht hier neben der mehr traditionell orientierten Werkbetrachtung.

Die einzelnen Beiträge sind praxisnah gestaltet und enthalten neben Erläuterungen zu Komponist, Werk, Entstehungs- und Rezeptionsgeschichte Arbeitsmaterialien in Form von Abbildungen, Photographien, Texten, Notenbeispielen usf.

Anmerkungen

[1] Klaus Zelm, *Musik im Theater*, in: Ekkehard Kreft (Hrsg.), *Lehrbuch der Musikwissenschaft*, Düsseldorf 1985, S. 325.

[2] Ebd.

[3] Ebd., S. 278ff.

[4] Karl H. Wörner, *Geschichte der Musik*, 6. Aufl. Göttingen 1975, S. 282.

[5] Klaus Zelm, *Musik im Theater*, in: Ekkehard Kreft (Hrsg.), *Lehrbuch der Musikwissenschaft*, S. 282.

[6] Matthias Kruse, *Das Musical – Definition, Produktion, Geschichte, Erfolge*, in: Siegmund Helms, Matthias Kruse u. Reinhard Schneider (Hrsg.), *Lübbes Musical-Führer*, Bergisch-Gladbach 1998, S. 20.

[7] Vgl. Christine Albert u. Eva-Maria Lagerstein, *Die Oper als soziale Tatsache*, Stuttgart 1981, S. 7.

[8] Von insgesamt 21. – Vgl. Institut für Demoskopie Allensbach, *Die Deutschen und die Musik*, Bericht Nr. 2693, S. 14f.

[9] Ebd.

[10] Vgl. Christine Albert u. Eva-Maria Lagerstein, *Die Oper als soziale Tatsache*, Stuttgart 1981, S. 7.

[11] Arnold Werner-Jensen, *Musiktheater*, Regensburg 1989, S. 7.

[12] Vgl. Hellmut Kühn, *Zum Stand der Operndiskussion*, in: *Musik und Bildung*, 11. Jg. (1979), Heft 6, S. 362. – Ausdrücklich sei hier darauf hingewiesen, dass in diesem Buch überall dort, wo Begriffe wie „Schüler" oder „Musiklehrer" nicht sowohl in femininer als auch maskuliner Form benutzt werden, diese geschlechtsneutral verwendet werden.

[13] Arnold Werner-Jensen, *Didaktik der Oper*, Wiesbaden 1981, S. 9f.

[14] Vgl. ebd.

[15] Im Frühjahr 2000 wurde z. B. in der Wiener Staatsoper ein eigenes Haus für Kinder eröffnet. Alle öffentlich angekündigten Vorstellungen waren lange vorab ausverkauft. – S. Beate Hennenberg, *Wiener Staatsoper öffnet für Kinder*, in: *neue musikzeitung*, 49. Jg. (2000), Nr. 2, S. 28. – Vgl. *Die deutsche Bühne*, 68. Jg. (1997), Nr. 4, S. 35 u. *Die deutsche Bühne*, 70. Jg. (1999), Nr. 4, S. 6.

[16] Das Erfolgsmusical *Cats* von Andrew Lloyd Webber wurde am Broadway im Juni 2000 nach 7.397 Aufführungen in 18 Jahren eingestellt. Allein in New York sahen ca. 10 Millionen Besucher das Katzenspektakel. Im Hamburger Operettenhaus läuft das Musical weiterhin. – S. *neue musikzeitung*, 49. Jg. (2000), Nr. 3, S. 35.

[17] Gabriela Breindl, Christine Hattenberger u. a., *Musicalproduktion in der Schule*, Wien 1987, S. 11.

[18] Gunter Reiß, Mechthild v. Schoenebeck, Dietrich Helms, *Musicals... nicht nur für Kinder*, Regensburg 1996, Bd. 1, Vorbemerkung.

[19] Vgl. ebd.

[20] Dass es bei den unterschiedlichen pädagogischen Leitgedanken zu Überschneidungen kommt, ist evident.

[21] Vgl. Beate Dethlefs, *Fächerübergreifender Unterricht*, in: *Musik und Unterricht*, 6. Jg. (1995), Heft 33, S. 4.

[22] Kultusministerium des Landes NRW (Hrsg.), *Richtlinien und Lehrpläne, Musik, Gymnasium Sekundarstufe I*, S. 15.

[23] Vgl. Beate Dethlefs, *Fächerübergreifender Unterricht*, in: *Musik und Unterricht*, 6. Jg. (1995), Heft 33, S. 5.

[24] Vgl. Kultusministerium des Landes NRW (Hrsg.), *Richtlinien und Lehrpläne, Musik, Gymnasium Sekundarstufe I*, S. 33f. u. Peter Bonn, *Projekt – Projektorientierter Unterricht – Projektstudium*, in: Christoph Wulf (Hrsg.), *Wörterbuch der Erziehung*, 6. Aufl. München 1984, S. 470ff.

[25] Vgl. ebd. – Hilbert Meyer forderte grundsätzlich: „Unterricht sollte so oft wie möglich zu Ergebnissen kommen, die man anfassen und vorführen kann, [...]." – (*Leitfaden zur Unterrichtsvorbereitung*, 12. Aufl. Frankfurt a. M. 1993, S. 211.)

[26] Brigitta Helmholz bezeichnete den handlungsorientierten Unterricht als „Inbegriff gegenwärtiger Unterrichtsgestaltung". Demgemäß lautet es in den Richtlinien für die Sekundarstufe I: „Normalerweise folgt der Unterricht dem Prinzip der Handlungsorientierung." – Brigitta Helmholz, *Musikdidaktische Konzeptionen nach 1945*, in: Siegmund Helms, Reinhard Schneider u. Rudolf Weber (Hrsg.), *Kompendium der Musikpädagogik*, Kassel 1995, S. 48. – Kultusministerium des Landes NRW (Hrsg.), *Richtlinien und Lehrpläne, Musik, Gymnasium Sekundarstufe I*, S. 56.

[27] Hilbert Meyer formulierte: „Im handlungsorientierten Unterricht versuchen Lehrer und Schüler gemeinsam, etwas mit Kopf, Herz, Händen, Füßen und allen Sinnen zu machen." – (*Leitfaden zur Unterrichtsvorbereitung*, S. 211.)

[28] Wilfried Ribke, *Handlungsorientierter Musikunterricht*, in: Walter Gieseler (Hrsg.), *Kritische Stichwörter Musikunterricht*, München 1978, S. 106.

[29] Ebd.

[30] Ebd., S. 107.

[31] Vgl. Wilfried Fischer, *Didaktische Interpretation von Musik und Handlungsorientierter Musikunterricht*, in: Hans-Christian Schmidt (Hrsg.), *Handbuch der Musikpädagogik*, Bd. 1, *Geschichte der Musikpädagogik*, Kassel, Basel, London 1986, S. 323.

[32] Wilfried Ribke, *Handlungsorientierter Musikunterricht*, in: Walter Gieseler (Hrsg.), *Kritische Stichwörter Musikunterricht*, S. 109f.

[33] Hilbert Meyer bemerkte, Unterricht sei häufig lehrer-, stoff- und lernzielorientiert. Schülerorientiertes Lernen wolle einen Beitrag zur Aufhebung eines solch „entfremdeten" Lernens leisten. – (*Leitfaden zur Unterrichtsvorbereitung*, S. 206f.)

[34] Hilbert Meyer, *UnterrichtsMethoden*, 2 Bde., 4. Aufl. Frankfurt a. M. 1991, Bd. 1, S. 216.

[35] Vgl. Wilfried Gruhn, *Geschichte der Musikerziehung*, Hofheim 1993, S. 325f. – Martin Weber wies darauf hin, dass die Konzeption eines Erfahrungser-

schließenden Unterrichts zum schülerorientierten Unterricht zu zählen sei. - (*Musikdidaktische Konzeptionen für die allgemeinbildende Schule in der Bundesrepublik Deutschland der 1960er und 1970er Jahre*, in: *Diskussion Musikpädagogik*, 1. Jg. (1999), Heft 2, S. 34.)

[36] Brigitta Helmholz, *Musikdidaktische Konzeptionen nach 1945*, in: Siegmund Helms, Reinhard Schneider u. Rudolf Weber (Hrsg.), *Kompendium der Musikpädagogik*, S. 54.

[37] Den Grundgedanken exemplarischen Lehrens und Lernens formulierte Klafki folgendermaßen: „Bildendes Lernen, das die Selbständigkeit des Lernenden fördert, also zu weiterwirkenden Erkenntnissen, Fähigkeiten, Einstellungen führt [...], wird nicht durch reproduktive Übernahme möglichst vieler Einzelerkenntnisse, -fähigkeiten und -fertigkeiten gewonnen, sondern dadurch, dass sich der Lernende an einer begrenzten Zahl von Beispielen [Exempeln] aktiv allgemeine, genauer: mehr oder minder weitreichend verallgemeinerbare Kenntnisse, Fähigkeiten, Einstellungen erarbeitet, [...]." – Die Forderung nach Exemplarität des Unterrichts findet sich auch in den Richtlinien für den Musikunterricht, so z. B. jenen für die Sekundarstufe I, wieder. – Vgl. Kultusministerium des Landes NRW (Hrsg.), *Richtlinien und Lehrpläne, Musik, Gymnasium Sekundarstufe I*, S. 15. – Wolfgang Klafki, *Neue Studien zur Bildungstheorie und Didaktik*, 2. Aufl. Weinheim, Basel 1991, S. 141ff.

[38] Ebd., S. 145f.

[39] Ebd., S. 146f.

[40] Heinrich Roth, *Die ‚originale Begegnung' als methodisches Prinzip*, in: Heinrich Roth, *Pädagogische Psychologie des Lehrens und Lernens*, 15. Aufl. Hannover 1976, S. 123f., zit. nach: Wolfgang Klafki, *Neue Studien zur Bildungstheorie und Didaktik*, S. 147.

[41] Ernst Klaus Schneider, *Lebensweltbezug – eine Perspektive für den Musikunterricht?*, in: *Musik und Bildung*, 25. Jg. (1993), Heft 3, S. 5.

[42] Vgl. Hans Bäßler, *Zeiterfahrung. Perspektiven einer lebensweltorientierten Musikpädagogik*, Mainz u. a. 1996, S. 12ff.

[43] Vgl. Ernst Klaus Schneider, *Einführung in die unterrichtspraktischen Kurse*, in: *"Lebenswelt". Chancen für Musikunterricht und Schule*, Kongressbericht 20. Bundesschulmusikwoche Gütersloh 1994, hrsg. v. Dieter Zimmerschied, Mainz u. a. 1995, S. 32.

[44] Sicherlich ist nicht zu bestreiten, dass die Begrifflichkeit, etwa die Kenntnis eines Formschemas und die Möglichkeit, es am Beispiel zu identifizieren und mit den üblichen Namen benennen zu können, nützlich ist. – Vgl. Christoph Richter, *Zum Umgang mit Musikwerken. Geschichte und Weiterentwicklung der Didaktischen Interpretation von Musik*, in: Heiner Gembris, Rudolf-Dieter Kraemer, Georg Maas (Hrsg.), *Musikpädagogische Forschungsberichte 1993*, Augsburg 1994, S. 64f.

[45] Vgl. ebd., S. 58.

[46] Vgl. ebd., S. 66.

[47] Howard Gardner wies darauf hin, dass „Als-ob-Spiel-Folgen" für den Menschen von frühester Kindheit an typisch und wichtig sind. – (*Der ungeschulte Kopf*, dt. Ausg. 3. Aufl. Stuttgart 1996, S. 93ff.)

[48] Hein Retter, *Spielzeug. Handbuch zur Geschichte und Pädagogik der Spielmittel*, Weinheim, Basel 1979, S. 223.

[49] Ebd.

[50] Andreas Flitner, *Spiel - Kinderspiel*, in: Christoph Wulf (Hrsg.), *Wörterbuch der Erziehung*, 6. Aufl. München 1984, S. 557.

[51] Damit wird aber keineswegs eine Abkehr vom Repertoiretheater angestrebt, wie etwa sie Wolfgang Roscher für das „Improvisatorische Musiktheater" feststellte, das innerhalb seiner Konzeption der „polyästhetischen Erziehung" das zentrale Moment darstellt. – Vgl. Wolfgang Roscher, *Improvisatorisches Musiktheater*, in: Wolfgang Roscher (Hrsg.), *Polyästhetische Erziehung. Theorien und Modelle zur pädagogischen Praxis*, Köln 1976, S. 173.

[52] Arnold Werner-Jensen, *Didaktik der Oper*, Wiesbaden 1981, S. 84f.

Szenische Improvisation in Grundschule und Orientierungsstufe

Bernhard Müßgens

1. Vorüberlegungen

LehrerInnen aller Schulstufen und Schulformen sind zunehmend konfrontiert mit Problemen wie Bewegungsunruhe, Konzentrationsschwierigkeiten und Verhaltensauffälligkeiten von SchülerInnen. Die von den betroffenen Eltern, Kindern und Jugendlichen am meisten gefürchtete Folge unruhigen und auffälligen Sozialverhaltens im Unterricht ist die Ausgrenzung aus der Gemeinschaft Gleichaltriger. Isolation führt Kinder und Jugendliche fast zwangsläufig in eine Streitspirale. Szenisches Spiel kann dazu beitragen, die beginnende Streitspirale zu unterbrechen oder sie von vornherein zu unterbinden.

Zunächst sollten die Streitpunkte offen ausgesprochen werden, ohne voreilige Schuldzuweisung, ohne Androhung von Strafen. In einem zweiten Schritt werden realistische Strategien zur Vermeidung „gefährlicher Situationen" besprochen und eingeübt. Auf lange Sicht aber muss die Toleranz verhaltensauffälliger Kinder erweitert werden gegenüber Regeln und Vereinbarungen innerhalb der Gemeinschaft. Konsequentes und deutliches Lehrerverhalten hilft. LehrerInnen sind zugleich aufgefordert, soziales Verhalten kindgemäß zu vermitteln und spielerisch einzuüben. Die starken seelischen und körperlichen Spannungen der betroffenen Kinder werden im täglichen Umgang mit ihnen deutlich. Spannungen lassen sich durch Musizieren, Musikhören, Tanzen und Malen zur Musik im eigentlichen Sinne des Wortes aufheben. Besonders durch szenisches Spiel mit musikalischer Begleitung können sie in angenehme, wohlige Spannungen überführt werden. Kinder verleihen ihren persönlichen Spannungen und Erlebnissen im szenischen Spiel durch Musik und Tanz Ausdruck. Spielerisch wird es für sie immer selbstverständlicher, Regeln einzuhalten und Spannungen auszuhalten. Die Anerkennung von Regeln erweitert zugleich ihren Spielraum für schöpferischen Ausdruck im szenischen Spiel.

Als Einstieg in die mit Orff-Instrumenten begleitete szenische Improvisation eignet sich ein einfaches Laut-Leise-Spiel. Mit einander zugewandten offenen Händen zeigt das „dirigierende" Kind der Musiziergruppe die von ihm gewünschten dynamischen Bewegungen an. Die Musiker stehen bei dieser und bei den weiteren Übungen im Halbkreis um den später zu beschreibenden Tanzplatz. Der Dirigent gibt möglichst deutliche Zeichen. Lautes und leises Spielen wird durch großen und kleinen Abstand der Hände angezeigt. Die Musizierenden sehen genau hin. Sie ändern die Lautstärke ihres Tremolospiels rasch und präzise. Ihr dynamisches Bewegungsrepertoire erweitern sie vor allem zu den leisen Tönen hin. Geübt wird dabei neben musikalischen Zielen das Aufeinandereingehen sowie das Anerkennen wechselnder sozialer Rollen. Die Übung kann mit beliebigen Orff-Instrumenten durchgeführt werden. Bei Wiederholungen wechseln die Kinder die Rollen und die Instrumente. Sie können so zugleich die ersten Erfahrungen beim Umgang mit verschiedenen Klang- und Geräuscherzeugern des Orff-Instrumentariums machen. Die Kinder der Orientierungsstufe bringen dazu auch eigene Instrumente in die Schule mit. Das Laut-Leise-Spiel bereitet ihnen in aller Regel große Freude.

Abb. 1

---

[1] Die Fotos stammen von Frau Sandra Renzelmann.

Kapitel 1

2. Vorbereitungen

Ein erprobter Weg zum freien szenischen Spiel führt über Tanz- und Bewegungsimprovisationen in den Grundfiguren von Spirale und Labyrinth. Ein einfaches dreigängiges Labyrinth wird mit Kreide auf dazu geeigneten Boden gezeichnet oder mit bunten Seilen auf Teppichboden gelegt. Dazu reicht ein Tanzplatz von ungefähr fünf Metern Breite und Länge aus. Mit etwas Übung ist er in wenigen Minuten gezeichnet oder gelegt. Vor dem ersten Legen des Labyrinths können LehrerInnen die Geschichte von Theseus, Ariadne und dem Minothauros erzählen. Hermann Kern erinnert in seinem Buch *Labyrinthe, Erscheinungsformen und Deutungen: 5000 Jahre Gegenwart eines Urbilds* (S. 43ff.) an den Ariadne-Mythos und beruft sich dabei auf einen Bericht des Plutarch (ca. 45–ca. 120 n. Chr.).

Abb. 2

Die „Hochheilige", Tochter des Königs Minos von der Insel Kreta, hilft dem griechischen Helden Theseus und den sieben Jünglingen und Jungfrauen aus dem kretischen Labyrinth ihres Vaters; nach einer Version der Sage mit dem Faden des Daidalos, nach einer anderen durch eine Krone, die das undurchsichtige Labyrinth erleuchtet. Theseus überwindet im Labyrinth den Stiermenschen und rettet so die sieben dem Opfertod geweihten Jünglinge und Jungfrauen. Ariadne folgt Theseus nach Athen. Auf der Insel Dia tanzen die Geretteten zum ersten Mal den Kranichtanz, der die verschlungenen Wege des Labyrinths nachzeichnet. Theseus lässt die schlafende Ariadne auf der Insel Dia zurück. Das Signal der Gefährten veranlasst ihn zur Flucht. Ariadne ahnt im Traume das Geschehen. Der Zusammenhang des Angsttraumes mit der Orientierungs- und Entscheidungsfigur des Laby-

rinths zeichnet sich ab. Eine unsichtbare Oreade spricht zur erwachten Ariadne, Theseus fürchte das Licht. Ariadne steigt auf einen Felsen. Ein Sturm reißt sie in die Tiefe. Es ist der Sturm ihrer Leidenschaft.

Nach einer anderen Version der Sage wird sie zur Gattin des Bacchus, den die Griechen Dionysos nannten. Sie ist das Vorbild aller liebenden und verlassenen Frauen in Mythologie, Literatur, Kunst und Theater von der Antike bis zur unmittelbaren Gegenwart. Das Labyrinth verkörpert die Angst vor dem Ungewissen und Unsicheren, vor dem Erlebnis des Jetzt mit Ausgang in eine bedrohliche Zukunft, letztendlich die Angst vor dem Tod. Das Durchschreiten des Labyrinths bedeutet, widersprüchliche seelische Impulse zu verbinden.

Das antike griechische Mythologem spricht die Vorstellungs- und Phantasiewelt von Kindern und Jugendlichen unmittelbar an. Geschichten, die um Spirale und Labyrinth kreisen, weisen zahlreiche Variationen auf. Sie ziehen sich wie ein roter Faden durch die Kulturgeschichte des Abendlandes (vgl. hierzu Müßgens, *Musik und Angst*). Je mehr LehrerInnen sich selbst in das Thema Labyrinth und Spirale vertiefen, umso überzeugender und lebendiger können sie Kinder und Jugendliche in die reiche Welt der Labyrinth-Mythologie einführen.

Für das Legen des Labyrinths sollten zwei verschiedenfarbige Seile von wenigstens 10m Länge verwendet werden. Mit etwas Übung und Hilfe können die Kinder einfache Labyrinthe bald selbständig zeichnen oder legen (s. Abb. 2).

3. Das kretische Labyrinth

Auch die unten aufgeführten Labyrinthkonstruktionen sind dem überaus informativen Buch von Hermann Kern entnommen. Ein einfaches dreigängiges Labyrinth vom Typ C (Vgl. Abbildung 3) hat sich in der Schulpraxis als Tanzplatz bewährt. Im fächerübergreifenden Musik-, Kunst- und Sportunterricht sind freilich weitläufigere Labyrinthe denkbar, etwa als Bestandteile der Schulhofgestaltung oder als Sandzeichnungen auf dem Schulspielplatz. Auf den Beginn des Labyrinthtanzes können sich alle Beteiligten mit Hilfe des Laut-Leise-Spiels einstimmen. Der eigentliche Labyrinthtanz beginnt, sobald die Musiker aufmerksam sind und auf die Handzeichen des Dirigenten (und Tänzers) angemessen reagieren. Jede einzelne Tanzbewegung, jeder Schritt und jede Geste ist beim anschließenden Labyrinthtanz musikalisch möglichst genau widerzuspiegeln. Keinesfalls ist eine „Stimmungsmusik" anzustreben. Die spannungsreichsten szenischen Gestaltungen entstehen vielmehr, wenn präzise Bewegungen und Gesten im Labyrinth klang-rhythmisch, dynamisch und agogisch genau aufgefasst und musikalisch umgesetzt werden. Fließende Bewegungen sind zu Beginn am einfachsten mit Metallophonen zu begleiten. Das lange Ausklingen der Töne unterstreicht den Bewegungsfluss und hilft, Bewegungsunsicherheiten durch klangliche Unterstützung auszugleichen. Immer ist darauf zu achten, dass Tänzerinnen und Tänzer nicht durch rhythmisches Skandieren „angefeuert" werden.

Bestehen soziale Spannungen innerhalb der Lerngruppe, so dürfen die Hauptpersonen (die Tänzerinnen und Tänzer) sich ihre Begleitmusiker aussuchen. Wer rücksichtsvoll, einfühlsam und genau begleitet, hat größere Aussichten, auch beim nächsten Tanz in die Musikergruppe aufgenommen zu werden. Wichtig ist das Prinzip der musikalischen Bewegungsbegleitung. Wir bewegen uns nicht zur Musik, sondern die Musik folgt der Körperbewegung „auf dem Fuße" und begleitet die Tänzerin oder den Tänzer. Bleibt der Tänzer oder die Tänzerin stehen, so herrscht Stille. Nach dem Tanz wechseln die Personen. So können anfangs rivalisierende Gruppierungen in der tänzerischen und musikalischen Gestaltung konkurrieren, ohne sich gegenseitig zu behindern. Auch das Zuschauen ist eine definierte soziale Rolle und keineswegs Strafe.

Schwieriger wird es für die MusikerInnen, wenn mehrere Personen gleichzeitig im Labyrinth tanzen. Wird aber das Prinzip des Wechsels von Führen und Folgen auch auf die Bewegungsgestaltung und auf das szenische Spiel übertragen, so können auch größere Gruppen musikalisch begleitet werden. Der Anführer der Tänzerschar führt also die Bewegung der Übrigen und damit zugleich die musikalische Bewegung an. Dabei nähern wir uns dem mythologischen Vorbild. Denn Theseus führte ebenfalls die sieben Jünglinge und Jungfrauen, die dem Minothauros alle neun Jahre geopfert werden sollten, in das Labyrinth, um mit ihnen gemeinsam den Stiermenschen zu überwinden (s. Abb. 3).

4. Wege aus dem Labyrinth

In der Mitte des Labyrinths finden dem mythologischen Vorbild zufolge Kampf und Entscheidung statt. Hier bekämpft und besiegt Theseus den Minothauros. Diese zentrale Stelle des Labyrinths eignet sich auch im Tanz und im szenischen Spiel für vielfältige pantomimische Darstellungen, Bewegungen und Gesten aller Art. Die Pantomime muss im Unterricht nicht immer kämpferischen Ausdruck haben, sie kann es aber. Tanzt ein Paar gemeinsam in die Mitte, so finden hier oft rasche Kreis- und Spiralbewegungen mit wechselnden Hand- und Armfassungen statt. Die Mitte des Labyrinths gleicht der Perepetie im Drama. Der Rückweg wird oft rasch, fast in Eile und immer mit Erleichterung zurückgelegt. Am Ende der „Reise durch das Labyrinth" erhalten alle TänzerInnen eine schöpferische Ruhepause. In ihr wird nicht gesprochen oder diskutiert. Kritik am Tanz verbietet sich ohnehin aus Gründen des gegenseitigen Respekts und der Rücksichtnahme. Doch gibt die musikalische Bewegungsbegleitung gelegentlich Anlass zu Kritik und Verbesserungsvorschlägen. Auch er-

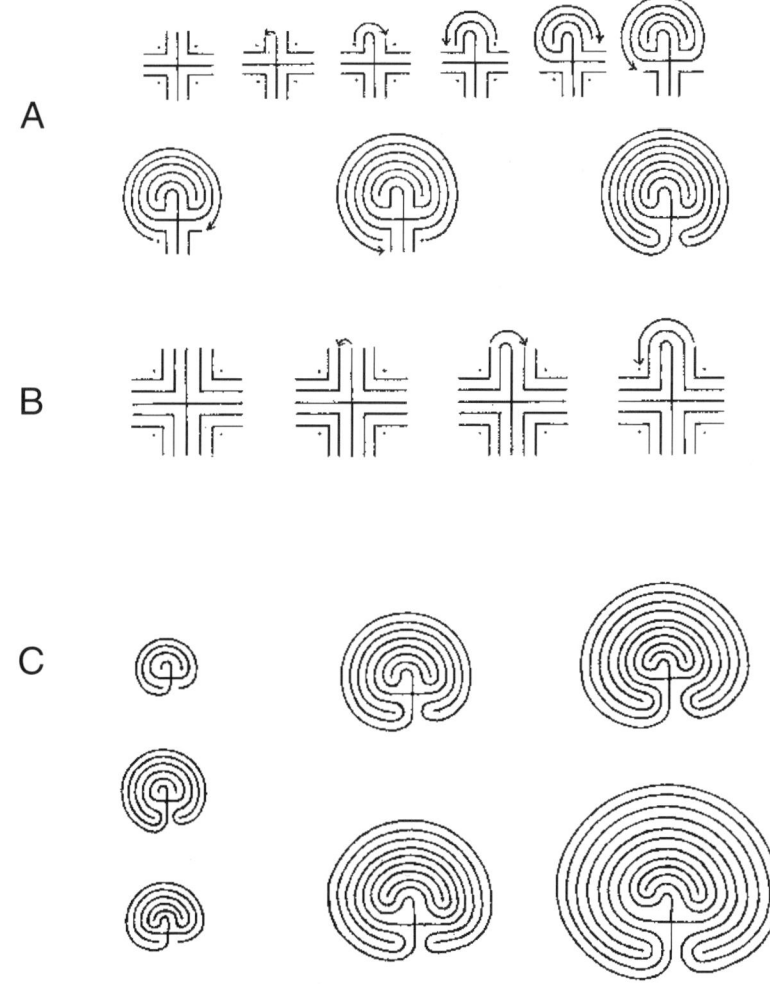

Abb. 3

halten die Tänzerinnen und Tänzer auf Wunsch Gelegenheit, die gespielte und getanzte Szene mit einer neuen Begleitgruppe zu wiederholen.

Das freie szenische Spiel ohne Vorgaben durch Labyrinth und Spirale als Bewegungsfiguren kann Märchen- und Sagenmotiven folgen. Auch selbst erfundene Geschichten (manchmal sogar eigene, erinnerte Träume) eignen sich zur szenischen Gestaltung. Sie dauert anfangs oft nur wenige Minuten. Das freie szenische Spiel sollte jedoch nicht beginnen, bevor nicht jedes Kind der Gruppe wenigstens einmal die Gelegenheit zum Tanz im Labyrinth alleine, zu zweit oder in einer Gruppe hatte. Bis dahin können Wochen oder Monate vergehen. Doch eignet sich der Labyrinthtanz zu vielfachen Wiederholungen in Arbeitspausen, zwischen wechselnden Unterrichtsphasen und Lernformen sowie in fächerübergreifenden Arbeitsgemeinschaften. Bei entsprechender Übung und Erfahrung ist der Tanzplatz gemeinsam mit den Kindern in wenigen Minuten vorbereitet. Anregungen zu Themen für freies szenisches Spiel mit musikalischer Bewegungsbegleitung gehen dann immer von den sich bewegenden Hauptakteuren aus. Oft sind es die spontan geäußerten, halb im Scherz rasch hingeworfenen Themen, die sich als besonders lebendig und phantasievoll erweisen. Der Lehrer/ die Lehrerin sollte immer dazu ermutigen, persönliche Themen aufzugreifen und auszugestalten.

Gesprochene Texte, Regieanweisungen o. ä. sind für die hier vorgestellte Konzeption nicht von Bedeutung. Auch die Auswahl der gespielten oder getanzten Märchenhandlung sollte den Akteuren überlassen bleiben. Jedes Märchen eignet sich, das nach Art und Inhalt einen Bezug aufweist zur sozialen oder seelischen Situation der Beteiligten. Dabei bedarf es keiner Diskussion oder Analyse. Tanz und szenisches Spiel sprechen für sich. Auch kann sich die Gruppe auf wenige Szenen bekannter Märchen beschränken. Zum Verständnis erforderliche Überleitungstexte oder Märchenhandlungen können von einem Sprecher außerhalb der Szene übernommen werden. So können sich Musiker und Akteure ganz auf ihre Person, auf ihre Rolle und auf den Partner konzentrieren. Wichtig ist es in diesem Falle, dass nicht gesprochen wird, während instrumentale Musik erklingt. Gemeinsame Lieder und Chortänze eignen sich – wie im griechischen Drama –, um die Szene einzuleiten oder abzuschließen. In Film und Fernsehen gesehene Geschichten und Themen wirken dagegen in der szenisch-musikalischen Bewegungsimprovisation selten überzeugend. Auch dies ist vielleicht eine wichtige Erfahrung für Kinder und Jugendliche verschiedener Altersgruppen.

Abb. 4

Literatur

Kerényi, Karl, *Labyrinth-Studien.* Labyrinthos als Linienreflex einer mythologischen Idee, in: *Humanistische Seelenforschung. Werke in Einzelausgaben,* hrsg. von Karl Kerényi, Bd. 1, München 1966, S. 226–273.

Ders., *Vom Labyrinthos zum Syrtos.* Gedanken über den griechischen Tanz, in: *Humanistische Seelenforschung. Werke in Einzelausgaben*, hrsg. von Karl Kerényi, Bd. 1, S. 274–288.

Kern, Hermann, *Labyrinthe, Erscheinungsformen und Deutungen. 5000 Jahre Gegenwart eines Urbilds,* 2. durchges. und erw. Aufl. München 1983.

Müßgens, Bernhard, *Musik und Angst. Studien zur Ästhetik*, Münster 1999. (Vollständige Online-Publikation unter http://www.epos.uni-osnabrueck.de)

Ders., *Strukturen ästhetischer Erfahrungen mit Musik und Tanz,* in: *Tanztherapie: Beiträge zur angewandten Tanzpsychologie*, hrsg. von Karl Hörmann, Göttingen 1993, S. 181–188.

Ders, *Zeitspirale und Kugelgestalt der Zeit – Aspekte einer schöpferischen Musiktherapie. Die Abstracts,* in: *Künstlerische Therapien in interdisziplinärer Sicht. 11. Symposion Künstlerische Therapien*, hrsg. von Walther Zifreund, Tübingen 1993, S. 87–88.

Ders., *Zeitspirale und Kugelgestalt der Zeit: Über den Beitrag ästhetischer Theorie zum Verständnis der Wirkung von Musik*, in: *Therapien im Zusammenspiel der Künste. Beiträge zum 11. Symposion für Künstlerische Therapien*, hrsg. von Walther Zifreund, Tübingen 1996, S. 299–313.

Ders., *Über den Einfluß der Theorie des Unbewussten auf Konzeptionen zum Gesamtkunstwerk am Beginn des 20. Jahrhunderts*, in: *Musikpädagogische Forschungsberichte 1994,* hrsg. von Heiner Gembris, Rudolf-Dieter Kraemer, u. a. Augsburg 1995, S. 235–244.

Ders., *Formen und Wirkungsformen in der Musik. Forschungsbericht zur Fortbildung in Musik- und Tanztherapie*, in: *Musik-, Tanz und Kunsttherapie: Zeitschrift für künstlerische Therapien*, hrsg. von Karl Hörmann, 5. Jg., Heft 4, Göttingen, S. 201–208.

Kapitel 2 — Musicals für Kinder und Jugendliche

Mechthild v. Schoenebeck

1. Musical und Schule

1. 1. Annäherung

Das Musical ist zu einem der beliebtesten Unterrichtsgegenstände avanciert. Theater-AGs und Literaturkurse führen Musicals auf, ganze Schulen bündeln ihre Kräfte für die Produktion eines häufig vielbeachteten Musical-Ereignisses. Schulmusiker haben sich mit dem Musical Interesse und Motivation der Schüler, Anerkennung innerhalb des Kollegiums, Beachtung innerhalb der städtischen Kulturszene zurückerobert. Der musikalische Leiter – oder gar der Komponist – eines Musicals kann sich als Künstler profilieren und so dokumentieren, dass er Kunst und Pädagogik versöhnt und damit die Schule ins Leben zurückholt.

Diese Entwicklung war Anfang der achtziger Jahre noch nicht abzusehen. Die von mir in Zusammenarbeit mit dem Literatur- und Theaterwissenschaftler Gunter Reiß im Auftrag des Kultusministeriums Nordrhein-Westfalen im Schuljahr 1985/86 durchgeführte Untersuchung „Schulkultur in NRW" zeigte, dass die verschiedenen Formen musikalisch-szenischen Spiels zwar an einem Zehntel der befragten (knapp 3000) Schulen gepflegt wurden, dass das Musical sich jedoch eher am unteren Rand der Beliebtheitsskala befand.[1] Seitdem hat sich die Position des Musicals an der Schule entscheidend verbessert – ein Faktum, das zwar noch nicht durch eine der „Schulkultur"-Untersuchung vergleichbare Erhebung empirisch untermauert wurde, das sich jedoch beispielsweise aus der wachsenden Zahl von Berichten über Schulaufführungen von Musicals in den fachdidaktischen Zeitschriften ablesen lässt. Zwei Trends begünstigten diese Entwicklung.

1986 war *Cats* in Hamburg gestartet, der Beginn des unaufhaltsamen Aufstiegs der Musicals von Andrew Lloyd Webber in Deutschland. Schnell avancierten sie mit ihren meist märchenhaften Sujets, der easy-listening-Musik, der prachtvollen Ausstattung und den überwältigenden Show-Effekten zu einem wichtigen Bestandteil der populären Kultur und zum attraktiven Familienvergnügen. Damit rückte es auch bald in das Blickfeld der Schulmusiker. Eigene Inszenierungen von *Cats*, *Joseph* oder *Starlight Express*, für die jeweiligen Möglichkeiten der Schule passend bearbeitet, wurden zu Highlights des Schullebens und zu wichtigen Facetten des Schulprofils.

Der andere Trend fand innerhalb der Fachdidaktiken statt: die Abkehr von objektorientierten didaktischen Konzeptionen zugunsten subjektorientierter Ansätze. Stichworte wie Prozess- oder Produktorientierung, ganzheitliche ästhetische Erfahrung, integratives bzw. fächerübergreifendes Lernen prägten fortan die Diskussion. Konsequenterweise wurde populäre Musik in die meisten neuen Konzeptionen ausdrücklich einbezogen, sodass das Musical nun auch im schulischen Kontext seine Heimat finden konnte.

Das Genre Musical ist – entgegen dem durch die STELLA-Produktionen entstandenen Eindruck – so vielfältig, dass an dieser Stelle zunächst eine Definition des Terminus „Musical" erfolgen müsste, um den pauschalisierenden Gebrauch des Begriffs, wie er in der Praxis üblich ist, zu vermeiden. Da hier aber nicht der Ort für ausgiebige definitorische Einlassungen ist, setze ich die Kenntnis der Gattungscharakteristika und -geschichte voraus, wenn ich im Folgenden den Begriff „Musical" verwende.[2] Explizit eingehen werde ich hingegen auf die Begriffe „Kinder-Musical" und „Jugend-Musical", da deren formale, inhaltliche und zeitliche Verortung noch nicht allgemein im Bewusstsein ist.

Diesem ersten Teil meines Beitrags, der als wissenschaftliche Grundlage gedacht ist, steht ein zweiter, subjektiver gegenüber, der auf meinen eigenen Erfahrungen als Autorin zahlreicher, viel gespielter Kindermusicals basiert. Dieser Werkstattbericht kann auch als Anregung zum Selberschreiben gelesen werden. Grundsätzliche Überlegungen zu den musikpädagogischen Dimensionen der Musical-Arbeit in der Schule habe ich an anderer Stelle vorgelegt, daher stehen sie in diesem Beitrag nicht im Vordergrund.[3]

Meine Ausführungen richten sich an Lehrkräfte aller Schulstufen und -formen. Die im zweiten Teil erwähnten Stücke sind überwiegend für Schüler bis zur 6./7. Klasse geeignet; der Schwerpunkt liegt auf der Orientierungsstufe.

Anmerkungen s. S. 30

1. 2. Widersprüche

Beobachtet man die Praxis, so fällt auf, dass in den letzten Jahren immer mehr „große" Musicals, vor allem aber Lloyd Webber-Stücke, an Schulen aufgeführt werden. In der Regel sind diese Aufführungen exakte maßstabverkleinerte Kopien der kommerziellen Originale. Von urheberrechtlichen Fragen abgesehen (die leider von manchen Lehrern nicht ernst genommen werden), erheben sich auch künstlerische und pädagogische Bedenken gegen diese Imitationen. Zum einen: Das Musical erfordert höchste Professionalität der Darsteller, die Tänzer, Sänger und Schauspieler in einer Person sein müssen, sowie der Show und der special effects. In Schulaufführungen ist dies in der Regel nicht zu realisieren. Daher besteht die Gefahr, dass sie künstlerisch unbefriedigend bleiben. Zum anderen: Das aktuelle Musical tendiert textlich wie musikalisch in eine Richtung, die man unter Anlegung gattungsimmanenter Qualitätskriterien und vor dem Hintergrund der inhaltlichen und stilistischen Möglichkeiten (und großartigen historischen Beispiele) des Genres nur noch als rückwärtsgewandt bezeichnen kann. Es herrscht eine Tendenz zu archaischer Gut-Böse-Polarisierung, zur Restauration überlebter Rollenklischees, zu mystischen Erlösungsideen, zu Lichtmetaphorik und pseudoreligiöser Symbolik. Parallel dazu ist eine Simplifizierung der Musik festzustellen, die freilich übertüncht wird durch ein üppiges Arrangement und eingebettet ist in eine glamouröse Sound-Landschaft, in der man einen einzelnen herausragenden, stimmigen Song, einen Hit, einen Ohrwurm vergeblich sucht.[4]

Musikpädagogen kann es nicht gleichgültig sein, an welchen Gegenständen Kinder und Jugendliche ästhetische Erfahrungen machen. Eine sorgfältige Prüfung der möglichen Spielvorlagen ist erforderlich, um sicherzustellen, dass die vielfältigen ästhetischen und pädagogischen Dimensionen der Musicalarbeit in der Schule nicht durch Fantasie lähmende Reproduktionen qualitativ unzureichender Stücke verstellt werden. Anregungen zur Bewertung von Text und musikalischer Gestaltung liegen an anderer Stelle vor.[5]

Ist die aufführende Gruppe gut eingespielt und ihr Leiter theatererfahren, können vielleicht sogar professionelle Künstler für Regie und Choreographie gewonnen werden, so kann durchaus auch die Inszenierung eines Broadway-Musicals gelingen. Werke wie *Guys and Dolls* (Frank Loesser), *Oklahoma!* (Richard Rodgers) oder *One Touch of Venus* (Kurt Weill) – um nur einige Stücke zu nennen, die in höchst gelungenen Aufführungen von Schülergruppen unter professioneller Leitung in letzter Zeit zu sehen waren – sind textlich und musikalisch anspruchsvoll: im Original voller Sprachwitz, Ironie und parodistischer Elemente, mit vielen bekannten, „klassischen" Musical-Songs und komplex gesetzten Ensembles, kurzum: handwerklich meisterhaft und daher hervorragend geeignet, das Genre Musical zu repräsentieren und als Gegenstand ästhetischer Erfahrung zu fungieren.

Für die „normale" Musical-AG einer finanziell nicht üppig ausgestatteten Schule erfüllen zahlreiche – auch hier nicht alle! – der eigens für Kinder und Jugendliche geschriebenen Musicals diese Funktion. Die im Folgenden vorzustellenden Werke verzichten auf professionelle Darsteller und vor allem auf Showeffekte. Während sie in diesen beiden Punkten Musicalspezifik aufgeben – aus pädagogischen Gründen –, verlagern sie den Schwerpunkt auf Text und Musik – aus künstlerischen Gründen. Gerade für Kinder vom Grundschulalter bis zum Eintritt der Pubertät ist der prägende Einfluss von Musik in Bezug auf die musikalische Entwicklung und Sozialisation, aber auch auf die Persönlichkeitsbildung nachgewiesen worden. Damit fällt dem Musiklehrer eine besondere Verantwortung zu – auch im Blick auf die Auswahl anspruchsvoller Lerngegenstände im Bereich Musical.

1. 3. Geschichte und Entwicklung des Kinder- und Jugendmusicals

Um definitorisch und inhaltlich zu klären, welcher Typus von Stücken gemeint ist, soll an dieser Stelle kurz die Geschichte des Kinder- und Jugendmusicals vorgestellt werden.

Der Begriff „Kindermusical" erscheint zuerst Anfang der 70er Jahre im Bereich des professionellen Kinder- und Jugendtheaters bei dem Librettisten Heinz Wunderlich und seinen Texten für die Komponisten Franz Josef Breuer und Horst A. Hass (z. B. *Sieben auf einen Streich*, 1971, und *Die Vier vom Kuddelmuddelplatz*, 1973) sowie Graziano Mandozzi (*Um die Ecke liegt Sizilien*, 1972). Der Terminus „Musical für jung und alt" tritt bereits 1966 in Thorbjörn Egners Stück *Die Räuber von Kardemomme* auf, dessen norwegische Urfassung von 1956 stammt. Eines der ersten ins Deutsche übersetzten englischen Kindermusicals, das an deutschen Bühnen reüssierte, war *Aufstand im Gemüsebeet* von David Wood (dt. Text von Dorothea Renckhoff und Karl Wesseler, 1972). Vom gleichen Autor stammt das erfolgreiche „musikalische Kinderstück" *Der Lebkuchenmann* (1977). Diese Stücke wurden zunächst ausschließlich von professionellen Bühnen für ein Kinderpublikum aufgeführt.

Ende der 70er Jahre ist der Begriff „Kindermusical" bzw. „Musical für Kinder" fest etabliert und wird für so unterschiedliche Stücke verwendet wie *Willi Schlappohr* von Peter Janssens (1975), *Dampflok-Story* von Reimund Hess (Text von James Krüss, 1979), *Der Sängerkrieg der Heidehasen* von Christian Bruhn (Text von James Krüss, 1979), *Alice im Wunderland* von Jens-Peter Ostendorf (Text von Helmut Polixa, 1978) und *Oh, Mister Mock* von Hans Hofmann und Berry Lipman (1979). Die meisten dieser Stücke sind bereits auf eine Aufführung durch Kinder angelegt. Diese Zielrichtung hat sich seitdem durchgesetzt. Im Folgenden wird nur noch auf solche Kindermusicals Bezug genommen, die von Kindern selbst aufgeführt werden können.

In den ersten zehn Jahren beschäftigten sich fast ausschließlich professionelle Komponisten und Texter mit dem Musical für Kinder.[6] In den 80er Jahren kamen immer mehr Kompositionen von Schulmusikern hinzu, die vor dem Hintergrund einer konkreten Schulsituation für die Aufführung durch Kinder und Jugendliche konzipiert wurden (z. B. Wolfgang Fricke, *Tom Sawyer*, 1981, Wolfgang König, *Strubbeltatz*, 1986, Mechthild v. Schoenebeck, *Die Rache der Igel*, 1988, Heinz Lemmermann, *Knasterbax und Siebenschütz*, 1990). Heute entstehen an vielen Schulen und Musikschulen eigene Musicals, die von der spielenden Gruppe und den beteiligten Lehrern selbst getextet und komponiert werden.

Parallel zu dieser Bewegung vom professionellen zum Laienautor bzw. -komponisten ist eine Auffächerung des Gattungsbegriffs „Kindermusical" oder „Musical für Kinder" festzustellen. Eine theoretische Reflexion über die Gestaltungsprinzipien und Charakteristika der Gattung hat bis heute nicht stattgefunden, und die Orientierung am Musical ‚für Erwachsene' ist sehr unterschiedlich. So ist die Verbindung von Musik, Drama, Tanz und Show, die das Musical charakterisiert, im Kindermusical oft nicht so ausgeprägt wie im ‚Erwachsenen'-Musical. Häufig dominiert der Text, während Tanz und Show nur in Ansätzen vertreten sind. Zwar fällt die Vielfalt der Inhalte und Textformen im neuen Kindermusical auf, aber die musikalische Gestaltung entspricht dieser Bandbreite nicht; hier dominieren mehr oder weniger einfache Popsongs und Tanzschlager. Inzwischen ist auch Rockmusik in Musicals für Kinder auf dem Vormarsch (z. B. *Benni boxt nie* und *Pinke Punk* von Herbert Hähnel und Eva Kenkenberg, 1993 bzw. 1995).

Im Bereich des Kindermusicals gibt es heute keine einheitliche Begrifflichkeit in Bezug auf das Genre mehr. Viele Autoren geben Werken mit Merkmalen des Musicals individuelle Untertitel, wie z. B. „Grusical", „Musical-Märchen" bzw. „Märchen-Musical", „Mini-Musical" o. ä. Bei englischen Autoren finden sich im Wesentlichen die Bezeichnungen „Play", „Musical Play", „Musical Comedy" (die beiden letzteren sind die ursprünglichen Gattungsbezeichnungen des Musicals) oder auch „Cantata-Musical" (diese für Stücke mit Chor in tragender Funktion). Einige weitere Musiktheaterstücke für Kinder werden nicht als „Musical" bezeichnet, obwohl sie wesentliche Gestaltungsmittel des Musicals aufweisen (z. B. die biblischen Pop-Kantaten von Michael Hurd und die Stücke von Hans und Gisela Buring).

1. 4. Das Genre Kinder- und Jugendmusical: Charakteristika

Die folgende Systematik der Gattung Kinder- und Jugendmusical basiert auf dem Bestand des Archivs der Arbeitsstelle Theaterpädagogik der Universität Münster, der bundesweit einzigen Forschungsstelle für das Kinder- und Jugendmusiktheater (ca. 1600 Stücke).[7]

1. 4. 1. Inhalt/Thematik/Textebene

- Märchen und Sagen
- Stücke nach Literaturvorlagen (bearbeitete bzw. vertonte Kinderbücher)
- Moderne Fabeln, Comics
- Alltags- und Umweltgeschichten
- Fantasy, Science Fiction
- Historische Stoffe
- Biblische Geschichten

Das Märchen befindet sich als Musicalstoff auf dem Rückzug. Seit den 80er Jahren dominieren Alltagsgeschichten und Fantastik bzw. Science Fiction. Vor allem in den zahlenmäßig nicht überschaubaren schulischen Eigenproduktionen sind diese beiden Kategorien am häufigsten vertreten. Auch Musicalfassungen bekannter Kinder- und Jugendromane erfreuen sich in eigenschöpferisch tätigen Musical-AGs und bei komponierenden Schulmusikern großer Beliebtheit. Biblische Geschichten als Grundlage für Musicals haben in kirchlichen Spielgruppen Konjunktur; hier sind die Komponisten überwiegend Kirchenmusiker.

Damit ist das Themenspektrum des Kinder- und Jugendmusicals ebenso breit wie das des „großen" Musicals. Hierin liegt einer der Gründe für die Beliebtheit des Musicals in der schulischen Theaterarbeit.

1. 4. 2. Musikalische Gestaltung

- Schlager (oft mit Jazz-Elementen; als Tanzmodell und/oder als Kabarettmusik in parodistischer Absicht)
- einfache, melodiöse Popmusik (meist von anglo-irischer oder anglo-amerikanischer Folklore beeinflusst)
- Rock einschließlich Rap
- „Lloyd Webber-Stil"

Die ersten beiden Kategorien dominieren im Kindermusical, während Musicals für Jugendliche eher Rockstile aufweisen. Hier finden sich auch am häufigsten Alltagsgeschichten, die durch Rockmusik mit ihrem spezifischen sozialhistorischen Hintergrund gattungsimmanent angemessen gestaltet werden. Die wenigen neueren Rockmusicals für Kinder orientieren sich an Stilrichtungen zwischen Soft Rock und Rap. Der Lloyd Webber-Stil der aktuellen High Tech-Musicals kommt in Kindermusicals nur vereinzelt vor, da er einen hohen instrumentalen Aufwand voraussetzt, den Schulen in der Regel nicht leisten können.

In der musikalischen Begleitung dominiert die Band-Besetzung. Diese richtet sich nach den Möglichkeiten der aufführenden Schule (feste Arrangements werden von den Verlagen nur selten angeboten) und kann von Klavier mit Schlagzeug bis hin zur Big Band oder zum Orchester reichen.

In zunehmendem Maße nutzen Schulgruppen auch die Möglichkeit des Playbacks, die von einigen Verlagen auf CD oder MC angeboten wird. Es handelt sich um Halb-Playbacks, d. h. die Schüler singen live zur komplett aufgenommenen Begleitung. Diese Form des Playbacks wird nicht nur als hilfreich für die Probenarbeit empfunden (jeder Mitwirkende kann so seinen Gesangspart auch allein zuhause üben), sondern auch für Aufführungen häufig genutzt, wenn keine Band zur Verfügung steht. Ein weiterer Vorteil von Playbacks besteht darin, dass sie ein professionelles Arrangement enthalten, das den Hörgewohnheiten der Kinder und Jugendlichen entgegenkommt. In der Popszene ist das Playback an der Tagesordnung. Seine Nutzung entspricht also einer üblichen professionellen Praxis, der Kinder und Jugendliche aufgeschlossen gegenüberstehen.

Bei der vokalen Besetzung von Kindermusicals dominiert in der Regel der einstimmige Chor, in Musicals für ältere Kinder und Jugendliche treten eher Gesangssolisten auf, in komplexeren Werken auch mehrstimmige Chöre. Dies resultiert aus den entwicklungsbedingten stimmlichen Ausdrucksmöglichkeiten von Kindern und Jugendlichen, über die allerdings aufgrund rückläufiger Singepraxis in Familie, Schule und Öffentlichkeit heute keine gültigen Aussagen mehr getroffen werden können.

1. 4. 3. Rollenspektrum

Kindermusicals haben meist sehr viele Rollen, da in der Regel eine große Zahl mitspielender Kinder beschäftigt werden muss. Autoren von Kindermusicals berücksichtigen häufig auch die unterschiedlichen Fähigkeiten der Kinder und stellen nicht nur die wenigen „Stars" heraus. Vielmehr sind in vielen Stücken auch stumme Rollen, Rollen mit geringem Textanteil und viel Statisterie vertreten, in denen noch unerfahrene und schüchterne Kinder vorsichtig an das Theaterspielen herangeführt werden. Jugendmusicals haben meist wenige Hauptrollen und setzen bei den Akteuren einige Erfahrung mit den eigenen Ausdrucksmöglichkeiten und mit theatralischen Wirkungen voraus. In zahlreichen Stücken, die für jahrgangsübergreifende Projekte genutzt werden können, ist die Mitwirkung von Erwachsenen möglich.

Vor allem in der Frage des Rollenspektrums werden die Unterschiede von Kinder- und Jugendmusicals zu Stücken deutlich, die von Profis aufzuführen sind. Das heißt aber nicht, dass das Kinder- und Jugendmusical ausschließlich als pädagogisches Genre betrachtet werden kann. Vielmehr greift hier das Argument, dass nur künstlerisch Akzeptables ein adäquater Gegenstand der ästhetischen Erfahrung sei (s. o.). Orientierung in qualitativer Hinsicht gibt das professionelle Kinder- und Jugendtheater, das sich in den letzten dreißig Jahren zu einer künstlerisch hochinteressanten Sparte entwickelt hat und aus dem mit *Linie 1* von Volker Ludwig und Birger Heymann (1986) eines der erfolgreichsten deutschen Musicals hervorgegangen ist.

2. Aus der Kindermusical-Werkstatt

Kindermusicals zu schreiben heißt, von vornherein eine genau umrissene Zielgruppe vor Augen zu haben. Ferner heißt es, Gattungsspezifika des Musicals für diese Zielgruppe aufzuschließen und handhabbar zu machen. Künstlerische und pädagogische Intentionen durchdringen sich. Das impliziert Grenzen, eröffnet aber auch erstaunliche Möglichkeiten.

2. 1. Inhalt/Thematik/Textebene

2. 1. 1. Die Fabel[8]

Zwar sind es nicht mehr Märchen, die das Kindermusiktheater inhaltlich dominieren – Dramatisierungen bekannter Volks- und Kunstmärchen findet man immer noch und immer wieder in neuen Formen. Die Verwendung einer Märchenvorlage kann reizvolle Ergebnisse zeitigen (man denke nur an F. K. Waechters Stück *Der Teufel mit den drei goldenen Haaren* für das professionelle Kindertheater oder Hans Burings *Des Kaisers neue Kleider* für die Grundschule). Oft genug bleiben solche Stücke jedoch unbefriedigend, weil sie keine neuen Perspektiven erkennen lassen.

Ähnliches gilt für die Gattung der Fabel (Tierfabel). Bei vielen Pädagogen beliebt wegen ihres als kindgerecht empfundenen Anthropomorphismus und ihres lehrhaften Charakters, hat dieses Genre einen festen Platz im Kindermusiktheater gefunden. Peinlichkeit (und damit künstlerische und pädagogische Wirkungslosigkeit) entsteht, wenn die Theatermacher vergessen, dass in der Fabel menschliche Eigenschaften auf Tiere projiziert werden und nicht umgekehrt.[9] Märchen und Tiergeschichten spielen auch im aktuellen kommerziellen Musical eine Rolle: *Beauty and the Beast* und *Cats* sind nur zwei Beispiele.

Auf der Suche nach Geschichten, die die Basis eines Librettos für ein Kindermusical bilden könnten, stoße ich immer wieder auf Märchen-

oder Fabelelemente. Dabei hilft mir eine quasi kindliche Sichtweise auf die Welt, die man auch als Perspektivenwechsel bezeichnen könnte. Da wird ein großer, entsprechend geformter Weidenbusch auf einer Wiese zu einem riesigen Igel – was könnte der alles anstellen? Da werden Lebensmittel lebendig – was denkt und fühlt wohl ein Fischstäbchen? Da wohnt in einem auf dem Sperrmüll entsorgten Bild ein Echo – muss eigentlich ein Echo bis in alle Ewigkeit alles wiederholen, was andere sagen?

Der „Aufhänger" muss sich zu einer Geschichte ausbauen lassen, mit einem durchgehaltenen Erzählgestus, mit einem Konflikt, an dem sich eine logisch nachvollziehbare Handlung entzündet, mit Figuren, die als Charaktere gut unterscheidbar und konsequent durchgeführt sind, mit einem plausiblen Schluss. Die Geschichte muss sich in einzelne Szenen gliedern lassen, die in sich geschlossen und stimmig sind. In die Szenen müssen Songs und Tänze an den geeigneten Stellen integriert werden; die dramaturgische Funktion dieser musikalischen Teile sowie ihre Zuordnung zu Haupt- und Nebenfiguren oder Chor müssen sorgsam durchdacht werden.

Oft genug muss eine Idee verworfen werden, weil sie kein ganzes Stück trägt. Daher führt es oft zu einem besseren Ergebnis, wenn man eine gut strukturierte, als Geschichte bereits „funktionierende" Vorlage heranziehen kann, sei es ein Märchen, eine Sage oder ein Kinderbuch. An diese Vorlage werden dann dramaturgische Fragen gestellt, die etwa die Zahl der Figuren und Schauplätze, das Verhältnis zwischen erzählten Teilen und Dialogen, die Darstellbarkeit des Konflikts mit theatralischen Mitteln betreffen. Kurz: Das Erzählte muss auf die Bühne und in die Zeichensprache des Musiktheaters übertragbar sein.

Beispiel: Die Fabel des Musicals *Mahlzeit!*[10]

Schorschis Schlemmerstube und Elisabeths Naturkostladen liegen in unmittelbarer Nachbarschaft. Die beiden Inhaber können sich nicht ausstehen. Dies färbt auch auf die Waren ab, die die beiden verkaufen: Die „Fast Foods" und die „Bios" befehden sich heftig. Eine von allen verachtete Randgruppe bilden die Schädlinge und Schmarotzer: Nemo, ein Fischwurm, Sally, eine Salmonelle, und Willy, ein Apfelwurm.

Nachdem Pommestüten, Currywurst, Fischstäbchen & Co. auf der einen, Apfel, Knoblauch,

Gurke und Weißkohl auf der anderen Seite sich ihre Argumente für die einzig richtige Lebens- bzw. Ernährungsweise um die Ohren gehauen haben, erfahren wir von Schorschi und Elisabeth, dass beider Geschäfte derzeit nicht besonders gut florieren.

Zu allem Überfluss erscheint nun auch noch Herr Amtmann vom Gewerbeaufsichtsamt, um seine Routinekontrolle durchzuführen. Prompt findet er bei Schorschi Nemo, die Nematode. Grund genug, Schorschis Lokal sofort zu schließen! In Elisabeths Laden findet Herr Amtmann den Wurm Willi sowie ein stark überaltertes Ei vor, was ihn jedoch nur zu einer milden Rüge veranlasst. Nemo hingegen nimmt er mit, was Sally, Nemos Freundin, schier zur Verzweiflung treibt.

Hämische Kommentare der Bios münden in einen erneuten verbalen Schlagabtausch. Allmählich kommt man jedoch überein, dass es jetzt wichtiger ist, Schorschi zu helfen, als sich herumzustreiten. Wie langweilig wäre es schließlich für alle, wenn Schorschis Lokal für immer geschlossen bliebe. Und was würde aus der armen Sally? Den Ideenwettbewerb zur Rettung Nemos und der Schlemmerstube gewinnt Willi, der Wurm, mit einem genialen Plan.

Willi besucht Herrn Amtmann in seiner Amtsstube und erzählt ihm eine höchst sentimentale Geschichte vom tragischen Schicksal der Brüder Nemo und Willi. Der Beamte, von Rührung übermannt, wird all seinen Vorschriften untreu, lässt den gefangenen Nemo frei und stellt die Wiedereröffnungs-Erlaubnis für Schorschis Schlemmerstube aus.

Während Willis Abwesenheit haben sich Fast Foods und Bios die Zeit mit Streiten, Tanzen und Singen vertrieben. Über solchem Tun ist man sich näher gekommen, allgemein und im Besonderen. Plötzlich steht der Vorschlag im Raum, die beiden Geschäfte zusammenzulegen. Der Beschluss wird gefasst und mit dem Müsli-Schwur besiegelt.

Als Willi mit Nemo zurückkommt, hat der Umbau schon begonnen. Die beiden werden zwar freudig begrüßt und gefeiert, aber das Wichtigste ist jetzt der neue Laden, sein neues Outfit, das aufpolierte Image, die optimale Werbestrategie. Deshalb macht man mit allen Schädlingen, ob Helden oder nicht, jetzt kurzen Prozess und wirft sie hinaus. Auch das ältliche Ei muss weg; es landet in der Kompostkiste.

Bald kann Eröffnung gefeiert werden. Der neue Laden hält viele Überraschungen bereit. Es gibt Bio-Fastfood, den „Essgenuss nach Maß" und allerhand Spaß, kurz: Erlebnisgastronomie. Die Kinder aus dem Publikum sind die ersten Gäste und tanzen den Schlusstanz mit.

2. 1. 2. Das Libretto

Das Libretto gehört in die Hände des Dramaturgen (der gegebenenfalls Kürzungen oder Umstellungen vornimmt), des Regisseurs (der die Inszenierung, also die theatralische Umsetzung, erarbeitet), des Bühnenbildners (der die Kulissen erstellt), der Kostümbildnerin (die Kostüme und Masken entwickelt) und des Beleuchtungsmeisters (der für die Lichtregie verantwortlich ist). Bei der Aufführung arbeiten auch Abendspielleiter, Inspizient und Souffleuse anhand des – nun entsprechend den Vorgaben der genannten Verantwortlichen bearbeiteten – Librettos.

2. 1. 2. 1. Monolog

Während im professionellen Theater auch längere Monologe ihren Platz haben, werden sie im Theater mit Kindern seltener eingesetzt. Seit der Antike wichtiges dramatisches Gestaltungsmittel, gibt der Monolog den Darstellern die Möglichkeit zu „großen Auftritten". Abgesehen davon, dass junge Laiendarsteller die Darstellung starker Gefühle oder die Übermittlung weltbewegender Botschaften künstlerisch meist nur unvollkommen bewältigen, werden lange, auswendig gelernte Texte von Kindern oft heruntergeleiert oder mit falschen Betonungen gesprochen und verlieren dadurch erheblich an Wirkung. Eine im Kindertheater viel genutzte Sonderform des Monologs ist die Anrede an das Publikum, die – vorausgesetzt, sie ist nicht zu lang – meist besser gelingt.

Beispiel: 4. Szene aus *Die Rache der Igel*[11]

Igor Iltis: Hallo, liebe Zuhörer und Zuschauer, hier spricht Igor Iltis. Igor Iltis, der rasende Reporter. Igor Iltis – immer schnellstens zur Stelle mit den neuesten Nachrichten und Berichten aus dem Tierreich. Igor Iltis – immer am Puls der Fauna!

Heute hat Igor Iltis Ihnen etwas ganz Besonderes mitgebracht: Bei den Igeln ist die Revolution ausgebrochen! Nein – nicht gegen die Hasen. Diesmal geht's gegen die Autos! Jawohl, Sie haben richtig gehört! Gegen die P-K-W, die Personen-Kraft-Wagen, die Profi-Killer-Waffen [...] jene rasenden Kolosse, die uns Tiere auf Schritt und Tritt verfolgen!

Nun, liebe Zuhörer und Zuseher, der kurzen Rede langer Sinn, äh – ich meine: der hohen Rede tiefer Sinn – äh – der hohlen Rede triefender Sinn – oder so ähnlich, egal: Die Igel sind wieder mal zuerst da! Man höre, sehe und staune! Die Igel sind gewachsen! Durch ein Zaubermittel sind sie riesengroß geworden! Jetzt sind sie am Ball! Jetzt sind sie endlich mal die Stärkeren!

Und heute, jetzt gleich, soll es losgehen! Jawohl, liebe Zuhörer und Zugucker: Sie werden in Kürze Zeugen eines einmaligen historischen Ereignisses! Jetzt sofort und augenblicklich, live on stage: Die Zerstörung der Autos!

Jawoll! Los! Klappe! Action! Juhuu! (pfeift auf Trillerpfeife; Vorhang öffnet sich).

Solche Szenen können vor dem Vorhang gespielt werden und beispielsweise Umbaupausen überbrücken (die im Kindertheater wie auch im Musical nicht zu lang sein dürfen).

2. 1. 2. 2. Dialog

Dialoge im Theater mit Kindern sind kurz und präzise. Langatmige Positionsbestimmungen, Problemerörterungen und Grundsatzdiskussionen sind auf der Unterhaltungsbühne fehl am Platze. Der Textautor muss im Stande sein, sich auf das Wesentliche einer Aussage zu beschränken, dabei in den Dialogen die Charakterzüge der Figuren deutlich herauszuarbeiten, die Figuren wirklich miteinander reden, also präzise aufeinander eingehen zu lassen und außerdem die Handlung voranzutreiben.

Beispiel: Auszüge aus der 1. Szene von *Die Rache der Igel*[12]

Neugierigel: Mal eine Frage. Glaubt ihr, dass das Gesinge was bringt?

Wendigel: So kann man das doch nicht sehen. Es kommt ganz darauf an [...]

Findigel: Ich finde, wir sollten endlich was tun.

Wichtigel: Genau, das meine ich auch. Und zwar sollten wir eine Igel-Initiative gründen. Sowas hat man jetzt häufiger. Das ist in!

Wütigel: „Igel-Initiative – Das hat man jetzt häufiger" – wenn ich sowas schon höre! Du bist ein elender Wichtigtuer!

Wendigel: Aber im Prinzip hat er doch recht. Wir sollten [...]

Findigel: Ich hab's! Igel-Power heißt die Devise! [...]

Behäbigel: Ruhe, Ruhe, Leute! [...] Was sollen wir denn jetzt machen? Nur mit Igel-Power kommen wir nicht weit. Wir müssen überlegen, wie wir weiter vorgehen.

Wendigel: Er hat im Prinzip recht. Wir müssen jetzt irgendwie konkret werden.

Trotzigel: Ihr Blödmänner! Wir machen jetzt Action!

Wütigel: Jawohl! Wir zerstechen ihnen die Autoreifen, wir beißen ihnen den Auspuff ab [...]

Winzigel: Wem? Den Menschen?

Trotzigel: Halts Maul, du Winzling. Pass auf, dass sie dich nicht ins Auspuffrohr stopfen.

Die Sprache richtet sich nach dem Sujet. Historische Personen sprechen anders als heute lebende. In der Regel ist es aber die Alltagssprache, die im Kindermusical verwendet wird – in bearbeiteter, d. h. ihre Redundanzen und ihre Niederungen aussparender Form. Bemühte Kunstphrasen-Drechselei ist im Musical-Libretto ebenso unangemessen wie die Anbiederung an die aktuelle Jugendsprache.

2. 1. 2. 3. Songs

Die Diktion der Songs liegt im Kindermusiktheater idealerweise zwischen Wilhelm Busch und Bertolt Brecht (der Tonfall spezieller Lyrik für Kinder, etwa von James Krüss oder Josef Guggenmos, wird von älteren Kindern oft als unter ihrer Würde empfunden). Das ergibt eine gute Mischung von trockenem (schwarzem) Humor und Lakonik. Satzverdrehungen und Wortverstümmelungen sollten tabu sein. Richtlinie sei auch hier, dass die Verse so natürlich klingen wie möglich. Ein Reimzwang besteht nicht, jedoch die Notwendigkeit, den Versen einen musikalisch umsetzbaren Rhythmus zu geben. Wird aber gereimt, sollten die abgedroschensten Reimpaare vermieden werden (wie bei Busch zu lernen ist, verhilft manchmal das Enjambement zu originellen Zeilenschlüssen).

Die Form Strophe-Refrain ist populär und probat, aber nicht die einzige mögliche Songform.

Beispiel: Lied der Hummel Humelita aus *Ferdinand, der Stier*[13]

Ich bin die Hummel Humelita,
ich fliege gern zur Margerita,
zum Hibiscus oder auch zur Rose,
zur Nelke oder zur Mimose.
Von Cordoba bis nach Santander
saug ich vom roten Oleander
aus jedem Blütenkelch ein bissel
Nektar raus mit meinem Rüssel.

---

2. 1. 2. 4. Besondere Gestaltungsmittel: Ironie und Parodie

Bei der Vorstellung, Kinder mit Ironie zu konfrontieren, graust es viele Pädagogen. Allerdings gilt in zunehmendem Maße: Kinder sind nicht so „tümlich" wie Erwachsene glauben. Sie erkennen Doppelbödigkeit und Uneigentlichkeit und haben Spaß daran. Nicht zuletzt dank populärer Medienfiguren wie Stefan Raab (*Guildo hat euch lieb*, *Maschendrahtzaun*, *Wadde hadde dudde da*) sind heute schon Fünftklässler im Stande, mit Ironie umzugehen.[14] Ironie als Distanzierungsmittel gegenüber Texten und Ereignissen kann die intellektuelle Entwicklung der Kinder fördern.[15]

Die Parodie – hier im literaturwissenschaftlichen Sinne verstanden – bedient sich in ironischer oder satirischer Absicht bekannter Formen und setzt damit das Original in kritische Distanz (vulgo: Holt es vom Sockel). Das folgende Beispiel ist eine Parodie auf das Bänkellied und enthält sprachlich wie inhaltlich alle Ingredienzien der Gattung. Es enthält aber auch einige Begriffe und Formulierungen, die in einem alten Original-Bänkellied niemals vorkommen können. Das ist eine ironische Brechung, die das Pseudo-Historische ins Zeitgemäße wendet.

Ironie und Parodie gehören zu den Gestaltungsmitteln des Kabaretts. In unserem Zusammenhang ist das politisch-satirische Kabarett gemeint, das aktuelles Zeitgeschehen kritisch kommentiert. Nur wenige Autoren von Kindermusicals bedienen sich dieser Mittel, vor allem Wolfgang Fricke und Hans Buring.[17] Beide haben ihre Intentionen wiederholt offengelegt.[18] Ihre Stücke beweisen, dass kabarettistische Mittel im Kindermusical durchaus einen angemessenen Platz finden können. Damit wird auch ein Traditionsstrang des Broadway-Musicals fortgesetzt, der durch die High Tech-Musicals unserer Tage stark zurückgedrängt worden ist und fast nur noch in Independent-Produktionen überlebt.

In Burings Stück *Des Kaisers neue Kleider* ist das *Spottlied des Volkes* auf seinen klamottensüchtigen Kaiser auch zu lesen als ein kabarettistischer Seitenhieb auf den wegen seines eleganten Designer-Outfits viel kritisierten derzeitigen Bundeskanzler:

Beispiel: Spottlied des Volkes aus *Des Kaisers neue Kleider*

Unsre hohe Majestät
kommt nicht mehr zum Regieren.
Ich wüsste, was sie lieber tät –
sie ist beim Anprobieren.

Refrain:

Unsre Majestät,
täterä, täterä, täterä,
sie ist in der Garderobe.

Unsre hohe Majestät
geht nicht mehr ins Manöver.
Ich wüsste, was sie lieber tät –
sie kleidet sich in Pullöver.

Refrain [...]

Unsre hohe Majestät
geht nicht zu Staatsbesuchen.
Ich wüsste, was sie lieber tät –
sie steckt in Seidentuchen.[19]

Beispiel: Bänkellied, 3. Strophe, aus *Die Räuberin*[16]

Die Flucht führt Karoline und Orlando lange
durch weite Felder, graue Städte, dunklen Tann.
Doch niemals ward dem Mädchen vor der Zukunft bange,
und in Verblendung folgte sie dem wilden Mann.
Bald sieht man sie nun selbst im Räuberheer agieren.
Sie ist so grausam wie nur je ein Räuber war.
Doch tut's nicht gut, auf fremdes Hab und Gut zu stieren
und es zu rauben. Leider war ihr das nicht klar.

Kapitel 2

In meinem Stück *Mahlzeit!* werden Ernährungs-ideologien aufs Korn genommen. In kabarettistischer Manier wird zugleich der Zustand unserer Lebensmittel kommentiert. Dies ist in ein dialogisch angelegtes Chorlied verpackt, bei dem jeweils eine Gruppe ihre Überzeugung darlegt, während die andere dies gelangweilt als „Blabla" abtut.

Beispiel: *Horror-Song* aus *Mahlzeit!*

Fast Food:
Äpfel, Vollkornbrot, Gemüse,
nur Karnickel auf der Wiese
können noch von diesen träumen
oder Affen auf den Bäumen.

Obst und Gemüse:
Alles, was da kreucht und fleucht,
ist doch heute schon verseucht.
Pflanzenkost ist jetzt der Hit,
macht dich schlank, gesund und fit.

Fast Food:
Menschen sind doch Allesfresser!
Außerdem schmeckt Fast Food besser
als der fade Bio-Fraß.
So macht Essen viel mehr Spaß!

Obst/Gemüse:
Heute kommt mit Fleisch und Fisch
oft das Grauen auf den Tisch.
Blei, Phosphat und Cadmium
hau'n dich auf die Dauer um.

Fast Food:
Ihr mit euren Horrorsachen,
über die wir nur noch lachen!
Spaß beim Essen woll'n wir haben,
Umweltsorgen mal begraben.

Obst/Gemüse:
Salmonellen, Schweinepest
sind ein echter Härtetest.
Und bald greift der Rinderwahn
deine grauen Zellen an.

Obst/Gemüse:
Spaß hat auch, wer unverzagt
heiter an der Möhre nagt.
Pflege des Gemüts betreibt,
wer sich Grünes einverleibt.

Obst/Gemüse:
Dab dab dabba du dab duah
dab dab dabba du dab duah
dab dab dabba du dab duah
dab dab dabba du dab duah.

Fast Food:
Dab dab dabba du dab duah
dab dab dabba [...]
dab dab dabba [...]
dab dab dabba [...]

Obst/Gemüse:
Dab dab dabba [...]
dab dab dabba [...]
dab dab dabba [...]
dab dab dabba [...]

Fast Food:
Dab dab dabba [...]
dab dab dabba [...]
dab dab dabba [...]
dab dab dabba [...]

Obst/Gemüse:
Dab dab dabba [...]
dab dab dabba [...]
dab dab dabba [...]
dab dab dabba [...]

Fast Food:
Dab dab dabba [...]
dab dab dabba [...]
dab dab dabba [...]
dab dab dabba [...]

Fast Food:
Dab dab dabba [...]
dab dab dabba [...]
dab dab dabba [...]
dab dab dabba [...]

1.

2.

3.

4.

Fast Food: Glücklich ist, wer vergisst,
           dass Gift auch im Gemüse ist.

Alle: Glücklich ist, wer vergisst,
       was nicht zu ändern ist.

---

aus: Mahlzeit! Ein Fast Food-Musical in 5 Portionen © Fidula-Verlag Boppard/Rhein & Salzburg

2. 2. Die Musik

2. 2. 1. Zitat und Parodie

Die letzte Strophe des *Horror-Songs* enthält ein musikalisches Zitat aus der Operette *Die Fledermaus* von Johann Strauß. Das Zitat ist ein Mittel der Verfremdung, der Karikatur, der Parodie. Im *Horror-Song* konterkariert es ironisch alles zuvor Gesagte.

In meinem Stück *Mahlzeit!* ist das Zitieren ein wichtiges Stilprinzip. Vom Volkslied (z. B. *In München steht ein Hofbräuhaus*) über den Elvis-Song (*Rock around the clock*) und das Kunstlied (Tschaikowskys *Nur wer die Sehnsucht kennt*) bis hin zur Haydn-Sinfonie (*Sinfonie mit dem Paukenschlag*, Thema des Variationssatzes) und zum Radetzky-Marsch wird zitiert und parodiert, was die Musikgeschichte hergibt. Als Nebeneffekt lernen die Kinder spielerisch einige „klassische" Stücke (bzw. Teile davon) kennen. Dies geschieht durch Selbsttätigkeit wesentlich intensiver als etwa durch die in Werbespots verwendeten Klassik-Partikel, die – wenn überhaupt als solche wahrgenommen – nur passiv rezipiert werden.

2. 2. 2. Musikstil(e)

Wesentlich ist bei den Song-Melodien im Kindermusical, dass sie gut singbar sind. Da Kinder heute mit Popmusik aller Art aufwachsen, verwende ich in meinen Stücken überwiegend einfache pop- oder schlagerartige Melodien, meist auf der Basis von Tänzen. Damit wird zwar einerseits die Palette der musicalspezifischen Musikstile eingeengt, andererseits bleibt die enge Verbindung zwischen Gesang und Tanz immer bestehen.

Der Rap als derzeit beliebteste Stilrichtung der Rockmusik kann einbezogen werden, sei es als Hinführung zum vielen Kindern heute gänzlich ungewohnten Singen, sei es als Gestaltungsmittel für einzelne Songs im Stück. Ein komplettes Kindermusical auf Rap-Basis kann jedoch musikalisch nicht befriedigen.

Die Verlage publizieren ihre Kindermusicals in der Regel ohne ausgearbeitetes Arrangement für bestimmte Besetzungen. Meist wird nur ein Klaviersatz vorgelegt. Dies hat seinen Grund in den sehr unterschiedlichen instrumentalen Möglichkeiten der aufführenden Schulen bzw. Gruppen. Jeder Musiklehrer kann also ein eigenes Arrangement für seine Gruppe maßschneidern.

Dabei gibt es eine Reihe positiver Aspekte: Das auf die eigene Gruppe zugeschnittene Arrangement lässt die Fähigkeiten der Spieler hervortreten, fördert die Identifikation jedes einzelnen Spielers mit dem Stück, sichert die Aufmerksamkeit des Publikums und weist den Musiklehrer als kompetenten Musiker aus. Im Übrigen vertragen die meisten Kindermusicals unterschiedlichste Besetzungen: *Die Rache der Igel* wurde bereits von allen denkbaren Formationen zwischen Orff-Gruppe und Big Band gespielt. Hier bietet sich also eine breite Palette künstlerischer Gestaltungsmöglichkeiten für den stilsicheren und experimentierfreudigen Musiklehrer.

Ein melodisch einfacher, harmonisch und rhythmisch reizvoller Song wie das *Lied der Kammerherren* schreit geradezu nach einem Arrangement mit Bläsersatz und differenziertem Percussionsinstrumentarium.

2. 2. 3. Tanzrhythmen

Auch im Kindermusical besteht zwischen Sprache, Musik und Tanz eine enge Verbindung. Die spielenden Kinder sind, wie die erwachsenen Musical-Darsteller auch, Schauspieler, Sänger und Tänzer zugleich. Sie agieren in bestimmten Rollen und müssen auf der Basis dieser Charaktere Lieder sängerisch und bewegungsmäßig gestalten. Diese Synchronität verlangt höchste Konzentration und Körperbeherrschung.

Eingängige, unkomplizierte Melodien auf der Basis von gut unterscheidbaren Tanzrhythmen erleichtern diese Synchronisationsarbeit. Alle Arten von Tanz kommen in Frage: vom Volkstanz über den Gesellschaftstanz (Standardtänze) bis zum Pop- und Rocktanz nach aktuellster Mode. Wesentlich bei Gesellschaftstänzen wie Foxtrott oder Tango ist nicht, dass die Choreographie sich an den Richtlinien des Tanzlehrerverbandes orientiert, sondern dass synchrone, zum Text und zur Stimmung des Songs passende Bewegungsformen erarbeitet werden. Das gilt ebenso für große wie für kleinere singende Ensembles und auch für Solisten. Musical-Songs werden nie bewegungslos heruntergesungen, sondern stets choreographiert.

2. 2. 4. Funktionen der Musik

Die Musik im Kindermusical hat zunächst dienende Funktion, indem sie Texte begleitet und Tänze bzw. Bewegungen koordiniert. Darüber

Lied der Kammerherren

Text + Musik: Hans Buring

gehetzt

Nun seid doch au - gen - blick - lich bit - te et - was

lei - ser, denn hin - ter die - ser Tü - re schläft doch un - ser Kai - ser. Und ist der Kai - ser erst mal aus dem Schlaf er -

wacht, er sei - nem Hof - ge - sin - de nur noch Ar - beit macht. Wir sind die

Kam - mer - her - ren, die Kam - mer -, Kam - mer - her - ren, die Kam - mer -, Kam - mer -, Kam - mer -, Kam - mer -, Kam - mer -, Kam - mer - her - ren, die stän - dig

an ihm zer - ren, an sei - nen vie - len Plör - ren, wir ar - men Kam - mer -, Kam - mer -, Kam - mer -, Kam - mer -, Kam - mer - her - ren.

BE 2692

hinaus hat sie jedoch auch wesentliche dramaturgische Funktionen: Sie charakterisiert Figuren, stellt Kontraste und/oder Bezüge her, beschreibt Stimmungen, illustriert Vorgänge auf der Bühne, führt die Handlung weiter, überbrückt Umbaupausen. Ein klassisches Beispiel für diese musicaltypischen Aufgaben der Musik ist die Szene *Cool, Boy!* aus Leonard Bernsteins *West Side Story*.[21] Hier wird mit musikalischen Mitteln geschildert, wie sich Aggression zwischen den feindlichen Gruppen aufbaut, wie sich ein Konflikt bis zum offenen Ausbruch entwickelt.

Als vorbildlich in diesem Sinne kann auch die Musik von Wilfried Hiller zu den Fabeln von Michael Ende gelten, wenngleich sie einem anderen Stilbereich entstammt. Auch hier werden bestimmte Instrumente, Motive und Rhythmen zur Charakterisierung von Figuren eingesetzt, werden mit Musik Stimmungen geschildert, Handlungen und Haltungen kommentiert, ganze Szenen gemalt (z. B. das Fußballstadion als lebende und lärmende Kulisse während des Fußballweltmeisterschafts-Endspiels der Fliegen gegen den Elefanten in *Filemon Faltenreich*).[22] Wenngleich kaum ein Schulmusiker seine Kompositionen für den Schulgebrauch mit den Geniestreichen eines Bernstein oder Hiller zu vergleichen wagen wird – Vorbilder kann man gar nicht hoch genug ansiedeln!

3. Schlusswort

In diesem Beitrag war viel von künstlerischen Gegenständen die Rede. Dass mit der Arbeit an einem Musicalprojekt neben die ästhetische Erfahrung auch das soziale Lernen der Mitwirkenden tritt, wurde nicht thematisiert. Um diesen wichtigen Aspekt nicht auszuklammern, seien abschließend Auszüge aus einem Brief zitiert, den mir eine Freiburger Hauptschullehrerin nach der Aufführung meiner *Rache der Igel* mit ihrer 7. Klasse 1993 schrieb – eine einzelne Stimme, statistisch gesehen nicht erheblich, dennoch aber ein eindrucksvolles Zeugnis für die Bedeutung der Musicalarbeit mit Kindern und Jugendlichen.

"[...] Als ich in die Klasse zum ersten Mal hereinkam, hatte ich noch keine Ahnung, ob ich das Schuljahr überhaupt überstehen würde. Es war ein bunt gewürfelter Haufen verschiedener Sprachen, Kulturen und Ansichten. ‚Ganz normale Hauptschüler' neben Skinheads, Rappern und russischen Aussiedlern, die kein Wort Deutsch sprachen. Es war mir bald klar, daß über den kognitiven Lernerfolg in dieser Klasse nichts zu erreichen war.

Mit einigen Erfahrungen aus dem themenzentrierten Theater und einer guten Portion Wagnis habe ich mich mit meinen Schülern auf den Weg gemacht zu spielen, um uns so näher zu kommen. Wir haben mit kleinen Sequenzen angefangen, Ihr Musical hat den Höhepunkt gebildet. Der Weg dahin war nicht einfach, oft mangelte es an Disziplin, dann waren es wieder Sprachbarrieren, die es zu überwinden galt. In einem Rahmen von vielen Helfern, aber vor allem unter enormem Einsatz aller Akteure, haben wir es geschafft, in zwei Vorstellungen 700 Zuschauer zu begeistern.

In diesem halben Jahr Probenzeit war für mich als Lehrer die schwierigste Aufgabe die, den Überblick zu behalten, immer wieder Mut zu machen, Enttäuschungen und Frustrationen aufzufangen, wenn ich selber den Tränen nahe war. Das gemeinsame Lachen und die Freude sowie die zusammen erlebte Traurigkeit gehören wohl zu den intensivsten Erfahrungen, die ich mit meinen Schülern gemacht habe. In diesen Momenten haben wohl beide Seiten sehr viel gelernt. [...]"

Kapitel 2

Anmerkungen

[1] Gunter Reiss u. Mechthild v. Schoenebeck, *Schulkultur. Beispiele aus Nordrhein-Westfalen*, Frankfurt 1987. – Dies., *Schulkultur. Ergänzungsband: Daten und Fakten*, Münster 1987. – Vgl. ebd., S. 27.

[2] Vgl. zu Definition und Geschichte: Siegfried Schmidt-Joos, *Das Musical*, München 1965. – Helmut Bez, Jürgen Degenhardt u. H. P. Hofmann, *Musical - Geschichte und Werke*, Berlin 1981. – Für die neueren Publikationen sei hier stellvertretend genannt: Günter Bartosch, *Das Heyne Musical Lexikon*, München 1997.

[3] Vgl. z. B. die folgenden Aufsätze: *Eselsohren, leere Ränge und Styropor-Mauern. Eine Anstiftung zum Musiktheater*, in: *Musik und Unterricht*, 1. Jg. (1990), Heft 5, S. 5ff. – *Musiktheater in der Schule – der Königsweg der ästhetischen Erziehung?*, in: *Musik und Unterricht*, 8. Jg. (1997), Heft 44, S. 4ff.

[4] Möglicherweise geht der Besucherschwund der letzten Monate (auch) auf ein Unbehagen von Teilen des Publikums an eben dieser mangelhaften künstlerischen Qualität zurück.

[5] Vgl. z. B. Gunter Reiß, *Dorf-Idyllen und Welt-Erlöser. Musiktheater für Kinder und Jugendliche – Einige Anmerkungen*, in: *Musik und Bildung*, 24. Jg. (1992), Heft 6, S. 10ff.

[6] Hess ist Komponist und Arrangeur von Unterhaltungsmusik, Bruhn erfolgreicher Schlagerkomponist, Ostendorf Komponist und Kompositionslehrer an der Universität Bremen; Krüss ist einer der bekanntesten Kinderbuchautoren der 50er–70er Jahre, Wunderlich ein bekannter Schlager- und Kabaretttexter.

[7] Aus der Arbeit dieser Institution sind u. a. bisher vier kommentierte Stückeverzeichnisse hervorgegangen, die in der Art eines Opern- bzw. Musicalführers Stücke detailliert vorstellen, die für die schulische Musiktheaterarbeit geeignet sind: Gunter Reiß u. Mechthild von Schoenebeck, *Musiktheater für Kinder und Jugendliche*, Bonn 1988. – Dies., *Musiktheater für Kinder und Jugendliche*, 2. Bd., Münster 1989. – Dies. u. Dietrich Helms, *Musicals ... nicht nur für Kinder*, Regensburg 1996. – Dies., *Musicals und mehr*, Düsseldorf 1998.

[8] Der Begriff „Fabel" hat zwei Bedeutungen: Zum einen bezeichnet er eine kleine epische Form in Versen oder Prosa, in der Tiere mit menschlichen Eigenschaften ausgestattet sind und deren lehrhafte Tendenz oft soziale oder politische Kritik impliziert. Zum anderen ist „Fabel" ein Begriff aus der Dramentheorie, wo er das gedankliche Gerüst eines Dramas, die Gesamthandlung in erzählter Form, bezeichnet.

[9] Auf allen Vieren kriechende Akteure, Masken und Kostüme, die dem Original-Tier so weit wie möglich ähneln, ständiges imitiertes Affengekreisch oder Löwengebrüll langweilen schnell.

[10] Mechthild von Schoenebeck, *Mahlzeit! Ein Fast Food-Musical in fünf Portionen*, Boppard 1996.

[11] Aus: Mechthild von Schoenebeck, *Die Rache der Igel. Ein Musical für junge Menschen*, Boppard 1988.

[12] Ebd.

[13] Aus: Gisela u. Hans Buring, *Ferdinand, der Stier. Ein Stück mit Musik*, Düsseldorf 1998.

[14] Schon SchülerInnen der Orientierungsstufe konsumieren Comedy-Shows und -Serien im Fernsehen, begeistern sich für alles ironisierende Entertainer wie Jürgen von der Lippe. Als Beleg mag hier die Tatsache genügen, dass die von Kindern eingesandten – übrigens oft sehr spitzfindigen – Witze, die Jürgen von der Lippe am Beginn jeder Folge von *Geld oder Liebe* verliest, überwiegend von Zehn- bis Zwölfjährigen stammen.

[15] Schon Sokrates benutzte bekanntlich Ironie als „Vehikel didaktischer Kommunikation" in den Dialogen mit seinen Schülern.

[16] Aus: Mechthild von Schoenebeck, *Die Räuberin. Eine Moritatenoper. Musik von Friedrich Radermacher*, Düsseldorf 1998.

[17] Vgl. z. B. Wolfgang Fricke, *Tom Sawyer. Ein Musical mit Kindern*. Hamburg (Ms.) 1981; *Ali Baba, oder ...?* Ein Musical, Hamburg (Ms.) 1985; *Klaus Störtebeker. Ein Musical*, Hamburg (Ms.) 1998; *Till Eulenspiegel. Ein Musical*, Hamburg (Ms.) 1993. Die Bezugsquelle ist angegeben in: Gunter Reiß, Mechthild von Schoenebeck u. Dietrich Helms, *Musicals ... nicht nur für Kinder*, S. 41.

[18] Buring zuletzt in seinem Aufsatz: *Ferdinand, der Stier - Ein Stück mit Musik*. In: *Grundschule*, H. 9/ 1999, S.18–20; Fricke zuletzt in: *Perspektiven des Musicals*, hrsg. v. Jürgen Gauert, *Diskussionsprotokoll „Im Trend - Schülermusicals"*, Berlin 2000, S. 79ff.

[19] Aus: Hans Buring, *Des Kaisers neue Kleider. Ein Stück mit Musik für Kinder frei nach H. Chr. Andersen*, Düsseldorf 1999.

[20] Aus: ebd.

[21] Leonard Bernstein, *West Side Story*. Klavierauszug, Hamburg o. J., S. 88-99.

[22] Wilfried Hiller u. Michael Ende, *Filemon Faltenreich oder Die Fußballweltmeisterschaft*, CD Nr. 415 161-2 bei DGG Junior 1984.

Maurice Ravel: L'Enfant et les sortilèges

Norbert Brendt und Käthe Gepp-Herold

Begründung der Auswahl

Die etwa einstündige Oper *L'Enfant et les sortilèges* – dt. etwa: *Das Kind und der Zauberspuk* – von Maurice Ravel stellt – wenn denn ihre didaktische und methodische Umsetzung gelingt – eine große Bereicherung des Repertoires für den Unterricht in der Sekundarstufe I (insbesondere der Klassen 5/6) dar. Dieser Umstand bedarf der Erläuterung.

Die ungeheuer komplizierte Partitur legt Zeugnis ab von Ravels zugleich liebevoller und vielfach ironisch-gebrochener Sicht der Kindheit, wie sie musikalisch hochartifiziell und dennoch unmittelbar überzeugend zum Ausdruck kommt. Nichts an der Musiksprache ist „kindlich" oder gar regressiv im Sinne von leichterer Verständlichkeit oder bewusstem Eingehen auf ein kindliches Publikum. Sowohl Schüler als auch Lehrer können sich „ernst genommen" und herausgefordert fühlen, wenn sie sich mit diesem Stück auseinander setzen. Dabei sollte die französische Sprache nicht als eine Barriere gesehen werden. Im Mittelpunkt des Unterrichts wird die Musik stehen; deutsche Übersetzungen und Inhaltsangaben kompensieren, soweit möglich, das lückenlose Textverständnis; und den Schülern sollte nicht das Vergnügen der spielerischen Erstbegegnung mit dem Französischen vorenthalten werden; gerade die bildhaften, lautmalerischen Passagen, die Fantasiewörter und die lustigen Vokabeln wie „le pouf" (rundes Sitzkissen) machen Schülern Spaß und haften mitsamt Bedeutung im Gedächtnis. Daher wurde dem Unterrichtsvorhaben die französische Originalversion zugrunde gelegt.

Hinzu kommt, dass im Zuge der Entdeckung von Kindern als zukünftigem Opernpublikum verstärkt der Versuch unternommen wird, das entsprechende Repertoire aufzugreifen und zu inszenieren. Es wäre natürlich sehr wünschenswert, wenn das Stück wieder vermehrt im Repertoire der Opernhäuser auftauchen würde, sodass Klassen nach der Beschäftigung mit diesem Stück gemeinsam eine Aufführung besuchen könnten.

Der Spielbegriff als Brücke zur Lebenswelt

Jeder erfahrene Lehrer weiß, dass ein scheinbar „kindgemäßer" Stoff und eine „jugendnahe" Thematik nicht quasi automatisch Schülerinteresse wecken. Das gilt insbesondere für das vorliegende Werk, bei dem immer im Blick bleiben muss, dass die hier geschilderte Wirklichkeit in hohem Maße ästhetisiert und verfremdet ist. Ein direkter lebensweltlicher Bezug ist natürlich trotzdem denkbar und wird z. B. im Unterrichtsmodell von Esther Thies für eine musikalische und inhaltliche Auseinandersetzung mit dem Thema *Wut und Gewalt* genutzt.[1]

In diesen Unterrichtsvorschlägen wird der Bezug zu den Erfahrungsfeldern der Schüler über den Spielbegriff gesucht, wie er von Christoph Richter als zentral für die Rolle der Kunst überhaupt und ihre Relevanz im Leben des Schülers formuliert wird.[2]

Motorisch-tänzerisch, musizierend, spielerisch nachgestaltend erfährt der Schüler sich in einem magisch-verzaubernden Spiel und schafft sich Phantasiebilder, an denen seine alltägliche Welt eher arm geworden ist. Irgendeine Art von solch wohlverstandenem Spiel ist in die Planung von jeder Unterrichtseinheit (UE) dieser Reihe eingegangen.[3] Wenn SchülerInnen in der 1. UE dazu angehalten werden, über die stilisierte Tanzform der Polonaise sich sozusagen „körperlich" in eine magische Gegenwelt hineinzubegeben, in der das Unmögliche auf einmal möglich erscheint, die Gegenstände lebendig werden usw., so kann der von Christoph Richter für die Musikdidaktik aufbereitete Spielbegriff in seinen sehr weit gefassten philosophischen Dimensionen hier durchaus Anwendung finden. So spricht z. B. Huizinga von „Bezauberung" und „Bann" in Zusammenhang mit der Spielspannung, von „Verkleidungen, Kulisse, Geheimnis [...]".[4] Das Mitspielen (2. UE) bzw. das Nachgestalten auf einfachem Instrumentarium wird es den SchülerInnen leichter machen, sich in die fremdartige Klangwelt hineinzuversetzen, und diese als sie betreffende Wirklichkeit zu entdecken. Wenn in der UE zu *L'Arithmétique* die Schüler dazu angeregt werden, ihre oft angstbesetzte schulische Situation – hier einen altertümlichen und überholten Mathematikunterricht – spielerisch zu verfremden und zu einer absurden, nunmehr ästhetischen Prinzipien und Kriterien folgenden Groteske zu machen, und diese Prinzipien kognitiv zu reflektieren, so kann dieses Tun zu einem befreienden, das eigene Bewusstsein bereichernden Alternativentwurf der Wirklichkeit werden. Auch die gedankliche Reflexion der Schlussszene (4. UE) wird sinnlich erfahrbar durch ein einfaches Bewegungsspiel angebahnt.

Vermittlung elementarer Musiklehre im Rahmen des Themas *Musiktheater*

Die folgenden Unterrichtsvorschläge sind ganz bewusst für regulären (Klassen-)Musikunterricht konzipiert, wobei es natürlich durchaus erwünscht ist, dass gut erarbeitete „Produkte" auch einmal im Rahmen von Elternabenden oder Schulaufführungen vorgestellt werden. Wichtig ist aber auch der kognitive Bereich, die Reflexion über Musik, die Entwicklung eines Begriffsrepertoires, mit dem sich die Lerngruppe über musikalische Sachverhalte verständigen kann. Die Richtlinien und Lehrpläne für das Gymnasium, Sekundarstufe I, Musik (NRW) definieren vier Umgangsweisen mit Musik (Musik machen, Musik hören, Über Musik nachdenken, Sich über Musik informieren), die zwar zeitweise unterschiedlich gewichtet sein können, aber alle berücksichtigt werden müssen. Letztlich geht es auch im Musikunterricht um überprüfbare Lernerfolge und für Schüler einsichtige Bewertungen.

So ist es ein wichtiges Anliegen der Unterrichtsreihe, den Schülern der Sekundarstufe I spielerisch Inhalte der „Elementarlehre" zu vermitteln. Damit steht die Unterrichtsplanung in einem, jedem Musiklehrer wahrscheinlich wohlvertrauten Dilemma. Das „musikalische Kunstwerk" soll nicht zum theoretischen Belegexemplar degradiert werden. Andererseits sollen musikalische Elementaria nicht um ihrer selbst willen, losgelöst von musikalischen Zusammenhängen, eingeübt werden. Die Autoren haben es sich zur Aufgabe gemacht, das von vielen Kollegen immer wieder empfundene Problem der Vermittlung musikalischer Grundkenntnisse im Unterricht aufzugreifen und den scheinbaren Widerspruch zwischen einem Unterricht, der lehrgangsmäßig und systematisch wichtige Inhalte der Elementarlehre thematisiert, und einem Unterricht, der den Schülern hilft, an konkreten Mu-

sikstücken musikalischen Sinn zu entschlüsseln und ihnen ästhetische Erfahrungen mit Musik ermöglicht, auf kreative Weise anzugehen. Dabei bestand Einigkeit in der Hinsicht, dass einerseits isoliert von klingender Musik und musikalischem Tun vermittelte musiktheoretische Fakten wohl kaum wirklich im Gedächtnis verankert werden können, dass andererseits die Vorstellung, die Schüler sollten – ohne konkreten Lebens- und musikalischen Erfahrungsbezug – im Kopf eine Art „Lexikon musikalischen Wissens" anlegen, ohnehin verfehlt ist.

Die für den Unterricht vorbereiteten Arbeitsblätter helfen, das spielerisch Erfahrene zu reflektieren. Sie können im Sinne einer Ergebnissicherung von den Schülern gesammelt und durch eigene Notizen, Beobachtungen etc. ergänzt werden. Darüber hinaus werden in den Erläuterungen zu jeder Unterrichtseinheit Vorschläge gemacht, wie, basierend auf den neuen ästhetischen Erfahrungen der Schüler, das Repertoire an Fachbegriffen sinnvoll erweitert werden kann. Auch dadurch können progressive und überprüfbare Lernerfolge gesichert werden.

Zur Methodik

Bei den methodischen Zugriffsweisen wurde versucht, der lernpsychologischen Erkenntnis gerecht zu werden, dass Schülern der Stoff möglichst *mehrkanalig*, mit allen Sinnen vermittelt werden sollte. Tanz, Spiel-Mit-Satz, szenisches Spiel und Bewegungsstudien, naturgemäß verbunden mit viel konzentriertem Hören (ein gut auf die Musik abgestimmtes szenisches Spiel oder ein Tanz ist immer auch eine Höchstleistung im präzisen „Erhören" musikalischer Ereignisse), bestimmen das Unterrichtsgeschehen und werden in den *methodischen Hinweisen* zu Beginn jeder Unterrichtseinheit erläutert. Darüber hinaus wird den Schülern – natürlich stufengemäß eher ansatzweise – über Übung und Reflexion die zur kognitiven Bewältigung und Verständigung über das Ausgeführte nötige fachspezifische Begrifflichkeit vermittelt.

Typisch für diese methodische Verfahrensweise ist z. B. der Verlauf der 3. UE. Schüler üben Abschnitte der Musik singend und auf Instrumenten ein, malen Schautafeln, proben einen Bewegungsablauf und entwickeln daraus ein szenisches Playback-Spiel unter dem Motto: „Der Alptraum von der Mathematik". Die Vorstellung Mathematik = Ordnung bzw. Alptraum = Chaos schafft die Voraussetzung für die Erarbeitung musikalischer Schlüsselbegriffe. Es werden z. B. gegenübergestellt: gleichmäßiges Tempo – Accelerando; klare Tonhöhen – Falsett/Überschlagen der Stimme; abgeschlossene musikalische Phrasen – Bruchstücke von Phrasen.

Die Handlung[5]

Das Kind will keine Schulaufgaben machen und hat nur Lust auf übermütige Streiche. Auf die liebevollen Ermahnungen der Mutter reagiert es verstockt, sodass sie es bei Tee ohne Zucker und trockenem Brot allein in seinem Zimmer lässt. In trotziger Zerstörungswut zerschlägt das Kind das Teegeschirr, verwundet das Eichhörnchen im Käfig mit einer Schreibfeder, zieht die Katze am Schwanz, löscht das Feuer im Kamin, dass es qualmt, reißt das Pendel der Standuhr ab und beschädigt die Tapete, seine Bücher und Schulhefte. Als es sich nach diesen Verwüstungen ermüdet in den Sessel fallen lassen will, beginnt der Zauber. Die misshandelten Gegenstände werden lebendig: **Der Lehnstuhl und der kleine Polstersessel beginnen einen gemessenen Tanz,** *die Uhr beklagt sich wild schlagend über ihre Schande, dass sie nicht mehr die Zeit weiß, die schwarze Wedgewoodkanne und die chinesische Teetasse führen bei einer grotesken Konversation einen Foxtrott auf, das Feuer zuckt aus dem Kamin und verfolgt das Kind, und auch* **die Schäfer und Schäferinnen der zerfetzten Tapete beklagen sich über ihre verlorene Hirtenidylle** *und weinen, dass die Paare auseinandergerissen wurden. Die schöne Prinzessin aus dem Märchenbuch erscheint, die erste Liebe des Kindes, die aber in den zerrissenen Seiten wie ein Traum für immer verschwindet.* **Der närrischste Spuk entsteigt den Rechenbüchern: Die Mathematik selber als kleiner Kobold und eine wirbelnde Schar von Zahlen verfolgen das Kind mit Rechenaufgaben und falschen Ergebnissen.** *Alle die gequälten Dinge sind dem Kind feindlich gesinnt, auch bei seinem Kater, der lieber mit der Katze ein Liebesduett singt, findet es keinen Trost.*

Das Kind folgt den Katzen in den vom Vollmond beschienenen Garten. Doch auch hier hat es alle Wesen übel behandelt: Der Baum stöhnt unter seinen Wunden, Libelle und Fledermaus klagen um ihre getöteten Gefährten, das Eichhörnchen warnt einen Frosch vor dem Quälgeist. Das Kind fühlt sich gänzlich verlassen, ängstlich ruft es nach seiner Mutter. Aber die Tiere dringen auf *das Kind ein und wollen sich rächen. Als in dem Getümmel ein kleines Eichhörnchen verletzt wird, verbindet das Kind seine Wunde, ohne zu beachten, dass es selbst blutet.* **Dieses Zeichen des Mitleids beschwichtigt die aufgebrachten Tiere, sie wiederholen das „Zauberwort" des Kindes „Maman" und bringen es der Mutter zurück.**

Da die Unterrichtseinheiten aus der Handlung nur vier Episoden herausgreifen – es sind dies der Tanz des Lehnstuhls und des Polstersessels, die Schäferidylle, die Mathematik und der Schlusschor der Tiere im Garten – sollte den Schülern kurz die ganze Handlung vermittelt werden. Grundsätzlich sind alle Szenen der Oper – methodisch entsprechend aufbereitet – für den Unterricht geeignet. Die Eingangsszene, Vorspiel – Gespräch mit der Mutter – Wutanfall (s. S. 35), kann und sollte man nach kurzer inhaltlicher Klärung den Schülern auf jeden Fall vorspielen. Nützlich ist der Hinweis auf Ravels eigene Wohnung und seine bevorzugten Einrichtungsgegenstände. Bei den Schülern sollte die Vorstellung von ehrwürdigen, kunstvollen Möbeln, Nippesfigürchen, Spieluhren, edlem Porzellan, kurz, von einer altertümlichen, zerbrechlichen Welt geweckt werden. So sollen sie sich auch die Wohnung des Kindes vorstellen und sich klar machen, dass ein Wutausbruch in einer solchen Umgebung verheerende Folgen hat.

Die Gesamtkonzeption dieses Entwurfs ist nach dem Baukastenprinzip angelegt, d. h. die Unterrichtseinheiten können auch einzeln oder in beliebiger Zusammensetzung im Unterricht eingesetzt werden. Lediglich die 4. UE (Schlussszene) bedarf der Ergänzung durch andere Einheiten, um verständlich zu sein.

Jeder Unterrichtseinheit ist eine deutsche Übersetzung des französischen Textes vorangestellt.[6]

Einige allgemeine Informationen

Maurice Ravel wurde am 7. März 1875 in Cibourne (Pyrenäen) geboren und starb am 28. Dezember 1937 in Paris. Die Oper *L´Enfant et les Sortilèges* entstand in Montfort l'Amaury, in der Nähe von Paris, wo Ravel 1921 ein Haus am Rande des Waldes von Rambouillet gekauft hatte. Er betrachtete es als Zufluchtsort in einem von extensiven Konzertreisen geprägten Lebensabschnitt.

Sidonie-Gabrielle, genannt Colette (Gauthier-Villars, Jouvenal, dann Goudeket), die Verfas-

Text und Übersetzung: 1. Szene

(Das Kind, sechs oder sieben Jahre alt, sitzt vor einer angefangenen Schulaufgabe. Seine Arbeitsunlust hat den Höhepunkt erreicht, es kaut auf seinem Federhalter herum, kratzt sich am Kopf und singt halblaut vor sich hin.)

Das Kind

Ich habe keine Lust, meine Aufgaben zu machen,
ich habe Lust, nach draußen zu gehen.
Ich habe Lust, alle Kuchen aufzuessen.
Ich habe Lust, den Kater am Schwanz zu ziehen
und den des Eichhörnchens abzuschneiden.
Ich habe Lust, auf die ganze Welt wütend zu sein!
Ich habe Lust, Mama nachsitzen zu lassen.

(Die Tür geht auf. Die Mutter kommt herein.)

Die Mutter

War mein kleiner Junge auch brav? Hat er seine Aufgaben gemacht?

(Das Kind gibt keine Antwort, sondern rutscht maulend von seinem Stuhl herunter.)

Oh! Du hast nichts getan! Du hast den Teppich mit Tinte bespritzt! Tut dir deine Faulheit leid?

(Das Kind schweigt.)

Mein Junge, versprichst du mir zu arbeiten?

(Schweigen)

Willst du dich wohl bei mir entschuldigen?

(Statt einer Antwort wendet der Junge seiner Mutter das Gesicht zu und streckt ihr die Zunge heraus.)

Oh!
Dies ist der Imbiss für ein unartiges Kind: Tee ohne Zucker, trockenes Brot.
Du bleibst allein bis zum Abendessen!
Und denke über dein Unrecht nach!
Und denke an deine Schulaufgaben!
Denke, denke vor allem an Mamas Kummer!

(Die Tür geht wieder auf, [die Mutter] entfernt sich. Allein gelassen, bekommt das Kind einen Anfall von Zerstörungswut. Es trampelt mit den Füßen und schreit aus vollem Halse gegen die Tür.)

Das Kind

Das ist mir egal!
Ich habe gar keinen Hunger!
Ich bin überhaupt viel lieber allein!
Ich mag niemanden!
Ich bin sehr böse!
Böse! Böse! Böse!

(Es fegt mit dem Handrücken die Teekanne und die Tasse vom Tisch; sie zerspringen in tausend Scherben. Dann klettert das Kind auf die Fensterbank, öffnet den Käfig des Eichhörnchens und sticht das kleine Tier mit seiner stählernen Schreibfeder. Das verletzte Eichhörnchen flieht kreischend durch das offenstehende Oberlicht des Fensters. Das Kind springt von der Fensterbank und reißt den Kater am Schwanz; der Kater faucht und versteckt sich unter dem Lehnstuhl.)

(L'Enfant, six ou sept ans, est assis devant un devoir comencé. Il est en pleine crise de paresse, il mord son porteplume, se gratte la tête et chantonne à demi-voix.)

L'Enfant

J'ai pas envie de faire ma page,
J'ai envie d'aller me promener.
J'ai envie de manger tous les gâteaux.
J'ai envie de tirer la queue du chat
Et de couper celle de l'écureuil.
J'ai envie de gronder tout le monde!
J'ai envie de mettre Maman en pénitence.

(La porte s'ouvre. Entre Maman.)

Maman

Bébé a été sage? Il a fini sa page?

(L'Enfant ne répond rien et se laisse glisser, boudeur, en bas de sa chaise.)

Oh! Tu n'as rien fait! Tu as éclaboussé d'encre le tapis! Regrettes-tu ta paresse?

(silence de l'Enfant.)

Promettez-moi, Bébé, de travailler?

(silence)

Voulez-vous me demander pardon?

(Pour toute résponse, Bébé lève la tête vers Maman et tire la langue.)

Oh!
Voici le goûter d'un méchant enfant: du thé sans sucre, du pain sec.
Restez tout seul jusqu'au diner!
Et songez à votre faute!
Et songez à vos devoires!
Songez, songez surtout au chagrin de Maman!

(La porte se rouvre, [Maman] s'en va. L'Enfant, resté seul.est pris d'une frénésie de perversité. Il trépigne et crie à pleins poumons vers la porte.)

L'Enfant

Ça m'est égal !
Justement j'ai pas faim!
Justement j'aime beaucoup mieux rester tout seul!
Je n'aime personne!
Je suis très méchant!
Méchant! Méchant! Méchant!

(Il balaie d'un revers de main la théière et la taasse, en mille morceaux. Puis,il grimpe sur la fenêtre, ouvre la cage de l'écureuil, et veut piquer la petite bête avec sa plume de fer. L'écureuil, blessé, crie et s'enfuit par l'imposte ouvert de la croisée. L'Enfant saute à bas de la fenêtre et tire la queue du chat, qui jure et se cache sous un feuteuil)

serin des Librettos, wurde am 28. Januar 1873 in Saint-Sauveur en Puisaye geboren und starb in Paris am 3. August 1954. Ravel hatte sie bereits als junger Mann im Salon von Madame Saint-Marceaux kennen gelernt. Die Zusammenarbeit der beiden Künstler wurde initiiert durch Jacques Rouché, den Direktor der Opéra von Paris. Die Uraufführung von *L'Enfant et les Sortilèges* fand am 21. März 1925 in der Oper von Monte Carlo statt, die Erstaufführung in Paris am 1. Februar 1926.

Ravels Welt und Colettes Libretto: Hintergründe und Beziehungen[7]

Ravel und Colette trafen sich in der Liebe zu Kindern, zu Katzen und zur Natur. Darüber hinaus trieben beide einen Kult mit den kostbaren Gegenständen ihres Hauses.

Bei Montfort-L'Amaury, wo Ravel wohnte, liegt der Wald von Rambouillet, in dem er oft spazieren ging. Er liebte diesen Wald sehr, kannte nahezu alle Pfade und Lichtungen.

Ravel war vollkommen begeistert von Katzen. In seinem Haus hatte er eine Familie von siamesischen Katzen, die ihn viel Aufregung kostete. Als seine Katze „Mouni" gestohlen und vergiftet wurde, war Ravel darüber so bekümmert, dass er seine Arbeit über drei Tage ruhen lassen musste.

Ravel hatte viele Freunde. Er war ein Meister der Freundschaft und empfing bei sich zu Hause gerne eine Schar von Gästen, die er in die Geheimnisse seiner Räume einführte, die voll von Nippsachen waren.

Ravel liebte Kinder. Er hatte bereits 1908 bis 1910 für zwei Kinder aus seinem Freundeskreis *Ma Mère l'Oye* komponiert. In diesem Werk sind die Märchengestalten noch mit sich allein in ihrem Zaubergarten. In *L'Enfant et les Sortilèges* greift nun die Welt der Erwachsenen ein und verursacht eine Auflehnung des Kindes gegen seine Mutter. Doch die Versöhnung ist nahe, denn das Zauberwort, das diese Versöhnung zustande bringt, heißt „Maman".

1. Unterrichtseinheit *Fauteuil et Bergère*

Methodische Hinweise und Vorschläge für eine Chronologie des Unterrichts

Der Tanz (Polonaise)

> *Material:*
> Klassische Polonaisen, z. B. von Leopold Mozart (*Klavierbuch für Nannerl*)
> Arbeitsblatt für Eintragungen (alle Schüler), s. Arbeitsmaterial 1b *S. 39*
> Arbeitsblatt mit Lösungsvorschlägen (für den Lehrer), s. Arbeitsmaterial 1c *S. 40*
> Vereinfachter Klavierauszug, s. Arbeitsmaterial 1d *S. 41*

Als das Kind nach seinem Wutanfall erschöpft auf dem Boden sitzt, sind der Ohrensessel und der Lehnstuhl die ersten Gegenstände, die lebendig werden. Zur Einführung liest der Lehrer z. B. die Passage über das Lebendigwerden der Sessel aus der Szenenanweisung vor. Beim Anhören der Szene wird die Aufmerksamkeit auf den Tanz fokussiert, dessen Rhythmus aus der Musik herauszuhören ist und am besten nachgeklopft und aufgeschrieben wird. Es folgt eine Einführung in den Tanz „Polonaise": Der Tanzschritt (Einknicken im Knie auf der ersten Takt-

zeit, darauf vier getrippelte Schritte), kann durchaus von Kindern selbst erspürt und probiert werden. Hier ist darauf zu achten, dass der Tanz ursprünglich eben nicht ein Marsch ist, wie er heute oft auf Festen als Polonaise gespielt wird. Für die Figuren einer Polonaise finden sich in vielen Musiklehrbüchern Anregungen. Geübt wird mit Klavierbegleitung, z. B. nach dem vereinfachten Klavierauszug (Arbeitsmaterial 1d) oder nach einer anderen Polonaise z. B. von Bach oder Mozart.

(Berauscht von seinem Zerstörungswerk, fällt das Kind atemlos zwischen die Armlehnen des großen Lehnstuls, der mir einer geblümten Schabracke bedeckt ist. Aber zu seiner Überraschung rücken die Armlehnen auseinander, der Sitz weicht aus, und der Lehnstuhl humpelt schwerfällig wie eine Riesenkröte davon.)
(überrascht)

Ah!

(Nach drei Schritten rückwärts kommt der Lehnstuhl zurück, schwer und komisch, geht grüßend auf einen kleinen Polstersessel im Stil Ludwigs XV. zu und führt ihn zu einem steifen und grotesken Tanz.)

Der Lehnstuhl
Ihr ergebener Diener, Polstersessel.
Der Polstersessel
(mit Knicks)
Ihre Dienerin, Lehnstuhl.

Der Lehnstuhl
Endlich sind wir also
dieses Kind los
mit den gemeinen Fußtritten.
Der Polstersessel
Sie sehen, Sie sehen, ich bin darüber erfreut!

Der Lehnstuhl
Keine Kissen mehr für seinen Schlaf,
kein Sitz mehr für seine Träumereien,
kein Ruheplatz mehr für das Kind außer der nackten Erde,
Und dann ... wer weiß?
Der Polstersessel
Und dann ... wer weiß?

Zwischenspiel

Der Lehnstuhl und der Polstersessel
Endlich sind wir also
dieses Kind los
mit den gemeinen Fußtritten.
Der Lehnstuhl
Die Bank, ...
Der Polstersessel
... das Sofa, ...
Der Lehnstuhl
... der Puff, ...
Der Polstersessel
... und der Stuhl mit dem Strohsitz ...
Der Lehnstuhl
... haben genug von dem Kind.
Die Möbel
(die vom Lehnstuhl und vom Polstersessel Genannten heben ihre Arme oder Beine und wiederholen im Chor)
Genug von dem Kind!
(Starr vor Schrecken, mit dem Rücken zur Wand, hört und sieht das Kind zu.)

(Saoùl de dévastation, il va tomber essouflé entre les bras du grand fauteuil couvert d'une housse `afleurs. Mais, o surprise! Les bras du Fauteuil s'écartent, le siège se dérobe, et le Fauteuil, clopinant lourdement comme un énorme crapau s'éloigne.)
(saisi)

Ah!

(Avant fait trois pas en arrière, le Fauteuil revient, lourd et goguenard, et s'en va saluer une petite bergére Lois XV. qu'il emmène avec lui pour une danse compassée et grotesque.)

Le Fauteuil
Votre serviteur humble, Bergère.
La Bergère
(avec référence)
Vtore servante, Fauteuil.

Le Fauteuil
Nous voilà donc débarrassés
A jamais cet Enfant
Aux talons méchants.
La Bergère
Vous m'en voyez, vous m'en voyez aise!

Le Fauteuil
Plus de coussins pour son sommeil,
Plus de sièges pur sa rèverie,
Plus de repos pour lui que sur la terre nue.
Et encore ... qui sait?

La Bergère
Et encore ... qui sait?

Le Fauteuil, La Bergère
Nous voilà donc débarrassés
A jamais cet Enfant
Aux talons méchants.
Le Fauteuil
Le Banc, ...
La Bergère
... le Canapé, ...
Le Fauteuil
... le Pouf, ...
La Bergère
... et la Chaise de paille ...
Le Fauteuil
... ne voudront plus de l'Enfant..
Les Meubles
(que viennent de nommer le Fauteuil et la Bergère lèvant, qui les bras, qui les pieds, et répètent en choeur)
Plus de l'Enfant!
(Immobile de stupeur, l'Enfant, adossé au mur, écoute et regarde.)

Das Gespräch der Möbel untereinander (Klangkonnotationen, „angewandte Instrumentenkunde"); Einbetten des Tanzes in eine kleine „Inszenierung"

Material:

Auszug aus *Fauteuil et Bergere* (für den Lehrer), s. Arbeitsmaterial 1 e *S. 42*

Zeichnungen der Möbel (für alle Schüler), Arbeitsmaterial 1a *S. 38*

Arbeitsblatt für weitere Eintragungen, Arbeitsmaterial 1 b *S. 39*

Das von Ravel geforderte „Luthéal" wird in den erhältlichen Aufnahmen mal vom Klavier, mal vom Cembalo dargestellt. Besonders das Cembalo läßt sich problemlos als „altmodisch" den Möbeln, vor allem dem Polstersessel zuordnen und erinnert an vergangene Jahrhunderte. Text und Musik lassen sich deutlich in drei Teile gliedern:

1. Die Sessel begrüßen sich in affektierter Sprache – sehr vornehm! Das Cembalo/Klavier schafft die Atmosphäre eines alten, vornehmen Tanzsaals.

2. Sie beschließen, sich am Kind zu rächen. Plötzlich taucht eine Menge andere Instrumente auf, die „Kommentare" geben. Besonders deutlich die glissandi bei „sommeil" (Schlaf) und bei der „rêverie" (Träumerei).

3. Dieser Teil beginnt mit vier Takten reiner Instrumentalmusik. Wir hören wieder deutlich den Polonaisenrhythmus und dazu nur ein paar Instrumente: Querflöte, Horn, Klarinette, wieder Flöte, Posaune und Tuba. Danach kehrt der Anfang wieder.

Erstellung der Hörpartitur

In das vorgefertigte Blatt, in das das Klavier/ Cembalo als „Begleitung" und der Tanzrhythmus (letzte Stunde) schon eingetragen sind, werden die anderen Instrumente, die die Kommentare geben, mit graphischen Zeichen eintragen.

Verbindung von Vorstellungsinhalten mit Klangfarben und Motiven

Was könnten die Instrumente sagen? Aus den Klangkonnotationen der Instrumente und inhaltlichen Assoziationen werden kurze Sätze, passend zur Geschichte, entwickelt, die neben den grafischen Zeichen eingetragen werden.

Einbettung des Tanzes in eine Pantomime

Schüler übernehmen die Rollen auch anderer, „geschundener" Möbelstücke und stellen während des musikalischen Zwischenspiels pantomimisch eine affektierte Unterhaltung dar.

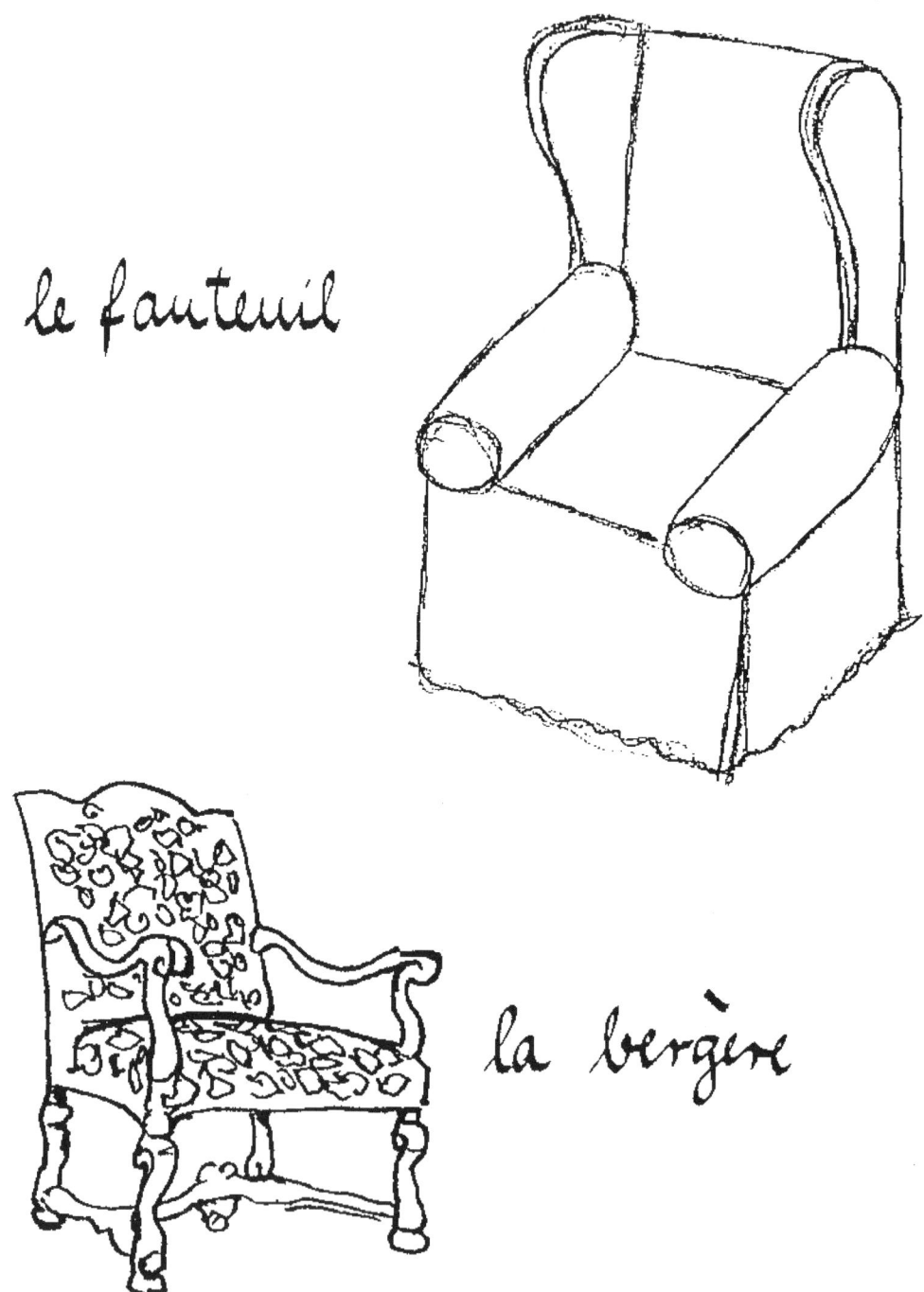

le fauteuil

la bergère

Arbeitsmaterial 1 b: Arbeitsblatt für Schüler

		Instrument			
		Cembalo			

Arbeitsmaterial 1c Arbeitsblatt mit möglichen Lösungen

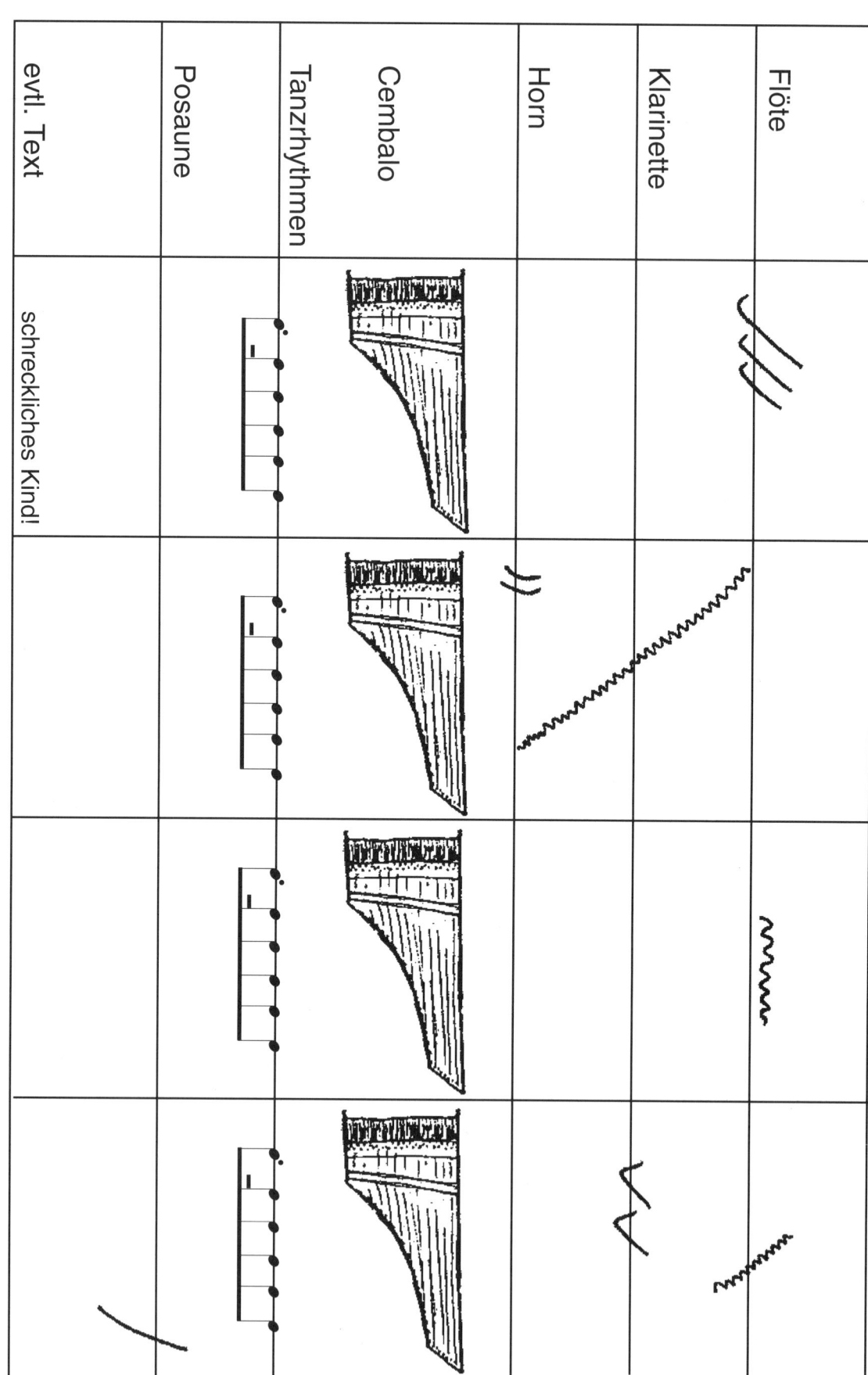

Arbeitsmaterial 1e

Ausschnitt aus dem Klavierauszug aus dem Zwischenspiel von *Le fauteil et la bergère* – Vorlage für einen fiktiven Dialog der Instrumente

2. Unterrichtseinheit *Adieu, pastourelles*

Bei der Begegnung mit dieser Szene lässt sich die Schwierigkeit, die gesamte Lerngruppe in praktisches musikalisches Handeln einzubeziehen, ohne größeren organisatorischen Aufwand durch das sukzessive Einüben eines Spiel-Mit-Satzes bewältigen, der je nach Leistungsvermögen der SchülerInnen und der zur Verfügung stehenden Zeit beliebig auf ein oder zwei klangliche Aktionen begrenzt oder bis fast zur Umsetzung der gesamten Partitur ausgedehnt werden kann.

Stücke, die von einer gleichmäßigen metrischen Bewegung durchzogen sind, eignen sich für einen Spiel-Mit-Satz besonders gut, da bei ihnen gerade auch die schwächeren SchülerInnen zum Einsatz kommen können. Tänzerisch ausgerichtete, aus überschaubaren additiven Bausteinen geformte sowie folkloristische oder marschartige Kompositionen sind geradezu prädestiniert für ein derartiges Vorhaben. Aufgrund dieser strukturellen Anlage ist es möglich, sich sogar mit einem oder zwei Abschnitten zu begnügen.

Aufgrund der melodischen und harmonischen Entwicklung im Verlauf der Szene *Adieu, pastourelles* erscheint eine Beschränkung auf den ersten Teil (T. 1–32) sinnvoll. Zu ihm lässt sich ein aparter, in der Lautstärke dezent zu haltender Spiel-Mit-Satz entwickeln und passend zu einer Tonaufnahme realisieren. Die fünf ersten Takte werden nicht in das gemeinsame Musizieren einbezogen, denn sie sind nötig, damit alle – auch der Lehrer, der die Einsätze geben muss – sich in die rhythmische Bewegung und das Tempo des Stückes einhören können.

Für ein sinnvolles Hinzufügen von elementaren Instrumenten zu diesem Tanz muss der Grundsatz beachtet werden, dass die Komposition nicht durch zu starke Verfremdungen dynamischer und harmonischer Art aus dem Zentrum des Unterrichts verdrängt wird. Es kann nur zu einer originären Begegnung mit diesem Werk selbst kommen, wenn nicht stilistisch unpassende Elemente es in seinem Charakter verändern. Für die klangliche Realisierung des rhythmischen Ostinatos dürfen nur dezente „Instrumente" wie etwa Bleistifte oder einzelne Finger, die auf eine Tischplatte oder eine Armlehne schlagen, eingesetzt werden, damit der Gesamtklang nicht überlagert wird. Gleichzeitig bietet es die Gelegenheit, eine große Zahl der SchülerInnen variabel einzusetzen. Auch die Metallophone und

Xylophone können je nach schulischer Ausstattung bei den Bordunstimmen doppelt oder dreifach mit je zwei Spielern besetzt werden.

Mit der Realisierung eines Spiel-Mit-Satzes verbinden sich unterschiedliche Zielsetzungen. Ein genaues Mitverfolgen der Musik fördert das konzentrierte Hören. Auch über den Musikunterricht hinausgehende Intentionen wie Förderung der Reaktionsfähigkeit und des Gedächtnisses finden Berücksichtigung. Bisherige unterrichtliche Inhalte, denen die SchülerInnen eher theoretisch oder „losgelöst" von „richtiger" Musik begegnet sind, können in einem ganz anderen Licht erscheinen, der Sinn, sich mit Notenzeichen zu beschäftigen, kann eingesehen werden. Zudem können neue musikalische Fachbegriffe bei der Einstudierung genannt, an die Tafel geschrieben und während des Musizierens immer wieder verwendet werden, ohne dass Definitionen eingestreut oder schriftlich fixiert werden. Allein durch das Realisieren sollen sie sich klanglich in das Gedächtnis einfügen.

Ein wichtiger Aspekt liegt in der durch das eigene Musizieren fast unmerklichen Weitung der Hörerfahrung über die tagesaktuelle Musik hinaus. Die bei SchülerInnen oft vorhandene Intoleranz gegenüber ungewohnter Musik kann zumindest etwas abgemildert werden. Auf spielerische Weise wird eine Brücke geschlagen zu dieser „Hirtenmusik", die rein auditiv in dieser Altersstufe zunächst nicht auf besondere Akzeptanz stößt.

SchülerInnen, die besondere Fähigkeiten im Instrumentalunterricht erworben haben, können gesonderte Aufgaben übernehmen. Eventuell bereiten sie ihren „Part" zuhause vor, sodass das Zusammensetzen des Spiel-Mit-Satzes (S. 44f.) an entscheidenden Stellen zeitlich gerafft werden kann. Außerdem besteht die Möglichkeit, SchülerInnen, die in einem Chor mitmachen, nach Wunsch und Fähigkeiten bei vokal realisierbaren Passagen einzusetzen.

Chronologie des Unterrichts

Der Lehrer führt evtl. durch einen optischen Impuls (Hirtengemälde o.ä.) in die Welt der Musik ein. Das anschließende Kennenlernen und Befestigen der einzelnen Stimmen erfolgt in drei Abschnitten:

I. Takt 6–13

1. Gemeinsames Realisieren der beiden rhythmischen Motive (Takt 6 + 7) mit Stiften auf der Bank- oder Sitzkante (Begriff: Ostinato).
2. Üben der 3 Bordunstimmen (Begriff: Bordun).
3. Erarbeitung der beiden ersten Abschnitte, die entweder gesungen oder von Melodieinstrumenten gespielt werden (Begriffe: Phrase und natürliches Moll).
4. Realisation des ersten Abschnitts, zunächst nur als reines Spielstück, bei der Wiederholung mit Tonaufnahme als Spiel-Mit-Satz. Gleichzeitig wird dabei der Einsatz nach den einleitenden 5 Takten geübt.

II. Takt 14 (mit Auftakt)–23

1. Einstudierung der beiden Melodieinstrumente.
2. Ergänzung der eintaktigen Septimenfigur im tieferen Stabspielinstrument. Auch die Einbeziehung von Klavier oder Cembalo ist als Alternative möglich.
3. Gemeinsames Realisieren.
4. Verknüpfung der beiden bisherigen Abschnitte (auch in Verbindung mit der Tonaufnahme).

III. Takt 24–32

Dieser letzte Teil ist schwieriger, da alle drei Bordunstimmen verändert werden.

1. Erarbeitung der tiefen Metallophonstimme.
2. Erarbeitung der tiefen Xylophonstimme.
3. Erarbeitung des Schlusses im Part des höheren Metallophons.
4. Erarbeitung der Singstimmengruppen.
5. Gemeinsames Spielen dieses Abschnittes.

Aufführung des gesamten Werkausschnittes, Korrekturen und Wiederholungen, kurze zusammenfassende Reflexion über Gestalt und Wirkung dieser Musik.

3. Unterrichtseinheit *L'Arithmétique*

Information

Wenn Kinder eine Inszenierung gestalten, wird es lustig und plakativ zugehen. Verinnerlichte Muster des Fernseh-Kinderprogramms, spezielle Trickfilm - Dramaturgien sind abrufbereit vorhanden und können die geforderte Auseinandersetzung mit der Musik leicht überlagern. Deshalb wird in der Inszenierung dieser Szene von Anfang an analytisch vorgegangen: Die sorgfältige Abstimmung von Singen, Pantomime und Tanz auf musikalische Details sind für eine lohnende ästhetische Erfahrung unabdingbar. Idealerweise sollte es gelingen, durch ein Nachgestalten der Szene zur Musik den Schülern die Einsicht und das Empfinden für die Tatsache zu vermitteln, dass es quasi selbstverständliche Erwartungen an die Musik gibt, z. B. gleichmäßiges Metrum, klare Tonschritte, abgeschlossene musikalische Phrasen, und dass bei Abweichungen davon – hier sind es z. B. das Accelerando, die nicht beendeten Phrasen, glissandi, Falsett – eine Atmosphäre der Verunsicherung entsteht, die die groteske Verzerrung der Wirklichkeit in dieser Episode glaubhaft macht.

Um die zu spielende Szene inhaltlich abzurunden, empfiehlt es sich, die Anfangstakte der Oper bis zum Einsatz des Gesangs einzubeziehen.

Spiel-Mit-Satz zum Anfang der Nr. 10 (Takt 1–32)

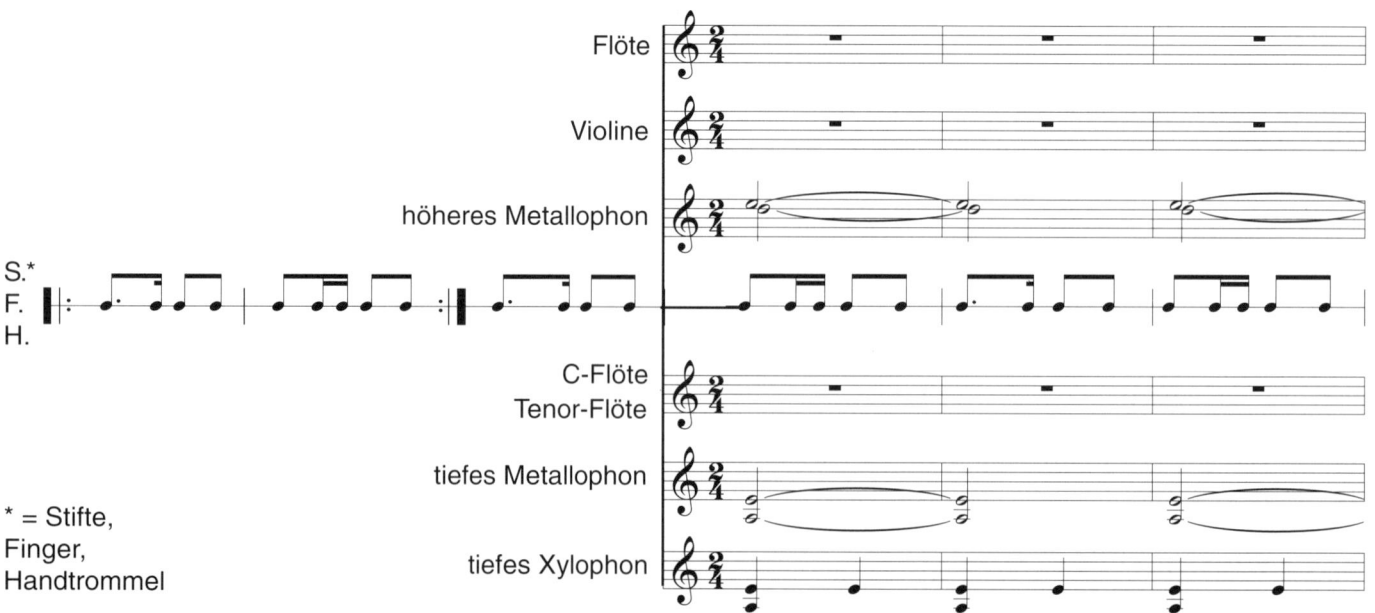

S.*
F.
H.

* = Stifte,
Finger,
Handtrommel

Text und Übersetzung: L'Arithmétique

Der kleine alte Mann
Zwei Wasserhähne münden in ein Becken!
Zwei Personenzüge fahren vom Bahnhof ab
im Zwanzig-Minuten-Abstand.
Eine Bauersfrau
trägt alle ihre Eier zum Markt!
Ein Stoffhändler
hat sechs Meter Tuch verkauft!
*(Er bemerkt das Kind und nähert sich ihm mit äußerster
Feindseligkeit.)*

Das Kind
(in panischer Angst)
Mein Gott! Das ist die Arithmetik!

Der kleine alte Mann
(bestätigend)
Tik, tik, tik!

Die Zahlen
(die Seiten anhebend und kreischend)
Tik, tik, tik!
*(Der kleine alte Mann tanzt um das Kind herum und be-
schleunigt seine bedrohlichen Schritte.)*

Der kleine alte Mann
(kneift sich in die Nase)
Vier und vier sind achtzehn,
elf und sechs sind fünfundzwanzig,
Vier und vier sind achtzehn,
sieben mal neun sind dreiunddreißig.

Das Kind
(erstaunt)
Sieben mal neun sind dreiunddreißig?

Die Zahlen
Sieben mal neun sind dreiunddreißig.
(Sie kommen unter den Seiten hervor)

Das Kind
(verblüfft)
Vier und vier?

Der kleine alte Mann
(keuchend)
Achtzehn!

Das Kind
Elf und sechs?

Der kleine alte Mann
(wie vorher)
Fünfundzwanzig!

Das Kind
Vier und vier?

Der kleine alte Mann
Achtzehn!

Das Kind
(in kühner Übertreibung)
Drei mal neun sind vierhundert!

Le petit Vieillard
Deux robinets coulent dans un réservoire!
Deux trains omnibus quittent une gare
A vingt minutes d'intervalle.
Une paysanne
Porte tous ses oeufs au marché!
Un marchand d'étoffe
A vendu six mètres de drap!
*(Il aperçoit l'Enfant et se dirige vers lui de plus malveillante
manière.)*

L'Enfant
(affolé)
Mon Dieu! C'est Arithmetique!

Le petit Vieillard
(acquiesçant)
Tique, tique, tique!

Les Chiffres
(soulevant les feuillets et piaillent)
Tique, tique, tique!
*(Le petit Vieillard danse autour de l'Enfant en multipliant
les passes maléfiques.)*

Le petit Vieillard
(en se pinçant le nez)
Quatre et quat' dix-huit,
Onze et six vingt-cinq,
Quatre et quat' dix-huit,
Sept fois neuf trent'-trois.

L'Enfant
(surprise)
Sept fois neuf trent'-trois?

Les Chiffres
Sept fois neuf trent'-trois.
(Ils sortent de dessous les feuillets)

L'Enfant
(égaré)
Quatre et quat'?

Le petit Vieillard
(soufflant)
Dix-huit!

L'Enfant
Onze et six?

Le petit Vieillard
(même jeu)
vingt-cinq!

L'Enfant
Quatre et quat'?

Le petit Vieillard
Dix-huit!

L'Enfant
(exagérant résolument)
Trois fois neuf quat' cent!

Der kleine alte Mann
(wiegt sich hin und her, um sich auf die Bewegung des Reigens einzuschwingen)
Millimeter, Zentimeter, Dezimeter,
Dekameter, Hektometer, Kilometer,
Myriameter,
das versteht der Gasometer,
Millionen, Billionen, Trillionen
und die Frack-tionen!

Die Zahlen
(ziehen das Kind in den Tanz)
Zwei Wasserhähne münden in ein Becken!
Zwei Personenzüge fahren vom Bahnhof ab
im Zwanzig-Minuten-Ab ...

Der kleine alte Mann
Eine Bauersfrau,
trägt alle ihre ...

Die Zahlen
Ein Stoffhändler,
verkauft sechs ...

Der kleine alte Mann
Zwei Wasserhähne münden in ein Becken!

Die Zahlen
Eine Bauersfrau,
geht auf den Markt ...

Der kleine alte Mann, Die Zahlen
(ausgelassener Reigen)
Drei mal neun? Dreiunddreißig.
Zwei mal sechs? Siebenundzwanzig.
Vier und vier? Vier und vier? ...
Zwei mal sechs sind einunddreißig!
Vier und sieben sind neunundfünfzig!
Fünf mal fünf sind dreiundvierzig!
Sieben und vier sind fünfundfünfzig!
Vier und vier! Fünf und sieben!
Fünfundzwanzig! Siebenunddreißig!
Ah!

(Das Kind fällt benommen der Länge nach hin. Der kleine alte Mann und die Zahlen entfernen sich.)

Der kleine alte Mann
(erscheint auf der einen Bühnenseite)
Vier und vier sind achtzehn!

Die Zahlen
(wie vorher)
Elf und sechs sind fünfundzwanzig!

Der kleine alte Mann
(wie vorher)
'tzehn!

(Das Kind richtet sich mühsam zu sitzender Stellung auf.)

Le petit Vieillard
(Il se balance, pour prendre le mouvement de la ronde)
Millimètre, Centimètre, Décimètre,
Décamètre, Hectomètre, Kilomètre,
Myriamètre,
Faut t'y mettre quelle fêtre!,
Des millions, des billions, des trillions
et des frac-cillions!

Les Chiffres
(entraînent l'Enfant dans leur danse)
Deux robinets coulent dans un réservoire!
Deux trains omnibus quittent une gare
A vingt minutes d'inter ...

Le petit Vieillard
Une paysanne,
Porte tous ses ...

Les Chiffres
Un marchand d'étoffe,
A vendu six ...

Le petit Vieillard
Deux robinets coulent dans un réservoire!

Les Chiffres
Une paysanne,
S'en va-t'au marché ...

Le petit Vieillard, Les Chiffres
(Ronde folle)
Trois fois neuf? Trent'-trois.
Deux fois six? Vingt-sept
Quatre et quat'? Quatre et quat'? ...
Deux fois six trente et un!
Quatre et sept cinquant'-neuf!
Cinq fois cinq quarant'-trois!
Sept et quat' cinquant'-cinq!
Quatre et quat'! Cinq et sept!
Vingt-cinq! Trent'-sept!
Ah!

(L'Enfant tombe, étourdi, tout de son long. Le petit Vieillard et les Chiffres s'éloignent.)

Le petit Vieillard
(paraissant d'un côte de la scène)
Quatre et quat' dix-huit!

Les Chiffres
(même jeu)
Onze et six vingt-cinq!

Le petit Vieillard
(même jeu)
Z'huit!

(L'Enfant se relève péniblement sur son séant.)

Kapitel 3   **Methodische Hinweise und Vorschläge für eine Chronologie des Unterrichts**

Vorbereitung der Inszenierung

Material:

Der Lehrer sollte über einen Klavierauszug der Szene verfügen, „Mathematikaufgaben" mit Arbeitsaufträgen (Arbeitsmaterial 3 a *S. 51*), Folienvorlagen für Einstudierung von Gesang und Tanz (Arbeitsmaterial 3 b–d, *S. 52*)

Vorschlag für eine Information des Lehrers an die Schüler

Der frz. Komponist Ravel hat ein Theaterstück mit Musik geschrieben, in dem er die Ängste eines Schulkindes vor der Mathematik darstellt. Es sitzt in seinem Zimmer und soll lernen. Während es verzweifelt und erfolglos über dem Buch grübelt, hat es plötzlich einen fürchterlichen Alptraum: Aus dem Schulbuch steigt der „Rechenmeister" (bei Ravel ein „dürres Männlein", die Schüler gestalten diese Figur aber auch gern anders aus, je nachdem, wie sie sich einen furchteinflößenden Lehrer vorstellen), begleitet von lebenden Zahlen, und quält es - natürlich mit Mathematik!

Dieser Alptraum lässt sich im Klassenraum mit der dazugehörigen Musik darstellen.

- Wir werden uns in Gruppen mit den Rollen und den Möglichkeiten der Darstellung beschäftigen.

- Wenn wir das vorbereitet haben, setzen wir unsere Ergebnisse zusammen und proben, bis wir dann zur Musik spielen können. Vielleicht könnt Ihr Euer Ergebnis irgendwann Euren Eltern vorführen.

- Wir werden lernen und üben, das, was die Musik ausdrückt, zu erfassen, darzustellen und mit den richtigen Worten und Fachausdrücken zu beschreiben.

Als Sozialform bietet sich Gruppenarbeit an:

1. Je zwei Schüler arbeiten an den Textaufgaben (s. Arbeitsmaterial 3 a)
2. „Bühnenmaler", „Kostümbildner", „Schauspieler"
3. Ca. 10 Spieler können „Zahlen" darstellen, diese Gruppe braucht eine kurze Instruktion durch den Lehrer, danach können sie in einem Nebenraum weiterüben („Tänzer").
4. Die übrigen Schüler üben als „Sänger" die Gesangspassagen auf den Folien (3 b–d) ein, eine Übung, die beim Zusammentragen der Ergebnisse noch einmal mit allen gemacht werden sollte.

Zu 2.: „Bühnenmaler", „Kostümbildner", „Requisiteure", evtl. „Regisseure" überlegen anhand der Textaufgaben (die so ähnlich fragmentarisch in *L'Arithmétique* auftauchen):

geeignete Schaubilder:

- Wasser, das in ein Fass fließt (s. Folie 1)
- Busse, die vom Bahnhof abfahren (s. Folie 1)

Kostümierungen, Requisiten und kleine Szenen:

- Bauersfrau (Folie 1)
- Stoffverkäufer (Folie 1)

Sie sollen dazu dienen, die in den Aufgaben geschilderten Szenen bzw. Inhalte auf „alptraumhafte" Art, also in grell überzeichneter, realitätsfremder Art vorzuspielen.

Zu 3.: „Tänzer": Eine Gruppe „Zahlen" überlegt sich geeignete Kostümierungen (die Kinder tragen z. B. große Zahlen auf der Stirn oder dem Rücken) und übt einen Kreistanz (Hände gefasst, Blick zur Mitte) in der Schrittfolge: vor-seit-rück-seit... ein. Dazu wird gesprochen: „Milli-me-ter..." (s. Folie 2).

Zu 4.: „Sänger" üben Passagen des Stückes – evtl. mit Hilfe eines Playback-Bands – entsprechend den Folienvorlagen mit deutschem Text singend ein. (Hierfür ist die Leitung des Lehrers erforderlich).

„Bühnenprobe" – Methodische Vorschläge zum Verlauf

Zunächst wird gemeinsam in deutscher Sprache das Skandieren von Rechenaufgaben in den Sprechrhythmen Ravels geübt. Flüstern/Schreien, cresc./decresc. werden einbezogen. Dann folgt Sprechen der Aufgaben mit verteilten Rollen (Schüler/Lehrer) mit Schlagwerkunter- malung, u. U. Lineal, Bleistifte, Geo-Dreiecke etc. Dazu soll lebhaft agiert und gestikuliert werden. Ziel ist, den „Alpträumer" zu terrori- sieren. Gut eignet sich dafür der Rhythmus beim ersten Auftreten der Rechenaufgabe. (Die Pas- sage ist frei übersetzt, damit die Zahlen in deut- scher Sprache auf den Rhythmus passen.)

neun und acht? siebzehn!		(Achtel-Achtel-Viertel-/Viertel-Viertel)
sechs und sieb'n?!	(...)	(...)
neun und neun?!	(...)	(...)
elf und zwei?!	(...)	(...)
fünf mal vier?!	(...)	(...)
sieb'n mal zehn?!	(...)	(...)
fünf mal zwölf?!	(...)	(...)
drei mal sechs?!	(...)	(...)

Durch den immer strikt durchgehaltenen Be- gleitrhythmus werden echter Stress und falsche Antworten entstehen – ein spielerisches Nach- gestalten angstbesetzter, dem Schüler vertrauter Rituale.

Nun folgt mehrmaliges Anhören der gesamten Passage und das Lokalisieren der vorgeübten Elemente. Text- und Rechenaufgaben müssen in der Fremdsprache und im neuen Klanggewand erkannt und zugeordnet werden.

Setzt man die vorgeübten Passagen zusammen, ergibt sich etwa folgende Szenenfolge:

Nachdenken über die Musik, Vervollständi- gung der Inszenierung

Der zweite Teil des Stückes wird nun gehört, und im Unterrichtsgespräch werden die zentralen Begriffe auf der „Ordnungs-" und der „Chaos"- Seite erarbeitet.

Anfang der Oper.

Brüten über dem Mathebuch, verzweifeltes Händeringen, Gähnen, schließlich Einschlafen

Auftritt des Rechenmeisters, szenisches Darstellen der Aufgaben in der Reihenfolge, wie sie in der Partitur erscheinen, per Schaubild (die Bilder werden vorbeigetragen)

Pantomimisches Erschrecken und Drohen

Lebhaftes Abfragen der Rechenaufgaben wie vorgeübt in der „Bühnenprobe" – hier aller- dings pantomimisch, aber genau im Rhythmus, der Rechenmeister klopft den Grundrhythmus mit Lineal auf den Tisch.

Die während der letzten Takte bereits aufgetauchten „Zahlen" bilden einen Kreis um das Kind, laufen im accelerando um es herum, bedrohen es.

Damit ist der erste Formteil bis zur Reprise des Anfangs erarbeitet; die Schüler kennen das Werk nun bis dahin so gut, dass sie die zunehmenden „Verunsicherungsmomente" im zweiten Teil selbst wahrnehmen und sowohl kognitiv (in der Besinnungsphase) als auch inszenierungsmäßig erfassen und umsetzen können sollten.

Vorschlag für die Erarbeitung und Zuordnung der Begriffe (Tafelbild)

Ordnung		**Chaos**
gleichmäßiges Tempo	„Der Rechenmeister wird immer schneller."	Accelerando
saubere Tonhöhen, genau bemessene Halbtonschritte	„Der Rechenmeister regt sich so auf, dass er nicht mehr richtig singen kann."	Überschlagende Stimme, Falsett, glissando
abgeschlossene Phrasen	„Die Anfänge der Rechenaufgaben brechen immer früher ab und geraten durcheinander."	abgebrochene, unvollständige musikalische Phrasen

Das Üben und Vervollkommnen des szenischen Spiels ist eine gute Hör- und Reaktionsübung, denn die Schüler müssen nun wieder die Ereignisse (nunmehr verändert, bruchstückhaft, in leicht modifizierter Reihenfolge) erkennen und wie oben mit ihren Spielideen koordinieren. Meist ergeben sich gute Vorschläge, was die bösen Zahlen nun weiter tun sollen, z. B. falsche Antworten zuflüstern, bedrohlich näher kommen, zurückweichen o. ä. Der Schluss wird von den Schülern spontan wohl immer plausibel gedeutet werden als „Zusammenbruch" oder „Untergang".

Arbeitsmaterialien zur 3. Unterrichtseinheit (Hinweise)

Zu den Folienvorlagen:

Sie dienen der Einstudierung der Abschnitte und Fragmente mit den Sängern. Es empfiehlt sich, die Arbeit daran auf zwei Stunden zu verteilen, denn sie sind die wichtigsten Orientierungspunkte für das Hören dieses sehr verwirrenden und überaus schnell gespielten Teils der Oper.

Zu den Arbeitsaufträgen an die „Bühnenmaler", „Kostümbildner" und „Schauspieler" (Partner- oder Gruppenarbeit)

a) Die Aufgaben

Die Mathematikaufgaben sind im Stil des Mathematikbuchs der 6. Klasse formuliert. Gerade an solchen Textaufgaben verzweifeln viele Schüler, sodass sie sehr schnell eine emotionale Beziehung zu der musikalisch geschilderten Situation entwickeln dürften. Im Sinne eines lebens-

weltlichen Bezugs werden die Schüler mit einem zentralen, oft gehassten Gegenstand ihres täglichen Lebens im Spiel neue Erfahrungen machen. Die Aufgaben sind eine mögliche Fortführung und Vervollständigung der im Stück zitierten Fragmente, sodass die Schüler sie später als die in der Szene vorkommenden Aufgaben wiedererkennen werden. Die Übersetzung eines jeweils wichtigen Wortes ins Französische soll sicherstellen, dass die „Aufgaben" auch in der Fremdsprache wiedererkannt werden. Dazu sollten diese frz. Vokabeln erklärt und deren Aussprache geübt werden.

Der Arbeitsauftrag ist für jede Aufgabe gleich – die Schüler sollen den „Verfremdungsaspekt" (Traum!) betonen – einfach nur eine Mathematikaufgabe szenisch darzustellen, wäre trivial und der Sache nicht dienlich.

b) Requisiten

Es ist ratsam, sich auf wenige, aber markante Details zu beschränken, etwa: Eierkorb, Kopftuch für die Bäuerin, Zeichnung einer großen Bahnhofsuhr oder eines Busfahrplans, Zeichnung einer Regentonne, Stoffverkäufer mit Stoffrolle und Zentimetermaß. Die lebendigen „Zahlen" können sich Zahlen auf den Rücken heften oder an die Stirn kleben. Der „Rechenmeister" kann mit den Unterrichtsgeräten wie Zirkel oder Lineal drohen und gestikulieren.

Arbeitsmaterial 3a

Lies die folgende Mathematikaufgabe:

Eine Frau trug einen Eierkorb zum Markt. Ein Passant stieß sie versehentlich an, dabei fiel der Korb herunter und die Eier zerbrachen. Der Mann wollte den Schaden ersetzen und fragte: „Wie viel Eier waren im Korb?" „Genau kann ich mich nicht erinnern", antwortete die Frau, „aber ich weiß, wenn ich aus dem Korb je 2, 3 oder 4 Eier herausnahm, blieb allemal ein Ei zurück, und wenn ich je 5 herausnahm, blieb nichts im Korb." Wie viel Eier waren im Korb? (Nach einer Aufgabe in einem alten französischen Rechenbuch)

Stell' dir vor, du hast im Unterricht überhaupt nicht mitbekommen, wie diese Aufgabe gerechnet werden soll. Aber die Szene mit der Bäuerin geht dir immerzu im Kopf herum, sie verfolgt dich bis in deine Träume.

Male diesen Traum, oder spiele eine kurze Szene, wie sie im Traum vorkommen könnte.
(Merk dir: Bäuerin / frz. „paysanne")

Lies die folgende Mathematikaufgabe:

Vom Bahnhof Neustadt fahren alle zwanzig Minuten Busse nach Altenburg ab. Der erste fährt morgens um 6 Uhr, der letzte abends um 23.40. Wie oft muss täglich ein Fahrzeug bereitgestellt werden?

Stell' dir vor, du hast im Unterricht überhaupt nicht mitbekommen, wie diese Aufgabe gerechnet werden soll. Aber die Szene mit den Bussen geht dir immerzu im Kopf herum, sie verfolgt dich bis in deine Träume.

Male diesen Traum, oder spiele eine kurze Szene, wie sie im Traum vorkommen könnte.
(Merk dir: Minutenabstand / frz. „minutes d'intervalle")

Lies die folgende Mathematikaufgabe:

Herr Schulte hat sich eine Regentonne und eine Pumpe für seinen Garten gekauft. Die Tonne fasst genau 140 Liter. Damit er seine Neuanschaffungen gleich einmal ausprobieren kann, leitet er aus zwei Hähnen Wasser in die Tonne ein. Aus dem einen Hahn fließen 12 Liter, aus dem anderen 8 Liter pro Minute. Nach wie viel Minuten ist das Fass voll?

Stell' dir vor, du hast im Unterricht überhaupt nicht mitbekommen, wie diese Aufgabe gerechnet werden soll. Aber das Problem mit der Regentonne geht dir immerzu im Kopf herum, es verfolgt dich bis in deine Träume.

Male diesen Traum, oder spiele eine kurze Szene, wie sie im Traum vorkommen könnte.
(Merk dir: Fass, Behälter / frz. „reservoir")

Lies die folgende Mathematikaufgabe:

Auf dem Markt hat ein Händler mit Kleiderstoffen seinen Stand aufgeschlagen. Am besten verkauft sich heute ein moderner italienischer Leinenstoff. Gerade verhandelt er wieder mit einer Kundin. Für ein Kleid braucht man 3,50m Stoff, für eine Weste 1m, für eine Hose 2m, für einen Blazer 2,50m, für ein Kostüm 5,50 und für eine Bluse 1,50m. Der Stoff kostet 25,- pro Meter. Nach langem Überlegen kauft die Kundin Stoff für 150,-. Was möchte sie sich nähen?

Stell' dir vor, du hast im Unterricht überhaupt nicht mitbekommen, wie diese Aufgabe gerechnet werden soll. Aber das Problem mit dem Stoffverkäufer geht dir immerzu im Kopf herum, es verfolgt dich bis in deine Träume.

Male diesen Traum, oder spiele eine kurze Szene, wie sie im Traum vorkommen könnte.
(Merk dir: Stoffverkäufer / frz. „marchand d'étoffe")

Arbeitsmaterial 3b–d

Folie 1

Was-ser aus zwei Häh-nen läuft dort in ein Fass.

Bus-se fahrn vom Bahn-hof, ei-ner nach dem an-dern, im-mer nach zwan-zig Mi - nu-ten -nu-ten, -nu-ten, -nu-ten

Ei - ne wa-ckre Bäu-rin, Bäu-rin, Bäu-rin, Bäu-rin trägt zum Mark-te ih - re Ei - er

und ein Stoff-ver - käu-fer, -käu-fer, -käu-fer, -käu-fer hat ver-kauft sechs Me-ter Lei-nen

Folie 2

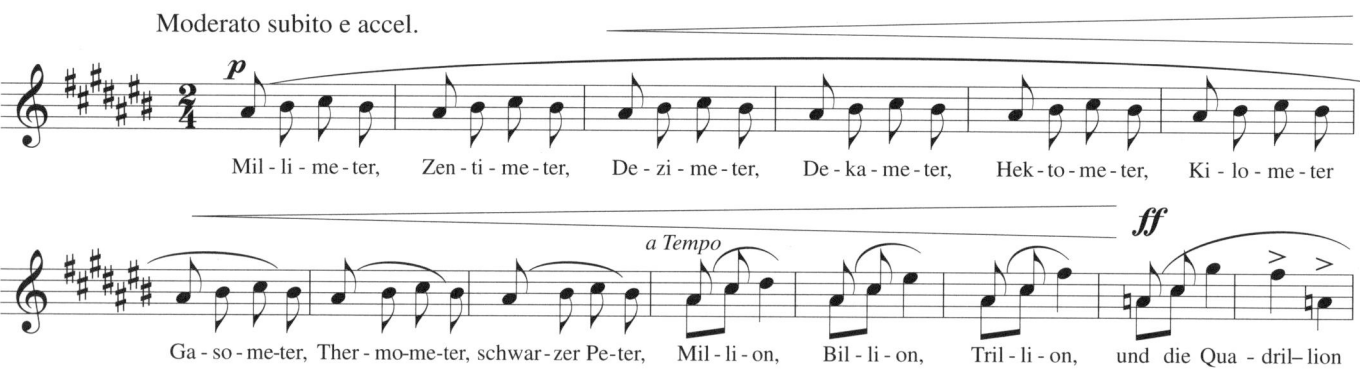

Mil-li-me-ter, Zen-ti-me-ter, De-zi-me-ter, De-ka-me-ter, Hek-to-me-ter, Ki-lo-me-ter

Ga-so-me-ter, Ther-mo-me-ter, schwar-zer Pe-ter, Mil-li-on, Bil-li-on, Tril-li-on, und die Qua-dril-lion

Folie 3

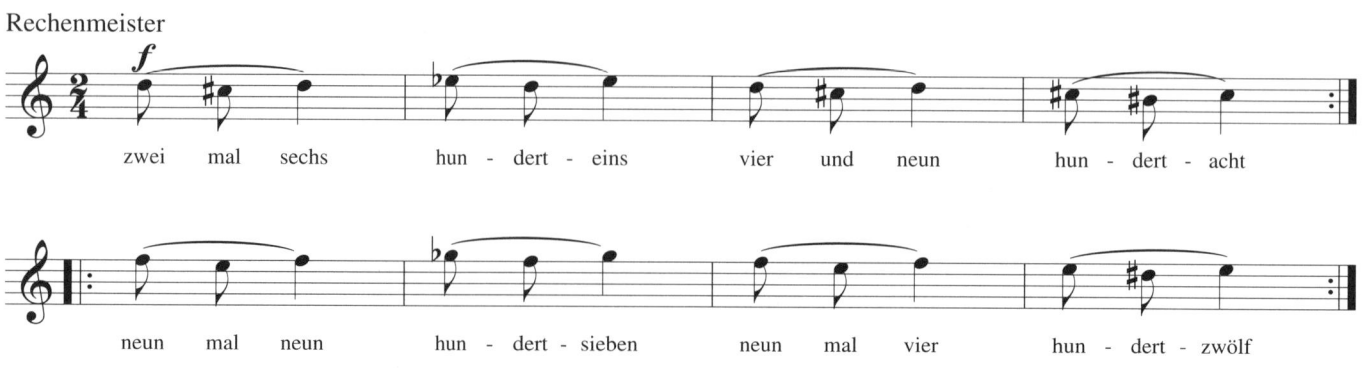

Rechenmeister

zwei mal sechs hun - dert - eins vier und neun hun - dert - acht

neun mal neun hun - dert - sieben neun mal vier hun - dert - zwölf

4. Unterrichtseinheit
Il est bon, l'Enfant, il est sage

Eine weitere Möglichkeit zu einer handlungsorientiert angelegten Vorgehensweise bietet die Schlussszene der Oper: Entwicklung und Realisierung von einfachen pantomimischen Bewegungen auf der Grundlage einer kleinen, im Unterricht hergestellten Hörpartitur.

Das Stück *Il est bon, l'Enfant, il est sage* nimmt klanglich und satztechnisch eine Sonderstellung innerhalb der Oper ein. Seinen Kern bildet ein in ruhigem Tempo gehaltener, durchweg vierstimmiger Chorsatz, der nur von wenigen Instrumenten untermalt wird. Es bildet den entscheidenden Wendepunkt in der Handlung der Oper. Aufgrund der großen Anzahl der „handelnden Tiere", die sich in den Chorstimmen verbergen, lässt sich eine szenische Darstellung durch die ganze Klasse mit einfachen Mitteln entwerfen. Als Basis für die Überlegungen zum bewegungsmäßigen Umsetzen der Tierreaktionen auf die Verhaltensänderung des Kindes dient eine sich nur auf Grundstrukturen beziehende Hörpartitur, die von der Klasse in drei Schritten mit Hilfe einer gegliederten, vom Lehrer vorgegebenen Zeitleiste zunächst erarbeitet werden muss. Bei einer höheren Jahrgangsstufe könnte die Hörpartitur noch differenzierter ausgestaltet werden, indem etwa die imitatorischen Einsätze im Mittelteil und die dort vorhandenen motivischen Bezüge zum Hauptthema herausgearbeitet werden. Für eine Unterstufenklasse ist jedoch eine didaktische Reduktion nötig, die die „Inszenierung" der Musik im Blick haben muss, wobei die Möglichkeit der Lernzielkontrolle darin besteht, dass die Schüler auditiv Erarbeitetes im Zusammenhang wiedererkennen und darauf reagieren können.

Chronologie des Unterrichts

Der Lehrer erzählt zunächst die Eichhörnchen-Episode aus der Opernhandlung. Dem folgt die Erarbeitung der Musik.

1. Singen (eventuell Mitspielen durch einige Instrumentalisten) der ersten beiden Takte damit sich diese Stelle sehr bewusst einprägt

2. Anhand der vorbereiteten Taktleiste:
- Vorspielen des ersten Teils (4 Takte); (Begriff: Einleitung (Introduktion)).
- Erkennen der Melodie des Themas und der sukzessiven Einsätze.
- Entsprechende Markierung in der Hörpartitur (Begriffe: Imitation; Polyphonie).

3. Hören des ganzen Stückes, dabei:
- Bestimmen und Gliedern des aus zwei Abschnitten bestehenden Mittelteils (Männer-/Frauenstimmen).
- Heraushören der Wiederkehr des Anfangsthemas (Begriffe: Engführung; A-B-A-Form)
- Erkennen des homophonen Schlusses (Begriff: Coda).
- Vervollständigung der Hörpartitur.
- Wiederholen einzelner Teile unter Berücksichtigung kontrollierenden Hörens nach dem Eintragen von Ergebnissen.

Es folgt die Überlegung, dass die Tiere, während sie singen, sich auf der Bühne bewegen. Dazu zwei mögliche Lösungen:

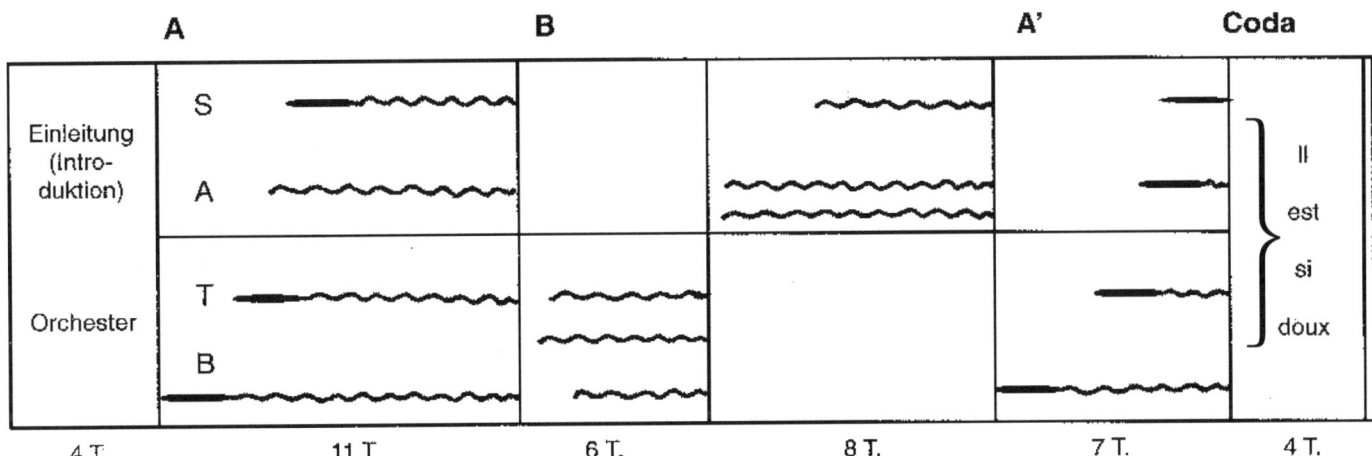

Hörpartitur zum Schlusschor (Nr. 25)

1. Vorschlag:
- Alle knien auf dem Boden in einem Kreis um das Kind herum. Einteilung in vier „Chorgruppen".
- Teil A: Bei jedem Einsatz steht eine Gruppe leise auf (Sopran und Alt gemeinsam, da der Einsatz im Alt ausgespart ist).
- Teil B: Die „Männer-" und danach die „Frauenstimmen" gehen möglichst geräuschlos auf ihre Plätze zurück (Anordnung der Stühle in einem weiten Kreis ist notwendig).
- Teil A': Die einzelnen Gruppen setzen sich bei der Wiederkehr des Themas in ihrer Stimme.
- Coda: Alle singen gemeinsam die Schlusswendung.

2. Vorschlag:

- Die „Tiere" sind im Halbkreis um das Kind verteilt. Passend zu der Geschichte können die Stimmlagen mit Tiernamen verbunden werden.

- Teil A: Synchron mit den Einsätzen treten die „Tiere" näher an das Kind heran und gehen zurück, wenn die nächste Gruppe kommt.
- Teil B: Die „Männerstimmen" wenden sich pantomimisch den Frauenstimmen zu (im zweiten Abschnitt umgekehrt). Grundlage können die beiden Texte in deutscher Übersetzung sein (1. Er hat die Wunde behandelt 2. Er ist ein gutes Kind).
- Teil A': Den Engführungen entsprechend kommen alle vier Stimmgruppen auf das Kind zu und bleiben um es versammelt.
- Coda: Der homophone Schluß ist Ausdruck der Einigkeit der Tiere, die nun dem Kind zugetan sind. Alle singen gemeinsam die Schlusswendung.

Il est si doux.

Anmerkungen

[1] Esther Thies, *Der Wutausbruch des Kindes aus Maurice Ravel: „L'Enfant et les Sortilèges"*, in: *Musik und Unterricht*, 6. Jg. (1995), Heft 35, S. 28ff.

[2] Christoph Richter, *Musik als Spiel*, Wolfenbüttel 1975.

[3] „Für den Schüler als Zuhörer und Interpret von Musik ergibt sich die Chance, die in Kunstwerken enthaltenen Stimmungen und unsagbaren Nuancen des Fühlens, historische Konstellationen und Erlebensweisen, überraschende Materialgestaltungen usw. durch jenes Mitspielen (der ‚Mitspieler' ist hier ganz allgemein der Teilnehmer am Kunstunterricht) als ihn betreffende Wahrheit, Wirklichkeit oder Möglichkeit zu entdecken und zu benutzen." – Christoph Richter, *Musik als Spiel*, S. 60.

[4] Zit. nach: Christoph Richter, *Musik als Spiel*, S. 65.

[5] Gert Sannemüller, Auszüge aus dem Booklet-Text zur CD DG 423718. – Die Hervorhebungen markieren die in diesem Entwurf in den Unterrichtseinheiten 1–4 behandelten Episoden. © Gert Sannemüller, Kiel. Abdruck mit freundlicher Genehmigung der Deutschen Grammophon GmbH, Hamburg

[6] Diese und die folgenden Übersetzungen sind entnommen dem Booklet der CD-Aufnahme Nr. 423781-2 der Deutschen Grammophon. Deutsche Übersetzung © Karl Dietrich Gräwe, Berlin.
Originaltext: © Ed. Flammarion.

[7] Vgl. dazu: Theo Hirsbrunner, *Maurice Ravel. Sein Leben, sein Werk*, Laaber 1989.

Ein Kind schreibt eine Oper – Apollo et Hyazinthus von Mozart

Reinhild von Capitaine

1. Einleitung

Die Idee, Mozarts Erstlingsoper *Apollo et Hyazinthus* zum Unterrichtsgegenstand zu machen, entstand durch die Entdeckung, dass es von diesem Werk drei Einspielungen auf dem CD-Markt gibt.[1] Was konnte Musiker an diesem kleinen Werk so interessieren? Schon beim ersten Anhören wurde klar, dass es um die sängerische Besetzung ging. Daneben zeigte sich eine Reihe von Ansätzen, die für den Unterricht zu verfolgen sich lohnen konnte:

- Alle opernspezifischen Formen (recitativo secco und accompagnato, Arie, Chor, Ouverture) sind hier im Kleinformat vorhanden;

- die Wort-/Tonbeziehungen sind in der Regel in der Tradition der Figurenlehre gestaltet;

- die „Kunst des Gesanges" in der Oper kann aufgrund der drei Einspielungen thematisiert werden.

Bei näherer Betrachtung ergaben sich noch weitere Aspekte:

- Mozart komponierte *Apollon und Hyazinthus* für eine Schulaufführung am Salzburger Gymnasium, was einerseits eine Anbindung an den Erfahrungsbereich der SchülerInnen ermöglicht, andererseits der Vermittlung des mengenmäßig nicht unbeträchtlichen historischen Zusammenhangs bedarf;

- Mozart war zum Zeitpunkt der Komposition 11 Jahre alt, gerade aus London zurückgekehrt und kein Wunderkind im landläufigen Sinne mehr. Diese biographische Situation bietet die Chance zu zeigen, dass auch ein ehemaliges Wunderkind und ein außergewöhnliches Genie lernen muss, Einflüsse aufnimmt und Traditionen weiterführt.

Die kleine Oper *Apollon und Hyazinthus* ist neben den oben genannten Aspekten für den Unterricht in den Klassen 5–7 in erster Linie deshalb interessant, weil sie die Gelegenheit bietet, SchülerInnen einen Perspektivenwechsel vornehmen zu lassen. Sie sollen sich nicht mit der Handlung oder einer der mythologischen Personen identifizieren, sondern die Musik und ihre Gestaltung aus der Sicht des elfjährigen Mozart betrachten, der seinen ersten Auftrag für die Komposition einer Oper bekommt: Was musste er wissen und können, um diesen Auftrag auszuführen?

2. Sachanalyse[2]

Biographisches

Am 29. November 1766 war die Familie Mozart nach viereinhalbjähriger Abwesenheit nach Salzburg zurückgekommen. Trotz der vorangegangenen Anstrengungen war keine Erholungszeit vorgesehen, die nächste Zukunft würde mit Lernen ausgefüllt sein: „sie wissen auch selbst wie Viel meine Kinder, sonderlich der Wolfgangl zu lernen hat", hatte Leopold Mozart noch am 15. November aus München an seinen Freund und Hauswirt Lorenz Hagenauer nach Salzburg geschrieben. Daneben sollte das Auftreten in der Öffentlichkeit natürlich weiterhin gepflegt werden, auch wenn es "nur" in Salzburg war. Schon eine Woche nach der Ankunft, am 8. Dezember (Fest der unbefleckten Empfängnis Marias) war von Wolfgang „eine Symphonie gemachet worden, welche nicht alleyn bei allen Hofmusikanten Beyfall gefunden, sondern auch große Verwunderung erweckte". Für einen der höchsten Feiertage in Salzburg, den Jahrestag der Konsekration des Erzbischofs am 21. Dezember, komponierte Wolfgang die Huldigungsmusik (KV 15). Auch zum Geburtstag des Erzbischofs am 1. März 1767 soll Wolfgang KV 70, Rezitativ und Arie für Sopran, geschrieben haben. Für die Fastenzeit 1767, während der es wie immer keine Theateraufführungen gab, hatte er ein kleines Oratorium *Die Schuldigkeit des ersten Gebots* gemeinsam mit Michael Haydn und Anton Cajetan Adlgasser fertig gestellt, das zweimal aufgeführt wurde. M. Haydn war seit 1763 Kapellmeister in Salzburg, wohl als Vertreter des abwesenden Leopold Mozart und Adlgasser ab 1750 Domorganist. Von den beiden letztgenannten Komponisten sind die Manuskripte ihrer Anteile am Oratorium nicht erhalten.

Am Karfreitag 1767 trat Mozart mit einer neuen Komposition, der Grabmusik, an die Salzburger Öffentlichkeit. Daneben ließ er sich auch als Virtuose hören: Erwähnt wird sein Klavierspiel am 29. März vor dem kaiserlichen Botschafter in

Spanien, der als Gast am Hof des Erzbischofs weilte. Hinter diesen vielen Möglichkeiten, die ihm geboten wurden, ist das Wohlwollen des Erzbischofs vereint mit der sorgfältigen Führung des Vaters zu vermuten. Neben dem Erzbischof trat in diesem Jahr 1767 auch die Salzburger Universität mit einem ehrenvollen Auftrag an Wolfgang heran: Sie bestellte die Musik für das traditionelle Schulspiel bei ihm.

Das Schulspiel bei den Benediktinern in Salzburg

Der Lehrbetrieb im Salzburger Gymnasium lag in den Händen der Benediktiner. Theater und Musik spielten eine wichtige Rolle. Das Schuljahresende krönte die so genannte Finalkomödie, eine Theateraufführung der ganzen Schule. Im Lauf des Schuljahres gab es kleinere Inszenierungen einzelner Klassen. Die Stücke wurden in der Regel von den Lehrern geschrieben, ihr Inhalt entstammte christlichen Heiligenlegenden oder der lateinisch/griechischen Mythologie. Es waren Theaterstücke auf lateinisch, denen kleine Intermedien eingefügt wurden. Diese Intermedien waren thematisch auf das Hauptspiel bezogen und in der Art von Opern gehalten. Sie wurden allerdings nicht zusammenhängend gespielt, sondern in kleinen Blöcken zwischen den Akten. Diese Art der Schulaufführung lässt sich in Salzburg bis in die Gründungszeit des Gymnasiums (1617) zurückverfolgen und hat dadurch einen wichtigen Beitrag zur Entwicklung des Musiktheaters geleistet.

Komponisten dieser Intermedien vor Mozart waren u. a. sein Vater, A. C. Adlgasser und vor allem Johann Ernst Eberlin (1702–1762), der als Organist, Lehrer und Kapellmeister das Salzburger Musikleben im zweiten Drittel des 18. Jahrhunderts beherrscht und geprägt hat. Vater und Sohn Mozart brachten ihm eine hohe Wertschätzung entgegen. Leopold war selbst Schüler und langjähriger Freund Eberlins gewesen, und dem jungen Wolfgang dienten zahlreiche seiner Kompositionen als Studienobjekte. Schon als Fünfjähriger (1761) hatte er bei den Aufführungen der Finalkomödie *Sigismundus, rex Hungariae*, zu der Eberlin die Musik geschrieben hatte, mitgewirkt.

Der Titel *Apollon und Hyazinthus* ist posthum. Er wurde von Wolfgangs Schwester Nannerl nachträglich in das vom Vater angelegte Werkverzeichnis eingetragen, als sie es 1799 zu Breitkopf & Härtel sandte.

Das Libretto *Apollon und Hyazinthus*

Es wurde von Rufinus Widl verfasst, der 1767 Klassenlehrer der „Syntaxisten" (Name einer Klassenstufe) und damit für eine Aufführung seiner Klasse verantwortlich war.[3] Widl (1731–1798) war Benediktiner. Er wurde 1763 als Gymnasialprofessor nach Salzburg berufen, führte eine Klasse bis 1767 und lehrte dann Philosophie an der Universität. Danach wurde er Prior seines Stammklosters Seeon.

Widl verwendete für das Textbuch mehrere antike Quellen und bearbeitete die Geschichte des Mythos von Apollo und Hyazinth dahingehend, dass er neben einem Vater (Oebalus) für Hyazinth eine weibliche Rolle einfügte: Hyazinths Schwester Melia. Damit wurde die in der antiken Geschichte zentral dargestellte Knabenliebe verdeckt, denn dieses Thema sollte für die jugendlichen (männlichen) Spieler vermieden werden. Die Motivation Zephirs, Hyazinth zu töten, steht in dieser Bearbeitung allerdings auf schwachen Füßen. Apollos Liebe zu Hyazinth wird durch den Heiratsantrag an Melia ersetzt. Nachdem Zephir Hyazinth mit dem Diskus getötet hat, tritt er zu Apollo in Konkurrenz, indem er nämlich Melia durch die Lüge, dass Apollo den Hyazinth getötet hätte, zunächst für sich gewinnen kann. Durch das Auftreten Apolls, der die Metamorphose des Hyazinth (Blumenwunder) bewirkt, die Lügen Zephirs aufdeckt und ihn zur Strafe in einen Wind verwandelt, wird ein „normales", glückliches und – nicht zuletzt – moralisch einwandfreies Ende durch eine Heirat hergestellt.

Die Musik

Sie zeigt recht deutlich, dass der junge Komponist noch auf dem Wege ist; sie ist insgesamt konventionell. Von der feinen Nachzeichnung der Charaktere und Gefühle in seinen reifen Werken ist Mozart noch weit entfernt. Aber man kann ablesen, dass er die traditionellen Formen der da capo-Arie und das Entlangkomponieren an den Bildern, die vom Text vorgegeben sind, gelernt hat. Darüber hinaus blitzt in einzelnen Stücken (Duett Melia-Apoll, Todesszene, Schlussterzett) seine spätere Meisterschaft auf. Ebenso zeigt sich in den Rezitativen seine bereits vorhandene Sicherheit in der Behandlung des Sprachduktus. Abert und Wyzewa/Saint-Foix vergleichen *Apollo und Hyazinth* mit dem vorher komponierten Oratorium *Die Schuldigkeit des ersten Gebotes*, wobei das Schuldrama etwas schlecht wegkommt. Da diese Autoren aber die Werke aus dem Blickwinkel betrachten, wo sich etwas Neues in Mozarts Entwicklung tut, ist ihr Urteil verständlich. Unter den pädagogischen Aspekten (s. o.) ist das Konventionelle dieses kleinen Werkes gerade von Vorteil, da daran das Vorgehen beim Komponieren gut gezeigt werden kann.

Die Anordnung der Stücke ist nach italienischer Manier eine Ansammlung von Arien, für jede der fünf Hauptpersonen eine. Ebenso finden sich zwei Duette und ein Terzett, alle Formen mit vorangehendem recitativo secco. Die Seccorezitative sind Träger der Handlung. Als recitativo accompagnato sind die Höhepunkte – Sterbeszene und Blumenwunder – gestaltet. Ein kleiner Chor ist ebenfalls vorhanden. Die Ouverture heißt noch „Intrada" und wirkt wie der Anfang einer Sinfonie, da sie noch keinen inneren musikalischen Bezug zum Nachfolgenden aufzeigt. Die instrumentale Besetzung besteht aus Streichern, zwei Oboen und zwei Hörnern.

Die Namen der bei der Uraufführung mitwirkenden Sänger sind überliefert. Sie waren, mit Ausnahme des Oebalus, der von einem 23-jährigen Theologiestudenten gesungen wurde, alle Schüler des Gymnasiums und zusätzlich Kapellknaben. Da auch ihr Alter bekannt ist (der jüngste 12, der älteste 17 Jahre alt), muss der Standard der Ausbildung gemessen an den beachtlichen gesangstechnischen und musikalischen Anforderungen der Musik bewundert werden.

Das Stück mit Knabenstimmen (und Originalinstrumenten) aufzuführen, war sicherlich die Motivation für die Einspielung von Gerhard Schmidt-Gaden.[4] Eine konventionelle Aufnahme mit Frauenstimmen anstatt Knaben bietet Philips in seiner Reihe *Complete Mozart Edition* unter Leopold Hager. Die dritte Einspielung unter Max Pommer besetzt nur die weibliche Rolle mit einer Frau, die Knabenaltstimmen und den Knabensopran jedoch mit Kontraalt (Apollo, Zephyr) und Diskantus (Hyazinth).

3. Die Unterrichtseinheiten

Die Zielgruppe dieser Unterrichtsreihe sind Kinder des 6. und des 7. Schuljahres. Sie sind etwa im gleichen Alter wie das „Wunderkind" Mozart zum Zeitpunkt der Komposition. Durch die ausführlich belegten Begebenheiten in Mozarts Leben ist es möglich, Kinder von heute mit der Welt eines hoch begabten und spezialisierten Kindes bekannt zu machen, selbst wenn dieses schon vor 200 Jahren gelebt hat. Dass dies nicht nur auf rein erzählerischer Grundlage geschehen kann, ist der besondere Vorteil dieser kleinen Oper.

An Fachwissen wird vorausgesetzt: Lesen des Violinschlüssels mit allen Vorzeichen, rhythmische Grundbegriffe, Kenntnis von Lautstärkebezeichnungen, die Grobbestimmung der Intervalle. Instrumentenkunde ist wünschenswert, kann aber auch auf die hier eingesetzten Instrumente reduziert sein.

Durch die kleine instrumentale Besetzung der Oper ist es möglich, die SchülerInnen in das Partiturlesen einzuführen. Sie lernen, wie man Takte zählt, wie die Stimmen verlaufen und wie man den Notentext verfolgen kann. Die opernspezifischen Formen recitativo secco und accompagnato und die Arie werden durch eigenes Tun erfahren und altersgemäß analysiert. Das fachspezifische Vokabular wird erweitert: Rezitativ, Basso continuo, Arie, Figuren (Tirata, Tremolo), Stimmfächer, Stimmregister, Kadenz.

Didaktisch – methodisch werden folgende Verfahren/Formen/Materialien eingesetzt: Gruppenarbeit, Klassengespräch, Lehrervortrag, eigenes Tun, Arbeitsblätter. An einigen Gelenkstellen wird geübt, wie SchülerInnen den weiteren Gang der Arbeit entwerfen.

1. Unterrichtseinheit: Auch ein Genie muss lernen

> *Vermittlungsabsicht:* Aspekte eines Wunderkindes (Lernen mit großer Begabung, Förderung, Überforderung, biografisches Umfeld)
>
> *Gegenstand:* Die folgenden Szenerie basiert auf der fünfteiligen Fernsehverfilmung *Mozart* von Felicien Marceau, Beatrix Rubinstein und Marcel Bluwal, Regie: Marcel Bluwal
>
> *Methodische Leitidee:* Lesen mit verteilten Rollen.

London 1765

Wolfgang ist bei J. Chr. Bach, regnerisches Wetter. Er steht auf, geht in Bachs Richtung, aber an ihm vorbei.

Bach: Komm Wolfgang, ich habe die Händelfuge gefunden. Na komm schon, komm schon.

W. geht zum Cembalo, Bach nimmt ihn auf den Schoß, W. beginnt mit der rechten Hand zu spielen. Bach spielt mit seiner linken Hand mit. W. bricht ab.

W.: Du sag mal, Johann Christian...

Bach: Was ist, Wolfgang?

W.: Johann Sebastian, dein Vater, der war doch auch ein großer Musiker...

Bach: Ein ganz großer sogar.

W.: Hat er dir auch alles beigebracht wie mein Papa es tut?

Bach: Sicher. Er hat mir vieles beigebracht.

W.: Mein Papa ist überhaupt nicht streng und furchtbar klug. Gestern nach dem Konzert in Chelsea...

Bach unterbricht: Ihr habt ein Konzert in Chelsea gegeben?

W.: In einem Caféhaus, zusammen mit Nannerl, es waren ganz viele Leute da, die haben Eintritt bezahlt. Ist das nicht komisch? Papa und ich, wir haben zusammen das Konzertplakat übersetzt. Ich kann überhaupt schon toll Englisch.

W. läuft zu einem kleinen Tisch mit Büchern, nimmt eines in die Hand, geht zu Bach zurück.

Sogar Bücher lesen kann ich. Edward Gibbon: *Story of the decline ... of the Roman Empire.* Die Geschichte vom... ä...

Bach: He?

W.: Ist doch zu schwer, ich will lieber Papa fragen. Am liebsten mag ich Zahlen und Rechnen. Unterwegs gibt mir Papa immer Aufgaben, und in Frankreich hab ich ganz schnell Französisch gelernt und Geschichte und ...

Bach: ... und die Musik, he?

W.: Das war am schönsten.

Bach: Mein Vater, Wolfgang, war sehr streng, sehr streng, aber auch sehr gut, und sehr groß!

W.: Größer als du? Und größer als mein Papa?

Vater Mozart tritt ein.

M.: Guten Tag, Herr Bach! Wolfgang, spiel nebenan ein bisschen, ich habe mit Herrn Bach zu reden. Es dauert nicht lange. – *Wolfgang geht hinaus, Türe schließt sich. Vater Mozart setzt sich auf das Sofa.* Ich erhielt eben einen Brief aus Salzburg. Der Erzbischof ist über meine lange Abwesenheit verärgert. Ich soll unverzüglich zurückkommen. Offenbar kommt man ohne mich nicht zurecht.

Bach: Und warum tun Sie's nicht?

M.: Was meinen Sie?

Bach: Warum geh'n Sie nicht zurück?

M.: Aber, es geht um die Karriere von Wolfgang!

Bach: Gerade deshalb. Sehen Sie denn nicht – Mozart! Der Kleine ist völlig erschöpft! Er braucht dringend Ruhe. Seit Jahren nichts als lernen, lernen, lernen und immer lernen. Sie haben hier doch alles erreicht! Die Ehrungen der Royal Society, des Britischen Museums, er hat mit den Italienern gearbeitet, mit mir – alle Möglichkeiten, die Ihnen zur Verfügung stehen, haben Sie ausgenützt. Was wollen Sie noch, hm? Glauben Sie mir, Salzburg würde dem Kleinen gut tun.

Vater: Mein Lieber, Sie kennen Salzburg nicht. Immer habe ich das Gefühl, ich müsste dort ersticken. Hier in London habe ich jede Möglichkeit, meinen Sohn zu fördern. Hier kann er überall auftreten, wo er nur will.

Bach, schnell: Auch in Wirtshäusern? *Vater Mozart schweigt betreten.* Der Kleine hat mir davon erzählt, also ... seien Sie mir nicht böse, aber ich glaube, weder Sie noch er noch Ihre Tochter haben das nötig. – Tasse Tee? *B. steht auf, um nach der Bedienung zu klingeln.*

Vater: Ja, wir fahren nach Hause. Aber – vorher müssen wir noch in die Niederlande, der Prinz von Oranien erwartet uns dort, und der wiegt doch wohl einen Erzbischof von Salzburg auf.

Den Haag

Konzert bei Hofe: Nannerl und Wolfgang spielen vierhändig. Das Stück ist zu Ende, Beifall, beide verbeugen sich wieder und wieder, plötzlich fällt Wolfgang in Ohnmacht. Entsetzensrufe, der Vater eilt hinzu.

Vater: Lassen Sie mich bitte! Das hat nichts weiter zu bedeuten. Das sind – nur die Nerven! Wir haben zu Hause ein gutes Mittel dagegen. Rasch, eine Kutsche! *Der Vater hebt Wolfgang auf und trägt ihn weg.*

Familie Mozart in ihrem Quartier. Der Arzt ist da und lässt Wolfgang zur Ader. Dann betrachtet er schweigend Wolfgangs Blut und setzt sich zu den Eltern an den Tisch. Nannerl sitzt neben der Tür, blass und schmal.

Arzt: Ich fürchte, Ihr Sohn wird nicht mehr zu retten sein, sein Blut ist völlig verdorben... Es ist wohl Zeit, einen Priester zu rufen. Diese heftigen und hartnäckigen Fieberanfälle haben den Körper des Knaben zu sehr geschwächt. Sie wären selbst für die Konstitution eines Erwachsenen zu viel.

Mutter, um ihre Fassung bemüht: Vorige Woche, Herr Doktor, haben Sie doch gesagt...

Arzt: Ja, Madame, ich hatte angenommen, dass die Körpersäfte wieder gesunden, aber die Natur hat leider anders entschieden. *Vater Mozart legt dem Arzt ein Geldstück auf den Tisch, welches dieser einsteckt.*

Vater: Können wir denn nichts mehr tun? Bei uns zu Hause in Salzburg, da gibt es ein krampflösendes Pulver...

Der Doktor steht auf, um zu gehen. An der Tür dreht er sich noch einmal um.

Arzt: Eine katholische Kirche finden Sie Ecke Sonderstraat und Merigenstraat, der Gemeindepfarrer heißt van Beveren, Hochwürden van Beveren.

Der Arzt geht hinaus, Schweigen. Die Mutter steht auf, schaut auf Wolfgang und setzt sich dann neben Nannerl.

Mutter zu ihrem Mann: Es ist deine Schuld, alles deine Schuld. Du hast den Kleinen auf dem Gewissen. Du hast den Herrgott herausgefordert aus lauter Hoffart! Alles für dich, alles für deinen Ruhm! Und jetzt stirbt er! Bist du jetzt zufrieden? Bist du zufrieden?

Vater: Du weißt nicht, was du sagst! Alles, was ich getan habe, war nur für ihn und für seine Zukunft!

Mutter: Es war alles für dich, ganz allein für dich! Es war nicht nötig, dass wir von Salzburg weggegangen sind. Wir haben alles gehabt, was wir brauchten, aber du, du hast ihn über die Straßen von halb Europa geschleppt! Durch alle Konzertsäle und alle Gasthäuser, und nicht nur ihn, auch Nannerl! Vor zwei Monaten ist sie auch fast gestorben!

Nannerl: Mama, bitte! Bitte hören Sie auf!

Vater: Aber das Nannerl ist noch da, es ist noch da!

Mutter: Weil sich der Herrgott hat erweichen lassen, einmal, ein einziges Mal, aber Du! Du verhärtest dich immer mehr in deinem Stolz, du, du stopfst dir die Ohren zu, und jetzt stirbt er! *Weint.*

Nannerl: Papa, bitte, den Priester!

Neue Einstellung: Das Innere einer barocken Kirche. Der Vater sitzt auf einer Bank.

Neue Einstellung: Hausfront schräg von unten; Vogelgezwitscher und die Stimmen spielender Kinder. Ein offenes Fenster, aus dem Cembalospiel klingt. Kamera geht in das Zimmer, wo Wolfgang am Instrument sitzt und spielt, der Vater sitzt daneben.

Vater: So ist es tadellos, Wolfgang. In einem Monat spielen wir's dem Fürsten von Salzburg vor.

W.: Wir fahren nach Hause? Da bin ich aber froh. In einem Monat?

Vater: Ja.

W.: Da kann ich zu Hause aber ganz viel vorspielen und ganz viel erzählen – vom Zebra im Zoo, das so furchtbar rennt... *spielt schnelle Tonleitern...* und von König Georg, der hinkt... *spielt einen schwerfälligen punktierten Rhythmus, dem Vater gefallen diese Ideen nicht, er versucht, seinen Sohn zu stoppen...* und die Franzosen in Paris... *spielt den Anfang eines zierlichen Stückes. Der Vater fasst seine Arme, sodass er nicht mehr spielen kann.*

Vater: Jetzt setz dich aber hin und hör mir zu!

W.: Was ist, Papa?

Vater: In Salzburg hat sich so manches... *stockt* ... es ist schon eine Weile her, dass wir von zu Hause weg sind, Wolfgang, dir wird vielleicht so manches fremd vorkommen.

W.: Warum denn? Sind die Menschen jetzt anders, ist vielleicht die Salzach nicht mehr da?

Vater: Nein, die Salzach ist schon noch da, aber *... hört auf zu sprechen.*

Salzburg

Blick auf die Straße, die zum Schlosseingang führt. Man hört nur das Klacken der Schuhe von Mozart Vater und Sohn. Sie steigen eine sehr hohe Treppe hinauf. Wie sie fast oben sind, beginnen die Glocken zu läuten. Es kommt ein Lakai, bei dem sich Vater Mozart meldet.

Vater: Vizekapellmeister Mozart.

Lakai: Der Herr Vizekapellmeister wird vom Sekretär seiner Eminenz erwartet.

Sie gehen ins Vorzimmer, wo sie noch etwas warten müssen.

Vater leise zu Wolfgang: Der Erzbischof ist ein guter Herr, Wolfgang, und er ist zugleich ein hoher Würdenträger unserer Kirche. Durch ihn stehen wir unserem Herrgott näher, merk dir das, Wolfgang.

Die Tür öffnet sich, sie werden durch Zeichen aufgefordert einzutreten. Im einem prächtigen Saal sitzt der Erzbischof an einem Tischchen, ihm gegenüber ein alter, schwarz gekleideter kirchlicher Würdenträger.

Sekretär: Der Vizekapellmeister Mozart, Euer Eminenz.

Bischof: Na endlich. Tret Er näher, Herr Vizekapellmeister. Er hat lang auf sich warten lassen, aber was lange währt, so sagt man ja, *wendet sich an seinen Gegenüber, der ihm lächelnd zunickt,* wird endlich gut.

Vater: Dero Zufriedenheit ist mein höchster Lohn, Euer Eminenz.

Bischof: Schon gut, schon gut. Man hat mir berichtet, dass Er den Ruhm unseres Fürstentums in ganz Europa verbreitet hat und auch den der erzbischöflichen Musikkapelle! Damit sei Ihm verziehen, was seine Absencen und die damit verbundenen Kalamitäten betrifft. Wir verstehen uns doch, Herr Vizekapellmeister?

Vater: Ich wage zu hoffen, hochfürstliche Gnaden, mich Eures Vertrauens stets würdig erwiesen zu haben.

Bischof: Nun, wir werden sehn. *Zu Wolfgang* Komm mal her. Das ist er also, der junge Herr Compositeur, von dem man mir Wunderdinge erzählt hat. Und g'sund schaut er aus, hat schöne rote Backen – wie alle Kinder, die unter der Sonne des Glaubens aufwachsen. Erfüllt Er auch alle Pflichten, die Er unserm Herrn schuldet?

W.: Ja, Euer Eminenz.

Bischof: Wie alt ist Er?

W.: Neun, Euer Eminenz.

Bischof zu seinem Gegenüber: Das ist Wolfgang Mozart, seine Mutter Anna Maria ist eine geborene Pertel aus St. Gilgen. Er wird einen guten Firmling abgeben, aber darüber ein andermal. *Zu Vater Mozart* Also ich erwart mir was.

Die Mozarts verbeugen sich, küssen den Bischofsring und sind entlassen. Draußen im Flur:

W.: War das alles?

Vater: Pst!

Sekretär: Seine Eminenz wünscht, dass Sie Ihren Dienst noch heute Abend zur Vesper wieder aufnehmen. Durchlaucht rechnet sehr mit Ihnen und hofft, dass Sie die Chöre bald wieder in den Zustand versetzen, der Ihrem Ansehen und dem Ansehen Salzburgs angemessen ist.

Vater: Wie Seine Durchlaucht befiehlt.

Sekretär: Und dann gestattet man Ihnen noch, Ihren Sohn zum Abendessen im Schloss zu behalten.

Vater: Vielen Dank, Exzellenz.

Mozarts gehen hinaus.

Neue Bildeinstellung: Großer, hoher, gelb gestrichener Saal. Am hinteren Ende eine lange Tafel, an der die Lakaien zu Abend essen. Lautes Durcheinanderreden und Lachen.

1. Lakai: Und das nur, weil er ihr ein Busserl hat geben wollen!

2. Lakai: Hat er Pech gehabt.

1. Lakai: Seine Durchlaucht hat nämlich zufällig aus dem Fenster geschaut, und daraufhin musste ich mir innerhalb einer Stunde einen neuen Pferdeknecht suchen. Denn der Gustel ist jetzt abkommandiert, den Blasebalg an der Orgel des Herrn Haydn zu treten. Ah, Mozart! Begrüßen Sie Herrn Haydn, unsern neuen Konzertmeister. Da hinten sitzt er, aber er ist keine Konkurrenz für Sie, ich glaube, er bleibt nicht lang. *Lachen.*

Vater: Sehr erfreut, mein Herr. Sind Sie vielleicht mit...

Haydn: Ich bin mit Joseph Haydn verwandt. Er ist mein Bruder, Herr Mozart. Ich bin Michael, Michael Haydn.

Vater: Das trifft sich gut. Ihr verehrter Herr Bruder...

M. Haydn fällt ihm ins Wort: Ich weiß nicht mehr von ihm als Sie. Unsere Beziehungen sind nicht unbedingt brüderlich.

Kamera auf Wolfgang, dessen Blick an einem stark geschminkten Bedienten hängen bleibt. Wolfgang zupft seinen Vater am Ärmel.

W.: Papa!

Vater: Ja?

W.: Wer ist denn das?

Vater: Das? Das ist der Coiffeur Seiner Durchlaucht, Manori genannt, Italiener.

1. Lakai, der die Szene mitbekommen hat: Auch keine Konkurrenz, Herr Mozart. *Alle lachen, auch Vater Mozart.*

Wolfgang zupft seinen Vater noch einmal am Ärmel.

Vater: Was?

W.: Ich mag dein Kostüm überhaupt nicht.

Vater: Was für ein Kostüm?

W.: Was du anhast. *Zeigt dabei auf sein Jackett. Das Lachen erstirbt auf Vater Mozarts Gesicht, und er isst schweigend weiter.*

2. Unterrichtseinheit: Der Kompositionsauftrag

> *Vermittlungsabsicht:* Der Kompositionsauftrag und seine (mögliche) Entstehung
>
> *Methodische Leitidee:* Spielen einer Lehrerkonferenz am Salzburger Gymnasium mit Gesprächskarten in Gruppen.
>
> *Strukturierung:* Üben in Gruppen, Vortragen
>
> *Material:* Gesprächskarten für das Rollenspiel (s. S. 67ff.)

Um die Traditionen an einem Gymnasium von 1767 und die Inhaltsangaben von Schauspiel und Intermedium zu vermitteln, wird eine Lehrerkonferenz am Salzburger Gymnasium als Rollenspiel eingeübt. Vollständige Gruppen umfassen sechs Personen, wenn sich kleinere Gruppen ergeben, können Rollen auch zusammengefasst werden. Für jede Rolle ist eine „Gesprächskarte" bestimmt. Diese ist so gehalten, dass sie zum freien Sprechen anregen soll, weil nur der Inhalt dessen, was der/die Entsprechende zu sagen hat, darauf beschrieben ist. Der freie Vortrag gilt grundsätzlich auch für die Inhaltsangaben (kursiv), kann aber dem muttersprachlichen Leistungsstand der SchülerInnen entsprechend durch Vorlesen ersetzt werden. Leseübungen werden in die Hausaufgabe verlegt. Manche SchülerInnen erkundigen sich nach Argumenten, warum Mozart den Auftrag nicht bekommen könnte/sollte. Sie merken, dass es nicht einfach ist, den „advocatus diaboli" zu spielen.

3. Unterrichtseinheit: Das recitativo secco

> *Vermittlungsabsicht:* Die Grundgesetze des recitativo secco: Textgestaltung und Begleitung
>
> *Methodische Leitidee:*
> • Sich in die Situation von W. Mozart versetzen
> • Versuch, ein Rezitativ, einen Sprechgesang zu strukturieren
>
> *Material:*
> • Textheft
> • Arbeitsblatt, auf dem der Text in weitem Abstand steht; dazwischen jeweils eine Linie, auf der die Notenwerte eingetragen werden
>
> *Strukturierung:*
> • Sortieren der Textsorten (Prosa, Verse)
> • Unterrichtsgespräch: Vertonen von Dialogen
> • Ausfüllen des Arbeitsblattes (Viertelnoten für betonte und Achtelnoten für unbetonte Worte, Pausen für Satzzeichen)
> • Sprechen des Textes zu improvisierten Akkorden
> • Singversuche nach dem Prinzip: betont-höhere Töne/unbetont-tiefere Töne
> • Hören des Originals

In dem Maße, wie die SchülerInnen damit vertraut gemacht worden sind, selbständig den Fortgang der Arbeiten zu bestimmen, schlagen sie vor, was nach dem „Konferenzbeschluss" zu tun ist.[5]

Die SchülerInnen erhalten das Textbuch und schlagen in der Regel selbst vor, dass mit verteilten Rollen gelesen werden soll, zunächst nur die erste Szene bis „Ein Blitz löscht das Feuer und zerstört den Altar". Der Text des Chores wird gemeinsam gesprochen, besonders auch die lateinische Fassung, da nur sie sich reimt. Das Unterrichtsgespräch stellt die SchülerInnen vor die Aufgabe, sich in Mozarts Situation zu versetzen und sich über die Vertonung des Textes Gedanken zu machen. Dies führt zu Ideen (Blitz am Schluss der Szene, Chor als Gebet), macht aber auch bewusst, dass es hier zwei Textsorten gibt, nämlich Prosa (Dialog) und Vers (Chor). Einen Dialog zu vertonen, scheint nicht nötig zu sein, man kann ihn genauso gut ausdrucksvoll sprechen. Mozart hatte aber keine Wahl: Sein Auftrag bestand darin, eine kleine Oper nach dem in seiner Zeit gültigen Geschmack zu schreiben, und dazu gehörte, dass auch Dialoge gesungen wurden. Um einen Zugang zu bekommen, sollte zunächst mit der Sprache experimentiert werden. Dazu genügen schon die ersten beiden Sätze, die mit verschiedenen Betonungen und in verschiedenen Charakteren – auch mit improvisierter Klavierbegleitung – probiert werden können.[6] Das sensibilisiert für den natürlichen Sprachfluss, der dann auf dem Arbeitsblatt durch das Setzen von Notenwerten festgehalten wird. Der Übergang zum Sprechgesang wird aus den Tonhöhen entwickelt, die sich aus Betonungen und Nichtbetonungen ergeben. Auch Vergleiche aus religiösen Zusammenhängen können – je nach Umfeld – dazu herangezogen werden, z. B. „Lasset uns beten", wo in der Regel das wichtigste Wort, nämlich „beten", durch Veränderung der Tonhöhe herausgehoben wird. Das anschließend mögliche Improvisieren von Rezitativen gelingt im Jahrgang 6 noch sehr gut, im Jahrgang 7 ist wegen der beginnenden Pubertät mit Verweigerung zu rechnen. In jedem Fall werden die SchülerInnen gut darauf vorbereitet, das mozartsche Original nicht nur zu hören, sondern auch Besonderheiten wahrzunehmen („O care!" – „Honore non me dignor." – „Adeste" – „Agite!"). Die lateinische Sprache bildet dabei kein Hindernis, da der Text bekannt ist. Es genügt ein kurzer Hinweis auf die anderen Betonungsgesetze („Oh Freund" gegen „Am_ice").

Das Vorstellen des Originals mit der Aufnahme von Schmidt-Gaden führt zu Erstaunen, da eigentlich Männerstimmen erwartet werden. Hier erfolgt die Rückbindung an das Salzburger Gymnasium, wo die ausführenden Sänger Schüler waren, was auf dieser CD deutlich wird. Können Schüler das überhaupt? Den SchülerInnen ist klar, dass sie selbst es nicht könnten, zumindest nicht so perfekt. Was hat es also mit dem Kunstgesang in der Oper auf sich? Damit sind die Weichen für die Fortsetzung gestellt.

4. Unterrichtseinheit: Die Kunst des Gesangs

Vermittlungsabsicht: Der „schöne" Gesang – Europas Stimmideal

Methodische Leitidee: Vorlesen einer Geschichte mit Musikbeispielen „Farinelli und die Kunst des Gesangs"

Strukturierung:

• Sänger möchten ihre Kunst zeigen
• Stimmideale
• „Farinelli – der größte Sänger aller Zeiten"
• Stimmfächer, Stimmregister

Material:

• Schülermaterial I und II (s. S. 70ff.)
• Geschichte zum Vorlesen für die Lehrperson
• Musikbeispiele

Der Kunstgesang in der Oper wird von manchen SchülerInnen abgelehnt. Sie empfinden ihn als künstlich und exaltiert, da der Klang ihren Hörgewohnheiten fremd ist. Dennoch können sie nach Anspielen eines Ausschnittes aus der Arie des Hyazinth leicht begründen, warum es für Sänger wohl einen größeren Reiz darstellt, eine Arie statt eines Rezitativs zu singen. Durch Vergleiche mit Sängern anderer Musikstile wird der Begriff des Stimmideals entwickelt. Mit dem Sänger Farinelli wird das Stimmideal des 18. Jahrhunderts – „engelgleich" und virtuos – vorgestellt. Es ist dabei nicht nötig, auf das Kastratenproblem einzugehen, da es heute genug Sänger gibt, die mit Kopfregister Sopran und Alt singen.[7] Der Grund, warum Männer damals wie Frauen sangen, soll natürlich auch nicht verschwiegen werden: Lange durften Frauen nicht öffentlich singen, besonders nicht im kirchlichen Bereich, selbst wenn es immer wieder vorkam, dass „Kastraten" verkleidete Frauen waren.

Die Geschichte von der heilenden Wirkung des Gesangs auf einen Gemütskranken (Farinelli und der König von Spanien) ist keine Legende, sondern eine wahre Begebenheit, und der Charakter Farinellis gibt der viel geschmähten Nur-Virtuosität menschliche Wärme.

Die in den Schülermaterialien angegebenen „Kunststücke" – 150 Töne auf einen Atemzug, Stimmumfang, Triller, Register (letztere nur theoretisch, da Kinder darüber nicht verfügen) – müssen natürlich probiert werden.[8]

5. Unterrichtseinheit: Die Arie des Hyazinth

Vermittlungsabsicht: Vertonung eines Arientextes

Gegenstand: Arie des Hyazinth, gekürzt auf ABA'

Methodische Leitidee: Kompositionsentwürfe und Analyse

Material:

• Noten (Partitur) der Arie
• Hörbeispiel mit Knabensopran

Nach dem Exkurs über die Kunst des Gesanges werden die SchülerInnen dazu aufgefordert zu

Hyazinthus	Hyazinthus	majestätisch
Saepe terrent Numina	Oft schrecken die Götter,	Bewegungen auf-
surgunt et minantur,	stehen auf und drohen,	und abwärts
fingunt bella,	täuschen Krieg vor,	Krieg
quae nos angunt,	der uns ängstigt,	Angst
mittunt tela,	schleudern Pfeile,	Bewegung nach oben
quae non tangunt;	die nicht treffen;	abprallen
at post ficta nubila	aber nach gespieltem Wetter	
rident et jocantur.	lachen sie und scherzen wieder.	liebliche Musik
Et amore	Wie durch Huld,	freundlich
et tremore	so auch durch Schrecken	Schrecken
gentes stringent subditas:	binden sie an sich die Völker:	
nunc amando,	jetzt auf Liebe,	freundlich
nunc minando	jetzt auf Strenge	streng
salva stat auctoritas.	ruhet ihre Herrlichkeit.	majestätisch
Saepe terrent Numina, etc.	Oft schrecken die Götter, etc.	

untersuchen, wie ein Stück komponiert sein muss, damit ein Sänger seine Kunst, nämlich schön („engelgleich"), mit Ausdruck und stimmlich anspruchsvoll zu singen, zeigen kann. Ein solches Stück ist in der Oper die Arie. Von den fünf Arien sind die des Hyazinth und die des Oebalus am deutlichsten dem Text entlang gearbeitet. Da Oebalus Tenor singt, wird die Sopranarie des Hyazinth gewählt. Im Jahre 1767 war der Sänger dieser Rolle 12 Jahre alt und damit der Jüngste bei der Uraufführung. Sogar der Name ist überliefert, er hieß Christian Enzinger.

Da sich die SchülerInnen wieder in die Situation Mozarts versetzen sollen, untersuchen sie – wie schon im Rezitativ – den Text. Sie bemerken, dass Arientexte gereimte Texte sind, in denen nicht gehandelt, sondern etwas betrachtet wird, hier das wechselhafte Verhalten der Götter. Im Unterrichtsgespräch werden Textstellen benannt, die für ein Umsetzen in Musik gut oder weniger gut geeignet sind.

Für die ersten beiden Zeilen (s. Kasten oben) sollen Möglichkeiten für eine Vertonung gesucht werden. Das gelingt in der Regel, da SchülerInnen dafür genug Hörerfahrungen haben. Im weiteren Verlauf des Unterrichts „schauen wir Wolfgang über die Schulter", um zu sehen, wie er es gemacht hat. Die Arie des Hyazinth (8'43") ist eine da capo Arie mit folgender Form[9]:

Wegen der Länge des Stückes und für eine größere Übersichtlichkeit wird eine Kurzfassung zusammengestellt: Vorspiel, A, B, A' (4'53"). Da die Tonarten zusammenpassen, gibt es keine Brüche.

Das Vorspiel enthält zwei wichtige Motive, nämlich „Saepe terrent Numina" und „at post ficta nubila". Damit sind bereits die im Text dargestellten Gegensätze musikalisch vorgestellt. Die Tabelle (s. S. 64) zeigt die für das musikalische Verständnis wichtigen Elemente.

An diesem Stück kann gut erkannt werden, wie Mozart die musikalischen Mittel seiner Zeit beherrschte. Zu diesen Mitteln gehörten nicht nur Bau der Melodie, Einsatz der Instrumente, Reihenfolge der Teile, sondern auch „Figuren". Es ist in der Regel neu für SchülerInnen, dass es sozusagen Formeln gab, wie z. B. die Tirata und das Tremolo, die bei entsprechenden Textstellen immer „eingesetzt" werden konnten, womit auch das Wort „komponieren" – zusammensetzen – zusammenhängt. Hier kann gelernt werden, dass zum Komponieren nicht nur der geniale Einfall gehört, sondern auch handwerkliches Können: Ein Komponist musste die Figuren nicht nur kennen, sondern sie auch dem Text entsprechend geschmackvoll einsetzen.

Vorspiel	A	A' mit Kadenz	B	Vorspiel	A	A' mit Kadenz
T. 1–26	T. 27–67	T. 68–133	T. 134–168	T. 1–26	T. 27–67	T. 68–133
B	B ⇨ F	F ⇨ B	F ⇨ d	B	B ⇨ F	F ⇨ B

		Vorspiel, 2/4 Takt
A	**A**	**A**
Saepe terrent Numina	majestätisch	Punktierte Noten, Oktavsprung (Stimme) schnelle kurze Läufe: auf-ab, auf-ab (Orch.);
surgunt et minantur,	Bewegungen auf- und abwärts	chrom. Aufsteigen in Halben d'–f' (Stimme), Tirata f'–f'' (Orch.); minantur f''–b' (St.): Die Gesten können mitvollzogen werden;
fingunt bella,	Krieg	p (Stimme und Orchester);
quae nos angunt,	Angst	zweimal im p (Stimme und Orchester);
mittunt tela,	Bewegung nach oben	gleiche Melodie wie minantur (St.) mit anschließender Tirata b'–b'';
quae non tangunt;	abprallen	Absprung von f'' (punktiert) nach a', g'; wie ein Kraftansatz, der nicht zum Ziel kommt;
at post ficta nubila	liebliche Musik	p, Tonwiederholungen (St.), kaum Bewegung, das Orch. wiederholt den Satz f;
rident et jocantur.		bewegte Schlussformel (St. u. Orch.);
		Nachspiel: ein Motiv aus dem Vorspiel wird breiter ausgeführt, ist durch abrupt wechselnde dynamische Zeichen charakterisiert
B	**B**	**B 3/8 Takt**
Et amore	freundlich	p, leichte melodische Wendung;
et tremore	Schrecken	Tremolo (Viola), Oktavsprung (Stimme);
gentes stringent subditas:	freundlich streng	die nächsten Zeilen sind in ihrem Ausdruck durch die Harmonien bestimmt (Septakkorde, Modulationen);
nunc amando,		
nunc minando		
salva stat auctoritas.	majestätisch	punktierte Noten im Orchester;
A'	**A'**	**A'**
		Das wichtigste Neue an diesem Teil ist die auskomponierte Kadenz für den Sänger.

Auch für die Gestaltung eines Gesangsparts musste ein Komponist bestimmte Kenntnisse haben: Er muss wissen, wie die Stimme des Sängers beschaffen ist, um ihr durch seine Komposition Gelegenheit zu geben, sich zu zeigen, auch in den Kadenzen. Neben diesen (sich in neu zu lernenden Fachbegriffen niederschlagenden) Fertigkeiten können alle SchülerInnen noch weitere nennen, z. B. Instrumentierungskunst und Satztechniken, die Mozart beherrschen musste, um seinen Kompositionsauftrag zu erfüllen.

6. Unterrichtseinheit: Das recitativo accompagnato

> *Vermittlungsabsicht:* Interpretations-vergleich; eigenständige Erschließung des recitativo accompagnato
>
> *Gegenstand:* Sterbeszene des Hyazinth
>
> *Methodische Leitidee:* Interpretationen kritisch vergleichen unter Einbeziehung der musikalischen Struktur
>
> *Material:*
> • Noten (Partitur) der Szene
> • drei Einspielungen

Die dramatischste Szene der Oper ist die Sterbeszene des Hyazinth. Sie ausdrucksvoll zu gestalten, ist das künstlerische Anliegen eines jeden Sängers. Im Unterricht muss der Text aufgrund der Zweisprachigkeit vorher gelesen werden; die Autonomie der SchülerInnen sollte so weit gefördert worden sein, dass sie das von sich aus vorschlagen.

Beim vergleichenden Hören stellt sich dann heraus, dass es gar nicht so einfach ist zu beschreiben, warum gerade dieser Sänger oder jene Sängerin gut oder weniger gut gefällt.[10] Die SchülerInnen lernen, dass man mehrere musikalische Aspekte beurteilen kann: den Gesang (Ausdruck, Stimme), das Orchester (wie gut kann man z. B. das Tremolo hören oder das „gedämpfte" Spiel con sordino), Tempounterschiede, Pausenspannung, Beachten der Dynamikvorschriften. Bei Beschreibungen dieser Art müssen die SchülerInnen in die Noten sehen; sie finden die vielen Pausen (Takt 6–12) oder das Tremolo (Takt 13/14) und merken, wie wichtig diese für die Wirkung der Szene sind. Sie stellen auch fest, dass es sich um ein Rezitativ handelt. Dass die Begleitung hier nicht aus dem basso continuo, sondern dem Orchester besteht, wird anfangs kaum wahrgenommen. Nach einem Erinnern an das recitativo secco ist die neue Kombination, nämlich Rezitativ mit Orchesterbegleitung, schnell mit recitativo accompagnato bezeichnet.

Anmerkungen

[1] Der vollständige Titel lautet *Apollo et Hyazinthus seu Hyazinthi Metamorphosis,* Lateinische Komödie. - 1. Pavane Records, Brüssel, ADW 7236/37 unter Ltg. von Gerhard Schmidt-Gaden. 2. Philips, 422 526-2 unter Leopold Hager. 3. Berlin Classics 0210 010 unter Max Pommer.

[2] Zusammengestellt nach mehreren Autoren (Orel, Kraus, Abert, Wyzewa/St. Foix, s. Literaturliste).

[3] Zweisprachige (lateinisch/deutsch) Texthefte sind in den Beiheften der CDs enthalten.

[4] Vgl. Fußnote 1.

[5] Es ist nicht damit zu rechnen, dass alle SchülerInnen so realistisch denken, dass Mozart jetzt das Textbuch erhalten muss, um mit dem Komponieren beginnen zu können.

[6] „O Freund, schon ist alles bereit. Schon wird sich, hoffe ich, mein Vater mit meiner geliebten Schwester zum Opfer, das er angeordnet hat, einfinden."

[7] Alle Arien, die Farinelli dem spanischen König vorgesungen hat, sind auf CD erschienen, und zwar gesungen von den Sopranisten Arno Raunig (*Farinelli – Arien* Caffarelli CD, CSM 9842-D1) und Aris Christofellis (*Farinelli et son temps – „Quel usignuolo"* EMI CDC 5552502 und *L'Age d'Or des Castrats* EMI CDC 5552592).

[8] Vgl. Anhang, Material 4. UE.

[9] Großbuchstaben bedeuten Dur, Kleinbuchstaben Moll.

[10] Von SchülerInnen am meisten geschätzt wird oft der Sopranist, obwohl der Knabensopran die Szene sehr ausdrucksvoll gestaltet, vgl. die oben genannten CD Aufnahmen.

Literatur

Abert, Hermann, *W. A. Mozart*, 1. Bd., Leipzig 1955.

Barbier, Patrick, *Farinelli, die Biografie*, 2. Auf. Düsseldorf 1995.

Cappelletto, Sandro, Christofellis, Aris u. Flavio Colusso, Beiheft CD *Quel usignuolo*, EMI CDC 5552502.

Köchel, Ludwig Ritter von, *Chronologisch-thematisches Verzeichnis sämtlicher Tonwerke Wolfgang Amade Mozarts*, VEB Breitkopf & Härtel 1961, S. 61ff.

Kraus, Gottfried, *Apollo und Hyazinth*, Mozarts erstes musikdramatisches Werk, Beiheft CD Philips 422 526-2.

Massin, Brigitte, Beiheft CD Pavane Records Brüssel, ADW 7236/37.

Orel, Alfred in: Partitur W. A. Mozart, *Apollo und Hyazinth*, Bärenreiter Kassel, BA 4516, 2. Aufl. Kassel 1990.

Ortkemper, Hubert, *Engel wider Willen*, München 1995.

Reutter, Jochen, Beiheft CD *Barocke Festmusiken*, Carus 83.137.

Wyzewa, Théodore de u. G. de Saint-Foix, *W. A. Mozart, Sa vie et son oeuvre*, Bd. I, Desclée de Brouwer et Cie, Paris 1936, S. 192ff.

Noten

W. A. Mozart: Bühnenwerke, Serie II, *Apollo und Hyazinth*, Partitur, Bärenreiter Kassel, 2. Auflage 1990.

Ausschnitte für den Unterricht:

Arie des Hyazinth: T. 27- 67 (A), T. 134–168 (B), T. 68–133 (A')

Sterbeszene des Hyazinth aus Chorus II, T. 1-19.

Tonträger

1. Apollo & Hyazinthus, Pavane Records, Brüssel, ADW 7236/37 unter Ltg. von Gerhard Schmidt-Gaden.

2. Apollo et Hyazinthus, Philips, 422 526-2 unter Leopold Hager.

3. Apollo und Hyazinth, Berlin Classics 0210 010 unter Max Pommer.

4. Farinelli – Arien Caffarelli CD, CSM 9842-D1, Sopranist: Arno Raunig.

5. Farinelli et son temps – „Quel usignuolo" bei EMI CDC 5552502, Sopranist: Aris Christofellis.

Film

Mozart, fünfteilige Fernsehverfilmung von Felicien Marceau, Beatrix Rubinstein und Marcel Bluwal, Regie: Marcel Bluwal, deutsch/franz./österr./ungarische Koproduktion, 1982 im WDR.

Musikbeispiele

Apollo und Hyazinth

1. Rezitativ und Chor (Schmidt-Gaden)
2. Arie des Hyazinth (Schmidt-Gaden)
3. Sterbeszene des Hyazinth (Schmidt-Gaden, Hager, Pommer)

Ausschnitt für den Unterricht:

Arie des Hyazinth (Schmidt-Gaden) gekürzt auf 4'53'', T. 1–67, T. 68–133, T. 134–168

Farinelli

1. Porpora, Nicolo (1686 – 1768) *Alto Giove*, Arie des Acis aus der Oper *Polifemo*, Sopranist: Arno Raunig auf Caffarelli CD, CSM 9842-D1

2. Giacomelli, Geminiano (1692–1742) *Quel usignuolo*, Arie des Epidides aus der Oper *Merope*, Sopranist: Aris Christofellis bei EMI CDC 5552502

3. Broschi, Ricardo (1698 – 1756) *Son qual nave ch'agitata*, Arie des Arbace, Einlage zu Hasses Oper *Artaserse*. Sopranist: Arno Raunig auf Caffarelli CD, CSM 9842-D1

Ausschnitte für den Unterricht:

Porpora, Nicolo: HB 1'26'' (von 5'33''–6'59'')
Giacomelli, Geminiani: HB 0'56 (von 7'40''– 8'36'')
Broschi, Ricardo: HB 1'08'' (von 6'00''–7'08'').

2. Unterrichtseinheit: Gesprächskarten[1]

Lehrerkonferenz im Gymnasium des Benediktinerordens zu Salzburg, Januar 1767   *1*

Du bist der **Pater Direktor.** Du sprichst von der alljährlich – natürlich auf Latein – stattfindenden Theateraufführung, die wieder ansteht.

Die Aufführung ist an dieser Schule seit 150 Jahren Tradition und wird in jedem Jahr von einer anderen Klasse aufgeführt. Der Klassenlehrer dichtet das Stück selbst und leitet auch die Aufführung. Es ist üblich, am Anfang, zwischen den einzelnen Akten und am Schluss Musik zu machen, und zwar nicht – wie man denken könnte – einfach Instrumentalmusik, sondern eine Art Kurzoper, in der eine ähnliche Geschichte wie im Hauptspiel gesungen und gespielt wird.

Du wendest dich an Pater Rufinus, den Klassenlehrer der Syntaxisten[1], der drittobersten Klasse, und fragst nach dem Stand der Dinge. Du sprichst auch vom Termin, nämlich Mitte Mai 1767.

Im Zusammenhang mit der Erörterung über die Musik sagst du, dass das in den anderen Jahren ja verschiedene Musiker gemacht hätten, z. B. der Organist des Salzburger Doms, Herr Anton Adlgasser, oder der neue Kapellmeister, Herr Michael Haydn, der den lange abwesenden Herrn Leopold Mozart seit einem halben Jahr vertrete, oder auch – wie früher schon einmal – der Herr Vizekapellmeister Leopold Mozart.

Nach der Diskussion über die Wahl des Komponisten führst du einen Konferenzbeschluss herbei.

[1]Die Namen der Klassenstufen waren damals folgende: Rudimentistae (Anfänger), Grammatiker, Syntaxisten (Studium des Satzbaus), Poetae (Dichter) und Rhetores (Redner).

Lehrerkonferenz im Gymnasium des Benediktinerordens zu Salzburg, Januar 1767   *7*

Du bist **Pater Beda,** der Musiklehrer. Du ergreifst das Wort nach Pater Aegidius und fragst, ob sich schon jemand überlegt habe, wer die Musik zu der Geschichte von *Apollon und Hyazinthus* komponieren solle.

(Der Pater Direktor fügt hier ein, dass das in den anderen Jahren ja immer verschiedene Musiker gemacht hätten, z. B. der Organist des Salzburger Doms, Herr Anton Adlgasser, oder der neue Kapellmeister, Herr Michael Haydn, der den lange abwesenden Herrn Leopold Mozart seit einem halben Jahr vertrete oder auch – wie früher schon einmal – der Herr Vizekapellmeister Leopold Mozart.)

Du antwortest, dass in den letzten zwei oder drei Jahren über nichts öfter in den Zeitungen geschrieben worden sei als über die wundervolle Kunst der Mozartschen Kinder. Schon eine Woche nach der Rückkehr von der langen Reise am 29. November 1766, am 8. Dezember, dem Fest Mariä Empfängnis, habe Wolfgang Mozart eine Sinfonie gemacht, die nicht nur bei den Hofmusikanten großen Beifall gefunden, sondern auch große Verwunderung erweckt habe. Außerdem habe er am 21. Dezember, dem Jahrestag der Konsekration (= Weihe) des Erzbischofs, Proben seines Könnens mit der Komposition zweier Huldigungsarien abgeliefert; verschiedentlich habe er sich auch als ausgezeichneter Klavierspieler hören lassen.

Du beginnst eine Diskussion mit den anderen, was dafür oder dagegen spreche, den Kompositionsauftrag an Wolfgang Mozart zu vergeben.

---

[1] Die Zahlen rechts oben bedeuten die Reihenfolge der Sprecher im Ablauf der Diskussion.

Lehrerkonferenz im Gymnasium des Benediktinerordens zu Salzburg, Januar 1767 *2+5*

Du bist **Pater Rufinus**, der Klassenlehrer der Syntaxisten. Wenn der Direktor dich anspricht, sagst du, dass das Stück fertig sei und du den Inhalt gerne vortragen würdest. Weil du aber etwas erkältet seist, habest du Pater Benedikt gebeten, einen Teil des Vortrages zu übernehmen.

Du kündigst an, dass du eine Erzählung des antiken griechischen Geschichtsschreibers Herodot ausgesucht und in lateinische Verse umgeformt habest. Der Titel des Stückes sei *Clementia Croesi – Die Milde des Königs Krösus*.

Zuerst nennst du die handelnden Personen,

Croesus: König von Lydien

Atys: sein Sohn

Adrast: ein Königssohn aus einem anderen Land, der am Hofe des Croesus lebt

Olynthus: Sohn des Adrast

Mandana: Schwester des Adrast, Braut des Atys

Vornehme, Heerführer, Opferdiener, Edelknabe

Dann teilst du mit, dass das Theaterstück folgenden Inhalt habe:

l. Akt: Croesus ist mit den Vorbereitungen zur bevorstehenden Hochzeit seines Sohnes Atys mit Mandana, der Tochter des Königs Midas, beschäftigt. Da wird er zuerst durch ein widriges Vorzeichen erschreckt. Dann erreicht ihn die Unglücksbotschaft, sein Sohn sei von Adrast, dem Bruder der Braut, tödlich verwundet worden. Das erfüllt ihn mit tiefstem Schmerz.

2. Akt: Die Vornehmen des Reiches, darunter besonders Pharnaspes, stacheln den König an, Adrast zu bestrafen. Croesus ist unsicher: Einerseits möchte er den Mörder seines Sohnes bestrafen, andererseits liebt er Adrast. Auch die Bitten Mandanas für ihren Bruder stimmen ihn mild.

3. Akt: Pharnaspes, der Adrast verderben will, weil er auf seine Machtposition neidisch ist, stachelt den König besonders dadurch zur Rache auf, dass er die Schuld an dem Verbrechen auch auf Mandana und Adrasts Sohn Olynthus schiebt. Der Heerführer Clitander sagt den Verzweifelten seine Hilfe zu.

Du gibst Pater Benedikt ein Zeichen, mit der Inhaltsangabe fortzufahren.

Wenn Pater Clemens die Frage nach der Geschichte für die Musikeinlage stellt, sagst du, dass du vor einer Woche Pater Aegidius das Manuskript zur Beurteilung gegeben habest. Du fragst diesen, ob er so freundlich sein könne, die Geschichte vorzutragen.

4

Lehrerkonferenz im Gymnasium des Benediktinerordens zu Salzburg, Januar 1767

Du bist **Pater Clemens**. Du fragst Pater Rufinus nach dem Schluss des Vortrags von Pater Benedikt, ob er auch schon die Geschichte für die Musikeinlage ausgesucht und geschrieben habe.

Lehrerkonferenz im Gymnasium des Benediktinerordens zu Salzburg, Januar 1767   *3*

Du bist **Pater Benedikt**, der den zweiten Teil des Vortrags von Pater Rufinus übernimmt. Schalte dich an entsprechender Stelle ein.

4. Akt: Während Pharnaspes über den Erfolg seiner Hinterlist schon frohlockt, bemühen sich Mandana und Clitander bis zur Erschöpfung, den Bruder dem Tode zu entreißen. Sie haben aber keinen Erfolg.

5. Akt: Der König wird von Pharnaspes immer wieder gegen Mandana und Olynthus aufgehetzt, sodass er sogar beschließt, alle drei, nämlich Adrast, Mandana und Olynthus, töten zu lassen. Er wird aber von Megabasus, einem anderen Vornehmen, über Pharnaspes' Lügen genau unterrichtet. So nimmt er schließlich doch Adrast mit Schwester und Sohn von neuem in Gnaden auf.

Nach deinem Vortrag stellt Pater Clemens eine Frage.

Lehrerkonferenz im Gymnasium des Benediktinerordens zu Salzburg, Januar 1767   *6*

Du bist **Pater Aegidius** und trägst den Inhalt der Geschichte der Musikeinlage vor, nachdem Pater Rufinus auf die Frage von Pater Clemens auf dich verwiesen hat:

1. Akt: Der König Oebalus von Lakedämonien möchte dem Gott Apollon[1] ein Opfer darbringen. Da wird er durch einen Blitzstrahl, der den Altar vor ihm zerstört, in großen Schrecken versetzt. Sein Sohn Hyazinthus tröstet und ermutigt ihn. Bei den Opfernden steht auch Zephir, der um die Freundschaft Hyazinths wirbt.

Da erscheint plötzlich der Gott Apollon. Er ist als Hirte verkleidet, da er nicht von allen Menschen erkannt werden will. Der Göttervater Jupiter hat ihn verbannt, und Apollon bittet Oebalus um Unterkunft und Hilfe.

2. Akt: Oebalus möchte seine Tochter Melia mit Apollon verheiraten, weil dieser es wünscht. Melia freut sich darüber. Als sie fragt, wo Apollon jetzt sei, antwortet ihr Vater, dass er mit Hyazinth und Zephir Diskus werfen übe. Plötzlich erscheint Zephir und verkündet, dass Hyazinth, von Apollos Diskus tödlich getroffen worden sei. Er erzählt ausführlich, wie es geschah und fordert Oebalus auf, Apollon aus seinem Reich zu verweisen. In Wirklichkeit hat er selbst den tödlichen Diskus geworfen, und zwar aus Eifersucht auf Hyazinth. Er hetzt auch Melia gegen Apoll auf und bietet sich als neuer Bräutigam an. Melia kann zunächst nicht an Apollons Schuld glauben.

Da kommt Apoll. Er bezeichnet Zephir als den Mörder Hyazinths, verwandelt ihn in einen Wind und lässt ihn von Aeolus, dem Gott der Winde, einsperren. Melia ist aber von Zephir bereits umgestimmt worden und weist Apollo zornig ab.

3. Akt: Oebalus ist bei seinem sterbenden Sohn. Dieser sagt ihm noch vor seinem Tod, dass Zephir ihn getötet hat. Oebalus ist verzweifelt und will sich an Zephir rächen. Als Melia die Wahrheit erfährt, ist auch sie unglücklich, da sie ja Apollon zurückgewiesen hat. Dieser verwandelt den toten Hyazinth in die Blume gleichen Namens: das Blumenwunder. Oebalus und Melia bitten Apoll um Verzeihung. Zum Schluss sind alle versöhnt.

---

[1] Im Deutschen stehen die Namensformen Apollon, Apollo, Apoll gleichberechtigt nebeneinander. Sie werden hier alle genutzt.

4. Unterrichtseinheit

Farinelli und die Kunst des Gesanges[1]

Schülermaterial I

Wolfgang wusste bereits, was Sänger gern singen. Wie oft hatte er sie gehört und beim Singen beobachtet! In London war er in den großen Theatern gewesen und hatte viel über die Sänger gehört, die in diesen Häusern ihre größten Triumphe gefeiert hatten. Wolfgang wusste natürlich auch vom berühmtesten Sänger aller Zeiten, von Farinelli. Von ihm gab es Wunderdinge zu erzählen: Er hatte eine unvergleichliche Gesangstechnik, z. B. konnte er 150 Noten auf einem Atemzug singen. Er führte die weitesten Intervalle über drei Oktaven (C-d''') mit Leichtigkeit und Sicherheit auch in großem Tempo aus, ohne dass man einen Übergang zwischen den Registern bemerkte. Läufe, Triller und alle Spielarten von Koloraturen stellten für ihn keinerlei Schwierigkeit dar. Seine Stimme war erstaunlich, weil vollendet, voller Kraft und Klang. Sein Ausdrucksvermögen war so überwältigend, dass einmal ein mitspielender Kollege auf der Bühne, wo Farinelli einen Gefangenen in Ketten singen musste, davon so bewegt war, dass er seine eigene Rolle vergaß und ihm in die Arme stürzte, um ihn zu trösten.

Im Jahre 1767 war Farinelli ein alter Mann. Er lebte in Italien, in Bologna. Ab und zu sang er immer noch. Ein englischer Musiker, mit dem sich die Mozarts in London befreundet hatten, hatte Wolfgang auch etwas über Farinellis Zeit in Spanien erzählt.

Farinelli in Spanien

Lehrermaterial

Der spanische König Philipp V. war krank. Nicht körperlich. Seine Seele und sein Gemüt waren verdunkelt. Der König war von einer tiefen Melancholie befallen. Er schloss sich in sein Zimmer ein, verbarrikadierte Türen und Fenster und stieß während der ganzen Nacht trostlose Schreie aus. Alle, die es hörten, schwiegen erschrocken. Zuweilen hielt sich Philipp für tot und sprach mehrere Tage lang kein Wort. Er aß nicht, warf den Dienern die gefüllten Teller an den Kopf, steckte sich das Tischtuch in den Mund und verharrte so für mehrere Stunden. Oder er starrte endlos lange auf den Fußboden.

Es folgten jedoch auch wieder längere Phasen, in denen sein Bewusstsein ungetrübt war. Er gewann neues Interesse an den Regierungsgeschäften und konnte die vielfältigen Fäden der europäischen Politik verfolgen, die seine Gattin, die Königin Elisabeth, so geschickt zu knüpfen verstand.

Nach und nach aber wurden die Anfälle häufiger, und auch körperlich verfiel er immer mehr. Tage-, ja wochenlang und einmal – während der schlimmsten Krise – über anderthalb Jahre lehnte es der König ab, sich zu waschen, sich die Haare schneiden zu lassen und die Kleider zu wechseln. Wenn die Ärzte ein Bad empfahlen, fand Philipp die Energie, sich dagegen aufzulehnen, mied er doch das Wasser, als wäre es der Teufel selbst.

Elisabeth tat alles, um ihren Mann zu schützen, denn sie wollte so lange wie möglich spanische Königin bleiben. Sie wachte darüber, dass keine Feder und kein Tintenfaß in die Nähe des Königs kamen, um ihn daran zu hindern, etwas zu unterschreiben, was sie nicht wollte. Sie hatte mit allen möglichen Zerstreuungen, die ihn erheitern könnten, versucht, seine Melancholie zu bekämpfen. Bälle kamen nicht mehr in Frage, waren sie doch meist zu lang, zu offiziell und daher zu anstrengend und ermüdend. Die Königin ermunterte deshalb ihre Kinder und die Kinder aus Philipps erster Ehe, kleine Theaterstücke einzuüben, die dem König dann in einem kleinen, hübschen Salon vorgespielt wurden. Diese anspruchslosen, aber sehr fröhlichen Vorstellungen fanden jeden Samstagabend statt und schienen eine gute Wirkung auf den König zu haben.

Kann Kunst nicht in all ihren Formen heilende Wirkung auf einen schwerkranken Menschen ausüben? Diese Überlegung ließ die Königin nach etwas suchen, das einen größeren Heilerfolg versprach. Sie hatte bereits viel von dem Sänger Farinelli gehört. Sein unvergleichlicher Ruf, seine fast übernatürliche Stimme und die Ausstrahlung, die man ihm überall in Europa nachsagte, beschäftigten Elisabeth mehr und mehr. Ihre einzige Sorge war die Abneigung ihres Gemahls gegen die Musik und die geringe Achtung, die er seinen Musikern entgegenbrachte. Sie drängte diese Sorge jedoch in sich zurück, als sie den Brief aus London mit Farinellis Zusage in Händen hielt. Sie wollte an das Wunder glauben, das jene „Engelsstimme" vielleicht bewirken konnte.

---

[1] Der Text wurde auf der Grundlage des Buches von Patrick Barbier *Farinelli, die Biografie*, (2. Aufl. Düsseldorf 1995), zusammengestellt und auf die ausgewählten Musikbeispiele zugeschnitten.

Als Farinelli am 25. August 1737 durch das Tor des Palastes trat, wusste er genau über die Gesundheit und die Gewohnheiten des Königs Bescheid. Ihm war auch bekannt, dass er den König möglicherweise mitten in einer seiner Krisen antreffen würde. Elisabeth bereitete diesen ersten Abend, der den König und den Sänger, zwei so gegensätzliche Persönlichkeiten, zusammenbringen sollte, sorgfältig vor. Sie war klug genug, eine direkte Begegnung zu vermeiden, die Philipp sicher abgelehnt hätte. Statt dessen verbarg sie Farinelli in einem Nebenzimmer. So würde der Zauber der Musik allein seine Wirkung tun können.

Der König lag in seinem Bett und starrte dumpf zur schön bemalten Zimmerdecke, die er auch nicht bemerkt hätte, wenn es hell im Raum gewesen wäre. In seinem Kopf kreisten unendlich viele Bilder, und nichts schien diesen Kreislauf unterbrechen zu können.

Da hörte er die Stimme. Leise begann sie und samtweich, schwoll an und bewegte sich so süß und biegsam über dem begleitenden Instrument, dass die quälenden Bilder in des Königs Kopf langsam anfingen zu verblassen. Er begann aufmerksam zu werden.

Porpora *Alto Giove* (1'26")

Die Stimme veränderte sich. War es überhaupt ein Mensch, den er hörte? War es nicht eher eine Nachtigall, wie sie an warmen Maiabenden in den Gärten des Palastes sang? Die Töne schienen von den schweren Samtvorhängen, die das Bett begrenzten, tröstend auf den König herabzufließen. Er schloss seine immer noch an die Decke starrenden Augen. Etwas in ihm begann sich zu lösen.

Giacomelli *Quel usignuolo* (0'56")

Die geheimnisvolle Stimme wählte jetzt ein anderes Tempo. Sie wurde von einem Energiestrom getragen, auf dem sich kristallklare Trillerketten mit perlenden Läufen und leuchtenden Spitzentönen zu einem lebendigen Spiel verbanden.

Auf dem düsteren Gesicht des Königs erstrahlte ein Lächeln. Jede ausdrucksvolle melodische Phrase, jede gewagte Koloratur, die aus dem benachbarten Zimmer kam, schienen ihn mehr und mehr von den Schatten der Melancholie zu befreien.

Broschi *Son qual nave ch'agitata* (1'08")

Der König fand die Kraft, Farinelli zu rufen, ihn zu berühren und um weitere Lieder zu bitten, diesmal direkt an seinem Bett. Seine Freude und seine Dankbarkeit waren so groß, dass er Farinelli jeden beliebigen Wunsch zu erfüllen bereit war. Der Sänger antwortete, sein einziges Verlangen sei, der König möge aufstehen, sich waschen und rasieren sowie seine Staatsgeschäfte aufnehmen. Farinelli war sorgfältig auf die Begegnung vorbereitet worden und wusste, was die Königin und ihr Gefolge von ihm erwarteten. Jetzt persönliche Wünsche auszusprechen, würde alle, die so große Hoffnungen auf ihn gesetzt hatten, enttäuschen, zumal in diesem Moment, wo der König bereit schien, zu neuem Leben zu erwachen.

Die Nachricht von dem Wunder, das Farinelli vollbracht hatte, verbreitete sich schnell unter den Würdenträgern des Staates und den Botschaftern der Nachbarstaaten. Die Genesung Philipps V. kam so plötzlich und so eindrucksvoll, dass sie dem gesamten Hofstaat neues Leben schenkte.

Farinelli wurde im Weiteren fürstlich belohnt. Täglich sang er dem König vor, und er wurde für Philipp und die Königin sogar zu einem echten Freund – ein seltenes Ereignis zwischen so unterschiedlich gestellten Personen.

24 Jahre lang, einige Jahre über den Tod des Königspaares hinaus, blieb Farinelli in Spanien. Von einem Nachfolger Philipps, der den Verleumdungen von Farinellis Neidern glaubte, wurde er aus Spanien verwiesen und fand eine neue Heimat in Bologna.

Schülermaterial II

Wolfgang Mozart wusste also bereits, was Sänger gern hatten und wie so eine Arie zu komponieren war: Drei Teile musste sie haben; davon mussten der erste und der dritte Teil (fast) gleich sein, damit die Sänger bei der Wiederholung noch Verzierungen und eine Kadenz einfügen konnten, um die Stimme von der schönsten Seite zeigen zu können. Außerdem musste die Musik den Inhalt des Textes so deutlich machen, dass sie auch von denen verstanden wurde, die kein Latein oder Italienisch gelernt hatten. Aber das würde er schon können. Hatte er nicht schon im Dezember zwei Arien für den Erzbischof komponiert? Er setzte sich also hin und begann, eine Arie für *Apollon und Hyazinthus* zu schreiben.

(Orpheus wendet sich um.)
Szenisch-musikalische Interpretation von drei Orpheus-Opern

Rainer O. Brinkmann und Markus Ponick

Motto

*Orpheus: „Jeder Stand hat seine Plage,
jeder Stand hat seine Not.
Aber eine größere Plage
als den Musiklehrerstand gibt's nicht.
Nachdem ich ein halbes Dutzend Lektionen gegeben,
hämmert's mir so toll im Kopf,
als säß' ein Grobschmied darin." (Offenbach)*

1. Vorwort

So wie sich Orpheus im Hades umwendet, weil er sich versichern will, dass seine Eurydike noch hinter ihm ist, so muss sich heute die Musikpädagogik immer wieder umwenden, um sich zu vergewissern, dass die SchülerInnen ihr folgen. Während Orpheus jedoch die Gattin zum zweiten Mal verliert, besteht im Unterricht die Chance, durch neue Methoden das Interesse für Musik zu stärken. Die Szenische Interpretation von Musiktheater gibt dem „Musiklehrerstand" die Möglichkeit, durch spielerische Motivation einen Zugang zu den Werken zu schaffen, der eine Zeit lang die „Not und Plage" der Schule vergessen lässt. SchülerInnen und LehrerInnen verhalten sich anders im Umgang miteinander, werden zu SpielerInnen und SpielleiterInnen, die gemeinsam eine Interpretation der Werke erarbeiten.

Wir haben das vorliegende Konzept in verschiedenen SchülerInnen-, StudentInnen- und LehrerInnengruppen durchgeführt – „ein halbes Dutzend Lektionen" –, bis wir zu dieser Version gekommen sind.[1] Die Auseinandersetzung mit der Thematik kann schon in der 8. oder 9. Klasse beginnen, je nach Reifegrad der SchülerInnen. In der Oberstufe bietet es sich dann an, einzelne Themen zu vertiefen oder musikalische Analysen im Anschluss an die hier vorgestellten Zugänge zu erarbeiten.[2]

2. Szenische Interpretation von Musiktheater

In vielen Lehrplänen findet sich mittlerweile der Vorschlag, die Szenische Interpretation von Musiktheater im Unterricht zu behandeln. Diese neue Musiktheater-Didaktik ist eine Form des erfahrungsbezogenen Unterrichts, der davon ausgeht, dass die SchülerInnen Erlebnisse im Unterricht haben (müssen), die sie durch gezielte Reflexion in Erfahrungen verarbeiten.[3] Erfahrungslernen hat andere Qualitäten als kognitives Lernen, da es die Hintergründe und Erlebniswelten der einzelnen SchülerInnen genauso zum Gegenstand des Unterrichts macht, wie den Stoff des Lehrplans. Das soziale Lernen bekommt einen großen Stellenwert und die Kommunikation in Spielprozessen fördert den kreativen Umgang der SchülerInnen miteinander.

Der Kern dieser Didaktik ist, dass das Werk in Teilen von der Klasse selbst reproduziert wird. Auf der Grundlage der genauen Kenntnis einer Rolle werden die zentralen Themen der Oper entfaltet. Die SchülerInnen fühlen sich also zunächst in Rollen, in soziale Gruppen und die historische Situation ein. In diesen Rollen entwickeln sie Haltungen zur Musik. Durch angeleitete körperorientierte Interaktionen können sie im Schutze der Rollen Phantasien, Ängste, Hoffnungen und Problemlösungen ausdrücken. Diese werden dann mit den vorgegebenen Handlungsabläufen in Beziehung gesetzt. Die Szenische Interpretation entsteht aus dem Handeln, dem Erleben und den Haltungen der SchülerInnen als RolleninhaberInnen.

Das Szenische Spiel ändert die Wahrnehmung der Musik und die Analyse des Notentextes, gibt eine Richtung bzw. Aufgabe vor. Szenische Erfahrung ermöglicht das Hören aus einer konkreten Perspektive (der Rollenfigur, des Beobachters/der Beobachterin, der Suche nach einer Antwort auf Fragen, die im szenischen Ablauf entstanden sind und nur durch die Musik beantwortet werden können) und bestimmt somit die Analyseverfahren, indem konkrete Fragen an die Partitur gestellt werden. Die Szenische Interpretation von Musiktheater ist am Prozess orientiert und arbeitet nicht auf ein Produkt hin.[4]

3. Mythos

„[...] in der Oper greift Musik in den blinden ausweglosen Naturzusammenhang des Schicksals, wie die abendländischen Mythen ihn darstellen,

Anmerkungen s. S. 97

verändernd ein, und das Publikum wird als Zeuge, wenn nicht gar als Appellationshof angerufen. Der Eingriff ist in einem der großen griechischen Mythen selber vorgedacht, dem von Orpheus, der die furchtbare Herrschaft des Zyklos, an den er Eurydike verlor, durch Musik erweicht, um dem Schicksal erst wieder durch den manisch gebannten Blick auf den Bereich zu verfallen, dem er mit Eurydike entrann [...] man sagt kaum zuviel mit dem Satz, alle Oper sei Orpheus [...]."[5]

Der Orpheus-Stoff übte von jeher eine besondere Anziehungskraft aus. In alle Kunstgattungen hielt er Einzug. Er wurde von Rubens und Feuerbach auf Leinwand gemalt, von Cocteau im Film verewigt, von Goethe und Rilke in Lyrik gehuldigt und hat die Musik zahlreicher Komponisten beeinflusst: Peri, Monteverdi, Sartorio, Gluck, J. Ch. Bach, Haydn, Offenbach, Strawinski, Liszt und Schubert, um nur einige zu nennen.

Was machte den Orpheus-Mythos so interessant für die Kunst, insbesondere für die Musik? Orpheus ist der Prototyp des Musikers. Er vermag seine Musik, seinen Gesang und sein Instrument als Waffe zu nutzen; damit hat er Macht über andere Lebewesen. Seine Liebe siegt über den Tod, sie macht das Unmögliche möglich. Dem „Schönen, Wahren, Guten" gelingt es, die Schrecken der Hölle zu bannen. Orpheus' Gang in die Unterwelt bietet allen nachfolgenden Künstlern die Auseinandersetzung mit dem Jenseits als Ort möglicher Projektionen. Von hier wird ein neuer Blick auf das Diesseits geworfen, hier findet die Herausforderung der Götter statt, hier liegt die Möglichkeit zum Scheitern und zum Neuanfang.

Mythen bewahren menschliches Wissen auf und berichten darüber in Bildern und Vergleichen. Für die Psychologen Freud und Jung gehören sie zu den Urbildern, die in jedem einzelnen Menschen schlummern – als Worte, Bilder und Klänge. Mythen existieren nirgendwo in absolut reinen Formen. Selbst Fabeln sind in ihrem Kern immer nur die Erzählung einer Variante. In unserer Tradition setzte sich der Mythos von Orpheus in der Darstellung des römischen Dichters Ovid durch. Er überlieferte ihn in seinen *Metamorphosen*. Darauf bezog sich Gustav Schwab in seinen Nachdichtungen und schuf damit die im deutschsprachigen Raum bekannteste Form des Mythos.[6]

4. Regieanweisungen

Die Überschrift dieses Unterrichtsvorschlags stammt aus *L'Orfeo*. Diese Regieanweisung von Claudio Monteverdi* beschreibt eine Handlung, die zu weitreichenden Konsequenzen für die Protagonisten führt. Regieanweisungen werden häufig überlesen, weil sie als nicht so wichtig erachtet werden. Sie vermitteln aber zusätzliche Information zum gesprochenen oder gesungenen Text. Das Gleiche gilt für die anderen Anweisungen des Librettos wie musikalische Formenbezeichnungen, Personenregister und Bühnenbildvorgaben. Erst das Zusammenspiel all dieser Elemente ermöglicht die Interpretation der Thematik eines Werks. Daher sollen in diesem Konzept die eher formalen Strukturen als Leitfaden für den Ablauf von neun Unterrichtsbausteinen dienen. Die wichtigsten Verfahren der Szenischen Interpretation werden zusammen mit den bedeutendsten Sequenzen aus den Opern vorgestellt.

Jede Oper beginnt mit einer Introduktion (Ouvertüre), in der die ihr spezifische Atmosphäre anklingt. Nach einführenden Übungen dazu, in denen elementare Bewegungsformen vermittelt werden, stellen sich die Personen der Opern vor. Jeder Aufzug beginnt mit einer Ortsangabe, die für das Bühnenbild und die Situation wichtig ist. Das idyllische Arkadien, das himmlische Paradies und das verruchte Boudoir kennzeichnen in charakteristischer Weise die zentralen Orte der drei Werke. Am Tor zur Unterwelt wird ein für alle drei Opern bedeutsamer Ort betreten, eine Grenze, die Leben und Tod voneinander trennt, ein Niemandsland, das Fragen über Sein und Nichtsein aufwirft. Die Orte erhalten Leben durch die Arbeit mit Haltungen und Bildern, eine Phantasiereise, chorische und szenische Übungen. Drei weitere Themen werden von den Librettisten und Komponisten der Opern vorgeschlagen: *Irdische und göttliche Liebe* als beliebtes Sujet der Renaissance, ironisch gebrochen in der Operette, wo *irdische und göttliche Ehe* persifliert werden. Dazwischen steht der Konflikt von *irdischer Liebe und göttlicher Prüfung*, Dreh- und Angelpunkt der Handlung, der wiederum menschliches Scheitern und göttliche Intervention zum „Happy End" nach sich zieht.

---

* Daneben werden hier *Orpheus und Eurydike* von Chr. W. Gluck und *Orpheus in der Unterwelt* von J. Offenbach behandelt.

5. Unterrichtsbausteine

1. Unterrichtsbaustein: Introduktionen

Einführung in Thematik und Arbeitsweise: Der/die SpielleiterIn stellt zu Beginn die beiden Opern und die Operette in ihren Zeitepochen dar: im Übergang von der Renaissance zum Barock, vom Barock zur Frühklassik, in der Romantik. Die inhaltliche Auseinandersetzung mit Leben und Tod, Himmel und Hölle, irdischer und göttlicher Liebe/Ehe soll mit den Methoden der Szenischen Interpretation von Musiktheater gestaltet werden.

Einführung in den Inhalt: Erzählen oder Vorlesen des Mythos (s. Kasten S. 83) in der Sagengestalt nach Gustav Schwab; die SchülerInnen machen sich dabei eine Vorstellung von den Figuren und Szenen der Geschichte. Jeder soll sich eine der Figuren konkret vorstellen und deren Körperhaltung merken.

Vorstellung der Gruppe: Die SchülerInnen stellen sich nacheinander mit dieser Körperhaltung vor, d. h. jeder präsentiert sie 10 Sekunden lang mit dem eigenen Körper in der Kreismitte. Dazu nennt er/sie den eigenen Namen. Der/die Nächste wiederholt Haltung und Namen und fügt die eigene Haltung an. Das Prinzip ist bekannt: Kofferpacken. Auch wenn die SchülerInnen sich bereits kennen, sollte diese Runde nicht ausfallen, da hier zwei grundlegende Fähigkeiten der szenischen Arbeit trainiert werden: die genaue Beobachtung und die Nachahmung.

Rhythmisches Aufwärmen: Die „Zukunftsmusik" (NB 1, S. 83) wird gemeinsam im Kreis gesprochen und geklatscht. Es handelt sich um Sätze aus den drei Libretti, in denen Aussagen über die Musik getroffen werden. Alle bewegen sich in einem gemeinsamen Grundschritt: rechter Fuß nach außen, linker Fuß nachgestellt, linker Fuß nach außen, rechter Fuß nachgestellt und wieder von vorn. Zu diesem 4/4-Takt wird das Wort „Zukunftsmusik" gesprochen. Nacheinander erarbeiten die SchülerInnen jetzt die einzelnen Rhythmen durch Sprechen und gleichzeitiges Klatschen. Dann werden nur noch die Silben geklatscht, in denen der angegebene Buchstabe vorkommt, das Mitsprechen hört auf, wenn alle sicher im Rhythmus sind. Zum Schluss sollen alle Sätze mit ihren Klatschrhythmen gleichzeitig erklingen. Es folgt eine kurze Reflexion über die Inhalte der Sätze: Die Intensität der Aussagen nimmt von Monteverdi bis Offenbach immer mehr ab.

Bewegung zu Musik: Die Ouvertüren

1. *L'Orfeo* (Toccata und Ritornell - Hörbsp. Nr. 1)

Jeder Schüler deponiert zwei Zettel und Stifte an den gegenüberliegenden Wänden des Raums und geht mehrmals zur Musik von einer Seite des Raums zur anderen und zurück. Am Ende dieses Wegs soll jeweils eine Assoziation zur Musik (nur ein Wort) auf einen der Zettel geschrieben werden. Die SchülerInnen können vorweg einmal den Weg abschreiten und sich klarmachen, wo ihre Zettel und Stifte liegen. Anschließend lesen sie die eigenen Listen der Reihe nach vor, Gemeinsamkeiten werden benannt und auf die Musik bezogen.

2. *Orpheus und Eurydike* (Hörbsp. Nr. 2)

Alle bewegen sich im Raum zur Musik mit dem ganzen Körper, nach einiger Zeit wird die Musik gestoppt. Daraufhin stehen alle sofort still (technischer Terminus der Theatersprache: Einfrieren oder Freeze) und verharren in ihrer Position, bis die Musik wieder einsetzt. Der/die SpielleiterIn teilt die Gruppe in zwei Hälften: Die eine Hälfte sieht aus dem Freeze heraus zu, die andere Hälfte bewegt sich weiter, mehrfache Wechsel finden nach ca. 20 Sekunden statt. In der Reflexion wird angesprochen, was diese Musik von der vorherigen unterscheidet.

3. *Orpheus in der Unterwelt* (Hörbsp. Nr. 3)

Zwei Gruppen stehen sich in Reihen gegenüber, jeweils ein Vortänzer in der Mitte vor der Reihe (technischer Terminus der Tanzsprache: Chorus-Line). Zur Musik gibt ein Vortänzer Bewegungen vor, die von der Gruppe imitiert werden. Gemeinsam bewegt sich die Reihe nach vorn auf die anderen zu und wieder zurück. Dann gibt der/die andere VortänzerIn der anderen Gruppe die Bewegung vor usw. Hier ergibt sich meistens schon eine dem Cancan ähnliche Tanzform.

⇨ Erweiterungsvorschlag: Hier kann eine Reflexion der Ouvertüren in Verbindung mit Bildern zur Mode der drei Zeitepochen folgen. Die Entsprechungen der musikalischen und modischen Stilmerkmale sollen herausgearbeitet werden (z. B. Strenge der Form und höfische Haltung bei Monteverdi und in der spanischen Mode des 16. Jahrhunderts; galante Tracht des Rokoko und galanter Stil bei Gluck; etc.).

2. Unterrichtsbaustein: Personen

Einfühlung: Das grundlegende Prinzip der Szenischen Interpretation von Musiktheater ist die Einfühlung in eine Figur, aus der heraus das Geschehen erlebt und reflektiert wird. Die SchülerInnen entscheiden sich jeweils für eine Figur (Doppelbesetzungen sind möglich) und erhalten die entsprechende Rollenkarte (Vgl. *Rollenkarten/Rollenbiografie* ab S. 84) Nach diesen Angaben und eigener Phantasie schreibt jeder eine kurze Rollenbiografie in der Ich-Form, in der biografische Details, Habitus und Beziehungen der Figur angeeignet werden. Hier gilt die Regel des „Kreativen Schreibens", dass der Text später vorgelesen werden kann, aber nicht muss, da sonst beim Schreiben Blockaden auftreten. Als Beispiele können die Rollenbiografien der Komponisten (ab S. 88) gelesen und besprochen werden.

Geh- und Stehhaltungen: Nach der sich anschließenden Vorlese-Runde sucht jeder eine Verkleidung für die Figur und erfindet eine Gehhaltung. Der/die SpielleiterIn kann durch Frageimpulse Hilfestellung geben: Wie setzt du die Füße auf? Wie groß (klein, breit, eng, hoch, etc.) sind deine Schritte? Wie bewegt sich das Becken (Oberkörper, Arme, Kopf, etc.) beim Gehen? Wie ist das Tempo deiner Figur? Wohin geht dein Blick? Was denkst du in dieser Situation? Die SchülerInnen probieren immer unterschiedliche Möglichkeiten aus und entscheiden sich für die beste Lösung. Nach dem gleichen Prinzip sucht jeder für sich eine Stehhaltung.

Sprech- und Singhaltungen: Jeder überlegt sich einen Satz, der charakteristisch für die Figur ist, z. B. Orpheus: „Wie glücklich war der Tag, meine Liebe, als ich dich zum ersten Mal sah." Der/die SpielleiterIn kann auch Sätze aus den Libretti an die Tafel schreiben, aus denen sich jeder den passenden Satz heraussucht:

- „Ich habe das Herz verloren, denn mein Herz ist bei dir."
- „Alles Glück ergibt sich aus dem, was ich lehre."
- „Hier ist der Aufenthalt ewiger Todesangst, ewiger Qualen."
- „Triumph sei dir, Eros (Apollon, Jupiter usw.)."
- „Jeder Stand hat seine Plage."
- „Wie herrlich ist es hier und wie erquickend."

Zuerst sprechen alle ihren Satz, probieren dabei Variationen in Tempo, Tonhöhe, Lautstärke und Gestus aus, bis sie eine zu der Figur passende Sprechhaltung gefunden haben. Dann soll jeder den Übergang zum Singen finden, indem er/sie den Satz rhythmisiert und die Sprachmelodie verstärkt. Hier kommt es nicht auf schönen Gesang an, sondern auf den individuellen gesanglichen Ausdruck einer Figur. Für den/die SpielleiterIn ist es hier besonders wichtig, Beispiele vorzugeben, vor allem der Übergang vom Sprechen zum Singen sollte gezeigt werden.

Präsentation: Das nachfolgende Zeigen der Ergebnisse findet auf einer vorher festgelegten Spielfläche (Bühne) statt, Auf- und Abtrittsmöglichkeit sowie die zu laufen Strecke sind genau vorgegeben. Der/die SpielleiterIn kündigt jede Figur namentlich an („Auftritt: Orfeo"), die Betreffenden stellen sich mit den erarbeiteten Haltungen vor.

3. Unterrichtsbaustein: In Arkadien

Die SchülerInnen betrachten gemeinsam die Schäferszene (Abb.1, S. 90), hören Hörbeispiel Nr. 4 und lesen den darin vertonten Text über Arkadien (Kasten S. 90). Der/die SpielleiterIn gibt weitere Informationen zum Arkadien-Motiv in den drei Opern: die Entwicklung aus dem Schäferspiel der Renaissance bei Monteverdi, gebrochen durch das plötzliche Einbrechen von Schmerz und Leid; bei Gluck nur noch durch den Hirtenchor und das Bühnenbild anwesend und bei Offenbach sogar schon persifliert im Styx-Couplet.

In Bilder gehen: Die folgenden Themen sollen in Bildern dargestellt werden.

- Ein Hirte bewacht seine Schäflein.
- Der Prinz von Arkadien veranstaltet ein Picknick für die Hofgesellschaft.
- Das Schäferstündchen im Pinienhain.
- Allegorische Figuren in der Natur: Sonne, Wind, Schatten, Liebe, Frühling, Vergnügen (in der Oper treten auch die Musik, die Hoffnung und das Echo auf).
- Die SchülerInnen finden weitere Vorschläge.

Der/die erste SchülerIn nimmt eine Haltung ein und definiert damit die Situation. Der/die Nächste muss mit der eigenen Haltung bereits Bezug auf die erste Figur nehmen, sodass auch die Beziehungen der Figuren im Bild deutlich werden. 3–5 SchülerInnen gehen so nacheinander in das Bild, bis eine Situation entstanden ist. Das Bild bleibt einige Zeit für die ZuschauerInnen unbeweglich stehen, dann geht der/die erste SchülerIn wieder hinaus, der/die Nächste folgt usf. (s. Abb. 2, S. 91)

Künstlerische Entwürfe: Mehrere Kleingruppen entwerfen mit unterschiedlichen Medien eine Skizze von Arkadien und präsentieren sie vor der gesamten Gruppe:

a. Text (Schreibt ein Gedicht mit der ersten Verszeile: „An diesem frohen und glücklichen Tag [...].")
b. Musik (Improvisiert mit Gesang und/oder Instrumenten eine Hirtenmusik!)
c. Szene (Entwerft eine Szene, in der ihr eine „paradiesische Situation" spielt!)
d. Tanz (Erfindet einen Tanz zur Musik von Hörbeispiel Nr. 4 (Anfang bis 0'40''), in dem ihr die idyllische Stimmung körperlich ausdrückt!).

Reflexion: Die ZuschauerInnen/ZuhörerInnen teilen nach jeder Präsentation mit, wie das Arkadien-Motiv verarbeitet wurde.

⇨Erweiterungsvorschlag: Wo werden heutzutage Vorstellungen von Arkadien entworfen? Welche Phantasien der SchülerInnen gibt es darüber?

4. Unterrichtsbaustein: Irdische und göttliche Liebe

Standbilder zu Musik: In der Arie *Rosa del ciel* singt Orfeo ein Loblied zuerst auf Apollon, den Gott des Lichts (der manchmal als sein Vater bezeichnet wird, ihm am Ende der Oper das Leben schenkt und ihn vor übermäßigem Schmerz bewahrt), dann auf seine Gattin Euridice. Sie antwortet mit einer kurzen Replik, in der auch sie ihre Liebe zu ihm bezeugt. Damit wird ein Diskurs über den Vorrang von göttlicher oder irdischer Liebe eröffnet. Dieses in der damaligen Zeit beliebte Sujet greift Monteverdi auf und führt es in der Oper durch.[7] Sein ständiges Loblied auf Apollon lässt sich bis in Text (häufig Worte wie Licht, Auge, hell usw.) und Musik (g = sol = Apollon) nachweisen.

Der/die SpielleiterIn erklärt die Technik des Standbildbauens: Es gibt einen aktiven „Bildhauer", der seine Version einer Szene oder Haltung zeigen möchte. Er arbeitet mit einer weiteren Person, die sich körperlich möglichst entspannt, um gut assistieren zu können. Der Bildhauer nimmt einzelne Körperteile und bringt sie in die Position, die er sich vorgestellt hat; zuerst die grobmotorischen Haltungen, dann die feine-

ren, z. B. Fingerposition oder Gesichtsmimik (kann auch vorgemacht werden). Der Vorgang des Modellierens sollte möglichst körperlich und ohne Sprechen stattfinden, der/die SpielleiterIn muss vor allem darauf achten, dass nicht alles verbal abläuft oder die Haltungen nur vorgemacht werden. Am Anfang empfinden das die meisten als sehr merkwürdig, da solch vorsichtige körperliche Berührung in der Schule eher selten ist, aber nach einiger Gewöhnung wird dieses Verfahren von SchülerInnen gern durchgeführt und fördert den behutsamen Umgang miteinander.

Die SchülerInnen bilden zu dritt Kleingruppen und wenden die Standbildtechnik auf die Beziehungen der Figuren Apollon, Orfeo und Euridice an. In drei Durchgängen modelliert je ein Schüler die beiden anderen. Zuerst liest der/die SpielleiterIn jeweils den Text aus der Arie bzw. von Euridices Replik vor (s. S. 91), dann erklingt die Musik (Hörbsp. Nr. 5) abschnittsweise zwei Mal. Beim ersten Mal hören alle zu und überlegen sich, wie die Beziehung in Text und Musik geschildert wird, beim zweiten Mal bauen alle die Bilder auf:

- Beziehung Orfeo - Apollon (Anfang bis 0'53'')
- Beziehung Orfeo - Euridice (0'53''–2'23'')
- Beziehung Euridice - Orfeo (2'23''–Schluss).

Die Bilder werden im Halbkreis aufgebaut und die ErbauerInnen sehen sich alle gemeinsam aus einer Perspektive an.

Reflexion: Wie wurde der Unterschied von irdischer und göttlicher Liebe in Text, Musik und Bild empfunden?

Singhaltungen in einer Szene: Die SchülerInnen lernen den Chor der Hirten und Nymphen (NB 2 - bearbeitete zweistimmige Fassung, s. S. 91) auswendig zu singen. Damit nicht nur ein chorischer Klang entsteht, sondern ein der Situation angemessenes Lied, werden zunächst Singhaltungen erprobt. Dazu stellen sich alle in zwei Reihen gegenüber auf und singen mit vorgegebenen Haltungen: fröhlich, wütend, schwärmerisch, verliebt, geil usw. Wichtig ist, dass immer zuerst eine Körperhaltung eingenommen wird, dann erst folgt der Gesang, der sich aus der Körperhaltung ergeben soll.

Alle SchülerInnen bilden Kleingruppen, die das Lied in einem szenischen Zusammenhang präsentieren sollen. Die Mädchen sind die Nymphen und singen ein Preislied auf Apollon, symbolhaft für die göttliche Liebe. Apollon steht auf einem Sockel und wird so zum Mittelpunkt dieser musikalischen Szene. Die Jungen singen als Hirten das Preislied auf die irdische Liebe, dazu erfinden sie eine Szene mit Euridice. Nach der Präsentation hören alle die Originalfassung (Hörbsp. Nr. 6) und überlegen, welcher musikalische Gestus hier vertont und gesungen wird.

5. Unterrichtsbaustein: Irdische Liebe und göttliche Prüfung

Auf der Szene sind wieder Hirten, Nymphen und Schafe, Orfeo sitzt abseits und betrachtet die Natur. In die heile Welt kommt die verzweifelte Botin Silvia, eine Gefährtin Euridices. Sie trifft zuerst die Hirten, die verunsichert reagieren. Orfeo erkundigt sich, was passiert ist und erfährt, dass Euridice von einer Schlange getötet wurde. Alle halten inne, das Leben erfährt einen Einschnitt. Trauer, Verzweiflung und Abschied dringen in die Szene ein. Die Botschaft stellt das bisherige Leben in Frage, Ungewissheit über den Tod und das Danach lähmt Orfeo. Arkadien ist vergessen, ein Leben ohne die geliebte Frau ist wie die „Hölle auf Erden" und wirft die Frage nach dem Willen der Götter auf: „Weh, grausames Verhängnis! Weh, hartes, erbarmungsloses Schicksal! Weh, schmähliche Sterne! Weh, niederträchtiger Himmel!" Diese Klage der Botin wird von den Hirten übernommen, während Orfeo den Entschluss fasst, seinerseits die Götter herauszufordern.

Musik-Stopp-Standbild (s. S. 91, Abb. 3): Ein Arkadienbild wird als Ausgangssituation aufgebaut (Standbild 1). Der/die SpielleiterIn spielt zum Bild Hörbeispiel Nr. 7 ein und stoppt die Musik nach dem ersten Satz der Botin. Ein Schüler modelliert die neue Situation in einem weiteren Bild (Standbild 2). Wieder wird die Musik eingespielt bis zur nächsten Veränderung (Standbild 3) usw. In fortgeschrittenen Gruppen können die SchülerInnen selbst „Stopp" rufen, wenn sie in der Musik eine Veränderung registrieren und diese in einem Bild zeigen wollen. Außerdem kann die entstandene Standbildfolge in einem weiteren Durchgang zur Musik nacheinander gezeigt werden.

Reflexion: Welche Reaktionen auf die Todesnachricht sind in den Bildern gezeigt worden? Wie schildert die Musik diese Reaktionen? Wie stellt sich Orfeo den Zustand nach dem Tode vor?

6. Unterrichtsbaustein: Am Tor zur Unterwelt

Orfeo hat sich entschieden, in den Hades hinabzusteigen, um Euridice wiederzuholen. Bei Monteverdi muss er den Fährmann Caronte mit seinen Liedern in den Schlaf singen, um dann mit dessen Boot über den Todesfluss Styx in das Schattenreich überzusetzen. Bei Gluck bekommt Orpheus, der seine Eurydike verloren hat, von Apollon/Eros den Auftrag, in den Hades zu steigen, um sie wiederzuholen. Er darf jedoch nicht den Blick umwenden, um sie anzusehen. Hier begegnet er am Eingang zur Unterwelt den Furien (Rachegöttinnen), die sich ihm entgegenstellen und ihn nicht hineinlassen wollen.

Einfühlung durch Bewegung: Der *Furientanz* (Hörbsp. Nr. 8) soll als Einfühlung in diese Höllenwesen benutzt werden. Alle SchülerInnen bewegen sich frei im Raum, die Musik gibt Impulse für Bewegungen und Ausdruck. Reflexion: Wie stellt ihr euch die Furien nach dem Hören dieser Musik vor?

Sprechhaltungen im Dialog: Die SchülerInnen lesen im Kreis den Dialog aus Kasten S. 92, zuerst einzeln eine Zeile mit neutralem Ausdruck, dann nach Vorgaben: langsam - schnell, hoch - tief, laut - leise, Frage und Antwort, vorgegebene Adjektive (z. B. wütend, klagend, ablehnend, bittend usw.), mit Satzeichen, chorisch mit Solo.

Paarweise gestalten die SchülerInnen einen Dialog nur mit den Worten „Ja" und „Nein", indem sie verschiedene Sprechhaltungen damit erproben.

Reflexion: Durch welches der Worte erhält man die größere Macht, den höheren Status?

Singhaltungen in einer Konfrontation: Das Einsingen für die nächste Übung kann ebenfalls mit Ja-Nein-Duetten erfolgen, dabei wird jedes Wort mit einer großen Operngeste unterstützt. Wichtig ist es, zuerst den Spaß am Singen und Übertreiben zu fördern. Dann werden die vier Takte aus Nummer 10 (NB 3, S. 92) eingeübt und in 2 Gruppen gegeneinander gesungen. Dabei soll der Gestus der Begegnung von Orpheus mit den Furien herausgearbeitet werden (langsames Aufweichen der starren Ablehnung).

Körperliche Haltungen: Ein Spieler des Orpheus steht mit seinem Instrument in der Kreismitte und nimmt Haltungen zum Geschehen ein, auch Bewegungen sind möglich. Die anderen stehen als Furien im Kreis um ihn herum. Die Musik (Hörbsp. Nr. 9) wird abgespielt, alle Furien machen ablehnende Gesten und Haltungen (nicht nur mit den Armen) immer wenn das „No" erklingt (das Mitsingen ergibt sich meistens von selbst). Dabei müssen sie aber auf Orpheus und seinen Gesang hören und darauf reagieren. In der Reflexion wird geklärt, welche Auswirkungen Orpheus' Gesang auf die Furien hat. Evtl. ergibt sich daraus ein erneutes Spiel zur Musik.

⇨ Erweiterungsvorschlag: Bei Monteverdi hat Orfeo gesagt: „Wenn wahr ist, dass Lieder Macht haben, so will ich zu den tiefsten Abgründen gehen und besänftigen das Herz des Schattenkönigs." Er hat seine Lieder als Waffe benutzt, um in die Unterwelt eindringen zu können. Wie schätzt ihr die „Macht der Musik" damals und heute ein?

7. Unterrichtsbaustein: Im Paradies

Nachdem Orpheus die Furien durch seinen Gesang besänftigt hat, betritt er die Unterwelt und gelangt dort in die elysischen Gefilde. Gluck stellt diese Paradiesphantasie der Schreckenswelt der Hölle gegenüber und verlagert damit das irdische Arkadien ins Jenseits.

Phantasiereise: Die SchülerInnen sollen im folgenden Abschnitt durch die Musik angeregt werden, eigene Phantasien über das Paradies als Gegenentwurf zur Hölle zu entwickeln. Alle legen sich mit dem Rücken auf den Boden und entspannen (wo das nicht möglich ist, können auch entspannte Haltungen auf Stühlen eingenommen werden). Der/die SpielleiterIn lenkt die Konzentration auf den Atem, die Auflagepunkte des Körpers am Boden, liest den Text der Phantasiereise (s. Kasten S. 95) und spielt die Musik zum *Reigen seliger Geister* (Hörbsp. Nr. 10) ein.

Reflexion: Wer erzählt, wie es bei ihm/ihr im vorgestellten Elysium ausgesehen hat? Welches Bühnenbild müsste da gebaut werden? Mit welchen Mitteln „malt" die Musik das Elysium? Die Auswertung kann auch in Form von gemalten Bildern oder Texten geschehen.

Musik-Stopp-Standbild: Im Anschluss an die letzte Musik wird Eurydike von den seligen Geistern übergeben, Orpheus macht sich mit ihr auf den Rückweg. Er darf sich nicht umwenden oder sprechen, aber dadurch kommen Zweifel in Eurydike auf. Sie hält ihn zurück, will wissen, was los ist. Das verunsichert ihn auch. (Er dreht sich schließlich um und sie stirbt erneut.) Der Rückweg gestaltet sich schwierig und soll jetzt durch eine Standbildfolge inszeniert werden.

Hörbsp. Nr. 11 erklingt einmal ganz, dann wieder in kleinen Abschnitten, zu denen die SchülerInnen Standbilder mit Orpheus und Eurydike modellieren. Das Musik-Stopp-Standbild-Verfahren wurde bereits im 5. Unterrichtsbaustein ausführlich beschrieben. Die hier entstandene Bildfolge sollte unbedingt noch einmal vollständig zur Musik ablaufen.

Reflexion: Wie ist die Beziehung der beiden Protagonisten in der Situation? Hört man in der Musik den Moment des Umdrehens heraus? Welche Affekte schildert die Musik vor und nach dem dramatischen Wendepunkt?

Inszenierung und Chorkommentar: Hier folgt die berühmte Arie aus der Fassung von Gluck, in der Orpheus den Verlust seiner Geliebten nach dem Rückweg aus dem Hades beklagt. Beide haben die Hölle gesehen und erlebt, beide haben sich für das Leben entschieden und doch misslingt der Rückweg. Die Katastrophe des Dramas geschieht unausweichlich, Orpheus dreht sich um und verliert Eurydike für immer. Die Szene wirft viele Fragen auf und soll durch verschiedene szenische Lösungen beleuchtet werden.

Die SchülerInnen arbeiten nach Möglichkeit arbeitsteilig: Einige bilden die Chorgruppe und lernen die erste Strophe der Arie Nr. 27 *Ach, ich habe sie verloren* (NB 4, S. 92). Sie erproben verschiedene Singhaltungen, wie im 4. Unterrichtsbaustein beschrieben. Andere Kleingruppen inszenieren den Weg vom Losgehen im Elysium bis zum Umdrehen und die Reaktionen der beiden auf die erneute Trennung. Es gibt verschiedene Interpretationsmöglichkeiten, die sich die Kleingruppen zur Aufgabe nehmen können:

- Orpheus ist entnervt, weil er alles versucht hat ohne ein positives Ergebnis;
- Eurydike ist enttäuscht, dass er nicht redet und sich nicht umdreht;
- Eurydike will gar nicht mehr zur Erde, weil es ihr im Elysium so gut gefällt;
- Orpheus will sie gar nicht mehr wegen Chloe (dies ist bereits ein Vorgriff auf *Orpheus in der Unterwelt*);
- Eurydike berührt ihn von hinten, überholt ihn und stellt ihn zur Rede;
- andere Ideen der SchülerInnen kommen sicherlich dazu.

Die Kleingruppen präsentieren ihre Ergebnisse. Die Chorgruppe singt nach jedem Durchgang die Arie als Kommentar zur Szene: entnervt, traurig, fröhlich, ironisch, aggressiv usw. Zum Schluss hören alle die Musik (Hörbsp. Nr. 12).

Reflexion: Welche Lösung ist am plausibelsten? Warum wählt Gluck diese Vertonung, die so freudiges C-Dur hat?

8. Unterrichtsbaustein: Irdische und göttliche Ehe

Bei Offenbach ist Orpheus ein Musiklehrer in Theben am Konservatorium. Seine Ehe ist kaputt, weil er mit der Nymphe Chloe ein Verhältnis hat, Eurydike aber hat ein Verhältnis mit Aristeus dem Honighändler. Beide führen zu Beginn der Operette ein Gespräch über ihre Ehe. Sie schlägt die Trennung vor, denn sie kann ihn und vor allem seine Musik nicht mehr ertragen. Offenbach macht daraus ein Duett mit Geigensolo. Im Olymp sieht es nicht besser aus: Jupiter und Juno haben einen kräftigen Ehekrach, weil Juno glaubt, dass ihr Gatte Eurydike entführt hat. Ihre Eifersucht wird zum Auslöser einer Revolte gegen Jupiter.

Das Thema „Ehebruch" spielte in der bürgerlichen Gesellschaft des 19. Jahrhunderts eine wichtige Rolle als Reaktion auf das Liebesideal der Klassik. Bei Offenbach findet sich die damals aktuelle Diskussion wieder, fast kann man schon von einem Gegenentwurf zur Ehe sprechen.

Inszenierung mit melodischen Motiven: Die SchülerInnen betrachten in Kleingruppen Bilder zum Thema „Ehe" (s. S. 94, Abb. 4–7) und entscheiden sich, welches der Bilder sie inszenieren möchten. Jede Gruppe nimmt sich ein Instrument und sucht aus den Notenschnipseln (NB 5, S. 93) einige brauchbare Motive heraus. Diese Melodien werden auf dem Instrument gespielt und anschließend gesanglich geübt, damit sie in die Szene eingebaut werden können. Jede Gruppe spricht den szenischen Rahmen ab und improvisiert eine Szene, in der die Sätze gesungen werden. Nach der Präsentation der einzelnen Gruppen hören alle das Duett (Hörbsp. Nr. 13), aus dem die Motive entnommen sind.

Reflexion: Welche Motive entdeckt ihr in der Musik des Originals wieder? Welchen Gestus hat die Offenbach-Version?

⇨ Erweiterungsvorschlag: Reflexion des Entstehungsprozesses dieser Kleinform des Musiktheaters.

Die Zuschauer wissen im folgenden Bild (Im Olymp) bereits, was die Götter noch nicht wissen, nämlich dass Pluto, der Herrscher der Unterwelt, in Gestalt des Honighändlers Aristeus Eurydike entführt hat. Orpheus ist froh darüber, dass sie weg ist, aber die öffentliche Meinung (als allegorische Figur) hat ihm aufgetragen, sie zu suchen, damit die Nachwelt wenigstens einen Ehemann kennt, der seine Frau wiederhaben will. Im Olymp langweilt sich die Göttergesellschaft unterdessen „zu Tode". Die Ehekrise zwischen Juno und Jupiter spitzt sich zu, die Götter proben den Aufstand. Sie stimmen nach Plutos Erscheinen ein Couplet an, in dem sie Jupiters Seitensprünge aufzählen. Juno fordert die Scheidung. Da treten Orpheus und die öffentliche Meinung auf und entlarven Pluto als den Entführer. Gemeinsam brechen alle auf in die Unterwelt, wo sie Eurydike suchen wollen.

Für die folgende sehr komplexe Szene sind einige Vorbereitungen notwendig:

- Alle SchülerInnen üben, den Refrain des Couplet Nr. 9 (NB 6, S. 95) auswendig zu singen.
- Der/die SpielleiterIn erläutert kurz die historische Situation nach der französischen Revolution und verweist auf die parodistische Bearbeitung der Handlung und der Marseillaise.
- Jupiter und Juno beschäftigen sich mit dem Raumaufbau: große und kleine Throne für die Götter, Eingang von der Erde, Eingang von der Unterwelt.
- Alle Götter (außer Merkur und Diana) suchen sich eine Schlafstelle auf der Spielfläche. Nach der Methode „in Bilder gehen" (3. Unterrichtsbaustein) nimmt zuerst Jupiter einen Platz ein, dann Juno, dann die anderen Götter. Durch Nähe oder Distanz bei der Wahl der Schlafstelle drückt jeder die Beziehung zu den anderen aus.
- Zur Einfühlung in die Situation erklingt der *Choer du sommeil* (Hörbsp. Nr. 14). Die Göttinnen und Götter träumen alle von ihren Aufgabengebieten.
- Der/die SpielleiterIn stellt sich hinter jede Figur, legt ihr die Hand auf die Schulter und führt als Hilfs-Ich ein Gespräch mit ihr. Darin soll der Inhalt des Traums und die Befindlichkeit der Figur thematisiert werden. Welche Einstellung haben sie zu Jupiters Ehebrüchen?

Improvisation mit Erzähler und musikalischen Elementen: Jetzt beginnt die Szene, in der immer einer der folgenden Abschnitte von dem/der SpielleiterIn vorgelesen wird, danach setzen die SchülerInnen die Handlungen szenisch um.

Erzähltext: Es ist Nacht auf dem Olymp, alle Götter schlafen und träumen. Plötzlich durchdringt ein Jagdsignal die weite Ferne des Himmelreichs: Es kündigt die Jagdgöttin Diana an. Alle Götter wachen auf, kommentieren das Ereignis untereinander und begrüßen Diana. Sie erzählt von einem irdischen Jüngling, der zum Rendezvous nicht erschienen ist, weil Jupiter ihn in einen Hirsch verwandelt hat.

⇨ *Spielszene zu Hörbsp. Nr. 15*

Die Abwechslung ist schnell vorbei und alle Götter fangen wieder an, sich unendlich zu langweilen. Immer nur himmlisches Blau, Schäfchenwolken und zu Essen nichts als Nektar und Ambrosia. Man kann das Wort schon nicht mehr hören. Die Unzufriedenheit wächst und richtet sich gegen Jupiter, den Göttervater.

⇨ *Spielszene zu Hörbsp. Nr. 16*

Jupiter gebietet Ruhe und alle Götter verziehen sich auf ihre Wolken. Juno macht Jupiter Vorwürfe, dass er zum wiederholten Male ihre Ehe auf die Probe stellt und sie mit Eurydike betrügt.

⇨ *Spielszene, bei der der Fokus (Scheinwerfer) nur auf das oberste Götterpaar gerichtet ist.*

Merkur kommt direkt von der Erde und berichtet allen von der Entführung Eurydikes durch Pluto. Jupiter scheint entlastet zu sein.

⇨ *Spielszene zu Hörbsp. Nr. 17*

Pluto kommt direkt aus der Unterwelt mit seinen Furien. Scheinheilig macht er Jupiter Komplimente, der stellt ihn aber sofort zur Rede.

⇨ *Spielszene zu Hörbsp. Nr. 18*

Pluto kehrt den Spieß sofort um und zählt Jupiters göttliche Verfehlungen auf. Die anderen Götter stimmen ein, weil jeder davon weiß. Minerva, Venus, Demeter und Pluto erzählen nacheinander jeweils eines seiner Liebesabenteuer und necken ihn damit. Die anderen Götter stimmen in den Gesang ein. Juno verlangt die Scheidung.

⇨ *Spielszene und Gesang zu Hörbsp. Nr. 19*

In dem allgemeinen Durcheinander treten Orpheus und die öffentliche Meinung auf. Die Götter versuchen, ein ordentliches Bild von sich zu vermitteln, um vor der öffentlichen Meinung nicht schlecht da zu stehen. Orpheus berichtet von dem Raub und so wird Pluto endgültig entlarvt.

⇨ *Spielszene zu Hörbsp. Nr. 20*

Um Eurydike in der Unterwelt zu suchen, tanzen alle gemeinsam in einem großen Zug vom Himmel durch die Welt zur Hölle.

⇨ *Spielszene zu Hörbsp. Nr. 21*

In der anschließenden Reflexion nimmt jeder Stellung zu den Ereignissen: Was hast du erlebt? Wie findest du das? Was denkst du wird als nächstes passieren?

9. Unterrichtsbaustein: Im Boudoir

Eurydike wird in den Privatgemächern Plutos versteckt gehalten und von Hans Styx bewacht. Dort geht unsere Handlung weiter. Das Boudoir [frz. *bouder* = schmollen] ist ein kleines, behagliches Damenzimmer mit Tapeten, Spiegeln und Sofas. Hans Styx ist ein einsamer Schatten, der im dunklen Teil der Hölle gelandet ist. Er führt ein tristes und unbefriedigendes Unterweltdasein als Diener Plutos. Als Eurydike auftaucht, ist er begeistert von ihr, bringt sie doch einen Hauch von Leben mit. Er besinnt sich auf sein eigenes Leben und umwirbt sie mit einem Lied, in dem er Vorzüge daraus aufzählt, aber auch die Versäumnisse im irdischen Leben beklagt.

Inszenierung eines Musikstücks: Der/die SpielleiterIn studiert das Couplet Nr. 11 (NB 7, S. 96) mit den SchülerInnen ein. Es werden Kleingruppen gebildet, von denen jede eine Strophe zur Interpretation bekommt. In den Kleingruppen gibt es jeweils eine Eurydike, die von einem Hans Styx umworben wird. Mit Hilfe der anderen SpielerInnen der Gruppe versucht Styx, Eurydike für sich zu gewinnen. Er stellt dabei je nach Strophe einen Vorzug aus seinem damaligen Leben in den Vordergrund – singend, agierend und vom Chor begleitet. Eurydike soll darauf reagieren und am Ende der Strophe mit ihm gehen oder nicht.

In der Reflexion soll die Wertigkeit des Lebens und seiner Ziele thematisiert werden. Mögliche Reflexionsfragen: Welche Vorzüge von sich besingt Hans Styx? Warum ist er wohl in der Hölle gelandet? Wie reagiert Eurydike auf seine Vorzüge? Hättet Ihr auch so reagiert? Was würdet Ihr an Hans Styx Stelle über das eigene Leben singen wollen? Mit welchen Mitteln wird in Text und Musik Parodie erzeugt? (Hörbsp. Nr. 22)

Inzwischen sind alle Götter in die Unterwelt gereist und trinken dort den Wein des Gastgebers Pluto. Obwohl die Musik „höllisch grummelt", sind alle sehr zufrieden und singen ein Loblied auf ihn. Offenbach idealisiert die Hölle als Ort der Vergnügung und des Lasters, wo sich sogar die Götter amüsieren.

Spielszene mit Musik: Die SchülerInnen, die sich in Höllenwesen eingefühlt haben (Proserpina, Caronte, Furia, Styx und andere, die mitspielen wollen), sitzen um einen Tisch herum und improvisieren eine Trinkszene. Der/die SpielleiterIn spielt den *Höllischen Chor* (Hörbeispiel Nr. 23) ein, die SpielerInnen bewegen sich dazu. In einem zweiten Durchgang kommen die Göttinnen und Götter dazu und nehmen Kontakt mit den Höllenwesen auf. Nach der Szene äußert jeder Spieler in einem Kommentar, wie er/sie die jeweils andere Spielgruppe wahrgenommen hat. Frage an die Götter: Wie findest du die Hölle und ihre Bewohner? Frage an die Höllenwesen: Wie findest du den Besuch der Götter und Göttinnen?

Tanz: In zwei Gruppen (Götter und Höllenwesen) bewegen sich die SchülerInnen zur Musik des Cancan (Hörbsp. Nr. 24) aufeinander zu. Sie sollen entsprechend ihrer Rollen himmlische oder höllische Bewegungen ausführen, die vorher in den Gruppen abgesprochen und eingeübt wurden. Dabei liegt der Schwerpunkt auf der Bewegung der Beine, wie es im Cancan üblich ist. Die Musik läuft im Hintergrund, dazu probiert jede Gruppe ihre Vorschläge aus. Wenn alle etwas gefunden haben, stellen sie sich die Ergebnisse gegenseitig vor, indem sie in zwei Reihen aufeinander zu tanzen.

Reflexion: Wie wird die Hölle von Offenbach musikalisch dargestellt?

⇨ Erweiterungsvorschlag: Diskussion der Rezension aus dem Kasten auf S. 95.

Anhang: Tipps zur Vorbereitung und Durchführung

Das Lernen in der Schule unterscheidet sich stark vom Lernen innerhalb eines Spielkonzepts. Daher fügen wir noch einige Hinweise für LehrerInnen an, die sich das erste Mal in die Rolle des Spielleiters/der SpielleiterIn begeben.

Mut: Die Szenische Interpretation verlangt von den SchülerInnen im Bereich Kommunikation und Interaktion viel Engagement. Ohne das würde sie nicht die gewünschten Erfolge erzielen. Doch die Voraussetzungen bei den SchülerInnen sind sehr unterschiedlich. Häufig können sie sich nicht „zuhören und zusehen", geschweige denn anderen den Raum für Wort und Spiel lassen. Die Bereitschaft zu handeln oder gar eine körperliche Präsenz zu entwickeln, ist oft von Trägheit und Angst determiniert. Die eigentliche SchülerInnenrolle muss hier verlassen werden. So findet sich zum Beispiel eine schüchterne Schülerin als bezaubernde Eurydike in den Armen eines anmutig singenden Orpheus wieder, hinter dem sich ein sonst immer wieder störender Schüler verbirgt. In solchen Szenen muss dann auch noch wie in allen anderen Spielsequenzen laut gesprochen und offen zu den ZuschauerInnen gespielt werden. Die ganze Klasse soll schließlich das Geschehen verfolgen können. Die Szenische Interpretation verlangt den SchülerInnen und LehrerInnen Mut ab. Mut, sich erst einmal einzulassen – auf Unsicherheiten, auf das Spiel und eine andere Form des Unterrichts. Die Klasse sollte vorbereitet werden, damit alle den gleichen Ausgangspunkt für das Lernen haben und eine effektive Gruppenarbeit möglich ist.

Zuschauen: Oft muss den SchülerInnen erst bewusst gemacht werden, dass nicht nur die Agierenden auf der Spielfläche wichtig sind. Auch die Aufmerksamkeit der BeobachterInnen ist von großer Bedeutung und kann durch Kommentare zum Geschehen, aktives Eingreifen mittels Stopp-Verfahren oder Nachahmen von Haltungen, Bildern und Szenen erhöht werden.

Zuhören: Um Musik wirklich hören zu können, ist es nötig, sich möglichst unabgelenkt in körperlich entspannter Haltung zu befinden (außer wenn das Hören in einem szenischen Zusammenhang stattfindet). Die SchülerInnen können am Boden auf dem Rücken liegen oder auf einem Stuhl sitzen. Das kann in gerader Haltung mit aufgestellten Beinen und auf den Oberschenkeln ruhenden Armen erfolgen. Oder auch im

Kutschersitz, wobei der Oberkörper nach vorn geneigt ist und der Kopf entspannt herunter hängt und die Unterarme sich auf den Beinen abstützen. In jedem Fall sollten die Augen geschlossen werden. Der/die LehrerIn weist dann auch auf die bewusste Entspannung des Körpers hin. Eine vorbereitende Hör-Beobachtung kann folgendermaßen aussehen: Die SchülerInnen nehmen eine entspannte Haltung ein und konzentrieren sich eine Minute auf alle Geräusche, die im Raum zu hören sind, dann eine Minute auf alle Geräusche, die außerhalb des Raums sind, wiederum eine Minute auf die körpereigenen Geräusche.

Energie und Konzentration: Oft ist es notwendig, eine Gruppe durch gemeinsame rhythmische Aktionen auf ein gleich hohes Energiepotential zu bringen. Dazu bieten sich zahlreiche Klatschspiele an, die mit Texten oder Inhalten der folgenden Szene verbunden werden können. Diese Übungen haben den Effekt, dass sich die SchülerInnen durch musikalische Tätigkeit auf die kommende Situation einstellen. Für den Beginn schlagen wir einen gemeinsamen Grundschritt für die Füße vor, das Metrum, auf dem alle übereinstimmen. Mit den Händen wird dazu ein einfacher Rhythmus geklatscht und zum Schluss kommen mit der Stimme Sätze oder Satzfragmente dazu. Diese können im Solo und im Chor eingesprochen oder eingesungen werden.

Spielraum: Viele Räume müssen vor der Unterrichtsstunde ausgeräumt werden, um Platz zum Spielen zu schaffen. Dabei ist zu beachten, dass eine deutlich sichtbare Spielfläche entsteht, die evtl. zusätzlich durch Kreidestriche markiert wird. Der Zuschauerbereich des Klassenraums sollte so gestaltet sein, dass alle SchülerInnen wirklich optimal auf die Spielszenen sehen können und dass alle einen Platz für ihre privaten Utensilien finden.

Ergebnissicherung und Bewertung: Erste spielerische Schritte benötigen einen Freiraum, der Experimentierfreude, Entwicklung und missglückte Versuche zulässt. Daher sollte mit den SchülerInnen verabredet werden, dass die spielerische Leistung zunächst nicht bewertet wird. Da jedoch im Unterricht Noten vergeben werden müssen, schlagen wir vor, Testaufgaben oder Klausurthemen an die Arbeitsweisen der Szenischen Interpretation anzuknüpfen. Beispiele:

- Hört euch noch einmal den Auftritt der Botin an und die Reaktionen darauf (Hörbsp. Nr. 7). Welche Haltungen haben die beteiligten Figuren und wie drückt sich das musikalisch aus?

- Im *Reigen seliger Geister* schildert die Musik eine besondere Atmosphäre. Beschreibt den Charakter und die musikalischen Mittel, die Gluck genutzt hat.

- Hört euch noch einmal den *Choer du sommeil* (Hörbsp. Nr. 14) an. Wie erzeugt Offenbach die verschlafene Atmosphäre im Olymp?

Wenn die SchülerInnen mehr Erfahrung mit dem Spiel haben, kann auch mit ihnen besprochen werden, welche Leistungen bewertet werden sollen, z. B. Rollenbiografie, Beteiligung, darstellerische Leistung, musikalische Leistung.

Orpheus-Mythos

Orpheus war ein Sohn der Muse Kalliope und des Flussgottes Öagros. Er stammte aus Thrakien. Mit seinem Gesang und Spiel auf der Leier, die er von Apollon geschenkt bekommen hatte, bewegte er sogar Tiere und Pflanzen. Orpheus nahm an der Fahrt der Argonauten teil und übertönte während der Odyssee mit seinem Gesang die Sirenen. Seine Gattin war Eurydike, die er auf das Zärtlichste liebte. Doch ihr Glück währte nur kurz, denn Eurydike wurde durch einen Schlangenbiss getötet. Orpheus stieg daraufhin verzweifelt in die Unterwelt hinab. Mit seiner Musik rührte er deren Herrscher, sodass ihm die Tote zur Erde hin mitgegeben wurde. Er hatte aber die Aufgabe, sich bis dorthin nicht nach der ihm folgenden Eurydike umzudrehen oder mit ihr zu sprechen. Doch von Angst und Liebe überwältigt, schaute er sich nach ihr um. Daraufhin entschwand Eurydike für immer ins Totenreich. Fortan lebte Orpheus zurückgezogen in den Wäldern. Er hasste den Anblick von Frauen und huldigte nur seinem inneren Bild von Eurydike. Aus Zorn über diese Verachtung von Frauen zerrissen ihn thrakische Weiber, die Mänaden des Dionysos. Die umhergestreuten Glieder wurden von den Tieren und Nymphen gesammelt und bestattet, das Haupt und die Leier schwammen zur Insel Lesbos. Die Seele von Orpheus schwebte hinab ins Schattenreich. Dort, in den Gefilden des Elysiums, vereinte sie sich auf ewig mit der Seele Eurydikes.

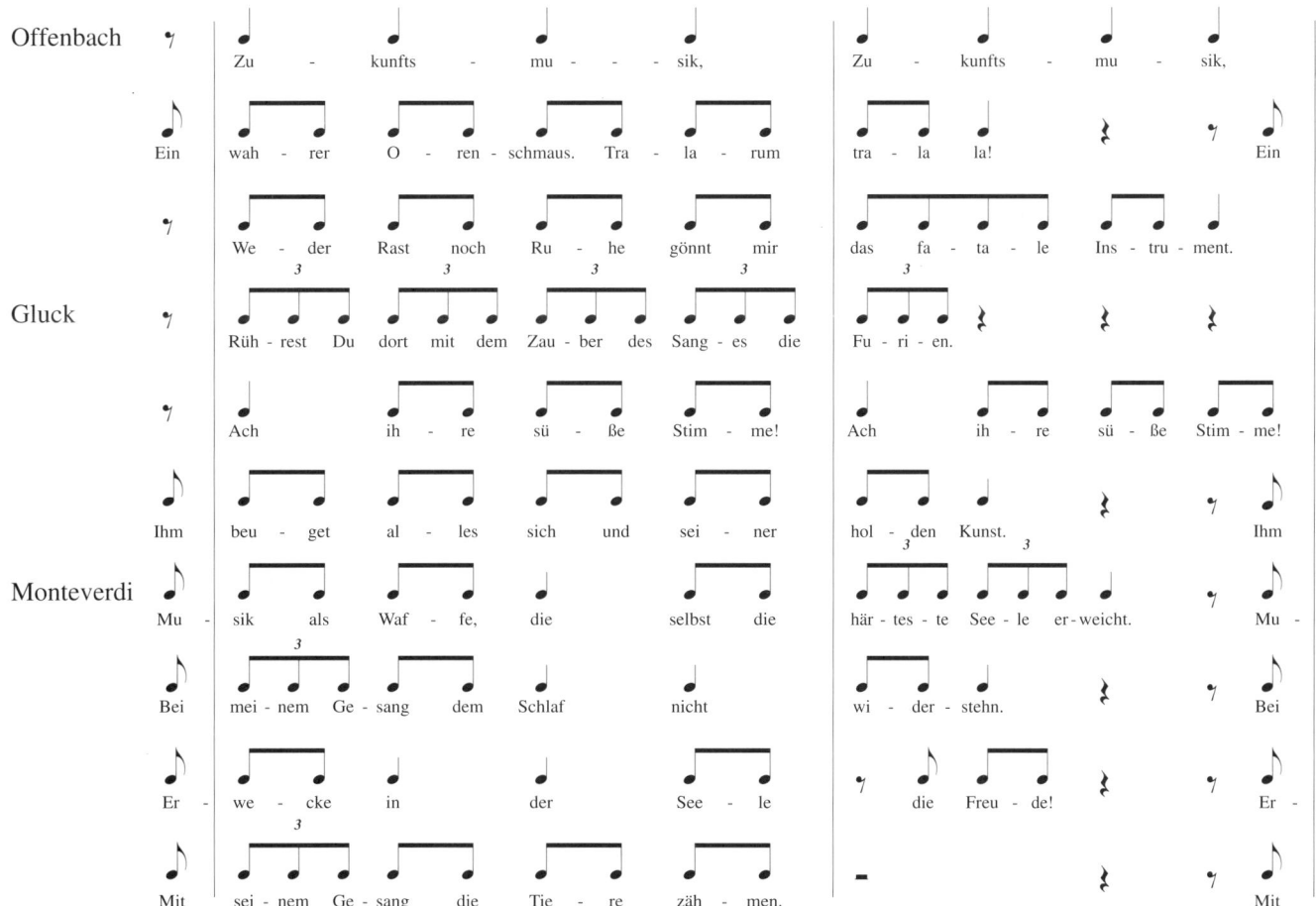

NB 1: Zukunftsmusik

Rollenkarten/Rollenbiografie

Orfeo (Monteverdi: *L'Orfeo*)

Du bist Orfeo, ein begnadeter Sänger aus Thrakien. Du spielst hervorragend auf der Leier und vermagst mit deiner Musik sogar Tiere und Pflanzen zu bewegen. Deine Eltern sind die Muse Kalliope und der Flussgott Öagros, oft wird auch Apollon als dein Vater genannt. Du bist mit Euridice verheiratet, die du innig liebst. Du lebst im schönen Arkadien und bist oft draußen in der Natur, singst dort und unterhältst dich mit den Schäfern und Nymphen.

Orpheus (Gluck: *Orpheus und Eurydike*)

Du bist Orpheus, ein begnadeter Sänger aus Thrakien. Du spielst hervorragend auf der Leier und vermagst mit deiner Musik sogar Tiere und Pflanzen zu bewegen. Deine Eltern sind die Muse Kalliope und der Flussgott Öagros, oft wird auch Apollon als dein Vater genannt. Du bist mit Eurydike verheiratet, die du innig liebst. Du lebst im schönen Arkadien und bist oft draußen in der Natur, singst dort und unterhältst dich mit den Schäfern und Nymphen.

Orpheus (Offenbach: *Orpheus in der Unterwelt*)

Du bist Orpheus, der Direktor des Konservatoriums zu Theben und gibst auch Musikstunden. Mit deiner Frau Eurydike führst du ein eher schlechtes als rechtes Eheleben. Du fühlst dich stark zu der Nymphe Chloe hingezogen. Diese Leidenschaft wird nur übertroffen durch deine innige Beziehung zur Violine und zu den Melodien, die du ihr entlockst. Deine glücklose Ehe willst du aber nicht aufgeben, aus Angst vor dem Gerede der Leute und weil du dadurch deine Karriere gefährdet siehst. Aber du würdest jeden Verehrer Eurydikes bekämpfen und notfalls auch töten. Überheblichkeit, Eifersucht und Zynismus sind dir zutiefst eigen.

Euridice (Monteverdi: *L'Orfeo*)

Du bist Euridice, die Tochter eines Halbgotts und einer Nymphe. Du liebst den Sänger Orfeo über alles und bist seit kurzem mit ihm verheiratet. Er wird für seinen Gesang und sein Leierspiel gerühmt. Auch du hältst ihn für einen guten Musiker und bist deswegen sehr verliebt in ihn. Deine beste Freundin ist Silvia, mit der du viel unternimmst. Auch andere Freundinnen sind dabei, wenn ihr gemeinsam in die Natur hinauszieht und dort miteinander spielt oder spazieren geht.

Eurydike (Gluck: *Orpheus und Eurydike*)

Du bist Eurydike, die Tochter eines Halbgotts und einer Nymphe. Du liebst den Sänger Orpheus über alles und bist seit kurzem mit ihm verheiratet. Leider war eure Ehe nur kurz, denn schon nach einigen Wochen bist du von einer Schlange gebissen worden und daran gestorben. Jetzt bist du in der Unterwelt, wo du über den Lethe-Fluss gehen musstest, um in die elysäischen Gefilde zu gelangen. Beim Überqueren des Flusses setzte das Vergessen ein, deswegen erinnerst du dich nicht mehr so gut an die Welt der Lebenden, nur Orpheus ist noch häufig in deinen Gedanken. Ihn kannst du nicht vergessen.

Eurydike (Offenbach: *Orpheus in der Unterwelt*)

Du bist eine Frau mit emanzipierten Grundsätzen, die das Leben und die Liebe mag. Du bist mit Orpheus verheiratet, aber fühlst dich zusehends von ihm enttäuscht. Seine Gewöhnlichkeit in der Musik und in der Liebe langweilen dich. Du bist fest entschlossen, ihn zu verlassen. Ein Mann deiner Träume ist Aristeus der Honighändler, von dessen Haus eures nur durch ein Getreidefeld getrennt ist.

Silvia

Du bist eine Frau aus Arkadien, wo du lebst und deine Zeit in der freien Natur verbringst. Die Landschaft hier ist herrlich und du bist gern draußen, um die Berge, Felder, Wälder und Tiere zu genießen. Oft bist du mit deiner Freundin Euridice bei den Hirten, wo es immer lustig ist, denn dort wird gesungen, gespielt und getanzt. Manchmal gehst du auch mit Euridice und euren anderen Freundinnen in die sumpfige Gegend am Fluss, wo es gefährlicher ist, weil sich dort giftige Schlangen aufhalten. Du kennst den Mann von Euridice, Orfeo, und bewunderst ihn, weil er so ein guter Musiker ist, der mit seinem Gesang und Leierspiel sogar die Tiere bezaubern kann.

Die öffentliche Meinung

Du bist eine allegorische Person mit empfindlicher Moral, die immer mit Fackel und Geißel in den Händen auftritt. Du erscheinst überall, wo etwas Tadelnswertes zu finden ist. In einem solchen Fall kommst du wie ein Gott aus der Maschine (deus ex machina) auf die Bühne, um streng Kritik zu üben und zu belehren. Hin und wieder lobst du besonders ehrenvolle Taten. In deiner machtvollen Erscheinung verdrängst du sogar den traditionellen Opernchor.

Einfühlungstext: Götter

Du bist ein Gott oder eine Göttin der Oberwelt. Es gibt viele andere Götter neben dir, mit den meisten bist du auch verwandt. Für alle Dinge des Lebens gibt es einen Gott. Du hast viel Macht und einen bestimmten Aufgabenbereich. Du hast schon viele Abenteuer erlebt, besonders auf der Erde mit den Menschen. Dazu verwandelst du dich gerne in andere Lebewesen, um ahnungslose Geschöpfe zu manipulieren. Als ein Gott der Oberwelt wirst du angebetet und dir zu Ehren wird geopfert. Du bist über alles erhaben, was die irdischen Angelegenheiten betrifft, aber mit den anderen Göttern musst du zusammenleben und ständig aufpassen, dass sich keiner in deinen Aufgabenbereich einmischt.

Diana - Göttin der Jagd – Du bist die Herrin des Waldes und der Tiere. Wenn du auf der Erde bist, gehst du selber gern auf die Jagd und manchmal jagst du auch einem schönen Jüngling hinterher, z. B. Aktäon. Als du ihn heute Morgen im Walde gesucht hast, war er nicht an eurem geheimen Treffpunkt, nur einen stattlichen Hirsch hast du dort gesehen.

Apollon - Gott des Lichts – Du bist Sohn des Zeus und der Leto. Weissagungen, Heilkunst und die Musik sind deine Aufgabengebiete. Im Orakel von Delphi wirst du angebetet. Dieses Orakel wird auch befragt, wie die Zukunft aussieht.

Morpheus - Gott des Schlafes – Du hast die Aufgabe, den Schlaf der Menschen zu organisieren und zu überwachen. Du verwandelst dich gern in eine andere Gestalt und erscheinst den Menschen im Traum.

Mars - Gott des Krieges – Du bist besonders für die Kriege auf der Erde zuständig. Besonders magst du die Römer, weil sie so kriegerisch sind. Zum Zeichen deiner Gunst hast du ihnen einen Schild vom Himmel fallen lassen, den sie jetzt verehren. Deine beste Freundin unter den Göttinnen ist Venus.

Merkur - Gott des Handels – Du bist zuständig für die Händler auf der Erde. Du sorgst dafür, dass Geschäfte laufen und beschützt die Märkte.

Minerva - Göttin des Handwerks – Du bist für das Handwerk verantwortlich. Auch das Kriegshandwerk fällt in deinen Bereich, daher musst du dich manchmal mit Mars streiten, wer zuständig ist.

Venus - Göttin der Liebe – Du bist besonders für die körperliche und seelische Liebe unter den Menschen zuständig. Dein Sohn ist Amor, der ebenfalls Gott der Liebe geworden ist. Dein bester Freund unter den Göttern ist Mars.

Juno - Göttin der Frauen – Du bist die Gemahlin von Jupiter, dem obersten Gott. Du hast viel Macht und bist besonders für die Frauen zuständig. Du giltst als Beschützerin der Hochzeit, Ehe und Geburt. Du musst immer auf Jupiter aufpassen, da es seine Leidenschaft ist, sich auf der Erde in ein Tier zu verwandeln und in dieser Gestalt eine schöne Frau zu verführen. Du bist sehr eifersüchtig und wenn du hörst, dass er wieder mal ein Liebesabenteuer gehabt hat, machst du ihm eine Szene.

Jupiter - Göttervater und Herr über Blitz und Donner – Du bist der mächtigste Gott der Oberwelt. Du wirst als Optimus Maximus (Bester und Größter) angerufen, du herrschst über Blitz und Donner, gutes und schlechtes Wetter, Verträge, Schwüre und das Recht. Deine Gemahlin ist Juno, die immer ein wenig eifersüchtig ist, weil du gern auf die Erde gehst, um dort schöne Frauen zu verführen. Du musst dafür sorgen, dass im Olymp und auf der Erde alles seine Ordnung hat. Du kontrollierst, was die anderen Götter auf der Erde tun und greifst manchmal sogar ein. So hast du heute Morgen zum Beispiel Dianas Liebhaber in einen Hirsch verwandelt, damit das Ansehen der Götter auf Erden nicht gefährdet wird. Dein ärgster Widersacher ist Pluto, der Gott der Unterwelt, der immer das Böse vorhat und dir manchmal sogar deine Liebschaften vor der Nase wegschnappt.

Metis - Göttin der Klugheit – Du bist von allen die weiseste Göttin. Viele Menschen und andere Götter suchen deinen Rat. Dann überdenkst du dein Wissen und deine Erfahrungen und gibst den Fragenden einen klugen Hinweis.

Demeter - die gütige Göttin der Fruchtbarkeit – Du bist zuständig für die Vermehrung von allem Lebendigen auf der Erde. Du hast die Menschen den Ackerbau gelehrt, von dem sie immer profitieren werden. Du bist eine reife Frau und trittst gern mit einem Ährenkranz im Haar und einer Getreidegarbe im Arm auf.

Dionysos - Gott des Weins und der Fruchtbarkeit – Dein Aufgabenbereich ist es, dich um den Weinanbau auf der Erde zu kümmern. Dir zu Ehren werden häufig rauschende Feste veranstaltet, auf denen du manchmal in Gestalt eines Bocks, eines Stiers oder eines brüllenden Löwen erscheinst. Besonders gefeiert wirst du von einer Schar von Frauen, die sich die „Mänaden", [griech. „Bacchantinnen" oder „Bakchen"] nennen und häufig im Rauschzustand sind. Aus heiteren Umzügen und Wechselgesängen auf diesen Festen haben sich in Athen sowohl die Komödie als auch die Tragödie entwickelt.

Amor - Gott der Liebe – Du bist der Sohn der Venus. Du bist eine schöne und gewaltige Gottheit, die Götter und Menschen bezwingt und ihnen den Verstand raubt. Du hast schon viele Abenteuer erlebt, besonders auf der Erde. Dazu verwandelst du dich gerne in einen geflügelten Lausbuben, um deine Liebespfeile auf die Menschen zu richten.

Einfühlungstext: Höllenwesen

In den Tiefen der Unterwelt bist du zu Hause. Diese Welt wird Hades genannt und beginnt hinter dem Unterweltfluss Styx. Dort werden die Menschen nach ihrem Tode empfangen und verschiedenen Aufgabenbereichen zugeteilt. Es gibt dort den finsteren Wächter der Toten, den Fährmann über den Styx und zahlreiche Furien zur Bewachung des Höllentors. Alle nehmen ihre Aufgabe sehr ernst, lassen nur diejenigen hinein, die wirklich hierher gehören. Schließlich hat der gewaltige Unterweltgott Pluto den Befehl dazu gegeben. Du bist im Dunkel gefangen für alle Zeit und du hast schon eine ganze Weile gelernt, in der Hölle zu leben. Deine jeweilige Bestimmung innerhalb der Hölle hast du dir im wahren Leben redlich verdient. Aber glücklicherweise gibt es hier unten auch manchmal rauschende Feste. Dann lässt Pluto den Wein fließen und alle Höllenwesen feiern in ausgelassener Stimmung mit.

Caronte - Fährmann über den Styx – Du geleitest die Toten auf ihrem Weg über den Unterweltfluss Styx in die ewige Welt der Toten. Du bist dabei nicht sehr gesprächig, kein Wunder, denn die meisten leblosen Schatten, die bei dir ankommen, können nicht mehr reden.

Styx - Wächter der Toten – Nach dem berühmten Unterweltfluss bist du benannt. Dieser Name verpflichtet für immer und ewig. Du bist ein wichtiger Wächter im Reich der Toten und bekommst auch ab und zu Spezialaufträge von Pluto. Dann kannst du es aber nie lassen, allen zu erzählen, dass du einst der machtvolle und unwiderstehliche Prinz von Arkadien warst.

Proserpina - Gattin des Pluto – Der gewaltige Unterweltgott Pluto ist dein Ehemann, er gibt die Befehle in der Hölle und hat viel Macht. Zu deinem Leidwesen verführt er manchmal auch lebendige Frauen, da wirst du dann ganz schön eifersüchtig. Du bist im Dunkel gefangen für alle Zeit, aber du genießt das Dasein hier unten.

Furia - eine Rachegöttin – Deine Aufgabe ist die Bewachung des Höllentors. Hier darf nur herein, wer wirklich schon gestorben ist, Lebende haben keinen Zutritt. Du nimmst deine Aufgabe sehr ernst und bist äußerst verbissen.

Pluto - Gott der Unterwelt – Du bist der Herrscher der Unterwelt. Es gibt viele andere Götter, die in der Oberwelt leben. Mit den meisten bist du auch verwandt, willst aber nicht allzu viel mit ihnen zu tun haben, außer mit deiner Frau Proserpina. Du hast viel Macht und bist der ärgste Widersacher von Jupiter, dem Göttervater. Du hast schon viele Abenteuer erlebt, besonders auf der Erde mit den Menschen. Dazu verwandelst du dich gerne in andere Lebewesen, um ahnungslose Geschöpfe zu manipulieren. Gern schnappst du Jupiter mal ein Liebesabenteuer vor der Nase weg, wie zum Beispiel jetzt diese Eurydike, die du in der Gestalt des Honighändlers Aristeus verführt hast. Jetzt ist sie durch deine List von einer Schlange gebissen worden, gestorben und in deiner Unterwelt erwartet sie dich. Aber vorher bist du in den Olymp zitiert worden, wo du auch Jupiter etwas „Honig um das Maul schmieren" musst.[9]

Fragen zur Einfühlung:

Wie alt bist Du? Wie und wo lebst Du? Mit welchen Menschen, Göttern oder Höllenwesen zusammen in welcher sozialen Umwelt? An welchen Orten hältst du Dich meistens auf?

Hast Du eine Familie oder sonstige Bezugsgruppe? Was bedeutet sie Dir?

Wen magst Du besonders, wen magst Du weniger oder gar nicht und warum? Hast Du Freunde bzw. Freundinnen? Wenn ja, was machst Du mit ihnen? Liebst Du jemanden? Wenn ja, was bedeutet Dir diese Liebe?

Glaubst Du an (andere) Götter? Welchen verehrst Du besonders? Welchen kannst Du nicht ausstehen? Wie kommunizierst Du mit ihnen?

Wie ist Deine materielle Situation? Was für einen Beruf hast Du, bzw. was arbeitest Du? Wie sieht die Arbeit aus? Bist Du damit zufrieden oder nicht? Warum? Womit beschäftigst Du dich, wenn Du nicht arbeitest?

Welche sonstigen Fähigkeiten oder Fertigkeiten hast Du? Was kannst Du damit anfangen?

Was halten andere Menschen/Götter/Höllenwesen von diesen Fähigkeiten?

Was erwartest Du vom Leben und von den anderen? Wie ist Dein Lebensgefühl? Wie siehst Du Dich selbst? Magst Du Dich? Wie wirst Du von anderen gesehen? Welche Bedürfnisse und Träume hast Du? Worunter leidest Du? Was tust Du am liebsten?

Wie siehst Du aus? Wie bist Du gekleidet? Wie ist Deine Körperhaltung beim Gehen, Stehen, Sitzen? Welche körperlichen Eigenheiten hast Du?

Schreibe eine Rollenbiografie in der Ich-Form, die an diesen Fragen orientiert ist. Nicht alle Fragen müssen in der Reihenfolge beantwortet werden, sie sind mehr als Orientierungshilfe gedacht.

Rollenbiografien der Komponisten

Monteverdi

Ich bin Claudio Monteverdi. Am 15. 5. 1567 wurde ich in der italienischen Stadt Cremona geboren. Meine Begabung als Sänger und Violaspieler brachte mich an den Hof von Mantua. In den Jahren 1590 - 1613 verdingte ich mich dort bei der Hofmusik. 1601 wurde ich deren Kapellmeister: „Maestro della Musica". Am 22. 2. 1607 kam es in Mantua zu einer umjubelten Erstaufführung meiner *favola in musica l`orfeo*. Seit 1613 arbeitete ich als Kapellmeister am Markusdom zu Venedig. Ich wirkte dort bis zum Jahre 1643, um mich dann von Caron in das Reich der Schatten geleiten zu lassen.

Während meine frühen Werke geprägt waren durch eine vollendete Beherrschung der polyphonen a-capella-Technik, übernahm ich in *Orfeo* die neuen Prinzipien des Kreises um die Florentiner Camerata. Diese aus Literaten und Musikern bestehende Akademie wollte die antiken Dramen auf der Bühne wiederbeleben. Sie gingen davon aus, dass in den antiken Aufführungen gesungen wurde. Das nahm ich auch an und begründete damit die moderne Oper. Grundlage meines neuen Stils war eine bis dahin nicht bekannte Affektdarstellung. Ich stellte meine Charaktere so glaubhaft dar, dass der Zuhörer sie als lebendige und fühlende Personen wahrnehmen konnte. Diese Darstellung führte zu einem Wandel der kompositorischen Mittel in Melodik und Harmonik. Das Rezitativ, der Einsatz des Chores und der Instrumente ordnen sich ebenfalls in den Gesamtkontext des Werkes ein. Ich bin übrigens auch Erfinder des Tremolos. Das nur nebenbei, denn ich werde wie kein anderer die europäische Musik prägen und ihre Komponisten über viele Jahrzehnte beeinflussen.

Gluck

Ich heiße Christoph Willibald Gluck. Ich wurde am 2. 7. 1714 in Erasbach geboren, das liegt in Deutschland, genauer gesagt in der Oberpfalz. Mein Vater war Förster, ein tüchtiger, wenn auch einfacher Mann. Ich wollte es weiter bringen als er. Ich studierte in Prag, Wien und Mailand. Dort präsentierte ich nach vier Jahren des Lernens bei Sammartini 1741 meine erste Oper *Artaxerxes*. In den Jahren 1745 bis 1747 arbeitete ich an der Haymarket - Oper in London. Danach bereiste ich bis 1752 mit der Mingottischen Operngesellschaft Europa und wurde Hofkomponist in Wien. Aus dieser Tätigkeit entstand 1762 in Zusammenarbeit mit dem Librettisten Ranieri di Calzabigi meine erste Reformoper *Orpheus und Eurydike*. Die Opernhandlung befreite ich hierbei von allem überflüssigen Beiwerk, wie zum Beispiel den endlosen Koloraturen, wie meine Kollegen sie in ihren Werken komponiert haben. Auch die Lösung von Konflikten durch einen Deus ex machina, wie sie zu meiner Zeit in der hochbarocken und metastasianischen Opernhandlung Mode war, schafften wir ab. Die Konzentration lag bei uns deutlich auf einem in Text und Musik aufeinander abgestimmten Kunstwerk, in dem die dargestellten Figuren dramatische charakteristische Wahrhaftigkeit besaßen. 1773 verließ ich Wien und ging nach Paris. Dort feierte ich große Erfolge mit meinen *Iphigenie*-Opern. So konnte ich mich beruhigt nach einem langen erfolgreichen Leben am 15. 11. 1787 in Wien zur ewigen Ruhe betten und in dem Reigen seliger Geister hinweg schweben.

Offenbach

Mein Name ist Jacques Offenbach. Ich bin Jude und wurde am 20. 6. 1819 in Köln geboren. Mein Vater Juda Eberscht war ein jüdischer Kantor. Ich habe das Cellospielen gelernt und war bald so gut, dass ich als Vierzehnjähriger nach Paris ans Konservatorium gehen konnte. (Es sei bemerkt, dass ich nicht ganz aus freien Stücken ging, aber mein Glaube war in Deutschland für einige Leute ein ernsthaftes Problem.) Bereits nach kurzer Zeit wurde ich Violoncellist an der Opéra Comique. Verheiratet bin ich mit der Tochter eines Spaniers. Im Jahre 1850 wurde ich Kapellmeister am Théatre Français und komponierte die Zwischenaktsmusik. Dann gründete ich 1855 ein eigenes Theater, das ich „Bouffes Parisiens" taufte. Man nannte es scherzhaft die Bonbonniere, aber diese Bonbonniere war immer sehr voll. Es gehörte zum guten Ton, zu mir zu pilgern. Ich durfte allerdings nach obrigkeitlichem Befehl nicht mehr als vier Figuren auftreten und sprechen lassen. Als ich einmal eine fünfte brauchte, ließ ich ihr von Sarazenen die Zunge herausreißen und sie als „Stumme von Offenbach" durch geschriebene Zettel sich verständigen. Ich hatte damit einen großen Erfolg. Endlich entschloss ich mich, mit diesen armseligen Verhältnissen zu brechen. 1858 verfasste ich den *Orpheus*. Dieses, mein erstes abendfüllendes Werk, war gleichsam die Geburtsstunde der Operette. In *Orpheus in der Unterwelt* mischte ich Travestie, Parodie und Gesellschaftskritik. Durch Zugabe eingängiger Melodien und begeisternder Rhythmen kreierte ich diese neue Musikgattung. (Selbst meine Jugenderinnerungen vom Kölner Karneval flossen hier mit ein.) Von diesem Zeitpunkt an wurde Europas Theater mir untertan. Ich schuf über hundert Bühnenwerke. Zu den bekanntesten zählen nach meinem Dafürhalten: *Die schöne Helena*, *Pariser Leben*, *Blaubart* und *Hoffmanns Erzählungen*. Meine eigene Reise in die Unterwelt mußte ich am 5. 10. 1880 in Paris antreten.

Abb. 1: Arkadien

(G. v. Coninxloo: Landschaft mit dem Urteil des Midas; Staatliche Kunstsammlung Dresden)

Arkadien

Arkadien ist eine waldreiche griechische Gebirgslandschaft im Inneren des Peloponnes, die in der Dichtkunst als Land der Einfachheit und Unschuld gepriesen wird. Sie ging seit der Renaissance ein in die Schäferdichtung und in die bildlichen Schäferszenen der abendländischen Kunst. Es ist die Vorstellung eines irdischen Paradieses, in dem Hirten und Nymphen (niedere Gottheiten in der griechischen Mythologie, meistens gütig) leben, Menschen und Tiere friedlich nebeneinander in natürlicher Umgebung. In Monteverdis *Orfeo* wird dieses Land auch musikalisch dargestellt und durch folgenden Text beschrieben:

Orfeo:

Seht, ich kehre zu euch zurück,
geliebte Wälder und Hügel,
die von der Sonne bestrahlt werden,
welche allein meine Nächte in Tage verwandeln.

Ein Hirte:

Sieh, Orpheus, wie uns
der Schatten jener Buchen lockt,
während Phöbus (Beiname von Apollon, Gott des Lichts) seine glühenden Strahlen vom Himmel herabschleudert.

Wir wollen an jenen grünen Ufern lagern,
und ein jeder soll auf seine Weise
zum Murmeln der Wellen
seine Stimme erheben.

Orfeo

Rose des Himmels, Leben der Erde und würdige
Schöpfung dessen, der das Universum lenkt,
Sonne, die du alles umschließt und alles erblickst,
wenn du zwischen den Gestirnen deine Kreise ziehst,
sag mir, ob du je einen fröhlicheren
und glücklicheren Liebenden gesehen hast?

Glücklich war der Tag, an dem ich dich,
meine Geliebte, zum ersten Mal erblickte;
doch glücklicher war die Stunde,
da ich um dich seufzte,
denn nach meinen Seufzern sehntest du dich;
am glücklichsten aber war der Augenblick,
da du mir deine weiße Hand
als Pfand wahrer Treue reichtest.
Hätte ich so viele Herzen,
wie der ewige Himmel Augen hat und wie diese
lieblichen Hügel Blätter im grünen Mai haben,
so würden sie alle voll sein und überfließen
von dem Glück, das mich heute erfüllt.

Euridice

Ich kann nicht sagen, Orfeo,
wie groß mein Glück ist, wenn du dich freust,
denn mein Herz weilt nicht mehr bei mir,
da du es mit deiner Liebe an dich gefesselt hast;
frag es, wenn du zu wissen verlangst,
wie glücklich es schlägt und wie es dich liebt.

Arie: *Rosa del ciel* (aus Monteverdi: *Orfeo et Euridice*)

Abb. 2: Allegorische Figuren: das Licht, der Schatten, die Freude, die Wiese.

Abb. 3: Musik-Stopp-Standbild: Orfeo erhält die Unglücksbotschaft

NB 2: Chor der Hirten und Nymphen

> *Orpheus*: Ach, erbarmt, erbarmt euch mein, Furien!
> *Furien*: Nein!
> *Orpheus*: Larven!
> *Furien*: Nein!
> *Orpheus*: Furchtbare Schatten!
> *Furien*: Nein!
> *Orpheus*: Erbarmt euch meiner Qualen,
> unaussprechlich ist mein Schmerz!
> *Furien*: Nein! Nein! Nein!
> *Orpheus*: Ach, erbarmet euch, erbarmt, erbarmt euch mein!
>
> *(der ganze Text wird wiederholt)*

NB 3: Nr. 10 Solo und Chor, Chr. W. Gluck

NB 4 Arie Nr. 27

BE 2692

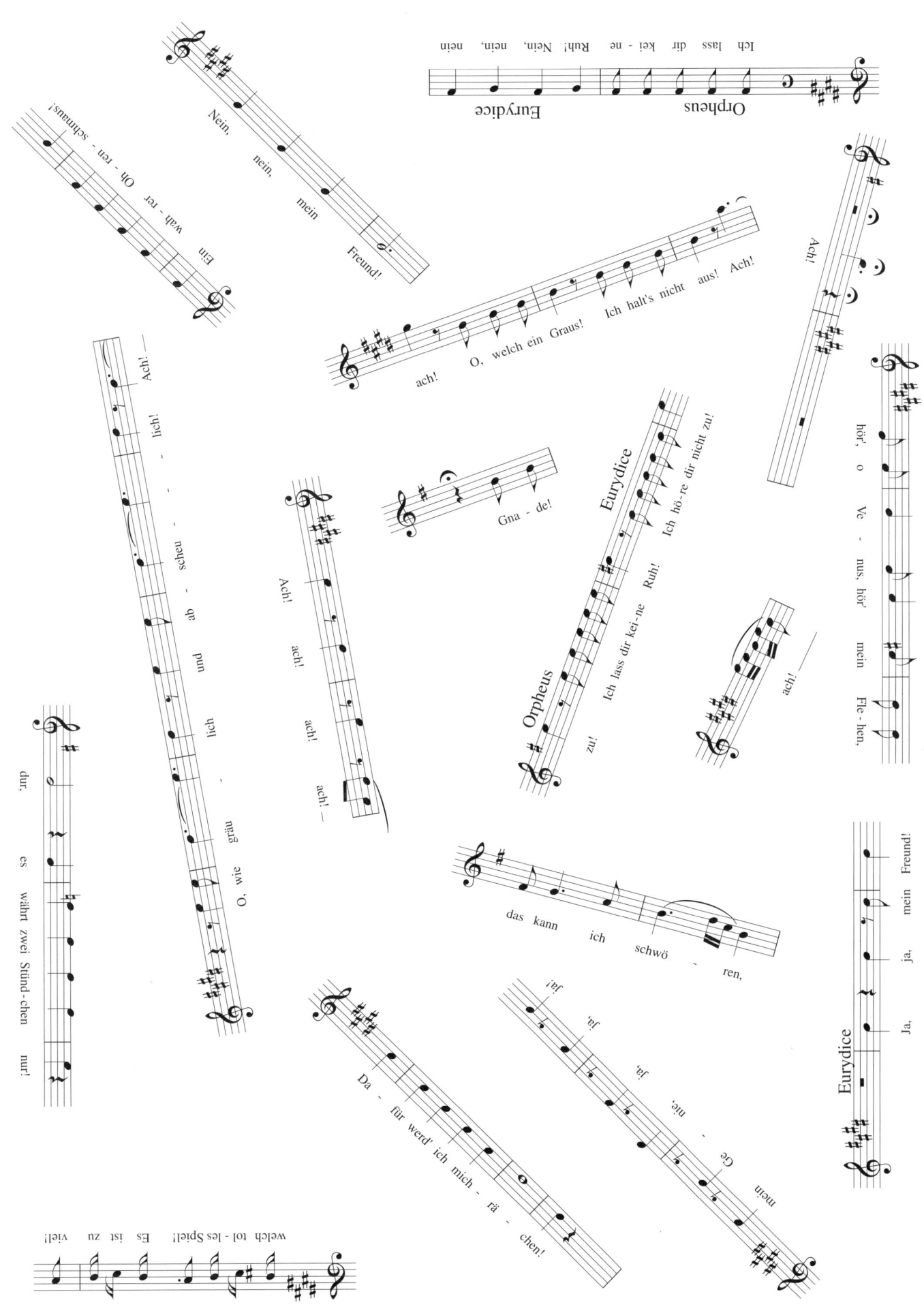

NB 5: Notenschnipsel

Abb. 5: Vernuntheirat

Abb. 7: Ehebruch und das Bitten um Verzeihung

Abb. 4: Vorstellung eines möglichen Bräutigams

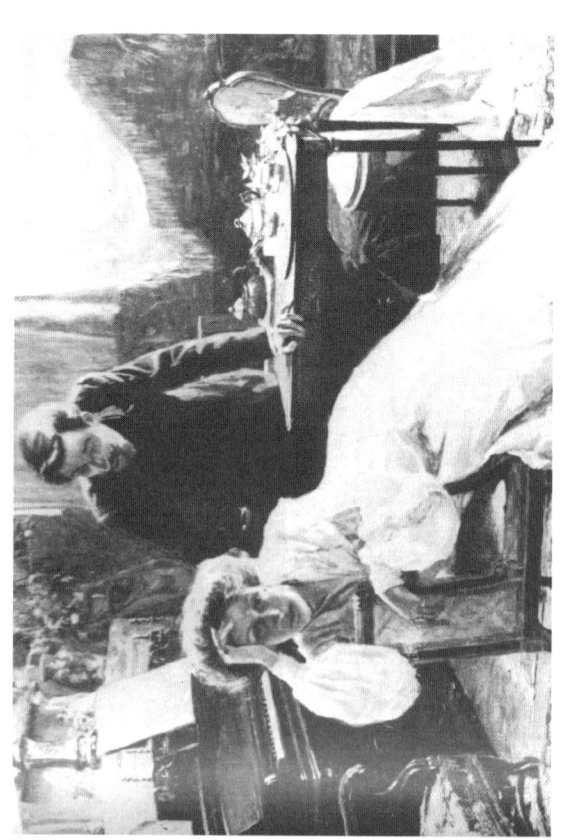

Abb. 6: Leichte Trübung

Abbildungen aus: Perrot, Michele (Hrsg.), *Geschichte des privaten Lebens*, 4. Band, *Von der Revolution zum großen Krieg*, Frankfurt 1992.

Phantasiereise

Stell dir vor, du kommst als Orpheus in die Welt des Jenseits. Mit dem Spiel deiner Leier und mit Gesang hast du zuerst am Eingang zur Unterwelt die Furien besänftigt, die dich dann auch durchgelassen haben. Jetzt stehst du erschöpft am Lehte-Strom, dem Strom des Vergessens. Es ist ein schmaler Fluss, über den die Frommen gehen, wenn sie die Unterwelt passiert haben. Beim Überqueren des Wassers setzt das Vergessen der irdischen Dinge ein und am anderen Ufer erreichen sie die elysischen Gefilde, wo sie in ewiger Glückseligkeit leben. Über dieses Wasser gehst auch du, es trägt dich komischerweise und auf der gegenüberliegenden Seite betrittst du das Elysium. Du siehst die Welt dort erstrahlen im reinen Licht, erlebst die sanfte Harmonie und kannst auch die Schatten sehen, die dort nach ihrem irdischen Leben angekommen sind und die Ewigkeit hier verbringen. Du hörst die leisen Klänge dieses Landes und gehst umher, um dir alles anzusehen. Lass zur Musik deine eigenen Bilder und Phantasien aufsteigen.

Über den Cancan

„Diese Musik kann Tote wecken. Diese Rhythmen schienen bestimmt, jenem Publikum von Entwurzelten, für die das Leben nur eine Art Totentanz war, eine physische und moralische Erschütterung zu versetzen. Beim ersten Anstoß, der die Götter des Olymp und der Unterwelt zu ihrem tollen Reigen zwang, schien es, als ob ein Choc durch die Menge gehe und das ganze Jahrhundert mit seinen Regierungen, Sitten und Gesetzen in einem sonderbaren allgemeinen Galopp durcheinandergewirbelt würde."[8]

Nr. 9 Couplet

J. Offenbach

NB 6: Couplet Nr. 9

Prinz von Arkadien

Als ich noch Prinz war von Arkadien,
Lebt' ich in Reichtum, Glanz und Pracht.
Doch wollt' der Tod mich nicht begnadigen
Und hat mich leider umgebracht.
Das wären alles nur Lappalien,
Doch macht mich eines so betrübt:
Dass ich in jenen Lebensstadien
Dich nicht gekannt hab' und geliebt.

Wenn ich noch Prinz wär' von Arkadien,
So müßtest du Prinzessin sein.
Doch kann ich jetzt dir nur noch Arien
Wie diese hier im Hades weih'n.
Ein armer Schatten aus Arkadien
Kann nur verschenken, was ihm blieb.
Drum nimm statt Rosen und Geranien
Mein armes Herz, gefüllt mit Lieb',
Das Herz des Prinzen von Arkadien.

Fassung Gutheim/Reinking

Als ich noch Prinz war von Arkadien,
Hatte Soldaten ich und Macht.
Ich war Stratege und Weltenplaner,
Den ums Leben man hat gebracht.
Doch zugleich mit meinem Leben
Verlor ich auch mein Hab und Gut,
Wie gerne würd' ich dir sonst geben
Mein Königreich, mein Herz, mein Blut.

Als ich noch Prinz war von Arkadien
Tanzte den Cancan jedermann.
Er lockerte die müden Wad(i)en
Und jeder rief: „Ich kann Cancan."
Speziell Paris war drob im Fieber,
Die Damenherzen wurden schwach.
Der Komponist war kein Pariser,
Er war aus Köln: Jacques Offenbach.

Als ich noch Prinz war von Arkadien,
War ich der Frauen Ideal.
Ich konnt' mich ihrer kaum erwehren,
Ich hatte stets die Qual der Wahl.
Jetzt sieht mich keine mehr der Damen,
Da ich ja nur ein Schatten bin.
Ich bin ein alter Bilderrahmen,
Das Bildnis selbst, das ist dahin.

Als ich noch Prinz war von Arkadien,
Spielten wir Fußball in Athen.
Die Spieler waren Amateure,
Für Geld zu spielen war obszön.
Man spielte auch nicht, um zu siegen,
Der Torwart saß auf einem Stuhl.
Bestechungsgelder blieben liegen,
Man spielte einfach Null zu Null.

Fassung mit Theo Lingen

NB 7: Couplet Nr. 11

CDs:

C. Monteverdi: *L'Orfeo*, René Jacobs, Concerto Vocale; harmonia mundi, 901553.54

A - Ch. W. Gluck: *Orpheus und Eurydike* - Großer Querschnitt in deutscher Sprache, Horst Stein, Rias Kammerchor, Berliner Symphoniker; EMI, CDZ 25 2346 2.

B - Ch. W. Gluck: *Orfeo ed Euridice* - Highlights, John Eliot Gardiner, Monteverdi Choir, English Baroque Soloists; Philips 442 383-2

J. Offenbach: *Orpheus in der Unterwelt*, Willy Mattes, Chor der Kölner Oper, Philharmonia Hungarica; EMI classics, CMS 5 65384 2.

Hörbeispiele:

1. Ouvertüre (Toccata) zu *L'Orfeo* von Monteverdi - CD 1, 1 (1'49'').
2. Ouvertüre zu *Orpheus und Eurydike* von Ch. W. Gluck - CD B, 1 (2'59'').
3. Ouvertüre zu *Orpheus in der Unterwelt* von J. Offenbach (Ausschnitt) - CD 1, 1 (bis 3'30'') 1, 1 0'00''–0'53'', 3'30''–3'56'' = Hölle, 5'25''–6'46'' = Walzer, 6'47''–8'50'' = Cancan.
4. Monteverdi: Sinfonia und *Seht, ich kehre zu euch zurück* - CD 1, 8.
5. Monteverdi: *Rosa del ciel* und Replik von Euridice - CD 1, 5 (bis 3'20'').
6. Monteverdi: Chor - CD 1, 7 - 4'02''–4'56''.
7. Monteverdi: (kurz vor dem) Auftritt der Botin - CD 1, 9 (ab 4'57'') bis 1, 10 (3'04'').
8. Gluck: *Furientanz* - CD A, 9 (4'24'').
9. Gluck: Chor - CD B, 5 (2'22'').
10. Gluck: *Reigen seliger Geister* - CD A, 10 (2'02'').
11. Gluck: Rezitativ Nr. 26 - CD A, 15 (1'32'').
12. Gluck: *Ach ich habe sie verloren* - CD B, 13 (3'54'').
13. Offenbach: Duett Nr. 2 (Ausschnitt) - CD 1, 5 (bis 4'20'').
14. Offenbach: *Choer du sommeil* - CD 1, 12 (bis 1'10'').
15. Offenbach: Auftrittsfanfare von Diana und 2. Teil der Arie - CD 1, 12 ab 4'35'' bis 4'48'', dann ab 7'09'' bis 8'06''.
16. Offenbach: *Revolte gegen Jupiter* - CD 1, 14 (bis 2'02'').
17. Offenbach: Auftrittsmusik Merkur (Entr'acte) - CD 2, 1 (bis 2'23'').
18. Offenbach: Auftrittsmusik Pluto - CD 2, 6 (ausblenden ab 0'59'').
19. Offenbach: Couplet Nr. 8 - CD 1, 16 (bis 2'48'').
20. Offenbach: Auftrittsmusik Orpheus und öffentliche Meinung - CD 1, 18 (ab 2'09''–2'44'').
21. Offenbach: Tanz und Abgang - CD 1, 18 (5'54''–7'37'').
22. Offenbach: Couplet Nr. 11 - CD 2, 2 (4'39'').
23. Offenbach: *Höllischer Chor* - CD 2, 6 (2'39'').
24. Offenbach: Cancan CD 2, 7 (einblenden ab 3'34'').

Anmerkungen

[1] Allen Beteiligten gilt unser Dank, besonders den SchülerInnen der Klasse 10a des Goethe-Gymnasiums in Berlin Wilmersdorf und deren Musiklehrer Gero Krüger. In dieser Klasse sind die Fotos entstanden und viele Anregungen der SchülerInnen waren wichtig für die Überarbeitung einzelner Spielverfahren.

[2] Ein Aufsatz zum gleichen Thema, der einen früheren Entwicklungsstand unserer Arbeit dokumentiert und nur einige der Methoden enthält, ist unter dem Titel *In mir tobt die Hölle selber* bereits erschienen in: *Musik und Unterricht*, 11. Jg. (2000), Heft 58, S. 18ff.

[3] Ingo Scheller, *Erfahrungsbezogener Unterricht*, Königstein 1981.

[4] Weiterführende Literatur: Rainer Brinkmann, *Die Hochzeit des Figaro. Begründungen und Unterrichtsmaterialien*, Oldershausen 1992. – Rainer O. Brinkmann u. Katharina Megnet, *Die Dreigroschenoper*. Begründungen und Unterrichtsmaterialien, Oldershausen 1998.

[5] Theodor W. Adorno, *Bürgerliche Oper*, in: *Klangfiguren*, Frankfurt/M. 1959, S. 42.

[6] Gustav Schwab, *Sagen des klassischen Altertums*, Frankfurt/M. 1975, Bd. 3, S. 965f.

[7] Eine genaue Analyse hierzu findet sich bei Heinz K. Metzger u. Rainer Riehn (Hrsg.), *Claudio Monteverdi. Um die Geburt der Oper*, München 1995 (*Musik Konzepte 88*), S. 94ff.

[8] Francisque Sarcay, *Quarante Ans de Théatre VI*, in: Grete Wehmeyer, *Höllengalopp und Götterdämmerung*, Köln 1997, S. 9.

[9] Zu den Beschreibungen vgl. Gerhard Fink, *Who´s who in der antiken Mythologie*, München 1993. – Herbert Hunger, *Lexikon der griechischen und römischen Mythologie*, Wien 1988.

Hineingetanzt ins „Happy End"

– Franz Lehárs *Lustige Witwe* im Unterricht der oberen Sekundarstufe I

Werner Abegg

Gegen die Operette als Unterrichtsthema mag es viele Einwände geben. Viele beruhen auf verfestigten Ressentiments, und zwar weniger vonseiten der Schüler – denen die Operette entweder unbekannt oder gleichgültig ist –, als vonseiten der Lehrer. Vielen Lehrern gilt die Operette als Inbegriff verstaubter Unterhaltung, als Amusement der Groß- oder Urgroßeltern, als Kitsch oder Klamotte. Damit die ohnehin viel zu knappen Musikstunden vergeuden?

Es wird schwierig sein, Lehrer für die Thematisierung einer Gattung zu motivieren, die sie in der Mehrzahl selbst nicht mögen und die zudem keine unmittelbare gesellschaftliche Aktualität für sich in Anspruch nehmen kann. Auch die Gründe, die Dieter Zimmerschied 1988 anführte, um die Operette als Unterrichtsthema zu legitimieren, waren nicht eben beflügelnd: Die Tatsache, dass Operetten in der Aufführungsstatistik etwa ein Drittel aller musikalischen Bühnenaufführungen ausmachen, sowie die Notwendigkeit, bei einer Vermittlung des Musiktheaters an Schüler auch dessen leichtgewichtigen, populären Bereich zu berücksichtigen.[1] Objektiv sind diese Argumente zutreffend. Über die Konsequenzen kann man allerdings verschiedener Meinung sein. Aus dem populären Bereich des Musiktheaters wird mit Vorliebe das Musical ausgewählt, das den musikalischen und stofflich-inhaltlichen Interessen der Schüler näher liegt als die Operette. Und auch wenn die Operette statistisch einen großen Anteil an musikalischen Bühnenaufführungen hat – zwingend ist es nicht, sie als Gattung im Musikunterricht zu behandeln.

Gleichwohl möchte ich hier einen Vorschlag machen, genau dies zu tun. Ihn aufzugreifen, erfordert vom Lehrer ein wenig Bereitschaft zum Risiko, zum Verlassen gesicherten Geländes, das Lehrplan und Unterrichtswerke abstecken, bietet aber auch die Chance, nicht nur den Schülern, sondern auch sich selbst als Lehrperson möglicherweise Neuland zu erschließen, vielleicht sogar Freude an einer bisher vernachlässigten Musikrichtung zu entdecken. Das vorgeschlagene Werk ist *Die Lustige Witwe* von Franz Lehár, die Adressatengruppe sind SchülerInnen des 9./10. Schuljahrs.

1. Einordnung in die Gattung

Volker Klotz benennt als „Grundimpuls" der Gattung Operette den „ironischen und selbstironischen Spieltrieb, die satirische Angriffslust, die anarchische Ordnungswidrigkeit".[2] Dies leuchtet unmittelbar ein, wenn man an Offenbachs *Orpheus in der Unterwelt*, *Pariser Leben* oder *Die Großherzogin von Gerolstein* denkt. Auch Strauß' *Fledermaus* lässt sich noch anschließen. Doch wie steht es mit der *Lustigen Witwe* von Franz Lehár? Es wird zu zeigen sein, dass auch in dieser Operette Ironie und Satire wirken, von „anarchischer Ordnungswidrigkeit" allerdings, soweit nicht oberflächlicher Leichtsinn gemeint ist, abgesehen werden muss. Hinzu kommen sehr beachtliche dramaturgische und kompositorische Qualitäten.[3]

Beim ersten Kennenlernen scheint die *Lustige Witwe* vollständig den Klischees zu entsprechen, die das Vorurteil gegen die Gattung begründen. Da spielt eine sich vornehm gebende, unseriöse Gesellschaft in einem mondänen Ambiente, mit Frack und Abendkleid, ein leicht durchschaubares Spiel, das durch lächerliche Konflikte auf drei Akte ausgedehnt wird, und am Ende folgt, was jeder von Anfang an wusste: das Happy End. Die Musik ist leicht eingängig, rhythmisch flott und zugleich beflissen, sie zielt auf höhere Weihen. Eine gute Portion Leichtsinn und Bonhomie, der Hang zum Ausbrechen in die Halbwelt der Nachtlokale (Can-Can) bieten das pfeffrige Gegengewicht zur insgesamt vorherrschenden Süße von Musik und Handlung.

Abb. 1: Danilo im Maxim

Das Vorurteil über die Gattung existierte schon zur Entstehungszeit der *Lustigen Witwe.* Der Rezensent Paul Bekker spielte 1907 in einem Artikel zwei Jahre nach der Uraufführung darauf an. In der *Lustigen Witwe* seien „mit beispiellos glücklichem Geschick [...] all die Motive zusammengetragen, welche Massentriebe zu reizen vermögen, Publikumsinstinkten schmeicheln. Hier sind Lolo, Dodo, Frou-Frou, dort ist eine *anständige Frau,* hier ist Maxim, dort der *Zauber stiller Häuslichkeit.* Ballsirenen, Pontevedriner, Grisetten, trottelhafte Gesandte, heiratslustige Männer und verschmitzte, gut pomadisierte Kanzlisten feiern einen bunten Karneval".[4]

Massentriebe, Publikumsinstinkte – darauf zielte die Operette von Anfang an, denn sie musste Einnahmen einspielen. Die *Lustige Witwe* tat dies nach der Wiener Uraufführung am 30. Dezember 1905 anfangs nicht so recht, erst ab der 40. Vorstellung stellte sich der große Erfolg ein, sie wurde schließlich 430 Mal en suite gespielt. In heutigen Zeiten erreicht sie solche Zahlen nicht mehr, aber sie gehört nach wie vor zu den sicheren Erfolgsstücken im Repertoire der kleinen wie der großen Bühnen.

2. Informationen zum Stück

2. 1. Die Handlung

Es geht um zwei Menschen mit gemeinsamer Vorgeschichte. Sie treffen nach Jahren und fern der Heimat, in Paris, wieder aufeinander und wissen beide sofort, dass ihre alte Jugendliebe neu entflammt ist. In einem kleinen Balkanstaat – der Name ist nur der österreichischen Zensur wegen „Pontevedro", das eigentlich gemeinte Montenegro wäre nicht genehmigt worden – waren sie ein Liebespaar gewesen, er ein Graf, sie ein einfaches Kind vom Lande. Der Standesunterschied verhinderte damals die Heirat, danach ging jeder seiner Wege. Er, Danilo Danilowitsch, brach seine Militärlaufbahn ab und ging in den diplomatischen Dienst. Diesem geht er jetzt als Gesandtschaftssekretär in Paris aber möglichst aus dem Wege und bringt sein Geld im „Maxim" durch, wo er alle Damen kennt, sich aber an keine binden muss. Sie hat einen reichen älteren Herrn geheiratet, der ihr nach seinem Ableben 20 Millionen hinterlassen hat. Sie ist nun die reiche und unabhängige Hanna Glawari, begehrtes Jagdobjekt der mitgift-süchtigen Männerwelt. Wer ihr näher kommen darf, bestimmt sie allein.

Die Vorzeichen haben sich also geändert seit damals. Jetzt ist sie diejenige, die die Fäden zieht. Er ist ein untergeordneter Befehlsempfänger, der auf Geheiß seines Vorgesetzten, des Gesandten Graf Zeta, die Witwe umwerben soll, um mit der anschließenden Heirat das Vermögen in die Kasse des bankrotten Heimatstaats fließen zu lassen. Diesem „ehrenvollen" Auftrag steht allerdings Danilos persönliches Ehrgefühl im Wege, denn die Heirat käme unweigerlich in den Ruch, des Geldes, und nicht der Liebe wegen geschlossen zu werden. Auch Hanna müsste dies zwangsläufig annehmen. Danilo will diesen Konflikt zwischen äußerer und innerer Ehre lösen, indem er schwört, niemals zu Hanna zu sagen: „Ich liebe dich".

Genau dies macht aber Hanna zur Voraussetzung für die neuerliche Verbindung zwischen beiden: Er soll sich offen und ohne Einschränkung erklären. So bauen beide künstliche Hürden auf, um ihren Stolz oder ihre Ehre zu wahren und verstellen sich den Weg zueinander, den sie innerlich bereits weit geöffnet haben. Wie sie diese Hürden wegräumen und neu errichten und wie sie schließlich zum – immer noch unsicheren – Happy End finden, ist die innere Handlung.

Die äußere Handlung sei ganz knapp referiert, sie ist in jedem Operettenführer nachlesbar. Im ersten Akt wird neben den bereits genannten Personen noch das zweite Liebespaar eingeführt: Valencienne, die noch sehr junge Ehefrau des Gesandten, und ihr Liebhaber – wenn auch nur in beider Phantasie – Camille de Rossillon. Er umschwärmt sie ständig, sie genießt das, will aber dennoch die nach außen treue Ehefrau bleiben. Die beiden werden benötigt als Gegenpaar und dienen Hanna dazu, ihr Ziel zu erreichen. Bei einem Ball in der pontevedrinischen Botschaft übernimmt Danilo widerwillig seinen dienstlichen Auftrag vom Gesandten. Mit einem brutalen Trick hält er Hanna die anderen Bewerber vom Hals und umgarnt sie anschließend selbst. Sie wehrt sich anfangs, kann aber dann seinem Charme nicht widerstehen. Doch es bleibt vorläufig beim gemeinsamen Tanz und beim Spiel mit dem Feuer, der gegenseitigen Anziehung.

Der zweite Akt spielt am folgenden Abend im Haus Hannas, dieses Mal wird ein Fest im Stil der pontevedrinischen Heimat gefeiert. Hanna braucht diese gesellschaftliche Atmosphäre, um

Danilo aus der Reserve zu locken. Sie singt das berühmte Lied vom Waldmägdelein, der Vilja. Danilo bleibt reserviert. Erst als Hanna im Laufe des Abends Valencienne vor der Entdeckung ihres Liebesgetändels durch ihren Mann rettet, indem sie sich selbst an Valenciennes Stelle stellt und Camille als ihren Verlobten bezeichnet, platzt Danilo der Kragen. Ebenfalls durch den Schleier eines Liedes gibt er seine Wut über Hannas Verhalten und damit indirekt seine Liebe zu erkennen. Erbost will er sich in sein ungebundenes Leben zurückbegeben, d. h. ins Maxim gehen.

Das ist allerdings überflüssig, denn Hanna hat in ihrem Haus das Maxim nachbauen lassen. In diesem Ambiente spielt der dritte Akt. Hanna findet Gelegenheit, Danilo ihr Verhalten zu erklären. Die beiden versöhnen sich im gemeinsamen Tanz. Aber ist dies das Happy End? Immerhin lässt Hanna noch einmal alle zittern, indem sie verkündet, im Falle ihrer Wiedervermählung werde sie ihr ganzes Vermögen verlieren. Danilo triumphiert bereits: Nun kann er Hanna heiraten, ohne dass das Geld zwischen ihnen steht. Da vollendet Hanna ihre Ankündigung: Sie werde das Vermögen verlieren, weil es dann an ihren neuen Ehemann falle! Also ist Danilo doch in die Falle gegangen, er hat Hanna, und sie hat ihn wieder erobert, aber das Geld ist auch noch da. Was bleibt zu tun? Das bisherige Leben fortführen, um das Geld so schnell wie möglich durchzubringen!

In der Offenheit dieses labilen Happy Ends liegt ein Grund für die Tatsache, dass *Die Lustige Witwe* sich über den Operetten-Durchschnitt erhebt. Weder das sorglose, muntere Treiben der übrigen Figuren, dem sich auch die Protagonisten immer wieder anschließen und das wiederholt in Albernheit mündet, noch die Gefühlsseligkeit, auch Sentimentalität mancher Gesänge können dominierend werden, weil die Ernsthaftigkeit des dahinter stehenden Liebeskampfes zwischen Hanna und Danilo, in dem wegen der inneren Hemmnisse bis zuletzt eine Distanz bestehen bleibt, ständig durchscheint und so das Vorherrschen der einen wie der anderen Sphäre verhindert. Die Dramaturgie sorgt für ein ständiges Auspendeln, das eine Element wird durch das andere ironisiert. Dieser Umstand begründet die Neuartigkeit dieser Operette in der Gattungsgeschichte und zugleich die Zeitlosigkeit ihres Themas.

2. 2. Der Komponist und sein Werk

Franz Lehár war 35 Jahre alt, als sein erstes Werk von bleibender Geltung uraufgeführt wurde. 1870 in einem kleinen slowakischen Städtchen als Sohn eines Militärkapellmeisters geboren, zog er als Kind durch viele Gebiete des österreichisch-ungarischen Reiches, jeweils an Orte, in die sein Vater versetzt wurde. Gymnasiast war er in Budapest, Musikstudent in Prag. Mit Max Bruchs Violinkonzert d-Moll legte er als Achtzehnjähriger die Diplomprüfung für Violine ab und schlug auf den Rat des Vaters nicht die Laufbahn des Komponisten – schon damals sein Lebensziel –, sondern des Musikers ein. Er trat als Kapellmeister in die väterlichen Fußstapfen und machte schnell Karriere beim Militär. Mehrmals wollte er diese abbrechen und als Opernkomponist unabhängig und erfolgreich werden. Zwei Opern hat er herausgebracht, die aber keine dauerhaften Erfolge wurden. So ging er anschließend reumütig in den Militärdienst zurück, der ihn schließlich nach Wien brachte. Hier wurde er als schneidiger Dirigent und Marsch- und Walzerkomponist populär. Seinem Lebensziel, als Komponist unabhängig leben zu können, kam er ungeplant auf einem Terrain nahe, das er bisher ignoriert hatte: Die Operette *Der Rastelbinder* war 1902 sein erster durchschlagender Bühnenerfolg. So wurde er zum Operettenkomponisten, zunächst wider Willen, drei Jahre später, mit der *Lustigen Witwe*, dann aus Überzeugung.[5]

Abb. 2: Victor Léon, Leo Stein und Franz Lehár
Foto: Blidarchiv, ÖNB Wien

Die Entstehung dieses Werkes verlief ebenfalls über Umwege. Die Librettisten, zwei in Wien damals sehr angesehene Theatermänner namens Victor León und Leo Stein, wollten das Libretto eigentlich von Richard Heuberger komponieren lassen, der sich mit seiner Operette *Der Opernball* 1898 als erfolgreicher Meister des Pariser Halbwelt-Milieus und seiner Musik erwiesen hatte.[6] Im Hauptberuf war dieser Mann in Wien eine Autorität: Konservatoriums-Dozent und als Musikkritiker Hanslick-Nachfolger an der Neuen Freien Presse, daneben Leiter von Konzertchören und Vertrauter von Johannes Brahms. Heubergers Ansätze zur Vertonung dieses Librettos misslangen aber, die beiden Librettisten entzogen ihm den Auftrag wieder. Gegen den Widerstand Victor Leóns, der sich zuvor mit Lehár verkracht hatte, erhielt dieser nun den Kompositionsauftrag. Erst nach und nach konnte er die Textautoren und den Direktor des *Theaters an der Wien* von der Qualität seiner Musik überzeugen. Die Vorbereitung der Uraufführung war ziemlich mangelhaft, an der Ausstattung wurde geknausert, die Skepsis gegenüber den Erfolgsaussichten des Stücks war so groß, dass schon vorsorglich die Einstudierung eines notfalls einzuschiebenden Ersatzstücks angeordnet wurde. Trotz positiver Kritiken nach der Uraufführung blieb der Besucherzuspruch anfangs sehr schwach. Durch massive Verteilung von Freikarten sprach sich die Kunde von der *Lustigen Witwe* in der Bevölkerung schließlich herum, und ab der 40. Vorstellung war das Haus ausverkauft.

Franz Lehár komponierte nach der Uraufführung noch weiter an seinem Werk. Das Vilja-Lied kam erst nachträglich hinzu, und der Walzer *Lippen schweigen* war in der ursprünglichen Fassung im zweiten Akt in der Pantomime fast versteckt; nachdem das Publikum ihn dort allerdings schon zur Wiederholung verlangt hatte, erkannte Lehár seinen Wert als Hauptschlager und setzte ihn vor dem Finale im dritten Akt, nun mit Text versehen, wieder ein.[7]

Der Wiener Erfolg führte zu schnell folgenden Inszenierungen in anderen Städten, zunächst im deutschen Sprachraum (Hamburg, Berlin, Leipzig, Zürich) und dann international: 1907 als *The Merry Widow* in London und New York, als *Viuda alegre* in Brasilien, Argentinien, in den britischen Kolonien, in Fernost, und schließlich 1909, nach Beilegung von Plagiatsstreitigkeiten wegen der zugrunde liegenden Komödie von Meilhac, als *La Veuve Joyeuse* in Paris.

Lehár war ein gemachter Mann, er konnte seine 22 weiteren Operetten im eigenen Wiener Haus oder der Villa in Bad Ischl in finanzieller Unabhängigkeit schreiben und einen eigenen Musikverlag gründen. 1948 starb er, 78 Jahre alt. *Die Lustige Witwe* blieb sein nachhaltigster Erfolg, in der Gattungsgeschichte leitete sie einen neuen Abschnitt ein.

Es hat sich in der Literatur eingebürgert, diesen Abschnitt als „silberne Aera" der Wiener Operette zu bezeichnen, im Unterschied zur vorangegangenen „goldenen" der Strauß- und Millöcker-Zeit. Doch in dieser Benennung und der immanenten Wertung steckt wenig Erkenntniswert. Der Bezug auf Wien, zur Unterscheidung von der Pariser, der Berliner und der Londoner Operette, verliert gerade mit der *Lustigen Witwe* an Relevanz.[8] Der lokale Bezug zur Stadt Wien ist nur noch hinsichtlich des Lebensgefühls der Wiener als Bewohner der Reichsmetropole gegeben, die auf Randbereiche des k.u.k. Riesenreiches wie die Balkanregion Montenegro herablassend und auf die Marotten der Menschen dort mit spöttischem Lächeln reagierten.

Für die Operettengeschichte im 20. Jahrhundert wegweisend war vielmehr die Loslösung aus dem lokalen Bezug, die Internationalisierung. Einen wesentlichen Anteil hieran hat die Fokussierung der Handlung auf die erotische Spannung zwischen zwei individuellen Personen sowie deren Kontrapunktierung im zweiten Paar, das Weiterbestehen der erotischen Spannung über das labile Happy End hinaus und deren musikalische Verdichtung in den Tänzen. *Die Lustige Witwe* eröffnet die für das 20. Jahrhundert folgenreiche Spezies der „Tanzoperette".

2. 3. Die dramaturgische Bedeutung der Tänze

„Dieses Werk ist nicht nur die erste konsequente Tanzoperette, der sogleich weltweit nachgeeifert wurde; es ist auch ihr nie mehr ganz erreichter Höhepunkt", schreibt Volker Klotz, der Kenner der Gattung.[9] Erster Repräsentant der neuen Spezies und zugleich ihr Höhepunkt – das weckt Zweifel an der Berechtigung, von der Tanzoperette tatsächlich als einer neuen Art zu sprechen. Und doch ist es zutreffend, wenn man in der *Lustigen Witwe* eine neuartige Rolle der Tänze und des Tanzens feststellt, die Vorbild für spätere Operetten wurde.

Getanzt wurde in der Operette schon seit Offenbachs *Galop infernal* in *Orpheus in der Unterwelt*, also schon von Anfang an. „Szenen eines kollektiven Taumels, der die einzelnen Stimmen und Gesichter, mithin die persönlichen Belange kurzfristig aufgehen läßt im großen Ganzen gemeinsamen Tanzens. Die Tanzoperette nach der Jahrhundertwende setzt ebenfalls solche orgiastischen Szenen ins Werk und vermehrt sie noch.

Sie geht indes noch weiter, quantitativ und qualitativ, indem sie dem getanzten Tanz weitere Ausdrucksbereiche einräumt. Er wird nun auch für die Solisten zur Verständigungsform. Immer dann, wenn der Dialog und sogar der Gesang nicht hinreichen, um zu äußern, wie ihnen zumut ist. So verändert die Operette ihre musikalische Dramaturgie [...]."[10] Der Tanz ist mehr als dekorative Staffage, dient auch nicht mehr allein zur Markierung szenischer Höhepunkte, sondern er wird für die Protagonisten zum dritten dramatischen Ausdrucksmittel neben Dialog und Gesang. Dies trifft in der Tat auf die *Lustige Witwe* in besonderem Maße zu.

Abb. 3: Plakat (Theater an der Wien 1906)

Die drei Akte enthalten 16 musikalische Nummern, hinzu kommen fünf kürzere Musikstücke, die Lehár nicht eigens nummerierte, sondern durch Zusatzbuchstaben den Nummern zuordnete.[11] Von diesen insgesamt 21 geschlossenen Musikstücken sind 14, also zwei Drittel, Tänze oder in einem eindeutigen Tanzrhythmus komponierte Dialog- und Gesangsszenen. An Tanztypen kommen vor: Marsch, Mazurka, Polka, Polonaise, Galopp und Can-Can. Als Einzelfälle treten auf: Kolo und Tamburizze in der folkloristischen Szene des zweiten Akts und ein Marsch mit der Zusatzbezeichnung „Cake-Walk" im dritten Akt.[12] Von besonderer Bedeutung ist freilich der Walzer, der sieben Mal in unterschiedlicher Ausdehnung und unterschiedlichem Tempo und Charakter eingesetzt ist. Er ist daher in der folgenden Tabelle (s. S. 103) in einer eigenen Spalte registriert und differenzierter erfasst als die anderen Tänze.

Die Tabelle zeigt: Die vorkommenden Tänze entsprechen dem Repertoire der um 1900 gängigen Gesellschaftstänze. Hinzu kommen die folkloristischen Tänze des zweiten Akts, die aber Balletteinlagen sind. Hiervon abgesehen, sind die Tänze manchmal nur Hintergrundmusik: Die Gesellschaft tanzt zur Ballmusik, im Vordergrund werden Dialoge zwischen den handelnden Personen geführt, teils gesprochen, teils gesungen. Soweit ist alles konventionell und nicht typisch für die Tanzoperette. Mehrmals verfestigen sich Tanzrhythmen zu wirklichen Tänzen von Hauptpersonen, die ihre Dialoge während des Tanzens fortsetzen oder auch wortlos miteinander tanzen. Dies geschieht dann, wenn eine kritische Situation in der Beziehung der Personen zueinander ihren Höhepunkt erreicht und entweder ungelöst bleibt oder zu einer positiven Wende gelangt. An diesen Stellen erweist sich die neue Dramaturgie der Tanzoperette. In Abschnitt 4 werde ich hierauf näher eingehen.

Der Walzer ist in der *Lustigen Witwe* der Interaktion zwischen Hanna und Danilo vorbehalten, von der Ballmusik zu Beginn des ersten Akts abgesehen. Das andere Paar, Valencienne und Camille, agiert in geradtaktigen Tänzen wie Polka oder ohne Tanzrhythmen in Spielduetten, wie auch die übrigen Personen. Der Walzer tritt als schneller Wiener Walzer oder mehrfach in der langsameren Form des Valse moderato oder Valse lento auf, auch dies nicht ohne Bedeutung. Der Wiener Walzer als Gesellschaftstanz wird auch von Hanna und Danilo dann getanzt, wenn sie sich „unter Leuten" aufhalten; wenn sie ganz unter sich sind und ihre erotische Anziehung deutlich wahrnehmen, sie auch nicht ignorieren, tanzen sie langsamer, mit mehr körperlicher Ausstrahlung und Empfindung.

Zur Interaktion zwischen Hanna und Danilo dienen neben den getanzten Walzern zwei Gesänge, die als balladeske Lieder, auch „pathetische Lieder" genannt, eine aus der Handlung herausfallende Geschichte erzählen, deren Inhalt aber eine verschlüsselte Botschaft direkt an den Partner übermitteln soll.[13] Diese Lieder werden jeweils vor vielen anwesenden Personen gesungen. Es handelt sich um das Vilja-Lied am Anfang und das Lied von den Königskindern am Ende des zweiten Akts. Beide Lieder sind in größere Ensembleszenen eingebaut, lassen sich aber wegen ihrer formalen Geschlossenheit auch aus diesem Zusammenhang herauslösen und wie Schlager isoliert vortragen. Dies gilt besonders für das Vilja-Lied, in dem Hanna von einem „Waldmägdelein" erzählt, das einen Jäger in einer wilden Liebesaffäre verführte und ihn dann jäh als „liebkranken Mann" verließ. Die Botschaft an Danilo: Hanna hat ihn durchschaut, auch er ist „liebkrank", aber sie ist zurückgekommen, er ist nicht mehr verlassen.

Erster Akt

Nr. 1 Introduktion	Marsch, Mazurka	
Nr. 1 ½ Ballmusik		Walzer 1: 32 T., D-Dur, Wiener Walzer
Nr. 2 Duett		
Nr. 3 Entrée-Lied Hannas	Mazurka, darin eingelegt:	Walzer 2: 32 T., D-Dur, Tempo des Wiener Walzers wie 1 ½
Nr. 3 a Ballmusik		
Nr. 4 Auftrittslied Danilos		
Nr. 5 Duett		
Nr. 6 Finale I	Marsch	Walzer 2: 16 T., G-Dur, Ballmusik
		Walzer 3: 41 T., G-Dur, Schneller W. Synkopen
		Walzer 4: 32 T., C-Dur, verlangsamt
		Walzer 3: 33 T., G-Dur
		Walzer 3-Paraphrase 44 T. mit Dialog
	Polka	Walzer 2: 32 T., G-Dur, Ballmusik mit Dialog
		Walzer 4: 16 T., Valse moderato
		Walzer 3: 41 T., G-Dur, Schneller W.

Zweiter Akt

Nr. 7 Introduktion, Tanz und Vilja-Lied	Polonaise, Balkan-Tänze	
Nr. 8 Duett	Polka mit Csardas-Anklängen	
Nr. 9 Marsch-Septett	Marsch	
Nr. 10 Spielszene und Tanzduett	Kolo	Walzer 5: 32 T., G-Dur, textlos, bei Wdhlg. mitgesummt
Nr. 11 Duett, Romanze		
Nr. 12 Finale II	Mazurka, Marsch, Galopp	Tempo di Valse lento, nicht getanzt „Königskinder"

Dritter Akt

Nr. 12 a Entr'act. Vilja-Lied		
Nr. 12 b Zwischenspiel. Maxim-Lied		
Nr. 13 Tanzszene	Tempo di Marcia (Cake-Walk?)	
Nr. 14 Chanson	Marsch, Can-Can	
Nr. 14 a Reminiszenz (ähnlich Nr. 12 b, mit Chor)		
Nr. 15 Duett		Walzer 5: 98 T. Valse moderato, G-Dur
Nr. 16 Schlussgesang	Marsch wie Nr. 9	

Doch Danilo reagiert nicht. Erst in der turbulenten Final-Szene des zweiten Akts, als Hanna völlig überraschend ihre angebliche Verlobung mit Camille bekannt gibt, lässt er sie seine tiefe Verletztheit erkennen. Nun singt er von einer treulosen Prinzessin, deren verlassener Prinz eben nicht „liebkrank" zurückbleibt, sondern ihr roh den Laufpass gibt. Weil er dabei seine eigene Erregung nicht unter Kontrolle behält, erkennt Hanna auch seine wahre Gefühlslage und kann für sich triumphieren: „Allein liebt er mich, nur allein!"

Diese beiden gefühlsbeladenen Lieder spielen auf die Schranken an, die besonders Danilo um sich errichtet, und bilden zu den textlosen oder textarmen Walzern, in denen diese Schranken abgebaut werden oder sogar fallen, einen spannungsvollen dramaturgischen Kontrapunkt. Sie sind daher in die Tanzdramaturgie mit einzubeziehen.

3. Vorschläge für den Musikunterricht

Die Lustige Witwe bietet mehrere mögliche Ansatzpunkte für eine Thematisierung im Musikunterricht der Sekundarstufen. Unabdingbare Voraussetzung ist in jedem Fall die Verbindung mit einem Aufführungsbesuch im Theater.[14] Diese Bedingung gilt für alle Bereiche des Musiktheaters, aber in besonderem Maße für die Operette, für die sich heutige SchülerInnen allenfalls über die Bühnenwirkung und weniger noch als bei der Oper über eine partielle Vermittlung von Handlung oder Kompositionsmerkmalen interessieren lassen. Bei einer gut inszenierten Aufführung wird das Zusammenwirken von hör- und sichtbaren Komponenten mit der besonderen Atmosphäre des Theaters dazu beitragen, die SchülerInnen zu einer weiteren Beschäftigung mit dem Stück im Unterricht zu motivieren.

Diese ganzheitliche Wirkung sollte innerhalb einer Unterrichtssequenz möglichst früh platziert werden, d. h. nach der ersten oder höchstens der zweiten Stunde. Eine umfangreichere Einführung erübrigt sich bei der Operette ohnehin, da diese Gattung auf unmittelbare Wirkung auf ein breites Publikum konzipiert ist. Die vertiefende Behandlung im Unterricht sollte daher erst im Anschluss an den Theaterbesuch erfolgen.

Worauf könnte sie nun eingehen? Sinnvoll ist in jedem Fall eine Besprechung der Gesamtwirkung, verbunden mit Informationen über die Mitwirkenden an einer Bühnenproduktion im Sinne Werner-Jensens.[15] Daran könnten sich folgende Inhalte anschließen:

– Kritische Überprüfung des Handelns der Bühnenfiguren auf ihre Glaubwürdigkeit und Plausibilität. Dabei lässt sich der Handlungsverlauf noch einmal im Einzelnen durchgehen. Man kann nach den Motiven des Agierens der Hauptfiguren, dem Gegenüber der beiden unterschiedlichen Paare und dem Rollenverhalten von Männern und Frauen fragen. Kann man darin nur gesellschaftliche Faktoren der Entstehungszeit erkennen, ist die Handlung also völlig vorgestrig, oder gibt es auch zeitlose Momente, in denen wir uns Heutige wiedererkennen können?

– Beziehung von Inszenierung, Ausstattung und Musik. Neuinszenierungen machen mit Neudeutungen etablierter Werke auch vor Operetten nicht mehr Halt – siehe den Fall der Dresdner Neuinszenierung der *Csardasfürstin* durch Peter Konwitschny, um die es sogar eine gerichtliche Auseinandersetzung um Urheberrechte des Regisseurs gab. Hier bieten sich Zeitungsrezensionen als Unterrichtshilfen an. Insgesamt ist dieses Thema sehr anspruchsvoll und könnte Schüler vielleicht überfordern. Aber im Falle einer radikalen Neudeutung können bestimmte Schülererwartungen enttäuscht werden, diese Irritation zwingt geradezu zu einer Diskussion im anschließenden Musikunterricht. Genauere Untersuchungen der Musik können dabei zu Argumentationshilfen werden.

– Untersuchungen des Formenreichtums der *Lustigen Witwe* im Vergleich zur Oper. Dies hebt Dieter Zimmerschied hervor: „[...] einige Rezitative stehen der Oper näher als der bisherigen Operette. Da gibt es echte Seccorezitative (Nr. 11, S. 85) und komplex gestaltete Szenen mit Chor, Ensemble und dramatischen Rezitativen (II. Finale, S. 98) sowie Varianten (S. 25 und 44), die als solche formbildend wirken".[16] Des Weiteren weist er hin auf motivische Bezüge, die Verwendung von Motto- und Erinnerungsmotiven, auf melodramatische Teilszenen und „Backgroundmusik". Schülergruppen, die bereits Mozarts *Hochzeit des Figaro* kennen gelernt haben, sollten in diesem Zusammenhang auf die analoge Szene im Finale II der *Lustigen Witwe* näher eingehen.[17] Eine derartige Untersuchung der Formenvielfalt verläuft stark in den Bahnen abstrakter Analysen und kann Schülerinnen und Schüler schnell demotivieren.

– Ein Nachvollzug der Tanzdramaturgie unter besonderer Beachtung der Walzer als Ausdruck der Erotik. Ich möchte dieses Thema im Weiteren näher ausführen, weil ich es für besonders schülerorientiert halte. Erotische Anziehung und daraus entstehende Konflikte beschäftigen Schülerinnen und Schüler schon in der oberen Sekundarstufe I persönlich sehr. Wenn ihnen der zeitlose Kern des Konflikts – ein Paar wird stark zueinander hingezogen, kann aber wegen eines Bruchs in der Vergangenheit nur schwer über tiefsitzende Hemmnisse und Verletzungen hinwegkommen – nahe gebracht werden kann, dann wird es sie interessieren, wie dieses Paar dennoch zu einem Happy End kommt und welche gesellschaftlichen und persönlichen Hindernisse dazu vor hundert Jahren überwunden werden mussten – und das auf der Bühne für ein Publikum, das selbst genau diesen Hindernissen ausgesetzt war und sich zugleich darüber amüsieren wollte. Die Schülerinnen und Schüler können die Rolle des Tanzes gut verfolgen, die zur Überwindung der Hindernisse beiträgt, und werden wahrscheinlich unausgesprochen Parallelen zu eigenen Erfahrungen ziehen.

4. Die Dramaturgie des Walzers als Form erotischen Verhaltens

Wie schon gesagt, ist der Walzer für solche Szenen oder Abschnitte reserviert, in denen es um die Beziehung zwischen Hanna und Danilo geht. Andere Personen sind an manchen dieser Szenen zwar beteiligt, aber sie sind nur Augenzeugen oder dienen auch zur Verschärfung der Spannung, die zwischen Hanna und Danilo besteht.

Insgesamt fünf verschiedene Walzer kommen vor.

Dies ist eine Bühnenmusik, die lediglich die Funktion hat, die Ballatmosphäre zu Beginn des ersten Akts zu kennzeichnen. Es handelt sich um einen herkömmlichen Wiener Walzer, der dramaturgisch ohne weitere Bedeutung bleibt und hier vernachlässigt werden kann (NB 1, S. 109).

Hanna hat kurz zuvor die Bühne zum ersten Mal betreten und ein wenig Konversation mit den sie sogleich umschwärmenden Männern gemacht. Mit diesem Walzer (NB 2, S. 109) gibt sie zu erkennen, dass sie die Situation durchschaut. Sie

kennt den Grund, weshalb sie so umschwärmt wird. Ironisch macht sie klar, dass es ihr auf diese Art von Beliebtheit nicht ankommt. Die koketten Synkopen in den Takten 9–12 zeigen ihren Spaß an dem Spiel an, das sie mit den Männern treibt. Danilo ist noch nicht dabei.

Zu Beginn des ersten Finales, in dessen Verlauf die Walzer besonders vielfältig eingesetzt sind, ist Danilo aber ins Geschehen einbezogen. Er bemüht sich, die Fäden in die Hand zu bekommen. Es gelingt ihm auch zumindest ein Teilerfolg. Die Wiederbegegnung mit Hanna hat stattgefunden, der Funke ist sofort wieder übergesprungen, und beide haben nur noch einander im Kopf. Doch der Weg zueinander ist noch verstellt von Misstrauen: Hanna zweifelt, ob es Danilo wirklich um sie geht und nicht um ihr Geld, Danilo befürchtet, Hanna könnte genau dies von ihm denken. Dennoch muss er zunächst die vielen Mitbewerber aus dem Feld schlagen. Dies befiehlt der offizielle Auftrag seines Vorgesetzten, dies verlangt aber auch sein Herz. Am Ende des ersten Akts ist es ihm gelungen, Hanna und Danilo sind allein. Die Situation ist beklommen, der erste gemeinsame Walzer ermöglicht ihnen eine vorsichtige körperliche Kontaktaufnahme, die aber sicherheitshalber noch im Rahmen gesellschaftlicher Konvention gehalten wird.

Diese komplizierte Seelenlage setzt Franz Lehár subtil in Musik. Grundtonart des ganzen ersten Finales ist G-Dur, und dies ist fortan die ständige Tonart der Liebesbeziehung von Hanna und Danilo. Die Szene nimmt anfangs den Walzer 2 wieder auf, der für 16 Takte als Hintergrundmusik für einen Dialog fungiert, nun aber in der neuen Tonart G-Dur. Damenwahl wird ausgerufen, dies löst zunächst ein ziemlich lächerliches Balzverhalten der Freier aus, in wechselnden Tonarten und geradtaktigen Marschrhythmen. Danilo fährt dazwischen. Zu einem besonders schwungvollen Walzer führt er acht Damen herein, die den Großteil der Freier zum Tanz auffordern und damit Hanna erlösen sollen (NB 3, S. 109).

Das Temperament dieses schnellen Walzers fährt in die Füße. Die chromatische Melodik und vor allem die durch Überbindungen entstehende hemiolische Rhythmik wirbeln die ganze Gesellschaft durcheinander, die Aufmerksamkeit wird von Hanna abgelenkt. Schon hat eine der „Ballsirenen" einen jungen Mann zum Tanz entführt – der Trick von Danilo zeigt erste Wirkung –, da stimmt Danilo einen neuen Walzer an, der in diatonischer Melodik die schnelle Bewegung ein wenig verlangsamt und sich über die wirbelnde Gesellschaft hinweg an Hanna richtet (NB 4, S. 110).

Rhythmik (fließender Dreiertakt ohne Synkopen und mit langen Ruhenoten) und Harmonik (Subdominante C-Dur) setzen diesen Walzer deutlich vom vorherigen ab. Der schwärmerische melodische Duktus dieses kaum verdeckten Gefühlsausbruchs soll Hanna signalisieren, dass es Danilo bei dieser Aktion nur um sie geht, die er liebt, auch wenn er es nicht sagen mag. Indirekt aber sagt er mit seiner Wortwahl („erglühn", „erblühn", „Glut", „lockend", „Töne Flut") schon sehr viel, Lehár gibt einen weiteren Hinweis mit der Wahl der subdominantischen Tonart, die direkt auf die Liebestonart G-Dur bezogen ist. Ein weiteres, für die Entwicklung wichtiges Element findet sich im Text der zweiten Strophe: „Wenn die Geige so zaubrisch erklingt [...]". Die Geige wird auch im großen Liebeswalzer der beiden wieder zitiert („Lippen schweigen, 's flüstern Geigen").

Doch der Walzer 4 geht schnell vorüber. Nach 32 Takten wird er wieder abgelöst vom „Ballsirenenwalzer" Nr. 3; ob Danilos Signal von Hanna empfangen wurde, bleibt offen, denn sie stürzt sich nun mit allen Anwesenden in den wirbelnden Walzer 3. Dabei vermindert sich die Zahl der Bewerber weiter, aber die beiden hartnäckigsten sind noch nicht vertrieben. Ein weiterer kommt völlig überraschend noch hinzu: Auf Initiative von Valencienne, die die Entdeckung ihres Geturtels mit Camille fürchtet, bewirbt sich nun auch dieser noch. Danilo muss zum äußersten Mittel greifen und den Tanz mit Hanna zu einem völlig überhöhten Preis zum Kauf anbieten. Damit hat er Erfolg, die anderen Bewerber verzichten empört und verlassen den Saal.

Danilo und Hanna sind endlich allein. Danilo möchte den Tanz nun auch wahr machen, da ziert sich Hanna plötzlich. Danilo muss regelrecht um sie werben, und zwar wieder mit Hilfe des Walzers. Alle drei Walzer des Finales erklingen noch einmal, zuerst der Walzer 2 als Dialogbegleitung und Werbungseröffner (Text Danilos: „Geigen erklingen, locken so süß"). Danach setzt wieder der Walzer 4 ein, nun als unverhülltes Zeichen erotischen Werbens im verlangsamten Tempo (Valse moderato). Die Melodie wird damit noch einschmeichelnder, sie erklingt nur im Orchester, ohne Gesang und als klingende Entsprechung

zur pantomimischen Umgarnung Hannas durch Danilo. Hanna kann nicht lange widerstehen. Aber als sie sich geschlagen gibt und „in seine Arme fliegt", beschleunigt sich das Tempo wieder und beide tanzen zum Walzer 3 dann doch lieber den weniger verfänglichen Gesellschaftstanz, den Wiener Walzer.[18] Sie sind also zum ersten Mal vereint, aber doch noch auf dem sicheren Gelände der Konvention. Die persönlichen Schranken sind noch nicht gefallen.

Lehár bringt mit diesem Final-Schluss formale Regeln (Walzer-Rekapitulation und Schluss-Stretta) mit der psychologisch differenzierten Dramaturgie sehr kunstvoll in Einklang. Auch wenn die Situation am Ende nicht eindeutig geklärt ist, kann man Danilo als den aktiveren Partner ansehen, der die Entwicklung bis hierher vorangetrieben hat.

Im zweiten Akt dreht Hanna den Spieß um. Von Anfang an hält sie die Fäden in der Hand, was ihr nun als der Hausherrin leichter möglich ist als im ersten Akt, in dem sie Gast in der pontevedrinischen Botschaft war. Sie inszeniert einen bunten Wirbel mit Balkantänzen und -kostümen und nimmt selbst aktiv daran teil. Ihr Ziel ist klar: Danilo so weit zu provozieren, dass er endlich seinen Widerstand aufgibt und seine Liebe zu ihr offenbart. Dazu riskiert sie auch, das Spiel zu überreizen und Danilo scheinbar zum Ausscheiden zu zwingen, denn sie baut darauf, dass ihm dadurch bewusst wird, wie vollständig er von Hannas Liebe abhängt.

Mitten in diesem Spiel mit dem Feuer ergibt sich urplötzlich ein intimer Moment. Danilo und Hanna flirten miteinander und wetteifern, wer dem anderen besser auf neckende Fragen ausweichende Antworten geben kann, als sie sich in einem gemeinsamen Walzer wiederfinden, den sie wortlos tanzen (NB 5, S. 110).

Das ist ihr Liebeswalzer, der sie zu einer tanzenden Einheit werden lässt. Wieder, wie schon bei der Wiederkehr des Walzers 4 im Finale I, ist das Tempo verlangsamt. Die Tanzenden können in der gemeinsamen Körperbewegung vollständig aufgehen, Worte bedarf es keiner mehr. Die Melodik ist gleitend in gleichmäßiger Rhythmik und kleinen Intervallen, die sich in ihren Aufwärts- und Abwärtsbewegungen ausgleichen. Harmonisch baut sich alles auf elementaren Folgen auf, d. h. nichts lenkt ab vom Genuss der gemeinsamen, ineinander geschmiegten Bewegung. Für eine kurze Dialogpassage wird diese Ausgeglichenheit unterbrochen, aber schnell finden sich die beiden Liebenden ein weiteres Mal zum hingegebenen Tanz, dessen Melodie sie nun mitsummen. In dieser wortlosen Einigkeit können sie ihre Liebe auskosten; sobald sie sprechen, beginnt wieder die Verstellung und Unterdrückung der Gefühle.

Das unvorhergesehene Eintreten und schnelle Vorübergehen dieses Momentes vollständiger Einigkeit mitten im zweiten Akt ist dramaturgisch glänzend verankert durch zwei sehr stabile musikalische Bezugsstellen am Anfang und am Ende des Akts. Zu Anfang steht das Vilja-Lied Hannas, das in derselben Tonart G-Dur steht und dessen Refrain mit derselben Tonfolge beginnt wie der Liebeswalzer (NB 6, S. 110).

Der musikalische Zusammenhang ist offensichtlich, der inhaltliche besteht in der Funktion des Liedes: Hanna meint Danilo mit dem „liebkranken" Mann und sich selbst mit dem „Waldmägdelein".[19] Wirft Hanna mit dem Vilja-Lied gleichsam das Netz aus, in dem sich Danilo mit ihr zusammen beim Liebeswalzer vorübergehend fängt, so ist Danilos Erzählung von den Königskindern, die zweite Bezugsstelle am Ende des zweiten Akts, der Augenblick, in dem das Netz zerrissen wird. Danilo ist durch Hannas Provokation, Camille als ihren Verlobten auszugeben, zutiefst verletzt und kann seine Empörung auch nicht verbergen. Er wählt deutliche, verletzende Worte:

halten. Sie ist im dritten Akt auch mit wenigen erklärenden Worten Hannas ausgeräumt, und noch einmal tanzen die beiden ihren Liebeswalzer, dieses Mal auch mit einem gesungenen Text: „Lippen schweigen, 's flüstern Geigen: Hab mich lieb!" Wieder ist es das verlangsamte Tempo, das die Tanzbewegungen reduziert und auf das gemeinsame Gleiten der Körper konzentriert. Hierin äußert sich ihre Liebe. Die Textworte beschreiben nur die indirekten Äußerungen und Wirkungen des Tanzens. Danilo gesteht seine Liebe zu Hanna noch immer nicht mit Worten. Konsequenterweise ist dieses Duett auch nicht das Happy End der Operette. Es gibt keinen Kuss, zu dem sich der Vorhang schließt, sondern Hanna geht allein von der Bühne, und nach weiteren Dialogen zwischen den anderen Personen findet sich das gesamte Personal zum schmissigen Schlussgesang „Ja, das Studium der Weiber ist schwer". Das bedeutet auch: Das Studium der Weiber geht weiter, auch Danilo wird sich daran wieder beteiligen.

Volker Klotz kommt zu folgender Bewertung: „Dieses Duett gibt sich vielmehr, erfaßt mans in seinem eigentlichen Zusammenhang, als ebenso verschmitzter wie verträumter Akt. Es äußert Liebe, indem es sich dazu äußert, wie und womit Liebe sich äußern läßt. [...] Es rührt zugleich an den Nerv der Gattung Operette. Namentlich der extremen Tanzoperette, die in der *Lustigen*

Es waren zwei Königskinder,	Der Prinz, der blieb aber verschlossen,
ich glaube, die hatten sich lieb.	er hatte dafür seinen Grund.
Die konnten zusammen nicht kommen,	Das hat die Prinzessin verdrossen,
wie einst ein Dichter beschrieb!	Warum er nicht auftat den Mund.
Da hat nun die Dame Prinzessin	Du gnädigste Dame Prinzessin,
getrieben ein grausames Spiel,	Du tatest daran gar nicht recht,
sie gab ihre Hand einem Andern,	Du bist auch nicht besser wie And're
und das war dem Prinzen zu viel!	vom schwachen, koketten Geschlecht!

Der musikalische Bezug zum Liebeswalzer besteht in der Tempoähnlichkeit („Tempo di Valse lento") und in der Quintverwandtschaft (Subdominante C-Dur, wie im Finale I). Zwar handelt es sich nicht um einen tanzbaren Walzer, sondern ein Lied, aber die Tempobezeichnung ist ein eindeutiger Verweis.

Für einen kurzen Moment waren sich Hanna und Danilo bereits einig geworden im Bewusstsein und wortlosen Eingeständnis ihrer Liebe, daher kann die Verärgerung Danilos nicht lange an-

Witwe ihren Höchstpunkt erreicht. Was sonst selbstverständlich ist, wird in *Lippen schweigen* bewußt gemacht: daß Operettenfiguren sich und einander dann nur völlig gültig erleben, wenn sie einen eigenen, entrückten Spielraum singend ertanzen und tanzend ersingen; daß alles, was ihnen lebenswert ist, überhaupt erst jenseits gesprochener Dialoge gedeiht [...]. Nicht daß, sondern wie *Die Lustige Witwe* als Tanzoperette daherkommt, macht sie zum Meisterstück unter ihresgleichen im 20. Jahrhundert."[20]

5. Fazit

Es sollte gezeigt werden, dass dieses „Meisterstück" unter den Operetten des 20. Jahrhunderts sich über die Dramaturgie des Tanzes erschließen lässt. Für SchülerInnen der oberen Sekundarstufe I kann als Schlüssel das eigene Interesse an der Erotik und die durch sie entstehenden Konflikte dienen. Die Einsicht, dass sich unter völlig anderen gesellschaftlichen Verhältnissen und auf den ersten Blick unverständlich erscheinenden Verhaltensweisen Konflikte entdecken lassen, die eigenem Erleben der heutigen Jugendlichen gar nicht fern sind – wie eben die Angst Danilos, Hanna könnte seine Liebe zu ihr nicht für echt halten, und seine daraus resultierende Hemmung, die Liebe einzugestehen –, kann das Interesse an dem zeitlosen Thema des Stücks wecken. Tanzen, das wissen Jugendliche, kann verschiedene Funktionen erfüllen: Sich in einer Gruppe aufgehoben fühlen, sich dem Spaß an der Bewegung hingeben, eine Kontaktaufnahme zu einem Mädchen oder Jungen ermöglichen, der oder die einen interessiert, Konflikte lösen, Körperkontakt genießen. Wann bewegt man sich schnell, wann bevorzugt man langsameres Tempo? Wann sucht man die Umgebung von vielen Leuten, wann das Alleinsein? Wie überwindet man Hemmungen, wie weicht man ihnen aus?

Dies sind Fragen, die sich auch im Zusammenhang mit vielen Werken anderer Gattungen oder auch anderer Kunstsparten auftun können. Es besteht somit die Möglichkeit, Parallelen in Kinofilmen der Gegenwart oder auch in Romanen oder Erzählungen aufzusuchen. Dass man ein Werk wie *Die Lustige Witwe*, die mit den eingangs aufgezählten Vorurteilen vielleicht noch stärker belastet ist als andere Operetten, in Verbindung mit eigenen Lebenserfahrungen auch ernsthaft reflektieren kann, dürfte manchen Verächter dieser Gattung überraschen. Es muss jedenfalls keine Vergeudung knapper Unterrichtszeit sein, Schülerinnen und Schülern ein Theatererlebnis dieses häufig aufgeführten Stücks zu ermöglichen, es kann sich fruchtbarer Musikunterricht daran anschließen.

NB 1: Walzer 1

NB 2: Walzer 2

NB 3: Walzer 3

Danilo

Wie die Blu - men im Len - ze er - blühn _____ und in leuch-ten-den Far - ben er - glühn _____ so er-

blüh - et in ro - sig-ster Glut _____ lo - ckend der Tö - ne Flut. _____

NB 4: Walzer 4

Walzer moderato

NB 5: Walzer 5

sehr einfach vorgetragen.

Vil - ja, o Vil - ja, du Wald-mäg-de - lein,

NB 6: Vilja-Lied

Anmerkungen

[1] Dieter Zimmerschied, *Operette. Phänomen und Entwicklung*, Wiesbaden 1988, S. 139.

[2] Volker Klotz, *Operette. Porträt und Handbuch einer unerhörten Kunst*, München u. Zürich 1991, S. 17.

[3] Vgl. Carl Dahlhaus, *Zur musikalischen Dramaturgie der „Lustigen Witwe"*, in: *Österreichische Musikzeitschrift*, 40/1985, S. 657ff.

[4] Paul Bekker, *Die lustige Witwe und ihre Familie*, in: *Allgemeine Musikzeitung* (Berlin), Ausg. v. 20. 9. 1907, zit. nach: Stefan Frey, *„Was sagt ihr zu diesem Erfolg." Franz Lehár und die Unterhaltungsmusik des 20. Jahrhunderts*, Frankfurt u. Leipzig 1999, S. 81.

[5] Im Detail nachzulesen bei: Ingrid u. Herbert Haffner, *Immer nur lächeln... Das Franz-Lehár-Buch*, Berlin 1998, S. 7–70. – Vgl. auch Stefan Frey, *„Was sagt ihr zu diesem Erfolg." Franz Lehár und die Unterhaltungsmusik des 20. Jahrhunderts*, S. 21–103.

[6] Das Libretto ist eine Neubearbeitung der französischen Komödie *L´attaché d´ambassade* (1861) von H. Meilhac, dem Offenbach-Librettisten, in der deutschen Übersetzung *Der Gesandtschafts-Attaché* von Alexander Bergen.

[7] Vgl. Stefan Frey, *„Was sagt ihr zu diesem Erfolg." Franz Lehár und die Unterhaltungsmusik des 20. Jahrhunderts*, S. 84f.

[8] Kurz und tabellarisch dargestellt in: Werner Abegg, Jutta Holler, Anette König u. Beate Mielemeier, *Operette und Musical*, in: *Musik und Bildung*, 11. Jg. (1979), S. 386.

[9] Volker Klotz, *Operette. Porträt und Handbuch einer unerhörten Kunst*, S. 178.

[10] Ebd., S. 177.

[11] oder in einem Fall auch mit der kuriosen Bezeichnung 1 1/2 versah.

[12] Auf die besondere Problematik dieser Bezeichnung mit dem Namen eines amerikanischen Modetanzes, der 1905 in Europa noch kaum bekannt war, kann hier nicht näher eingegangen werden. – Vgl. Dieter Zimmerschied, *Operette. Phänomen und Entwicklung*, S. 114f.

[13] Begriff „pathetische Lieder" bei Dieter Zimmerschied, *Operette. Phänomen und Entwicklung*, S. 114.

[14] Bei der Häufigkeit von Inszenierungen gerade dieser Operette ergibt sich diese Gelegenheit nicht seltener als bei gängigen Opern. Die *Lustige Witwe* zählt laut Statistik des Deutschen Bühnenvereins zu den meistinszenierten Operetten. In den Spielzeiten 1996/97 und 1997/98 lag sie jeweils an dritter Stelle der Inszenierungshäufigkeit im deutschsprachigen Raum. – Vgl. die Werkstatistiken des Deutschen Bühnenvereins Köln für diese Spielzeiten.

[15] Arnold Werner-Jensen, *Didaktik der Oper*, Wiesbaden 1981.

[16] Dieter Zimmerschied, *Operette. Phänomen und Entwicklung*, S. 111f. – Die Seitenangaben in Klammern beziehen sich auf den Klavierauszug, erschienen bei Doblinger, Leipzig u. Wien 1906.

[17] an deren Beginn statt der argwöhnisch erwarteten Valencienne völlig verblüffend Hanna mit Camille aus dem Liebespavillon kommt. Die Parallele zum II. Finale des *Figaro*, wo statt des erwarteten Cherubino Susanna aus dem Alkoven tritt, kann zu weiterführenden Vergleichen von Operette und Opera buffa führen.

[18] Vgl. die Regieanweisung auf S. 54 des Klavierauszuges.

[19] Vgl. hierzu die weiter auslotende Interpretation von Carl Dahlhaus, *Zur musikalischen Dramaturgie der „Lustigen Witwe"*, in: *Österreichische Musikzeitschrift*, S. 657f.

[20] Volker Klotz, *Operette. Porträt und Handbuch einer unerhörten Kunst*, S. 183.

Abbildungsverzeichnis

Abb. 1: Danilo im Maxim, aus: Stefan Frey: *„Was sagt ihr zu diesem Erfolg." Franz Lehár und die Unterhaltungsmusik des 20. Jahrhunderts*, Frankfurt u. Leipzig 1999. Mit freundlicher Genehmigung des Insel Verlages, FfM.

Abb. 2: Das Autorenteam der *Lustigen Witwe*: Victor Léon, Leo Stein und Franz Lehár (1907). Mit freundlicher Genehmigung der Österreichischen National Bibliothek, Wien

Abb. 3 John Gilbert in „Merry Widow". Plakat zur Lustigen Witwe (Theater an der Wien 1906), aus: Stefan Frey: *„Was sagt ihr zu diesem Erfolg." Franz Lehár und die Unterhaltungsmusik des 20. Jahrhunderts*, Frankfurt u. Leipzig 1999. Mit freundlicher Genehmigung des Insel Verlages, FfM.

Klassische Musicals in der Musical-AG

Dieter Bührig

1. Warum Musicals in der AG-Arbeit?

Das Musical ist eine Form, die für eine laienhafte, aber niveauvolle und ganzheitliche Darbietung in der Schule prädestiniert ist. Gegenüber anderer Literatur hat das Musical drei für die Schulsituation wesentliche Vorteile:

1. Die Gesangspartien erfordern nicht unbedingt eine professionell ausgebildete Stimme;
2. die musikalische Struktur ist flexibel gegenüber situationsgebundenen Veränderungen;
3. diese Form der musikalisch-szenischen Darbietung erlaubt eine ganzheitliche Beteiligung der Schüler.

Das Musical ist derzeit die einzige Form, in der sich Jugendliche mit ihrem ganzen Ich so einbringen können, dass in Aufführungen nicht der Eindruck einer künstlerischen Überforderung entsteht. Vielmehr überspielt die intrinsische Motivation, die jeder Zuschauer unmittelbar spürt, manche technische Unvollkommenheit. Das persönliche Engagement der Jugendlichen kann mehr Leben in ein Stück hineinbringen als eine auf äußerliche Perfektion abgestimmte professionelle Aufführung.

Dazu bedarf es jedoch einiger Grundbedingungen. Die wichtigste ist, dass das Sujet des Stückes wesentliche Lebenserfahrungen der SchülerInnen reflektiert. Einige Beispiele:

In der *West Side Story* ist es die Suche Jugendlicher nach individuellem Glück, das jedoch zwischen den gesellschaftlichen Spannungen zerrieben wird, in *Anatevka* der Kampf gegen den autoritären Einfluss von Familie und Staat. *Das Phantom der Oper* ist ein Psychogramm der menschlichen Seele mit ihrem Streben nach Erfüllung und Trost. *Hair* artikuliert den für jede Generation neu auszufechtenden Protest gegen die etablierte Welt der Erwachsenen. *Oliver* weckt die Sympathie mit jugendlichen Außenseitern. *Cats* entrückt menschliches Verhalten in eine Fabelwelt. *Jesus Christ Superstar* stellt elementare Fragen des Glaubens. In *Elisabeth* spiegelt sich die Suche nach der eigenen Identität wider.

Ein zentraler Anspruch an ein AG-Projekt ist es also, dass sich die SchülerInnen im Grunde genommen selbst spielen, dass sie sich selbst einbringen. Lebensweltbezug verbindet sich mit „Probehandeln".

Der Forderung nach Ganzheitlichkeit kommt das Musical insofern entgegen, als es viele Aspekte kreativen Handelns einschließt: Gesang, Instrumentalspiel, Schauspiel, Tanz, die Herstellung von Bühnenbildern sowie die Organisation des Projekts. Eine breite Staffelung zwischen Tutti-, Ensemble- und Sologesang erlaubt es, die stimmlichen Fähigkeiten jedes Einzelnen angemessen einzusetzen. Jeder – sei er in einer Szene aktiver Solist oder Chorsänger – weiß, dass er auch schauspielerisch seinen Mann stehen muss. Eine Gruppe von SolotänzerInnen rekrutiert sich aus den Chormitgliedern. Andere sind für das Bühnenbild, das Programmheft, das Plakat, die Kostüme und die Requisiten zuständig. Wiederum andere organisieren das Projekt von der Anwesenheitsliste über den Kartenverkauf bis hin zur Verwaltung der Finanzen. SchülerInnen führen Regie, erstellen die Dialogtexte, helfen bei der musikalischen Einstudierung, arbeiten an den Arrangements mit oder unterbreiten Vorschläge für eine Stückauswahl.

Die pädagogischen Dimensionen einer solchen Arbeit sind schnell umrissen. Durch den Umstand, mit dem ganzen Körper im Scheinwerferlicht gestanden zu haben, kann sich das Selbstbewusstsein und das Selbstwertgefühl des Einzelnen in positiver Weise stabilisieren. Das Rollenspiel hilft bei der Persönlichkeitsfindung. Verborgene Talente offenbaren sich. Die Erfahrung, unverzichtbarer Teil eines Ganzen zu sein, festigt das Bewusstsein für das Kollektiv. Mannigfaltige soziale Interaktionen werden ermöglicht, Jung lernt von Alt und umgekehrt. Vorurteile zwischen Mädchen und Jungen oder zwischen SchülerInnen und LehrerInnen werden abgebaut. Die Jugendlichen lernen die Bedeutung der Einheit von künstlerischer, organisatorischer und handwerklicher Arbeit kennen. Die Schulmauern werden überwunden, wenn es um Kontakte mit Firmen, Banken, der Presse usw. geht. Probehandeln trainiert auf diese Weise später notwendige Schlüsselqualifikationen.

Anmerkungen s. S. 123

2. Welches Stück?

In der Fachdidaktik stehen im Wesentlichen zwei Möglichkeiten der Stückauswahl zur Diskussion. Einige KollegInnen bevorzugen die Verwendung selbst geschriebener Musicals, andere übernehmen und modifizieren bekannte Stücke aus der Musicalliteratur. Für die erste Möglichkeit sprechen mehrere Gründe:

1. Die Vergleichbarkeit mit professionellen Darbietungen wird vermieden;
2. die Komposition eigener Melodien und der Entwurf eigener Liedtexte und Dialoge ermöglicht die Initialisierung einer Reihe zusätzlicher kreativer Prozesse;
3. Charaktere, Texte und Lieder können sehr eng auf die jeweiligen LaienspielerInnen zugeschnitten werden;
4. es gibt keine Probleme mit Fragen des Urheberrechts, die Aufführungen können in aller Öffentlichkeit gezeigt werden, die Musicals problemlos der Repräsentation der Schule in der Öffentlichkeit dienen.

Dieses Vorgehen ist natürlich sehr arbeitsintensiv und läuft häufig darauf hinaus, dass die qualifizierten Lehrkräfte (Musik- und DeutschlehrerInnen) die entscheidende Arbeit selbst leisten müssen. Dies gilt insbesondere hinsichtlich der Erstellung einer eigenen Musik. Das an zweiter Stelle genannte Argument wird dadurch ausgehöhlt. Man kann sich behelfen, indem man bekannte Lieder mit neuen Texten versieht. Dann entfällt jedoch auch der unter Punkt 4 angegebene Vorteil. Insgesamt können Zugeständnisse schnell auf ein unbefriedigendes künstlerisches Niveau des gesamten Stückes hinauslaufen.

Wer diese Skepsis teilt, greift lieber auf die so genannten „professionellen" Musicals zurück, insofern sie thematisch, literarisch und musikalisch anspruchsvolle Vorlagen sind. Hier ist auch zu bedenken, dass das Einstudieren von bekannten Musicals für die SchülerInnen ein überaus motivierender Prozess ist. Allerdings ergeben sich folgende Probleme: Die Vorlagen müssen sowohl hinsichtlich der thematischen Schwerpunkte als auch der musikalischen Struktur so verändert werden, dass ihre Realisierung den Fähigkeiten der LaienspielerInnen entspricht und von vornherein jegliche Vergleichbarkeit mit dem Original ausgeschlossen ist. Die Folgen sind:

1. Probleme mit urheberrechtlichen Fragen;
2. das Umschreiben der Texte und das Arrangieren der Musik erfordert eine erhebliche Mehr-

arbeit und eine entsprechende Qualifikation seitens der LehrerInnen.

Entscheidet man sich für diesen Weg der AG-Arbeit, ist Folgendes zu beachten:

1. Die AG-Arbeit muss im Sinne einer fächerübergreifenden Projektarbeit geleitet werden, d. h. es kann nicht zwischen AG und Klassen- bzw. Kursunterricht unterschieden werden. LehrerInnen bietet sich die Möglichkeit, mit SchülerInnen verschiedener Klassen in differenzierter Weise das Projekt während der regulären Unterrichtsstunden vorzubereiten und mit KollegInnen der Fächer Kunst (Bühnenbild, Kostüme), Deutsch (Darstellendes Spiel) und Physik (Bühnentechnik, Ton und Lichtanlage) zusammenzuarbeiten.

2. Um sich nicht urheberrechtlichen Problemen auszusetzen, muss alles vermieden werden, was die Öffentlichkeit der Aufführungen herstellt. Es geht primär nicht um die Repräsentation der Schule nach außen, sondern um die pädagogische Arbeit im Sinne des Projektlernens. Das Produkt dieser Arbeit kann sich dabei inhaltlich und musikalisch-technisch weit vom Original entfernen. Von daher erübrigt sich ein Vergleich mit dem Original.

Aus den bisherigen Überlegungen ergeben sich folgende Fragen hinsichtlich der Stückauswahl:

1. Steht die Thematik in einem lebensweltlichen Bezug zu den SchülerInnen?
2. Bietet der Stoff interessante fächerübergreifende Berührungspunkte?
3. Beinhaltet das Sujet eine Aktualität, die herausgearbeitet werden kann?
4. Gibt es ausreichende Möglichkeiten, möglichst viele SchülerInnen solistisch oder im Ensemble einzusetzen?
5. Ist die musikalische Struktur geeignet, den „glättenden" Eingriffen und der „didaktischen Reduzierung" standzuhalten?
6. Interessiert oder fasziniert mich als ProjektleiterIn das Stück?

3. Wie kommt man an geeignete Stücke heran?

Seit einiger Zeit gibt es kommentierte Stückeverzeichnisse, die LehrerInnen bei der Auswahl helfen.[1] Hier werden erprobte Musicals und andere Spielstücke kurz beschrieben: Inhalt, Aufführungsdauer, Rechte, Besetzung usw. Bekannte „große" Werke tauchen jedoch nur selten auf.[2]

Eine andere Möglichkeit ist es, sich von einem Musical die Noten (etwa in Form eines Best Of-Klavierauszuges) und eine Verfilmung bzw. eine Filmversion des Themas zu beschaffen. Filmdialoge werden dann abgehört und bühnengerecht umgearbeitet.[3] Von mehreren Musicals gibt es ein Libretto, das über den entsprechenden Verlag zu beziehen ist.[4] In einigen Fällen kann auch auf die Literatur-Vorlage eines Musicals zurückgegriffen werden.[5] Die Umarbeitung epischer Texte in dramatische ist jedoch nicht einfach. Eigene Musicalprojekte können dadurch realisiert werden, dass eine Film- oder Romanvorlage eines bekannten Stoffes der Arbeit zu Grunde gelegt und sie durch fremde, aber inhaltlich passende Lieder „aufgefüllt" wird. Der stilistischen Einheitlichkeit wegen sollten es Lieder nur eines Stils oder einer Gruppe sein. Dabei müssen die Liedtexte in der Regel angeglichen werden.[6]

4. Welche grundlegenden Bearbeitungen sind notwendig?

Bevor sich der Projektleiter, der in der Regel auch Regisseur ist, in Details bezüglich des Arrangements und der Dialogtexte verliert, sollte er sich darüber klar werden, welche Interpretationsschwerpunkte er setzen will.[7] Welche Aspekte des Stückes sind es wert, erarbeitet zu werden? Welche Fragen können in der Aufführung aufgeworfen werden, die die SchülerInnen ebenso wie den Projektleiter besonders interessieren? Einige Beispiele:

- Im *Phantom der Oper* kann die Thematik von der „Schönen und dem Biest" als Konflikt zwischen äußerem Schein und innerem Wesen dargestellt werden. Ebenso kann das Psychogramm der weiblichen Hauptrolle in ihrem Bemühen nach Identitätsfindung in den Vordergrund gerückt werden;[8]

- in *Elisabeth* lässt sich der Konflikt zwischen gesellschaftlichen Verpflichtungen und individueller Selbstverwirklichung thematisieren. Auch bietet es sich an, das Bild einer modernen, innerlich zerrissenen Frauengestalt zu zeichnen;[9]

- der Milchmann Tevje in *Anatevka* ist entweder, wie in der Verfilmung, der liebenswerte und gutmütige Jude, oder er wird als selbstbewusster Mensch dargestellt, der seine Träume nach Glück und Menschenwürde zum Ausdruck bringt. Entscheidet man sich für das zweite, müssen einige Textpassagen entsprechend abgeändert werden;[10]

- in dem Musical *Linie 1* taucht am Schluss der Popstar Johnny auf, hinter dem die Ausreißerin aus der Provinz während der ganzen Aufführung her ist. Muss er wirklich in Erscheinung treten, oder wird die Naivität des Mädchens eventuell deutlicher, wenn „Johnny" sich als jemand ganz anderes entpuppt?[11]

In vielen Fällen ist es sinnvoll, Stücken neue Rollen hinzuzufügen bzw. bestehende Rollen auf mehrere Charaktere aufzuteilen. Zum einen kann dadurch eine Überforderung von DarstellerInnen mit umfangreichen Hauptrollen vermieden werden.[12] Zum anderen verschafft man sich die Möglichkeit, weitere TeilnehmerInnen der AG mit Rollen zu versorgen. Immerhin sollte grundsätzlich jedes Mitglied des Ensembles wenigstens mit einer Rolle auf der Bühne in Erscheinung treten können. So lässt sich die umfangreiche Rolle des Grafen von Krolock im *Tanz der Vampire* beispielsweise so aufteilen, dass sein Sohn Herbert und eine neu erdachte Rolle aus der Ahnengalerie solistisch stark hervortreten. In *Miss Saigon* ist dem Chef-im-Ring eine Gespielin zur Seite zu stellen, um die umfangreiche Original-Rolle zu entlasten. In *Sunset Boulevard* lassen sich eine Reihe neuer Rollen einfügen: Reporter, die den roten Faden durch das Stück spielen, eine Zofe an der Seite des Butlers Max, eine Kontrafigur zur alternden Diva Norma usw.

Nachdem die grundlegende Linie der Inszenierung festgelegt ist, sollte zunächst überlegt werden, ob und wie die Originalmusik eingesetzt werden kann. Wenn die Besetzung und die Charaktere tiefgreifend verändert wurden, muss in der Regel auch die Musik modifiziert werden. Tonarten und Liedtexte werden angeglichen, Lieder gestrichen, neue hinzugefügt. Bei durchkomponierten Musicals wie *Elisabeth*, *Das Phantom der Oper* oder *Jesus Christ Superstar* sind große Teile der Musik u. U. durch inhaltlich entsprechende Dialoge zu ersetzen. Werden fremde Lieder hinzugefügt, sollte auf die stilistische Einheitlichkeit geachtet werden.[13]

Der Tanz ist eines der wesentlichen Merkmale des Musicals. Es ist daher rechtzeitig zu überlegen, an welchen Stellen der Tanz eine inhaltlich begründete Funktion haben kann. Eine Möglichkeit stellt beispielsweise die Ouvertüre dar, in der die Thematik des Stückes choreographisch angedeutet werden kann. Auch die Darstellung von Kampf- oder Traumszenen bietet sich für eine Tanzfolge an.[14]

5. Wie werden Musik und Dialoge verändert?

Der wesentliche Schritt, um eine Überforderung von LaienspielerInnen zu vermeiden, ist eine sorgfältig eingerichtete Transposition der Gesangspartien. Dazu muss der Projektleiter die technischen Möglichkeiten der SängerInnen genau kennen. Sie sollten also in einer angemessenen Form vorgesungen und Texte rezitiert haben.

Die Originalmusik kann je nach dem stimmlichen Niveau in reine Chorsätze, in Ensembles, Duette und Soli übertragen werden. Ein deutliches Übergewicht an Chorgesang erhöht das Niveau einer Inszenierung insgesamt, weil die Laienhaftigkeit der Stimmen hier weniger zum Tragen kommt als beim Sologesang. Außerdem kann ein voller Chorgesang die Dramatik einer Situation steigern. Je stärker Chorpartien einbezogen werden, desto mehr tritt auch eine Vergleichbarkeit mit dem Original in den Hintergrund.

Die Chorsätze können von geeigneten SchülerInnen oder unter der Anleitung der Lehrperson in einem Leistungskurs ausgearbeitet werden. Dabei bietet ein Sequenzer wertvolle Hilfe: Zunächst wird das harmonische Gerüst als Klavierpart eingespielt. Es folgt die Hauptmelodie. Die anderen Stimmen werden unter Ausnutzung der jeweils verwendeten Skala „spielerisch" nacheinander eingefügt, wobei sie beim Einspielen immer gleich mitgesungen werden sollten. Hier weitere Hinweise:

1. Stimmführungsregeln der traditionellen Kontrapunktlehre können grundsätzlich vernachlässigt werden. Entscheidend sind Gesamtklang und Singbarkeit der Einzelstimmen;

2. homophone und polyphone Partien sollten sich im Sinne einer Spannungssteigerung abwechseln;

3. die neu zu unterlegenden Texte bei polyphonen Stellen können aus dem Gesamttext des jeweiligen Liedes abgeleitet werden;

4. jede Stimme sollte für sich eine selbständige Melodie bilden. Fülltöne sind zu vermeiden. Oft bietet es sich an, die Hauptstimme in den Alt zu legen. Dann kann der Sopran „wie eine Fanfare" über dem Alt liegen. Auch der Tenor kann eine ähnliche Funktion erfüllen. Der Bass sollte im Wesentlichen von den Grundtönen der verwendeten Harmonien ausgehen, kann sie jedoch tonleiterartig miteinander verbinden;

5. besonders wirkungsvoll ist der „call and response"-Gesang zwischen einem Solisten und dem Chor;

6. die Einsatztöne einer Stimme sind so festzulegen, dass die SängerInnen ihren ersten Ton leicht finden können;

7. Stimmumfänge:

Abb. 1

Auch beim Arrangieren der Bandbegleitung geht man am besten vom Klaviersatz aus. Gegebenenfalls können die Akkorde geglättet oder ausgewechselt werden. Dies hängt insbesondere von der intendierten Stimmung und den Fähigkeiten der InstrumentalistInnen ab. Härtere, rockmusikalische Klänge werden durch Vereinfachung von Septakkorden und alterierten Akkorden erzielt, die typisch für Tanzmusik sind. Da viele Musicals von einem breiten Orchesterklang leben, der mit schulischen Mitteln nicht nachgeahmt werden kann, sollte das Originalarrangement nicht als Maßstab herangezogen werden.

1. Gitarre, Bass und Schlagzeug bilden mit dem Klavier eine handlungsfähige Grundlage. Alle anderen Instrumente sind Ergänzungen.

2. Das Arrangement muss auf den Gesang abgestimmt sein. Komplizierte Chorsätze oder Lieder, deren Text gut zu verstehen sein soll, dürfen nicht durch ein zu dichtes Arrangement überdeckt werden.

3. Vorsicht geboten ist bei der Verwendung von flächenartigen Sounds: Verzerrte oder mit Flanger verfärbte Gitarrenklänge sollten ebenso sparsam eingesetzt werden wie akkordisches Keyboardspiel.

4. Längere Balladen oder Lieder mit vielen Wiederholungen werden nach dem Prinzip der Klangsteigerung arrangiert. Beispielsweise beginnt das Klavier. Nach dem ersten Abschnitt setzt der Bass ein, später folgen Gitarre und Schlagzeug. Andere Instrumente wie Bläser oder Streicher sollten ebenfalls im Sinne der Steigerung eingesetzt werden. Soli, Improvisationen oder auffällige Motive sollten nur in Intros, bei Übergängen oder in Gesangslücken erklingen.

5. Insgesamt ist zu beachten, dass jedes Instrument wenigstens einmal im gesamten Musical eine musikalisch wesentliche Aufgabe übernimmt. Der E-Gitarrist kann einige Melodieein-

würfe oder Soli übernehmen, der Bassist freut sich über ein Lied, in dem sein Instrument die musikalische Hauptrolle spielt, der Schlagzeuger wird gern eine Solo-Improvisation vorführen.

Auch Lied- und Dialogtexte müssen angeglichen werden. Auf banale Reime ist prinzipiell zu verzichten. Wichtiger als die Erfüllung eines Reimschemas ist die Übereinstimmung des natürlichen Sprachrhythmus mit dem musikalischen Rhythmus.

Bevor weitere Details ausgearbeitet werden, muss man sich einen Überblick über die gesamte szenische Struktur des Stücks verschaffen. Text und Lieder werden in Akte und Szenen unterteilt. Um zu vermeiden, dass Applaus eine Szene unterbricht, sollten Lieder am Schluss einer Szene platziert werden, die nach Möglichkeit immer eine Geschlossenheit von Spielort und Rollen bilden sollte. Es ist darauf zu achten, dass die SchauspielerInnen ausreichend Zeit haben, sich zwischen ihren Auftritten umzuziehen.

Die Qualität einer Inszenierung hängt u. a. vom Tempo der Szenenfolge ab. Eine Szene sollte nicht länger als etwa zehn Minuten dauern und durch ein Blackout von der nächsten getrennt sein. Im Blackout müssen die Bühnenumbauten schnell vonstatten gehen. Nur in Notfällen sollte die Umbauphase mit Begleitmusik überbrückt werden. In vielen Fällen können Bühnenumbauten geschickt während der laufenden Szene vorbereitet werden. Der Bühnenumbau kann u. U. auch als Teil der Handlung direkt von den DarstellerInnen und sichtbar für das Publikum ausgeführt werden.

Die Dialogtexte, die aus einem Original-Libretto oder einem Film stammen, sind lediglich als Basis der eigentlichen Bühnenarbeit aufzufassen. Während der konkreten Regiearbeit können Worte und Satzstellungen modifiziert werden. Wichtig ist, dass die DarstellerInnen ein sicheres Gefühl für die Sprache entwickeln.

Sämtliche Lieder und Texte werden in einem Regiebuch zusammengefasst. Alle TeilnehmerInnen erhalten eine gebundene Fotokopie.[15] Der erste Teil enthält die musikalischen Aktivitäten in Form eines Klavierauszuges (einschließlich Gitarrensymbole). Dies ist die Grundlage für die Arbeit mit der Band. Im zweiten Teil sind die Dialoge und Regieanweisungen abgedruckt. Die Liedtexte müssen hier nicht noch einmal erschei-

nen, wohl aber wird jeweils auf das entsprechende Lied verwiesen.

Auf Basis dieses Manuskripts wird auch die Licht- und Tonregie festgelegt. Wenn die Noten mit Hilfe eines Computers eingespielt wurden, können die Lieder leicht als Playback auf CD oder MC überspielt werden. Sie dienen dann sowohl den einzelnen Solisten und der Band als auch dem Regieteam als Arbeits- und Probenhilfe. Jeder Solist erhält eine Kopie und kann zu Hause seine Partien einstudieren.

Von einigen Liedern kann man über das Internet Midifiles erwerben. Diese sind in der Regel musikalisch wesentlich differenzierter als die Computerwiedergabe der selbst erstellten Noten. Sie müssen daher u. U. nachträglich sehr stark überarbeitet werden.

6. Wie werden die Rollen besetzt?

Die Verteilung der Rollen ist eine der heikelsten pädagogischen Aufgaben der Projektleitung. Einerseits müssen die musikalischen und schauspielerischen Fähigkeiten der TeilnehmerInnen beurteilt werden, andererseits spielen pädagogische, psychologische und gruppendynamische Aspekte eine Rolle. Folgende Fragen können bei der Besetzung der wichtigsten Rollen herangezogen werden:

1. Wie weit ist die Stimme ausgebildet?
2. Welche Stimmlage passt am besten?
3. Wie sicher sind Sprechverhalten, Gestik und Mimik?
4. Wie bewegt sich der Kandidat/die Kandidatin auf der Bühne?
5. Passt die Rolle zur äußeren Erscheinung?
6. Hat er/sie die genügende Reife, um eine ernste Rolle auszufüllen?
7. Wie lange und wie zuverlässig hat sie/er bei früheren Projekten mitgewirkt?
8. Wie ist sein/ihr Sozialverhalten gegenüber der Gruppe?
9. Wird die Entscheidung von der Gruppe respektiert?

Die Zuordnung der Rollen sollte den begleitenden LehrerInnen überlassen sein, es können jedoch einzelne SchülerInnen als Vertrauenspersonen zurate gezogen werden. Oft machen sich Talente erst während der Arbeit bemerkbar, sodass bei der Rollenvergabe auch immer zu einem gewissen Grad die Entwicklungsfähigkeit der Jugendlichen einbezogen werden sollte. Nur in Ausnahmesituationen darf während der Probenarbeit eine Rolle umbesetzt werden. In vielen Fällen hat sich die Doppelbesetzung der Hauptrollen bewährt. Dadurch können mehr TeilnehmerInnen ihren Fähigkeiten entsprechend eingesetzt werden. Außerdem bietet sich im Falle von Abwesenheit oder Erkrankung während der Proben und Aufführungen die Möglichkeit des Ersatzes.

Alle TeilnehmerInnen sollten wenigstens eine namentlich erwähnte Rolle erhalten, damit sie sich als vollwertiges Gruppenmitglied fühlen können. Die SchülerInnen müssen eine Rollenbiographie schreiben, in der sie Charakter, Herkunft und Beweggründe der dargestellten Person skizzieren. Diese Rollenbiographien können – gegebenenfalls gekürzt – im Programmheft abgedruckt werden. Bei der Erarbeitung bieten sich folgende Fragen an:

1. Wie heißt Du? Wie alt bist Du? Unter welchen Verhältnissen bist Du aufgewachsen?
2. Was bist Du von Beruf? Wie stehst Du zu ihm?
3. Welche Kleidung bevorzugst Du? Hast Du „typische" Körperhaltungen oder Redewendungen?
4. Wer sind Deine Freunde? In welchen Kreisen verkehrst Du?
5. In welchem Verhältnis stehst Du zu den anderen Personen?
6. Wie schätzt Du Dich selbst ein? Welche Einstellungen hast Du? Wie möchtest Du Dir Dein Leben gestalten?
7. Was hat Dich in der Vergangenheit geprägt? Was erwartest Du von der Zukunft?
8. Bei einer Gruppe: Welches sind die besonderen Erkennungsmerkmale Deiner Gruppe?
9. Welche Ziele habt Ihr? Was lehnt Ihr ab? Aus welchen sozialen Schichten kommen die Gruppenmitglieder?

Aus den Reihen der ProjektteilnehmerInnen rekrutiert sich auch die Tanzgruppe. Unabhängig von den jeweiligen Rollen finden sich hier etwa 6–8 SchülerInnen zusammen, die unter Anleitung eines Choreographen die Tanzszenen proben. Die Choreographie ist mit dem Regisseur abzusprechen.

7. Was ist bei der Bühnenarbeit zu beachten?

Aus der im Manuskript festgelegten Konzeption der Aufführung sind ein konsequent gestalteter Bühnenaufbau und ein angemessenes Bühnenbild abzuleiten. Ist man auf eine feste Bühne angewiesen, ergeben sich viele Möglichkeiten der szenischen Umsetzung der Vorlage von selbst. Auf jeden Fall sollten auch der Zuschauerraum, die Empore, die Vorhalle und andere Räumlichkeiten genutzt werden. Besonders wirkungsvoll sind Auftritte, die durch die Zuschauerreihen erfolgen. Inhaltliche Gegensätze oder komplizierte Zeitabläufe lassen sich durch räumliche Kontraste symbolisieren.[16]

Bühnenelemente wie höhenverstellbare Podeste oder Gerüste sind auf Grund ihrer Variabilität eine wertvolle Hilfe. Mit ihnen lassen sich verschiedene Spielebenen realisieren. Durch eine präzise Ausleuchtung können schnell verschiedene Spielorte nacheinander bespielt werden. Auch sollte überlegt werden, ob eine Grundanordnung der Elemente inhaltlich auf das Stück bezogen werden kann. So bietet es sich bei *Jesus Christ Superstar* an, die Bühnenelemente in Form eines großen Kreuzes anzuordnen. In *Linie 1* kann eine U-förmige Anordnung das Bahngleis andeuten.

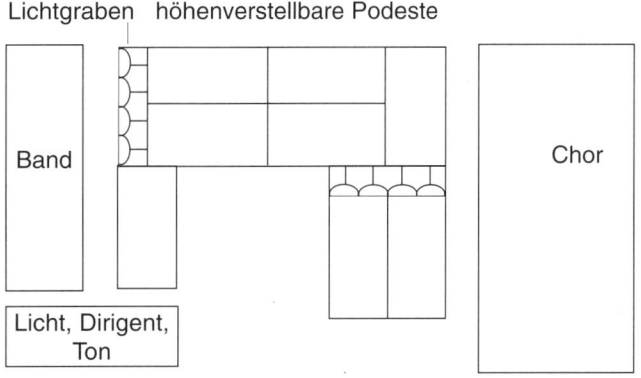

Abb. 2

In Bezug auf das Bühnenbild seien folgende Empfehlungen genannt:

1. Ein zu konkretes Bühnenbild ist zu vermeiden, weil es einerseits, auch wenn es mit viel Liebe zum Detail realisiert wurde, den Eindruck der Laienhaftigkeit einer Aufführung verstärkt. Andererseits lenkt es von der darstellerischen und musikalischen Leistung ab. Weniger ist hier oft mehr. Abstrakte Gerüste und eine differenzierte Beleuchtungstechnik wirken in der Regel recht dramatisch;

2. das Bühnenbild darf weder das Spiel noch die Umbauarbeit behindern oder verzögern;
3. auf Sicherheit und Stabilität ist größter Wert zu legen;
4. eine Bühnenbild-Stelltafel kann mehrfach eingesetzt werden: Vorder- und Rückseite stellen unterschiedliche Spielräume dar. Dadurch verkürzt sich die Umbauphase. Ein ähnlicher Effekt ergibt sich, wenn die Bilder wie Tapeten auf der Rückseite übereinander gelagert und zur gegebenen Zeit einfach nach vorne geklappt werden;
5. das Bühnenbild kann sehr einfach und wirkungsvoll durch geeignete Diaprojektionen realisiert werden. Dadurch verkürzen sich die Umbauphasen erheblich.

Eine der musikalischen und szenischen Arbeit gleichbedeutende Aufgabe ist die Erstellung eines detaillierten Lichtplanes. Manche Schwächen im Spiel und in der Bühnenbildgestaltung können durch eine geschickte Beleuchtung ausgeglichen werden. Außerdem regt sie die Phantasie des Publikums an. Scheinwerfer und Lichtfilter sowie Nebelmaschine, Schwarzlicht und Stroboskop sind jedoch erst dann zu justieren, wenn der Ablauf jeder Szene bis ins Detail geplant ist. Da erfahrungsgemäß jeder Schritt und jeder Bühnenauftritt relativ spät feststeht, wird die Lichtprobe erst gegen Ende der Probenzeit durchgeführt werden können. Nur der Regisseur, das Beleuchtungsteam und einige HelferInnen, die die DarstellerInnen ersetzen, müssen anwesend sein. Jede Einstellung pro Szene und jede Veränderung ist minutiös im Lichtplan festzulegen. Im Folgenden einige Hinweise zur Lichtführung:

1. Die gesamte Beleuchtungsstärke sollte nur an Höhepunkten, insbesondere bei Massenszenen, eingesetzt werden;
2. Lichtinseln sind sehr wirkungsvoll, soll die Spannung zwischen zwei Personen verstärkt werden;
3. Streulicht ist zu vermeiden. Auch dürfen die Personen, die eventuell am Bühnenrand sitzen und nicht zur Szene gehören (z. B. die Band), nicht angestrahlt oder geblendet werden. Gut eignen sich Scheinwerfer, die von schräg oben auf die DarstellerInnen strahlen;
4. ein Blackout ist ein wichtiges Mittel, um die Stationen der Handlung abzuschließen;
5. auf die Wirkung natürlicher Lichtquellen wie Kerzen sollte nicht verzichtet werden.

Die Tonregie gestaltet sich in der Regel recht einfach. Sollte sich die Notwendigkeit einer Ver-stärkung der Stimmen über Mikrofone ergeben, sollte nach Möglichkeit auf kabellose Mikrofone zurückgegriffen werden, sodass die Bewegungsfreiheit der DarstellerInnen sichergestellt ist. Um eine eindeutige Zuordnung der Mikrofone zu den Mischpultkanälen zu gewährleisten, werden sie farbig gekennzeichnet. Der sachgerechte Umgang mit Mikrofonen (Ein- und Ausschalten, lautstärkeabhängiger Abstand zum Mund, Richtung usw.) muss in einer Sonderprobe geübt werden.

Im Zusammenhang mit den Überlegungen zur Bühnengestaltung ist auch die Frage zu klären, wo Dirigent, Licht- und Tonmeister, Band und AG-TeilnehmerInnen, insofern sie nicht gerade auf der Bühne agieren, Platz finden. Dabei sind folgende Gesichtspunkte zu beachten:

1. Der Dirigent muss von allen Plätzen aus gut sichtbar sein;
2. es empfiehlt sich, Licht- und Tonmeister neben dem Dirigenten zu platzieren, damit ein schneller und sicherer Kontakt bei unvorhergesehenen Zwischenfällen hergestellt werden kann;
3. die Band wird so aufgebaut, dass das Schlagzeug als lautestes Instrument möglichst weit hinten steht. Das Zusammenspiel zwischen Schlagzeuger und Bassist ist sehr wichtig. Beide müssen in Tuchfühlung sein;
4. das Klavier muss so stehen, dass es sowohl auf der Bühne als auch vom Chor gut gehört werden kann, um Detonation oder Probleme bei den Stimmeinsätzen zu vermeiden;
5. der Chor sollte möglichst als geschlossene Gruppe sitzen, um die Homogenität des Klanges zu gewährleisten. Notfalls können Sopran/Tenor und Alt/Bass auf zwei Seiten der Bühne verteilt werden;
6. Dirigent, Bandmitglieder und Licht-/Tonmeister erhalten eine eigene dimmbare Beleuchtung, die vom Bühnenlicht unabhängig ist. Sie wird so abgeblendet, dass das Licht nicht auf die Bühne streut.

Hinter oder neben der Bühne muss ein Raum eingerichtet werden, in dem die Requisiten lagern und in dem sich die DarstellerInnen während des Spiels umziehen können. Unabhängig davon sollte ein getrennter Raum bereit stehen, in dem sie sich vor Beginn der Aufführung in Ruhe schminken können und der in der Pause als Aufenthaltsraum dient. Ein Kontakt mit dem Publikum in der Pause sollte vermieden werden, um die Spannung der Aufführung nicht abbrechen zu lassen.

8. Hinweise zur (wöchentlichen) Probenarbeit

Eine effektive Probenarbeit setzt eine gute Organisation der AG voraus. Aus der Gruppe rekrutieren sich Verantwortliche für die verschiedenen Bereiche. Zu Beginn der Arbeit werden zwei oder drei ChorsprecherInnen gewählt. Ihre Aufgabe ist es, bei Meinungsverschiedenheiten zwischen Projektleitung und Chor oder innerhalb der TeilnehmerInnen zu vermitteln. Außerdem sind sie Vertrauenspersonen bei der Lösung persönlicher Probleme.

Daneben wird ein Team gebildet, das für die organisatorische Durchführung des Projekts verantwortlich ist. Es führt die Anwesenheitsliste, verwaltet die Finanzen, organisiert die Probenwochenenden und koordiniert die anderen Aktivitäten. Hier gibt es Verantwortliche für das Bühnenbild, die Requisite, die Kostüme, die Maske, das Programmheft, den Kartenverkauf, die Projektdokumentation usw.

Zu Beginn der Probenarbeit wird ein detaillierter Probenplan entworfen. Zuvor muss sich die Projektleitung jedoch Klarheit über die Szenenfolge, die Spielorte und die pro Szene beteiligten Rollen verschaffen. Bei der Festlegung der Aufführungstermine sind schulinterne Vorgaben wie Ferien, Abiturtage, Kursfahrten, Projektwochen usw. zu berücksichtigen.

Die zur Verfügung stehende Zeit wird exakt eingeteilt. Nach Möglichkeit sollten Chor- und Schauspielproben am gleichen Nachmittag zunächst hintereinander stattfinden. Später kann die musikalische Feinarbeit parallel zu Spielproben durchgeführt werden. Die szenischen Proben sollten nach Möglichkeit von Anfang an auf der endgültig eingerichteten Bühne erfolgen, damit sich die DarstellerInnen an die Gegebenheiten gewöhnen können.

Mit der Band wird zunächst getrennt geprobt, jedoch sollte wenigstens der Pianist auch an den weiteren Proben teilnehmen. Wenn das szenische Spiel einigermaßen sicher ist, wird die gesamte Band zu den Bühnenproben hinzugezogen. Dann sollten Licht- und Tontechnik ebenfalls einsatzbereit sein. In den letzten Wochen vor der Premiere muss genügend Zeit für die Durchlauf- und Hauptproben zur Verfügung stehen. Die Generalprobe findet am besten am Tag vor der Premiere statt. Im Folgenden weitere Hinweise zur Probenarbeit:

1. Der Proben- und Aufführungsplan wird samt Telefonliste und Manuskript an alle TeilnehmerInnen verteilt, sodass jeder weiß, wann eine Szene geprobt wird, in der er beteiligt ist;
2. bei jeder Probe wird eine Anwesenheitsliste geführt, in der die TeilnehmerInnen persönlich unterschreiben müssen. Nach vorheriger Vereinbarung kann bei entsprechender Zahl versäumter Proben eine Rolle umbesetzt bzw. ein Mitglied von der weiteren Arbeit ausgeschlossen werden;
3. eine eigens verantwortliche Gruppe sorgt für Auf- und Abbau der Bühne, ist für die Umbauten bei Szenenwechseln zuständig und räumt nach der Probe auf;
4. alle Proben, auch die szenischen, beginnen mit Konzentrations- und Einsingeübungen;
5. im fortgeschrittenen Stadium der Arbeit können geeignete SchülerInnen Sonderproben mit anderen TeilnehmerInnen in Nebenräumen durchführen;
6. der Text der jeweils zu probenden Szene ist vorher auswendig zu lernen;
7. zu jeder Probe bringt jeder Akteur ein für seine Rolle charakteristisches Kleidungsstück bzw. eine Requisite mit.

9. Schulalltag und AG-Arbeit

Viele der oben genannten Aktivitäten können im regulären Schulunterricht aufgegriffen werden. Im Musikunterricht wird das Musical im Sinne einer Werkanalyse behandelt, werden Lieder bearbeitet, Arrangements erstellt und Songs einstudiert. Einzelne Szenen können mit Hilfe der Szenischen Interpretation erarbeitet werden.[17] Referate über die Entstehungs- und Rezeptionsgeschichte oder über musikalische Probleme ergänzen die Projektarbeit und bilden eine Fundgrube für das Programmheft.

Eine Zusammenarbeit mit den anderen FachkollegInnen sollte selbstverständlich sein. So lässt sich die Arbeit einer Musical-AG gut mit der des Kammer- oder Unterstufenchores verbinden. Unterrichtseinheiten zu dem Stück können ausgetauscht, die Bandproben von KollegInnen übernommen werden. Auch in Bezug auf die Nutzung der Fachräume und der Instrumente muss ein Einvernehmen unter den MusiklehrerInnen hergestellt werden.

Mit dem AG-Projekt können auch andere Fächer in Berührung gebracht werden. Im Deutsch- oder Geschichtsunterricht werden Hintergründe beleuchtet, die den Stoff des Stückes betreffen.[18] Im Kunstunterricht können Bühnenbilder und Kostüme entworfen und ausgeführt werden. Die Physik-AG hilft beim Aufbau der Licht- und Tontechnik und wartet die Geräte. Mit SportlehrerInnen kann die Choreographie abgesprochen werden. Im Englischunterricht werden Lieder übersetzt, ReligionslehrerInnen greifen relevante Themen auf.

Wichtig ist das Wohlwollen der Schulleitung und des Kollegiums gegenüber dem Projekt. Termine und Raumnutzungen müssen koordiniert werden, der Hausmeister muss während der Proben zur Verfügung stehen. Oft kommt es infolge von Zusatzproben und Chorfahrten zu Unterrichtsstörungen. Unterrichtsbefreiungen einzelner TeilnehmerInnen für eine Zusatzprobe können nur durch die Schulleitung ausgesprochen werden. Die davon betroffenen KollegInnen sind rechtzeitig zu informieren.

Weitere Probleme ergeben sich aus den unterrichtlichen Belastungen der ProjektteilnehmerInnen. Während der intensiven Phase der Probenarbeit werden oft Klausuren und Klassenarbeiten geschrieben. Hier muss rechtzeitig zwischen schulischen Verpflichtungen und außerunterrichtlichem Engagement der Schüler vermittelt werden. Keinesfalls darf die Arbeit im Projekt zur Verschlechterung schulischer Leistungen führen.

Neben Schulleitung und Kollegium ist auch die Elternschaft in die Arbeit einzubeziehen. Einige Eltern können auf Grund ihrer Berufe Unterstützung leisten. Diese Hilfe erstreckt sich vom Ausleihen bestimmter Requisiten über die persönliche Betreuung bei Chorfahrten bis hin zur Bereitschaft, die Arbeit finanziell zu unterstützen.

10. Projektpräsentation: Die Aufführung

Rechtzeitig vor den Aufführungen müssen die für die Pressearbeit, das Plakatieren, den Kartenvorverkauf, die Ausschmückung des Raumes und die Wartung der Technik verantwortlichen SchülerInnen ihre Aufgaben erfüllt haben. Der Tag der Premiere sollte von diesen Aktivitäten nach Möglichkeit freigehalten werden. Rechtzeitig vor Beginn der Aufführung müssen die Instrumente gestimmt, Noten und Ständer bereit und die SängerInnen sorgfältig eingesungen sein. Eine in der Eingangshalle angebrachte Fotodokumentation kann dem Publikum helfen, sich über die geleistete Arbeit zu informieren. Um einen möglichst engen Kontakt mit den ZuschauerInnen zu halten, ist es anzuraten, Ensemblemitglieder, die nicht auffällig gekleidet sind, als Karten- und Programmheftverkäufer und als Platzanweiser einzusetzen.

Zur Vorbereitung der Aufführung gehören eine Absprache und eine Probe der Schlussverbeugungen. Dabei ist hervorzuheben, dass es sich nicht um eine Skala der „Wichtigkeit" handelt. Größere Teilgruppen sollten sich zunächst verbeugen, dann die Hauptsolisten möglichst paarweise, um Staralüren entgegenzuwirken. Spielleitung, Band, Technik und BühnenhelferInnen dürfen nicht vergessen werden. Am Schluss steht die Verbeugung der gesamten Spielgruppe.

Bei Aufführungen mit SchülerInnen der Sekundarstufe I können in der Regel mehrere Zugaben erfolgen. Dies verbietet sich jedoch bei einem festlich-ernsten Programm oder bei einer geschlossen-dramatischen Darbietung. Auf ein erneutes Verbeugen Einzelner sollte danach verzichtet werden. Ein gemeinsamer Abgang hinterlässt ein abgerundetes Bild.

Mit der Aufführung ist die pädagogische Arbeit nicht abgeschlossen. Eine Nachbereitung dient nicht nur der Spielleitung als Lernzielkontrolle, sondern stabilisiert darüber hinaus das soziale Gefüge der Gruppe. Anlässlich einer geselligen Abschlussfeier können Video- oder Tonbandmitschnitte vorgeführt, Zeitungskritiken verlesen und ausscheidende Mitglieder verabschiedet werden. Bei einer kritischen Reflexion der Aufführung gilt, dass prinzipiell erst die positiven Aspekte betont werden, bevor die „Fehlersuche" beginnt.

11. Besondere Probleme

Zu den künstlerischen und technischen Problemen einer intensiven Projektarbeit gesellen sich nicht selten besondere pädagogische und organisatorische Schwierigkeiten. Erfahrungsgemäß ist eines der gravierendsten Probleme das der Staralüren. Die Musical-AG kann an einer Schule einen derartig hohen Stellenwert erreichen, dass sie zu einer Überschätzung der persönlichen Leistung einzelner TeilnehmerInnen führt. Überheblichkeit gegenüber den anderen Projektteilnehmern und Beanspruchung von Sonderrechten gegenüber der Projektleitung können die Folge sein. Auf derartige Probleme sollte möglichst frühzeitig durch persönliche Gespräche reagiert werden.

Ein weiteres Problem sind TeilnehmerInnen, die trotz ihres großen Engagements den stimmlichen Anforderungen nicht gewachsen sind. Da ein Rollentausch nur im Notfall anzuraten ist, sollte die Rolle rechtzeitig – u. U. auch noch während der Probenphase – so modifiziert werden, dass die Schwächen überbrückt werden können. Beispielsweise können die Solopassagen „schauspielerisch" gesungen werden: Statt auf eine exakte Intonation zu achten, wird der Liedtext im Stile eines Bänkelsängers eher gesprochen als gesungen. Dies hilft auch bei so genannten „Brummern", die auf keinen Fall vom Projekt ausgeschlossen werden sollten.

Ernste Probleme können sich ergeben, verselbständigt sich die Musicalarbeit unter den SchülerInnen. Insbesondere in AG-Projekten erfolgreiche Jugendliche neigen dazu, ihre Leistungsfähigkeit zu überschätzen. Gelegentlich führt dies dazu, dass sie versuchen, Musicalaufführungen aus eigener Kraft durchzuführen. So hoch eine solche Eigeninitiative einzuschätzen ist, so lässt sich doch nicht leugnen, dass die fehlende Betreuung von Fachkräften zu ernsten Fehlentscheidungen führen kann. Erfahrungsgemäß wird dieses Problem besonders dann gravierend, wenn die Schulleitung, wie es in einigen Bundesländern in letzter Zeit häufig zu beobachten war, einerseits den MusiklehrerInnen AG-Stunden kürzt, andererseits die „kostenneutrale" Schülerinitiative mit Blick auf eine vordergründige Repräsentation der Schule in der Öffentlichkeit vorbehaltlos und ungeachtet der Mahnungen unterstützt. Unsachgemäße Behandlung der menschlichen Stimme, der Instrumente und der Räumlichkeiten sind die Folge. Chorische Stimmbildung und die Erarbeitung traditioneller Chorliteratur haben keine Existenzberechtigung mehr. Der Anteil der qualifizierten musikalischen Arbeit gerät gegenüber dem vordergründigen gestischen Aktionismus ins Hintertreffen. Leider ist diese Tendenz in der schulischen Musicalarbeit in den letzten Jahren unübersehbar.

12. Zum Problem des Urheberrechts

Alle Aufführungen im Rahmen eines Klassen- oder Kursverbandes unterliegen nicht den Bestimmungen des Urheberrechts. Aufführungen, die über diesen Rahmen hinausgehen, sind, sofern es sich nicht um szenisch orientierte Darbietungen handelt, mit der GEMA je nach den örtlichen Modalitäten abzurechnen.

Problematisch wird es, soll das Ergebnis einer AG-Arbeit präsentiert oder Unterricht als Projektarbeit gestaltet werden. Im Unterschied zum traditionellen, nichtöffentlichen Unterricht erscheinen die Probleme des Urheberrechts nunmehr in einem anderen Licht, da eine Veröffentlichung der Projektergebnisse essentieller Bestandteil des Projektunterrichts ist (Stichwort „Produktorientierung"). Wenn also die ProjektteilnehmerInnen die (Schul-)Öffentlichkeit einladen, sich mit dem Ergebnis der Arbeit kritisch auseinander zu setzen, sollten sie sich rechtlich absichern.

Die in Bezug auf den traditionellen unterrichtlichen Umgang mit Tonträgern und Noten klar umrissenen urheberrechtlichen Bestimmungen geraten angesichts einer konsequenten Anwendung der Forderung nach Projektarbeit ins Wanken. Die bislang ungeklärte Sachlage kann dazu führen, dass die Spielleitung in ihren pädagogischen Entscheidungen über die Projektinhalte durch rechtliche und finanzielle Einwände erheblich verunsichert wird. Will sie beispielsweise aus pädagogischen Gründen ein Projekt über Werke wie *Porgy and Bess*, *Cats* oder *Das Phantom der Oper* anbieten, wird sie keine Bearbeitungs- und Aufführungserlaubnis erhalten. Andere Stücke wie *Mary Poppins*, *Hair* oder *Anatevka* sind normalerweise nicht zu finanzieren. Besonders die LeiterInnen der außerunterrichtlichen AGs haben unter diesen Bedingungen zu leiden, weil hier die Herstellung von Öffentlichkeit bei der Projektdarstellung unvermeidlich ist.

Zunächst ist festzuhalten, dass die urheberrechtlichen Verpflichtungen bei szenisch aufgeführten Musicals nicht durch die kollektive Interessenvertretung GEMA abgehandelt werden, sondern mit den jeweiligen Verlagen (bzw. individuellen Autoren). Es ist zu unterscheiden zwischen dem so genannten „kleinen Recht", das die rein musikalische Aufführung eines geschützten Werkes betrifft, und dem „großen Recht", das sich auf szenische Aufführungen eines musikdramatischen Werkes bezieht.

Entscheidend für den zweiten Fall ist, dass eine auf persönlicher Leistung der SpielerInnen beruhende Aufführung vorliegt. „Bühnenmäßige Aufführung ist für das Auge oder für Auge und

Ohr bestimmtes bewegliches Spiel. Bühnendekoration und Kostümierung sind nicht erforderlich. Auch die Verteilung der Rollen ist kein sicherer Anhaltspunkt: Wird ein Drama ohne Spielhandlung von mehreren Personen unter Rollenverteilung vorgelesen, so handelt es sich im Rechtssinn um einen Vortrag; andererseits kann auch, wenn, wie in einem Monodrama, nur ein Darsteller auftritt, eine bühnenmäßige Aufführung vorliegen."[19]

Das Kriterium des beweglichen, für das Auge bestimmten Spiels wird bei der oben skizzierten Form des projektorientierten Umgangs mit einem rechtlich geschützten Musical vollständig erfüllt. Auch wenn Spielleitung oder SchülerInnen die Originalvorlage erheblich verändert haben, ändert sich der juristische Sachverhalt nicht. Die Verwertung eines geschützten Werkes, gleichgültig, wie stark seine Bearbeitung ist, unterliegt in jedem Falle der Zustimmung des Urhebers. Dabei kann dieser zweierlei Aspekte geltend machen: das Recht auf Einwilligung der Bearbeitung und das Recht auf Vergütung.

Die einzige Möglichkeit, urheberrechtlich geschützte Bühnenwerke aufzuführen, leitet sich aus dem juristischen Begriff der „Öffentlichkeit" ab. Es ist wohlgemerkt nicht der Begriff des „Erwerbszwecks", also des „Eintritts", wie es viele SpielleiterInnen irrtümlich annehmen. Der Verzicht auf „Unkostenbeiträge" ist keine Befreiung von rechtlichen Pflichten.

Der Begriff der „Öffentlichkeit" ist vom Gesetzgeber in § 15 des UrhG recht präzise definiert worden. Demnach ist eine Aufführung öffentlich, wenn sie „für eine Mehrzahl von Personen bestimmt ist, es sei denn, dass der Kreis dieser Personen bestimmt abgegrenzt ist und sie durch gegenseitige Beziehungen oder durch Beziehungen zum Veranstalter persönlich untereinander verbunden sind."[20] Bekanntschaft kann zwischen LehrerInnen und SchülerInnen sowie zwischen ProjektteilnehmerInnen und Familienangehörigen angenommen werden. „Werden Gäste eingeladen, so bleibt der private Charakter gewahrt, wenn es sich um einzelne nähere Bekannte handelt."[21] Wenn also die Aufführung eines Projektes an den Schulmauern angekündigt wird, ist davon auszugehen, dass nur „Freunde" und „Bekannte" von ProjektteilnehmerInnen angelockt werden. Wenn die Aufführung eines Projektergebnisses jedoch in der regionalen Presse angekündigt wird, sollte dafür gesorgt sein, dass nur Freunde und Angehörige als Zuschauer eingelassen werden.

Auswahlbibliographie

Nachschlagewerke und Gesamtdarstellungen:

Axton, Charles u. Otto Zehnder, *Reclams großes Musical-Buch*, Stuttgart 1997.
Bartosch, Günter, *Das Heyne-Musical Lexikon*, München 1995.
Ders., *Die ganze Welt des Musicals*, Wiesbaden 1981.
Geraths, Arnim u. Christian M. Schmidt (Hrsg.), *Musical*, Laaber 2000 (*Handbuch der Musik im 20. Jh.*, Bd. 6).
Hanisch, Michael, *Vom Singen im Regen. Filmmusicals gestern und heute*, Berlin 1980.
Helms, Siegmund, Kruse, Matthias u. Reinhard Schneider (Hrsg.), *Lübbes Musical-Führer*, Bergisch-Gladbach 1998.
Pflicht, Stephan, *Musical-Führer*, München 1985.
Reiß, Gunter u. Mechthild v. Schoenebeck, *Musiktheater für Kinder und Jugendliche*, Bonn 1993.
Dies. u. Dietrich Helms, *Musicals... nicht nur für Kinder*, Regensburg 1996.
Dies., *Musicals und mehr*, Düsseldorf 1998.
Schmidt-Joos, Siegfried, *Das Musical*, München 1965.

Sonderhoff, Joachim u. Peter Weck, *Musical. Geschichte, Produktionen, Erfolge*, Braunschweig 1986.
Walsh, Michael, *Andrew Lloyd Webber*, Wien 1992.
Wildbihler, Hubert, *Kursbuch Musicals*, Passau 1999.

Zeitschrift:

musicals. Das Musicalmagazin. München; seit 1986 zweimonatlich.

Internetadressen:

http://www. musicals.de
http://news:rec.arts.theatre.musicals

Musicals im Unterricht und in der AG-Arbeit:

Musik und Bildung, 27. Jg. (1995), Heft 1.
Musik und Unterricht, 6. Jg. (1995), Heft 30.
Musik und Unterricht, 8. Jg. (1997), Heft 44.
Diskussion Musikpädagogik, 2. Jg. (2000), Heft 5.
Bührig, Dieter (Hrsg.), *Fertig ausgearbeitete Unterrichtsbausteine für das Fach Musik*, Kissing 1997ff.

Kapitel 7

Ders., „*Weil ich anders aussehe...*". *Miss Saigon im Musikunterricht der Mittelstufe*, in: *Musik und Bildung*, 30. Jg. (1998), Heft 2, S. 8ff.

Ders., *Bernsteins West-Side-Story an einer Schule*, in: *Musik und Bildung*, 20. Jg. (1988), Heft 11, S. 845ff.

Ders., *Orpheus in der Unterwelt - Eine Operette wird zum Musical*, in: *Musik und Bildung*, 22. Jg. (1990), Heft 2, S. 698ff.

Ders., *Warum denn nicht gleich Anatevka?* in: *Musik und Unterricht*, 4. Jg. (1993), Heft 20, S. 25ff.

Ders., *Hair - Wo geh'n wir hin?*, in: *Musik und Bildung*, 27. Jg. (1995), Heft 4, S. 30ff.

Ders., *Oliver Twist*, in: *Musik und Unterricht*, 6. Jg. (1995), Heft 33, S. 16ff.

Ders., *Musicals im Schulchor: Pädagogik contra Urheberrecht?*, in: *Musik und Unterricht*, 6. Jg. (1995), Heft 30, S. 70ff.

Anmerkungen

[1] Vgl. insbesondere die Veröffentlichungen von Gunter Reiß, Mechthild v. Schoenebeck und Dietrich Helms (s. Literaturliste).

[2] Grundlegende Informationen zum Thema Musical geben entsprechende Fachlexika und Fachzeitschriften sowie das Internet. - Vgl. v. a. die Veröffentlichungen von Hubert Wildbihler, Günther Bartosch und Charles Axton (s. Literaturliste). - Vgl. z. B. „musicals" (s. Literaturliste). http://www.musical.de, http//news:rec.arts.theatre.musicals, http//.www.reallyuseful.com.

[3] Als Beispiel seien folgende Musicals genannt: *Oliver*, *Der kleine Horrorladen*, *Brigadoon* oder *Anatevka*.

[4] Z. B. *Elisabeth*, *Mozart!*, *West Side Story*, *Linie 1* oder *Tanz der Vampire*.

[5] Z. B. die Romane *Die Elenden* von Victor Hugo (*Les Misérables*), *Jekyll und Hyde* von Robert Stevenson oder *Das Phantom der Oper* von Gaston Leroux.

[6] Als Beispiel sei hier das Schauspiel *Robinson soll nicht sterben* genannt, von dem es auch eine Verfilmung gibt. Passende Lieder findet man z. B. bei Interpreten wie Udo Lindenberg oder Peter Maffay.

[7] Ideal ist die Zusammenarbeit mit einem Mitglied des örtlichen Theaters. Ein Kontakt zu dieser Institution sollte unbedingt gesucht werden.

[8] Die konsequente Umsetzung dieses zweiten Schwerpunktes führte beispielsweise in meinem Projekt dazu, dass das Phantom als Rolle körperlich überhaupt nicht auftauchte. Es wurde wie eine Vision im Kopfe der Christine Daée behandelt.

[9] Bei der Umsetzung dieses Musicals als Schulprojekt wurde die Rolle der Elisabeth konsequenterweise auf zwei Darstellerinnen aufgeteilt, die wie ein Januskopf jeweils eine Seite der gespaltenen Persönlichkeit symbolisierten.

[10] Siehe als Beispiel das Lied *Wenn ich einmal reich wär*, das von SchülerInnen meines Projekts umgearbeitet wurde, in: Dieter Bührig (Hrsg.), *Fertig ausgearbeitete Unterrichtsbausteine für das Fach Musik*, (Kapitel 12/3.3), Kissing 1999.

[11] In meinem Projekt wurde Johnny durch den schüchternen „Jungen mit dem Mantel" ersetzt, der durch dieses „Spiel im Spiel" einerseits dem Mädchen gegenüber seine Zuneigung artikulieren konnte, andererseits die Scheinhaftigkeit des Popidols entlarvte.

[12] Diesbezüglich ist auch die Unterstützung der großen Solopartien durch Chorgesang eine gute Hilfe.

[13] Bei dem Projekt *Brigadoon* haben sich meine SchülerInnen, denen die Originalmusik großenteils zu veraltet vorkam, für den Einsatz mehrerer Lieder der Gruppe *Queen* entschieden, die sich inhaltlich gut einfügten und dem gesamten Stück musikalisch eine härtere Note gaben.

[14] Um beispielsweise eine vordergründige und laienhafte Realistik zu vermeiden, können die Barrikadenkämpfe in *Les Misérables* durch Tanzfolgen stilisiert werden.

[15] Die Erfahrung zeigt, dass diese Manuskripte gelegentlich nach der Probe liegen bleiben. Daher sollten sie namentlich gekennzeichnet werden.

[16] So kann in dem Musical *Sunset Boulevard* die anfängliche Verfolgungsjagd außerhalb der Bühne und des Zuschauerraums, die beide im Dunkeln bleiben, erfolgen. Der Hauptdarsteller Joe Gilles kommt danach langsam und mit einem Verfolger beleuchtet durch den Zuschauerraum auf die Bühne zu, wo die Villa der Norma Desmond im Halbdunkel zu sehen ist.

[17] Vgl. z. B.: Dieter Bührig, *Analyse durch szenische Interpretation. Das Musical „Elisabeth" in einer 10. Klasse*, in: *Musik und Unterricht*, 7. Jg. (1996), Heft 27, S. 24.

[18] So kann zum Beispiel bei einer Einstudierung des Musicals *Anatevka* ein Referat über die Lage der Juden in Osteuropa ausgearbeitet werden. Im Zusammenhang mit *Elisabeth* oder mit *Mozart!* wird eine Biographie über die geschichtliche Persönlichkeit geschrieben. Eine Auseinandersetzung mit dem *Tanz der Vampire* führt zu den literarischen und kulturellen Hintergründen der Vampir-Legende.

[19] Eugen Ulmer, *Urheber- und Verlagsrecht*, Berlin 1980, S. 248.

[20] Ebd. S. 245.

[21] Ebd. S. 246.

Kapitel 8

Produktion eines Schulmusicals[1]

Walter Lindenbaum

Ein gesellschaftliches Phänomen solchen Ausmaßes wie das Musical-Fieber der letzten Jahre konnte nicht ohne Einfluss auf die Schule bleiben, die ja bekanntlich als Spiegel der Gesellschaft gilt. Die Schließungen der „schwächsten Standorte" professioneller Produktionen scheinen mir weniger musikalisch als vielmehr betriebswirtschaftlich begründet, und zwar vor allem durch die immensen Produktionskosten, die über eine jahrelange Laufzeit hinweg eine bestimmte Auslastungsquote verlangen, um die Kosten wieder einzuspielen.[2]

In seiner Frühphase als „musical comedy" diente das, was wir heute Musical nennen, eher der reinen Unterhaltung des Publikums, bevor es etwa ab den dreißiger Jahren als „musical play" durchaus auch didaktische Züge durch die Beschäftigung mit ernsthafteren Themen gewann.

In dieser Verbindung von Spaß und Belehrung oder auch „Belehrung mit Spaß" liegen nach meinem Dafürhalten gerade die entscheidenden Berührungspunkte zwischen Musical und Schule. Schüler müssen immer wieder zum Lernen motiviert werden, bestenfalls intrinsisch; Lernen und Spaß sollen keine Gegensätze sein, schulisches Lernen soll gar Spaß machen.[3] Wie auch immer es dem kommerziellem Musical ergehen mag, an vielen Schulen werden Musical-Produktionen ins Auge gefasst oder aber zumindest – von wem auch immer – gewünscht.

Daher sollen hier nach einer knappen Klärung der Frage, welches Interesse die Schule überhaupt an Musical-Produktionen haben kann, Bedingungen sowie organisatorische und inhaltliche Vorgaben einer schulischen Produktion aufgezeigt werden. In der sich anschließenden Präsentation zweier Songs aus dem im Schulrahmen entstandenen Musical *A Mary Tale* wird der Doppelsinn des Titels „Produktion eines Schulmusicals" deutlich, dient sie doch dem Nachweis der Machbarkeit des zuvor Propagierten, des Schreibens und der Produktion eines eigenen Musicals.

Ausgangspunkt der Überlegungen ist die Situation des Schulmusikers, die sowohl philologisch als auch praktisch geprägt ist. Das wird schon in der Ausbildung deutlich, der „Ineinssetzung von Virtuosen-Ausbildung und Lehramtsstudien-

gang", die „gerade in der Mitte zwischen Kunst, Wissenschaft und Unterrichtspraxis liegt."[4] Dennoch ist in der Praxis häufig zu erleben, dass bei der Beurteilung eines Musiklehrers „der Anteil des Künstlerischen und seine möglichst störungsfreie Vermittlung exponiert im Vordergrund stehen", was nicht weiter verwunderlich ist, „denn hieran – z. B. an Quantität und Qualität der Schulkonzerte und ihrer Bedeutung für die öffentliche Repräsentation einer Schule – glaubt man den Musiklehrer ebenso sicher wie einseitig taxieren zu können."[5]

Das Musical, das in der Lage ist, viele, nahezu alle musikalischen Stile in sich zu vereinigen, bietet die Chance, sowohl die im traditionellen Sinn musizierenden Schüler als auch jene zu erreichen, die sich eher im Bereich der Popularmusik wohl fühlen, und sogar diejenigen, die gar nicht im engeren Sinn Musik machen, jedoch beispielsweise gern dazu tanzen.

Voraussetzungen und Bedingungen, richtliniengemäße sowie an musikalischen, sozialen und anderen Lernerfahrungen der Beteiligten orientierte Begründungen für schulische Musical-Produktionen, Überlegungen zu notwendigen, zumindest aber wünschenswerten Kooperationen der Unterrichtsfächer, zur unabdingbaren Unterstützung im Kollegium, zu Kosten, Aufführungsräumen und Rechtsfragen habe ich an anderer Stelle ausgeführt, sodass ich mich hier auf die Darstellung der praktischen Seite einer Produktion beschränken möchte.[6]

Auswahl eines Musicals

Die Fülle von Musicals aus dem anglo-amerikanischen Raum ist überwältigend, solche Werke sind aber nicht speziell für schulische Produktionen geschrieben. Mittlerweile gibt es aber Musicals auf dem deutschen Markt, derer man sich bedienen kann. Aus verschiedenen Gründen ist natürlich nicht jedes Musical für eine Schulproduktion geeignet, zumal wenn man ihm zumutet, für Schülerinnen und Schüler möglichst aller Jahrgangsstufen Mitspielmöglichkeiten bereitzustellen.

Frage der Adäquatheit

Um für eine Schulproduktion geeignet zu sein, muss ein Musical zwei Anforderungen erfüllen, die nicht in jedem Fall miteinander kompatibel sind:

- Attraktivität (musikalisch und publikumsbezogen)
- Machbarkeit (Schwierigkeitsgrad in Relation zum Leistungsvermögen der Beteiligten und zu den technisch-organisatorischen Gegebenheiten).

Musikalische Attraktivität zielt natürlich auf das Publikum, sozusagen nach außen. Ein Stück muss „ankommen". Attraktivität zielt aber durchaus auch nach innen, also bezogen auf die Ausführenden. Angesichts der sehr langen Probenzeit von etwa einem Jahr muss eine Schulproduktion auch für die Schüler interessant und ansprechend sein, um über einen solch langen Zeitraum die Motivation zu erhalten.

Ganz entscheidend für den Erfolg einer schulischen Musicalproduktion ist auch der zweite Punkt: Machbarkeit. Übersteigt ein Stück das Leistungsvermögen der Schüler, ist an eine Realisierung – in welchem Rahmen auch immer – nicht zu denken. Es darf aber auch nicht so konzipiert sein, dass es nur mit sehr zeit- und übungsaufwendiger Zusatzarbeit, die über den erstellten Probenplan hinausgeht, bewältigt werden kann.[7]

Andererseits verbietet es sich nach meiner Auffassung entschieden, zusätzliche Darsteller oder Musiker aus dem nichtschulischen Bereich „einzukaufen". Selbst Ex-Schüler oder Eltern sollten nur im Ausnahmefall hingezogen werden. Auch sollten die beteiligten Lehrer im Regelfall nur beratende Funktionen haben und, soweit vermeidbar, auf keinen Fall mit auf der Bühne stehen, zumindest nicht in tragenden Rollen. Im Sinne eines sich entwickelnden Teamgeistes und eines Zusammengehörigkeitsgefühls wirken Fremdkräfte geradezu als Störungsfaktoren, da sie eben nicht der gleichen „Firma" angehören und über die reine Produktion hinaus nichts mit den anderen Beteiligten gemein haben.

Ebenso muss ein geplantes Musical mit den technisch-organisatorischen Bedingungen, die an einer Schule vorliegen, kompatibel sein. Das betrifft sowohl die Kooperation mit der Schulleitung und der Kollegenschaft als auch die Frage von Räumen, des technischen Equipments und der Finanzierbarkeit.[8]

Komposition eines eigenen Musicals

Aus diesen Überlegungen ergibt sich ein Spannungsfeld, in dem sich eine Schulmusical-Produktion befindet.

Die folgende Abbildung macht deutlich, dass die aufgeführten Kriterien einem zu produzierenden Musical fordernd gegenüberstehen. Ein Schulmusical ist vor allem von den Wünschen und Möglichkeiten von Schülern und Lehrern abhängig. Schon hier aber beginnen die Schwierigkeiten, denn zum einen können Wünsche und Möglichkeiten stark auseinanderklaffen, zum anderen haben Schüler und Lehrer nicht immer die gleichen Vorstellungen.

	⇨⇨⇨ Schülerwünsche
	⇨⇨⇨ Schülermöglichkeiten
	⇨⇨⇨ Lehrerwünsche
Musical	⇨⇨⇨ Lehrermöglichkeiten
	⇨⇨⇨ Attraktivität
	⇨⇨⇨ Machbarkeit
	⇨⇨⇨ Aufführungsrechte

Abb. 1

Erst recht schwierig aber wird es, für eine bestimmte Schule mit bestimmten Schülern und Lehrern und bestimmten Voraussetzungen technischer und organisatorischer Art ein fertiges Musical zu finden, das einerseits Attraktivität gewährleistet, andererseits machbar ist und von dem außerdem noch die Rechte erhältlich sind.

All diesen zuvor ausführlich beschriebenen und hier noch einmal zusammengefassten Schwierigkeiten aus dem Weg zu gehen, also (fast) allen Wünschen gerecht zu werden, die vorhandenen Möglichkeiten auszuschöpfen, Attraktivität und Machbarkeit nicht nur zu garantieren, sondern auf ein Höchstmaß zu steigern und zudem keinerlei Rechtsprobleme fürchten zu müssen, kann nur auf eine Art gelingen – durch die Komposition eines eigenen Musicals.

Wie Abbildung 2 zeigt, leistet die Komposition nicht nur die Zusammenfassung der diversen Anspruchsebenen, die an das Musical herangetragen werden, sie bündelt sie auch und wirkt gewissermaßen wie ein Filter.

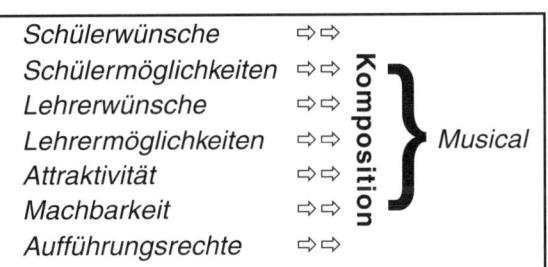

Abb. 2

Wünsche, Vorstellungen und Neigungen bleiben keine abstrakten Größen, sondern können direkt und spezifisch berücksichtigt werden. Dadurch ist die Zielgruppenadäquatheit sichergestellt, und dies in mehrfacher Hinsicht. Einerseits kann der Publikumsgeschmack bedient werden. Andererseits können die musikalischen Diskrepanzerlebnisse der Zuschauer in ihrer Menge und Intensität gesteuert werden. Dies gilt in noch stärkerer Weise für die Beteiligten, sodass hier gezielt gestaltete Attraktivität in Motivation umschlägt.

Zudem steht ein selbstkomponiertes Musical weniger in der Gefahr, „nur eine kritik- und einfallslose Nachahmung eines Modetrends amerikanischer Provenienz zu sein", sondern kann örtliche Gegebenheiten gezielt einbeziehen bzw. auch sich ihrer bedienen.[9] Es kann ganz konkret auf vorhandene Möglichkeiten hin komponiert sein, wodurch Machbarkeit gewährleistet wird. Gibt es beispielsweise ein funktionierendes Schulorchester, kann dies angemessen eingesetzt werden. Gleiches gilt für einen Schulchor.

Doch auch Einzelpersonen können mit ihren Kenntnissen, Fähigkeiten und Fertigkeiten einbezogen werden. So ist es möglich, Soli in den Stücken speziell auf bestimmte Instrumente und Instrumentalisten zuzuschneiden. Zudem ist dem Komponisten vor Ort die Leistungsfähigkeit der meisten Schüler seiner Schule bekannt und kann daher in angemessener Weise berücksichtigt werden. Hinsichtlich des Schwierigkeitsgrades empfiehlt es sich, nicht vom bei der Entscheidungsfindung aktuellen Stand auszugehen, sondern die Übungsergebnisse des Probenjahres zu antizipieren und die Parts der Instrumente in diesem – höheren – Schwierigkeitsgrad anzusiedeln, gewissermaßen als Streben nach den Grenzen des Machbaren damit die Motivation über die lange Probenzeit anhält.

Das Problem der Rechte taucht bei einem selbstkomponierten Musical nicht auf, der Komponist kann gar, Nachfrage vorausgesetzt, selbst zum Lizenzgeber werden.

Sinnvoll ist es sicherlich, sich nicht gleich ein abendfüllendes Werk vorzunehmen, sondern zunächst mit kleineren Arrangements oder Kompositionen zu beginnen, um sich mit der Arbeit vertraut zu machen.[10] Gelegenheiten gibt es im Alltag einer Schule genügend, sei es die Verabschiedung eines Kollegen oder diverse Abschlussfeiern.

Was das Libretto angeht, ist festzuhalten, dass grundsätzlich die gleiche Palette an Möglichkeiten zur Verfügung steht, die auch professionelle Textschreiber haben. Dem oft, vor allem für den Bereich des Kinder- und Jugendmusiktheaters, beklagten sorglosen Umgang mit dem Text, kann durch Eigenproduktion ganz gezielt vorgebeugt werden.[11]

Es ist möglich, auf jegliche Art von literarischen Texten zurückzugreifen, einen neuen Text zu schreiben oder beides zu kombinieren, indem beispielsweise der Text für die Handlung übernommen wird, die Songtexte aber neu geschrieben werden. Lehrer allerdings sollten sich hüten, den moralischen oder didaktischen Zeigefinger zu weit auszustrecken, damit das Stück nicht modisch-verkrampft oder plakativ-aufdringlich wird.[12]

A Mary Tale als Beispiel eines Schulmusicals

Ausgangsidee war, eine musikalische Revue zu gestalten, in der möglichst viele musikalische Aktivitäten der Schule bzw. der Schüler gebündelt werden könnten. Als roter Faden sollten Geschichten aus dem Alltag der Schule dienen. Um dies literarisch zu gestalten, hatte mein Musikerkollege zwei Deutschlehrer angesprochen. Im Zuge des Nachdenkens entwickelte die Angelegenheit eine Eigendynamik, die letztlich dazu führte, dass auf der Basis unterschiedlicher Märchen die Geschichte der Probleme zweier junger Mädchen entstand. Hinzu kam der Gedanke, nicht auf mehr oder weniger zufällig vorhandene Musik zurückzugreifen, sondern zu der Story gezielt Musik zu schreiben. Bei vorhergehenden Musical-Produktionen (*Joseph* und *Anatevka*) hatte sich bereits ein Team aus jeweils zwei Kunst-, Musik- und Sportlehrern gebildet. Gemeinsam arbeiteten wir nun an der Entwicklung eines Gesamtkonzeptes. Im Einzelnen übernahmen die Deutschlehrer das Schreiben des Librettos und die Regiearbeit, die Kunstlehrer die Entwicklung und Erstellung des Bühnenbildes, der Kostüme und des Plakates, die Sportlehrer die Choreographie und ich selbst Komposition, Einstudierung und musikalische Leitung, unterstützt von meinem Musikerkollegen, der die Musik für das Orchester schrieb. Das Musical *A Mary Tale*, das daraus entstand, wurde im Jahre 1994 vom Mariengymnasium Warendorf uraufgeführt und erzählt die folgende Geschichte:

Schneewittchen versteht sich nicht mit Hulda von Ränkerode, der Verlobten ihres verwitweten Vaters, der im Übrigen König des Landes ist. Die Gouvernante weiß von Schneewittchens Schwierigkeiten und versteht sie; sie hat aber auch Verständnis für den König, dem sie ihrerseits zugeneigt ist.

Nach einer erneuten Auseinandersetzung mit der Verlobten beschließt Schneewittchen, von zu Hause zu verschwinden. In diesem Entschluss wird sie von Rotkäppchen bestärkt, die sich schon zuvor als recht emanzipiert erwiesen hat, als sie dem Wolf, der sie im Wald zu einem gemeinsamen Disco-Besuch einladen wollte, eine gehörige Abfuhr erteilte.

Als Schneewittchen bei der Feier der Verlobung des Königs mit Hulda vermisst wird, schickt ihr der König – ganz hilflos verzweifelter Vater – die Prinzen seines Reiches und der Nachbarreiche hinterher.

Schneewittchen ist in der Zwischenzeit im Wald der Sieben Zwerge angekommen, weiß aber nicht, wie es weitergehen soll. Sie wird von den Zwergen entdeckt und aufgenommen – nicht ganz uneigennützig, denn die Zwerge liegen sich seit Jahren in den Haaren wegen der Aufgabenverteilung in ihrer Wohngemeinschaft und sind froh, in Schneewittchen nun eine Haushälterin gefunden zu haben. Allerdings gehen sie Schneewittchen schon bald auf die Nerven mit ihrem WG-Jargon und ihren unverschämten Forderungen. Sie beklagt sich daher bei Rotkäppchen, die ihr vorhält, ihr Leben gefälligst selbst in die Hand zu nehmen, anstatt untätig ihr Schicksal zu beweinen. In diesem Augenblick erscheint auf seiner Suche nach Schneewittchen, vom Wolf begleitet, der nette junge Prinz von nebenan. Er gesteht ihr, dass er sie schon lange verehrt habe.

So beschließt man, es miteinander zu versuchen – wobei nicht ganz klar wird, ob bei Schneewittchen Gefühle überwiegen oder eher das Bedürfnis nach Sicherheit. Rotkäppchen, die skeptische Freundin, rät zwar ab, aber man hört nicht auf sie. Alle Beteiligten versammeln sich zu einem großen Kehraus auf der Bühne. Die häusliche Situation scheint für Schneewittchen nun auch viel entspannter zu sein, da ihr Vater in Begleitung der Gouvernante erscheint. Am Schluss singen die Zwerge noch einmal voller Selbstironie: A Mary Tale.

Zur Musik

Die Handlung von *A Mary Tale* spielt an zwei gegensätzlichen Orten, im Wald und bei Hofe. Bei dem Bereich Wald mit der Konnotation Freiheit bot es sich an, Popularmusik zu verwenden, da es sich bei den Protagonisten ja auch um junge Leute handelt. Der Bereich Hof, der sich durch Reglementierungen, auch von Eltern gegenüber ihren Kindern, auszeichnet, verlangt nach einer stärker gebundenen Musik. Daher finden hier vor allem barocke Muster Verwendung.

Die Gesamtspielzeit der Musik von *A Mary Tale* beläuft sich auf 70 Minuten und sieben Sekunden in insgesamt 43 musikalischen Ereignissen, davon entfallen mit 6'53" knapp zehn Prozent auf das Orchester, die Band bestreitet also mit gut neunzig Prozent den Löwenanteil am musikalischen Geschehen.

Eine mehr oder weniger gleichmäßige Verteilung der Gesangsteile halte ich für sehr wichtig im Rahmen eines Schulmusicals, um der Ausbildung von „Stars" vorzubeugen. Natürlich sind die Rollen in ihrer Gewichtung für das Stück unterschiedlich, eine Fokussierung auf eine Hauptrolle sollte tunlichst vermieden werden.[13] Gleiches gilt selbstverständlich auch für die Instrumentalisten.

Um die Ungleichheit zwischen den auf der Bühne gefeierten Sängern und den sich im Orchestergraben „versteckenden" Instrumentalisten auszugleichen, ist es außerordentlich wichtig, dass nahezu jedes Band-Instrument ein Solo hat. Nur so ist gewährleistet, dass neben den Sängern auch die Instrumentalisten, deren übende Vorbereitung auf die Aufführungen mindestens ebenso umfangreich wie die der Darsteller ist, Gelegenheit erhalten, ihr Können unter Beweis zu stellen, und zwar in einer Weise, die die Leistung auch dem Publikum deutlich macht. Daher treten die Solisten, soweit möglich, aus dem Graben hinaus und spielen die Soli auf der Bühne.

Stilistisch sind die Songs und Bandstücke, die allesamt dem Bereich der Popularmusik zugerechnet werden müssen, sehr unterschiedlich geprägt, indem in ihnen jeweils Mittel und Merkmale eines bestimmten oder mehrerer Stile verwendet werden. Die folgende Abbildung 3 (S. 128) ordnet sie den ihnen jeweils zu Grunde liegenden Stilrichtungen zu:[14]

Generell ist festzustellen, dass sich Orchester und Band in *A Mary Tale* nicht miteinander verbinden, nur an wenigen Stellen spielen ein oder

Titel	Stil
Tanz der Elfen	Easy Listening
Öko-Zwergen-WG	Rock
Der Wolf I & II	Hard Rock
Nicht von heute	Ballade / R ´n´ R
Waldgeistertanz	Swing
Ich muß hier raus	Rhythm & Blues
Der brave Mann	Volkstüml. Schlager
Small talk	„Motown"-Soul
O Schreck ... etwas tun	Hard Rock
Einsam und klein	Ballade
Fein raus	Reggae
Was glaubst du	Rap
Endlich	Popballade
Heute	Volkstüml. Schlager
Hulda	„Motown"-Soul
A Mary Tale	Bluesrock

Abb. 3

mehrere Instrumente des einen Ensembles mit einem oder mehreren Instrumenten des anderen oder dem kompletten anderen Ensemble zusammen.

Das liegt zum einen in der Entstehungsgeschichte der Musik begründet – die beiden Komponisten haben jeweils für sich gearbeitet. Zum anderen spiegelt es die unterschiedlichen dynamischen Ausprägungen der Ensembles. Das verwendete

Teil	Intro	A Str. 1	A' Str. 2	Ü	B Str. 3	Ü	A" Str. 4	C (2x) Str. 5	Outro
Takte - Anzahl	2+2	2+2+5	2+2+5	2+2	5+7	3	2+2+2 +2+2	12+12	3
- kumul	1–4	5–13	14–22	23–26	27–38	39–41	42–51	52–75	76–78
Stil	Rock- Ballade	Rock- Ballade	Rock- Ballade	Rock	Rock + Rez.	Rock- Ballade	Rock- Ballade	Rock & Roll	Rock & Roll
Gesang	–	W	RK	–	W	–	RK	W/RKII W+RK	–

Abb. 4

Kammerorchester ist naturgemäß wesentlich leiser als die mit elektronischer Verstärkung arbeitende Band, was neben einer generellen Verstärkung über Raummikrophone insbesondere die Keyboards, sowie Gitarre und Bass betrifft. Eine entsprechende Verstärkung des Orchesters hätte den ohnehin großen technischen Rahmen einer Schulaufführung gesprengt.

Da sich die Personen der in *A Mary Tale* dargestellten gegensätzlichen Bereiche „Hof" (vertreten durch die „klassische" Musik des Orchesters) und „Wald" (vertreten durch die Popularmusik der Band) im Verlauf der Handlung nicht wirklich miteinander verbinden – die sich bildenden Paare Gouvernante / König, Schneewittchen / Prinz und vielleicht Rotkäppchen / Wolf verharren in ihrem jeweiligen sozialen Umfeld –, ist

auch die musikalische Trennung begründet.

Anhand zweier Beispiele soll im Folgenden aufgezeigt werden, wie mit Stilmitteln und Elementen aus dem Bereich der Popularmusik Songs für ein Schulmusical komponiert werden können.

Nicht von heute

Der Song erklingt, nachdem der Wolf bei Rotkäppchen abgeblitzt ist. Er will sein Vorhaben aber dennoch nicht aufgeben. Daher geht er einerseits in sich, beschwert sich andererseits beim Publikum über Rotkäppchens Verhalten. Auch diese überlegt, ob ihr ablehnendes Verhalten dem „Typ" gegenüber angemessen sei.

Diese Situation der Nachdenklichkeit greift der Song musikalisch auf, indem er in b-Moll zuerst im Stile einer Rockballade daherkommt. Mit M.M. = 70 liegt er in etwa im Tempo der Beatles-Ballade *Let It Be*, sparsam instrumentiert allein mit Klavier und Bass – das Schlagzeug spielt nur leichte Akzente auf dem hohen Ride-Becken.[15] Das nachfolgende Harmoniemodell a wird vorgestellt, wobei der Bass mit der linken Hand des Klaviers obligat mitläuft und daher hier nicht eigens notiert ist; er klingt allerdings eine Oktav tiefer (NB 1, S. 129).

Das Modell erscheint bei seiner Wiederholung melodisch figuriert als a'.

Nach dieser instrumentalen Einleitung setzt der Wolf ein, begleitet und kommentiert vom Chor der Sieben Zwerge. Der Formablauf des Stückes ist folgendermaßen gestaltet (Abb. 4).

Die A-Teile beginnen jeweils mit dem Harmoniemodell a, erfahren aber, der jeweiligen Situation und dem Text gemäß, eine andere Fortführung. Die erste Strophe wird vom Wolf gesungen. NB 2 (S. 129) zeigt die Fortführung des Modells. Die zweite Strophe hingegen wird von Rotkäppchen gesungen und hat daher auch eine andere Fortführung (NB 3, S. 129). Diese Fortführung hat textliche Gründe: Um nämlich Rotkäppchens gespaltener Einstellung dem Wolf gegenüber musikalisch gerecht zu werden, steht just an der Textstelle "...mag ich ihn nicht" ein Trugschluss, d. h. es erscheint nicht das erwartete As-Dur, sondern überraschenderweise F-Dur, was Rotkäppchens textliche Aussage konterkariert, andererseits aber zu dem vom Wolf intonierten b-Moll in dominantischer Beziehung steht, was wiederum ihren feministischen Anspruch verdeutlicht.

Der Wolf scheint diesen zu spüren, denn er beklagt sich in der folgenden, ausdrucksmäßig völlig anderen, weil rockigen Strophe, über ihr ag-
gressives Mundwerk. Nur der Anblick ihrer
„schönen Beine", als Kantilene vertont, scheint
ihm den Atem zu rauben, was durch die Affekt-
pausen im Gesang verdeutlicht wird (NB 4).

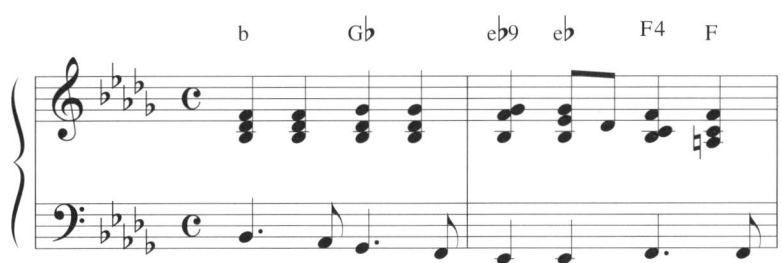

NB 1

NB 2

NB 3

NB 4

Kapitel 8

Die Fortführung in der letzten Strophe ist wiederum ganz anders gestaltet. Um die fortschreitende, aber vor sich selbst uneingestandene Verführung Rotkäppchens zu verdeutlichen, singt sie über der ansteigenden Akkordrückung As - B - C eine über eine Quinte absteigende Linie. Anschließend überlegt sie aber dennoch, den Wolf wegzuschicken mit der melodischen Linie as - g - b - as, um dieses als an ihn adressierte Aufforderung mit den bis auf den Schlusston gleichen Tönen (as - g - b - a) zu wiederholen, harmonisch jedoch anders gewendet, sodass sie wieder auf der Dominante (!) F endet.

Ein Rock ´n´ Roll in B-Dur im klassischen 12er Schema schließt sich an, in dem der Wolf und Rotkäppchen mit jeweils gleichen Formulierungen im zweitaktigen Wechsel noch einmal ihre Standpunkte darlegen, während die Zwerge, sich über beide mokierend, die zweiten Phrasenhälften mitsingen (NB 5).

NB 5

Basis dieses Rock'n'Roll ist ein treibendes Zwei-Takt-Pattern (NB 6), welches bis auf die beiden

NB 6

Schlusstakte punktiert, also binär, notiert ist, da es nicht so sehr swingen, als vielmehr stampfen soll, was die Empfindungen der beiden Protagonisten genauer trifft. Der Wechsel in das ternäre Feeling des Schlusses ist dadurch vereinfacht, dass nur Schlagzeug und Sänger davon betroffen sind, während die anderen Instrumente einen Break haben.

Hulda

In dem Moment, als Schneewittchen und der Prinz – möglicherweise Rotkäppchen und Wolf ebenfalls – sich gefunden haben, kommt die Nachricht von Huldas Verschwinden gerade recht, um angesichts dieser Fülle guter Nachrichten als Finale einen großen Reigen zu beginnen.

Musikalische Grundlage dieses Reigens ist der Song *Hulda*, der bewusst Stilmittel und typische Merkmale benutzt, die den Motown-Sound, insbesondere den der für die Gruppe Supremes geschriebenen Songs der Writer-Producer Brian Holland, Lamont Dozier und Eddie Holland ausmachen. Wenn ich in diesem Zusammenhang von Sound spreche, meine ich nicht aufnahmetechnische Verfahren, sondern vor allem den „Live-Sound", geprägt durch Instrumentation.

Zu nennen sind hier vor allem das „durchgehämmerte" Klavier, welches beispielsweise in *Where Did Our Love Go* auch in dieser Weise verwendet wird. Dann das Vibraphon (*Stop! In the Name of Love*), ebenso der Handclap und das Tambourine, die gemeinsam mit der Gitarre den Backbeat betonen. Auch ein Dancing Bass taucht hier in der Form einer melodischen Gegenlinie auf. Hierdurch und durch das ternäre Feeling bekommt der Song etwas Tänzerisches, was angesichts des intendierten Reigens ja auch beabsichtigt ist.

Aus dem Modell des Basses

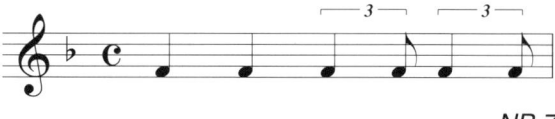

NB 7

sind sowohl der Rhythmus des Gesangs als auch der der Bläser in den Soli abgeleitet.

Es ergibt sich das folgende Zwei-Takt-Pattern, das entsprechend der Abfolge des achttaktigen Turnaround ‖: F I F I a I a I d^7 I d^7 I g^7 I C$^{11/13}$:‖ in die jeweiligen Tonarten gesetzt wird (NB 8, S. 131). Daraus ergeben sich Formteile von jeweils acht Takten. Die einzelnen Teile sind zwar achttaktig, bilden aber, da sie immer doppelt auftreten, 16-taktige Blöcke mit Ausnahme des auf den Schluss hinführenden zweiten Instrumentalteils, der seinerseits schon 16-taktig ist.

Die Audition

Eine Audition dient der gerechten Rollenbesetzung. Sie wird vorbereitet durch eine Vollversammlung aller an einer Mitarbeit interessierten Schüler, auf der das grundsätzliche Vorhaben erläutert wird. Natürlich müssen die Schüler spätestens an dieser Stelle darauf hingewiesen werden, auf was sie sich gegebenenfalls einlassen. Es muss ihnen insbesondere deutlich werden, dass die Entscheidung zu einer Mitarbeit bindend ist und dass dies bedeutet, dass sie sich über ein Schuljahr hinweg einen Nachmittag für die Proben grundsätzlich freihalten müssen. In der Endphase der Produktion können und werden es auch mehrere Nachmittage sein, ggf. auch der eine oder andere Vormittag. Dies zu erwähnen, ist gerade aus pädagogischer Verantwortung für schwächere Schüler und solche der Jahrgangsstufe 13, die in der Probenendphase im Abitur stehen, absolut unumgänglich.

Anschließend werden die Story des Musicals und Teile der Musik vorgestellt, damit die Schüler einen Einblick gewinnen. Alles sollte man an dieser Stelle aber noch nicht preisgeben, um die Spannung zu erhalten. Dann können sich die Schüler in Listen eintragen für die Rollen, für die sie sich interessieren, und Aufgabenzettel in Empfang nehmen, auf denen die Songs für die Audition vorgegeben sind.

Es empfiehlt sich, hinsichtlich der Vergleichbarkeit den Rollen bestimmte Songs zuzuordnen, die

• die Ausdruckspalette der Rolle umfassen,
• dem Schwierigkeitsgrad des Parts entsprechen und
• möglichst den Schülern bekannt oder für sie leicht erreichbar sind.

Bestenfalls findet man in den an der Schule eingeführten Büchern passende Materialien. Zusätzlich empfiehlt es sich, einige CDs oder Kassetten vorzubereiten mit Aufnahmen der Songs und Lieder, deren Bekanntheit bei den Schülern nicht unbedingt vorausgesetzt werden kann. Diese Tonträger können als Vorlage zum Üben dienen und von den Schülern zur Überspielung ausgeliehen werden.

Um bei der Audition selbst nicht durch permanentes Begleiten abgelenkt zu sein und um allen Schülern die gleiche Ausgangsbasis zu garantieren, empfiehlt es sich, zu den Titeln Playbacks zu erstellen, zu denen die Interessenten dann singen müssen.

NB 8

Die Beurteilungskommission sollte aus dem Produktions- oder Leitungsteam bestehen und mit der Hilfe von Beobachtungsbögen, die neben Angaben zu Name und Klasse der Schüler die Punkte Erscheinungsbild, Stimme und Gestaltung des Vorsingens berücksichtigen, die Rollenverteilung vornehmen. Alle Rollen sollten grundsätzlich doppelt besetzt werden. Das gewährleistet zum einen, dass viele Schüler bei der Produktion mitmachen können, zum anderen die damit einhergehende Belastung aufgeteilt werden kann. Die durch die Doppelbesetzungen entstehenden zwei Ensembles sollten in ihrer Gesamtheit etwa gleichwertig sein und daher mit „unverfänglichen" Namen, z. B. Farben, bezeichnet werden, keinesfalls jedoch durchnummeriert sein, weil das eine Rangfolge implizieren würde. Hinsichtlich der Besetzung gibt es erfahrungsgemäß äußerst selten unterschiedliche Einschätzungen, wenn auch einige Schüler andere Rollen bekommen können, als die, für die sie vorgesungen hatten. Diese Möglichkeit muss ihnen aus der Vorbesprechung bekannt sein.

Allerdings sollte ihnen auch bekannt sein, dass alle, die sich gemeldet haben und nicht für eine Rolle besetzt worden waren, an anderer Stelle beim Musical mitarbeiten dürfen, sei es in der Requisite, beim Kartenverkauf, als Bühnenarbeiter oder bei anderen Tätigkeiten. Die Wichtigkeit dieser Aufgaben für das Gesamtprojekt sollte vom Leitungsteam immer wieder betont werden.

Sinnvoll ist es, eine Audition kurz vor den Sommerferien, am besten in den letzten Tagen des Schuljahres zwischen Konferenzen und Zeugnisausgabe zu veranstalten, da zu diesem Zeitpunkt der Schulbetrieb am wenigsten gestört wird und es relativ unproblematisch ist, die Schüler aus dem Unterricht herauszuziehen. Zudem sind an diesen Tagen alle Schüler in der Schule. Die Probenarbeit kann dann unmittelbar mit Beginn des neuen Schuljahres aufgenommen werden.

Planung und Durchführung der Probenarbeit

Im konkreten Fall war der Donnerstagnachmittag als Probentermin für alle Beteiligten frühzeitig festgelegt und bekannt gegeben worden. Die Proben orientierten sich an dem im ersten Teil beschriebenen Planungsmodell, sodass zunächst, bis etwa zu den Weihnachtsferien, die Gruppen einzeln probten, mit Beginn des neuen Jahres gemeinsame Proben in unterschiedlichen Zusammensetzungen stattfanden und nach den Osterferien Durchlaufproben begannen. Für jede Probe wurde jeweils ein Plan erstellt, damit sich die Schüler rechtzeitig auf die Anforderungen einstellen und die von ihnen zu übernehmenden Parts zu Hause einstudieren konnten.

Zum Bühnenbild

Das Märchenstück spielt in zwei Welten, einer Draußenwelt, die als Wald dargestellt ist, und einer Drinnenwelt in einem Schloss. Der Wald ist der Lebensraum für Drachen, Elfen und Erdgeister, Zwerge und Ausgestoßene. Der natürlichen (wilden) Welt ist die künstliche des Königspalastes gegenübergestellt bzw. eingebaut. Hier leben die abgedrehten und überdrehten Hofleute ihr künstliches Dasein, sich nur um sich selbst drehend.

Die Bühne des Theaters am Wall in Warendorf, in dem die Aufführungen stattfanden, hat keine Nebenräume zur Aufnahme von Kulissenteilen. Die wenigen Quadratmeter hinter den Seitenschals müssen für die Kostüme und das Umkleiden genutzt werden. Aus dieser Gegebenheit entstand die Idee, das Bühnenbild so zu bauen, dass bei offenem Vorhang die Szene durch Umklappen von Kulissen verwandelt werden kann.

Die Waldwelt wird verdeutlicht durch seitlich am Bühnenrand stehende Bäume, die nach hinten hin schmaler und kleiner werden. Durch ihre Schrägstellung entsteht die Perspektive eines tiefen Raumes. Die Bäume sind auf ihrer runden Außenseite mit geknittertem Papier kaschiert und bemalt. Dazu hängen Laubwerkflächen von oben in die Szenerie. Die Baumstämme sind am Bühnenboden verschraubt.

Hinzu kommt ein zentraler Baum, der, etwa in der Mitte der Bühne, etwas nach rechts hinten versetzt stehend, zusammen mit den anderen Bäumen den Eindruck eines geschlossenen Waldes vermittelt. Dieser zentrale Baum erfüllt, abgesehen von dieser optischen Funktion, auch andere Aufgaben, so dient er beispielsweise zu Beginn des ersten Aktes einem Zwerg als Ruhestätte. Die Blumen, die Rotkäppchen später pflücken wird, sind in die Befestigungsplatte des Baumes eingelassen.[16]

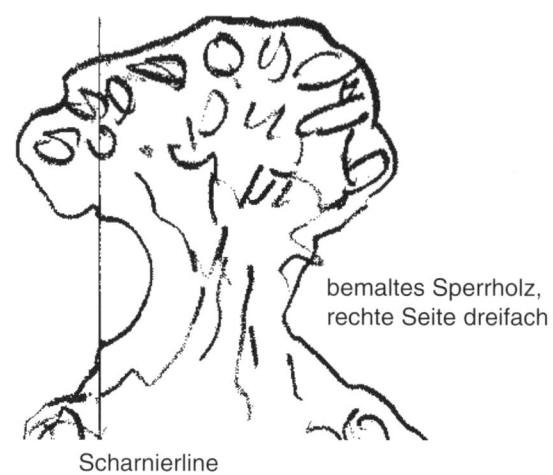

bemaltes Sperrholz, rechte Seite dreifach

Scharnierline

Abb. 5 Zentraler Baum

Der zentrale Baum verwandelt sich von Akt zu Akt in insgesamt drei Stufen: Zunächst ist er, wie aus der Skizze erkennbar, ein knorriger Laubbaum mit dickem Stamm. Im zweiten Akt, der nicht mehr im Wald, sondern im Schloss spielt, wird er nach vorne geschoben, in den halb geöffneten Vorhang gestellt, sodass die seitlichen Bäume nicht mehr sichtbar sind, und an der Scharnierlinie aufgeklappt. So wandelt er sich zur Wand des Boudoirs. In das in der Mitte entstehende Loch wird ein Spiegel eingehängt, den Schneewittchens Stiefmutter zur Bekräftigung ihrer Eitelkeit ja auch dringend benötigt: „Gefährte Spiegel, sage mir: Wer ist von allen die Schönste hier?"

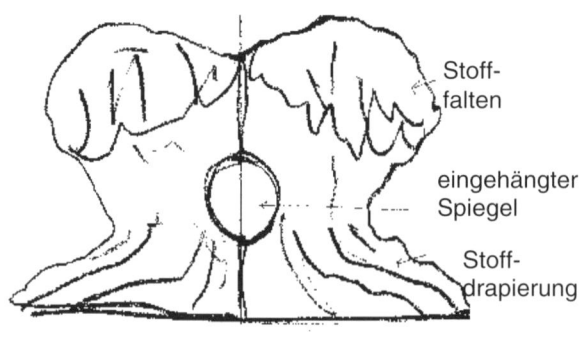

Stoff-
falten

eingehängter
Spiegel

Stoff-
drapierung

Scharnierline

Abb. 6 Boudoirwand

Auch im dritten Akt findet der zentrale Baum Verwendung, indem er nun seine zweite Verwandlung erlebt zum Hintergrund des davor gerollten Königsthrons (Abb. 7).

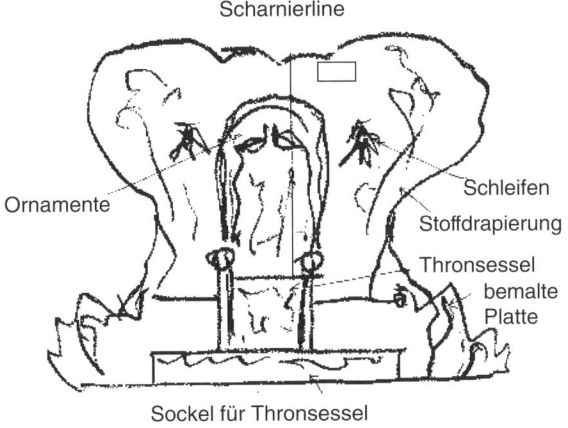

Abb. 7 Thron mit Hintergrund

Der Spiegel – als Symbol für die die Pubertätsprobleme Schneewittchens auslösenden und die Handlung des Musicals bestimmenden Konflikte – sollte, im Sinne eines Gesamtkonzeptes, nicht nur das Bühnenbild des zweiten Aktes bestimmen, sondern auch das Plakat, indem der Spiegelrahmen zentriert in der Mitte steht und auf seiner Fläche sich der Titel *A Mary Tale oder Das Leben Ist Kein Scherz* findet. Aus drucktechnischen und finanziellen Gründen ist das Plakat zweifarbig gehalten, der Hintergrund blau, der Spiegelrahmen dagegen gelb. Die Schrift ist schwarz bzw. gelb. Der Spiegelrahmen findet sich ebenfalls auf dem Cover des Booklets der die Produktion dokumentierenden CD.

Abb. 8 Spiegelrahmen

Zu den Kostümen

Parallel zur Arbeit am Bühnenbild und zu den Proben verlief die Fertigung der Kostüme. Aufgrund großzügiger Stoffspenden konnte der finanzielle Aufwand relativ gering gehalten werden.

Bei der Fülle der zu erstellenden Kostüme empfiehlt es sich, soweit es geht, relativ einfach zu arbeiten und da, wo es nötig erscheint, plakativ zu sein. Dazu reichen häufig wenige Farb- oder Formakzente, die sich auf der Folie der anderen Kostüme dann gut abheben. So trugen beispielsweise die Zwerge private Jeans oder lange, etwas weitere Sporthosen und darüber einfache Hänger, die aus Stoff genäht waren, der schon bei einer der vorausgegangenen Produktionen, *Joseph*, für die Kostüme der Brüder verwendet worden war.

Aufwendiger mussten, schon allein wegen des Kontrastes, die Kostüme des höfischen Bereiches ausfallen. Akzente werden durch die Verwendung von Dekostoffen gesetzt.

Als einfach, aber ausgesprochen wirkungsvoll erwies sich die Idee der Kostümbildnerin, die Tänzerinnen des Balls zu kostümieren: Über unifarbenen, privaten Gymnastikanzügen trugen sie unterhalb einer Art Tutu drei an Schmuckbändern aufgehängte Reifen aus ISO-Schutzrohr, deren Umfang nach unten hin zunahm, sodass sie gewissermaßen einen Reifrock darstellten.

Tonträger

Eine bleibende Erinnerung ist ein Mitschnitt. Mit vertretbarem Aufwand gemachte Videoaufnahmen geben i. d. R. das musikalische Geschehen akustisch nur unvollkommen wieder, da normalerweise die Aufnahmen mit nur einer Kamera gemacht werden, die, damit sie auch Totalen aufzeichnen kann, sich häufig statisch im hinteren Bereich des Aufführungsraumes befindet. Daher ist das eingebaute Mikrophon hoffnungslos überfordert.

Alle möglichen akustischen Aufnahmeformen können an dieser Stelle nicht aufgezeigt werden, da die Palette der technischen Voraussetzungen und der apparativen Gegebenheiten in jedem Einzelfall mehrere Möglichkeiten zulässt, deren Bandbreite im privaten, nicht-professionellen Bereich mit einem mittels zweier guter Raummikrophone erstellten Livemitschnitt beginnt. Mithilfe eines kleinen Recordingmischpults die in Subgruppen zusammengefassten Signale aus dem PA-Pult aufzubereiten und auf einen analogen Mehrspur- oder gar digitale CD-, MD- oder HD-Recorder zu überspielen, muss wohl schon semiprofessionell genannt werden.

Die wohl beste, nicht aber preiswerteste Möglichkeit ist, sich der Hilfe eines professionellen Studios zu bedienen, möglichst sogar eines mit mobiler Aufnahmetechnik, die sozusagen „ins Haus kommt". Die Aufnahme kann als Livemitschnitt oder gesondert erfolgen. Ein weiterer großer Vorteil ist das Angebot der so genannten *post production*, also das nachträgliche Zusetzen von Effekten wie beispielsweise Hall, der Zusammenschnitt zweier oder mehrerer Takes zu einer Endfassung und die Abmischung als eigener Produktionsschritt. All diesen Aufnahmearten gemeinsam ist, dass das Endprodukt z. Zt. eine CD sein sollte, da sie qualitativ der MC weit überlegen und mittlerweile auch preislich in vertretbaren Dimensionen erhältlich ist.

Besonders vorteilhaft ist es, wenn der Tonträger zur Premiere schon vorliegt, da das Publikum beim Musicalbesuch am ehesten geneigt ist, eine CD mitzunehmen, wenn sie sich preislich im mittleren Bereich bewegt. Das ist allerdings von der zeitlichen Belastung her kaum leistbar und daher eher die Ausnahme. Die Gefahr, auf der aus Kostengründen recht hohen Auflage einer CD-Produktion sitzen zu bleiben, kann man dadurch entschärfen, dass man sich die Begeisterung des Publikums bei den Aufführungen sozusagen quittieren lässt durch Eintrag in eine Subskriptionsliste, die dem Zuschauer eine verbilligte CD und der Schule die Abnahme eines bestimmten CD-Kontingents garantiert.

Bei all diesen Überlegungen darf man natürlich nicht außer Acht lassen, dass es sich um eine Schulproduktion handelt mit nicht-professionellen Darstellern und Musikern. Somit werden sich auf der CD Unsauberkeiten melodischer, vor allem aber rhythmischer Natur finden. Das jedoch macht gerade den Reiz aus und entspricht dem Produktionsort Schule.

Anmerkungen

[1] Bei dem vorliegenden Artikel handelt es sich um eine Zusammenfassung von Ausschnitten aus: Walter Lindenbaum, *Machen Sie mal! Musicalarbeit in der Schule*, Frankfurt a. M. 2000 (*Beiträge zur europäischen Musikgeschichte*, hrsg. von Ekkehard Kreft, Bd. 4).

[2] Vgl. Martina Klein, *Stella - A Star Has Fallen*, in: *Boulevard*, Mitgliederzeitschrift der GUBK – Gesellschaft für unterhaltende Bühnenkunst, Nr. 24, April 1999, S. 3.

[3] Es darf in diesem Zusammenhang daran erinnert werden, dass die Aufgaben des Rhetorikers neben „docere" und „movere" immer auch schon „delectare" umfassten, selbst wenn damit nicht unbedingt das gemeint ist, was heute unter „Infotainment" oder gar „Edutainment" verstanden wird.

[4] S. Gunter Otto, *Die Stellung des Faches und die Aufgaben der Lehrerbildung*, in: *Musik und Bildung*, 26. Jg. (1994), Heft 4, S. 4. - Karl Heinrich Ehrenforth, *Überfordertes Berufsprofil*, in: *Musik und Bildung*, 25. Jg. (1993), Heft 4, S. 4.

[5] S. Ortwin Nimczik, *Spielräume im Musikunterricht*, Frankfurt a. M. 1991, S. 85.

[6] Vgl. Walter Lindenbaum, *Machen Sie mal! Musicalarbeit in der Schule*, insbesondere S. 15–30. Zu den wichtigsten zu beachtenden personellen und organisatorischen Gegebenheiten vgl. das Planungsmodell einer schulischen Musical-Produktion.

[7] Es ist wünschenswert, dass Schüler ihre Kenntnisse und Fertigkeiten aus dem privaten Instrumentalunterricht mit einbringen. Dass aber Mittelstufenschüler über den gesamten Probenzeitraum beispielsweise zusätzlich privaten Gesangsunterricht nehmen, verletzt nach meinem Dafürhalten die Verhältnismäßigkeit.

[8] Zum Problem der Rechte s. Beitrag von Bührig.

[9] S. Thomas Krettenauer, *Entertainment als Erziehungsprogramm. Schulische Musiktheaterpraxis in den USA*, in: *Musik und Unterricht*, 8. Jg. (1997), Heft 44, S. 35.

[10] Vgl. die häufig textbezogenen Arrangements in: Walter Lindenbaum, *Was Väter mit Kindern singen und spielen*, Münster 1995.

[11] Vgl. Gunter Reiß, *Dorf-Idyllen und Welt-Erlöser. Musiktheater für Kinder und Jugendliche. Einige Anmerkungen*, in: *Musik und Bildung*, 24. Jg. (1992), Heft 6, S. 11.

[12] Vgl. Elmar Bozzetti, *Theater und Musik für Kinder. Münsteraner Theatergespräche*, in: *Musik und Bildung*, 30. Jg. (1998), Heft 1, S. 57.

[13] Es gibt nur sehr wenige Musicals, die eine nahezu paritätische Besetzung haben wie beispielsweise *A Slice Of A Saturday Night* von den Heather Brothers.

[14] Der Problematik solcher Zuordnungen in „Schubladen" bin ich mir durchaus bewusst, sie sind daher auch keineswegs apodiktisch zu sehen. Ihre jeweilige Berechtigung ergibt sich aus den Analysen der einzelnen Songs; vgl. dazu Walter Lindenbaum, *Machen Sie mal! Musicalarbeit in der Schule*, S. 46ff.

[15] Da das Stück in b-Moll steht, ergibt sich als tiefster Ton es (Grundton der Subdominante). Daher muss der Bass umgestimmt werden.

[16] Die folgende sowie alle weiteren Skizzen sind Entwürfe des für das Bühnenbild verantwortlichen Kunstlehrers.

Planungsmodell einer schulischen Musical-Produktion

1. Schuljahr

Grundsätzliche Entscheidungsfindung zu einer Musicalproduktion

- Vorklärung der personellen und organisatorischen Möglichkeiten einer Musicalproduktion
- Abklären der zur Verfügung stehenden personellen Ressourcen hinsichtlich:

a) **Lehrer**　　　　b) **Schüler**

Musiker

- Musikalische Gesamtleitung	Sänger
- ggf. Komposition & Arrangement	- Solisten
- Chor-, Orchester- und Bandleitung	- Chorsänger
- Korrepetition	- Instrumentalisten
- Produktionsleitung	- Orchester
	- (Big) Band

Künstler

- Bühnenbild	- Bühnenbildner
- Kostüme	- Kostümbildner
- Maske	- Maskenbildner

Philologen

- ggf. Libretto	- Programmheft
- Regie	- Dokumentation
- Leitung von Literaturkursen	- Pressearbeit
	- Werbung

Sportler

- Choreographie	- Tänzer

Techniker

- Sound	- Soundtechniker
- Beleuchtung	- Beleuchter

Organisation

- Finanzierung	
- Rechtsgeschäfte	
- allgemeine Organisation	
- weitere Leitungsaufgaben	- weitere Helfer(gruppen)

- ggf. Festlegung eines Leitungs- und Produktionsteams
- Vorklärung bei:
  - Schulleitung bzgl. genereller Unterstützung
  - interessierten und kompetenten Kollegen bzgl. Mitarbeit
- Abklären der organisatorisch-technischen Gegebenheiten
  - Aufführungsmöglichkeiten
  - Interferenzen mit anderen schulischen Gegebenheiten

Auswahl eines geeigneten Stückes und weitere Grobplanung

- Überprüfung vorhandener Stücke oder Komposition eines eigenen Stückes nach
  - Attraktivität (musikalisch und publikumsbezogen)
  - Machbarkeit (Schwierigkeitsgrad in Relation zum Leistungsvermögen der Beteiligten und den technisch-organisatorischen Gegebenheiten)
- Gespräch mit Schulleitung bzgl.
  - Entlastung und Stundenplangestaltung für die beteiligten Kollegen
  - Koordinierung aller Proben an einem Nachmittag
- Abstimmung der weiteren Planung mit dem Schulkalender hinsichtlich
  - Abiturtermine
  - Klausurplan
  - Kursfahrten / Wanderwoche und -tag
  - andere schulische Veranstaltungen
- Planung eines Gesamtkonzeptes hinsichtlich
  - musikalischer Gestaltung
  - Inszenierung
  - Bühnenbild
  - Kostüme
  - Choreographie
  - Plakat
  - Programmheft
- spätester Termin zur Festlegung eines Leitungs- und Produktionsteams
- Audition, dabei Doppelbesetzung der Rollen durch Produktionsteam

2. Schuljahr, 1. Halbjahr

Probenarbeit, begleitet von regelmäßigen Koordinierungsbesprechungen der Leiter

- Parallele Proben der beteiligten Gruppen nach langfristigem Zeitplan
  - bis etwa Weihnachten überwiegend separat
    - Instrumentalproben, ggf. Satzproben oder einzelne Gruppen
    - Sängerproben, mit Korrepetition und/oder Playback
    - szenische Proben
    - choreographische Proben
  - anschließend zunehmend Zusammenfassung von Gruppen und Solisten
- Erstellung von Entwürfen für und Beginn der Arbeit an Bühnenbild, Kostüme(n), Plakat
- Erarbeitung von Literatur und Erstellen von Texten für Programmheft
- Requirierung von Anzeigen für das Programmheft
- Zusammenstellung der Ensembles für Rot- und Gelb-Besetzung
- möglichst Probenwochenende an anderem Ort

2. Halbjahr

Bis zu den Osterferien

- Fertigstellung der Druckvorlagen für Plakat unter Berücksichtigung der drucktechnischen Machbarkeit und der Kosten
- Fertigstellung der Texte für Programmheft, Beginn mit Erstellung der Druckvorlagen
- Korrekturanprobe der Kostüme
- möglichst Probenwochenende an außerschulischem Ort
- erste zusammenfassende Proben im nichtschulischen Aufführungsraum

Nach den Osterferien

- Wiederaufnahme der Proben
- Aufbau des Bühnenbildes, sofern nicht in Osterferien geschehen

Zwei bis drei Wochen nach den Osterferien

- ggf. Probenwochenende an außerschulischem Ort
- Durchlaufproben auf Bühne mit Live-Musik und Beleuchtung, ggf. Tontechnik

Letzte Probenwoche

- Hauptproben für beide Besetzungen mit letzten Korrekturen und Tontechnik
- Generalprobe unter Aufführungsbedingungen für Ensemble Rot
- ggf. ein Tag Pause

Aufführungen

- Premiere für Ensemble Rot
- ein Tag keine Aufführung, stattdessen Generalprobe für Ensemble Gelb
- Premiere für Ensemble Gelb
- Aufführungen
  - bei geliehener Tontechnik aus Kostengründen möglichst täglich mit Ausnahme eines Tages
  - Zahl der Aufführungen aus Paritätsgründen möglichst gradzahlig, die letzte Aufführung sollte das Ensemble Gelb spielen

W. A. Mozart: Le nozze di Figaro

Didaktische Überlegungen und Vorschläge

Arnold Werner-Jensen

Mozarts *Figaro* gehörte bislang nicht zu den Operntiteln, die im Musikunterricht eine nennenswerte Bedeutung hatten. Weder in Lehr- und Bildungsplänen noch in Lehrbüchern oder anderweitigen didaktischen Publikationen zum Thema Musiktheater spielte diese Oper eine Rolle. Fragt man nach Gründen, stößt man schnell auf ein seltsames Argumentationsvakuum – es gibt eigentlich keine triftigen Antworten, nur Vermutungen. Neben dem altbekannten „das war schon immer so" könnte allenfalls die fremde Sprache des Librettos ins Feld geführt werden, zumal im Zuge der modischen Originalsprachenwelle an unseren Opernhäusern *Figaro* inzwischen auch auf Provinzbühnen auf Italienisch gesungen wird.

Ungleich gewichtiger aber sind die Argumente, die <u>für</u> eine unterrichtliche Beschäftigung mit *Figaro* sprechen:

- Die Handlung ist spannend und witzig, also überhaupt nicht so albern, konstruiert oder unglaubwürdig wie in der Mehrzahl der übrigen Opernlibretti;
- innerhalb des mozartschen Opernschaffens stellt *Figaro* einen Höhepunkt dar; manche Kenner halten das Werk mit guten Gründen für seine beste Oper;
- musikalisch fasst die *Figaro*-Partitur auf exemplarische Weise alle Merkmale und Stärken Mozarts wie in einem Brennspiegel zusammen;
- auch für die wichtige historische Gattung der *opera buffa* markiert *Figaro* den Höhepunkt;
- aufgrund seines komplexen und durchdachten Librettos ist *Figaro* auch dramaturgisch ungewöhnlich ergiebig, stellt eine Fülle unterschiedlichster szenischer Anregungen bereit, sowohl für die Regie – die Personenführung im engeren Sinn – wie auch für alle Bereiche der Bühnenausstattung;
- schließlich erscheint *Figaro* häufig auf allen großen und kleinen Bühnen, gehört zu den meistgespielten Titeln im gängigen Repertoire, ist damit also gut erreichbar, wenn man einen Opernbesuch mit einplant;
- und die Medienindustrie stellt demgemäß eine überwältigende Fülle an Tonträgern zur Verfügung (einschließlich Video), darunter erstaunlich viele hochwertige und zugleich stilistisch recht unterschiedliche Einspielungen.

Aus allen diesen Argumenten ergibt sich folgerichtig eine Fülle an didaktischen Möglichkeiten des Umganges mit *Figaro* im Musikunterricht von Sekundarstufe I und II – zwischen den Extremen der konventionellen Werkbetrachtung und einer institutionsumfassenden Einführung in das Wesen des Musiktheaters (am Beispiel von *Figaro*). Die reine Werkbetrachtung, wie sie im Schwerpunktunterricht der Sekundarstufe II sinnvoll sein kann, bietet keine besonderen Probleme, sodass wir uns hier umfassender mit anderen Zugängen beschäftigen können. Die nachfolgenden Anmerkungen sollen einige Wege skizzieren. Die didaktischen Prämissen hierfür sind inzwischen Allgemeingut; sie sollen deshalb nur stichwortartig in Erinnerung gerufen werden.

1. Die Oper ist nicht erst seit Wagner ein „Gesamtkunstwerk". Sie setzt sich zusammen aus Musik, Sprache, Szene und Dekoration, wobei jeder einzelne Teilbereich ohne die anderen unvollkommen bleibt. Die vorrangige Betrachtung der Musik würde also der Gattung nicht gerecht werden und sie unzulässig auf einen – wenn auch wichtigen – <u>Teil</u>aspekt reduzieren.

2. Daraus folgt, dass man sich immer auch dann zumindest indirekt mit der Musik auseinandersetzt, wenn man sich mit Fragen des Textes, der Personenkonstellation, der Inszenierungsmöglichkeiten und der Ausstattung beschäftigt.

3. Damit eine derart komplexe Oper wie *Figaro* über die Bühne gehen kann, sind eine Fülle von unterschiedlichsten – organisatorischen, technischen und künstlerischen – Aufgabenstellungen zu lösen und zu koordinieren. Die Diskussion der notwendigen Lösungswege gehört deshalb ebenfalls auf das Engste zur Musik.

4. Die bekannte und verbreitete Abneigung gegenüber der Oper muss hier nicht mehr diskutiert werden. Nach wie vor aber nötigt sie uns dazu, uns vor Beginn einer Unterrichtseinheit über das Thema Oper intensiv Gedanken über die Motivationssituation und deren Verbesserung zu machen.

5. Die verbreitete Abneigung gegenüber der Oper basiert genau auf jenen Elementen, die den Opernkonsum für die Opernfans gerade so reiz-

Anmerkungen s. S. 147

voll machen: auf der Musik und hier vor allem dem Gesang, insbesondere dem von Belcanto-Stars vorgeführten.

6. Aus allem Gesagten folgt, dass eine Annäherung an ein Werk wie *Figaro* in der Schule nicht vorrangig über die Musik erfolgen muss und kann, sondern auf scheinbaren „Umwegen", die der Motivation dienen und die andere gleichberechtigte Bereiche des Musiktheaters nicht nur mit einbeziehen, sondern sie voranstellen. Das didaktische Kunststück besteht darin, die spätere Begegnung mit der Musik des *Figaro* so vorzubereiten, dass die Notwendigkeit dieser Begegnung außer Frage steht, dass also vormalige Abneigungen und Vorurteile gegenüber Oper gar nicht mehr zum Tragen kommen können.

Das Fazit muss also lauten: Auch Musikunterrichtsstunden, in denen unter Umständen zunächst überhaupt keine Musik erklingt und „besprochen" wird, sind selbstverständlich Musikunterricht. Man darf nur nicht das übergeordnete Ziel aus dem Auge verlieren: Wir wollen unsere SchülerInnen zum Musiktheater und seiner wichtigsten Gattung, der Oper, hinführen, sie motivieren und begeistern für ein unglaublich vielschichtiges und kompliziertes, dabei hochemotionales und kulturell erstrangiges Phänomen.

Im Folgenden werden einige Anregungen zur unterrichtlichen Beschäftigung mit Mozarts *Figaro* in beiden Sekundarstufen gegeben, allerdings wird konsequent auf methodische Vorschläge verzichtet – die Auswahl und Vorstellung der einzelnen Gesichtspunkte geschieht jedoch nach didaktischen Kriterien, die Form der Umsetzung dürfte keine Probleme verursachen.

Stichworte zum Werk

Mozart komponierte seinen *Figaro* 1785/86; die Uraufführung fand am 1. Mai 1786 in Wien statt. Das Libretto verfasste Lorenzo da Ponte, der sich dabei auf das Schauspiel *Le marriage de Figaro* von Beaumarchais stützte. Dieses Lustspiel, in dem es um das umstrittene „Recht auf die erste Nacht" (jus primae noctis) absolutistischer Fürsten geht, war in Wien verboten; da Ponte erreichte durch Änderung und Entschärfung der Handlung dennoch die Genehmigung zur Vertonung. Auf diese Weise wurde jedoch aus der ursprünglichen pointierten politischen Satire bei Beaumarchais ein wesentlich harmloseres, gleichwohl witziges und geistvolles Libretto, in dem es vorrangig um Liebesintrigen und deren Lösung geht.

Das Gattungsmodell lieferte die *opera buffa*, die gegenüber der in ihren Stereotypen erstarrten *opera seria* Temperament und Tempo bot. Auch die Buffa folgte dennoch einigen etablierten Regeln: Gegenüber der starren Folge von Rezitativen und Arien der Seria lockerte sie die Nummernfolge durch Ensembles und Chöre auf, hielt jedoch auch noch an den beiden Formen des Rezitatives (secco und accompagnato) fest sowie am Soloauftritt der Arie, die sich aber vom Schema der Dacapo-Form löste. Im Rezitativ wurde der charakteristische geschwinde Parlando-Tonfall wichtig, mit dem die turbulente Handlung vorangetrieben wurde – allerdings sollte man diese Texte auch wirklich verstehen, denn sie reihen Pointe auf Pointe und bereiten die unmöglichsten Lustspielsituationen vor und nach. Ensembles waren schon vor Mozart ein Kennzeichen der Buffa; die beiden großen Final-Ensembles des 2. und 4. Aufzuges aber sind Mozarts ureigenste Leistung und stellen einen ebenso originellen wie unüberbietbaren Höhepunkt der Gattung dar.[1]

Zum Problem der Originalsprache des Librettos

An kaum einer anderen Oper als am *Figaro* kann man die Absurdität der Originalsprachen-Mode besser aufzeigen. Stumm und geduldig lässt das Publikum in einer italienisch gesungenen Aufführung die langen Rezitative über sich ergehen, ohne Anzeichen der Anteilnahme und des Verständnisses, außer bei den wenigen drastischen Momenten von Situationskomik (der Graf entdeckt den Pagen auf dem Sessel), immer nur in Erwartung der „schönen Momente" (vor allem der Arien). Dagegen rücken die Zuschauer in einer deutschsprachigen Aufführung auf einmal auf die Vorderkante der Sitze, und die Rezitative werden durch hör- und sichtbare Zeichen der Anteilnahme und des Amüsements begleitet; die sich jagenden Pointen werden mit Gelächter kommentiert, und niemand langweilt sich mehr in den Rezitativen.

Diese kunstästhetische Diskussion gehört zwar nicht ausführlich hierher, doch gibt sie uns didaktische Anregungen: Der Weg zum Verständnis des *Figaro* erfolgt über das Libretto und zwar über dessen genaue deutsche Übersetzung. Sie gehört in die Hand der SchülerInnen.

Zur Handlung (zum Libretto)

Nicht ganz unwichtig für das Verständnis der Handlung ist die Kenntnis der Vorgeschichte. Sie wird u. a. in einer Oper erzählt, die nach Mozarts *Figaro* entstanden ist: in Rossinis *Barbier von Sevilla* (1816, also 30 Jahre nach Mozart). Hier begegnen uns einige wichtige Personen aus Mozarts *Figaro*: Der Graf, der hier allerdings Tenor singt, erobert gegen den Willen des Doktor Bartolo dessen Mündel Rosina, die spätere Gräfin aus dem *Figaro*; Marcellina steht bereits als Haushälterin in Bartolos Diensten, und auch der Musikmeister Basilio ist mit von der Partie, allerdings als Bass. Figaro, noch als Barbier tätig, zieht hier wesentlich tatkräftiger die Fäden der Handlung, während er bei Mozart Kammerdiener des Grafen geworden ist und nun die wesentlichen Initiativen seiner Braut Susanna überlässt.

In Baumarchais-da Pontes Handlung begegnen wir ihnen allen wenige Jahre später wieder: Graf und Gräfin sind verheiratet im Ehealltag, aber keineswegs wesentlich älter geworden. Der Graf stellt der Zofe Susanna nach, die kurz vor der Hochzeit mit Figaro steht. Das feudale „Recht auf die erste Nacht" hat der Graf zwar offiziell aufgegeben, beansprucht es inoffiziell jedoch immer noch. Bartolo und Marcellina finden im Laufe der Handlung überraschend zueinander, als sich herausstellt, dass Figaro das Produkt ihrer ehemaligen „natürlichen" Liebe ist – der Doktor pflegte also seinerzeit ein heimliches, intensives und folgenreiches Verhältnis mit seiner Haushälterin.

Personenkonstellation im *Figaro*

Ein wichtiges und bewährtes Hilfsmittel zum Verständnis von Handlungs- und Personenkonstellationen ist das Personendiagramm, eine schematische Darstellung des Beziehungsgeflechts. Bei kaum einer anderen Oper des Repertoires ist es so wichtig und hilfreich wie bei Mozarts *Figaro*. Ein wesentliches Kennzeichen dieses Librettos ist es nämlich, dass wir hier weder eine eindeutige einzelne Hauptperson noch eine völlig eindeutige Hierarchie vorfinden. Es gibt vielmehr vier ganz gleichberechtigte Hauptfiguren (Graf und Gräfin, Figaro und Susanna), zu denen sich – ebenfalls herausgehoben als quasi fünfte Hauptfigur – der Page Cherubino gesellt; in einem zweiten Kreis gruppieren sich um diese fünf die restlichen Solisten (Bartolo und Marcellina, Basilio, Curzio, Anto-

nio und Barbarina). Fast alle stehen zueinander aus unterschiedlichsten Gründen in einem spannungsvollen Verhältnis. Dabei dominieren zwei grundsätzliche Arten von Beziehungen: die Liebesbeziehung (positiv – Figaro-Susanna – oder auch gebrochen, einseitig erotisch-aggressiv: Cherubino liebt pubertär unterschiedslos alle Damen, der Graf stellt gierig allen jüngeren ledigen Damen nach, Bartolo muss Marcellina eher ehelichen, als dass er es freiwillig täte), und die quasi dienstlich-hierarchische, aber niemals spannungsfreie Beziehung Herr-Diener/Untergebener (Graf–Figaro, Gräfin–Susanna, Graf–Cherubino, Graf–Basilio, Graf–Antonio). Alle diese Beziehungen haben jeweils mehrere Dimensionen; z. B. stellt der Page allen weiblichen Wesen nach, die jedoch seinem Charme zumindest partiell und unfreiwillig erliegen; die beiden Diener Figaro und Cherubino verursachen durch ihre Eigeninteressen jeweils Spannungen im an sich eindeutigen Herr-Diener-Verhältnis.

Wegen dieser hochkomplexen „Beziehungskiste", die uns die Handlung des *Figaro* vorführt, ist es ratsam, die Personenkonstellation zunächst in mehrere Einzelaspekte zu zerlegen – es gibt gleichsam mehrere unterschiedliche Kraftfelder, die sich freilich alle überlagern und gegenseitig beeinflussen und stören:

1) Im Mittelpunkt der Handlung stehen die vier Hauptpersonen:

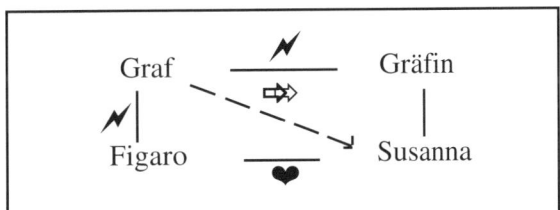

2) der Graf steht im Mittelpunkt eines gleichsam erotischen Spannungskreises:

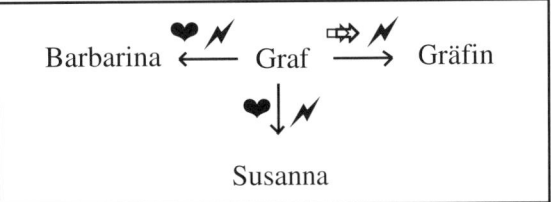

3) Figaro steht im Spannungsfeld recht unterschiedlicher Interessen:

⚡ = Spannung/Konflikt ❤ = Liebe/Erotik ⇨ = Heirat

4) und auch Cherubino stört seinen eigenen Kreis:

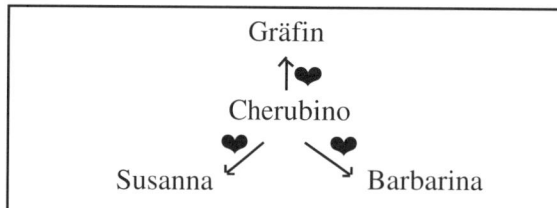

5) Das komplizierte Beziehungsgeflecht aller elf handelnden Personen lässt sich kaum ohne Rest in einer Übersicht darstellen; im folgenden Vorschlag werden die unterschiedlichen Arten von Beziehungen durch verschieden gestaltete Linien und Symbole markiert (Pfeil: Herr-Diener-Verhältnis; Verbindungslinie mit zwei Pfeilen: konflikthafte Beziehung; gestrichelter Pfeil: erotische Absicht; zwei Ringe: Paar, in Klammern: Hochzeit im Verlauf der Handlung):

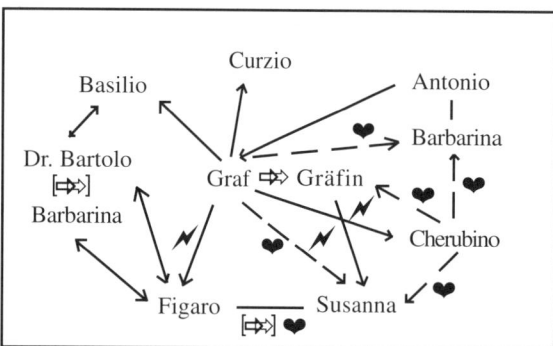

Die Erstellung derartiger Diagramme fördert ganz entschieden das Verständnis für die Handlung; selbst wenn wie im Fall von *Figaro* immer ein ungelöster Rest bleiben muss, es also kein eindeutiges und perfektes Gesamt-Diagramm geben wird, so ist auch die Erkenntnis dieser Vielschichtigkeit und Problematik ein wichtiger Schritt zum Verständnis der Handlung. Darüber hinaus führt von hier aus ein direkter Weg zu den beiden großen Final-Ensembles, in denen jeweils nach und nach und in wechselnden Konstellationen alle Personen der Handlung auftreten und miteinander kommunizieren. Voraussetzung für die Erarbeitung derartiger Diagramme ist die Kenntnis der Handlung (vorherige Lektüre, nicht nur Opernführer!). Wenn die SchülerInnen ein derartiges Vorhaben bereits kennen (vielleicht aus dem Deutschunterricht), könnte es als Hausaufgabe vorbereitet werden. Andernfalls ist es – in diesem speziellen Fall des *Figaro* – ein Thema für eine ganze Unterrichtsstunde und kann Anlass zu intensiven Debatten sein, die dem Verständnis der Handlung äußerst dienlich sind.

Ensemblekunst – das Finale des 2. Aufzuges

Die Oper ist eine der kunstvollsten und zugleich unnatürlichsten Gestalten, die der Mensch ersonnen hat (wobei das nicht wertend gemeint ist). Am deutlichsten wird das an einem Phänomen, das es nur in der Oper gibt: am *Ensemble*. Im täglichen Leben gilt es als unhöflich, wenn mehrere Personen gleichzeitig sprechen; außerdem versteht man sich dann nicht mehr. Gleiches gilt im Sprechtheater, im Schauspiel. In der Oper dagegen ist das gleichzeitige Singen gerade ein Charakteristikum und ein besonders kunstvolles obendrein. Mozart führte diese Spezialität im *Figaro* auf ihren zuvor und nachher nie wieder erreichten oder gar überbotenen Höhepunkt. Also kann eine unterrichtliche Auseinandersetzung mit *Figaro* diesen Bereich kaum ausklammern.

Es gibt zahlreiche Ensembles im *Figaro*; die beiden längsten sind die beiden Finali des 2. und 4. Aktes, wobei das des 2. Aufzuges das noch raffiniertere und komplexere ist. Musikalisch handelt es sich hierbei um ein äußerst vielschichtiges Gebilde, dessen Feinheiten im Unterricht nicht in erster Linie auf analytischem Wege vermittelt werden können und sollen. Der naheliegende Ansatz zum Verständnis geht daher wieder über das Libretto und die Sprache; die didaktische Fragestellung könnte dabei lauten: Welche Arten des Gespräches gibt es und wie lassen sie sich musikalisch verwirklichen?

Es gibt mehrere grundsätzlich unterschiedene Arten der sprachlichen Kommunikation, des Miteinander-Redens, zum Beispiel:

- Frage und Antwort;
- Stellungnahme und Zustimmung (friedliches Gespräch);
- Stellungnahme und Ablehnung/Gegenrede (Streitgespräch);
- das Gespräch zwischen zwei Partnern oder Gegnern;
- das Gespräch zwischen mehr als zwei Menschen.

Allen diesen Abstufungen ist eines gemeinsam: Soll das Gespräch weiterführen, erfolgreich sein, müssen die Partner nacheinander reden. Gleichzeitiges Reden gilt nicht nur als unhöflich, sondern verhindert Verständnis und signalisiert Erregung.

Prinzipiell gelten diese Regeln zunächst auch für alle dramatischen Texte, ob im Schauspiel oder in der Oper. In der Oper tritt die Musik hinzu und ist in der Lage, gewichtige Anteile des Gespräches zu übernehmen und zu kommentieren; deshalb kommen Libretti, die auf Schauspieltexten basieren (*Otello* von Verdi!) in der Regel übrigens mit weniger als der Hälfte der ursprünglichen Textmenge aus. Neu und anders aber ist in der Oper die Möglichkeit des gleichzeitigen Singens von zwei und mehr Menschen, wobei die Eigenschaften der Musik jeweils signalisieren können, ob sich die Sprechenden einig sind oder nicht: Paralleles Singen in Terzen und Sexten sowie im gleichen Rhythmus veranschaulicht auf ideale Weise den Grad der Übereinstimmung. Auf der anderen Seite werden zahlreiche Abstufungen des ineinander verzahnten Sprechens und sprachlichen Aufeinander-Reagierens möglich: von partieller Gleichzeitigkeit über unterschiedliche Rhythmisierung bis hin zur Wechselrede in kürzesten oder längsten Abschnitten. Verglichen mit dem „normalen" Sprechen entfernen sich diese Abstufungen auf unterschiedliche Weise von der Realität.

Eine Möglichkeit der Annäherung an die Ensemblekunst im *Figaro* besteht in der Erörterung genau dieser Abstufungen; für alle gibt es charakteristische Beispiele. Unter diesem Aspekt folgen deshalb hier einige ausgewählte Beispiele aus dem Komplex des ersten Finales. Insgesamt handelt es sich bei diesem Ensemble um ein riesiges, vielfach gegliedertes Gebilde von 940 Takten, das in kunstvoller Weise in zehn Abschnitte unterteilt, jedoch insgesamt pausenlos durchkomponiert ist – wenn man so will, wird hier lange vor Wagner das Prinzip der durchkomponierten Oper verwirklicht. Die doppelte Beschleunigung der beiden letzten Abschnitte allerdings gehorcht primär einem musikalischen, nicht einem dramaturgischen Gesichtspunkt: Sie stellen die sich zweifach steigernde Schluss-Stretta des Aufzuges dar.

Die zehn Abschnitte gehorchen in direkter Abhängigkeit zur Textvorlage einer raffinierten Dramaturgie: Immer dann, wenn entweder ein unvorhergesehenes Handlungsmotiv eingeführt wird oder wenn eine neue Person auftritt, ändern sich Tempo und Charakter der Musik grund-

legend. Auf diese Weise entsteht eine umfassende Spannungskurve, die entscheidend mit dazu beiträgt, dass die Spannung nie nachlässt, sondern steigt, zumindest aber auf gleicher Höhe bleibt (s. Schaubild unten).

Um dieses tausendtaktige Gebäude dennoch zu einer Einheit zusammenzuhalten, greift Mozart zu einem Kunstgriff: Er bindet vor allem die längeren Abschnitte durch die Konzentration auf ein oder zwei ständig wiederkehrende, ostinate Motive. Hierfür einige Beispiele:[2]

Molto Andante T. 126ff. (Teil 2): ein quasi stilisierter Menuettrhythmus, zum Ausdruck des verwirrten Staunens über Susannas unerwarteten Auftritt aus dem Kabinett (NB 1, S. 142).

Allegro T. 167ff. (Teil 3): zwei ständig wiederholte, ständig neu instrumentierte, deutlich kontrastierende Themen im Orchester tragen das so ambivalente Geschehen (der Graf verwirrt und reumütig, die beiden Damen ein wenig triumphierend) (NB 2, S. 142).

Andante T. 398ff. (Teil 5): eine bewusst banale Melodie im Marschrhythmus, kontrastierend zu einer ganz kleinteilig figurierten Begleitung (NB 3, S. 142).

Andante T. 605ff. (Teil 7): wieder ein ostinates, ständig kreisendes Motiv, das sich bisweilen zu kräftiger Steigerung aufschwingen kann, wiederum im gleichsam gebremsten Tanzschritt (NB 4, S. 142).

Nun zu den eigentlichen Formen des Dialoges, den unterschiedlichen Formen des Mit- und Gegeneinander-Singens; hier einige charakteristische Beispiele:

- spannungsvoller streitbarer Dialog in längeren Phrasen (NB 5, T. 83ff. S. 142)
- spannungsvoller streitbarer Dialog in ganz kurzen Phrasen (NB 6, T. 55ff. S. 142)
- Gespräch zu dritt, zwei sind sich in ihrer Verwirrung einig (Graf und Gräfin), Susanna wundert sich darüber (NB 7, T. 146ff. S. 142)
- zwei meinen das Gleiche (NB 8, T. 160ff.)
- momentane totale Übereinstimmung von drei Personen (NB 9, T. 308ff. S. 143)

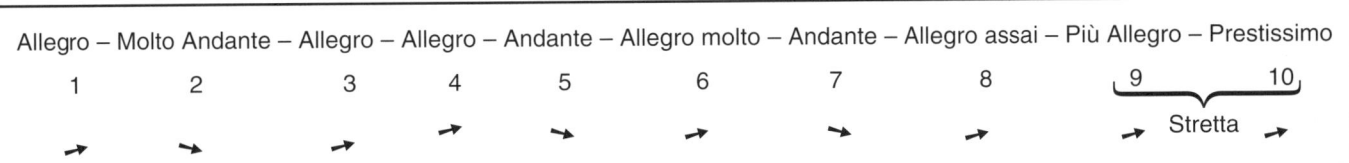

(Schaubild: die Abschnitte des Finales zum 2. Akt; aufsteigender Pfeil: schnelles Tempo, absteigender Pfeil: langsameres Tempo).

142

NB 1

NB 2

NB 3

NB 4

Gräfin
der nicht Ziel noch Gren - zen kennt,

Graf
ja, er ster - be, ja, er ster - be, der Ver-

ach wie weit führt blin - der Ei - fer, der nicht Ziel noch Gren - zen kennt.

rä - ter, er, der uns, er, der un - sre Ban - de trennt.

NB 5

Gräfin
Scho - ne die Un - schuld!

Graf
Her den Schlüs - sel! Her den Schlüs - sel!

Scho - ne die Un - schuld! Lass dir sa - gen..

Schwei - ge, schwei - ge!

NB 6

Susanna
Wie staunen sie Bei - de, ver - wirrt stehn sie da,

Gräfin
Was soll ich nun den - ken, Su - san - na ist da?

Graf
Su - san - na, be - schämt steh ich da,

NB 7

- sprachliche „Interaktion" von vier Personen (NB 10, T. 411ff. S. 143)
- gruppenweises und einzelnes Aufeinander-Reagieren (NB 11, T. 491ff. S. 143)
- sieben Personen spalten sich in zwei getrennte Gruppen (NB 12, T. 782ff. S. 144)
- komplettes Septett voller unterschiedlicher Interessen (NB 13, T. 857ff. S. 144)
- alle sind sich (scheinbar!) „einig", hier allerdings vorwiegend aus musikalischen Gründen (Strettaeffekt) (NB 14, T. 920ff. S. 144).

Diese Aufstellung ließe sich durch weitere Beispiele aus anderen Ensembles erweitern; das schönste Beispiel einer totalen emotionalen Übereinstimmung zweier sprechender Personen findet sich im Duettino Nr. 20: Die Gräfin diktiert Susanna einen fingierten Brief, wobei Susanna die Sätze immer zur Bestätigung partiell und leicht variiert wiederholt (NB 15, T. 4ff. S. 145).

Sodann lesen beide gemeinsam ihr Werk, wobei die Stimmen sowohl alterieren als auch verschmelzen (NB 16, T. 46ff. S. 145).

Zur Instrumentation

Die *Figaro*-Partitur ist ein unübertreffliches Lehrbeispiel für Mozarts Instrumentierungskunst, insbesondere für seinen subtilen Umgang mit den Holzbläserfarben. Vor allem der Einsatz der Klarinetten im Orchester erfolgt auf ganz besondere Weise: Zwar hatte sich das Klarinettenpaar zu dieser Zeit bereits ziemlich fest im Orchester etabliert, doch setzte es Mozart – anders als Haydn – immer sehr bewusst und kalkuliert ein oder ließ es weg. Man kann das an einigen Arien aus *Figaro* gut belegen und damit eine kleine Hörschule der Klangfarben verbinden. So wird das Buffo-Paar Figaro-Susanna überwiegend von einem Orchester ohne Klarinetten getragen: Die ersten drei Nummern lassen die Farben von Oboe und Fagott besonders gut zur Geltung kommen – gleichsam als Buffo-Farbe. Selbst dann, wenn Susanna ihre buffoneske Zofenrolle abschüttelt und sich rückhaltlos zu ihrer Liebe bekennt, nämlich in ihrer letzten Arie im 4. Akt (Nr. 27), dominieren nur Flöte, Oboe und Fagott solistisch konzertant (s. NB 17, S. 145).

Die Gräfin jedoch und auch der ständig erotisch „aufgeladene" Cherubino werden in ihren Soloauftritten auf charakteristische Weise vom Klarinettenklang eingehüllt: In Cherubinos Arie Nr. 6 erzeugt seine Anwesenheit einen latent schwü-

len Klang, und in der Cavatina Nr. 10 der Gräfin beschwören die Klarinetten voller Wärme die Sehnsucht nach Liebe.

Die *Ouvertüre* bestätigt durch ihre Instrumentation, dass Mozart den Buffotonfall gerade an Oboen und Fagotte bindet: Obwohl auch Klarinetten eingesetzt werden, treten sie solistisch-thematisch nicht in Erscheinung.

Inszenierung und Bühnenbild

Selbstverständlich eignet sich *Figaro* wie jede andere im Unterricht behandelte Oper auch zur Veranschaulichung des Bereichs Regie und Ausstattung. Da dieser wichtige Aspekt inzwischen hinreichend in der Literatur an Beispielen belegt worden ist, mögen einige stichwortartige Hinweise genügen.

- Die Oper *Figaros Hochzeit* lebt vorrangig von der Personenkonstellation und den zwischen den Personen sich abspielenden Intrigen und Verwicklungen. Erfolg oder Misserfolg einer Inszenierung hängen deshalb vor allem von der Kunst der Personenführung ab, weniger jedoch von Effekten der Ausstattung. Überlegungen im Unterrichtsgespräch zur Inszenierung sollten deshalb auch in erster Linie von einigen spannungsreichen Handlungssituationen ausgehen. Beispiele für derartige Situationen wären: Der Dialog zwischen Figaro und Susanna zu Beginn des 1. Aktes – beide beschäftigen sich zunächst mit ganz unterschiedlichen äußerlich-banalen Tätigkeiten (Ausmessen des Raumes, Hut aufprobieren); auf der zweiten wichtigeren Ebene aber wird zunehmend deutlich, dass hier der grundlegende Handlungskonflikt thematisiert werden soll – der Graf stellt Susanna nach, und dagegen muss eine Strategie ersonnen werden; außerdem ist Susanna ihrem Figaro bereits hier (wie weiterhin im Laufe der Handlung) um mehr als eine Nasenlänge voraus. Diskussionspunkt zur Regie ist demnach die Frage: Wie bringe ich diese beiden – äußeren und inneren – Vorgänge in der Personenführung glaubhaft zusammen?

- Im Verlauf des 1. und 2. Aktes kommt es zu einigen typischen Lustspielsituationen: etwa der zunächst hinter, dann auf dem Sessel versteckte, schließlich entdeckte Page oder sein Sprung aus dem Fenster. Hier bietet sich die Gelegenheit, über die Dekoration der Bühne zu diskutieren. Gesichtspunkte des Gesprächs könnten sein: Wie halten wir die Balance zwischen Situationskomik und Klamauk – Verborgensein und Ent-

NB 8

NB 9

NB 10

NB 11

NB 12

NB 13

NB 14

decktwerden müssen ein Mindestmaß an szenischer Glaubwürdigkeit besitzen, denn sonst würde der Graf zum Trottel degradiert (was nicht zum Fortgang der Handlung passt!). Und wie kann man aus dem Fenster springen, ohne sich die Knochen zu brechen – hier gibt es Gelegenheit zur Erörterung des Bühnenbildes und seiner nicht sichtbaren Teile: Wie sollte ein Innenraum im gräflichen Schloss aussehen, wo befinden sich Türen und Fenster, die dramaturgisch benötigt werden (Versteck im Kämmerchen, Sprung aus dem Fenster).

Die Diskussion von Details der Dekoration bietet zugleich Anlass für ein simuliertes Konzeptionsgespräch (das in der Theaterwirklichkeit bekanntlich sehr früh vor der Premiere zwischen dem Regisseur und seinen Ausstattern stattfindet):

NB 15

NB 16

NB 17

- Im Mittelpunkt eines derartigen (Klassen-)Gespräches – eventuell mit gruppenweiser Rollenverteilung (hier Regisseur, dort Bühnenbildner und Kostümbildner) – könnte die Frage stehen: Wie „werkgetreu" kann oder muss eine Inszenierung des *Figaro* sein, welche Regieangaben aus dem Libretto sind unbedingt umzusetzen und unverzichtbar für das Verständnis der Handlung, welche sind eventuell entbehrlich. Stichworte hierzu: Die Handlung spielt in der Mozart-Zeit; lässt sie sich bruchlos in eine andere Zeit übertragen, etwa gar in die Jetztzeit? Hintergrund des Handlungskonfliktes ist bekanntlich der Verzicht des Grafen auf das feudale „Recht der ersten Nacht" – ist dieser Konflikt so zeitgebunden, dass er nur in einem feudalen Rokoko-Ambiente mit passenden Kostümen und Perücken verständlich zu machen ist?

- Lassen sich die den Konflikt tragenden und auslösenden Standesunterschiede übertragen, etwa auf eine Konstellation zwischen Chef und Angestellten, Aufsichtsratsvorsitzendem und Arbeitern? Ferner: Welche Hinweise soll der Ausstatter im Bühnenbild auf den Charakter der Räumlichkeiten geben – soll es ein Schloss sein (woran erkennt man ein Schloss?), kann es ein anderes repräsentatives Gebäude (Bank, Geschäftshaus...) sein?

- Schließlich: Die turbulente Verwechslungs- und Versteckkomödie des letzten Aufzuges findet im Park statt (muss es unbedingt ein Park sein, oder kann man sich das Ganze auch in inneren Räumlichkeiten vorstellen? – hier gibt es einige Hinweise im Libretto, die eindeutig auf den Park verweisen, es sei denn, man baut, wie das moderne Inszenierungen gelegentlich tun, auf die Unverständlichkeit des – italienisch! – gesungenen Textes!). Die Aufgabenstellung hierzu: Wie müssen Büsche, Bosketten und Pavillons – wenn man sie denn realisieren will! – angeordnet sein, damit das Verwirrspiel glaubhaft funktioniert? Die Kernfrage ist hier wie überall: Welche Regieanweisungen und Dekorationshinweise sind existentiell wichtig für die glaubhafte Umsetzung der Handlung und welche sind eigentlich nur zeitgebundene Garnierung, also austauschbar oder überflüssig? Dahinter steht zudem die übergeordnete (schwierige) Frage: Was ist eigentlich Werktreue – bezieht sie sich nur auf die Partitur oder auch auf alle Bestandteile des Librettos einschließlich aller Regieanweisungen?[3]

Humor in der Musik

Eine häufig und gern diskutierte Frage ist die nach Humor in der Musik – kann Musik komisch sein und welche Mittel stehen ihr hierfür zur Verfügung? Eine These besagt, dass Musik an sich nicht komisch sein kann, mit Ausnahme von ausgesprochen parodistischen Effekten (etwa im *Dorfmusikantensextett* von Mozart mit den falsch spielenden Hörnern). Folgte man dieser Meinung, dann kann die Wirkung einer komischen Oper (opera buffa) allein durch das Libretto zustande kommen. Mozarts *Figaro* ist das wohl eindringlichste Gegenbeispiel, denn es lässt sich an vielen Passagen belegen, dass gerade die Musik am Zustandekommen von Komik und Heiterkeit beteiligt ist. Dies mögen drei ausgewählte Stellen belegen, die sich für ein Unterrichtsgespräch zum Thema „Humor in der Musik" eignen:

- Am Ende des 1. Aufzuges ermuntert und verulkt Figaro den armen Pagen zugleich, der soeben als Hauptmann zum Regiment hinwegbefördert worden ist. Bereits der zugrunde liegende Text ist komödiantisch doppelbödig, denn er zählt zwar einerseits alle Adonis-Eigenschaften des kleinen Herzensbrechers auf, schildert ihm andererseits jedoch recht drastisch die ihm drohenden kriegerischen Gefahren. Der musikalische Grundton der Arie ist vom ersten Takt an der eines Geschwindmarsches, den der Zuhörer jedoch zunächst überhaupt nicht wahrnimmt – der Marschcharakter ist gleichsam latent in Tempo, Takt und rhythmischen Andeutungen verborgen (NB 18: punktiertes Kernmotiv), die Musik

NB 18

klingt jedoch viel eher flott, elegant und temperamentvoll als marschähnlich. Mit subtiler Kunstfertigkeit mischt Mozart im Verlauf der Arie jedoch, zunächst nur ganz sparsam angedeutet, später immer häufiger und schließlich am Ende ganz drastisch, echte Marsch-Ingredienzien unter die Musik, bis im langen Nachspiel ein veritabler Marsch mit parodistisch schmetternden Trompetenfanfaren erklingt; dieser allmähliche Prozess vom versteckten zum offenen (in seiner Eindeutigkeit übertrieben und deplatziert wirkenden) Marsch macht erst die Komik der Szene aus, für die der Text lediglich den Anstoß bietet.

- Susanna und Marcellina können sich aus gutem Grunde zunächst nicht leiden. In ihrem Duettino Nr. 5 treffen sie direkt aufeinander; die kleine Szene ist ein gesellschaftliches Kabinettstück voller subtiler und auch unerwartet direkt hervorbrechender Bosheit. Wenn man die kleine Szene zunächst mit verteilten Rollen liest, hält sich ihre Komik gleichwohl in Grenzen. Erst die Musik hebt sie in die höheren Sphären geistvollen Witzes; dazu tragen sowohl die wenigen ständig wiederholten Motive wie auch die Feinheiten der Instrumentation, der Dynamik und der Deklamation bei – könnte man die gesellschaftliche Beherrschtheit, die äußerliche Wahrung der Etikette, treffender zum Ausdruck bringen als durch diese Vertonung? (vgl. NB 15 und 16)

- Im Verwirrspiel des letzten Aktes fällt Figaro zunächst auf Susannas Verkleidung herein, spielt dann aber dem Grafen eine kleine Komödie vor, als bete er die echte Gräfin an. Hierzu singt er zwar im Stil der vorangegangenen Phrasen weiter, doch durch kleine Übertreibungen und Zusätze – Triller und großen Intervallambitus – klingt die Melodie nun auf einmal parodistisch überzogen.

CD-Tipps

Die Fülle der *Figaro*-Gesamtaufnahmen ist überwältigend und verwirrend, dabei durchweg auf hohem Niveau. Historische Aufnahmen (Fritz Busch, Bruno Walter) kommen für den Einsatz im Musikunterricht kaum in Frage, weil ihre technische Qualität, trotz intensiver technischer Überarbeitung, den heutigen Standard nicht erreicht.

Unter den neueren Einspielungen kommen prinzipiell alle in Betracht, die nach Einführung der stereophonen Aufzeichnungstechnik entstanden sind, also etwa seit Ende der fünfziger Jahre. Dabei haben die älteren Aufnahmen den Vorteil, preiswerter zu sein als die neueren digital erstellten, ohne dass diese zwingend besser klingen. Ausnahmslos alle Aufnahmen bringen die Oper in der italienischen Originalsprache. (Lediglich die ältere EMI-Aufzeichnung von den Ludwigsburger Festspielen unter Gönnenwein lässt deutsch singen, ist jedoch nicht mehr erhältlich; sie wäre für den schulischen Einsatz gut geeignet).

Grundsätzlich lässt sich ferner unterscheiden nach dem prinzipiellen Interpretationsansatz: Die Mehrzahl der Aufnahmen folgt einem klassisch-traditionellen, gleichsam philharmonischen Belcanto-Ideal; die andere, im Laufe der letzten Jahre beträchtlich angewachsene Gruppe von Einspielungen huldigt mehr oder weniger entschieden der historischen Aufführungspraxis, mit alten oder nachgebauten Instrumenten im Orchester und ihnen gemäßer Spielweise (präzise Artikulation und Phrasierung, dosierter Vibratoeinsatz).

Durchaus subjektive **Empfehlungen:**
- traditioneller Ansatz, ältere Stereo-Aufnahme: Fricsay (DG), Kleiber (Decca), Böhm (DG);
- traditioneller Ansatz, digital: Marriner (Philips), Muti (EMI);
- historische Aufführungspraxis: Gardiner (DG-Archiv);
- historischer Ansatz, aber modernes Orchester: Harnoncourt (Teldec).

Literaturauswahl

Joachim Kaiser, *Mein Name ist Sarastro. Die Gestalten in Mozarts Meisteropern von Alfonso bis Zerlina*, München 1984.
Stefan Kunze, *Mozarts Opern*, Stuttgart 1984.
Ivan Nagel, *Autonomie und Gnade. Über Mozarts Opern*, München 1985.
W. A. Mozart, *Die Hochzeit des Figaro*. Texte, Materialien, Kommentare. Mit einem Essay von D. Holland, Hamburg 1982.
W. A. Mozart/Lorenzo Da Ponte, *Le nozze die Figaro*. Libretto it./dt., übersetzt von D. Klose (Reclam Stuttgart).
Arnold Werner-Jensen, *Reclams Musikführer Mozart* Band 2 (Vokalmusik), Stuttgart 1990.
Arnold Werner-Jensen, *Didaktik der Oper*, Wiesbaden 1981.

Anmerkungen

[1] Weitere Informationen zum Werk, zu Mozart und Beaumarchais: siehe Literaturhinweise!
[2] Die Notenbeispiele folgen der Ausgabe: W. A. Mozart, *Die Hochzeit des Figaro*, Eulenburg Taschen-Partitur.
[3] Vgl. u.a.: Albrecht Richard Mohr (Hrsg.), *Zauberwelt*. Bühnenentwürfe der Frankfurter Oper aus 2 Jahrhunderten, Nördlingen 1986.

Giacomo Puccini: Madame Butterfly

Albrecht Goebel

1. Die Entstehung der Oper – Der Opernstoff

„Ich empfinde nie besondere Freude, wenn ich meine Opern höre, mit Ausnahme vielleicht des letzten Aktes der 'Boheme'. Die 'Butterfly' aber packte mich, begeisterte mich. Ich bin mir bewußt, mit ihr die modernste meiner Opern geschaffen zu haben. Ja, die modernste. Sie hat vielleicht Fehler, Übertreibungen [...]. Nein, nein, Übertreibungen nicht, keinesfalls! Sie ist vollkommen aufrichtig [...]."[1]

Mit diesen Worten reagiert Giacomo Puccini (1858–1924) auf die Ablehnung, die *Madame Butterfly* bei der Uraufführung in der Mailänder Skala am 17. Februar 1904 erfährt und die ihn zu einer Revision der – dann erfolgreichen – Oper veranlasst. Etwa vier Jahre lang hat er an der neuen Oper gearbeitet. Während seine Landsleute Donizetti und Verdi lange Zeit Jahr um Jahr neue Opern vorlegen und Verdi in diesem Zusammenhang über seine „Galeeren-Jahre" klagt, umfasst Puccinis insgesamt vierzigjähriges Wirken genau zwölf, zum Teil nur einaktige Werke.[2] Im Falle von *Madame Butterfly* führt bereits die schleppende Wahl des Opernstoffs zu beträchtlichen Verzögerungen: Nach der Uraufführung von *Tosca* am 14. Januar 1900 beginnt der Komponist zwar sogleich mit der Suche nach einem neuen Stoff, kann sich aber nur schwer entscheiden. So prüft er etwa Alphonse Daudets Roman *Die Abenteuer des Tartarin de Tarascon*, Gerhart Hauptmanns Schauspiel *Die Weber* und Oscar Wildes *Florentinische Tragödie*.[3] Durch Zufall lernt er den Butterfly-Stoff kennen. Als er im Juni 1900 zur englischen Erstaufführung von *Tosca* nach London reist, erlebt er im Duke of York-Theatre das Schauspiel *Madame Butterfly, A* – so der Untertitel – *Tragedy of Japan*.[4] Das Theaterstück des amerikanischen Bühnenautors und Theaterleiters David Belasco (1853–1931) wird seit dem 5. März 1900 im New Yorker Herald-Theatre mit Erfolg gespielt und bewegt seit dem 18. April 1900 auch das Londoner Publikum. Das gefühlsbetonte Drama fußt auf der gleichnamigen Erzählung des amerikanischen Rechtsanwalts und Novellisten John Luther Long (1861–1927). Dessen Geschichte erscheint 1898 in der Janu-

ar-Ausgabe des *Century Magazine*, einer belletristischen, reich illustrierten Zeitschrift, und macht den Autor mit einem Schlag bekannt.

Mit der Entscheidung für den Butterfly-Stoff, die noch die Klärung urheberrechtlicher Fragen durch den Mailänder Musik-Verlag Ricordi nach sich zieht, folgt Puccini einer Mode. Der französische Autor und Marine-Offizier Julien Viaud (1850–1923), mit Künstlernamen Pierre Loti, weist schon 1887 mit seiner erfolgreichen Novelle *Madame Chrysanthème* auf den Reiz fernöstlicher Stoffe hin. Die Erzählung schildert Lotis Liebe zu einer Geisha, die er während eines Aufenthaltes in Japan kennen lernt. Long vermag sich in seiner Erzählung *Madame Butterfly* zwar nicht auf eigene Erlebnisse zu stützen, doch informiert ihn seine Schwester Jennie Correll, die Ehefrau eines in Nagasaki wirkenden amerikanischen Missionars, über das fernöstliche Land und schildert die kulturellen Gegensätze zwischen Japanern und Amerikanern.[5]

In den Mittelpunkt seiner Geschichte stellt Long die junge Geisha Cho-Cho-San bzw. Butterfly. Sie setzt sich über die Warnungen ihrer Verwandten hinweg und heiratet den amerikanischen Marine-Offizier Pinkerton. Tatsächlich verlässt Pinkerton sie schon nach kurzer Zeit, kehrt in seine Heimat zurück und ehelicht eine Amerikanerin. Seine Heirat mit Butterfly war für ihn lediglich ein exotisches Abenteuer. Zur Katastrophe kommt es, als er mit seiner amerikanischen Frau nach Japan zurückkehrt; das Kind, das ihm Butterfly in seiner Abwesenheit geboren hat, soll in Amerika aufwachsen. Erschüttert entschließt sich Butterfly, in den Tod zu gehen. In einer Abschiedszene erklärt sie ihrer Dienerin: „That liddle while ago as' me to res' [...] Well, go 'way, an' I will - res'. An' I pray you, loog, when you see me again, whether I be not again beautiful."[6]

In seinem kurzen Schauspiel schließt sich Belasco Long weitgehend an. Unterschiede ergeben sich aus einer anderen Akzentuierung der Bühnenhandlung. Belasco konzentriert sie im Wesentlichen auf die Rückkehr Pinkertons mit seiner amerikanischen Ehefrau und den Konflikt um Butterflys Kind. Somit erlebt der Zuschauer in erster Linie den Prozess einer tragischen Enttäuschung. Zum traurigen Höhepunkt gerät die

149

Szene, in der Butterfly ihr Kind abgeben soll. Pinkertons Ehefrau, die in Butterfly nur ein „pretty little plaything" zu erkennen vermag, erklärt ihr, es gehe allein um das Wohl des Kindes: „Let us think first of the child. For his own good [...] let me take him home to my country [...] I will do all I would do for my own."[7] Butterfly, gleichermaßen erschüttert über die Untreue ihres Ehemanns wie das Ansinnen, ihr Kind abtreten zu sollen, zieht sich zurück und bringt sich mit dem Dolch ihres Vaters um. Auf der Waffe steht die Losung: „To die with honour [...] when one can no longer live with honour."[8]

Auch Giuseppe Giacosa (1847–1906) und Luigi Illica (1857–1919), Puccinis Librettisten, sehen in der Tragödie Butterflys den Mittelpunkt der Handlung, doch stellen sie dem tragischen Ende eine Reihe von Szenen voran, die ihren Höhepunkt im Liebesduett des ersten Aktes finden. Als geübte Opernlibrettisten verschaffen sie Puccini damit die Möglichkeit, ein Liebesduett – traditionell ein Höhepunkt der Oper – zu komponieren. Zugleich besitzt das Duett eine wichtige dramaturgische Funktion: Es markiert gewissermaßen den positiven Gipfel der Handlung und lässt ihr Umschlagen, das Unglück und den Tod Butterflys umso tragischer wirken. Während Illica die Szenenfolge entwirft, dichtet Giacosa die Verse. Für Differenzen sorgt die Gliederung des Stoffes: Illica möchte Belascos Schauspiel in ein dreiaktiges Libretto mit Prolog umarbeiten. Puccini besteht indes auf einer zweiaktigen Fassung. Erst der Misserfolg der Mailänder Uraufführung stimmt den Komponisten um.

Ein Grund für die recht lange Vertonungsphase der Oper (1902–03) dürfte neben den Schwierigkeiten mit Stoff und Libretto in Puccinis Absicht liegen, die Partitur „japanisch" einzufärben. Um sich angemessen vorzubereiten, nimmt er Kontakt zur japanischen Schauspielerin Sada Yacco sowie zur Gattin des japanischen Botschafters Ohyma auf und beschäftigt sich mit Volksliedern des fernöstlichen Landes. In einem Brief aus dieser Zeit schreibt er: „Mir scheint, ich komme sehr gut voran. Das Libretto [...] ist so ausgezeichnet gemacht und läuft so logisch genau ab, dass ich mich mit voller Lust und größtem Vergnügen darein versenke. Die japanische Botschafterin war einige Male mit mir beisammen. Sie hat nach Tokio geschrieben, man möge mir von dort Volkslieder schicken [...]."[9] Auskunft über asiatische Musik erhofft sich Puccini auch vom belgischen Musikologen Gaston Knosp, der um 1900 im Auftrag der französischen Regierung in Indochina musikalische Studien betreibt.

Die Fertigstellung von *Madame Butterfly* verzögert sich nochmals, als der Komponist am 25. Februar 1903 einen schweren Autounfall erleidet, bei dem er sich die Beine verletzt. Am 27. Dezember 1903 ist das Werk endlich vollendet. Der Misserfolg, den die neue, der italienischen Königin Elena gewidmete Oper bei der Premiere in Mailand hat, veranlasst den Komponisten zu einer Überarbeitung (s. o.). In dreiaktiger Form kommt sie am 28. Mai 1904 in Brescia zur ersten Aufführung, setzt sich sogleich durch und wird nach *La Boheme* und *Tosca* zum dritten Welterfolg des Meisters. Für die Premieren in London (1905) und Paris (1906) revidiert Puccini seine Oper erneut; die letzte, die „Pariser Fassung", wird bis heute in aller Regel aufgeführt.

Biographische Hintergründe

Puccinis Opernhandlungen kreisen fast immer um eine unglückliche Liebe mit tragischem Ende. So deutlich sich der Komponist mit dieser Stoffwahl in die italienische Operntradition des 19. Jahrhunderts stellt, so sehr scheinen seine Libretti auch einige Seiten seiner Biographie zu berühren.[10] Puccini entstammt einer alten Luccenser Familie von Kirchenmusikern. Trotz des frühen Todes seines Vaters Michele im Jahr 1864 und finanzieller Bedrängnis durchläuft er eine reguläre musikalische Ausbildung und legt 1883 am Mailänder Konservatorium die Abschlussprüfung ab. Schon *Manon Lescaut* (1893), seine dritte Oper, ist ein vielbeachteter Erfolg und sichert ihm materiellen Wohlstand. Der gewaltige Reichtum, den ihm wenig später die Trias *La Boheme* (1896), *Tosca* (1900) und *Madame Butterfly* (1904) einträgt und der ihm dreißig Jahre lang ein mondänes Leben mit verschiedenen Wohnsitzen, wertvollen Automobilen und Motorjachten gestattet, verbindet ihn mit seinem deutschen Zeitgenossen und Opernrivalen Richard Strauss. Spätestens seit *Madame Butterfly* gilt er allein als der ebenbürtige Nachfolger Giuseppe Verdis, zeitgleiche Opernmeister wie Cilea, Giordano, Leoncavallo, Mascagni oder Zandonai treten hinter ihm zurück.

Demgegenüber gestaltet sich Puccinis Privatleben oft genug bedrückend. 1886 sieht er sich veranlasst, seine Heimatstadt Lucca zu verlassen. Elvira Geminiani (1860–1930), die Ehefrau des Luccenser Kaufmanns Narciso Geminiani, ist nämlich seine Geliebte und im Dezember desselben Jahres die Mutter seines Sohns Antonio geworden. Die 1904 – nach Narcisos Tod – in eine Ehe mündende Lebensgemeinschaft mit Elvira belasten von Anfang an Puccinis zahlreiche Amouren. Zudem klaffen der hohe künstlerische Rang des Meisters und seine persönliche Lebensweise, insbesondere seine Vorliebe für anspruchslose Zerstreuung, auseinander. Die wohl tiefsten Verwerfungen löst 1909 der Selbstmord der Hausangestellten Doria Manfredi aus. Elvira bezichtigt Doria in aller Öffentlichkeit einer Liebesbeziehung zu ihrem Mann und treibt die junge Frau damit zum Selbstmord. Wegen Verleumdung mit Todesfolge verurteilt ein Gericht Elvira zu einer mehrjährigen Gefängnisstrafe, deren Vollzug Puccini durch die Zahlung einer hohen Geldstrafe abwenden kann. Auch Puccinis Verhältnis zu seinem Sohn Tonio ist gespannt; mit Fosca, Elviras Tochter aus erster Ehe, kommt er besser aus. 1924 stirbt der Komponist in einem Brüsseler Krankenhaus an Kehlkopfkrebs.

Es bleibt letztlich eine Frage der Interpretation, *Madame Butterfly* auf Puccinis Verhältnis zu seiner Ehefrau zu beziehen oder in der tragischen Hauptfigur ein Abbild jener Frauen zu sehen, die der Komponist im Lauf seines Lebens liebt und verlässt. Eine „Reue in Tönen" ist denkbar, da Puccini genau in der Entstehungszeit von *Madame Butterfly* ein Liebesverhältnis zu einer Frau unterhält, von der nur der Vorname – Corinna – bekannt ist. Die Affaire dauert drei Jahre lang, stellt die Beziehung zu Elvira auf eine neuerliche Probe und trägt dem Komponisten manche Kritik, auch von Seiten seiner Geschwister, ein. So erblickt Puccinis Schwester Iginia, eine katholische Ordensfrau, im Autounfall (s. o.) einen Fingerzeig des Himmels. Ihrer Schwester Tomaide schreibt sie im April 1903: „Jesus hat (Giacomo) diesen Streich nicht umsonst versetzt. Man könnte glauben, es sei ein Wink seiner Gerechtigkeit, aber ich glaube, es ist eine Tat seiner Barmherzigkeit, dass er ihn liebt und nicht verlieren will."[11]

Die Opernhandlung - Historische Hintergründe

Die dreiaktige Handlung von *Madame Butterfly* spielt um 1900 in der japanischen Stadt Nagasaki. Der amerikanische Seeoffizier F. B. Linkerton (ursprünglich: Pinkerton) ist hier stationiert und heiratet nach japanischem Ritus die junge Geisha Cho-Cho-San, mit Kosenamen „Butterfly". Zur Hochzeitsgesellschaft gehört auch der amerikanische Konsul Sharpless. Er warnt seinen Landsmann davor, die Ehe mit der jungen Japanerin auf die leichte Schulter zu nehmen. Butterfly löst mit ihrer Heirat und dem Übertritt vom Shinto-Glauben zum Christentum Empörung bei ihren Verwandten aus. Onkel Bonze, ein Shinto-Priester, verstößt sie gar.

Linkerton bestätigt die Befürchtungen der Verwandten und verlässt seine junge Frau unmittelbar nach der Hochzeit. Seit drei Jahren wartet Butterfly auf die Rückkehr des Mannes, dem sie ein Kind geboren hat. Sharpless empfiehlt ihr, die Werbung des Fürsten Yamadori zu erhören und erneut zu heiraten. Butterfly ist entmutigt, schöpft aber wieder Hoffnung, als das amerikanische Kriegsschiff „Abraham Lincoln", auf dem Linkerton stationiert ist, im Hafen vor Anker geht.

Der Schlussakt vollendet Butterflys Tragödie. Linkerton ist mit seiner amerikanischen Ehefrau eingetroffen, um sein Kind zu holen. Butterfly sieht sich in ihrem Lebensnerv getroffen und bringt sich nach Landessitte mit jenem Dolch um, mit dem ihr Vater einstmals auf Weisung des Mikados Harakiri beging.

Die Handlung weist verschiedene historische Bezüge auf. Sie blendet indirekt in die Mitte des 19. Jahrhunderts zurück, als westliche Länder, teils mit militärischem Druck, versuchen, in Japan wirtschaftlich Fuß zu fassen und eine Öffnung des sich jahrhundertelang abschottenden Kaiserreiches zu erzwingen. 1856 kommt es in Shimoda zur Einrichtung des ersten amerikanischen Konsulats, 1858 schließen Japan und die Vereinigten Staaten einen Handelsvertrag ab. Mit der Thronbesteigung Kaiser Mutsuhitos im Jahr 1868 beschleunigt sich Japans Wandel zu einem modernen Land. Opernfiguren wie Linkerton oder Sharpless deuten diese historische Entwicklung an. In der fragwürdigen Einstellung Linkertons zu Butterfly scheinen zugleich kolonialistische Vorstellungen nachzuwirken.

2. Die musikalische Gestaltung

Fünf nachhaltig wirkende Stilmittel sollen, wenn auch nur in einigen Aspekten, zur Sprache kommen, zunächst die japanischen Exotismen, an zweiter Stelle die – durchkomponierte – Opernform sowie anschließend Puccinis Arbeit mit Leitmotiven. An vierter Stelle steht die Instrumentation sowie abschließend, als wirksamstes

Mittel Puccinis, der Belcanto. *Madame Butterfly* ist eine typische „Gesangs-Oper", deren Wirkung – wie zu zeigen sein wird – nicht zuletzt auf kunstvollem Operngesang und einer wohlkalkulierten Melodik beruht.

Exotismen

Japanisches Kolorit erzielt Puccini auf verschiedene Weise, etwa durch die Übernahme japanischer Lieder.[12] Zur Ankunft des Kaiserlichen Kommissars und des Standesbeamten im ersten Akt (Akt I, Ziffer 59) zitiert er Teile der japanischen Nationalhymne von Hayashi Hiromori (1831–1896) und deutet damit zugleich die offizielle Funktion beider Personen an. Das heitere

Kirschblüten-Lied erklingt, als Butterfly Linkerton ihren Fächer zeigt (Takt 4 nach I, 75). Der exotische Charakter der Liedmelodie ergibt sich aus ostinaten rhythmischen Bildungen, aus Elementen der pentatonischen Leiter sowie modalen Wendungen (NB 1a und 1b).

Verwandter Mittel bedient sich Puccini auch bei seinen eigenen „japanischen" Themen, besonders prägnant an der Stelle, an der Onkel Bonze Butterfly verstößt (I, 102ff. NB 2). Das „Fluch-Motiv" gewinnt seinen exotischen Reiz aus dem Wechsel von modalen, molltonalen und pentatonischen Partikeln, ferner aus harmonischen Rückungen in der Begleitung mit den daraus resultierenden Stimmführungs-Parallelen.

NB 1a: Kirschblüten-Lied

NB 1b: Puccini, Madame Butterfly, Akt I, 75

NB 2: Madame Butterfly, Akt I, 104–5

Derartige Exotismen, welche die Instrumentation noch verstärkt (s. u.), durchziehen die gesamte Oper und geben *Madame Butterfly* ein musikalisches Doppelgesicht, eine exotische und eine europäisch-italienische Seite. Puccini steht in der Wahl seiner exotischen Mittel keineswegs allein. So finden sich etwa in Andre Messagers thematisch verwandter Oper *Madame Chrysanthème* (1883) bemerkenswerte Ähnlichkeiten. Schon zu Beginn von Chrysanthèmes Arie *Le jour sous le soleil* nutzt der französische Komponist den exotischen Reiz von Akkordrückungen und Parallelführungen und arbeitet einige Takte später – wie

Der Brite Arthur Sullivan nutzt in der Operette *The Mikado*, einem Bühnenerfolg aus dem Jahr 1885, Exotismen wesentlich als komisches Mittel und arbeitet, wie der Chor *Miya sama* belegt, vor allem mit pentatonischen Melodiewendungen und einer modal geprägten Harmonik.[13]

Formale Aspekte

Wie angedeutet, ist *Madame Butterfly* eine durchkomponierte Oper. Sie setzt sich aus drei Akten zusammen, die nicht mehr in Einzelnummern gegliedert sind und sich auch vom indi-

NB 3: Messager, Madame Chrysanthém, Akt III, Szene 8

Puccini – mit pentatonischen Schritten („Près des bambous"). Im weiteren Verlauf der Arie sorgt der rasche Wechsel von großer und kleiner Terz für einen zusätzlichen fremdartigen Reiz.

rekten Einfluss vorgegebener Formmuster wie der Da-capo-Arie, der Cavatine oder dem gerade in der italienischen Oper bedeutsamen Modell „Scena ed Aria" freihalten. Ausnahmen stel-

NB 4: Sullivan, The Mikado, Akt II, Nr. 5

len diverse lyrische Höhepunkte des Werkes dar, deren Aufbau durchaus überkommenen musikalischen Formmodellen verpflichtet ist. Diese „lyrischen Inseln" lassen die Opernhandlung fast stillstehen und wirken in ihrer autonom musikalischen Formung beinahe so, als seien sie im Nachhinein in die Oper eingelassen. Ein Beispiel stellt neben dem Terzett *Io so che alle penne* (III, 22) vor allem Butterflys Arioso *Un bel di, vedremo* (II, 12) dar, in dem eine latente Dreiteiligkeit (A-B-A') zu erkennen ist, und auch das Liebesduett des ersten Aktes (I, 120ff.) kann als Form bewertet werden, in der sich Prinzipien symmetrischer Reihung niederschlagen.[14]

Puccini folgt mit der Entscheidung, die Nummern-Oper aufzugeben und den musikalischen Aufbau der Opernakte an der fortlaufenden Opernhandlung auszurichten, der allgemeinen Entwicklung des 19. Jahrhunderts. Seit Carl Maria von Weber beschäftigt zahlreiche Komponisten die Frage nach der angemessenen Opernform. Ihnen gilt die traditionelle Nummerngliederung mit vielfach festen Formmustern als ein Fremdkörper, der dem Grundanliegen der Oper, mit musikalischen Mitteln die dramatische Wirkung einer Bühnenhandlung zu verstärken, widerspricht. Vor allem Richard Wagners Schaffen setzt in dieser Hinsicht Maßstäbe. Er demonstriert besonders in den späteren Werken eine musikalische Formgebung, die aufs Engste dem Verlauf des Dramas verpflichtet ist. Puccini ist mit Wagners Opernschaffen vertraut und hebt, zumal seit seinem Bayreuth-Besuch im Sommer 1888, den Einfluss hervor, den der bewunderte deutsche Komponist auf ihn ausübt. Doch auch die italienische Oper tendiert im Verlauf des 19. Jahrhunderts zu dramatisch geleiteter Formbildung. Bei genauer Betrachtung zeigt sich nämlich, dass manche Opern-Nummer im Schaffen Verdis, Mercadantes, Pacinis oder auch Ponchiellis (1834–1886), des Mailänder Lehrers von Puccini, sich von musikalischen Formmustern löst. Die einzelne Opern-Nummer bildet nur noch einen Rahmen, dessen formale Ausgestaltung sich an der Opernhandlung ausrichtet.

Als Beispiel für Puccinis Formgestaltung sei der erste Teil (II, 17–36) der umfänglichen Passage herangezogen, die Butterflys Arie *Un bel di vedremo* folgt. Sharpless verdeutlicht Butterfly in einem immer melancholischeren Gespräch, Linkerton werde wohl nicht mehr nach Japan zurückkommen. Goro und Fürst Yamadori unterbrechen die Unterredung. Yamadori würde Butterfly gern heiraten, stellt aber fest, dass sie von der baldigen Rückkehr Linkertons, des Vaters ihres geliebten Kindes, überzeugt ist. Zugleich preist Butterfly das Ehegesetz der Vereinigten Staaten, unter dem sie als Frau eines Amerikaners nun stehe und das ihr mehr Rechte als in Japan üblich einräume.

Puccini folgt dieser wechselvollen Szenerie mit großer musikalischer Genauigkeit. Die anfängliche Gelöstheit der Unterhaltung schlägt sich in einem entsprechend flüssigen Orchester-Thema nieder (II, 19), das Puccini reich verarbeitet, bevor er es durch einen neuen, japanisch kolorierten Gedanken (Takt 6 nach II, 20) ablöst. In den sinfonisch-eigenständigen Part des Orchesters singen Butterfly und Sharpless Konversationswendungen hinein. Ähnlich unbefangen wirkt jene Episode der Unterhaltung (Takt 8 nach II, 22), bei der Butterfly begeistert von nistenden Rotkehlchen berichtet. Hektik kommt indessen auf, als Goro und Yamadori erscheinen (Takt 10 vor II, 28). Obgleich Butterfly Yamadori nicht erhören kann und ihn gar verspottet, scheint sie, wie eine kurz aufleuchtende Kantilene zeigt, die ernsthafte Zuwendung eines Menschen zu beglücken (II, 29). Trotz drückt die Tonsprache aus, als Butterfly die Rechte einer amerikanischen und japanischen Ehefrau vergleicht (6 Takte vor II, 34). Insgesamt betrachtet, schreibt Puccini also eine Szene, die eng dem Verlauf des Gesprächs angepasst ist und deren Tonsprache die Stimmung widergibt, die von den wechselnden Gesprächsthemen ausgeht. Der Gesangsstil ist je nach dramatischer Notwendigkeit floskelhaft-rezitativisch oder melodiös.

Leitmotivtechnik

Die dramatische Schlüssigkeit von Puccinis Szenenbau beruht nicht zuletzt auf der Arbeit mit wiederkehrenden Motiven und deren handlungsbezogener Variation. So zitiert der Komponist in der soeben behandelten Szene zwei Motive aus dem ersten Akt, die dort in einem für die Gesamthandlung wichtigen Zusammenhang stehen. Das erste Motiv entstammt der amerikanischen Nationalhymne von John Stafford Smith (1750–1836), die Puccini gleichsam als nationales Erkennungszeichen Linkertons und Sharpless' zu Beginn der Oper erklingen lässt (NB 5 a S. 154, I, 21). Im zweiten Akt greift der Komponist den Kopf der Hymne auf, als Yamadori ausführt, Butterfly könne ihn heiraten; ihr amerikanischer Mann habe sie verlassen

NB 5 a: Amerikanische Hymne

NB 5 b: Puccini: Madame Butterfly Akt II, 51

und die Ehe sei damit nach japanischem Recht erloschen (10 Takte vor II, 34). Mit dem Zitat erzielt Puccini eine zwiespältige Wirkung: Einerseits drückt es den Stolz Butterflys aus, Ehefrau eines Amerikaners zu sein. Andererseits erinnert es an Linkertons forschen Auftritt zu Beginn der Oper (I, 21), in dem sich seine Rücksichtslosigkeit bereits abzeichnet.

Puccini greift den Anfang der amerikanischen Hymne erneut auf, als Butterfly Sharpless erklärt, Linkerton werde sie schon wegen des gemeinsamen Kindes nicht verlassen (2 Takte vor II, 51). Die Hymne ist an dieser Stelle kaum wiederzuerkennen, da der Komponist sie stark verändert und ihr eine zerfahrene Note verleiht. So weist das Zitat nicht nur auf die Abkunft des Kindes hin, sondern spiegelt auch die innere Verunsicherung Butterflys (vgl. NB 5 a + NB 5 b).

Ein weiteres Mal erklingt die Hymne, als ein amerikanisches Kriegsschiff in den Hafen von Nagasaki einläuft und Butterfly in der Hoffnung bestärkt, ihr Gatte kehre zurück. Nach den vorangehenden, eher verfremdeten Zitaten erklingt der Hymnenkopf nun fast unverändert und wirkt, zumal Trompeten zum Einsatz kommen, wie ein Signal der Zuversicht (5 Takte vor Ziffer II, 70).

Auch Zitate aus dem Liebesduett des ersten Aktes, Puccinis vielleicht genialster Schöpfung, spielen eine bemerkenswerte Rolle. Im zweiten Opernakt bringt Sharpless das Gespräch mit Butterfly auf die Geburt ihres Kindes (5 Takte nach II, 52). Im selben Augenblick zitiert das Orchester aus dem Liebesduett (Takt 5ff. vor I, 134) und erinnert damit an Zeiten ungetrübten Glücks. Einige Zeit später klingt das Liebesduett,

nun im dreifachen Forte, erneut auf (II, 70ff.). Zu Butterflys jubelnden Worten „e i torna e m'ama" („er ist gekommen und liebt mich") greift das Orchester auf den Schluss des Duetts zurück (6 Takte vor Ziffer I, 135) und drückt damit Butterflys Seligkeit aus. Besonderes Gewicht hat unter den Leitmotiven das schon erwähnte „Fluch-Motiv" (vgl. NB 2, S. 151). Es ist mit Onkel Bonze, dem Shinto-Priester, verbunden (I, 102) und erinnert an Butterflys Entscheidung, sich von ihrer angestammten Religion abzuwenden. Wo immer es in der Oper – im Original oder als Variante – erklingt, wirkt es in seiner Dissonanz wie eine bittere Gewissensmahnung (z. B. 2 Takte vor I, 132; II, 2; III, 85).

Instrumentation, Tempo- und Vortragsanweisungen

Madame Butterfly ist aufs Farbigste instrumentiert. Als folge Puccini impressionistischen Vorbildern, gelingt es ihm, Streicher, Bläser und Schlagzeug in einem Gesamtklang zu verbinden, dessen Bestandteile verschmelzen und der infolge immer wieder wechselnder Kombinationen unterschiedliche Effekte hervorruft. Trotz des großen Orchesters wirkt das Klangbild nur für Momente massig. In der Regel setzt es sich aus einer Vielzahl feiner Klangfarben zusammen, unter denen der Klang der Streichinstrumente eine besondere Rolle spielt. Sie sorgen für jenen weichen, stimmungsdichten Grundton, der vielen Opern des Meisters eigen ist und die Voraussetzung für eine wohllautende Begleitung der Sänger bildet.[15] In diesen Zusammenhang gehört auch Puccinis Neigung, die Stimmenzahl der Streichergruppe durch Teilung ständig zu erhöhen und dadurch zusätzliche Klangnuancen zu gewinnen.

Zu den speziellen Merkmalen der Partitur gehört der Einsatz exotischer Instrumente. Verwendung finden Glockenspiel, Tam Tam, Triangel, Glocken sowie diverse Trommeln. Puccini setzt sie entweder massiert und kurz ein (Takt 5–8 nach I, 18) oder beschränkt sich darauf, eines dieser Instrumente einen Farbtupfer setzen zu lassen (Takt 12 nach I, 19; Triangel). Die japanischen Kolorismen fügen sich somit ohne jede Penetranz in das feingliedrige Gesamtbild der Partitur ein.

Wie gezielt Puccini nach wechselnden Klangfarben sucht, belegen auch die differenzierten Spiel- und Vortragsanweisungen. So legt er genau fest, wo der Harfenist „suoni armonici", also Flageolett-Töne, und „suoni naturali" produzieren soll (I, 39). Im Schlussduett des ersten Aktes, das in besonderem Maß von wechselnden Klangeffekten belebt wird, differenziert der Komponist eine Forte-Passage, indem er von den Posaunen zwei mit und drei ohne Dämpfer einsetzt (Takt 9ff. nach I, 126). Einige Takte später weist er die Hornisten an, den Schalltrichter ihrer Instrumente nach oben zu richten und das angesagte Fortissimo auf diese Weise zu verstärken (Takt 13ff. nach I, 133: „Campana alzata"). Zu derart detaillierten Vortragsanweisungen für das Orchester, die mitunter an die Praxis Gustav Mahlers erinnern, treten noch zahlreiche Hinweise für die Sänger. Mehrfach fordert Puccini sie in der Partitur auf, mit Leidenschaft zu singen (Takt 10 nach I, 133; 8 Takte nach III, 39: „con passione"), sich um einen „ekstatischen" Tonfall zu bemühen (Takt 9 nach I, 133: Butterfly: „estatica") oder – eine für Sharpless typische Anweisung – innere Betroffenheit zu zeigen (Takt 10ff. nach III, 39 „assai commosso").

Von besonderer Wirkung ist, dass Puccini exponierte Passagen der Sänger gern von hohen Streichern und Holzbläsern im Legato oder Portato, also ohne jede Klangschärfe, mitspielen lässt. Es scheint so, als steigere gerade der dichte, singende Klang der Violinen den Glanz des Belcanto. Bedeutsam ist dieses Mittel vor allem im Liebesduett (5 Takte nach I, 123: Violinen colla parte mit den Sängern) sowie in der Arie der Butterfly (II, 15: Unisono von Gesang und beiden Violinstimmen).

Ähnlich vielfältig sind, wie am Rande erwähnt sei, die Tempo-Anweisungen. Kaum einmal gibt es eine längere Passage ohne Tempowechsel. Etwa das aufwühlende Zusammentreffen Butterflys und Kates, der amerikanischen Ehefrau Linkertons, überschreibt Puccini zunächst mit „Larghissimo sostenuto" (Takt 5 nach III, 39). Bereits fünf Takte später verlangt die Partitur ein höheres Tempo („muovere un poco"), bevor zehn Takte darauf das Tempo – als Ausdruck höchster Erregung Butterflys – in "Allegro vivacissimo" umschlägt.

Melodik

Madame Butterfly ist eine typische „Gesangsoper"; sie weist zahlreiche „schöne" Melodien auf und erlaubt den Sängern die wirkungsvollste Entfaltung.[16] Puccini findet in melodischer Hinsicht schon früh einen unverwechselbaren Ton. Arien wie *Torna ai felici di* (*Le Villi* - 1884 -, Akt II) oder *Donna non vidi mai* (*Manon Lescaut* – , Akt I) belegen dies, und wer sich der Tenor-Arie *Firenze e come* in *Gianni Schicci*, also einer späten Oper (1918), zuwendet, der trifft auf verwandte Gestaltungszüge. Zu den grundsätzlichen Merkmalen von Puccinis Melodik gehört wie im Fall anderer bedeutender Opernkomponisten die Übereinstimmung von Textsinn und melodischem Ausdruck. Dabei spiegelt Puccini nicht allein die Bedeutung des Wortes, sondern umreißt die Gesamtpersönlichkeit der jeweiligen Opernfigur, wobei Denken und Empfinden, aber auch Gestus mitkomponiert scheinen. So drücken sich in der dramaturgisch zentralen Arie Butterflys *Un bel di vedremo* (II, 12ff.) nicht nur eine liebevolle Seele, tragische Verlassenheit und trotzige Hoffnung aus; ebenso scheint die Melodik ein letztes sich Aufrichten der Hauptperson zu vermitteln. Zu den weiteren prinzipiellen Zügen gehört das Pathos der Melodik. Schlicht sind Puccinis Melodien kaum einmal, und sie können es angesichts der leidenschaftlichen Natur seiner Opernfiguren kaum sein. Typisch für manche Melodien ist demgemäß eine schwerblütige Note, die zögernde Entwicklung. Auf der anderen Seite bestimmt oft genug Impulsivität den Melodieverlauf, werden strahlende Melodiegipfel unerwartet rasch erklommen und – mit gleichsam bedeutungsschweren, oft dreiklangsgebundenen Abwärtsschritten – verlassen. Hier wie dort sind wechselnde Emotionen der Leitfaden der Melodieführung. Insofern kündet gerade die Melodik von den emotionalen Schwankungen, denn Puccinis Opernhelden unterworfen sind und aus denen sie ihre menschliche Glaubwürdigkeit gewinnen. An dieser Stelle ist es zwar nicht möglich, auf die Harmonik und ihre Bedeutung für die Melodik einzugehen; doch sei kurz angemerkt, dass Puccinis Melodien ihre innere Schlüssigkeit und Zielstrebigkeit entscheidend einer wirkungsvollen harmonischen Einkleidung verdanken, wobei der hohe Alterationsgrad der Harmonik für eine kraftvolle Leittönigkeit sorgt.

Im Detail betrachtet, weisen Puccinis Melodien nicht selten hohe motivische Kontinuität auf und verfügen über ein ausgewogenes Verhältnis an- und absteigender Passagen. Ein Beispiel stellt die soeben erwähnte Arie der Butterfly dar (NB 6). Dreiteilig angelegt (A-B-A'), besitzen die Flankenteile hohe Kantabilität, während der Mittelteil rezitativischer Art ist. Puccini bildet Teil A (II, 12, Takt 1–18) aus zwei Perioden, die hauptsächlich auf der Arbeit mit zwei Grundmotiven beruhen; zum ersten (Takt 1–8) auf einem Terz-Motiv, das der Komponist kontinuierlich abwärts führt und in einer Kadenz beschließt,

zum zweiten auf einem kurzen, wellenförmigen Skalenmotiv, das durch eine Triole rhythmisch belebt wird. Außerdem lässt der Komponist die Melodie etwa in jenem Maß (Oktave) ansteigen, wie er sie zunächst hat absteigen lassen. Beide Prinzipien durchdringen sich und geben den beiden Perioden innere Kohärenz.

Ähnlich planvoll scheint der Melodieverlauf im *Summchor*, der den zweiten mit dem dritten Opernakt verbindet. Puccini bildet die weitgehend diatonische Melodie zunächst aus der Arbeit mit einem Kerngedanken, der – unterschiedlich rhythmisiert – den Ton b' umkreist und entsprechend ruhig wirkt (Takt 3–24 nach II, 90). So eng gefasst die Melodik zunächst ist, so weit greift sie im zweiten Teil des Chorstücks aus, ohne freilich dem Prinzip des ausgewogenen Verlaufs untreu zu werden (Takt 24–47). Puccini lässt sie zwar plötzlich um eine Oktave nach oben springen, doch führt er sie anschließend – unter Nutzung des punktierten Motivs aus dem ersten Chorteil – wieder ruhig abwärts, um sie endlich zum Spitzenton b'' zurückkehren zu lassen.

NB 6: Puccini: Madame Butterfly II, 12, 1. Teil

Auf Effekt berechnet scheint schließlich die Maßnahme, Spitzentöne einer Gesangspartie im Orchester vorwegzunehmen. Auf solche Weise steigert sich zum einen die Erwartung an den Sänger, zum anderen wiederholen sich – zum Vergnügen des Belcanto-Freunds – melodische Höhepunkte. Bevor Linkerton im Liebesduett des ersten Aktes zu den Worten „E notte serena!" eine um den Spitzenton a' gruppierte Passage darbietet (Takt 4ff. und 12ff. nach I, 133), nimmt das Orchester die Wendung bereits vorweg und bringt den Ton a', mehrfach oktaviert und entsprechend leuchtend, ins Spiel (Takt 4ff. nach I, 123). Anschließend fügt sich der Sänger dem Orchesterfluss ein und bringt gemeinsam mit den Violinen die Passage zu einem strahlenden Ende. Die melodische Antizipation hat unter Puccinis Opern die größte Bedeutung wohl in *Tosca*, wo sie besonders wirkungsvoll in Cavaradossis und Toscas Arien *Recondita armonia* (I, 18, Oboe und Tenor) und *Vissi d'arte* (II, 52, Flöte und Sopran) hervortritt und für Spannung sorgt.

Zuletzt sei noch auf einen Gestaltungszug hingewiesen, der in zahlreichen Opern Puccinis, so auch in *Madame Butterfly* erkennbar ist. Der Komponist steigert die ohnehin kraftvolle Wirkung einer Belcanto-Linie, indem er – nach kontrapunktischer Art und oftmals zeitversetzt – auch dem Orchester einen melodiösen Gedanken zuweist. Streben beide Linien aufwärts, so scheint es, als schöben sich Sänger und Orchester wechselseitig in die Höhe. Eine typische Stelle dieser Art findet sich am Ende des Liebesduetts, wo unter dem oktavierten Gesang von Butterfly und Linkerton in den Hörnern eine machtvolle Linie aufleuchtet (Takt 6ff. nach I, 135).

3. Didaktische Erwägungen

Ein Blick in die gültigen Musik-Lehrpläne allgemein bildender deutscher Schulen zeigt, dass die Oper weithin zum Lehrkanon gehört. Begründet wird das Thema im Wesentlichen mit dem künstlerischen Gewicht der Oper, d. h. einer aktuellen Gattung mit umfangreichster Geschichte. Daneben stellt die Oper eine spezielle Spielart dramatischer Darstellung dar: Sie basiert auf dem Zusammenwirken von Schauspiel und Musik, nutzt im Unterschied zum Drama, das sich auf das Wort beschränkt, die emotionale Kraft der Musik und erzielt auf diese Weise eine besonders tiefreichende Gesamtwirkung.

Madame Butterfly lässt den Charakter der Gattung besonders plastisch hervortreten. Die Handlung steht im Zeichen „großer Gefühle", die geradezu nach musikalischer Durchdringung und Vertiefung verlangen. Dies würde etwa der Vergleich des Liebesduetts (I, 133ff.) in deklamierter und vertoner Fassung sogleich empfinden lassen. Gerade eine solche Gegenüberstellung lässt die ureigene Kraft von Gesang und Musik spüren und zudem erkennen, wie bedeutsam die Musik für die psychologische Durchleuchtung der Handlung und Charaktere ist. Sinnvoll schiene in dieser Hinsicht auch der Vergleich von Linkertons Auftrittsgesang (I, 21ff.) mit der Arie der Butterfly im zweiten Akt (II, 12ff.); während Linkertons Arioso einen so frischen wie bedenkenlosen Charakter vorführt, vermittelt Butterflys Arie innere Betroffenheit.

Neben diesem weiten didaktischen Feld (Wort-Ton; musikalisch-psychologische Durchdringung des Operntextes) erlaubt *Madame Butterfly* in besonderem Maß, mit dem Stil des Belcanto vertraut zu machen. Zum Wesen des Belcanto gehört die „schöne", in allen Registern ausgeglichene, füllige und strahlkräftige Sängerstimme, die in größter Unmittelbarkeit Gefühle transportiert. Gerade die Partien von Butterfly, Linkerton und Sharpless machen mit der gefühlsbetonten Wirkung opernhaften Singens vertraut und erklären die Faszination, die vom Belcanto – trotz seines Abstandes zu „normalem" Singen – ausgeht. Neben den oben genannten Beispielen aus *Madame Butterfly* sei noch Linkertons Arioso *Addio o fiorito asil* (III, 27) erwähnt.

Ein drittes didaktisches Feld stellt die exotische Note von *Madame Butterfly* dar. Auf der einen Seite sind Einsichten zur Frage möglich, mit welchen Mitteln um 1900 eine Opernpartitur „japanisch" gefärbt wird. Auf der anderen Seite kann durch einen Vergleich mit original-japanischer Musik deutlich werden, inwieweit Puccini das gewünschte Idiom wirklich trifft. Im Ganzen gesehen, gehört *Madame Butterfly* zu jenen namhaften Werken des 19. und beginnenden 20. Jahrhunderts, in denen europäische Komponisten zwar ein bestimmtes exotisches Kolorit anstreben, aufgrund des Forschungs- und Wissensstands jedoch kaum ermessen können, was dieses Kolorit tatsächlich ausmacht.

Die kurze didaktische Besinnung soll mit folgendem Hinweis schließen: *Madame Butterfly* scheint in besonderer Weise geeignet, die stets wichtige und derzeit besonders aktuelle Frage des Neben- und Miteinanders verschiedener Kulturen zu beleuchten. Puccini bezieht eindeutig Stellung gegen Linkertons chauvinistisches Verhalten und kritisiert das Überlegenheitsgefühl, das er gegenüber einer ihm fremden Kultur und Mentalität zu erkennen gibt. *Madame Butterfly* verweist gerade in dieser Hinsicht auf eine Reihe thematisch verwandter Werke, die sinnvoll in eine entsprechende Unterrichtsreihe einbezogen werden können. Zu erwähnen sind hier vor allem zwei Musicals, Richard Rodgers Nachkriegs-Stück *South Pacific* (1949) und Claude Michel Schönbergs *Miss Saigon* (1989). Trotz des unterhaltsamen Grundtons beider Werke tritt die multikulturelle Problematik klar hervor und kann – als übergeordnetes Bildungsziel jedes Musikunterrichts – zu Nachdenklichkeit und zu Toleranz anregen.

Noten

Andre Messager, *Madame Chrysanthème*, Klavierauszug, Choudens, Paris 1893.
Nationalhymnen - Texte und Melodien, 6. Aufl., Stuttgart 1982.
Giacomo Puccini, *Madame Butterfly*, Klavierauszug mit deutschem und italienischem Text, Ricordi, Mailand u. München 1965.
Giacomo Puccini: *Madame Butterfly*, Partitur, Dover Publications, New York 1990.
Arthur Sullivan, *The Mikado*, dt. Klavierauszug, Bosworth & Co, Leipzig o. J.

Tonträger

Leontyne Price, RCA Italiana Opera Orchestra and Chorus, Ltg.: Erich Leinsdorf RCA 74321 39497 2

Anmerkungen

[1] Zit. nach: Kurt Pahlen, *Giacomo Puccini: Madame Butterfly. Textbuch und Einführung*, Mainz 1984, S. 240.
[2] Vgl. Mary-Jane Philipps-Matz, *Verdi*, Oxford 1993, S. 162ff. – Andrew Porter, *Giuseppe Verdi*, in: Philip Gossett u. a., *Meister der italienischen Oper*, Stuttgart 1993, S. 265.
[3] Vgl. u. a.: Rudolf Kloiber u. Wulf Konold (Hrsg.), *Handbuch der Oper*, Kassel 1985, Bd. 2, S. 649. – Norbert Christen, Artikel *Madame Butterfly*, in: *Pipers Enzyklopädie des Musiktheaters*, München u. Zürich 1994, Bd. 5, S. 114.
[4] David Belasco, *Madame Butterfly - A Tragedy Of Japan*, in: Arthur Hobson Quinn (Hrsg.), *Representative American Plays - From 1767 to the Present Day*, 5. Aufl. New York 1966, S. 621ff.
[5] Vgl. Arthur Groos, *Madame Butterfly: The Story*, in: *Cambridge Opera Journal* 3, 2, S. 127ff.
[6] John Luther Long, *Madame Butterfly*, in: *The Century Magazine* 1898, S. 392. Leichter verfügbar, vom Originaltext aber mitunter abweichend ist die Novelle in folgender späterer Ausgabe: J. L. Long, *Madame Butterfly - Purple Eyes* (The American Short Story Series, Volume 25), New York 1968.
[7] David Belasco, Ebd., S. 635.
[8] Ebd., S. 636.
[9] Zit. nach: Kurt Pahlen, *Giacomo Puccini: Madame Butterfly. Textbuch und Einführung*, S. 222.
[10] Die nachfolgenden biographischen Angaben stützen sich im Wesentlichen auf folgende Schriften: Claudio Casini, *Giacomo Puccini*, Turin 1978. – Mosco Carner, *Puccini*, in: Philip Gossett u. a., *Meister der italienischen Oper*, S. 341ff. – Mosco Carner, *Puccini*, Frankfurt-Leipzig 1996. – Angelo Ceresa, *Puccini – Schauplätze seines Lebens,* München 1982. – Clemens Höslinger, *Puccini*, Reinbek 1984. – Howard Greenfeld, *Puccini – Sein Leben und seine Welt,* Königstein 1982. – Ernst Krause, *Puccini*, Berlin 1984. – Wolfgang Marggraf, *Giacomo Puccini*, Wilhelmshaven 1979. – Dieter Schickling, *Giacomo Puccini*, Stuttgart 1989. – Enzo Siciliani, *Giacomo Puccini*, Mailand 1976. – William Weaver, *Puccini – The Man and his Music*, New York 1977.
[11] Zit. nach: Dieter Schickling, *Giacomo Puccini*, S. 177. – Sinngemäß ähnlich, in Wortlaut und Umfang anders zitiert diesen Brief Angelo Ceresa, *Puccini – Schauplätze seines Lebens,* Ziffer 119. Der Unterschied belegt die nach wie vor unsichere editorische Situation mancher Puccini-Dokumente. – Vgl. zur familiären Situation Puccinis vor allem: Claudio Casini, *Giacomo Puccini*, S. 256ff.
[12] Vgl. zu Puccinis Tonsprache: William Ashbrook, *The Operas of Puccini*, London 1968. – Karl Georg Berg, *Giacomo Puccinis Opern - Musik und Dramaturgie*, Kassel 1991. – Hartwig Bögel, *Studien zur Instrumentation in den Opern Giacomo Puccinis*, Diss. Tübingen 1977. – Norbert Christen, *Giacomo Puccini. Analytische Untersuchungen,* Diss. Hamburg 1978. – Guido Mariotti u. Feruccio Pagini, *Giacomo Puccini*, Wilhelmshaven 1979. – Kimiyo Powils-Okano, *Puccinis „Madame Butterfly"*, Bonn 1986. - Vgl. zu Puccinis Exotismen: Claudio Casini, *Giacomo Puccini*, S. 287ff. – Mosco Carner, *Puccini*, in: Philip Gossett u. a., *Meister der italienischen Oper*, S. 653ff. – Kimiyo Powils-Okano, *Puccinis „Madame Butterfly"*, S. 49ff.
[13] Vgl. zu den exotischen Operetten von Sullivan und Jones: Otto Schneidereit, *Operette A - Z*, Berlin 1986, S. 106ff. und S. 354ff.
[14] Vgl. Karl Georg Maria Berg, *Das Liebesduett aus „Madame Butterfly"*, in: *Die Musikforschung*, 37. Jg. (1985), S. 183ff.
[15] Vgl. Hartwig Bögel, *Studien zur Instrumentation in den Opern Giacomo Puccinis*, S. 30f.
[16] Vgl. zu Melodik und Belcanto bei Puccini: Karl Georg Berg, *Giacomo Puccinis Opern - Musik und Dramaturgie*, S. 21f. - Ulrich Schreiber, *Die Überfülle des Wohllauts - Anmerkungen zur Musik G. Puccinis,* in: *Musica*, 31. Jg. (1977), S. 305ff.

Die Autorinnen und Autoren

Werner Abegg
Geboren 1943. Musikpädagoge und Musikwissenschaftler, Studium an der Universität des Saarlandes, Promotion in Musikwissenschaft. Habilitation und Professor an der Universität Dortmund. Veröffentlichungen zur Programmmusik, zur Oper und zum Musical.

Norbert Brendt
Geboren 1941 in Aachen. Studierte an der Hochschule für Musik in Köln Schulmusik, Klavier, Liedbegleitung und Kammermusik und an der Universität zu Köln Musikwissenschaft, Geschichte und Philosophie. Promotion über die Klaviersuite zw. 1850 und 1925. Studiendirektor am Gymnasium in Erkelenz sowie Fachleiter für Musik an den Studienseminaren Aachen (S II) und Eschweiler (S I). Lehrbeauftragter an der Hochschule für Musik Köln Abt. Aachen für Musikgeschichte und Musikpädagogik. Mitarbeit bei Lehrerfortbildungsprogrammen der Bezirksregierung Köln und am Rahmenplan für das Fachseminar Musik für die Sekundarstufe I in Nordrhein-Westfalen.

Rainer O. Brinkmann
Geboren 1960, lebt in Berlin. Studium an der Carl-von-Ossietzky-Universität Oldenburg Lehramt Musik und Deutsch. Schauspieler im Zan Pollo Theater Berlin (1989–97), Regie und Spielleitung in diversen freien Gruppen. Musik- und theaterpädagogische Kurse an Lehrerfortbildungs-Instituten und Hochschulen im In- und Ausland. Entwicklung der „Szenischen Interpretation von Musiktheater" mit W. M. Stroh, M. Kosuch, R. Nebhuth und K. Megnet); zahlreiche Veröffentlichungen dazu.

Dieter Bührig
Geboren 1943 in Hannover. Studium an der Technischen Universität Berlin im Fachbereich Elektrotechnik (Diplomingenieur) und parallel dazu an der Hochschule für Musik Berlin im Studiengang Tonmeister (Diplom-Tonmeister). Mehrere Jahre Tonmeister in Musikstudios und Musikproduzent. 1981 Aufbaustudium an der Musikhochschule Lübeck in der Fachrichtung Musik für das Lehramt an Gymnasien. Seit 1983 Lehrer in den Fächern Musik und Physik. Von 1989–1995 nebenamtlicher Studienleiter für Musik-Referendare für den Unterricht an Gymnasien sowie Referent und Leiter zahlreicher Fortbildungsveranstaltungen. 1994 Promotion in Musikpädagogik an der Hochschule für Musik und Theater Hamburg. Seit 1995 neben der Schule auch Arbeit mit Jugendlichen an einer Musikschule im Bereich Musiktheater. Seit 1997 Herausgeber einer Unterrichtshandreichung für Musiklehrer der Sekundarstufe I aller Schularten.

Reinhild von Capitaine
Studium von Schulmusik und Französisch für das Lehramt am Gymnasium in Köln. Zwölf Jahre am Montessorigymnasium Köln, ab 1983 am Burgau-Gymnasium Düren. Seit 1987 Tätigkeit für die Bezirksregierung Köln in der Lehrerfortbildung für Musik. Seit 1991 zusätzlich Fachberaterin für Musik bei der Bezirksregierung Köln. Interessenschwerpunkte u.a. Musiktheater.

Käthe Gepp-Herold
studierte in Köln Schulmusik an der Staatlichen Hochschule für Musik und Englisch. Sie unterrichtet am Siegtal-Gymnasium in Eitorf/Sieg, konzertiert auch als Pianistin und Chorleiterin und organisiert und referiert seit zwölf Jahren Veranstaltungen im Rahmen der Lehrerfortbildung für die Bezirksregierung Köln. Sie ist Mitautorin der neuen Lehrpläne für die Sekundarstufe II in Nordrhein-Westfalen und bildet seit kurzem Lehramtsanwärter in Musik am Studienseminar Sek. II in Gummersbach aus.

Albrecht Goebel
1948 in Mönchen-Gladbach geboren; 1966 Abitur in Krefeld; Studim, Staatsexamen und Promotion an der Kölner Musikhochschule (Schulmusik) und Universität (Germanistik, Pädagogik, Musikwissenschaft); 1978 Professor für Musikpädagogik an der Universität Frankfurt/M., 1993 an der Universität Koblenz-Landau.

Autoren

Arnold Werner-Jensen

Geboren 1941 in Innsbruck. Studien: Schulmusik, Kapellmeister, Germanistik, Kunstgeschichte, Musikwissenschaft (Dr. phil.). Professor für Musik und ihre Didaktik seit 1975 in Heidelberg, ab 1993 in Weingarten. Pianist und Cembalist (Liedbegleitung, Kammermusik). Zahlreiche Veröffentlichungen, u.a. Hindemith-Gesamtausgabe (2 Bände), zur Operndidaktik (Bücher, Diareihen, Film), Konzertführer (Kammermusik, Orchestermusik, Bach, Mozart, Beethoven).

Matthias Kruse

Geboren 1959. Studium der Schulmusik, Germanistik, Erziehungswissenschaft und Instrumentalpädagogik an der Musikhochschule und Universität Essen. Schuldienst und Musikschuldienst. Promotion an der Universität Dortmund. Studienrat i. H. an der Universität zu Köln. Lehrstuhlvertretung an der Musikhochschule Köln.

Walter Lindenbaum

Geboren 1955. Studium der Schulmusik, Germanistik und Erziehungswissenschaften an der Musikhochschule Detmold und den Universitäten Bielefeld und Münster; langjährige Berufspraxis im gymnasialen Schuldienst, dabei Organisation, musikalische Leitung und Mitwirkung bei mehreren Schulproduktionen von Musicals; Komposition des Schulmusicals *A Mary Tale*; seit 1994 Dozent am Institut für Musikpädagogik der Universität Münster mit dem Schwerpunkt Popularmusik; Promotion mit einer Dissertation zu „Musicalarbeit in der Schule"; Mitautor des Schulwerkes „Musik um uns"; Vorsitzender des Landesverbandes Nordrhein-Westfalen des Verbandes Deutscher Schulmusiker.

Bernhard Müßgens

Prof. Dr. phil., geb. 1959. Musikstudium für das Lehramt an Grundschulen, anschließend Musikwissenschaft, Germanistik und Philosophie, 1988 zweites Staatsexamen und Promotion in Musikwissenschaft an der Westfälischen Wilhelms-Universität Münster, bis 1994 wissenschaftlicher Assistent am Institut für Musik- und Tanzpädgogik der Deutschen Sporthochschule Köln, 1994 bis 1997 Grundschullehrer in Rheinland-Pfalz, 1996 Habilitation in Musikpädagogik. Seit 1997 Professor für Schulische Musikpädagogik an der Universität Osnabrück.

Mechthild von Schoenebeck

Studium an der Pädagogischen Hochschule (Lehramt Grund- und Hauptschule) und an der Universität Münster (Musikwissenschaaft, Kunstgeschichte, Pädagogik). Danach zwei Jahre im Schuldienst und zehn Jahre wissenschaftliche Assistentin an der Universität Münster. 1978 Promotion, 1986 Habilitierung im Fach Musikpädagogik. 1987 Begründung des Forschungsschwerpunktes „Musiktheater für Kinder und Jugendliche" an der Universität Münster (zusammen mit Gunter Reiß). Lehrstuhl für Musikpädagogik an der Universität Dortmund. Verfasserin von zahlreichen Musicals und Opern für Kinder und Jugendliche und Herausgeberin von kommentierten Stückeverzeichnissen zum Musiktheater für Kinder und Jugendliche.

Robert Schoblick

Multimedial lehren und lernen

Digitale Lerninhalte erstellen
mit H5P

HANSER

Der Autor:

Robert Schoblick, Techelsberg am Wörthersee (A)

Alle in diesem Buch enthaltenen Informationen, Verfahren und Darstellungen wurden nach bestem Wissen zusammengestellt und mit Sorgfalt getestet. Dennoch sind Fehler nicht ganz auszuschließen. Aus diesem Grund sind die im vorliegenden Buch enthaltenen Informationen mit keiner Verpflichtung oder Garantie irgendeiner Art verbunden. Autor und Verlag übernehmen infolgedessen keine juristische Verantwortung und werden keine daraus folgende oder sonstige Haftung übernehmen, die auf irgendeine Art aus der Benutzung dieser Informationen – oder Teilen davon – entsteht.

Ebenso übernehmen Autor und Verlag keine Gewähr dafür, dass beschriebene Verfahren usw. frei von Schutzrechten Dritter sind. Die Wiedergabe von Gebrauchsnamen, Handelsnamen, Warenbezeichnungen usw. in diesem Buch berechtigt deshalb auch ohne besondere Kennzeichnung nicht zu der Annahme, dass solche Namen im Sinne der Warenzeichen- und Markenschutz-Gesetzgebung als frei zu betrachten wären und daher von jedermann benutzt werden dürften.

Bibliografische Information der Deutschen Nationalbibliothek:

Die Deutsche Nationalbibliothek verzeichnet diese Publikation in der Deutschen Nationalbibliografie; detaillierte bibliografische Daten sind im Internet über http://dnb.d-nb.de abrufbar.

© 2021 Carl Hanser Verlag München, www.hanser-fachbuch.de
Lektorat: Brigitte Bauer-Schiewek
Copy editing: Petra Kienle, Fürstenfeldbruck
Umschlagdesign: Marc Müller-Bremer, München, www.rebranding.de
Umschlagrealisation: Max Kostopoulos
Titelmotiv: © shutterstock.com/Zoran Milic
Gesamtherstellung: Eberl & Kœsel GmbH & Co. KG, Krugzell
Ausstattung patentrechtlich geschützt. Kösel FD 351, Patent-Nr. 0748702
Printed in Germany

Print-ISBN: 978-3-446-46718-7
E-Book-ISBN: 978-3-446-46905-1
E-Pub-ISBN: 978-3-446-47098-9

Inhalt

Vorwort

Im Gegensatz zu meinem Buch „Blended Learning mit Moodle", zu dem die Idee einige Zeit vor dem Ausbruch der COVID-19-Pandemie entstand, ist das vorliegende Werk in einer sehr spannenden und ebenso chaotischen Zeit entstanden: COVID-19, ein heimtückisches Virus, stellte quasi „über Nacht" das gesamte Bildungssystem buchstäblich auf den Kopf. Unterricht wurde recht kurzfristig via MS-Teams, Zoom, Skype oder vergleichbare Videokonferenzplattformen organisiert und durchgeführt. Die Lernplattform Moodle wurde zu einer wichtigen Basis für die Verbreitung von Informationen, Formulierung und Abgabe von Aufgaben und zur Durchführung von Lernzielkontrollen. Lehrerinnen und Lehrer, aber auch Schülerinnen und Schüler und nicht zuletzt die zu „Deputy-Pädagogen" ernannten Eltern leisteten Grandioses! Das gelang, obwohl nicht nur seit Jahren darüber gesprochen wird, sondern es sich nun auch zeigte, dass im Bildungssystem die Digitalisierung auf breiter Fläche verschlafen oder zumindest ständig auf die lange Bank geschoben worden war. Wen wundert es, wenn Geld für den Gebäudeerhalt, für klassische Lehrmittel und vor allem auch für Lehrkräfte fehlt? Wie steht es um den Breitbandausbau oder zumindest um einen guten Internetanschluss, um am Distance-Learning teilnehmen zu können? Es darf vielerorts gelächelt werden! Infrastrukturprojekte waren einst hoheitliche Aufgaben. Es sollte jeder Mensch einen Zugang zu Kommunikationsnetzen bekommen können. Heute geht es vor allem um Cash! Infrastruktur ist ein Geschäftsmodell und die Versorgung von Randgebieten ist offenbar nicht relevant. Dabei gehen Menschen massenweise für eine saubere Umwelt auf die Straße und auch wenn Rechensysteme und Netze ebenfalls einen Energiehunger haben, so sind Internetsitzungen immer noch klimafreundlicher als eine Fahrt zur Arbeitsstelle auf einer staugeplagten Autobahn.

Homeoffice und Distance-Learning sind also vielseitige Herausforderungen, die eigentlich Planung und vorbereitende Investitionen erfordern. Bemerkenswerterweise gelang es jedoch den meisten Pädagoginnen und Pädagogen, die in ihren Kernkompetenzen nicht einmal zwingend mit der Informationstechnologie befasst sind, sich schnell in die neuen Technologien einzuarbeiten. Es gab aber auch Reibungsverluste und es mussten viele persönliche Erfahrungen gesammelt werden. Dazu gehörten unter anderem Probleme mit der Überforderung von Lernenden, die von einer Informationsflut oft förmlich überrollt wurden. Doch auch die Lehrenden, die ihre Lehrmaterialien in digitalen Plattformen bereitstellen und zum Teil deren Umgang erst erlernen mussten, gerieten an ihre Grenzen in der Vorbereitungsphase ihrer Lehrveranstaltungen.

Die zweite große Herausforderung, die sich für Lehrende stellte, war die Motivation der Lernenden. Distance-Learning bietet neben der Möglichkeit, ortsunabhängig und obendrein „umweltfreundlich" wegen der Vermeidung von Straßenverkehr zu lernen, auch die Chance, sich „unauffällig" dem Unterricht zu entziehen. Dies ist schwer zu überwachen und zu verhindern. Die einzige Chance stellt scheinbar der Zwang durch harte Prüfungen dar. Motivation kann aber auch anders funktionieren, wenn die Lehrmaterialien unterhaltsam und interaktiv gestaltet und präsentiert werden. Gerade dies war lange Zeit nur sehr schwer möglich und es gab auch keine echten Standards bzw. „Quasi-Standards", an denen man sich orientieren konnte. Mit jedem neuen System mussten deswegen Lehrinhalte neu adaptiert und die Handhabung des Systems neu erlernt werden.

Eine Idee, Lehrinhalte idealerweise plattformneutral zu gestalten, wurde vor einigen Jahren entwickelt und setzt lediglich einen Internetanschluss und einen Computer voraus, der Webseiten nach modernen Maßstäben (HTML5, CSS3 und JavaScript) darstellen kann. Dies war der Antrieb für die Entwicklung von H5P – HTML5-Package.

Die Motive dieser Entwicklung waren aber auch, dass es kein Hochschulstudium der Informatik voraussetzen darf, um digitale Lehrinhalte zu entwickeln und diese obendrein sehr ansprechend zu gestalten. Auch hier erweist sich H5P als ausgesprochen innovativ. H5P stellt keine Konkurrenz zur etablierten Lernplattform Moodle dar, bedeutet also nicht, dass diese wieder einmal gegen ein neues System zu tauschen ist, sondern ist problemlos integrierbar. Das gilt für die Präsentation von H5P-Lehrinhalten ebenso wie für die Erstellung solcher Inhalte.

Der große Vorteil von H5P – ganz gleich, auf welcher Plattform dieses Framework eingesetzt wird – ist die extrem einfache Bedienung. Selbst die Erstellung sehr umfangreicher Lehrinhalte wird schnell umsetzbar sein und das auch ohne nennenswerte Erfahrungen mit digitalen Medien. Dieses Buch soll Ihnen, liebe Leserinnen und Leser, dabei helfen. Vielleicht entdecken Sie auch die Freude an der Kreativität bei der Herstellung grafischer oder multimedialer Lehrmaterialien. Auf jeden Fall laden moderne digitale Lehrmittel dazu ein, interdisziplinär zusammenzuarbeiten. Warum eigentlich nicht einmal ein naturwissenschaftliches Projekt in Zusammenarbeit mit Sprachpädagogen umsetzen? H5P bietet hier eine enorme Flexibilität. H5P-Inhalte können auch extern erstellt, anschließend von Lehrenden geprüft und als Studienarbeit auch anderen Lernenden zur Verfügung gestellt werden. Die Idee vom „Flipped Classroom", in dem die Lernenden das Thema selbstständig nach gewissen Rahmenvorgaben recherchieren, aufbereiten und präsentieren, ist mit H5P sofort umsetzbar. Warum nicht einmal den Mut haben, die Lernenden mit ihren Smartphones in die „Natur zu entsenden", um Video- und Fotoaufnahmen zu bestimmten Themen anzufertigen, diese zu einem Kurzvideo zusammenzuschneiden und als interaktives Video zu präsentieren. Vielleicht ist ein Ausflug zu einer Sehenswürdigkeit interessant, wenn mit einer Rundumkamera 360°-Aufnahmen gemacht und diese später in einer virtuellen Tour in H5P präsentiert werden!

Ich wünsche viel Spaß bei der Umsetzung neuer didaktischer Ideen und Konzepte. H5P steht erst am Anfang, hat jedoch bereits seinen Durchbruch erlangt und bietet bereits nahezu unbegrenzte Möglichkeiten der Unterrichtsgestaltung und Wissensvermittlung, und das ohne gewaltige Budgets vorauszusetzen.

Danksagung

Ein Buch zu schreiben und zu veröffentlichen ist stets Teamwork. Neben dem Autor bzw. der Autorin wirken viele fleißige und engagierte Menschen an dem Werk mit. Für dieses Buch möchte ich einige wichtige Persönlichkeiten erwähnen, ohne die das vorliegende Buch nur eine Idee geblieben wäre. Mein Dank richtet sich an das Lektorat und hier besonders an Brigitte Bauer-Schiewek und an Kristin Rothe, die an das Thema, die Idee und letztlich an den Autoren glauben.

Frau Petra Kienle stellte sich tapfer dem Fehlerteufel entgegen und vertrieb den „literarischen Luzifer" mit großem Fleiß und Akribie aus dem Manuskript. Als Autor kann man dafür gar nicht dankbar genug sein, denn letztlich ist jeder, der große Texte verfasst, blind gegenüber den eigenen kleinen und großen Schreibfehlern.

Frau Irene Weilhart verdanken wir alle, dass dieses Buch in einem gut lesbaren Layout erschienen ist. Auch sie entdeckte den einen oder anderen kleinen Fehlerteufel und stutzte dem Belzebub die Hörner.

Mein ganz besonderer Dank richtet sich an meine Familie und speziell an meine Frau Gabi. Insbesondere in einer sehr chaotischen Corona-Zeit, die von unplanbaren Wechseln zwischen spontanem Homeoffice und Bürotätigkeit vor Ort dominiert war, fand sie nicht nur die Zeit, das Buch mit konstruktiv kritischem Blick zu lesen, um den Fehlerteufel zu vertreiben, sondern sie erwies sich stets auch als wertvolle Ratgeberin. Hervorheben möchte ich dabei auch ihre Geduld. Sie kommentierte so manch einen Nachmittag, an dem sie nur den Haarschopf ihres Gatten hinter einem Laptopdeckel hervorluken sah, mit einem Lächeln.

Techelsberg im April 2021

Robert Schoblick

1 Digitalisierungsziele in der Bildung

Die Ausbildung kann mithilfe neuer Medien effektiver werden, mehr Menschen erreichen und auch denen helfen, die mit einzelnen Lernstrategien Schwierigkeiten haben. Der Gewinn an Lernerfolg, der ohne Frage der Allgemeinheit zugutekommt, hat jedoch auch seinen Preis: Es sind Investitionen in die Technik (Hard- und Software) zu leisten und gegebenenfalls laufende Kosten für eine schnelle Internetanbindung sowie den Betrieb eines Servers zu kalkulieren. Vor allem sind Vorbereitungszeiten und der für die Erstellung und Pflege der Lehrinhalte erforderliche personelle Aufwand großzügig einzuplanen. Dies schließt eine umfassende Aus- und Weiterbildung des Lehrpersonals mit ein, das in den meisten Fällen naturgemäß nicht aus Technikerinnen und Technikern besteht. Aus diesen Gründen verdient die wirtschaftliche Betrachtung des Themas E-Learning und Blended-Learning weitaus mehr Aufmerksamkeit und Respekt, als dies in den meisten Verwaltungen bisweilen zu erkennen ist.

1.1 Qualitätsverbesserung versus Rationalisierung

Die Idee, „neue" digitale Medien als Lehrmittel einzusetzen, ist keinesfalls neu. Spätestens seit Prof. Tim Berners-Lee im Jahr 1991 am Schweizer CERN mit seiner Arbeitsgruppe die Auszeichnungssprache HyperText Markup-Language (HTML) vorstellte und damit eine Darstellung von Internet-Inhalten auf einer grafischen Oberfläche sowie die direkte Verlinkung verschiedener Seiten möglich machte, werden Inhalte des Internets auch zu Lehrzwecken verwendet.

Parallel dazu entwickelten sich Heimcomputer, die nicht nur im Büro und im universitären Bereich verwendet werden, zu ernstzunehmenden Werkzeugen für die Textverarbeitung, die grafische Arbeit und nicht zuletzt für die Reproduktion dieser Werke.

Mittlerweile ist das Internet extrem schnell und leistungsfähig geworden. Zudem verfügt fast jeder über passende Geräte, um auf die im Internet angebotenen Inhalte zuzugreifen. Die Informationsangebote als solche sind in einer nahezu inflationären Vielzahl mit unterschiedlichem Qualitätsniveau im Netz zu finden.

Tatsächlich wird aber die Informationsflut im Internet oft und gern überschätzt. Bemerkungen wie „Das steht alles im Internet!" hat sicher jeder bereits zur Kenntnis genommen. Doch ganz so unbeschwert sollte man dieser „Weisheit" nicht folgen, denn nicht alle Inhalte im Internet sind seriös und vor allem auch fachlich richtig. Hinzu kommt die enorme Zahl von Plagiaten oder – um das legale Abschreiben nicht geschützter Inhalte nicht zu verunglimpfen – „Duplikaten". Es stellt sich für eine wissenschaftliche Verwendung oder den legitimen Einsatz in der Lehre die Frage nach dem zu nennenden Urheber.

Verweist man auf Inhalte im Internet – *H*yper*T*ext als Teil der Abkürzung *HT*ML beschreibt genau diese wichtige Fähigkeit im Internet –, muss man regelmäßig prüfen, ob es sich tatsächlich noch um genau die gewünschten Inhalte handelt bzw. ob diese überhaupt noch existieren.

Ob die Nutzung von Internet und Computer in der Bildung also tatsächlich ein Qualitätsgewinn ist, darf diskutiert werden. Es kommt immer auf die inhaltliche sowie die didaktische Gestaltung an und damit letztlich auf die Lehrkraft, die dieses Lehrmaterial entwickelt. Sofort an Rationalisierung zu denken, ist ebenfalls fahrlässig, denn auch wenn die Bearbeitung und Reproduzierbarkeit von Lehrmaterialien zunächst deutlich leichter erscheint, als es in alten „analogen Papierzeiten" der Fall war, wird doch ein höherer Aus- und Fortbildungsaufwand für das Lehrpersonal sowie ein nicht unerheblicher Zeitaufwand für die Gestaltung und fortlaufende Pflege des Materials zu kalkulieren sein.

■ 1.2 Irrglaube: Kampf gegen den Lehrermangel

Der Autor des vorliegenden Werks hat sich einmal „den Spaß" geleistet und den Begriff „Lehrermangel +Deutschland"[1] in das Suchfeld einer führenden Suchmaschine eingetragen. Es verwundert ein wenig das Ergebnis, denn schließlich wird bei einem so heiß diskutierten Thema eine Flut von Studien erwartet. Doch das Bild ist anders: Auf den ersten vier Trefferseiten (mit jeweils zehn Einträgen) sind fast ausschließlich Medienseiten (Print, Online und TV) zu finden, in denen über dieses Thema berichtet und auch gestritten wird. Erst auf Seite zwei taucht in der zweiten Hälfte ein Link auf kmk.org[2] auf, auf die Seite der Kultusministerkonferenz. Hier findet man Prognosen und Erklärungen zu den Schätzungen und Kalkulationen der erwarteten Schülerinnen/Schüler- sowie Lehrerinnen/Lehrer-Zahlen. Der Begriff des „Lehrermangels" wird nur sehr moderat verwendet. Das hat sehr gute Gründe:

- Pauschale Aussagen lassen sich – wenn überhaupt – nur bedingt treffen!
- Insbesondere langfristige Prognosen basieren auf rein statistischen Werten.
- Grundsätzlich muss der Bedarf an Lehrpersonal sowohl auf den Schulzweig als auch fachlich bezogen betrachtet werden.

---

[1] Der Zusatz Deutschland wurde verwendet, um die Suche nicht bevorzugt auf das – vergleichsweise kleine – Österreich zu forcieren.

[2] *https://www.kmk.org/themen/allgemeinbildende-schulen/lehrkraefte/lehrerbedarf.html,* Zugriff: 30.06.2020

- Es gibt Unterschiede in den verschiedenen Bundesländern sowie im Vergleich zwischen Ballungsgebieten und dem ländlichen Raum.
- Eines darf nicht vergessen werden: Es wird zwar öffentlich ein „Lehrermangel" postuliert, jedoch gibt es durchaus auch Fälle eines „Lehrerüberschusses". Dies ist sowohl für die Haushalte als auch für die betroffenen Lehrkräfte durchaus problematisch.
- Hinsichtlich der Sekundarstufe II wird es schwierig, eine verlässliche Prognose für eine Verteilung auf allgemeinbildende und berufsspezifische Schulzweige zu erstellen.

Es darf auch nicht vergessen werden, dass der Begriff des *Lehrerbedarfs,* der schließlich neben den erwarteten Schülerzahlen die Basis für eine Aussage hinsichtlich eines Lehrermangels sein muss, sehr dehnbar ist. Neben den praktischen und pädagogischen Rahmenbedingungen ist es durchaus auch das „liebe Geld", was einen entscheidenden Einfluss auf die Definition hat. Die Kultusministerkonferenz nennt dies die „finanzpolitischen Rahmenbedingungen". Zitat aus „Lehrereinstellungsbedarf und angebot in der Bundesrepublik Deutschland 2019 – 2030 – Zusammengefasste Modellrechnung der Länder"[3], S. 10:

> *„Der künftige Lehrereinstellungsbedarf ist durch die Länder vorausberechnet worden, dabei konnten länderspezifische Besonderheiten Berücksichtigung finden. Diese betreffen insbesondere die Entwicklung der Schülerzahlen und ihre Verteilung auf die verschiedenen Schularten und Bildungsbereiche sowie bildungs- und finanzpolitische Zielsetzungen. Während z. B. die Entwicklung der Schülerzahlen relativ gut vorausberechnet werden kann, sind die finanzpolitischen Rahmenbedingungen mit größeren Unsicherheiten behaftet."*

Grundlage für die Kalkulationen sind einerseits die erwarteten Schülerzahlen,[4] die sich anhand von Geburtenraten, aber auch aus Zuwanderungszahlen ergeben. Auch hier können nur die tatsächlichen Zahlen eine feste Grundlage für die unteren Klassenstufen darstellen. Künftige Entwicklungen sind keinesfalls absehbar, wie es beispielsweise das Jahr 2015 zeigte. Hier strömten in überdurchschnittlich großer Zahl Bürgerkriegsflüchtlinge aus Syrien nach Europa. Die Kinder dieser Migrationswelle sind in das Bildungssystem zu integrieren! In Prognosen vor dem Jahr 2015 tauchen sie jedoch nicht auf und damit führten diese Ereignisse zwangsweise zu einem erhöhten Bedarf an Lehrkräften. Dieser ist allerdings nicht allein durch eine zahlenmäßige Gegenüberstellung zu decken, wie es in vielen Medienberichten offenbar geschieht, sondern es müssen qualitative Aspekte beachtet werden:

- Psychologische Aspekte: Viele Kinder aus Kriegsgebieten sind traumatisiert.
- Kulturelle Aspekte: Die gesellschaftlichen Werte der Zufluchtsländer müssen nicht nur verkündet, sondern auch vermittelt werden. Dabei darf auch der Respekt gegenüber den kulturellen Werten der Herkunftsländer nicht vergessen werden. Nicht selten kollidieren diese Wertevorstellungen. Oft werden auch die „mitgebrachten Werte" nicht erkannt und gewürdigt.
- Kommunikative Aspekte: Eine gemeinsame Sprache ist essenziell im schulischen Unterricht.

---

[3] *https://www.kmk.org/fileadmin/Dateien/pdf/Statistik/Dokumentationen/Dok_221_Bericht_LEB_LEA_2019.pdf,* Zugriff: 01.07.2020

[4] *https://www.kmk.org/fileadmin/Dateien/pdf/Statistik/Dokumentationen/Dok_221_Bericht_LEB_LEA_2019.pdf,* Zugriff: 01.07.2020

Die oft zitierte und mit recht geforderte Inklusion kann nur dann funktionieren, wenn zuvor ein Integrationsprozess konsequent durchlaufen wurde. Dies setzt jedoch wirklich kompetentes Lehrpersonal voraus, welches neben rein fachlicher Qualifikation auch sehr starke emphatische Kompetenzen besitzt. Darüber hinaus ist hier die seelische Belastung der Lehrkräfte zu würdigen, die nicht unendlich belastbar sind und möglicherweise selbst Unterstützung in Form von Coaching oder Supervision benötigen. Diese Komponenten werden in der allgemeinen Diskussion um den „Lehrermangel" nicht berücksichtigt! Sie können auch nicht mit digitalen Technologien kompensiert werden. Geht es um die Betreuung von Migrantenkindern, die aus Krisengebieten geflohen sind, können reine „Zahlenspiele" den Anforderungen nicht gerecht werden. Wie bereits unter den Stichworten der kulturellen und kommunikativen Aspekte ersichtlich wird, haben diese Schülerinnen und Schüler einen weitaus größeren Betreuungs- und Schulungsbedarf als solche, die in den aktuellen Sprach- und Kulturraum hineingeboren wurden.

Die Kultusministerkonferenz räumt in ihren Statistiken durchaus ein, dass es auf ein Lehrfach bezogen und regional einen Lehrermangel geben wird. In erster Linie wird man versuchen, diese Lücken mit Personalüberhängen in anderen Bereichen zu kompensieren. Die Rahmenbedingungen sind allerdings neben der fachlichen Eignung auch durch besoldungsrechtliche und tarifliche Bedingungen begrenzt.

Die geneigte Leserin und der geneigte Leser werden sich nun fragen: Wo ist der Zusammenhang zu elektronischen Lehrmitteln? – Das ist eine ausgezeichnete Frage! Wollen wir tatsächlich eine treffsichere Definition für den Begriff des Lehrermangels finden? Wie werden die Pädagoginnen und Pädagogen diese „Antwort" wahrnehmen, die in Fachbereichen und Regionen arbeiten, in denen es einen (möglicherweise nur temporären) Personalüberschuss gibt? Wie werden Pädagoginnen und Pädagogen eine solche „Antwort" wahrnehmen, die sich überfüllten Klassen mit Schülerinnen und Schülern aus schwierigen Milieus gegenübersehen?

Wie groß die Klassen werden und wie die Verteilung aus Gesellschafts- und Bildungsschichten gestaltet ist, können lediglich die Schulleitungen kalkulieren. Eine Antwort kann und wird dieses Buch also nicht geben können. Formuliert man aber die Frage, ob elektronische Lehrmaterialien – um diese geht es am Beispiel von H5P in diesem Buch – geeignet sind, um einen möglichen (oder in konkreten Fällen tatsächlichen) Lehrermangel zu kompensieren, dann muss die Frage mit „Nein!" beantwortet werden.

- Traumatisierte Menschen brauchen einen *direkten Betreuer*. Eine rein elektronische Lernplattform vermittelt das Gefühl, im Stich gelassen zu sein.

- Menschen aus schwierigen sozialen Umfeldern brauchen eine menschliche Betreuung, die in der Lage ist, individuell Talente zu entdecken und diese (sowie deren Persönlichkeiten) zu fördern.

- Menschen aus armutsgefährdeten Umfeldern benötigen geeignete Computer und Internet-Zugänge, mit denen die Teilnahme an digitalen Lehrkonzepten überhaupt möglich wird.

- Sprachliche Barrieren können theoretisch durch elektronische Lehrmittel überwunden werden. Die Technik bietet Übersetzungen und die Schülerinnen und Schüler denken und lernen in ihrer Muttersprache. Das kann nicht sinnvoll sein, denn Übersetzungsprogramme sind nicht nur fehlerbehaftet, sondern sie verführen auch zu einem Rückzug in die Komfortzone des vertrauten Sprachraums und können damit Kommunikation sogar hemmen.

- Auch „problemfreie" Kinder und Jugendliche brauchen Bezugspersonen, um Vertrauen und Zwischenmenschlichkeit – auch gegenüber Autoritäten – zu entwickeln, damit eine eigene Mündigkeit entstehen kann.

Die Liste kann beliebig fortgesetzt werden und sicher finden sich auch Argumente für rein digitale Lehrmittel. Die Argumentation darf auch nicht falsch verstanden werden: Es handelt sich nicht um ein Plädoyer gegen digitale Lehrmittel und Lernkonzepte. Wäre dies der Fall, dann könnten Sie, liebe Leserin und lieber Leser, das Buch an dieser Stelle schließen. Entscheidend ist es dagegen, dass der Einsatz elektronischer Lehrmittel keinesfalls als Rationalisierungspotenzial zur Einsparung von „Humankapital" missverstanden werden darf. Betrachtet man diese modernen Medien als Ergänzung in der Bildung, werden sie zu einem Werkzeug in den Händen kompetenter Pädagoginnen und Pädagogen. Hier entfalten sie ihren Zweck und ihre Potenziale.

■ 1.3 Erfahrungen in Lockdown-Zeiten

Dieses Werk entstand in einer Zeit, in der das Covid-19-Virus zu monatelangen Schul- und Universitätsschließungen führte. Neben Schulen und Hochschulen betrafen die Einschränkungen der Präsenzveranstaltungen auch Projekte in der Erwachsenenbildung. Dazu zählen neben Mitarbeiterfortbildungen, die im Auftrag von Unternehmen durchgeführt werden, auch berufliche Qualifikationsmaßnahmen für Arbeitsuchende.

1.3.1 Kontrollphilosophie im Unterricht

Hier geht es nicht allein darum, Lehrveranstaltungen inhaltlich zu gestalten, sondern ganz entscheidend auch um Motivation. Besonders bei Weiterbildungsmaßnahmen für Arbeitsuchende ist es nicht immer gewährleistet, dass sich der Sinn der Fortbildung den Teilnehmerinnen und Teilnehmern erschließt. Es ist in diesen Fällen bereits in reinen Präsenzveranstaltungen oft eine Herausforderung, diese Menschen zielführend zu motivieren. Bei reinen Online-Veranstaltungen gestaltet sich diese Aufgabe ungleich schwieriger. Im Extremfall werden die eingeschränkten Möglichkeiten reiner Online-Lehrveranstaltungen zur Teilnahmeverweigerung genutzt.

Es ergeben sich sehr kontroverse Fragen:

- Dürfen Webcams zur Kontrolle der Anwesenheit während der Lehrveranstaltung verwendet werden?
- Darf von Teilnehmerinnen bzw. Teilnehmern einer Lehrveranstaltung verlangt werden, die Webcam einzuschalten?

In Deutschland sagt das Grundgesetz in Art. 13, Absatz 1:

„Die Wohnung ist unverletzlich!"

Es wird durchaus diskutiert, ob das Verlangen, eine Webcam im Homeoffice – insbesondere zu Zwecken der Anwesenheits-/Teilnahmekontrolle – zu aktivieren, nicht diesem Artikel des Grundgesetzes widerspricht. Virtuelle Klassenzimmer-Konzepte können also nur dann funktionieren, wenn ein hohes Maß intrinsischer Motivation bei den Lernenden vorhanden ist.

Bei reinen Online-Lehrveranstaltungen ist deswegen eine lernzielorientierte Erfolgskontrolle der bessere Weg. Allerdings kann auch hier ein negatives Prüfungsergebnis auftreten, was keinesfalls als Indiz für das Fehlen einer engagierten Teilnahme interpretiert werden darf. Viel sinnvoller ist es, verschiedene „Breakpoints" in die Lehrmaterialien zu integrieren. Diese haben verschiedene Vorteile:

Sie wiederholen sehr kleine Lehrinhalte und prüfen den (kurzfristigen) Lernerfolg. Werden die Bearbeitungen dieser Breakpoints im System dokumentiert, belegt dies – auch im Vergleich zur Bearbeitungszeit – die Bearbeitung des Stoffs.

Lernziel statt Teilnahmekontrolle

Es gibt durchaus Kurskonzepte, in denen die Teilnahme und die Einhaltung geregelter Tagesstrukturen Bestandteil der Lehrveranstaltung sind. Geht es allerdings vordergründig um die Vermittlung von Wissen und um eine qualifizierte Aus- und Weiterbildung, dann können auch selbstbestimmte Lerntechnologien den angestrebten Erfolg erreichen. Digitale Lehrplattformen können dies durch ein Angebot verschiedener Alternativen zum Erwerb des Wissens, zur Übung und zur Kontrolle des Lernerfolgs durchaus bieten. Dies gilt auch in Ausnahmezeiten wie während der Covid-19-Pandemie.

1.3.2 Soziales Leben oder pure „Druckbetankung"?

Die Zeit der Corona-Pandemie hat das gesamte Bildungssystem vor eine vollkommen neue Aufgabe gestellt. Plötzlich gab es nur zwei (extreme!) Alternativen: Distance-Learning oder „KEIN-Learning". Auf Unterricht zu verzichten, wäre auch in dieser weltweit schwierigen Zeit keine Option gewesen. Es hätte die Bildung um weit mehr als die Zeit des Lockdowns zurückgeworfen. Konsequenzen wären – unter anderem – gewesen:

- Verlust des „roten Fadens" der Lernenden: Während bei definierten Ferienzeiten abgeschlossene Lernziele vor dem Beginn der Lernpausen erreicht werden, können in Zeiten unkalkulierbarer Lockdowns keine abgeschlossenen und damit auch für die Lernenden nachhaltig erfassbaren Lektionen vermittelt werden.

- Verlust sozialer Kompetenzen: Menschen brauchen den Austausch mit ihresgleichen! Das gilt insbesondere für Kinder, die ihre sozialen Fähigkeiten noch entwickeln müssen. So absurd es klingen mag, doch dazu gehören sogar die „Raufereien auf dem Schulhof". Dies kann weder aus dem Lehrbuch noch über digitale Lehrkanäle vermittelt werden.

- Verlust geregelter Tagesabläufe: Es erscheint unter normalen Bedingungen lästig, mit zeitlichem Vorlauf morgens aufzustehen, wie in einem Ritual zu duschen und den Weg zur Schule (oder zur Arbeit) anzutreten. Dieser Weg erscheint als „verlorene Zeit" und doch haben diese Wegezeiten auch einen positiven Effekt: Sie trennen Schulzeit und Privatleben. Sie schaffen auch mental eine klare Distanz zwischen privatem Leben und der Aufgabe.

Menschen gehen oft den Weg des geringsten Widerstands. Den unbequemen Weg zu beschreiten wird nur funktionieren, wenn es eine Motivation gibt. Motivation kann ein eigenes Ziel sein. Dieses ist in der Erwachsenenbildung oft bei Schulungsteilnehmerinnen und -teilnehmern erkennbar, die sich aus ihrem Lernerfolg positive Einflüsse auf ihren Karriere- und Lebensweg versprechen. Bei Kindern ist dieses Motiv noch nicht sonderlich ausgeprägt. Sie haben gewiss Ideen und Pläne für das Leben, doch Schule und Lernen werden von vielen als Last empfunden. Sie nutzen Gelegenheiten, um sich der „langweiligen Pflicht" zu entziehen. In „normalen Zeiten" wird dies durch Ablenkung vom Unterrichtsgeschehen („Karten spielen" bzw. in moderner Zeit die Beschäftigung mit dem Smartphone) und „Abschreiben der Hausaufgaben" vom „Klassenprimus" deutlich. Diese Fakten sind jeder Pädagogin und jedem Pädagogen bekannt. Im Präsenzunterricht entwickelt jede Lehrkraft eigene Strategien, um mit diesen Situationen umzugehen und motivierend auf die Schülerinnen und Schüler einzuwirken. Doch wie soll dies im Distance-Learning möglich sein?

Die Praxis des Distance-Learning bzw. „Homeschooling", wie das Verfahren auch bezeichnet wird, schließt im großen Maß die Eltern mit ein. Dies funktioniert jedoch nur, wenn Eltern über zeitliche Kapazitäten verfügen und – unter Berücksichtigung des zeitlichen Abstands zur eigenen Schulzeit – fachlich den Anforderungen des zu vermittelnden Lehrstoffs folgen können. Erkennen Schülerinnen und Schüler Demotivation bei ihren Eltern – und sei es nur wegen eigener zeitlicher Überforderung –, werden diese keinen motivierenden Einfluss auf ihre Kinder ausüben können.

Ein vollkommen unbeachteter Einfluss sozialer Bindungen auf den Lernerfolg ist der direkte Wettbewerb. Zwar ist es möglich, eine Arbeitsaufgabe neudeutsch als „Challenge", als eine Herausforderung, zu deklarieren und damit verbunden den Ehrgeiz zu wecken. Im persönlichen Kontakt der Lernenden entwickelt sich dieser aus einer eigenen Dynamik heraus, wenn zum Beispiel Bewertungen einer Abschlussarbeit miteinander verglichen werden.

Digitale Lehrsysteme können diesen Sportsgeist zwar mithilfe von Badges und einem Punktesystem wecken, jedoch entfalten auch derartige Motivationswerkzeuge ihre Wirkung nur dann vollends, wenn sie Teil einer gesunden Konkurrenzkultur und damit Teil eines Wettbewerbs innerhalb einer Gruppe sein können.

 Digitale Lehrsysteme ersetzen nicht die Präsenzveranstaltung!

Digitale Lehrsysteme sind auf keinen Fall ein Ersatz für konventionelle Präsenzlehre. Sie können allerdings hervorragend zur Ergänzung des Unterrichts beitragen. Dies gilt insbesondere unter Berücksichtigung, dass „Homeschooling" – wenngleich in einem wesentlich geringeren Umfang – ergänzend zum Präsenzunterricht in der Gestalt von „Hausaufgaben" – längst etabliert ist. In diesem Bereich können digitale Lehrsysteme sehr wohl sinnvoll und ergänzend eingesetzt werden, den Dialog zwischen Lernenden untereinander sowie zwischen Lernenden und Lehrenden fördern und über digitale Medien allgemein zusätzliche Informationskanäle für die Lernenden öffnen.

■ 1.4 Mehrwegeausbildung und Lernkanäle

Das Thema dieses Werks ist H5P. H5P ist *keine* eigene Lernplattform. Es ist ein Framework, mit dessen Hilfe digitale Lehrmittel gestaltet und in Lernmanagement-Plattformen eingegliedert werden können. Die H5P-Lehrmittel können aber auch unabhängig von einer Lernplattform durch Verlinkung in nahezu beliebige Web-Publikationen eingebunden werden.

H5P unterstützt insbesondere durch den Grundgedanken der Gründerszene freie Bildungsangebote. Diese lehnt sich an der Open-Education-Resources-Philosophie (OER) an – die sich für eine freie Verbreitung von Lehrmaterialien und Bildung allgemein einsetzt. Die H5P-Technologie unterstützt das Lernen vor allem durch Interaktivität direkt in den Inhalten. Der Einsatz mehrerer Informationsquellen fördert den Lernerfolg. Ergänzende oder kontroverse Informationen provozieren Fragen, deren Recherche und Beantwortung zusätzliche Lernerfolge ermöglichen.

Es sei immer an den Ursprung des Begriffs „Vorlesung" erinnert. Noch heute werden einige Lehrveranstaltungen an Universitäten als Vorlesung bezeichnet. Der Begriff leitet sich aus einer Zeit ab, in der Bücher nicht oder nur in Klöstern verfügbar waren. Die Lernenden hatten in der Regel keine eigenen Bücher. Auch waren individuelle Mitschriften nicht die Regel. Mit der Erfindung des Buchdrucks und der Verbreitung von Büchern auch im Privatbesitz stand plötzlich ein zusätzlicher *Lernkanal* zur Verfügung. Wenngleich damit auch autodidaktisches Lernen durch die Lektüre der Schriften möglich wurde, koexistiert dieser Lernkanal noch heute, ohne die Präsenzlehre abzulösen.

Im weiteren Verlauf der Zeit kamen Film und Fernsehen hinzu. Gute Dokumentationen eignen sich – unter kritischer inhaltlicher Betrachtung – durchaus als sinnvolle und zeitgemäße Unterstützung der Lehre. Allein der Konsum der audiovisuellen Medien reicht jedoch nicht aus. Einen Lernerfolg kann nur eine kritische Reflexion und Diskussion in einer Gruppe herbeiführen. Insbesondere historische Themen werden neben der eigentlichen Wissensvermittlung (Welche Ereignisse passierten wann?) durch eine kritische und durchaus kontroverse Diskussion (Wie kam es zu diesen Ereignissen? Was waren die Motive der Beteiligten?) bereichert.

Das Internet als Medium bietet nicht nur Wissen aus „der Konserve", sondern stellt gleichzeitig einen Kommunikationskanal dar. Hier ist jedoch zwischen moderierten und unmoderierten Informationen zu unterscheiden.

Moderierte Kanäle sind redaktionell betreute Webseiten, die einen gewissen Anspruch auf Richtigkeit und Niveau ihrer Inhalte erheben. Auch Lernplattformen gehören in diese Kategorie. Die unmoderierten Kanäle beinhalten die sozialen Netzwerke, in denen absolut jeder seine Ansichten kundtun und verbreiten kann. Eine Garantie für Richtigkeit gibt es hier nicht. Die in den sozialen Netzen eingesetzten Algorithmen und auch die gruppendynamischen Effekte wirken zusätzlich hinderlich, um Informationen objektiv und wertungsfrei zu diskutieren. Effekte wie die „Echokammer" und die „Schweigespirale" behindern eine tatsächlich freie und sachliche Diskussion. Obwohl auch Medien wie Facebook oder Instagram gelegentlich als Lernplattform in Erwägung gezogen werden, kommen diese Systeme nicht für die professionelle Lehre in Frage.

Grundsätzlich stellt jeder zusätzliche Lernkanal einen Zugewinn für den Lernprozess dar. Wichtig ist dabei jedoch, dass die Informationen verschiedener Lernkanäle redundant sind.

Das ist vor allem eine wichtige Grundlage, an der sich Lehrende orientieren sollten. Zu leicht erliegen Lehrende der Versuchung, Aufgaben in verschiedenen Lernkanälen gleichzeitig zu formulieren. Hierbei wird oft vergessen, dass es stets nur jeweils ein Lernender ist, der sich dieser Last stellen muss. Hilfreicher ist es, die Wahl der Lernkanäle den Lernenden freizustellen und stattdessen die Bildungsziele zeitnah und in erreichbaren Dosierungen zu formulieren. Auch hier zeigte die Pandemiezeit, dass auch Lehrende noch einigen Bildungsbedarf haben. Das ist keinesfalls abwertend zu verstehen, denn bisher war in Schulen und Hochschulen oft eine starke Aversion gegenüber digitalen Bildungsmethoden zu erkennen. Nicht zuletzt haben Bürokratie und Politik es versäumt, die erforderlichen Infrastrukturen aufzubauen und die entsprechenden Fortbildungen anzubieten. Dieses Versäumnis setzte sich auch im Sommer 2020 fort, als die Notwendigkeit leistungsfähiger Bildungsplattformen deutlich wurde.

 Keine konkurrierenden Lernkanäle!

Es ist ein Irrglaube, dass der Einsatz mehrerer Lernkanäle zur Überforderung der Lernenden führen muss. Die Vielfalt der Medien kann ganz im Gegenteil sogar helfen, den Bildungserfolg der Lernenden insgesamt zu steigern, wenn sich jeder die Informationsquellen frei auswählen kann. Dieses Angebot ist natürlich auch mit einem gewissen Aufwand für die Lehrenden verbunden.

◼ 1.5 Effizienz des Lernens

Der Sinn des Lernens wird sehr unterschiedlich definiert. Pädagoginnen und Pädagogen sehen vordergründig die Entwicklung der jungen Menschen. Damit verbunden ist neben der Vermittlung von Wissen auch die Vermittlung gesellschaftlicher Werte. Wirtschaft und Politik haben ebenso ein großes Interesse an Bildung, denn diese schafft die Fachkräfte der Zukunft, die sich mit zunehmend schnelleren Innovationszyklen auseinandersetzen und dementsprechend belastbar und leistungsfähig sein müssen. Tatsächlich ist bei der Bewertung der politischen Entscheidungen in den letzten Jahrzehnten zu vermuten, dass die Individualität des Einzelnen eine untergeordnete Bedeutung hat. Es stellt sich die Frage, welche Bedeutung moderne digitale Lehrmittel in diesem Kontext haben.

1.5.1 Selektion durch Belastung?

Am Anfang dieses Jahrtausends wurde in der Politik – unter anderem begründet durch den „Fachkräftemangel" – die insgesamt 13 Schuljahre dauernde schulische Ausbildung bis zum Abitur bzw. zur Matura kritisiert. Man setzte mit dem G8-Abitur letztlich eine schulische Ausbildung um, die innerhalb von zwölf Jahren zum Abitur führen sollte. Das Argument war, dass es viel zu lange dauert, bis junge Menschen in die Ausbildung und damit auch letztlich in das Berufsleben eintreten. Dabei wurde nicht wirklich eine Ausdünnung des Lehrstoffs, sondern eine (zeitliche) Kompression umgesetzt. Die gleichen Lernerfolge sollten also in erheblich kürzerer Zeit erreicht werden.

Das G8-Abitur hatte noch einen weiteren Effekt, der kontrovers diskutiert wird: Der zusätzliche Druck auf die Lernenden wird nur von einer „Elite" durchgehalten. Darunter sind Lernende zu verstehen, die

- einen enormen persönlichen Ehrgeiz mitbringen, um das Abitur zu erreichen,
- gute Voraussetzungen im Elternhaus und im persönlichen Umfeld mit sich bringen,
- eine überdurchschnittliche Belastbarkeit in physischer und psychischer Hinsicht besitzen.

Kurz formuliert: Der zusätzliche Druck auf die Lernenden führte zu einem Selektionseffekt. Als Grund dafür mag die gesellschaftliche Entwertung der Hauptschulen und auch der regulären Berufsausbildung betrachtet werden. Es wird allgemein ein akademischer Grad angestrebt, um gesellschaftlich anerkannt zu werden. Obwohl gerade in den letzten zwei Jahrzehnten viel von Toleranz und Respekt gegenüber Menschen gesprochen wird, setzt sich in den Köpfen ein immer stärkerer Abgrenzungsdrang in der Form einer Elite durch. Chancengleichheit wird gefordert, jedoch gleichzeitig auch als gesellschaftlich störend empfunden.

Nach dem Grundgesetz gibt es keine soziale Ungleichheit! So steht in Artikel 3 des Grundgesetzes der Bundesrepublik Deutschland:

> *„(1) Alle Menschen sind vor dem Gesetz gleich.*
>
> *(2) Männer und Frauen sind gleichberechtigt. Der Staat fördert die tatsächliche Durchsetzung der Gleichberechtigung von Frauen und Männern und wirkt auf die Beseitigung bestehender Nachteile hin.*
>
> *(3) Niemand darf wegen seines Geschlechts, seiner Abstammung, seiner Rasse, seiner Sprache, seiner Heimat und Herkunft, seines Glaubens, seiner religiösen oder politischen Anschauungen benachteiligt oder bevorzugt werden. Niemand darf wegen seiner Behinderung benachteiligt werden."*

Die Erhöhung der Messlatte zur Erreichung der Hochschulreife widerspricht dem Grundgesetz nicht, obwohl zwangsweise eine selektierende Wirkung daraus entsteht.

1.5.2 Beschleunigung des Lernerfolgs

Junge heranwachsende Menschen möglichst schnell in den Beruf zu bringen, hat mehrere Vorteile:

- Die Wirtschaft profitiert von der schnelleren Verfügbarkeit frischer und „formbarer" Talente.
- Die Staatskasse spart Kosten für die Schulbildung durch kürzere Schulzeiten.
- Weniger Schuljahre entlasten den Bedarf an Lehrkräften und Schulgebäuden.

Tatsächlich liegt auch der schnellere Eintritt in das Erwerbsleben im Interesse der Lernenden. Doch wie im Abschnitt zuvor beschrieben, wird dies mit einer erheblichen individuellen Belastung „erkauft". Kritik am G8-Abitur wurde nicht zuletzt mit dem „Verlust der Kindheit" begründet. Zudem betraf die Kürzung der schulischen Ausbildung tatsächlich nur den Bereich der gymnasialen Oberstufe.

Versucht man zu begreifen, wieviel vom vermittelten Lehrstoff tatsächlich bei den Lernenden hängen bleibt und wieviel Stoff auch nach häufigen Wiederholungen nicht wirklich verstanden wird, drängt sich sofort die Ansicht auf, dass in der schulischen Ausbildung sehr viel zeitliche Redundanz vorhanden ist. Zusätzlich kann eine Spezialisierung dazu beitragen, den zu erlernenden Stoff auszudünnen und auf die tatsächlich für die Lernenden interessanten und wichtigen Inhalte zu begrenzen.

Digitale Lehrmittel können tatsächlich das Lernen beschleunigen. Sie können ergänzend zur konventionellen „Druckbetankung" mit Wissen eingesetzt werden und mit Abwechslungsreichtum und einem gewissen Unterhaltungswert nicht nur Neugierde wecken, sondern durch automatisierte, gezielte Lernzielkontrollen und Wiederholungen auch vertiefend auf die Wissensvermittlung einwirken. Digitale Lehrmittel stehen den Lernenden zudem bei Bedarf – quasi „on Demand" – zur Verfügung. Lernende können sich somit ihre Informationen bei Bedarf abholen. Werden auch Lernzielkontrollen und Prüfungen mithilfe digitaler Lernplattformen von einem engen Terminplan entkoppelt, so kann allein durch die entstandene Flexibilität eine effizientere Wissensaufnahme erfolgen. Dies ist eine Alternative zum heute zunehmenden Prozess des „Bulimie-Lernens", bei dem sich die Lernaktivitäten einzig und allein auf das Bestehen der Prüfungen fokussieren.

■ 1.6 Geografische Unabhängigkeit

Es ist kein offiziell erklärtes Ziel, wenn es um das Thema „Digitalisierung in der Bildung" geht, dennoch lohnt es sich, auch über die Frage nach den Bildungsstandorten nachzudenken. Während Grundschulen nach wie vor regional präsent sind, müssen Schülerinnen und Schüler bereits ab der ersten Sekundarstufe häufig pendeln. Für ein Studium ist nicht selten der Umzug in eine andere Stadt oder sogar einen anderen Staat erforderlich. Dies bedeutet soziale Veränderungen und sehr häufig auch eine hohe finanzielle Belastung.

Besonders problematisch sind zudem die Fragen der Vereinbarkeit von Studium mit der Familie oder dem Beruf. Wer sich weiterqualifizieren möchte, muss heute immer noch schwerwiegende Entscheidungen treffen:

- Ein Ehepartner interessiert sich für ein Studium, wobei das Studiengebiet aber an keiner ortsnahen Universität angeboten wird. Es muss die Entscheidung getroffen werden zwischen Studium mit einer Fernbeziehung oder dem Verzicht auf das Studium.

- Jemand ist fest in einem Beruf etabliert, möchte sich jedoch weiterqualifizieren und einen Studienabschluss erwerben. Lässt sich dieses Studium mit den vorgegebenen Arbeitszeiten vereinbaren oder ist ebenfalls auch ein Umzug in eine andere Stadt erforderlich? Hier ist wieder eine Entscheidung zu treffen: Studium oder Beruf!

- Möglicherweise ist eine Universität in der Nähe und sie bietet auch die gewünschte Studienrichtung an, jedoch sind kleine Kinder zu betreuen, was in den geforderten Präsenzzeiten nicht gesichert werden kann. Es ist die Entscheidung zu treffen zwischen Studium und Familie.

- Ein sehr häufiger Fall ist tatsächlich, dass Studieninteressierte eine Wohnung oder einen Platz in einem Studentenheim finden müssen, wenn sie den Wohnsitz an den Sitz der

Universität verlegen wollen. Das ist keinesfalls neu, jedoch haben extrem steigende Mieten und knapper Wohnraum den Antritt des Studiums mittlerweile stark erschwert. Förderungen allein genügen in der Regel nicht, um das Studium und das Leben zu finanzieren. Der zeitliche Aufwand für die Deckung des Lebensunterhalts ist beachtlich und die Anforderungen des Studiums als solches sind ebenso hoch.

Tatsächlich bietet die Fernuniversität in Hagen bereits seit vier Jahrzehnten ein Studienmodell an, welches gute Chancen eröffnet, Beruf, Privatleben und Studium in Einklang zu bringen. Markante Eigenschaften eines Fernstudiums sind:

- Studieren an nahezu jedem beliebigen Ort der Welt,
- freie Zeiteinteilung,
- Lehrbriefe und Einsendeaufgaben ersetzen Präsenzvorlesungen,
- dezentrale Prüfungen sind durch Kooperation mit anderen Hochschulen und Behörden bzw. international unter anderem mit den Goethe-Instituten möglich,
- digitale Lernplattformen unterstützen das Studium,
- bedarfsweise werden Live-Vorlesungen über virtuelle Klassenräume angeboten.

Diese Konzeption kann durchaus auch als Vorbild für andere Varianten universitärer Bildung mit gemischtem Präsenz- und Distance-Learning dienen. Dies setzt aktive Kooperationen der Hochschulen bundes- oder besser noch europaweit voraus. Neben den digitalen Angeboten jeder einzelnen Hochschule, die insgesamt als Bildungspool für alle Studierenden gleichermaßen verfügbar sein können, bieten alle Hochschulen die gesetzlich legitimen Möglichkeiten zur Abnahme von Prüfungen. Fachgespräche und mündliche Prüfungen lassen sich via Videokonferenz unter lokaler Aufsicht durchführen und somit Betrugsversuche ausschließen.

Die Vorteile digitaler Bildungsplattformen in einem solchen Konzept sind signifikant:

- Einsparungen bei Gebäuden und angemieteten Räumlichkeiten,
- Synergieeffekte durch Kooperation der beteiligten Hochschulen,
- umfassendes Studienangebot einer sehr großen Zahl von Studienrichtungen an nahezu jedem beteiligten Standort,
- der Einsatz von Augmented Reality und Virtual Reality erlaubt auch Eingangsunterweisungen in Bereichen, die bislang aufwendige Laboratorien erforderten.
- Themenverwandte Vorlesungen können lokal für alle Studierenden vergleichbarer Fachrichtungen in Präsenz angeboten werden.
- Reduktion von Fahrzeiten und Straßenverkehr und damit verbunden eine Entlastung der Umwelt.

Für Studierende bietet sich der Vorteil der Ortsunabhängigkeit und der Vereinbarkeit von Studium mit dem Beruf und der Familie. Zudem können Studierende ein breiteres Studienangebot – auch international – nutzen.

Die technischen Herausforderungen sind mit heutigen Systemen zu bewältigen und auch finanzierbar. Die Pandemiezeit 2020/2021 belegt zudem, dass sich Studierende rasch mit elektronischen Lernplattformen vertraut machen können. Die größten Hürden liegen in den administrativen Ebenen und in der Bereitschaft zur Kooperation. Hochschulen sind zwar in der Regel Körperschaften des öffentlichen Rechts, stehen jedoch auch in direktem Wettbewerb untereinander. Hier geht es nicht zuletzt um staatliche Fördergelder. Hinderlich sind auch die individuellen Curricula der verschiedenen Studienrichtungen. Diese machen derartige Kooperationen auch in namentlich vergleichbaren Studienrichtungen kompliziert.

Technologien wie H5P, die zunehmend unabhängiger von etablierten Lernplattformen sind, erlauben den Austausch digitaler und interaktiver Bildungsinhalte. Dies setzt jedoch voraus, dass – wenn nicht bereits die grundsätzliche Verbreitung nach OER angestrebt wird – die Nutzungsrechte hochschulübergreifend liberalisiert werden.

Probleme liegen nicht in der Technik begründet!

Viele maßgebliche Probleme im Bildungssystem lassen sich mithilfe digitaler Lernplattformen und liberalisierter Lehrinhalte lösen. Die Hemmschwellen sind vorwiegend auf rechtlicher Ebene und in der Bürokratie begründet.

2 Das H5P-Projekt

Reine Webseiten, wie sie mit der Auszeichnungssprache HyperText Markup Language – allgemein besser bekannt als HTML – erstellt werden und mit dem Einsatz von Cascaded Style Sheets (CSS) auch bunter und „fröhlicher" gestaltet werden können, sind längst etabliert. Seit HTML5 werden auch multimediale Inhalte von Webseiten unterstützt, ohne dass für deren Wiedergabe eine spezielle Software auf dem PC installiert werden muss. Insbesondere die Wiedergabe von Video- und Audio-Inhalten erforderte früher Zusatzsoftware wie beispielsweise Adobe Flash®. Die Programmiersprache JavaScript, welche als Interpreter-Sprache im Webbrowser ausgeführt wird, erlaubt nicht nur die Erstellung animierter, sondern auch interaktiver Inhalte. Die Kombination der Sprachen HTML5, CSS und JavaScript kann allgemein als Standard auf Endgeräten betrachtet werden, die Inhalte aus dem Internet wiedergeben können, und ist die Basis, auf die H5P – *HTML5-Package* – aufsetzt. Mit diesen allgemeinen Grundvoraussetzungen[1] lassen sich Lerninhalte erstellen, die plattformübergreifend einsetzbar und austauschbar sind.

■ 2.1 Die Idee hinter H5P

Bildung ist eines der wertvollsten Güter dieser Welt. Viele Teile der Erde sind von Bildung nahezu abgeschnitten. Bildung ist allerdings auch ein Konsumgut, verbunden mit monetären Werten. Bildungsinhalte sind geistiges Eigentum der Urheber. Verschiedene technische Standards erschweren den Austausch von Inhalten über verschiedene Plattformen hinweg.

Die Konsequenz dieser technischen und juristischen Barrieren ist, dass Lehrinhalte in jeder Schule, Hochschule und in Schulungsinstituten für jede Lehrveranstaltung neu entwickelt werden, obgleich letztendlich die Lernergebnisse ein vergleichbares Niveau erreichen und die Absolventen in ihrem beruflichen Einsatz idealerweise „kompatibel" sein sollen.

Die Wurzeln von H5P liegen bei einem kleinen norwegischen Softwareunternehmen Joubel AS mit Sitz in Tromsø. Das 2014 gegründete Unternehmen ist insbesondere auf *Software-as-a-Service*-Lösungen (SaaS) spezialisiert. H5P wurde bereits von den Vorläuferunternehmen

---

[1] Eine Einführung in HTML5, CSS, JavaScript und PHP liefern die Kapitel am Ende dieses Buchs.

im Jahr 2013 als Prototyp für das Content Management System (CMS) Drupal veröffentlicht. Das kleine Unternehmen versteht H5P als ein Gemeinschaftsprojekt und wirbt auf dessen Webseite für eine freiwillige Beteiligung an der zukünftigen Entwicklung. Die Quellen für die Inhaltstypen von H5P sind offengelegt und können individuell weiterentwickelt werden.

Joubel AS plant, die Entwicklung von H5P vollständig in die Community abzugeben, sichert allerdings auch in dieser Phase Unterstützung zu. Die rasanten Nutzerzahlen auf digitalen Lehrplattformen – bis weit in die universitären Bereiche hinein – machen H5P zu einem der wichtigsten Frameworks zur Gestaltung interaktiver digitaler Lehrmittel. Dies ist ein starkes Motiv für ein großes Engagement bei der Fortentwicklung neuer Inhaltstypen.

■ 2.2 Offene Quellen

Die rasch steigende Zahl der Inhaltstypen von H5P entsteht durch die Entwicklungsarbeit einer breiten Community. Das Ziel von Joubel AS ist es – wie bereits angedeutet –, auch die Organisation von H5P in die Community abzugeben. Die Quellen von H5P sind bereits offen. Sie können von jedermann bearbeitet und weitergegeben werden. Auch neue Inhaltstypen sind dem Projekt willkommen.

 H5P-Quellen auf GitHub

H5P ist Open-Source! Entwickler in aller Welt sind eingeladen, die Inhaltstypen weiter zu entwickeln. Die Quellcodes sind auf GitHub zugänglich:

https://www.github.com/h5p

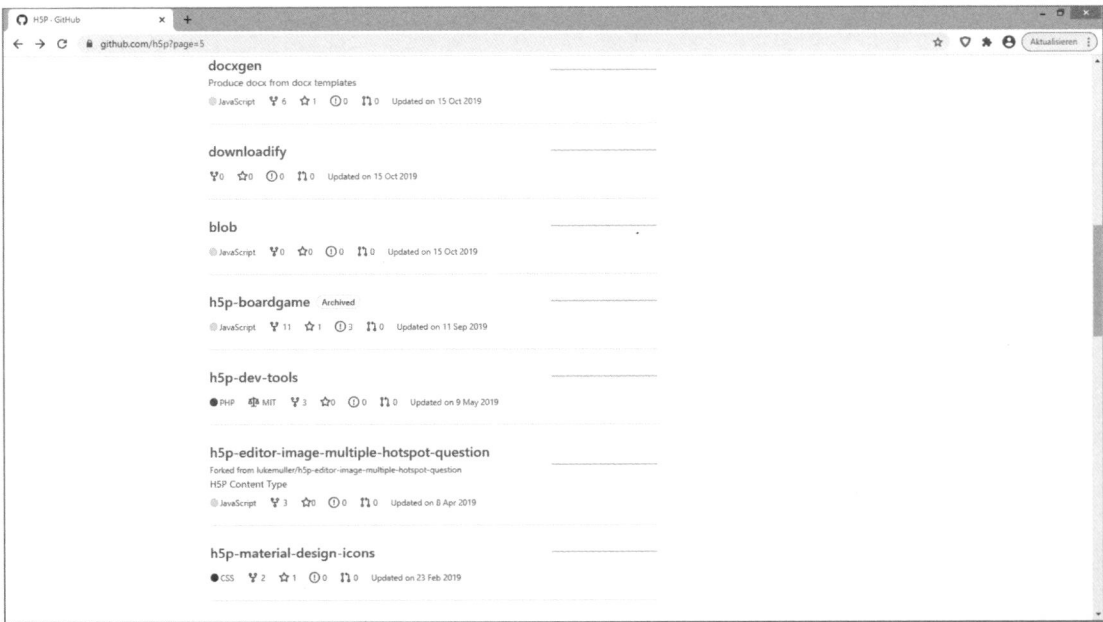

Bild 2.1 Die Skripte der Inhaltstypen und der Plug-ins sind auf GitHub zu finden.

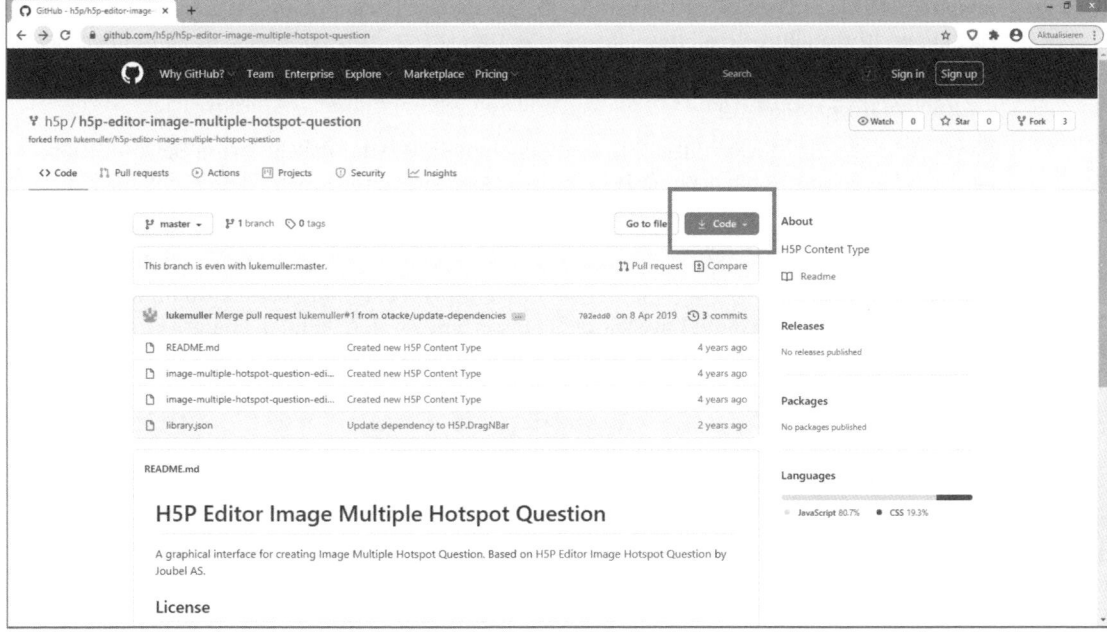

Bild 2.2 Es können die einzelnen Dateien eines Teilprojekts oder das gesamte Paket über die grüne Schaltfläche „Code" heruntergeladen werden.

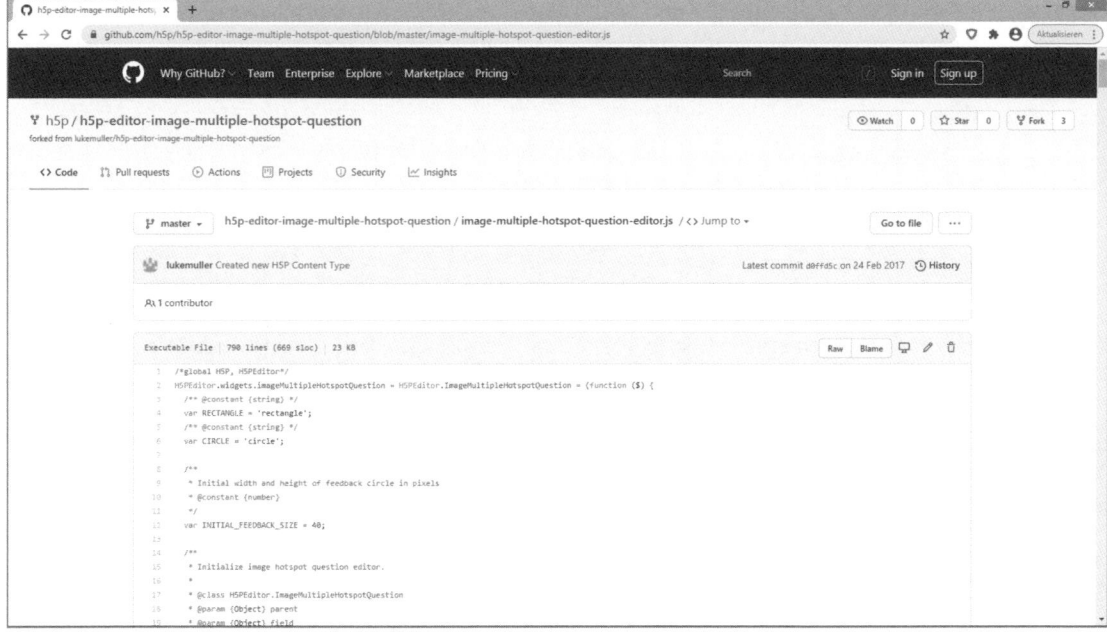

Bild 2.3 Die Skripte sind in Standardsprachen wie JavaScript und PHP geschrieben.

Wer sich selbst an der Entwicklung von H5P beteiligen möchte, kann dies mit einem *Entwicklerzugriff* auf den GitHub-Bereich von H5P tun. Dieser Entwicklerzugriff kann über die Webseite von H5P.org beantragt werden:

https://h5p.org/node/59

Der Entwicklerzugriff wird durch Einsendung eines H5P-Datei-Pakets – zum Beispiel eines neuen Inhaltstypus – nach einer Prüfung des Materials erteilt. Dies geschieht über das Forum von H5P.org, beispielsweise im Bereich *Developers* (vorheriges Login erforderlich):

https://h5p.org/node/add/forum/2

Mit diesem Zugang können die Inhaltstypen weiterentwickelt und über die Community verbreitet werden. Ist einmal ein Entwicklerzugang erteilt worden, können spätere Einreichungen ohne weitere Prüfungen und Begutachtungen publiziert werden.

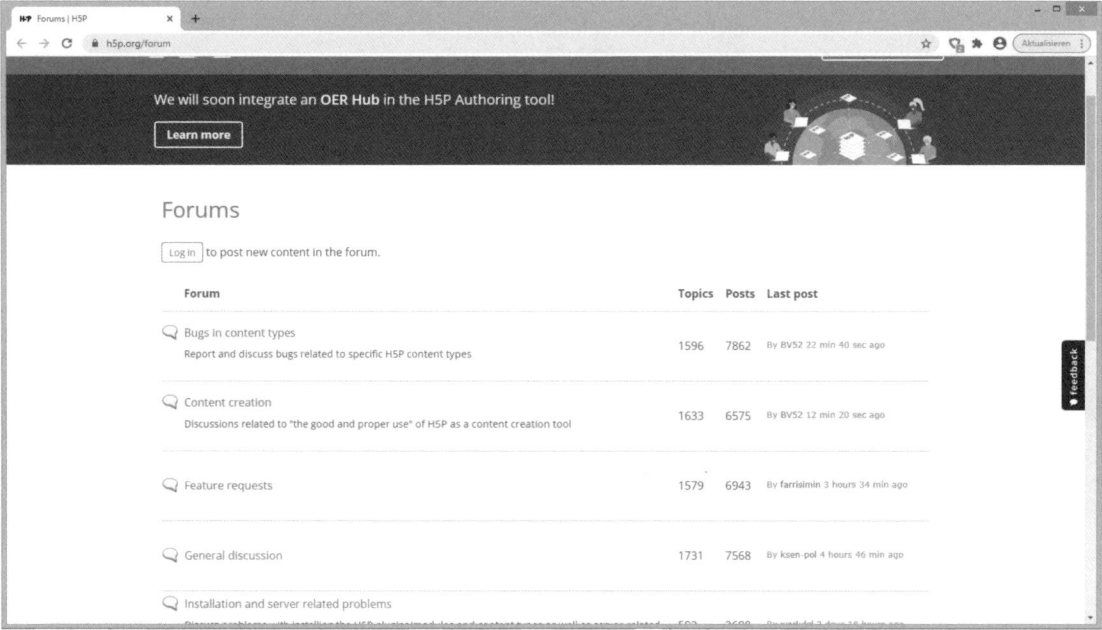

Bild 2.4 Registrierte Teilnehmerinnen und Teilnehmer können sich im Forum austauschen. Über dieses Forum können auch Entwickler einen Entwicklerzugang in der Community beantragen, indem sie eine eigene Entwicklung oder eine überarbeitete Version eines bereits vorhandenen Inhaltstypus hochladen.

H5P kann mittlerweile auf verschiedenen Plattformen installiert werden. So gibt es beispielsweise Plug-ins für Moodle und WordPress etc. Die PHP-Bibliotheken erlauben es IT-Abteilungen jedoch, H5P auch in eigene Systeme zu implementieren. Das H5P-Projekt unterstützt dies mit H5P-Bibliotheken und Dokumentationen:

https://h5p.org/creating-your-own-h5p-plugin

Dieses Dokument ist Teil des allgemeinen Entwicklerhandbuchs:

https://h5p.org/developers

■ 2.3 Open Educational Resources (OER)

Open Educational Resources entspricht dem Grundgedanken, Bildung allgemein und frei zugänglich zu machen. Der Gedanke bezieht sich nicht alleine auf digitale Kommunikations- und Informationsmedien, jedoch bieten sich internetbasierte Bildungssysteme für diese Idee an. Bei der Diskussion des Themas „Urheberrecht" wird deutlich, dass die Hemmnisse nicht alleine an der technischen Verfügbarkeit scheitern.

Neben H5P steht zum Zeitpunkt der Verfassung dieses Buchs die Einführung eines *H5P OER HUBs* bevor. Diese Plattform soll den offenen Austausch und die Wiederverwendung von Lehrmaterialien erleichtern. Auf diese Weise kann der Unterricht nicht nur effektiver und mit weniger Aufwand für die Vorbereitung organisiert werden, er lässt sich auch durch die gemeinsame Arbeit in der Community qualitativ verbessern.

Im H5P OER Hub registrierte Materialien können in ihren Inhalten sowie in den Meta-Daten gesucht werden, die mit der Erstellung vom Autor eingetragen werden. Das sind u.a. das Fachgebiet, der Schwierigkeitsgrad, Namen der Autoren und Lizenzen. Ein aussagekräftiger Titel für den Lehrinhalt, Schlagworte und eine Beschreibung der wichtigsten Learning-Outcomes sind wichtig für die Auswahl durch andere Lehrkräfte, die Inhalte des OER-Hubs nutzen wollen.

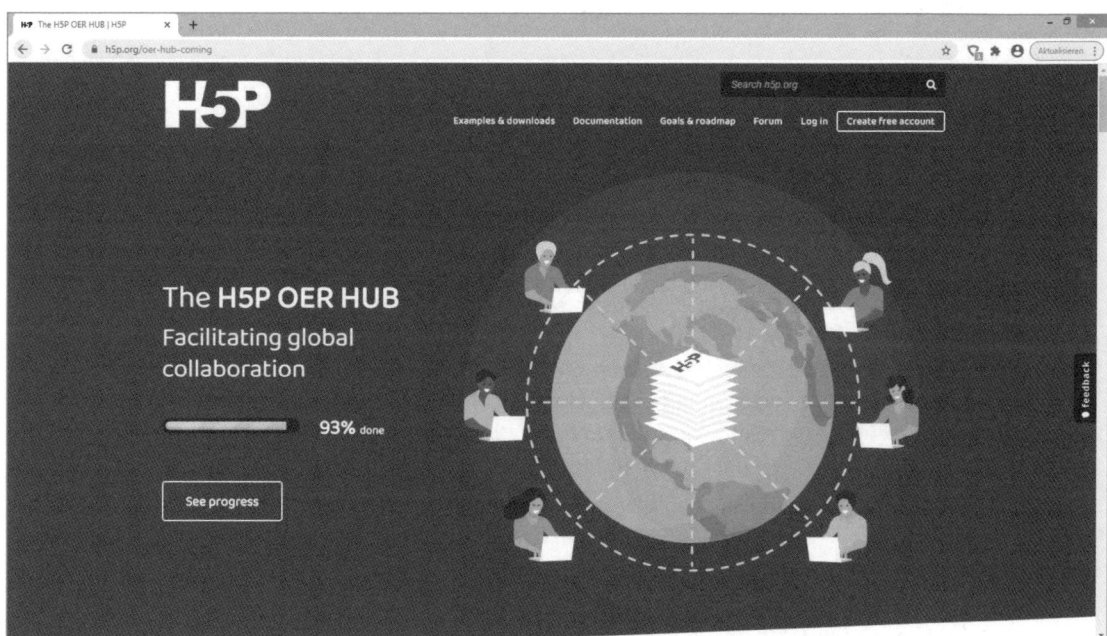

Bild 2.5 Der H5P OER Hub wird den Austausch, die Weiterentwicklung und die Verbreitung von Lehrmaterialien verbessern. Auch Lernende sollen sich an dieser Community beteiligen.

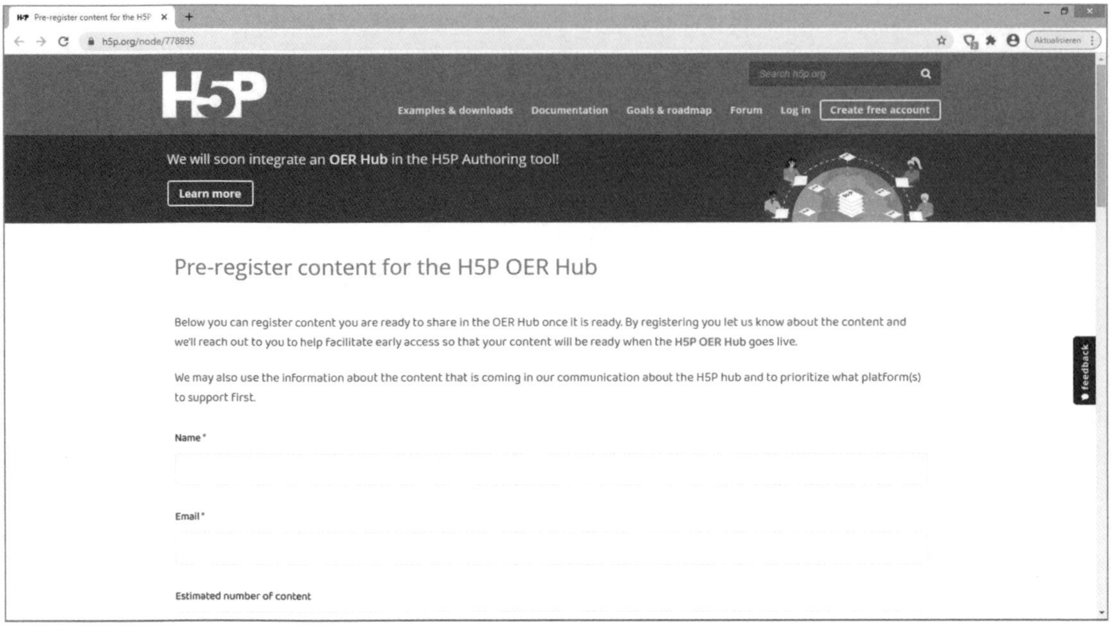

Bild 2.6 Die Inhalte müssen beim H5P OER Hub registriert werden.

■ 2.4 Pro und contra H5P

Vor dem Ausbruch der Corona-Pandemie im Jahr 2020 wurden digitale Lehrmittel und Lernplattformen zum Teil sehr kritisch diskutiert. Man darf durchaus behaupten, dass es unter Pädagoginnen und Pädagogen einen gewissen Widerstand gab. Befürchtungen, Lehrerstellen könnten eingespart und das allgemeine Bildungsniveau deutlich reduziert werden, waren die treibenden Argumente der Skeptiker. Auf der anderen Seite sind auch digitale Lehrmittel gewiss nicht die Universallösung im Bildungsbereich. Sinnvoll sind sie unterstützend zur persönlichen Lehre, denn Bildung funktioniert neben den eigenen Erfahrungen am besten von Mensch zu Mensch und mit Menschen untereinander.

Digitale Lehrmittel sind stets abhängig von einer entsprechend leistungsfähigen Infrastruktur und von der Verfügbarkeit geeigneter Endgeräte für Lernende und Lehrende gleichermaßen. Software ist sowohl kostenlos (Moodle, H5P) als auch von kommerziellen Anbietern zu beziehen. Bei den kommerziellen Produkten kauft man auch Schulungen und Support mit ein. Kostenlose Lösungen erfordern zusätzlich technisches und administratives Knowhow. Auch dies ist im Budget zu berücksichtigen, was deutlich höher zu kalkulieren ist als beim Einsatz rein konventioneller Lehrmittel.

Von den Lehrenden selbst werden digitale Kompetenzen gefordert, die in ihren Fachgebieten bei regulärem Präsenzunterricht nicht benötigt werden. Dies steigert massiv den Fortbildungsbedarf von Lehrkräften.

Kritisiert wird auch die didaktische Einschränkung durch das maschinelle Lernen. Dies gehe zulasten der Kreativität in der Unterrichtsgestaltung. Zudem erfordert die Herstellung der Lehrmaterialien einen hohen zeitlichen Aufwand.

Im Gegensatz zu den Bedenken sehen Befürworter digitaler Lehrmittel vor allem Chancen für ein vielseitigeres und inkludierendes Lernen. Die Lernenden können aktiv an der Gestaltung der Schulungsmaterialien mitwirken und bekommen für ihre Arbeit unmittelbares Feedback, was ihnen hilft, gezielt Wissen zu vertiefen und an Schwachstellen zu arbeiten.

Hier zeigt besonders H5P seine Stärken, denn H5P unterstützt multimediale Lehrmittel und bietet direkte Interaktivität. Die Qualität der Medien ist dabei immer steigerungsfähig und wird nicht zuletzt durch die Kreativität der Lehrenden bestimmt, die diese Materialien entwickeln. Folgen diese dem Trend der OER-Idee, werden sie bei dieser Aufgabe von einer breiten Community aus Kolleginnen und Kollegen unterstützt und ein internationaler Erfahrungsaustausch kann stattfinden. Langfristig betrachtet kann der zunächst höhere Aufwand bei der Erstellung der Lehrmaterialien durch die Wiederverwendbarkeit und den Austausch der Inhalte deutlich reduziert werden.

H5P berücksichtigt die Tatsache, dass viele Lehrkräfte Schulungsbedarf in digitaler Technik haben. Eine Vielzahl sehr einfach zu konfigurierender Inhaltstypen machen den Einstieg in diese Form der Lehrmittelgestaltung sehr leicht. Die Inhaltstypen von H5P sind ausgesprochen vielseitig und können in einem Gesamtkonzept kombiniert werden. Der Unterricht profitiert insgesamt von Abwechslung und dem Angebot verschiedener Informationswege für die Lehrkräfte, was die Motivation deutlich steigern und den Lernerfolg verbessern kann.

3 H5P in der Praxis

Wie erstellt man H5P-Inhalte und wie setzt man diese Produkte in seinen eigenen Lernumgebungen am sinnvollsten ein? – Dieses Kapitel liefert anhand einfacher Beispiele hierzu Antworten. Vorgestellt werden dabei sowohl die Verwendung des offiziellen Editors des H5P-Projekts (h5p.org), der nach einer kostenlosen Registrierung in der Community sofort genutzt werden kann, als auch die Erstellung von H5P-Inhalten auf der weit verbreiteten Lernplattform „Moodle".

Hier werden auch die Besonderheiten bei der Nutzung des öffentlichen Editors besprochen, denn die auf dieser Plattform erstellten Inhalte stehen grundsätzlich der gesamten Community zur Nutzung und Änderung zur Verfügung. Zudem hat H5P.org das Geschäftsmodell weiterentwickelt, wodurch der Dienst (der Plattform) zum Teil kostenpflichtig wurde. Das Kapitel legt das Fundament für das nachfolgende Kapitel, welches sich ausschließlich mit der Vielfalt der H5P-Inhaltstypen beschäftigt.

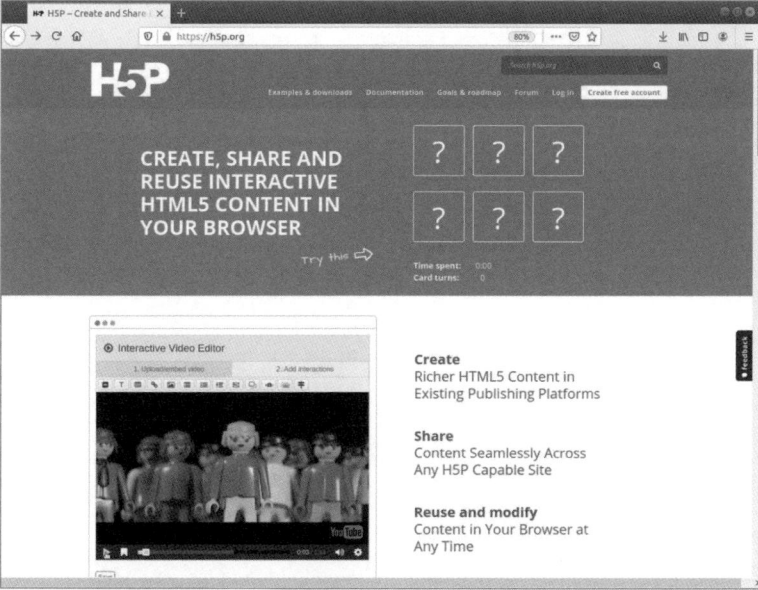

Bild 3.1 Man kann Inhalte von H5P nutzen, selbst welche erstellen und teilen, aber sich auch direkt an der Entwicklung von H5P und neuen Inhaltstypen beteiligen. Dies setzt eine kostenlose Registrierung voraus.

■ 3.1 H5P ausprobieren

Es stellt sich die Frage, wie man H5P selbst ausprobieren kann, wenn in der eigenen Lern-plattform kein H5P-Editor installiert ist oder man nicht selbst administrative Rechte auf dieser Plattform besitzt. Eine Möglichkeit ist es, auf einen H5P-Inhalt zu verlinken und diesen in einen <iframe> in die eigene Webseite einzubauen.

Inhalte kann man in freien Repositories finden und darauf verlinken oder diese herunter-laden. Man kann auch sehr schnell eigene Lehrmaterialien erstellen. Dazu muss man sich direkt bei H5P.org registrieren. Damit besteht zudem die Möglichkeit, am neu entstehenden H5P-OER-Hub teilzunehmen, dessen Ziel die offene Verbreitung von Lehrmaterialien und deren gemeinsame Bearbeitung ist.

H5P.org ist eine offene Plattform!

Wenn Inhalte direkt auf H5P.org erstellt und gespeichert werden, dann sind diese Inhalte öffentlich und unterliegen der MIT-Lizenz. Hier handelt es sich um eine ursprünglich am Massachusetts Institute of Technology (MIT) definierte Lizenz für Open-Source-Software, die eine freizügige Wiederverwendung, Bearbeitung und Verbreitung vorsieht. Dementsprechend sind die auf H5P.org erstellten Inhalte öffentlich und ausdrücklich zur Nutzung durch andere Personen oder Institutionen – auch kommerziell – zugelassen. Wer einen neuen Inhalt auf dieser Plattform erstellt, erklärt sich mit dieser Regelung einverstanden und unterstützt die offene Verbreitung von Bildungsinhalten.

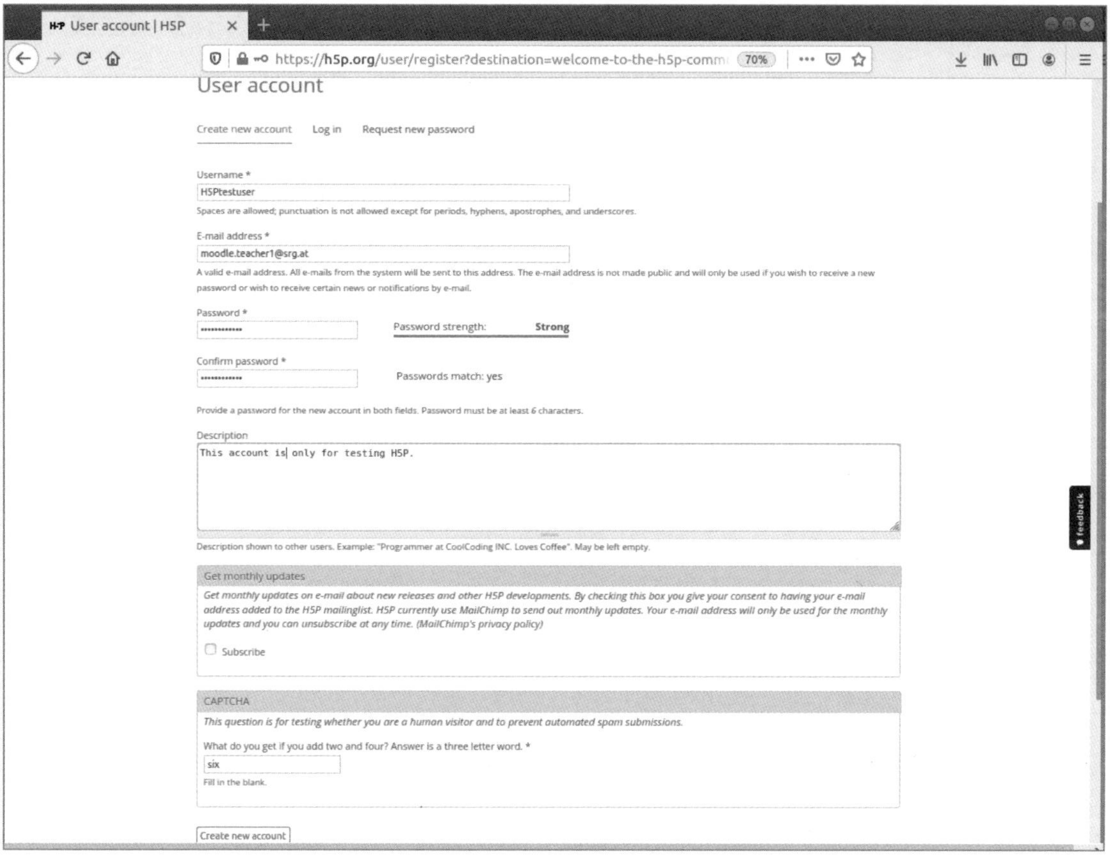

Bild 3.2 H5P ist eine offene Plattform. Neben einem sicheren Zugang sollte jede Benutzerin und jeder Benutzer deswegen auch etwas über sich selbst (Motive für die Nutzung, Erfahrungen im Bildungsbereich) in der Beschreibung anderen Community-Mitgliedern mitteilen.

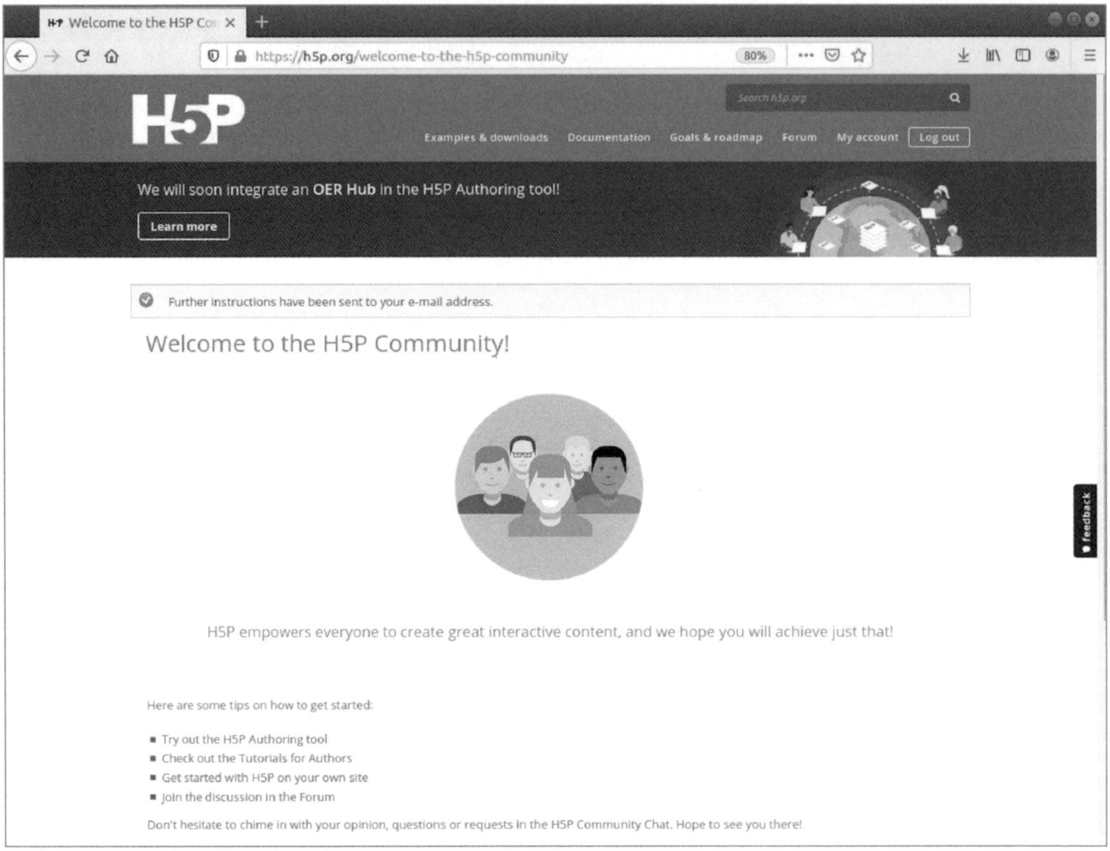

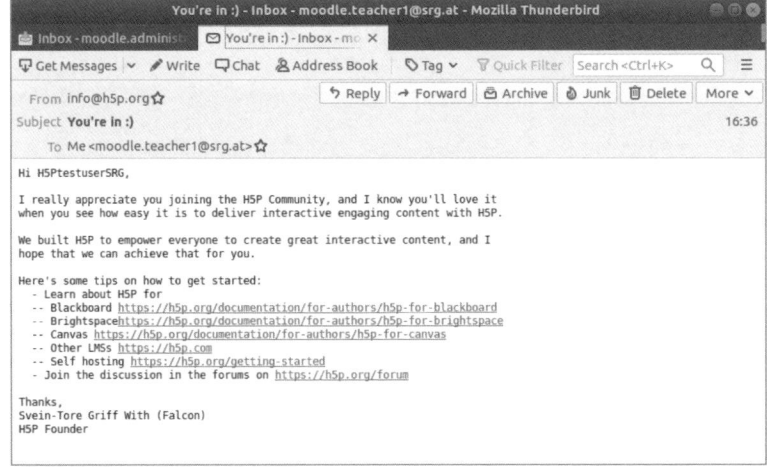

Bild 3.3 Unmittelbar nach der Registrierung hat man Zugriff auf das H5P-Autorentool, um erste Inhaltstypen direkt selbst auszuprobieren. Es ist auch ein Blick in die Tutorials und in das Forum zu empfehlen.

Bild 3.4 Unmittelbar nach der Registrierung kann bereits mit der Erstellung des ersten Lerninhalts begonnen werden. Dieser ist auf H5P.org offen – auch für die öffentliche Community – verfügbar.

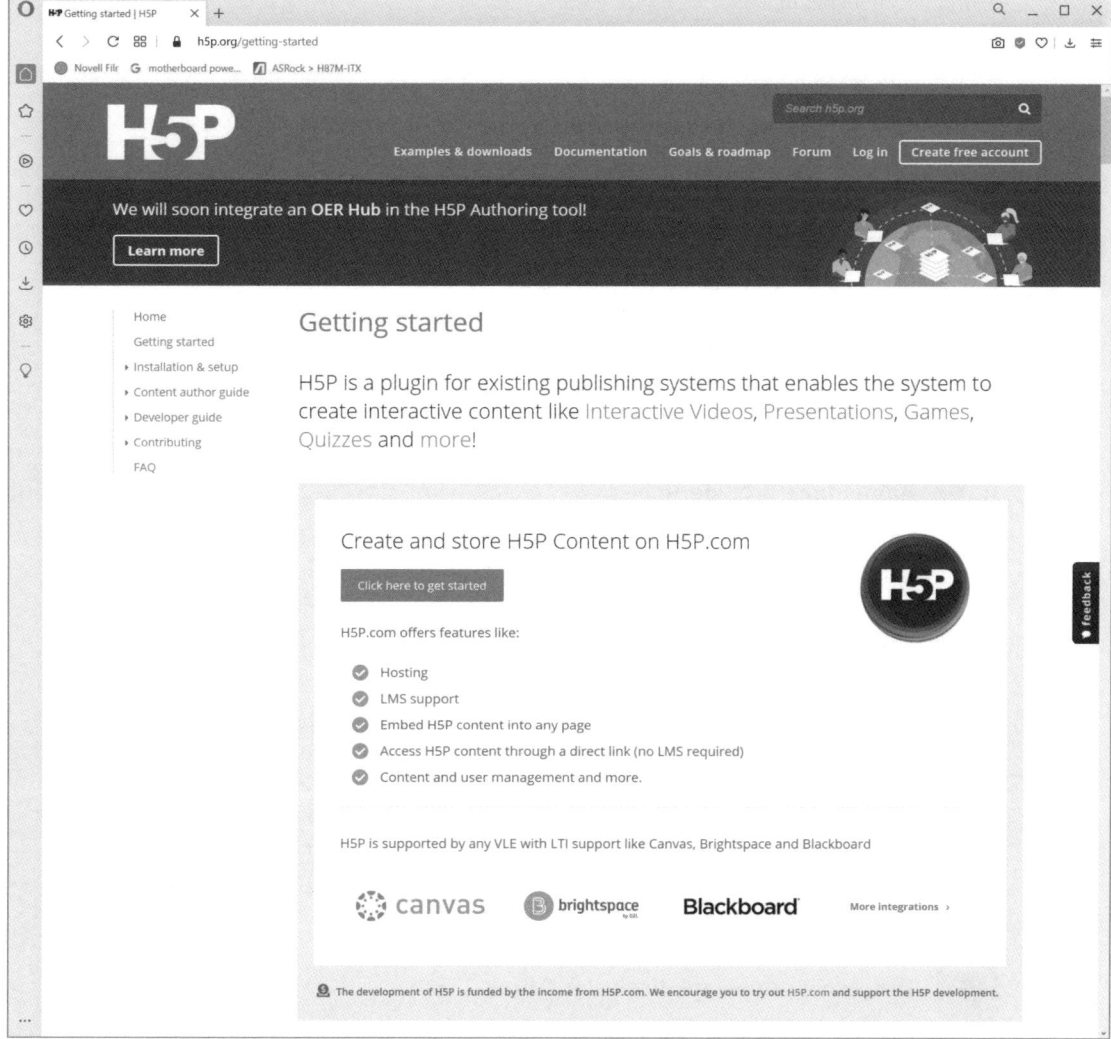

Bild 3.5 Ein Blick in die Rubrik „Getting Started" ist auch für routinierte Nutzer von H5P zu empfehlen, denn es gibt rasante Entwicklungsschübe.

3.1.1 Editor in H5P.org

Im nachfolgenden Abschnitt werden die verschiedenen Inhaltstypen im Detail besprochen. Sie werden mithilfe eines Editors gestaltet, der in der Struktur grundsätzlich für jeden Inhaltstyp ähnlich aufgebaut ist:

- H5P-Optionen,
- Inhaltstypus,
- Titel des Inhalts,

- inhaltstypenspezifische Eingabefelder,
- Metadaten,
- Lizenzinformationen.

Die allgemeinen H5P-Optionen sind grundsätzlich:

- Erlaubnis, den Inhalt herunterzuladen,
- Anzeige einer Schaltfläche, um den Code in eine andere Plattform einzufügen,
- Anzeige einer Schaltfläche, die zu Copyright-Informationen führt.

Das Einfügen eines H5P-Inhalts ist über eine Verlinkung in jede HTML5-Seite möglich. Dazu wird der H5P-Inhalt in ein <iframe>-Element eingefasst.

Es muss jedoch bedacht werden, dass die Inhalte, die auf H5P.org gespeichert werden, nicht garantiert dauerhaft verfügbar sein werden. Auch haben diese Inhalte kein exklusives Copyright und dürfen auch von anderen Community-Mitgliedern genutzt werden.

Anmeldung erforderlich

Um H5P-Inhalte über die Plattform H5P.org zu erstellen, ist eine kostenlose Anmeldung erforderlich. Dies ist nicht der Fall, wenn die Inhalte direkt auf dem eigenen Lernmanagementsystem – wie zum Beispiel Moodle – mithilfe eines zusätzlichen H5P-Plugins erstellt werden.

Der Editor auf dem H5P.org-System ähnelt dem Plugin, wie es beispielsweise in Moodle installiert werden kann. Dieser wird im Benutzerprofil in der Rubrik *Contents* aufgerufen. Der erste Schritt ist nun die Auswahl des gewünschten Inhaltstyps. Im Beispiel wurde der Inhaltstyp *„Fill in the Blanks"* (Lückentext) gewählt. Anders als beispielsweise der Fragen-typ in einem Moodle-System, wo der Lückentext nur mit einer recht komplizierten Syntax gestaltet werden kann, ist die Definition der Lücken in diesem Inhaltstyp sehr minimalis-tisch und damit schnell und einfach umsetzbar.

Drop-down-Auswahl direkt im Editor

Der Inhaltstyp kann auch direkt im Editor über ein Drop-down-Menü gewählt werden. Doch Vorsicht, die nicht gespeicherten Inhalte, die bereits im Editor eingetragen wurden, gehen dabei verloren. Jeder Inhaltstypus hat seine individuell festzulegenden Parameter.

Der Titel ist ein Pflichtfeld und grundsätzlich für jeden Inhaltstypus einzutragen. Dieser sollte aussagekräftig sein, denn bei intensiver Nutzung von H5P kann das eigene Portfolio an Lehrinhalten schnell sehr umfassend und damit unübersichtlich werden. Direkt neben dem Titel befindet sich eine Schaltfläche *„Metadata"*. Über diese wird ein sehr umfang-reiches, jedoch gleichzeitig auch sehr wichtiges Formular geöffnet.

In den Metadaten wird zunächst die Lizenz festgelegt, die für diesen Lerninhalt gelten soll. Die Lizenzen können in einem Drop-down-Menü gewählt werden. Zur Auswahl stehen ver-schiedene Creative-Common-Lizenzen, Public Domain und die General Public License (GPL). Es kann auch ein Copyright festgelegt werden.

Darüber hinaus werden der Name des Autors sowie zusätzliche Lizenzinformationen erfasst.

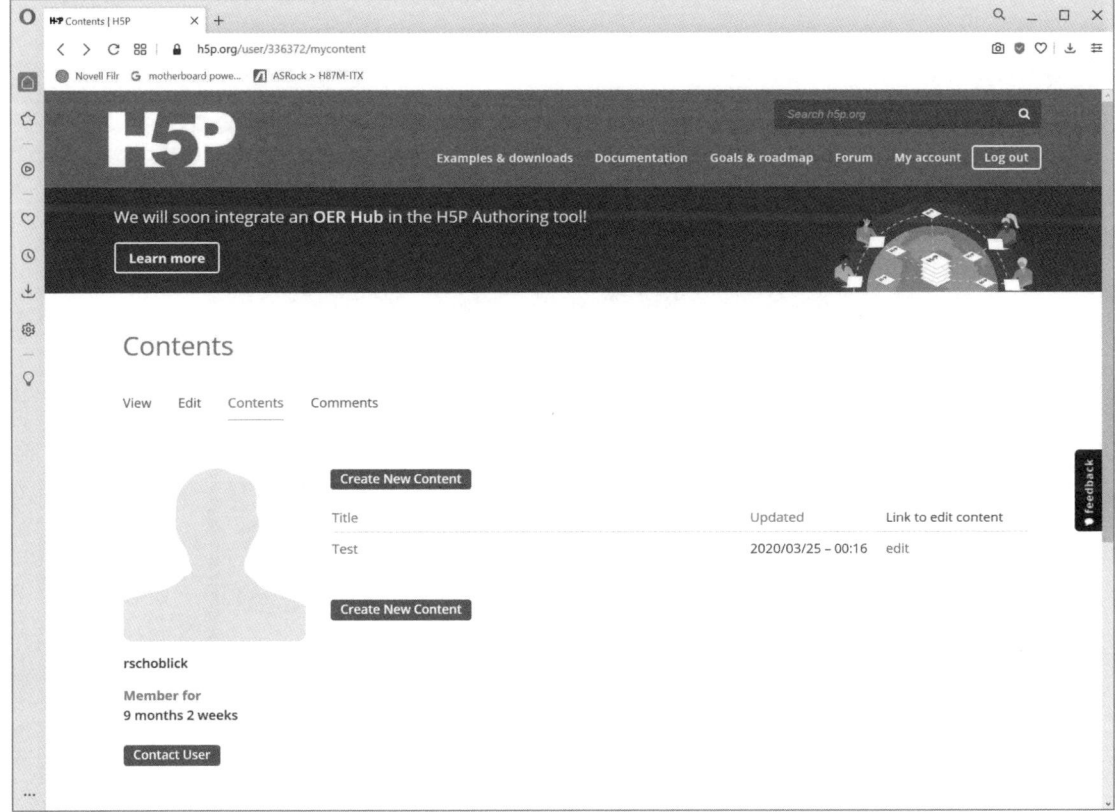

Bild 3.6 Im Bereich Content des eigenen Profils können die bereits erstellten Inhalte gefunden und bearbeitet werden. Über *Create Content* können beliebige neue Inhalte erstellt werden. Achtung auch hier: Die erstellten Inhalte sind öffentlich und stehen der Community zur freien Verwendung offen.

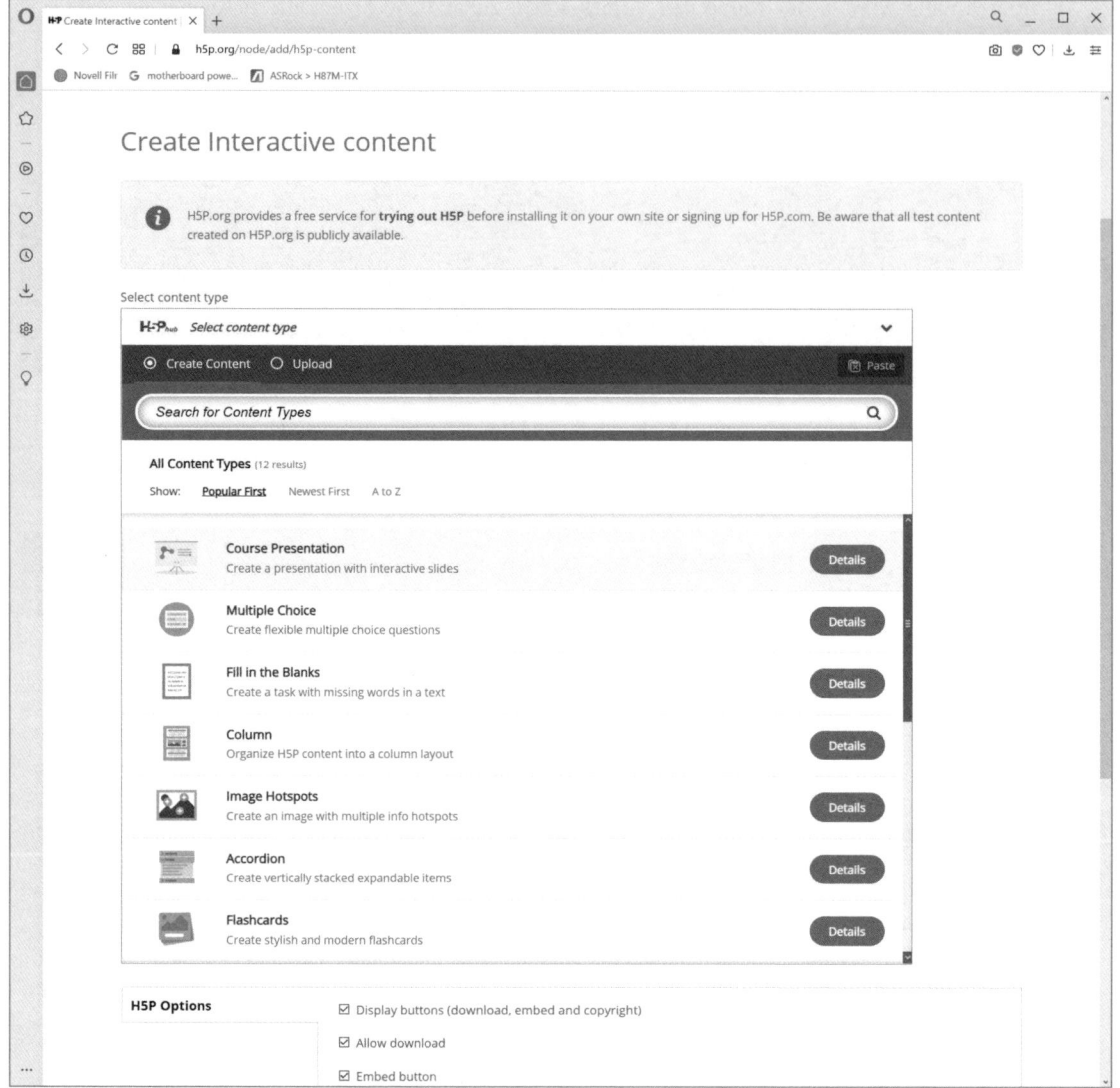

Bild 3.7 Über diesen Weg wird nur eine Auswahl der verfügbaren Inhaltstypen angeboten. Es handelt sich jedoch um sehr beliebte Inhalte. Die Arbeit mit diesen Inhaltstypen ist ein idealer Weg, um H5P rundherum in der Praxis kennenzulernen.

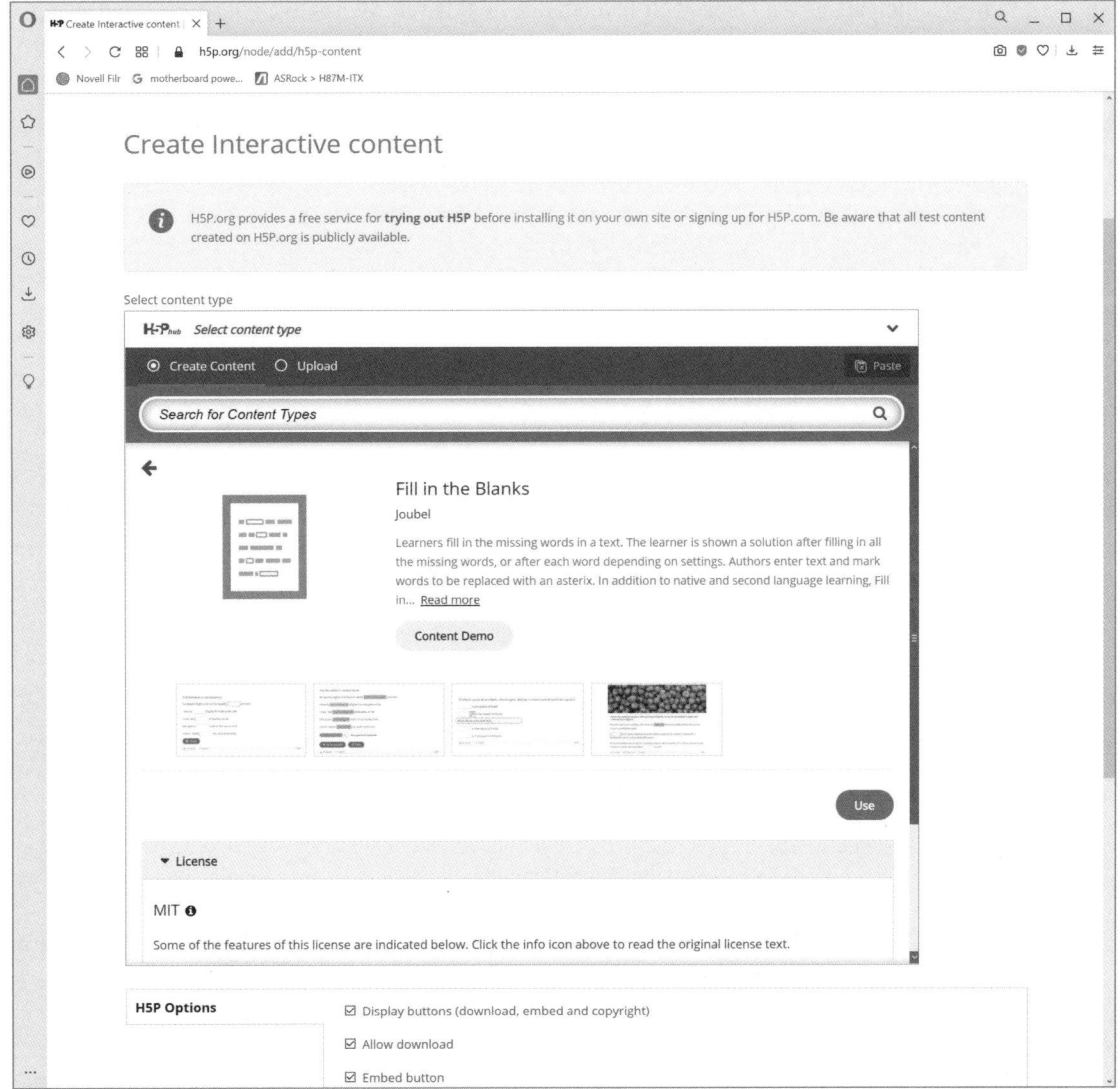

Bild 3.8 Es werden ständig neue Inhaltstypen entwickelt und ergänzt. Über die Schaltfläche *Details* in der Auswahlliste kann eine Beschreibung und eine Demonstration des Inhaltstyps aufgerufen werden. Damit kann man jeden Inhaltstyp aus der Sicht der Lernenden testen.

Nach der Eingabe des Titels kann es nun gleich daran gehen, den Lehrstoff bzw. die Fragen zu verfassen. In diesem Fall können ein oder mehrere Textabsätze geschrieben werden, in denen später Lückenfelder enthalten sind, die von den Lernenden auszufüllen sind.

Beim Lückentext werden diese Bereiche mit einem *Asterisk* (*) am Anfang und am Ende begrenzt. Selbstverständlich können auch mehrere Antworten möglich sein. Das soll natürlich für die Lernenden nicht zu einer Erfolgslotterie werden und schon gar nicht darauf hinauslaufen, dass Lernende nur eine (vorgegebene) Lösung auswendig lernen. Auch in einem automatisierten Lückentext können alle denkbaren Alternativen berücksichtigt und als richtig gewertet werden. Die Trennung der möglichen Alternativen erfolgt bei diesem Inhaltstyp mit einem einfachen *Slash* (/).

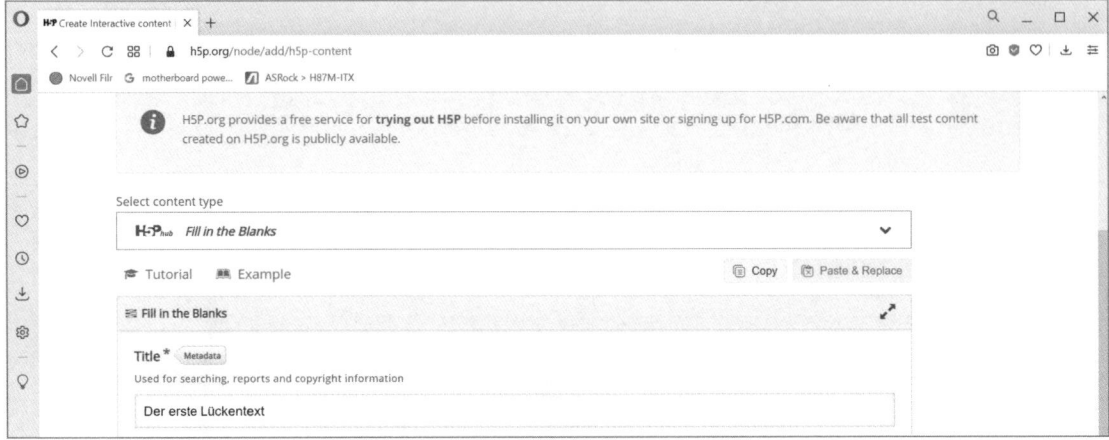

Bild 3.9 Ein sehr beliebter Inhaltstyp ist der Lückentext. Die Lernenden müssen die fehlenden Wörter einsetzen. Der richtige Begriff wird in die Deklarationszeile von zwei Asterisks (*) begrenzt. In der Aufgabe wird dieser Bereich als Lücke angezeigt.

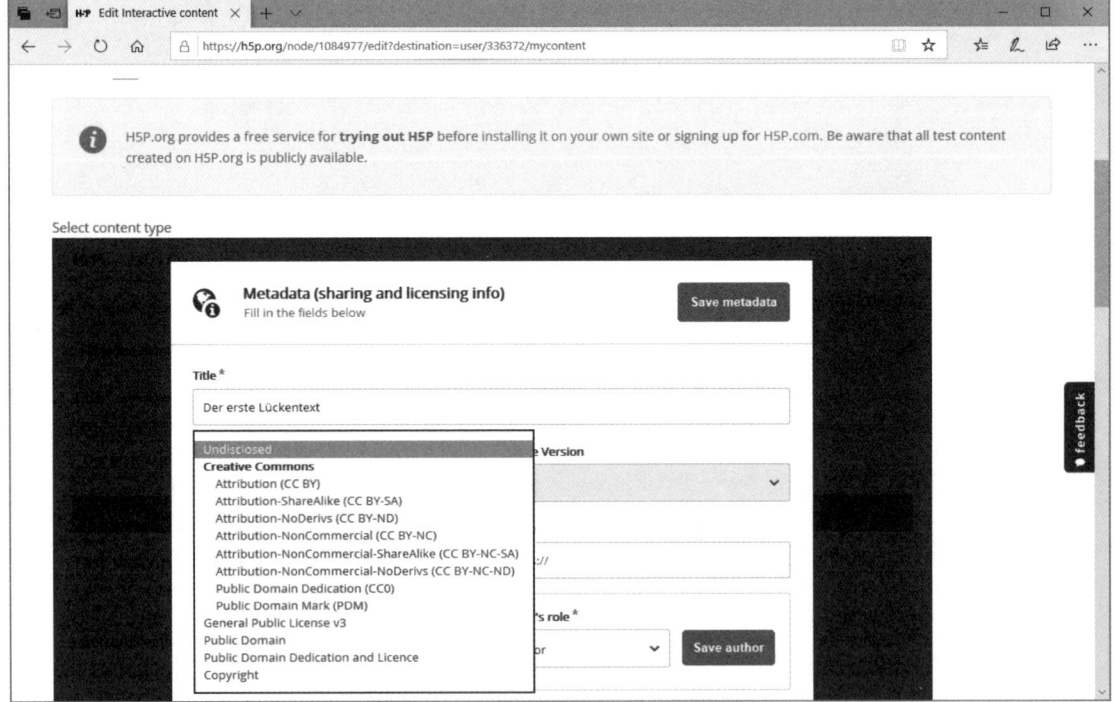

Bild 3.10 Der Autor eines Lehrinhalts kann eine Lizenz wählen, unter der die Arbeit veröffentlicht wird. Auf der H5P-Plattform wird ein offener Austausch von Bildungsmaterial forciert.

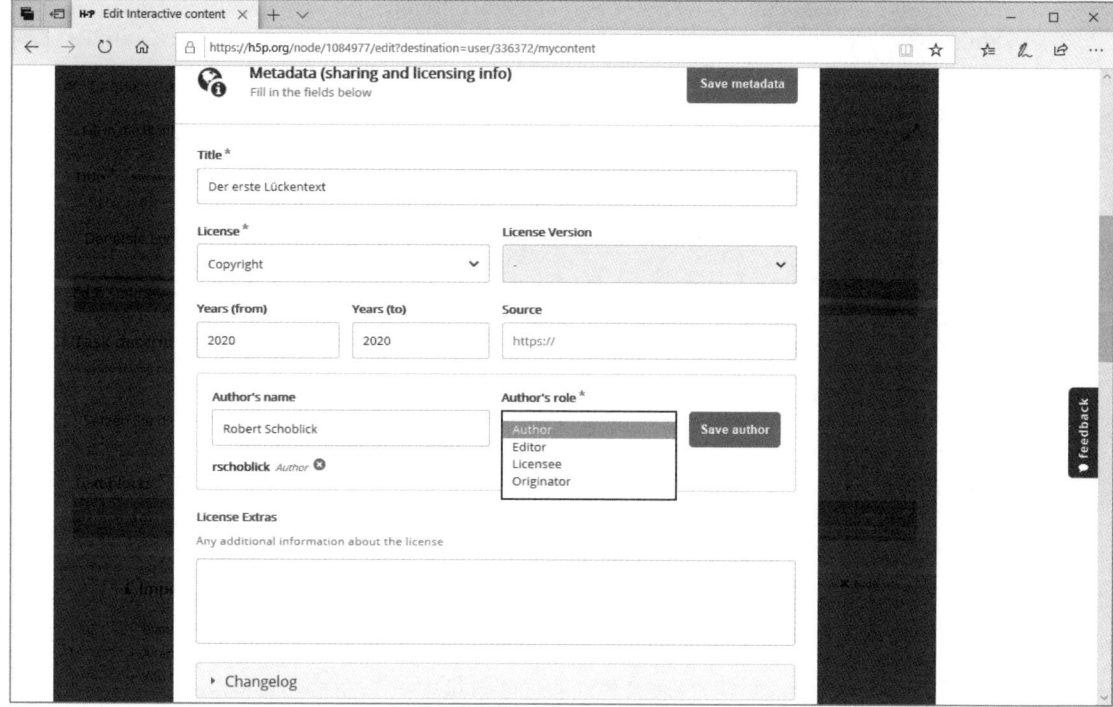

Bild 3.11 Informationen zum Autor und gegebenenfalls weitere Lizenzbedingungen gehören zu den Metadaten eines neuen Lehrinhalts.

Das Beispiel verdeutlicht das grundsätzliche Problem eines Lückentextes:

```
*H5P* ist eine Technologie zur Gestaltung interaktiver Lehrmittel. *Moodle/MOODLE*
ist ein Lernmanagementsystem.
```

Es werden in diesem Beispiel zwei Lücken definiert:

- Die erste Lücke sieht eine Antwort-Alternative vor: *H5P*. Damit sind die Antworten h5p oder HvP nicht gültig und würden – obwohl sie faktisch korrekt wären – als Fehler betrachtet werden.

- Die zweite Lücke sieht zwei mögliche Antworten vor: Moodle oder MOODLE.

Die Hürde mit der Groß- und Kleinschreibung lässt sich pauschal durch eine Checkbox überwinden. Die „Case-Sensitivität" kann deaktiviert werden. In diesem Fall spielt es keine Rolle, ob der Antwortbegriff mit großen, kleinen oder gemischten Buchstaben eingetragen wird.

 Lückentexte sind Case sensitive

Wenn die Checkbox „*Case sensitive*" unter „*Behavioural setting*" aktiviert ist, wird bei den eingegebenen Antworten zwischen Klein- und Großschreibung unterschieden. Ein falsch geschriebener, jedoch fachlich richtiger Begriff wird dann als falsch bewertet.

Behavioural setting erlaubt eine Reihe von Feineinstellungen für den jeweiligen Lehrinhalt. Ein Beispiel wurde bereits genannt: „Case sensitive". Ist die zugehörige Checkbox aktiviert, unterscheidet H5P strikt zwischen Groß- und Kleinschreibung.

Es können verschiedene Schaltflächen aktiviert werden, zum Beispiel ein *Wiederholungs-Button* (Retry). Auch die Anzeige der richtigen Lösung per Klick auf eine Schaltfläche kann hier zugelassen oder verwehrt werden. Mit den Einstellungen an dieser Stelle lassen sich insgesamt die Schwierigkeitsgrade der Lehrmittel variieren.

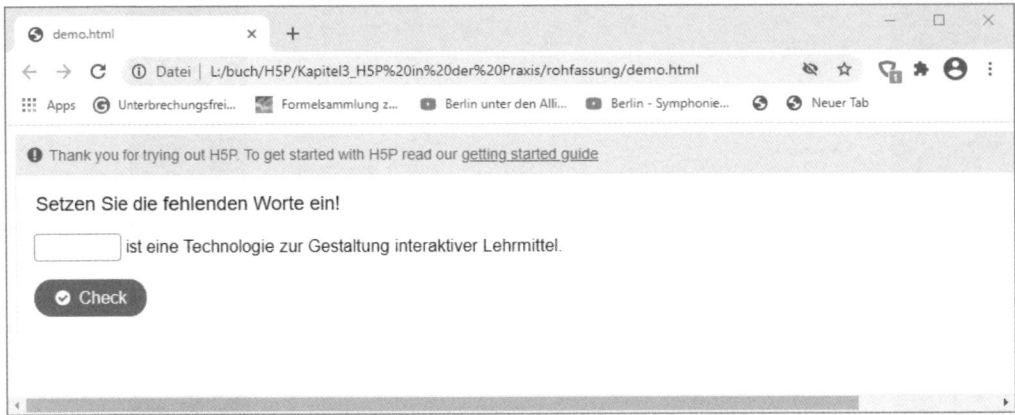

Bild 3.12 Der fertige Lückentext kann sofort aus der Sicht eines Lernenden getestet werden.

Ein wichtiges pädagogisches Instrument ist das *Feedback*. Zum Lernen gehört es, Fehler zu machen. Gelegentlich führen Lehrende die Lernenden mit Absicht auf einen Irrweg, um einen Fehler zu provozieren. Es gibt in diesem Fall zwei positive Effekte:

- Die Lernenden erkennen die Situation und haben einen Lernerfolg durch das persönliche Erfolgserlebnis, weil sie die Flunkerei erkannt haben.
- Lernende machen einen Fehler – egal, ob mit pädagogischem Hintergrund durch Lehrende provoziert oder rein zufällig. In diesem Fall entsteht der Lernerfolg aus der Erkenntnis, Mühe in den falschen Lösungsweg investiert zu haben.

In beiden Fällen sollte konstruktives und analytisches Feedback zu einer abgegebenen Lösung erfolgen, das – wertschätzend und respektvoll – auf den Fehler hinweist und gleichzeitig dazu motiviert, eine richtige Lösung zu finden.

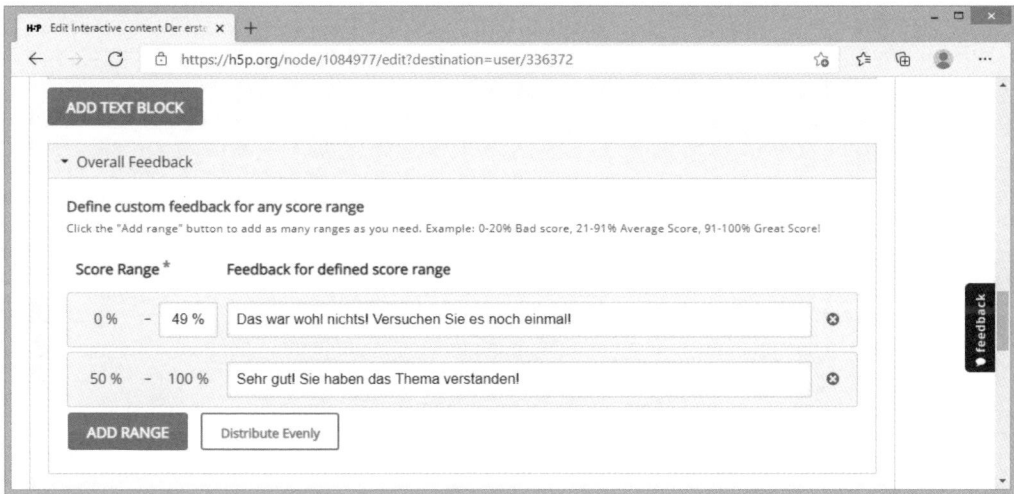

Bild 3.13 Vielleicht sollte man negative Ergebnisse nicht ganz so hart kommentieren, jedoch gibt es die Möglichkeit, für verschiedene Bewertungen individuelle Feedbacks zu geben.

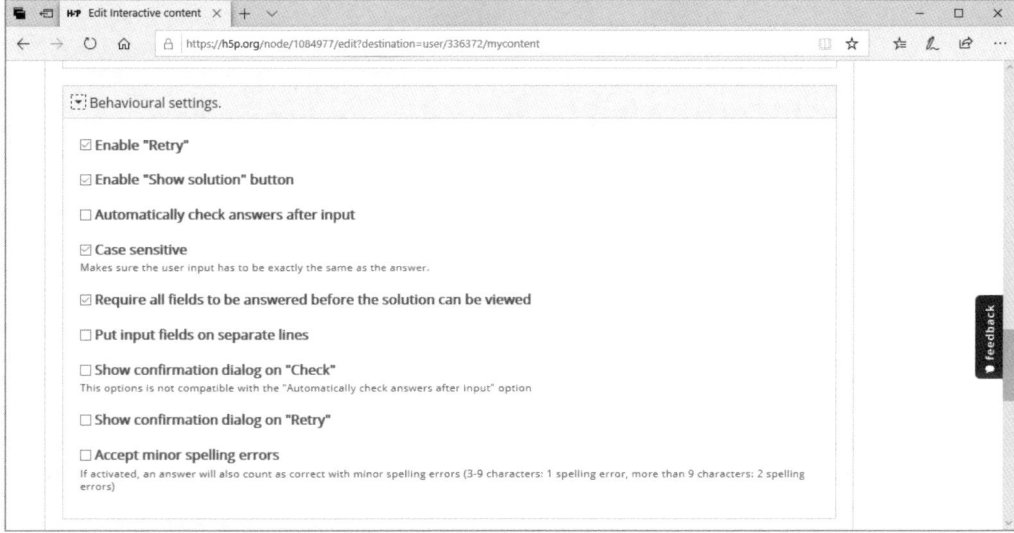

Bild 3.14 Die *Behavioural settings* legen fest, welche Funktionen und Schaltflächen dem Lernenden bei der Beantwortung der Aufgaben zur Verfügung stehen.

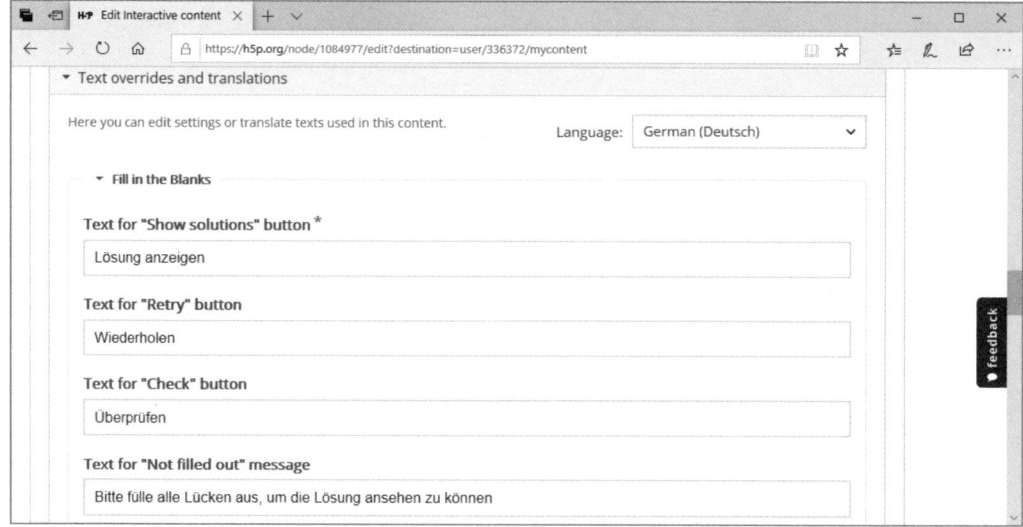

Bild 3.15 Die Bedienelemente können in nahezu jede beliebige Sprache übersetzt werden. Es werden vordefinierte Übersetzungen gewählt. H5P ist international einsetzbar.

3.2 H5P-Inhalte in Moodle verknüpfen

Einen oder mehrere H5P-Inhalte zu erstellen, ist nicht schwierig, wie zu sehen war. Neben dem eben gezeigten Lückentext gibt es eine stetig wachsende Zahl von Inhaltstypen, die im folgenden Kapitel besprochen werden. All diese Inhalte sind an sich jedoch noch nicht sinnvoll zu nutzen. Sie müssen in ein didaktisches Konzept eingebunden werden. Hierzu werden in der Regel Lernmanagementsysteme verwendet, in denen die Lehrenden ihre Kurse organisieren.

Das Lernmanagementsystem Moodle ist die am weitesten verbreitete Lernplattform. Das begründet sich mit dem im Laufe der Jahre stark gewachsenen Umfang an Plugins und der Tatsache, dass auch Moodle Open-Source-Software ist und damit kostenlos verfügbar. Es bietet sich also an, interaktive Lehrmaterialien auch direkt in Moodle zu integrieren.

Hier gibt es drei Möglichkeiten:

- Integration in eine Moodle-Aktivität durch Verlinkung auf eine H5P-Datei,
- Import einer H5P-Datei,
- Erstellung eigener H5P-Inhalte mithilfe des H5P-Moodle-Plugins „Interactive Content – H5P".

Die letzte Alternative setzt die Installation des H5P-Plugins in die Moodle-Plattform voraus, was Administratorrechte erfordert. Allerdings können dazu berechtigte Lehrkräfte ohne den Umweg über einen externen Editor direkt im Moodle-System eigene H5P-Inhalte erstellen.

Geschützte Inhalte

Die Philosophie hinter der Entwicklung von H5P ist die Schaffung offener, allgemein zugänglicher, nutzbarer und veränderbarer Lehrinhalte. Vorbild ist Open Educational Resources (OER). Inhalte, die über die H5P.org-Plattform erstellt werden, sind deswegen öffentlich und frei nutzbar für die gesamte Community.

Sollen urheberrechtlich geschützte Inhalte in den Lehrveranstaltungen angeboten werden, können diese also nicht über H5P.org erstellt werden. Stattdessen kann das Moodle-Plugin verwendet werden. Die Erreichbarkeit der Inhalte ist dann auf die Moodle-Plattform und deren registrierte Nutzerschaft begrenzt.

3.2.1 Verlinkung von H5P im Moodle-Editor

Moodle hat in der aktuellen Fassung H5P als Inhalt bereits im Aktivitäten-Editor berücksichtigt. Es ist möglich, sowohl die eigentliche Aktivität als auch deren Beschreibung mit einem H5P-Inhalt zu gestalten. Von Letzterem ist allerdings abzuraten, weil die Beschreibung eine erklärende Funktion in der Aufgabenliste haben und nicht zu dominant und „raumfüllend" sein sollte.

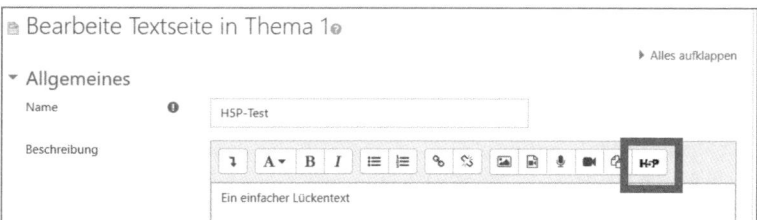

Bild 3.16 Der kleine Button im Editorfeld öffnet einen Dialog, über den eine Verlinkung auf eine H5P-Datei eingefügt oder eine H5P-Datei in den Kurs hochgeladen werden kann.

Um einen H5P-Inhalt in eine Moodle-Aktivität einzubinden, kann der Button im Editor aktiviert werden. Dazu muss der Link auf die Quelle des H5P-Inhalts ermittelt werden. Beim H5P-Projekt ist dies recht einfach möglich. Es gibt eine Schaltfläche *Embed*. Dieser Link ruft einen Dialog auf, der sowohl ein fertiges <iframe>-Element als auch ein JavaScript-Code-Element anlegt. Der Link muss lediglich kopiert werden, wobei tatsächlich nur der reine Link ohne die umgebenden HTML-Elemente benötigt wird.

 Aktivierung der Schaltflächen

Wer einen H5P-Inhalt erstellt, kann die Schaltflächen *Reuse* und *Embed* gezielt freigeben oder sperren (vgl. Bild 3.17).

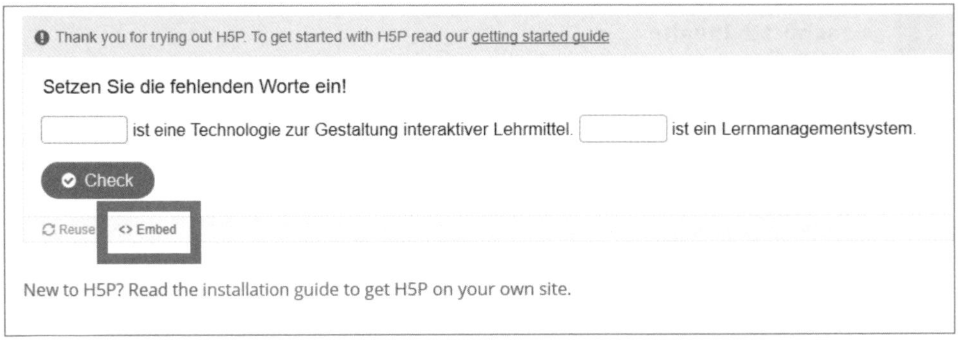

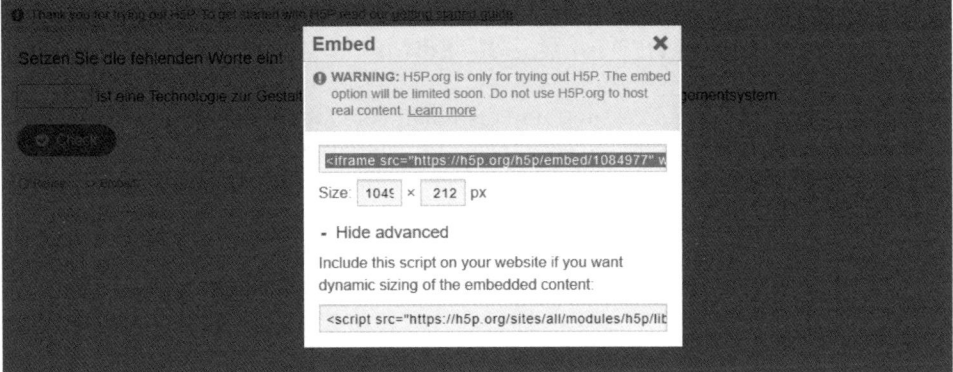

❶ Thank you for trying out H5P. To get started with H5P read our getting started guide

Setzen Sie die fehlenden Worte ein!

[   ] ist eine Technologie zur Gestaltung interaktiver Lehrmittel. [   ] ist ein Lernmanagementsystem.

✔ Check

↻ Reuse   <> Embed

New to H5P? Read the installation guide to get H5P on your own site.

Bild 3.17 H5P-Inhalte können mit den Schaltflächen „Reuse" und „Embed" für die Verwendung in anderen Lernplattformen freigegeben werden. Die Vorgabe für die Anzeige dieser Schaltfläche wird mit der Erstellung des Inhalts eingestellt.

Bild 3.18 Für die Verwendung im Moodle-Editor wird lediglich der Inhalt des *src-Attributs* benötigt. Dies ist der direkte Link auf den H5P-Inhalt. Doch Vorsicht: H5P.org weist ausdrücklich darauf hin, dass keine ständige Verfügbarkeit gewährleistet ist.

Die vollständigen Code-Elemente (HTML: `<iframe>` und JavaScript: `<script>`) können für die Nutzung in beliebigen anderen HTML5-Umgebungen verwendet werden. Der Embed-Dialog bietet nicht nur die jeweiligen Links auf den Lehrinhalt, sondern es kann auch die Größe des Fensters eingestellt werden. Ganz wichtig ist jedoch der Hinweis, der bei Verlinkungen auf H5P.org-Quellen in diesem Dialog ausgegeben wird: H5P.org bietet die Möglichkeit an, H5P-Inhalte zu entwickeln und zu testen, gewährleistet jedoch keine dauerhafte Verfügbarkeit. Wie im früheren Kapitel bereits erwähnt, will das norwegische Softwareunternehmen Jouble AS H5P in die Verwaltung einer freien Community übertragen und sich selbst aus der federführenden Rolle zurückziehen. Möglicherweise werden die Verlinkungen eines Tages nicht mehr funktionieren.

Nur den Link einfügen!

Der Export-Code ist universell verwendbar. Er ist so mit allen Elementen und Attributen formuliert, dass der Link in beliebigen HTML5-Dokumenten funktioniert.

Dieser umfassende Code-Block ist nicht geeignet, um über den H5P-Import-Dialog in eine Moodle-Aktivität eingebunden zu werden. Es muss der reine Link (Inhalt des src-Attributs) verwendet werden, sonst wird eine Fehlermeldung ausgegeben, nach der kein H5P-Code zu finden ist.

Der Link muss ohne Kapselung in HTML-Elemente in den Dialog eingetragen werden, doch auch wenn dies korrekt umgesetzt wird, kann es sein, dass in der Kursaktivität nicht der erwartete H5P-Inhalt, sondern einfach nur der Link als Text ausgegeben wird. Die Ursache des Problems kann allein von der Moodle-Administration beseitigt werden.

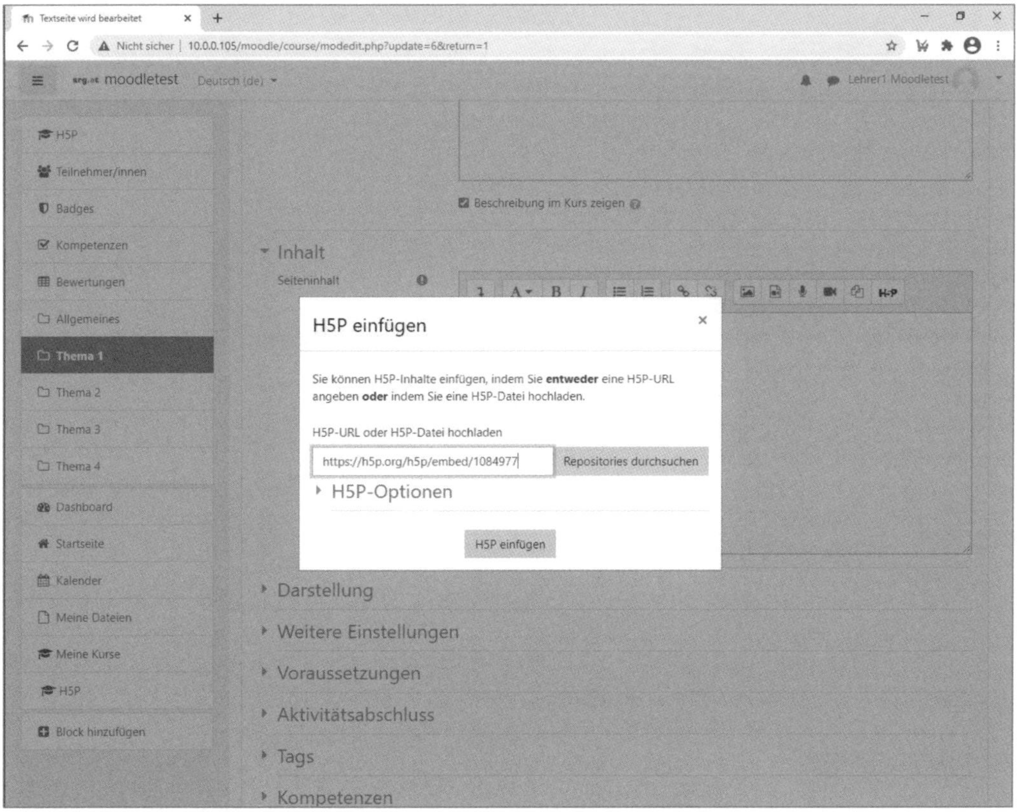

Bild 3.19 Nur der reine Link – keine weiteren Code-Elemente – auf die H5P-Quelle werden in den Dialog des Moodle-Editors eingetragen.

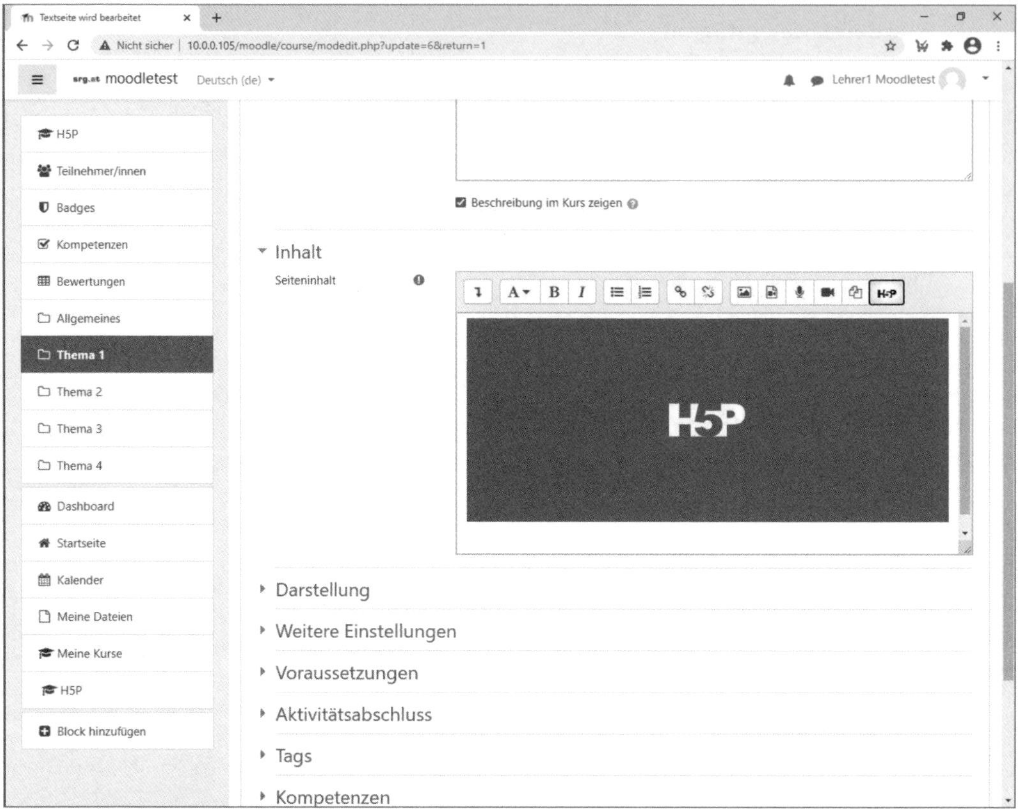

Bild 3.20 In der Kursbearbeitung wird nach dem Ausfüllen des Editors ein H5P-Platzhalter dargestellt. Das sagt jedoch noch nichts über eine erfolgreiche Verlinkung auf den eigentlichen Inhalt aus.

Bild 3.21 Obwohl die Trainerin bzw. der Trainer bei der Kursgestaltung alles richtig gemacht und
den korrekten Link in den Dialog eingetragen hat, wird der H5P-Inhalt nicht im Kurs dargestellt. Die
Ursachen sind in der Konfiguration des Moodle-Plugins „H5P anzeigen" zu suchen. Es ist administrativer Eingriff erforderlich!

Wenn der H5P-Inhalt nicht richtig funktioniert, kann das zwei Ursachen haben:

■ Das Plugin „H5P anzeigen" ist deaktiviert.

■ Die Quelle des H5P-Inhalts ist nicht im Plugin legitimiert worden.

Mit der Moodle-Version 3.8 ist ein Plugin zur Darstellung von H5P-Inhalten fest in das System eingebunden. Dieses generiert den H5P-Editorzusatz und integriert die erforderlichen PHP-Bibliotheken, um aus einer H5P-Datei darstellbaren HTML5-/JavaScript-Code zu generieren. Die Integration externer Skripte stellt ein Sicherheitsrisiko dar. Aus diesem Grund werden nur die H5P-Inhalte in den Kursaktivitäten dargestellt, die aus bekannten und legitimierten Quellen abgerufen werden. Diese Quellen müssen in das Plugin eingetragen werden. Dies kann nur durch die Moodle-Administration erfolgen. Der anstelle des Lehrinhalts ausgegebene Link kann dabei für die Administration hilfreich sein.

Die Syntax für die Festlegung einer erlaubten Quelle ist einfach: Es wird der Link auf das Repository in üblicher Schreibweise eingetragen, genau so, als würde man die Seite in einem Webbrowser aufrufen. Die ID des Lehrinhalts ist allerdings zu verallgemeinern und durch den Ausdruck [id] zu ersetzen.

 Moodle-Administratorrechte erforderlich

Die Freigabe einer H5P-Quelle kann ausschließlich von der Moodle-Administration vorgenommen werden. Es ist hilfreich, den Link auf die Quellen an die Administration zu senden, damit diese von dem dortigen Personal geprüft und freigegeben werden kann.

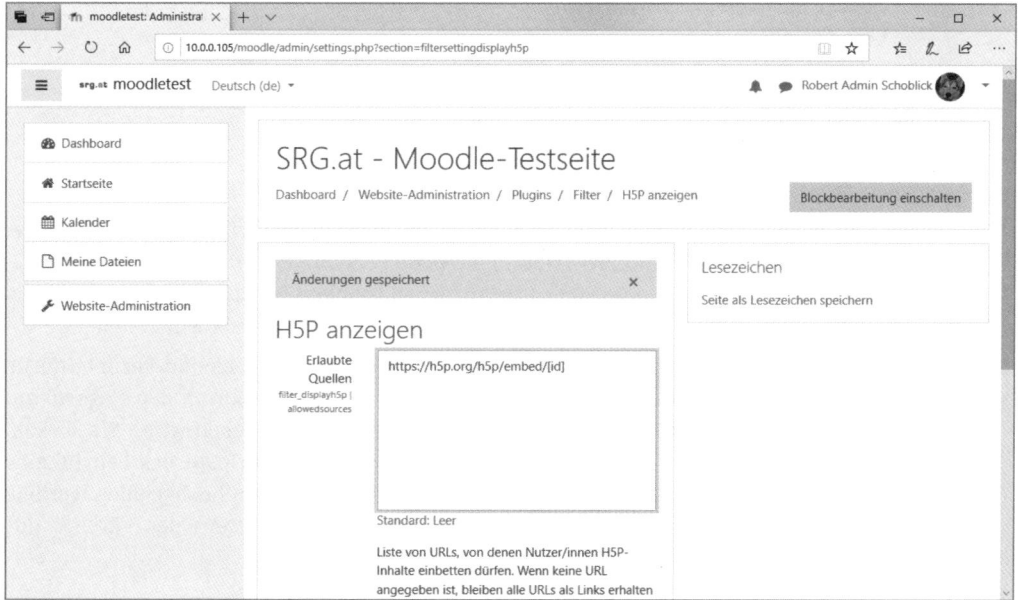

Bild 3.22 Wenn eine H5P-Quelle von der Moodle-Administration nicht legitimiert wird, dann erscheint in der Kursaktivität lediglich der Link anstelle des eigentlichen Lehrinhalts.

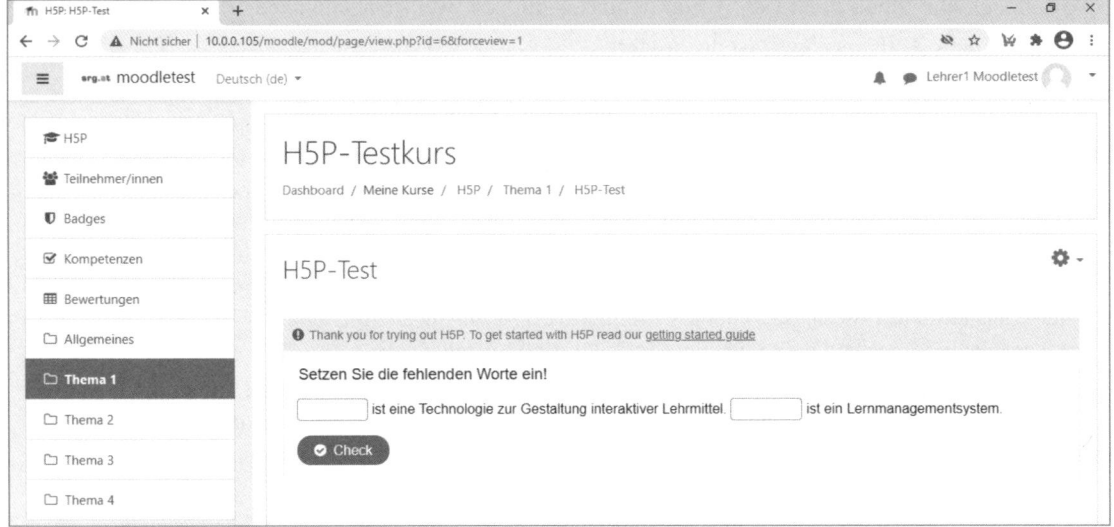

Bild 3.23 Wenn die H5P-Quelle im H5P-Anzeige-Plugin eingetragen wurde, können alle darauf verfügbaren H5P-Lehrinhalte in Kurse des Moodle-Systems eingebunden werden.

Filter wahlweise im Kurs

Trainerinnen und Trainer haben die Möglichkeit, den Filter in den Kurseinstellungen zu deaktivieren. Die Standardeinstellung ist „An". Bei einem deaktivierten Filter können keine *externen* H5P-Inhalte dargestellt werden.

3.2.2 H5P-Import im Moodle-Editor

Wie bereits ausgeführt wurde, garantiert H5P.org keine ständige Verfügbarkeit der Inhalte. Nichts ist jedoch unangenehmer, wie wenn plötzlich Lernende keinen Zugriff mehr auf die Übungen haben. Das kann grundsätzlich bei externen Inhalten passieren und unter diesen Voraussetzungen lässt sich nicht dauerhaft ein professionell gestalteter Kurs anbieten.

Der bessere Weg ist die Bereitstellung der Inhalte direkt auf der eigenen Lernplattform. Dazu muss der Inhalt heruntergeladen werden. Das ist möglich, wenn in den *Behavioural settings* bei der Erstellung des Lehrinhalts der *Reuse*-Button freigegeben wurde. In diesem Fall wird kein Link kopiert, sondern ein H5P-Archiv mit allen Skripten des Lehrinhalts. Auch diese Datei kann über den Moodle-Editor auf die Lernplattform hochgeladen werden. Der Weg ist sicherer, denn die Inhalte bleiben auch dann verfügbar, wenn der Betreiber des Quellservers seinen Dienst einstellt.

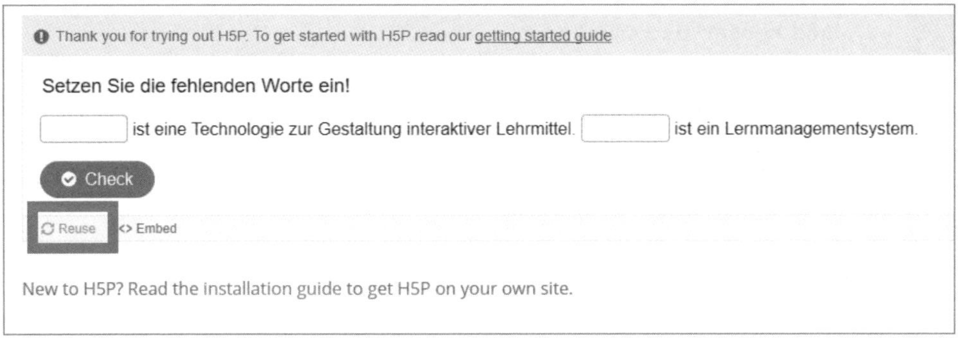

Bild 3.24 Über die Schaltfläche *Reuse* kann der komplette H5P-Inhalt von der Quelle herunter-geladen werden. Die Voraussetzung ist die Freigabe zur weiteren Verwendung.

Bild 3.25 Es wird über den „*Reuse*"-Button kein Link, sondern die H5P-Datei selbst herunter-geladen. Dabei handelt es sich um ein Archiv, welches die H5P-Skripte enthält.

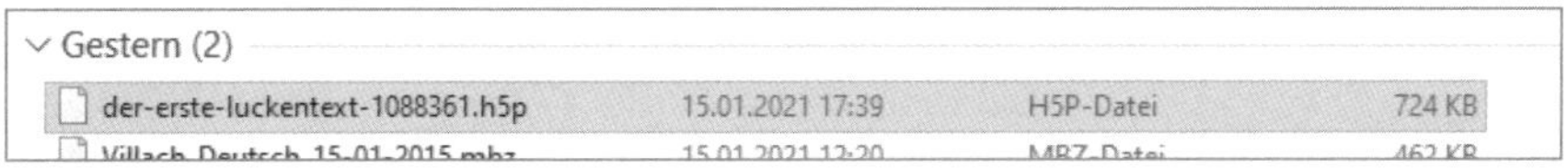

Bild 3.26 Die H5P-Datei ist nach dem Anklicken im festgelegten Download-Verzeichnis des Computers zu finden. Ändert man die Dateinamenerweiterung, wird deutlich, dass es sich um ein umbenanntes ZIP-Archiv handelt.

Mit dem Download einer H5P-Datei holt man sich tatsächlich ein ZIP-Archiv auf den eige-nen Computer. Benennt man dieses um, kann man die darin enthaltenen Skripte öffnen und analysieren. Diese sind in erster Linie JavaScript- und CSS-Dateien. Auch die verwendeten Abbildungen etc. sind im Archiv zu finden.

Für die Verwendung in einem Moodle-Kurs darf das Archiv selbstverständlich nicht umbe-nannt werden, es lässt sich direkt auf das Moodle-System hochladen (vgl. Bild 3.28). Der Vorgang ist vergleichbar mit dem Upload eines Bilds oder eines PDF-Dokuments in eine Moodle-Kursaktivität. Erreicht wird der Dialog über die bereits bekannte H5P-Schaltfläche. Anstelle eines Links auf die H5P-Quelle wird hier jedoch die Schaltfläche *Repositories durch-suchen* angeklickt. Diese öffnet den in Moodle allgemein verwendeten Upload-Dialog, mit dem nun das zuvor heruntergeladene H5P-Archiv auf den Moodle-Server geladen wird. Über die Schaltfläche *H5P einfügen* wird der Inhalt direkt in die Kursaktivität übernommen.

Upload besser als Verlinkung!

Der Download eines H5P-Lehrinhalts ist – sofern dies mit der Erstellung des Inhalts erlaubt wurde – nicht viel umständlicher als die Verlinkung auf die Quelle. Wenn der Download und die Übertragung in das eigene Lernmanagementsystem möglich sind, sollte dieser Weg gewählt werden. Die Verfügbarkeit der Inhalte ist dann auch gegeben, wenn der Quellserver seinen Dienst einstellt.

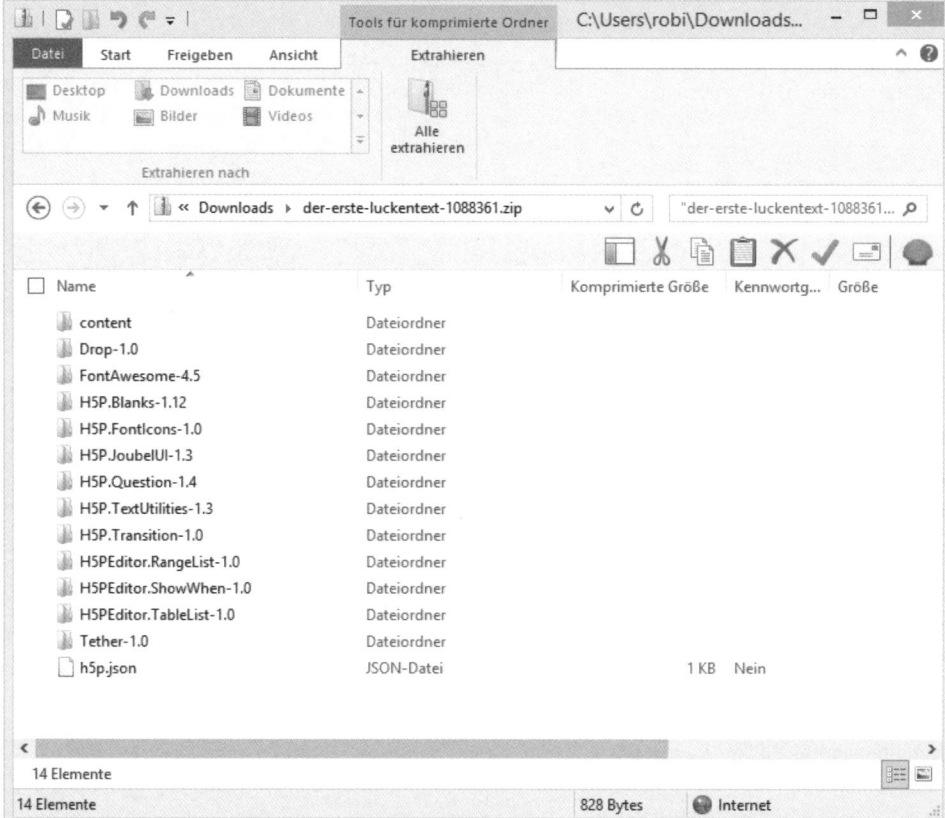

Bild 3.27 Ein H5P-Inhalt besteht aus einer sehr komplexen Sammlung von Skripten, die in verschiedenen Unterverzeichnissen abgelegt sind. Eine H5P-Datei ist ein ZIP-Archiv mit einer eigenen Dateinamenerweiterung (H5P statt ZIP). Durch Umbenennung der Datei werden die Skripte zugänglich und können direkt bearbeitet werden.

Mit dem Upload des H5P-Archivs direkt in das Moodle-System wird ein Beitrag zum Datenschutz geleistet, denn es wird kein Server eines Drittanbieters benötigt, dem technisch die Berechtigung für das Setzen von Cookies zusteht.

Datenschutz

Die Verlinkung auf einen externen H5P-Server ist grundsätzlich nicht verboten. Es muss jedoch ein Hinweis in die Datenschutzerklärung aufgenommen werden, falls von diesem Server ausgehend Cookies an den Browser gesendet werden.

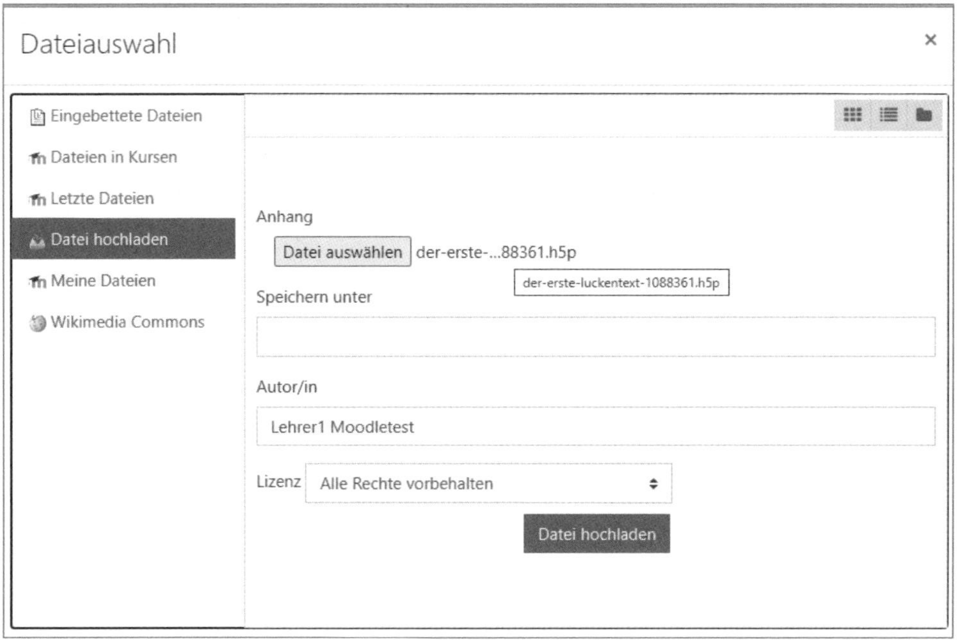

Dateiauswahl
Eingebettete Dateien
Dateien in Kursen
Letzte Dateien
Datei hochladen
Meine Dateien
Wikimedia Commons
Anhang
Datei auswählen
der-erste-...88361.h5p
der-erste-luckentext-1088361.h5p
Speichern unter
Autor/in
Lehrer1 Moodletest
Lizenz
Alle Rechte vorbehalten
Datei hochladen

Bild 3.28 Das zuvor heruntergeladene H5P-Archiv wird über den gängigen Dialog in das Moodle-System geladen.

H5P einfügen
Sie können H5P-Inhalte einfügen, indem Sie entweder eine H5P-URL angeben oder indem Sie eine H5P-Datei hochladen.
H5P-URL oder H5P-Datei hochladen
http://10.0.0.105/moodle/draftfile.php/25/
Repositories durchsuchen
H5P-Optionen
H5P einfügen

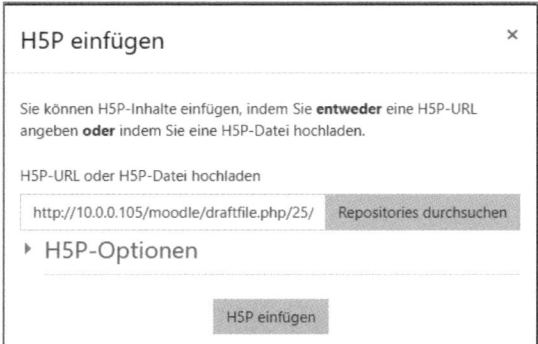

Bild 3.29 Anstelle eines Links wird nun die Quelle des H5P-Archivs auf dem Moodle-Server in die Formularzeile eingetragen. Das Ergebnis ist wie bei der Verlinkung, allerdings mit dem Unterschied, dass sich die H5P-Daten tatsächlich auf dem eigenen Moodle-Server befinden.

3.2.3 H5P in beliebiger Webseite?

Über den bereits beschriebenen Weg der Verlinkung (*Embed*-Button in der H5P-Quelle) können H5P-Inhalte auf jeder beliebigen Webseite verfügbar gemacht werden. Allerdings hat dieser Weg den gleichen Nachteil, wie er bereits bei der Verlinkung in einen Moodle-Kurs beschrieben wurde: Die Verfügbarkeit der Inhalte kann auf die Dauer nicht garantiert werden.

Die Verlinkung selbst ist allerdings sehr einfach, denn das komplette HTML-Element einschließlich der Verlinkung und aller wichtigen Attribute wird mit dem über den *Embed*-Button erreichbaren Dialog geliefert und muss lediglich in den Quelltext der Seite kopiert werden. Das folgende Beispiel zeigt dies.

```
<body>
<iframe src="https://h5p.org/h5p/embed/1084977" width="1090" height="212"
frameborder="0" allowfullscreen="allowfullscreen" allow="geolocation *; microphone *;
camera *; midi *; encrypted-media *"><script src="https://h5p.org/sites/all/modules/
h5p/library/js/h5p-resizer.js" charset="UTF-8"></script>
</body>
```

 Nur Verlinkung möglich!

In eine beliebige Webseite kann mithilfe eines *<iframe>*-Elements externer H5P-Inhalt integriert und verwendet werden. Damit jedoch auch H5P-Inhalte vom eigenen Webserver verarbeitet werden können, sind entsprechende technische Voraussetzungen zu schaffen, welche sowohl die Verzeichnisstruktur auf dem Webserver als auch die PHP-Erweiterungen betreffen.

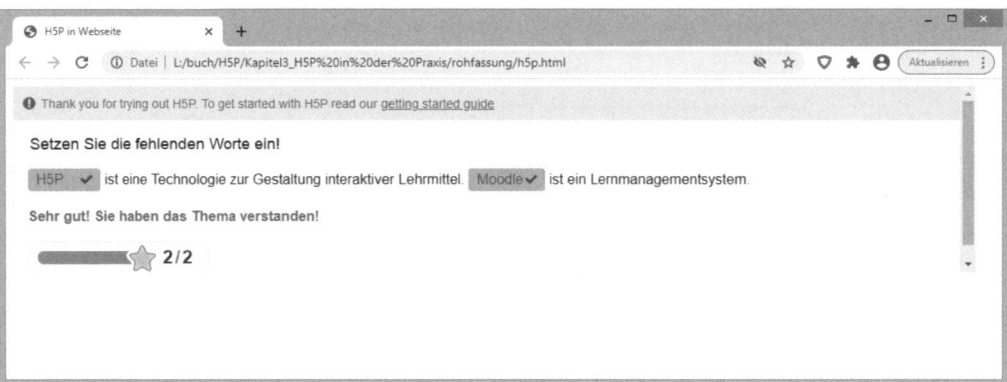

Bild 3.30 Mithilfe des Links auf den H5P-Inhalt kann dieser – eingefasst in ein `<iframe>`-Element – in jede Webseite eingefügt und genutzt werden.

Diese Variante der Verlinkung kann auch in Moodle eingesetzt werden (nicht empfohlen). Dazu wird im Editor der Moodle-Aktivität nicht der H5P-Button verwendet, sondern es wird direkt in den HTML-Editor umgeschaltet. In diesem Fall wird der komplette Skriptblock in den Editor kopiert. Das Prinzip ist vergleichbar mit der Verwendung von H5P-Inhalten in einer beliebigen Webseite.

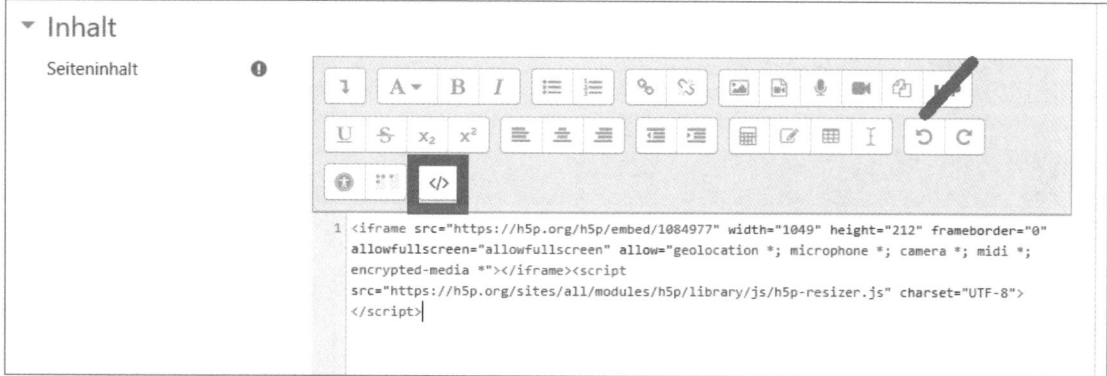

Bild 3.31 *Externe* H5P-Inhalte können durch Einbau eines <iframe>-Elements über den HTML-Editor auch ohne das H5P-Ansichts-Plugin im Kurs genutzt werden.

3.2.4 Das H5P-Editor-Plugin

In Schulen, Hochschulen und Bildungsinstituten werden oft Lehrinhalte verwendet, die nicht der Allgemeinheit zur Verfügung gestellt werden sollen. Insbesondere gilt dies für Hochschulen, die Auftragsforschungen durchführen. Deren Ergebnisse werden zu einem gewissen Maß in die Lehre eingebunden und mit den Studierenden diskutiert, sie sind jedoch möglicherweise patentrechtlich noch nicht vollständig gesichert. Lehrmittel nach der OER-Philosophie kommen an dieser Stelle also nicht in Frage. Auch kann es der Fall sein, dass Lehrende ihr Verwertungsrecht auf die von ihnen mit viel zeitlichem Aufwand erstellten Lehrmaterialien geltend machen.

Sollen in der Lehre interaktive und multimediale Inhalte generiert werden, dann ist für die oben genannten Fälle eine offene Plattform nicht geeignet, da die fertigen Inhalte frei von der gesamten Community genutzt werden dürfen. Die Integration eines H5P-Editors, mit dessen Hilfe derzeit (Anfang 2021) mehr als 40 Inhaltstypen erzeugt werden können, bietet eine Alternative zum offenen System.

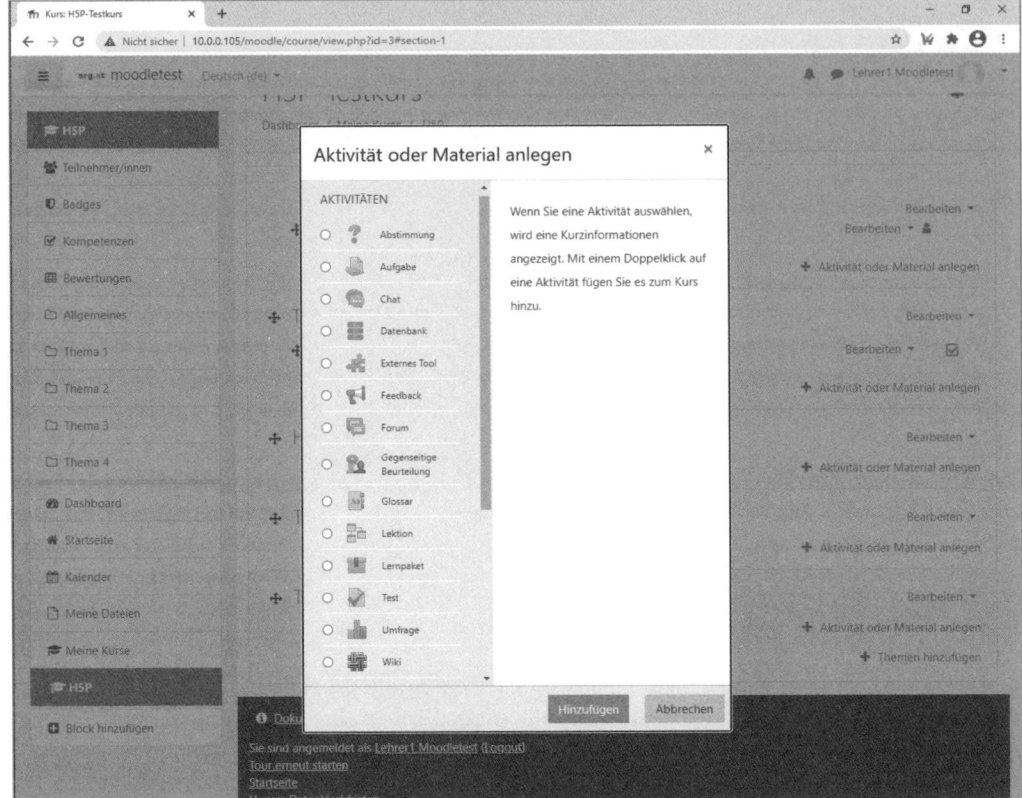

Bild 3.32 Ein ganz gewöhnliches Moodle-LMS[1] aus der Sicht einer Trainerin bzw. eines Trainers: Zwar können – wie gesehen – H5P-Inhalte in einen Kurs importiert und dargestellt werden, jedoch ist die Entwicklung eigener Inhalte direkt in dieser Lernplattform nicht möglich. Es fehlt die erforderliche Aktivität.

3.2.4.1 Installation des H5P-Plugins in Moodle

Wie in Bild 3.32 zu sehen ist, sieht die Standardinstallation von Moodle kein Plugin für die Entwicklung von H5P-Aktivitäten[2] vor. Das H5P-Plugin „Interactive Content", welches die Erzeugung eigener Inhalte direkt im eigenen Moodle-System gestattet, muss nachträglich installiert werden. Diese Aufgabe kann ausschließlich von der *Moodle-Administration* vorgenommen werden.

Im ersten Schritt wird von der Moodle-Administration in der *Website-Administration* unter *Systemnachrichten* die Version der aktuell installierten Moodle-Version ermittelt. Die Moodle-Administration kann sich in diesem Bereich auch über möglicherweise aktuellere Moodle-Versionen informieren und das System so stets auf einem aktuellen technischen Stand halten.

---

[1] LMS = Lernmanagementsystem

[2] Die Standard-Moodle-Installation enthält lediglich ein H5P-Ansichts-Plugin mit dessen Hilfe es möglich ist, in externen Systemen erzeugte H5P-Inhalte in einen Moodle-Kurs zu verlinken oder eine fertige H5P-Datei hochzuladen.

Plugin-Installationen erfordern Administratorrechte!

Die Installation von Plugins in das Moodle-System ist grundsätzlich nur den Systemverwaltungen vorbehalten. Fehler bei der Installation können das System nachhaltig stören oder sogar die aktuelle Installation unbrauchbar machen. Gute Administratoren erstellen vor einem solchen Eingriff deshalb eine Sicherheitskopie aller Moodle-Dateien und der Inhalte des „Moodledata"-Verzeichnisses sowie der Moodle-Datenbank.

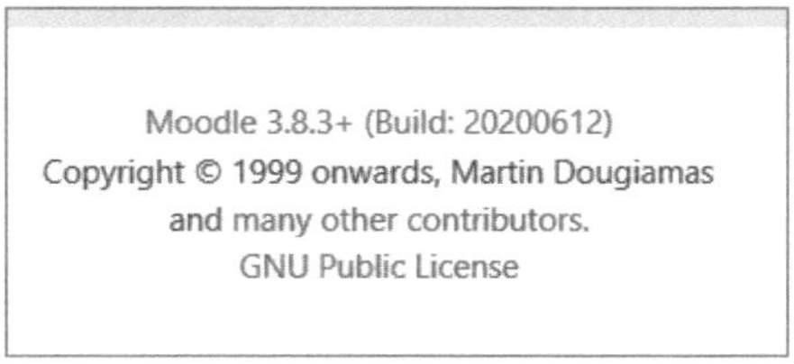

> Moodle 3.8.3+ (Build: 20200612)
> Copyright © 1999 onwards, Martin Dougiamas
> and many other contributors.
> GNU Public License

Bild 3.33 Die Versionsnummer des installierten Moodle-Systems findet die Moodle-Administration unter Website-Administration/Systemnachrichten. Es sollte nur ein dazu kompatibles Plugin installiert werden.

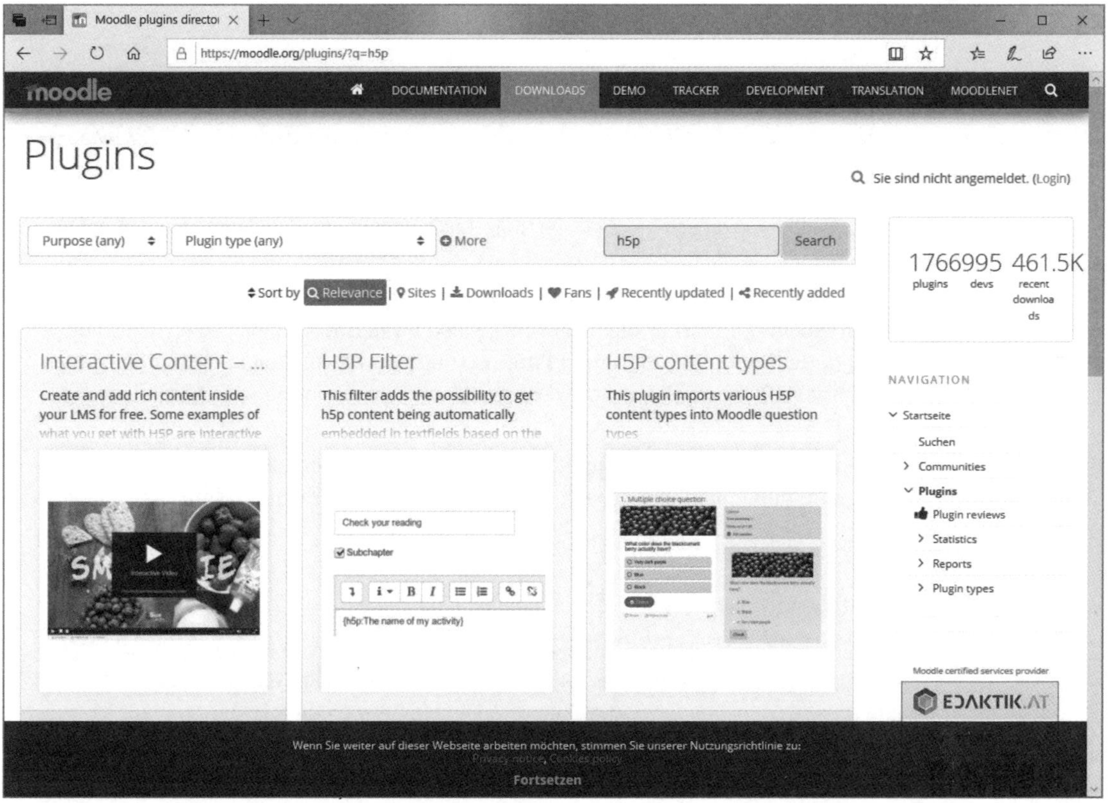

Bild 3.34 Das H5P-Plugin zur Erstellung eigener Inhalte ist im Moodle-Plugin-Directory zu finden.

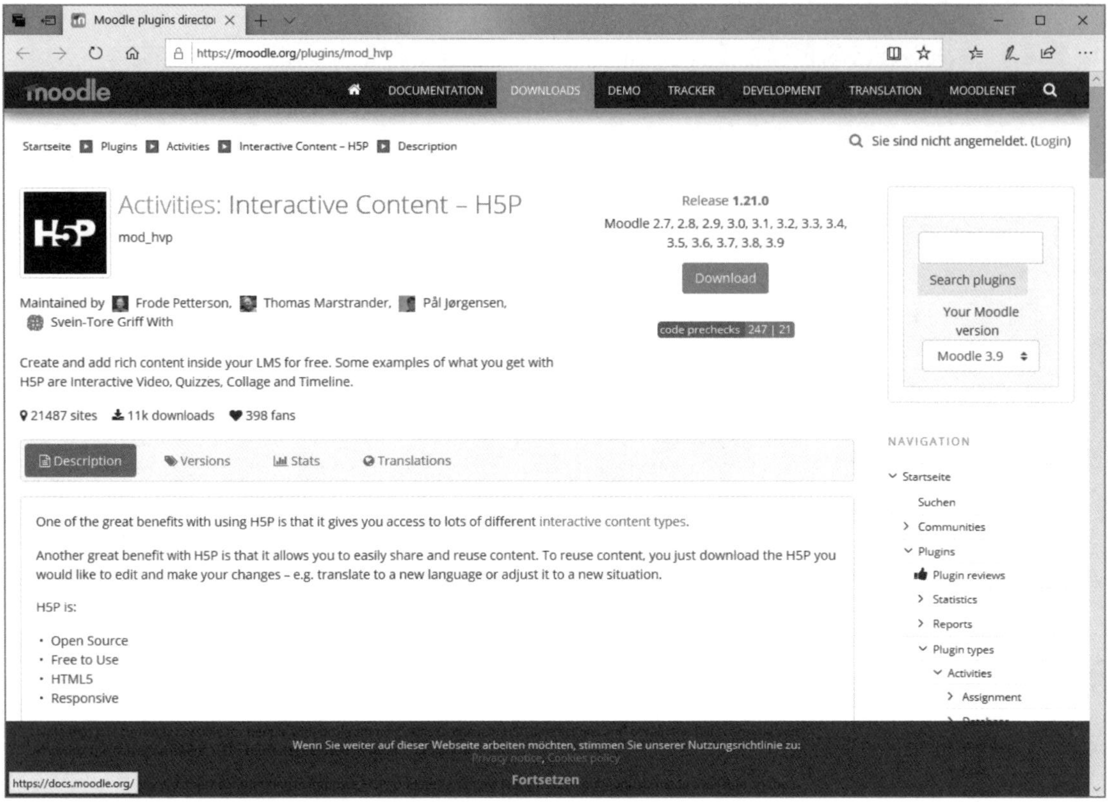

Bild 3.35 Bei der Auswahl des Plugins ist unbedingt darauf zu achten, dass dieses mit der installierten Moodle-Version kompatibel ist. Findet sich die verwendete Moodle-Version nicht in dieser Übersicht, sollte das Plugin zunächst in einer Testumgebung erprobt oder auf dessen Einsatz im Zweifelsfall verzichtet werden.

Ein Moodle-Plugin findet man in der Regel im „Moodle-Plugin-Directory". Es ist durchaus möglich, auch (gute und funktionierende) Plugins von anderen Quellen zu beziehen, jedoch ist nicht sichergestellt, dass diese Software auch auf den genannten Systemen getestet wurde.

Das gewünschte (und kompatible) Plugin wird als ZIP-Archiv heruntergeladen und später direkt über den Installationsdialog für ein Plugin in die Moodle-Website-Administration verschoben.

Wichtige Empfehlung:

Vor der Installation von systemnahen Erweiterungen – dazu gehören auch Plugins für das Moodle-System oder Updates aller Art – sollte unbedingt eine Sicherheitskopie der gesamten Moodle-Datenbank und der Moodle-Verzeichnisse angelegt werden. Im Fall eines Fehlers kann so die ursprüngliche Installation wiederhergestellt werden.

DSGVO-Berührung beachten!

Bei der Anlage von Sicherheitskopien ist der Datenschutz zu beachten! Es werden auch personenbezogene Daten (zwangsweise) in die Kopie mit einbezogen. Backups sollten also zeitnah und zweckgebunden angefertigt werden. Nicht mehr relevante Backups sind dokumentiert zu löschen.

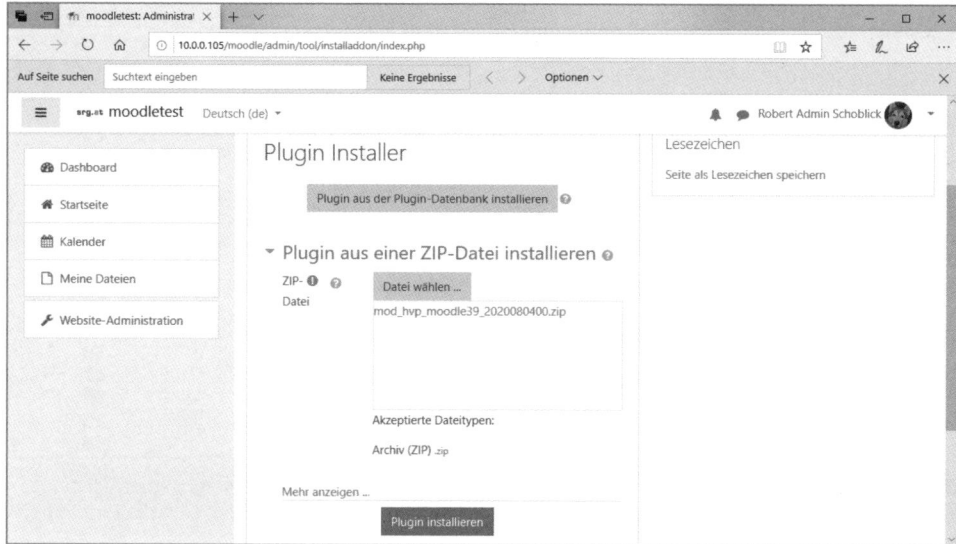

Bild 3.36 Die aus dem Moodle-Plugin-Directory heruntergeladene Erweiterung wird als ZIP-Archiv geliefert. Diese ZIP-Datei wird in den Installationsdialog des *Plugin Installers* verschoben und damit in dem System nach einigen kurzen Prüfungen verankert.

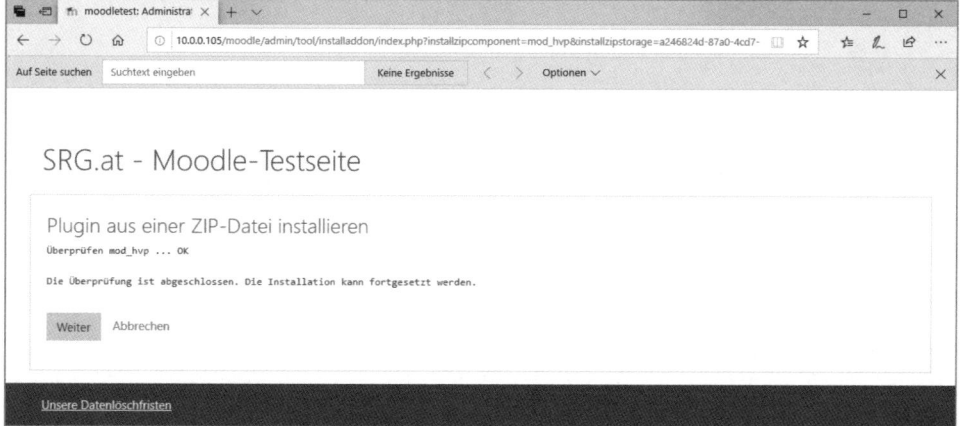

Bild 3.37 In einer ersten Prüfung untersucht Moodle, ob das Installationspaket innerhalb des ZIP-Containers fehlerfrei ist und die nötigen Schreibrechte auf dem Server vorhanden sind. Wichtig ist, die Texte genau zu lesen und auch scheinbar belanglose Warnungen genau zu prüfen.

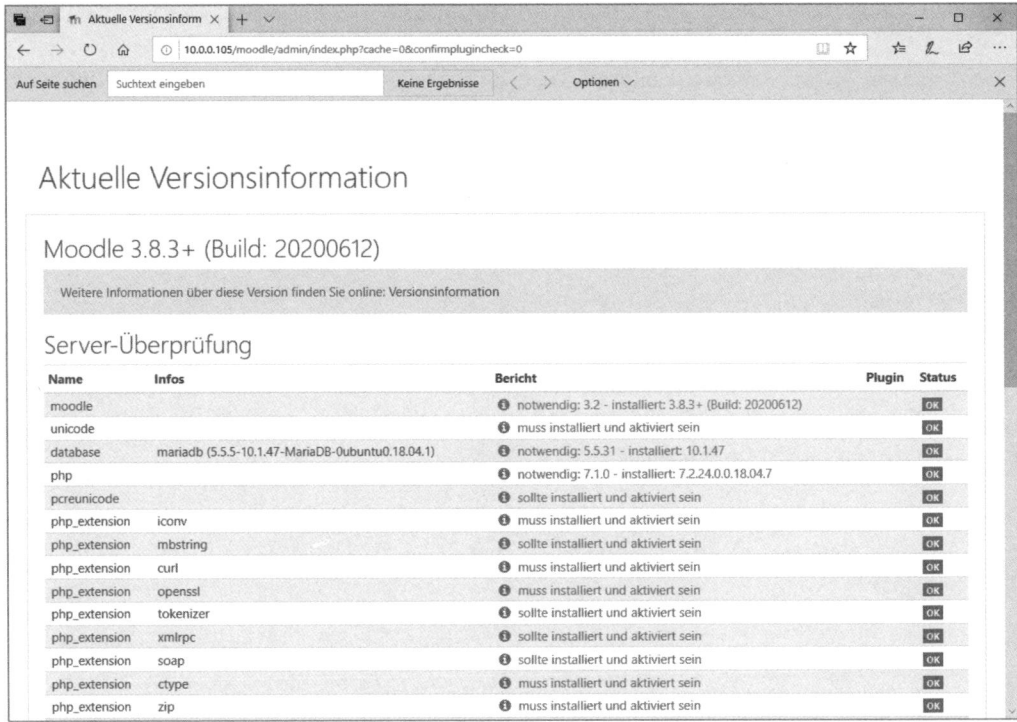

Bild 3.38 Bei der Überprüfung des Servers wird festgestellt, ob alle Voraussetzungen erfüllt sind. Wird an einer Stelle ein „roter Status" (Bedingung nicht erfüllt) gemeldet, lassen sich die Probleme durch eine Anpassung der Server-Konfiguration ändern.

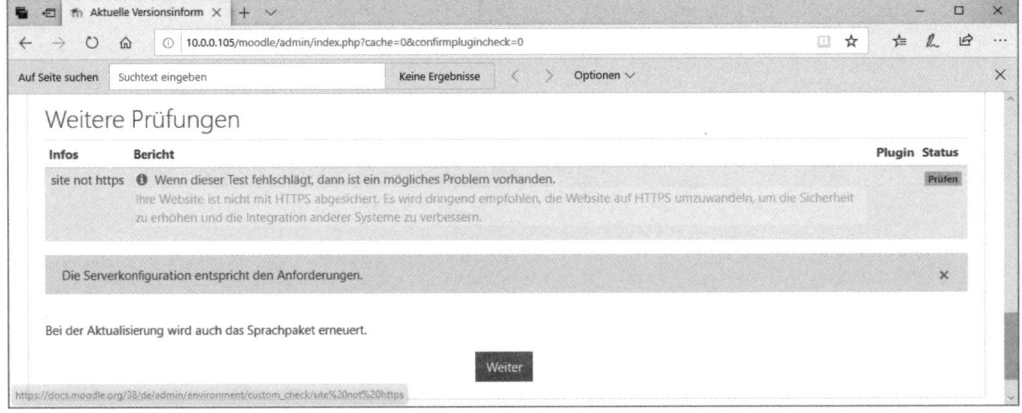

Bild 3.39 Die hier gezeigte Warnung kann beim zur Illustration dieses Buchs verwendeten (internen) Testsystem ignoriert werden. In einem Live-System jedoch, welches über das Internet erreichbar ist, sollte unbedingt auf eine verschlüsselte Kommunikation zwischen dem Moodle-Server und dem Browser der Lernenden bestanden werden. Dies ist sogar nach der DSGVO verpflichtend, weil personenbezogene Daten übertragen werden.

Die Prüfung der Server-Voraussetzungen wird in den meisten Fällen ohne Probleme mit durchgängig positivem Erfolg durchlaufen. Voraussetzung ist natürlich, dass bereits bei der Installation des Moodle-Systems alle Einstellungen korrekt durchgeführt wurden. Wird dennoch eine Bedingung als nicht erfüllt gekennzeichnet, ist dies kein Grund zur Panik. Das Problem wird jedoch unter Umständen erst in nutzungsschwachen Zeiten zu beheben sein. Der Grund: Änderungen an der Server-Konfiguration – auch PHP-Einstellungen in der Konfigurationsdatei PHP.ini – erfordern einen Systemneustart. Bestehende Sitzungen der Nutzerinnen und Nutzer werden in diesem Fall unterbrochen und es kann zu einem Verlust bereits geleisteter Arbeit kommen. Ein Server-Neustart ist deswegen grundsätzlich im Vorfeld anzukündigen bzw. in Zeiträume zu verlegen, die für Wartungsarbeiten ausdrücklich vorgesehen sind.

Die Installation eines Plugins kann in den meisten Fällen – auch bei ein oder mehreren nicht erfüllten Bedingungen – fortgesetzt werden. Es ist dann aber zu empfehlen, das Plugin erst nach einer Aktualisierung des Servers zu aktivieren.

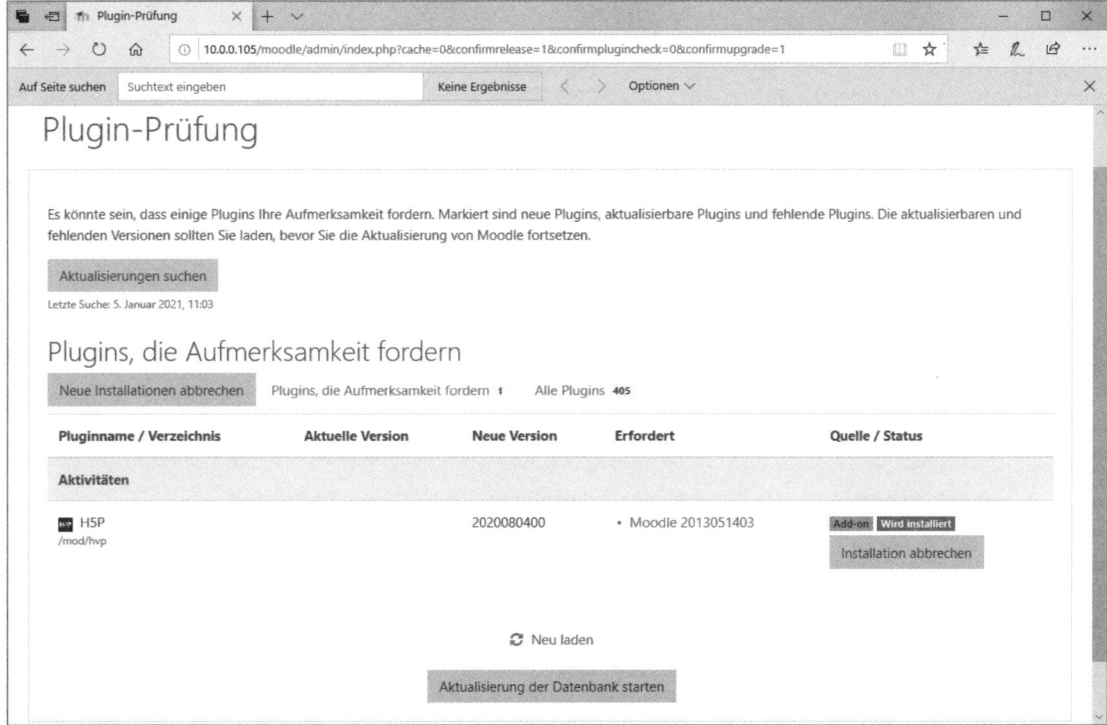

Bild 3.40 Wenn alle Bedingungen erfüllt sind und das Plugin in Ordnung ist, kann die Installation mit der Aktualisierung der Datenbank abgeschlossen werden.

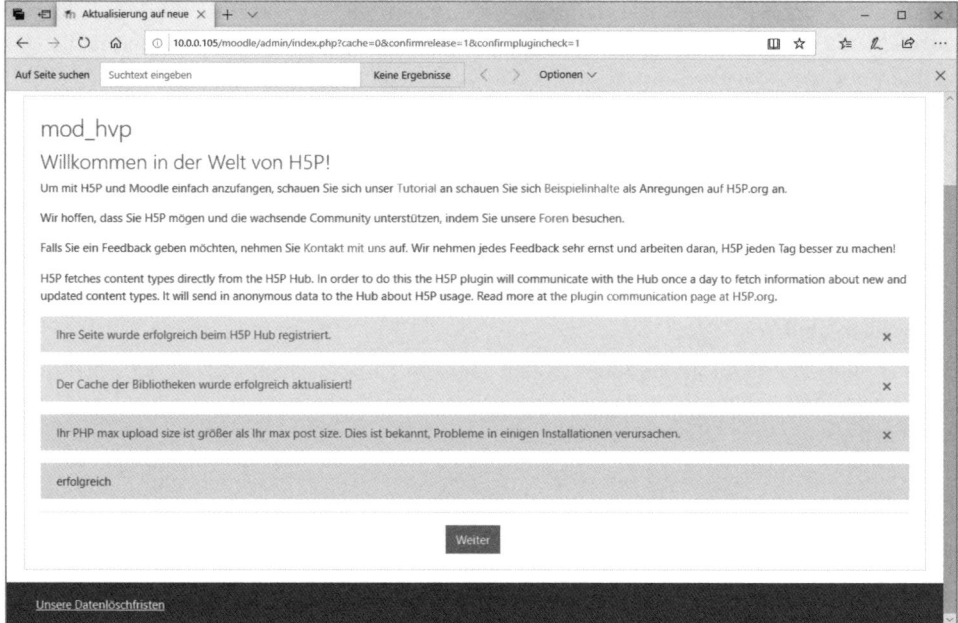

Bild 3.41 Nach der Installation des Plugins meldet sich dieses mit einem Begrüßungshinweis für die Administration. Das Plugin selbst prüft nun verschiedene PHP-Systemeinstellungen. Das hier reklamierte Problem ist zunächst nicht kritisch und kann durch eine einfache Anpassung in der Konfigurationsdatei *php.ini* behoben werden.

Grundsätzlich ist bei der Installation von Moodle-Erweiterungen auf deren Kompatibilität zum verwendeten System zu achten. Warnungen und Fehlermeldungen werden an verschiedenen Stufen des Installationsprozesses bedarfsweise ausgegeben. Es ist zu empfehlen, auch scheinbar harmlose Warnungen ernst zu nehmen und die Server-Plattform anzupassen.

Es folgen allerdings noch Detail-Konfigurationen des H5P-Inhalts-Plugins:

Die Speicherung des *Inhaltsstatus* gestattet es Lernenden, die Arbeit zu unterbrechen und den Kurs nach einer Rückkehr an der entsprechenden Stelle wieder aufzunehmen. Insbesondere nach einer Systemstörung (d. h. vorübergehender Internetausfall) vermeidet dies Frustrationen. Dazu lässt sich ein Intervall festlegen, in dem die Arbeitsfortschritte automatisch gespeichert werden, die Standardvorgabe beträgt 30 Sekunden. Das gilt allgemein als ein guter Richtwert, jedoch kann bei großen Systemen mit intensiver Nutzung durchaus ein höherer Wert sinnvoll sein, um die Performance des Moodle-Servers nicht unnötig zu reduzieren.

Ein zu diskutierendes Thema ist die Teilung der *Nutzungsstatistiken*. H5P ist eine offene Software, die nicht mit primär kommerziellen Interessen entwickelt wird, wohl aber allen einen großen Nutzen im Bildungsbereich bringt. Nach Ansicht des Autors sollte die Entwicklung durch die Unterstützung der Nutzerinnen und Nutzer gefördert werden. Die Nutzungsstatistiken sind anonym. Erfasst wird unter anderem, auf welcher Plattform die Inhalte erzeugt werden und wie viele Autoren sich an der Gestaltung beteiligen. Selbstverständlich fließen Daten zu den einzelnen Inhaltstypen in die Statistik mit ein. Identifizierende Informationen sind das Datum sowie die IP-Adresse und ein Site Key, der die Kursseite eindeutig kennzeichnet.

H5P.org erklärt, dass die Verarbeitung der Daten vollkommen anonymisiert erfolgt. Obwohl der Ursprung von H5P, also das Unternehmen Jouble AS, nicht in einem EU-Mitgliedsstaat ansässig ist (Norwegen gehört nicht zur EU, ist aber dem Europäischen Wirtschaftsraum angeschlossen), gilt auch dort die Datenschutzgrundverordnung (DSGVO).

H5P-Nutzungsstatistiken?

Informationen zu den H5P-Nutzungsstatistiken sind auf folgender Webseite von H5P.org zu finden:

https://h5p.org/tracking-the-usage-of-h5p

Es ist zu empfehlen, diese Informationen in die eigene Datenschutzerklärung einzufügen. Allerdings werden keine personenbezogenen Daten übertragen und auch keine Analysen einzelner Nutzerinnen und Nutzer durchgeführt.

Zur Grundkonfiguration gehören auch die Vorgaben, ob die bereits erläuterten Schaltflächen *Embed* und *Reuse* sichtbar sein sollen. Über diese Schaltflächen können Verlinkungen auf die Inhalte erzeugt oder ganze Inhalte in H5P-Archive heruntergeladen werden.

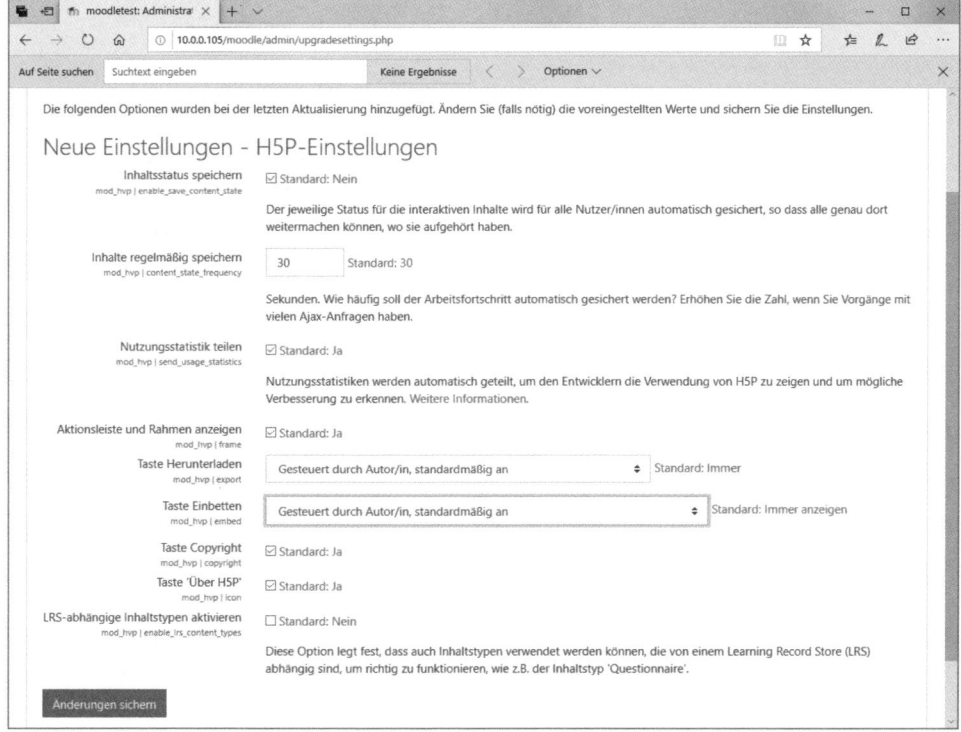

Bild 3.42 Eine Grundkonfiguration der Inhalte legt unter anderem fest, ob Arbeitsfortschritte gespeichert und ob die bereits erwähnten Schaltflächen sichtbar sein sollen. Zu diskutieren ist in jeder Schule/Hochschule und in jedem Bildungsinstitut, ob Nutzungsstatistiken an *H5P.org* übermittelt werden dürfen.

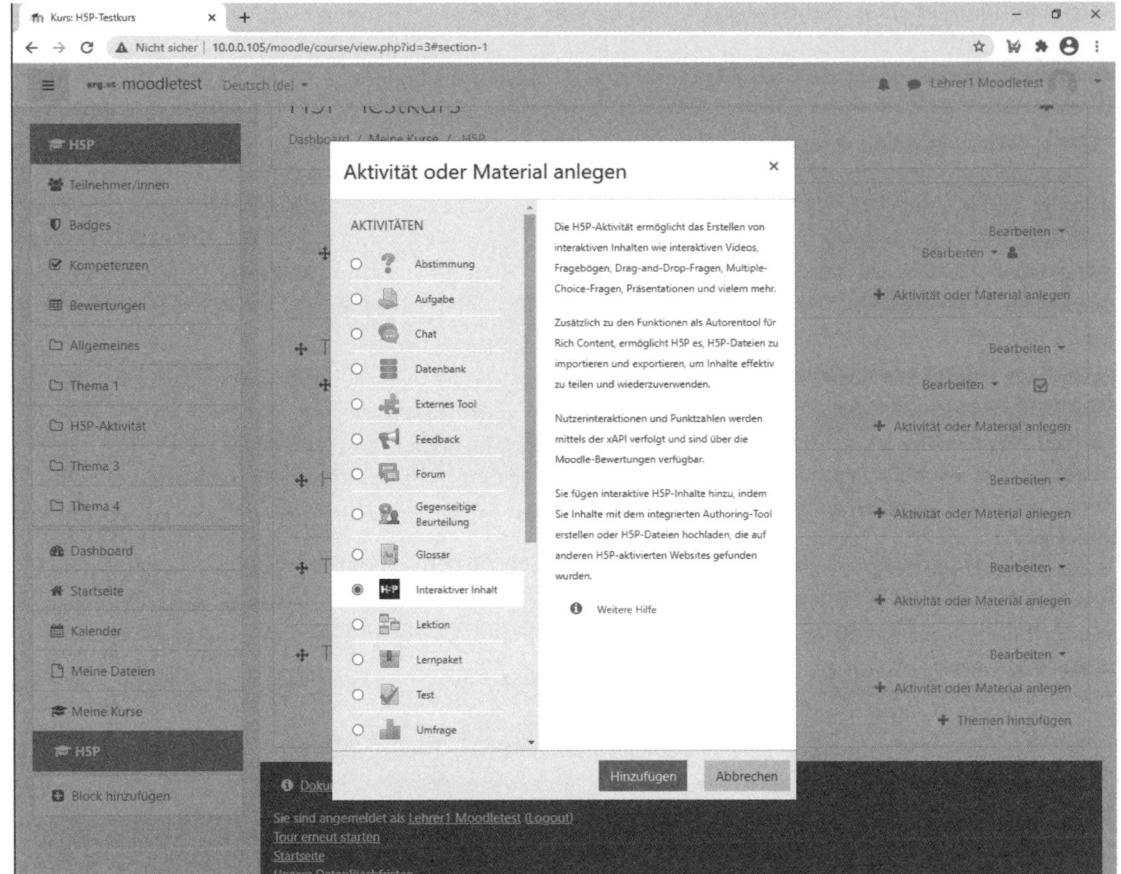

Bild 3.43 Wenn einer Rolle diese Aktivität erlaubt wird, taucht in der Auswahlliste der Aktivitäten nun *H5P – interaktiver Inhalt* auf. Ist dies wider Erwarten nicht der Fall, müssen gegebenenfalls noch die entsprechenden Rechte zugewiesen werden.

3.2.4.2 H5P-Aktivität: Inhalte in Moodle erstellen

Wie H5P-Inhalte grundsätzlich erstellt werden, wurde bereits in Abschnitt 3.1.1 beschrieben. Grundsätzlich ist das Prinzip identisch. Es sind lediglich zusätzlich die Grenzen und Einstellungsmöglichkeiten der Lernplattform (hier: Moodle) zu berücksichtigen. Unmittelbar nach der Installation des H5P-Inhalts-Plugins ist noch ein wenig administrative Arbeit zu leisten, denn:

- Nicht alle Inhaltstypen stehen den Lehrenden sofort zur Nutzung offen. Diese müssen teilweise durch die Moodle-Administration installiert werden.

- Auch die in der Auswahl angebotenen Inhaltstypen sind teilweise zuerst manuell zu installieren, können dann aber sofort eingesetzt werden.

Es wird ein Inhaltstyp vermisst?

Wenn ein Inhaltstyp noch nicht in der Auswahl der Moodle-Aktivität H5P auftaucht, kann es sein, dass dieser zunächst von der Administration installiert
werden muss. In diesem Fall sollte man den Systemverwalter der Lernplattform kontaktieren, denn Trainerinnen und Trainer haben in der Regel nicht die
erforderlichen Rechte im System.

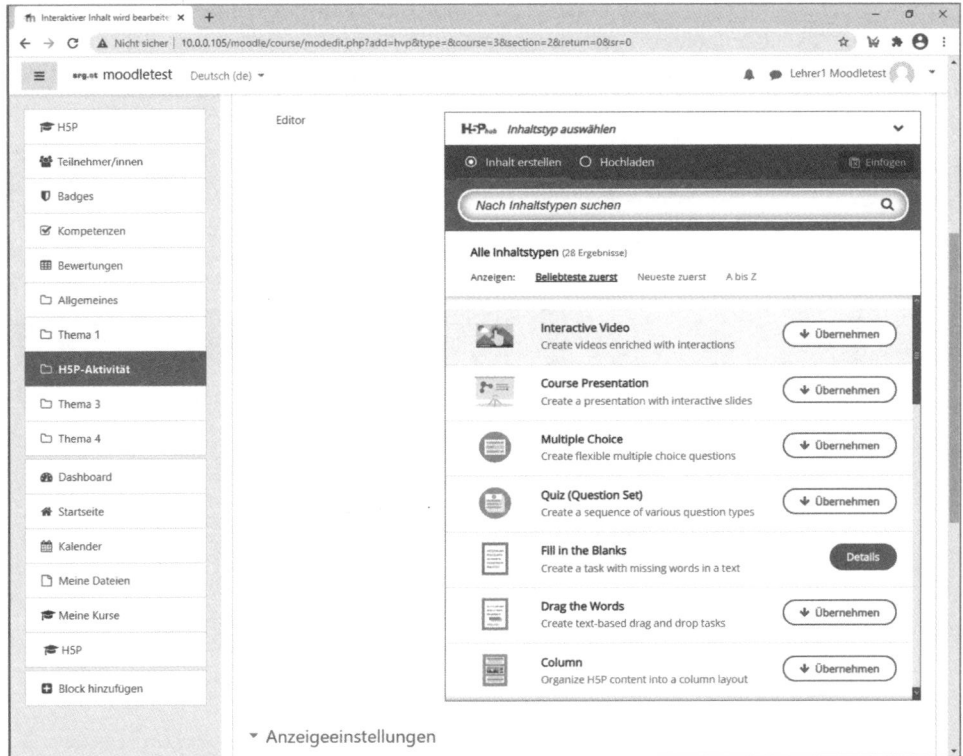

Bild 3.44 An dieser Stelle wurden von der Moodle-Administration erst 28 Inhaltstypen installiert
und den Trainern zur Nutzung freigegeben. Insgesamt gibt es mittlerweile weit über 40 Inhaltstypen.

Ein noch nie verwendeter Inhaltstyp muss möglicherweise zunächst im System installiert
werden. Das passiert mit wenigen Mausklicks. Es werden den Nutzerinnen und Nutzern
nur die Inhaltstypen im Aktivitätendialog angeboten, die zu ihrer Rolle passen. Weitere
Aktivitäten werden von der Moodle-Administration installiert.

Neben der eigentlichen Gestaltung der Inhalte müssen auch die Moodle-Kurseinstellungen
vorgenommen werden. Dazu gehören:

- Beschreibung der Kurseinheit – es ist zu empfehlen, diese in der Kursübersicht anzeigen
  zu lassen, damit sich Lernende orientieren können.
- Einstellung der Verfahren bei einer eventuellen Bewertung.

- Vorgabe von Teilnahmevoraussetzungen – diese sind sinnvoll, um Überforderungen der Lernenden zu vermeiden.

- Aktivitätenabschluss – Festlegung der Bedingungen, ab wann die Aktivität als erfolgreich bearbeitet anzusehen ist.

- Tag – dies sind Schlagworte, nach denen Aktivitäten im System gesucht und thematisch zugeordnet werden können.

- Kompetenzen – Zuordnung einer erworbenen Kompetenz innerhalb eines Kompetenzrahmens.

- Anzeigeneinstellungen – diese Einstellung ist für H5P-Inhalte spezifisch. Hier kann – auf Grundlage der allgemeinen Einstellung durch die Administration – jede Lehrkraft festlegen, welche Schaltflächen (Reuse/Herunterladen, Embed/Einbetten und Copyright) im Kurs sichtbar sein sollen.

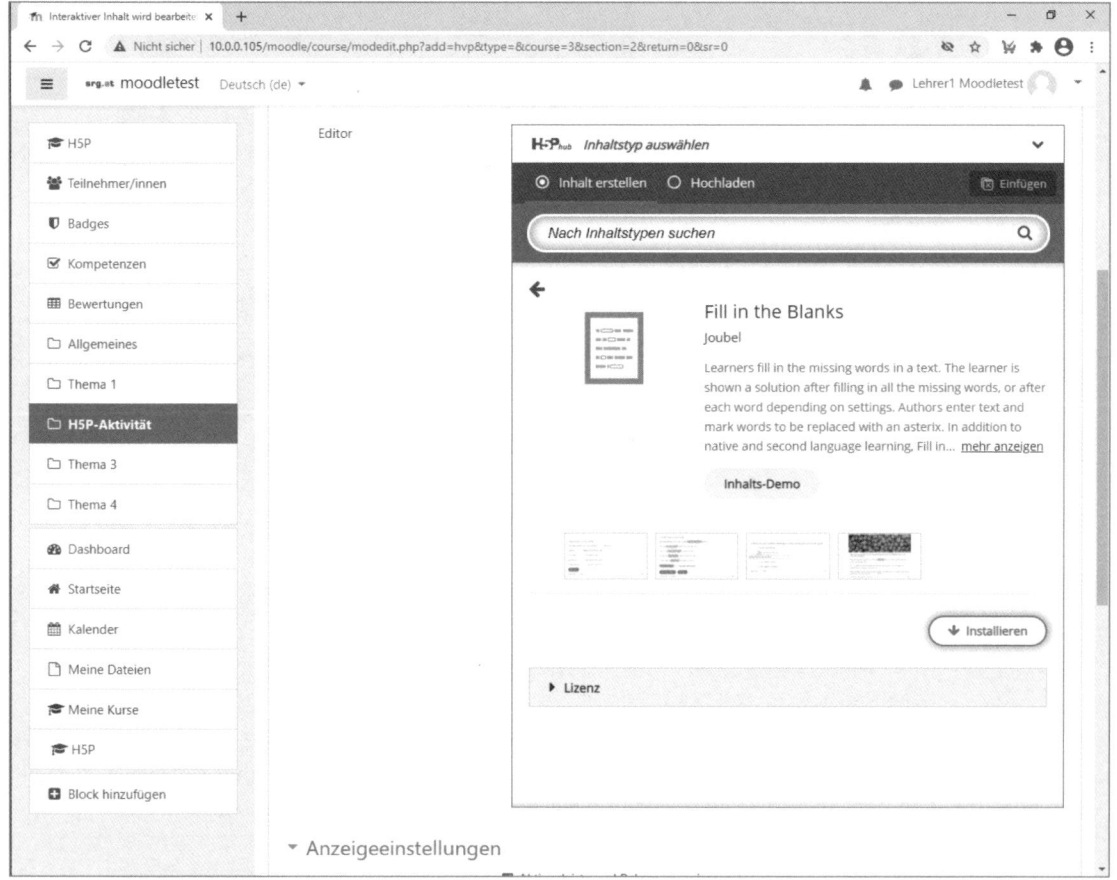

Bild 3.45 Wie im öffentlichen H5P-Editor unter H5P.org stehen auch in der Moodle-Aktivität Detail-Informationen zum Inhaltstyp zur Verfügung. Vor der erstmaligen Nutzung ist dieser allerdings mit einem einzigen Mausklick im System zu installieren.

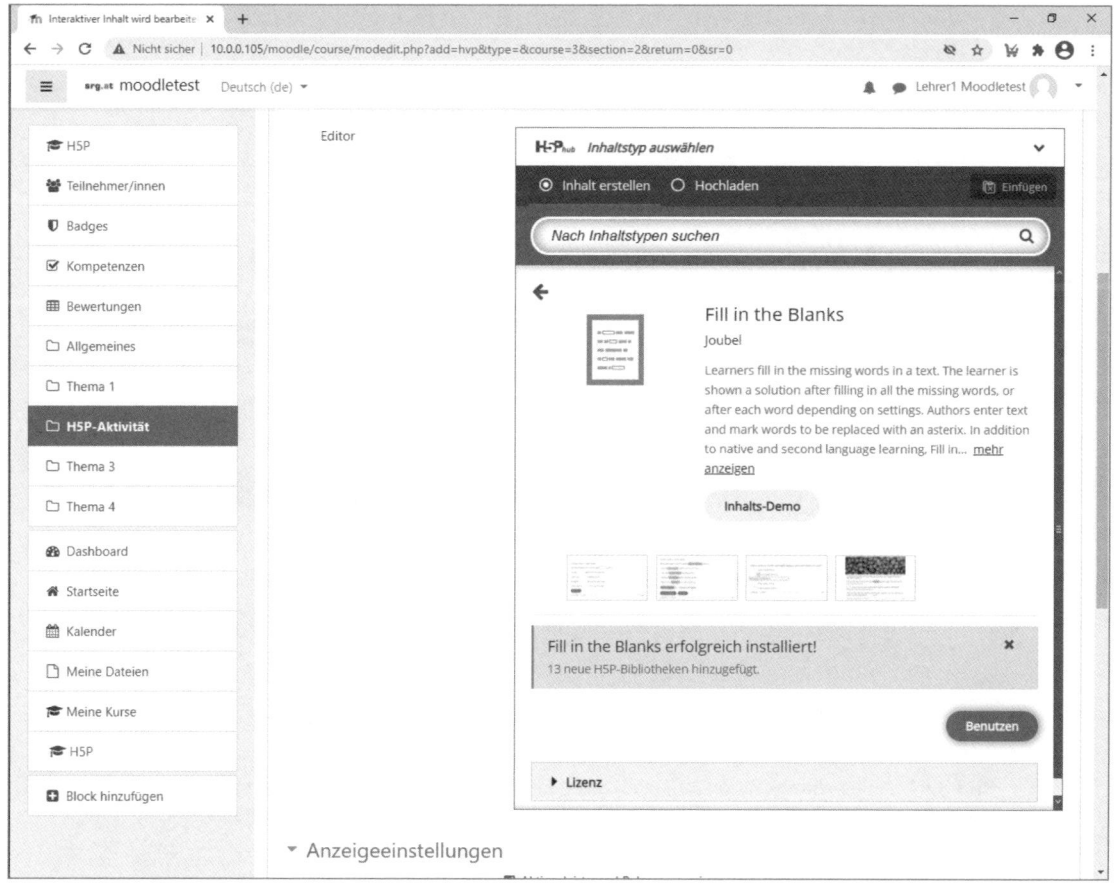

Bild 3.46 Der Inhaltstyp kann nun in gewohnter Weise benutzt werden.

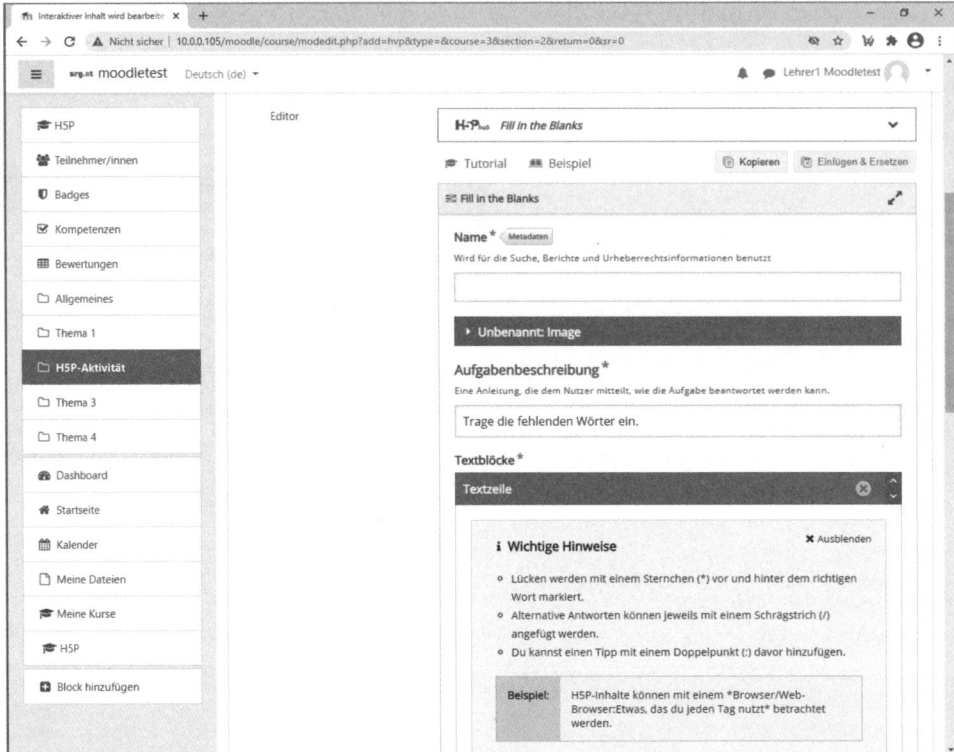

Bild 3.47 Abgesehen von der Tatsache, dass die Erstellung des Inhalts nun innerhalb der Moodle-Plattform erfolgt, ist die Gestaltung des Inhalts absolut identisch mit dem bereits beschriebenen Verfahren.

Neben Moodle sind derzeit auch Plugins für die Content-Management-Systeme Drupal und WordPress verfügbar. Deren Installation erfolgt nach den Prinzipien der jeweiligen Systeme als Erweiterung. Die Inhalts-Editoren entsprechen jedoch der hier beschriebenen Gestalt.

 H5P in anderen Plattformen?

Es stellt sich die Frage, warum nicht alle namhaften Content-Management-Systeme (CMS) direkt von H5P mit einem Plugin unterstützt werden. Das liegt an den jeweils zuständigen Communities. Ganz sicher wären Plugins für die bekannten CMS wie Joomla! und TYPO3! sinnvoll. Die Entwicklungsarbeit sprengt jedoch die Kapazitäten einer offenen H5P-Entwicklergemeinde, zumal auch die technischen Innovationen der CMS einem raschen Tempo unterliegen. Unterstützung bietet H5P.org durch umfassende Dokumentationen und eine offene Entwicklerplattform auf GitHub. Infos u. a.:

https://h5p.org/documentation

https://h5p.org/developers

https://h5p.org/documentation/developers/h5p-specification

https://github.com/h5p

3.2.4.3 H5P-Benutzerrechte in Moodle

H5P ist nicht nur für das Lehrpersonal geeignet, um über digitale Lernplattformen Wissen zu vermitteln. Die Potenziale von H5P bieten auch Lernenden die Chance, sich Wissen anhand einer kreativen Gestaltung von Lehrinhalten zu erarbeiten. Die Philosophie des „Flipped Classroom" kann mithilfe von H5P sehr attraktiv in die Praxis umgesetzt werden. Kritisch ist allerdings zu betrachten, dass H5P durchaus als Sicherheitsrisiko (Cross-Site-Skripting) angesehen werden kann und es deswegen nicht jedermann unkontrolliert möglich sein sollte, H5P-Inhalte zu generieren.

Die Moodle-Administration hat die Möglichkeit, spezielle Rollen – auch für *Students* – zu generieren, die diese im kontrollierten Umfang H5P nutzen können. Ob H5P-Aktivitäten in einem Kurs für eine bestimmte Rolle verfügbar sind, hängt von der Zuweisung der jeweiligen Fähigkeiten ab. So ist die Fähigkeit *mod/hvp:addinstance* (Neue H5P-Aktivität hinzufügen) beispielsweise die Voraussetzung, um die H5P-Aktivität überhaupt in der Auswahlliste sehen zu können.

Die einzelnen Nutzerinnen und Nutzer in der Moodle-Plattform bekommen ihre Rollen jeweils in den Kursen zugewiesen. So ist sichergestellt, dass ein Lernender, der – zur Gestaltung eines Vortrags in einem Kurs eine Teacher-Rolle zugewiesen bekommt – diese auch nur innerhalb des betreffenden Kurses innehat und mit den entsprechenden Fähigkeiten im Kurs agieren kann. Für H5P-Projekte sollten deswegen eigene Kurse sowie die erforderlichen Rollen von der Moodle-Administration angelegt werden.

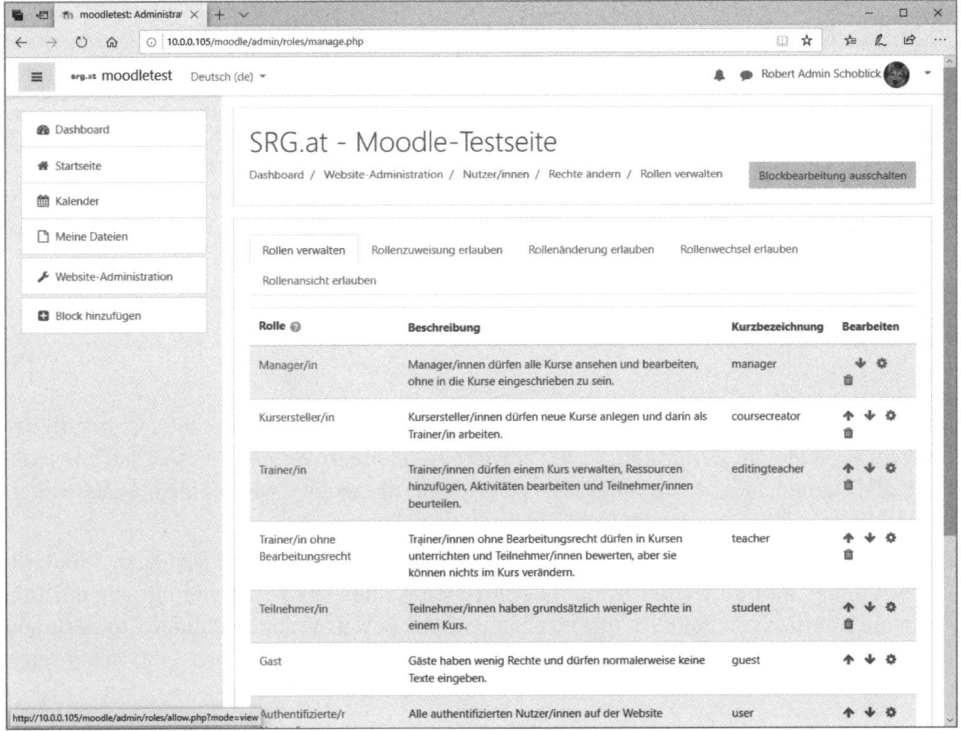

Bild 3.48 Um die Rolle Trainerin/Trainer anzupassen, werden die entsprechenden Einstellungen über das *Zahnrad-Symbol* in der Rubrik *Bearbeiten* erreicht.

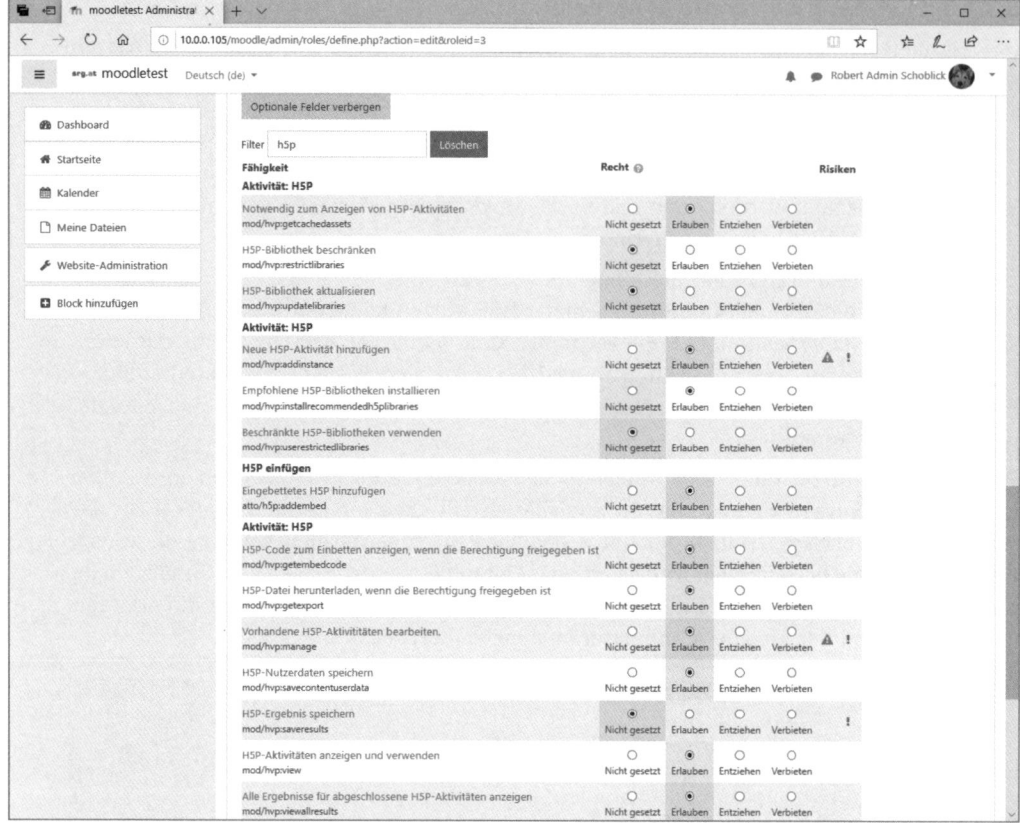

Bild 3.49 Die Rechte („Fähigkeiten") zur Bereitstellung und Bearbeitung von H5P-Inhalten müssen von der Moodle-Administration freigegeben werden.

■ 3.3 Bewertungen in Moodle

Reine Moodle-Aktivitäten können automatische Bewertungen erstellen, die letztlich in der Bewertungsübersicht der jeweiligen Lernenden protokolliert werden. Dies ist auch bei vielen H5P-Inhalten möglich, wenngleich lediglich für fragende Typen sinnvoll. Die Bewertungsübersicht ist in den Profilen der Lernenden zu finden.

Das Profil kann über jede Seite im Moodle-System erreicht werden. Im gezeigten Standard-Design[3] findet man im oberen rechten Bereich den Namen des Benutzers mit einem Dropdown-Menü. Hier ist bereits ein direkter Link auf die Bewertungen zu finden. Trainerinnen und Trainer können die Bewertungen der einzelnen Students über den Link *Bewertungsübersicht* im Abschnitt *Berichte* direkt in den jeweiligen Profilen finden.

---

[3] Für Moodle sind eine Vielzahl von Designs verfügbar. Somit kommen andere Moodle-Plattformen möglicherweise in einem vollkommen anderen Erscheinungsbild daher.

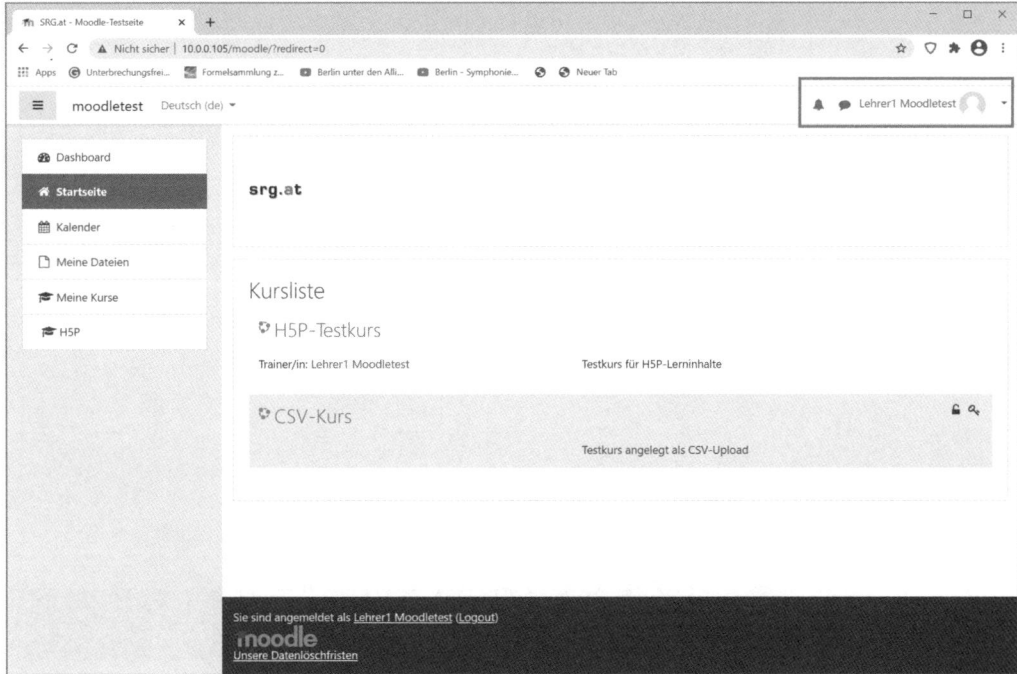

Bild 3.50 Die Bewertungen findet jeder Lernende in seinem eigenen Profil.

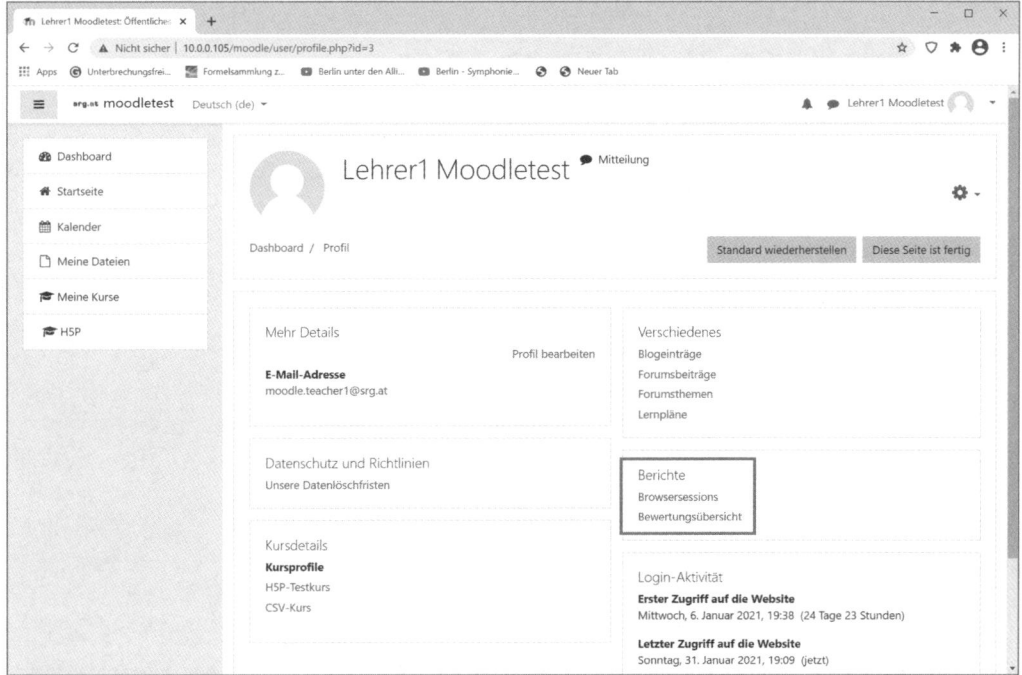

Bild 3.51 Lehrende können in den Profilen ihrer Lernenden einen Blick in deren Leistungsstand werfen.

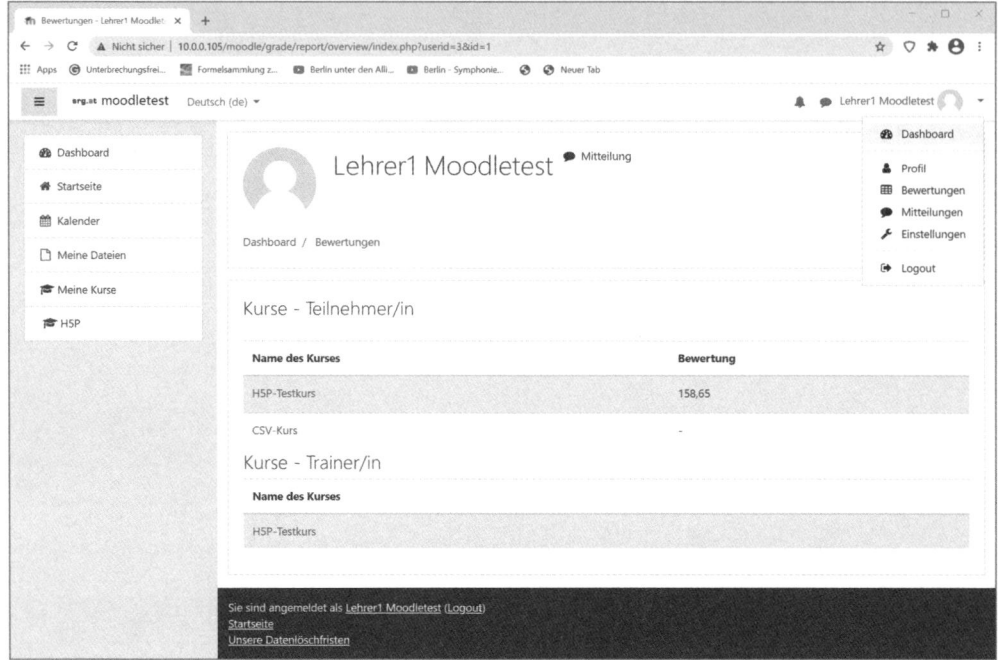

Bild 3.52 Zu jedem Kurs werden die erzielten Bewertungen separat protokolliert.

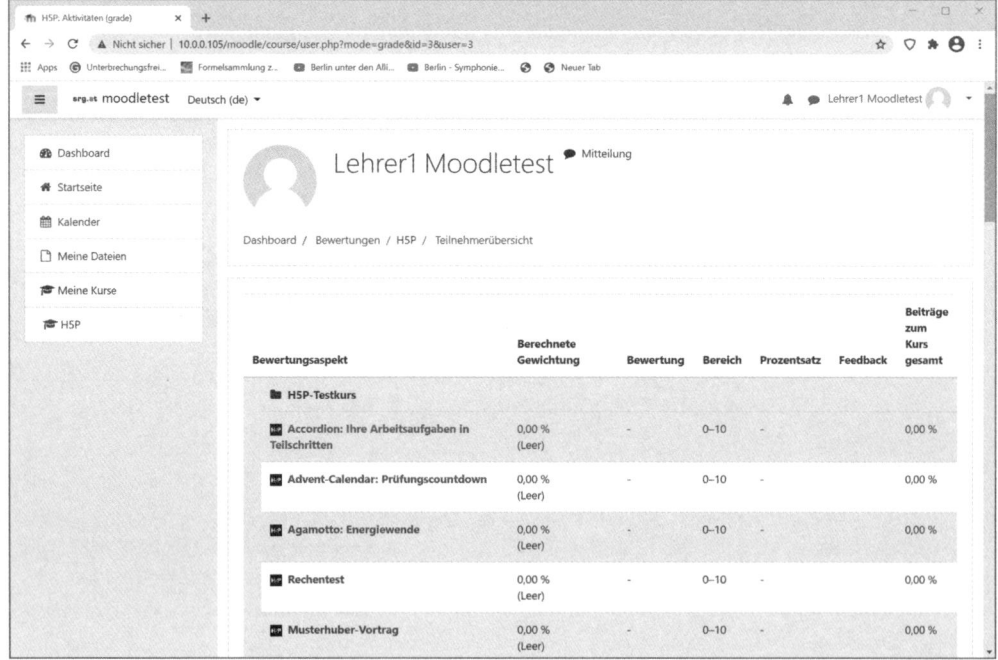

Bild 3.53 Nicht jeder H5P-Inhalt liefert eine Bewertung, obwohl die Übung in der Übersicht erfasst wird.

Bild 3.54 Werden in einem H5P-Inhalt Aufgaben gelöst und dafür zählbare Punkte vergeben, können diese in der Bewertungsübersicht erfasst und aufgelistet werden.

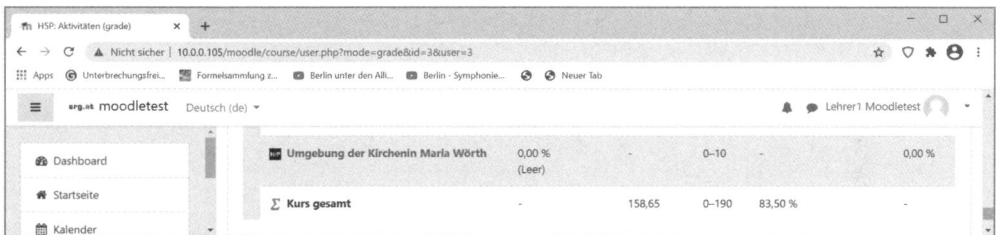

Bild 3.55 Für jeden Kurs errechnet Moodle in der Bewertungsübersicht eine Gesamt-Punktzahl.

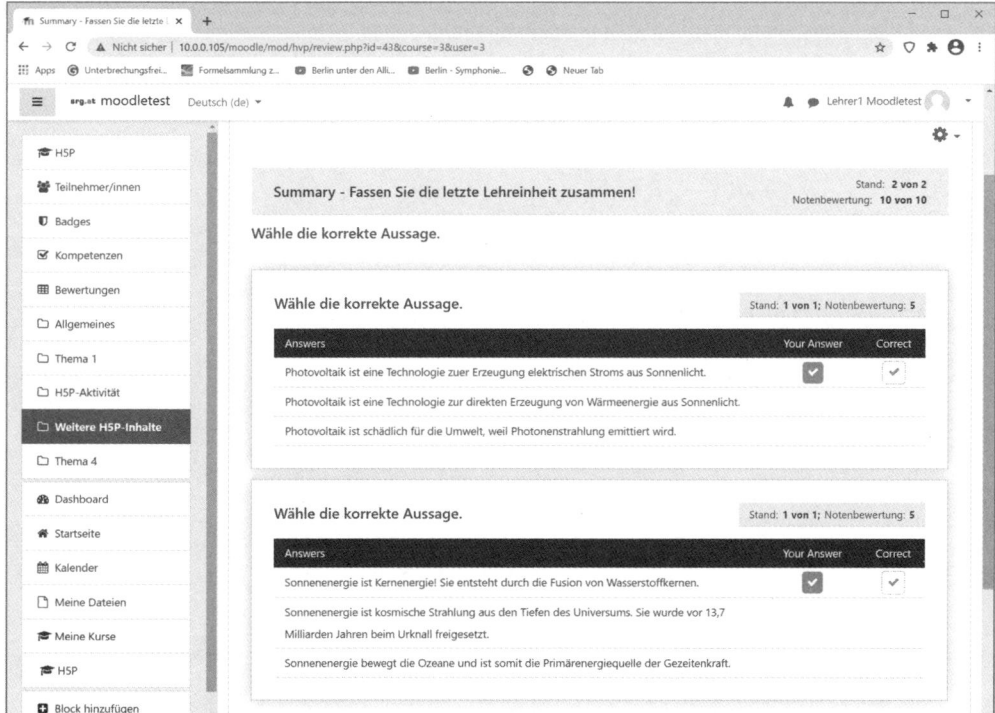

Bild 3.56 Über die Bewertungsübersicht können alle Ergebnisse der einzelnen Aktivitäten im Detail betrachtet und überprüft werden.

4 H5P-Inhaltstypen

Die vielseitigen Inhaltstypen sind es, welche die große Beliebtheit von H5P in der Gestaltung von E-Learning- und Blended-Learning-Szenarien begründen. In der recht kurzen Entwicklungsgeschichte haben sich mittlerweile mehr als 40 Inhaltstypen etabliert. Diese sollen im Folgenden vorgestellt werden. Die H5P-Inhaltstypen werden in diesem Werk am Beispiel des Lernmanagementsystems Moodle vorgestellt. Abgesehen von der spezifischen Navigation innerhalb von Moodle sind die in diesem Kapitel beschriebenen Details auch auf alle anderen Plattformen (WordPress, Drupal) anwendbar.

 H5P-Aktivität in Moodle

Um die *Aktivität* H5P in Moodle nutzen zu können, müssen durch die Administration ein zusätzliches Plugin *Interactive Content* installiert und den jeweiligen Rollen die entsprechenden Nutzungsrechte (in Moodle: Fähigkeiten) zugewiesen werden. Dies wurde im vorangegangenen Kapitel beschrieben.

Um die Inhaltstypen in einem Moodle-Kurs nutzen zu können, wird eine Kursaktivität H5P eingefügt. Die Wahl des jeweiligen Inhaltstyps erfolgt innerhalb der Kursdefinition. Zusätzlich werden die in Moodle üblichen Einstellungen vorgenommen. Das sind zum Beispiel:

- die Verfassung einer Beschreibung,
- Vorgaben zur Teilnahmevoraussetzung,
- Erwerb der mit dem Kursabschluss verbundenen Kompetenzen,
- Bewertungen,
- Tags (Schlagworte),
- Kursabschluss und
- weitere Einstellungen.

Die Grundeinstellungen in Moodle sind von der Handhabung her bei allen Inhaltstypen vergleichbar. Unterschiede gibt es lediglich in der Konfiguration der Inhalte und der Steuerungs- sowie Feedbackeinstellungen bei der Einrichtung der Inhalte. Dies begründet sich mit deren Vielfältigkeit. So können einfache Trainingsinhalte zur Selbstkontrolle erstellt werden, aber auch aufwendigere Inhalte wie zum Beispiel interaktive Videos. Den Anforderungen entsprechend, gestalten sich die Einstellungsdialoge mehr oder weniger umfangreich. Grundsätzlich gilt jedoch bei H5P, dass die Inhalte recht einfach zu gestalten und sofort zu testen sind.

Moodle und H5P

Bei der Konfiguration eines H5P-Inhalts im Lernmanagementsystem Moodle muss beachtet werden, dass Einstellungen sowohl für den Inhaltstyp selbst als auch für die Aktivität innerhalb des Moodle-Systems erforderlich sind. Letztere orientieren sich an den gängigen Verfahren, wie sie auch bei anderen Aktivitäten üblich sind. Das Kapitel setzt Kenntnisse zur jeweiligen Plattform voraus, auf der H5P-Inhalte angeboten werden, und fokussiert ausschließlich auf die Konfiguration der Inhaltstypen.

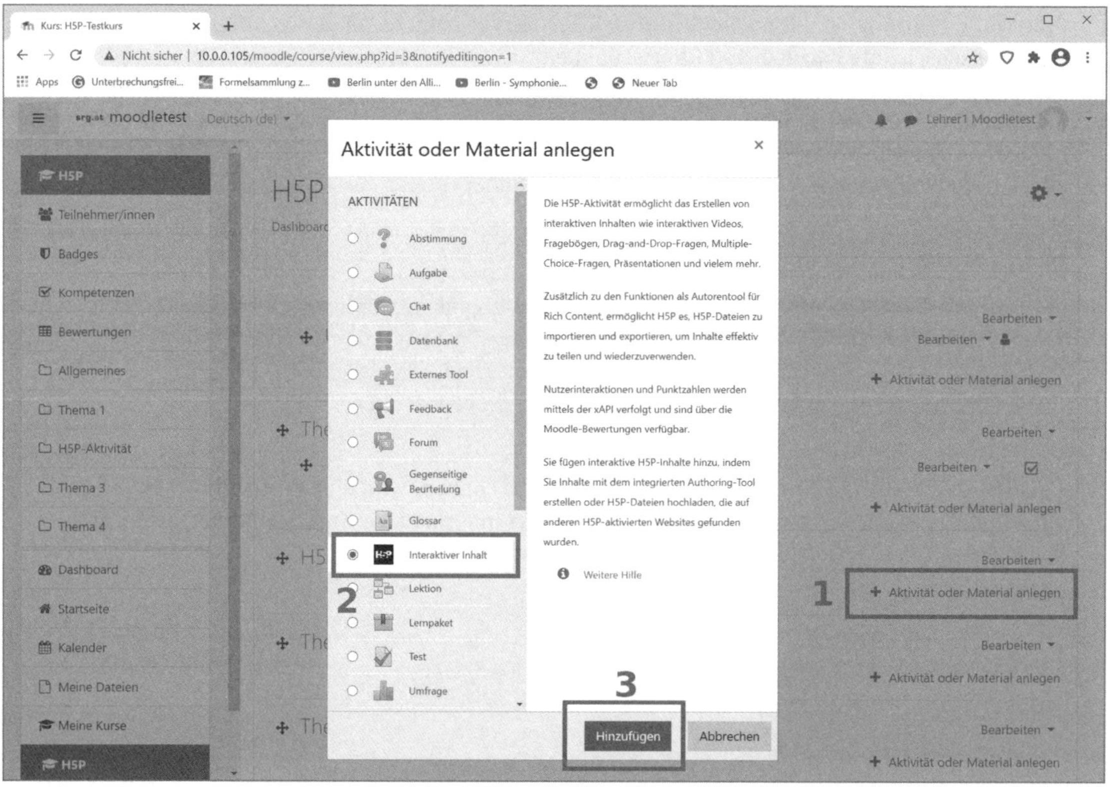

Bild 4.1 Trainerinnen und Trainer mit der Berechtigung zum Einsatz von H5P-Aktivitäten eröffnen die Gestaltung im Moodle-System genauso wie bei der Anlage einer beliebigen anderen Kursaktivität.

Bei der Auswahl der Aktivität H5P wird noch nicht festgelegt, welcher Inhaltstyp verwendet werden soll. H5P ist insgesamt eine Aktivität auf der Grundlage von HTML5 und JavaScript. Die eigentliche Auswahl des Inhaltstyps, dessen Konfiguration und die Gestaltung der Lehrinhalte wird innerhalb des H5P-Editors durchgeführt. Dieser erscheint grundsätzlich in einem eigenen – in das Moodle-System eingebetteten – Fenster.

Die Auswahl des Inhaltstyps ist grundsätzlich der erste Schritt. Den Lehrenden wird jedoch zu jedem Inhaltstyp eine kleine Erklärung sowie eine Verlinkung auf einen fertigen Testinhalt angeboten. Dies ist besonders für Lehrende vorteilhaft, die H5P noch nicht oft eingesetzt haben oder auch neue Inhaltstypen ausprobieren wollen.

Es gibt verschiedene Arten von Inhaltstypen. Auf der einen Seite können rein informierende Inhalte generiert werden, die durch Interaktionen und Animationen die Vermittlung des Stoffs interessanter gestalten. Andere Inhaltstypen sind unterstützend. So können Texte über ein Computermikrofon in eine Audiodatei aufgenommen werden. Zu den überzeugenden Möglichkeiten von H5P gehören vor allem – neben der Interaktivität – die multimedialen Inhaltselemente. In den meisten Inhaltstypen lassen sich neben Texten und Bildern auch Audio- und Videodateien verwenden.

Da es mittlerweile mehr als 40 Inhaltstypen (Stand: Anfang 2021) gibt, kann es schwer sein, die Übersicht innerhalb des Editorfensters zu bewahren. Für die Auswahl steht deswegen eine Sortierfunktion zur Verfügung. Die Suchergebnisse können in verschiedenen Formen dargestellt werden. Viele Lehrende verwenden nur eine kleine Auswahl von Inhaltstypen. Es bietet sich deswegen an, die zuletzt verwendeten Inhaltstypen ganz vorne in der Liste anzuzeigen. Wer neue Inhalte kennenlernen möchte, kann diese gezielt an eine prominente Stelle der Liste anordnen lassen. Allgemein ist die alphabetische Suche meist besonders zielführend. Diese bietet sich an, wenn – beispielsweise auf *H5P.org* – ein Inhaltstyp entdeckt wurde. Dieser lässt sich dann anhand der alphabetischen Schreibweise am schnellsten in der Liste finden. Fehlende Inhaltstypen können über die Moodle-Administration eingerichtet werden.

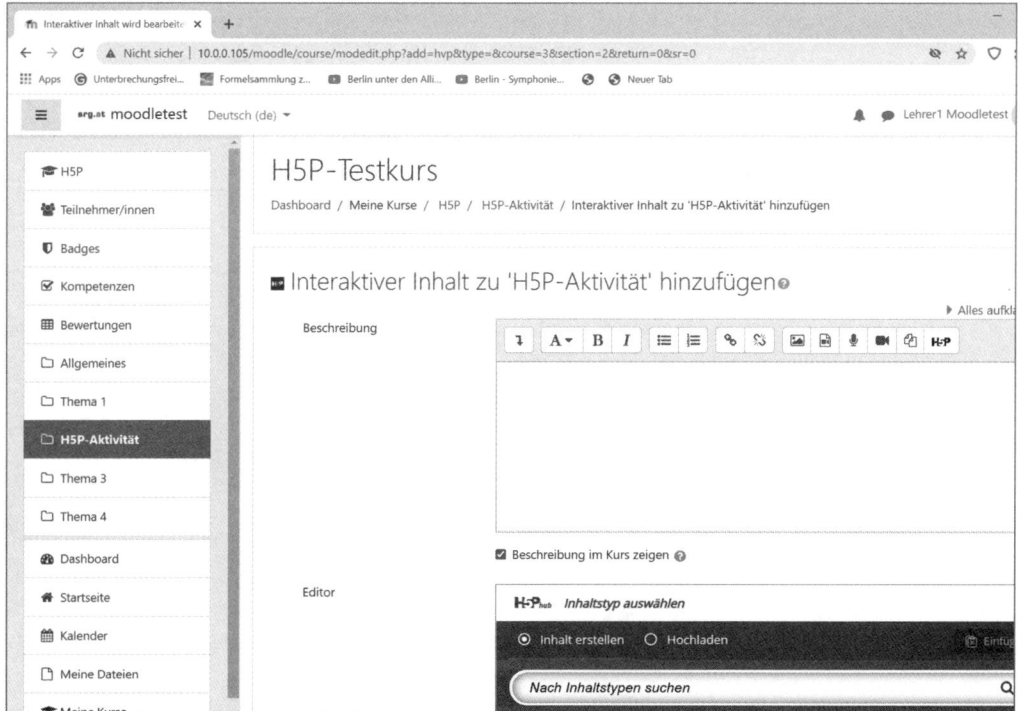

Bild 4.2 Auch bei einer H5P-Lektion sollte eine kurze Beschreibung der Aktivität in die Übersicht des Moodle-Kurses eingefügt werden.

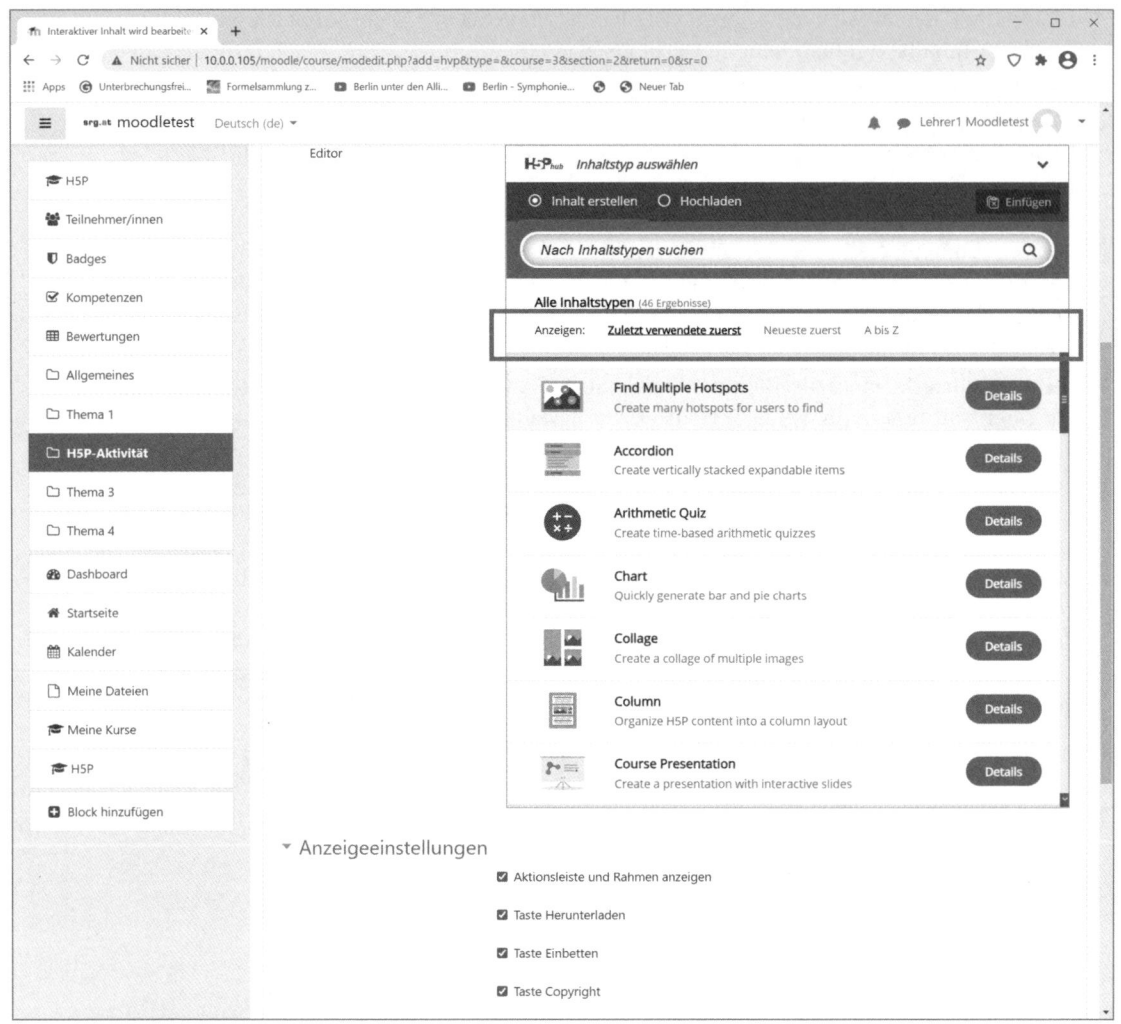

Bild 4.3 Die Auswahl zeigt alle freigegebenen und installierten H5P-Inhaltstypen. Es kann abhängig von der Rolle im System auch eine geringere Anzahl von Inhalten gelistet sein. Hierzu ist der Moodle-Administrator anzusprechen, der die fehlenden Inhaltstypen einrichten kann.

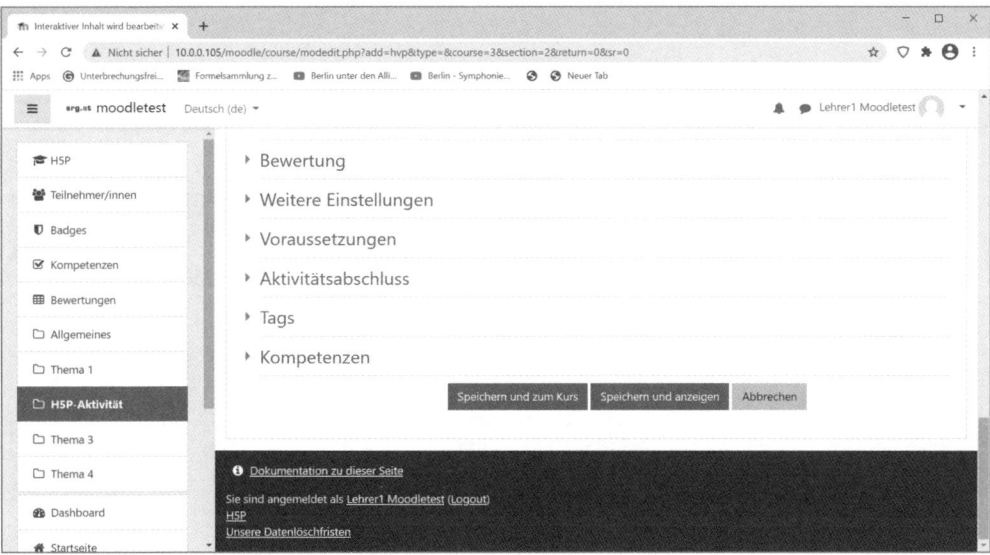

Bild 4.4 Die üblichen Moodle-Einstellungen sind auch bei H5P-Aktivitäten nach Bedarf und entsprechend den Anforderungen an die Lehrveranstaltung vorzunehmen.

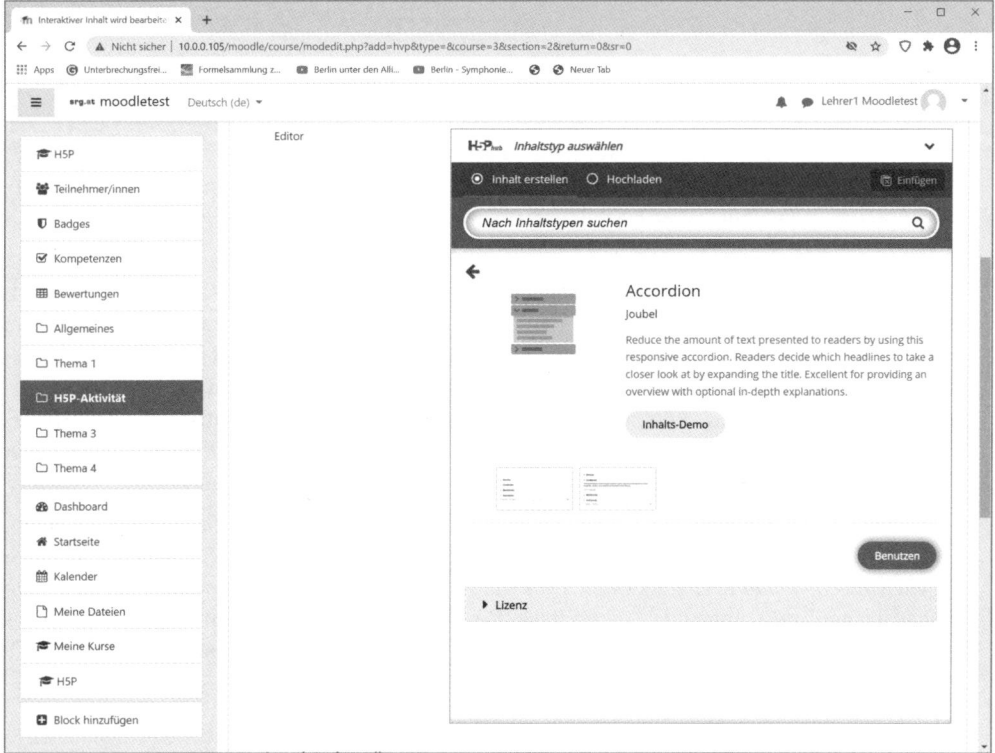

Bild 4.5 Jeder Inhaltstyp wird zunächst einmal beschrieben. Lehrende können sich so auch bei neuen Inhaltstypen zunächst allgemein informieren, ob diese überhaupt für die aktuelle Lehrveranstaltung geeignet sind. Über die Inhalts-Demo können praktische Beispiele auf der Webseite von *H5P.org* ausprobiert werden.

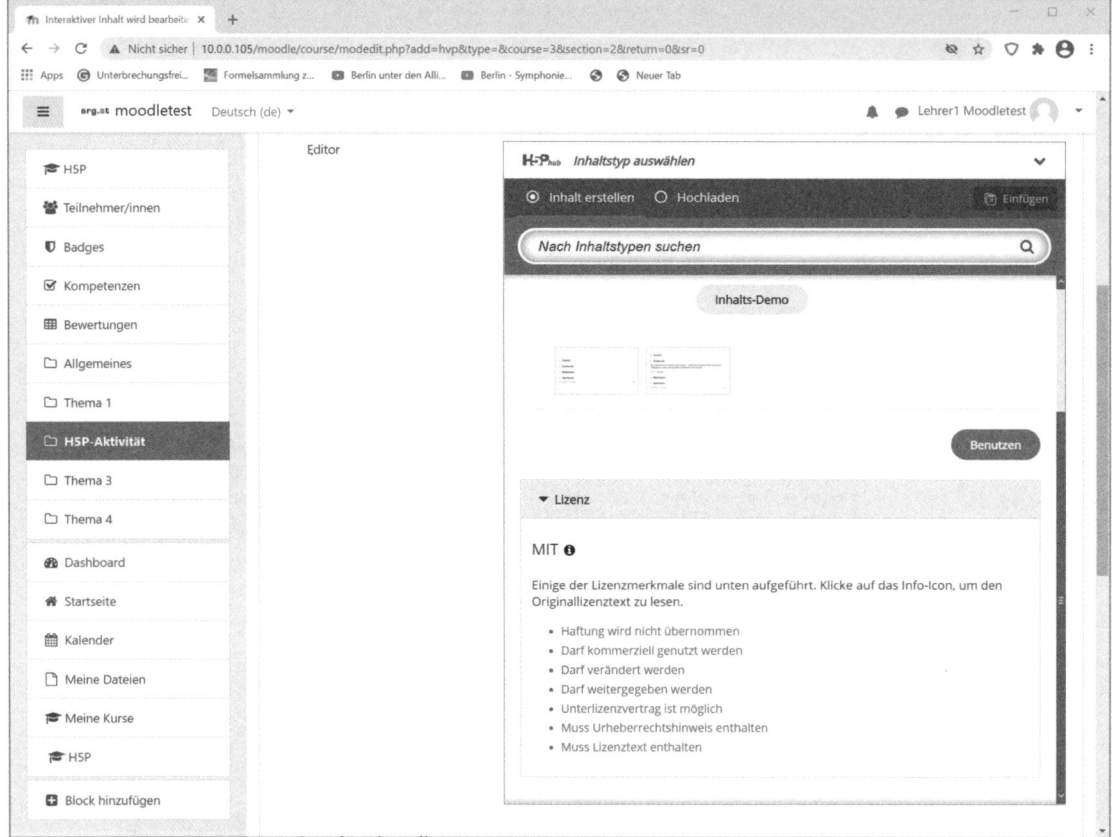

Bild 4.6 H5P untersteht der sogenannten MIT-Lizenz.

Die Nutzung von H5P unterliegt der sogenannten MIT-Lizenz.[1] Sie ist nach einer amerikanischen Universität benannt, die selbst zu einer der Wurzeln des Internet gehört. Diese Lizenz leitet sich aus der Open-Source-Philosophie ab, die das gemeinsame Entwickeln in der Community fördert, was die Erlaubnis zur Veränderung mit einschließt und die kostenlose Verbreitung berücksichtigt. Es sind sogar kommerzielle Einsätze und entsprechende Unterlizensierungen möglich. Auf jedem Fall müssen sowohl Lizenzbedingungen als auch Urheberrechtshinweise enthalten sein.

Die eigene Urheberschaft und die individuell aus dieser Rolle erteilten Lizenzbedingungen, unter denen der erstellte Inhalt genutzt und verbreitet werden darf, wird in allen Inhaltstypen in den *Metadaten* festgelegt. Diese Einstellungen werden über die gleichlautende Schaltfläche direkt über der Eingabezeile für den Titel des Inhalts aufgerufen. Die möglichen Lizenzen können mithilfe eines Dropdown-Menüs gewählt werden.

---

[1] MIT ist das Massachusetts Institute of Technology, eine Universität in den USA, die maßgeblich an der Entwicklung des Internets beteiligt war. Bei der MIT-Lizenz handelt es sich um eine im Jahr 1988 veröffentlichte Lizenz zur freien Bearbeitung, Verbreitung und Nutzung von Software mit offenen Quellcodes (Open-Source).

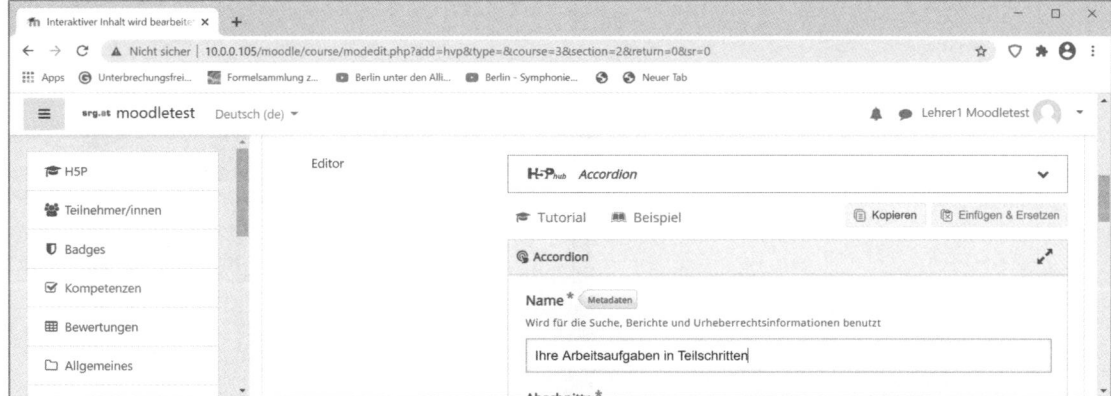

Bild 4.7 Beim Namensfeld gibt es eine Schaltfläche *Metadaten*. Über diese kann man den eigenen Namen als Autor sowie die Lizenzbedingungen für die Nutzung des Inhalts festlegen.

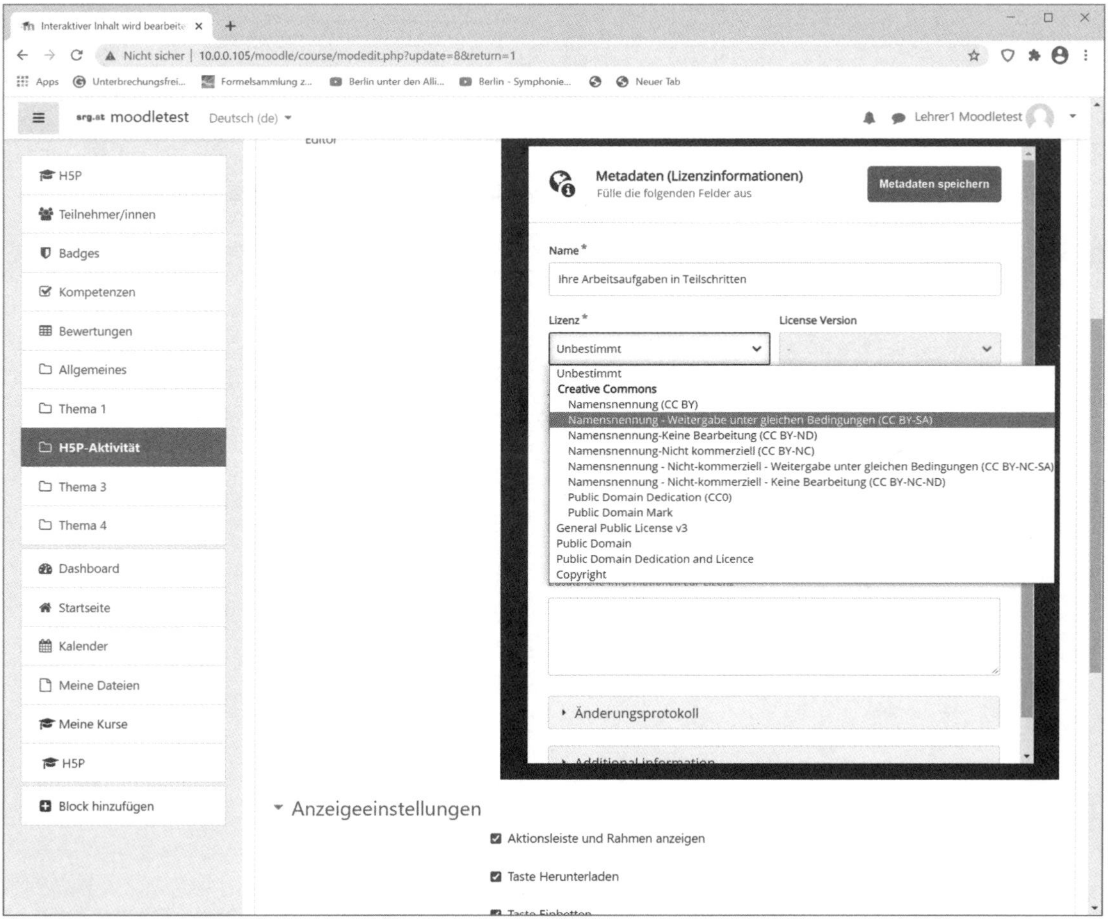

Bild 4.8 Die Lizenzbedingungen werden mithilfe eines Dropdown-Menüs gewählt.

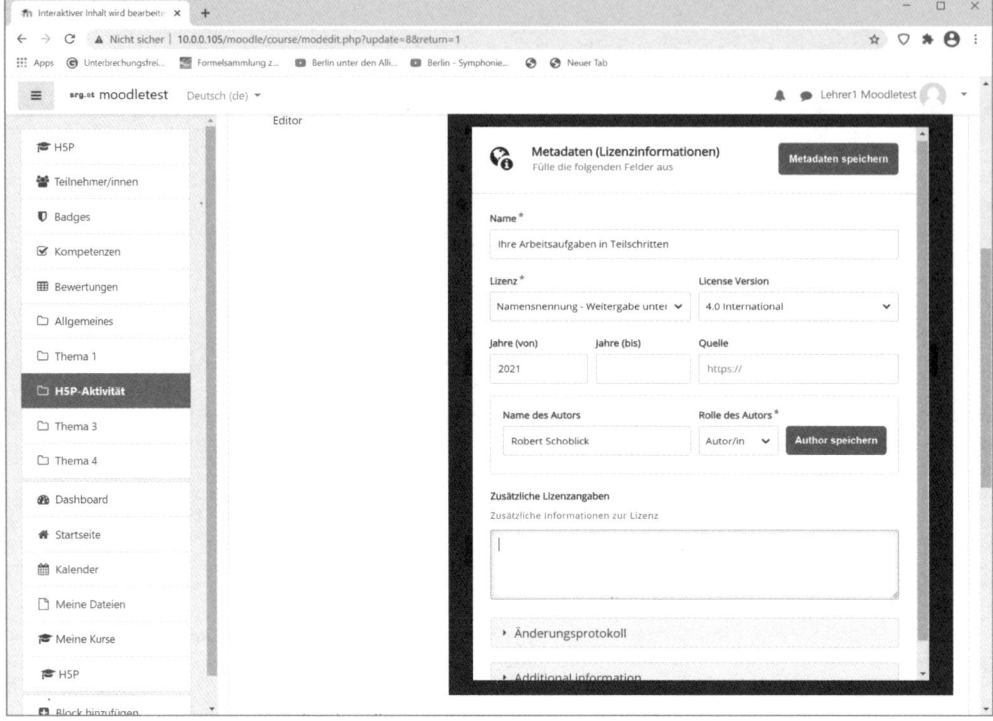

Bild 4.9 Neben dem Namen der Autorin bzw. des Autors können zusätzliche Informationen zur vergebenen Lizenz eingetragen werden. Auch lassen sich hier Veränderungen am Inhalt dokumentieren.

Inhalte werden oft überarbeitet und ergänzt. Es ist dann für alle Beteiligten gut, wenn diese Änderungen nachvollziehbar protokolliert werden. Ein solches Protokoll erfordert keine eigene Applikation. Die Notizen können direkt in den Metadaten des Inhalts vermerkt werden. Dabei handelt es sich um

- das Datum der Änderung,
- den Namen der ändernden Person,
- eine kurze Beschreibung der Veränderung bzw. Ergänzung.

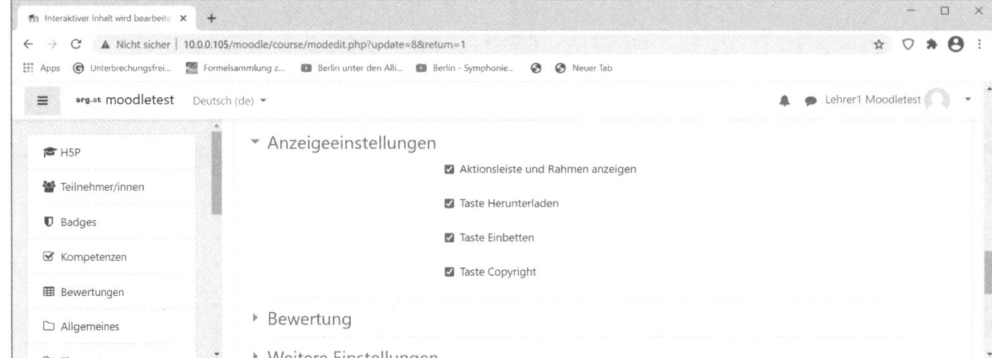

Bild 4.10 Ob Inhalte heruntergeladen oder verlinkt werden können, hängt maßgeblich von der Verfügbarkeit der entsprechenden Schaltflächen ab.

■ 4.1 Accordion

Grundsätzlich ist Motivation eine entscheidende Voraussetzung für positiven Lernerfolg. Dies gilt insbesondere für digitales Lernen, wo Lernende oft mit sich und der „Maschine" alleine sind. Nicht immer lassen sich Informationen in kurzen und knappen Texten erschöpfend darstellen. Die Konsequenz ist ein langer, nahezu unüberschaubarer Text. Kommen bei den Lernenden möglicherweise noch legasthene Störungen hinzu, werden lange Texte zu unüberwindbaren Hindernissen.

Der Inhaltstyp *Accordion* reduziert lange Inhalte auf einzelne Abschnitte. Lediglich die Überschriften sind sichtbar. Aufgeklappt und angezeigt wird nur der von den Lernenden selektierte Textabschnitt. Die Lernenden konsumieren so nur überschaubare und kognitiv leicht verarbeitbare Informationen, was Überforderungen entgegenwirkt.

Es können beliebig viele Texte in das Accordion eingetragen werden. Es empfiehlt sich, die Texte möglichst kurz zu halten. Ist das aus einem besonderen Grund nicht möglich, sieht der Editor auch eine Schaltfläche vor, mit deren Hilfe eine waagrechte Linie erzeugt und der Text somit aufgelockert werden kann. Das Accordion unterstützt auch die Lektüre eines Texts, wenn es zu häufigen Störungen kommt. In diesen – lerntechnisch ungünstigen – Situationen kann man seine Aufmerksamkeit auf sehr kleine Lerneinheiten fokussieren.

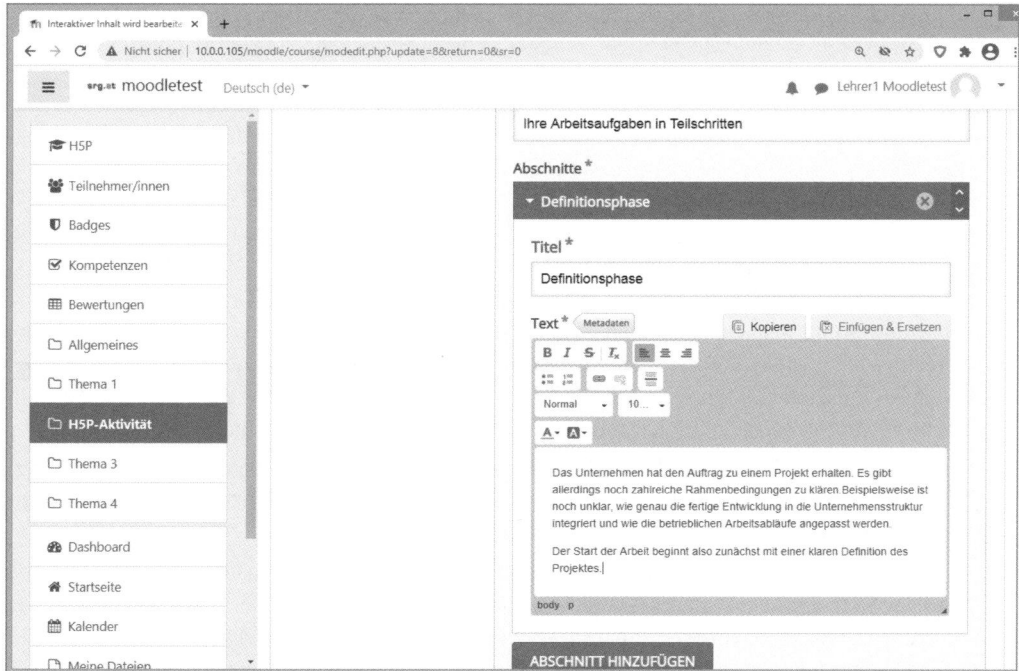

Bild 4.11 Jeder Abschnitt wird mit einer Titelzeile und einem Textinhalt definiert. Dabei können jedem einzelnen Teilinhalt eigene Metadaten zugewiesen werden.

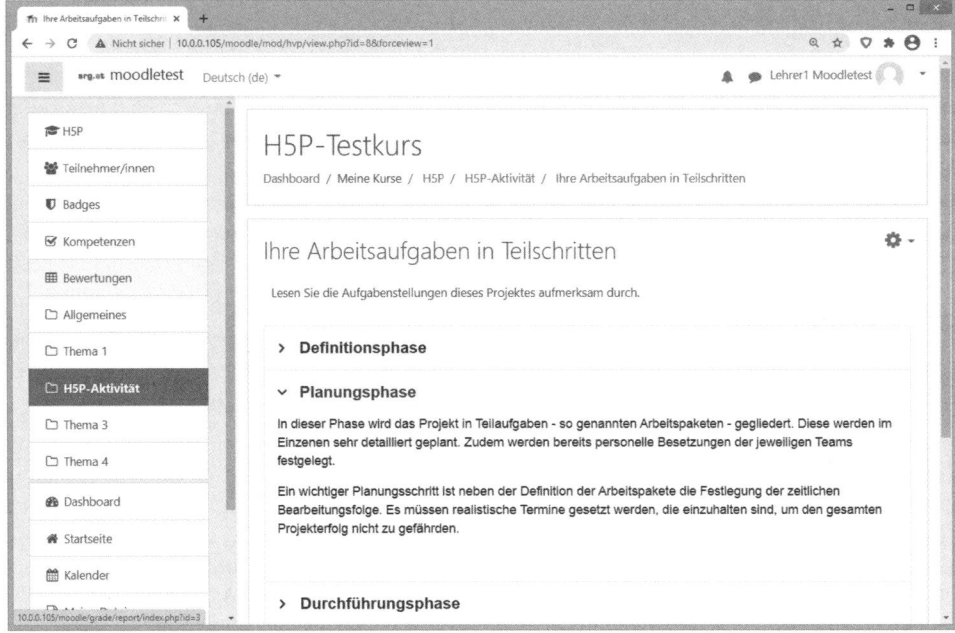

Bild 4.12 Die einzelnen Textabschnitte der Lektion können bei Bedarf eingeblendet werden. Damit wird der Text insgesamt leichter lesbar, was vor allem auf einem Monitor für viele Nutzerinnen und Nutzer als großer Vorteil angesehen wird.

4.2 Advent Calendar

Ein freier Adventskalender ist ein netter Inhaltstyp mit 24 Türchen. Das Design des Kalenderbilds kann frei gewählt werden. Hinter den Türchen können multimediale Informationen (Text, Grafik, Audio, Video, Verlinkungen) abgelegt werden. Mit diesem Werkzeug können kleine Tagesziele gesetzt oder täglich neue Hinweise bei der Lösung einer komplexen Aufgabe vermittelt werden, die Lernende bei ihren Recherchen unterstützen.

Der Inhaltstyp *Advent Calendar* kann auch außerhalb der Weihnachtszeit sinnvoll eingesetzt werden. Beispielsweise kann ein Aufgaben-Countdown vor Prüfungstermine definiert werden, wobei an jedem Tag eine Übungsaufgabe gestellt wird.

Die Einrichtung eines solchen Kalenders ist sehr aufwendig und erfordert viel Kreativität auf der Seite der Lehrkraft. Es ist die Abwechslung der Inhalte und der Inhaltstypen, die den Advent Calendar so interessant und als Lehrmittel spannend macht. Hinter jedem „Türchen" können folgende Inhalte platziert werden:

- Text,
- Bilder,
- Audio-Dateien und
- Video.

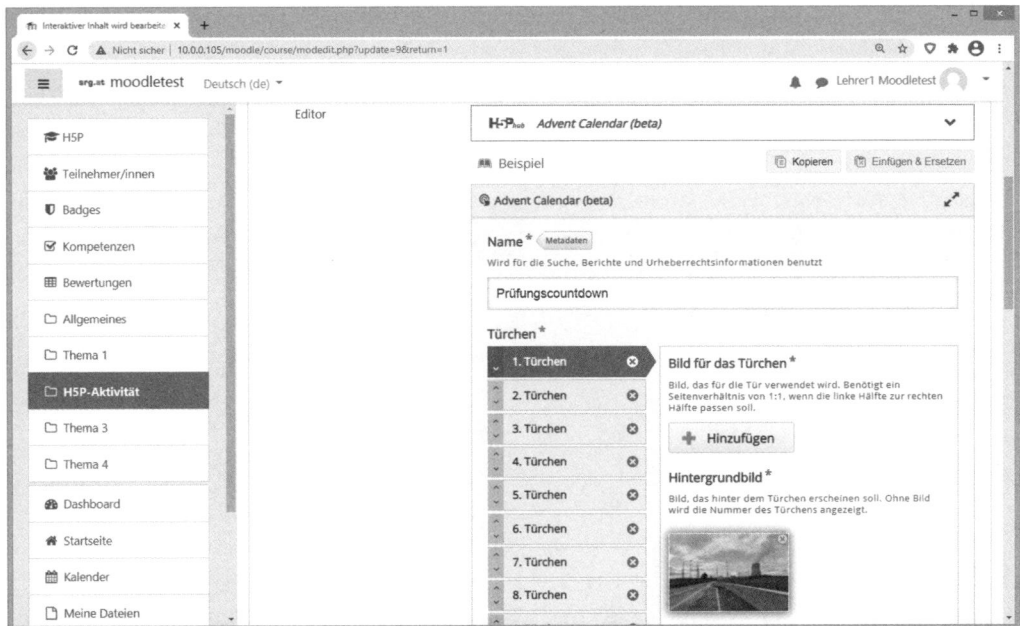

Bild 4.13 Für jedes einzelne „Türchen" wird eine eigene Lektion entwickelt, sodass es jeden Tag eine neue Aufgabe gibt.

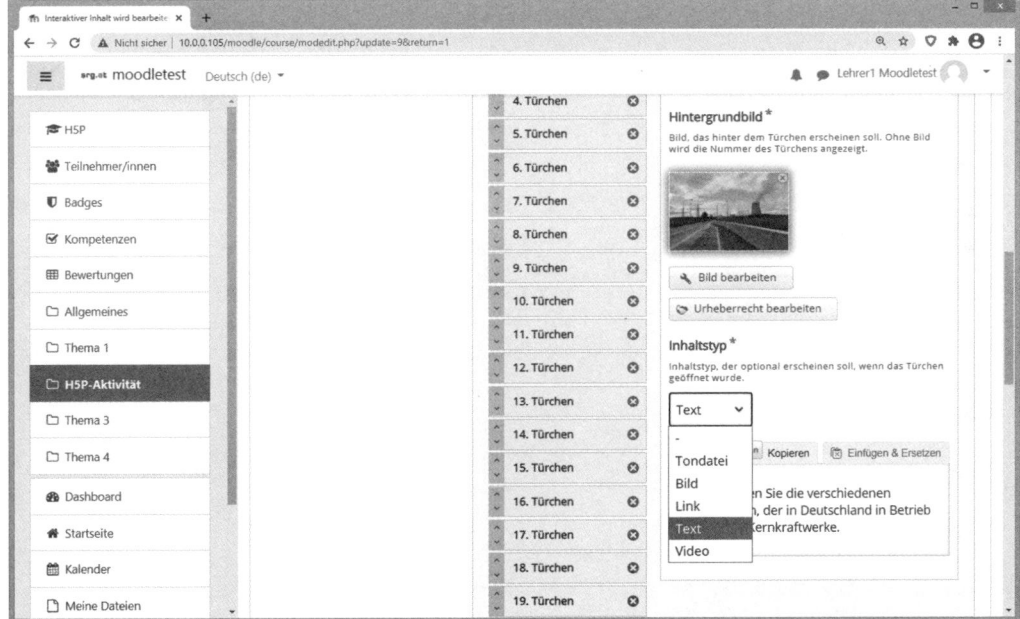

Bild 4.14 Es können sehr abwechslungsreiche Inhalte entwickelt werden: Neben reinen Texten und Bildern können auch „Listenings" im Sprachtraining und ganze Videos angeboten werden.

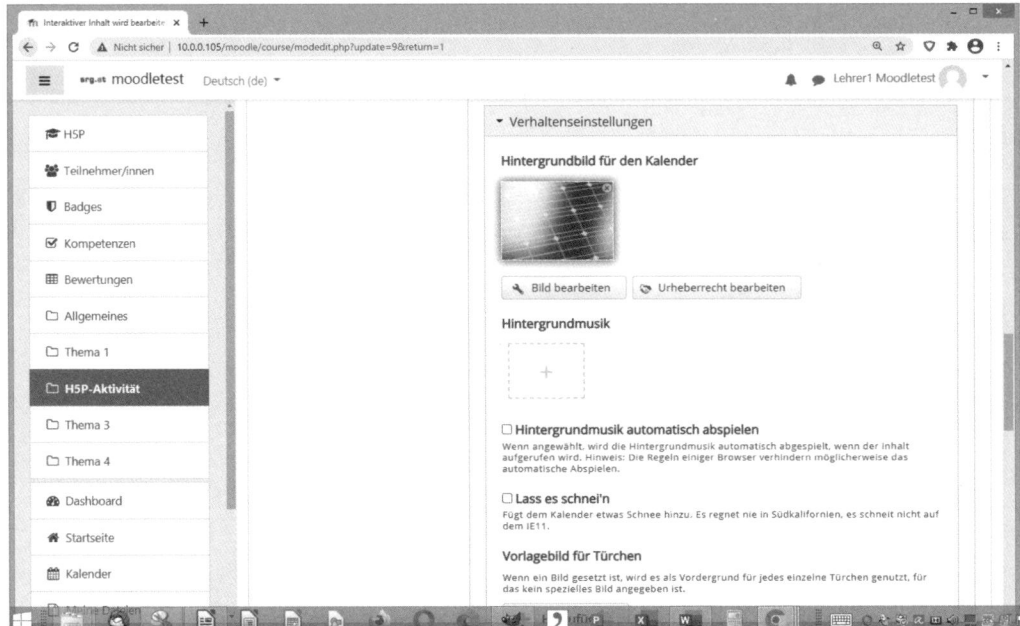

Bild 4.15 Ein bisschen „Spielerei" darf auch sein. Virtuelle Schneeflocken passen zu Weihnachten. Vielleicht wird auch ein Weihnachtslied als Hintergrundmusik angeboten. Dies alles ist optional, sodass der Kalender auch zu anderen Zeiten sinnvoll konfiguriert werden kann.

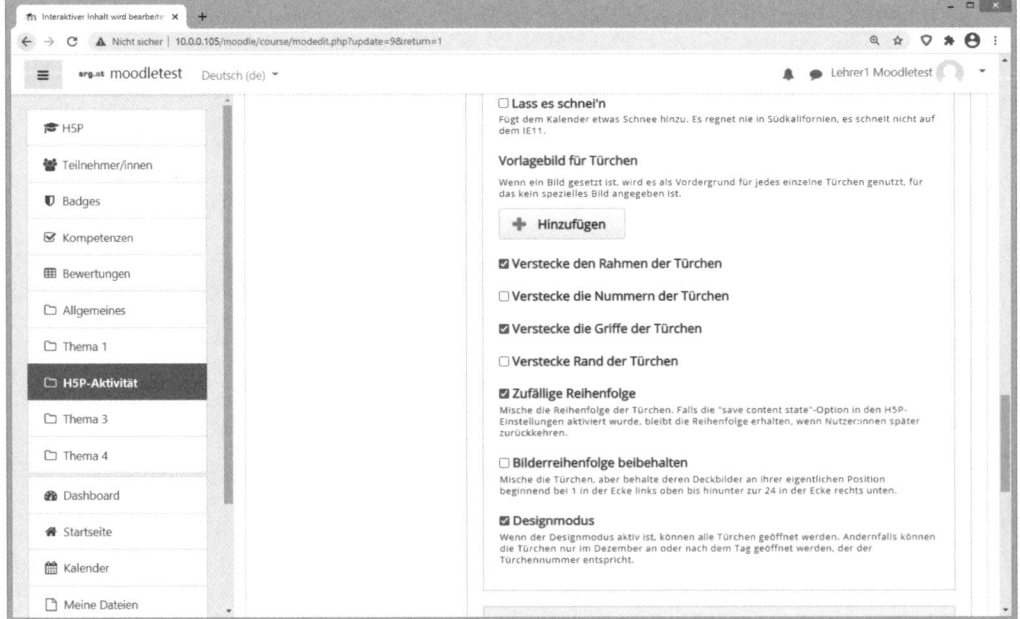

Bild 4.16 Die Gestaltung und Anordnung der Türchen ist sehr flexibel. Zu einem ordentlichen Adventskalender gehört aber eine zufällige Anordnung der Türchen.

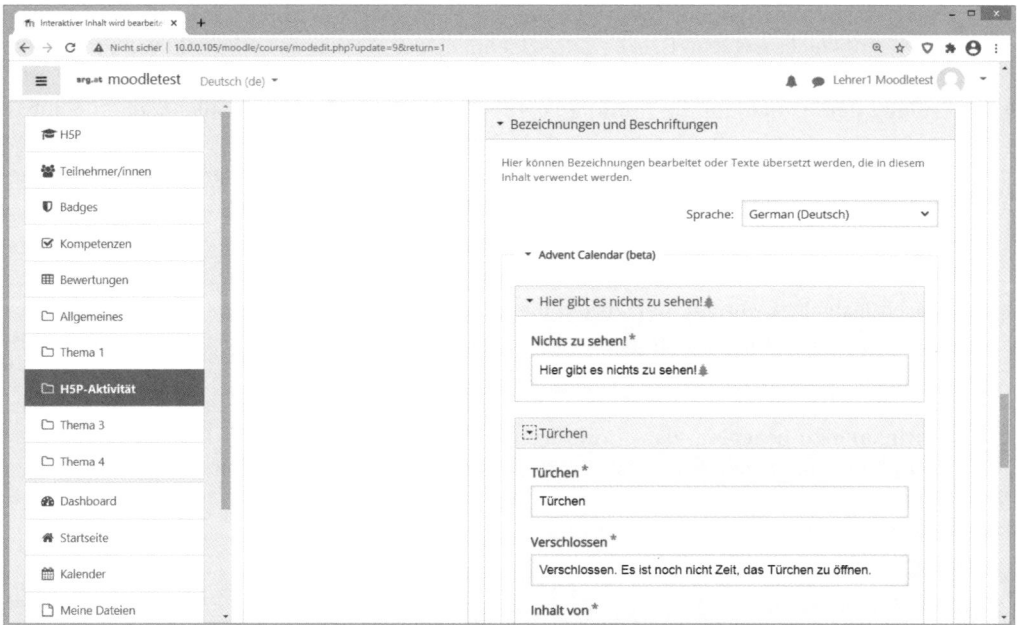

Bild 4.17 Die Reaktionen des Inhaltstyps auf verschiedene Ereignisse wie den Versuch, eine noch nicht freigegebene Tür zu öffnen, können individuell festgelegt werden.

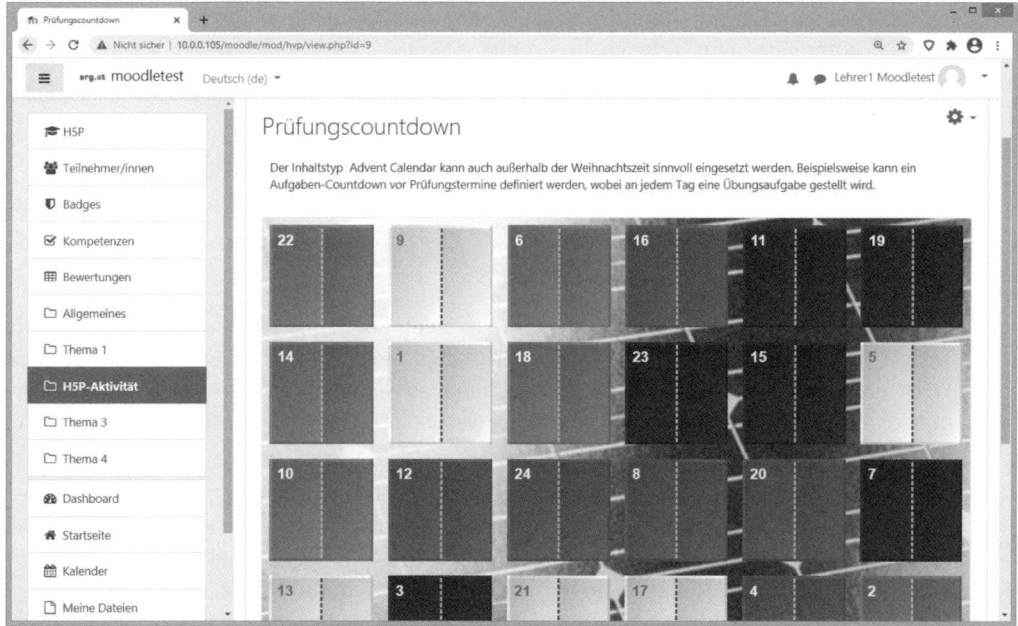

Bild 4.18 Natürlich geht es schöner! Dem Kalender kann ein eigenes Vordergrundbild zugeteilt und die Erscheinung der Türchen angepasst werden.

Es ist natürlich nicht immer Weihnachten. Trotzdem ist dieser Inhaltstypus auch in anderen Zeiten sinnvoll einsetzbar. Großes Potenzial hat dieses Werkzeug im Vorfeld von Prüfungen. Erfahrungsgemäß beginnen viele Lernende erst wenige Tage vor einer Klassenarbeit oder Prüfung damit, sich auf die Prüfung vorzubereiten. Das Ergebnis ist nicht selten mangelhaft! Auch Lernende, die eine Prüfung bestehen, zeigen damit nicht unbedingt, dass sie den Stoff auch tatsächlich beherrschen. Sie lernen chaotisch und ausschließlich im Kurzzeitgedächtnis für das Prüfungsereignis.

Der Advent Calendar kann – höchst unfestlich – eine wertvolle Lernhilfe sein. Dabei müssen nicht zwingend alle 24 Türchen belegt werden. Es können auch kürzere Vorbereitungsphasen festgelegt werden. Der Vorteil dieser Methode ist ein geführtes Lernen. Es werden nicht nur die Lernthemen mitgeteilt, sondern auch interaktive Aufgaben angeboten, welche den Lernenden ihre individuellen Schwachstellen aufzeigen. Auf diese Weise können sich die Lernenden gezielt auf eine Prüfung vorbereiten. Wichtig ist es, bei der Gestaltung dieser Lehrinhalte zu beachten, dass Prüfungen meist alle innerhalb eines kleinen Zeitfensters stattfinden. Deswegen muss sichergestellt werden, dass die Lehrkräfte nicht überfordert werden.

 Einsetzbar in Prüfungsvorbereitungen

Vor jeder Prüfung kommt von Seiten der Lernenden die schon fast „klassische" Frage: „Was wird in der Prüfung gefragt?" – Mit dem Inhaltstyp „Advent Calendar" kann man auch außerhalb der Vorweihnachtszeit sinnvoll arbeiten und gezielte Übungsaufgaben formulieren, mit denen der gelernte Stoff wiederholt wird. Die Lernenden haben so einen roten Faden für ihre eigene Prüfungsvorbereitung und vertiefen ihr eigenes Wissen.

◼ 4.3 Agamotto

Die Überlagerung verschiedener Bilder auf einzelnen Ebenen, ergänzt mit beschreibendem Text, wird zu einer Präsentation. Die Bilder fließen ineinander über. Es entsteht auf diese Weise ein animierter Effekt. Die Teilbilder können so gestaltet werden, dass sie jeweils Betonungen eines Teilthemas zeigen. Die Bilder wechseln und die Gesamtkomposition erzählt dazu die passende Geschichte.

So können mit *Agamotto* chronologische Entwicklungen anhand der gezeigten Bilder verdeutlicht werden. Beispiele hierfür sind Illustrationen des Gletscherrückgangs in den Alpen über die Jahre. Auch die Entwicklungsgeschichte von Dörfern und Städten lässt sich sehr gut veranschaulichen. Die Lernenden haben jeweils selbst die Möglichkeit, mithilfe eines Schiebereglers in die Präsentation einzugreifen und bei Bedarf die Ansicht der Bilder beliebig oft zu wiederholen. Etwas anders als beim Inhaltstyp „Image Juxtaposition" erfolgen die Bildwechsel durch Überblendungen. Auch damit lassen sich Unterschiede im Bild hervorheben. Ist dies beabsichtigt, sollte jedoch das Einrasten des Reglers ausgeschaltet werden.

Vorsicht bei zu großen Präsentationen oder zu langen Texten

Es empfiehlt sich, sehr kurze Bildunterschriften („Beschriftungen") zu wählen und die Zahl der Bilder in einer Präsentation zu begrenzen. Für jedes Bild wird die Unterschrift permanent angezeigt. Sie dient als Orientierungshilfe für die Auswahl mit dem Schieberegler.

Wichtig ist, die Beschriftung knapp zu formulieren, idealerweise mit nur einem einzigen Wort. Eine genaue Beschreibung des Bilds wird unter dem Schieberegler platziert. Hier lassen sich durchaus umfassende Texte formulieren. Die Texte wechseln mit dem Bild.

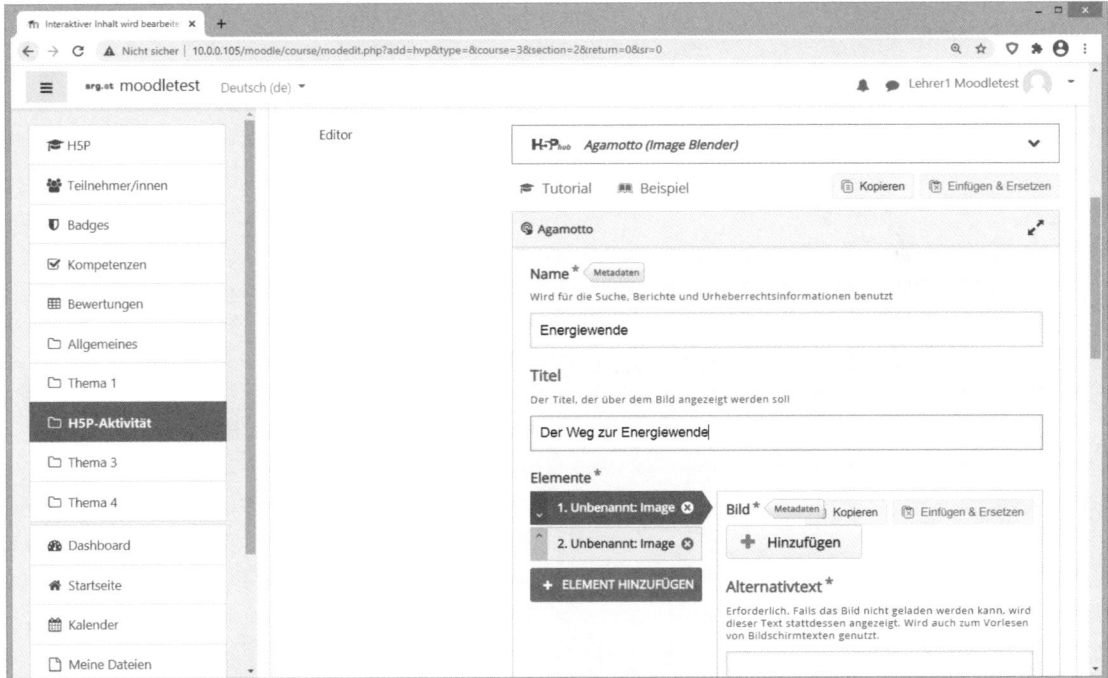

Bild 4.19 Die Bilder werden als „Elemente" in die Präsentation hinzugefügt. Ein Name des Bilds kann zudem in den Mediadaten definiert werden, was die Verwaltung des Kursinhalts erleichtert. Über *Element hinzufügen* lassen sich weitere Bilder ergänzen.

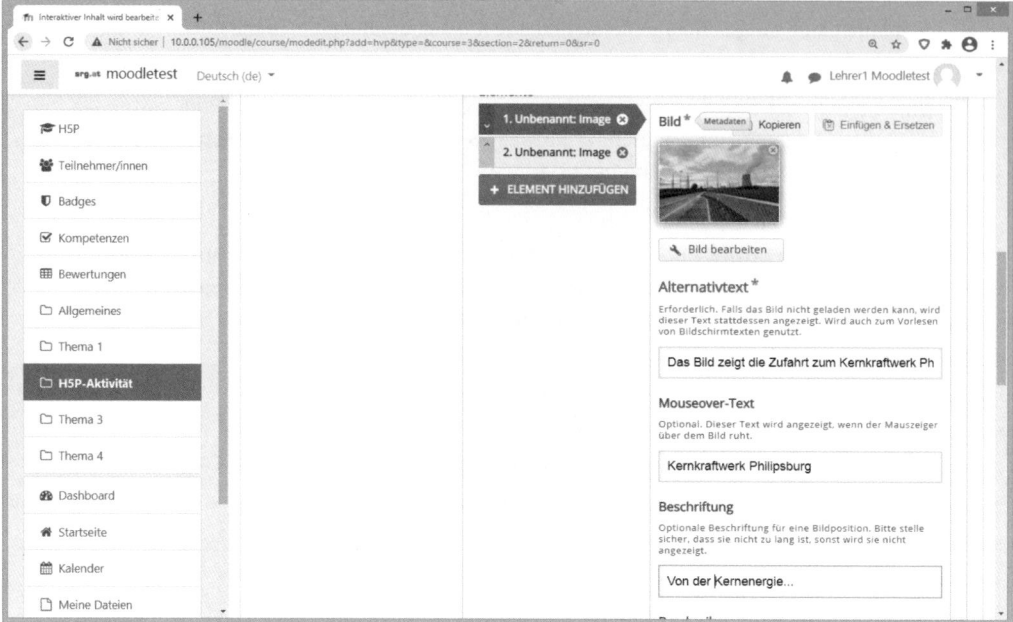

Bild 4.20 Aus Gründen der Barrierefreiheit ist der Alternativtext als Pflichteintrag deklariert worden. Der Mouseover-Text ist dagegen optional, da er auf Geräten mit einem Touchscreen nicht in der angedachten Weise funktionieren kann. Durch einen längeren Druck auf das Objekt ist ein Mouseover-Text jedoch auch auf diesen Geräten lesbar.

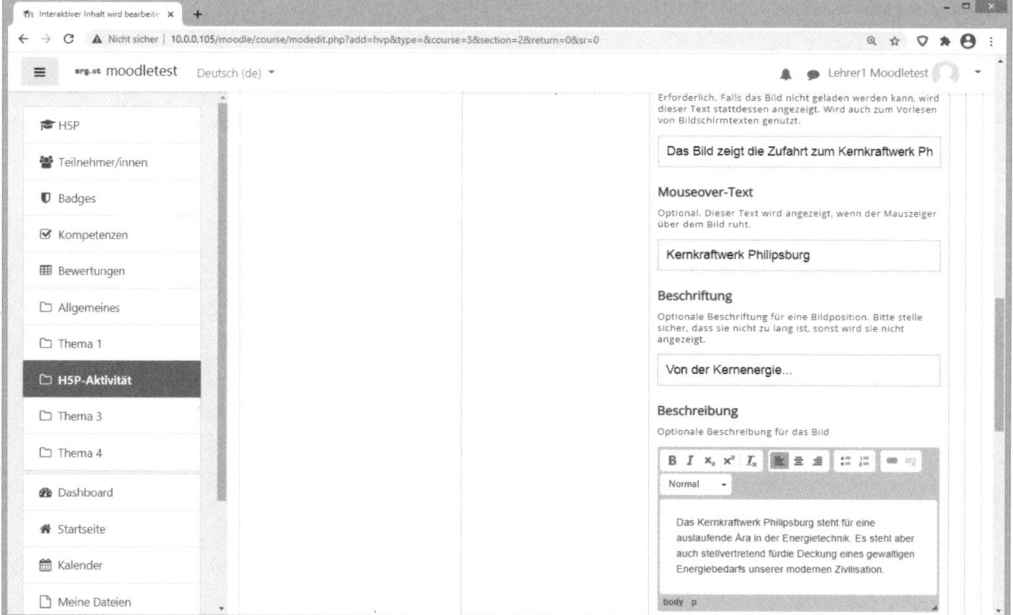

Bild 4.21 Mit dem Beschreibungstext können detaillierte Informationen zum Bild geliefert werden. Er wird unterhalb des Schiebereglers dargestellt.

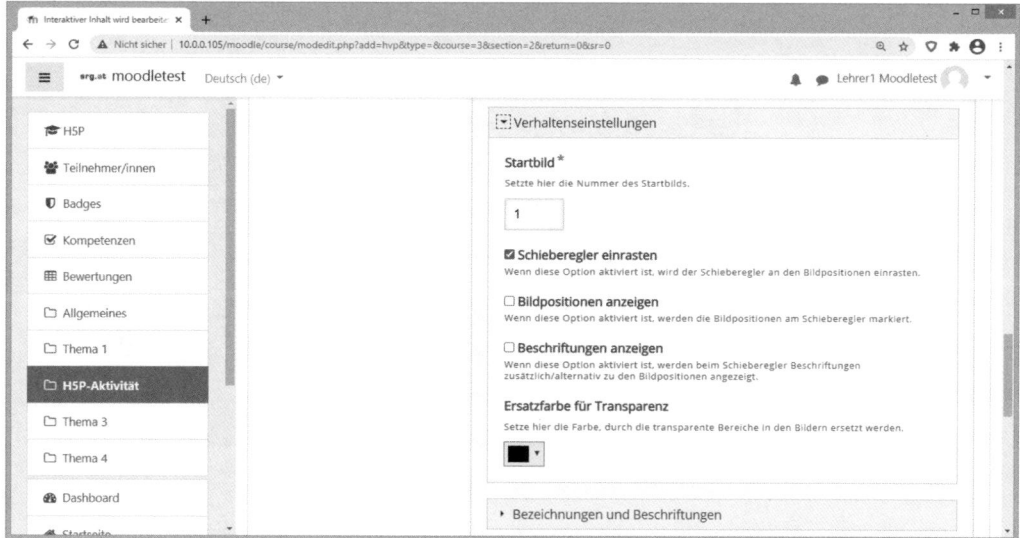

Bild 4.22 Das Einrasten des Schiebereglers erleichtert die Bedienung. Allerdings empfiehlt es sich, diese Funktion zu deaktivieren, wenn eine ineinander überfließende Darstellung bevorzugt wird. Der Schieberegler kann dann auch zwischen den Bildwechseln positioniert werden.

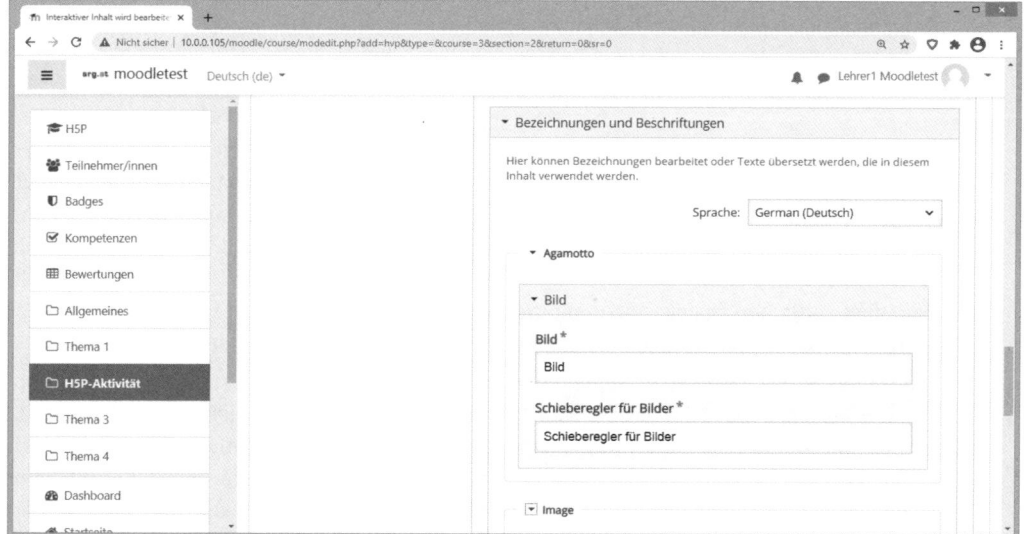

Bild 4.23 Grundsätzlich besitzt nahezu jeder H5P-Inhaltstyp die Möglichkeit, Bedienelemente mit einer eigenen Aufschrift zu versehen. Die Grundeinstellungen entsprechen der jeweils gewählten Landessprache.

Bild 4.24 In diesem Beispiel wurde das mittlere Foto gewählt. Die Lernenden können zu den Bildern „Kernenergie" und „Solarenergie" durch Verschiebung des Reglers wechseln.

◼ 4.4 Arithmetic Quiz

Das Zeitalter der Digitalisierung hat nicht erst mit der Verfügbarkeit von Heimcomputern und dem Internet begonnen. Betrachtet man die mathematischen Kompetenzen, wird deutlich, dass Fähigkeiten wie Kopfrechnen schon weitaus früher dem Taschenrechner „zum Opfer" gefallen sind. Das ist gewiss etwas überspitzt formuliert und trifft nicht auf alle Schülerinnen und Schüler gleichermaßen zu. Tatsache ist aber, dass es an Übung fehlt. Neben dem zeitlichen Druck, nachdem immer mehr Wissen in immer kürzerer Zeit zu vermitteln ist, wird immer weniger Wert auf elementare Rechenfähigkeiten gelegt.

Das arithmetische Quiz bietet einfache Rechenaufgaben. Der Gegner ist die Uhr. Die Ergebnisse werden per Mausklick eingegeben, wobei die richtige Schaltfläche auszuwählen ist. Die Lernenden müssen also sowohl rechnen als auch in möglichst kurzer Zeit die Darstellung auf dem Bildschirm erfassen und eine Wahl treffen. Vergleichen Lernende untereinander Fehlerzahl und benötigte Zeit, kann das den Sportsgeist wecken und motivierend wirken.

Zur Auswahl stehen einfache Rechenaufgaben in den vier Grundrechenarten oder lineare Gleichungen. Ziel dieses (Kopf-)Rechenspiels ist es nicht, komplizierte Gleichungen umzustellen und zu berechnen. Es soll das Gehirn trainiert und die Konzentrationsfähigkeit gefördert werden.

Das arithmetische Quiz kann auch in Präsenzveranstaltungen als Aktivierungswerkzeug eingesetzt werden. Die Lehrveranstaltung beginnt mit der Bearbeitung eines Aufgabenpakets, wobei die Lernenden via Laptop oder Smartphone an der Übung teilnehmen. Anschließend wird mit dem regulären Programm fortgefahren.

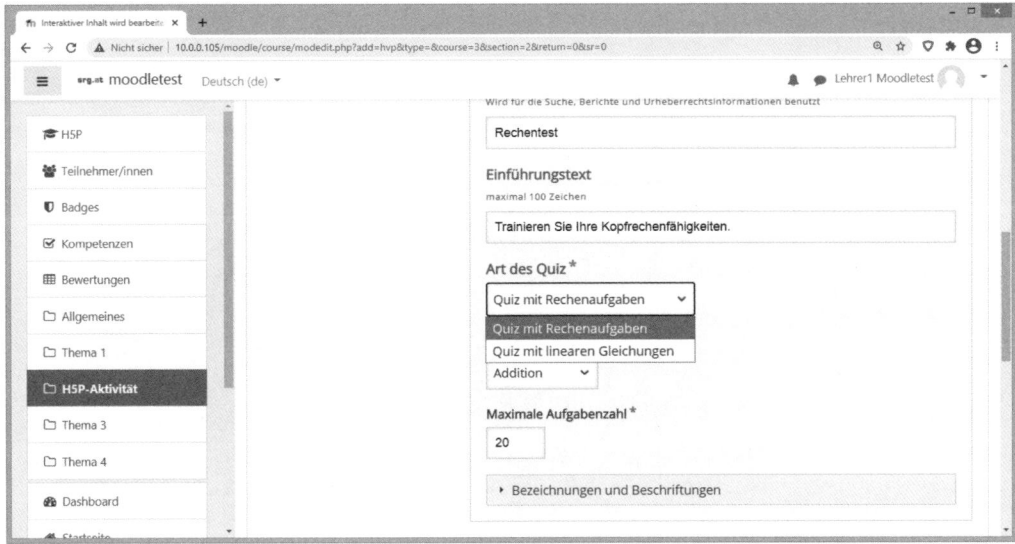

Bild 4.25 Es gibt zwei grundlegende Schwierigkeitsgrade: Einfache Rechenaufgaben und lineare Gleichungen. Zudem können die Rechenart und die Anzahl der Aufgaben vorgegeben werden.

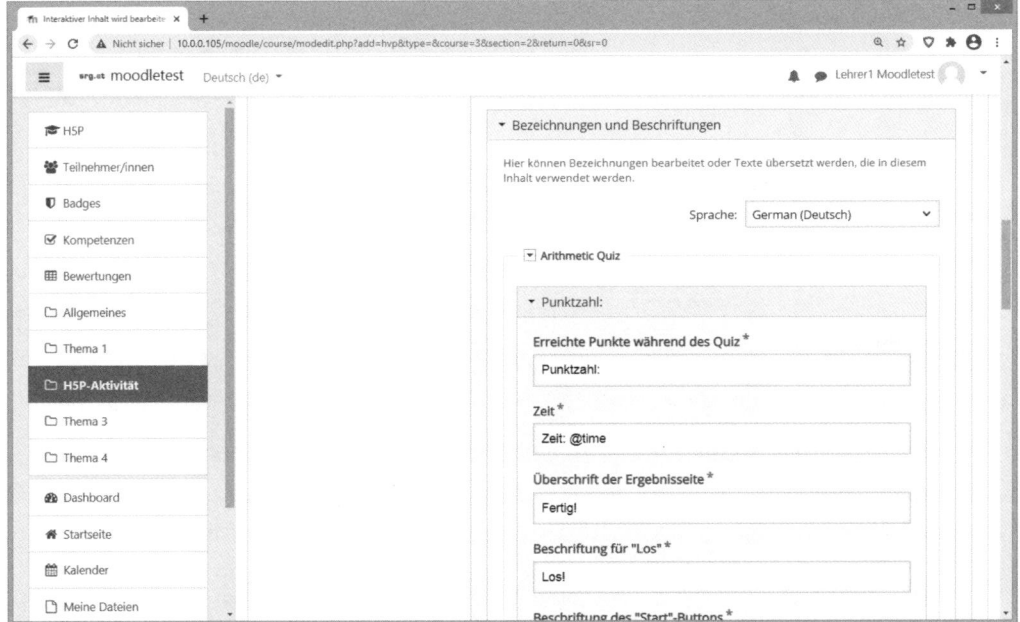

Bild 4.26 Die Beschriftung der Bedienelemente kann individuell angepasst werden. Das erleichtert den Lernenden selbst ohne umfassende Einführung die Arbeit mit dem Inhaltstyp.

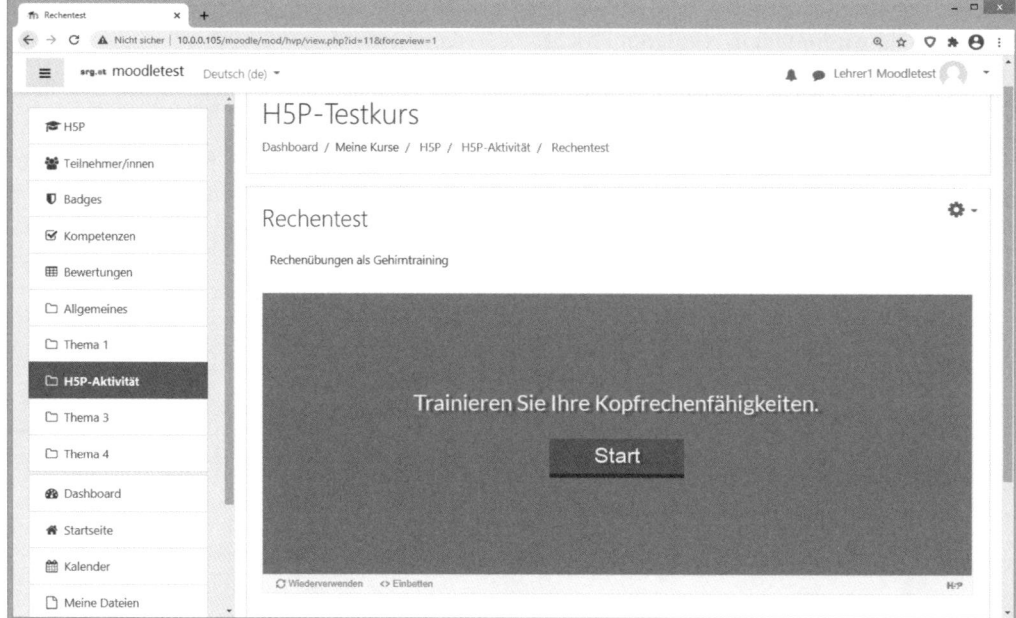

Bild 4.27 Die Lektion beginnt mit einem Startbildschirm.

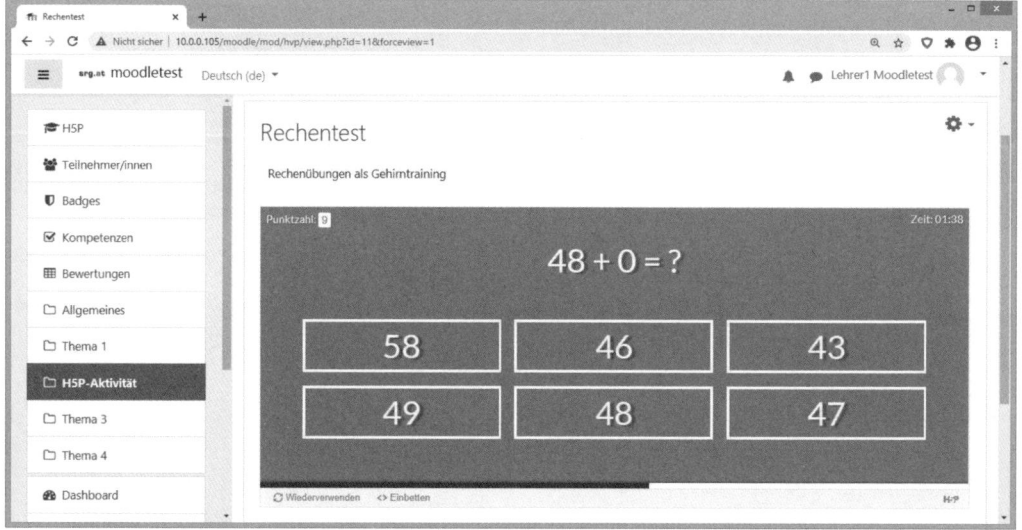

Bild 4.28 Es ist ein Spiel gegen die Zeit. Die Aufgabe wird vom Computer gestellt und ist per Mausklick möglichst schnell zu beantworten.

■ 4.5 Audio

Eine bereits bestehende Audio-Datei kann direkt in das System hochgeladen werden. Unterstützt werden Audio-Dateien in den Formaten *mp3* oder *ogg*. Alternativ dazu kann auch auf eine externe Audio-Datei verlinkt werden.

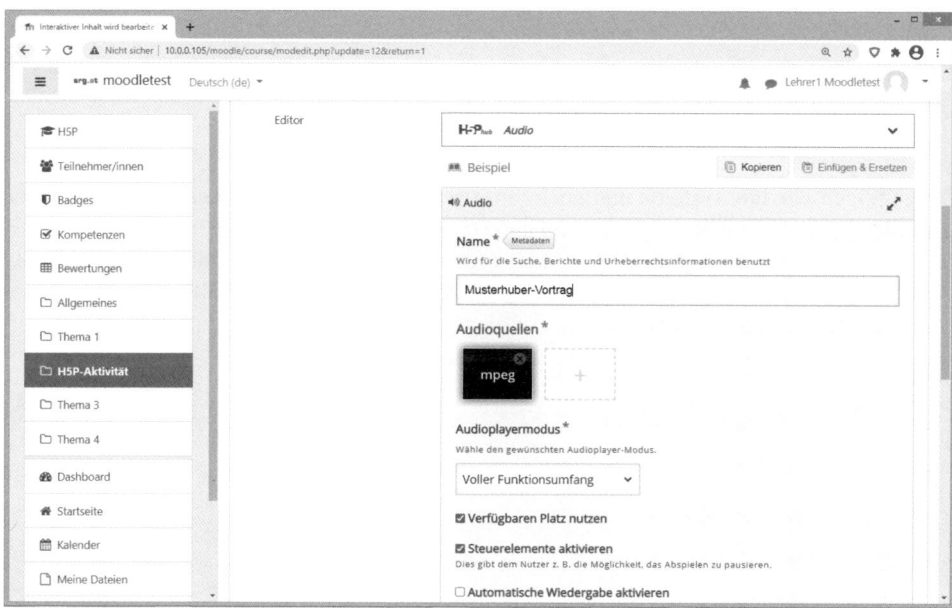

Bild 4.29 Eine oder mehrere Audio-Dateien werden als Inhalt hochgeladen. Angeboten werden dem Lernenden später Steuerelemente.

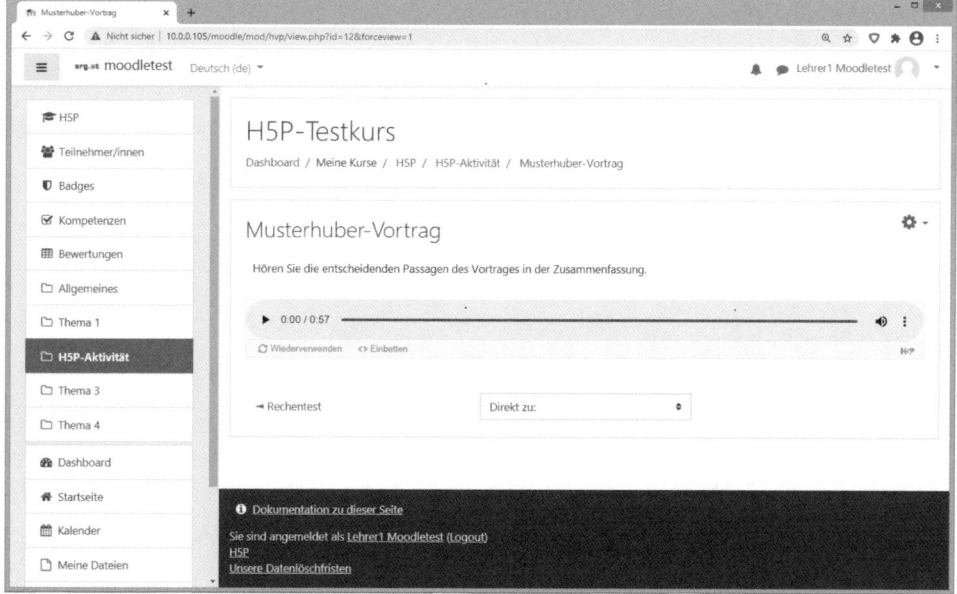

Bild 4.30 Jede Audio-Datei kann über die Steuerelemente aktiviert und abgehört werden.

Der Inhaltstyp Audio ist besonders bei Lernenden beliebt, die öffentliche Verkehrsmittel nutzen und darin oft keinen Platz für das Lesen eines Texts finden. Die Audio-Datei wird einfach über die Ohrhörer ausgegeben und kann beliebig oft vorgelesen werden. Besonders im Sprachtraining bietet sie zudem den Vorteil gegenüber geschriebenem Text, dass die Aussprache deutlich hörbar ist und nicht Kenntnis einer Lautschrift bei Lernenden zwingend voraussetzt.

■ 4.6 Audio Recorder

Die gängigen Betriebssysteme und auch Smartphones bieten Möglichkeiten, Sprache über ein Mikrofon aufzuzeichnen. Einen *Audio Recorder* bietet auch H5P als Inhaltstypus an. Es ist mit diesem Werkzeug möglich, Erklärungen aufzuzeichnen und die Aufnahmen als WAV-Datei herunterzuladen. Die Aufnahmen können in anderen Inhaltstypen verwendet werden. Lernende können ebenfalls sehr sinnvoll mit dem Audio Recorder arbeiten und beispielsweise im Sprachunterricht ihre eigene Aussprache[2] kontrollieren.

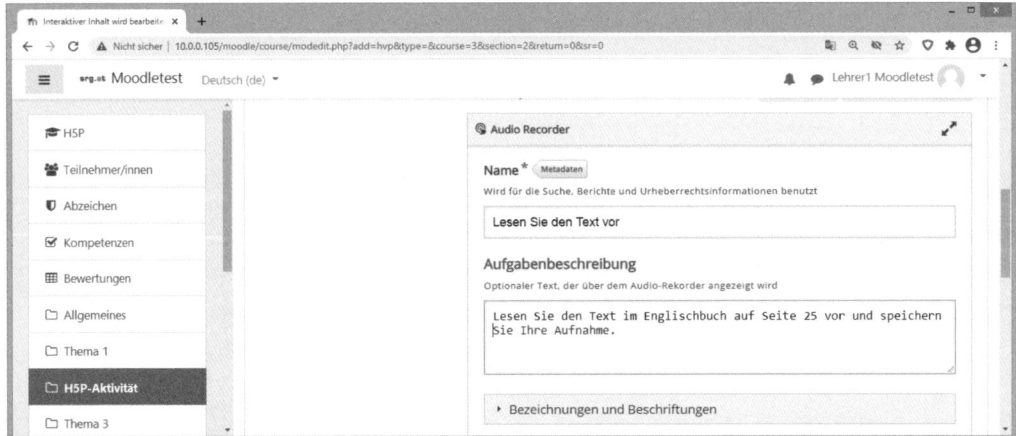

Bild 4.31 Was für ein Text soll aufgezeichnet werden? Dies wird in der Aufgabenbeschreibung vorgegeben, die dem Lernenden angezeigt wird.

---

[2] Die meisten Menschen mögen den Klang ihrer eigenen Stimme nicht, wenn diese aus der „Konserve" kommt. Das liegt daran, dass die Stimme anders wahrgenommen wird, wenn sie von einer fremden Quelle wiedergegeben wird. Dabei erfolgt die Übertragung des Schalls durch die Luft. Anders ist es, wenn man seine eigene Stimme während des Sprechens hört. Die Schallübertragung erfolgt dann zu einem wesentlichen Teil über die Kieferknochen, was Einfluss auf den Frequenzgang hat. Der akustische Unterschied beider Wege lässt die aufgezeichnete Stimme befremdlich erscheinen.

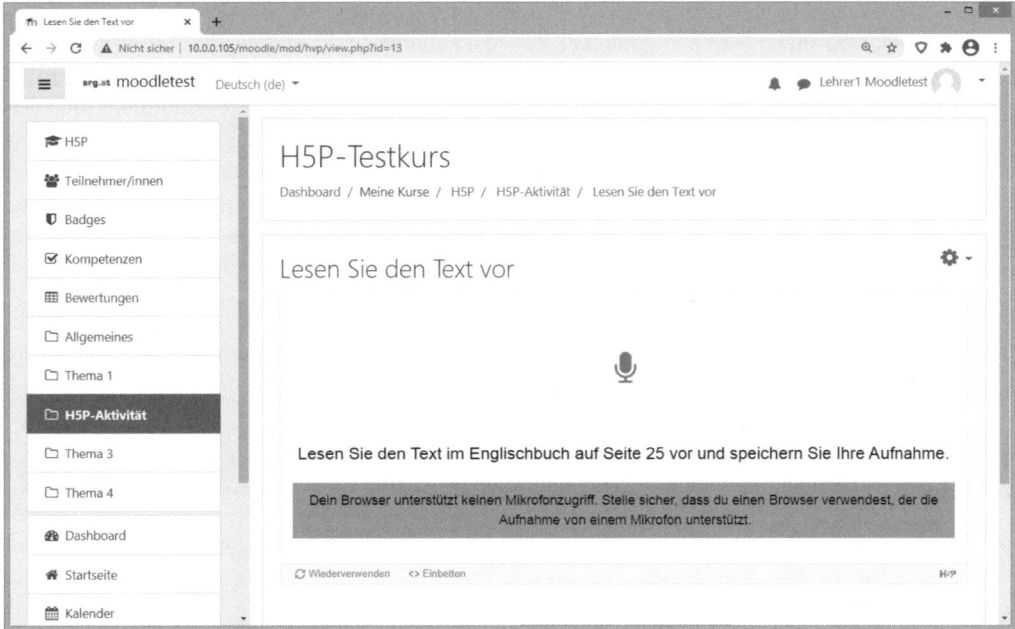

Bild 4.32 Ein Problem, das möglicherweise viele Plattformen betreffen wird, die über ungesicherte Internetverbindungen (reines http) arbeiten. In der Regel wird diese Meldung nicht bei einer gesicherten Internetverbindung via http**s** erscheinen.

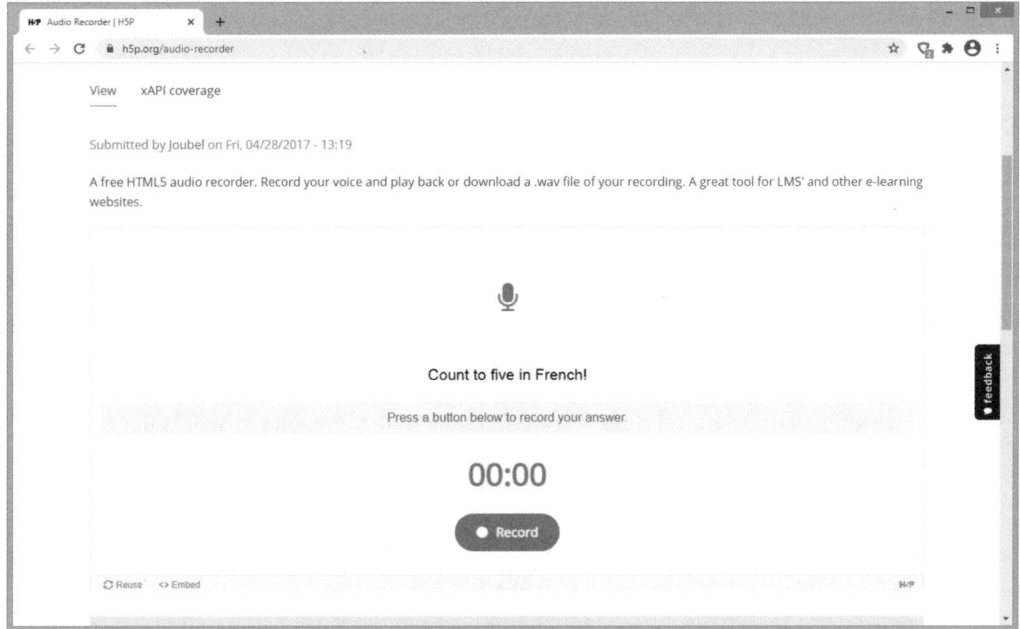

Bild 4.33 Screenshot eines Beispiels auf *H5P.org:* So präsentiert sich der Audio Recorder dem Lernenden. Mit einem Klick auf die *Record*-Schaltfläche beginnt die Aufnahme.

Internettechnologien stehen immer im aktiven Wettstreit mit Crackern, die versuchen, Technik und Dienste zu missbrauchen oder zu sabotieren. Es soll vermieden werden, dass Unbefugte Zugriff auf sensible Geräte wie zum Beispiel die Webcam oder das Mikrofon erlangen. Moderne Webbrowser sind deswegen sehr konsequent programmiert und verweigern die Nutzung des Mikrofons über unverschlüsselte Webseiten. Man erkennt eine unverschlüsselte Seite an einem „offenen Vorhängeschloss" neben der Adresszeile und vor allem an der Bezeichnung des Übertragungsprotokolls, welches grundsätzlich automatisch vor den URL (die Internetadresse) gesetzt wird. Unverschlüsselt werden Webseiten mit http übertragen. Sicherer ist die verschlüsselte Varianten https. „s" steht für Secure. Die Voraussetzung dafür muss vom Betreiber der Webseite in der Konfiguration des Webservers erbracht werden.

 Der Browser unterstützt keinen Mikrofonzugriff?

Eigentlich liegt das Problem nicht beim Browser, sondern beim Betreiber der Webseite, über die der Audio Recorder angeboten wird. Mit großer Wahrscheinlichkeit ist die Verbindung zwischen dem Webserver und dem Webbrowser nicht verschlüsselt. Moderne Webbrowser verweigern in diesem Fall aus Sicherheitsgründen die Nutzung des Mikrofons.

■ 4.7 Branching Scenario

Ein interessanter und sehr vielseitiger Inhaltstyp ist das *Branching Scenario*. Zu einer Eingangsfrage kommen mehrere richtige Antworten in Frage. Diese führen zu weiteren Fragen, die sich in einer baumförmigen Struktur ausbreiten. Dieser Inhaltstyp zielt weniger auf Richtig/Falsch-Antworten ab, sondern führt den Lernenden anhand der von ihm gegebenen Antworten durch einen hochkomplexen Gedankengang, der mehrere Aspekte beleuchten kann. Die Formulierung der Fragen ist sehr anspruchsvoll, wenn man die vollen Vorteile dieses Typs entfalten möchte. Es empfiehlt sich deswegen eine gewisse Vorbereitung, auch ganz konventionell auf einem Papierentwurf oder in Form einer Mindmap.

Interessant ist beim Branching Scenario, dass die Wahl eines Lernenden nicht zwingend falsch sein muss. Stattdessen können mehrere Wege angeboten werden, die jedoch eigene Folgewirkungen und damit weitere Verzweigungen in den Fragen mit sich bringen können. Ein Beispiel könnte im Geschichtsunterricht die „Ursache für den ersten Weltkrieg" sein. Hier gibt es mehrere Ansichten – insbesondere dann, wenn Lernende internationale Wurzeln und auch unterschiedliche Vorbildung haben. Werden die verschiedenen Argumentationslinien respektvoll diskutiert, kann dieser Inhaltstyp dazu beitragen, sehr komplexe Themen von mehreren Gesichtspunkten aus zu analysieren.

Um mit diesem Inhaltstyp zu arbeiten, kann eine *Mindmap* sehr hilfreich in der Vorbereitung sein. Im Grund genommen bildet das Branching Scenario den Inhalt einer Mindmap ab, wobei den Lernenden jedoch nur die Wege angezeigt werden, die von ihnen selbst gewählt wurden.

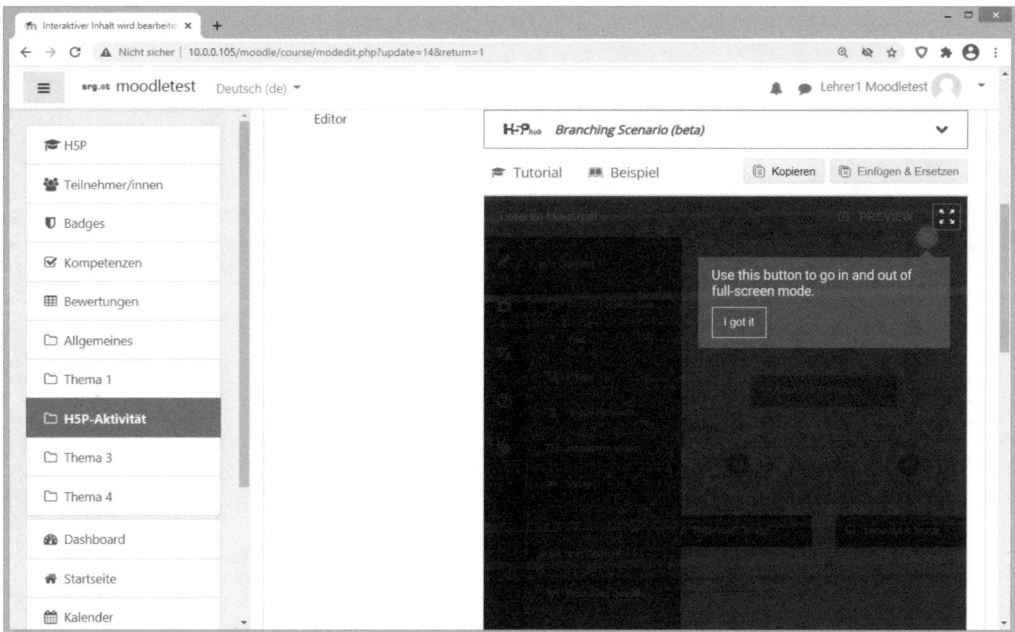

Bild 4.34 Der Vollbildmodus ist bei der Erstellung der Inhalte eines *Branching Scenarios* sehr hilfreich. Es können schnell ausgesprochen umfangreiche Fragenkomplexe entstehen. Auf einem kleinen Bildbereich wird es schwierig sein, die Übersicht zu bewahren.

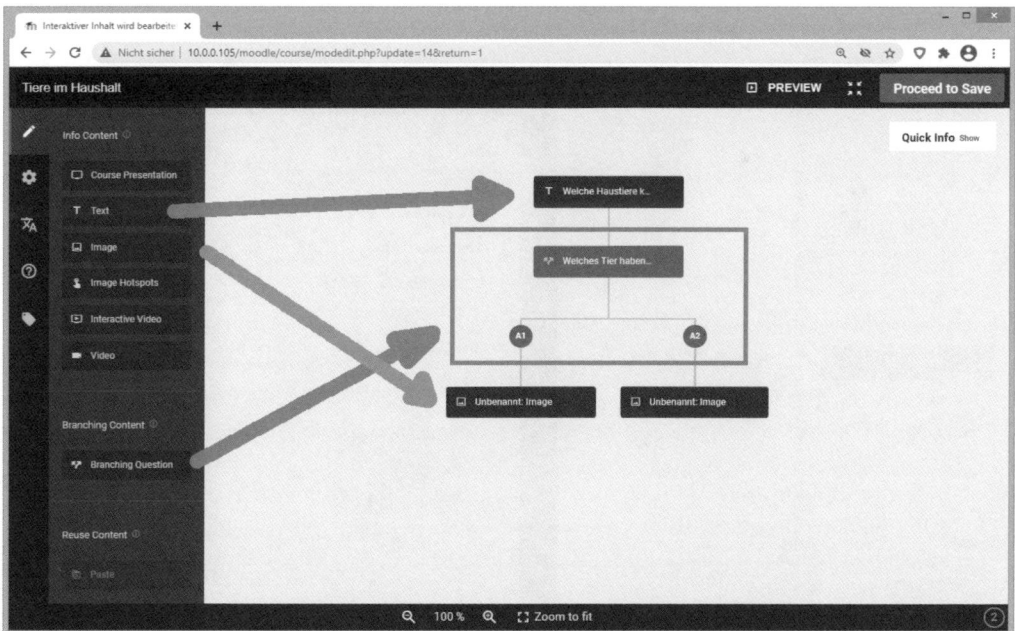

Bild 4.35 Der Editor für das Branching Scenario erlaubt die Einbindung unterschiedlicher Inhalts-typen. Neben Texten, Bildern und Videoinhalten kommen auch erweiterte Inhaltstypen zum Einsatz. Entscheidungen werden immer durch die Beantwortung einer Frage getroffen.

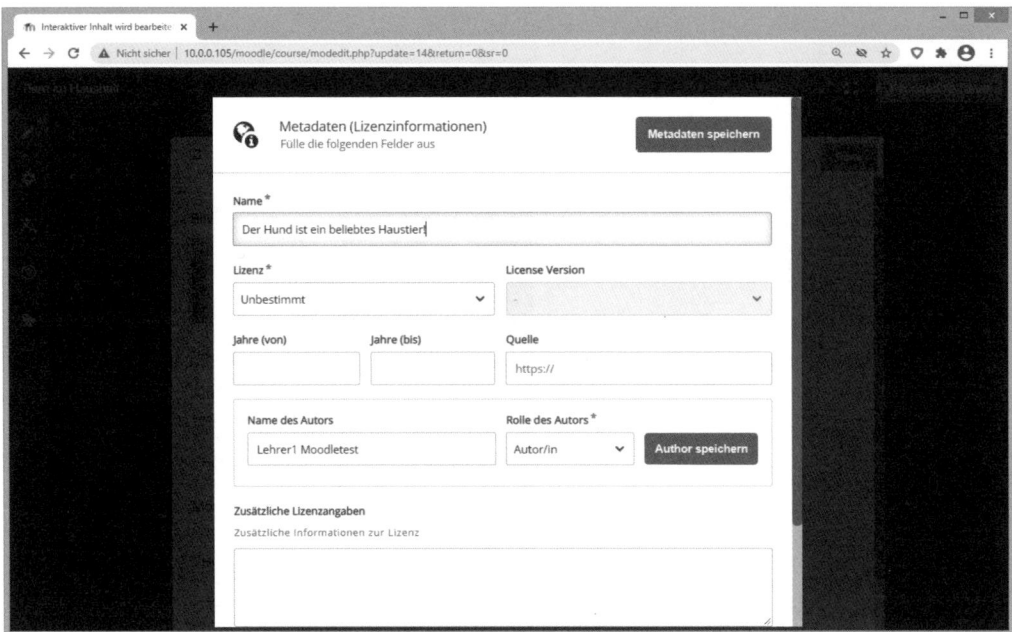

Bild 4.36 Ein Element wird mit „Unbekannt" bezeichnet? – Dies kann durch Zuweisung eines Namens in den Metadaten korrigiert werden.

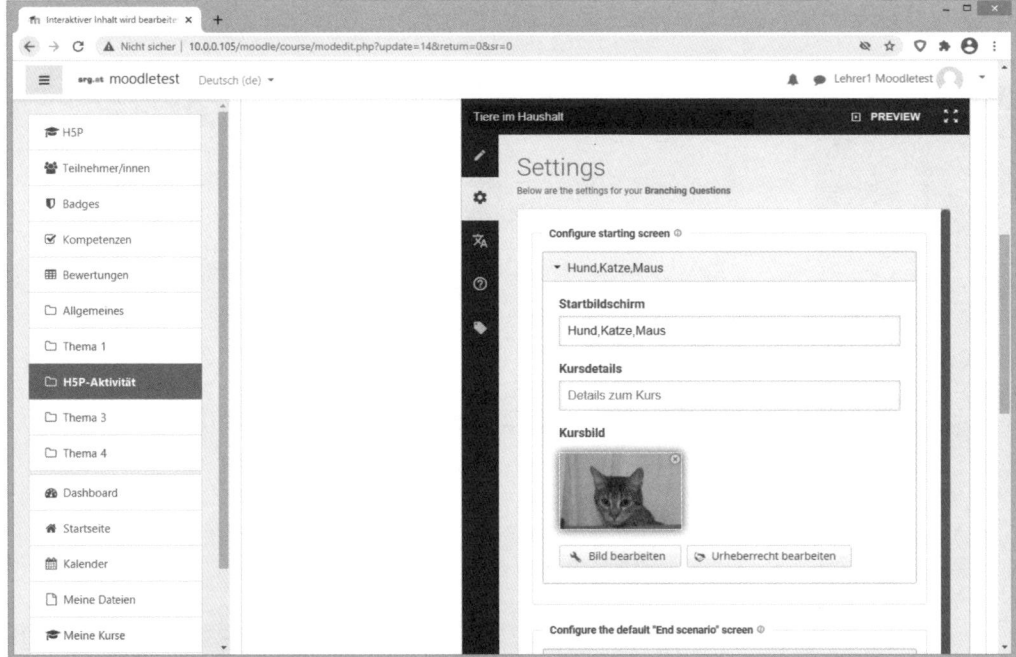

Bild 4.37 Dem Startbildschirm des Branching Scenarios kann ein frei wählbares Titelbild zugewiesen werden.

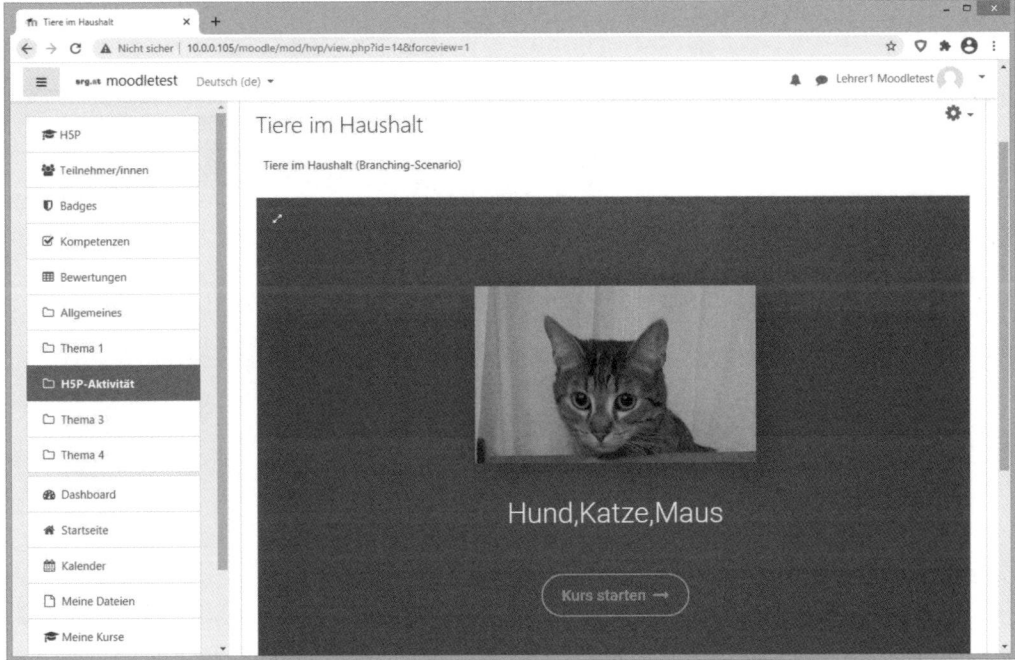

Bild 4.38 Hinter dem Startbildschirm kann sich ein sehr komplexer und inhaltsreicher Kurs verbergen.

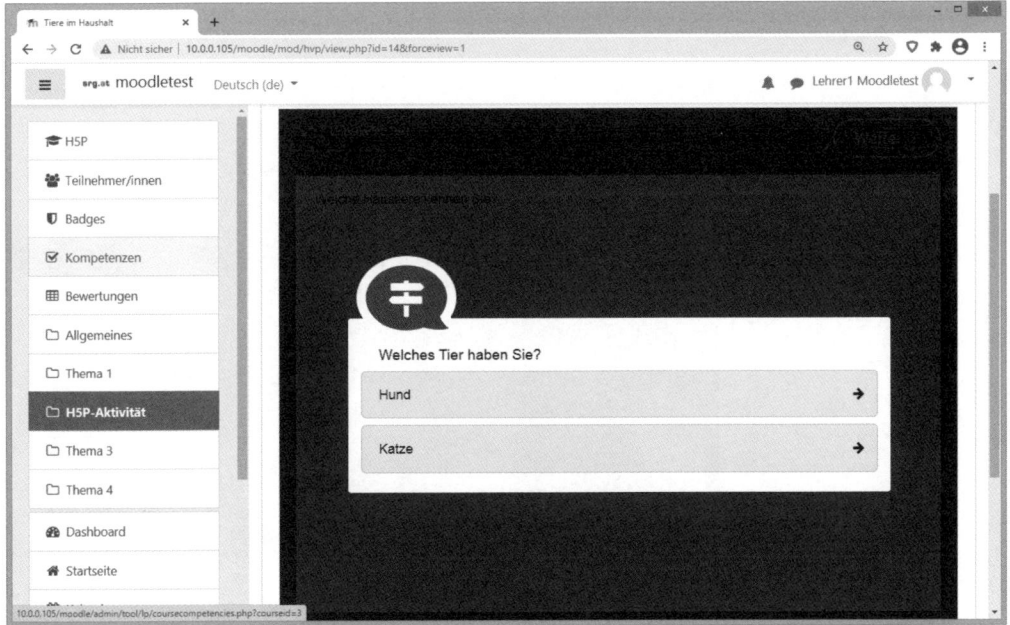

Bild 4.39 Die in diesem Beispiel formulierte Eingangsfrage legt bereits die erste Entscheidung für den weiteren Weg fest.

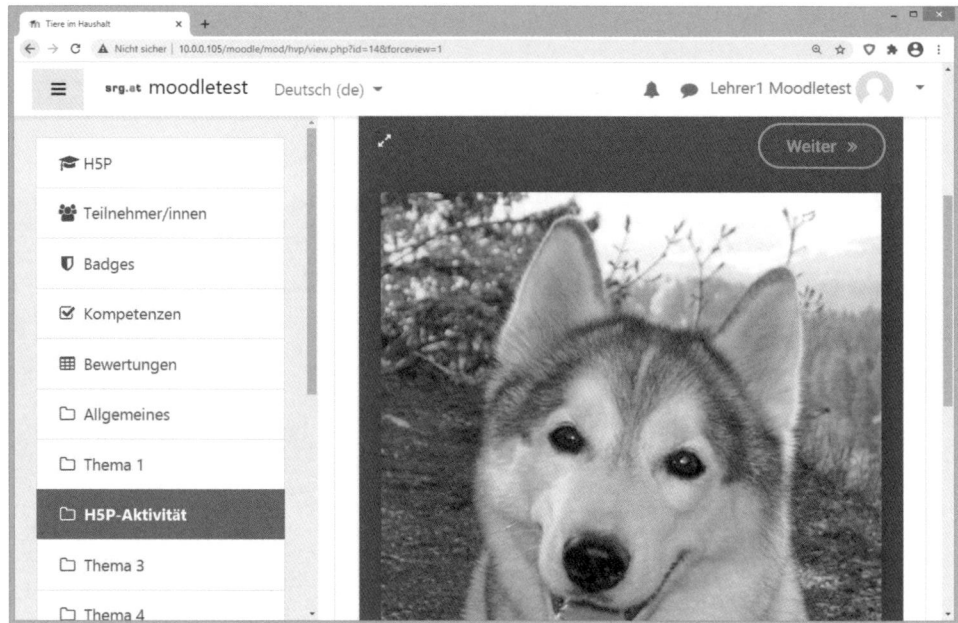

Bild 4.40 Es wurde die Antwort „Hund" gewählt.

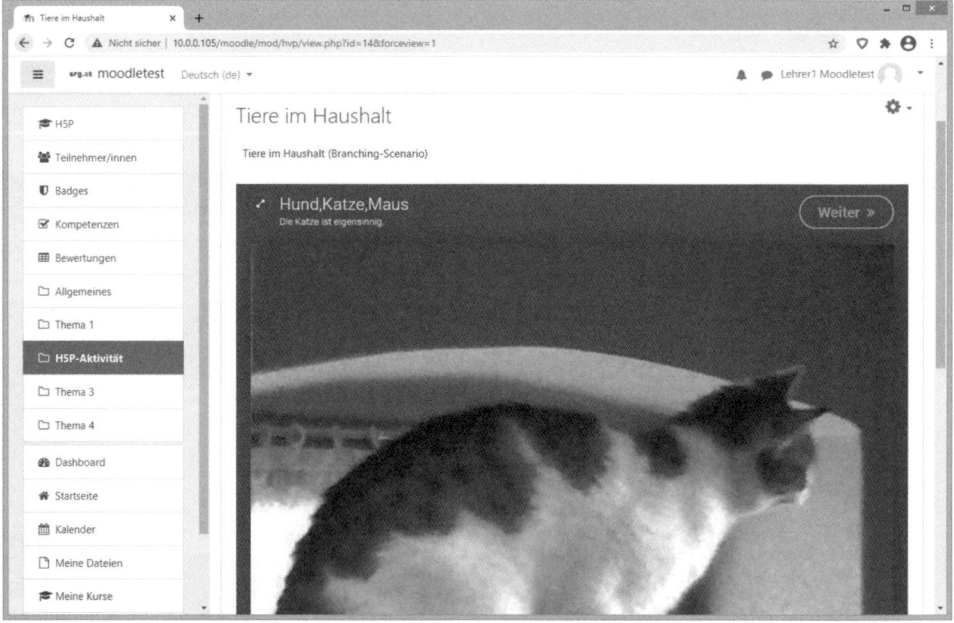

Bild 4.41 In diesem Fall lautete die Antwort „Katze".

Was hier mit einer einfachen Frage demonstriert wurde, kann sehr tiefgreifend gestaltet werden. Auf eine Frage folgen Informationen (Text, Bilder, Video etc.) und darauf erneut eine Frage. Unter Umständen werden alle Lernenden letztlich ein anderes Ziel erreichen.

Kombiniert man diesen Inhaltstyp mit einer Aufgabe zur Dokumentation und Begründung der eigenen Entscheidungen, dann lässt sich auf diese Weise ein zusätzlicher Lernerfolg erzielen. Sehr sinnvoll sind hierzu auf jeden Fall Diskussionen in einer Präsenzphase oder alternativ in einem virtuellen Klassenraum (MS Teams, Zoom, Big Blue Button, Adobe Connect und viele mehr).

■ 4.8 Chart

Der Vergleich von Zahlenwerten lässt sich am besten in der Form eines Diagramms durchführen. Der Inhaltstyp *Chart*/Diagramm bietet zwei Varianten zur Visualisierung an:

- Tortendiagramm
- Balkendiagramm

Es werden einzelne Werte und deren Bezeichnungen eingetragen. Das Ergebnis ist die Visualisierung in der gewünschten Form. Es handelt sich um ein sehr einfaches Werkzeug, das direkt Werte in eine grafische Darstellung umsetzt. Rechenfunktionen sind jedoch nicht in diesem Tool enthalten. Abhängigkeiten von anderen Parametern können also nicht berücksichtigt werden. Simulationen sind nicht möglich. Nützlich ist der Inhaltstyp *Chart* dennoch, denn es wird zusätzliche Arbeit für den Export und die Umwandlung in ein Grafikformat erspart.

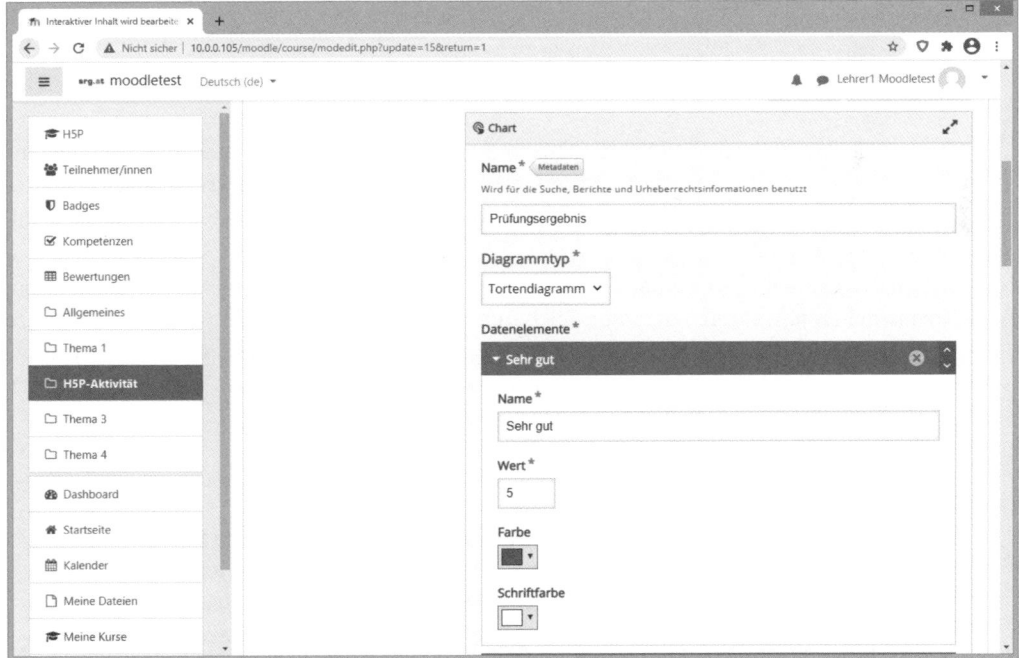

Bild 4.42 Es können zwei Diagrammtypen – Balkendiagramm und Tortendiagramm – gewählt werden. Jeder einzelne Wert kann mit eigenen Farben im Diagramm dargestellt werden.

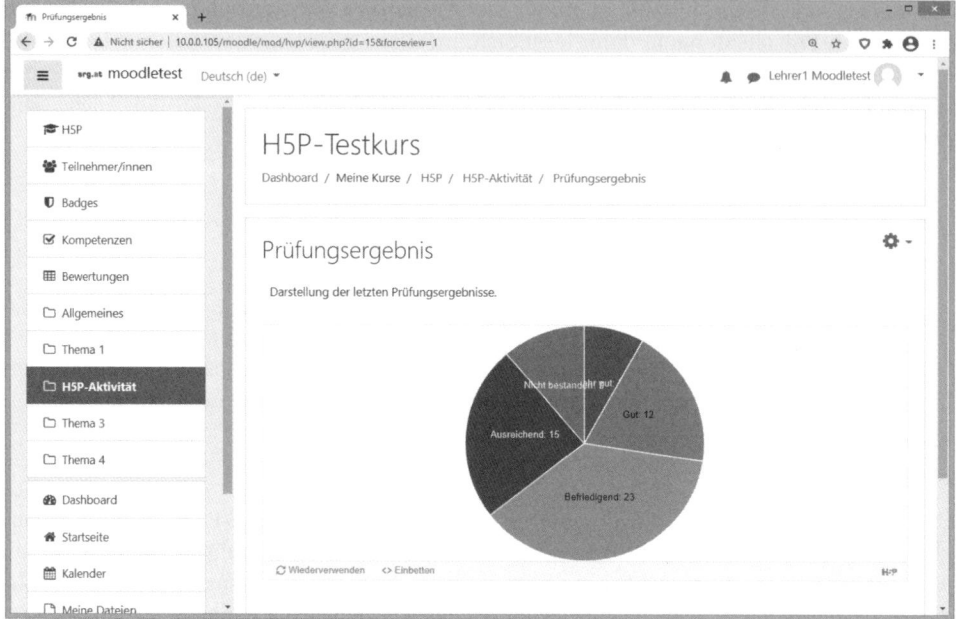

Bild 4.43 Mit dem Inhaltstyp *Chart* lassen sich Zahlenwerte in Diagrammform darstellen. Allerdings sind keine Funktionen einer Tabellenkalkulation oder sonstige Rechenfunktionen enthalten.

■ 4.9 Collage

Der Inhaltstyp *Collage* erlaubt die Zusammenstellung inhaltlich zueinander passender Fotos. Man könnte diesen Inhaltstyp beispielsweise im Geschichtsunterricht einsetzen. Hier lassen sich Bilder und Zeichnungen einer Stadt oder Region aus verschiedenen Epochen nebeneinander zeigen.

Alternativ können auch Bilder nebeneinander platziert werden, die zu einem bestimmten Thema gehören, was auf den ersten Blick nicht direkt sichtbar erscheint. Ein Beispiel wäre die Darstellung von Kraftwerken, deren primäre Energiequelle die Sonne ist. Die Frage, warum in diesem Fall auch Windkraftanlagen und sogar Kohlekraftwerke in dieser Collage erscheinen, löst dann konstruktive Diskussionen aus.

„Nur" eine Collage?

Dieser Inhaltstyp zeigt eine Sammlung von Bildern, ohne weitere Informationen oder Animationen zu liefern. Dennoch ist dieser Inhaltstyp sinnvoll, denn verschiedene Inhaltstypen – beispielsweise der im folgenden Abschnitt beschriebene Typ *Column* – kombinieren andere H5P-Inhalte zu komplexen Kursgestaltungen. Eine Collage kann eine sinnvolle Ergänzung zu Textinhalten oder reinen Audiovorträgen sein.

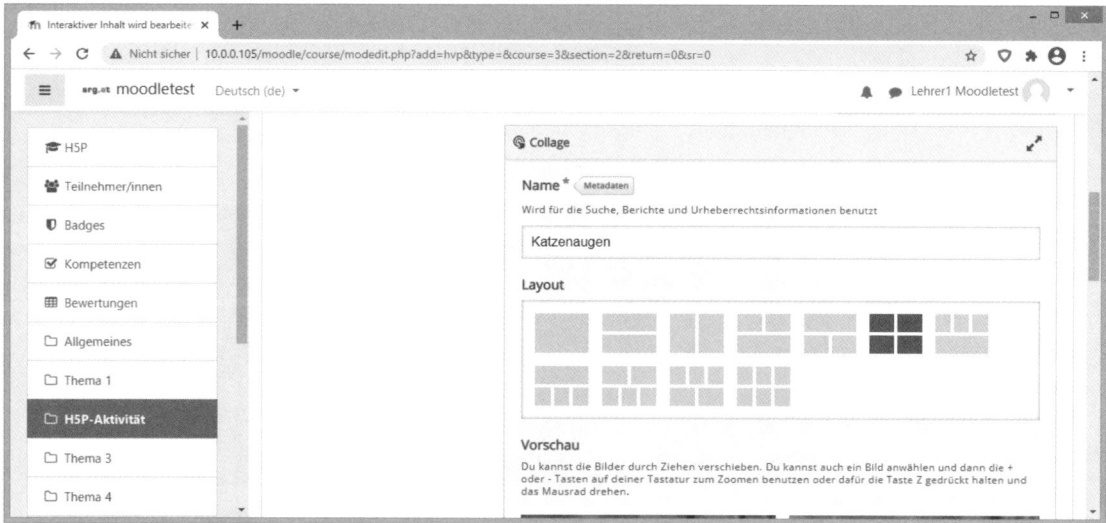

Bild 4.44 Im ersten Schritt wird das Raster der Bildanordnung gewählt und dem Inhalt ein Name zugewiesen.

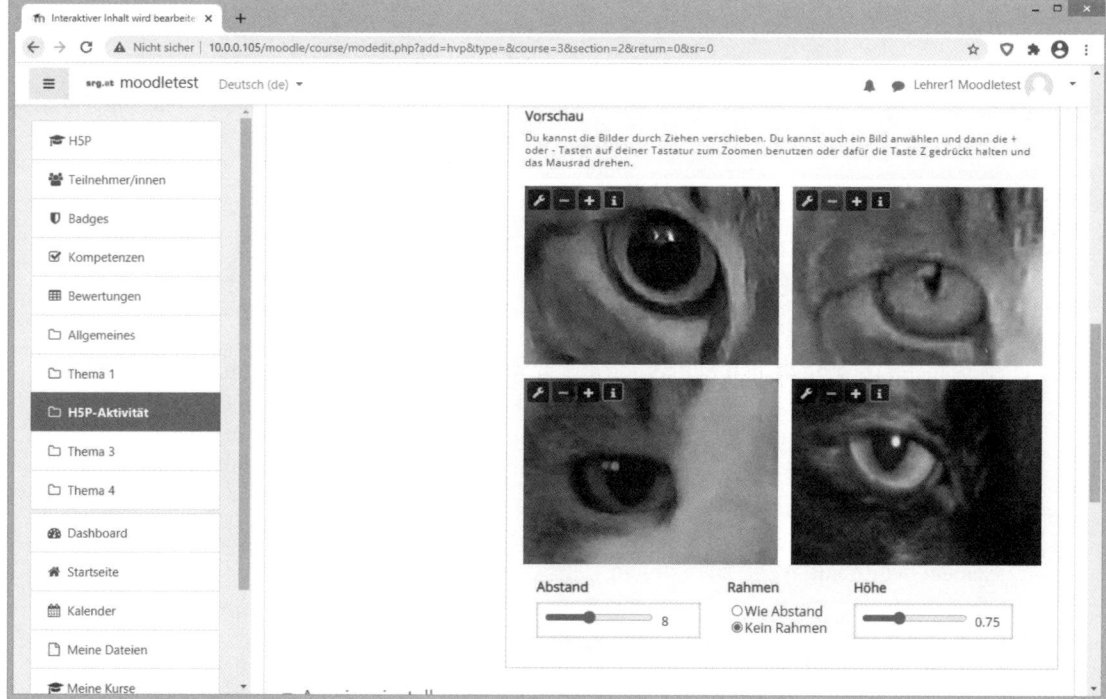

Bild 4.45 Im zweiten Schritt werden Bilder in die freien Flächen hochgeladen.

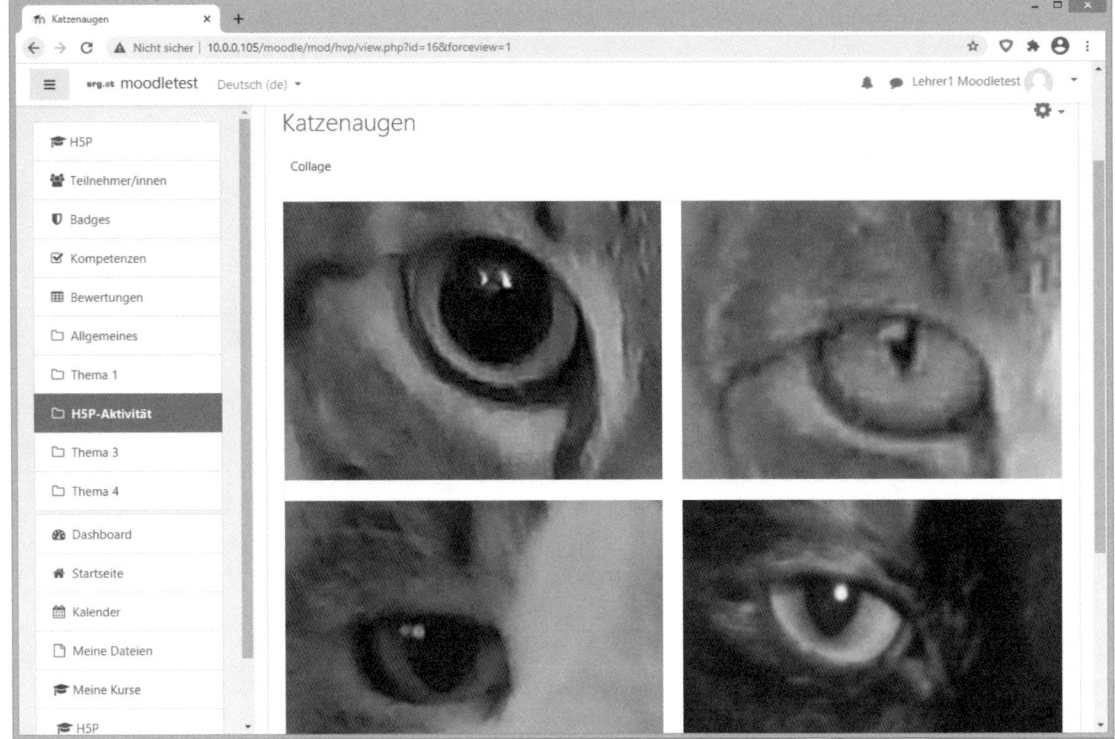

Bild 4.46 Die Lernenden sehen die Collage, die Zusammenstellung der Fotos.

■ 4.10 Column

H5P bietet verschiedene Inhaltstypen an: So gibt es rein illustrierende Inhalte wie zum Bei-spiel *Chart,* reine Texte oder interaktive Grafikinhalte (z. B. Image Hotspot) sowie auch prü-fende Inhalte wie zum Beispiel Lückentexte. Es bietet sich förmlich an, mehrere dieser Inhalte miteinander in einer Lektion zu kombinieren. Genau das ist mit dem Inhaltstyp *Column* möglich.

Column ist also eine Möglichkeit, um komplexe H5P-Kurse aus mehreren und vor allem ver-schiedenen Inhaltstypen zu erstellen.

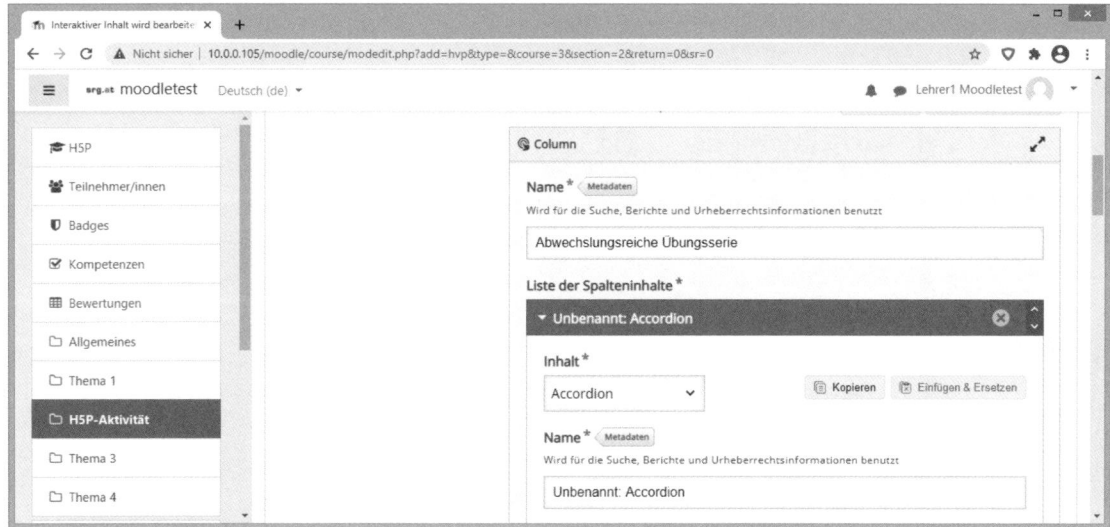

Bild 4.47 Column liefert keine eigenen Inhalte, sondern fasst verschiedene Inhaltstypen in jeweils einzelnen Spalten zusammen.

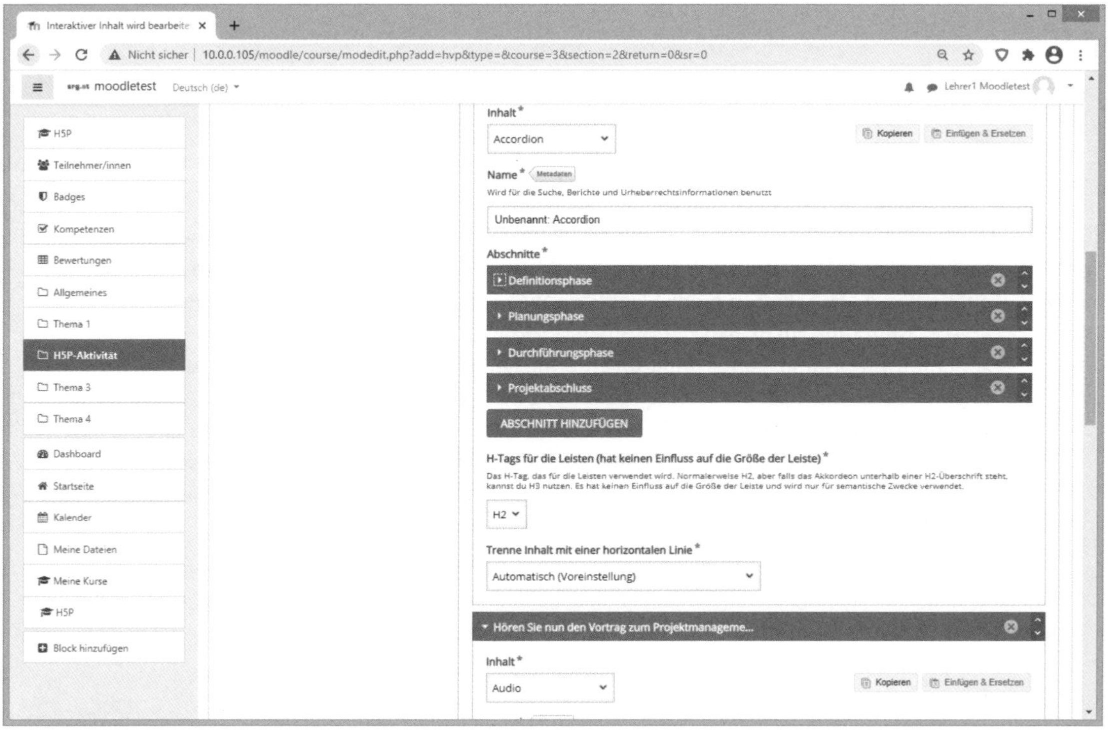

Bild 4.48 Jeder einzelne Abschnitt wird durch einen individuellen Inhaltstyp abgebildet. Der Kurs kann somit sehr vielseitig gestaltet werden und neben Informationen auch Lernzielkontrollen beinhalten.

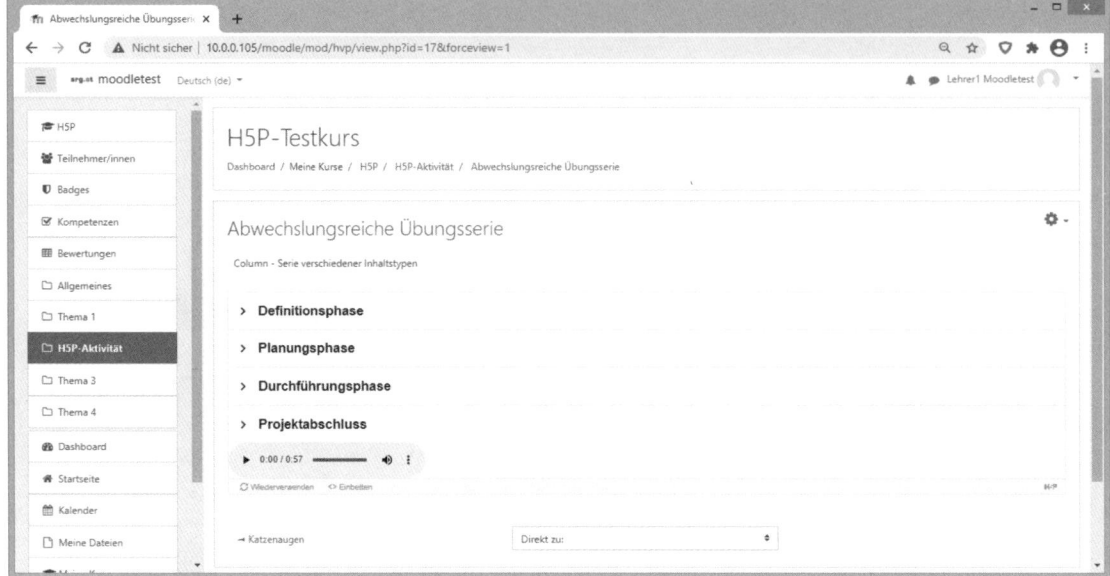

Bild 4.49 Lernende klappen die Lektion aus, die sie bearbeiten möchten. Die Inhalte sind somit übersichtlich verfügbar und können in überschaubaren Teilen erledigt werden.

■ 4.11 Course Presentation

Präsentationen – beispielsweise mit *MS-PowerPoint* oder *LibreOffice Impress* – sind im Lehrsaal gängige Praxis. Die Präsentation wird in einer Präsenzveranstaltung über den Beamer an die Wand geworfen. In einer Selbstlernphase über eine digitale Lernplattform gibt es die Live-Präsentation nicht. Mit dem Inhaltstyp *Course Presentation* kann man jedoch eine Präsentation mit einem hohen Maß an Interaktivität in den Kurs einbinden. Damit wird der aktive Dialog mit den Lernenden gefördert. Neben den eigentlichen Folien können kurze Lernzielkontrollen beispielsweise als Lückentexte oder Multiple-Choice-Tests in die Präsentation eingebunden werden. Einleitende Fragen zur Aktivierung der Lernenden lassen sich als Dialog Cards in die Präsentation einfügen. Inhaltselemente können neben Texten und Bildern auch Video- und Audio-Elemente sein.

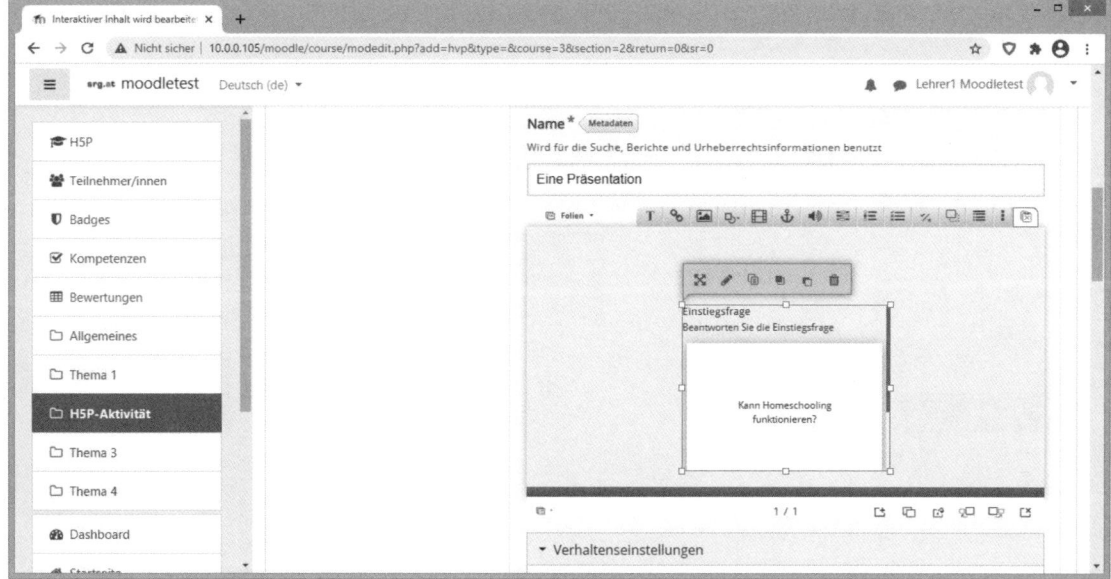

Bild 4.50 Die Präsentation ist interaktiv. In dieser „Folie" wird eine Dialogkarte angeboten.

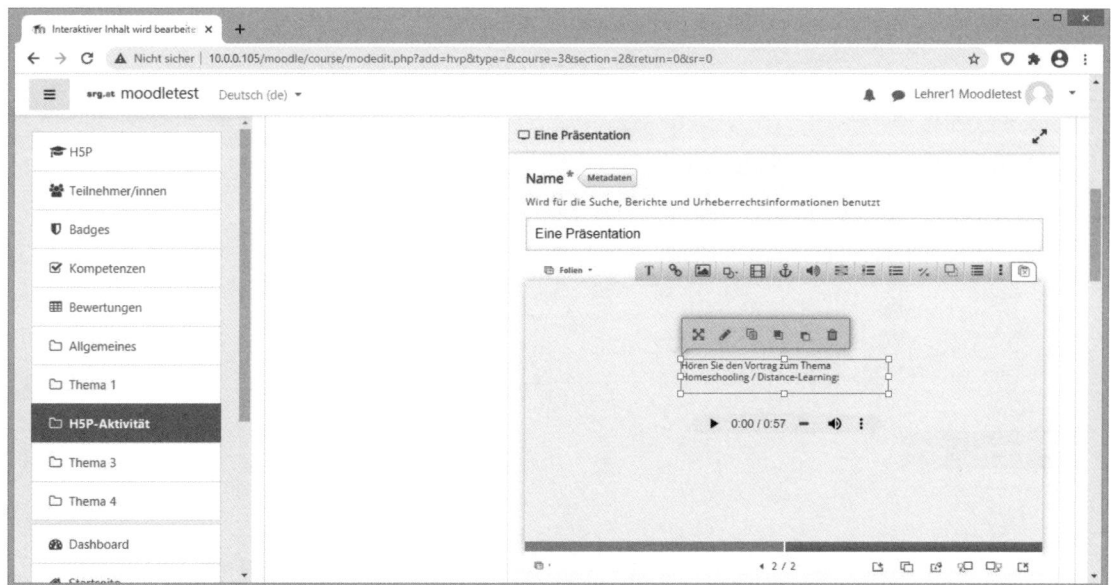

Bild 4.51 Auch Audio-Dateien können Inhalte einer Präsentation sein. Hier wird eine Tonaufnahme als „Rückseite" einer Dialogkarte eingesetzt.

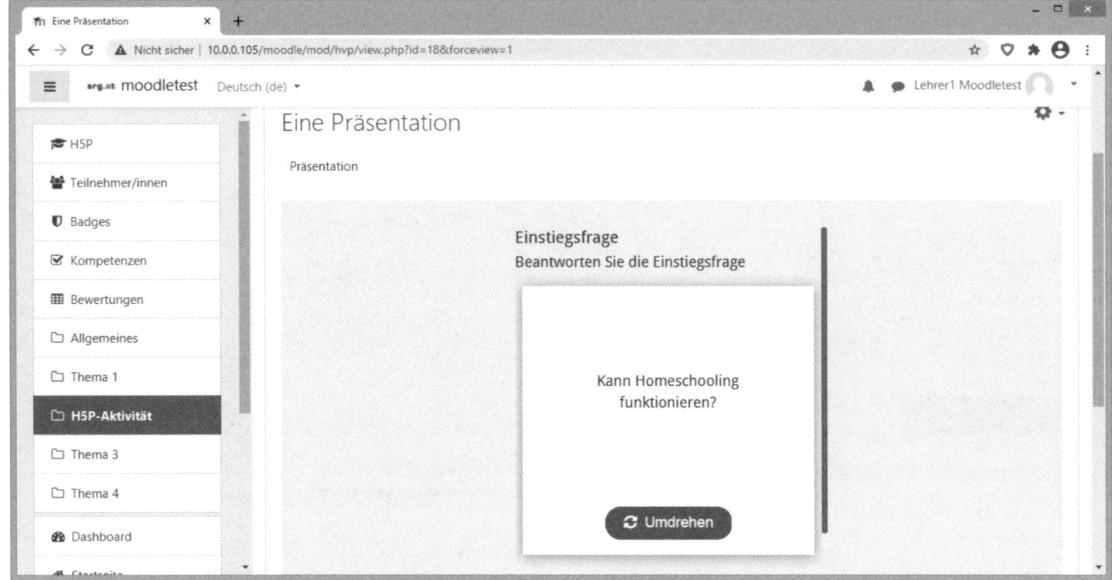

Bild 4.52 Ansicht aus der Perspektive der Lernenden: Zuerst wird – als erste Folie – die Vorderseite der Dialogkarte präsentiert.

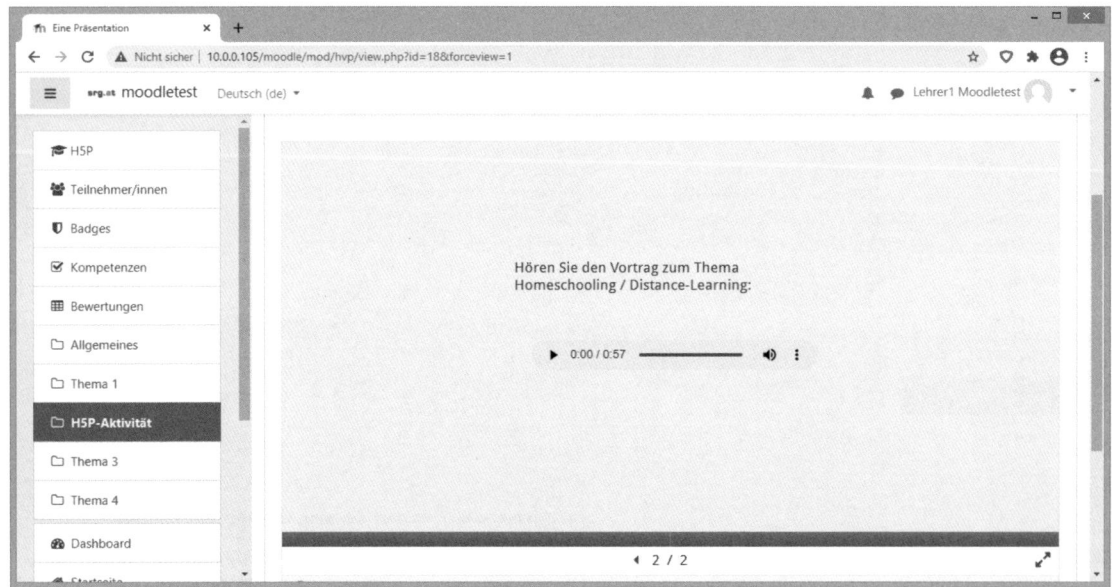

Bild 4.53 Die zweite Folie liefert das Ergebnis – hier: die Wiedergabe einer Audiodatei.

4.12 Dialog Cards

Ein hervorragendes Übungsinstrument – insbesondere zum Lernen von Sprachen – sind *Dialog Cards*. Es können Texte, Audio- und Videoinhalte in die Karten eingebunden werden. Die Lernenden bekommen auf der „Vorderseite" eine Frage oder eine Vokabel angeboten und überprüfen im Selbststudium ihr Wissen durch den Vergleich mit der Rückseite. Dialog Cards eignen sich besonders für kurze Übungslektionen, beispielsweise während der Fahrt mit öffentlichen Verkehrsmitteln.

Den Lernerfolg kann man durch verschiedene Modi steigern. So lässt sich einstellen, wie viele erfolgreiche Erkennungen nötig sind, um die Karte insgesamt als „gelernt" zu bewerten.

Das Prinzip der Lernkarten ist keinesfalls neu. Verschiedene Verlage bieten vorgedruckte Lernkarten zum Vokabeltraining für das Selbststudium von Sprachen an. Die richtig beantworteten Karten werden eine Stufe nach hinten gelegt, währenddessen falsch beantwortete Karten an das Ende des vorderen Stacks gelegt werden, um diese zu wiederholen. Erst wenn eine Karte das letzte Fach erreicht hat und auch dort richtig beantwortet wird, wird sie aus dem Spiel genommen.

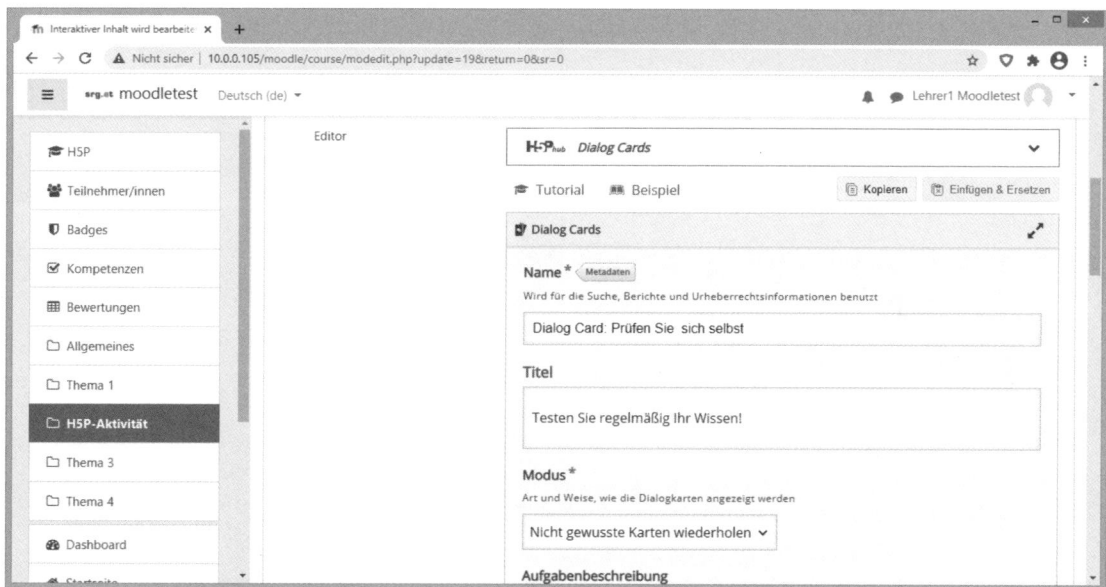

Bild 4.54 Die Dialogkarten können in verschiedenen Modi präsentiert werden. So können alle Karten der Reihe nach oder nur die falsch beantworteten Fragen wiederholt werden.

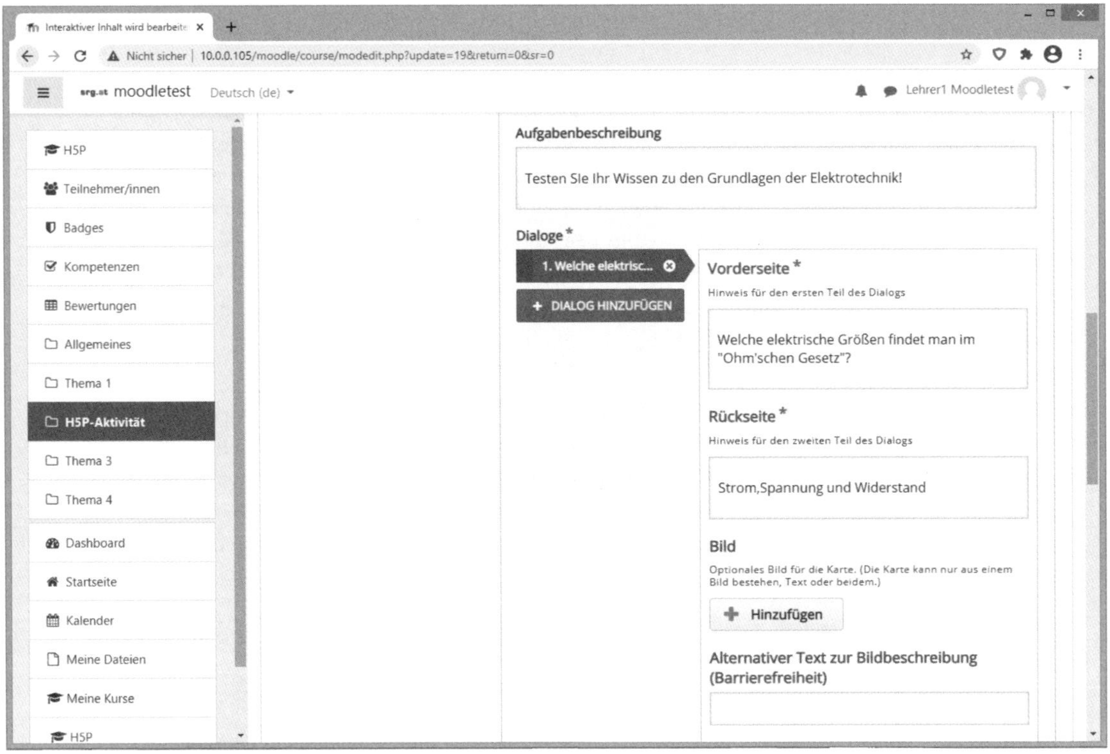

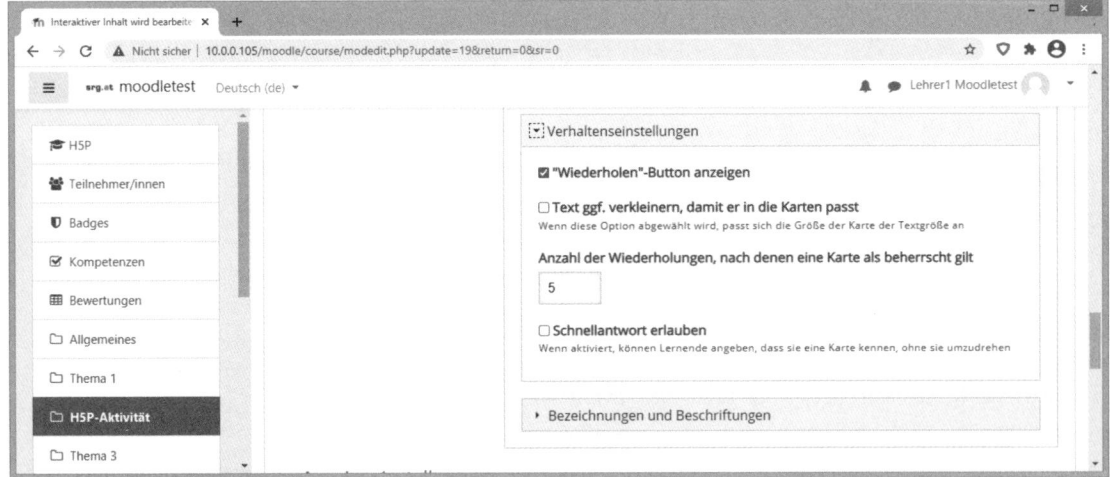

Bild 4.55 Jeder Dialog besteht aus zwei Elementen: die Vorderseite der Karte mit der Frage und deren Rückseite mit der richtigen Antwort.

Bild 4.56 „Übung macht den Meister", heißt es. Der Lernerfolg wird gesteigert, wenn die Fragen einige Male wiederholt werden, bevor sie als gelernt betrachtet werden. Die Zahl der Wiederholungen können Lehrende nach ihrem Ermessen festlegen.

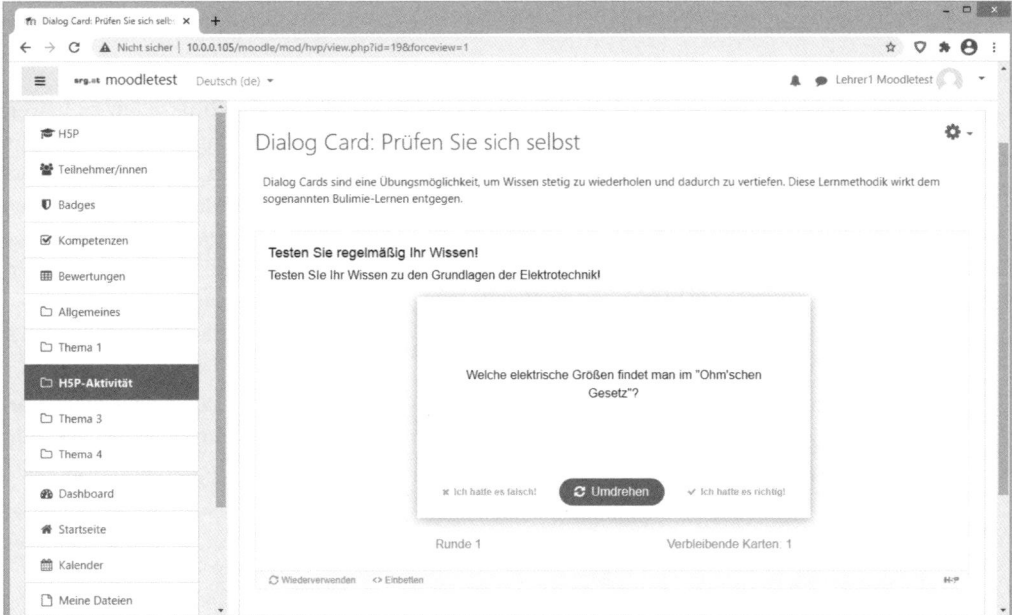

Bild 4.57 Die erste Seite der Karte formuliert die Frage. Die Lernenden versuchen für sich selbst, die Frage zu beantworten. Wenn sie glauben, eine Lösung zu kennen, drehen sie die Karte um.

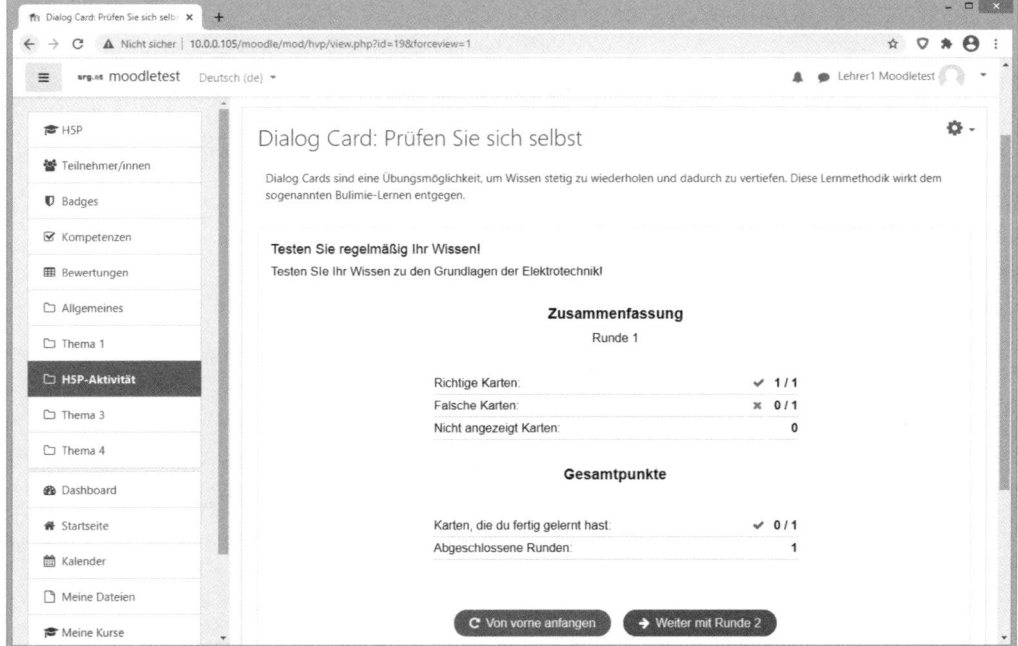

Bild 4.58 Wie sieht die Erfolgsquote aus? Die Zusammenfassung zeigt, wie viele Karten richtig und falsch beantwortet wurden.

■ 4.13 Dictation

Ein Diktat in einer digitalen Lernplattform durchzuführen und die Ergebnisse fair zu bewerten, ist sehr anspruchsvoll. Der Inhaltstyp *Dictation* bietet einen Lösungsansatz, wobei die Fehlertoleranz innerhalb gewisser Grenzen von der Trainerin bzw. dem Trainer beeinflusst werden kann. Der Erfolg hängt jedoch wesentlich von der Qualität der aufgezeichneten Sprechproben ab. Pro Übung können zwei Sprechproben hinterlegt werden, wobei eine Ansage im regulären Tempo und die andere zum besseren Verständnis langsamer wiedergegeben wird. Der im Diktat zu schreibende Text kann auch alternative Schreibweisen zulassen. Die betreffenden Begriffe werden durch ein „Pipe"-Zeichen,[3] den senkrechten Strich (|), voneinander getrennt.

Zum besseren Verständnis der Ansage kann eine bestimmte Zahl von Wiederholungen vorgegeben werden. Das reduziert Verständnisfehler. Es lassen sich bestimmte Fehler wie zum Beispiel Interpunktion als „halbe Fehler" bewerten.

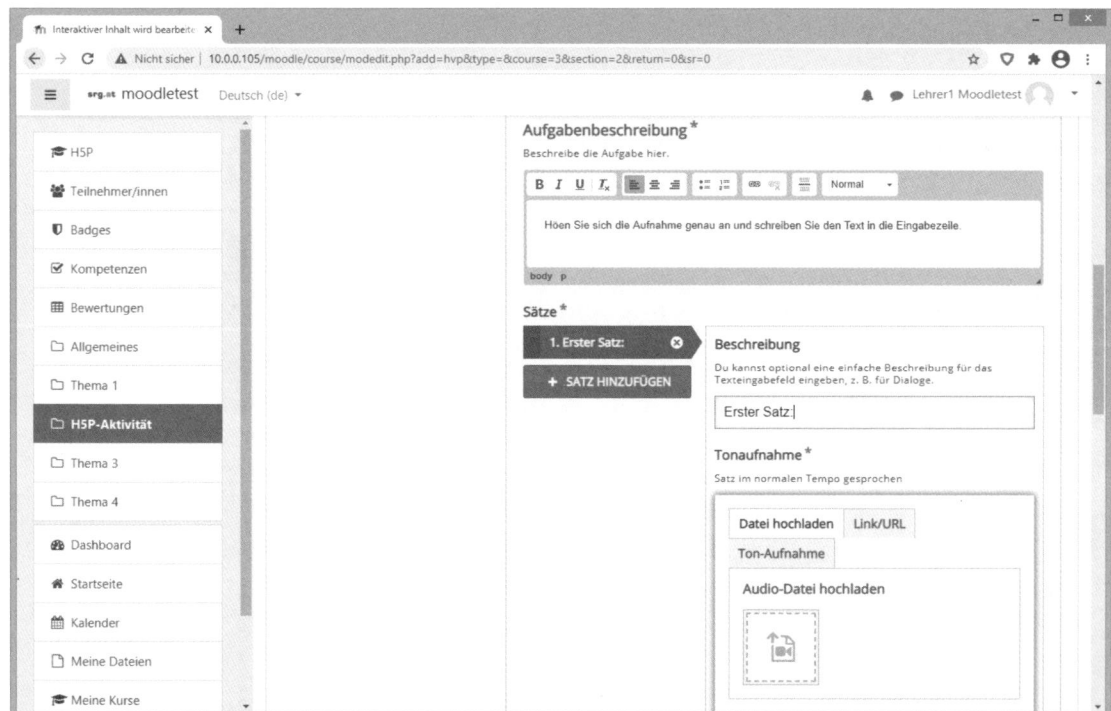

Bild 4.59 In die Eingabezeile kann ein Hinweis für die Bearbeitung eingetragen werden. Dieser wird durch die Eingaben der Lernenden überschrieben. Der zu schreibende Text wird mit einer Audiodatei hochgeladen.

---

[3] Das Zeichen Pipe (senkrechter Strich) wird mit der Tastenkombination [Alt Gr]+[<] erzeugt.

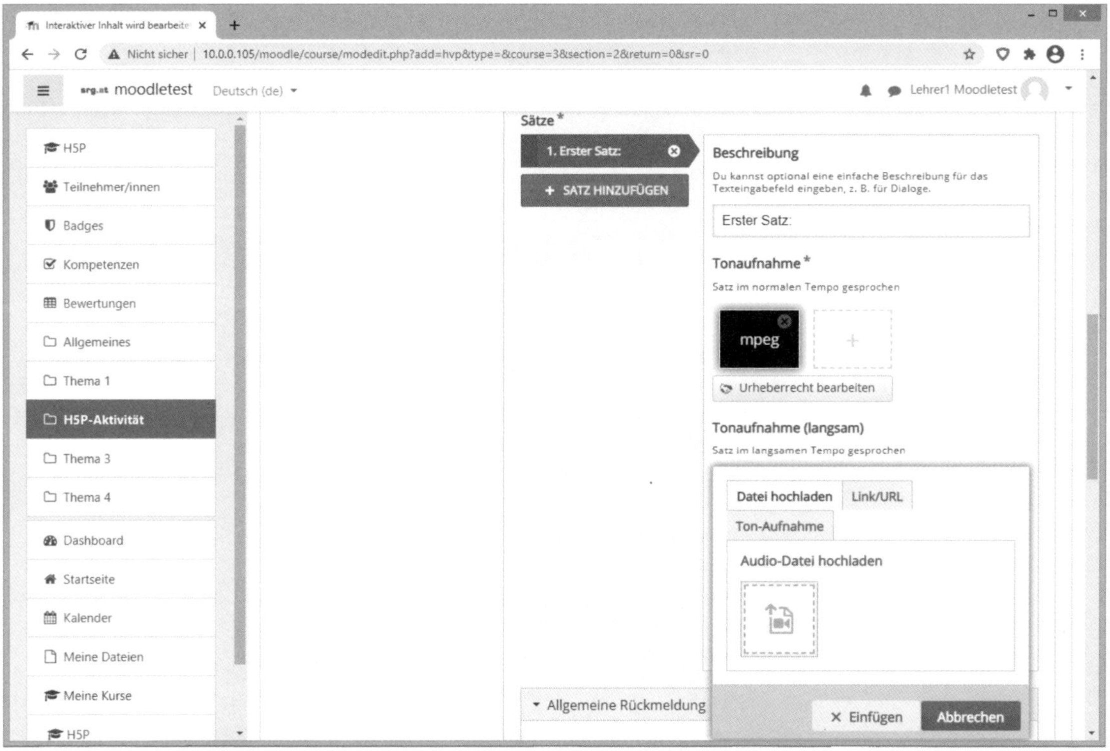

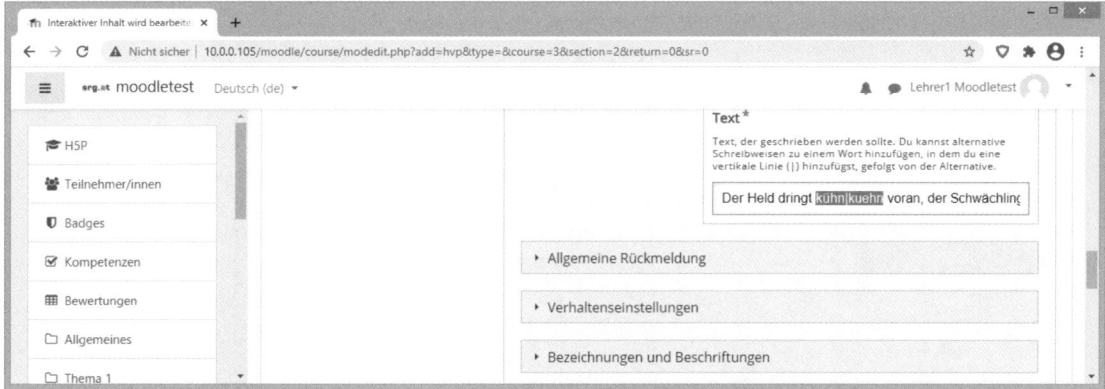

Bild 4.60 Eine zweite Audiodatei mit dem gleichen – nur bei der Aufnahme langsamer gesprochenen – Text kann zur Unterstützung angeboten werden, um den Einfluss von Hörfehlern zu reduzieren.

Bild 4.61 Möglicherweise sind mehrere Schreibweisen für ein Wort möglich, wie es hier im Beispiel der Fall ist: Das Wort „kühn" kann auch richtig in der Form „kuehn" geschrieben werden. Beide Varianten werden in der Lösungsvorgabe – getrennt durch einen senkrechten Strich („Pipe") – deklariert.

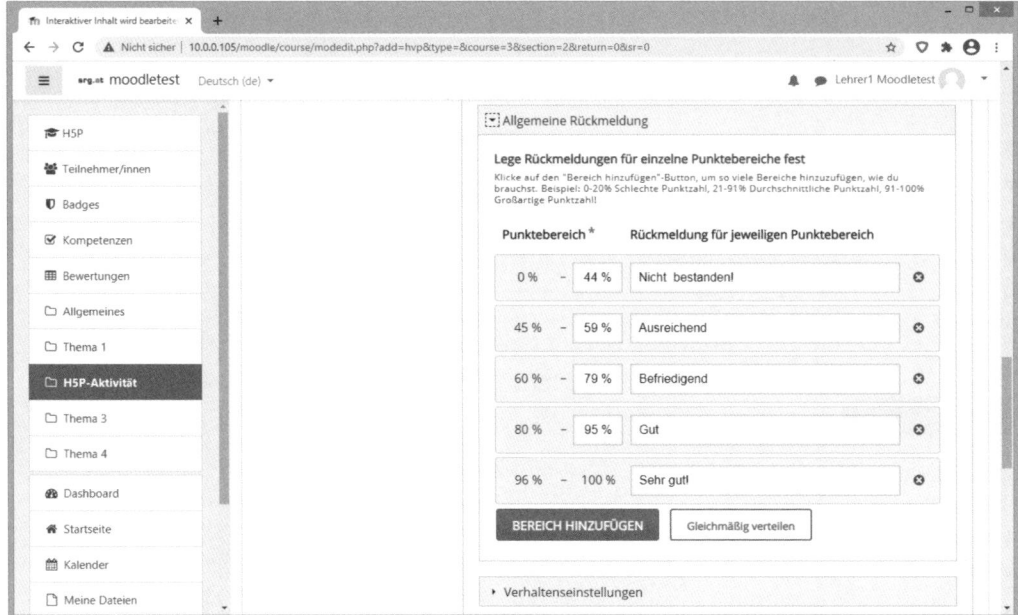

Bild 4.62 Den Notenschlüssel können Lehrkräfte selbst festlegen. Grundsätzlich wird dieses Bewertungsraster von den Vorgaben der Schule abhängig sein.

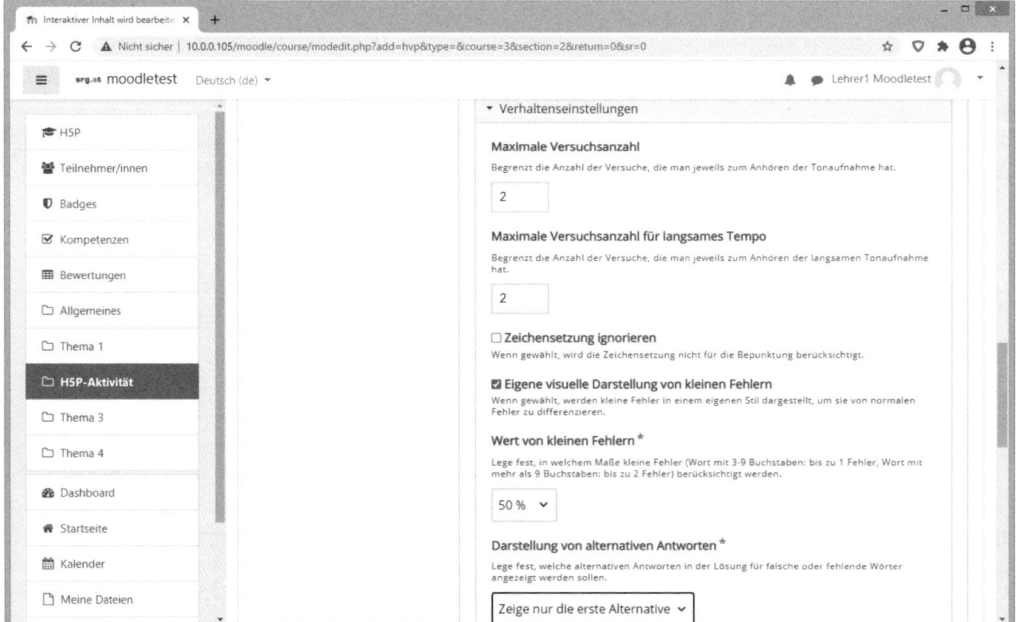

Bild 4.63 Bei der Durchführung und Bewertung des Diktats können Vorgaben gemacht werden: Beispielsweise kann die Anzahl der Wiederholungen der Sprachansage begrenzt werden.

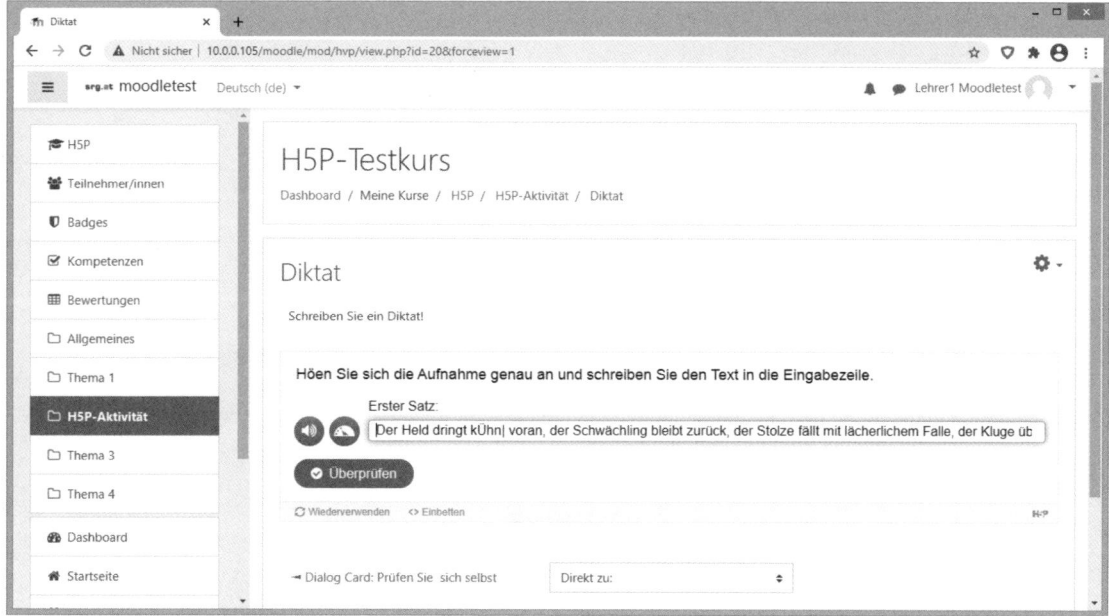

Bild 4.64 Die Lernenden geben den gehörten Text in die Eingabezeile ein. Anschließend können sie ihr Ergebnis selbst überprüfen.

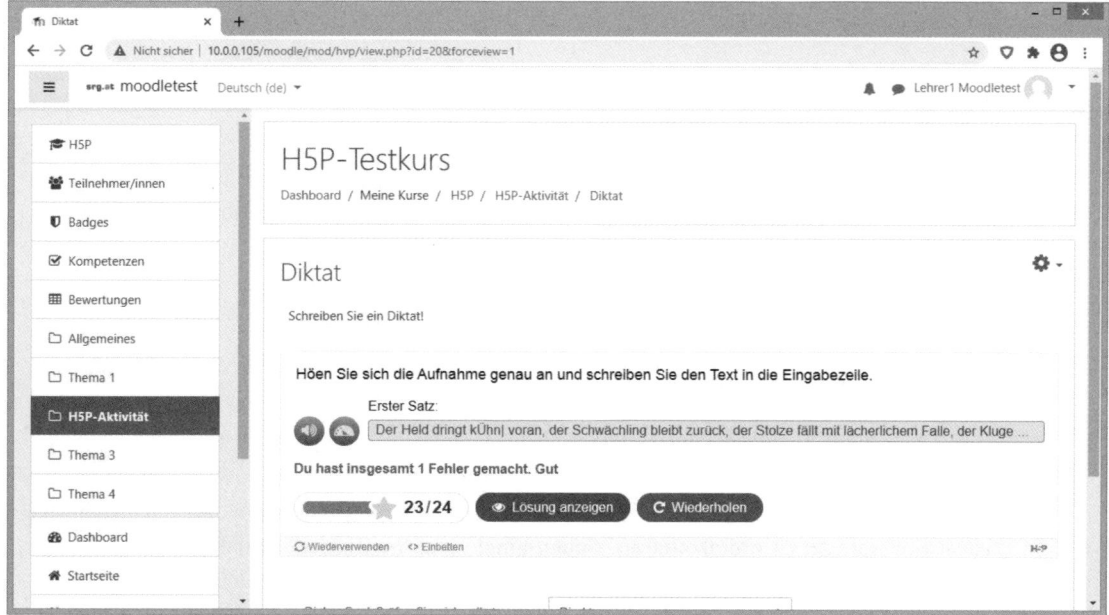

Bild 4.65 Im ersten Feedbackschritt wird die Anzahl der Fehler und die damit verbundene Bewertung dargestellt. Diese basiert auf dem von der Lehrkraft festgelegten Notenschlüssel.

Bild 4.66 Der zweite Feedbackschritt zeigt richtig und falsch geschriebene Wörter der Diktatzeilen. Die Lernenden sehen somit sofort, welcher Fehler zu welchem Punktabzug führte.

4.14 Documentation Tool

Einen wichtigen Beitrag zur Vertiefung des Lernerfolgs stellen Dokumentationen der Aufgaben dar. Das *Documentation Tool* kann zur systematischen Beschreibung der Arbeitsergebnisse und aktueller Zwischenstände verwendet werden. Dabei werden zum Beispiel die folgenden Abschnitte bearbeitet:

- Beschreibung der gesetzten Ziele
- Planung und Vorbereitung
- Durchführung der Arbeit
- Auswertung und Selbsteinschätzung
- Bewertung der Zielerreichung

Die Lernenden werden mit dieser Aufgabe motiviert, ihre Projekte bereits bei der Arbeit in Form von Notizen zu protokollieren. Neben einer Ausarbeitung, die zur Bewertung vorgelegt werden kann, steht den Lernenden mit dem erstellten Dokument eine Unterlage zur Verfügung, um die Arbeit später nachzuvollziehen.

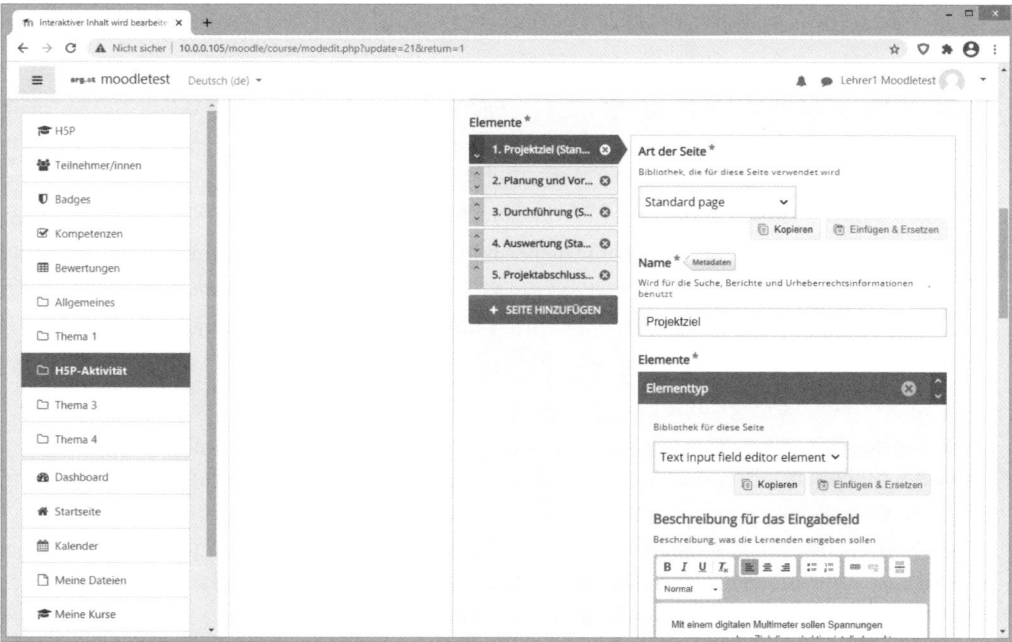

Bild 4.67 Die Dokumentation kann nach Vorgaben der Lehrkraft erfolgen. Dazu werden entsprechende Inhaltsseiten definiert, die von den Lernenden zu befüllen sind.

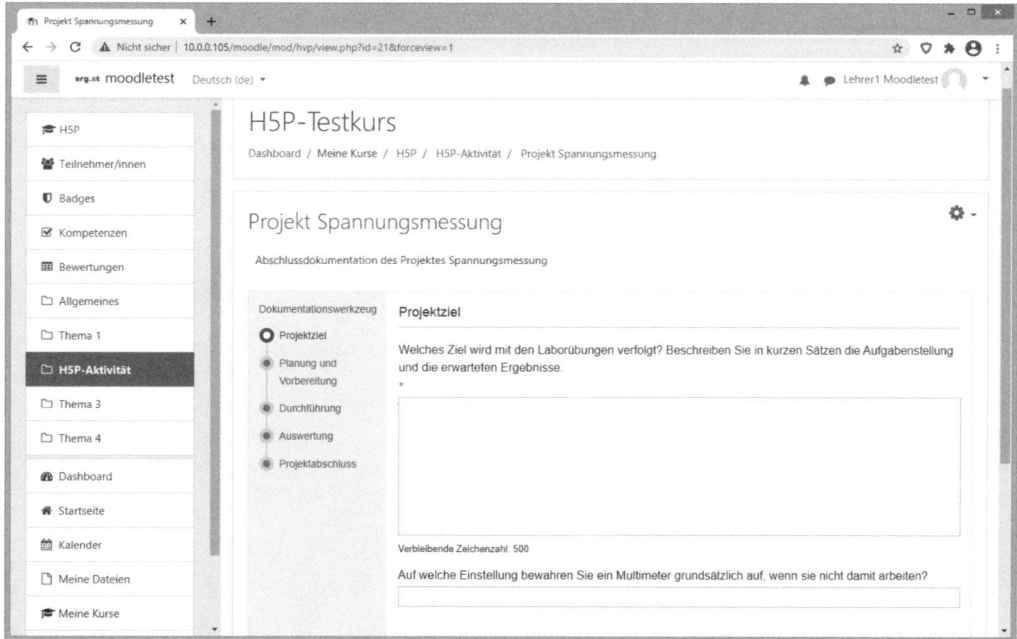

Bild 4.68 Die Lernenden können gezielt ihre Berichte in das Eingabefeld eintragen. Es kann in der Konfiguration festgelegt werden, dass die Dokumentation erst nach dem Ausfüllen aller Eingabefelder abgegeben werden kann.

◼ 4.15 Drag and Drop

Der Inhaltstyp *Drag and Drop* stellt ein einfaches Zuordnungsspiel dar. Mögliche Lösungen werden als verschiebbare Objekte angeboten. Die Lernenden müssen diese Lösungsobjekte an die richtige Stelle über einer Hintergrundgrafik platzieren.

Eine Drag-and-Drop-Aufgabe wird in vier Phasen konfiguriert:

- Auswahl eines geeigneten Hintergrundbilds: Dieses Bild muss detailreich sein und Inhalte besitzen, die vom Lernenden mit entsprechenden Begriffen zu bezeichnen sind.
- Festlegung geeigneter Ablagezonen direkt über dem Hintergrundbild,
- Formulierung der erklärenden Begriffe und
- Zuordnung der Begriffe zu den jeweiligen Ablagezonen.

Es ist möglich, die Aufgabe etwas zu erschweren, indem die Begriffe mehrfach verschoben werden können. Auch lässt sich eine Eingrenzung vornehmen, nach der Begriffe nicht in alle Ablagezonen verschoben werden dürfen.

Bei der Festlegung der Ablagezonen kann die Deckkraft des Felds von 0 % (völlig transparent) bis 100 % (total deckend) eingestellt werden. Vollkommene Abdeckung ist nicht immer sinnvoll, weil damit wichtige Bildinhalte nicht mehr sichtbar sind (vgl. Bild 4.76 und Bild 4.77). Eine völlige Transparenz erschwert das Auffinden der Ablagezone. Brauchbar sind Deckungswerte von 10 % bis 20 %. Sie lassen die Ablagezone erkennen, ohne das Bild zu stören (vgl. Bild 4.70).

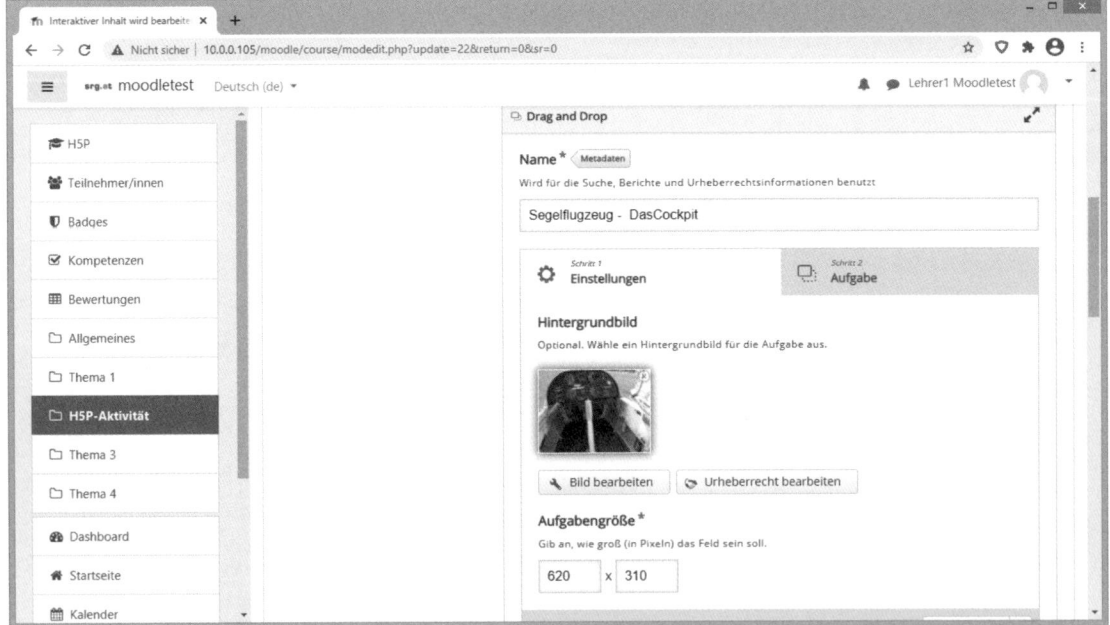

Bild 4.69 Das Hintergrundbild muss über Bildinhalte verfügen, in denen später sinnvolle Ablageflächen mit bestimmten Bedeutungen definiert werden.

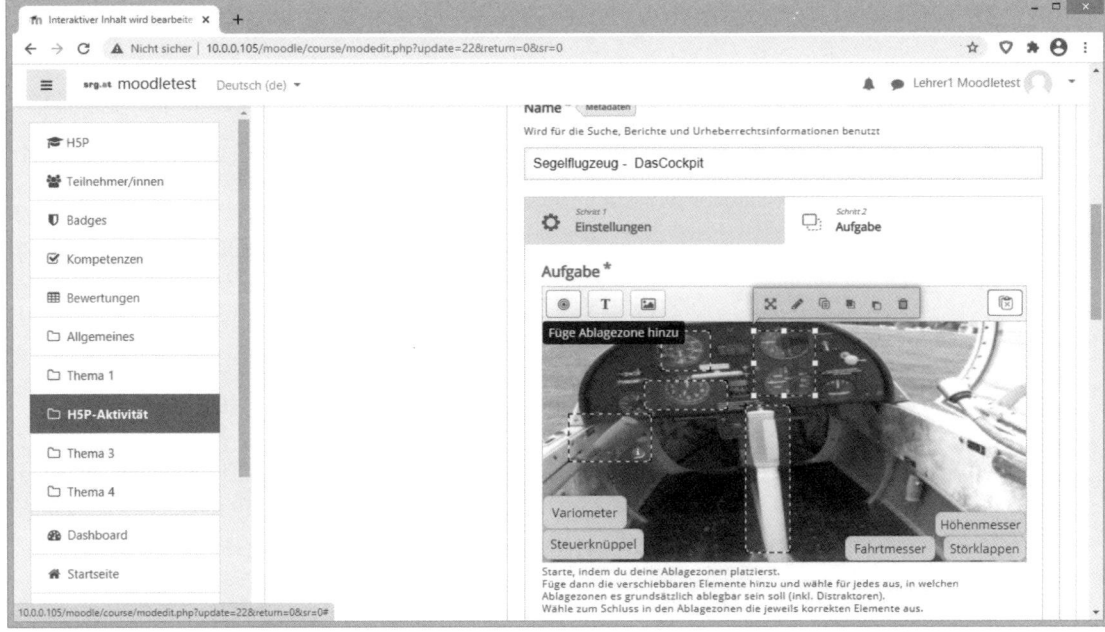

Bild 4.70 Die Ablagezonen und zuzuordnenden Begriffe wurden festgelegt. Es sind noch Detail-konfigurationen erforderlich.

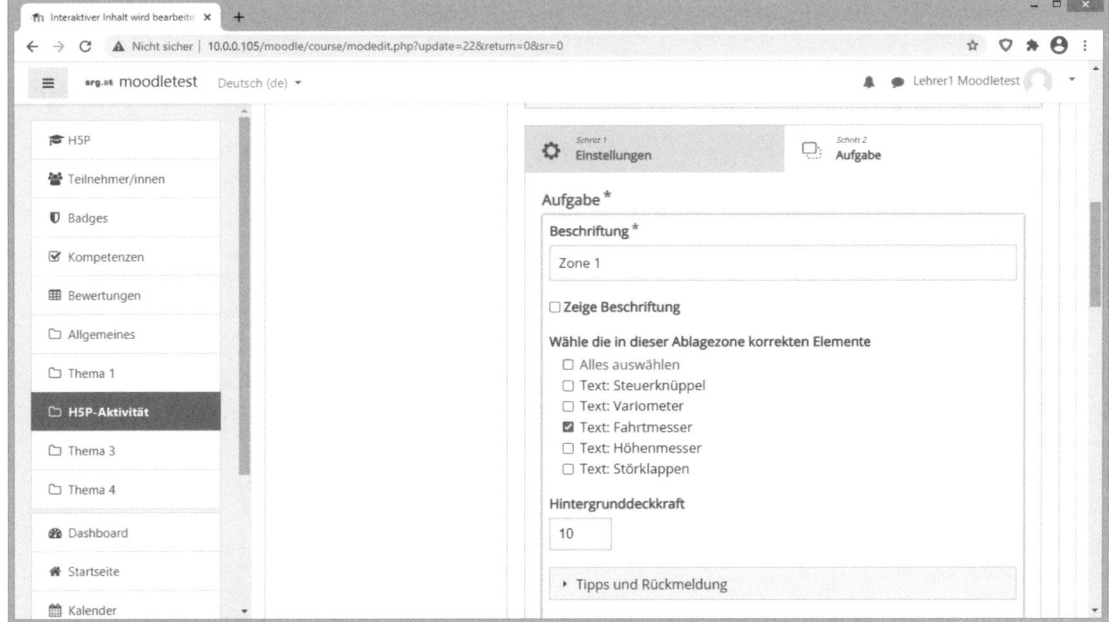

Bild 4.71 Jeder Ablagezone kann nun das passende Textelement zugewiesen werden.

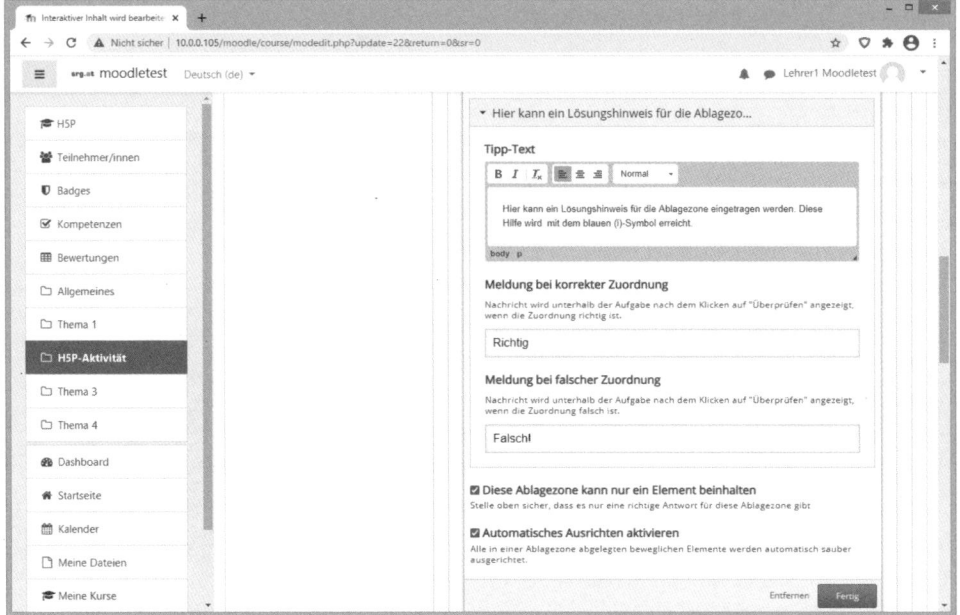

Bild 4.72 Feedback zur abgegebenen Lösung ist wichtig. Während in der Illustration nur Aussagen wie „Richtig" oder „Falsch" ausgegeben werden, ist es auch möglich, ein frei formuliertes konstruktives Feedback zu formulieren.

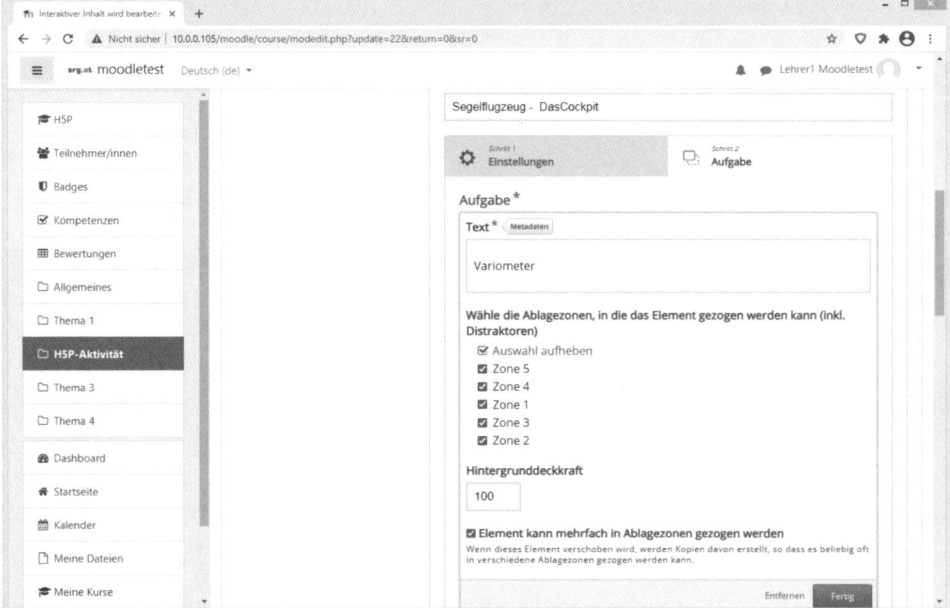

Bild 4.73 Neben der Festlegung, welches Element zu welcher Ablagezone gehört, wird in einem weiteren Schritt eingestellt, in welche Zonen ein Element – ungeachtet dessen, ob es richtig oder falsch platziert wird – abgelegt werden darf.

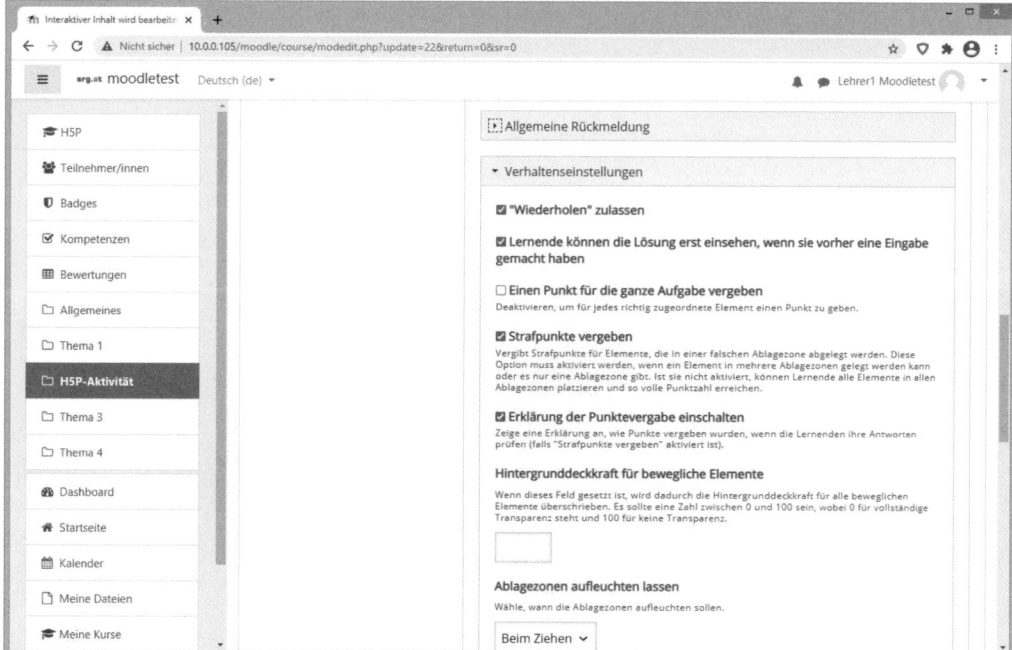

Bild 4.74 Zu den Verhaltensregeln gehört die Möglichkeit, den Versuch zu wiederholen sowie Vorgaben zur Bewertung zu definieren.

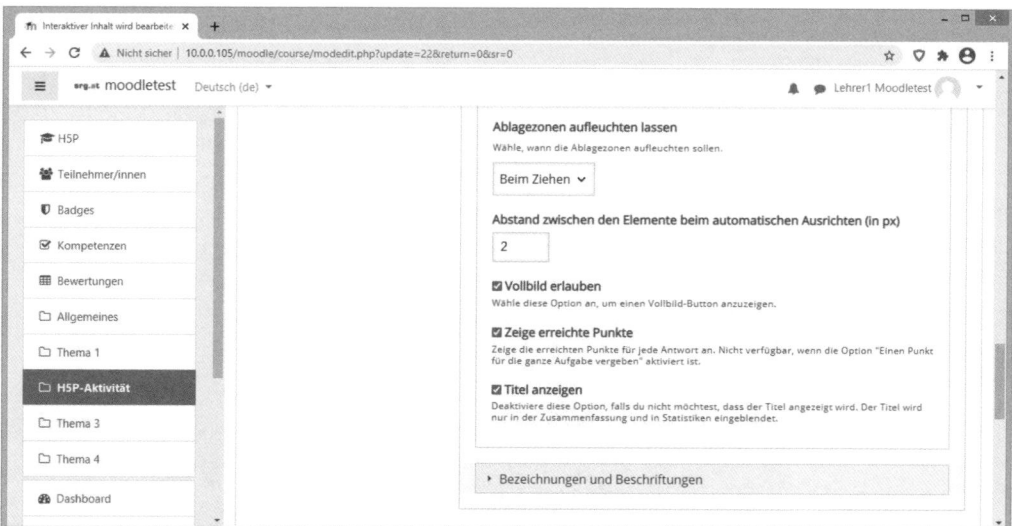

Bild 4.75 Um die Ablagezonen leichter zu finden, können diese bei der Überfahrt mit einem zu platzierenden Objekt hervorgehoben werden. Sinnvoll ist bei dieser Art von Übung der Vollbild-modus. Damit werden Einschränkungen der Lernplattform ausgeglichen.

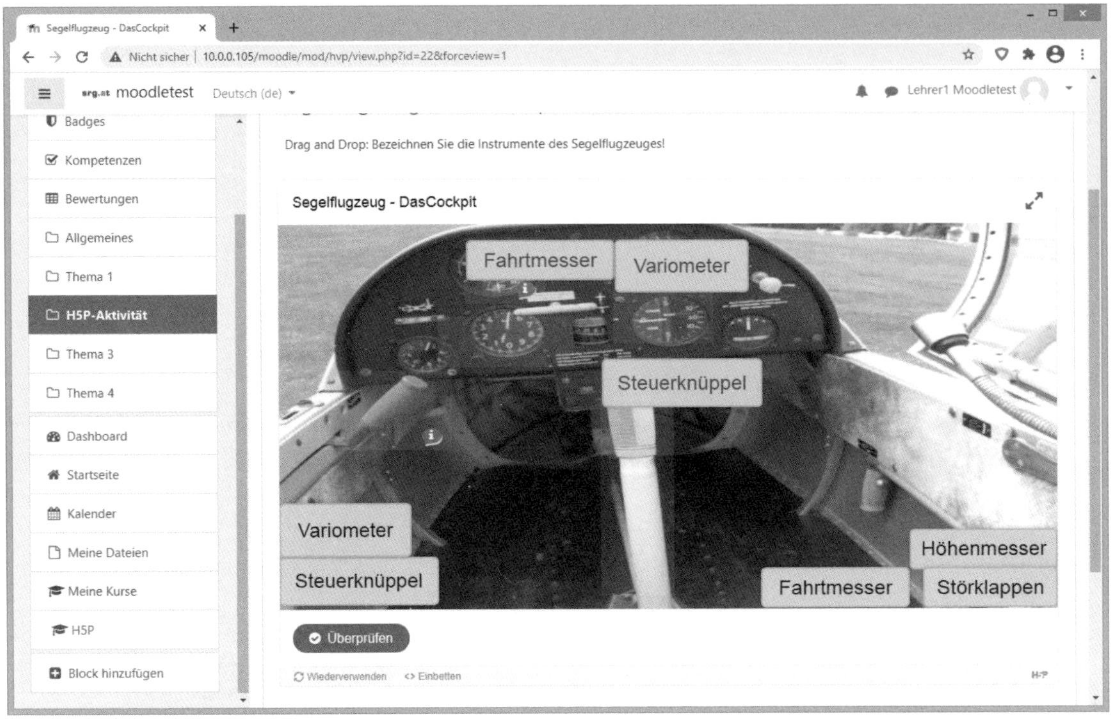

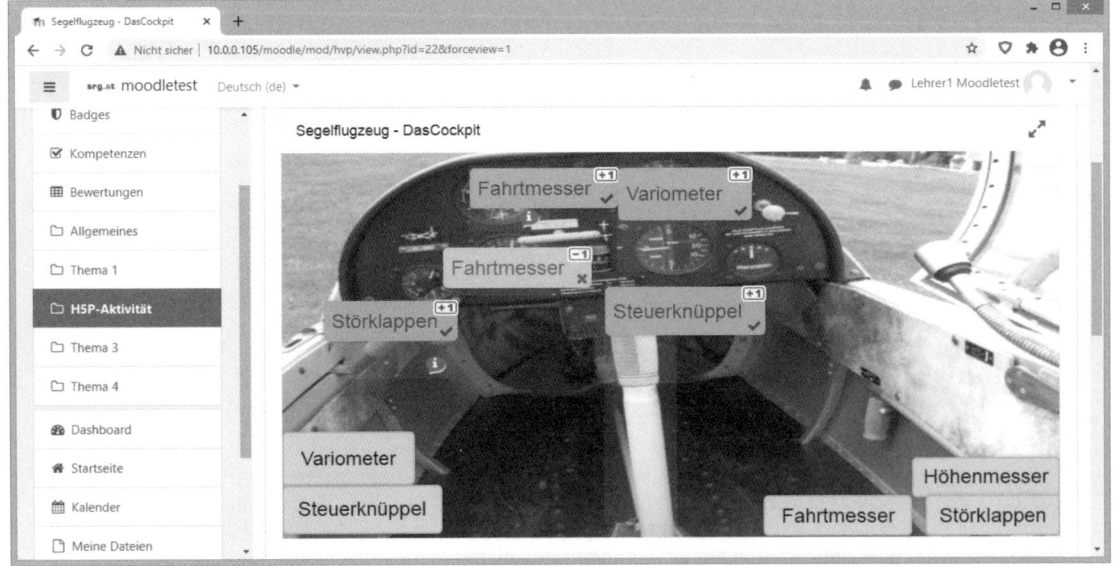

Bild 4.76 Drei Elemente wurden bereits platziert. Weil ein Element mehrfach abgelegt werden darf, erscheinen nach wie vor alle Elemente in der Auswahl.

Bild 4.77 Ein Element wurde zweimal platziert und dabei einmal in die falsche Ablagezone. Dies gibt einen Punktabzug.

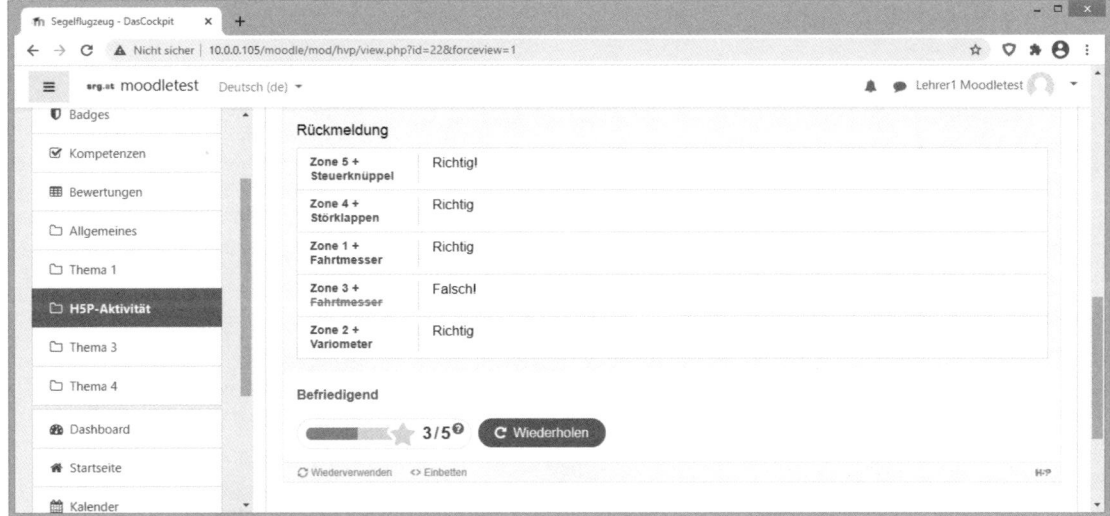

Bild 4.78 Strafpunkte machen die Bewertung härter und die Übung anspruchsvoller. Es wird nicht nur der Punkt für das Nichtlösen des einen Felds nicht gegeben, sondern es wird zusätzlich ein Punkt von der Summe der erreichten Punkte abgezogen.

 Strafpunkte vergeben?

Strafpunkte können für falsche Lösungen vergeben werden, wenn es möglich ist, ein Element auf mehrere Ablagezonen zu verschieben. Damit wird vermieden, dass Lernende durch „Raten" Punkte gewinnen können.

■ 4.16 Drag the Words

Der Inhaltstyp *Drag the Words* ist eine Lückentextvariante, bei der die möglichen Lösungsworte als verschiebbare Elemente am Seitenrand angeordnet werden. Die Lernenden verschieben das jeweils passende Wort in die entsprechende freie Stelle im Text.

Die Gestaltung des Lückentexts ist extrem einfach. Die Lehrkraft schreibt den Text frei in den Editor. Die Stellen, an denen ein Wort einzufügen ist, werden durch Asterisken[4] eingerahmt.

Ein Beispiel: *H5P* gestattet die Gestaltung interaktiver Lehrinhalte. *Moodle* ist eine Lernplattform. Auch in einem Content Management System (*CMS*) wie *WordPress* können H5P-Inhalte eingefügt werden.

---

[4] Asterisk ist das Zeichen eines Sterns auf der Tastatur: *

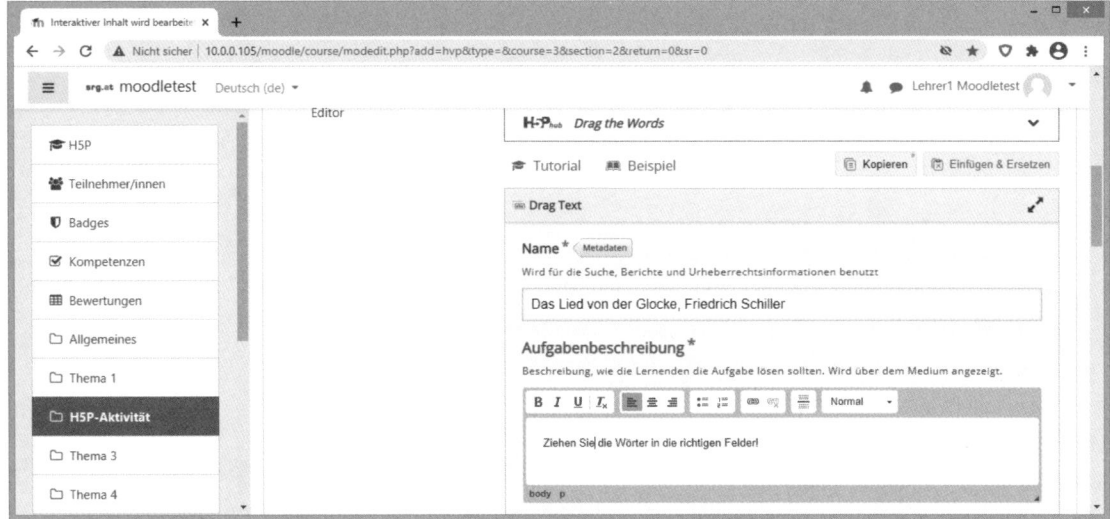

Bild 4.79 Das Eingabewerkzeug ist nur ein ganz einfacher Editor. „Lücken", in die Lernende Texte hineinschieben müssen, werden durch einen Asterisk bezeichnet.

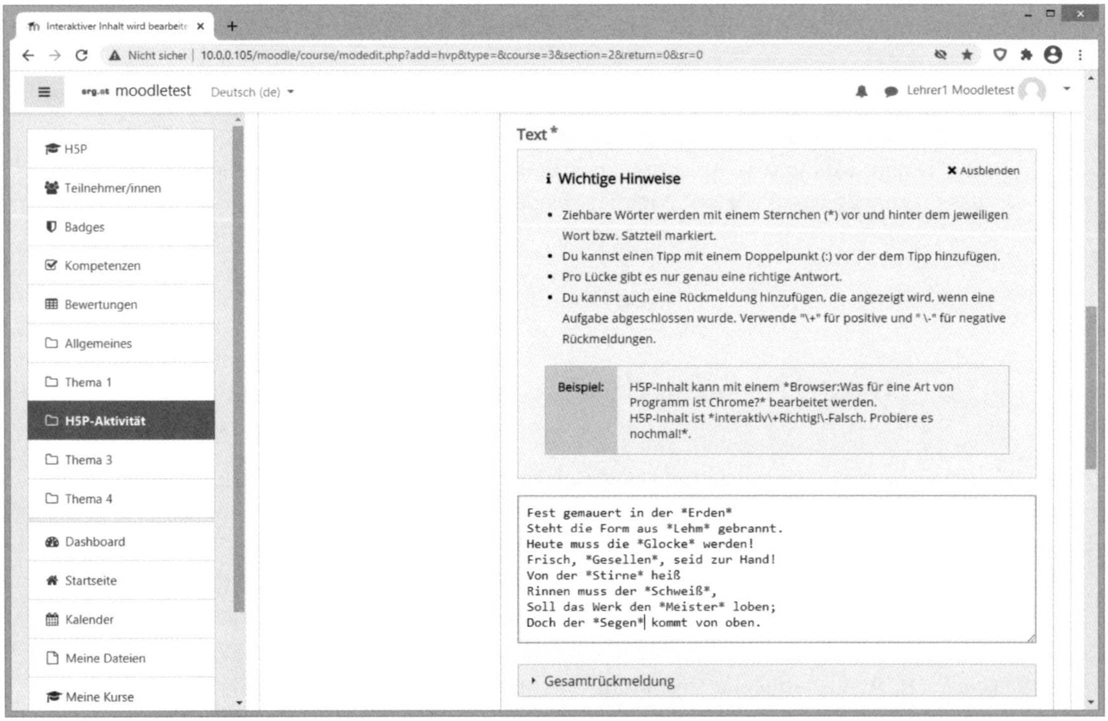

Bild 4.80 Ein Beispiel: Die Lernenden sollen fehlende Wörter aus Schillers „Lied von der Glocke" richtig zuordnen. Der Vers wird vollständig in den Editor hineingeschrieben und die Stellen, die als Lücke erscheinen sollen, werden mit Asterisks umschlossen.

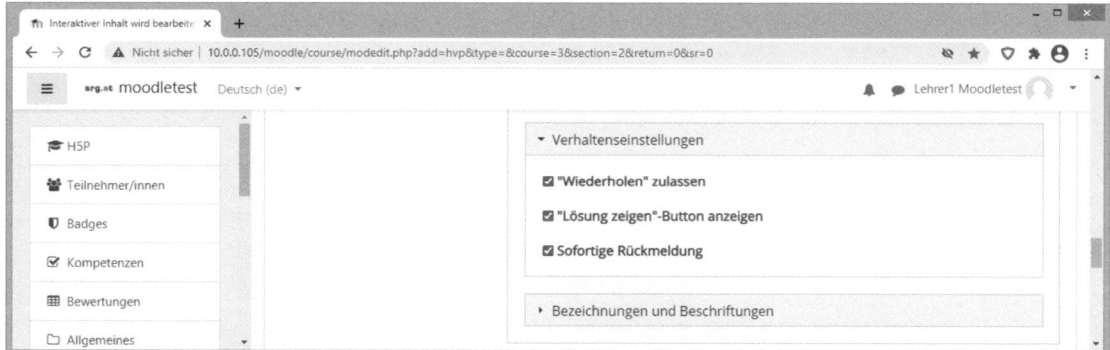

Bild 4.81 Eine sofortige Rückmeldung ist besonders bei reinen Online-Lektionen wichtig. Jedes Lernergebnis braucht Feedback, welches im Präsenzunterricht von der Lehrkraft sofort kommt. Wenn die Aufgabe abgegeben ist, kann die Wiederholung oder die Ansicht der richtigen Lösung angeboten werden.

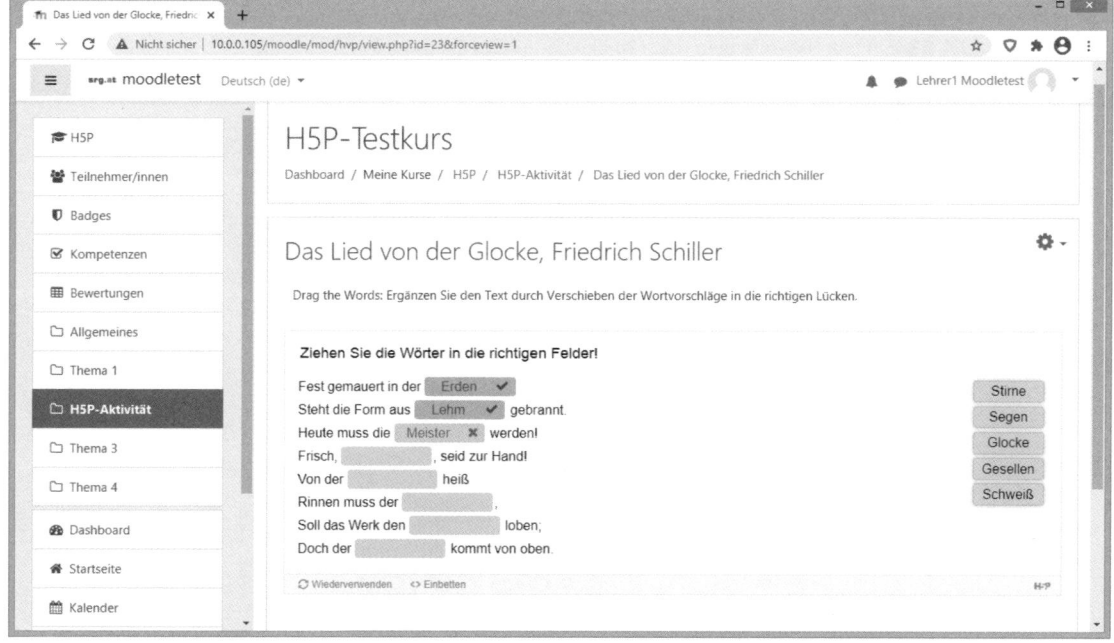

Bild 4.82 Ein Fehler in der Eingabe wird angezeigt. „Heute muss die *Glocke* werden..."

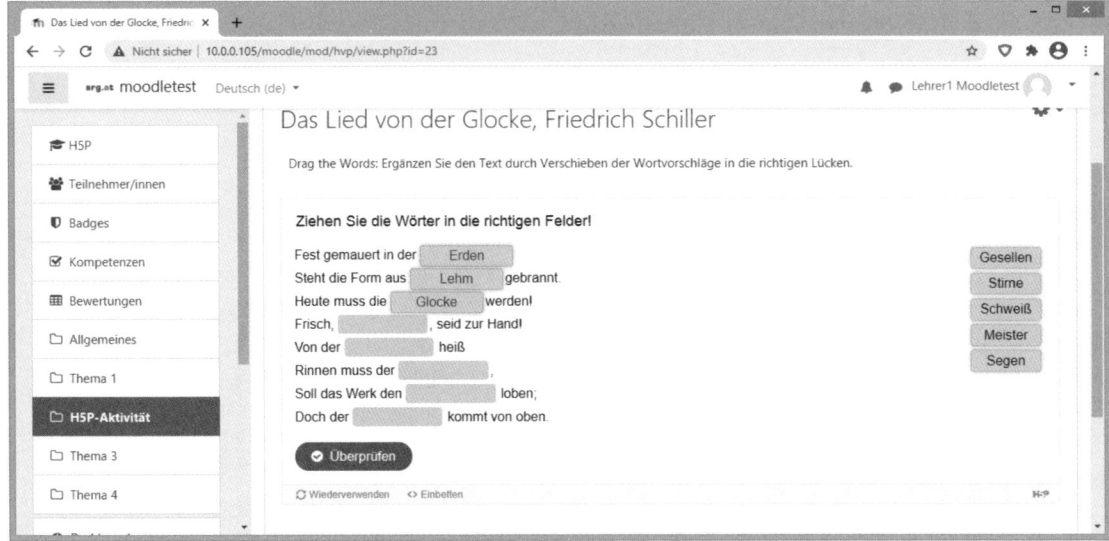

Bild 4.83 Ein paar Begriffe sind noch zu platzieren. Der Lückentext ist eine interessante und unterhaltsame Alternative zum stupiden Auswendiglernen eines klassischen Texts.

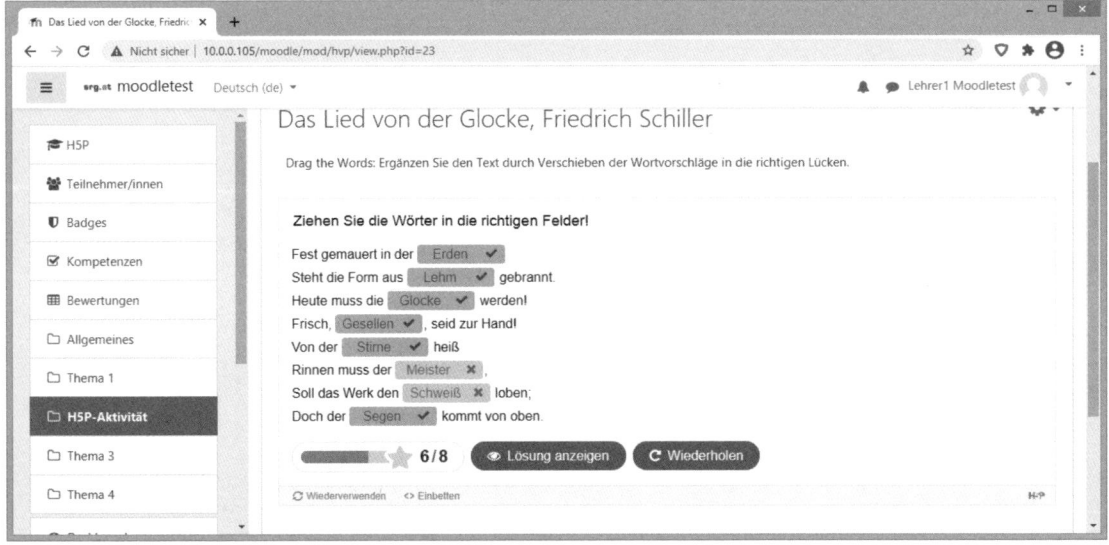

Bild 4.84 Das Ergebnis steht nun fest: zwei Fehler bei acht Feldern im Lückentext. Lernende haben in dieser Situation die Möglichkeit, die Lektion zu wiederholen oder sich die Lösung direkt anzusehen. Voraussetzung ist, dass diese Optionen angeboten werden.

4.17 Essay

Einen Aufsatz maschinell auszuwerten, ist ohne künstliche Intelligenz nur bedingt möglich. Wohl aber kann ein Aufsatz zu einem Fachthema auf das Vorhandensein wichtiger Schlagworte überprüft werden. Der H5P-Inhaltstyp *Essay* ermöglicht die Durchsuchung eines eingereichten Textes und vergleicht das Ergebnis mit von der Lehrkraft vorgegebenen Begriffen. Abhängig von der Vollständigkeit der im Text erwarteten Begriffe wird ein erstes Feedback ausgegeben.

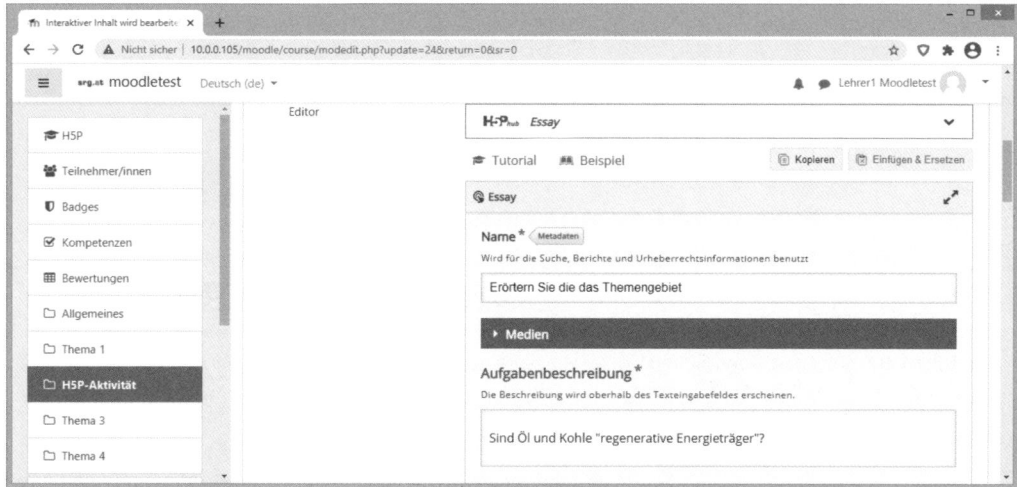

Bild 4.85 Die Beschreibung der Aufgabe kann durch „Medien" wie Bilder oder Videos unterstützt werden.

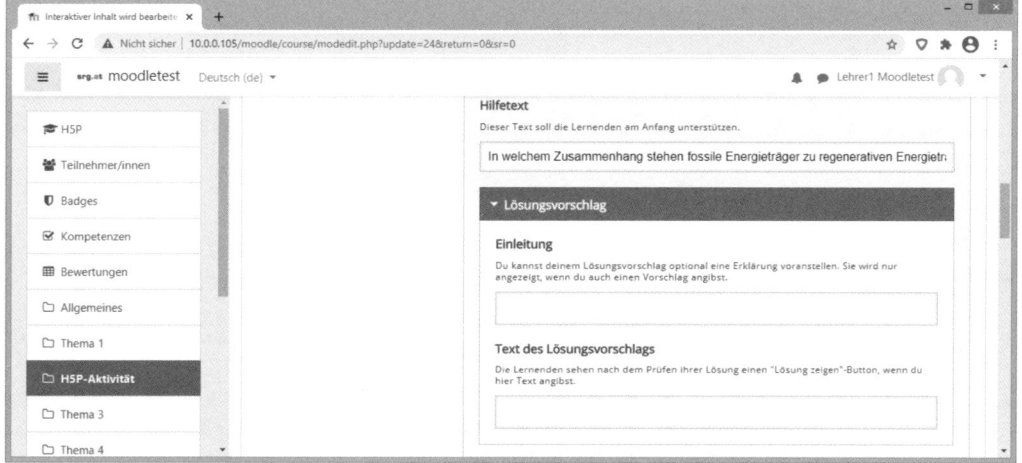

Bild 4.86 Es kann ein Lösungsvorschlag formuliert werden. Erfahrungsgemäß verleitet ein solcher Text jedoch zur „Umformulierung". Zweckmäßiger ist eine gute Vorbereitung. Es steht den Lehrenden frei, den Lösungsvorschlag offen zu lassen oder durch Hinweise stark zu limitieren.

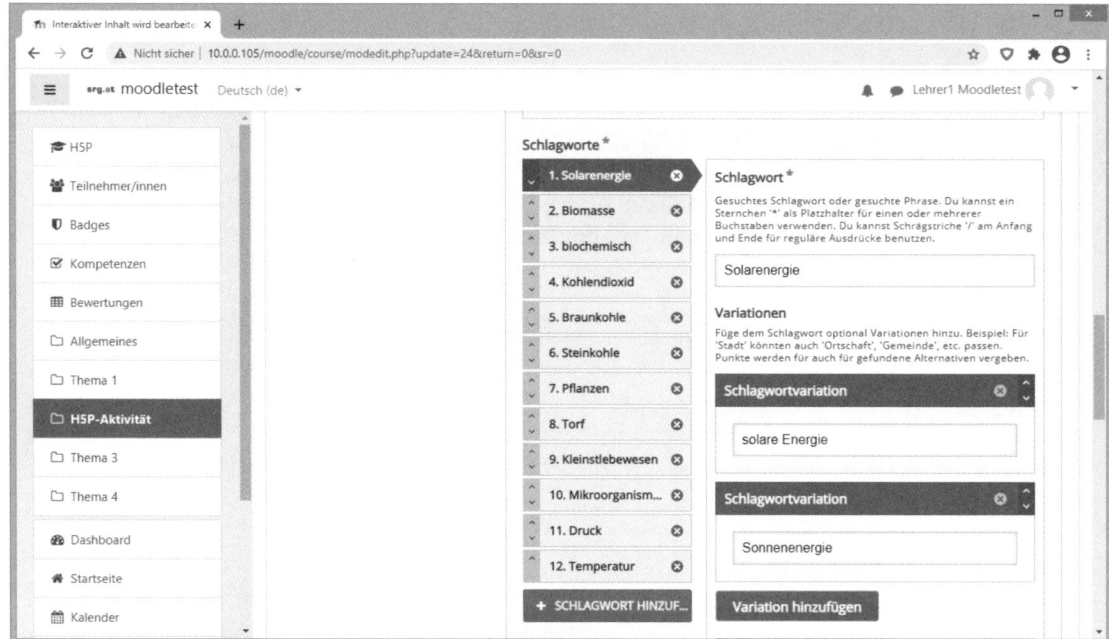

Bild 4.87 Die erwarteten Schlagworte werden einzeln definiert. Dabei können auch Variationen der Schlagworte berücksichtigt werden, um die frei formulierten Texte möglichst treffsicher automatisch bewerten zu lassen.

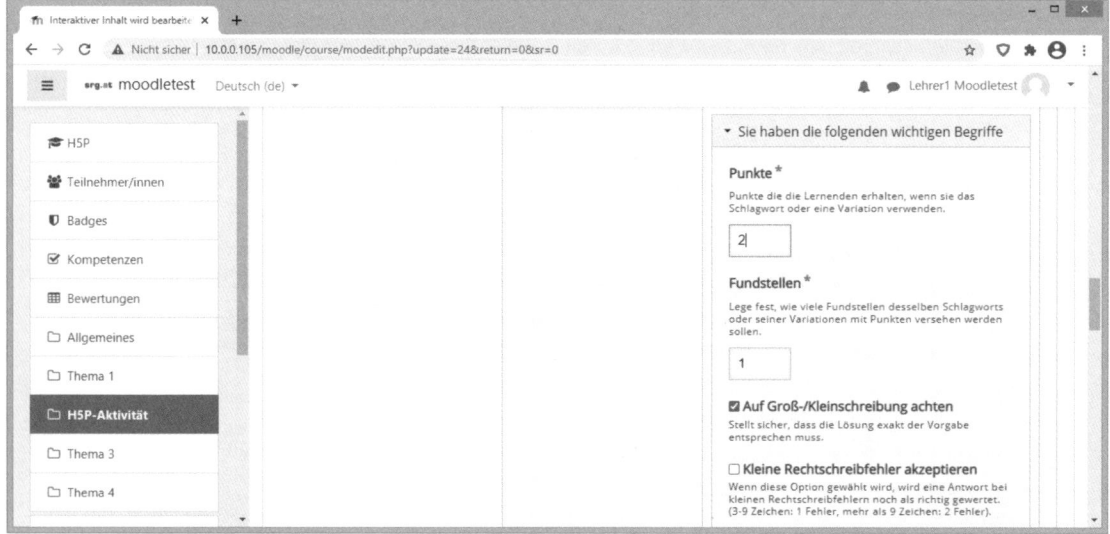

Bild 4.88 Die Schlagworte, welche im Aufsatz erwartet werden, können unterschiedlich gewichtet und entsprechend ihrer Bedeutung bewertet werden.

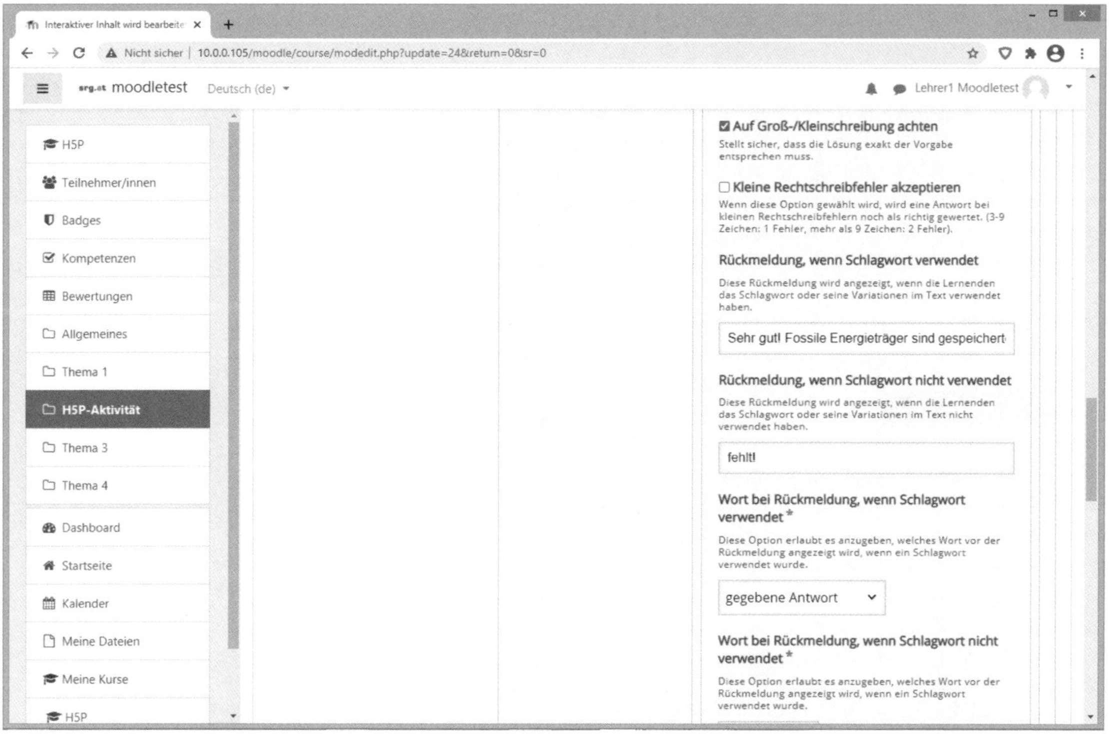

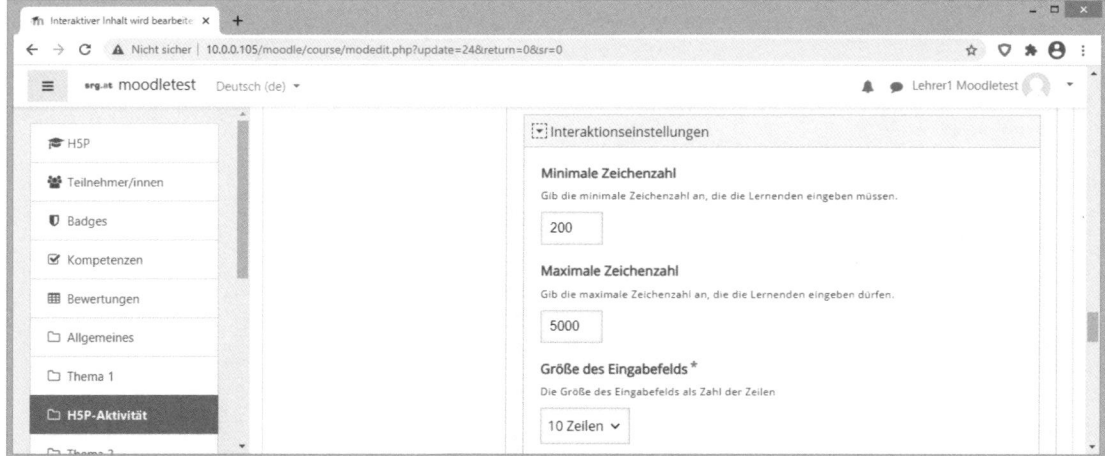

Bild 4.89 Zu jedem einzelnen Schlagwort kann ein Feedback definiert werden. Nach der Abgabe des Aufsatzes wird dies dem Lernenden angezeigt.

Bild 4.90 Das Volumen eines Aufsatzes kann recht genau vorgeschrieben werden. Während die minimale Zeichenzahl festlegt, wie lang ein Text sein muss, um tatsächlich als „Aufsatz" anerkannt zu werden, verhindert die maximale Zeichenzahl, dass wild übertrieben und der Text nur unnötig gestreckt wird.

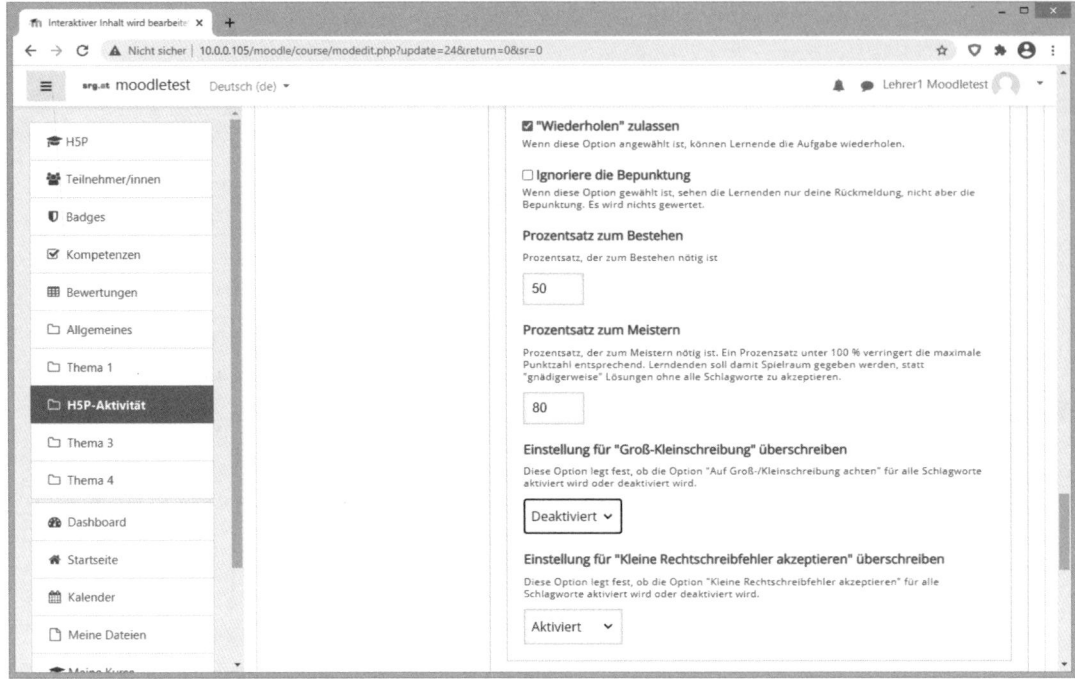

Bild 4.91 Auch hier können Bewertungen automatisiert erfolgen und den Lernenden die Möglichkeit zur Überarbeitung angeboten werden.

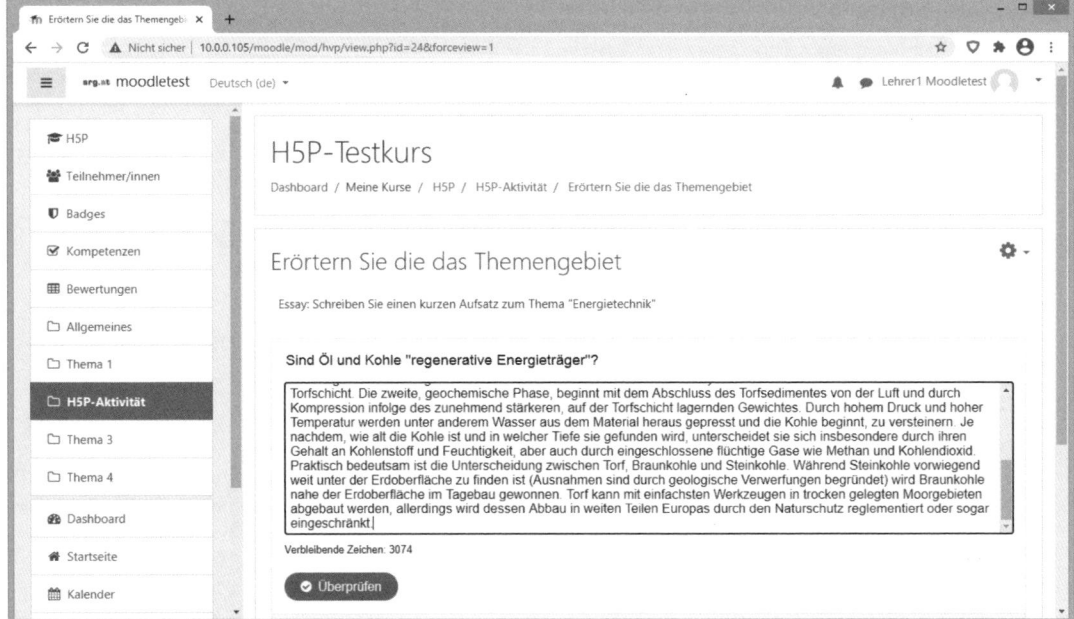

Bild 4.92 Die Größe des Eingabefensters für den Text wird in der Konfiguration festgelegt, zu klein sollte es nicht sein. Während der Eingabe haben die Kandidaten grundsätzlich einen Überblick zu den noch verbleibenden Zeichen für ihren Text.

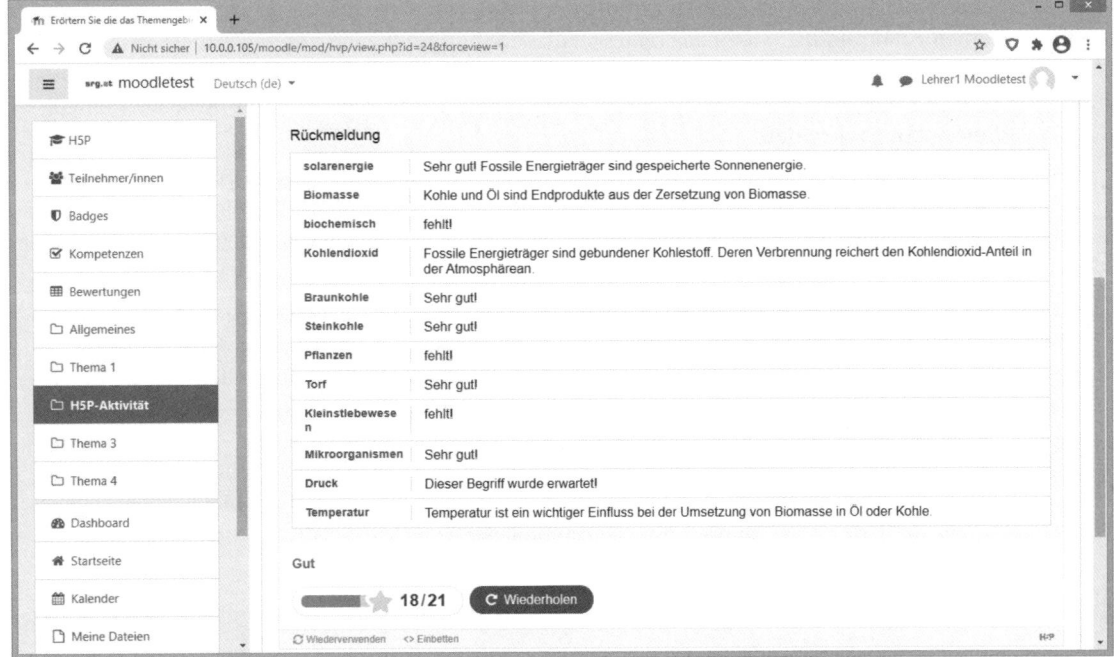

Bild 4.93 Im Text erwartete, jedoch fehlende Begriffe werden mit individuellem Feedback reklamiert. Den Lernenden kann an dieser Stelle erläutert werden, warum dieser Begriff eine wichtige Bedeutung hat.

 Automatisierung hat Grenzen!

Das Essay sollte nicht ausschließlich maschinell bewertet werden. Die Aussagen des H5P-Tools können als Hilfsmittel für die Auswertung betrachtet werden. Eine faire abschließende Bewertung sollte grundsätzlich den Lehrkräften vorbehalten bleiben.

◼ 4.18 Fill in the Blanks

Lückentextaufgaben gehören nicht erst seit der Einführung digitaler Lehrmittel zu den beliebtesten Übungen. Sie werden besonders gern beim Erlernen von Sprachen eingesetzt, beispielsweise wenn es darum geht, ein Verb in der richtigen Zeitform in einen Text zu schreiben.

Im Gegensatz zu einer Drag-and-Drop-Aufgabe oder der Auswahl eines gesuchten Begriffs aus einer Dropdown-Liste müssen die Lernenden in diesem Fall die Lösungsfelder in einer freien Formulierung ausfüllen. Natürlich birgt dies das Risiko von Schreibfehlern, wobei jedoch insbesondere im Sprachtraining die korrekte Rechtschreibung zu trainieren ist. Im reinen Fachtraining, wo die korrekte Rechtschreibung nur eine untergeordnete Rolle spielen soll, können angepasste Einstellungen für die Bewertung vorgenommen werden. Beispielsweise kann Groß- und Kleinschreibung ignoriert werden, was die Arbeit an einem Smartphone erleichtert.

Für die Abgabe der Aufgabe kann vorgeschrieben werden, dass in allen Feldern ein Inhalt einzufügen ist. Damit wird das „Resignieren" erschwert. Lernende, die nicht sofort auf die richtige Lösung kommen und das Feld deswegen gerne ignorieren möchten, können die Aufgabe so nicht abgeben.

Die Syntax für den Lückentext ist sehr einfach: Der Text wird komplett in den Editor geschrieben. An den Stellen, wo später eine Lücke gesetzt werden soll und die Eingabe des Suchbegriffs erwartet wird, werden Asteriske (Sterne) geschrieben. Sollen verschiedene Begriffe für die Eingabe erlaubt sein, so können diese mit einem Slash[5] (/) als Trennzeichen in die Lückendefinition geschrieben werden. Handelt es sich um einen – möglicherweise komplizierten – Fachbegriff, dann kann ein Tipp hinter einem Doppelpunkt in die Lückendefinition geschrieben werden. Die Lernenden sehen in diesem Fall ein blaues Symbol mit einem weißen „i". Sie können die Information per Mausklick aufrufen und so möglicherweise eine Lösung finden.

Bild 4.94 Neben einer *Aufgabenbeschreibung* in Textform kann diese durch ein Bild oder ein Video (Auswahl unter *Medien*) ergänzt werden.

---

[5] Das Zeichen Slash ist ein Schrägstrich, der auf einer deutschen Tastatur mit der Tastenkombination [Umschalt]+[7] erzeugt wird.

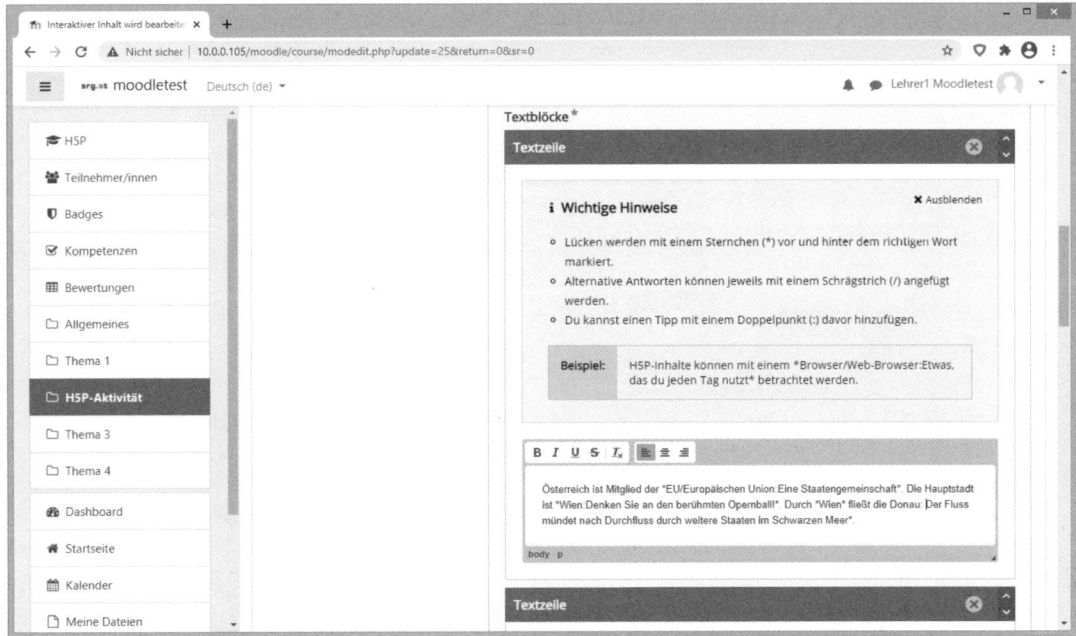

Bild 4.95 Der vollständige Text wird von der Lehrkraft in das vorgesehene Editorfeld geschrieben. Wo später Lücken erscheinen sollen, werden die gesuchten Begriffe mit Asteriske umschlossen. Sind mehrere Schreibweisen möglich, werden die möglichen Begriffe mit einem Slash voneinander getrennt geschrieben.

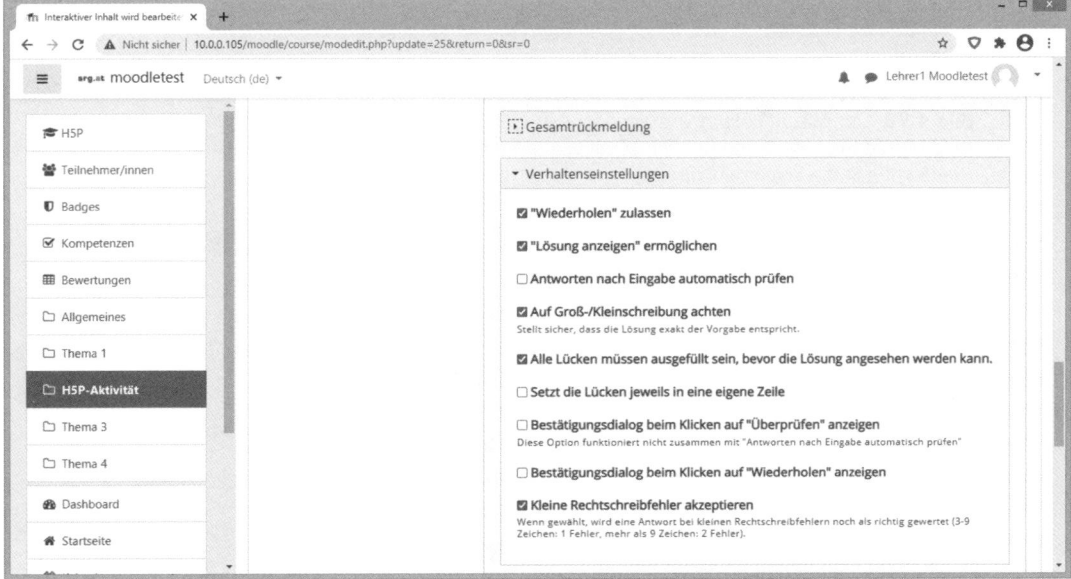

Bild 4.96 Die Toleranz gegenüber der Groß- und Kleinschreibung lässt sich wahlweise einschalten, wenn dies für den Lernerfolg sinnvoll ist. Ob nach der Abgabe die Lösungen angezeigt oder eine eventuelle Wiederholung gestattet wird, kann ebenfalls in den *Verhaltenseinstellungen* festgelegt werden.

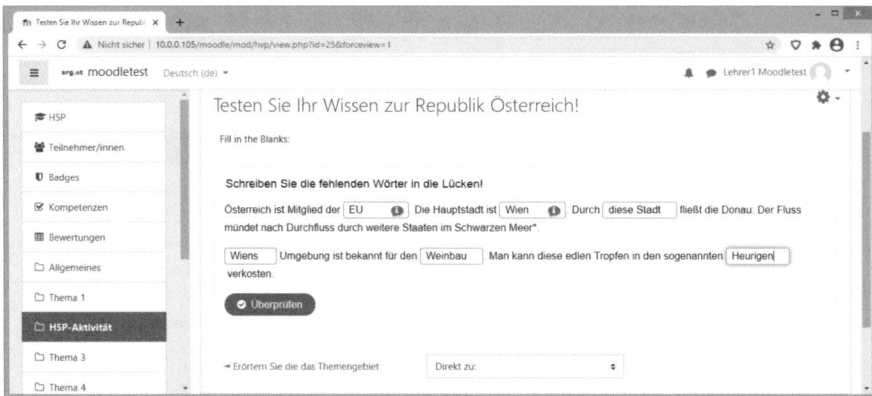

Bild 4.97 In den Lücken, zu denen Tipps und weiterführende Informationen für die Beantwortung vorhanden sind, wird ein blaues „i"-Symbol angezeigt.

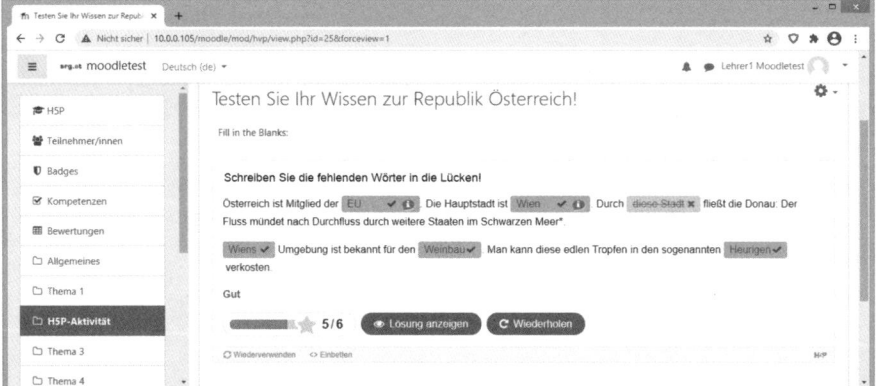

Bild 4.98 Der Button *Lösung anzeigen* ist hier gleichzeitig mit dem Button *Wiederholen* aktiv. Dies verleitet natürlich dazu, die richtige Lösung zu ermitteln und sie in der Wiederholung ohne eigene Überlegung in die Felder einzutragen.

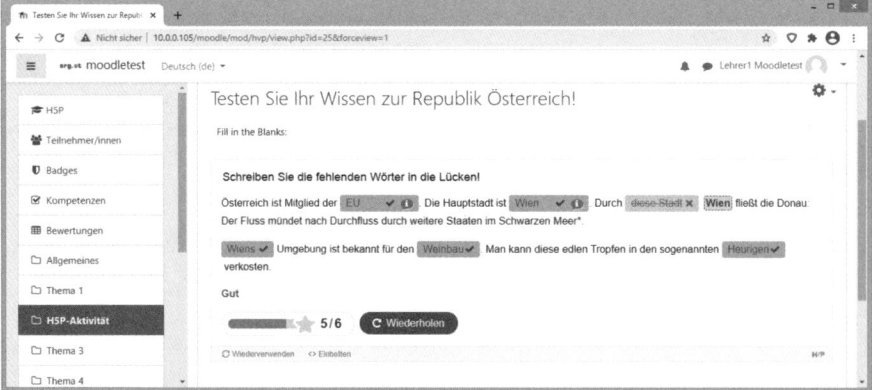

Bild 4.99 Hier haben die Lernenden lediglich die Möglichkeit, die Übung zu wiederholen. Die Auflösung bekommen sie jedoch nicht zu Gesicht.

Verschiedene Schreibweisen in H5P

H5P-Inhalte werden von einer breiten Community entwickelt. Dadurch ist es möglich, dass für ähnliche Funktionen unterschiedliche Syntax verwendet wird. Im Fall des Inhaltstyps *Fill in the Blanks* werden zum Beispiel alternativ zulässige Begriffe durch ein Slash voneinander getrennt eingegeben. Anders sah es beim Inhaltstyp Dictation aus (vgl. Abschnitt 4.13). Auch hier können zulässige Antwortalternativen definiert werden. Die Trennung in der Aufgabenstellung erfolgt jedoch mit dem Zeichen *Pipe* (senkrechter Strich: |).

Das eben gezeigte Beispiel macht noch auf ein didaktisches Problem aufmerksam: Die Schaltflächen *Lösung anzeigen* und *Wiederholen* sollten nicht gleichzeitig aktiviert werden (Bild 4.98). Lernende könnten sich die Arbeit somit erleichtern, ohne selbst nach der richtigen Lösung zu suchen. Die in der Lösungsansicht gefundenen Begriffe werden letztlich in die Wiederholung eingetragen. Bei der *Verhaltenseinstellung* sollte dies entsprechend berücksichtigt werden.

◼ 4.19 Find Multiple Hotspots

Der Inhaltstyp *Find Multiple Hotspots* eignet sich als Übung, bei dem die Lehrkraft zu bestimmten Themen passende Bildbereiche markieren kann. Das kleine Lernspiel eignet sich als Orientierungshilfe. So kann beispielsweise in Unterweisungen zur Elektrotechnik bzw. Physik ein Schaltbild angeboten werden, welches aus Widerständen, Transistoren, Leuchtdioden und Kondensatoren besteht. Dem Lernenden kann der Auftrag gegeben werden, alle *aktiven* Bauelemente zu kennzeichnen.

Zu einer Frage werden mehrere Markierungszonen im Bild definiert. Die Lernenden müssen alle als richtig deklarierten Zonen im Bild finden und mit einem Mausklick markieren. Auch Zonen, die nicht zu markieren sind, werden angelegt. In der Auswertung werden diese als *falsch* angezeigt.

Um mit diesem Inhaltstyp zu arbeiten, wird zunächst ein Hintergrundbild benötigt. Dieses Bild sollte sehr detailreich sein, um möglichst viele Markierungszonen sinnvoll anlegen zu können. Auch Diagramme sind geeignet. In der Mathematik können so beispielsweise Fragen zu Begriffen der Kurvendiskussion anhand eines Graphen formuliert werden. Diagramme, bei denen die jeweiligen Elemente anhand der Fragestellung zu bezeichnen sind, können im Wirtschaftstraining verwendet werden.

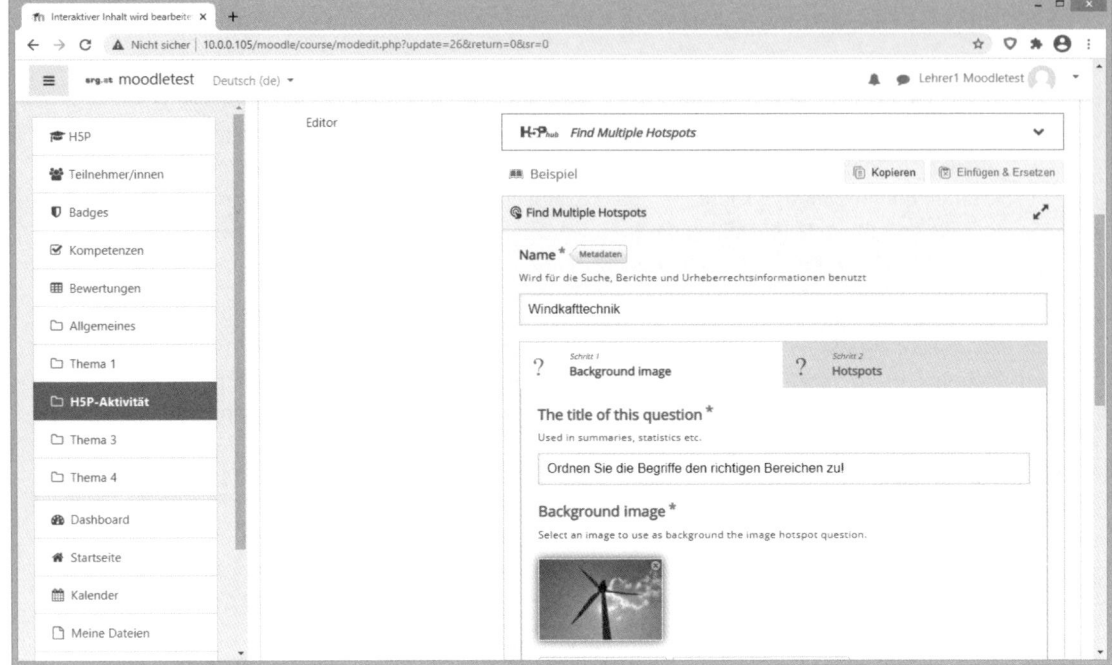

Bild 4.100 In diesem Fall wurde ein einfaches Beispiel gewählt: Die Lernenden sollen später alle Rotorteile markieren. Zunächst einmal wird jedoch das Hintergrundbild gewählt.

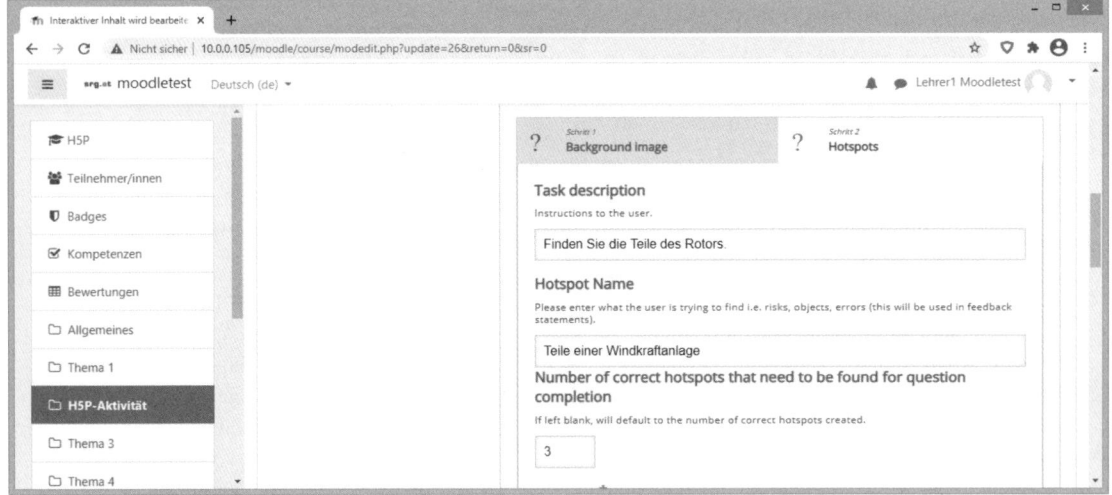

Bild 4.101 Im Register Hotspots wird die eigentliche Aufgabe formuliert. Zudem wird festgelegt, wie viele richtige Antworten möglich sind.

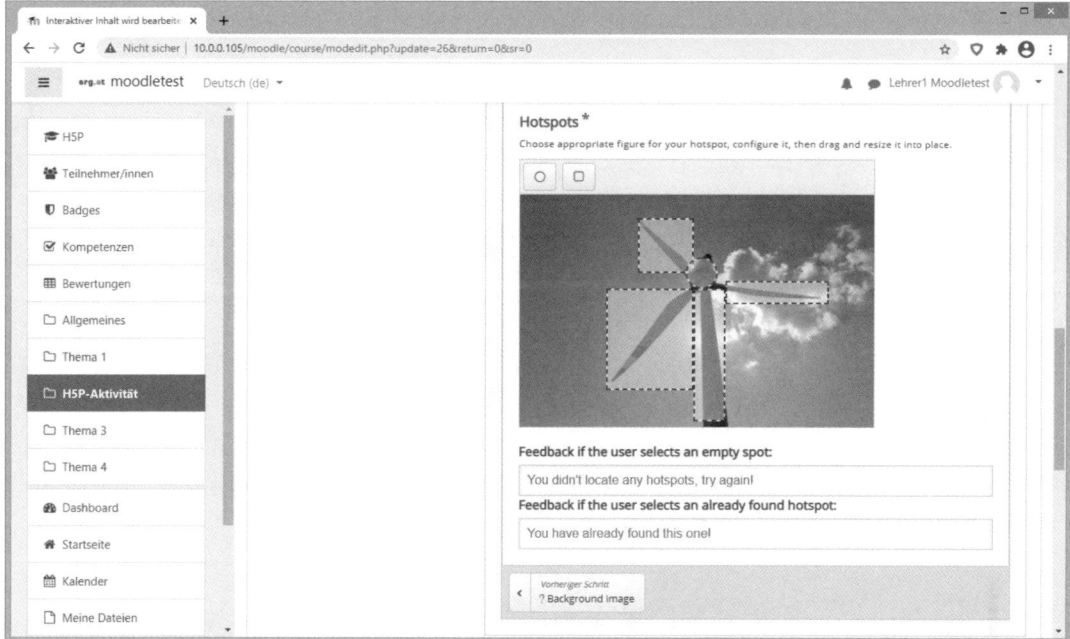

Bild 4.102 Markierungszonen können kreisförmig bzw. elliptisch oder rechteckig definiert werden. Polygone sind nicht vorgesehen.

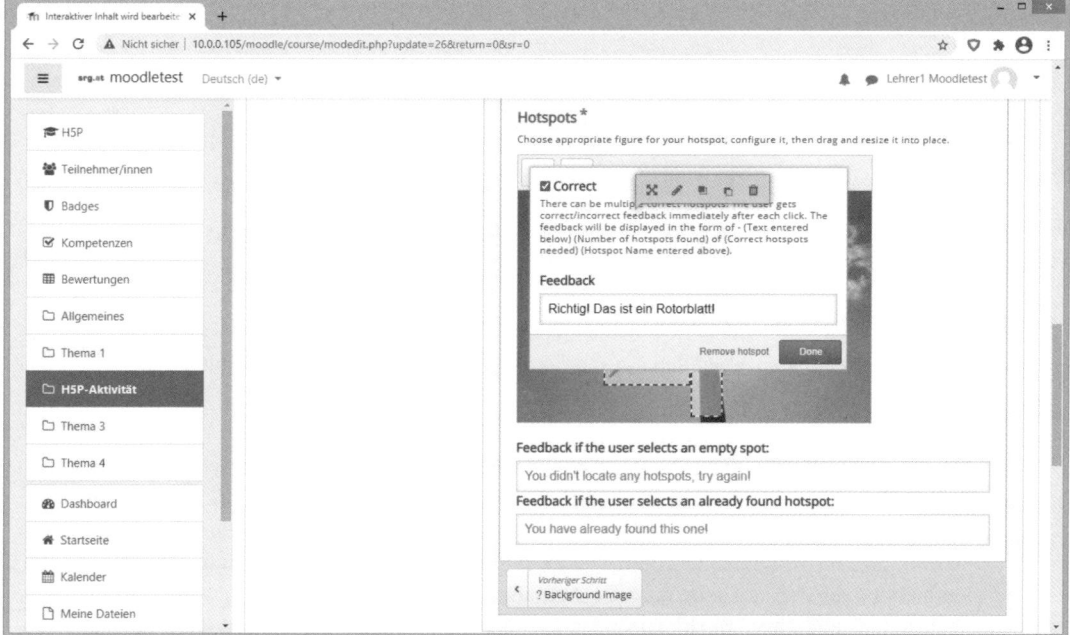

Bild 4.103 Für richtig und falsch markierte Markierungszonen kann jeweils ein Feedback formuliert werden. Das Feedback ist allerdings nicht individuell für jede einzelne Zone vorgesehen. Als Reaktion auf einen Klick außerhalb der eingerichteten Markierungszonen kann ebenfalls ein Feedback formuliert werden.

Bild 4.104 In diesem Beispiel wurden zwei richtige und eine falsche Zone angeklickt. Die Gondel ist statisch und nicht Teil des eigentlichen Rotors.

Bild 4.105 In diesem Fall wurden alle drei Markierungszonen, die Teile eines Rotors zeigen, korrekt erkannt.

Bei der Konfiguration der Hotspots werden sowohl richtige als auch falsche Hotspots angelegt. Zudem kann die Anzahl der richtigen Hotspots vorgegeben werden. Wird dieses Feld offengelassen, wird die Zahl der generierten richtigen Antworten automatisch übernommen. In diesem Fall müssen alle Hotspots gefunden werden, um die Aufgabe zu erfüllen. Es kann aber auch der Fall sein, dass die Aufgabe als erfüllt betrachtet wird, wenn ein bestimmter Teil der möglichen Markierungsmarken gefunden wurde. Dann wird ein kleinerer Wert als die tatsächliche Anzahl der richtigen Felder eingetragen. Größere Werte werden ignoriert. Nach oben hin begrenzt die Anzahl der als richtig deklarierten Markierungszonen den Versuch.

Lernende nutzen Inhalte vom Typ *Multiple-Hotspots* zur Orientierung, um sich mit einem Thema bildlich vertraut zu machen. Der Inhaltstyp kann auch als Aktivierungsaufgabe zu Beginn einer Lektion eingesetzt werden. Grundsätzlich ist dieser Inhaltstyp nicht für Prüfungen oder bewertete Lernzielkontrollen vorgesehen. Er dient hauptsächlich der individuellen Wissenskontrolle durch die Lernenden selbst.

■ 4.20 Find the Hotspot

Find the Hotspot ist dem Typus *Multiple Hotspots* sehr ähnlich. Mit dem Inhaltstyp *Find the Hotspot* werden verschiedene Zonen auf einem Bild definiert, von denen *eine* als richtige Antwort einer Fragestellung zugeordnet werden kann. Bei jedem Klick – egal, ob richtig oder falsch – bekommen die Lernenden ein Feedback. Ein neuer Versuch ist möglich, wenn der Test wiederholt wird. Auch dieser Inhaltstyp dient vor allem der Übung und Vertiefung.

Ebenso wie im zuvor beschriebenen Inhaltstyp wird zunächst ein Hintergrundbild gewählt. Im zweiten Schritt werden die Hotspots, also die Markierungszonen, festgelegt. Das Prinzip ist das gleiche wie bei den Multiple Hotspots. Es werden rechteckige und kreisförmige/ ovale Hotspots definiert und als richtig oder falsch festgelegt. Wie jedoch bereits erläutert, reagiert dieser Inhaltstyp nur auf einen einzigen Mausklick (Ausnahme ist ein Klick außerhalb eines Hotspots). Bei der ersten richtigen Antwort erscheint sofort das Feedback.

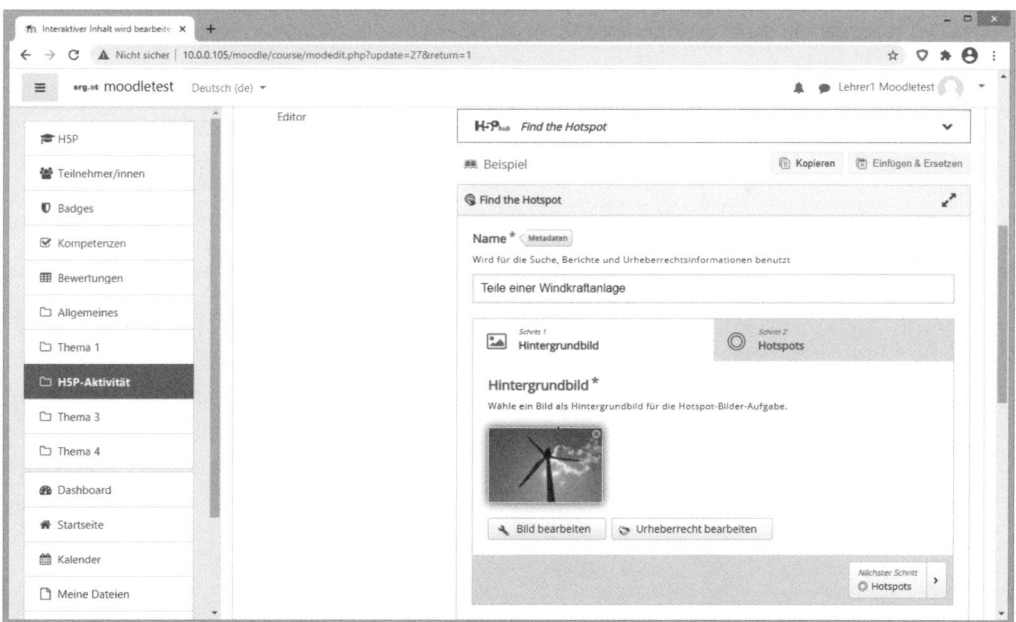

Bild 4.106 Der erste Schritt ist wieder die Festlegung eines Hintergrundbilds, das frei gewählt und in das System hochgeladen wird.

Bild 4.107 Es können sowohl rechteckige als auch runde Hotspots beliebiger Größe definiert werden.

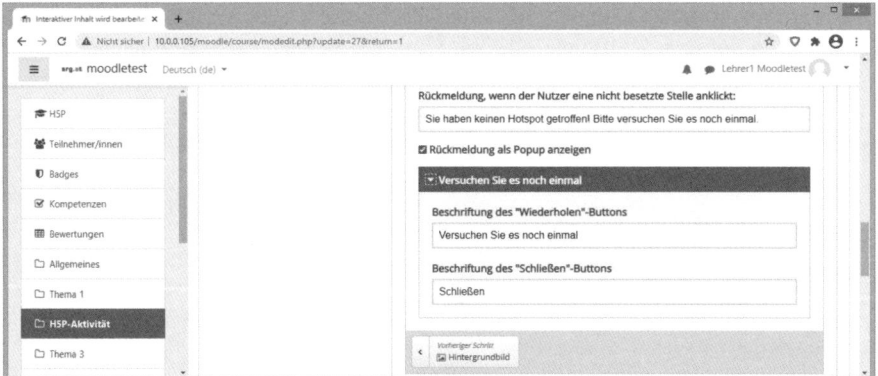

Bild 4.108 Das Feedback kann als Popup direkt im Bild erscheinen. Ist diese Option deaktiviert, wird das Ergebnis direkt unter dem Bild dargestellt.

Bild 4.109 Ein Klick außerhalb eines definierten Hotspots wird noch nicht bewertet. Es wird zwar ein Hinweis – hier als Popup – angezeigt, jedoch ist ein weiterer Versuch möglich.

Bild 4.110 Ein klarer Fehler! Auch hier wird jedoch ein erneuter Versuch eingeräumt.

Bild 4.111 Der richtige Hotspot oder einer der als richtig deklarierten Hotspots wurde getroffen! Die Übung ist damit beendet.

■ 4.21 Find the Words

Die Trainerin oder der Trainer legen verschiedene Begriffe fest. Diese werden in ein Kreuzworträtster eingefügt, wobei die freien Felder durch zufällig gesetzte Buchstaben gefüllt werden. Die Anordnung der Suchbegriffe kann in nahezu alle Richtungen erfolgen. Die Lösung des Rätsels wird dadurch durchaus anspruchsvoll und fördert das Konzentrationsvermögen. Es ist natürlich auch möglich, einfachere Rätsel zu gestalten und die Textanordnung einzuschränken.

Ein beliebtes Spiel!

Ein ähnliches Suchspiel findet man durchaus in vielen Rätselheften. Es erfreut sich großer Beliebtheit und so entsteht häufig eine gewisse Motivation zum Lernen durch den Spaß am Lernen.

Im ersten Schritt wird die Aufgabe als solche durch den Namen und eine Beschreibung definiert. Anschließend wird eine Wörterliste erstellt. Welche Buchstaben (Zeichen) in dem Rätsel vorkommen dürfen, kann nicht beeinflusst werden. Es stehen lediglich die Buchstaben A...Z zur Verfügung, wobei Groß- und Kleinschreibung nicht relevant ist. Umlaute sind im Prinzip nicht definiert, werden jedoch im Kreuzworträtsel dargestellt, wenn ein entsprechender Begriff – zum Beispiel K*ä*rnten – festgelegt wird.

Ein Klick auf die Zeichenliste (abc...xyz) öffnet den Dialog *Orientations*. Darin kann ausgewählt werden, in welche Richtungen die Wörter angeordnet werden können. Werden alle Optionen aktiviert, dann ist es auch möglich, dass Begriffe von rechts nach links bzw. von unten nach oben (auch diagonal) in das Raster eingeordnet werden, was den Schwierigkeitsgrad merklich erhöht.

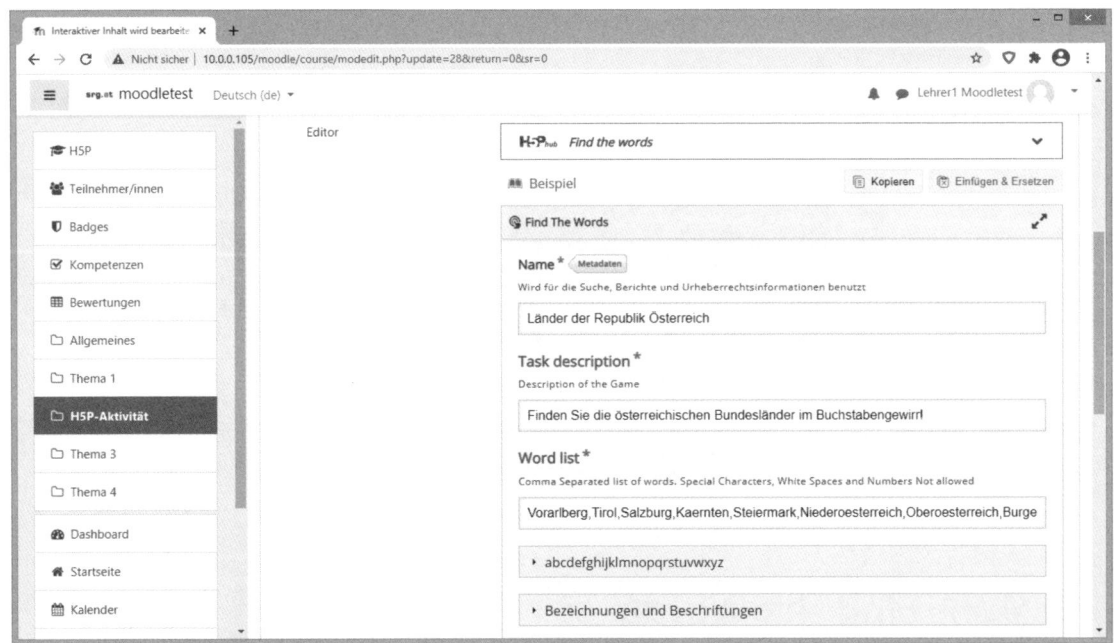

Bild 4.112 Die Liste der zu suchenden Wörter wird durch Kommata getrennt frei formuliert. Ziffern und Leerzeichen sind dabei nicht zulässig.

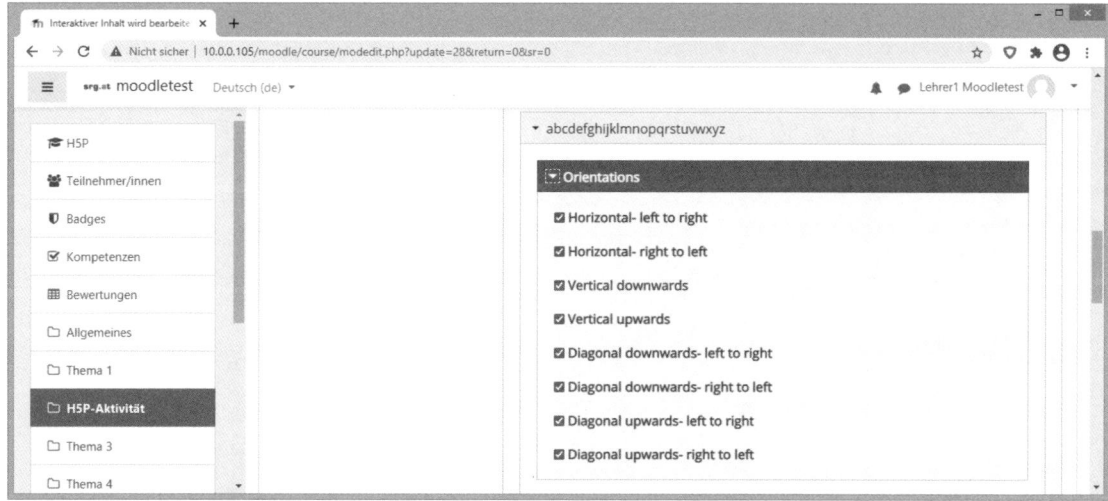

Bild 4.113 Die Ausrichtung der zu suchenden Wörter kann nahezu beliebig gewählt werden. Sind die Begriffe auch von rechts nach links, von unten nach oben oder diagonal entgegen der regulären Schreibrichtung im Raster zu finden, stellt dies eine große Herausforderung dar.

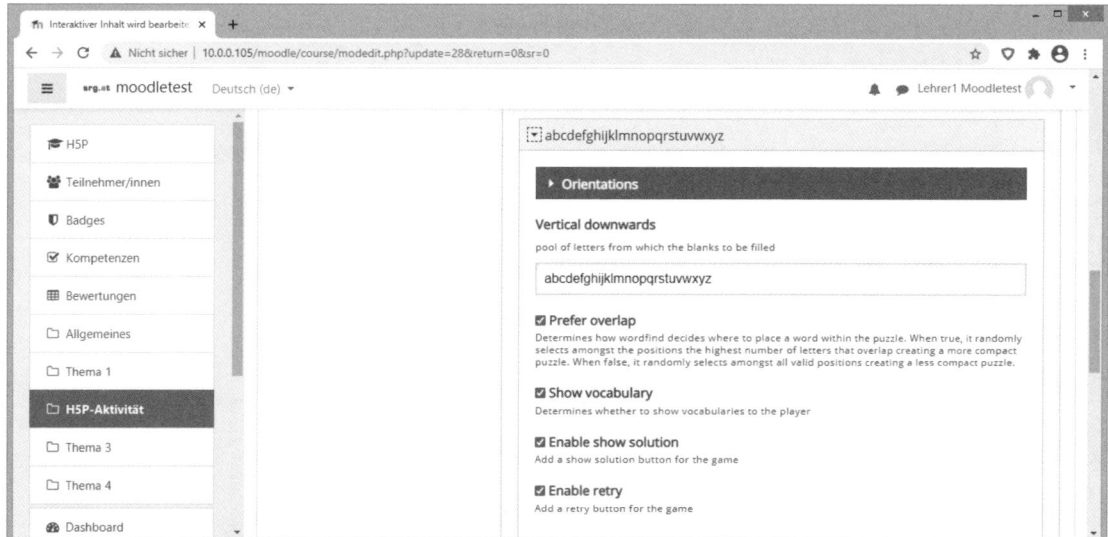

Bild 4.114 Neben den bekannten Buttons für die Wiederholung oder die Anzeige der Lösung können zwei weitere interessante Optionen gewählt werden: Überlappende Begriffe führen zu einem etwas kompakteren Raster. Werden die Suchbegriffe unterhalb der Liste angezeigt, wissen die Lernenden, wonach sie suchen müssen.

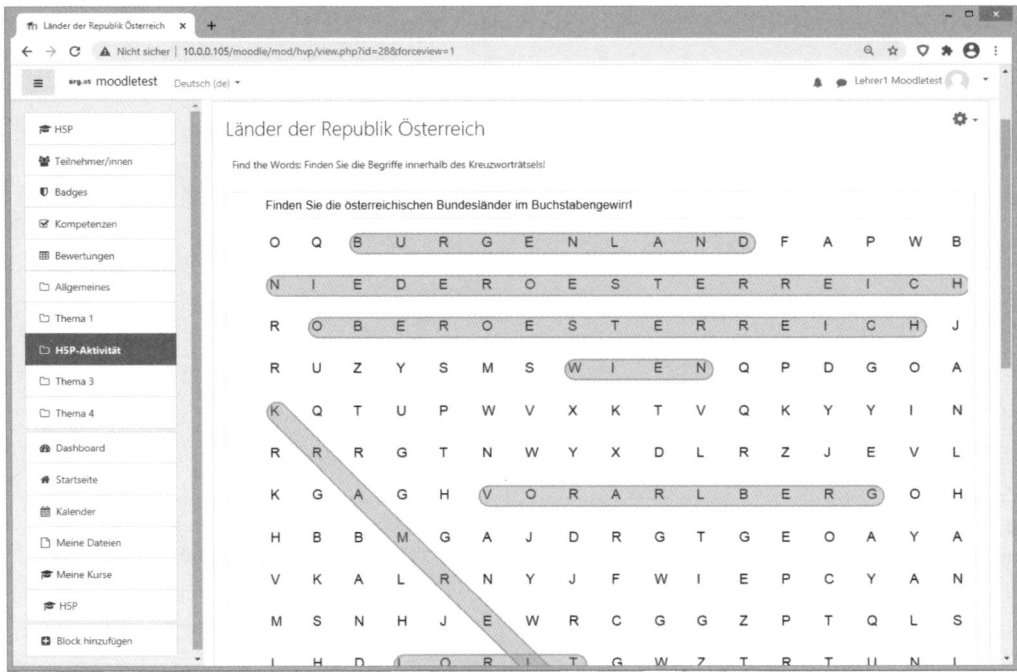

Bild 4.115 In diesem Raster werden Begriffe lediglich in Leserichtung dargestellt. Sie sind leicht zu finden.

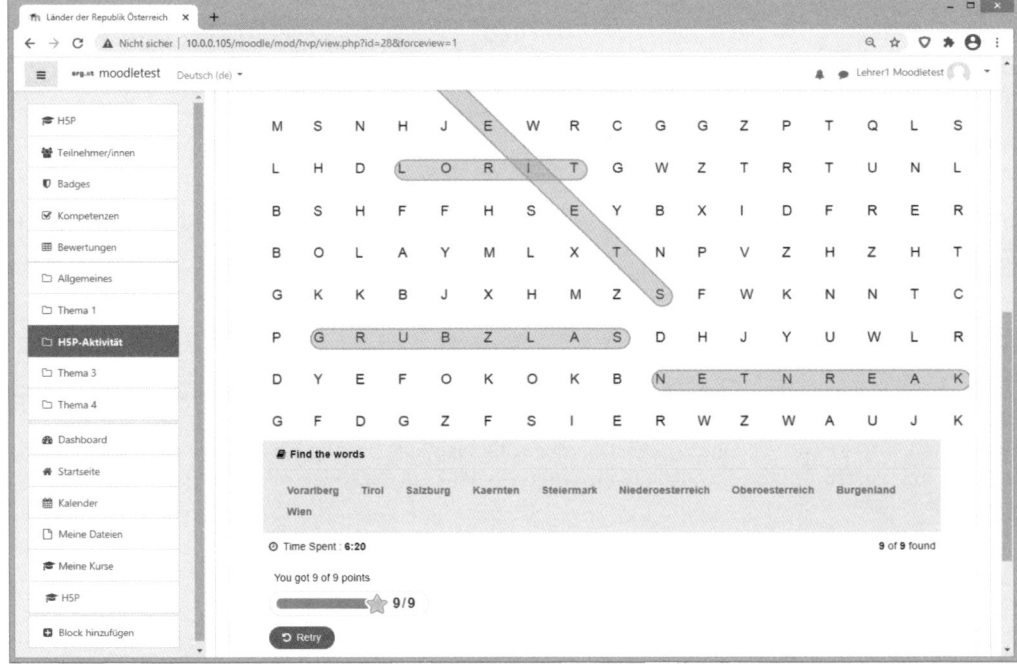

Bild 4.116 Sogar beim für diese Illustration selbst erzeugten Kreuzworträtsel ist es nicht einfach, Begriffe auch entgegen der regulären Leserichtung zu finden.

4.22 Flash Cards

Lernkarten sind ein sehr beliebtes Spiel, welches beispielsweise im Vokabeltraining einge-setzt wird. *Flash Cards* sind jedoch grundsätzlich auch zur Vertiefung durch wiederholtes Abfragen von Fachbegriffen geeignet. Dabei sollten nur kurze Fragen mit knappen Antworten formuliert werden. Alternativ – oder begleitend – zum Text können auch Bilder in den Karten platziert werden. Vorteil dieses Inhaltstyps ist, dass sich die sehr kurzen Einheiten auch für Lernphasen in kleinen Pausen oder Fahrten in Bahn und Bus eignen.

Im Gegensatz zu verschiedenen Lernkarten-Varianten (z. B. Dialog Cards, vgl. Abschnitt 4.12), wo die Lernkarte der Selbstüberprüfung dient und die „Bewertung" in einer Selbsteinschät-zung erfolgt, ist in diesem Spiel die Eingabe einer Lösung erforderlich. Die Lernenden bekommen unmittelbares Feedback, ob die Lösung richtig oder falsch eingegeben wurde. Das Ergebnis des jeweils letzten Versuchs wird in der Bewertungsübersicht der Lernenden eingetragen.

Die Konfiguration beginnt mit der Formulierung der Aufgabenstellung. So wird zunächst ein Name festgelegt, der auch in der Bewertungsübersicht im Moodle-Profil auftaucht. Die Eingabe des Namens ist für die Lektion optional, jedoch zu empfehlen. In der Aufgaben-beschreibung – diese ist ein Pflichteintrag bei der Konfiguration – wird die Fragestellung der Aufgabe formuliert.

Im weiteren Verlauf der Konfiguration erfolgt nun die Gestaltung der ersten Karte. Diese kann einen reinen Text, ein Bild oder eine Kombination aus einem Bild und einem Text ent-halten. Die Lösung, also die „zweite Seite" der Karte, ist ein reiner Text. Dieser muss auf den Buchstaben genau von den Lernenden in die Eingabezeile eingetragen werden. Es ist ledig-lich möglich, die Groß- und Kleinschreibung zu ignorieren. Damit reduziert sich das Risiko, eine Frage falsch zu beantworten, wenn es vorwiegend auf das Wissen ankommt. Zur Ver-meidung von leeren Eingaben (beispielsweise durch einen nervösen Klick auf die Schalt-fläche *Überprüfen*) kann eingestellt werden, dass die Lösung erst nach der Eingabe einer Antwort angezeigt werden kann. Doch Vorsicht: Bereits ein einziger Buchstabe im Eingabe-feld schaltet die Überprüfung frei.

 Prüfung durch Lehrpersonal

Kleine Schreibfehler werden beim Inhaltstyp Flash Cards als Fehler gewertet. Allerdings wird das Ergebnis des letzten Versuchs in die Bewertungsübersicht eingetragen. Hier kann die Lehrkraft nachträglich entscheiden, ob sie die Antwort als richtig werten will. Ein Beispiel wäre die Antwort zur Abkürzung „HTML". Vorgegeben ist im Beispiel die CamelCase-Schreibweise „Hypertext Markup Language". Schreiben einige Lernende nun „Hyper Text Markup Language", so ist das fachlich auch mit dem Leerzeichen nach wie vor korrekt, wird allerdings von H5P als Fehler gewertet.

Für das Spiel können nahezu beliebig viele Lernkarten angelegt werden. Dazu wird mit der Schaltfläche *Karte hinzufügen* einfach ein weiteres Frage-Antwort-Paar angelegt. Die Gestal-tung der Inhalte sowie eines individuellen Kartenhintergrunds erfolgt wie bei der ersten Karte.

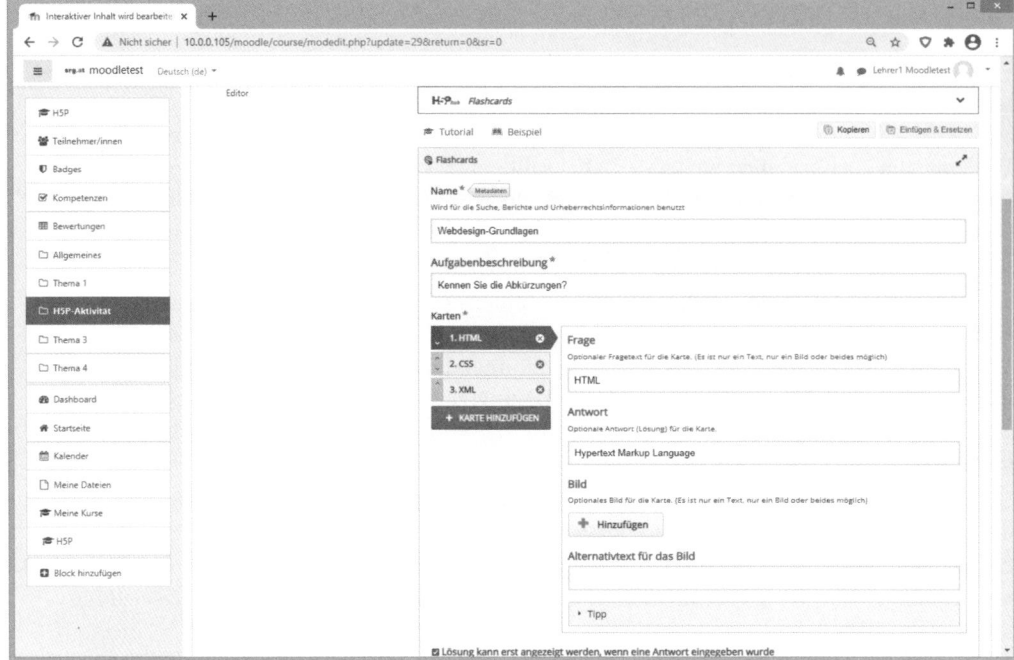

Bild 4.117 Ein Name für die Übung wird für die Anzeige in der Bewertungsübersicht benötigt. In der Aufgabenbeschreibung wird die Übung erklärt. Die Fragen werden mit einzelnen Lernkarten formuliert, wobei die erste Seite die Frage und die zweite Seite die Antwort enthält.

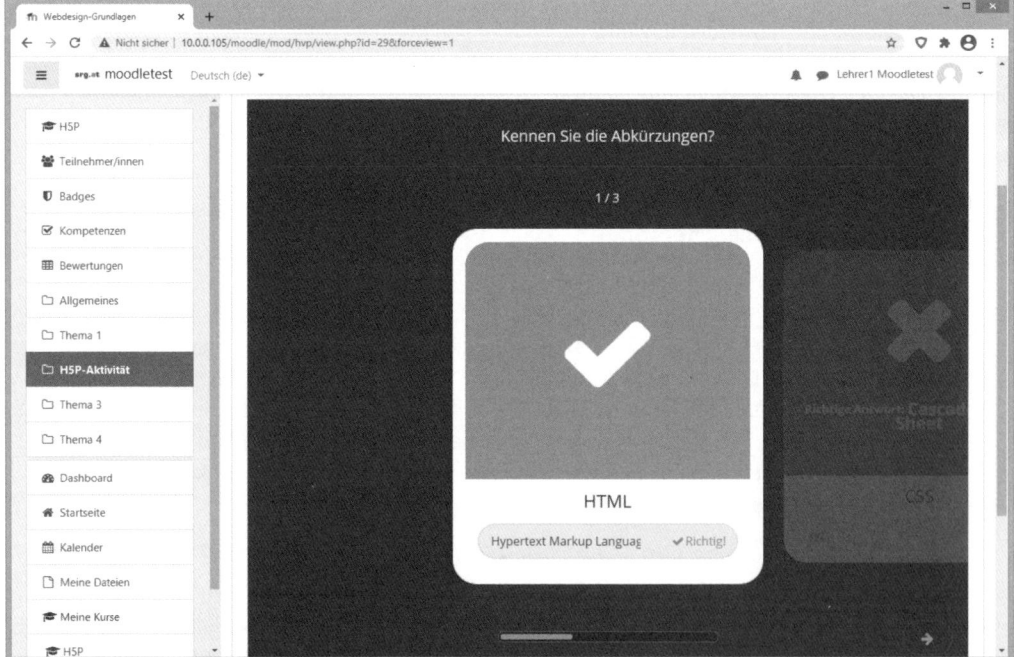

Bild 4.118 In diesem Fall wurde die Frage richtig beantwortet.

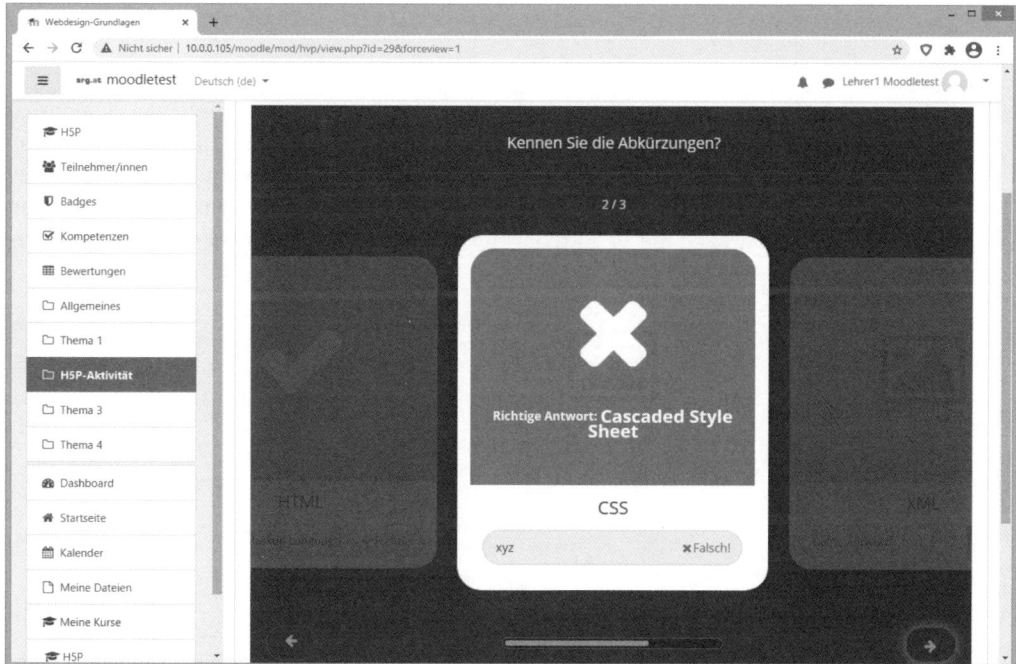

Bild 4.119 Hier stimmte die Antwort leider nicht. Lernende bekommen allerdings als Feedback die Lösung mitgeteilt.

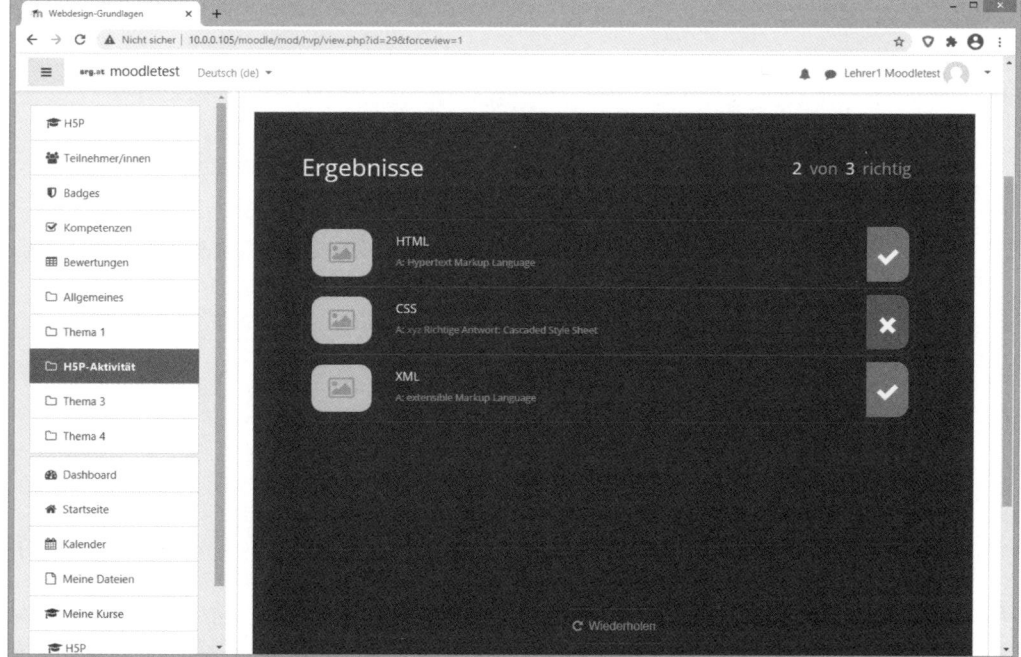

Bild 4.120 Nach der Übung sehen die Lernenden sofort, wie viele Fragen sie richtig beantwortet haben und bei wie vielen sie noch einmal Lerneinheiten wiederholen und vertiefen sollten.

■ 4.23 Guess the Answer

Bei *Guess the Answer* handelt es sich um einen sehr einfachen Inhaltstyp, der wunderbar begleitend im Präsenzunterricht eingesetzt werden kann. Es gilt, eine zum Unterrichtsstoff passende Abbildung oder Videosequenz zu finden und eine Frage an die Lernenden zu formulieren. Sie kann von den Einzelnen geraten werden und es lässt sich über die Antworten diskutieren. Erst nach dieser Aktivierungsphase zum Thema wird die Auflösung eingeblendet.

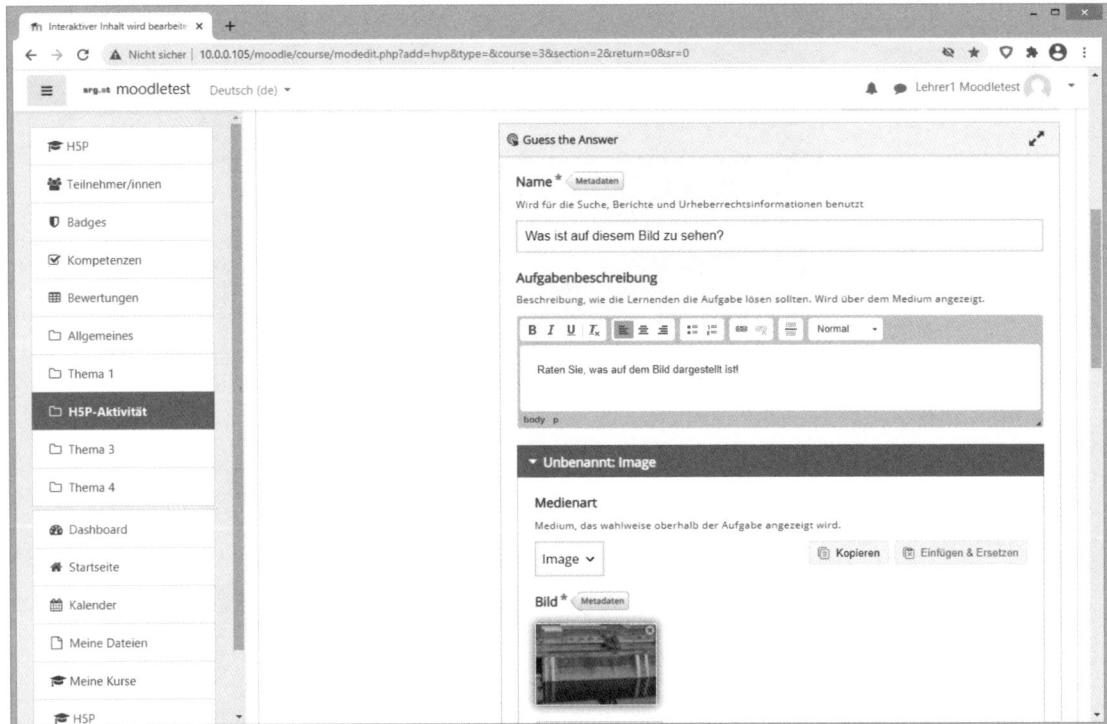

Bild 4.121 Grundlage für die Fragestellung kann ein Bild oder ein Videospot sein.

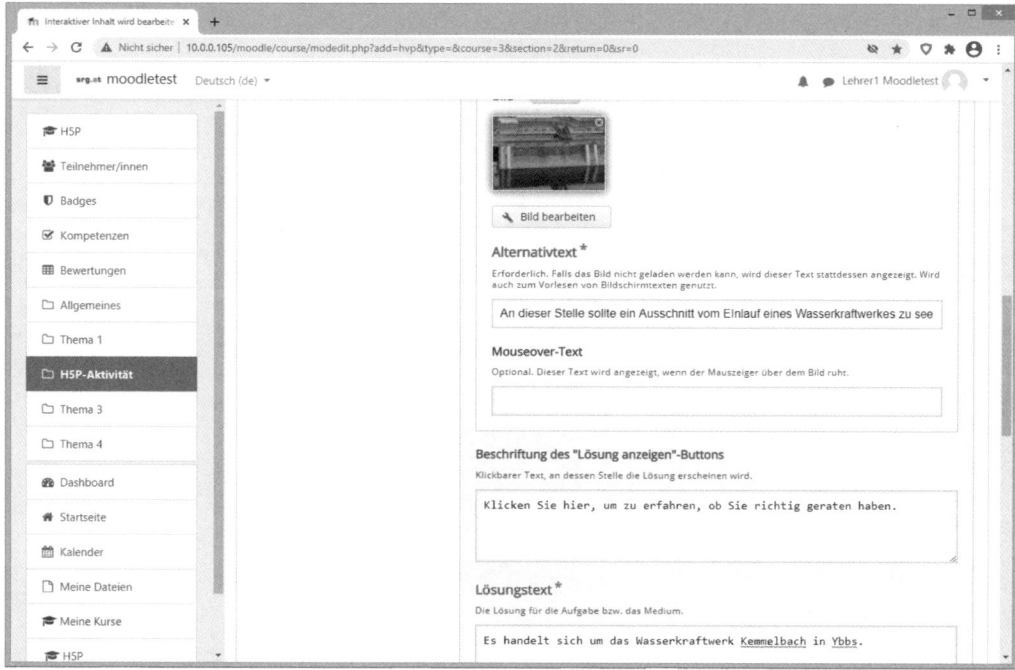

Bild 4.122 Es sind nur wenige Konfigurationsschritte erforderlich. Wichtig ist das Hochladen eines Bilds, die Formulierung der Fragestellung und eines Lösungstexts.

Bild 4.123 Die Lernenden bekommen ein Bild oder einen Bildausschnitt zu sehen und sollen diesen bzw. dessen Funktion erraten. Eine Variante ist es, zu einem klar ersichtlichen Foto eine Verständnisfrage zu formulieren.

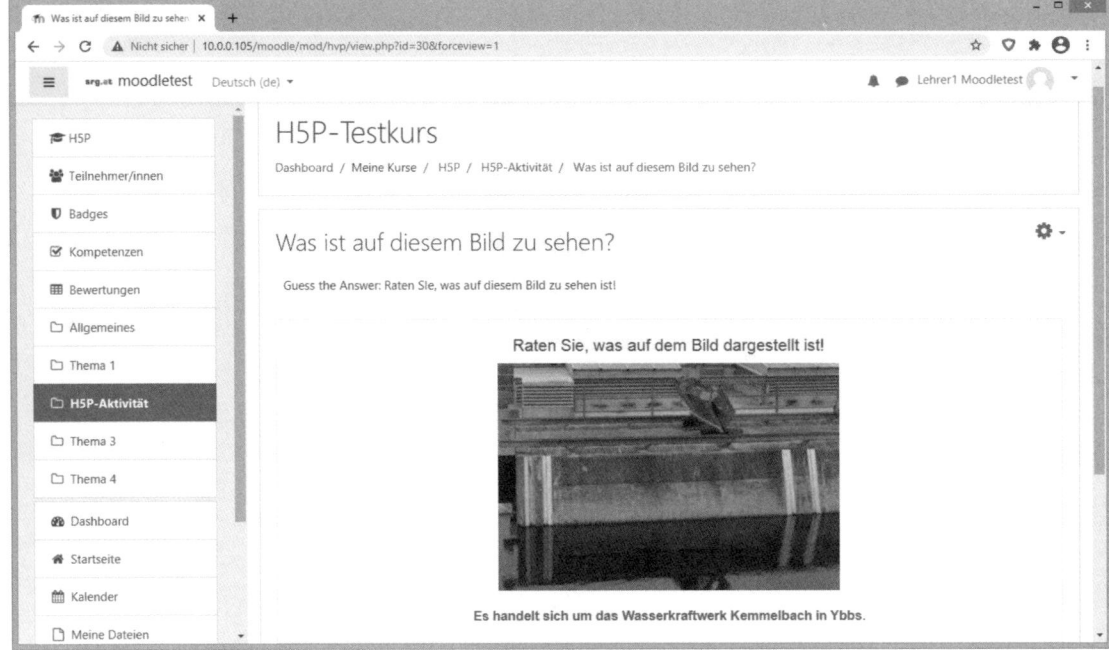

Bild 4.124 Die Lösung wird direkt unterhalb des Bilds angezeigt.

■ 4.24 Iframe Embedder

Mit dem *Iframe Embedder* existiert ein H5P-Inhaltstyp, der im Grunde genommen kein echter Inhaltstyp ist. Stattdessen werden JavaScript-Inhalte in das System integriert. Die eigentlichen Inhalte hängen vom Ergebnis der jeweiligen Programmierer ab.

Im Beispiel wurde eine einfache Demo-Datei verwendet, mit deren Hilfe die Änderung von CSS-Attributen durch JavaScript demonstriert wird. Diese Datei wird in den iframe eingebunden und als H5P-Inhalt dargestellt.

Zu konfigurieren sind lediglich die Breite und die Höhe des Rahmens. Selbstverständlich muss die Quelle des JavaScript-Inhalts – hier eine HTML-Datei – angegeben werden. Es handelt sich grundsätzlich um einen externen Inhalt. Das bedeutet, dass dieser Kursinhalt nur funktionieren kann, solange die Quelle verfügbar ist. Es ist deswegen wichtig, die JavaScript-Inhalte auf einen eigenen, selbst kontrollierten Webserver abzulegen.

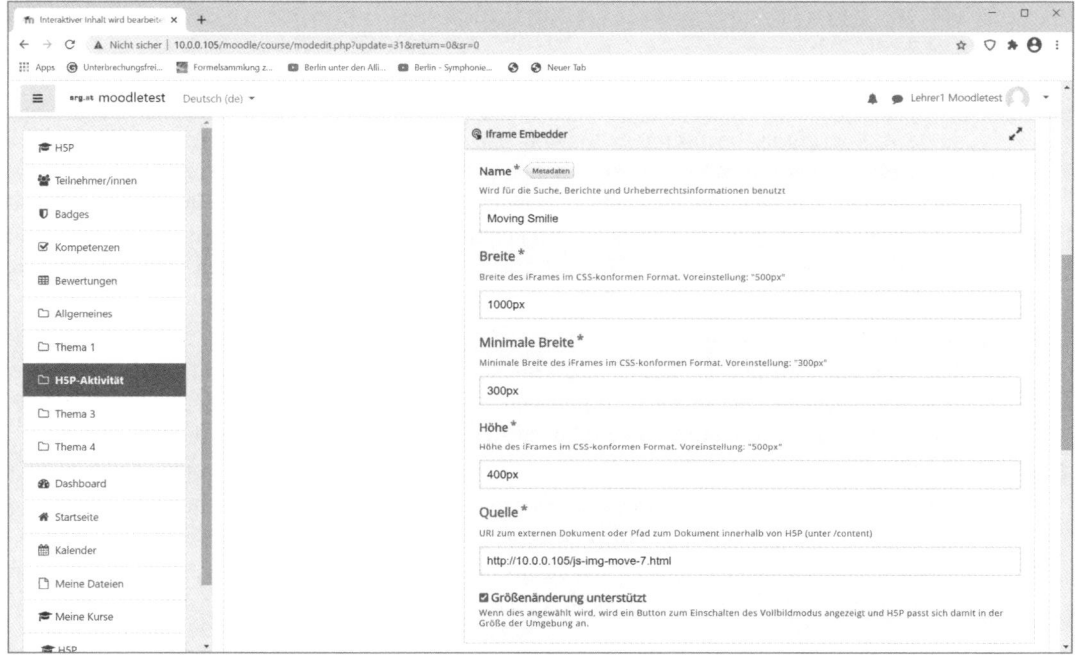

Bild 4.125 Die einzigen Einstellungen des iframe-Embedders sind die Höhe und die Breite des Fensters sowie die Quelle des darin darzustellenden Inhalts.

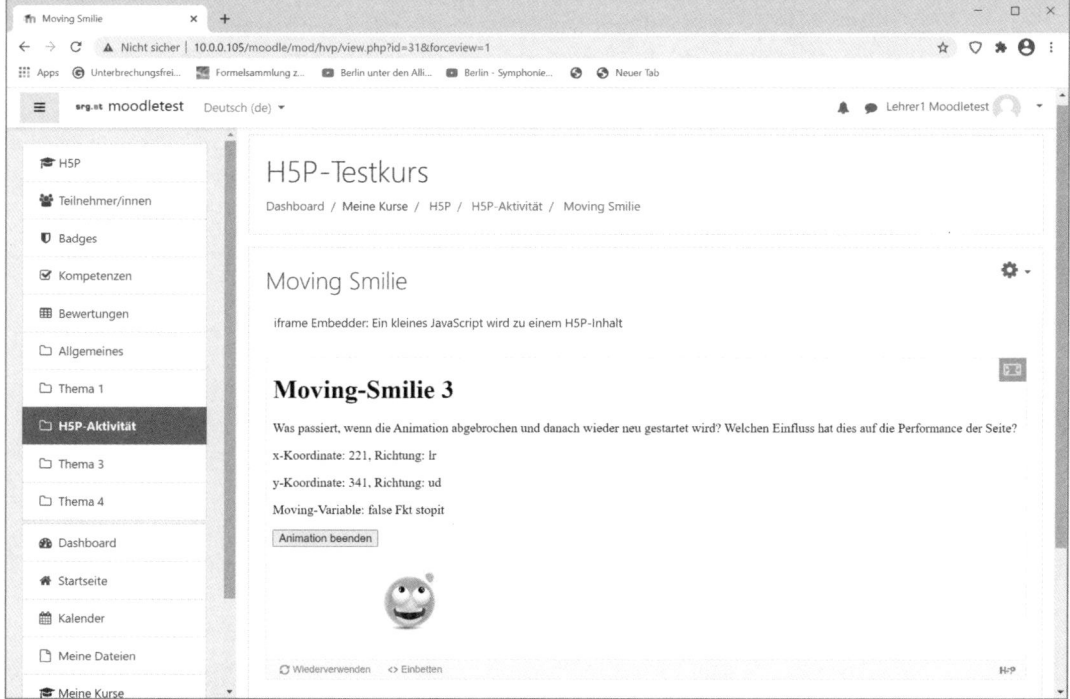

Bild 4.126 Statt als eigene Webseite in einem Browserfenster wird der Inhalt nun als Teil eines H5P-Kurselements eingesetzt.

■ 4.25 Image Hotspots

Während die Inhaltstypen *Find Multiple Hotspots* und *Find the Hotspot* den Lernenden auffordern, Begriffe an bestimmten Bildstellen zu platzieren, geht der Inhaltstyp *Image Hotspots* einen anderen Weg. Dieser Inhaltstyp hat erklärenden Charakter. Die Lernenden untersuchen ein Bild und können durch einen Klick auf verschiedene Bildbereiche nähere Informationen erhalten. Die Erklärungen können dabei sehr vielseitig geliefert werden. Die Abbildungen beschreiben reine Textinformationen, jedoch können auch erklärende Fotos oder kurze Videosequenzen angeboten werden.

Es handelt sich hierbei um einen ausgesprochen informativen Inhaltstyp von H5P. Das Hintergrundbild wird gewissermaßen zu einem „Menü", über das die Informationen zu den markierten Elementen direkt abrufbar sind. Es stellt keine Prüfung oder Lernzielkontrolle dar, es ist lediglich ein einfaches und doch sehr mächtiges Informationsinstrument.

Mögliche Einsatzgebiete sind beispielsweise die Erläuterung einer Mindmap. Dabei wird jedem Mindmap-Element ein Hotspot zugewiesen, über den eine ausführliche Beschreibung aufgerufen wird. Ein anderes Beispiel wäre eine interaktive Bedienungsanleitung: Die Displays und Bedienelemente eines Geräts werden mit Hotspots versehen, über die Kunden erklärende Texte oder sogar Videoanleitungen aufrufen können.

 Nicht nur Moodle!

Auch wenn die Beschreibung der H5P-Inhaltselemente an dieser Stelle in einem Moodle-System erfolgt, sei darauf hingewiesen, dass es auch H5P-Plug-ins für WordPress und Drupal sowie eine gut dokumentierte Entwicklerplattform auf *H5P.org* gibt. Moodle wurde an dieser Stelle gewählt, weil es zurzeit die am weitesten verbreitete Lernplattform ist und H5P darin gut integriert ist. Bedienungsanleitungen und interaktive Ratgeber können also auch auf anderen Plattformen sehr gut mithilfe von H5P umgesetzt werden.

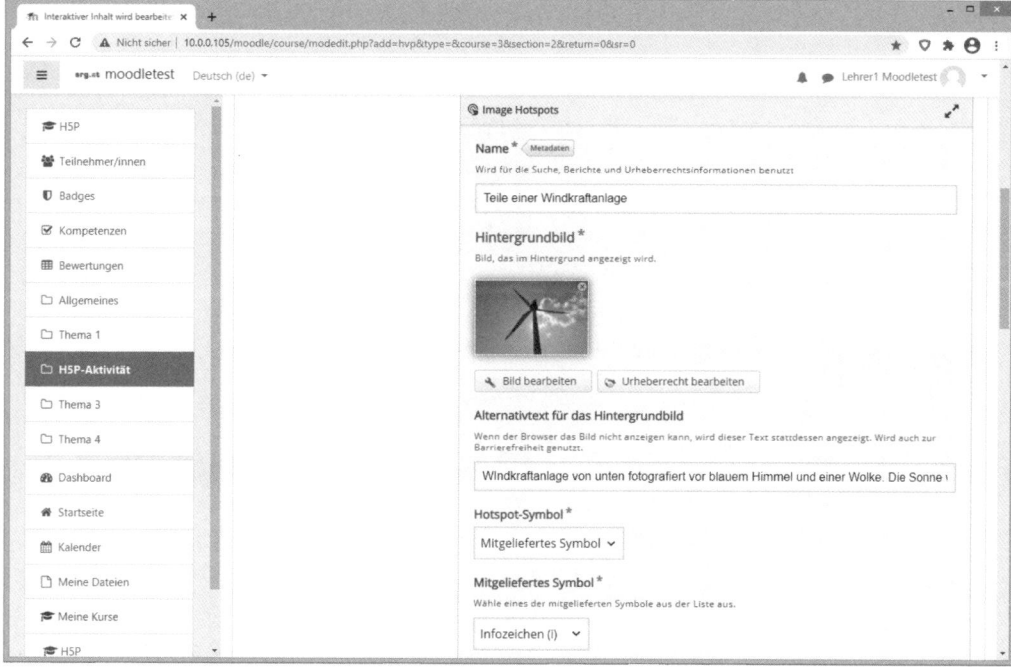

Bild 4.127 Die Hotspots werden wahlweise mit einem Info-Symbol (rotes „i") oder mit einer frei wählbaren Grafik gekennzeichnet.

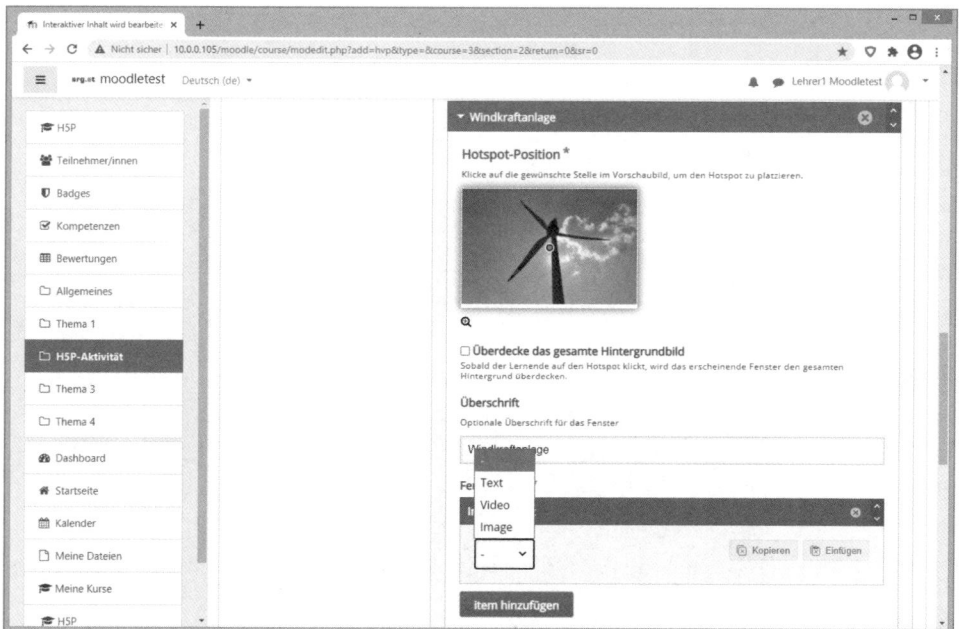

Bild 4.128 Hinter jedem Hotspot können einfache oder auch hochkomplexe Inhalte als Text, Video oder Bild deponiert werden.

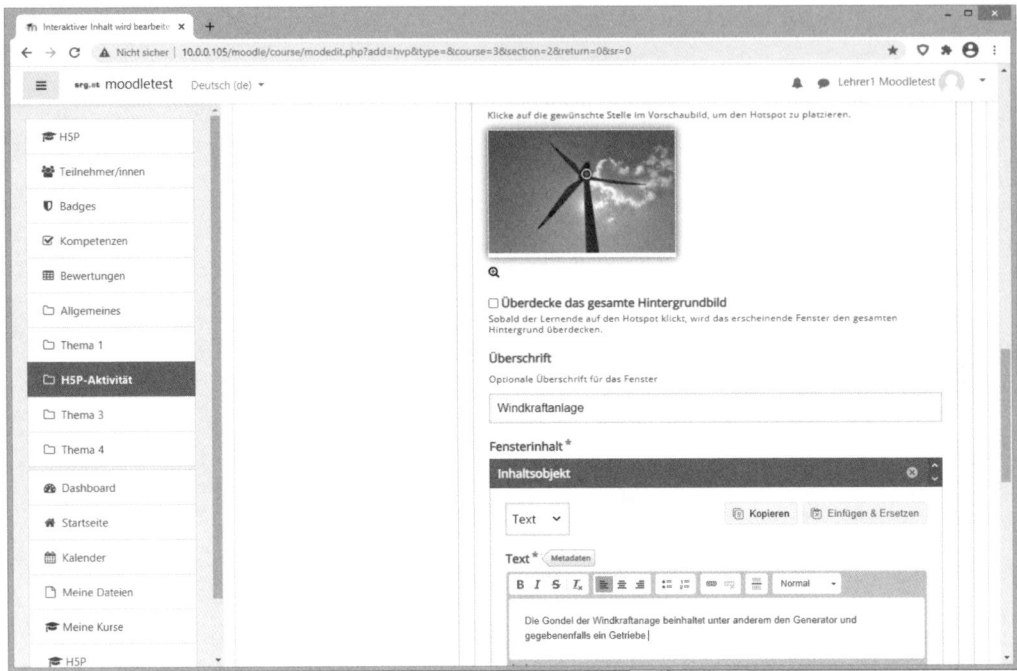

Bild 4.129 In diesem Fall wird ein Hotspot mit einem erklärenden Text belegt. Wichtig ist: Jeder Hotspot kann mit jeweils eigenen Inhalten und Inhaltstypen belegt werden.

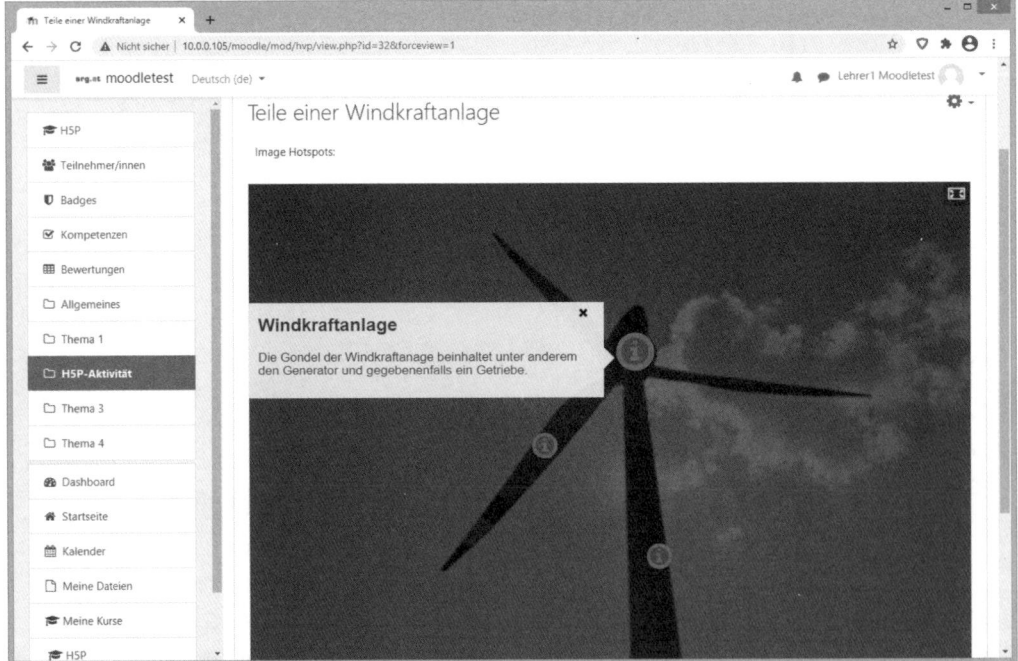

Bild 4.130 Ein Klick auf den Hotspot öffnet die hinterlegte Information.

4.26 Image Juxtaposition

Bildvergleiche sind nicht nur in der Werbung für Diät-Produkte etabliert. Im Bildungsbereich eingesetzt, lassen sich zum Beispiel die Einflüsse der Jahreszeiten oder Gezeiten eindrucksvoll darstellen. Auch Folgen von Kriegen oder Naturkatastrophen können mithilfe dieses Werkzeugs diskutiert werden. Vergleichende Bilder lassen sich ganz allgemein zur Darstellung von Ursache und Wirkung eines Ereignisses verwenden.

Dieses Verfahren gestattet einen sehr detailreichen Vergleich zweier Bilder durch langsames Verschieben eines Reglers, der die Ansichten voneinander trennt. Der Regler kann horizontal oder vertikal platziert werden. Ein Einsatzbereich wäre zum Beispiel die Astronomie: Findet man ein bewegtes Objekt? Bewegt man den Regler über die Bilder, welche den gleichen Himmelsausschnitt zu verschiedenen Zeiten zeigen müssen, werden auch kleine Veränderungen rasch erkennbar.

Beide Bilder werden übereinanderliegend platziert. Das bedeutet, dass das erste Bild das zweite überdeckt. Ein Schieberegler erlaubt die Sichtbarmachung des zweiten Bilds. Dabei erscheint das „untere" Bild links vom Schieberegler. Auf der rechten Seite ist das erste Bild zu sehen. Wichtig ist, dass beide Bilder die gleiche Größe haben. Nur so funktioniert der Effekt zuverlässig.

Leichte Verwirrungen sind möglich!

Der Inhaltstyp *Juxtaposition* taucht in der Bewertungsübersicht der Lernenden auf, jedoch wird keine überprüfbare Aufgabe formuliert. Das kann in der Auswertung der Aufgaben zu Verwirrungen führen, weil in der Bewertungsübersicht die Meldung „Diese Person hat noch keine Antwort zur H5P-Aktivität gesendet!" zu finden ist. Lehrkräfte müssen hier aufpassen, um keine negative Beurteilung zu verfassen.

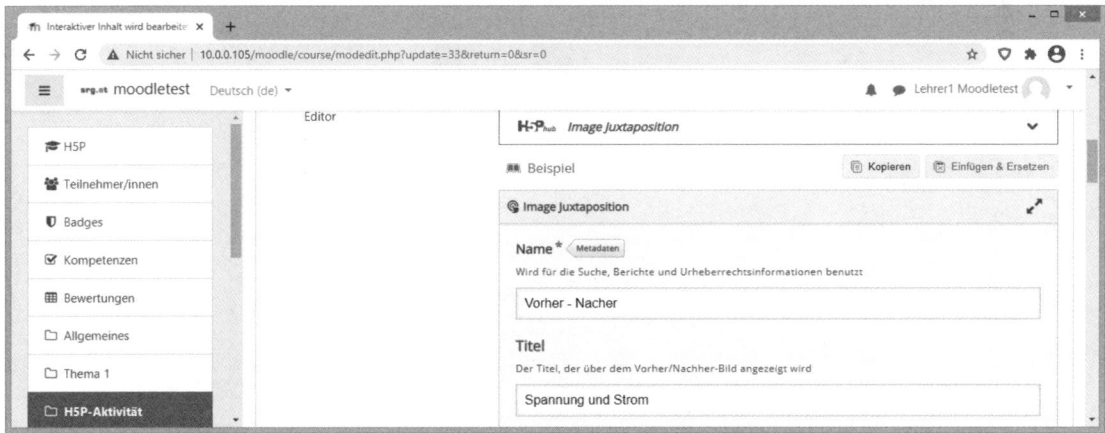

Bild 4.131 Mit dem Namen der Übung wird diese auch in der Moodle-Bewertungsübersicht zu den Lernenden aufgelistet. Allerdings wird keine bewertbare Frage formuliert.

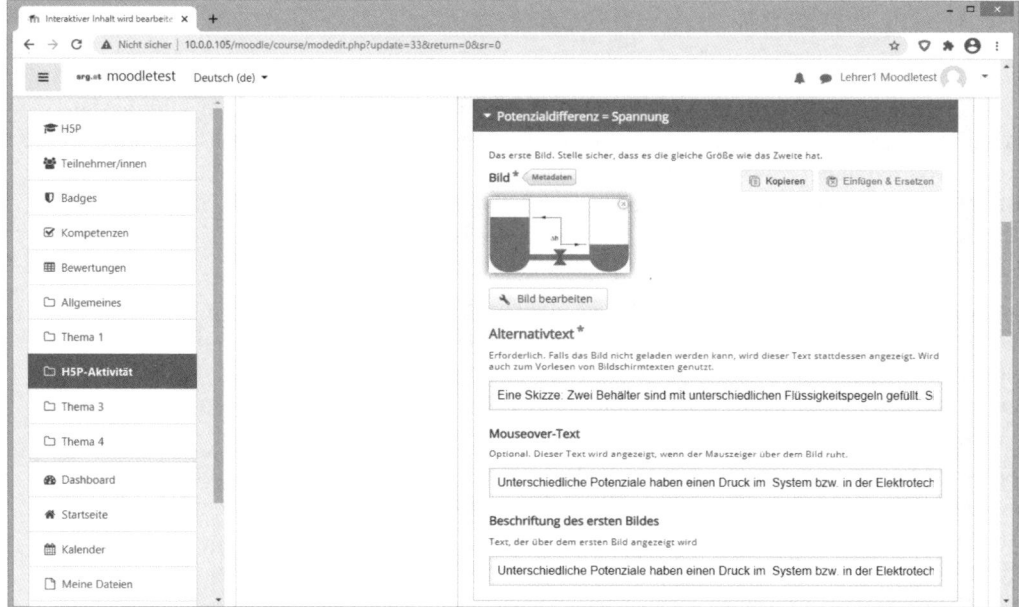

Bild 4.132 Das erste Bild wird hochgeladen. Ein Alternativtext fördert die Barrierefreiheit der Aufgabenstellung. Der Mouseover-Text hat vor allem an einem klassischen PC eine Bedeutung. Wichtig ist allerdings die Beschriftung des Bilds, die direkt unter dem Bild erscheint, wenn dieses aktiviert ist.

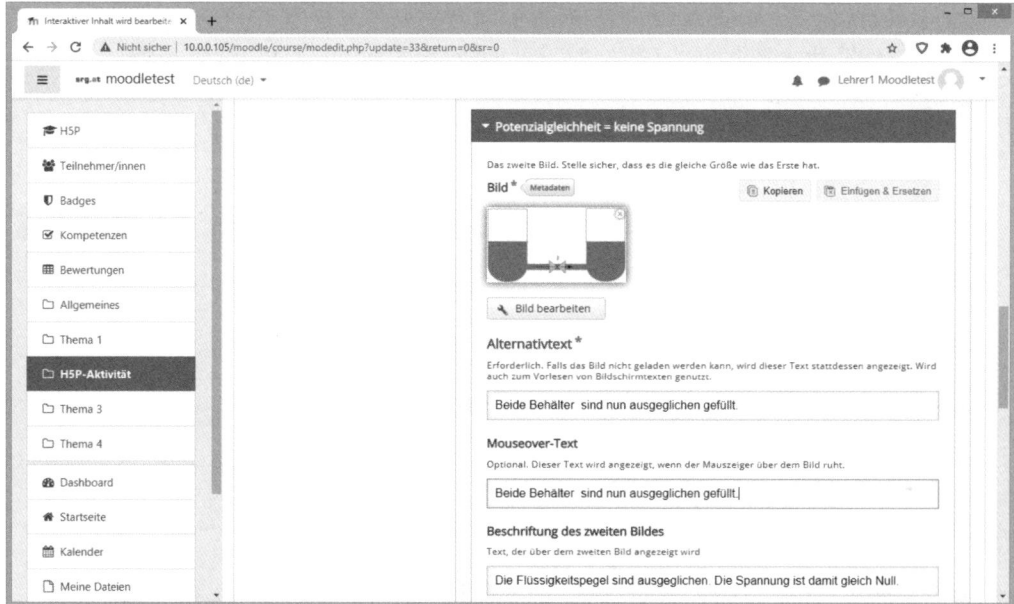

Bild 4.133 Das zweite Bild wird ebenso wie Bild 1 bearbeitet. Auch dieses bekommt eine Beschriftung, die an der gleichen Stelle sichtbar wird. Was letztendlich zu sehen ist, bestimmt die Einstellung mit dem Schieberegler.

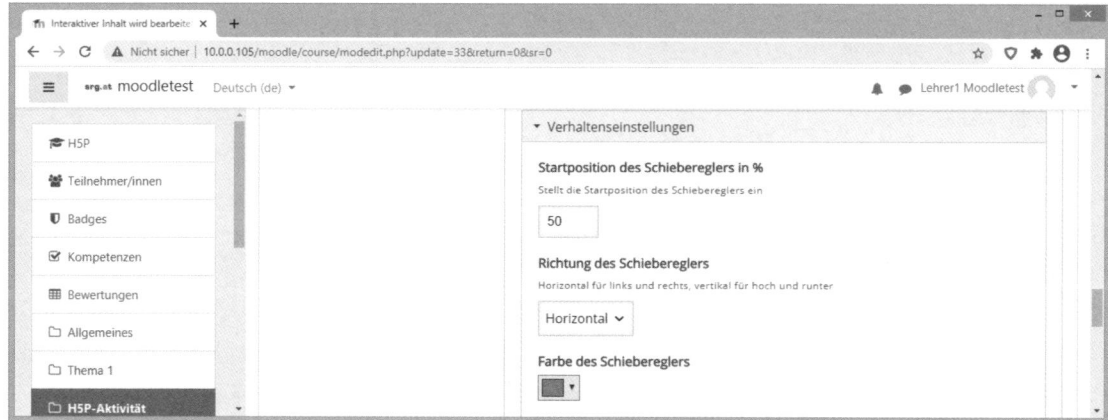

Bild 4.134 Der „Schieberegler" ist das grafische Element, welches die Grenze zwischen den Ansichten (erstes oder zweites Bild) darstellt. Es kann frei gewählt werden, wo dieser Regler beim Öffnen des Inhalts seine Ausgangsposition zugewiesen bekommt, und auch, in welche Orientierung die Verschiebung erfolgt.

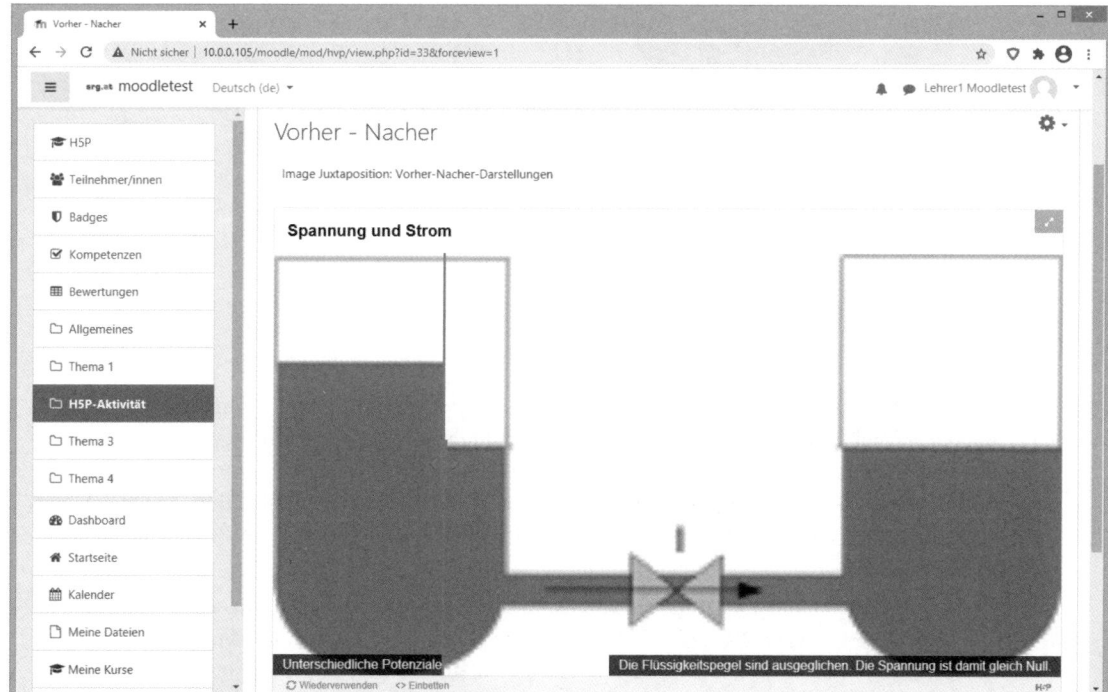

Bild 4.135 Das Bild zeigt ein Beispiel mit vertikaler Anordnung des Schiebereglers: Das erste Bild ist beinahe verdeckt und große Teile des zweiten Bilds sind sichtbar. Verschiebt man den Regler nach rechts, so ändern sich diese Verhältnisse.

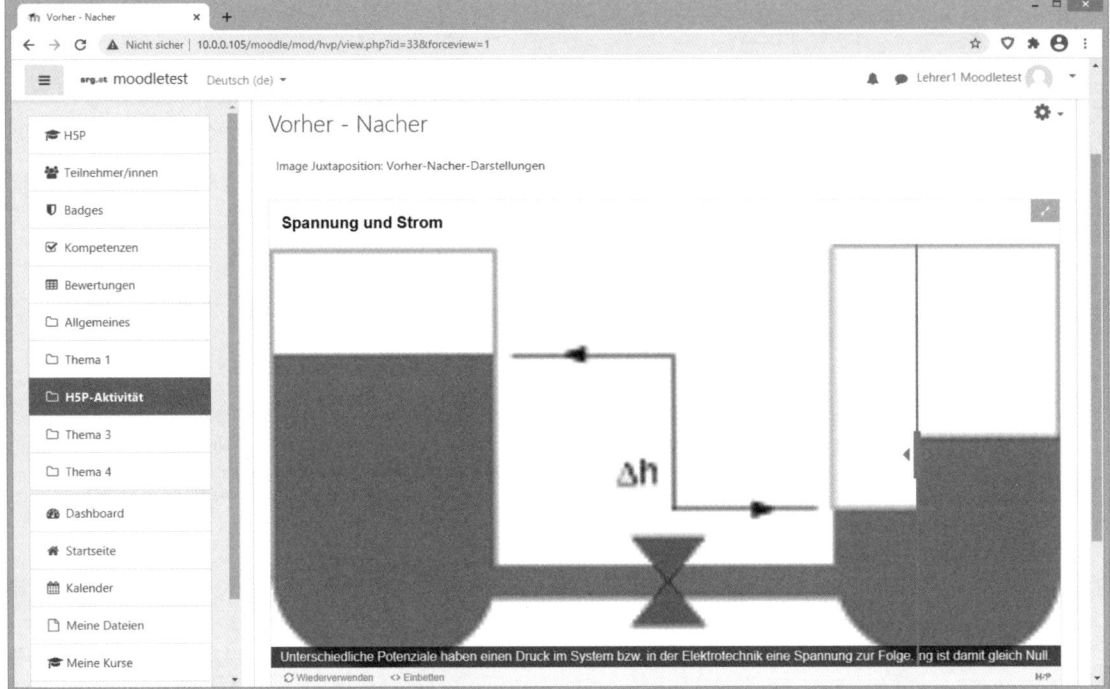

Bild 4.136 Nun steht der Schieberegler wesentlich weiter auf der rechten Seite und gibt den Blick auf einen großen Teil des ersten Bilds frei.

◼ 4.27 Image Pairing

Welches Bild passt zu einem anderen? Bei diesem Inhaltstyp handelt es sich nicht um ein Memory-Spiel im klassischen Sinn. Es kann beispielsweise die Zuordnung von bestimmten Sehenswürdigkeiten zu einem bestimmten Land abgefragt werden. Auch denkbar wären Köpfe bekannter Politiker, die sich in bestimmten Staatsämtern profiliert haben. Man schiebt einfach das Bild mit dem Kopf des Politikers auf das Bild mit der Beschreibung des Amts.

Der Schwierigkeitsgrad kann durch die Auswahl der Motive und die Anzahl der Bildpaare beeinflusst werden. Ein Beispiel für die Anwendung in der Literaturgeschichte wäre zum Beispiel die Präsentation von Werken bekannter Schriftsteller, denen die jeweilige Geburtsstadt gegenübergestellt wird.

Bilder sind für diesen H5P-Inhaltstyp von essenzieller Bedeutung. Es ist natürlich die grundlegende Voraussetzung für den Erfolg der Übung, diese auch betrachten zu können. Blinde Menschen können dies natürlich nicht. Dennoch sollen auch sehbeeinträchtigte Menschen an den Lektionen teilnehmen können. Hier kommen detaillierte Beschreibungen der verwendeten Bilder zum Einsatz. Man spricht von alternativen Texten.

Barrierefreiheit gewinnt an Bedeutung!

Es reicht nicht, verpflichtende Fortbildungen zu Themen wie Integration und Inklusion anzubieten und diese Themen wohlwollend zu diskutieren. Es lässt sich auch nicht leugnen, dass diese Themen mit – zum Teil erheblichem – Aufwand in ihrer praktischen Umsetzung verbunden sind. Die Formulierung von Alternativtexten ist sehr arbeitsintensiv und zeitaufwendig. Dennoch zeigt sich gerade hier, wie ernsthaft die Chancengleichheit vorangetrieben wird, wenn Zeit und Ressourcen für Barrierefreiheit in der Kursvorbereitung berücksichtigt werden.

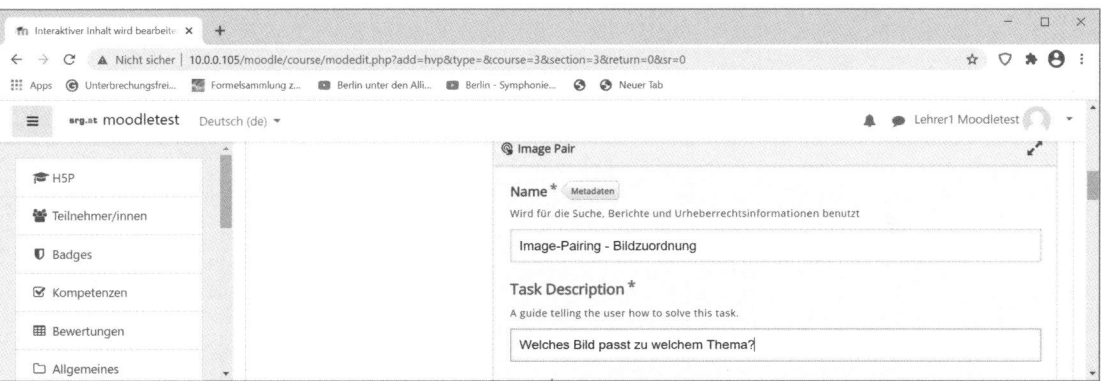

Bild 4.137 Die allgemeine Konfiguration des Inhaltstyps sieht einen Namen und eine Beschreibung vor. Der Name ist später auch in der Bewertungsübersicht der jeweiligen Lernenden als Referenz zu finden.

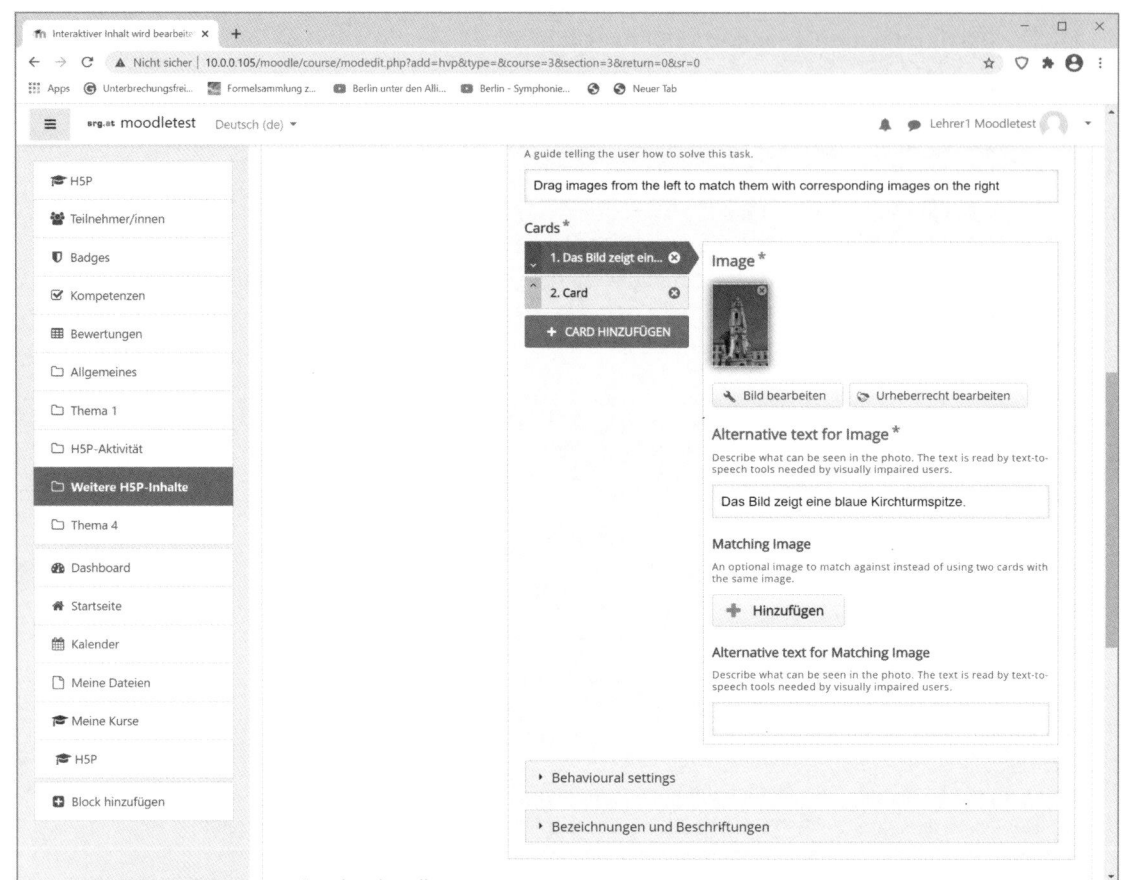

Bild 4.138 Ein Beitrag zur Barrierefreiheit sind alternative Texte, die Blinde oder Sehbeeinträchtigte vom Computer vorgelesen bekommen. Diese sollten jedoch sehr detailliert formuliert werden. Das ist bereits eine sehr anspruchsvolle Aufgabe, jedoch darf die Lösung dabei nicht mit den Worten verraten werden.

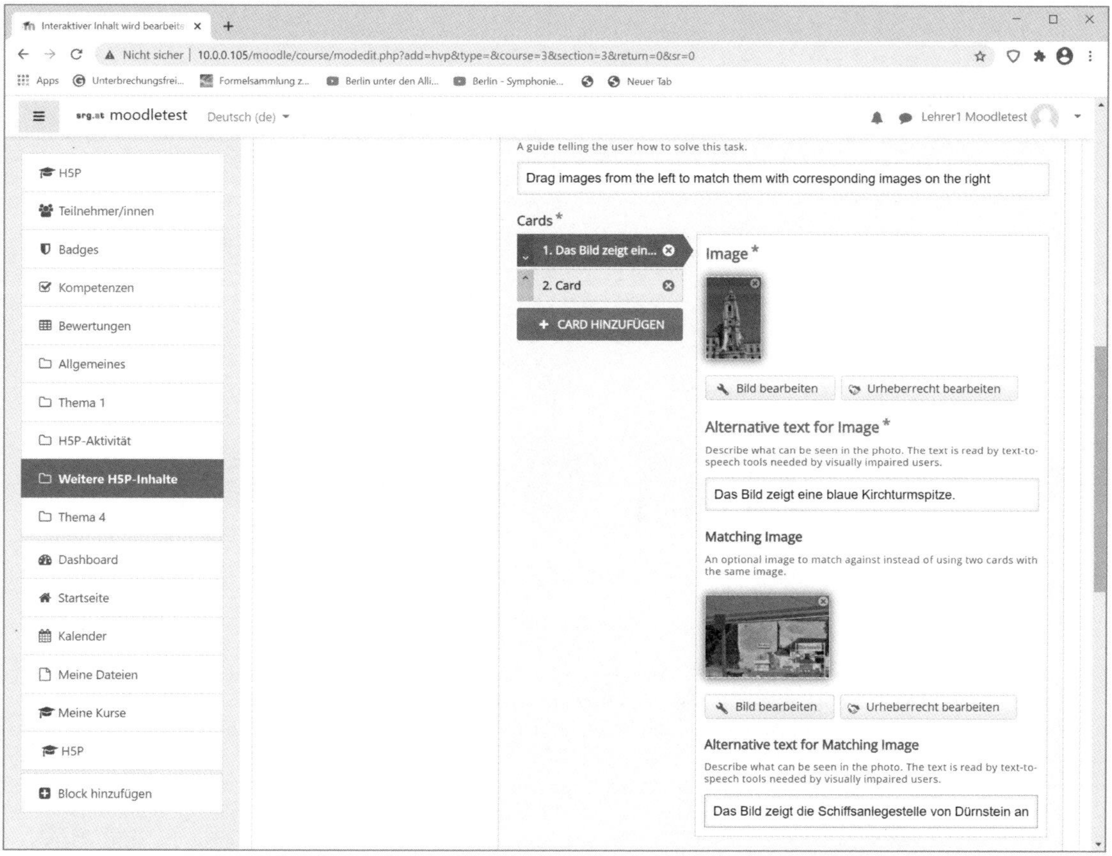

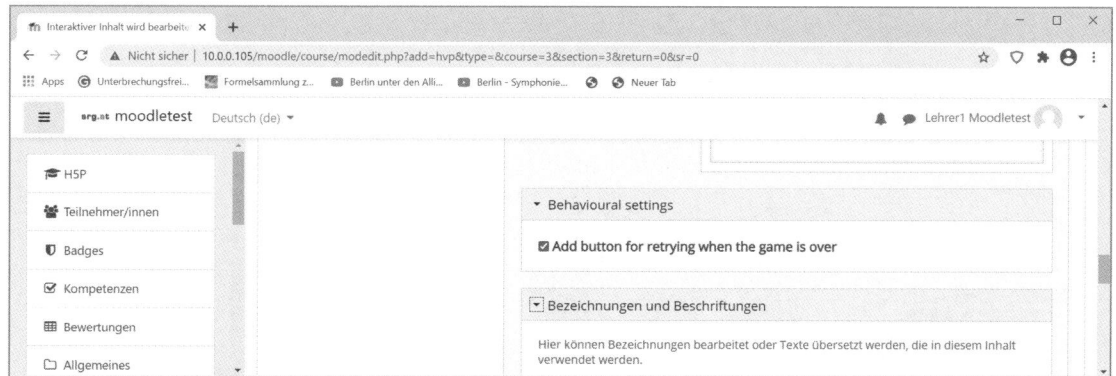

Bild 4.139 Es handelt sich nicht um ein „Memory"-Spiel im klassischen Sinn. Deswegen müssen zwei verschiedene Bilder für jeden Kartensatz hochgeladen werden.

Bild 4.140 Ein Wiederholen-Button (*Retry*) erlaubt es, die Übung immer wieder zu wiederholen. Sollen die Ergebnisse jedoch in der Bewertungsübersicht ausgewertet werden, sollte die Aktivierung dieser Schaltfläche gut überlegt werden.

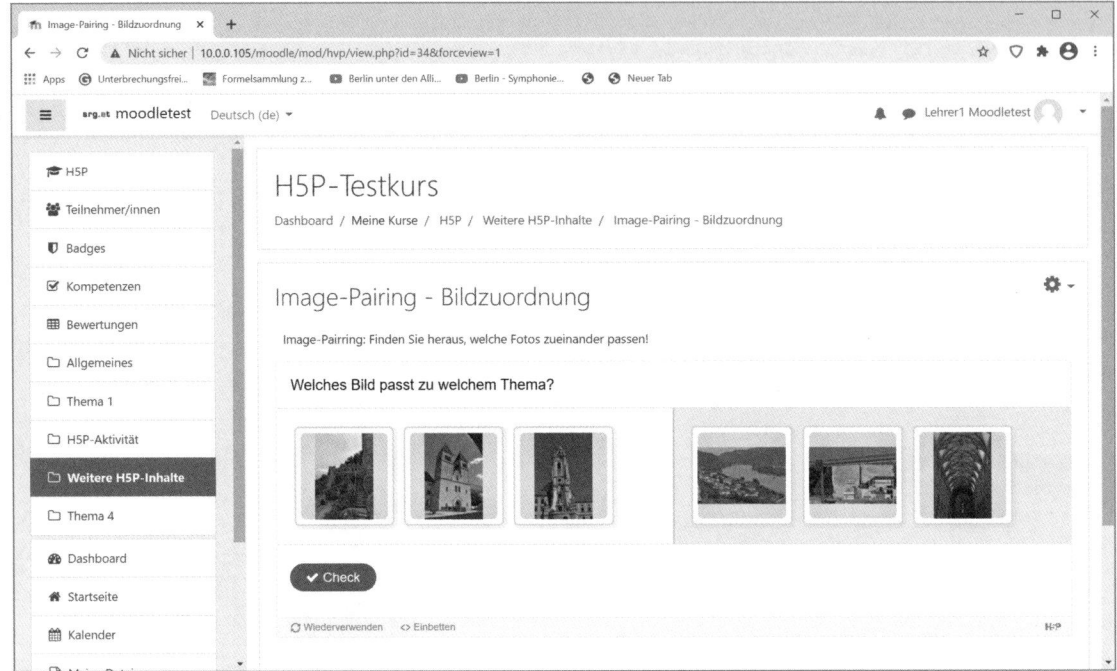

Bild 4.141 Welches Bauwerk passt zu welchem Ort? Die Lernenden verschieben die Bilder der linken Seite auf die Bilder der rechten Seite, um ihren Lösungsvorschlag auszudrücken.

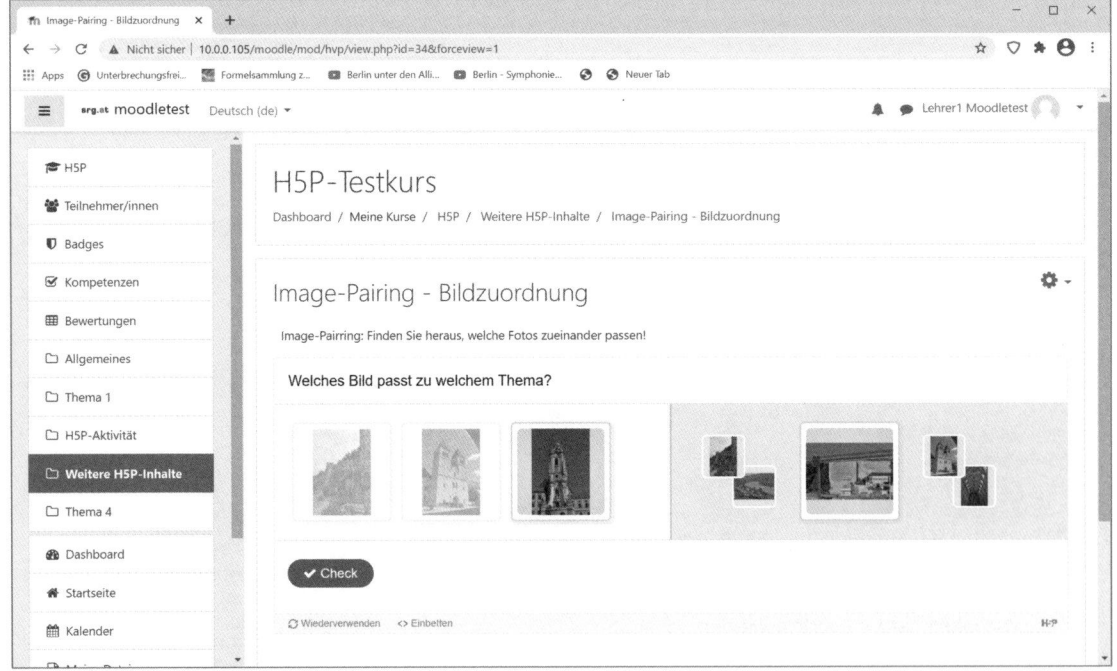

Bild 4.142 Es ist nur noch ein Bild auf das Ziel abzulegen. Anschließend wird die Eingabe mit dem Button *Check* überprüft.

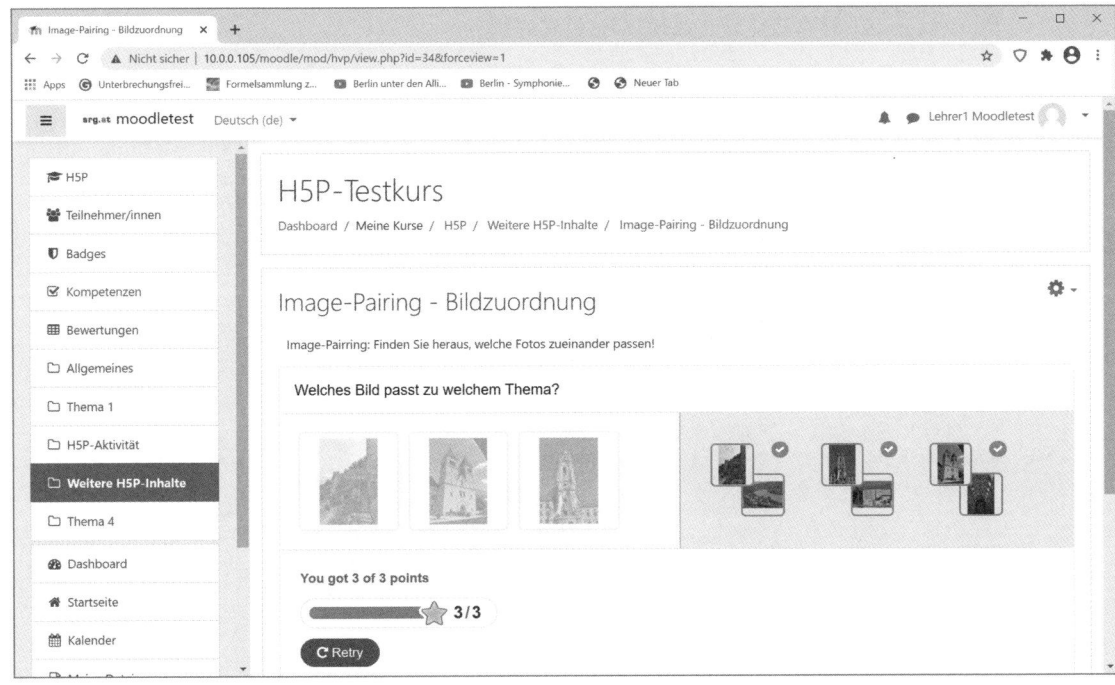

Bild 4.143 In diesem Fall wurden alle Bilder richtig zugeordnet.

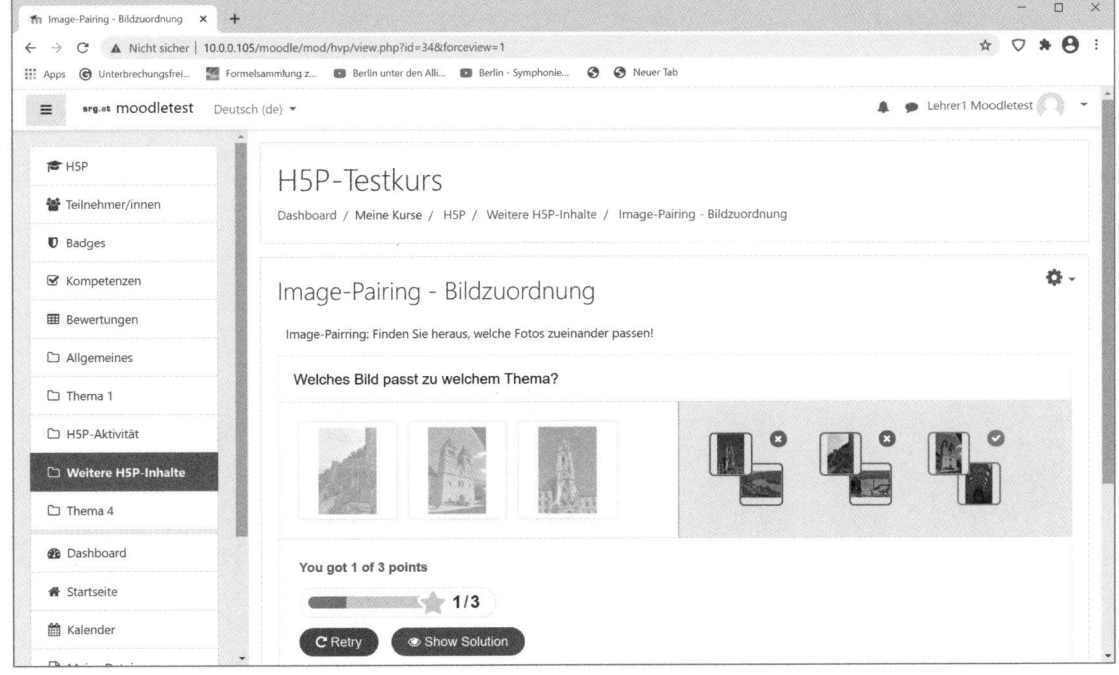

Bild 4.144 Es gibt nur einen Punkt. Die falsche Zuordnung eines Bilds führt hier zwangsweise zu einem weiteren Fehler, was bei der Entwicklung der Bewertungsstrategie bedacht werden muss.

■ 4.28 Image Sequencing

Bilder werden in einer zufälligen Reihenfolge dargestellt. Per Drag and Drop verschieben die Lernenden diese Bilder so, dass deren Reihenfolge letztlich der Aufgabenstellung entspricht. Mögliche Anwendungsgebiete sind Bilder zu Ereignissen der Geschichte, die in ihrer chronologischen Reihenfolge zu ordnen sind. Auch hier werden die Inhalte der Bilder wieder mit einem – verpflichtend eingeforderten – Alternativtext erklärt.

Die Bilder werden in der richtigen Reihenfolge in die Inhaltskonfiguration hochgeladen. Optional können Audiodateien zu jedem Bild ergänzt werden.

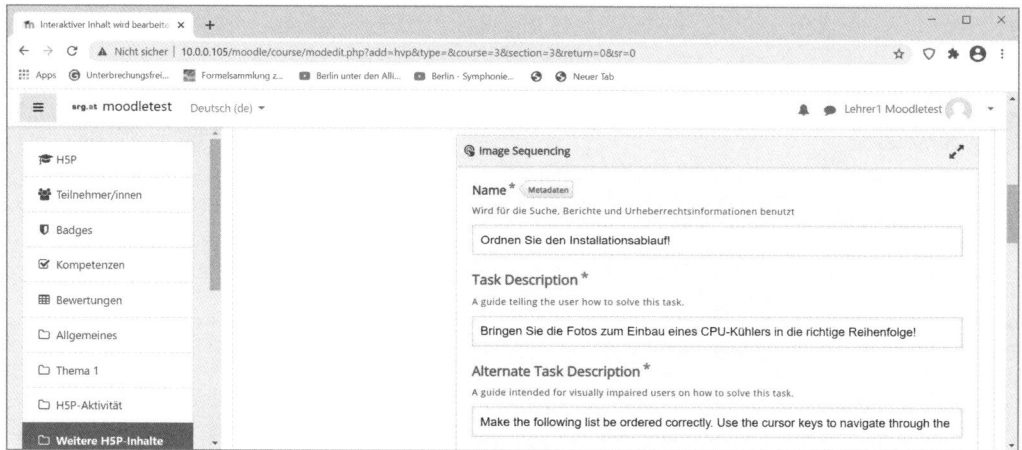

Bild 4.145 Es werden zwei Beschreibungen der Übung vorgesehen. Gibt es für sehbeeinträchtigte Menschen besondere Vorgehensweisen, werden diese in der alternativen Beschreibung erklärt.

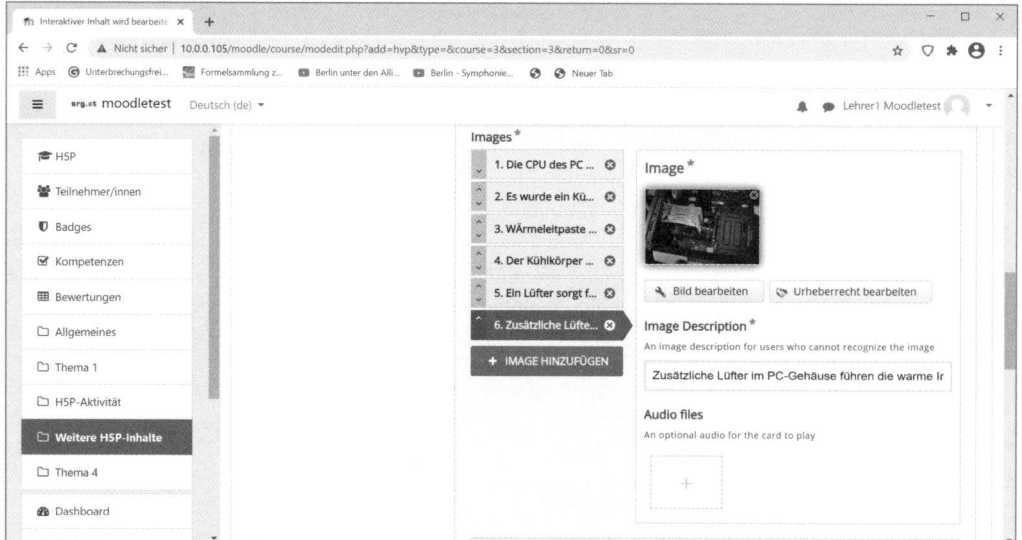

Bild 4.146 Jedes einzelne Bild wird mit einem Text beschrieben. Optional lässt sich eine Audio-Datei anbieten.

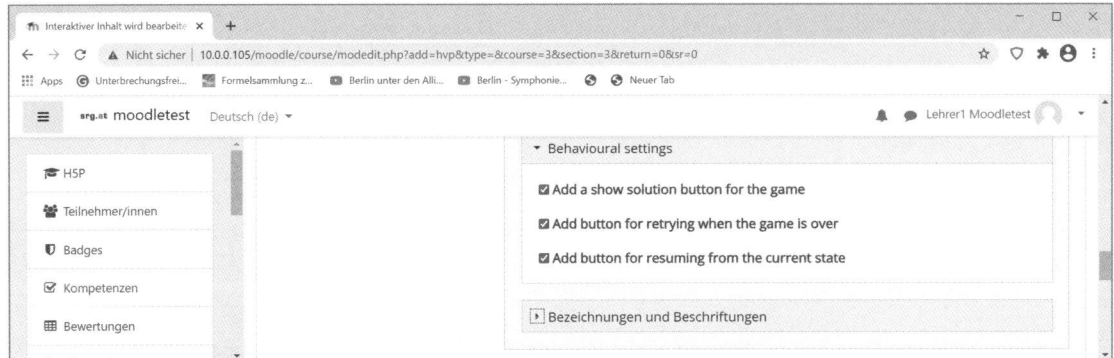

Bild 4.147 Insbesondere der Einsatz des Buttons für die Wiederholung der Übung wird leidenschaftlich diskutiert. Für reines Training ist dieser Button sinnvoll. Beim Einsatz in einer Lernzielkontrolle verführt der *Retry*-Button jedoch zu einer „Optimierung" des Ergebnisses, wodurch der Test seine Aussagekraft verliert.

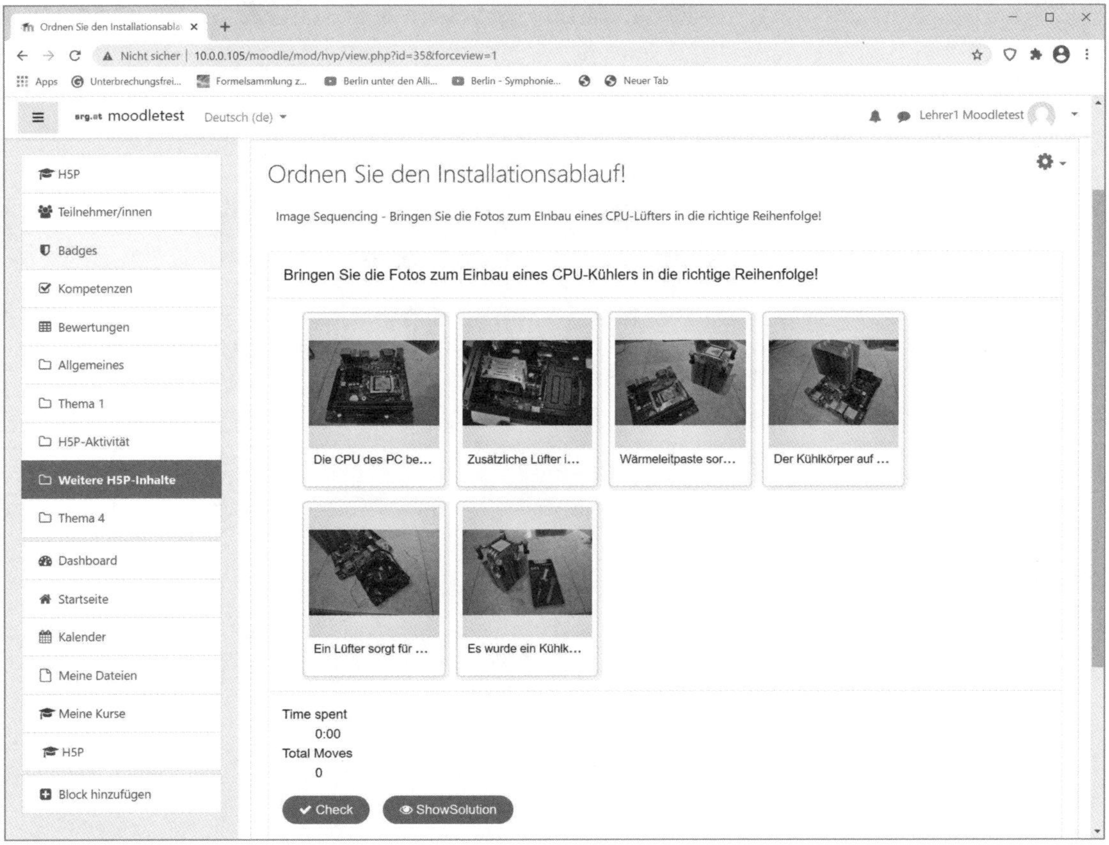

Bild 4.148 Mit dem Aufruf der Übung werden die Bilder in einer zufälligen Reihenfolge angeordnet.

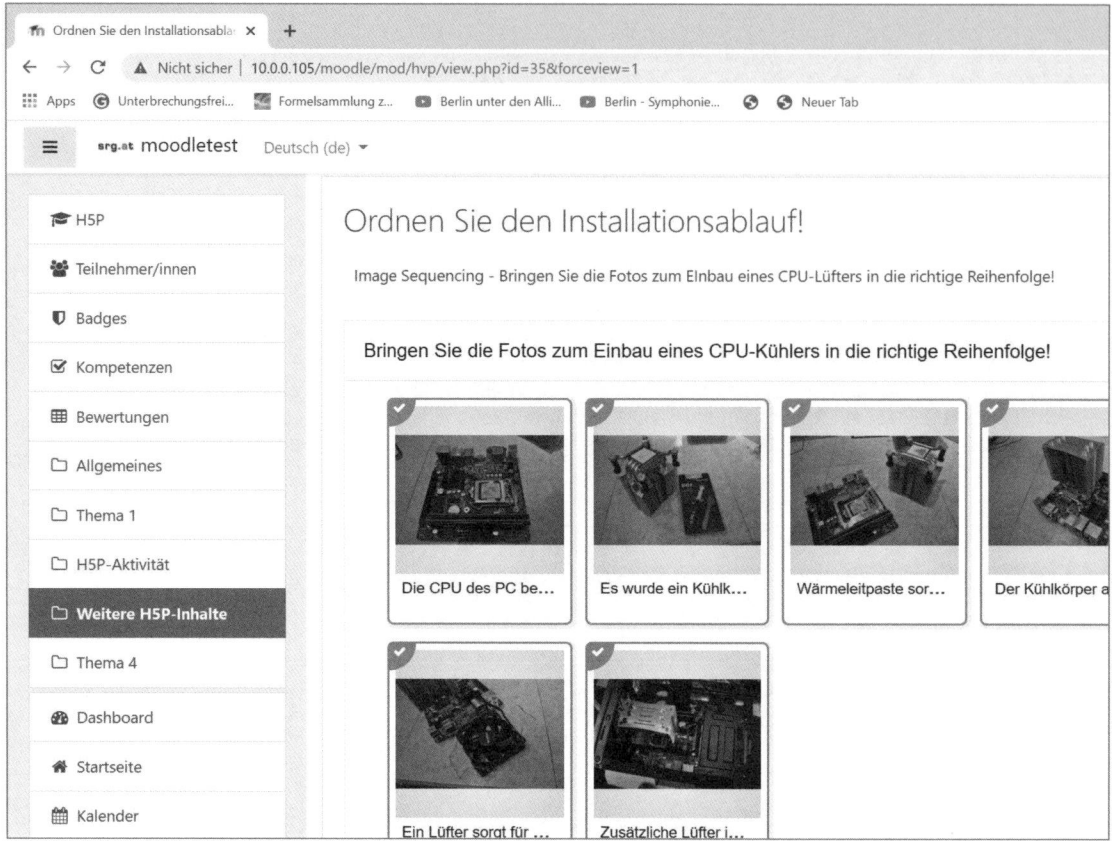

Bild 4.149 Es kommt nicht alleine darauf an, die Bilder in die richtige Reihenfolge zu bringen, sondern auch darauf, dies möglichst schnell zu tun.

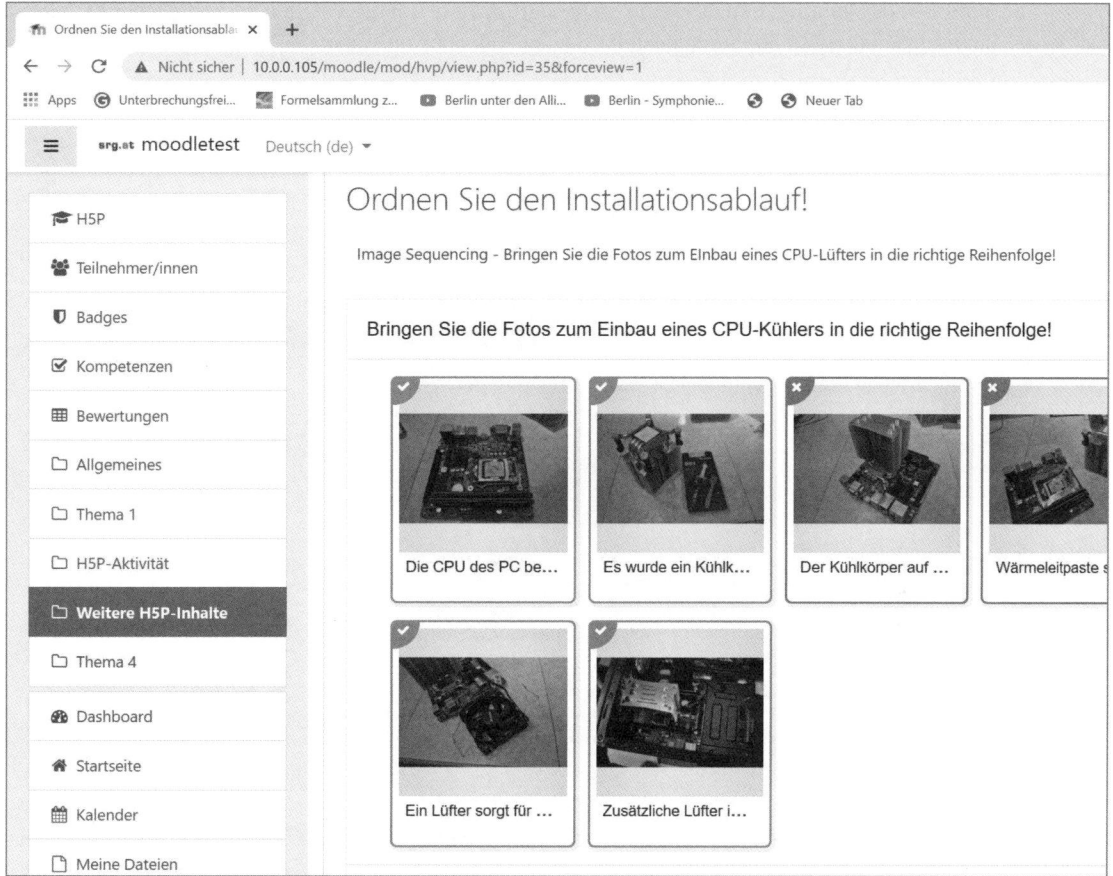

Bild 4.150 Die Vertauschung zweier Bilder führt zu einem zweifachen Punktverlust, denn jedes falsch platzierte Bild gilt als Minuspunkt. Die Bewertung gewinnt deswegen mit steigender Zahl der Objekte an Qualität.

■ 4.29 Image Slider

Beim *Image Slider* handelt es sich um eine sehr einfache Diashow. Die Lehrenden laden lediglich die Fotos zum jeweiligen Thema hoch und geben einen Alternativtext ein. Auch hier ist dieser aus Gründen der Barrierefreiheit gefordert und sinnvoll, denn mithilfe dieses Alternativtexts können sich auch Sehbeeinträchtigte eine Vorstellung vom Inhalt der Präsentation machen. Der Text wird – je nach verwendeter Unterstützungstechnik – von einem Screenreader vorgelesen. Wichtig ist es, jedes einzelne Bild möglichst präzise zu beschreiben. So bekommen Blinde eine Vorstellung davon, was auf den Fotos jeweils zu sehen ist.

Wichtig ist die Anordnung der Bilder. Sie werden in der richtigen Reihenfolge hochgeladen. Eventuelle Nachträge lassen sich jedoch auch ergänzen. Am rechten Rand der Titelzeile eines jedem Elements gibt es kleine Pfeilschaltflächen, um die Position zu variieren. Ebenso lassen sich einzelne Elemente gezielt aus der Slideshow entfernen.

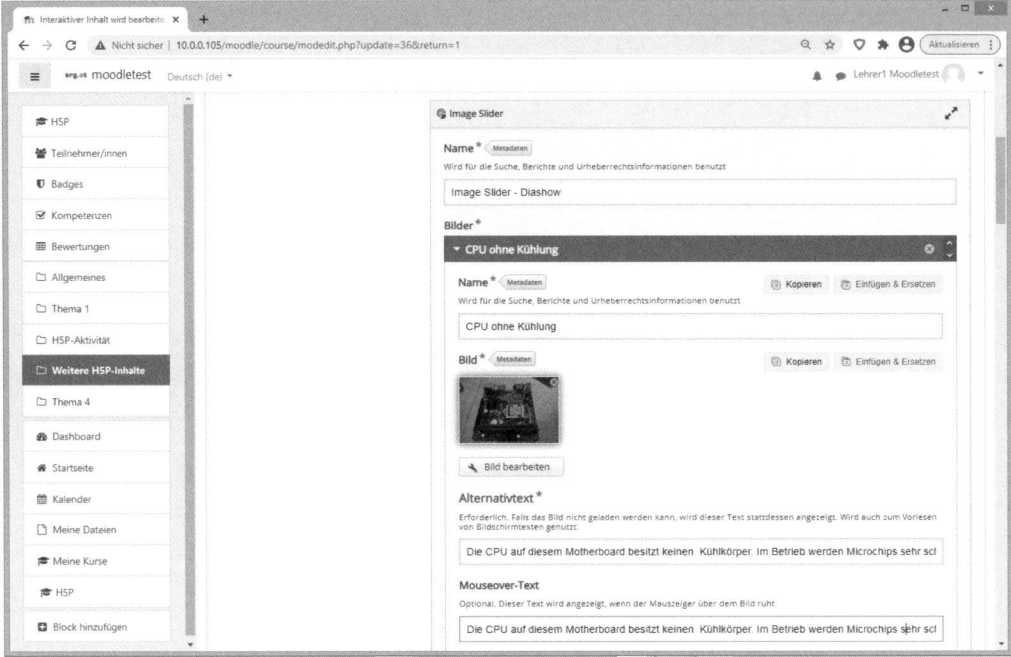

Bild 4.151 Jedes Bild wird einzeln hochgeladen und mit dem üblichen Alternativtext beschrieben.

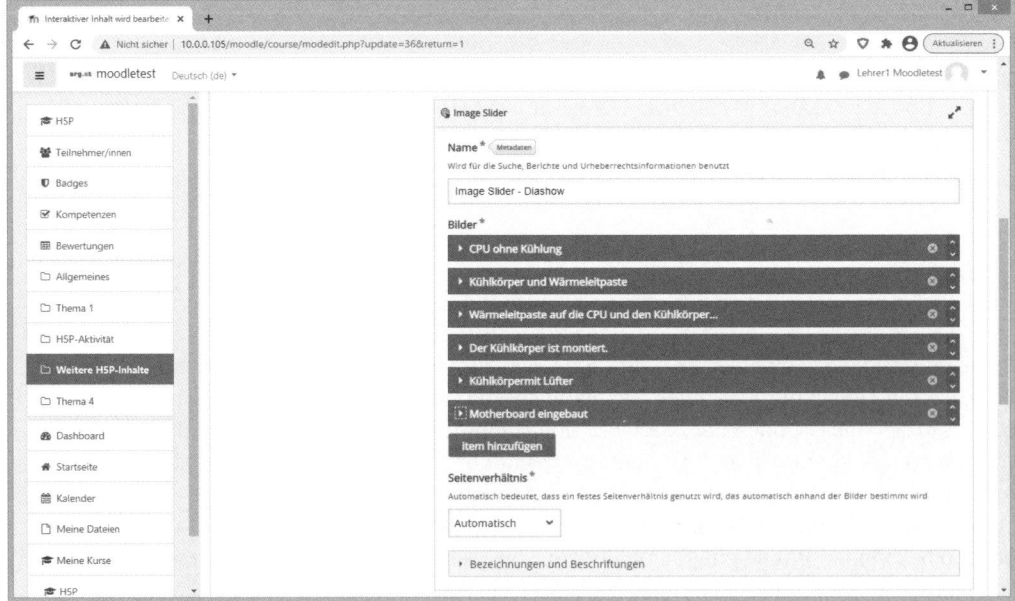

Bild 4.152 Die Reihenfolge der Slides kann bei Bedarf korrigiert werden, fehlerhafte Slides lassen sich mit wenigen Mausklicks entfernen.

Bild 4.153 Das erste Bild der „Diashow": Es gibt nur auf der rechten Seite eine Schaltfläche für den Bilderwechsel. Unter dem Bild lassen sich Slides gezielt über die Punkte auswählen.

■ 4.30 Interactive Book

Das *Interactive Book* gehört zu den komplexesten und anspruchsvollsten Inhaltstypen. Im Grunde genommen lassen sich komplette Kurse in einem interaktiven Buch umsetzen. Es eignet sich aber auch für anspruchsvolle Studienarbeiten durch Lernende.

Kapitel für Kapitel werden die zu vermittelnden Informationen in unterschiedlichen Inhaltstypen erstellt und diese miteinander kombiniert. Weitere H5P-Inhaltstypen dienen zur Kontrolle der Lernerfolge, wie beispielsweise *Drag the Words* oder *Fill in the Blanks*. Am Schluss des „Buchs" können die Lernergebnisse zusammengefasst werden.

Wie bei jedem guten Buch beginnt auch das interaktive Buch mit einer Titelseite. Die Summe aller Inhalte kann sehr umfangreich werden. Einzelne Teile nur eines Kapitels können wiederum durch sehr umfassende Inhaltstypen verkörpert werden. Bei der Vergabe der Aufgabe an Lernende sollte dies nicht vergessen und den Lernenden ausreichend Bearbeitungszeit gewährt werden.

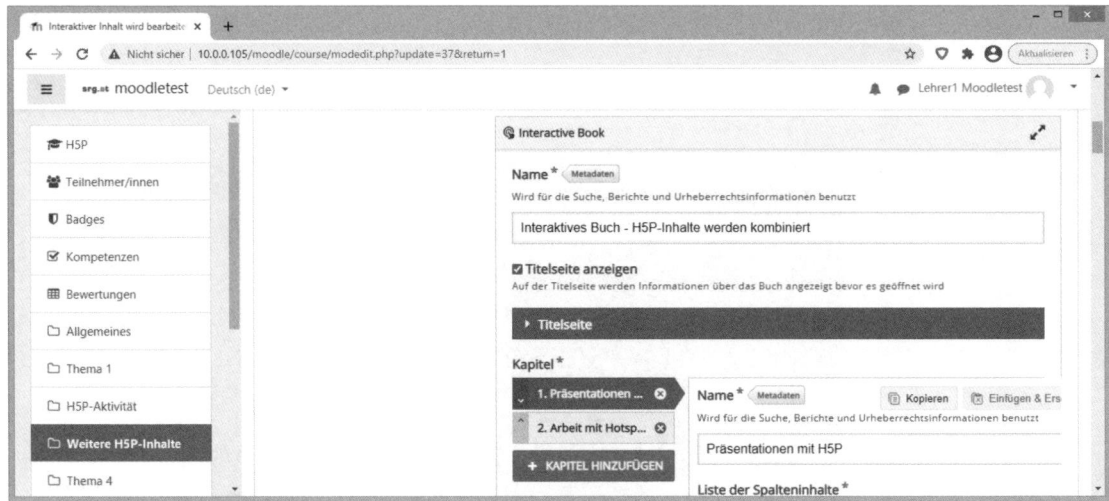

Bild 4.154 Eine Titelseite kann, muss aber nicht zwingend in dieser Lektion dargestellt werden.

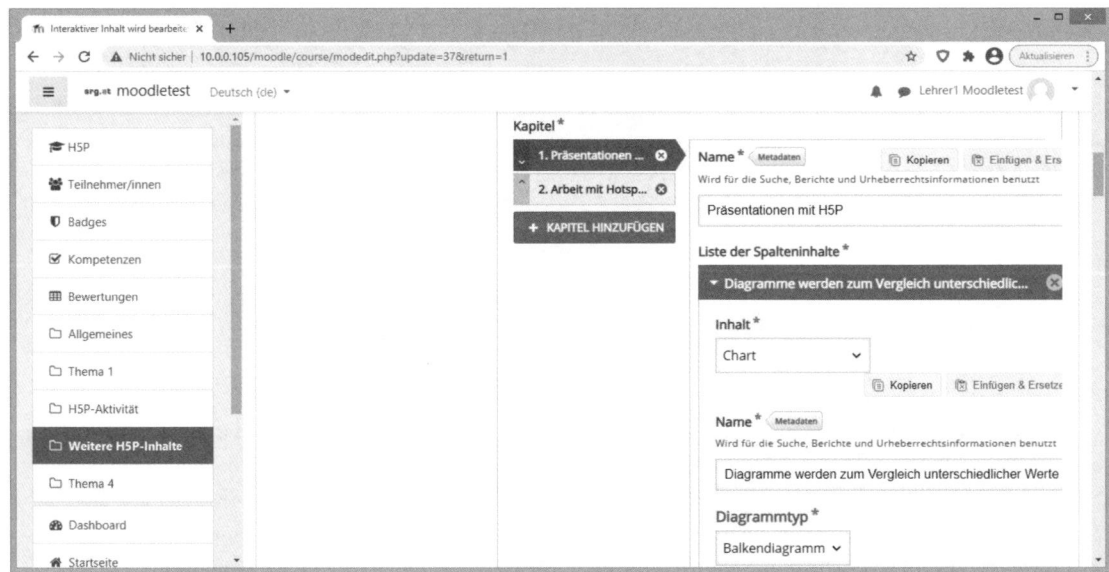

Bild 4.155 Das erste Kapitel besteht in diesem Beispiel aus zwei Inhaltstypen: Charts und Interaktive Hotspots.

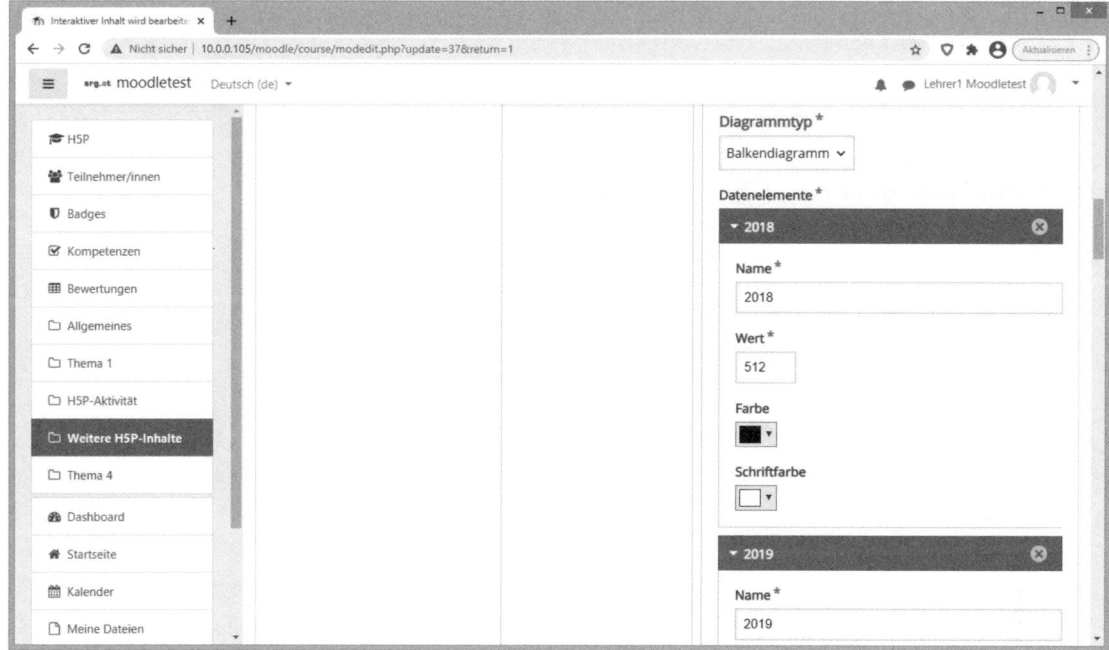

Bild 4.156 Die Charts werden wie im gleichnamigen Inhaltstyp definiert. Auch hier ist keine Berechnung während der Präsentation zugeführter Werte vorgesehen. Es handelt sich um eine reine Darstellung fester Werte.

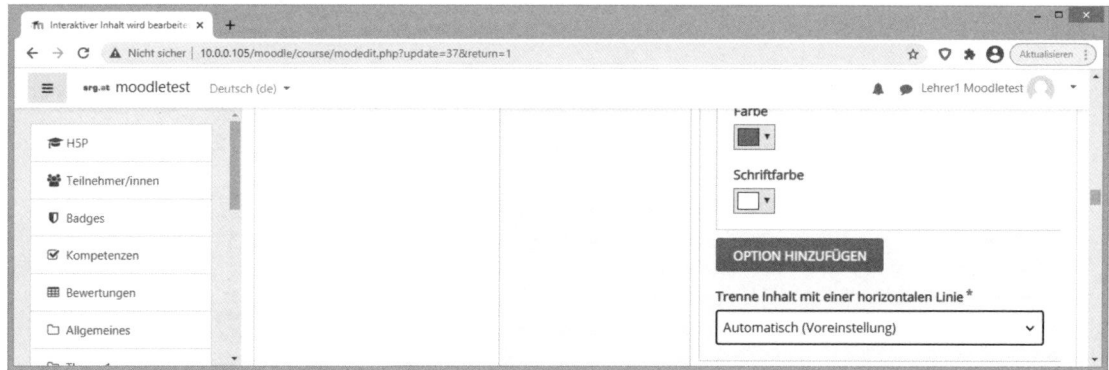

Bild 4.157 Die Inhalte eines Kapitels werden direkt hintereinander wiedergegeben. Eine Trennlinie schafft hier eine gewisse Übersicht.

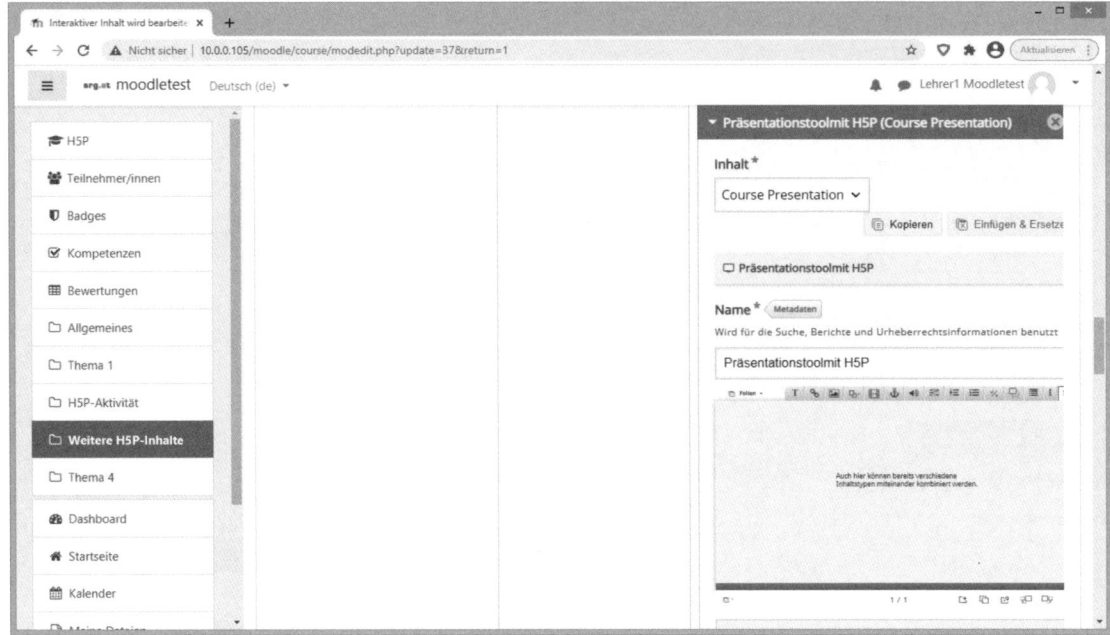

Bild 4.158 Auch ganze Präsentationen können als Teil eines Buchkapitels verwendet werden.

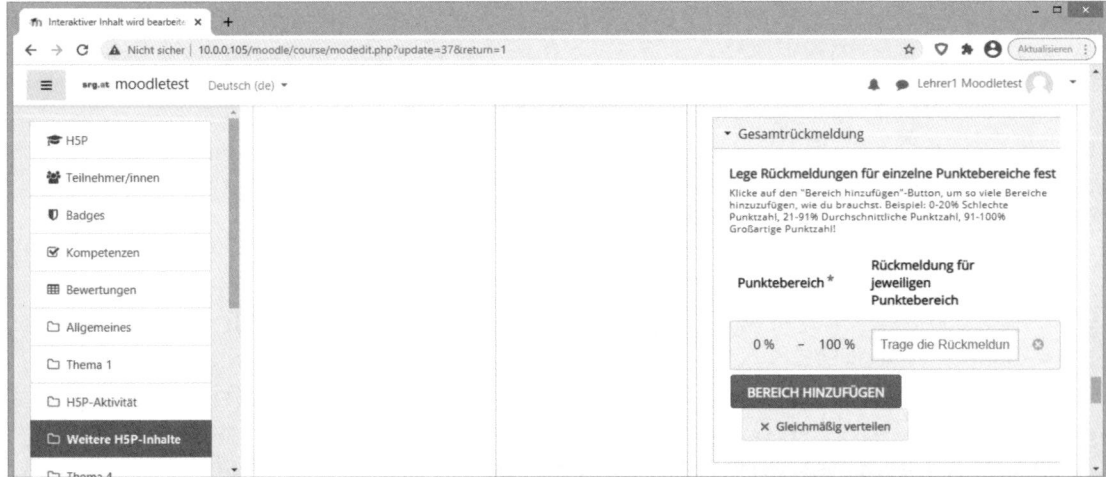

Bild 4.159 Am Ende eines interaktiven Buchs lässt sich eine Gesamtzusammenfassung mit Testfragen formulieren. Diese können bei Bedarf mit einem für den Schulzweig üblichen Notenschlüssel bewertet werden.

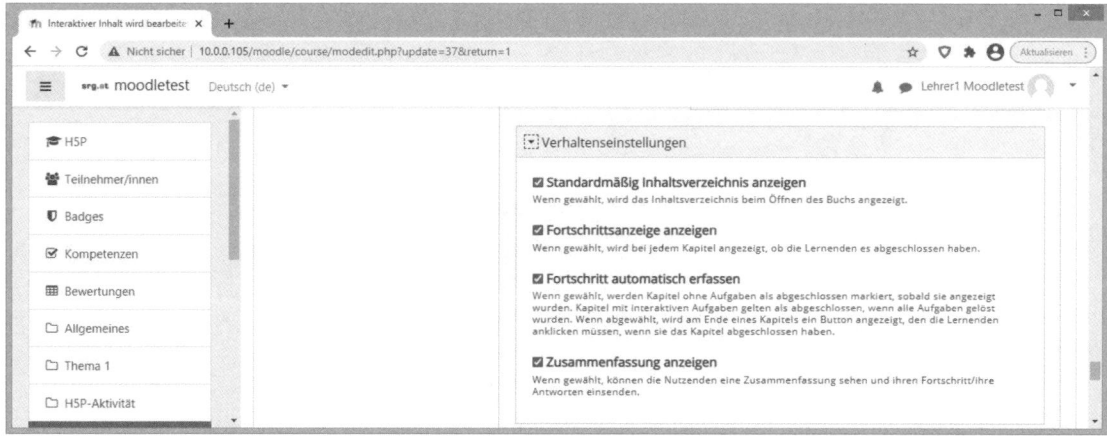

Bild 4.160 In den Verhaltenseinstellungen des interaktiven Buchs lasen sich bei Bedarf einige Hilfsmittel anzeigen. Wichtig für eine gezielte Bearbeitung einzelner Kapitel ist ein Inhaltsverzeichnis.

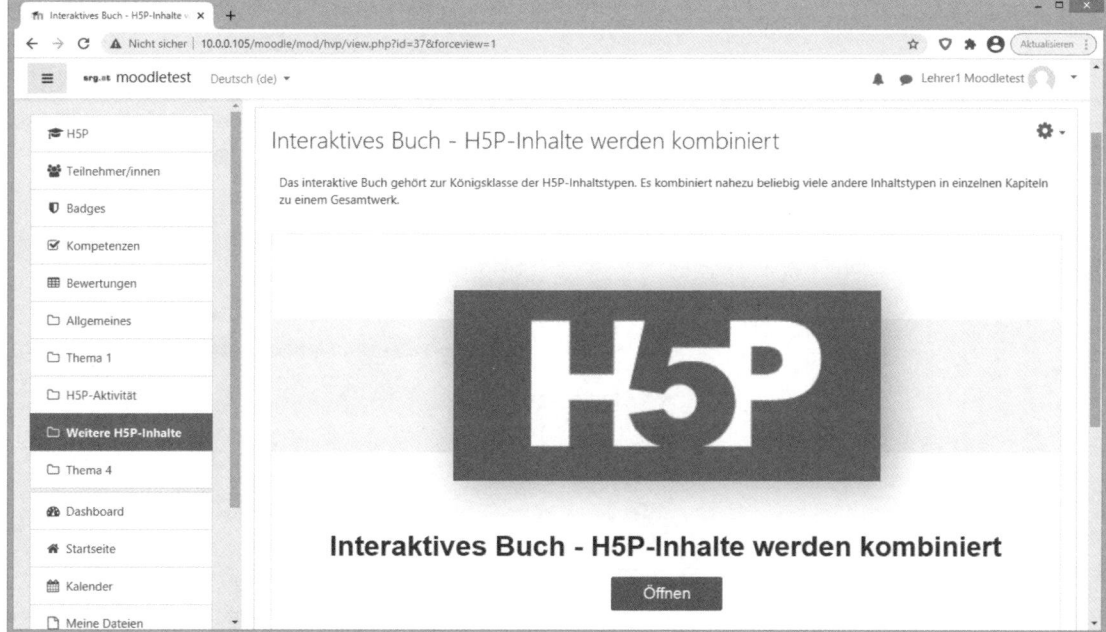

Bild 4.161 Der erste Aufruf des interaktiven Buchs zeigt – wenn diese definiert wurde – eine Titelseite.

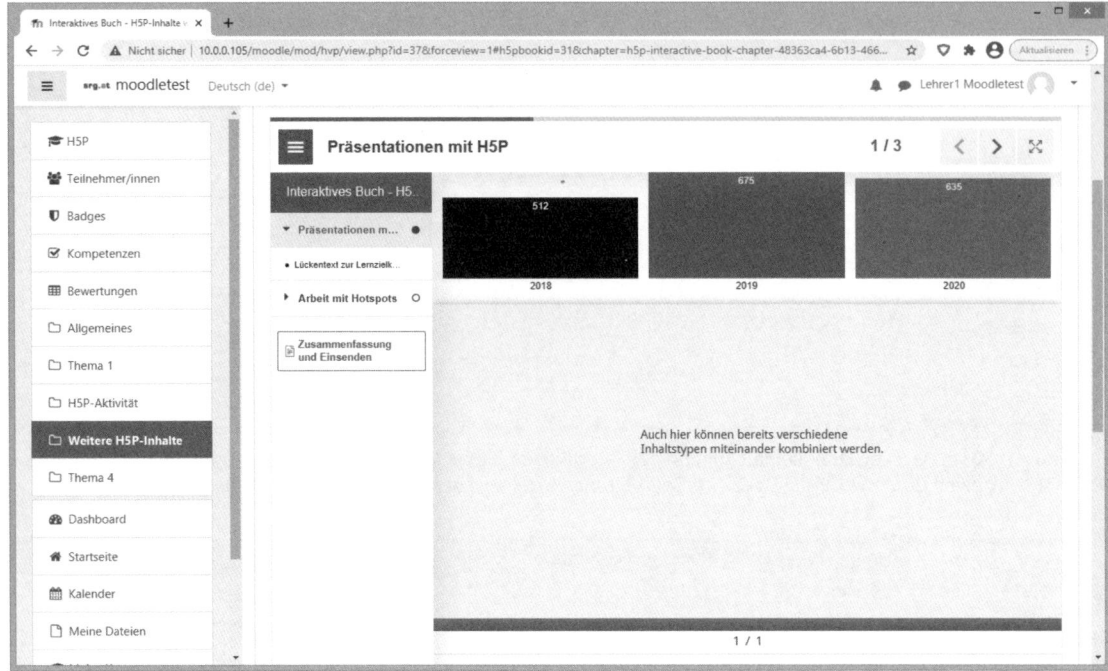

Bild 4.162 Zwei Inhaltselemente eines Kapitels werden direkt hintereinander dargestellt. Lernende scrollen an die gewünschte Stelle.

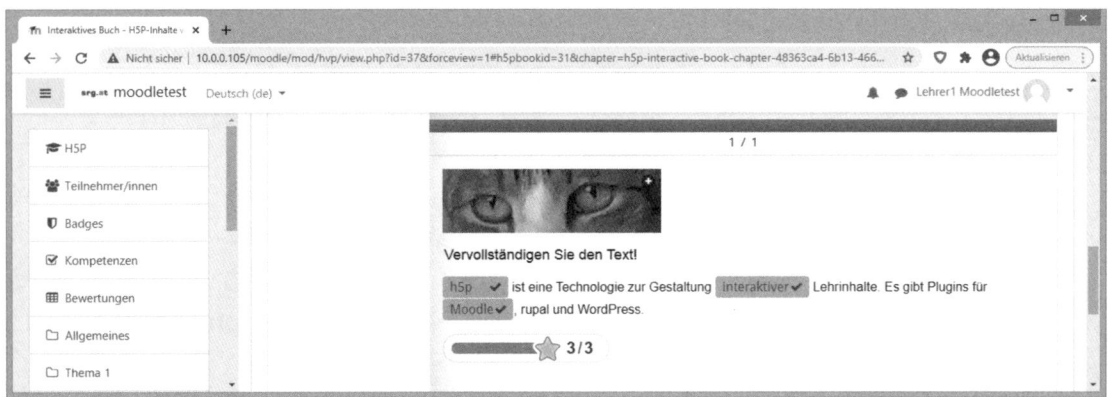

Bild 4.163 Das Buch kann auch prüfende Inhalte enthalten, wie hier einen Lückentext.

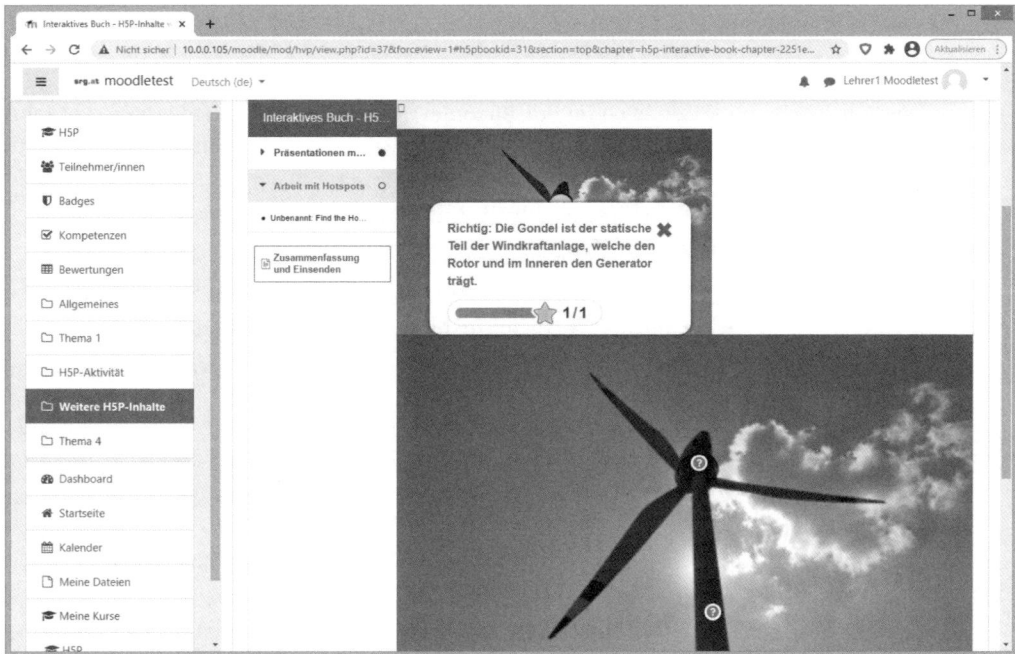

Bild 4.164 Auch interaktive Hotspots können Teil des digitalen Buchs sein. Mit dem Klick auf einen Hotspot können sehr umfangreiche Informationen und sogar zusätzliche Bilder und Videos geliefert werden.

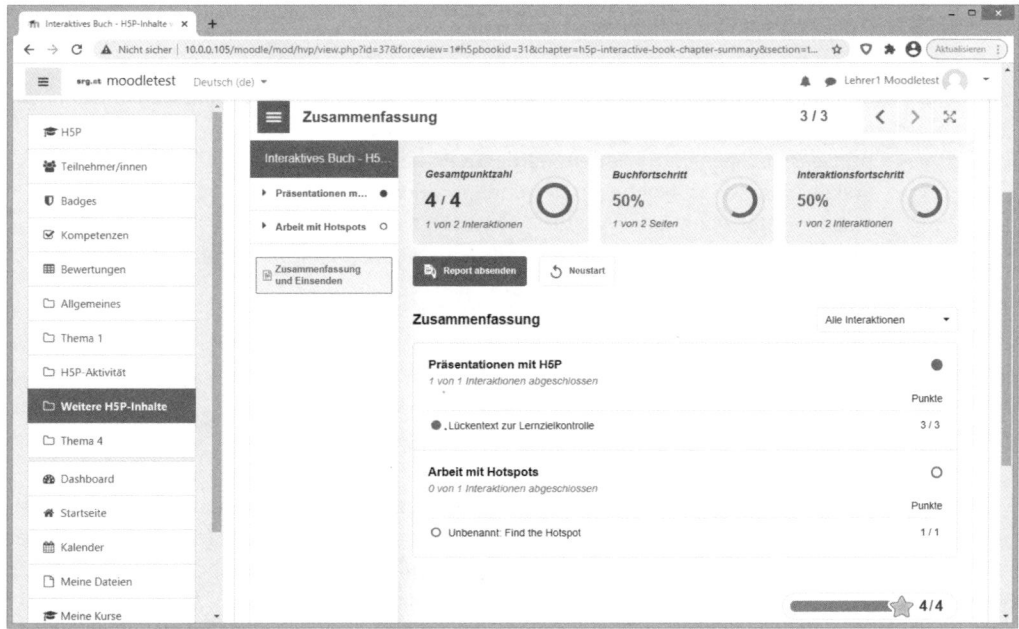

Bild 4.165 Die abschließende Zusammenfassung zeigt den Erfolg der Lernenden nach der Durcharbeitung des interaktiven Buchs.

◼ 4.31 Interactive Video

Videos haben seit langer Zeit auch im Präsenzunterricht eine wichtige Bedeutung. Vor Jahrzehnten war die Präsentation eines Films im Unterricht sehr aufwendig: Es mussten entweder Filmprojektoren aufgestellt oder ein (Röhren-)TV-Gerät in den Klassenraum gebracht werden. Gemeinsam hatten derartige Filmvorführungen Folgendes:

- Die Lernenden freuten sich auf die „entspannte" Stunde.
- Wichtige Informationen werden in vergleichsweise großer Zahl aufgenommen.
- Im Anschluss an die Vorführung vertiefen Diskussionen die Lehrinhalte.

Der letzte Punkt ist im pädagogischen Sinn der Wichtigste. In der Diskussion werden die Inhalte der Vorführung noch einmal wiederholt. Vor allem werden jedoch kontroverse Ansichten aufeinandertreffen. Die Lernenden entwickeln die Fähigkeit, ihren Standpunkt zu vertreten, und bekommen auch vertiefende Ansichten zu Aspekten vermittelt, die anderen Lernenden während der Vorführung aufgefallen sind, die sie selbst jedoch nicht wahrgenommen haben.

Rein digital übertragene Videos, welche im Selbststudium konsumiert werden, haben gegenüber den Vorführungen während der Präsenzphase einen großen Nachteil: Sie werden oft nur beiläufig und ohne direkte Reflexion angesehen. Der H5P-Lehrinhalt *Interactive Video* wirkt dem entgegen. Das Video kann an bestimmten Marken unterbrochen und durch Reflexionsfragen ergänzt werden. Die weitere Ansicht ist nach der korrekten Beantwortung der Fragen möglich.

 mp4- und webm-Format

Vor wenigen Jahren war es auf Browsern wie Firefox und Chrome noch nicht möglich, Videodateien im *mp4*-Format über HTML5 wiederzugeben. Das hatte lizenzrechtliche Gründe. Andererseits konnte *webm* nicht auf Microsoft-Browsern ausgegeben werden. Mittlerweile haben die Entwickler Einigungen erzielt, sodass – obwohl es in der Konfiguration des Inhaltstyps *Interactive Video* geraten wird, beide Versionen anzubieten – Videos im *mp4*-Format als grundsätzlich kompatibel zu den modernen Webbrowsern angesehen werden können (aktueller Softwarestand vorausgesetzt).

4.31.1 Mögliche Probleme mit Interactive Video

Die meisten Moodle-Systeme oder Webplattformen ganz allgemein sind für kleine Dateigrößen ausgelegt. Das bedeutet, dass der Upload und oft auch die Wiedergabe sehr großer Dateien meist nicht möglich sind. Die Fehlermeldungen sind oft nicht eindeutig, jedoch lassen sich die Probleme sehr häufig durch Veränderung der zulässigen Dateigrößen lösen.

Beispiele für mögliche Fehlermeldungen sind:

- „Missing contentId"
- „Die Datei kann nicht gelesen werden. Eventuell existiert sie nicht oder es gibt ein Rechte-problem."

Behoben wurden diese Meldungen im Testsystem durch die Bearbeitung der Datei php.ini, in der die folgenden Werte ausreichend hoch eingestellt wurden:

```
post_max_size = 1000M
```

und

```
upload_max_filesize = 1000M
```

Der Webserver muss danach neu gestartet werden, um diese Werte tatsächlich zu überneh-men. Beispiel (Apache2-Webserver auf einer Ubuntu-Plattform):

```
sudo /etc/init.d/apache2 restart
```

Probleme können auch auftreten, wenn die Moodle-Konfiguration keine Verarbeitung von HTML5-Videos und mp4-Dateien zulässt. Die entsprechenden Plugins sind zwar in aktuel-len Moodle-Versionen installiert, jedoch müssen diese unter Umständen durch die Moodle-Administration aktiviert werden (vgl. Bild 4.166).

Webserverstart obliegt der Systemadministration!

Für die Illustrationen dieses Buchs wurde ein Moodle-System auf einem Ubuntu-Betriebssystem installiert. Als Webserver kommt Apache2 zum Einsatz. Die Verwaltung des Webservers obliegt in der Regel einer kompetenten IT-Abteilung. Zudem sind verschiedene weitere Server-Plattformen im Einsatz, die in einer anderen Form verwaltet werden. Wenn es beim Einsatz des Inhalts-typs Interactive Videos zu Problemen kommt, ist hierzu unbedingt der Kontakt mit der IT-Abteilung zu suchen. Meist liegen die Ursachen in den doch sehr großen Videodateien, deren Upload und die Darstellung auf den Webservern in der Größe limitiert ist.

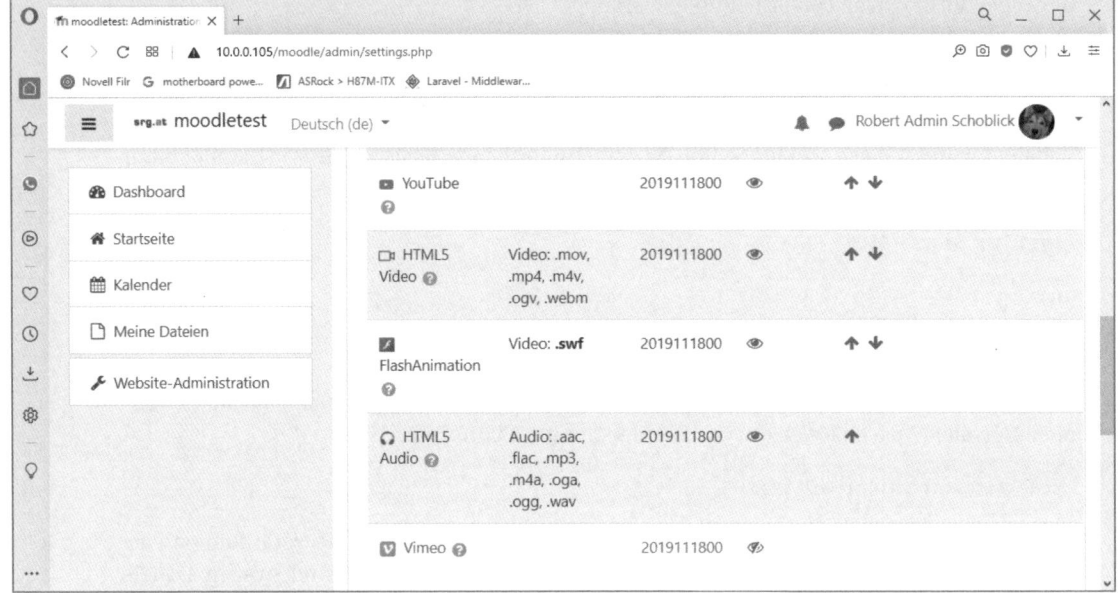

Bild 4.166 Möglicherweise ist in der Website-Administration der Moodle-Plattform auch der Inhalts-typ HTML5-Video und HTML5-Audio nicht aktiviert. Diese Plugins sind vorinstalliert und müssen lediglich aktiviert werden.

4.31.2 Video hochladen und konfigurieren

Wie jeder H5P-Inhalt wird auch diesem zunächst ein Name zugewiesen, welcher die Refe-renz zu weiteren Bewertungsberichten – beispielsweise die *Moodle-Bewertungsübersicht* in den Profilen – sein kann. Im nächsten Schritt wird dann das Video hinzugefügt. Für die Quellen des Videos gibt es verschiedene Möglichkeiten:

- Hochladen eines eigenen Videos im mp4- und/oder webm-Format,
- Verlinkung auf ein Video in YouTube,
- Verlinkung auf ein Video in einer HTML5-Webseite.

 Verfügbarkeit externer Quellen?

Verlinkungen auf externe Videoquellen unterliegen dem Risiko, dass die Inhalte möglicherweise nicht dauerhaft verfügbar sind. Das Risiko reduziert sich auf die rein technische Verfügbarkeit, wenn die Inhalte auf den externen Systemen selbst verwaltet werden. Grundsätzlich sind selbstverständlich die Nutzungs- und Urheberrechte zu beachten.

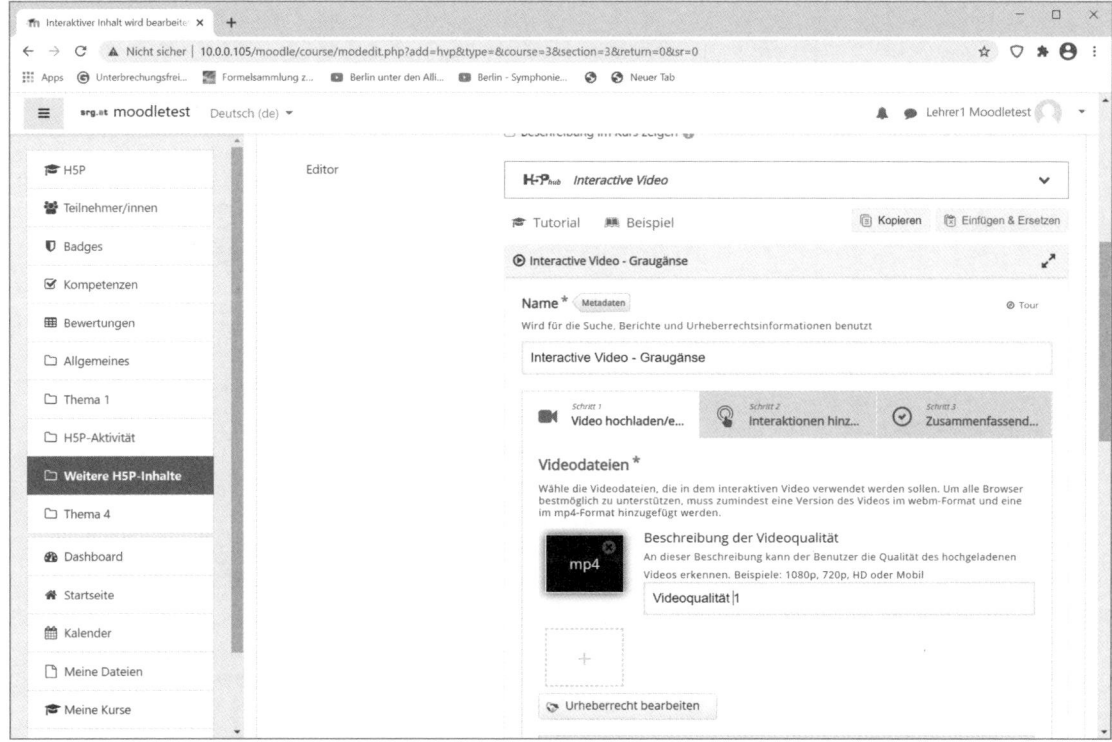

Bild 4.167 Das Wichtigste beim Inhaltstyp Interactive Video ist natürlich eine Videodatei. Diese kann direkt hochgeladen oder über Verlinkung von einer anderen Quelle eingebunden werden.[6]

---

[6] Wichtig: Urheber- und Nutzungsrechte sind zu beachten. In den Metadaten können auch Lizenzinformationen hinterlegt werden.

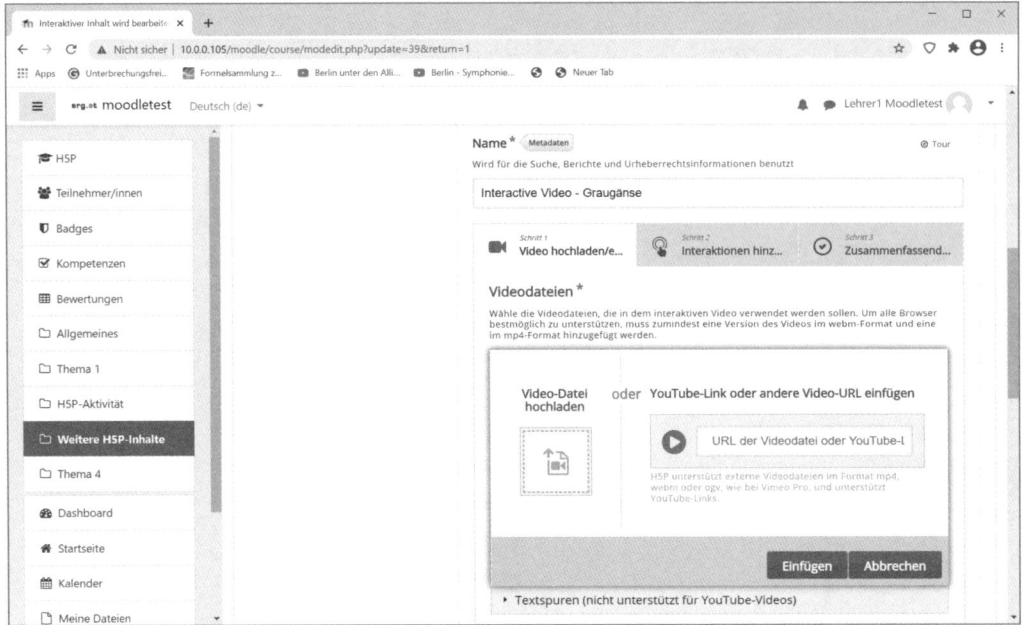

Bild 4.168 Die Verwendung eines YouTube-Videos ist möglich, hat aber Vor- und Nachteile. Der Vorteil ist, dass ein Video nicht auf das eigene System geladen werden muss und damit keinen Speicherplatz belegt. Der Nachteil ist, dass die Verfügbarkeit eines Videos auf einer externen Quelle nicht garantiert werden kann.

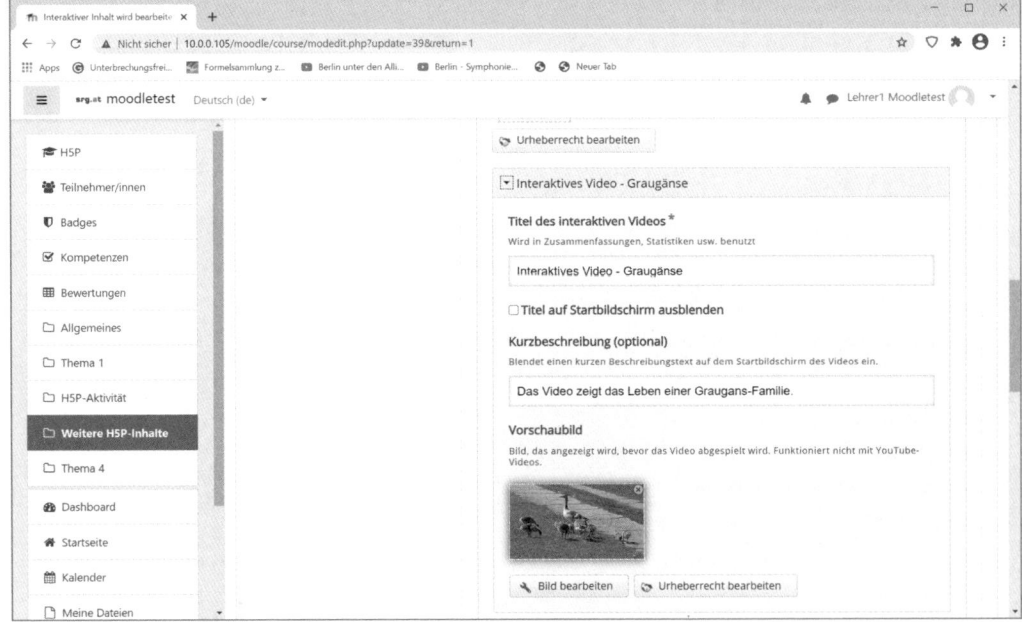

Bild 4.169 Ein Video sollte nicht automatisch starten. Ein Vorschaubild wird anstelle der laufenden Bilder angezeigt.

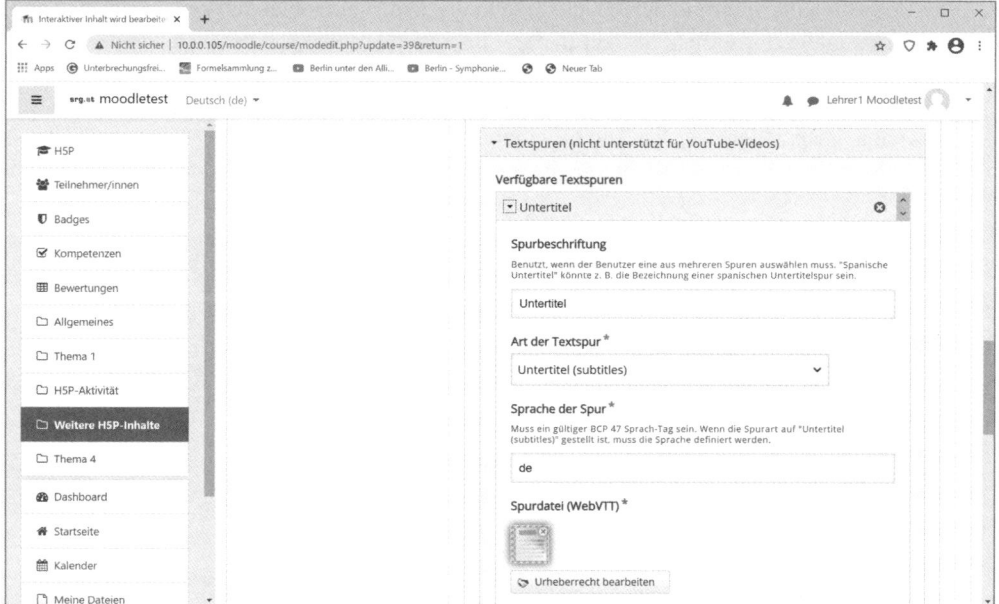

Bild 4.170 Mithilfe einer WebVTT-Datei können auf die Sekunde genau Untertitel in das Video eingeblendet werden. Dies ist allerdings nicht bei externen Quellen möglich.

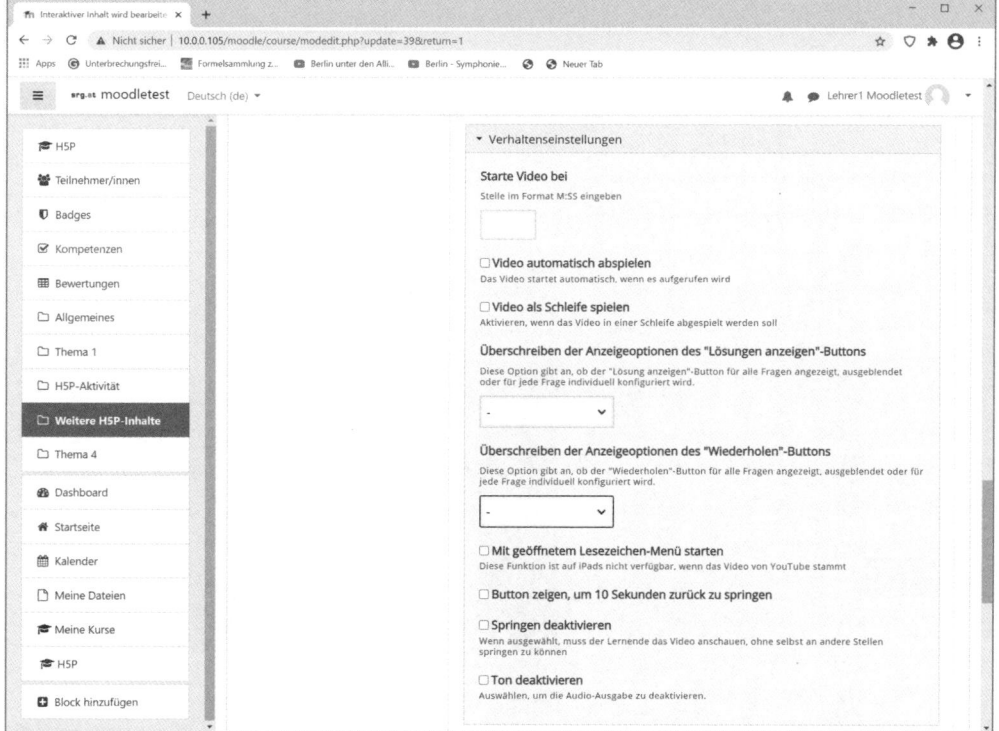

Bild 4.171 Auch das interaktive Video kennt Verhaltenseinstellungen. Hier wird unter anderem festgelegt, ob das Video automatisch starten (nicht zu empfehlen) und ob es als Endlosschleife wiedergegeben werden soll.

Für Untertitel, die während der Wiedergabe in das Video eingeblendet werden, ist eine spezielle Textdatei erforderlich. Sie legt in der – im folgenden Beispiel beschriebenen – Syntax Textausgaben fest, die auf die tausendstel Sekunde genau in der Start- und Schlusszeit für die Einblendung definiert werden können. Die Datei muss als reiner Text, d. h. ohne Formatierungen, gespeichert werden. Die Dateinamenerweiterung ist `.vtt`.

```
WEBVTT

00:01.000 --> 00:10.000
Graugänse gehören zur Familie der Entenvögel. Diese Familien sind am Neusiedlersee in
Österreich im Bundesland Burgenland beheimatet.

00:12.000 --> 00:20.000
Sie werden bis zu 90 cm lang und können ein Gewicht von bis zu 4 kg erreichen. Ihre
Lebenserwartung beträgt rund 17 Jahre.

00:22.000 --> 00:29.000
Radfahrern und Wanderern begegnen diese Tiere am Neusiedlersee meist mit einer
gewissen Gleichgültigkeit. Sie sind nicht aggressiv, nehmen allerdings gerne kleine
Futterhäppchen an.
```

4.31.3 Interaktivität hinzufügen

Eine *Interaktivität* für das Video erfordert eine Unterbrechung der Wiedergabe. An dieser Stelle wird ein weiterer Inhaltstyp aktiviert. Dabei kann es sich um Lückentexte oder wie hier um Wahr/Falsch-Fragen handeln. Ist die Frage beantwortet, kann das Video fortgesetzt werden.

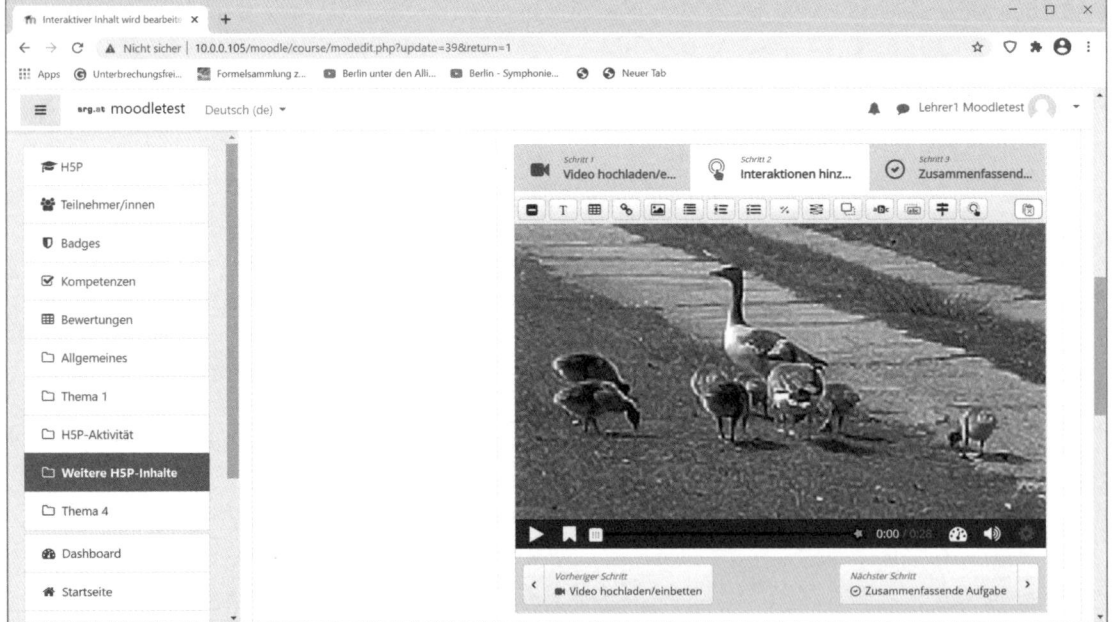

Bild 4.172 Das Video wird an bestimmten Stellen unterbrochen, um Überprüfungen des Erlernten durchzuführen.

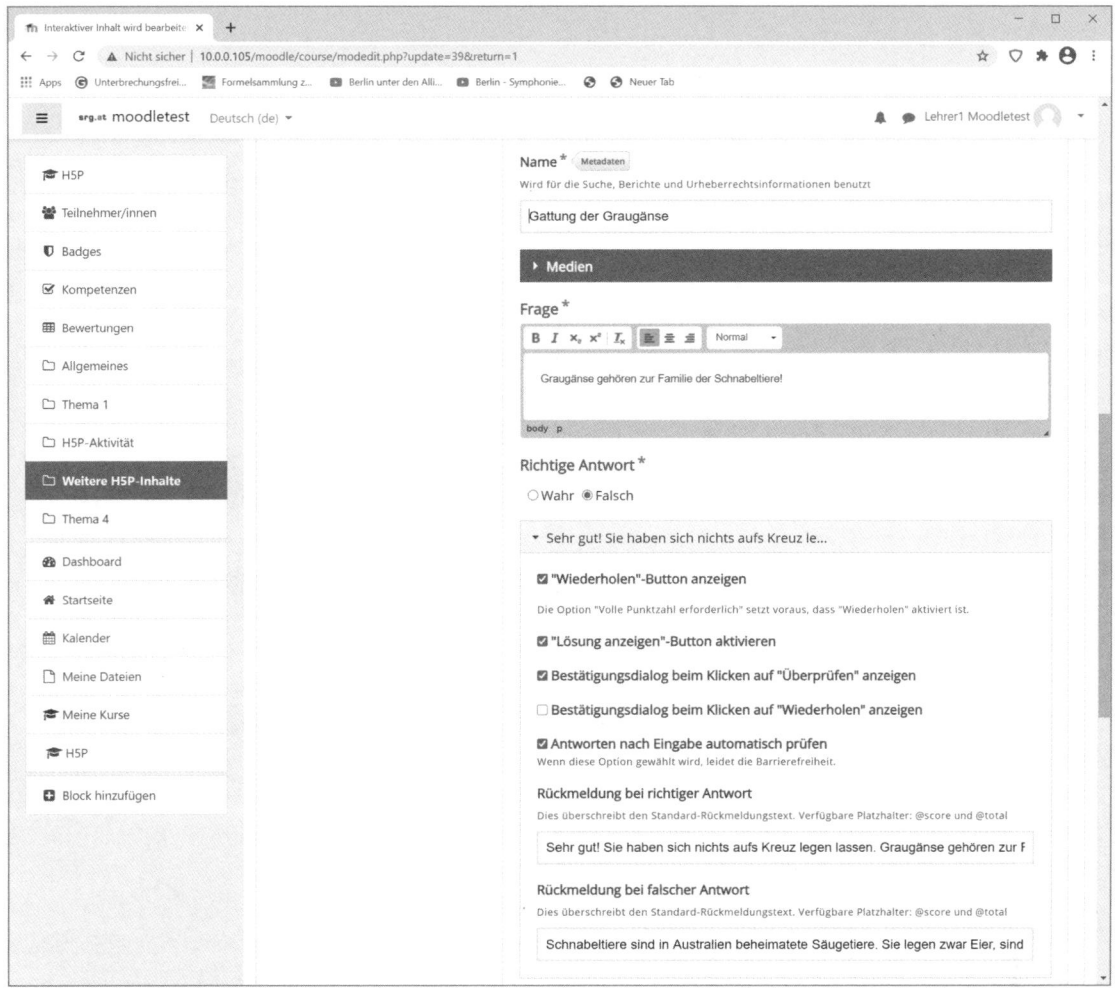

Bild 4.173 Zu jeder Frage können individuelle Feedbacks formuliert werden.

4.31.4 Abschlusstest/Zusammenfassung

Die rein digitale Präsentation eines Videos hat normalerweise den Nachteil, dass nach der Vorführung keine Reflexion der Inhalte stattfindet. Damit geht eine wichtige Möglichkeit verloren, den Inhalt des Videos zu vertiefen und zu diskutieren. Interaktive H5P-Videos sehen deswegen ersatzweise eine Zusammenfassung vor, die aus verschiedenen einfachen Fragen formuliert wird. Hier ist es nicht das Ziel, komplizierte Prüfungen durchzuführen, sondern die Lernenden dazu zu bewegen, die gesehenen Inhalte des Videos noch einmal zu rekapitulieren. Im Gegensatz zu den während des Videos in den Pausen präsentierten Fragen verschiedenen Typs werden in der Zusammenfassung nur einfache Wahr/Falsch-Aufgaben formuliert.

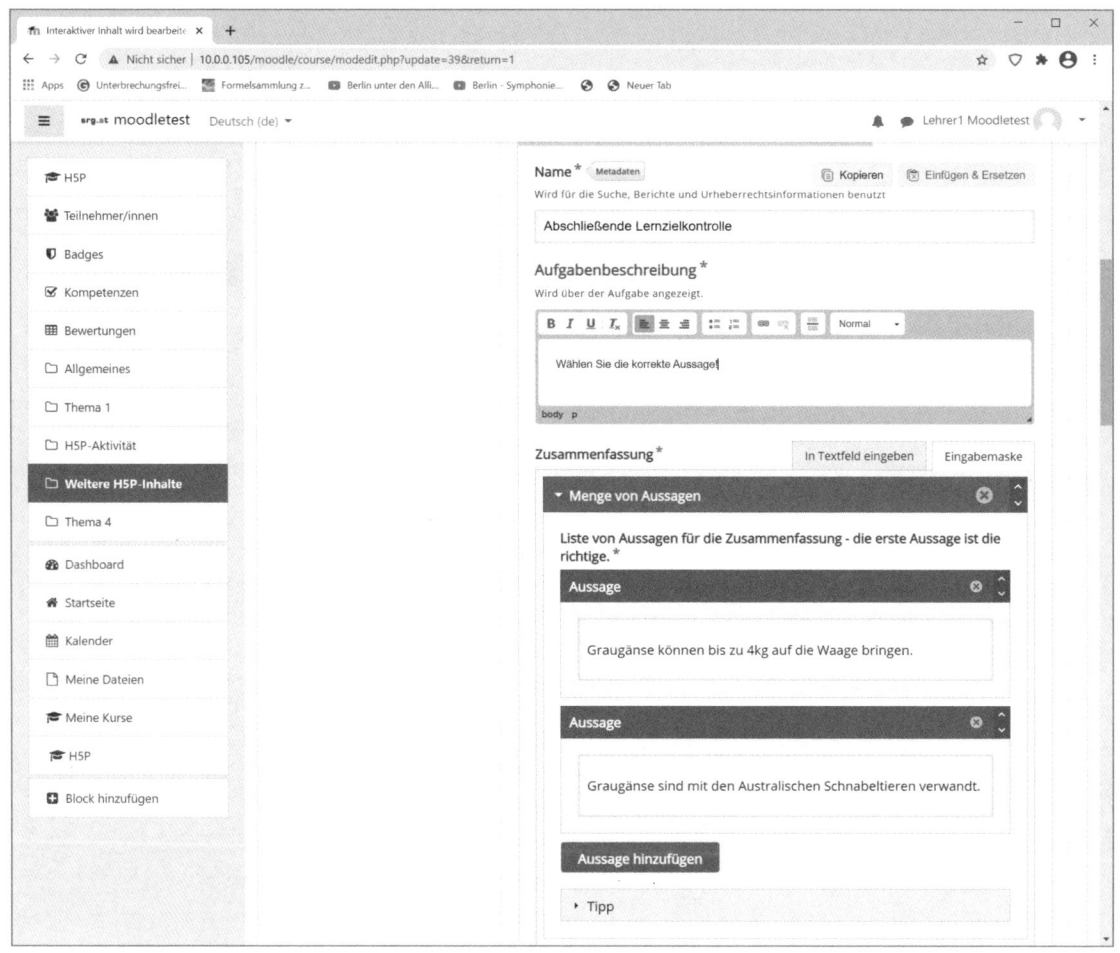

Bild 4.174 In der Zusammenfassung wird mithilfe einfacher Wahr/Falsch-Fragestellungen überprüft, ob der Inhalt des Videos verstanden wurde.

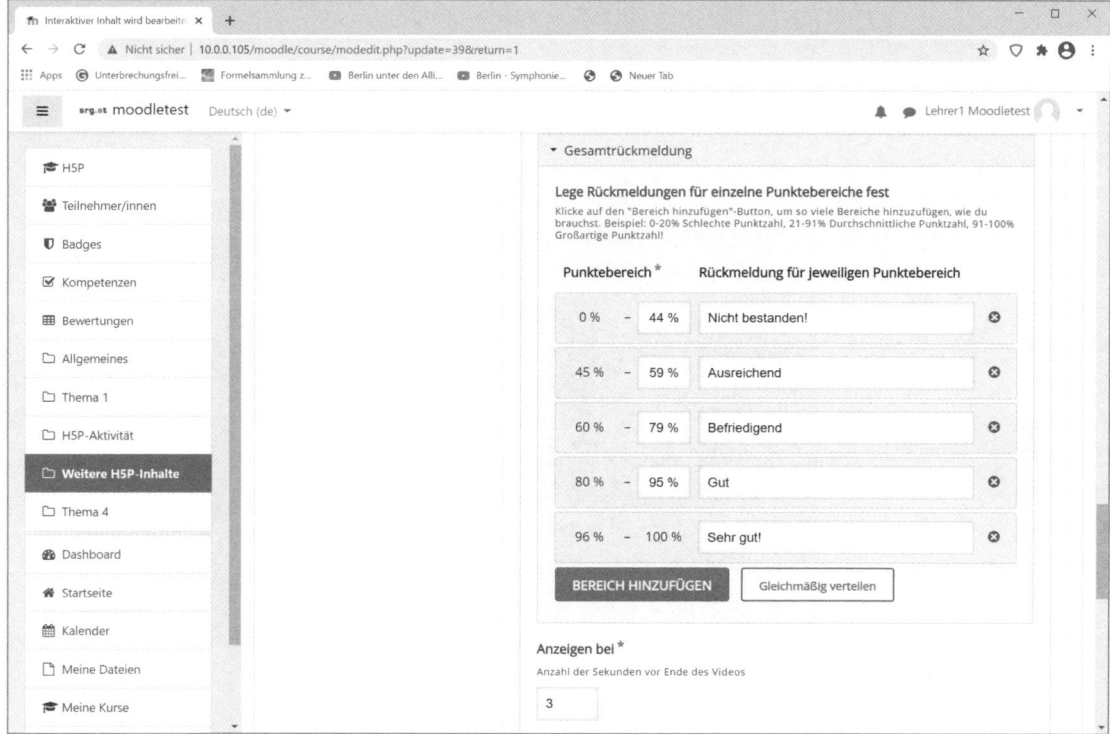

Bild 4.175 Die im interaktiven Video verdienten Punkte können in eine Benotung umgesetzt werden, die nach einem individuell zu definierendem Schlüssel erfolgt.

4.31.5 Interactive Video aus Sicht der Lernenden

Lernende sehen in ihrer Lernplattform das übliche Videofenster, wie es in HTML5-Webseiten üblich ist. Wenn ein Vorschaubild festgelegt wurde, wird dieses im Fenster erscheinen. Darunter befinden sich die bekannten Steuerelemente zum Start des Videos und zur Navigation. In diese Steuerleiste sind Unterbrechungspunkte eingebaut, die Stellen markieren, an denen Fragestellungen das Video anhalten.

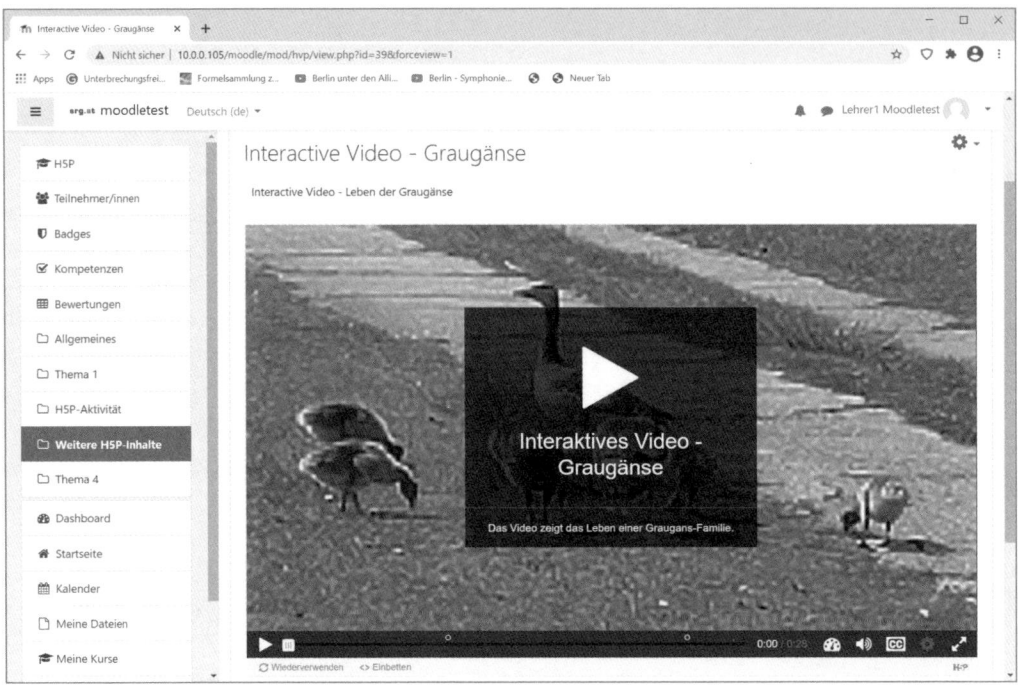

Bild 4.176 Die Wiedergabe des Videos kann mit einem Klick auf den Start-Button begonnen werden.

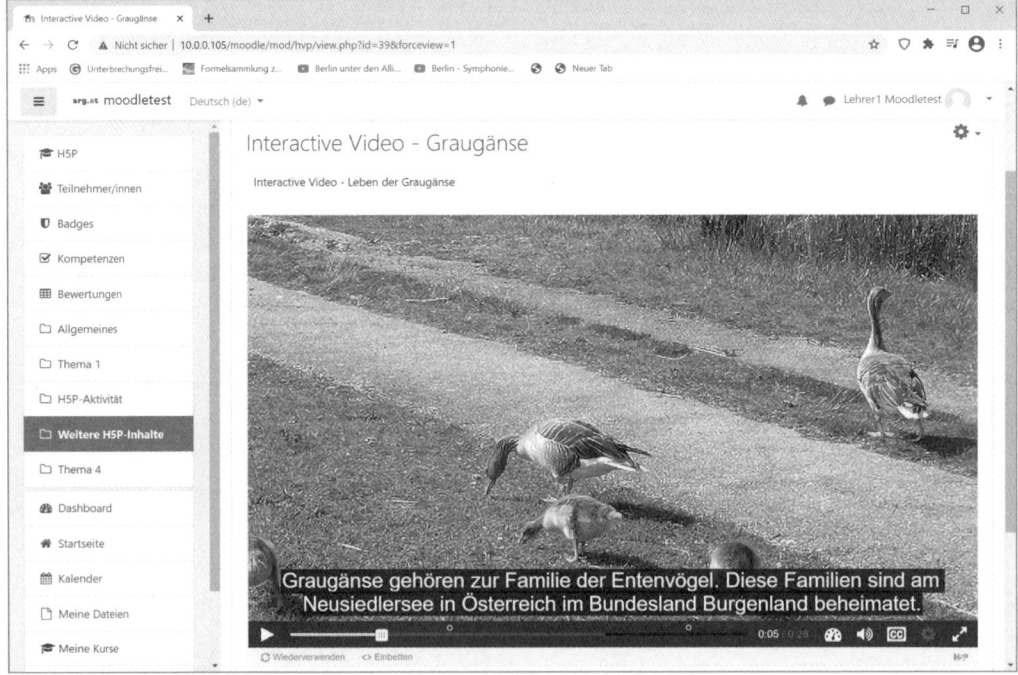

Bild 4.177 Wurden Untertitel formuliert und mit den erforderlichen Start- und Schlusszeiten in einer WebVTT-Datei gespeichert, werden diese während der Wiedergabe in das Video eingeblendet.

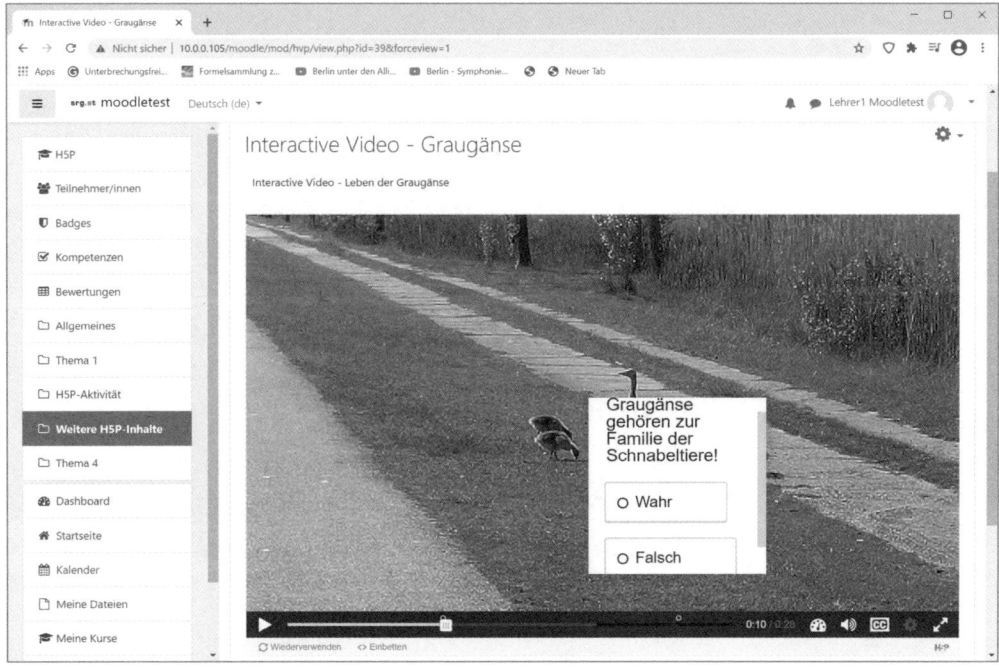

Bild 4.178 Der erste Unterbrechungspunkt wurde erreicht! Es ist eine Kontrollfrage zum bisherigen Inhalt des Videos zu beantworten.

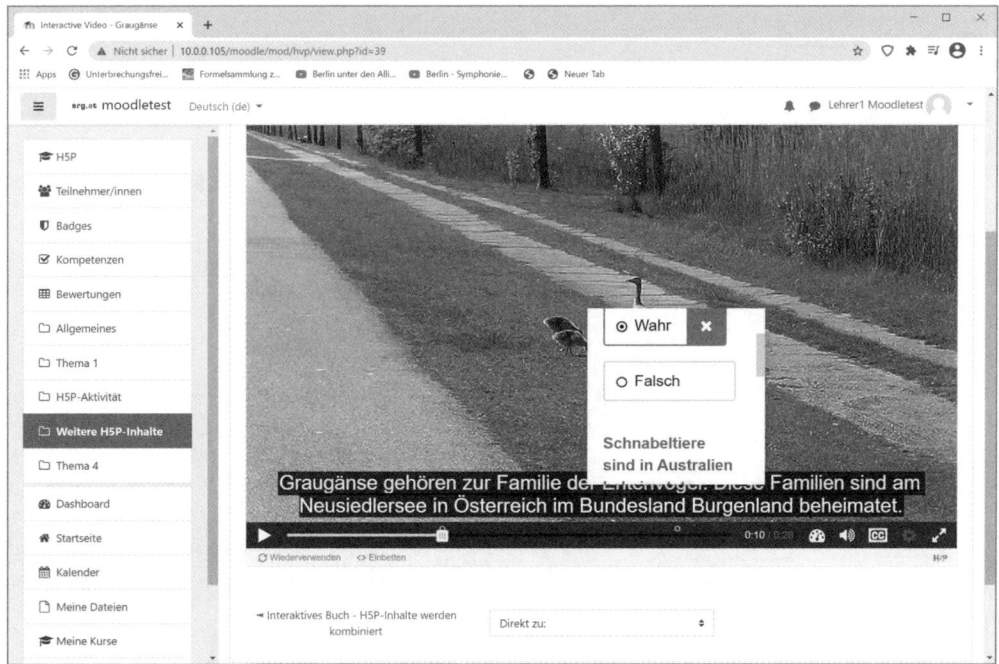

Bild 4.179 Eine falsch beantwortete Frage sollte mit einem konstruktiven Feedback kommentiert werden. Scrollen die Lernenden in diesem Fall in dem kleinen Popup-Fenster nach unten, bekommen sie das Ergebnis angezeigt und – wenn dies so vorgesehen wurde – die Gelegenheit, die Frage noch einmal durchzuarbeiten.

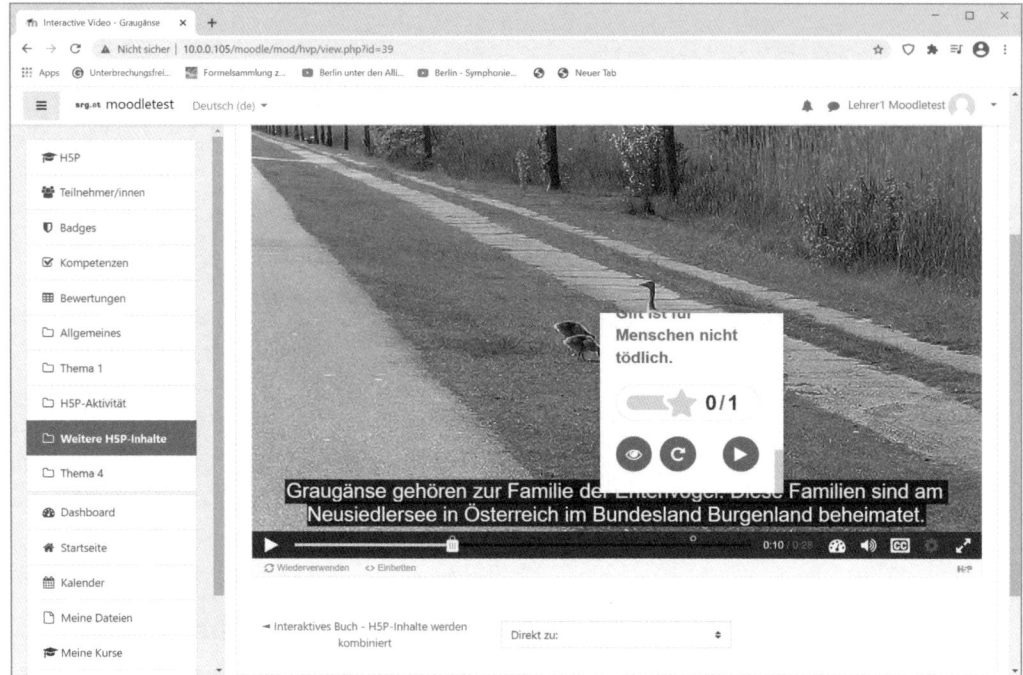

Bild 4.180 Alternativ zur Wiederholung kann die Lösung angezeigt und das Video fortgesetzt werden. Welche Schaltflächen verfügbar sind, wird in der Verhaltenseinstellung festgelegt.

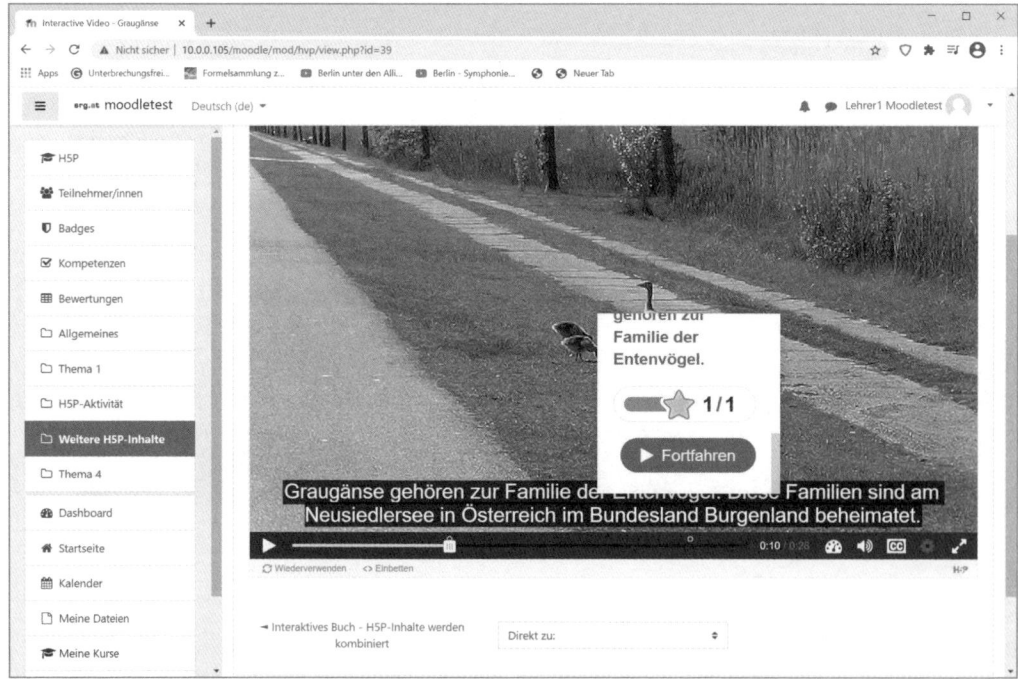

Bild 4.181 Nach einer korrekten Lösung kann das Video direkt fortgesetzt werden.

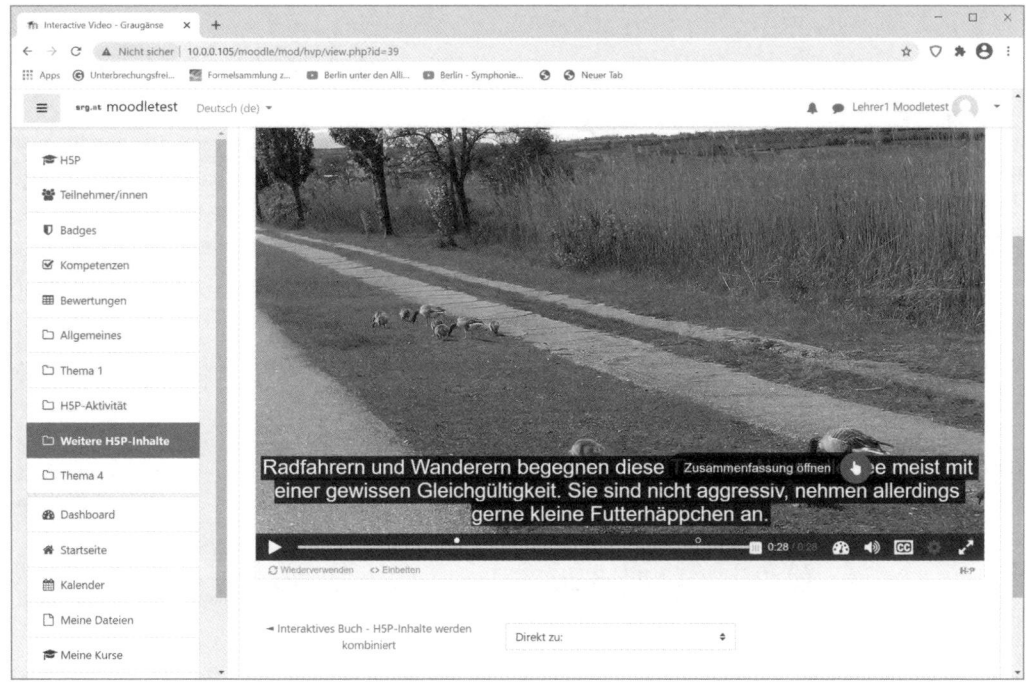

Bild 4.182 Am Schluss des Videos kann über eine kleine runde Schaltfläche die Zusammenfassung aufgerufen werden. Sind noch Fragen zum Inhalt offen, besteht selbstverständlich jederzeit die Möglichkeit, Teile des Videos noch einmal anzuschauen.

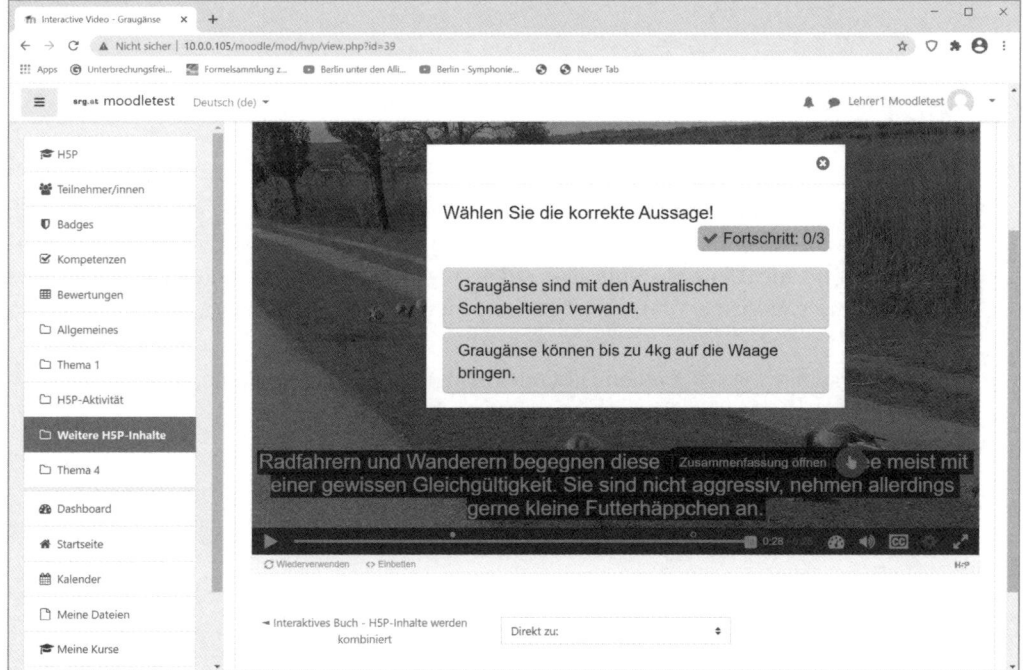

Bild 4.183 Die richtige Aussage wird mit einem Mausklick ausgewählt. Nach der Beantwortung wird die nächste Frage aufgerufen.

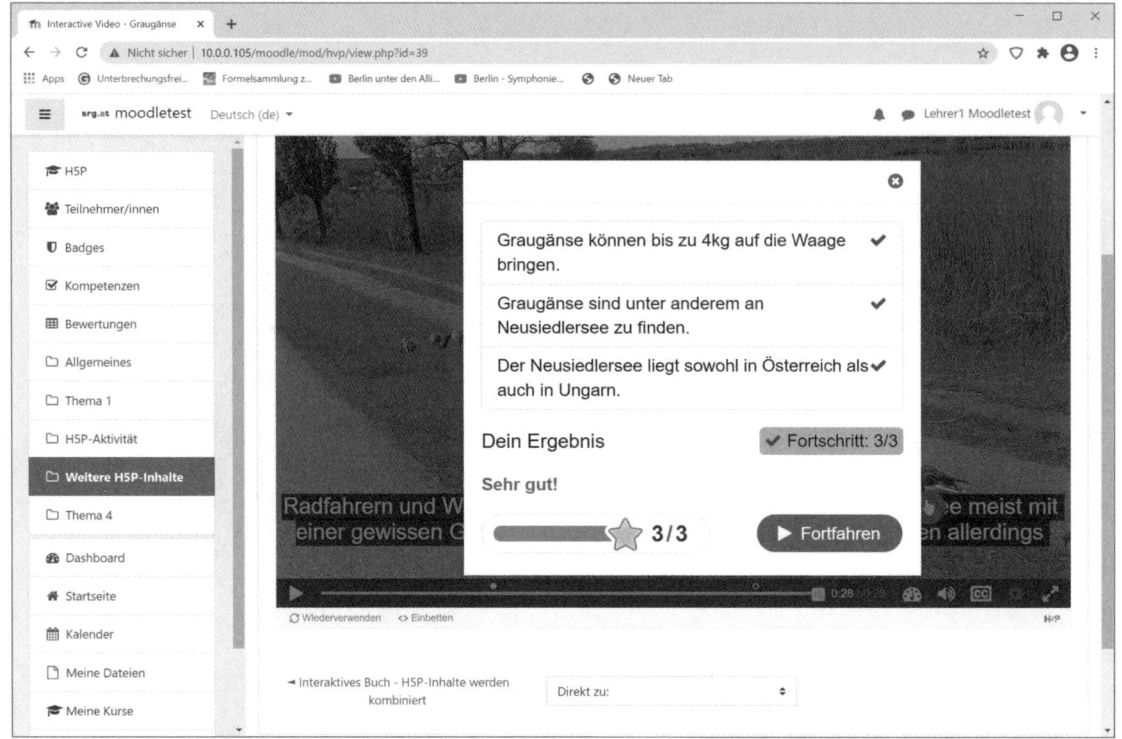

Bild 4.184 Nach der letzten Frage der Zusammenfassung wird das Ergebnis ausgegeben. Die Bewertung orientiert sich an dem definierten Notenschlüssel.

4.32 KewAr Code

Es können nahezu beliebige Texte in der Form eines QR-Codes grafisch gespeichert werden. QR-Codes werden aber vor allem zur Verbreitung von Internetadressen verwendet, wenn „Verlinkungen" nicht in elektronischen, sondern gedruckten Dokumenten übergeben werden sollen. Der grafische QR-Code wird beispielsweise mit der Kamera des Smartphones gescannt.

Der H5P-Inhaltstyp erzeugt einen QR-Code für nahezu beliebige Inhalte, der anschließend in gedruckte Dokumente übertragen werden kann.

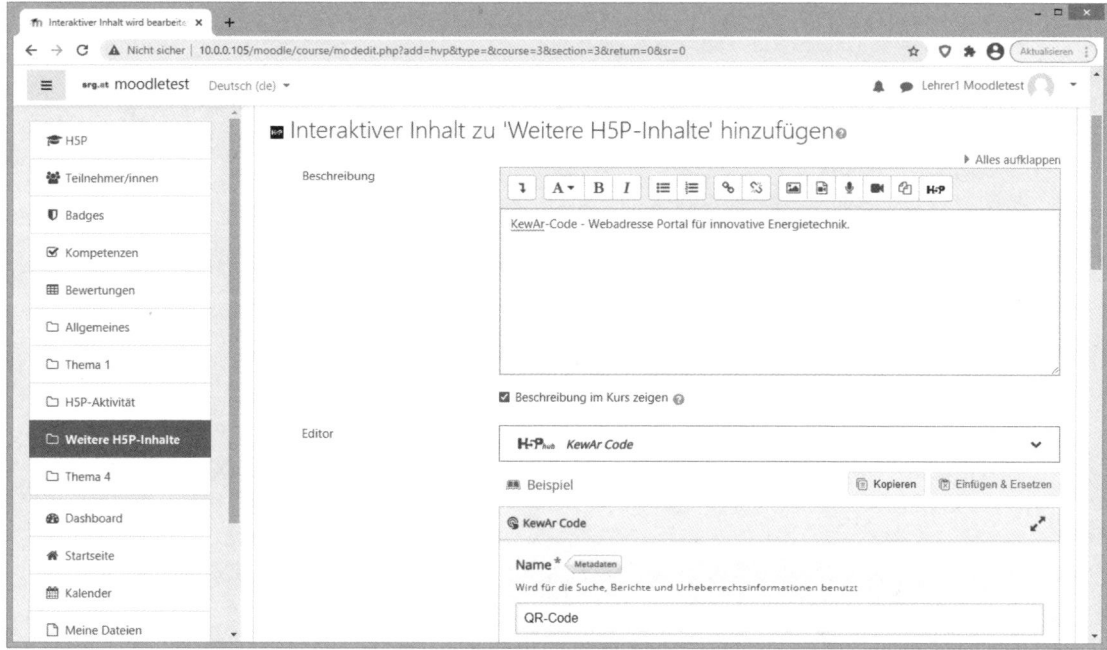

Bild 4.185 Der Inhaltstyp KewAr-Code generiert aus einem Text, einer Web- oder E-Mail-Adresse etc. einen QR-Code.

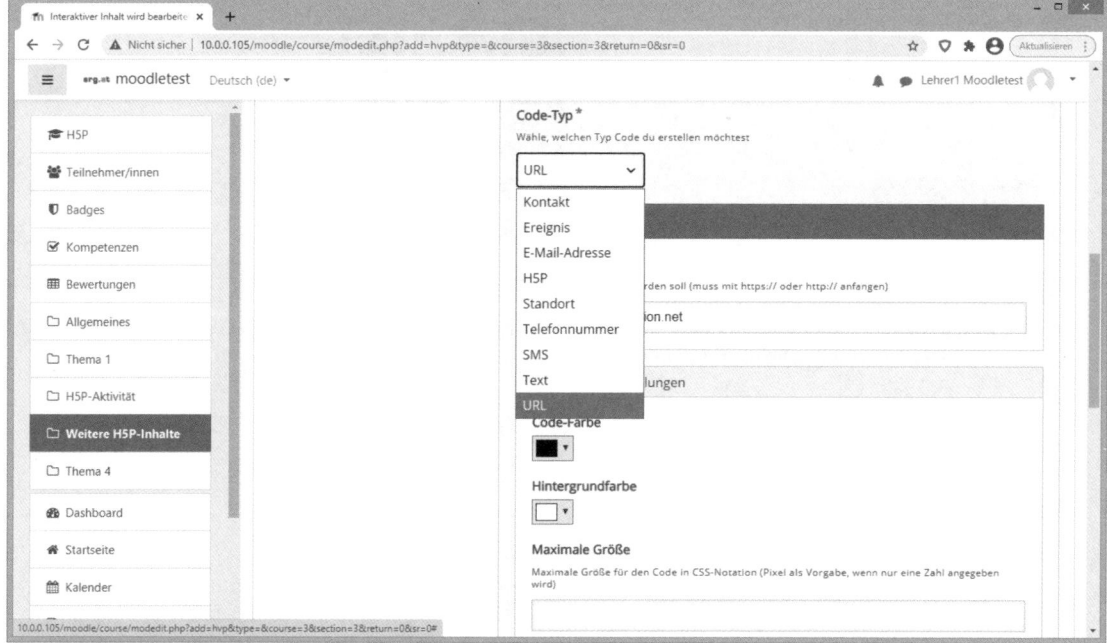

Bild 4.186 Von Internet- und E-Mail-Adressen bis zu kleineren Textblöcken können sehr vielseitige Inhalte in einen QR-Code übertragen werden.

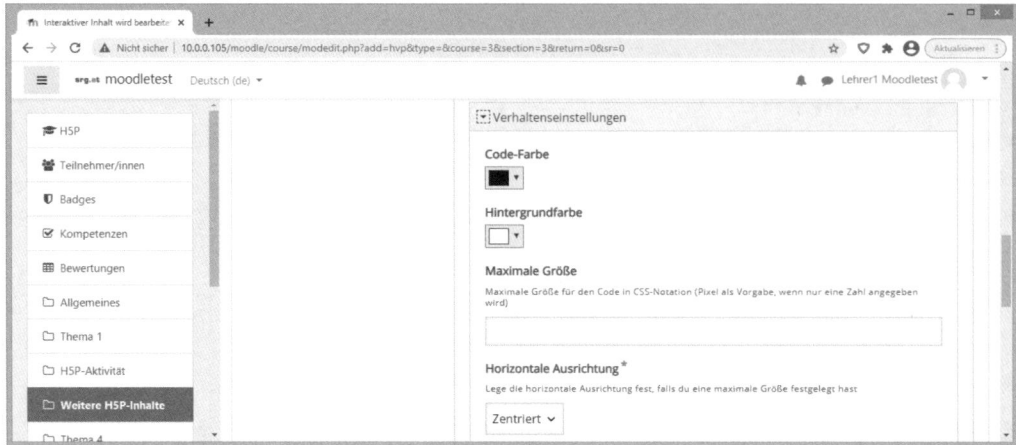

Bild 4.187 Damit ein Scan des QR-Codes ohne Komplikationen möglich ist, sollte in der Konfiguration eine kontrastreiche Mischung aus Code- und Hintergrundfarbe gewählt werden.

Bild 4.188 Das Ergebnis des kleinen Experiments ist mit einem Smartphone lesbar, auf dem eine QR-Code-Reader-App installiert wurde.

■ 4.33 Mark the Words

Es müssen nicht immer auszufüllende Lückentexte sein. Bei diesem Inhaltstyp wird der vollständige Text zur Lektüre angeboten. Die Aufgabe ist es, Begriffe mit einer genau definierten Bedeutung bzw. mit bestimmten Zusammenhängen zu erkennen. *Mark the Words* kann beispielsweise in Sprachkursen eingesetzt werden, um bestimmte Wortarten zu markieren. So kann die Markierung aller Verben gefragt werden.

Die Erstellung der Aufgabe ist denkbar einfach. Der Übungstext kann entweder frei formuliert oder in das Editorfeld aus einer anderen Quelle kopiert werden. Hier ist selbstverständlich das Urheberrecht zu berücksichtigen. Die zu markierenden Worte werden mit Asterisks gekennzeichnet.

Es wird jeder richtig markierte Begriff mit einem Punkt bewertet. Falsche Begriffe führen zu einem Punktabzug. Die Konfiguration der Gesamtbewertung nach einem selbstdefinierten Notenschlüssel entspricht den bereits beschriebenen Verfahren bei verschiedenen anderen Inhaltstypen.

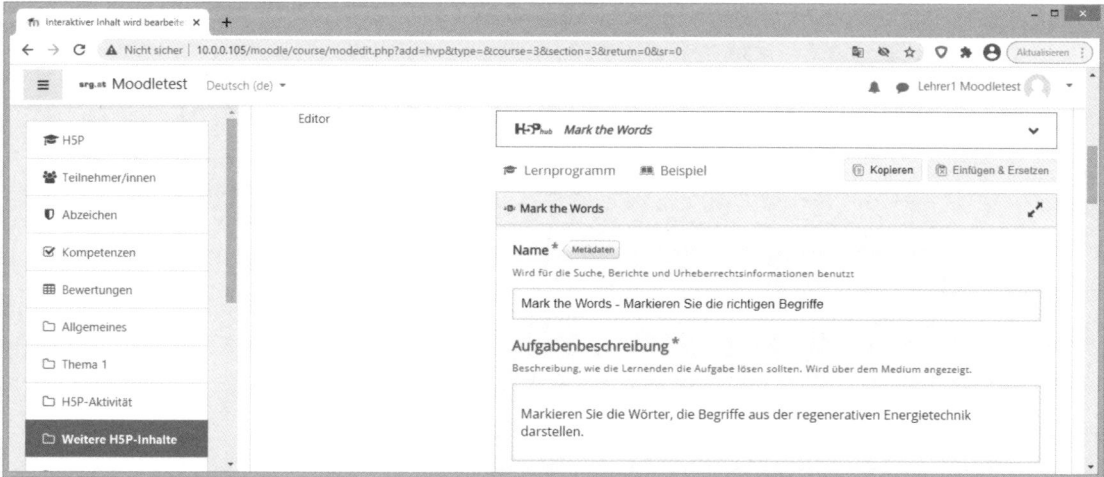

Bild 4.189 In der Aufgabenbeschreibung wird den Lernenden erläutert, was zu tun ist.

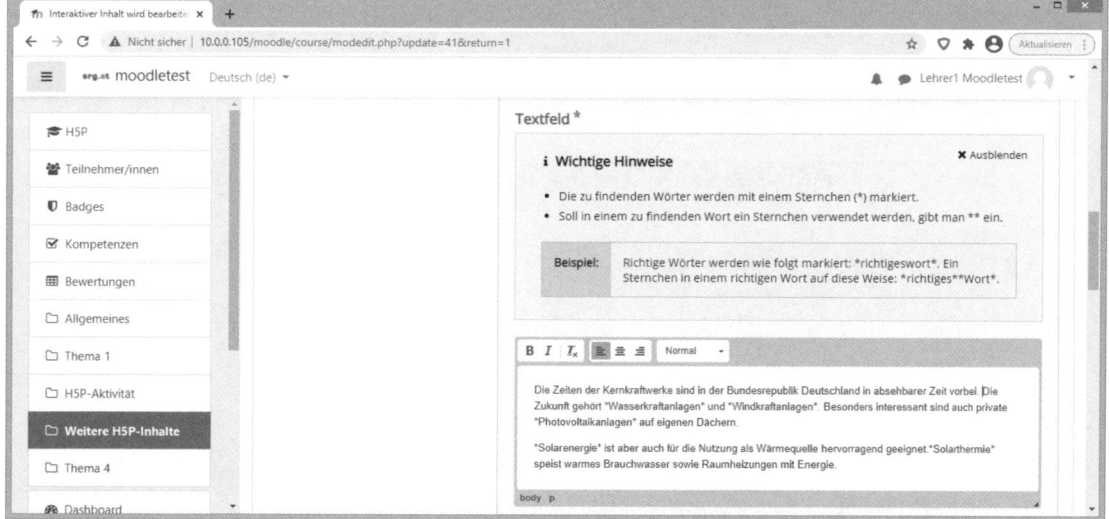

Bild 4.190 Die zu findenden Worte werden mit Asterisks (Sternchen) eingefasst.

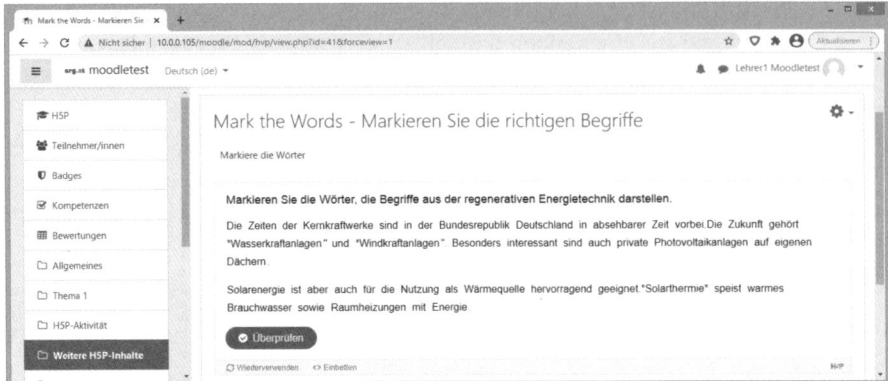

Bild 4.191 Im angezeigten Text sind die Sternchen nicht zu sehen. Jedes Wort kann angeklickt werden.

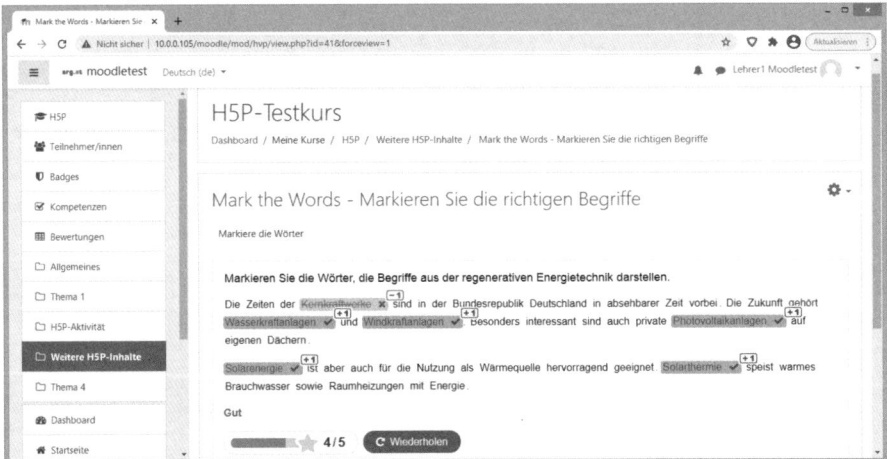

Bild 4.192 Nur die richtigen Wörter werden gewertet. Falsche Markierungen führen zu Punktabzügen.

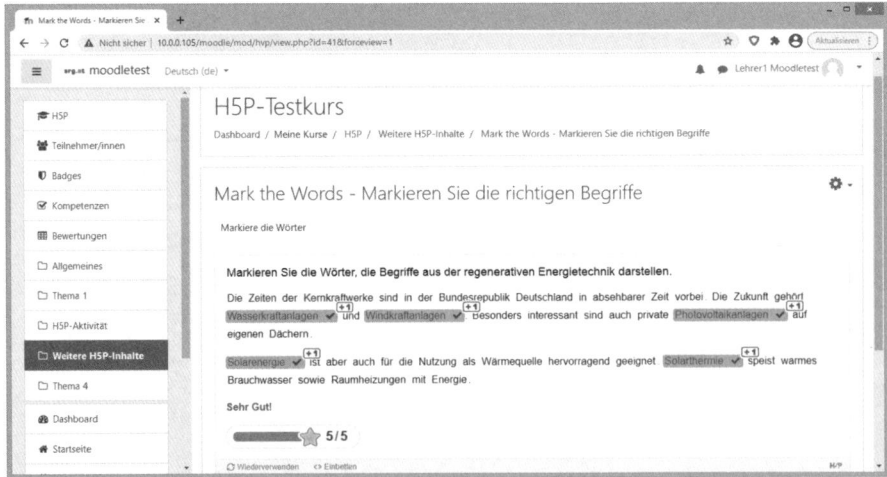

Bild 4.193 Alle Aufgaben wurden richtig beantwortet. Die Bewertung orientiert sich wieder am von der Lehrkraft vorgegebenen Notenschlüssel.

4.34 Memory Game

Das Memory-Spiel ist bereits in den Kindertagesstätten ein echter Spieleklassiker. Es fördert die Aufmerksamkeit und die Konzentration. Es existieren jeweils zwei gleiche Bilder. Die Bildpaare werden verdeckt angeordnet und die Spieler decken die Karten paarweise auf. Gleiche Karten werden gewertet und Ungleiche wieder verdeckt. Beim Memory Game werden die Zahl der Versuche und die benötigte Zeit gewertet, bis alle Paare gefunden wurden. Für ein korrekt erkanntes Bilderpaar kann eine Beschreibung formuliert werden, die erklärt, was das Bild zeigt und welche Bedeutung das Objekt hat. Bei gemischten Motiven lassen sich hier die Zusammenhänge der Kartenpaare erklären. Dies verschafft auch dann einen Lernerfolg, wenn ein Paar zufällig entdeckt wurde.

Der Schwierigkeitsgrad des Spiels steigt mit der Anzahl der Bildpaare. Wird jeweils nur ein einziges Bild hochgeladen, so werden im Spiel identische Bilder gesucht. Es ist aber auch möglich, alternativ ein zweites Bild hochzuladen, welches gemeinsam mit dem ersten Bild ein Paar bildet. In diesem Fall wird die Suche der Bildpaare bedeutend komplizierter. Es müssen nicht nur die zusammenpassenden Bilder erkannt und gefunden werden, sondern es ist auch erforderlich, die Zusammenhänge richtig zu deuten. Das Spiel ähnelt dann dem bereits beschriebenen *Image Pairing* (vgl. Abschnitt 4.27).

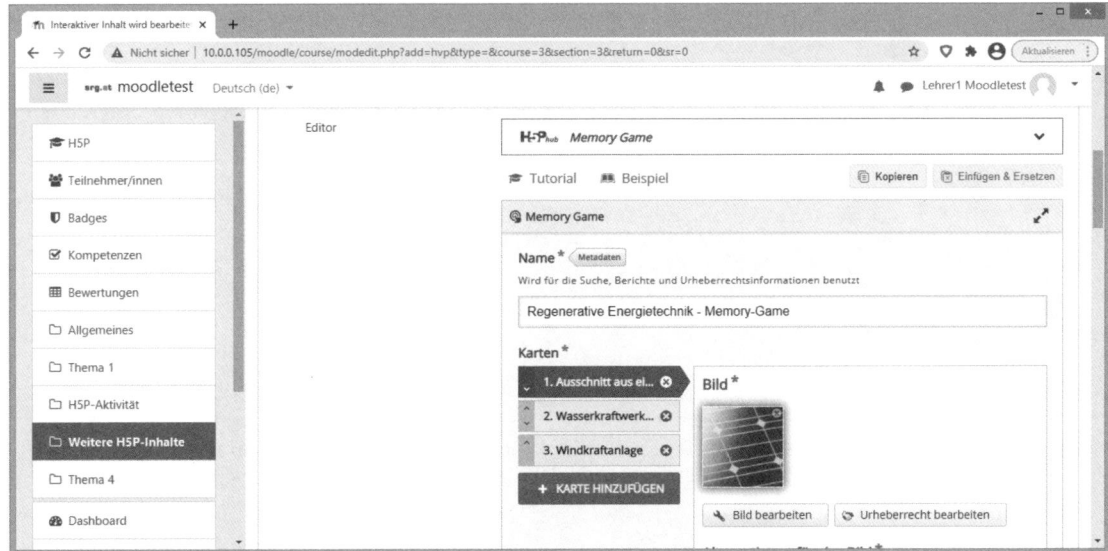

Bild 4.194 Die Anzahl der Kartenpaare beeinflusst den Schwierigkeitsgrad der Übung.

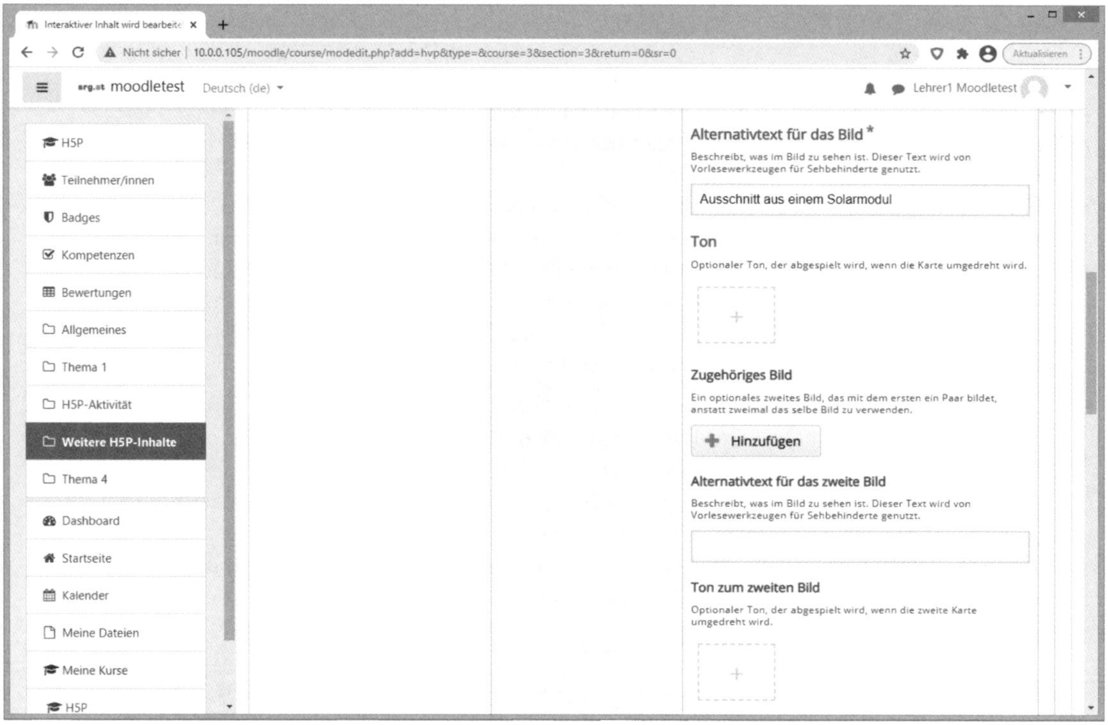

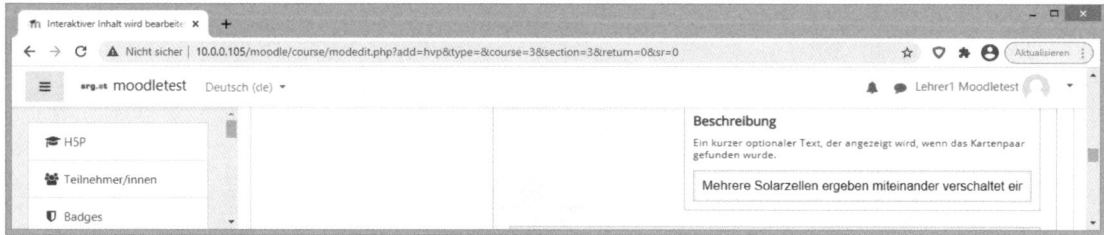

Bild 4.195 Optional kann ein zweites Bild hochgeladen werden. In diesem Fall bilden Bild 1 und Bild 2, die nicht identisch sein müssen, ein gültiges Paar.

Bild 4.196 Wird ein passendes Paar gefunden, kann mit einem Beschreibungstext eine vertiefende Information zum abgebildeten Motiv eingeblendet werden.

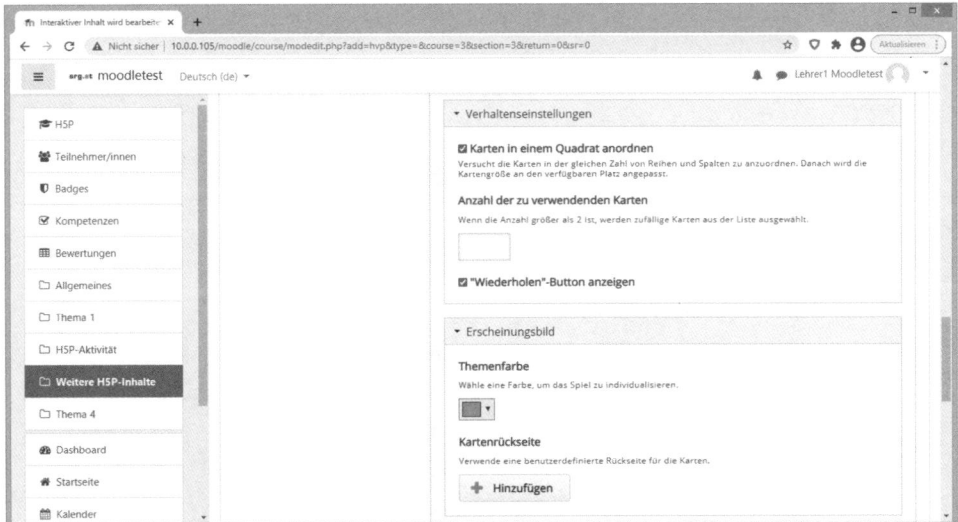

Bild 4.197 Die Memory-Karten können wahlweise mit einer Rückseitenfarbe oder einem frei gewählten Rückseitenbild gestaltet werden.

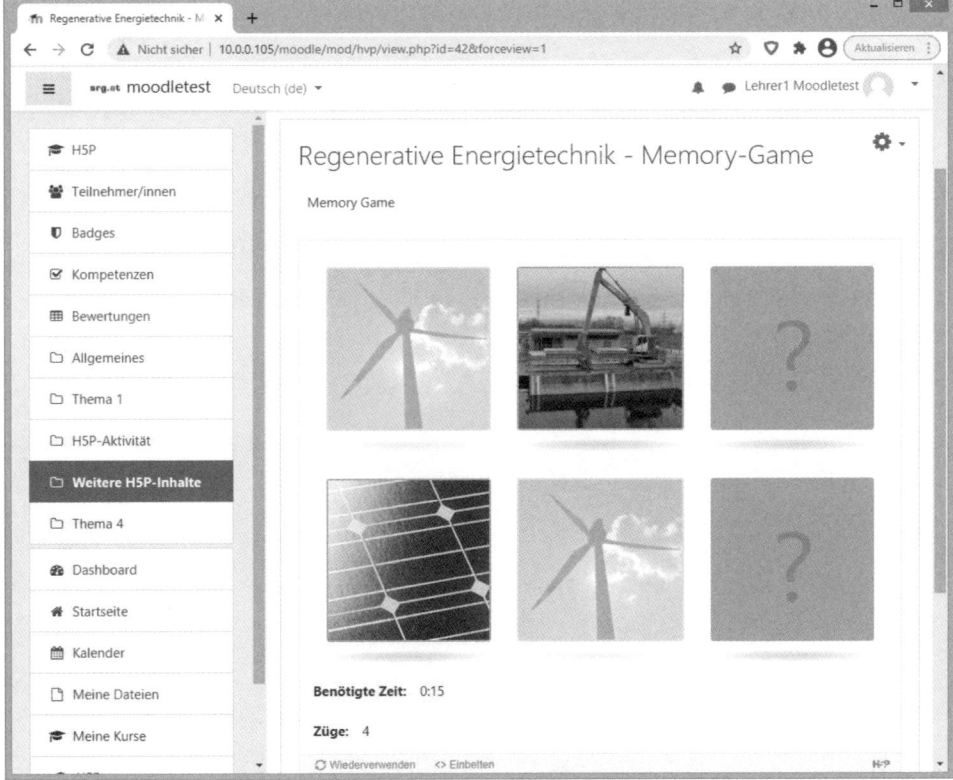

Bild 4.198 Es wird die benötigte Zeit erfasst, bis alle Kartenpaare aufgedeckt sind. Lernende können so ihre Leistungen im gemeinsamen Wettkampf messen.

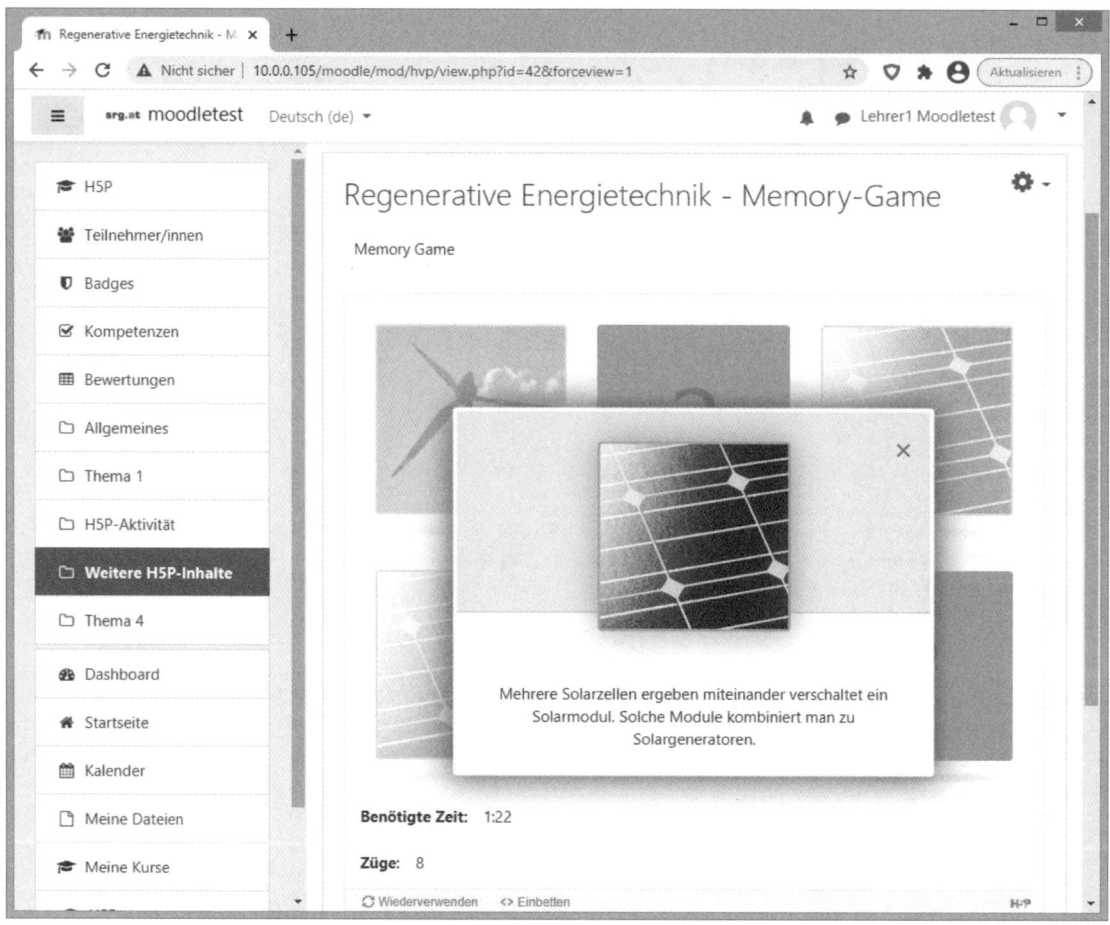

Bild 4.199 Ein richtig erkanntes Kartenpaar kann mit einer vertiefenden Beschreibung belohnt werden.

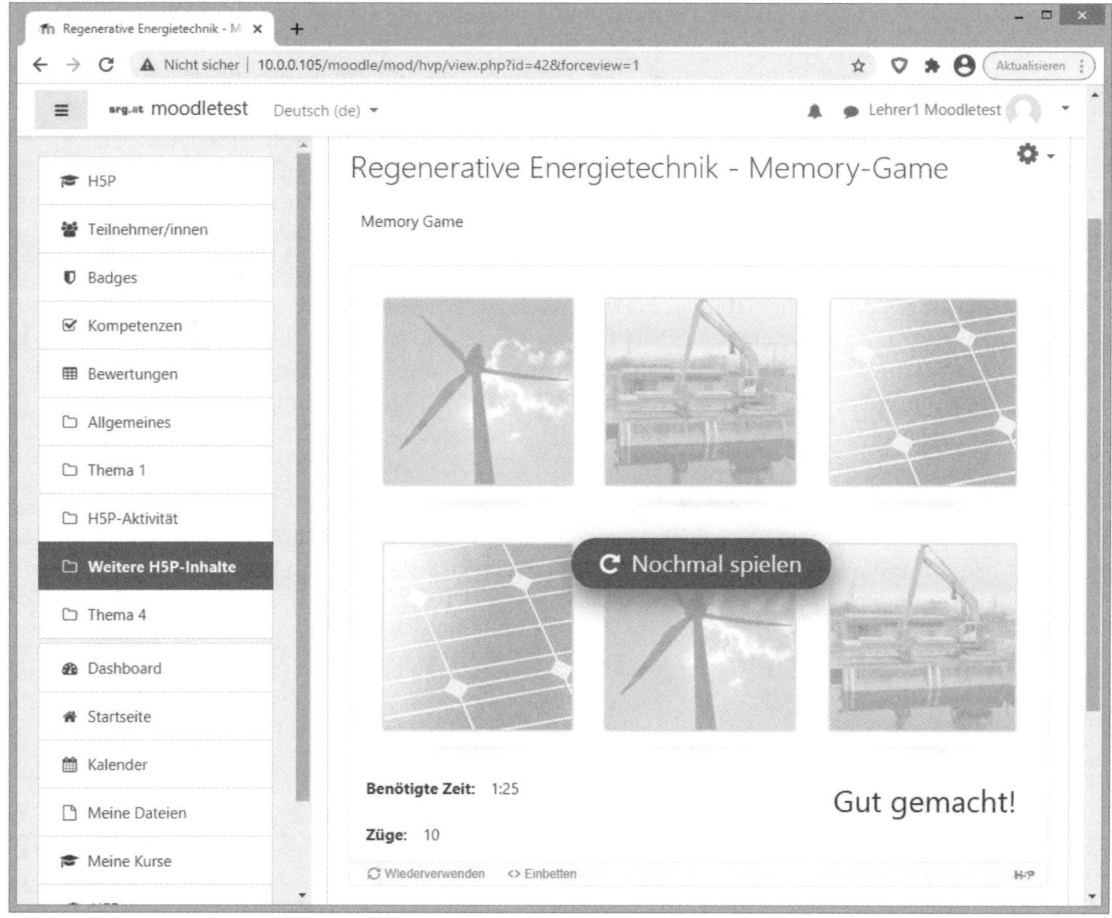

Bild 4.200 Ist die benötigte Zeit zu lang? Wenn es in der Konfiguration erlaubt wird, kann das Spiel mit einem Mausklick erneut gestartet werden.

◼ 4.35 Multiple Choice

Die *Multiple-Choice*-Frage ist der Klassiker unter den Prüfungsfragen, und dies nicht erst seit es computergestützte Prüfungen und Lernzielkontrollen gibt. Jeder, der noch vor einigen Jahrzehnten die theoretische Führerscheinprüfung absolvierte, erinnert sich an die Fragebögen, in denen die richtigen Antworten anzukreuzen waren. *Multiple-Choice*-Fragen können ausgesprochen schwierig sein, denn es ist nicht nur die Beherrschung der fachlichen Themen erforderlich, sondern auch ein hohes Maß an Konzentration und die Fähigkeit, detailliert sinnerfassend zu lesen.

Tatsächlich ist die Gestaltung guter *Multiple-Choice*-Übungen nicht trivial: Werden Fragen so formuliert, dass sich die Antworten bereits aus der Fragestellung eindeutig ableiten lassen, sind sie zu einfach. Werden Formulierungen so kompliziert gewählt, dass eine schwierige Satzstellung zu Missverständnissen führt, dann weicht die Aufgabenstellung vom eigentlichen Prüfungsziel ab. Das Ergebnis kann aufgrund von Missverständnissen fehlerbehaftet sein. Ebenso schwierig ist eine faire Bewertung, wenn Antworten zwar realistisch sind, aber nicht als richtig in der Aufgabenstellung eingestuft werden. Die beiden letzteren Modelle werden oft gewählt, um den Schwierigkeitsgrad einer Aufgabenstellung zu steigern. In einer mündlichen Prüfung wären derartige Fragen irrelevant, denn hier würden Prüfende und Lernende diskutieren und am Ende würde sich der Stand des eigentlichen Fachwissens zeigen.

Die Konfiguration einer H5P-*Multiple-Choice*-Frage ist sehr einfach: Es wird eine Frage formuliert und dazu die entsprechenden Antwortmöglichkeiten. Die Zuordnung der richtigen und falschen Optionen ist einfacher als beim regulären Moodle-Fragentyp: Hier werden keine prozentualen Bewertungsanteile vergeben, die in ihrer Summe 100 % ergeben müssen, sondern es werden die Antworten lediglich als richtig oder falsch gekennzeichnet. Reichen die vorgegebenen Eingabefelder nicht aus, so lassen sich weitere Optionen hinzufügen und die Liste der möglichen Antworten nahezu beliebig verlängern.

Interessant ist aber die Möglichkeit, vor der eigentlichen Fragestellung (reiner Text) ein Bild oder sogar ein Video zu platzieren. So kann die Frage gezielt auf den Inhalt des Videos oder auf den Bildinhalt ausgerichtet werden.

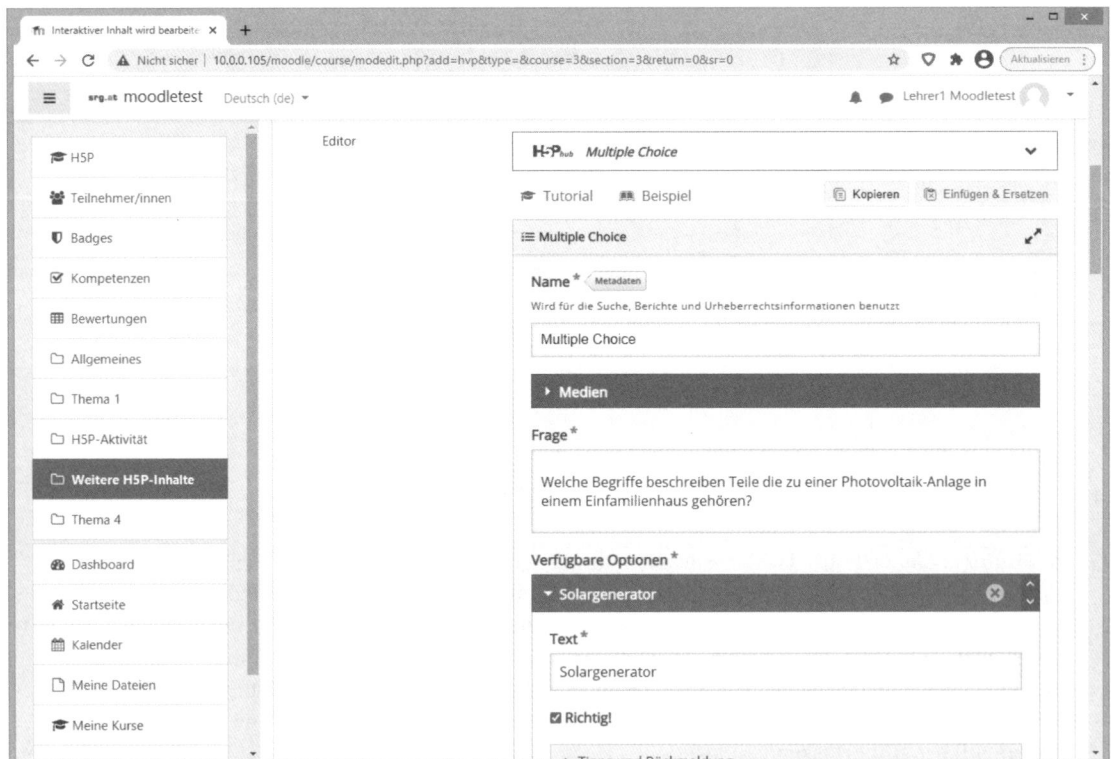

Bild 4.201 Es wird eine einfache Frage in einem Textfeld formuliert. Optional kann ein Bild oder ein Video die Fragestellung ergänzen.

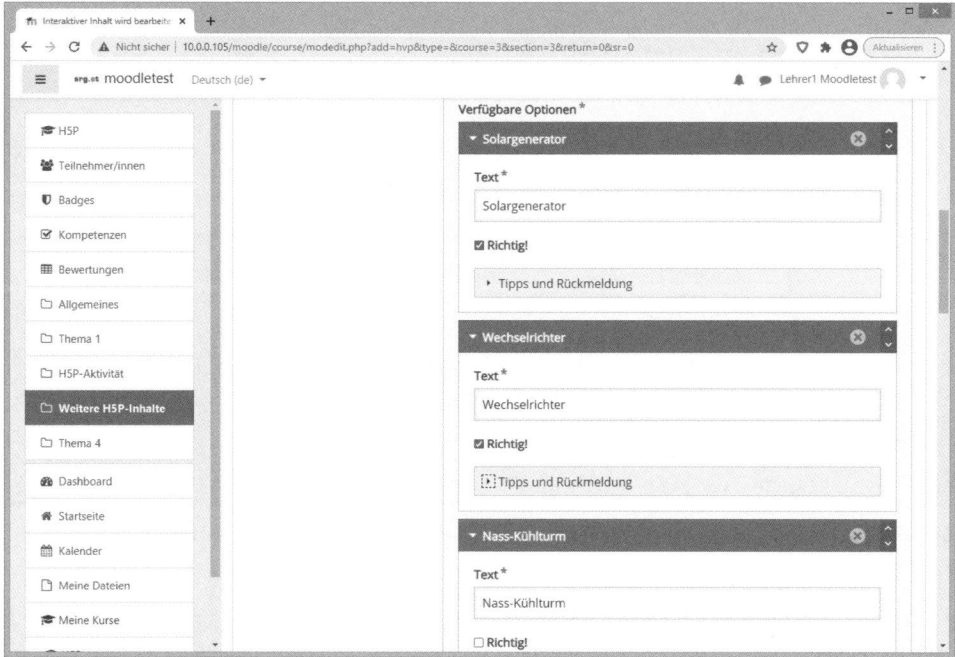

Bild 4.202 Die Antwortmöglichkeiten werden als kurze Texte formuliert und mit einer Checkbox als falsch oder richtig (Feld aktiviert) gekennzeichnet.

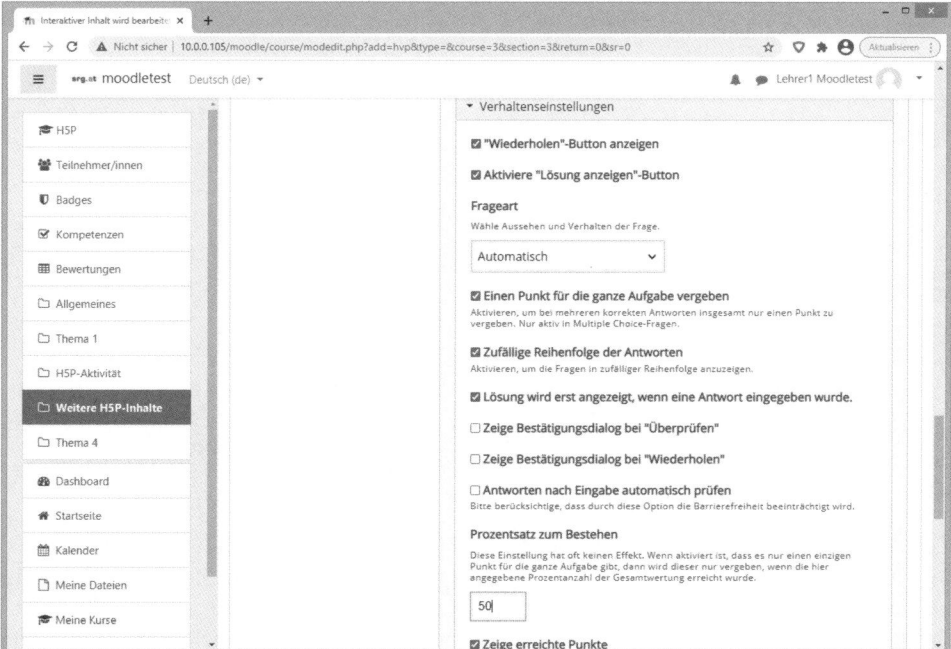

Bild 4.203 Der „Prozentsatz zum Bestehen" kann zu einem problematischen Ergebnis führen, denn die Multiple-Choice-Frage vergibt nur einen Punkt. Das Feld bietet die Möglichkeit, der Bewertung eine gewisse Toleranz einzuräumen. Es sollten jedoch ausreichend viele Antwortmöglichkeiten vorgesehen werden und die Schwelle nicht zu niedrig liegen.

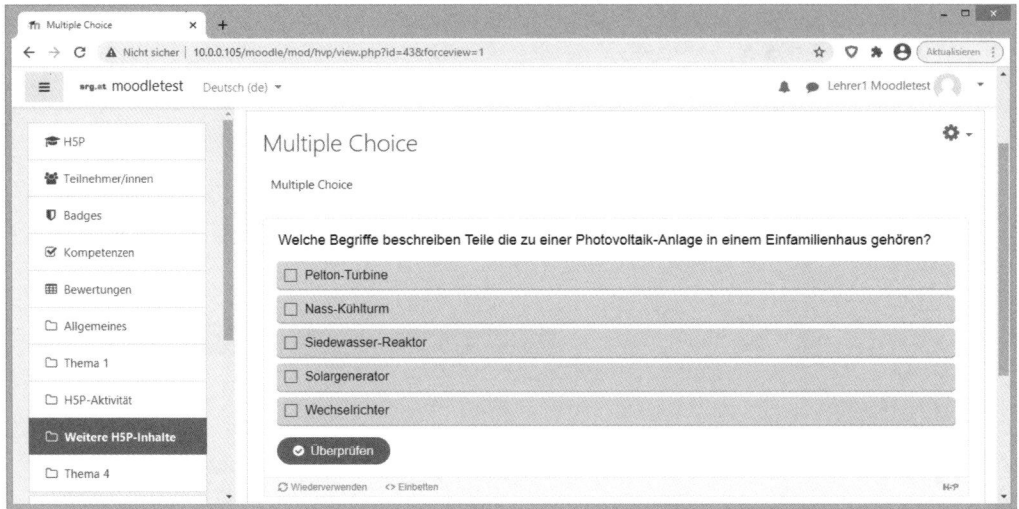

Bild 4.204 Die Fragen erscheinen in einzelnen grauen Zeilen. Die richtigen Antworten sind zu markieren.

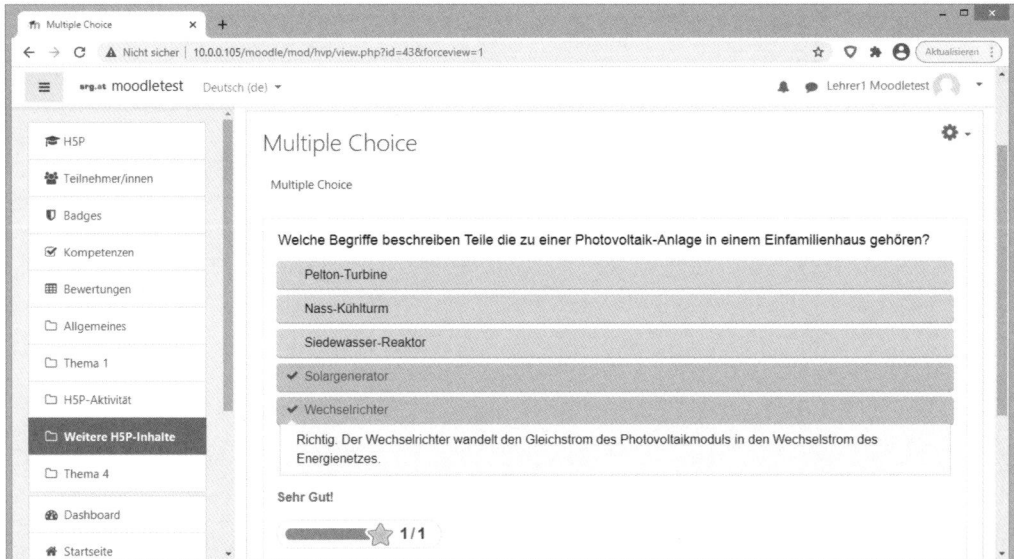

Bild 4.205 Beispiel für eine richtige Lösung. Hier sind tatsächlich nur alle richtigen Antworten markiert worden.

Zu bedenken ist der Prozentsatz, der in diesem Beispiel für das Bestehen der Frage mit 50 % festgelegt wurde. Im folgenden Bild ist die Aufgabe auch bestanden, allerdings wurde ein Fehler gemacht. Zwei richtigen Antworten steht also eine falsche Antwort gegenüber. Dies muss anders bewertet werden, als wenn eine richtige Antwort lediglich vergessen wurde und dafür kein Punkt vergeben wird. Falsche Antworten müssen zu einem Minuspunkt führen, denn sonst könnten Kandidaten die Aufgabe allein durch klassisches „Lotto spielen", also durch Raten, erfolgreich lösen.

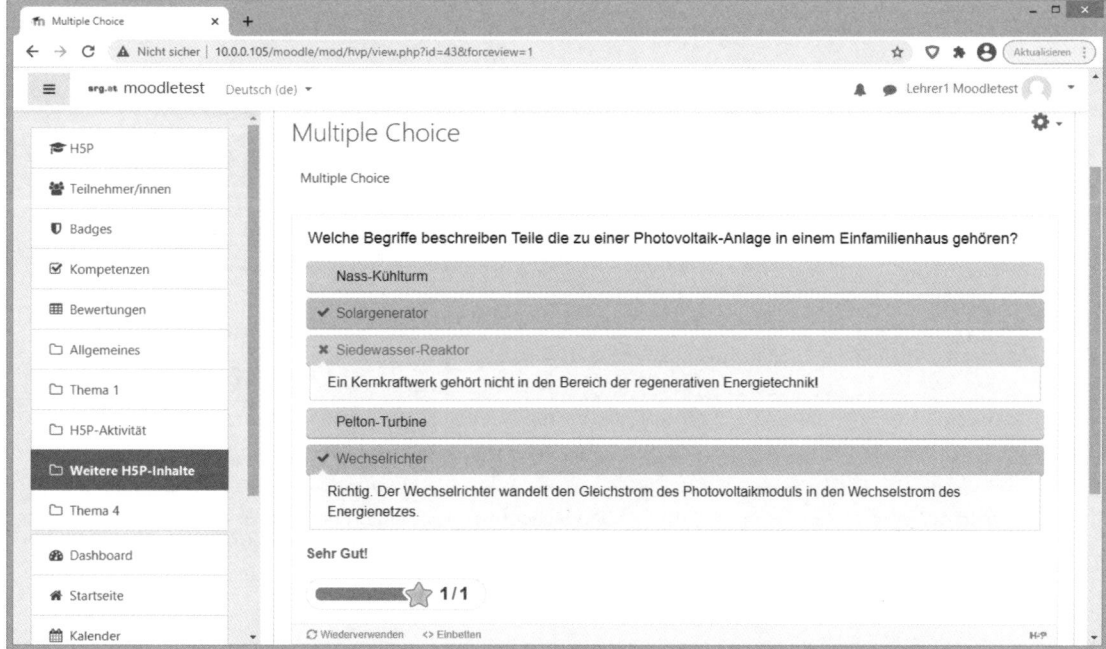

Bild 4.206 Nanu! – Ein Fehler und dennoch die volle Punktzahl? Der Grund ist in Bild 4.203 zu finden, denn es genügen 50 % der Punkte, um die Aufgabe zu bestehen. Dies wurde im Beispiel so festgelegt.

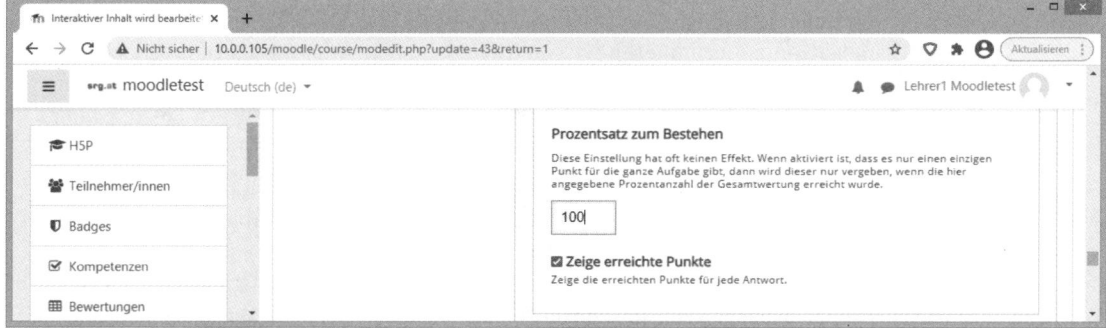

Bild 4.207 Wird der Prozentsatz zum Bestehen der Aufgabe auf 100 % heraufgesetzt, so darf keine falsche Antwortoption angeklickt werden.

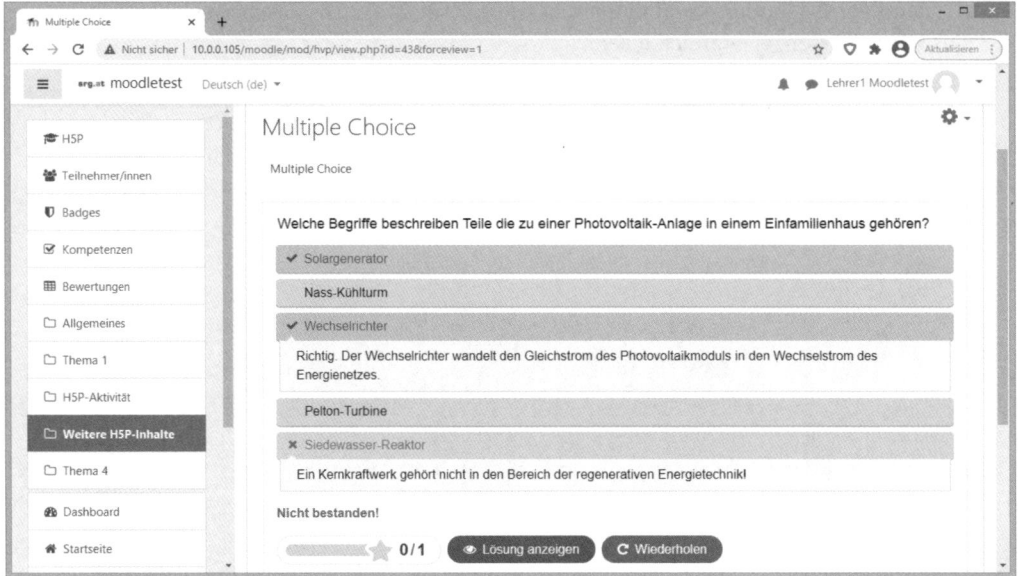

Bild 4.208 Der Reaktor eines Kernkraftwerks gehört nicht zu einer Photovoltaik-Anlage und ist auch nicht in einem Einfamilienhaus zu finden. Diese Aufgabe wird nicht positiv bewertet.

◼ 4.36 Personality Quiz

Ein *Personality Quiz* – das klingt nach hohem psychologischem Anspruch. Diesem Anspruch können jedoch nur diejenigen gerecht werden, welche die Fragen auch nach psychologischen Grundsätzen zu formulieren wissen. Grundsätzlich kann dieses Quiz jedoch sehr hilfreich zur Entscheidungsfindung eingesetzt werden, wobei verschiedene Argumente gegenübergestellt und mit einem oder mehreren Profilen für die jeweiligen Lösungsalternativen verglichen werden.

Als Beispiel sei an einer Schule der Unterricht zur Berufswahl genannt: Viele Jugendliche haben heute noch gar keine richtige Vorstellung, welchen Beruf sie eines Tages ergreifen wollen. Sie kennen die Einstiegsvoraussetzungen ebenso wenig wie die realistischen Gehälter und Karrierestufen. Ein solches Personality Quiz kann eine erste Orientierung geben. Auf jedem Fall ist es geeignet, um die Interessen der Lernenden besser kennenzulernen und sie gezielter auf diese Wege vorzubereiten.

Zuerst müssen natürlich Profile für die verschiedenen Berufe erstellt werden. Dazu kann eine Mindmap sehr hilfreich sein. Die Teilinhalte dieser Profile werden in einzelne wertungsfreie Fragen umgesetzt. Dabei kann es durchaus passieren, dass gegebene Antworten zu verschiedenen Lösungen (Personalities) passen. In diesem Fall werden in der Konfiguration der Antwort entsprechend zwei Personalities eingetragen und deren Namen durch ein Komma getrennt.

Die *Personalities* werden zuerst festgelegt. Im Beispiel sind dies mögliche Berufe. Sie werden namentlich bezeichnet und erhalten eine kleine Beschreibung. Das ist die Ausgabe, welche die Kandidatinnen und Kandidaten nach der Durcharbeitung des Quiz erhalten werden. Sind die Personalities definiert folgen verschiedene Fragestellungen. Es gibt kein Richtig oder Falsch bei diesen Fragen. Zu jeder Frage werden im System die jeweils zugeordneten Personalities gespeichert.

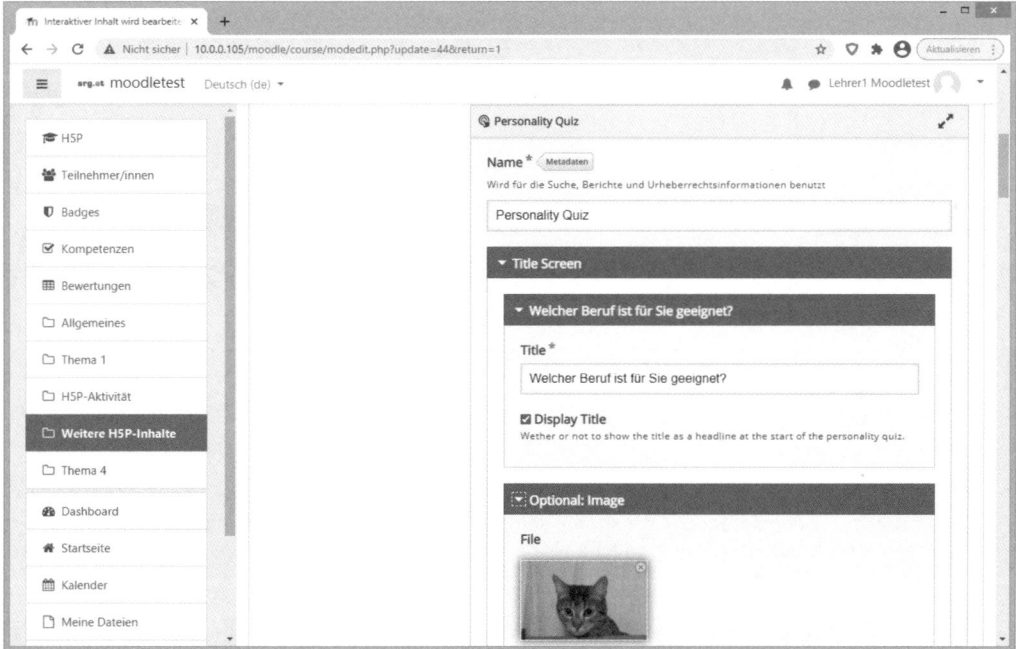

Bild 4.209 Bevor der Test beginnt, kann ein Titelbild angezeigt werden.

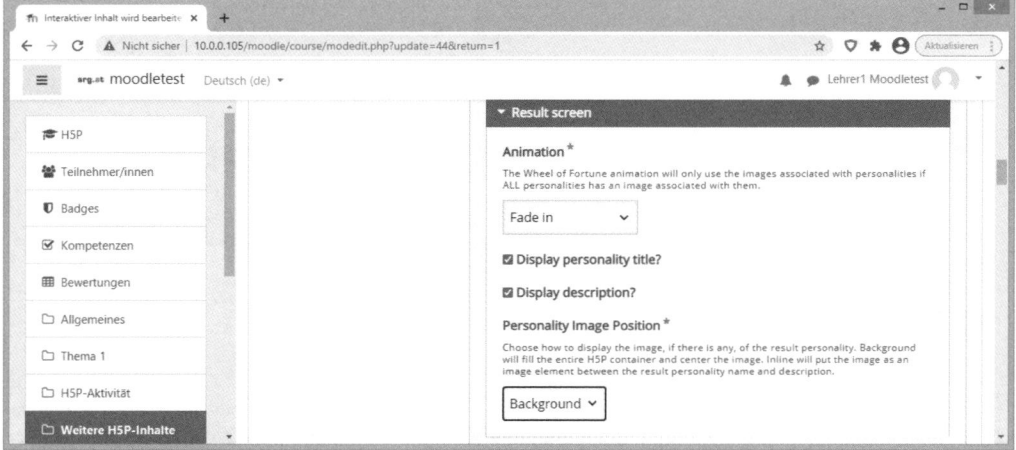

Bild 4.210 Das Ergebnis nach der Umfrage kann mit einer kleinen Animation präsentiert werden. Zudem lässt sich die Ergebnisseite mit einem Hintergrund versehen.

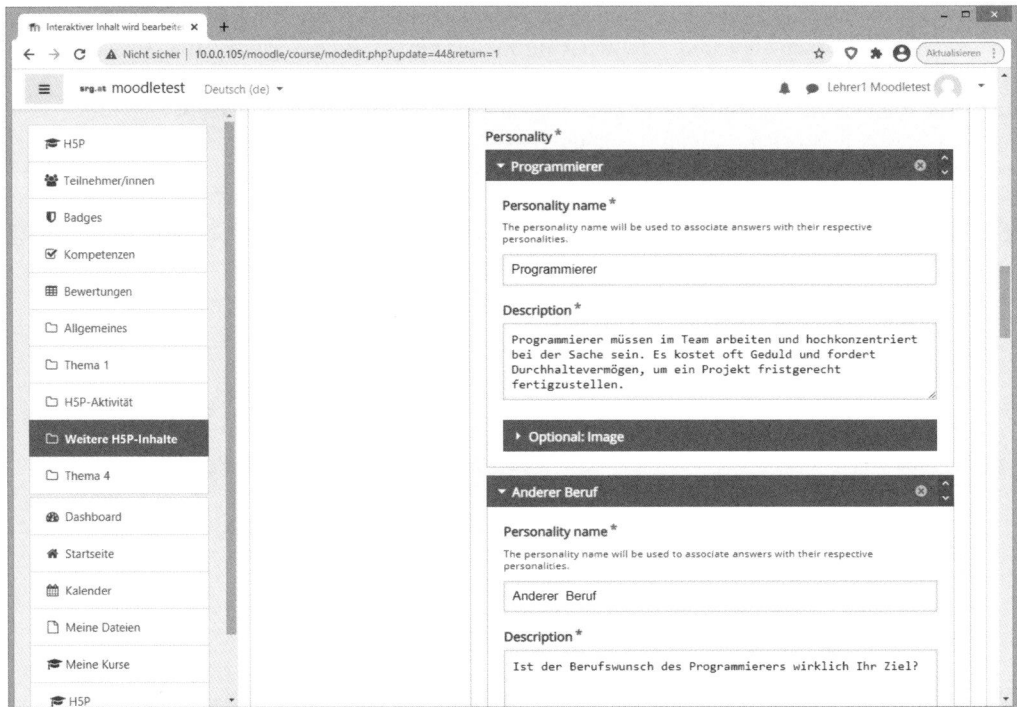

Bild 4.211 Die *Personalities* werden mit einem Namen versehen, der unter anderem als Referenz dient, sowie einer Beschreibung, welche eine ausführliche Information zur Personality im abschließenden Ergebnis liefert.

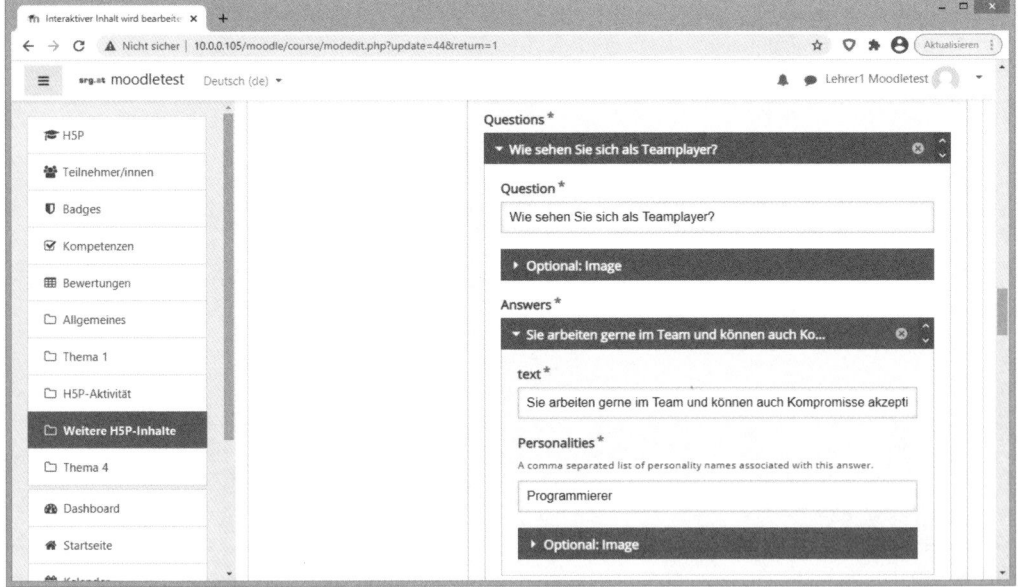

Bild 4.212 Eine Reihe von Fragen liefern die Informationen, die als Grundlage der Entscheidung für das Ergebnis dienen.

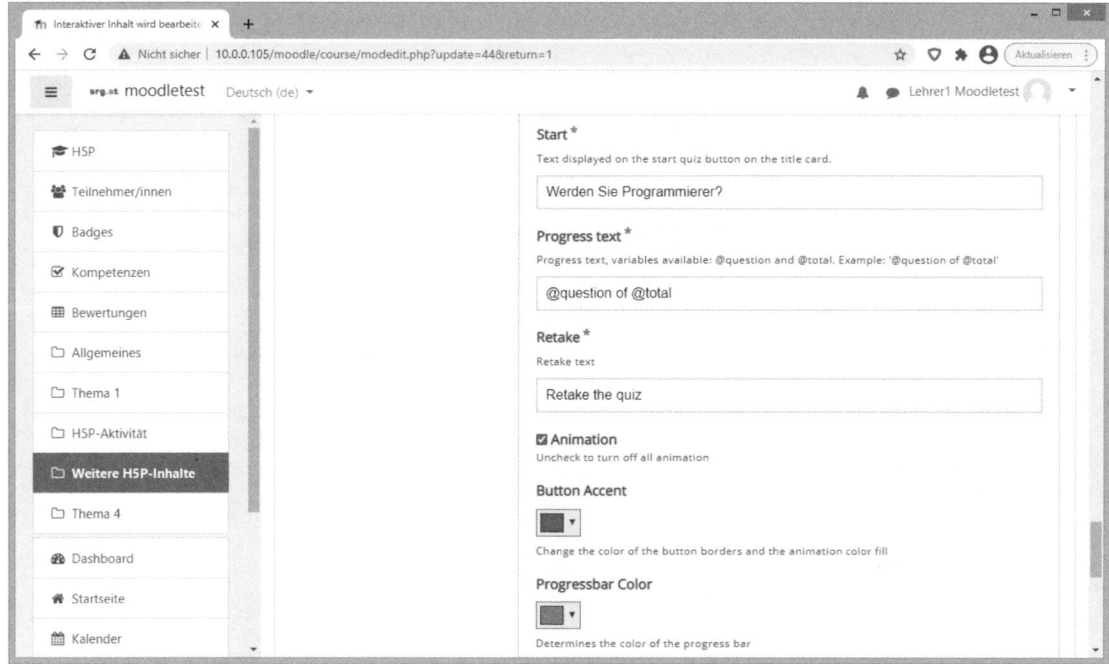

Bild 4.213 Neben dem Titeltext für den Start-Button des Quiz können die Farben für die Animation des Fortschrittswerts festgelegt werden.

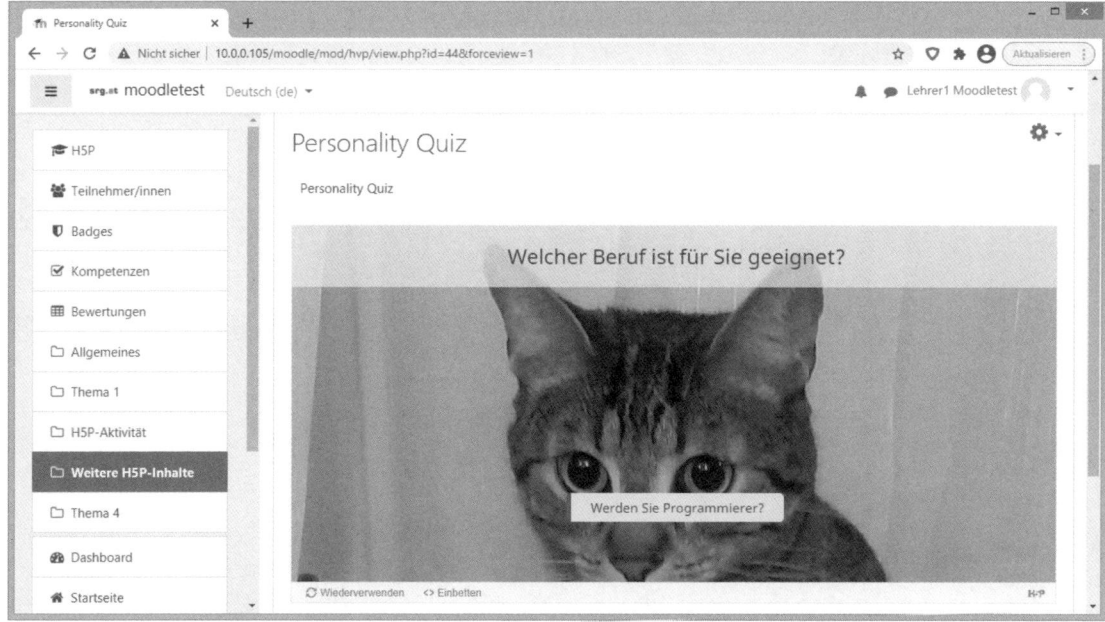

Bild 4.214 Eine einfache Frage: Das Quiz gibt innerhalb des Rahmens, der durch die Qualität der Fragen limitiert ist, Antworten.

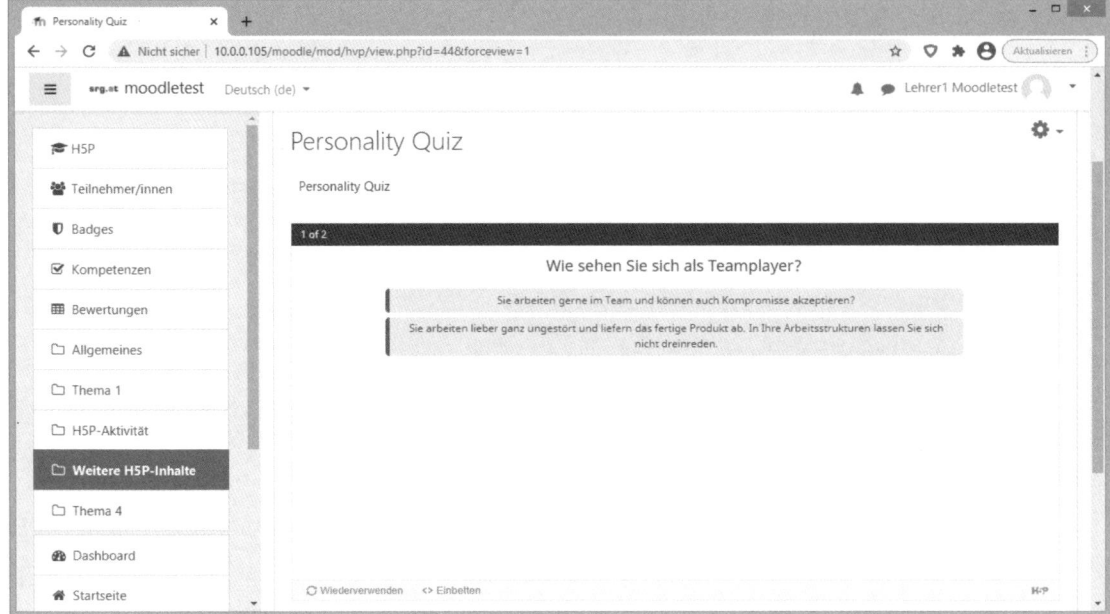

Bild 4.215 Es werden einfache Fragen gestellt, die wertungsfrei zu beantworten sind. Das bedeutet: Keine der Antworten ist richtig oder falsch. Die Antworten sind Argumente für den Entscheidungsvorschlag, die am Ende des Quiz mitgeteilt werden.

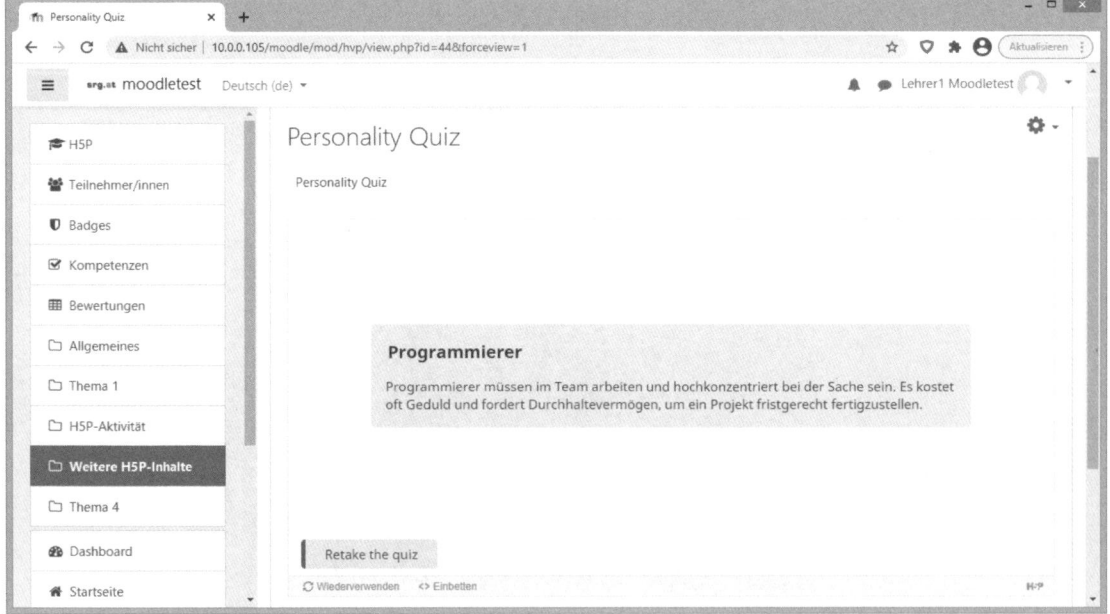

Bild 4.216 Aus den gegebenen Antworten wird die wahrscheinlichste Persönlichkeit gewählt und als Ergebnis angezeigt.

4.37 Quiz (Question Set)

Eine einzelne Frage, möglicherweise noch desselben Typs, zu stellen, ist in vielen Fällen für kurze Reflexionen geeignet. Eine echte Lernzielkontrolle braucht jedoch Vielfalt und diese bietet das Quiz „*Question Set*". Es können nahezu beliebig viele Fragen der folgenden Inhaltstypen formuliert werden:

- Multiple Choice,
- Drag and Drop,
- Fill in the Blanks,
- Mark the Words,
- Drag Text,
- True/False Question,
- Essay.

Die Fragetypen können beliebig kombiniert werden.

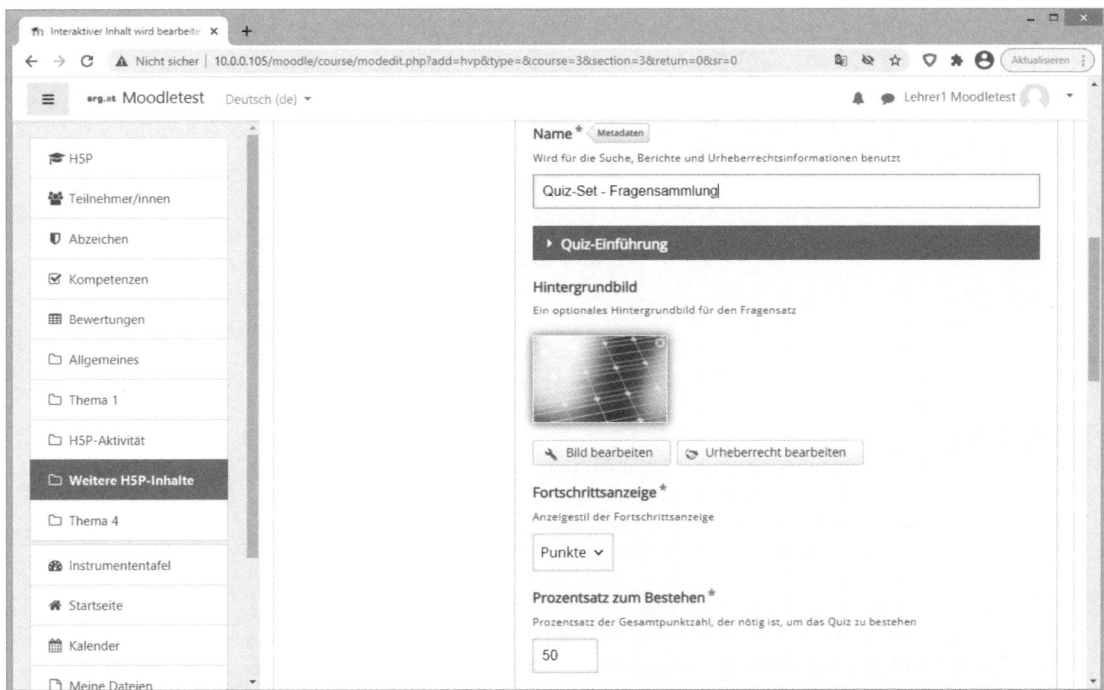

Bild 4.217 Die Fortschrittsanzeige kann entweder als Text (z. B. Frage x von y) oder durch Punkte unterhalb der Fragestellung als Navigation dargestellt werden.

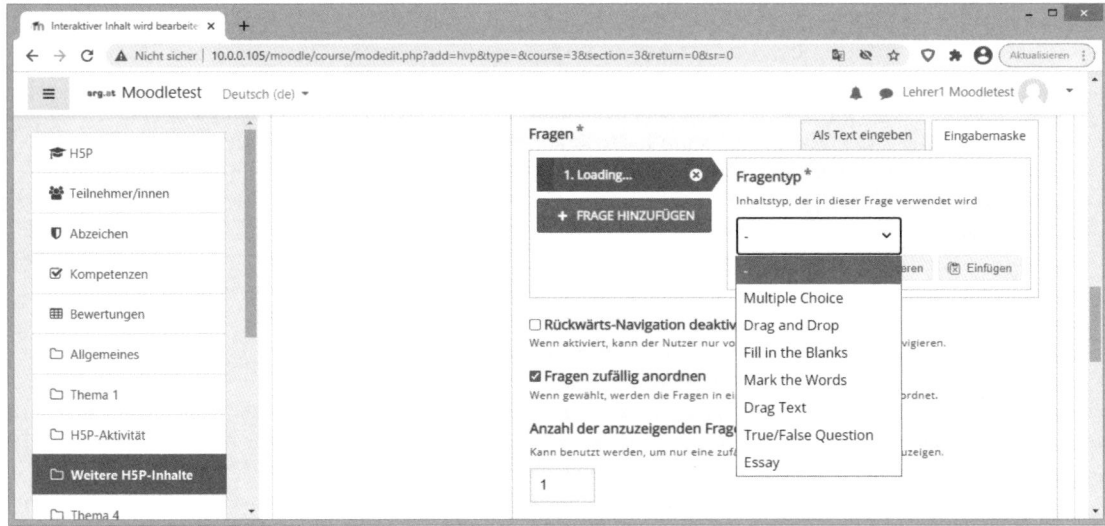

Bild 4.218 Das Quiz Set erlaubt Kombinationen von sieben verschiedenen Fragetypen.

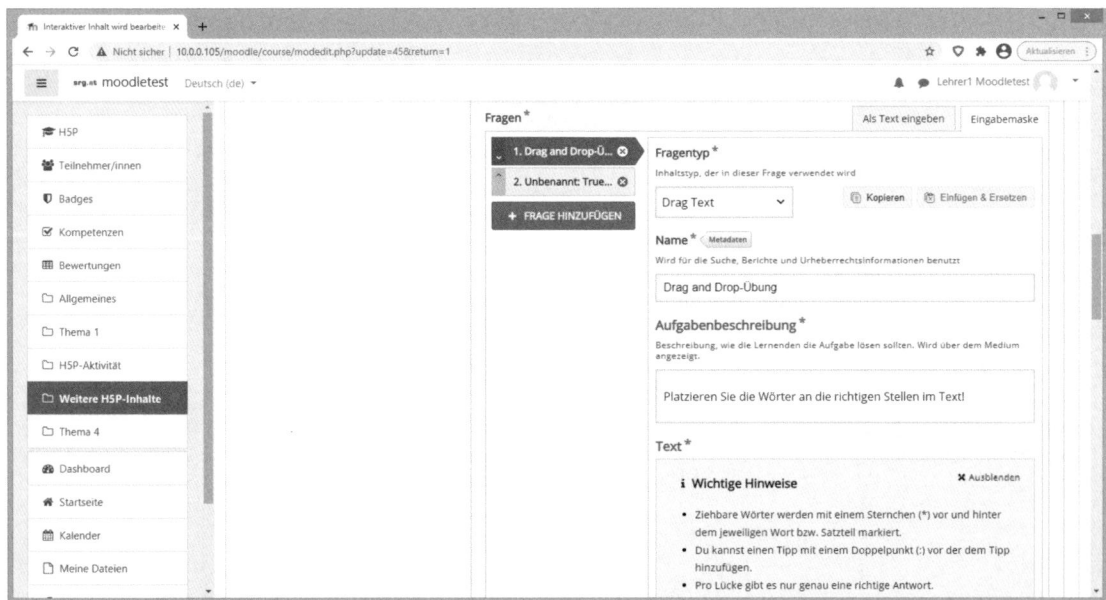

Bild 4.219 Das Set kann um nahezu beliebig viele Fragen erweitert werden. Jede Frage kann von einem anderen Typ sein.

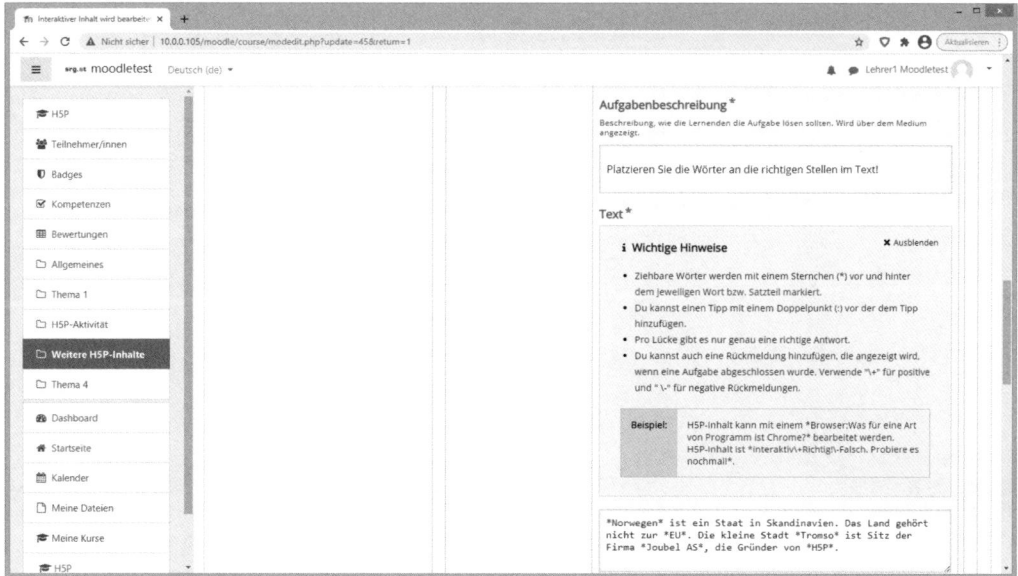

Bild 4.220 Beispiel für eine Teilfrage des Sets vom Typ „Drag Text".

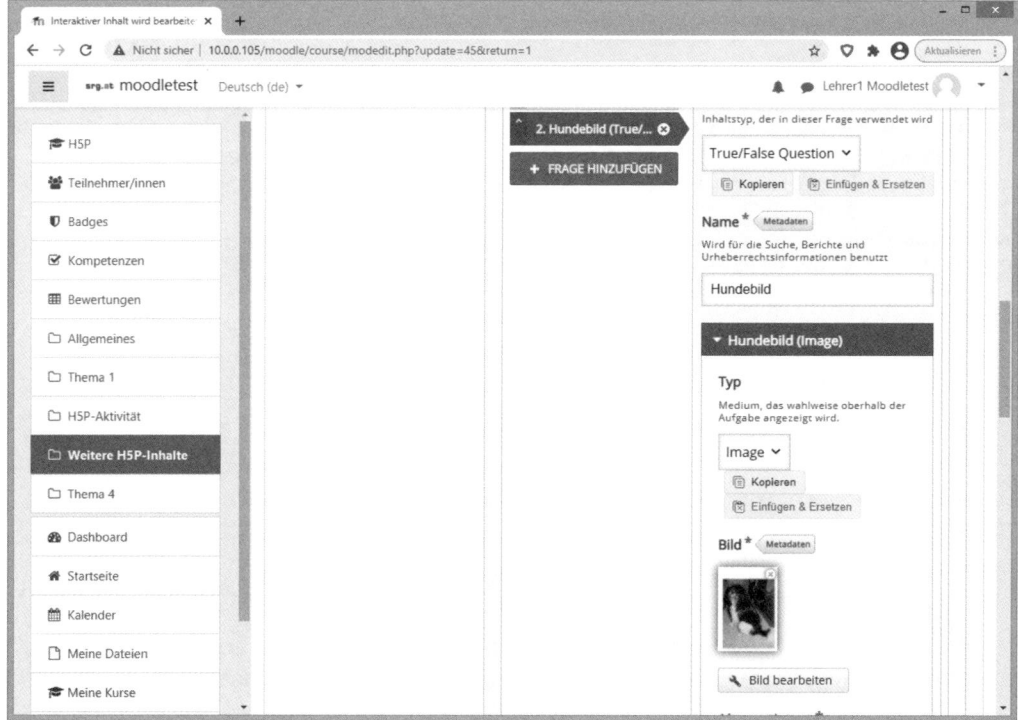

Bild 4.221 Eine weitere Teilfrage ist in diesem Beispiel True/False.

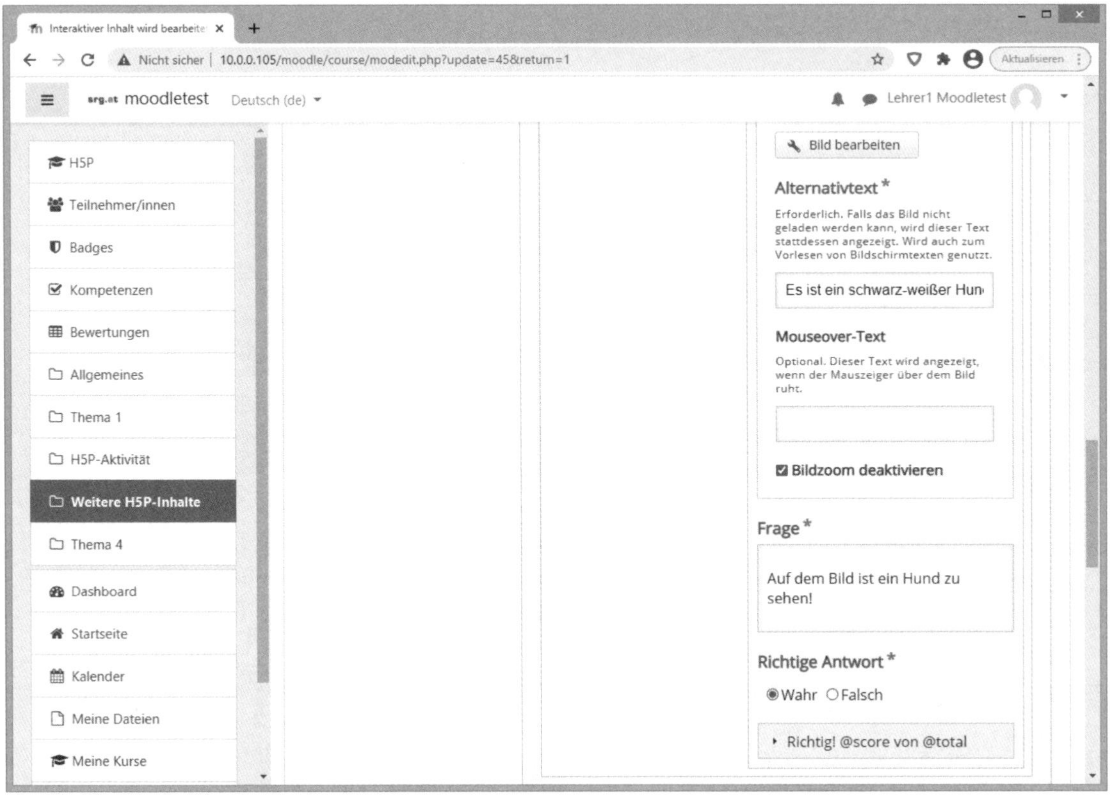

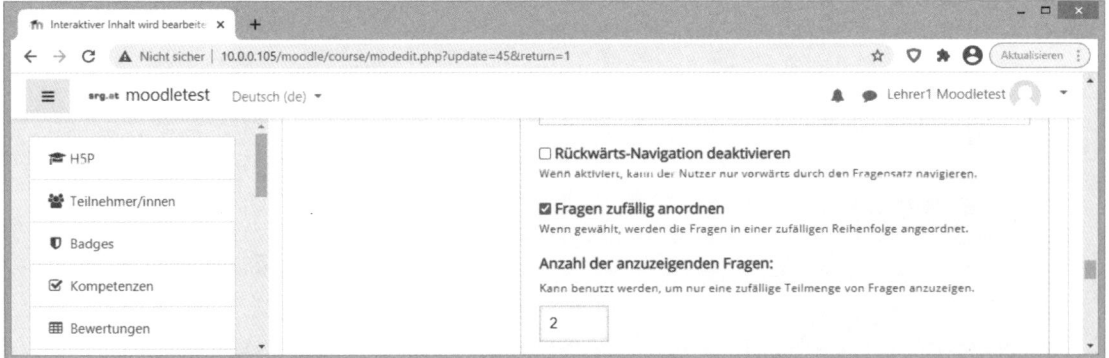

Bild 4.222 Jedes Bild benötigt einen Alternativtext, um möglichst gute Barrierefreiheit zu gewährleisten. Es ist möglich, das Foto zu zoomen. Diese Funktion kann jedoch auch deaktiviert werden.

Bild 4.223 Das Beispiel zeigt ein Quiz Set mit nur zwei Fragen. In der Praxis wird man die Fragensammlung umfangreicher gestalten. Werden die Fragen bei jedem Aufruf in einer zufälligen Reihenfolge angeordnet, dann können mehrere Lernende gleichzeitig an benachbarten Plätzen arbeiten, ohne abschreiben zu können.

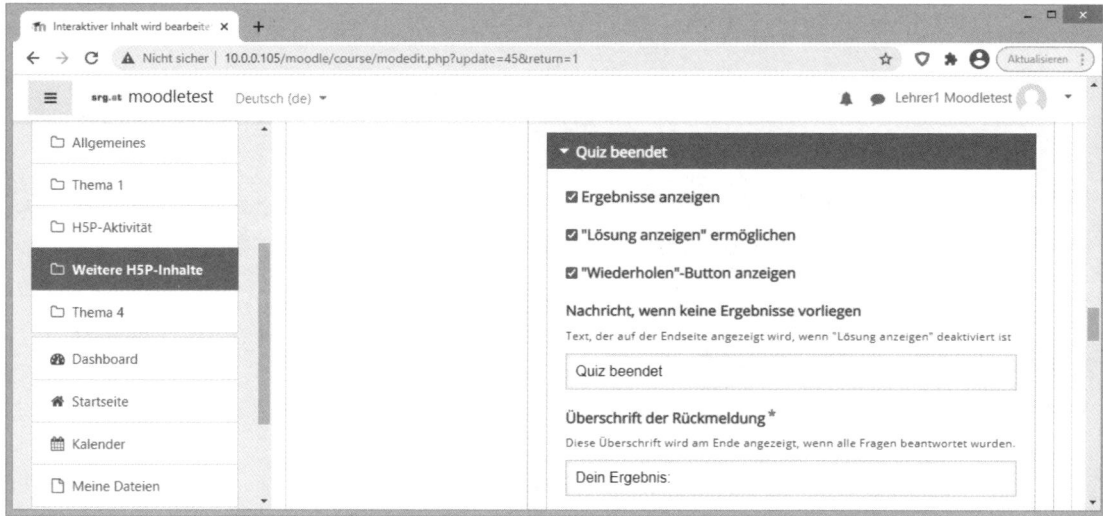

Bild 4.224 Wenn das Quiz ein reines Übungsinstrument sein soll, bietet sich ein Wiederholen-Button an.

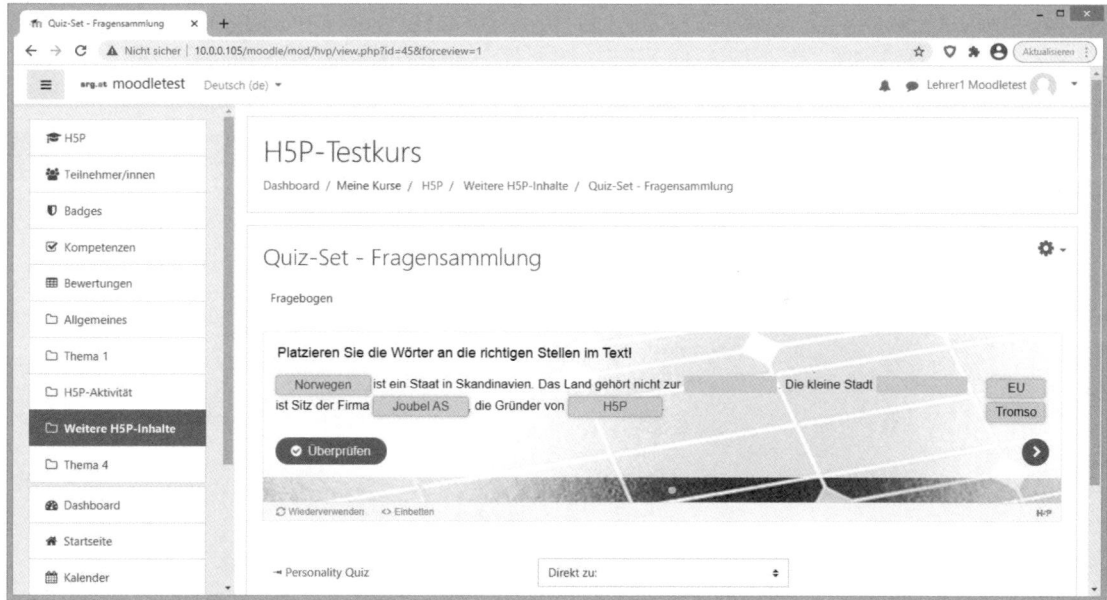

Bild 4.225 Die (zufällig) erste Frage ist in diesem Beispiel ein Drag Text. Die fehlenden Worte werden in die jeweiligen Lücken verschoben.

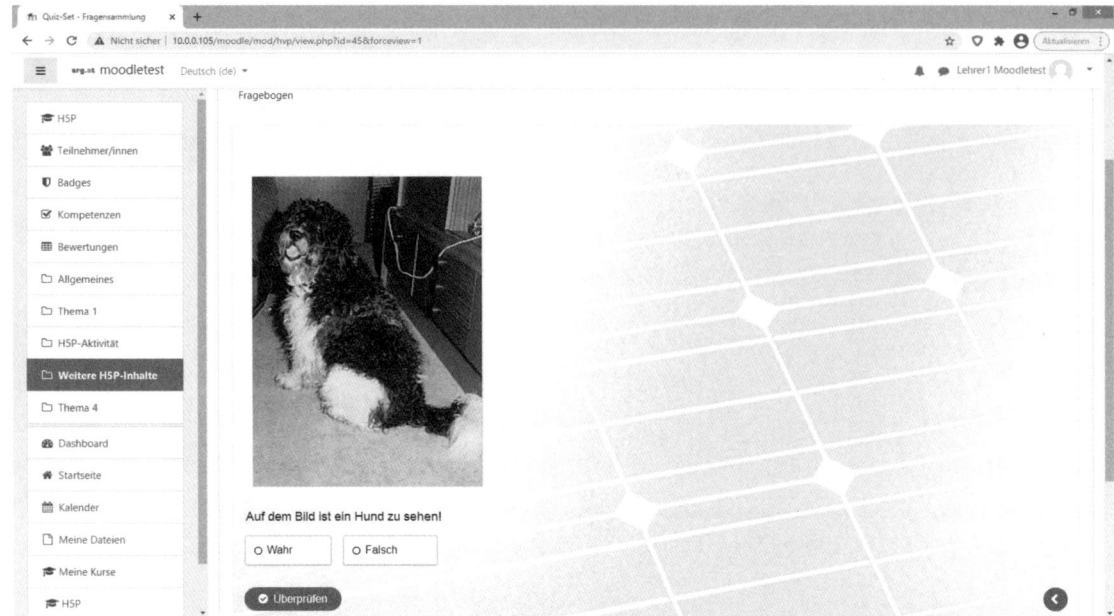

Bild 4.226 *True/False* kennt nur Wahr oder Falsch. Am rechten unteren Rand deutet die (alleinige) Schaltfläche nach links an, dass es sich um die letzte Frage handelt. Vor der endgültigen Überprüfung können die Antworten noch einmal geprüft werden.

Bild 4.227 Für die Fragen können unterschiedliche Punktzahlen vergeben werden. In diesem Fall konnten mit der *Drag-Text*-Frage fünf und mit der *True/False*-Frage ein Punkt erzielt werden.

4.38 Single Choice Set

Beim Inhaltstyp *Single Choice Set* gibt es nur Fragen, bei denen lediglich eine Antwort richtig ist. Die richtige Antwort wird stets an der ersten Stelle der Optionen eingetragen. Darüber hinaus können zahlreiche falsche Antworten formuliert werden. Es handelt sich um eine Fragensammlung. Das bedeutet, dass nahezu beliebig viele Fragen in einem Set formuliert werden können. Am Quiz-Ende werden die erreichten Punkte addiert und daraus eine Bewertung gemäß dem in der Konfiguration definierten Notenschlüssel erstellt. Allerdings muss die Grenze zum Bestehen entsprechend der vorgesehenen Bewertung eingestellt werden.

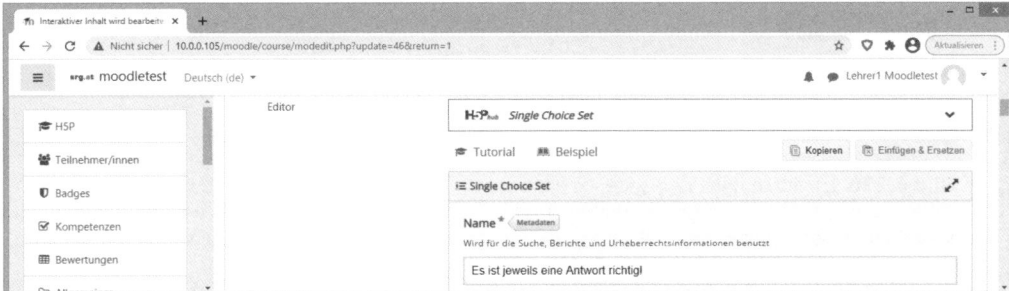

Bild 4.228 Die Quiz-Ergebnisse können in die Bewertungsübersicht eingetragen werden. Der Name ist die Referenz und sollte verständlich formuliert werden.

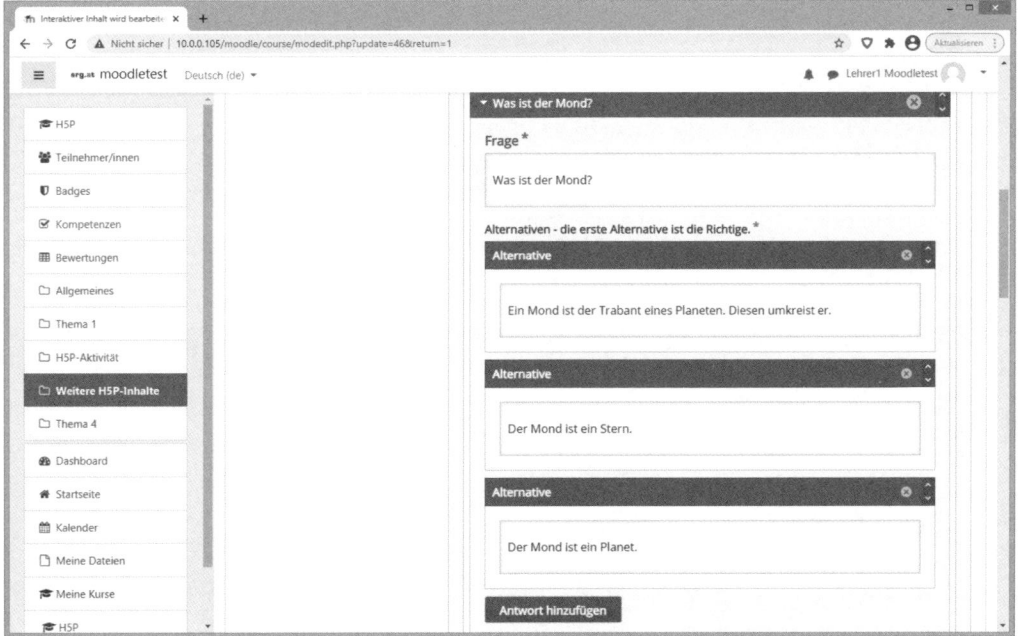

Bild 4.229 Es können nahezu beliebig viele Antworten pro Frage formuliert werden. Wichtig ist, dass die *erste* Antwortalternative mit der richtigen Antwort belegt wird. Die Reihenfolge der angezeigten Antworten wird nach dem Zufallsprinzip festgelegt.

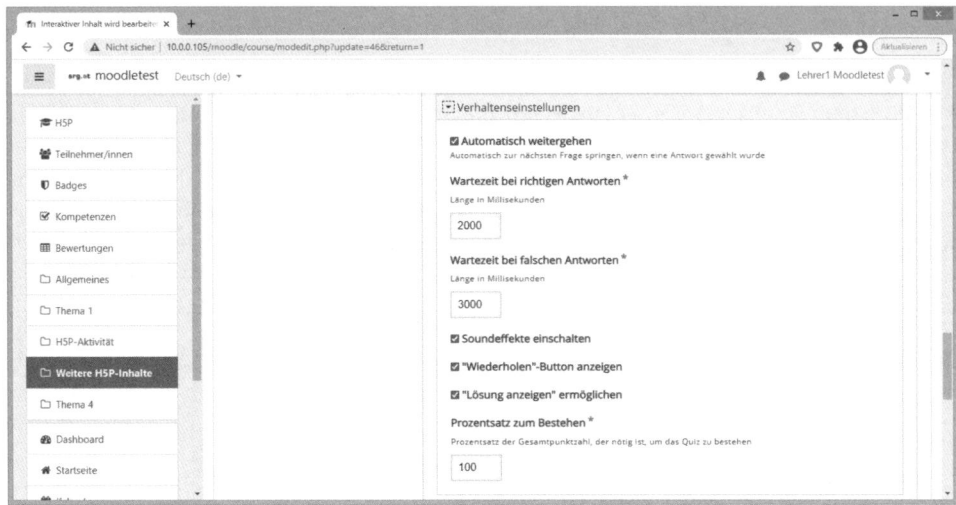

Bild 4.230 Es gibt in den Frageseiten keinen Button, um zur nächsten Frage zu gelangen. Stattdessen werden die Frageseiten automatisch nach einem Klick auf eine Antwort weitergeschaltet. Es können unterschiedliche Verzögerungen bei richtigen und bei falschen Antworten festgelegt werden.

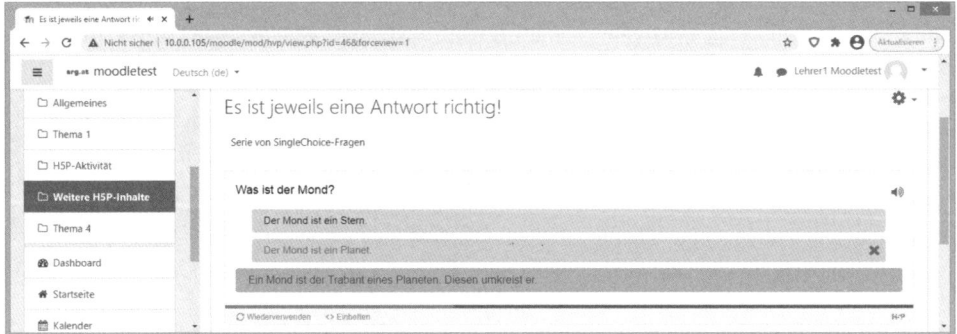

Bild 4.231 Die gegebene Antwort war falsch! Nach einer vordefinierten Wartezeit wird automatisch die nächste Frage aufgerufen.

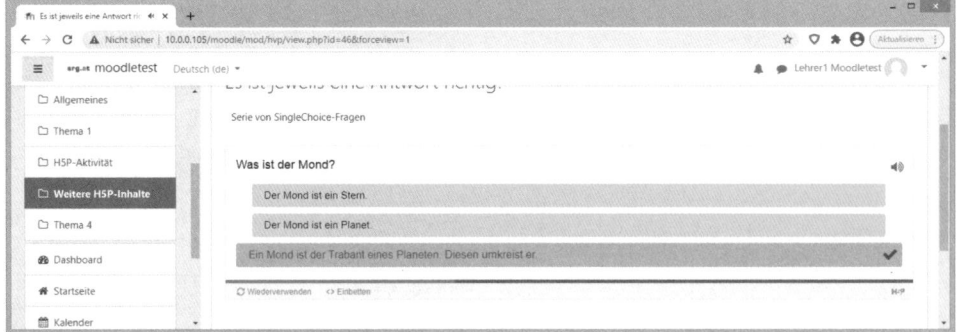

Bild 4.232 Die Frage wurde richtig beantwortet. In der Regel wird man hier eine kürzere Verzögerung als bei einer falschen Antwort wählen.

Bild 4.233 Nach der letzten Frage wird automatisch die Abschlussbewertung ausgegeben.

■ 4.39 Speak the Words/Speak the Words Set

Dieser H5P-Inhaltstyp arbeitet mit einer Spracherkennung. Derzeit (Stand: Frühjahr 2021) funktioniert diese nur mit einem Google-Chrome-Browser. Darüber hinaus fordert der Browser aus Sicherheitsgründen für die Freigabe des Mikrofons eine gesicherte Verbindung zwischen dem Webserver und dem Webbrowser über das Hyper Text Transfer Protocol Secure (https). Nur dann, wenn diese Voraussetzungen erfüllt sind, kann *Speak the Words* sowie *Speak the Words Set* genutzt werden.

Sind die erforderlichen Server-Voraussetzungen erfüllt, ist die Konfiguration der Frage recht einfach: Es wird wie immer ein Name für die Aufgabe vergeben. Anschließend folgt die Aufgabenbeschreibung. Im Beispiel sollen die Zahlen „5" und „5" miteinander addiert werden.

Die verschiedenen (möglichen) Antwortalternativen sollen die Erkennung der gesprochenen Worte erleichtern. Hier könnte zum Beispiel eine richtige Antwort mit dem numerischen Wert „10" und eine weitere mögliche richtige Antwort mit dem Wort „zehn" eingetragen werden. Wichtig ist natürlich, dass die richtige Sprache gewählt wird, damit die Spracherkennung funktionieren kann. Ebenso wichtig ist ein Feedback für die Lernenden. Sowohl für den Fall der richtigen Antwort als auch bei einer falschen bzw. nicht korrekt verstandenen Antwort soll ein Feedback gegeben werden. Dieses kann jeweils frei formuliert werden.

Als Gesamt-Rückmeldung sieht der Inhaltstyp wieder die Möglichkeit zur Definition eines Notenschlüssels vor. Dies ist jedoch bei nur einer Aufgabe nicht sinnvoll. Es genügt also, lediglich zwei Punktbereiche für das Bestehen und Nichtbestehen zu definieren.

Sicherheitseinstellungen des Browsers

Die Inhaltstypen *Speak the Words* und *Speak the Words Set* funktionieren aufgrund der Sicherheitsvorgaben moderner Webbrowser nicht auf unverschlüsselten Webserver-Kontakten (http://). Nur bei einer verschlüsselten und damit sicheren Verbindung (https://) werden diese Inhaltstypen funktionieren. Dies zu gewährleisten, obliegt der IT-Administration, welche den Webserver bzw. den Moodle-Server betreut.

Datenschutz ist ein wichtiges Thema. Missachtungen können unter Umständen sehr empfindliche Strafen nach sich ziehen. Die Verwendung der in diesem Buch beschriebenen Inhaltstypen ist absolut nicht verboten. Allerdings müssen die Benutzer der Lernplattform über Fälle, in denen eine Kommunikation und ein Austausch von Daten mit einem fremden System erfolgt, ausdrücklich informiert werden. Das ist nicht in jeder einzelnen Fragestellung nötig, gehört jedoch in die Datenschutzerklärung.

Bei den Inhaltstypen *Speak the Words* und *Speak the Words Set* wird Sprache an einen externen Server gesendet und dort ausgewertet. Abgesehen von der Möglichkeit, Tracking-Cookies zu übergeben, ist Sprache an sich sehr sensibel zu behandeln. Es handelt sich um ein biometrisches Merkmal, mit dessen Hilfe Menschen eindeutig wiedererkannt werden können.

Datenschutzhinweis ist wichtig!

Die Spracherkennung erfolgt nicht auf dem eigenen Computer. Es werden externe Dienste „in der Cloud" genutzt. Diese dürfen beim Zugriff auf deren Server beispielsweise Cookies auf den Computern der Lernenden installieren, welche für das User-Tracking genutzt werden können. Zudem sind Sprachinhalte, welche von einem externen System analysiert werden, biometrische Eigenschaften eines Menschen, die sich eindeutig einer Person zuordnen lassen.

Es gibt neben *Speak the Words* noch einen weiteren Inhaltstyp: *Speak the Words Set*. Die Inhaltstypen unterscheiden sich dadurch, dass die „Set"-Variante im Gegensatz zu *Speak the Word* eine Sammlung mehrerer Fragen ist. Jede einzelne Frage wird allerdings nach dem beschriebenen Muster konfiguriert und der Reihe nach abgearbeitet. Empfehlenswert ist beim *Speak the Words Set* auch, die Gesamtrückmeldung ausführlicher zu gestalten. Hier ist die Umsetzung der gängigen Notenschlüssel sinnvoll.

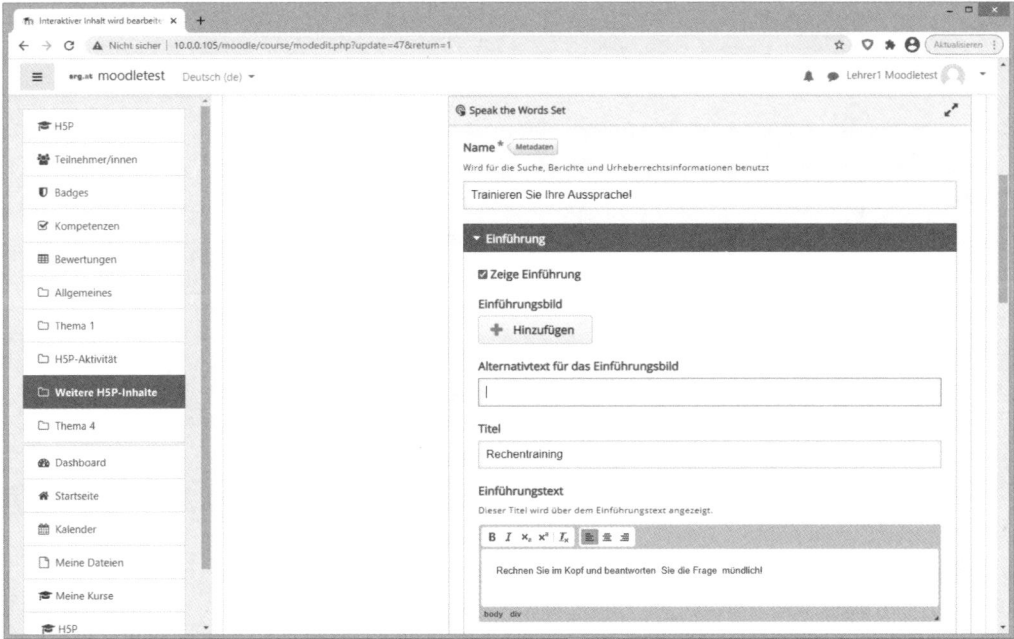

Bild 4.234 Die Einführung in den Kursteil ist gewissermaßen der Startbildschirm für die Aufgabe. Es können ein Titelbild und ein kurzer Einführungstext individuell formuliert werden.

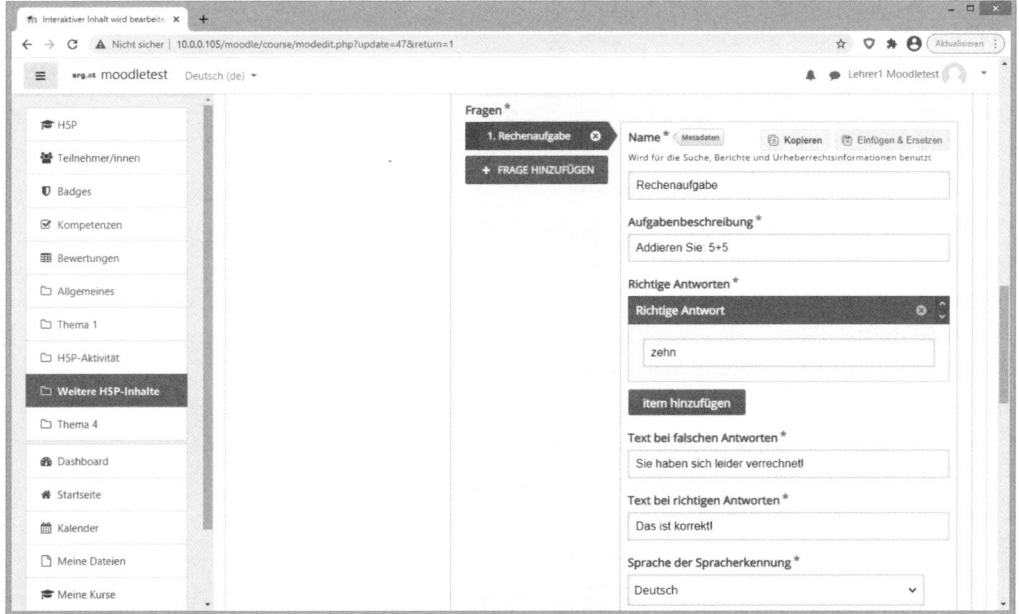

Bild 4.235 Die Aufgabe selbst wird durch eine Frage und eine oder mehrere Antwortmöglichkeiten definiert. Die Antwortalternativen sind alle richtig (kein Single-Choice-Test). Sie sollen gewährleisten, dass ein richtiges Ergebnis auch dann erkannt wird, wenn verschiedene sprachliche Formulierungen möglich sind.

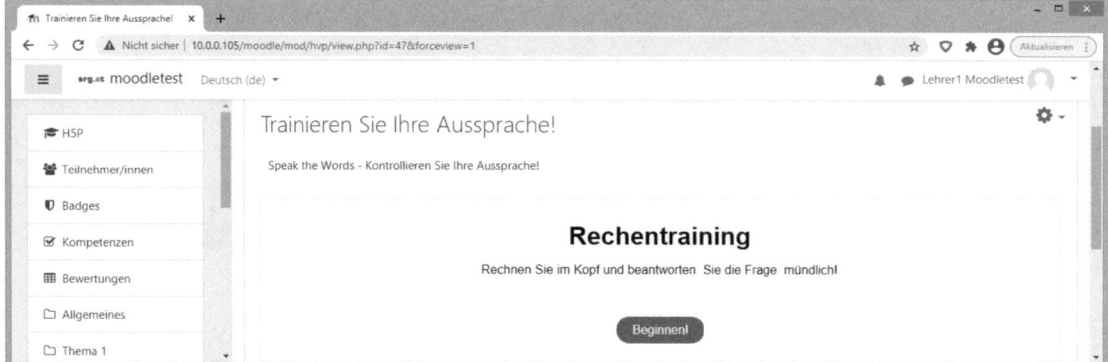

Bild 4.236 In diesem Fall wurde bei der Einleitung auf ein Startbild verzichtet. Die Übung kann mit einem Mausklick begonnen werden.

Bild 4.237 Die Aufgabe steht im Fenster. Um sie zu beantworten, ist eine Sprachaufnahme nötig, die mit der blauen Schaltfläche gestartet wird.

Bild 4.238 Der rote Button zeigt an, dass die Aufnahme begonnen hat. Ist die Antwort ausgesprochen, beendet ein Klick auf diesen Button die Aufzeichnung.

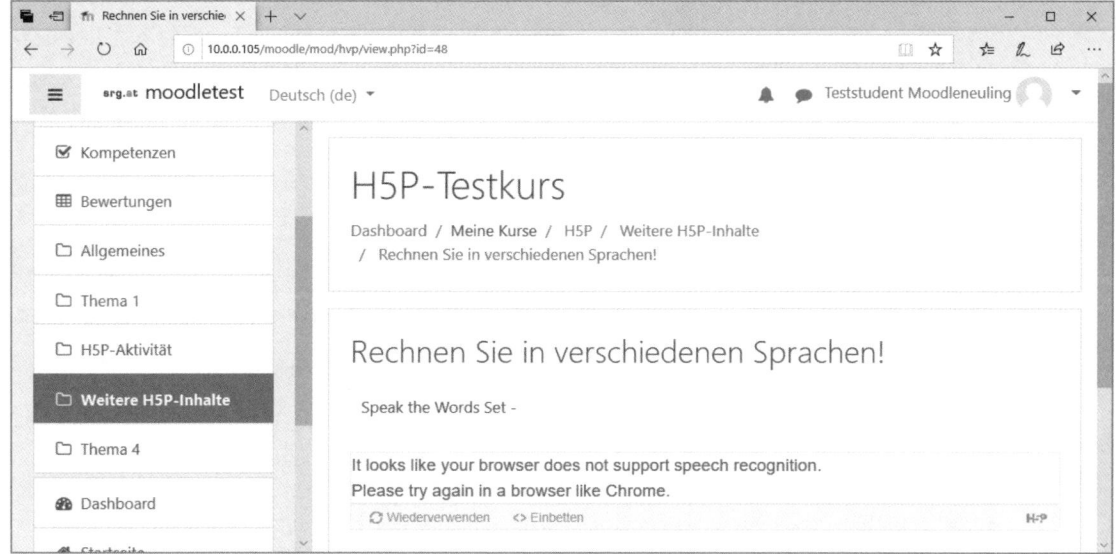

Bild 4.239 Ein Problem, dessen Lösung nicht unbedingt beim Browser zu ändern ist, kann zwei Ursachen haben: Der Browser selbst ist für diesen Inhaltstyp nicht geeignet (empfohlen wird Google Chrome) oder es findet keine verschlüsselte Verbindung (https://...) zwischen Webbrowser und dem H5P-Server statt.

◼ 4.40 Summary

Haben die Lernenden eine Unterrichtseinheit verstanden? Abschließende Fragen in diesem H5P-Inhaltstyp können sowohl nach komplexen digitalen Lektionen (Moodle, H5P und andere digitale Inhalte) als auch zum Abschluss einer Präsenzveranstaltung verwendet werden. Aus der Sichtweise des Autors eignen sich diese *Summaries* auch sehr gut zur Wissenskontrolle mit einem kleinen zeitlichen Abstand zur betreffenden Lehrveranstaltung. Die Themen werden somit immer wieder ins Gedächtnis gerufen und insgesamt besser und nachhaltiger verstanden.

Summary ist ein sehr einfacher Inhaltstyp, der eine Sammlung von *Single-Choice*-Fragen darstellt. In einem Lernmanagementsystem wie Moodle kann eine solche Aktivität von Lehrkräften zu einer genau festgelegten Zeit und mit zeitlicher Begrenzung aktiviert werden. Wichtig ist natürlich, nie aus den Augen zu verlieren, dass es sich hier um eine Form der Lernzielkontrolle handelt. Diese Aktivität bietet zwar eine Bewertung, die auch in der Bewertungsübersicht der Lernenden registriert wird, jedoch darf an dieser Stelle nicht von einem qualifizierten Prüfungsniveau gesprochen werden, was verschiedene rechtliche Anforderungen zu erfüllen hätte.

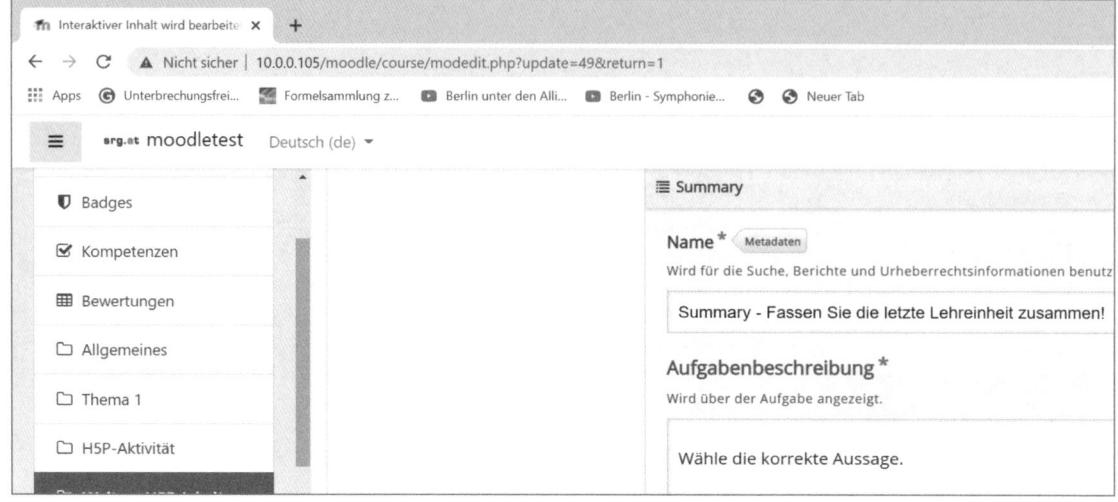

Bild 4.240 Die Aufgabenbeschreibung kann bei diesem Inhaltstyp sehr kurz und eindeutig gewählt werden, denn es handelt sich lediglich um eine Sammlung von Single-Choice-Fragen.

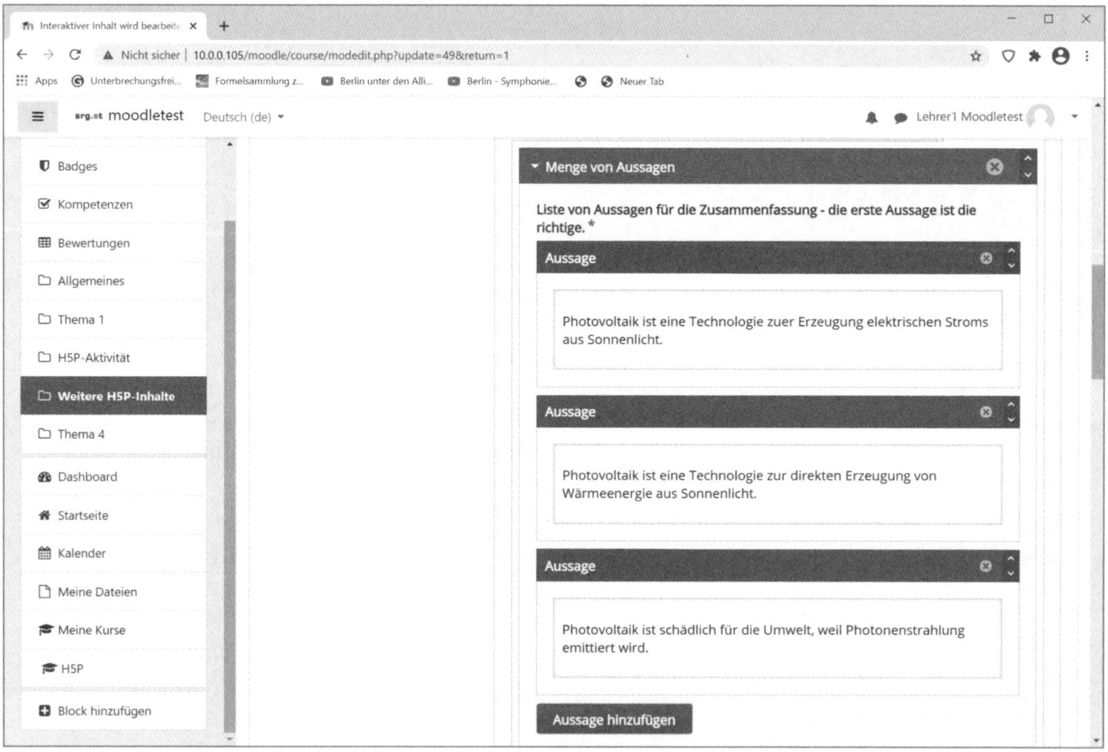

Bild 4.241 Es werden keine konkreten Fragen gestellt, sondern lediglich Behauptungen formuliert, von denen nur eine richtig ist. Die richtige Behauptung wird an erster Stelle geschrieben. Alle weiteren – es können nahezu beliebig viele Behauptungen verfasst werden – sind falsch!

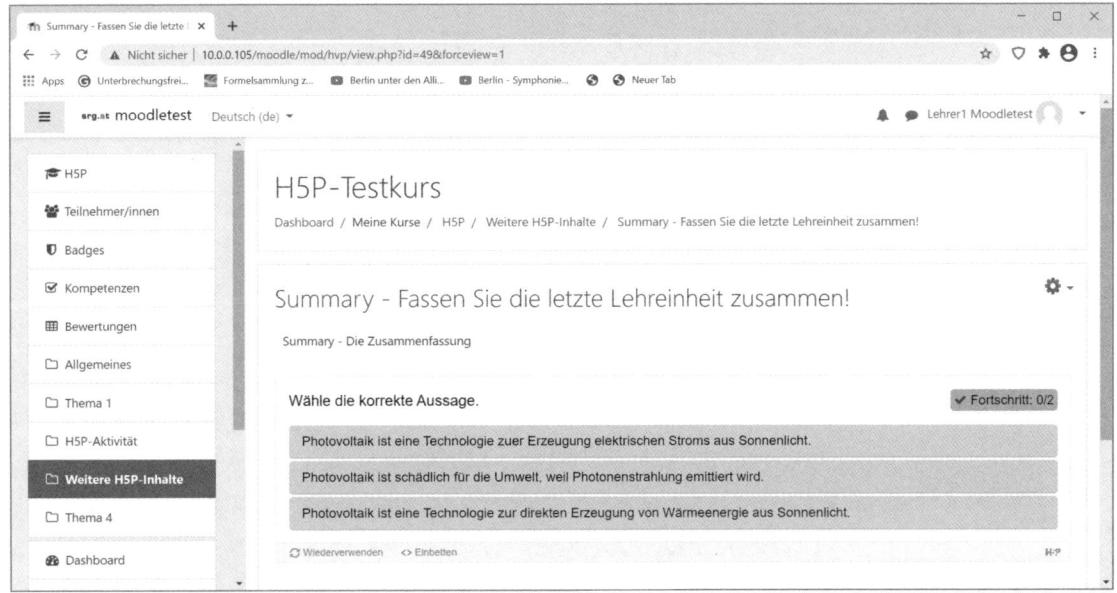

Bild 4.242 Es werden mehrere Aussagen angeboten. Die Lernenden haben die Aufgabe, die einzig richtige Aussage durch Anklicken auszuwählen.

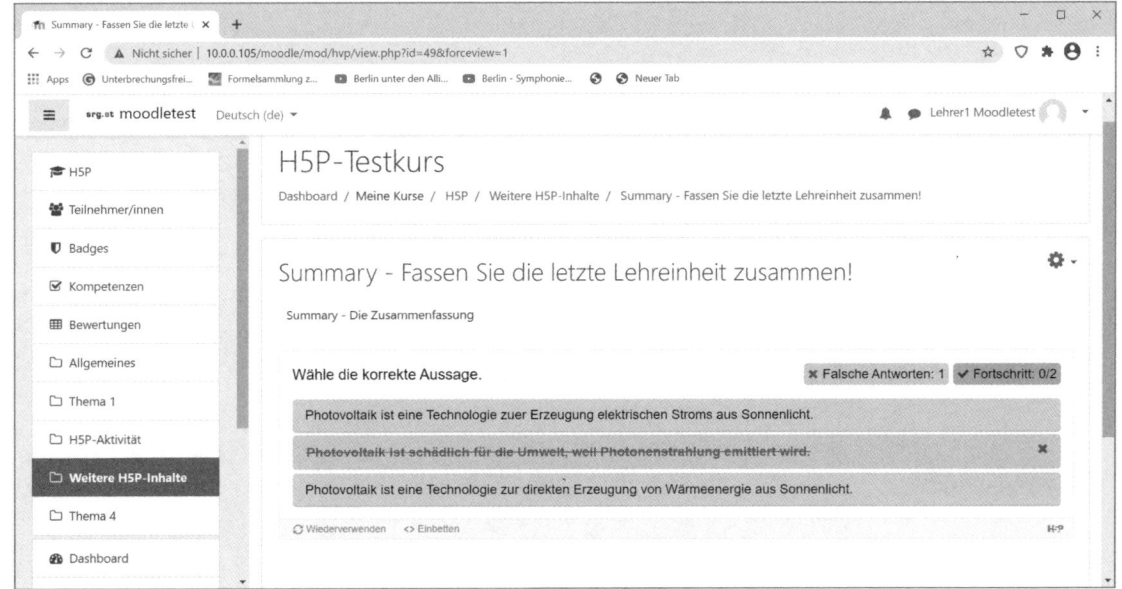

Bild 4.243 Die Wahl einer falschen Aussage wird sofort angezeigt.

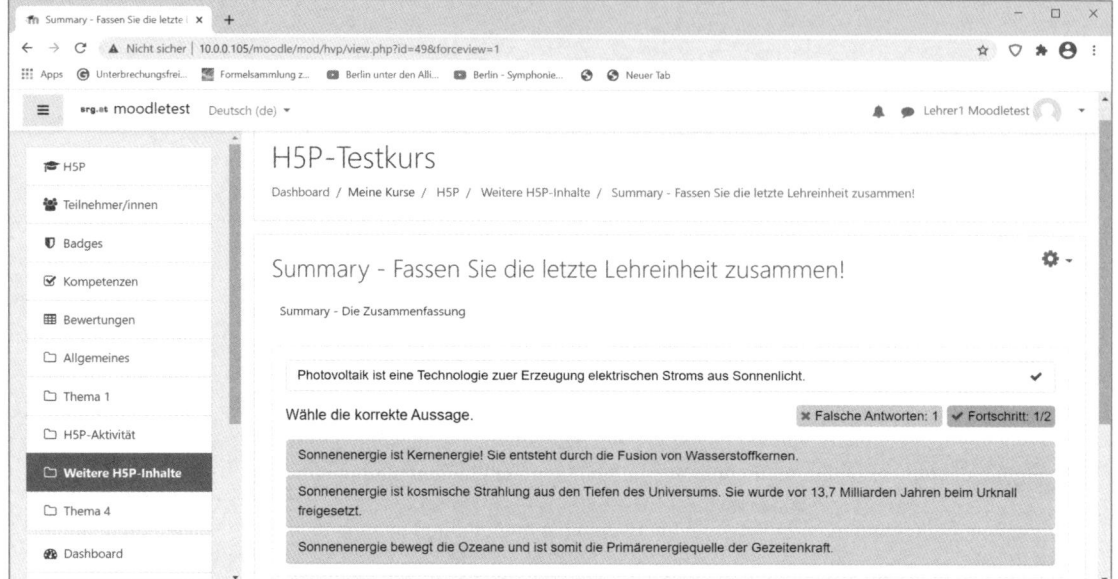

Bild 4.244 Bei der Beantwortung weiterer Fragen wird stets auch dargestellt, wie viele Fragen bereits beantwortet und wie viele davon fehlerhaft waren.

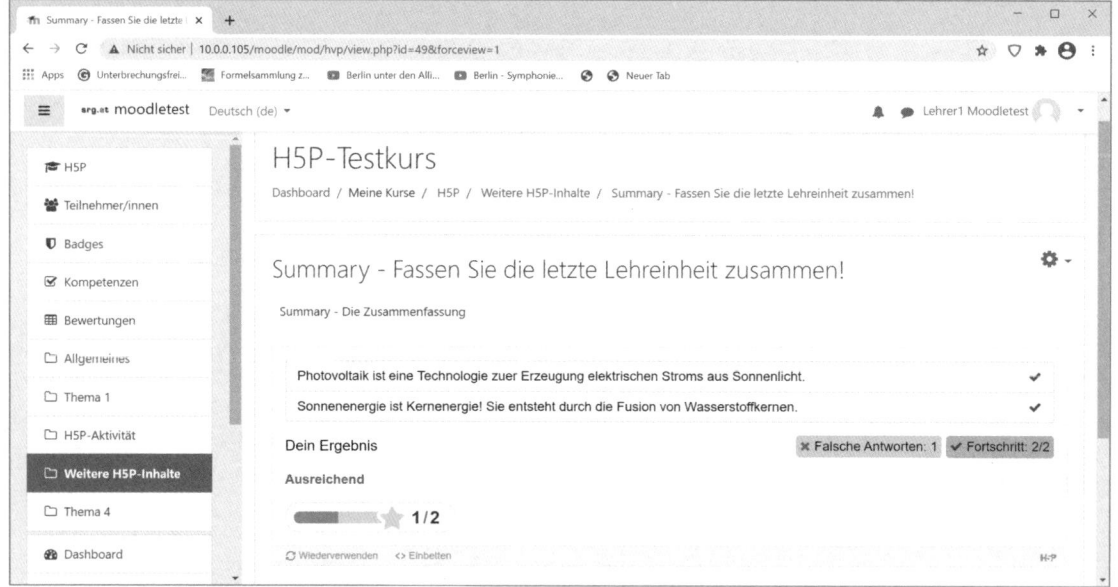

Bild 4.245 In der Zusammenfassung ist wieder eine Bewertung nach dem Schulnotenschlüssel möglich. Dieser ist allerdings nur dann sinnvoll, wenn eine ausreichend große Menge an Fragen definiert wurde.

■ 4.41 Timeline

Die Zeitleiste ist auf verschiedene Weise ein nützliches Instrument. Im Geschichtsunterricht können beispielsweise die Phasen des Römischen Reichs oder in der Kunstgeschichte die verschiedenen Epochen in zeitlicher Folge dargestellt werden. Die *Timeline* ist aber auch ein hilfreiches Instrument für das Management schulischer Projekte. Aufgaben können wie in einem Gantt-Diagramm gegliedert und mit Beginn- und Abschlussdatum übersichtlich dargestellt werden.

Bei der Eingabe des Datums ist allerdings auf die exakte Schreibweise zu achten (siehe Kasten). So ist die Reihenfolge der Parameter Jahr, Monat und Tag zu beachten. Die einzelnen Parameter werden durch Kommas getrennt. Wichtig: Punkte oder Bindestriche, wie sie in verschiedenen Schreibweisen für Datumsangaben verwendet werden, sind ungültige Zeichen.

 Richtiges Datumsformat beachten!

Die Eingabe der Daten in die Zeitleiste erfolgt nach dem Muster jjjj,mm,tt:

jjjj = Jahreszahl (vierstellig)

mm = Monat (zweistellig)

tt = Tag (zweistellig)

Die Reihenfolge entspricht dem amerikanischen Stil.

Wichtig sind allerdings die Trennzeichen: Jahr, Monat und Tag werden durch **Kommas** getrennt. Andere Zeichen wie Punkt, Bindestrich oder Slash funktionieren nicht und führen zu einem Fehler.

Für die Gestaltung der Zeitleiste wird zunächst ein Hintergrund gewählt. Darüber hinaus legt man einen Beschreibungstext und eine Überschrift fest. Beides wird über der Zeitleiste dargestellt. Damit die Texte und die Zeitleiste korrekt sichtbar sind, wird die Höhe des Textbereichs passend festgelegt. Die Angabe erfolgt durch den Eintrag einer Zahl, die der Anzahl der Bildschirmpunkte entspricht.

Um den Zeitstrahl zu dehnen oder zu stauchen, wird eine Zoomstufe festgelegt. In der Regel kann der Standardwert (0) belassen werden. Größere Zoomfaktoren lassen sich bei Bedarf festlegen.

Anstelle eines Hintergrunds können auch externe Medien in die Startseite eingebunden werden, möglich sind Fotos, Twitter-Tweets oder YouTube-Videos. Bei der Verwendung externer Medien sind natürlich wieder die rechtlichen Aspekte (Datenschutz und Urheberrechte) zu beachten.

Die Einträge in der Zeitleiste können verschiedenen Kategorien zugewiesen werden. Bei der Formulierung der Kategorienamen sollte unbedingt auf eine identische Schreibweise geachtet werden, damit die jeweiligen Daten bzw. Ereignisse oder Projektabschnitte auch tatsächlich gemeinsam in der Zeile der gleichen Kategorie erscheinen können.

Interessant ist bei der Gestaltung der Daten, dass neben einer Überschrift und einem Inhaltstext auch externe Medien – unter anderem Audio- oder Videoinhalte – verwendet werden können. Beim Klick auf das Ereignis wird ein Fenster mit dem erklärenden Text und – falls vorgesehen – dem externen Medium geöffnet. Dieses kann mit einem Mausklick gestartet werden. Die Timeline ist also ein sehr vielseitiges Instrument, was sowohl im Projektmanagement als auch im Unterricht, wo es auf chronologische Reihenfolgen ankommt, ideal verwendet werden kann.

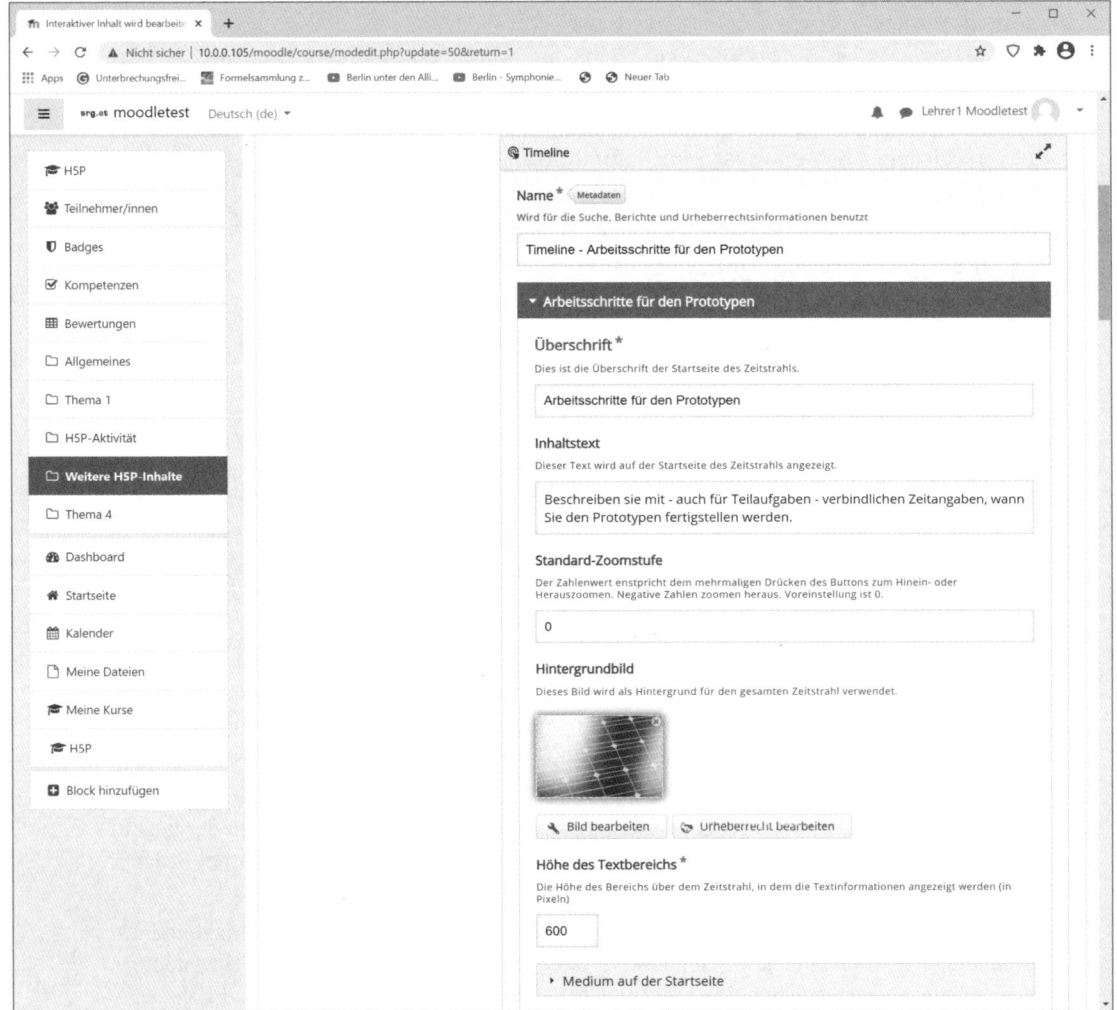

Bild 4.246 Es wird ein Hintergrund festgelegt, der für alle Seiten gleichermaßen gilt. Darüber hinaus kann die Textbox der Startseite eine Einleitung enthalten.

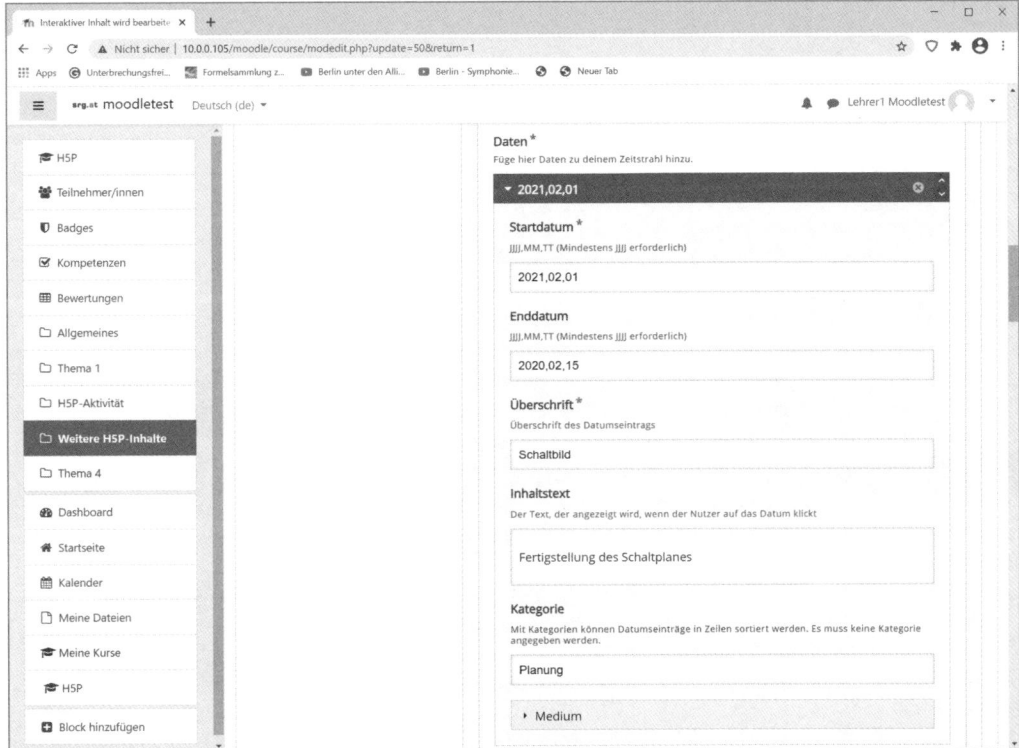

Bild 4.247 Jedes in die Zeitleiste einzutragende Ereignis wird durch ein Start- und ein Enddatum beschrieben. Die Parameter bei der Datumseingabe müssen durch Kommas getrennt werden.

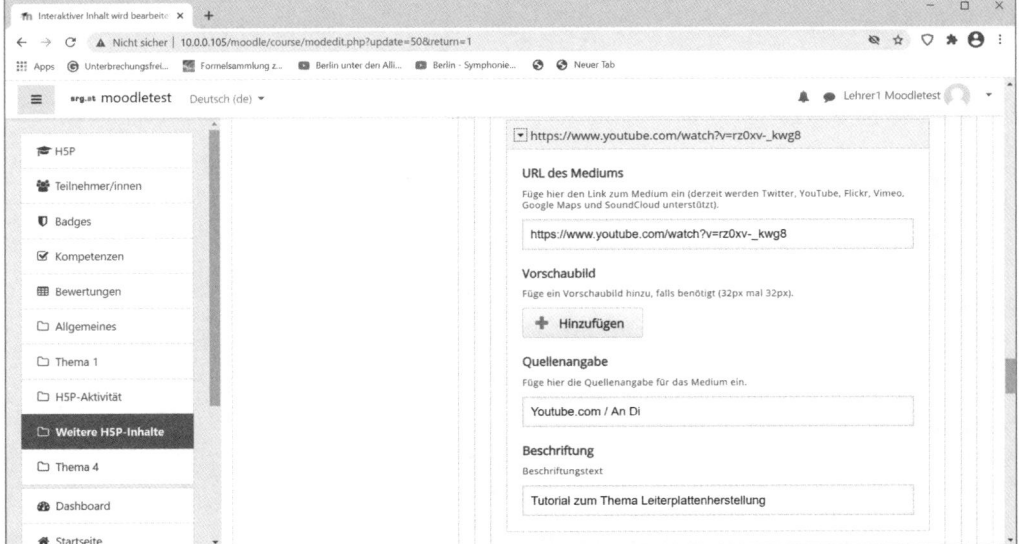

Bild 4.248 Externe Medien – in diesem Beispiel ein YouTube-Video – können zusätzliche Grundlageninformationen vermitteln.

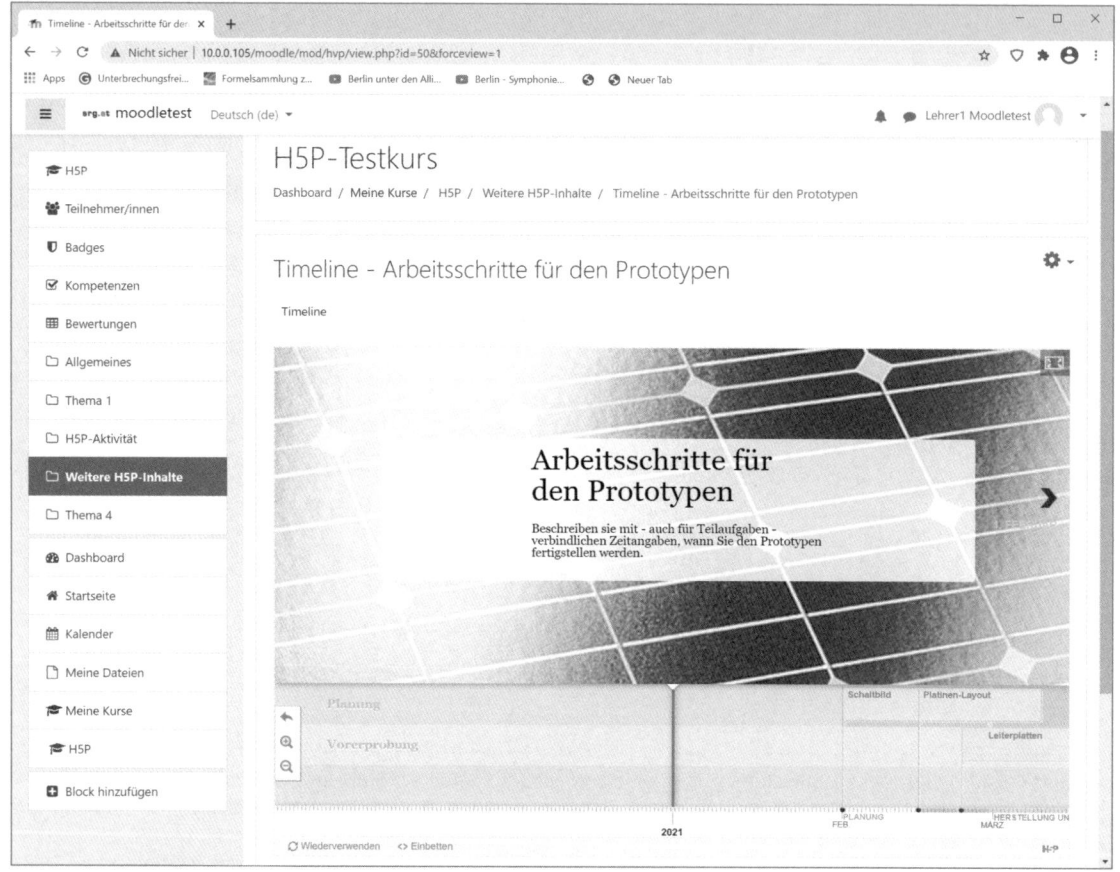

Bild 4.249 Die Zeitleiste kann in Kategorien dargestellt werden. Eine vergleichbare Gestalt ist als Gantt-Diagramm aus dem Projektmanagement bekannt.

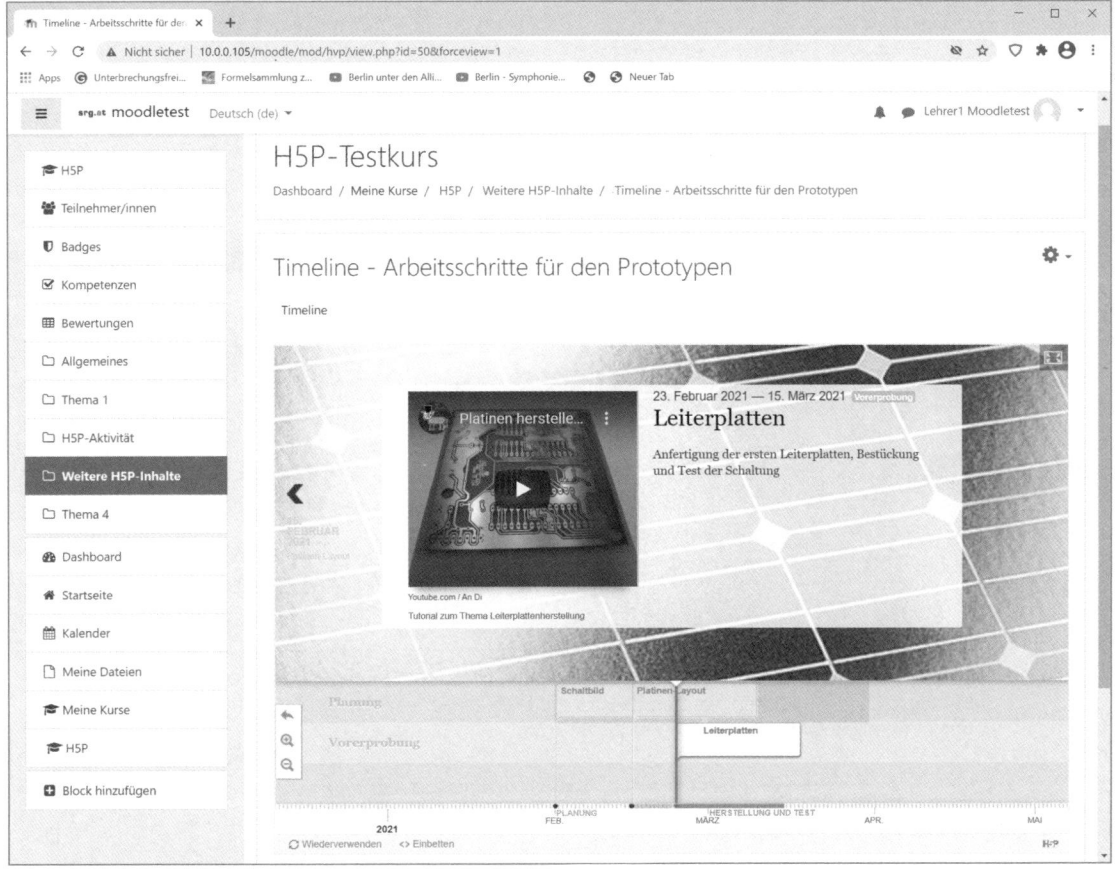

Bild 4.250 Das externe Medium wird dem Betrachter direkt im Informationsfenster angeboten. Es kann allerdings auch eine Vollbildwiedergabe aktiviert werden.

■ 4.42 True/False Question

Bei einer *True/False Question* gibt es nur eindeutige Antworten: Eine Aussage ist entweder wahr oder falsch. Die Konfiguration ist extrem minimalistisch: Es wird eine Aussage im Textfeld „Frage" formuliert. Dabei kann es sich um eine richtige Aussage oder um kühn formulierten Humbug handeln. Entscheidend ist, dass die Aussage als richtig oder falsch deklariert wird.

Es kann eine allgemeine Aussage formuliert werden, der auch ein Bild oder Video vorangestellt werden kann. So ist es möglich, einen kurzen Film zu präsentieren, dessen Aussage geprüft werden soll. Nach der Entscheidung, ob die Aussage wahr oder falsch ist, wird ein entsprechend formuliertes Feedback ausgegeben.

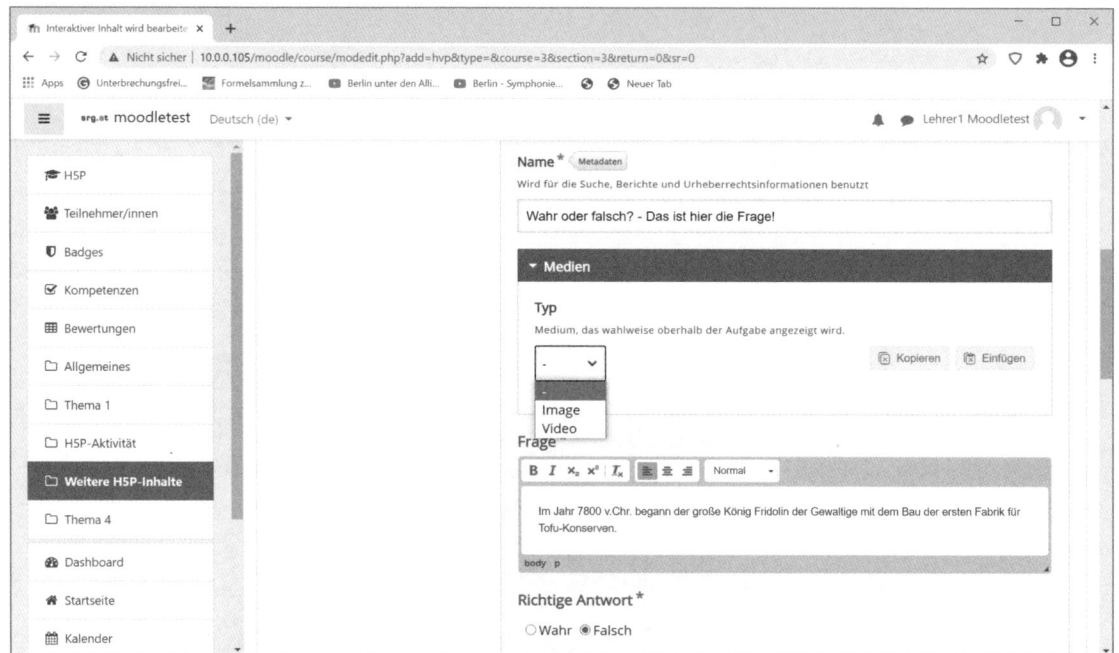

Bild 4.251 Neben einer frei formulierten Aussage können auch Medien wie Bilder und Videos mit der Fragestellung angeboten werden. Es wird mit Wahl eines Radiobutton eingestellt, ob die Aussage richtig oder falsch ist.

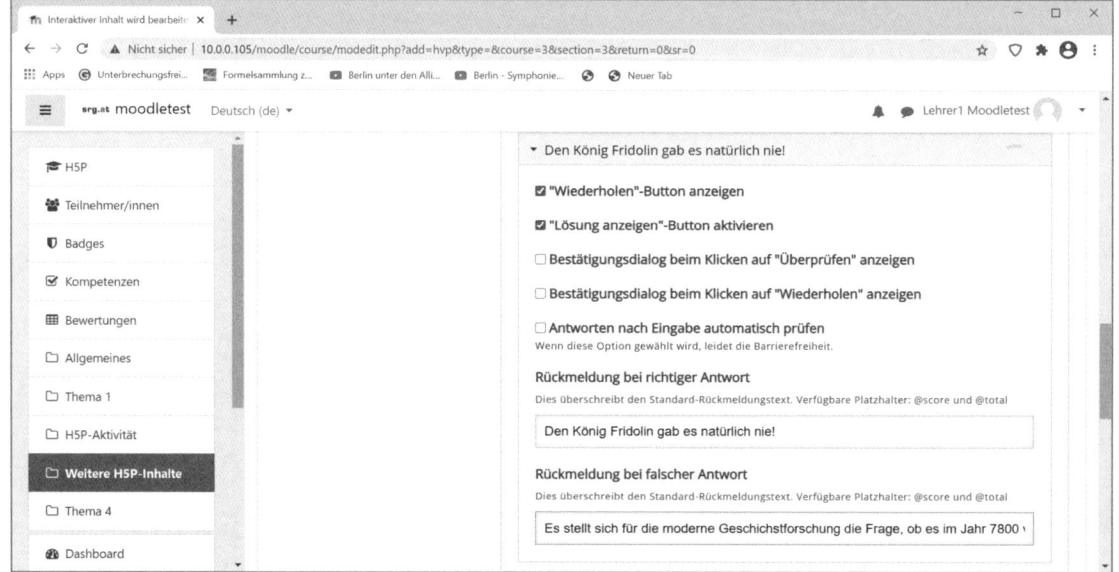

Bild 4.252 Das Feedback wird frei mit der Aufgabenstellung formuliert. Soll das Ergebnis als Momentaufnahme dokumentiert werden, ist der Verzicht auf den Wiederholen-Button zu überlegen.

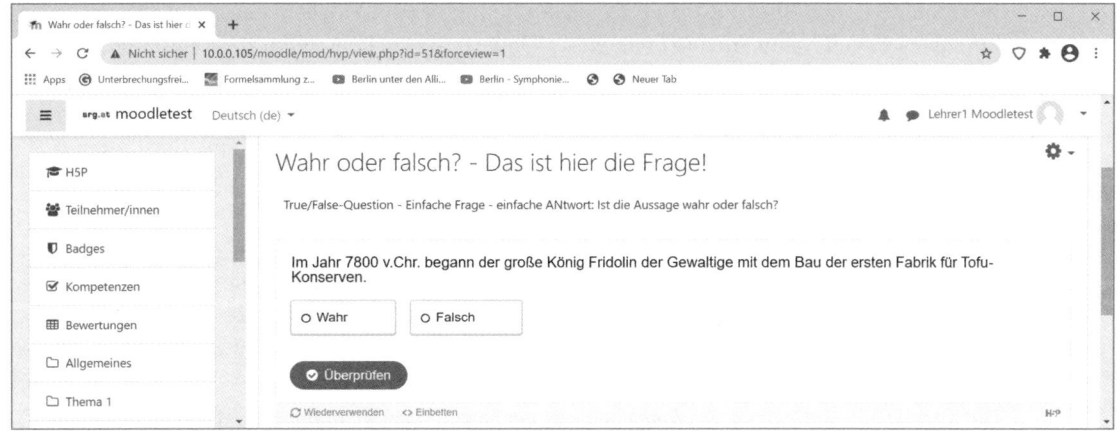

Bild 4.253 Es wird die Aussage dargestellt. Die Lernenden prüfen nun, ob diese Aussage richtig oder falsch ist.

Bild 4.254 Die Frage wurde richtig beantwortet. „Falsch" heißt, dass die Aussage in der Aufgabe falsch ist. Es ist ein *logischer* Wert. Die Bewertung der Lösung ist nicht damit gemeint.

■ 4.43 Virtual Tour 360°

Besitzt man eine spezielle Kamera für „Rundum"- oder Panoramaaufnahmen, die bereits ab rund 50 € zu bekommen ist, kann man einen ausgesprochen attraktiven Inhaltstyp in vollem Umfang nutzen. Diese Kameras werden auch gerne als 360°- oder 720°-Kamera bezeichnet. Die Bezeichnung 720° leitet sich von der Fähigkeit ab, eine Rundumsicht nicht nur in der horizontalen Ebene zu bieten, sondern ebenso in der Vertikalen. Kameras dieser Art besitzen meist zwei Linsen, die stark konvex geformt sind. Damit nehmen diese Kameras natürlich verzerrte Bilder auf, was jedoch mit einer speziellen Software korrigiert wird.

In Verbindung mit einer VR-Brille[7] haben die Betrachter die Möglichkeit, in einem solchen Bild quasi in den Raum einzudringen und sich darin nach allen Seiten zu orientieren.

Um den räumlichen Effekt zu erleben, benötigt man allerdings keine teure VR-Brille. Auch in der zweidimensionalen Darstellung eines Monitors oder Smartphone-Displays kann man die virtuelle 360°-Tour beeindruckend nutzen. Es wird hierbei nicht alleine der Rundumblick an bestimmten Orten oder in sehenswerten Räumlichkeiten ermöglicht, sondern es können zusätzliche Informationen als Text oder andere Medien (Audio- oder Videodatei) an genau festgelegten Positionen im Bild angeboten werden.

Die virtuelle Tour ist nicht alleine auf eine einzige Szene begrenzt. Mehrere Szenen können verlinkt werden. Werden die Verlinkungspunkte an den Übergängen zu einem weiteren Raum angeordnet, dann entsteht tatsächlich der Eindruck, dass die Betrachter durch die Räume eines Gebäudes wandeln und sich in deren Mitte umschauen.

Die Konfiguration beginnt mit der Anlage einer *Szene*. Hier wird idealerweise ein 360°-Bild hochgeladen. Der Szene wird zudem ein Name zugewiesen. Werden komplexe Inhalte mit mehreren Szenen erstellt, dann ist dieser Name die Referenz für die internen Verlinkungen auf die jeweils nächste Szene. Zur allgemeinen Information kann zudem eine Beschreibung der Szene verfasst werden. Hier können Informationen zum Ort und zu den dort zu findenden Details eingetragen werden.

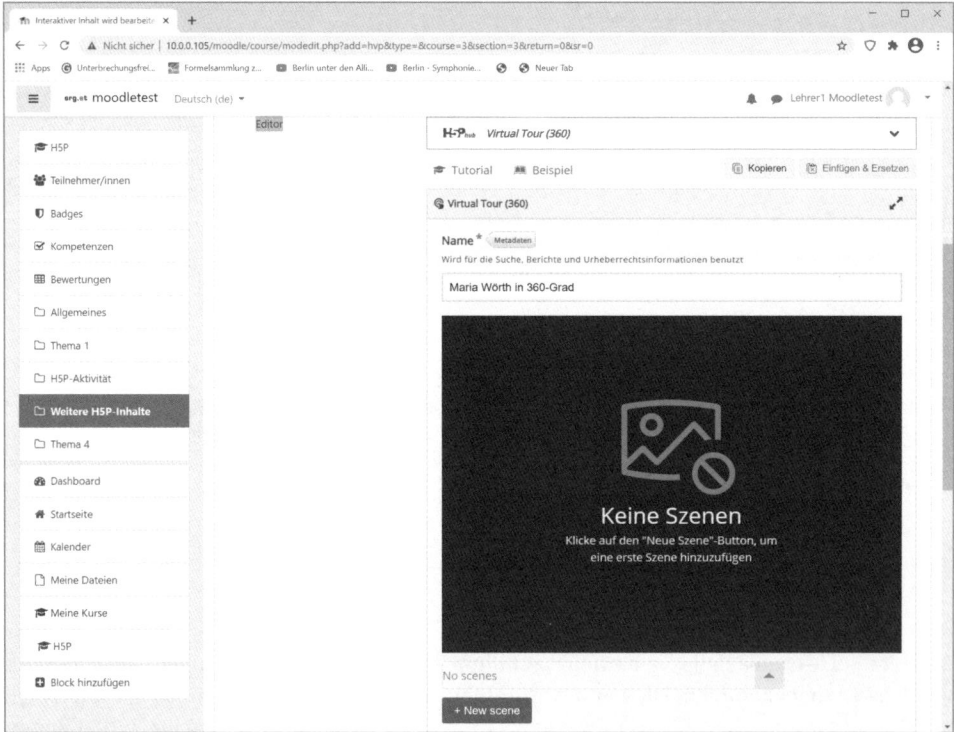

Bild 4.255 Die virtuelle Tour benötigt mindestens eine Szene, die über einen Klick auf die blaue Schaltfläche erzeugt wird.

---

[7] VR steht für Virtual Reality. VR-Brillen sind ab ca. 300 € im Handel erhältlich.

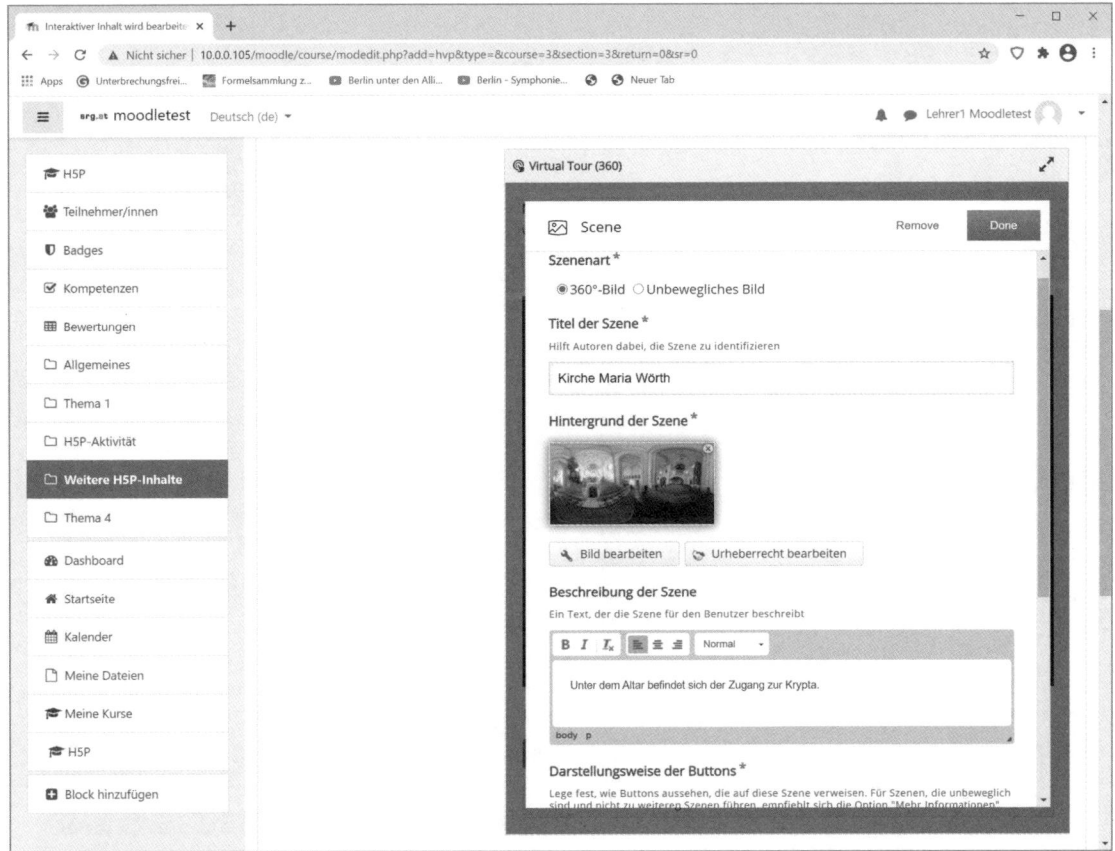

Bild 4.256 Auch sogenannte „unbewegte" Bilder können in einer Szene verwendet werden. Optimale Ergebnisse bietet jedoch ein Szenenfoto, welches mit einer 360°-Kamera aufgenommen wurde.

In jeder Szene können verschiedene Schaltflächen platziert werden:

- Verlinkungen auf weitere Szenen,
- Aufruf von Texterklärungen,
- Aufruf eines Bilds,
- Aufruf einer Audio-Datei,
- Aufruf eines Videos.

Die entsprechenden Schaltflächen werden durch kleine Symbole über die Bildvorschau dargestellt. Nach der Wahl der Schaltfläche wird diese an der gewünschten Stelle in der Szene platziert. Die Szene kann zudem insgesamt mit einer Tonspur unterlegt werden.

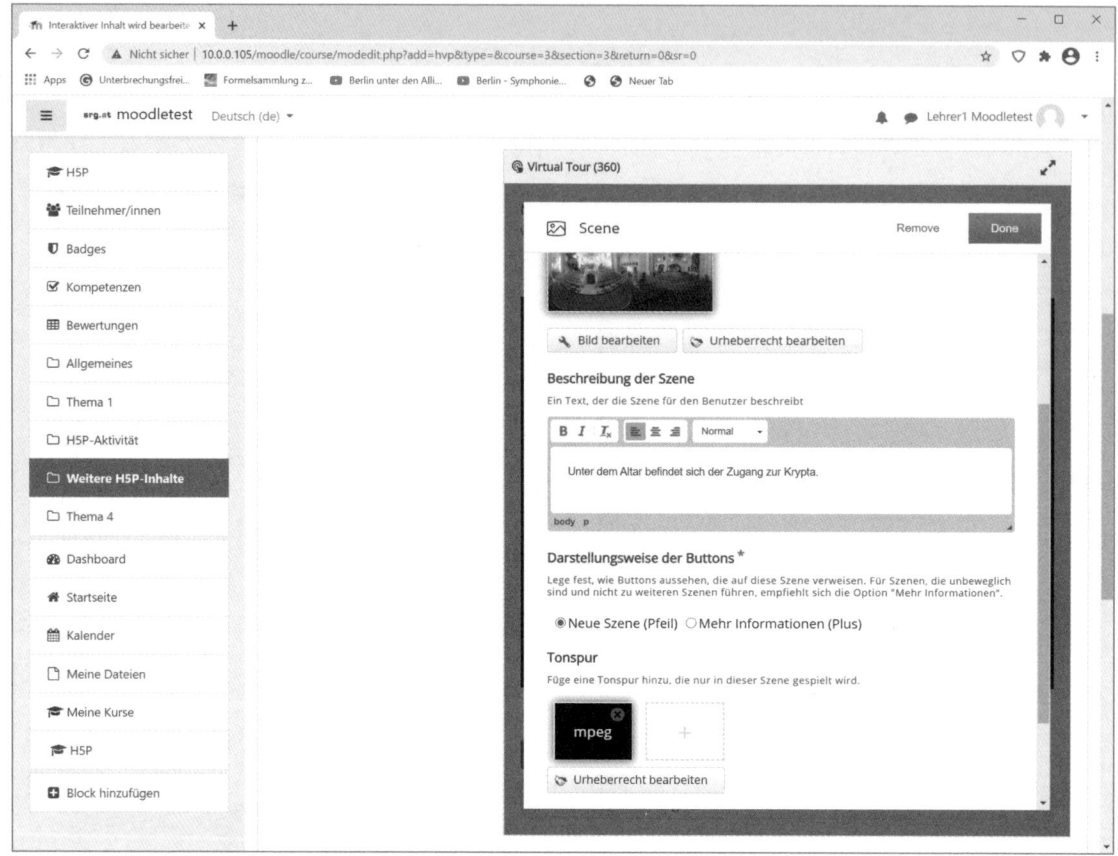

Bild 4.257 Die allgemeine Beschreibung der Szene kann mit einem Text sowie mit einer unterlegten Tonspur erfolgen.

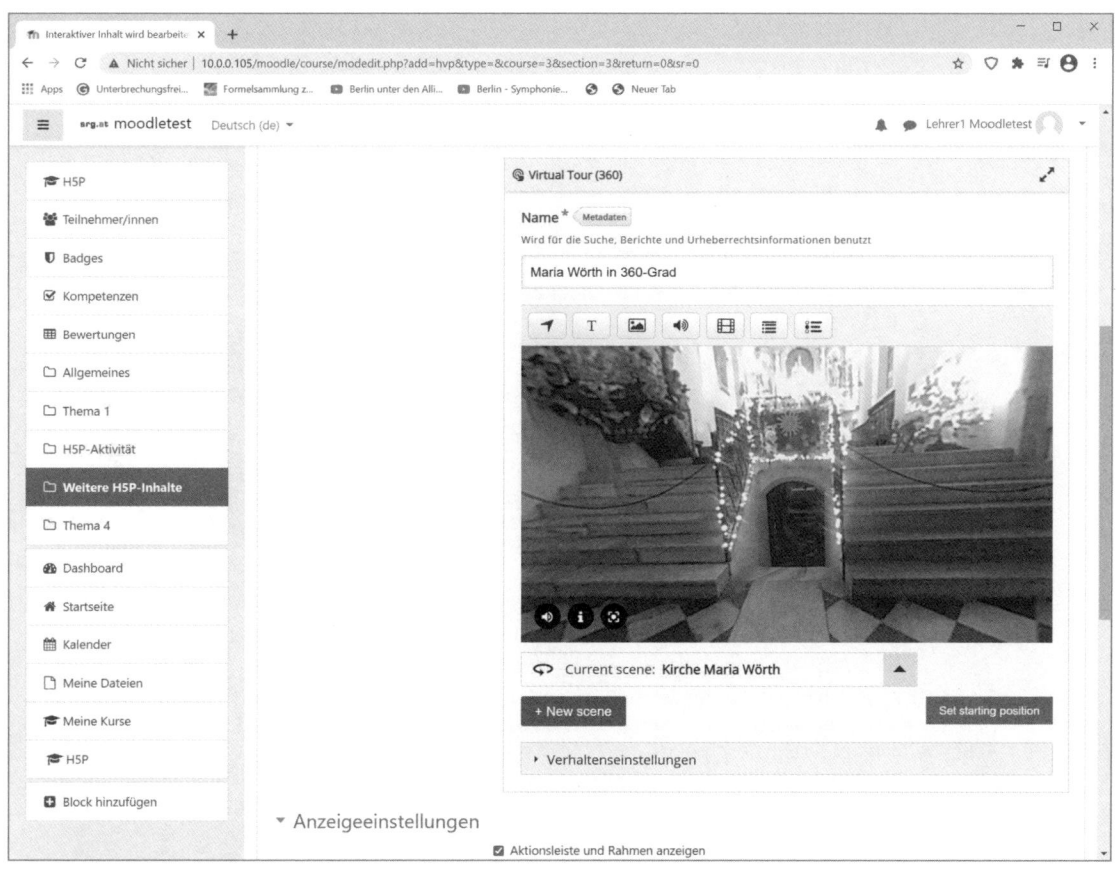

Bild 4.258 Bei einem 360°-Bild wird die Vorschau auf die Position eingestellt, die als Ausgangs-position zu definieren ist. Oberhalb des Bilds ist eine Schaltflächenleiste zu erkennen, über die sowohl Verlinkungen als auch zusätzliche Informationen an bestimmten Stellen der Szene platziert werden können.

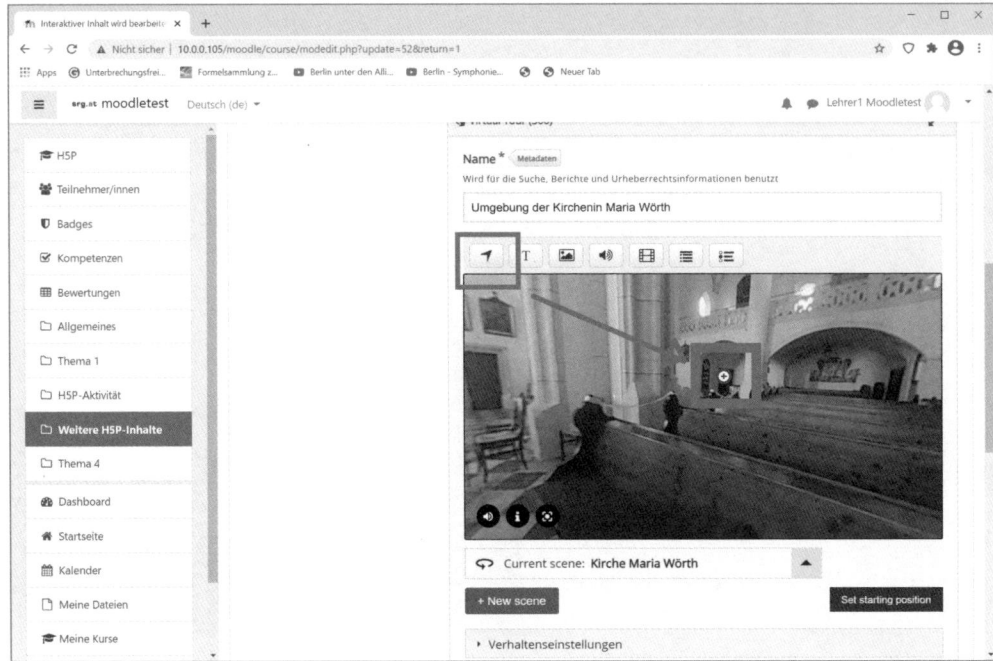

Bild 4.259 Über die Tür, die sich im markierten Teil des Bilds befindet, wird die Kirche verlassen. Dies soll für die Kombination der Szenen zugleich der Übergang zu einer neuen Szene sein, die den Außenbereich der Kirche beschreibt.

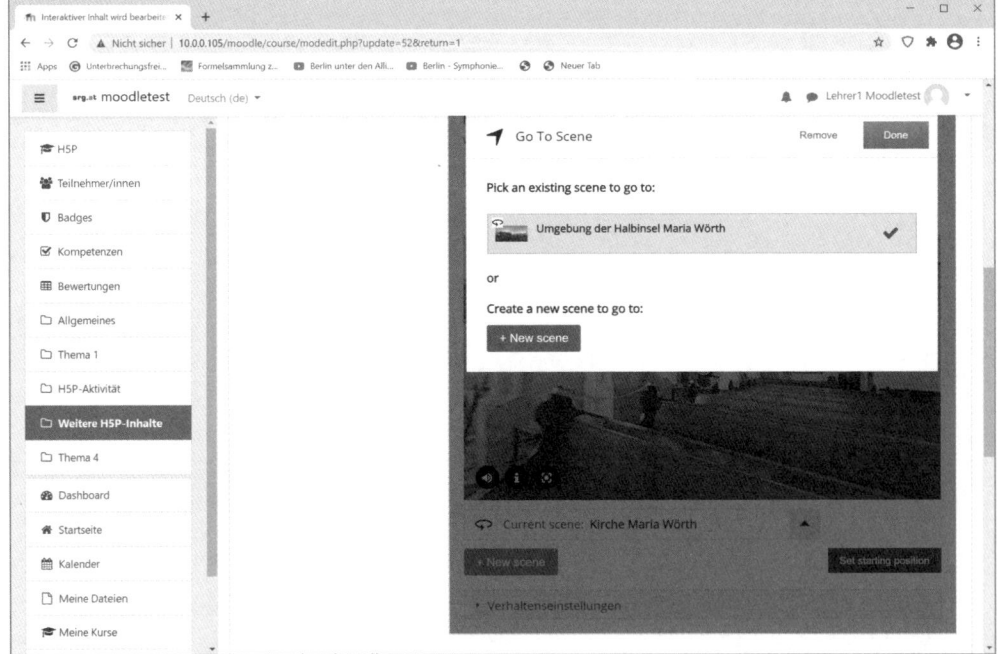

Bild 4.260 Existieren mehrere Szenen, wird die zu verlinkende Szene über ihren Namen aus einer Liste ausgewählt.

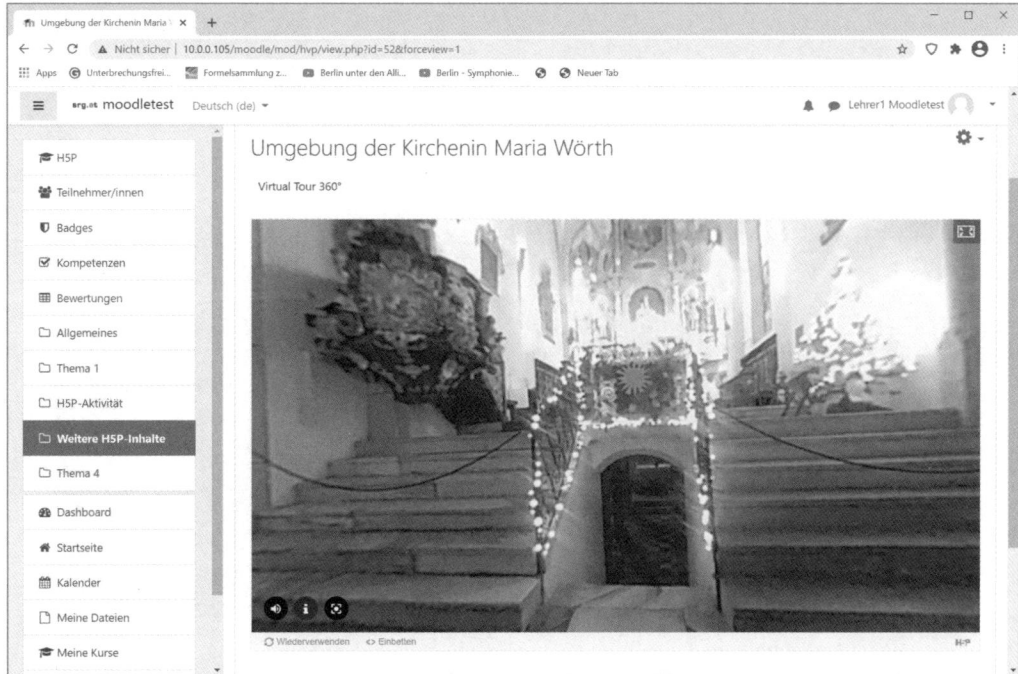

Bild 4.261 Die Lernenden sehen das Bild in der Startposition. Unten links können eventuell vorhandene Audio-Erklärungen oder Erklärtexte zum Gesamtbild aufgerufen werden.

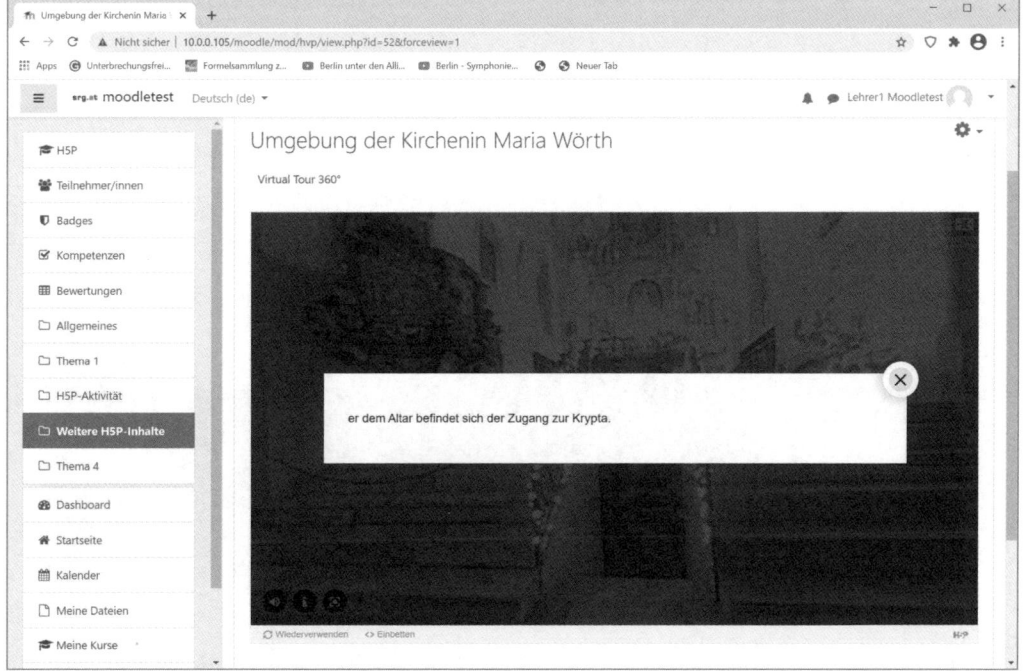

Bild 4.262 Ein allgemeiner erklärender Text zur aktuellen Szene macht die Lernenden mit der (virtuellen) Situation vertraut, in der sie sich gerade befinden.

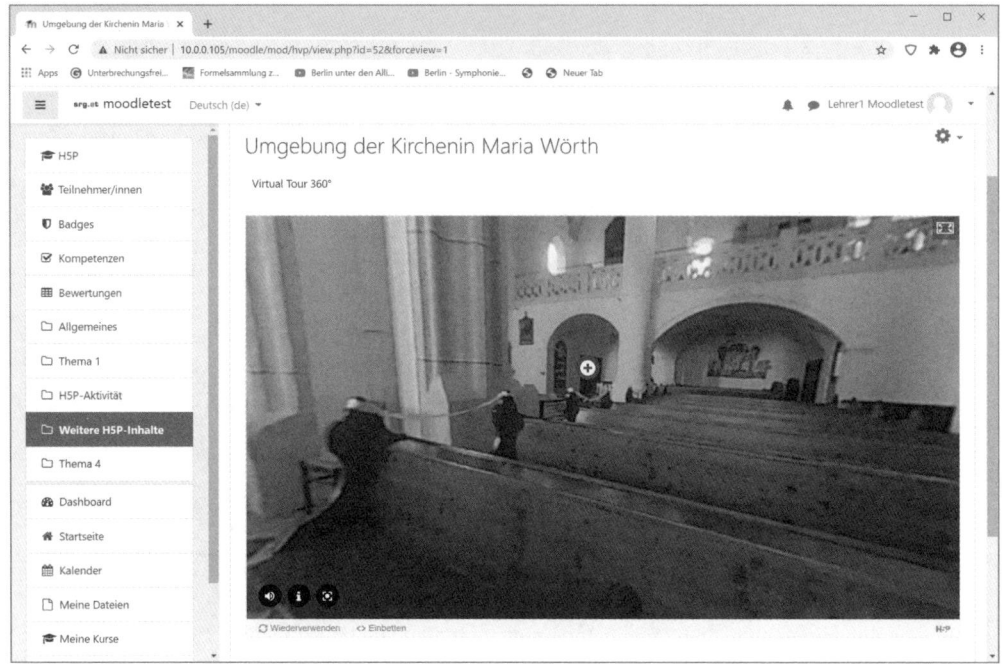

Bild 4.263 Am Ausgangsbereich wurde ein Hotspot gesetzt. Beim Anklicken verlinkt dieser zu einer weiteren Szene.

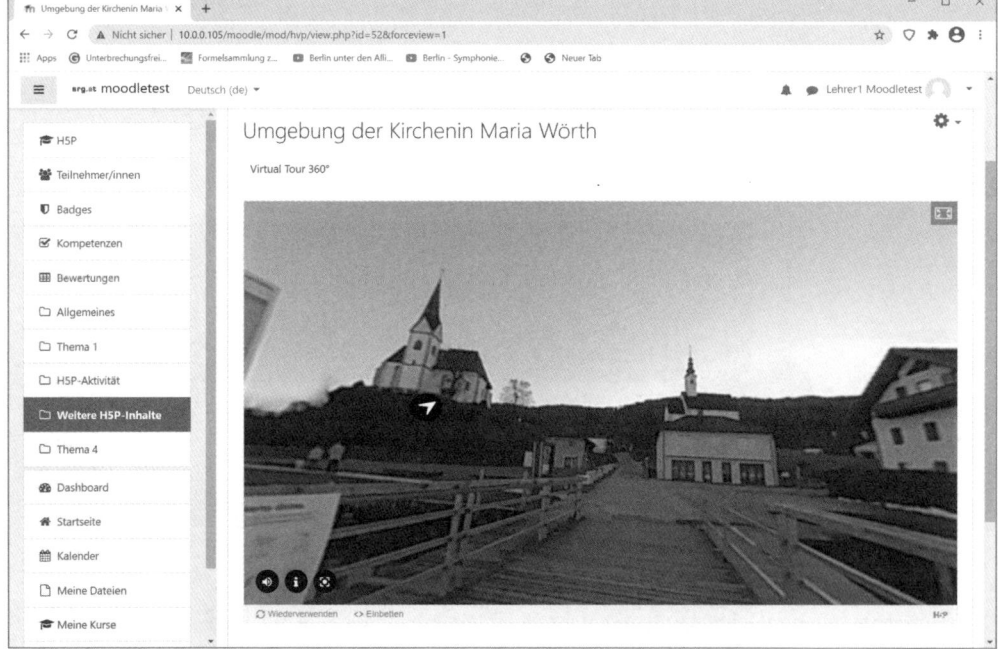

Bild 4.264 Es wurde eine weitere Szene der 360°-Tour aufgerufen. Auch hier ist bei der Kirche wieder ein Hotspot zu erkennen. Es handelt sich ebenfalls um einen Link auf eine Szene. Dieser führt zurück in die eben besuchte Kirche.

Bild 4.265 360°-Kameras sind bereits ab ca. 50 € zu bekommen. Sie werden über eine kleine Handy-App gesteuert. Das hier gezeigte Modell beinhaltet einen eigenen WLAN-Access-Point. Die Verbindung zwischen der Kamera und dem Smartphone erfolgt also über eine rein lokale Verbindung.

5 Digitale Fotos für H5P-Inhalte

H5P zeichnet sich durch zwei wesentliche Eigenschaften aus:

- Interaktivität und
- Multimedialität.

Um H5P-Inhalte in dieser Form nutzen zu können, bedarf es lediglich eines modernen, HTML5/CSS3/JavaScript-fähigen Webbrowsers. Im Grunde genommen sind H5P-Inhalte also nichts anderes als interaktive Webseiten.

Von einer solchen Webseite werden grundlegende Eigenschaften gefordert, die insbesondere natürlich für Seiten gelten, die Lehrinhalte vermitteln sollen. Lernen soll mithilfe digitaler Medien letztlich ortsneutral möglich sein. Diese Eigenschaften sind:

- **Hohe Performance:** Die Seite soll schnell vollständig geladen werden.
- **Responsivität:** Die Seite soll auf allen Geräten in einer zu ihnen passenden idealen Weise darstellbar sein.
- **Barrierefreiheit:** Die Inhalte der Seite sollen auch für beeinträchtigte Menschen nutzbar sein.

Bilder spielen bei diesen Anforderungen eine wichtige Rolle.

■ 5.1 Größen und Auflösungen

Der Einfluss eines Bilds auf die eben genannten geforderten Eigenschaften einer Webseite wird insbesondere durch dessen Größe bestimmt. Moderne Digitalkameras nehmen sehr hochauflösende Fotos auf, die neben ihrer Anzahl von Bildpunkten obendrein eine hohe Farbtiefe haben. Hochauflösende Bilder schlagen sich auf der Festplatte jedoch in Form großer Dateien nieder. Besonders wenn derartig große Bilder in einer Webseite zu laden sind, erweisen sich Dateigrößen im Megabyte-Bereich als ungünstig:

- Sie bremsen den Aufbau einer Seite wegen langsamer Ladezeiten.
- Sie belasten das Budget der Benutzerinnen und Benutzer mit einer mobilen Anbindung, die an einen Volumentarif gebunden ist.

Insbesondere bei Webseiten kann man allerdings auf extrem hohe Auflösungen und große Abmessungen eines Bilds verzichten, ohne einen bemerkenswerten Qualitätsverlust akzeptieren zu müssen. Dies wird erreicht durch:

- Wahl eines komprimierenden Dateiformats (jpg/jpeg, png, gif, webp),
- Reduktion der Auflösung (angegeben z.B. in dpi = Dots per Inch)
- Reduktion der Abmessungen (Breite und Höhe in mm, cm, Inch etc.)

Für diese Änderungen im Bild wird weder teure Software noch großer Zeitaufwand benötigt. Es empfiehlt sich jedoch stets, eine Sicherheitskopie des Originalbilds zu speichern, denn Änderungen in Größe und Auflösungen lassen sich nicht mehr ohne Qualitätsverlust rückgängig machen.

 Niemals mit der Originaldatei arbeiten!

Es gilt grundsätzlich, wenn etwas Wesentliches an einer Datei verändert werden soll, was später nicht mehr rückgängig zu machen ist: Nur mit einer Kopie arbeiten. Geht die Operation schief, kann man das vermurkste Werk einfach löschen und mit einer neuen Kopie erneut beginnen. Arbeitet man von Beginn an mit dem Original, so ist dieses bei einem Fehler verloren.

Das *Skalieren* einer Datei auf eine geringere Größe und/oder Bildauflösung ist denkbar einfach und sogar mit einfachen Programmen wie Paint – dieses wird mit dem MS-Windows-Betriebssystem grundsätzlich mitgeliefert –, aber auch mit komplexeren Bildbearbeitungsprogrammen wie *GIMP* oder *Adobe Photoshop*® durchzuführen.

Ziel ist es, Bilder soweit in ihrer Dateigröße zu reduzieren, dass diese lediglich einige wenige hundert Kilobyte umfasst. Als Faustformel kann man davon ausgehen, dass ein Foto im Format einer Postkarte mit einer Dateigröße von ca. 300 Kilobyte immer noch eine gute Qualität für die Darstellung in einem Webbrowser bietet.

 Online ist nicht Print!

Die Qualitätsanforderungen für ein Bild, welches letztendlich hochauflösend und womöglich in Postergröße ausgedruckt werden soll, sind natürlich andere als die für eine Webseitendarstellung und deswegen nicht miteinander zu vergleichen. Für die Verwendung in schulischen Ausarbeitungen sind jedoch auch Bilder vollkommen geeignet, die in einer Webseite angeboten werden. Im Bereich der Zeitschriftenherstellung oder für den Posterdruck sollten jedoch die Bilder in ihrer Originalgröße verwendet werden.

Um festzustellen, ob ein Bild bereits für die Verwendung in einem H5P-Lehrinhalt geeignet ist, genügt ein Blick in den Explorer bzw. den Dateimanager des jeweiligen Betriebssystems. Bild 5.1 zeigt die Eigenschaften eines Bilds mit einer Speichergröße von rund 3 Megabyte. Das ist entschieden zu viel für den Einsatz in einer Webseite. Hier muss etwas getan werden!

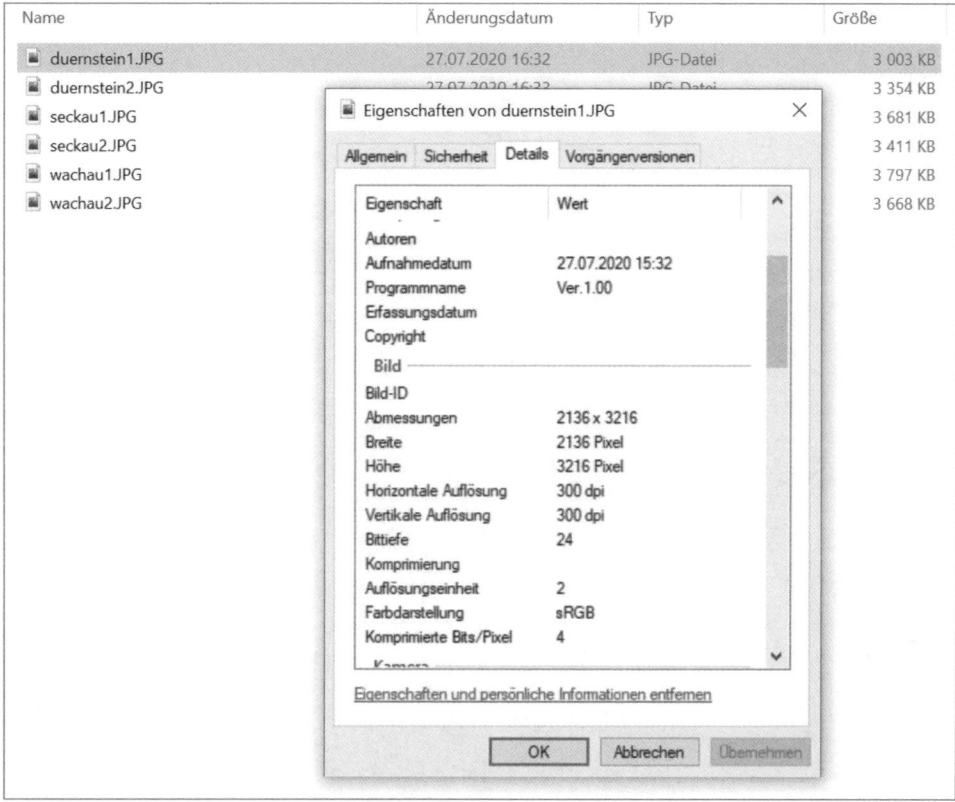

Bild 5.1 Dieses Bild ist mit 3 Megabyte deutlich zu groß! Jedoch lassen sich die Auflösung
(hier: 300 dpi) und die Bildgröße (2136 x 3216 Bildpunkte) deutlich reduzieren.

Ansatzpunkte für die Verringerung der Speichergröße bietet die Auflösung, welche hier bei
300 dpi liegt. Bilder in Webseiten werden häufig mit deutlich kleineren Auflösungen angeboten, was sich an den Darstellungseigenschaften der Bildschirme orientiert. Diese liegen
bei 72 dpi oder 96 dpi.

Auch die Breite – im Beispiel wird sie in Bildpunkten angegeben, einige Programme erlauben jedoch auch die Umrechnung in Millimeter oder Zentimeter etc. – kann deutlich ver-
ringert werden. Zehn bis 15 Zentimeter sind vollkommen ausreichend für eine Abbildung
in einer Webseite. Auch mit den in den Dateieigenschaften angegebenen Daten kann man
die Abmessungen ausrechnen. Gegeben sind:

- Breite = 2136 px,
- Höhe = 3216 px,
- Auflösung = 300 dpi (1 inch = 2,54 cm bzw. 25,4 mm).

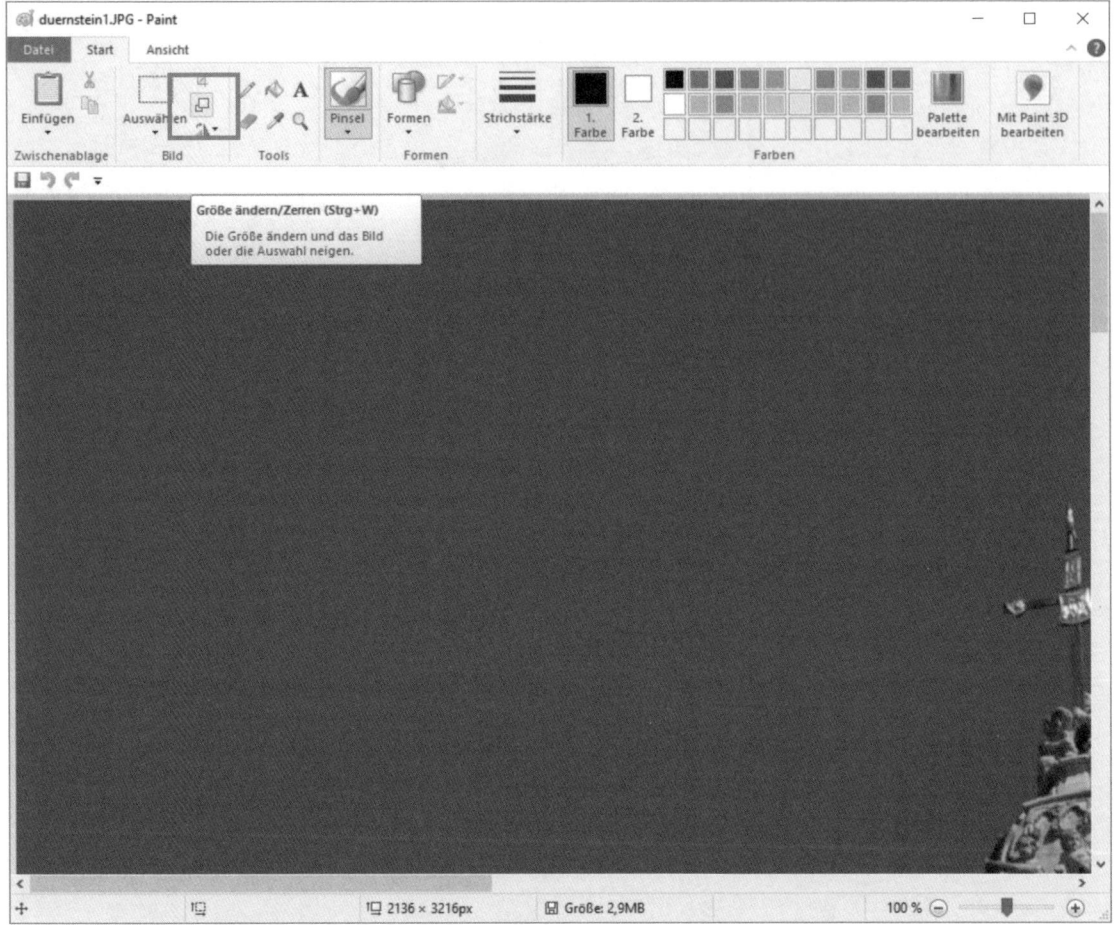

Bild 5.2 Paint bietet eine einfache Möglichkeit zur Verkleinerung der Bildgröße. Das Programm kommt mit jedem MS-Windows-Betriebssystem für den Desktop kostenlos daher.

Beispiel: Berechnung der Bildbreite

Abmessung = Breite bzw. Höhe in Bildpunkten: Auflösung

Breite = 2136 px: 300 px/25,4 mm

Breite = 180,85 mm

Möchte man mit MS-Paint die Bildgröße ändern, so kann man das prozentual oder durch eine direkte Angabe der Bildpunkte tun. Auf die Dateigröße hat das einen sehr großen Einfluss: Wird sowohl die Breite als auch die Höhe des Bilds um die Hälfte reduziert, so ist die Datei in Byte letztendlich nur noch ein Viertel so groß wie das Original.

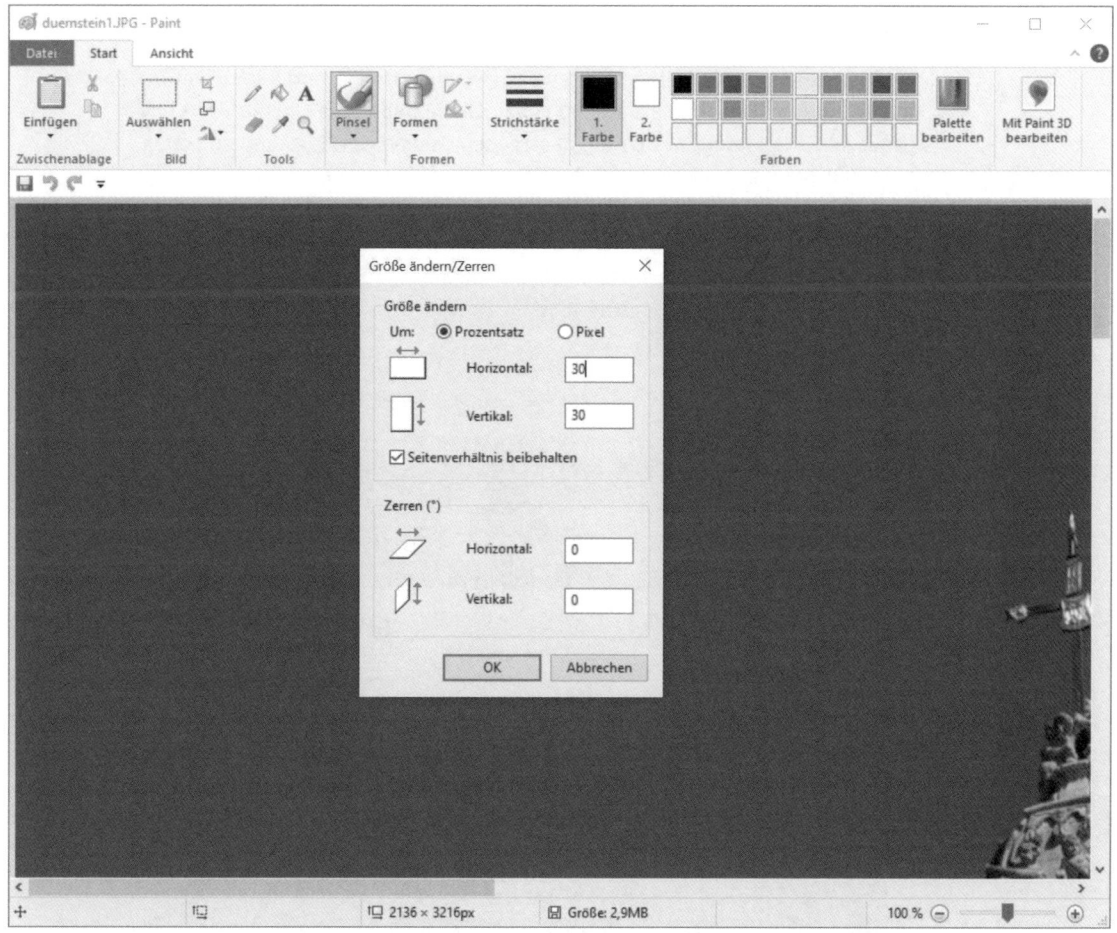

Bild 5.3 Das Bild wird erheblich verkleinert: Breite und Höhe sollen nur noch ca. ein Drittel des Originalbilds ausmachen. Die Datei wird auf rund ein Neuntel in ihrer Größe zusammenschrumpfen.

Auch andere Programme bieten die Möglichkeit, Bilder in ihrer Größe zu skalieren. In einem weiteren Beispiel wird das kostenlose Programm GIMP verwendet. Im Menü *Bild* findet man den Abschnitt *Bild skalieren*. Hier muss man nicht selbst rechnen, um zu ermitteln, wie breit und hoch ein Foto in normalen metrischen Maßeinheiten ist. Man kann die Einheit für die Größe in einem Dropdown-Feld selbst auswählen.

Interessant ist allerdings, dass GIMP bei Veränderungen von Abmessungen und Auflösung deren Zusammenhang berücksichtigt. Verändert man zuerst die Auflösung wird man schnell feststellen, dass die Abmessungen sich ebenfalls verändern. Die Dateigröße beeinflusst das nicht. Eine kleinere Auflösung führt zu einer Vergrößerung von Breite und Höhe. Erst wenn dann die Breite und die Höhe auf die gewünschten Größen gebracht werden, schlägt sich das auch in der Dateigröße nieder. Um die Dateigröße zu reduzieren sollte zuerst die Auflösung und dann die Abmessungen in Breite und Höhe verändert werden. So wird möglichst lange mit dem maximalen Bildinhalt gearbeitet.

Verzerrungen vermeiden!

GIMP bietet kleine Schaltflächen jeweils zwischen den X- und Y-Werten für die Auflösung und zwischen Breite und Höhe. Diese haben die Gestalt von Kettengliedern. Es ist darauf zu achten, dass geschlossene Kettenglieder zu sehen sind. Nur dann genügt es, wahlweise einen Wert für Breite oder Höhe bzw. X- oder Y-Auflösung einzutragen. Der passende zweite Wert wird vom Programm automatisch errechnet und übernommen.

Sind die Glieder offen, führt dies zu einer Verzerrung des Bilds, es wird in Höhe oder Breite gestreckt bzw. gestaucht.

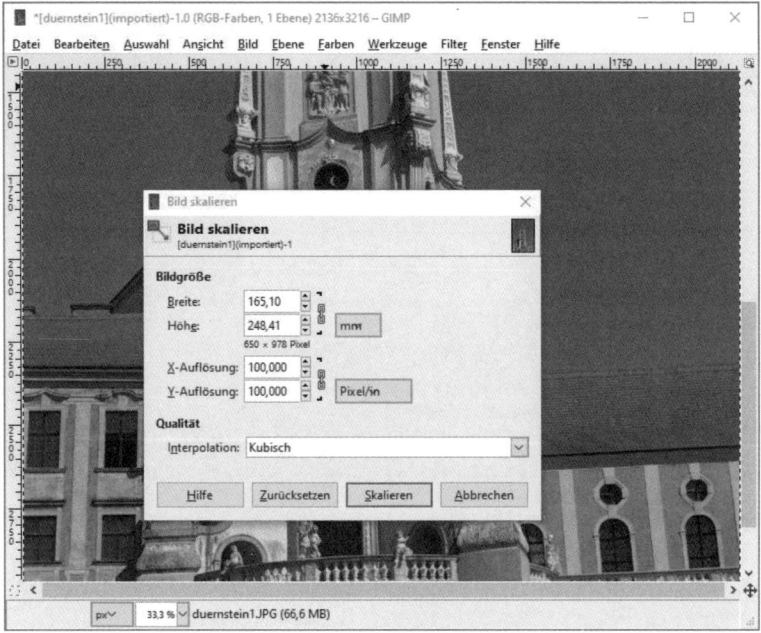

Bild 5.4 Bei der Skalierung von Auflösung sowie Bildgröße ist darauf zu achten, dass die „Kettenglieder" geschlossen dargestellt werden. Sonst wird der Bildinhalt verzerrt.

Betrachtet man das Ergebnis nun wieder in den Eigenschaften der Datei bzw. die Speichergröße im Dateimanager, so ist dies ein echter Erfolg. Die Dateigröße ist für eine Verwendung in einer Webseite und damit auch in H5P-Inhalten ausreichend klein. Für eine Qualitätskontrolle kann sie natürlich noch einmal in der Vorschau betrachtet werden.

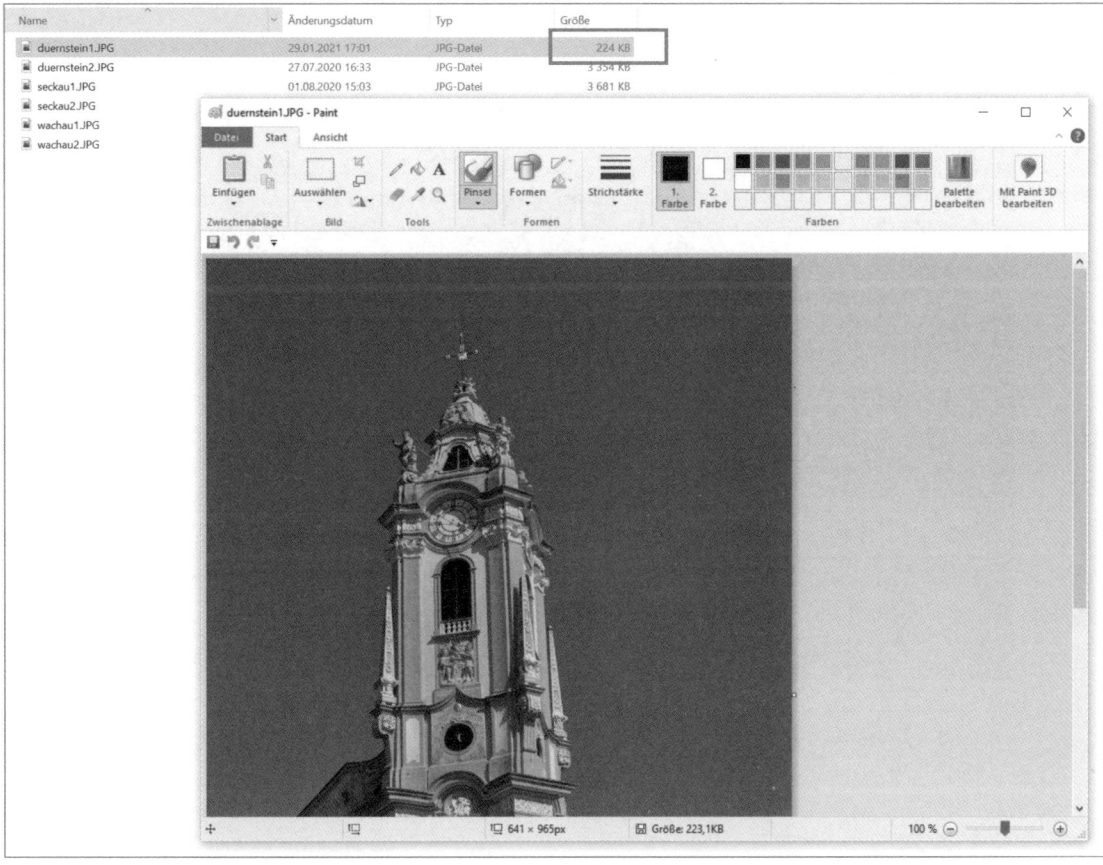

Bild 5.5 Weniger als ein Zehntel der ursprünglichen Dateigröße hat nun das Bild. Es ist – nach Prüfung der aktuellen Bildqualität – geeignet, um in einer Webseite verwendet zu werden.

Ebenso wie mit MS-Paint lässt sich auch mit dem Bildbetrachtungsprogramm MS-Fotos eine Bilddatei verkleinern. Auch hier werden keine tiefgreifenden IT-Kenntnisse benötigt. Das Programm bietet sehr einfache Werkzeuge für die Bearbeitung von Fotos. Unter anderem gibt es die Option „Größe ändern".

Für die Änderung der Größe gibt es mehrere vordefinierte Optionen („S" mit einer Dateigröße von 0,25 Megapixel, „M" mit einer Größe von zwei Megapixel und „L" mit einer Größe von vier Megapixel). Zusätzlich ist eine benutzerdefinierte Skalierung vorgesehen. Diese öffnet einen weiteren Dialog, in dem entweder genau definierte Pixelangaben für Breite und Höhe eingetragen werden können oder über einen Schieberegler eine prozentuale Skalierung erfolgen kann.

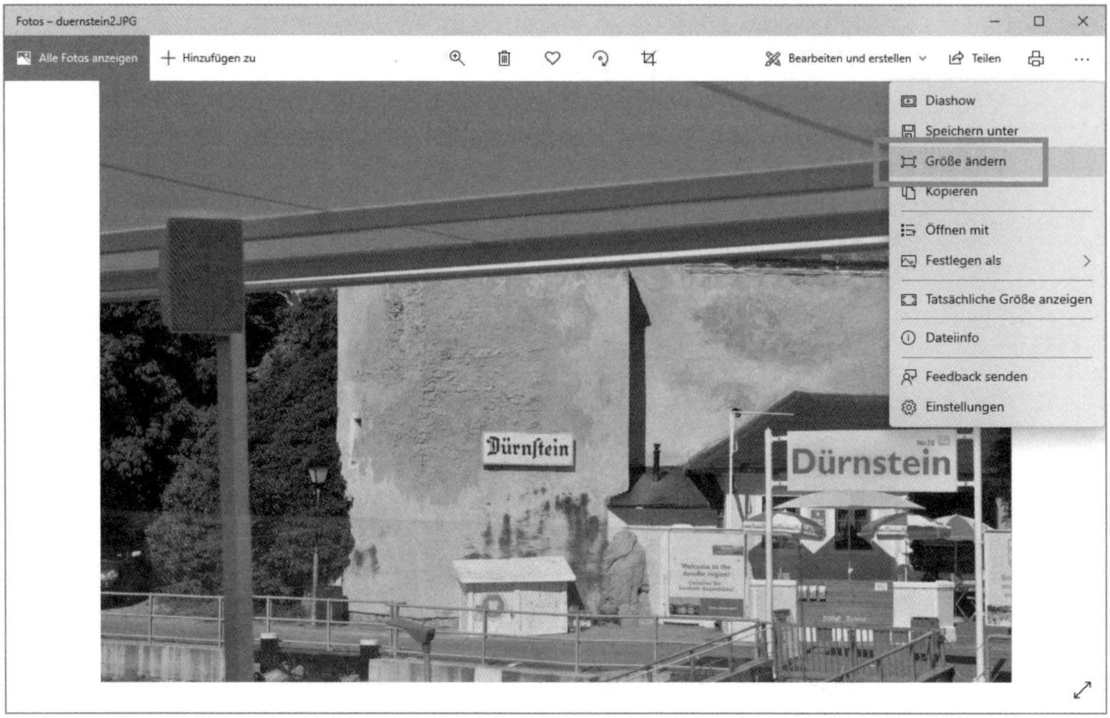

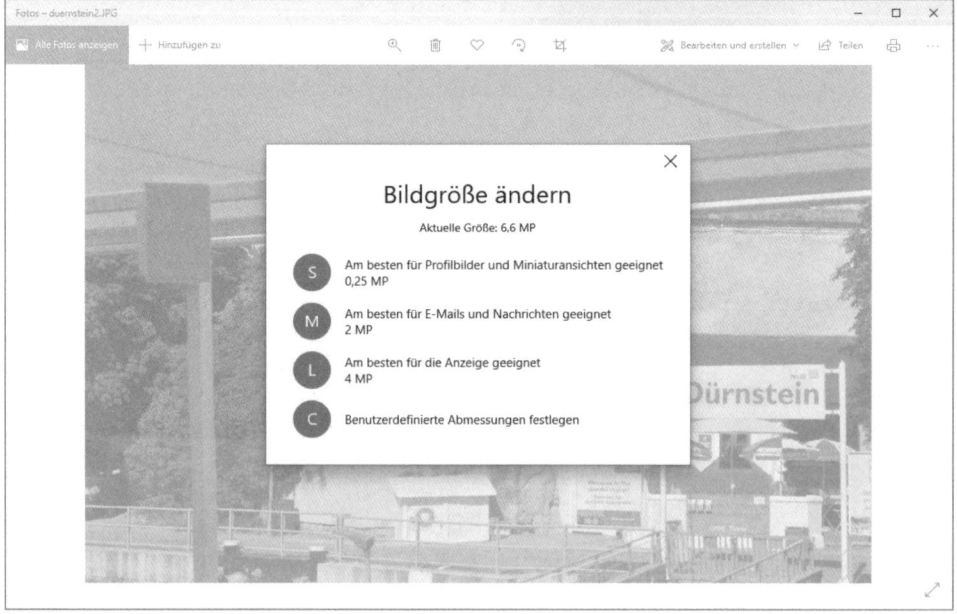

Bild 5.6 Windows Fotos bietet eine sehr einfache und schnelle Option zur Skalierung von Bilddateien.

Bild 5.7 Es können vordefinierte Einstellungen gewählt oder benutzerdefinierte Abmessungen festgelegt werden.

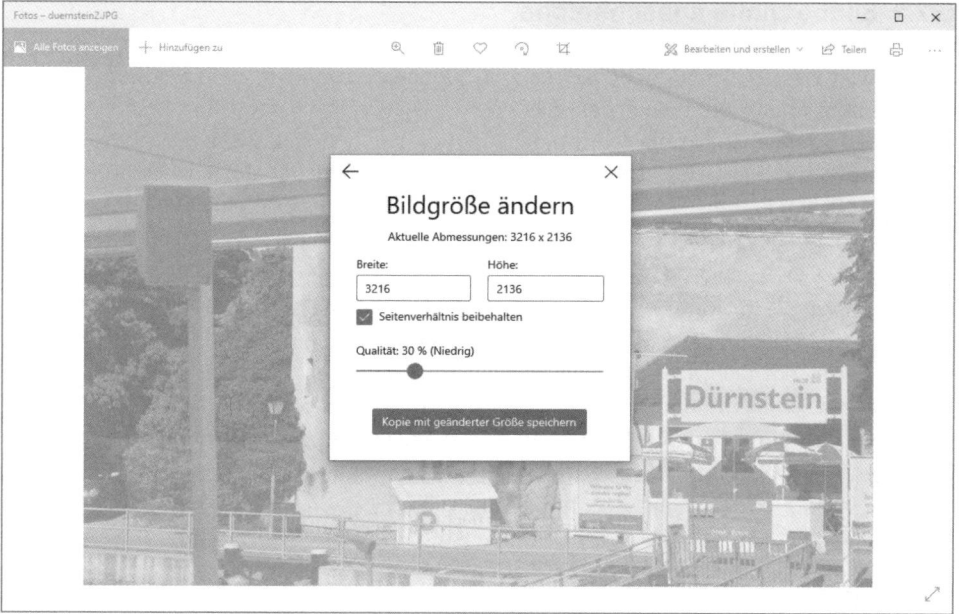

Bild 5.8 Benutzerdefinierte Abmessungen des Bilds können durch feste Pixelgrößen oder prozentual vorgegeben werden.

■ 5.2 Bildbearbeitung mit GIMP

Über das Bildbearbeitungsprogramm GIMP können eigene Bücher verfasst werden. An dieser Stelle soll lediglich mit ein paar Beispielen demonstriert werden, wie Bilder sich verändern lassen:

- Bildabschnitte „ausschneiden",
- Bilder in mehreren Ebenen,
- Transparenzeffekte.

 GIMP ist kostenlos!

Das GNU Image Manipulation Program (GIMP) kann direkt von der Seite des Projekts heruntergeladen werden:

https://www.gimp.org/

Das Programm ist für alle gängigen Desktop-Betriebssysteme wie MS-Windows, Linux und Mac OS/X verfügbar. Zudem gibt es zahlreiche Dokumentationen auf dieser Seite.

5.2.1 Bildbereiche ausschneiden

GIMP bietet verschiedene Möglichkeiten, ein Bild auszuschneiden oder bestimmte Inhalte freizustellen. An dieser Stelle sollen drei Werkzeuge (Rechteck, Oval und Lasso) beschrieben werden, mit denen bereits sehr brauchbare Ergebnisse erzielt werden können. Darüber hinaus sei darauf hingewiesen, dass das Werkzeug *Zauberstab* mit einem Klick Bereiche mit einem ähnlichen Farbton selektieren kann. Für gute Ergebnisse ist eine genaue Konfiguration und vor allem Erfahrung in der Bildbearbeitung erforderlich.

Ein weiteres bemerkenswertes, jedoch an dieser Stelle nur kurz erwähntes Werkzeug ist die *Schnellmaske*,[1] die im Menü *Auswahl* zu finden ist. Wird die Schnellmaske aktiviert, können mit dem Radiergummi die Stellen freigelegt werden, die später den gewählten Bereich darstellen sollen. Mit dem *Stift-* oder *Pinsel*-Werkzeug kann mit schwarzer Farbe über diese Auswahl gezeichnet werden. Dadurch lassen sich Fehler korrigieren. Die Arbeit mit der Schnellmaske kann sehr zeitintensiv sein, liefert jedoch sehr präzise Ergebnisse.

Die einfachsten Auswahl- bzw. Selektionswerkzeuge sind das Oval und das Rechteck. Zusätzlich kann ein Polygon mithilfe des Lassowerkzeugs so geformt werden, dass die Selektion mit nahezu beliebig vielen Punkten definiert wird.

Bild 5.9 Eine rechteckige Auswahl wird mithilfe des entsprechenden Werkzeugs vorgenommen. Anschließend kann der selektierte Bereich in seiner Größe angepasst werden.

---

[1] Die Schnellmaske kann in GIMP im Menü Auswahl gefunden oder mit der Tastenkombination [Umschalt]+[Q] aktiviert werden.

Bild 5.10 Der markierte Ausschnitt wurde in die Zwischenablage kopiert und daraus ein neues Bild erzeugt.

Die einfachste Form, eine Auswahl in einem Bild zu nutzen, ist die Kopie in die Zwischenablage. Diese Kopie kann entweder in ein anderes Bild eingefügt werden oder es lässt sich ein vollkommen neues Bild erzeugen. Die Werkzeuge dafür bietet GIMP im Menü *Bearbeiten* mit *Kopieren* und *Einfügen*. Auch dies ist mithilfe von Tastenkombinationen noch schneller möglich:

- Kopieren: [Strg]+[C]
- Ausschneiden: [Strg]+[X]
- Einfügen (in ein bestehendes Bild):   [Strg]+[V]
- Einfügen (in ein gleichzeitig neu erzeugtes Bild):   [Strg]+[Umschalt]+[V]

Kreise oder Ovale können ebenfalls als Auswahlwerkzeug verwendet werden. Das Prinzip ist das gleiche wie bei einem rechteckigen Ausschnitt.

Bild 5.11 Auch eine ovale Auswahl ist möglich und ohne größeren Aufwand durchzuführen.

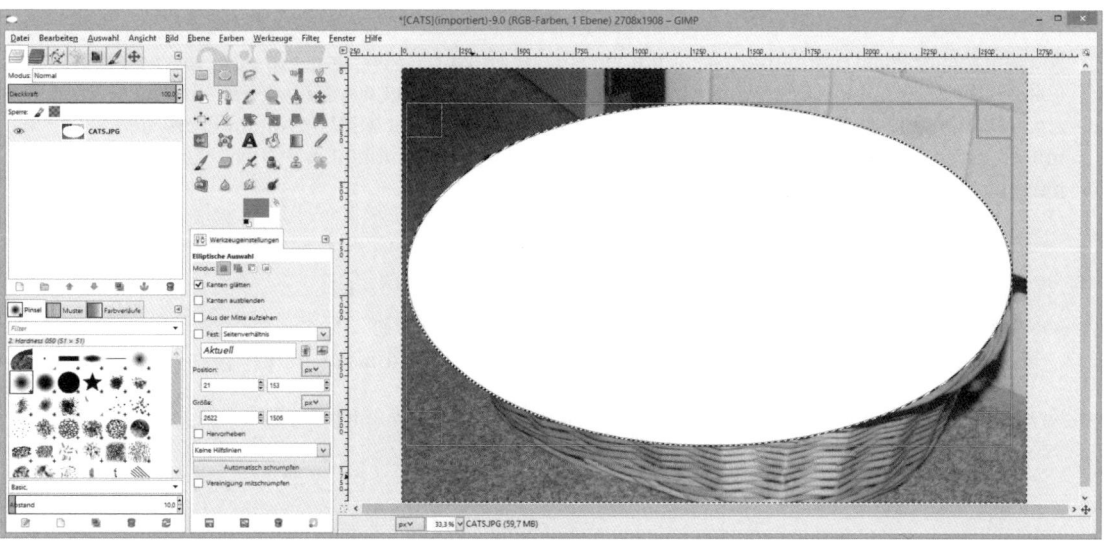

Bild 5.12 Der selektierte Bildbereich wurde ausgeschnitten. Auch beim Ausschneiden wird der Bildabschnitt in die Zwischenablage des Computers gespeichert und kann in einem anderen Dokument oder einem anderen Bild wieder eingefügt werden.

Aus dem ausgeschnittenen Bereich kann ein neues Bild erzeugt werden, wie es bereits beim rechteckigen Ausschnitt gezeigt wurde. Es ist aber auch möglich, die Auswahl zu *invertieren*. In diesem Fall wird nicht der von der Markierung umrahmte Bereich selektiert, sondern alles, was sich außerhalb davon befindet. Die Einstellung zum Invertieren ist im Auswahl-Menü zu finden.

Bild 5.13 Die Auswahl wurde invertiert. Somit wird alles selektiert, was sich außerhalb der Markierung befindet. In diesem Bild wurde der nunmehr selektierte Außenbereich gelöscht. Es ist ein transparenter Hintergrund entstanden.

Wenn eine etwas genauere Auswahl vorgenommen werden soll, bietet sich das Lasso an. Es lässt die polygone Markierung eines in sich geschlossenen Bereichs zu, der Punkt für Punkt markiert wird. Hier ist eine ruhige Hand erforderlich, denn ein Maus-Doppelklick schließt das Polygon und beendet damit den Markierungsvorgang.

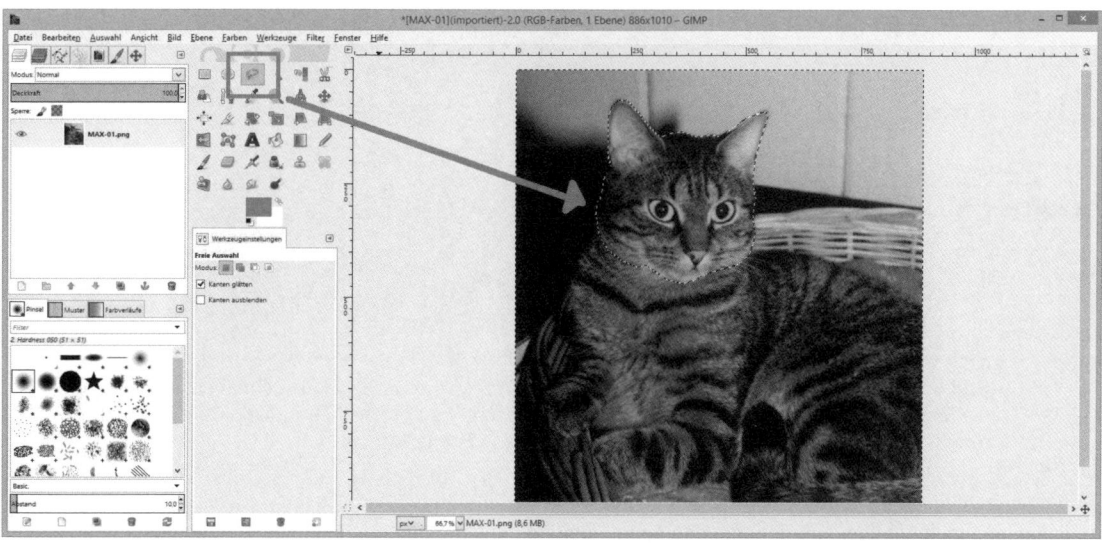

Bild 5.14 Mit dem Lasso-Werkzeug ist es möglich, polygone Selektionen vorzunehmen. Hier wird der Kopf des Katers markiert.

5.2.2 Ebenen

GIMP kann Teilbilder in mehreren Ebenen organisieren. Das kann man sich in einem übertragenen Sinn wie die Überlagerung transparenter Folien mit jeweils einem Teilausschnitt
des Gesamtbilds vorstellen. Es können beliebig viele Ebenen zum Bild hinzugefügt werden.
Jede Ebene kann einen eigenen Hintergrund zugewiesen bekommen. Hier kann die eingestellte Vorder- oder Hintergrundfarbe verwendet werden. Möglich ist auch, einen transpa-
renten Hintergrund zu wählen. Dies ist vor allem dann wichtig, wenn ein mehrschichtiges
Bild mit Teilausschnitten erstellt werden soll.

Um eine neue Ebene zu erstellen, wird in der Ebenenübersicht eine kleine Schaltfläche
angeklickt. Es öffnet sich ein Dialog, in dem die Hintergrundeigenschaften und ein Name
festgelegt werden können. Kleine Schaltflächen in der Ebenenübersicht erlauben die Verschiebung der Ebenen in ihrer Reihenfolge. Damit lassen sich gezielt Bildteile vor oder
hinter anderen Bildern anordnen. Ein *Ankersymbol* unter der Ebenenübersicht verbindet
eingefügte, jedoch noch schwebende Elemente mit der Ebene. Über ein *Papierkorbsymbol*
können Ebenen und ihre Inhalte gelöscht werden.

Ebenen können mit einem Augensymbol neben dem Namen der Ebene sichtbar und unsichtbar geschaltet werden. Auf diese Weise lassen sich verschiedene Bilder mit weitgehend
gleichem Inhalt erstellen, die sich lediglich in den Details unterscheiden.

Bild 5.15 Die polygone Selektion (mit dem Lasso-Werkzeug) wurde wie beschrieben invertiert und
die übrigen Inhalte des originalen Bilds wurden gelöscht. Es existiert hier nun ein transparenter Hintergrund. Links in der Ebenenübersicht wird eine neue Ebene erzeugt.

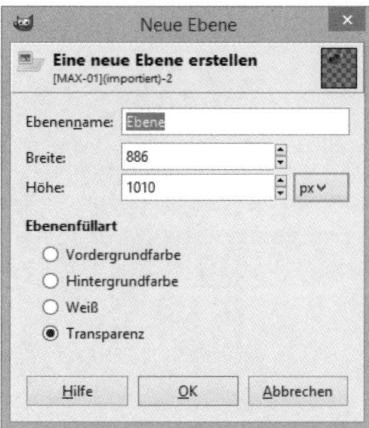

Bild 5.16 In der neuen Ebene soll der Hintergrund transparent sein.

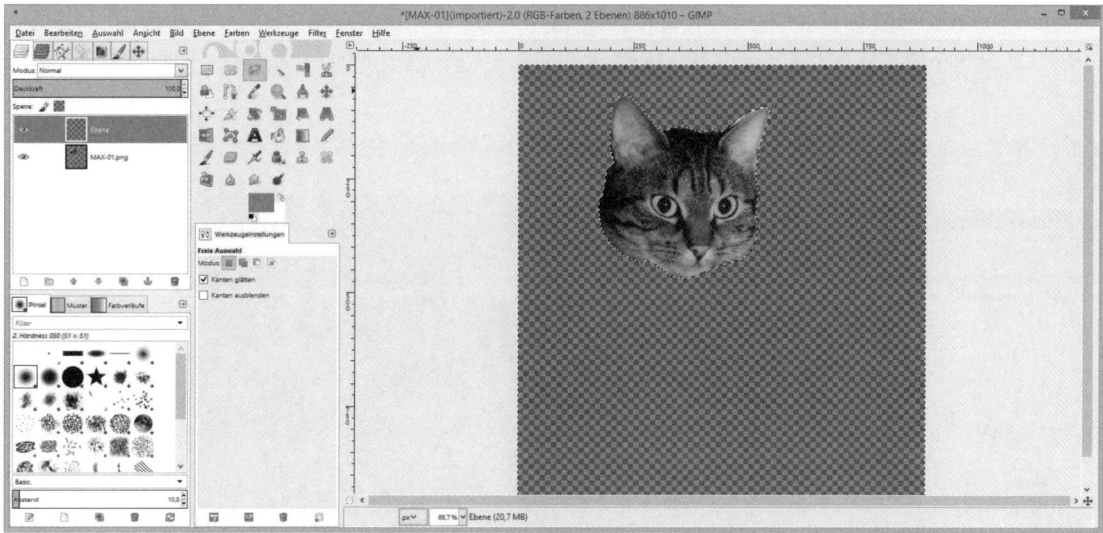

Bild 5.17 Die neue Ebene steht oberhalb der ursprünglichen Ebene. In der Ansicht selbst hat sich noch nichts verändert, denn der Hintergrund der neuen Ebene ist durchsichtig.

Um zu demonstrieren, wie Ebenen in einem Grafikprojekt funktionieren, soll in diesem Beispiel ein Farbverlauf in die neue Ebene eingefügt werden. Hier wird ein Verlauf von der Vordergrund- zur Hintergrundfarbe gewählt, der die Ebene komplett ausfüllt.

Die Reihenfolge der Ebenen ist entscheidend dafür, was letztlich im Bild zu sehen ist. Hier steht die neue Ebene über der Ebene mit dem Gesicht des Katers. Deswegen ist nur der Farbverlauf zu sehen. Erst, wenn die Ebenen in ihrer Reihenfolge verändert werden, erscheint der Kater auf dem Farbverlauf, der nun den Hintergrund darstellt. Die Änderung der Reihenfolge wird mit den kleinen grünen Pfeilschaltflächen vollzogen.

Bild 5.18 Der Farbverlauf überdeckt die darunterliegende Ebene, weil diese in der Reihenfolge nachgeordnet ist.

Bild 5.19 Die Ebene mit dem Kopf des Katers wurde um eine Position nach oben verschoben. Somit ist dieser wieder sichtbar. Der soeben erzeugte Farbverlauf in der jetzt nachgeordneten Ebene dient nun als Hintergrund.

5.2.3 Transparenz

Transparenzeffekte sind für Webseiten hochinteressant. Das folgende Beispiel zeigt die Herstellung einer Teiltransparenz. Das Bild soll von voller Deckkraft in die Transparenz übergehen. In einer Webseite – beispielsweise einem H5P-Projekt – gehen diese Bilder damit in den Hintergrund der Seite über.

Um eine solche Teiltransparenz zu gestalten, werden zwei Schritte benötigt:

- Ergänzung einer Ebenenmaske (über das Kontextmenü in der Ebenenübersicht),
- Einsatz eines Farbverlaufs von der Vordergrundfarbe (hier: Schwarz) zur Hintergrundfarbe (hier: Weiß).

Je nachdem, welche Ebenenmaske aktiv ist, ist das Bild entweder zunächst voll sichtbar oder als Transparenz gekennzeichnet (Karo-Muster).

Bild 5.20 Der Ebene wird eine Ebenenmaske hinzugefügt.

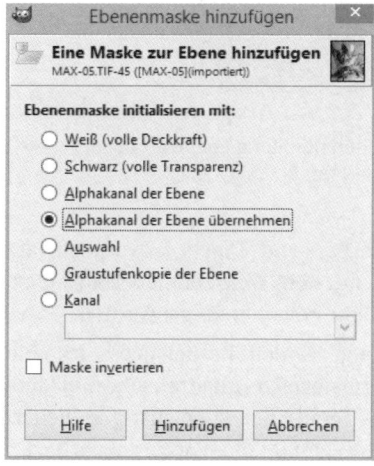

Bild 5.21
Es wird der Alphakanal der Ebene übernommen.
Der Alphakanal ist die Farbe, die als transparent
interpretiert wird.

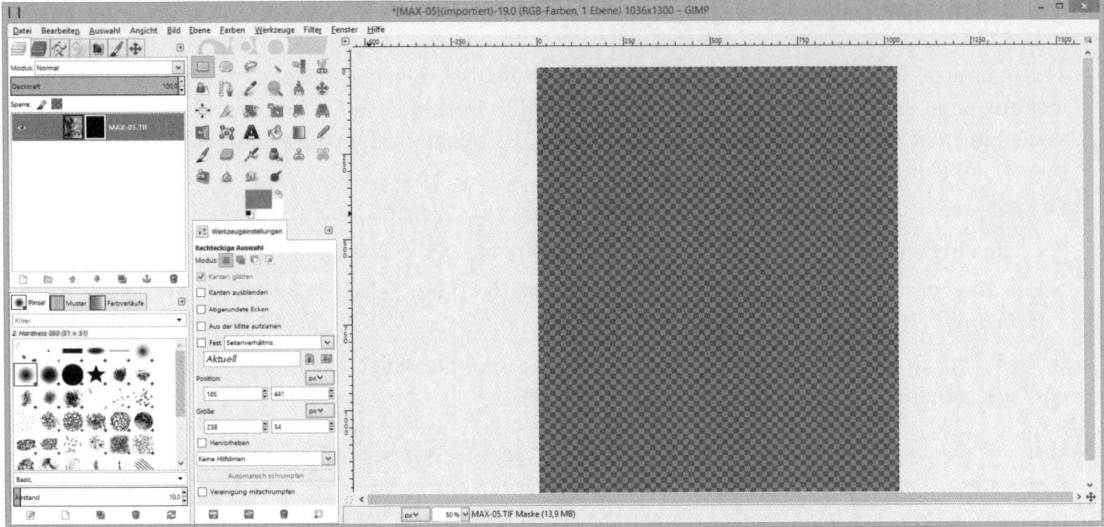

Bild 5.22 Die Ebenenmaske setzt zuerst das gesamte Bild in die Volltransparenz. Es ist auch das Gegenteil denkbar. Die weiteren Bearbeitungsschritte sind jedoch ähnlich durchzuführen.

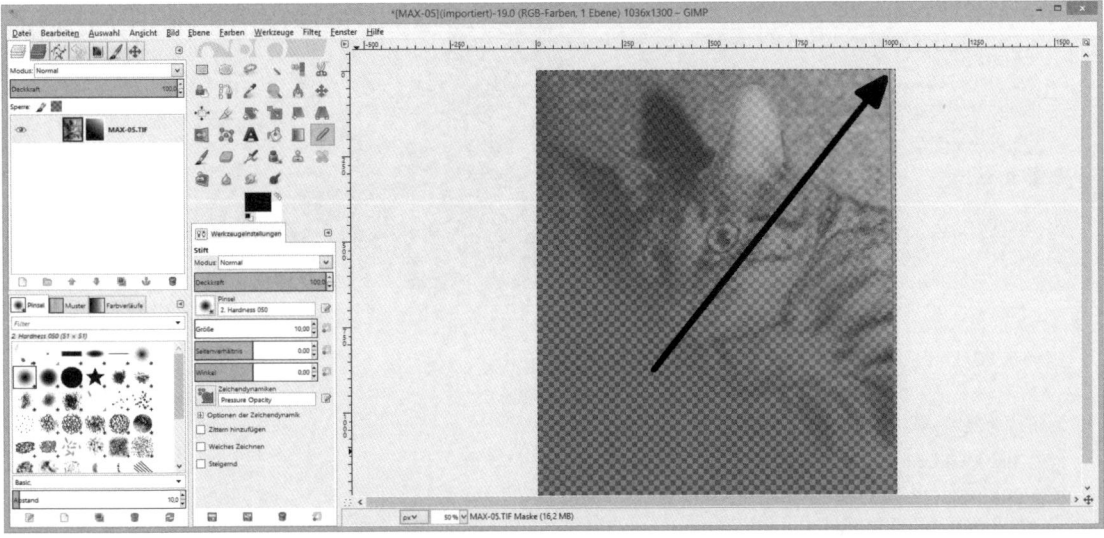

Bild 5.23 Mit dem Farbverlaufswerkzeug wird in der gewünschten Richtung über die Ebenenmaske gefahren. Es wird so ein Verlauf von Transparenz zur vollen Deckkraft erzeugt.

Die Transparenz wird mithilfe des Werkzeugs *Farbverlauf* erzeugt. Dieser ist von Schwarz auf Weiß eingestellt. Es muss nicht das vollständige Bild mit dem Werkzeug überfahren ist. Auf diese Weise können die später sichtbaren Bereiche sehr genau definiert werden.

Farbverläufe können zudem in verschiedener Form erzeugt werden. Im Beispiel wurde ein linearer Verlauf gewählt. Weiterhin sind unter anderem kreisförmige, quadratische und konische Verläufe möglich. Es ist allerdings wichtig, dass das Bild in einem Format gespeichert wird, welches Transparenz unterstützt. Das Bild wird deswegen im png-Format exportiert.

◼ 5.3 360°-Fotografie

Rundum-Fotografien, die mit Spezialkameras aufgenommen werden, sind eine bisweilen noch recht selten in der Lehre eingesetzte Technologie. Man vermutet fälschlicherweise, dass diese Aufnahmen ausschließlich mit einer teuren Virtual-Reality-Brille (VR-Brille) sinnvoll nutzbar sind. Das ist allerdings nicht ganz richtig. Rundum-Kameras bzw. 360°-Kameras arbeiten mit zwei extrem weitwinkligen Linsen, auf diese Weise nehmen sie ein verzerrtes Bild der gesamten Umgebung in einem einzigen Foto auf. Eine Software ist in der Lage, diese Verzerrungen wieder in lineare Bilder umzurechnen.

In H5P wird die 360°-Fotografie bereits im Inhaltstyp Virtual Tour 360° eingesetzt. Obgleich dieser Inhaltstyp auch mit klassischen zweidimensionalen Fotos verwendet werden kann, machen vor allem die räumlichen Eindrücke den Reiz dieses Inhaltstyps aus, der auch den Wechsel zwischen Räumen ermöglicht.

Die für die Illustration eingesetzte Rundum-Kamera ist in einer Preisklasse um ca. 50 € durchaus kostengünstig. Gesteuert wird die Kamera über eine WLAN-Verbindung. Die Kamera wird also mit dem Smartphone in einem abgeschlossenen Netz betrieben und über die App des Smartphones gesteuert. Damit ist es möglich, 360°-Aufnahmen zu machen, ohne dass man sich selbst in unmittelbarer Nähe der Kamera befinden muss. Die Aufnahmen werden auf eine Micro-SD-Karte gespeichert. Sie können jedoch auf das Smartphone heruntergeladen werden.

 Fotos und Videos

Die 360°-Kamera ist in der Lage, sowohl Fotos als auch Videos im 360°-Modus aufzunehmen.

6 Lernvideos erstellen

Neben der direkten Interaktion der Lernenden mit dem Lernsystem gehört vor allem die Multimedialität zu den wichtigsten Anforderungen moderner E-Learning-Technologien. H5P unterstützt dies nicht zuletzt durch „Interactive Videos".

Videos – egal, ob kurze Erklärvideos oder komplexe Dokumentationen, welche im Rahmen von Projekten der Lernenden entstehen – sind im E-Learning und im Blended-Learning elementare Unterrichtswerkzeuge. Es lassen sich – unter Berücksichtigung der jeweiligen Lizenzbedingungen – fertige Videos verwenden. Diese müssen jedoch unter Umständen auf die wesentlichen Inhalte zusammengeschnitten und in das jeweils gewünschte Dateiformat exportiert werden.

Eine sehr anspruchsvolle Herausforderung ist die Erstellung eigener Videos. Diese sollen informieren und auch bei der Betrachtung nicht störend wirken. Der Umgang mit der Kamera, die richtige Beleuchtung und nicht zuletzt auch der Schnitt gehören zur vorbereitenden Arbeit bei der Herstellung multimedialer Lehrinhalte. Den Beginn stellt jedoch stets eine gute Planung dar. Das eigene „Drehbuch" erleichtert letztlich die Arbeit und spart Zeit bei der Produktion.

 Frage des Standpunkts

Worum geht es in diesem Kapitel bzw. in diesem Buch? Es geht darum, Lehrkräften Wege zu zeigen, wie sie mit möglichst einfachen technischen Mitteln ihr Lehrgebiet mit interaktiven Videos in Blended-Learning-Lehrkonzepten oder – wenn es wirklich erforderlich ist – in Distance-Learning-Phasen interessanter gestalten und damit ihr eigenes didaktisches Konzept verbessern können.

Im Rahmen der Recherchen zu diesem Werk sprach der Autor mit ausgesprochenen Fachleuten in dieser Branche: Kamerafrauen und -männer sowie Medientechniker. Sie hatten alle etwas gemeinsam, nämlich ein gewisses Leuchten in den Augen, wenn es um die Gestaltung von Filmen ging, die vielleicht sogar Trickelemente enthalten sollten. Bei der Diskussion um die besten Kameramodelle, Objektive und Mikrofone stieg der Autor dieses Buchs aus. Es ist offensichtlich eine ganz eigene Wissenschaft für sich und vor allem: Es ist sehr teurer und aufwendig.

Dieses Werk sieht sich als Ratgeber für Lehrkräfte, die mit den engen Budget-Grenzen des Schulsystems auskommen müssen. Es soll auch Lernenden ein Ratgeber sein, die das Medium Video in schulischen Ausarbeitungen einsetzen möchten oder müssen. Aus diesem Grund wird keine hochprofessionelle Studioausstattung zugrunde liegen, sondern es genügen einfache Kameras, Speichermedien, gängige und möglichst kostenlose oder zumindest kostengünstige Software, und es wird improvisiert. Entscheidend ist, dass die Beispiele allgemein nachvollziehbar und letztlich sowohl kreativ also auch didaktisch sinnvoll einsetzbar sind.

■ 6.1 Planung eines Lehrvideos – das eigene Drehbuch

Als der Autor dieses Buchs vor vielen Jahren das Kernkraftwerk Isar II in Bayern besuchte und besichtigen durfte, nahm auch ein Journalistenkollege an dieser Führung teil. Er sollte einen Dokumentarfilm über das umstrittene Thema Kernkraft vorbereiten und sein Bestreben war, dies so objektiv und informativ wie möglich zu gestalten. Eine Kamera hatte er an diesem Tag noch nicht dabei. Ebenso wenig wurde er vom übrigen Team begleitet, was für die Beleuchtung und den Ton verantwortlich ist. Es ging einzig darum, die möglichen Drehorte festzulegen und den Film zu planen.

■ 6.2 Was bei einem Videodreh bevorsteht

Zuerst einmal gibt es die Idee und dann stellen sich verschiedene Fragen:

- Was soll in dem Video präsentiert oder erklärt werden?
- Wie lange soll das fertige Lernvideo dauern?
- In welcher Form soll das Video gestaltet werden (vertonte und animierte Präsentation, eine Art Spielfilm oder ein Trickfilm etc.)?
- Welche Zielgruppe hat dieses Video?
- Wieviel Zeit darf investiert werden?
- Was darf es kosten?

Das „Was"-Thema des Videos ergibt sich meist aus dem Lehrplan, denn dieser schreibt vor, was zu lehren ist. Scheinbar ist diese Frage damit beantwortet, doch wenn es um ein Video geht, kommt es darauf an, den Fokus auf die eigentlich wichtigen Inhalte zu setzen.

Technik der Videoherstellung

Die folgenden Abschnitte befassen sich mit den Rahmenüberlegungen zum Zeitaufwand (Konsum des fertigen Videos und auch für dessen Herstellung) sowie mit Überlegungen zur Zielgruppe. Die technischen Details werden im Laufe dieses Kapitels in eigenen Abschnitten diskutiert. Hier bietet sich eine steigende Zahl von Videobearbeitungsprogrammen für PC oder Smartphone an. ∎

6.2.1 Dauer des Videos planen

Die Lehrsequenzen sollten kurz und überschaubar gehalten werden. Unter Umständen ist es zu empfehlen, die Kurseinheit auf mehrere Teile zu splitten, die einzeln konsumiert und reflektiert werden. Das steigert den Lernerfolg und beugt zudem Ermüdungserscheinungen vor. Ergänzend werden in der Umsetzung mit H5P Interaktionen in das Video eingebaut. Entsprechende Breakpoints werden idealerweise bereits mit der Herstellung des Films vorgesehen. Wie lang das Video letztendlich tatsächlich ist, kann nicht pauschal beantwortet werden. Es kann ein Werk in „Spielfilmlänge" ebenso didaktisch sinnvoll sein wie kurze Sequenzen von ein bis drei Minuten.

Zudem sollte auch die kalkulierte Arbeitslast der Lernenden angemessen berücksichtigt werden. In einem Hochschulstudium haben sich ECTS-Punkte für die Bewertung der Arbeitslast etabliert, an die man sich bei der Gestaltung der Lehrinhalte orientieren kann. Im schulischen Bereich wird der Zeitaufwand vom Stundenplan vorgegeben. Dieser sollte auch bei reinem E-Learning bzw. Distance-Learning oder „hybriden" Lehrveranstaltungen beachtet werden, um Überforderungen bei den Lernenden zu vermeiden.

 Auch die Ansicht eines Videos kostet Zeit!

Der Aufwand für die Bearbeitung einer Lerneinheit orientiert sich am verfügbaren Stundenkontingent und anteilig an den zumutbaren Stunden für die Hausaufgaben. Hausaufgaben sind jedoch keine Kernzeiten für den Unterricht! Dies wird in vielen Schulen nicht mehr berücksichtigt. Schülerinnen und Schüler bzw. Studentinnen und Studenten leben nicht in einer „Lernblase". Sie haben ein Recht auf Ruhe- und Freizeiten, müssen den Weg von und zum Lehrgangsort zeitlich organisieren und nehmen möglicherweise private Pflichten im Haushalt wahr. Lernvideos sollten deswegen nicht endlos lang gestaltet und nicht grundsätzlich zur Hausaufgabe (neben anderen Aufgaben) erklärt werden. Diese Zeiten dürfen auch nicht für die Sichtung eines Lernvideos „nebenbei" verplant werden! ∎

Tatsächlich wird jede Lehrkraft zustimmen, dass die Zeit für die Vermittlung des geplanten Stoffs meist viel zu knapp bemessen ist. Die Gestaltung von Stundenplänen ist vor jedem Semesterstart grundsätzlich eine administrative Herausforderung, die dies verdeutlicht. Unterrichtsbegleitende Videos, die „zuhause" betrachtet und reflektiert werden sollen, sind nicht als zusätzlicher Lernbestandteil ergänzend zu den verfügbaren Präsenzzeiten zu verstehen!

Das Thema „Hausaufgaben" wird in Gesetzen geregelt. Schulrecht ist Landesrecht, deswegen sei an dieser Stelle nur als Beispiel der § 51 der Schulordnung[1] des Landes Rheinland-Pfalz zitiert:

(1) Hausaufgaben dienen der Nach- und Vorbereitung des Unterrichts und unterstützen den Lernprozess der Schülerinnen und Schüler. Sie geben Rückmeldung über den erreichten Leistungsstand.

(2) Die Schulen legen mit Zustimmung der Versammlung der Klassensprecherinnen und Klassensprecher und des Schulelternbeirats (§ 33 Abs. 4 Satz 1 Nr. 3 und § 40 Abs. 6 Satz 1 Nr. 3 SchulG) Grundsätze über den Umfang und die Verteilung von Hausaufgaben fest. Dabei berücksichtigen sie, dass Hausaufgaben selbstständig bewältigt werden können, der Leistungsfähigkeit und der Belastbarkeit der Schülerinnen und Schüler angemessen sind und Interessen und Neigungen der Schülerinnen und Schüler einbezogen werden.

(3) Hausaufgaben werden in der Regel im Unterricht besprochen und zumindest stichprobenweise überprüft. Ein schriftliches Abfragen der Hausaufgaben darf sich höchstens auf die Hausaufgaben der letzten beiden Unterrichtsstunden beziehen und nicht länger als 15 Minuten, in der gymnasialen Oberstufe nicht länger als 30 Minuten dauern.

(4) Ferien sind von Hausaufgaben freizuhalten. Vom Samstag zum darauffolgenden Montag werden keine Hausaufgaben gestellt.

Die Lehrerin Klaudia Kallerhoff aus Schwerte erklärt in einem Artikel auf Focus Online aus dem Jahr 2008, wie lange Hausaufgaben in verschiedenen Klassenstufen dauern dürfen. Wohlgemerkt: Das ist der tägliche Zeitaufwand für alle Fächer des Tags insgesamt. Auch sollte berücksichtigt werden, dass bei Unterrichtseinheiten, die sich bis in den Nachmittag hinein erstrecken, und bei einer durchschnittlichen Fahrzeit von und zur Schule die Kalkulation ab der 11. Klasse schon die Leistungsgrenze der Schülerinnen und Schüler erreichen kann.

Zeitaufwand nach Klaudia Kallerhoff/FOCUS ONLINE:[2]

Klasse 1: 30 Minuten täglich

Klassen 2 und 3: 45 Minuten täglich

Klassen 5 und 6: 90 Minuten täglich

Klassen 7 bis 10: 120 Minuten täglich

ab Klasse 11: 180 Minuten täglich

Der Konsum von Lernvideos während einer Bahn- oder Busfahrt ist zwar technisch möglich, jedoch sollten diese Zeiten ebenfalls nicht verplant werden. Sie dienen auch der sozialen

---

[1] Schulordnung für die öffentlichen Realschulen plus, Integrierten Gesamtschulen, Gymnasien, Kollegs und Abendgymnasien (übergreifende Schulordnung) vom 12. Juni 2009: *http://landesrecht.rlp.de/jportal/portal/t/ x6p/page/bsrlpprod.psml/action/portlets.jw.MainAction;jsessionid=035B35FB917BC4660F7E758A491E65BC. jp16?p1=1v&eventSubmit_doNavigate=searchInSubtreeTOC&showdoccase=1&doc.hl=0&doc.id=jlr-SchulORP2009V 7P51&doc.part=S&toc.poskey=#focuspoint* Zugriff: 30.11.2020

[2] Aus Focus Online/FOCUS-SCHULE Nr. 6 (2008): *https://www.focus.de/familie/lernen/lernhilfen/hausaufgaben- ohne-aerger-lernen_id_2181882.html#:~:text=Klassen%202%20und%203%3 A%2045,Klasse%2011%3 A%20 180%20Minuten%20täglich*, Zugriff: 30.11.2020

Interaktion der Menschen untereinander, stellen für sich selbst genommen Stress dar und es ist nicht sichergestellt, dass die Lernenden die Inhalte mit der erforderlichen Konzentration aufnehmen.

Wenn über die Dauer eines Lehrvideos gesprochen wird, ist also vor allem zu klären, ob dieses Video Teil des regulären Unterrichtsprogramms sein soll. In diesem Fall muss der Konsum des Videos auch zeitlich in die dafür vorgesehene Kalkulation einfließen. Handelt es sich jedoch um unterstützendes, vertiefendes Material, dann darf es für sich selbst keine Prüfungsrelevanz haben. Es darf dann also keine zusätzlichen (prüfungsrelevanten) Informationen transportieren.

Für die Kalkulation der Spieldauer des Videos gibt es also eine Reihe von Faktoren, die zu berücksichtigen sind. Diese beziehen sich nicht allein auf die Darstellung der Inhalte und die mögliche dramaturgische Umsetzung in den Filmszenen. Es sind auch „füllende Inhalte" zu berücksichtigen, wie Kameraschwenks in die Umgebung etc. oder Titel und Abspann.

6.2.2 Zeit und Kosten der Herstellung

Im Rahmen von Filmpremieren werden gerne die Kosten für deren Herstellung genannt, bei denen so manch ein Staatshaushalt, mindestens jedoch der Haushalt einer mittleren Kommune, vor Neid erblassen würde. Teure Gagen für hochbezahlte Schauspieler und exklusive Kostüme sind für die Herstellung von Lehrvideos in der Regel nicht zu kalkulieren. Sollte dennoch ein Film erstellt werden, der Kostüme benötigt, gibt es möglicherweise die Option, etwas bei einem Theaterfundus auszuleihen. Werden menschliche Darsteller benötigt, um eine Geschichte zu erzählen, so ist es nicht nur kostengünstig, sondern vor allem selbst mit einem Lernerfolg verbunden, wenn diese Rollen Lernende übernehmen. Abgesehen von einem später fertigen Film ist damit auch noch ein gewisser Lernspaß verbunden.

Tatsächlich müssen Kosten für das Equipment kalkuliert werden. Wie hochwertig Kameras, Beleuchtungs- und Tontechnik sowie weitere Requisiten sein müssen, hängt auch vom gewünschten Ergebnis ab. Für einfache Lehrvideos genügt meist eine überschaubare Ausstattung. Diese kann zudem auch für andere Projekte verwendet werden. Das betrifft möglicherweise Software und deren Updates in besonderer Weise, aber auch eventuelle monatliche Kosten für Trickfilmdienste im Netz. Auf das einzelne Video umgerechnet, relativieren sich diese Kosten also rasch.

Zu prüfen ist unter Umständen, ob bestimmte Örtlichkeiten angemietet werden müssen. Das kann durchaus bei erklärenden „Spielfilmszenen" der Fall sein.

6.2.3 Zielgruppe

Es wird gerne von früher Medienkompetenz in der Erziehung und auch im Unterricht gesprochen. Tatsächlich eignen sich – entsprechend gestaltete – H5P-Lehreinheiten auch für die Unterstufe. Diese sollten jedoch sparsam eingesetzt werden und nicht dazu dienen, den Präsenzunterricht zu ersetzen. Die Erfahrungen in der Covid-19-Pandemiezeit zeigten, dass Distance-Learning oft nur begleitend durch die Eltern bei sehr jungen Schülerinnen und Schülern umsetzbar war, wodurch aber die Eltern möglicherweise in Konflikt mit beruflichen Verpflichtungen kamen. Ein Ausschluss dieser jungen Zielgruppe aus digitalen Lehr-methoden soll das jedoch nicht bedeuten. Es gilt vielmehr, die Inhalte altersgerecht anzu-passen. Gut gemachtes Bildungsfernsehen aus früherer Zeit, wie die „Sesamstraße", die „Sendung mit der Maus" und auch „Löwenzahn" etc., kann als Vorbild dienen. Das ist heute auch für Laien mit gängigen Mitteln machbar. Älteres Zielpublikum wird mit entsprechend anspruchsvolleren Inhalten bedient.

 Der Begriff „anspruchsvoll"

Wenn von „anspruchsvolleren" Inhalten die Rede ist, bedeutet dies, dass ein bereits tiefgreifendes Grundwissen beim Publikum vorausgesetzt werden darf. Videoinhalte für jüngere Lernende müssen dagegen sehr viel – schein-bar Alltägliches – erklären. Bei der Produktion können jedoch gerade diese auf ein junges Publikum abzielenden Videos für Autoren und Mitarbeiter durchaus sehr anspruchsvoll in der Herstellung sein.

Die Zielgruppe wird aber nicht allein durch das Alter definiert, sondern selbstverständlich auch durch das zu lehrende Studien- bzw. Unterrichtsfach. Hier sind die Fachlehrer die federführenden Experten und maßgeblich am Skript für das Video zu beteiligen.

Nicht zuletzt definiert sich die Zielgruppe auch in der Verfügbarkeit der Medien. Noch immer gibt es in Deutschland „weiße Flecken" auf der Landkarte, in denen ein leistungs-starker Internet-Zugang – entgegen aller jahrelangen Zusagen – nicht verfügbar ist. Das gilt auch für den Ausbau mobiler Kommunikationsinfrastrukturen, denn schließlich sind diese keine hoheitliche Aufgabe mehr, wie es bis zum Ende der 80er-Jahre der Fall war. Der Aus-bau findet vorwiegend nach wirtschaftlichen Überlegungen statt. Das muss bei der Gestal-tung von digitalen Lehrmitteln berücksichtigt werden. In besonders infrastrukturschwa-chen Regionen kann das Lehrvideo deswegen möglicherweise nicht optimal für alle Lernenden eingesetzt werden.

6.2.4 Drehbuch und Storyboard

Ein Lehrvideo ist kein Urlaubsvideo, mit dem man die liebe Verwandtschaft langweilen kann. Ein Lehrvideo soll interessant sein, Aufmerksamkeit wecken und aufrechterhalten und vor allem den vermittelten Inhalt auch nachhaltig in die Köpfe der Lernenden trans-portieren. Um ein solches Video zu produzieren, braucht es eine gute Planung und vor allem ein Drehbuch und möglicherweise ein Storyboard. Beides ist nicht mit dem Unter-richtsskript und schon gar nicht mit einem Roman oder einer Dokumentation zu verwech-seln. Es geht darum, die Vorlage organisiert in die einzelnen Filmszenen umzusetzen. Dabei spielt es letztlich keine Rolle, ob es sich um Spielfilmszenen oder um einen Trickfilm handelt.

Improvisation kostet unnötig Zeit und Geld!

„Wir treffen uns morgen Nachmittag und drehen den Schulungsfilm! Herr XY kümmert sich um das Licht, Frau XX bringt eine Kamera mit, Herr ZZ kümmert sich um die Schnittchen und jeder bringt Make-up und ein paar lustige Kleider mit!" – So ungefähr (zugegeben etwas überspitzt) funktioniert manchmal die Organisation eines Video-Drehs im schulischen Bereich. Im Laufe der Arbeit werden dann die einzelnen Szenen „erarbeitet" und die endgültige Handlung des Films entsteht spontan.

Einfacher, auch räumlich, technisch und personell besser organisiert, ist die vorherige detaillierte Planung des Drehs mit einem Drehbuch.

6.2.4.1 Das Drehbuch

Das Drehbuch (das „Skript", wie es manchmal im Abspann eines Films genannt wird) ist gewissermaßen die To-do-Liste für die Herstellung des Films. Es hat stilistisch eine vollkommen andere Form als ein Roman oder eine Dokumentation. Es erzeugt keine Gedankenbilder, die sich beim Leser beispielsweise bei der Lektüre eines Romans selbstständig aus der Formulierung heraus entwickeln.

Als Faustformel für ein gutes Drehbuch nimmt man eine Länge von maximal einer Drehbuchseite pro Minute an. Das Drehbuch zur Verfilmung eines umfassenden Romans wird also deutlich schmaler sein als das ursprüngliche Buch des Autors! Somit ergibt sich die Notwendigkeit, dass sich ein Drehbuch nur auf die Details beschränkt, die für die Herstellung der Szene erforderlich sind.

Das Drehbuch beschreibt die augenblickliche Aktion, also die Szene, die in der Abarbeitung des Inhalts entsteht. Darum wird das Drehbuch grundsätzlich im Präsens, also in der Gegenwart verfasst. Das ist auch dann der Fall, wenn die Filmszene einen zeitlichen Rückblick darstellen soll. Das Ereignis passiert trotzdem in genau diesem Augenblick aus der Sichtweise der Protagonisten. Nur für den Zuschauer ist es, als würde er beim Blick in den Bildschirm in die Zeit zurückkreisen.

Jede Szene beginnt im Drehbuch mit einer Überschrift. Sie ist konsequent in großen Buchstaben geschrieben und hat einen eher praxisnahen Inhalt aus einer Unterteilung zwischen Innen- und Außenszene, dem Ort und einen – vor allem die Lichtverhältnisse beschreibenden – zeitlichen Aspekt.

Erstmalig im Film oder in der Szene mit neuem Erscheinungsbild auftauchende Personen werden kurz beschrieben. Deren Name wird dabei mit großen Buchstaben geschrieben. Anschließend werden nur noch die Namen (Großschrift) verwendet, um deren Dialogbeiträge einzuleiten. Die zu sprechenden Texte werden in Normalschrift mit der Schriftart Courier in 12 Punkt formuliert. Ergänzend können vor dem Text in Klammern Hinweise zur Stimmung eingesetzt werden, die beschreiben, wie die Worte gesprochen werden (fröhlich, wütend, trotzig, traurig etc.). Es wird mit Einrückungen der Textstellen gearbeitet.

Grundsätzlich verzichtet das Drehbuch selbst auf die ausführliche Beschreibung des Sets. Auch sollten den Protagonisten nicht zu viele Details bereits in das Drehbuch zugeschrieben werden, denn dies erschwert es der Requisite, die nötigen Kostüme zu beschaffen, und dem Casting, die richtigen Darsteller zu wählen.

Ziel eines guten Drehbuchs

Ein gutes Drehbuch konzentriert sich im Wesentlichen auf die Dialoge in den jeweiligen Szenen. Die Schrift und die Form des Drehbuchs erleichtert es den Darstellern, ihre Texte schnell und sicher einzustudieren.

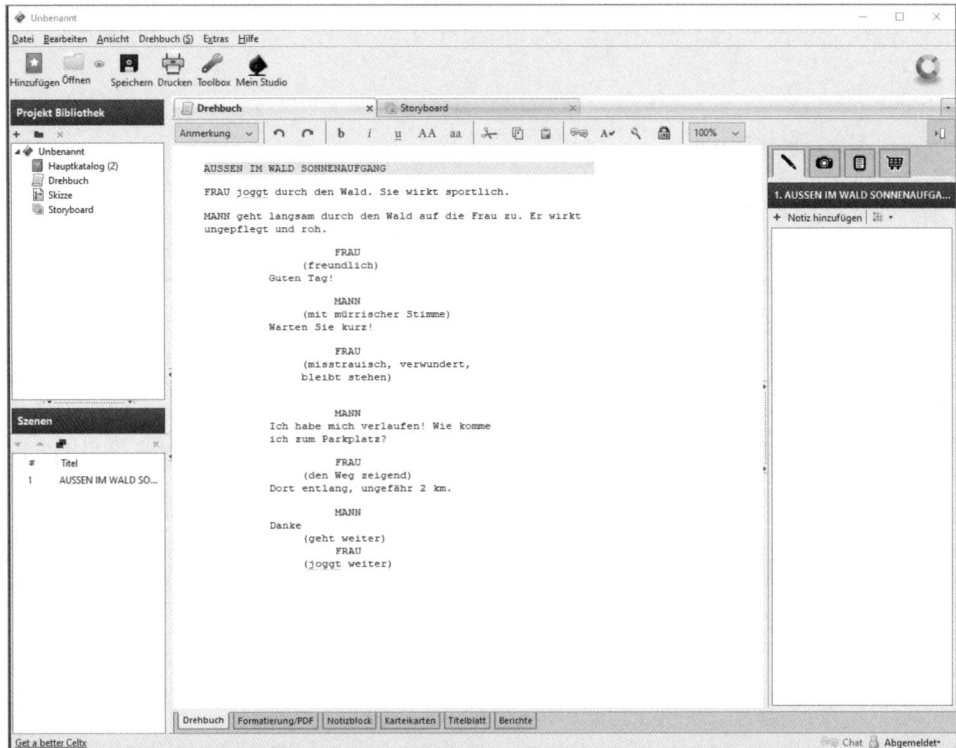

Bild 6.1 Mit speziell für die Branche gestalteten Editoren lassen sich Drehbücher sehr einfach gestalten. Das Bild zeigt die Oberfläche eines Programms der kanadischen Firma celtx.

Drehbücher lesen sich also nicht wie ein geschriebener Roman. Das ist auch nicht deren Ziel, sondern die Darsteller sollen ihre Texte und Dialoge sicher und in der gewünschten Weise im Film sprechen und entsprechend des Drehbuchs agieren können. Die endgültige Gestaltung des Films obliegt beim Dreh dem Regisseur. Dieser sollte bereits in einer frühen Entstehungsphase des Skripts mit einbezogen werden, damit dessen künstlerische Freiheit nicht zu überdurchschnittlich häufigen „Umschreibungen" führt.

Ergänzend können Skizzen eine Beschreibung des Sets abbilden, die neben Randinformationen für die Darsteller auch Hinweise zur einzusetzenden Technik und deren Platzierung haben können. Zudem lassen sich in der Skizze auch Aufbauten des Bühnenbilds darstellen und dokumentieren.

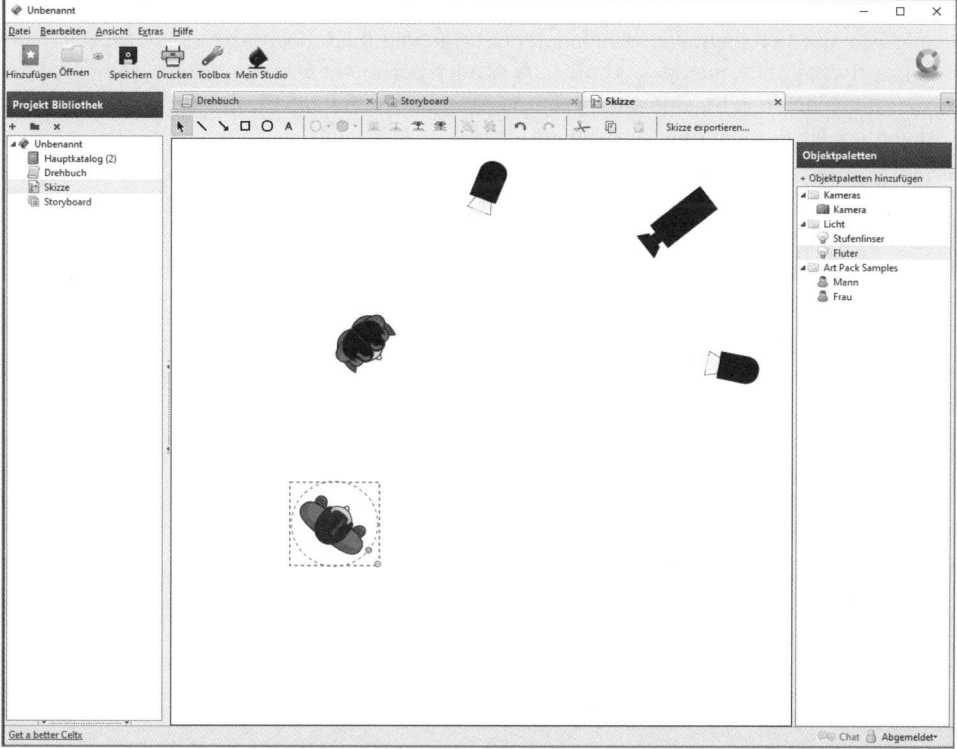

Bild 6.2 Um die Szenerie des Sets zu beschreiben, können Skizzen angefertigt werden. Diese sind jedoch nicht primärer Bestandteil eines Drehbuchs, welches sich vornehmlich auf die Dialoge fokussiert.

 Auch das Drehbuch für ein Lehrvideo kostet Zeit und Arbeit!

Es gilt auch für Lehrvideos die Faustformel, dass ein Drehbuch für einen kurzen unterrichtsbegleitenden Spot nicht mehr als eine Druckseite pro Filmminute umfassen sollte. Das bedeutet entsprechend, dass ein solches Drehbuch auf maximal drei bis fünf Seiten geschrieben wird und dann „fertig" ist. Der Aufwand ist allerdings nicht zu unterschätzen, denn es geht in dieser Planung und Vorbereitung vor allem darum, den zu vermittelnden Stoff auf das Wesentliche „einzudampfen" und die Dialoge dennoch spannend und informativ zu gestalten.

Die inhaltliche Gestaltung eines Schulungsvideos beginnt bereits bei der Erstellung des Exposés bzw. einer detaillierten Lernunterlage, die gleichzeitig auch als Begleitmaterial verwendet werden kann und greift natürlich direkt in die Verfassung des Drehbuchs ein. So wird auch ein Schulungsvideo in drei Kernbereiche gegliedert:

- Einleitung: Kurzer Einblick in das Thema, welches zugleich auch Interesse und Neugierde wecken soll. Die Gestaltung der Einleitung ist also eine sehr anspruchsvolle und wichtige Phase, damit der eigentliche Lehrstoff auch erfolgreich vermittelt werden kann. Bei einem

Kinofilm wird der Zuschauer zunächst in die Alltagssituation der Protagonisten eingeführt. Er soll sich mental als ein Teil der Geschichte fühlen. Es passiert in der Regel nicht
sofort etwas Entscheidendes. Ähnlich ist es auch bei einem Schulungsvideo, wobei es hier
vor allem darum geht, eine allgemeine Verständnisgrundlage für das Thema zu schaffen
und die Ziele der Lektion vorzustellen.

- Im Hauptteil wird in einem Film ein Spannungsbogen bis zu einem Höhepunkt der Story
aufgebaut, die schließlich in einem (spektakulären) Finale mündet. Normalerweise wird
dies auch mithilfe unerwarteter Überraschungen umgesetzt, die den Zuschauer von
seiner anfänglichen Annahme zum Verlauf der Geschichte abbringen. Somit gewinnt der
Zuschauer ein eigenes Interesse am Fortgang der Geschichte, um auch seine eigenen
Gedanken zu prüfen und diese möglicherweise am Ende doch bestätigt zu sehen.

- In einem Kinofilm findet am Schluss des Films der große Showdown statt. Liebespaare
finden nach den verschiedenen Komplikationen zusammen und bei einem Western
kommt es zur finalen Schießerei, aus der die Filmhelden als strahlende Sieger hervor-
gehen. Bei einem Schulungsvideo wird es weniger spektakulär zugehen, wohl aber folgt
hier eine Zusammenfassung der wichtigsten Lehrinhalte und möglicherweise die Wiederholung einprägsamer Merksätze.

Diese Struktur wird also für Kinoproduktionen und Lehrmaterialien gleichermaßen umgesetzt, wenngleich die „didaktischen" Mittel in den verschiedenen Fällen entsprechend
anders aussehen.

 Wichtig: Rechte beachten!

Das Schreiben eines Drehbuchs stellt bereits eine Umgestaltung eines bestehenden und möglicherweise geschützten Werks dar. Passiert dies nicht allein zum
eigenen Vergnügen, sondern eben mit der Absicht der filmischen Umsetzung,
so ist nach dem Urheberrecht die Genehmigung des Urhebers einzuholen.

6.2.4.2 Das Storyboard

Das Storyboard wird auch gerne als die „grafische Version" des Drehbuchs bezeichnet. Dies
ist aber eher mit einer gewissen Vorsicht zu bewerten, denn das Storyboard wird ein Drehbuch nicht ersetzen, wohl aber kann es dies sinnvoll ergänzen. Ein Storyboard kann man
sich wie ein Comic vorstellen, welches die einzelnen Szenen grafisch beschreibt. Neben
einer Skizze des Szenenbilds wird darin auch die Perspektive der Kamera berücksichtigt
und auch die Größe des Szenenbilds. Ein Storyboard entsteht somit meist vorzugsweise
nach den Vorstellungen des Regisseurs. Die Kameraleute sollten jedoch einbezogen werden,
um im Vorfeld die umsetzbaren Möglichkeiten sowie die Beleuchtungsanforderungen zu
prüfen.

6.2.5 Casting und Kooperationen

Ein kommerzieller Spielfilm wird meist mit professionellen Schauspielern produziert. Die
ideale Besetzung zu finden, ist oft sehr aufwendig und kostenintensiv. Regie und Produktion

geben die Rahmenbedingungen vor und sondieren vorzugsweise bei Casting-Agenturen, welche Schauspieler (auch Tiere als Darsteller werden sorgsam „gecastet") für die jeweilige Rolle passen, hinreichende Erfahrungen mitbringen und nicht zuletzt sowohl im geplanten Zeitraum verfügbar sowie bezahlbar sind.

Für schulische Produktionen ist dieser Weg in der Regel zu kostenintensiv. Abgesehen davon würden bei professionellen Produktionen große pädagogische Potenziale einfach verschenkt werden, denn die Herstellung eines Lernvideos an sich ist gut in ein didaktisches Konzept – und das interdisziplinär – integrierbar. Schülerinnen und Schüler sind Laien, jedoch sollte man ihr Talent nicht unterschätzen. Unter Umständen gelingt es sogar hin und wieder Profis in der Branche zu überzeugen, sich ehrenamtlich mit Rat und Tat an einer Produktion zu beteiligen.

Ein erwähnenswertes Beispiel ist die Kooperation der Klagenfurter Waldorfschule mit dem Schauspieler und Regisseur Maximilian Achatz.[3] In den 2000er-Jahren inszenierte Achatz mit einer Schulklasse das Bühnenstück Liliom von Ferenc Molnár. Die Kostüme wurden aus dem Fundus des Klagenfurter Stadttheaters entliehen. Aufgeführt wurde das Stück schließlich im professionellen Ambiente der Theaterhalle auf dem Gelände der Kärntner Messen in Klagenfurt mit drei ausverkauften Vorstellungen.

Das Beispiel kann auch für Lehrvideo-Produktionen Signalwirkung haben, denn die schauspielerische Leistung wurde von den Schülerinnen und Schülern erbracht, deren Ideen und Gedanken durchaus berücksichtigt wurden. Die Rahmenbedingungen des Projekts lassen sich auf viele Schulen allgemein projizieren:

- Schulen und Bildungseinrichtungen müssen fast immer mit einem engen Budget kalkulieren. Das war bei dieser kleinen privaten Schule ganz besonders zu berücksichtigen.
- Die Motivation der teilnehmenden Schülerinnen und Schüler war bei der Erarbeitung des in der 7. Klassenstufe sehr anspruchsvollen Stoffs ausgesprochen hoch. Schülerinnen und Schüler hatten Spaß an der Arbeit und waren überdurchschnittlich neugierig.
- Die Bereitschaft der beteiligten Profis, zum Teil einen ehrenamtlichen Beitrag zu leisten, war sehr groß.

Das an dieser Stelle genannte Projekt wurde als Theaterstück umgesetzt. Videos wurden lediglich von einzelnen Eltern für den privaten Gebrauch angefertigt. Ebenso hätte jedoch auch ein professioneller Mitschnitt des Stücks oder eine Spielfilmproduktion entstehen können.

Die Erfahrung zeigt, dass die Bereitschaft, Bildung innerhalb eines gewissen Rahmens zu unterstützen, durchaus auch bei kommerziellen Partnern gegeben ist. Es erfordert ein wenig Mut, auf diese Profis zuzugehen und natürlich etwas Verhandlungsgeschick. Bei fachlich bezogenen Lehrvideos besteht möglicherweise für alle Beteiligten eine „Win-Win-Situation": Für die Bildungseinrichtung die Schaffung von wertvollem Unterrichtsmaterial, für die Protagonisten (Schülerinnen und Schüler) die Teilnahme an einem interessanten Projekt mit großem eigenen Lernerfolg und für die Partner eine wertvolle Publicity mit entsprechendem Imagegewinn.

---

[3] *https://dramax.at*, letzter Zugriff: 06.12.2020: Maximilian Achatz (* 1954) ist ein österreichischer Schauspieler und Theaterregisseur.

6.2.6 Location-Planung

Im vorangegangenen Abschnitt wurde bereits – für die Produktion eines Theaterstücks – auf die Kooperation einer kleinen Schule mit einer Messegesellschaft hingewiesen. Natürlich sind es nicht riesige Hallen, sondern kleine Theaterbühnen, die mit Bildungskooperationen einen Imagegewinn und vielleicht auch eine kleine Zusatzeinnahme verbuchen können.

Auch kleine Schulungsvideos sollten authentisch sein. Für eine Unterrichtseinheit über „Burgen im Mittelalter" bietet sich selbstverständlich eine echte Burg als Kulisse an. Während der Urlauber bei der Besichtigung einer Burg durchaus fotografieren und filmen darf (außer es wird untersagt), ist dies für die Herstellung eines Schulungsvideos mit dem damit verbundenen Aufwand nicht automatisch möglich. Eine Burg, eine Kirche, ein Kloster etc. sind in der Regel Örtlichkeiten in Privatbesitz. Die Erlaubnis, diese Orte zu besichtigen, bedeutet nicht gleichzeitig auch die Erlaubnis, diese Orte für Filmaufnahmen nutzen zu dürfen. Es ist also ganz wichtig, vorab ein gutes Konzept auszuarbeiten und die geplanten Inhalte darzustellen. Mit etwas Glück ist sogar ein Kommentar oder ein Interview mit dem Eigentümer möglich, wodurch die Produktion deutlich an Qualität gewinnen kann.

 Eine „harte Währung": Vertrauen

Wenn es um die Drehgenehmigung in einer privaten Location geht, ist das nicht unbedingt eine finanzielle Herausforderung. Viel wichtiger kann es sein, das Vertrauen des Besitzers zu gewinnen. Niemand möchte sein Eigentum nach Abschluss der Dreharbeiten mit Schülerinnen und Schülern in der Form einer „Mondlandschaft" wiederentdecken. Respekt vor dem Eigentum anderer ist enorm wichtig und das muss auch den eher „humorvoll" eingestellten Teilnehmerinnen und Teilnehmern der Produktion verdeutlicht werden.

Besonders wichtig wird dem Besitzer der Location jedoch die Wahrung des eigenen Images sein. Eine Verhandlung wird leichter fallen, wenn es um eine ernsthafte und gut geplante Produktion geht. Besteht das Risiko, den Standort für reinen „Trash" zur Verfügung zu stellen, wird eine Drehgenehmigung nur schwer zu bekommen sein. Tatsächlich sind Eigentümer von beispielsweise Burgen sehr vorsichtig, lassen sich jedoch auch durchaus überzeugen.

Sollen einfache Alltagsszenen dargestellt werden, kann auch ein Gespräch mit der Geschäftsleitung eines Möbelhauses zielführend sein. In der Regel dauern die Dreharbeiten für kleine Schulproduktionen nicht außergewöhnlich lang. Die Kulisse sind die Ausstellungsflächen, die von der schulischen Produktion genutzt werden. Der Gewinn für das Möbelhaus ist die Aufmerksamkeit der Kundschaft, die allein aus reiner Neugierde von Kameratechnik und Beleuchtung angezogen wird. Hier können Kooperationspartner durch einen Imagegewinn punkten.

Problematisch – vor allem für die zeitliche Planung – sind grundsätzlich Außenaufnahmen. Das gilt für Profi-Produktionen gleichermaßen wie für schulische Projekte. Der Zeitplan für eine Außenaufnahme kann allein vom Wetter vollkommen durcheinandergeworfen werden. Stimmen müssen zudem die Lichtverhältnisse. Szenen, die am Abend zu drehen sind, erfordern die Kooperation mit Schülern und Eltern gleichermaßen. Ebenso betrifft dies Szenen in besonders frühen Morgenstunden oder sogar in der Nacht. Kritisch sind Außenaufnahmen zumeist auch wegen eventueller Reiseplanungen. Meist muss zumindest ein Bus angemietet werden. Das verursacht Kosten, die auch dann anfallen, wenn der Dreh aus Wettergründen abgesagt werden muss.

Für Trickaufnahmen oder Indoor-Szenen lassen sich möglicherweise vorhandene Klassen- oder Seminarräume nutzen. Es sollte jedoch nicht „jeder gerade freie Raum" verwendet werden. Wichtig sind die Lichtverhältnisse: Haben die Wände einen passenden Anstrich oder werden weitere Hilfsmittel benötigt? Möglicherweise kann von außen hereinscheinendes Sonnenlicht störend wirken. Rollläden oder Vorhänge sind bei der Wahl des „Studios" von Vorteil.

6.2.7 Musik und Rechte

Den Gesetzen und Rechtsvorschriften, die bei der Anfertigung von – insbesondere digitalen – Lehrmaterialien zu beachten sind, widmet dieses Werk ein eigenes Kapitel. An dieser Stelle seien jedoch bereits zwei unbedingt zu beachtende Rechte angesprochen:

- das Recht auf das eigene Bild und

- das Urheberrecht allgemein.

Nehmen Schülerinnen und Schüler an einem Videodreh als Protagonisten teil, so ist von ihnen eine unterschriebene Einverständniserklärung erforderlich, wenn diese Aufnahmen Dritten – und das ist der Sinn eines Schulungsvideos – zugänglich gemacht werden sollen. Unter Umständen muss diese Einverständniserklärung von den Erziehungsberechtigten unterzeichnet werden, wenn es sich um minderjährige Personen handelt.

Tatsächlich ist dem Autor ein Fall bekannt, in dem ein einfaches Klassenfoto, welches im Internet auf der Webseite einer Schule veröffentlicht wurde, nach einem Einspruch eines Schülers aus dem Netz entfernt werden musste. Der Grund war nicht allein das fehlende Einverständnis des betroffenen Schülers, der durchaus als Teil des Klassenverbands auch auf dem gemeinsamen Foto erscheinen wollte, sondern eine Gefahrenlage, die sich aus seiner Lebensgeschichte als „Flüchtling" ergab. Er und seine Familie wurden nicht nur von den Behörden seines Herkunftslands verfolgt, sondern auch von durch die dortigen Kriegs- wirren entstandenen Feindschaften in dessen ehemaligem Familienumfeld bedroht. Derartige Fälle mögen für Mitteleuropäer unglaublich erscheinen, sind für die Betroffenen jedoch durchaus Realität. Bilderkennungssoftware – wie sie beispielsweise in einer einfachen Form bereits die Google-Suchmaschine im Internet anbietet – könnte Hinweise auf den Wohnort und die neue Identität des Betroffenen liefern. Das Gesicht des Schülers musste deswegen für die Verbreitung im Internet auf dem Foto unkenntlich gemacht werden.

Der Fall liefert noch ein weiteres Beispiel für mögliche Einschränkungen in der Nutzung eines Bilds (oder eines anderen Inhalts): Urheber des Fotos war ein professioneller Fotograf. Die Schule erwarb durch dessen Beauftragung und Bezahlung lediglich ein Verwertungs- recht. Es ist in einem solchen Fall stets zu prüfen, wie genau der Umfang der Verwertung beschrieben ist und ob darin auch die Veränderung gestattet wird. Ein Fotograf könnte durch die Retusche des einzelnen Schülers Anstoß an der Veränderung seines Werks neh- men und deren Verbreitung in dieser Form untersagen. Das könnte beispielsweise damit begründet werden, dass er seinen Ruf in Gefahr wähnt, weil die nachträgliche Entfernung einzelner Personen als „unprofessionell" gedeutet und für ihn als Profi zum Nachteil ausgelegt werden könnte.

Ein sehr heikles Thema stellt die Vertonung einer Videoproduktion dar. Musik ist ein wichtiger dramaturgischer Bestandteil eines Videos, auch für Dokumentationen oder einfache Erklär-Videos. Dabei kommt es immer wieder – zu vorsätzlichen oder fahrlässigen – Verletzungen des Urheberrechts. Oft passiert dies aus Unwissenheit, ebenso häufig ist die Argumentation zu vernehmen, dass es sich ja nur um eine kleine schulische Nutzung handelt, die dem Rechteinhaber nicht zum Nachteil gereiche. Ein Schulungsvideo ist keine Produktion für den ausschließlich privaten Bereich. Auch hier ist die Verwendung eigentlich nicht immer legal, erst recht nicht die Weitergabe des fertigen Videos. Es gibt in der Regel nur keine Kläger, welche Ansprüche definieren und durchsetzen.

Anders kann dies bei einer schulischen Publikation aussehen, die möglicherweise sogar allgemein öffentlich zugänglich ist. Hier greift das Urheberrecht und ist in vollem Umfang zu berücksichtigen.

Missverständnisse entstehen auch, wenn es um eigene musikalische Werke oder um Musik eines längst (länger als 70 Jahre) verstorbenen Künstlers geht. Die Urheber aktueller Musikstücke (nicht allein die „Chartstürmer") genießen für ihr geistiges Werk einen Schutz. Dieser Urheberschutz verfällt auch dann nicht, wenn das Stück – beispielsweise von einer Schulband – neu in einer eigenen Interpretation aufgenommen wird.

Auch dann, wenn der eigentliche Urheber eines Werks länger als 70 Jahre nicht mehr lebt, kann das Urheberrecht schlagend werden.

Ein Beispiel: Eine Videoproduktion soll mit Beethovens 9. Sinfonie vertont werden. Ludwig van Beethoven verstarb im Jahr 1827 und ist daher deutlich länger als 70 Jahre tot. Sein Werk kann deswegen als „gemeinfrei" verstanden und verwendet werden. Es spricht deswegen grundsätzlich nichts dagegen, wenn ein Schulorchester dieses Werk für die Vertonung der Videoproduktion aufnimmt.

Problematisch wird die Nutzung der 9. Sinfonie, obwohl das Werk an sich gemeinfrei ist, wenn Noten der Wiener Sinfoniker (oder anderer Künstler) verwendet werden, die das Werk neu arrangiert haben. Das gilt auch dann, wenn einzelne Passagen des Stücks verändert wurden (Veränderungsverbot). Auch die direkte Verwendung der Tonträger dieser Künstler ist nicht zulässig! Es ist in diesem Beispiel lediglich die Nutzung und/oder Anpassung des gemeinfreien Originalwerks respektive Interpretationen von Künstlern, die selbst seit mindestens 70 Jahren nicht mehr leben zulässig.

■ 6.3 Aufnahmetechnik

Videoaufnahmen für Kinofilme erfordern selbstverständlich professionelles Equipment, perfekt gewählte Drehorte und ebenso professionelle Licht- und Schnitttechnik. Projekte im Bildungsbereich werden vor allem durch drei Faktoren in einem engen Rahmen gehalten:

- meist sehr knappes Budget,

- Akteure und Produzenten sind meist Laien,

- knapper Zeitrahmen für die Umsetzung des Projekts.

Dieses Buch widmet sich der Produktion von multimedialen Lehrmaterialien. So mögen Profis aus dem Video- und Kinobereich die folgenden Vorschläge und Anregungen möglicherweise für ungeeignet bewerten. Das ist ganz sicher – gemessen an den in dieser Branche gesetzten Standards – auch der Fall. Der Maßstab dieses Kapitels ist die potenzielle Verfügbarkeit der Ressourcen (auch der technischen Möglichkeiten) bei Lehrenden und Lernenden.

6.3.1 Aufnahme-Hardware

Für die Videoaufnahme braucht man – natürlich – eine Kamera. Viele Kameras sind Kompaktgeräte, die ein Mikrofon und oft sogar eine Beleuchtungsquelle integrieren. Empfehlenswert ist es jedoch ein externes Mikrofon.

6.3.1.1 Mikrofone

Ein externes Mikrofon ist stets zu empfehlen. Das bedeutet auch, dass bei der Auswahl einer geeigneten Kamera auf eine solche Anschlussmöglichkeit zu achten ist. Ein externes Mikrofon ermöglicht direkte Tonaufnahmen, auch bei größeren Kameraentfernungen. Gute Platzierungen unterstützen zudem die Stereo-Effekte und bieten eine gewisse räumliche Akustik.

Ein großer Kontrollmonitor kann durchaus ein Kaufkriterium sein, der vor allem auch bei schwierigen Lichtverhältnissen (z.B. Sonnenlicht) verwendet werden kann. Gerade hier sind viele Displays nahezu unbrauchbar, was besonders die Arbeit bei Außenaufnahmen schwierig gestaltet.

Technisch unterscheidet man Mikrofone vor allem in ihrer technischen Bauart des Wandlers[4] sowie im Frequenzbereich und in der Richtcharakteristik.

Die technische Differenzierung der Mikrofone schlägt sich in der Aufnahmequalität, der Baugröße und nicht zuletzt auch im Preis nieder.

- Kohlemikrofon: Kohlemikrofone sind eine sehr alte und preiswerte Bauform. Sie waren billig, sehr robust und deswegen lange Zeit in alten Telefonapparaten verbaut. Im Lauf der Zeit neigt das Kohlegranulat in den Mikrofonkapseln zum Verklumpen, was die akustischen Eigenschaften dieses – ohnehin nicht besonders hochwertigen – Mikrofontyps durch Alterung verschlechtert. Für den Einsatz im Fernsprechnetz war die gebotene Qualität ausreichend, weil nur ein schmaler Frequenzbereich von 300 Hz bis 3400 Hz für die Sprachübertragung gefordert wurde. Beim Einsatz in der Videoproduktion sollte aus den genannten Gründen auf Kohlemikrofone verzichtet werden.

- Kondensatormikrofone: Hier unterscheidet man verschiedene Typen wie das Hoch- und Niederfrequenzkondensatormikrofon und das Elektret-Kondensatormikrofon. Kondensatormikrofone werden heute am häufigsten verwendet, was an ihrem einfachen Wand-

---

[4] Technischer Teil des Mikrofons, welches die Schallwellen in elektrische Signale umsetzt.

ler-Prinzip und den trotzdem guten Klangeigenschaften liegt. Die Membran eines solchen Mikrofons ist sehr dünn und elektrisch leitend. Ihr gegenüber befindet sich – getrennt durch eine dünne Isolatorschicht – eine ebenfalls elektrisch leitende Fläche. Im Aufbau entspricht dies dem Prinzip eines elektrotechnischen Bauteils, dem Kondensator. Der Schalldruck bewirkt eine Änderung der Kapazität des Wandlers. Diese kann gemessen und in elektrische Signale umgesetzt werden.

- Dynamisches Mikrofon: Bei dieser Technik bewegt die Membran des Wandlers eine Spule in einem Magnetfeld, wodurch in dieser Spule eine kleine Spannung induziert wird. Auch diese Bauform ist sehr einfach und sehr robust. Dynamische Mikrofone halten auch größeren Schalldruck aus, weshalb sie auch zur Aufnahme vor einem akustischen Schlagzeug verwendet werden können.

Ein wesentliches Qualitätsmerkmal eines Mikrofons ist dessen Frequenzgang. Die menschliche Sprache kann bereits mit sehr einfachen Mikrofonen gut aufgenommen und übertragen werden, jedoch gilt dies nur für einfache erklärende Texte oder ganz gewöhnliche Dialoge in Spielszenen. Soll auch Gesang oder akustische Instrumentalmusik aufgezeichnet werden, ist der Frequenzgang ein wichtiges Auswahlkriterium. Dies gilt insbesondere bei den hohen Frequenzen. Im Allgemeinen erfüllen heute fast alle gängigen Mikrofone die Mindestanforderungen, die Lehrvideos möglicherweise an die Hardware – zu einem angemessenen Preis[5] – stellen. Sehr gute Mikrofone, auch als Teil eines Headsets, arbeiten im Frequenzbereich von 20 Hz bis zu 20 kHz.

Ein weiteres wichtiges Kriterium, welches Einfluss auf die Aufnahmequalität haben kann, ist die Richtcharakteristik des Mikrofons. Im Wesentlichen werden drei Charakteristiken unterschieden:

- *Omnidirektionale Charakteristik (Kugelcharakteristik):* Schallwellen aus allen Richtungen werden gleichmäßig gut aufgenommen.

- *Bidirektionale Charakteristik*: Das Mikrofon nimmt sowohl in Vorwärts- als auch Rückwärtsrichtung sehr gut auf. Zu den Seiten hin lässt die Aufnahmeempfindlichkeit jedoch stark nach und erreicht ihr Minimum bei einem Winkel von 90° bzw. 270° zur Vorwärtsausrichtung. Wegen der Kurvenform im Polardiagramm wird diese Charakteristik auch als *Acht* bezeichnet.

- *Richtmikrofon (Keulencharakteristik):* Diese Bauart zeigt in Frontalrichtung eine ausgeprägte Aufnahmeempfindlichkeit, wogegen an den Seitenbereichen nahezu kein Schallpegel aufgezeichnet wird. Auch auf der rückwärtigen Seite gibt es eine gewisse Empfindlichkeit, die jedoch erheblich geringer ist als in der Hauptwirkungsrichtung des Mikrofons.

- *Nierencharakteristik:* Das Mikrofon nimmt in Vorwärtsrichtung in einem sehr breiten Winkel – im Idealfall nahezu über 180° mit einer nahezu gleichbleibenden Empfindlichkeit auf. Rückwärts gerichtet ist die Aufnahmeempfindlichkeit dagegen sehr schwach. Das Diagramm hat die Form einer „Niere", was der Charakteristik den Namen gibt.

---

[5] Der Frequenzbereich der menschlichen Stimme liegt ungefähr zwischen 80 Hz und 12 kHz. Dieser Frequenzbereich variiert natürlich von Mensch zu Mensch und ist auch vom Geschlecht abhängig.

Charakteristik ist frequenzabhängig

Ohne tief in die Technik einsteigen zu wollen, sei erwähnt, dass die Charakteristika der Mikrofone, also die Aufnahmeempfindlichkeit in den verschiedenen Richtungen, nicht bei allen Frequenzen gleich sind. Dies kann zu „seltsamen" Lautstärkeveränderungen führen, wenn sich die Tonquelle am Mikrofon vorbei bewegt und der Ton eine Dynamik über einen breiten Frequenzbereich hat.

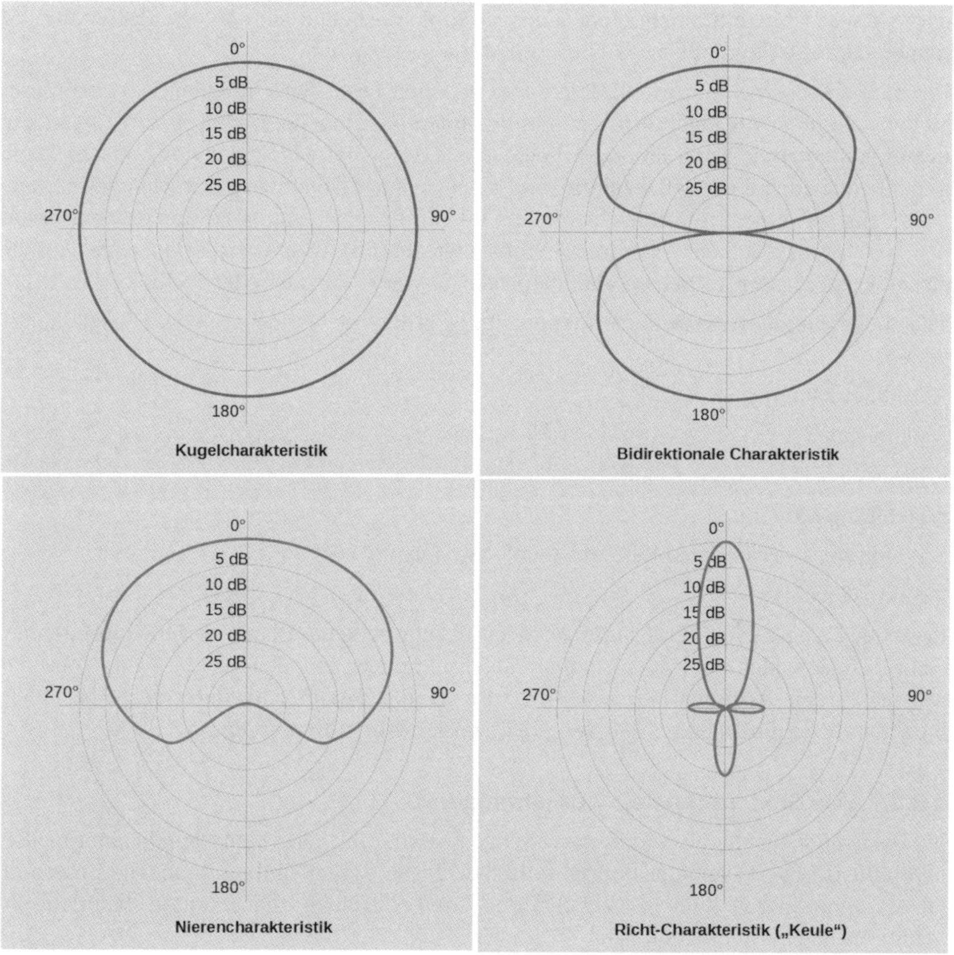

Bild 6.3 Die Skizzen zeigen verschiedene Charakteristika von Mikrofonen. Dies muss bei der Aufstellung der Mikrofone am Drehort beachtet werden.

Die Aufstellung externer Mikrofone wird also maßgeblich von deren Charakteristik bestimmt. Oft werden mehrere Mikrofone verwendet, um eine möglichst gute Aufnahmequalität zu erreichen. Die Pegel der verschiedenen Audiospuren werden später beim Schnitt angepasst.

6.3.2 Kameras

Gute Videokameras mit HD-Auflösung gibt es schon ab ca. 100 Euro. Genau genommen ist hier die Rede von den gebräuchlichen Camcordern, wie sie allgemein privat verwendet werden. Nach oben ist im Preisniveau keine Grenze gesetzt, wobei bei einer Profi-Ausstattung durchaus Preise von mehreren Tausend Euro aufgerufen werden. Für den schulischen Einsatz genügen einfache Kamera-Modelle jedoch meist für sehr gute Ergebnisse.

Alternativ bieten viele digitale (Foto)-Kameras die Möglichkeit, Videoaufnahmen zu machen. Auch diese werden für die meisten Fälle durchaus geeignet sein, haben jedoch den Nachteil, dass sie meist nur mit einem eingebauten Mikrofon arbeiten können. Die Bedienung der Kamera kann so Störgeräusche in der Aufnahme verursachen.

Der aufmerksamen Leserin und dem aufmerksamen Leser wird auffallen, dass an dieser Stelle wenig über die eigentlich – zumindest für professionelle Produktionen – wichtigen Eigenschaften einer guten Kamera wie die Größe des Video-Chips, der rein optische Zoom und letztlich auch die Möglichkeit für den Austausch der Objektive gesprochen wird. Camcorder für den privaten Gebrauch werden zudem mit vielen Automatikfunktionen beworben, welche aus der Sicht des Kamera-Profis eher überflüssig sind. Experten setzen auf die eigene Kontrolle der Aufnahme und überlassen das Ergebnis nicht der Technik.

Neben den obligatorischen Kameratypen gibt es mittlerweile eine Reihe von Spezialkameras wie

- Drohnenkameras
- Actioncams
- Dashcams
- Stetoskop-Kameras
- Rundum- bzw. Panorama-Kameras (360° bzw. auch „720°")
- Mikroskope uvm.

Derartige Kameras sind für Schulungsvideos oft sehr gut einsetzbar. So können Aufnahmen einer Dashcam oder einer Actioncam für Gefahrenunterweisungen in einer Fahrschule verwendet werden. Achtung: Hier sind unter Umständen Persönlichkeitsrechte zu beachten, die schon beim Filmen eines Fahrzeug-Kennzeichens berührt werden.

6.3.2.1 Das Smartphone als Aufnahmegerät

Ein Smartphone ist heute der allgegenwärtige Begleiter fast aller Menschen in einer modernen Industrie- und Dienstleistungsgesellschaft. Diese Geräte sind multimediale Universaltalente. Sie besitzen Kameras auf der Front- und Rückseite und gestatten damit sowohl Selbst- als auch Fremdaufnahmen.

Ein Smartphone kann eine brauchbare Aufnahmequelle für kleinere Videosequenzen sein. Die Auflösung von Smartphone-Kameras bietet durchaus HD-Qualität. Nachteil der Smartphone-Kameras ist deren Optik. Die kleinen Kamera-Objektive, die in einem Smartphone-Gehäuse verbaut werden können, haben nur einen sehr kleinen Lichteinfall. Mit den großen Objektive und ihrer großen Öffnungsweite können diese Kameras bei schwierigen Lichtverhältnissen nicht mithalten. Smartphones besitzen heute meist eine sehr gut ausgereifte Kameraelektronik mit sehr hochauflösenden optischen Chips. Die geringe Lichtmenge und die baulich bedingte geringe Brennweite kann diese Elektronik jedoch nur bedingt ausgleichen.

Ein großer Vorteil dieser kompakten Universalgeräte ist der mittlerweile sehr große Speicherplatz. Nicht zuletzt handelt es sich noch immer in erster Linie um Kommunikationsgeräte und Aufnahmen können über WLAN, USB oder die klassische Mobilfunkschnittstelle auf externen Datenträgern gespeichert oder in die „Cloud" übertragen und dort von verschiedenen Nutzerinnen und Nutzern weiterbearbeitet werden. Smartphones sind kleine, sehr leistungsfähige Computer. Es gibt verschiedene Apps, mit denen sich aufgezeichnete Fotos und Videos nachträglich bearbeiten lassen.

Smartphones oft völlig ausreichend!

Für fast alle Aufnahmen, die im Rahmen von Schulungsvideos anzufertigen sind, werden Smartphones gute Ergebnisse erzielen. Das sind zum Beispiel:

- Vorstellungsvideos,
- Interviews,
- Dokumentationen von Arbeitsprojekten.

Für Smartphones gibt es verschiedenes Zubehör, welches kleinere Videoaufzeichnungen sinnvoll unterstützt. Das beginnt bei einem kleinen Stativ, welches bereits um 10 € erhältlich ist und das für ruckelfreie Aufzeichnungen sorgt. Das Smartphone wird idealerweise ca. 50 cm bis 1 m vom Sprecher aufgestellt, um eine optimale Positionierung des Sprechers im Bild zu erreichen (vgl. Abschnitt 6.3.3.4).

Zudem gibt es eine Reihe verschiedener Headsets mit Bluetooth-Anbindung, die für die Audio-Aufnahme und den Kontrollton eine hohe Flexibilität und gleichzeitig gute Aufzeichnungsqualität bieten.

6.3.2.2 Laptop-Kamera

Soll ein einfaches „Erklärvideo" erstellt werden? Als Hintergrund passt dann vielleicht sogar der unveränderte Klassenraum und es werden zusätzliche Inhalte aus Präsentationen eingebaut. Für diese Zwecke kann die heute in beinahe jedem Laptop eingebaute Kamera gut verwendet werden. Die Auflösung ist völlig ausreichend für diese Art von Aufnahmen. Es muss lediglich auf den Lichteinfall geachtet werden.

Bei der Aufnahme muss jedoch berücksichtigt werden, dass die Kamera fest am oberen Rand des Displays eingebaut ist. Es ist deswegen die Kunst des Sprechers, über das eigene Kontrollbild – dieses befindet sich mehrere Zentimeter unterhalb der Kamera – hinweg, direkt in die Linse zu schauen. Ein Trick für eine gute Aufnahme ist die Verwendung eines zweiten Bildschirms, der ungefähr einen Meter direkt hinter dem Laptop aufgestellt wird. Der Sprecher blickt bei guter Einstellung des Kontrollbilds auf diesem zweiten Bildschirm direkt über die Linse der eingebauten Kamera hinweg und es entsteht der Eindruck einer direkten Ansprache des Publikums.

6.3.2.3 USB-Webcam

Computer-Kameras, wie sie im Jahr 2020 verstärkt in den Geschäften nachgefragt wurden, eignen sich nicht nur für Skype- und Zoom-Konferenzen. Sie sind auch für die Aufnahme einfacher Schulungsvideos geeignet. Wie auch bei den in Laptops fest verbauten Kameras werden die Aufnahmen auf der Festplatte des Computers aufgezeichnet. Ihr Vorteil ist jedoch gegenüber fest eingebauten Modellen, dass sie sehr flexibel platziert werden können.

Besonders bei der Herstellung von Schulungsvideos kann eine externe Kamera für den direkten Anschluss an den PC sinnvoll sein, um Präsentationen direkt an einem Modell vorzunehmen. Sie kann ergänzend zur eingebauten Kamera auch als Dokumentenkamera verwendet werden. Hier gibt es zudem Software – auch freie, kostenlos nutzbare Programme –, die zwei Kamerabilder in einen gemeinsamen Videostream vereinen. Das macht die Kombination aus Dokumentenkamera und direkter Ansprache auch über das Video noch persönlicher.

6.3.2.4 Drohnen

Drohnen, auch mit eingebauter Kamera, die mit einer gewöhnlichen Fernsteuerung oder mithilfe einer Handy-App gesteuert werden, gibt es in allen Preisklassen. Für professionelle Aufnahmen muss man tief in die Tasche greifen. So werden Drohnen mit hoher Leistung in einem mittleren fünfstelligen Betrag gehandelt.

Für die Herstellung eines Schulungsvideos reichen aber auch weitaus kostengünstigere Modelle aus. Je nach Modell sind diese Drohnen in der Regel leicht zu steuern. Ein wenig Übung sollte jedoch stets vorangehen. Preiswerte Drohnen sind für rund 100 Euro mit eingebauter Kamera zu bekommen. Nachteil der ganz einfachen Modelle ist das fehlende Kontrollbild. Etwas bessere Modelle arbeiten dagegen sogar mit dem Prinzip der *Augmented Reality*[6] (AR). Erweiterte Wirklichkeit bedeutet, dass die realen Ansichten um zusätzliche Informationen ergänzt werden. Die Darstellung findet in einer 3D-Brille statt, die das Kamerabild der Drohne mit zusätzlichen Informationen wie zum Beispiel Flughöhe, Koordinaten und Richtung kombiniert. Es entsteht so gewissermaßen der Eindruck, selbst im Cockpit zu sitzen und die Drohne während der Aufnahme zu steuern.

6.3.2.5 360°- und 720°-Kamera

Eine spezielle Anordnung von zwei oder mehr Linsen macht Panoramaaufnahmen rund um die Kamera möglich. Die Objektive sind konvex gewölbt, so dass eine direkte Aufnahme ein erheblich verzerrtes Bild ergibt, was jedoch einen Winkel von 180° in horizontaler und ebenso 180° in vertikaler Ausrichtung pro Objektiv darstellt. Eine Software ist in der Lage, die Verzerrungen wieder auf lineare Werte umzurechnen und die jeweiligen Bildteile wie gewöhnliche Bildausschnitte darzustellen.

---

[6] to augment steht für „vermehren". Bei „Augmented Reality" meint man eine „erweiterte" Wirklichkeit.

Bild 6.4 Eine Rundum-Kamera (360°- bzw. 720°-Kamera) kombiniert das Bild zweier Kamera-chips, die jeweils über ein ausgeprägt konvexes Objektiv eine (verzerrte) Aufnahme machen. Die Verzerrungen werden digital korrigiert und die Teilbilder zu einem nahezu vollständigen Panoramabild zusammengeführt. Es sind sowohl Fotos als auch Videoaufnahmen möglich.

Der Begriff der „720°-Kamera" leitet sich aus der Rundumsicht nach allen Seiten (waage-recht und senkrecht zur Kameraachse) ab. Für einfache Aufnahmen geeignete Modelle sind bereits ab 70 Euro zu bekommen. Je nachdem, welchen Inhalt die zu erstellenden Lehr-videos haben und auf welchem Medium sie wiedergegeben werden sollen, können die Preise auch deutlich darüber liegen. Als Wiedergabemedium kommen klassische Bildbear-beitungsprogramme und Videosoftware in Betracht, die jedoch die Verzerrung meist nicht ausgleichen können. Interessanter werden 360°/720°-Aufnahmen, wenn sie mithilfe einer VR-Brille[7] darstellbar sind. Neben den hochwertigen VR-Brillen, die bereits in der Videospiel-Community äußerst beliebt sind, gibt es auch Aufsätze für Smartphones, die bei einem – in zwei Teilbildern aufbereiteten – Bild den Eindruck räumlichen Sehens bieten. Wird auf diese Weise die Aufnahme einer 360°/720°-Kamera betrachtet, entsteht der Eindruck in-mitten der Szene zu stehen. Der Betrachter kann sich aus der Perspektive der Kamera dre-hen und die gesamte Räumlichkeit um sich herum wahrnehmen.

---

[7] VR steht für „Virtual Reality". VR-Brillen erwecken den Eindruck, man befände sich inmitten einer digital erzeugten Szenerie. Dies können Lehrmaterialien ebenso sein wie 3D-Kinofilme oder Videospiele.

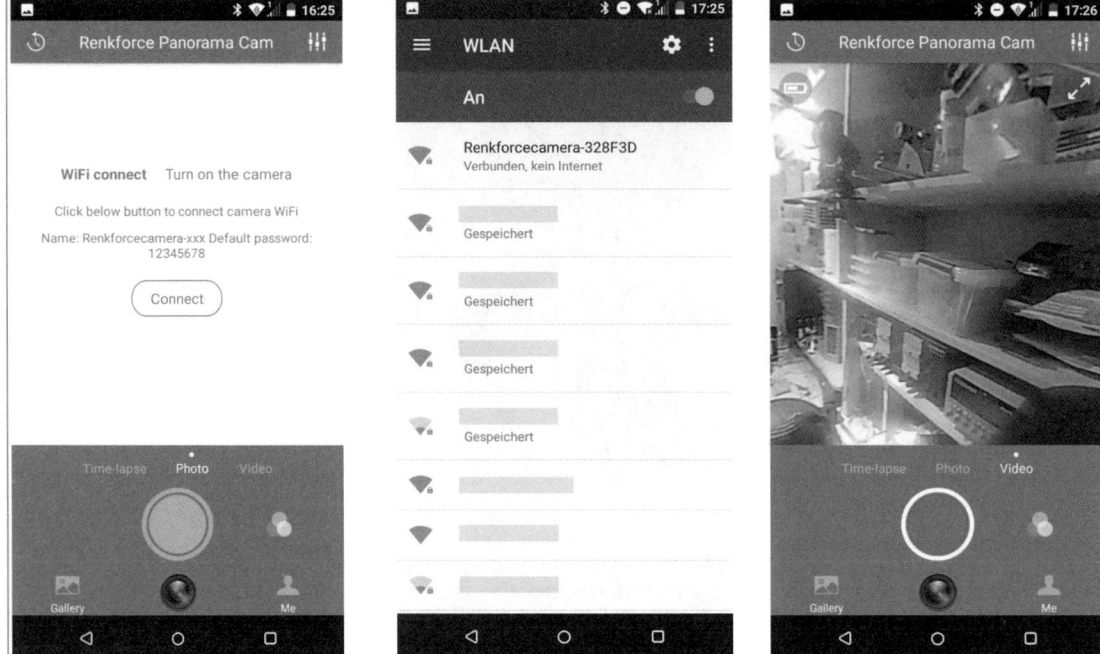

Bild 6.5 Das hier gezeigte Modell einer 720°-Kamera arbeitet zwar mit einer Handy-App,
funktioniert aber unabhängig von Cloud-Diensten. Die Kommunikation erfolgt direkt über WLAN.

 Tipp für Geschichtsunterricht oder das Fach Architektur

Die Rundum-Aufnahme eines historischen Platzes oder einer Sehenswürdigkeit,
wie zum Beispiel einer Kirche, kann als Basis für eine sehr plastische Gestaltung
von Unterrichtsmaterial verwendet werden. Die Lernenden werden gewissermaßen direkt in das Objekt und in die Szene hineinversetzt und können das
Lernen vom Klassenzimmer aus direkt *erleben*.

Bild 6.6 Das Rohbild der Rundum-Kamera mit der Zusammenfassung beider Linsen.

Bild 6.7 Auch normalisierte Bildansichten zeigen im Nahbereich der Kamera noch Verzerrungen. Über die Bildlaufleiste wird jedoch ein gut darstellbares Panoramabild sichtbar.

Bild 6.8 Die Screenshots des Smartphones zeigen links das (verzerrte) Rohbild der Rundum-Kamera. Die drei weiteren Beispiele zeigen jeweils Screenshots verschiedener Ausschnitte des Bilds in unterschiedlichen Blickrichtungen. Hier wurden die Verzerrungen auch im Nahbereich herausgerechnet.

6.3.2.6 Stethoskop-Kamera

Vergleichsweise kostengünstig – deutlich unter 100 Euro – sind auch Stethoskop-Kameras im Handel erhältlich. Eine solche Kamera wird wie eine klassische externe Webcam an die USB-Schnittstelle des Computers ober mithilfe eines entsprechenden Adapterkabels an das Smartphone angeschlossen.

Eine Stethoskop-Kamera ist nützlich für die Störungsbehebung in Maschinen, denn sie kann – meist ohne größere Demontagearbeiten – tief in deren Innenbereiche vordringen und Aufschluss über Funktion und Fehlfunktion liefern. Ebenso kann eine solche Kamera auch hervorragende Einblicke in Maschinen und Anlagen für Schulungszwecke eröffnen, die deutlich über das Maß reiner Theorie hinaus reichen.

Eine Stethoskop-Kamera wird vom Betriebssystem zumeist wie eine gewöhnliche USB-Kamera erkannt und kann wie eine solche mithilfe einer eigenen Software aber auch regulär in einem Meeting oder zur Foto-/Videoaufnahme verwendet werden.

Der Gebrauch einer solchen Kamera erfordert ein wenig Übung. Die Kamera muss mit einfachsten Mitteln bewegt und navigiert werden. Entsprechend der Aufgabe einer solchen Stethoskop-Kamera werden nur Objekte scharf dargestellt, die sich sehr nahe am Objektiv befinden.

Bild 6.9 Scheinbar nichts weiter als ein Kabel mit einer LED und einer Linse an dessen Ende: Eine Stethoskop-Kamera kann in Hohlräume eingeführt werden und dort Bilder aufnehmen, die dem menschlichen Auge sowie jeder gewöhnlichen Kamera verborgen blieben.

Bild 6.10 Der Vorteil einer Stethoskop-Kamera ist, dass sie tief in Hohlräume vordringen und vom Inneren einer Anlage Aufnahmen machen kann, ohne dass die Anlage geöffnet werden muss. Ihr Nachteil ist die Schärfeneinstellung auf sehr nahe Bereiche. Der Umgang mit einer Stethoskop-Kamera erfordert etwas Übung.

6.3.2.7 Action-Cam/Dashcam

In einem Auto sieht man Dashcams sehr häufig. Sie sichern bei einem Unfall Beweise und können unter Umständen auch belastendes Filmmaterial bei Strafanzeigen von Dränglern und bei Nötigung bieten. Mountainbiker, Gleitschirmflieger und Skifahrer etc. schätzen Action-Cams, die am Helm oder an der Bekleidung montiert werden. Derartige Kameras lassen sich auch bei Stadtbesichtigungen verwenden. Man hat beide Hände frei. Die Aufnahme läuft quasi permanent. Die relevanten Inhalte werden später beim Schnitt herausgearbeitet.

6.3.2.8 Digitale Foto-Kamera

Mit der digitalen Fototechnik und der Verfügbarkeit von Speicherchips mit sehr großen Kapazitäten lag es sehr nahe, digitale Kameras zu Universalgeräten zu machen. So bieten die meisten digitalen Fotokameras neben ihrem Hauptzweck – Fotos in hochwertiger Qualität zu erzeugen – auch die Möglichkeit, bewegte Bilder aufzuzeichnen.

Für einfache Aufnahmen werden bereits Kompaktkameras gute Dienste leisten. Spiegelreflexkameras mit Wechselobjektiven sind universell einsetzbar. Gute, lichtstarke Objektive lassen hervorragende Fernaufnahmen zu. Grenzen werden allerdings durch die Geschwindigkeiten und Auflösungen der optischen Chips sowie der internen Speichergeschwindigkeit gesetzt, welche in der Regel vorzugsweise für statische Aufnahmen dimensioniert sind.

6.3.2.9 Camcorder

Camcorder sind das klassische (Amateur)-Aufnahmegerät für Videos. Sie haben sich von den schweren, ursprünglichen VHS-C-Camcodern zu sehr kleinen und kompakten Geräten weiterentwickelt, die nicht nur in kleine Handtaschen passen, sondern dank moderner Akkutechnologie eine lange Aufnahmezeit bieten.

Preiswerte Camcorder bieten bereits sehr gute Möglichkeiten für brauchbare Schulungsvideos. Ihr Nachteil liegt zumeist beim fehlenden Zubehör. So können in der Regel keine Wechselobjektive verwendet werden. Nicht alle Modelle bieten eine Anschlussbuchse für externe Mikrofone. Bei Bandgeräten war dies ein gravierendes Problem, weil die Tonaufnahmen auch vom Laufgeräusch der Antriebsmotoren überlagert wurde. Auch bei modernen digitalen Camcordern nehmen interne Mikrofone Bedienungsgeräusche auf, was im Ergebnis störend ist. Eine Anschlussmöglichkeit für ein externes Mikrofon sollte grundsätzlich zu den entscheidenden Auswahlkriterien gehören.

In Werbeanzeigen für Camcorder wird immer wieder mit Zoom-Faktoren geworben. Hier muss zwischen dem digitalen und dem optischen Zoom unterschieden werden. Eine echte Vergrößerung des Bildausschnitts kann nur durch das Objektiv erfolgen. Dieses muss natürlich eine entsprechende Größe haben, damit ausreichend Licht einfallen kann. Der optische Zoom erfolgt, bevor das Licht den Aufnahmechip erreicht. An der eigentlichen Auflösung des Bilds ändert sich also durch das Zoomen nichts. Ein digitaler Zoom ist dagegen kein „echter" Zoom. Es werden lediglich aus den vorhandenen Bildinformationen Vergrößerungen des Bilds berechnet.

6.3.3 Aufnahme-„Handwerk"

Alleine die Verfügbarkeit von hochwertigem Equipment gewährleistet noch keine guten Videoaufzeichnungen. Profis heben sich hier von Amateuren durch ihre Ausbildung und langjährige Erfahrung ab. Beides ist in vielen Fällen im Amateurbereich nicht ausgeprägt vorhanden. Lehrkräfte sind in der Regel keine Foto- und Video-Profis. Dennoch werden mit etwas Übung viele Aufnahmen gelingen und durchaus Teil hochwertiger Endergebnisse sein, wenn ein paar kleine Tipps berücksichtigt werden.

6.3.3.1 Ruhe und Bewegung

Ein Kardinalfehler, wie er in den meisten privaten „Urlaubsvideos" zu erkennen ist, ist Unruhe während der Aufnahme. Die Kamera wird von einer Sehenswürdigkeit zur nächsten geschwenkt, es wird hinein und heraus gezoomt und nicht zuletzt erfolgen die Aufnahmen mit freier Hand während des Gehens. Letztere gleichen Bildstabilisierungsfunktionen mehr oder weniger gut aus. Sie reichen jedoch nicht annähernd an die Leistung sogenannter Steadicams heran, wie sie im professionellen Studioalltag selbstverständlich sind. Steadicams funktionieren nach dem Prinzip der Massenträgheit. Neben einem tiefgelagerten Ausgleichsgewicht sorgt eine spezielle Kameraaufhängung dafür, dass Verwackelungen allein aufgrund der physikalischen Gesetze verhindert werden. Einfache Camcorder stellen sich dieser Herausforderung mithilfe digitaler Bildberechnungen während der Aufzeichnung.

Einfacher und obendrein kostengünstig lassen sich Verwackelungen mit einem Stativ vermeiden. Zwar gibt es auch sehr hochwertige und teure Modelle, jedoch genügen für gelegentliche Schulungsvideos bereits einfach Stative in der Preisklasse um zwanzig bis dreißig Euro. Die kleinen und leichten Kameramodelle, wie sie heute weit verbreitet sind, lassen sich leicht montieren und stellen zudem keine große mechanische Belastung für einfache Stative dar. Wird dagegen mit professioneller Kameratechnik gearbeitet, sollte auf jeden Fall ein Stativ gewählt werden, welches das Gewicht der Kamera tragen kann. Ein wichtiges Argument bei der Auswahl eines Stativs ist auch die Möglichkeit, die Kamera schwenken zu können, ohne dabei ruckelnde Übergänge zu erzeugen.

Die eingangs erwähnten Handwerksfehler wie hektisches Zoomen oder schnelle Schwenks können aber auch diese Hilfsmittel nicht kompensieren. Idealerweise hält man sich an ein zuvor festgelegtes Drehbuch und/oder Storyboard und filmt mit genau festgelegten Einstellungen die zuvor geplanten Bildausschnitte. Hier sind auch Schwenks und Zooms möglich, die jedoch nur sparsam und keinesfalls zu schnell ausgeführt werden sollten.

6.3.3.2 Licht und Schatten

Beim Fotografieren und beim Videodreh ist Licht das A und O des Erfolgs. Es kommt aber nicht alleine darauf an, dass Licht vorhanden ist, sondern auch welche *Farbtemperatur* das Licht hat, aus welcher Richtung es kommt und ob es die passende Intensität für die gewünschte Stimmung in der Aufnahme hat. Ein Sprichwort besagt: „Wo Licht ist, ist auch Schatten!" – Schatten ist ein wichtiges Element bei Foto- und Filmaufnahmen, oft ist aber Schattenwurf auch unerwünscht.

Soll ein Sprecher im Video persönlich auftreten, wird eine gleichmäßige Ausleuchtung der Person bevorzugt. Der Lichteinfall erfolgt also von vorne, jedoch muss auch der Hintergrund mit zusätzlichen Lichtquellen bestrahlt werden, um dort einen Schattenwurf zu vermeiden.

Auf eine „harte" Beleuchtung, wie sie beispielsweise ein direktes Blitzlicht oder ein starker Studioscheinwerfer verursachen, ist zu verzichten. Besser ist eine diffuse Beleuchtung. Wer einmal einen Pressefotografen bei der Arbeit beobachtet hat, wird bemerken, dass dieser sein Blitzlicht oft senkrecht nach oben ausrichtet, jedoch in Richtung des Objektivs eine weiße Pappkarte hinter die Linse des Blitzgerätes platziert. Nicht der direkte Lichteinfall der Lichtquelle beleuchtet das Objekt, sondern der an der weißen Pappkarte reflektierte Teil des Lichts.

In vergleichbarer Weise lassen sich mit sehr einfachen Mitteln und obendrein kostengünstig Ausleuchtungen der Szenerie für eine Videoaufnahme vornehmen. Im Außenbereich wird (tagsüber) in der Regel die Sonne die Lichtquelle der Wahl sein. Im Studio kommen künstliche Lichtquellen zum Einsatz. In beiden Fällen ist die direkte Bestrahlung des Objekts nicht immer sinnvoll, um harte Schattenbildung zu vermeiden. Man versucht eine Streuung des Lichts zu erreichen. Hierzu gibt es besondere Spiegel oder Streulinsenaufsätze. Für die Herstellung eines Schulungsvideos, die meist mit geringen Budgets erfolgen muss, kann man sich aber auch mit einer kleinen „Bastellösung" behelfen. Man nehme einen alten (oder preiswert erworbenen) Regenschirm und verkleide den aufgespannten Schirm an der Innenseite mit Alufolie. Wichtig ist hier, dass die Folie nicht glatt sein sollte. Je faltiger oder „zerknüllter" die Folie ist, umso mehr werden die Lichtstrahlen in verschiedene Richtungen abgelenkt. Das von dieser Konstruktion reflektierte Licht trifft das Objekt mit einem relativ geringen Schattenwurf. Derartige Methoden wenden auch Profis bei Außenaufnahmen an, um das Sonnenlicht gezielt auf das Motiv zu reflektieren.

Für eine frontale Bestrahlung des Objekts sorgen auch einfache Webcams mit eigener Beleuchtung für den USB-Anschluss an einem Computer. Sie vermeiden den Schattenwurf in den Gesichtskonturen der Sprecherin bzw. des Sprechers, haben jedoch den Nachteil, diesen auch zu blenden. Eine Kamera mit einer Ringbeleuchtung um die eigene Linse herum ist zum Beispiel die *Trust Webcam SpotLight*. Die Helligkeit der Beleuchtung kann individuell geregelt und bei Bedarf auch abgeschaltet werden.

Neben der Streuung des Lichts hat auch der Einfallswinkel eine wichtige Bedeutung. Ein seitlicher Lichteinfall erzeugt zwangsweise Schatten auf der von der Lichtquelle abgewandten Seite. Dies ist auch im Gesicht der Sprecherin bzw. des Sprechers sehr störend. Noch problematischer – es sei denn, die künstlerischen Anforderungen sehen dies vor – ist eine Aufnahme mit direktem Gegenlicht. Hier wird die Kamera „geblendet" und das eigentliche Objekt erscheint abgedunkelt bis hin zur reinen Silhouette.

6.3.3.3 Sprecherblickrichtung

Unabhängig davon, ob sich die Sprecherin oder der Sprecher während einer Videokonferenz oder für die Aufnahme einer Videosequenz vor der Kamera befindet, wird oft ein Fehler gemacht, der bei den Betrachtern zumindest ein unpersönliches Gefühl aufkommen lässt: Die Sprecherin oder der Sprecher schaut scheinbar am Publikum vorbei. Das Problem ist, dass man die eigene Aufnahme im Kontrollbild zu verfolgen versucht. Bei Videokonferenzen ruhen die Blicke sogar auf den Videofenstern der Gesprächspartner. Diese Fenster können an jeder Stelle des Bildschirms platziert werden, wodurch der eigene Blick nicht auf die Kamera gerichtet ist. Dies erweckt den Eindruck von Unaufmerksamkeit.

Andere Eindrücke können entstehen, wenn die Kamera die Sprecherin bzw. den Sprecher aus zu kurzer Distanz von unten nach oben aufnimmt. Auf den Bildschirmen der Betrachter wirkt dies, als würde die Ansage von oben herab erfolgen. Ganz unbewusst entsteht der Eindruck, die Sprecherin bzw. der Sprecher blicken arrogant und mit geringer Wertschätzung auf das Publikum herab. Das kann unbewusst der Motivation der Lernenden entgegenwirken.

Zumindest für eigene Videoaufzeichnungen sollte dieser Effekt vermieden werden. Das ist recht einfach möglich, erfordert jedoch ein wenig Platz. Die Kamera sollte ungefähr einen Meter weit von der Sprecherin bzw. dem Sprecher entfernt aufgestellt werden. Idealerweise wird das Kontrollbild hinter der Kamera platziert. Das ist beispielsweise mit einem externen Monitor möglich. Die Kamera wird so zwischen dem Kontrollbild und der Sprecherin bzw. dem Sprecher angeordnet, dass Augen, Kamera und die Augen im Kontrollbild eine Linie ergeben bzw. dass die Abweichungen nur wenige Grad betragen. Aufgrund der Entfernung ist dies gut möglich.

Als Kamera wird hier natürlich nicht das in einem Laptop eingebaute Gerät verwendet, was sich oberhalb des Displays befindet. Bei einem ausreichend großen Abstand kann die Abweichung der Blickrichtung allerdings akzeptabel sein. Besser ist es jedoch, eine externe Kamera (Anschluss zum Beispiel am USB-Port) zu verwenden und diese mithilfe eines kleinen Tischstativs in der idealen Flucht zu platzieren.

 Der Bildschirm als „Teleprompter"

Man stelle sich vor, eine rund einminütige Videosequenz – idealerweise „frei sprechend" – aufzeichnen zu müssen. Versprecher sind bei diesem Programm vorprogrammiert und das Ablesen von einem Zettel wirkt unprofessionell. Zudem irritiert der Blickwechsel die Betrachter des Videos. Eine Alternative bietet der Monitor des Computers, wenn dieser hinter der Kamera platziert wird, wie es bereits im Zusammenhang mit dem Kontrollbild beschrieben wurde. Lässt man den zu sprechenden Text langsam von unten nach oben durch das Bild bewegen, bleibt auch der Blick stets konstant. Diese Technik wird von Profis in nahezu jedem Studio verwendet. Man spricht von einem Teleprompter.

Auch das Smartphone eignet sich für Videoaufnahmen. Es ist eine in sich sehr kleine und kompakte Einheit. Wird ein ausreichender Abstand zwischen Sprecherin/Sprecher und dem Smartphone eingehalten, dann wird keine externe Kamera benötigt, selbst wenn der Blick das Kontrollbild und nicht das Zentrum der Linse sucht. Die Winkelabweichungen in der Blickrichtung sind sehr gering und deswegen für die Betrachter unauffällig.

6.3.3.4 Der „Goldene Schnitt"

Es stellt sich bei Erklärungen in einem Video immer die Frage, wo das Gesicht der Sprecherin oder des Sprechers am besten im Bild platziert werden soll. Dazu wird der *Goldene Schnitt* als Orientierungshilfe verwendet. Man stellt sich die Aufteilung des Bildschirms vertikal in drei gleich große Bereiche vor. Die Kamera wird idealerweise so ausgerichtet, dass sich die Augen der Sprecherin bzw. des Sprechers knapp oberhalb der oberen Drittellinie befinden. In horizontaler Richtung sollte sich die Sprecherin bzw. der Sprecher mittig befinden.

Auch die Größe ist wichtig. So sollte das Gesicht und der Schulterbereich der Sprecherin bzw. des Sprechers den Bildbereich in vertikaler Richtung gut füllen. Ein Bild, welches nur das reine Gesicht in Übergröße präsentiert, wirkt aufdringlich. Ist seitlich im Bild noch etwas Platz, können mithilfe der Greenroom-Methode erklärende Inhalte in den Hintergrund eingeblendet werden.

6.3.3.5 Richtige Kleidung: Streifen und Karos?

Ein viel diskutiertes Thema ist die Wahl der richtigen Kleidung für Videoaufnahmen. Vor einigen Jahren, als Videos normalerweise analog auf VHS-Band nach dem PAL-Verfahren aufgezeichnet wurden, waren grundsätzlich enge Streifen und kleine Karomuster tabu. Das hatte technische Gründe in der Art der Farbcodierung im analogen Videosignal. Zu enge Muster führten zu Farbverzerrungen, die vom Publikum deutlich wahrnehmbar waren.

Auch heute sollte auf zu feine Muster in der Garderobe verzichtet werden, um das Bild inhaltlich „ruhiger" zu gestalten. Zudem ist es wichtig, eine gute Abstimmung mit dem Hintergrund zu erzielen. Insbesondere beim Einsatz der *Greenroom*-Technologie scheidet natürlich die Farbe des sogenannten *„Alphakanals"* für die Verwendung in der Kleidung aus.

In einer seriösen Nachrichtensendung wird man vermutlich auch keine Sprecherin und keinen Sprecher im lässigen T-Shirt oder gar mit verdrehter Basecap entdecken können. Die Kleidung sollte also durchaus dem Anlass des Videos angemessen sein. Es darf allerdings sehr gern diskutiert werden, ob ein derartig legerer Stil nicht doch zu einem Erklärvideo im Fach Mathematik passt. Warum sollte sich eine Lehrkraft nicht mit dem Stil der Lernenden identifizieren und auf „Augenhöhe" im Lehrvideo mit ihnen kommunizieren. Das gewählte Outfit hängt auch maßgeblich vom Gesamtkonzept der Lehrveranstaltung und nicht zuletzt von der Persönlichkeit der Sprecherin bzw. des Sprechers ab.

 Neutralität ist wichtig!

Ein Schulungsvideo soll die beiden ersten Artikel des Grundgesetzes wörtlich nehmen und in Wertschätzung für alle Lernenden umsetzen. Beim Outfit ist deswegen darauf zu achten, weder politische noch religiöse Statements mit T-Shirt-Aufdrucken zu verbreiten. Es geht im Schulungsvideo lediglich um das zu vermittelnde Thema. Unnötige Diskussionen im Publikum oder gar deren Provokation sind nicht zielführend und werden die Aufmerksamkeit vom eigentlichen Stoff abbringen.

6.3.3.6 Hintergründe

Die Kleidung der Sprecherin bzw. des Sprechers und die Hintergründe sollten einen deutlichen Kontrast bilden. Schwarzer Anzug vor schwarzem Hintergrund ist ein „selbsterklärendes" Problem, das im Ergebnis kein gutes Gesamtbild zulassen wird. Die Kleidung sollte sich also immer vom Hintergrund absetzen.

Der Hintergrund selbst sollte insgesamt keine Unruhe erzeugen. Wehende Fenstervorhänge oder permanent durch das Bild vagabundierende Haustiere stören das Video und lenken das Publikum ab. Ein „ruhiger" Hintergrund muss allerdings nicht zwingend einfarbig bedeuten. Die Bücherregale einer Bibliothek können ein durchaus angemessener Hintergrund sein, wenn das Thema eine Sprache, Literatur oder beispielsweise Theaterwissenschaft ist. Eine Laboreinrichtung mit einfachen Zieraufbauten kann für erklärende Videos im Chemieunterricht geeignet sein. Wichtig ist allerdings stets, dass nicht der Hintergrund den Hauptinhalt darstellt und die Zuschauer nicht vom eigentlichen Thema ablenken darf.

 Sonderfall: Grüne Wand

Wenn die *Greenroom-Technik* zum Einsatz kommen soll, dann wird der Hintergrund grundsätzlich mit einem einheitlichen grünen Farbton gestaltet. Wichtig ist dabei, dass auch Schattenwürfe aus der Sicht der Kamera die Farbe verfälschen. Knickstellen sind also grundsätzlich zu vermeiden. Ebenso ist darauf zu achten, dass die verwendete Hintergrundfarbe nicht Teil des Vordergrunds ist.

6.3.3.7 Innen- und Außenaufnahme

Einen wesentlichen Unterschied beim Videodreh macht es, ob die Aufnahmen innen (im Studio oder einem dafür verwendeten Raum) oder draußen erfolgen. Außenaufnahmen werden vor allem vom Wetter beeinflusst. Das betrifft nicht nur die Stimmung im Team, sondern auch die verwendete Technik.

Meist wird „schlechtes" Wetter gefürchtet, weil es für das Team Arbeit in einer nassen und kalten Umgebung bedeutet. Sowohl Nässe als auch Kälte sind jedoch auch für das Equipment Gift. Kälte beeinflusst die verfügbare Nutzungsdauer der Akkus. Je kälter es ist, umso kürzer wird der Akku seine volle Leistung liefern können. Arbeitet der Akku regulär bereits an der Grenze seiner Belastbarkeit, so besteht die Gefahr, dass die Leistung sehr schnell einbricht und die damit betriebenen Geräte nicht mehr funktionieren.

Es versteht sich von selbst, dass empfindliche Elektronik und Mechanik vor Feuchtigkeit geschützt werden sollten. Regentropfen und Schneeflocken sind aber auch für die Optik störende Einflussfaktoren. Fallen Regentropfen auf die Linse, ist keine saubere Aufnahme mehr möglich. Es müssen unter Umständen besondere Schutzgehäuse verwendet werden. Allein die Nutzung eines Regenschirms erweist sich allgemein als unzureichend, weil der Niederschlag durch Wind getrieben auch seitlich einfallen kann.

Der Wechsel vom kalten Außenbereich in einen warmen Innenraum ist ebenfalls kritisch. Brillenträger kennen das Problem, denn das kalte Brillenglas – bzw. die kalten Kamera-Objektive – lassen die Feuchtigkeit der warmen Luft des Saals auf der Linse kondensieren und sie beschlägt. Vernünftige Aufnahmen sind in der Regel erst nach ein paar Minuten möglich, wenn sich die Temperaturen der Umgebung und der Kamera angeglichen haben.

Nicht nur nasse und kalte Witterungen sind ein Problem für Videoaufnahmen. Auch das herrlichste Sonnenwetter kann seine Tücken in sich haben. Helle Gebäude reflektieren das Sonnenlicht und können unerwünschte Schattenwürfe erzeugen. Besonders schwierig sind Aufnahmen mit der Sonne hinter dem eigentlichen Motiv. Grundsätzlich sind sie möglich, setzen aber eine sehr gute frontale Ausleuchtung des Objekts voraus. Dazu eignen sich Reflektoren, wie sie bereits besprochen wurden. Zur Erinnerung: Neben den professionellen Produkten lassen sich geeignete Reflektoren aus einer Rolle Haushaltsalufolie und einem alten Regenschirm leicht selbst herstellen.

Eigentlich sollte es selbstverständlich sein, doch tatsächlich scheitern viele Videoprojekte gerade bei Kaiserwetter an einem einfachen Handhabungsfehler: Das Equipment wird der direkten Sonneneinstrahlung und damit unmittelbarer Hitze ausgesetzt. Auch die Lagerung im Auto bekommt weder den Geräten noch den Akkus auf die Dauer gut. Spezielle Aufbewahrungsbehälter sorgen für stabile Temperaturen. Sind derartige Behälter nicht verfügbar, sollten die Geräte im Schatten und nicht im überhitzten Fahrzeug gelagert werden.

◼ 6.4 Animationen und Erklärvideos

Es geht an die Gestaltung der Videoinhalte. Hier gibt es verschiedene Möglichkeiten. Eine einfache Art und Weise bietet die direkte Ansprache der Lehrkraft direkt vor der Kamera. Dies kann durch schriftliche Notizen an einem Flipchart oder Whiteboard unterstützt werden. Sehr gerne wird gerade in Zeiten der Digitalisierung auch die klassische Schultafel und Kreide wiederentdeckt.

Diese Methode bringt gewissermaßen den Klassenraum oder den Hörsaal auf die Bildschirme der Zuschauer. Im Schulungsraum bieten die Schreibphasen dem Publikum durchaus kleine Pausen. Diese Pausen dienen den Lernenden nicht zuletzt dazu, Notizen zu machen. Bei einem Video sind Pausen jedoch nicht sinnvoll. Sie ziehen das Video unnötig in die Länge und mindern die Aufmerksamkeit der Zuschauer. Besser ist es hier, kurze Videosequenzen anzufertigen, die jedoch in sich flüssig Wissen vermitteln.

Vorträge sind durchaus sinnvoll und unterstreichen die persönliche Ansprache. In einem Schulungsvideo können und sollten mehrere Videoinhalte sinnvoll zusammengeschnitten werden. Dies können sein:

- direkte Ansprachen
- Trickfilme
- Präsentationen
- Fotos/Standbilder
- Praxisvideos (z. B. laufende Anlagen)

6.4.1 Videoexport aus Präsentationen

Was im Vortragssaal über einen Beamer vor dem anwesenden Publikum sinnvoll ist, kann auch in einem Video gleichermaßen verwendet werden. Slides aus Präsentationen können als Einzelbilder in die Präsentation eingebunden werden. Der Vorteil ist hier, dass die Dauer der Darstellung an die entsprechende Nachvertonung durch eine Sprecherin oder einen Sprecher angepasst werden kann. Es ist allerdings auch möglich, die gesamte Präsentation oder Teile davon direkt in ein Video zu exportieren. Dies sei am Beispiel von MS-PowerPoint 2016 beschrieben.

Als Ausgangsbasis eignet sich nahezu jede fertige Präsentation. Im Lehrsaal werden die Slides natürlich zumeist manuell umgeschaltet. Das Tempo des „Folienwechsels" wird sowohl durch den Vortragenden als auch durch das Publikum sowie eventuelle Rückfragen bestimmt.

Für eine Aufzeichnung der Präsentation kann ein solcher Vortrag durchaus mit einer Kamera gefilmt oder der Bildinhalt und die Tonaufzeichnung getrennt vorgenommen und im späteren Schnitt zusammengeführt werden. Für die Videoaufzeichnung der Präsentation sieht Microsoft PowerPoint mittlerweile auch spezielle Verfahrensschritte vor. Die Präsentation kann direkt als Video (wmv oder mp4) exportiert werden. In die Aufnahme lassen sich die für eine automatische Präsentation vorgegebenen Übergangszeiten, Kommentare sowie auch Audio-Inhalte einbauen.

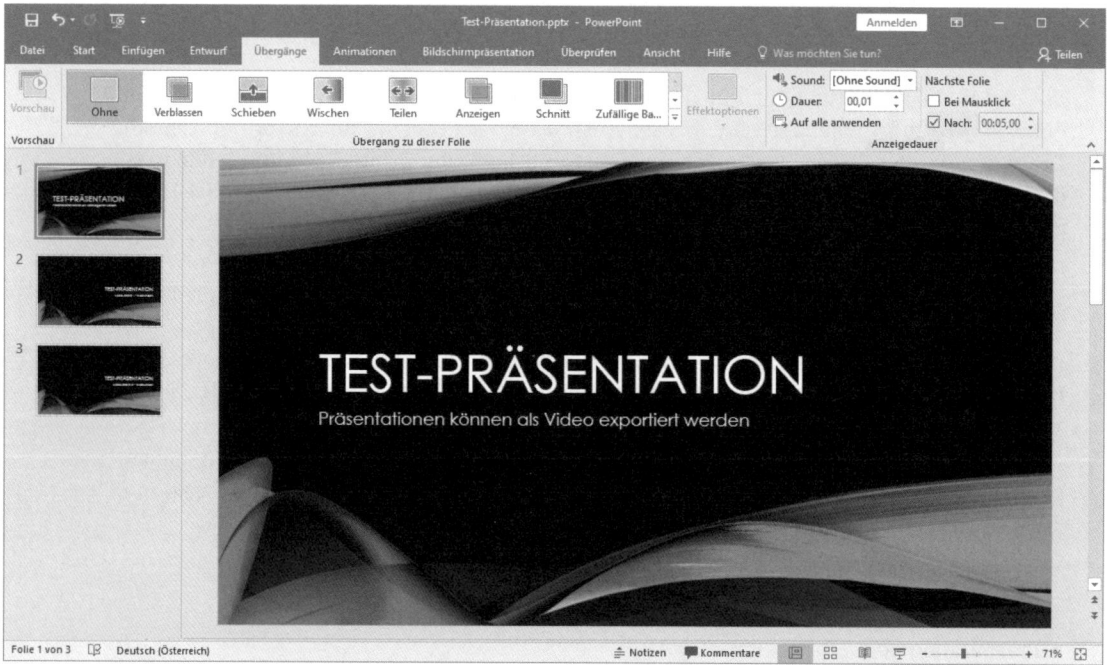

Bild 6.11 Die Einstellung der Zeit in der Gruppe Anzeigedauer des Übergangsmenüs, nach der zur nächsten Folie zu wechseln ist, definiert auch die Darstellungsdauer eines Slides, wenn die Präsentation als Video exportiert wird.

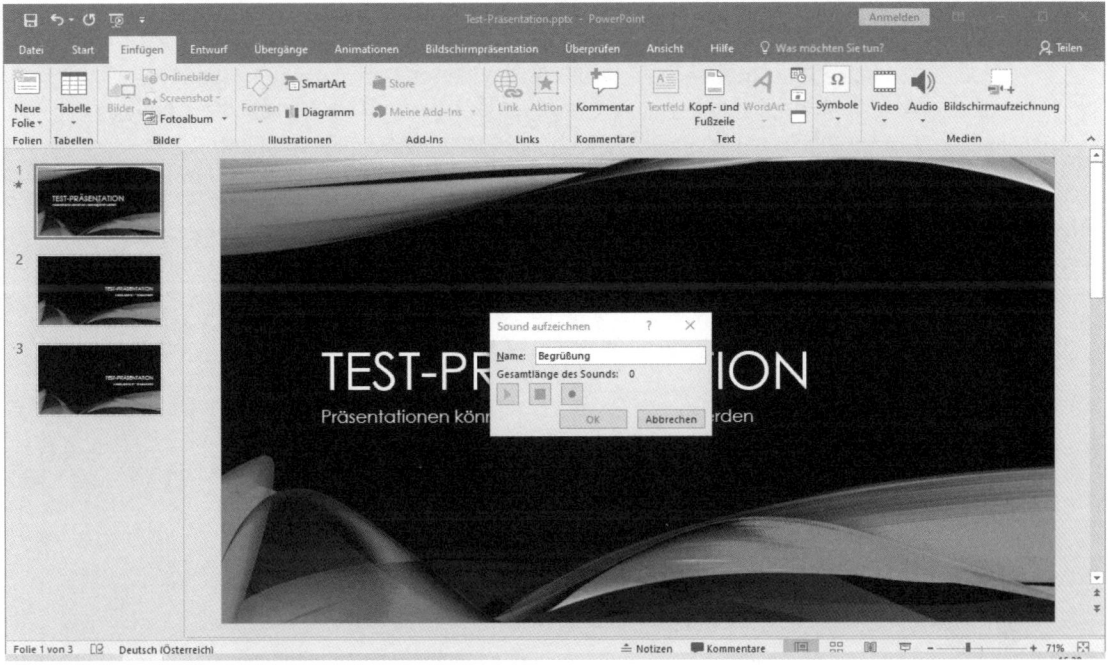

Bild 6.12 Eine Soundaufnahme kann über die Gruppe Medien in die Präsentation eingefügt werden. Diese wird auch im späteren Video vorhanden sein.

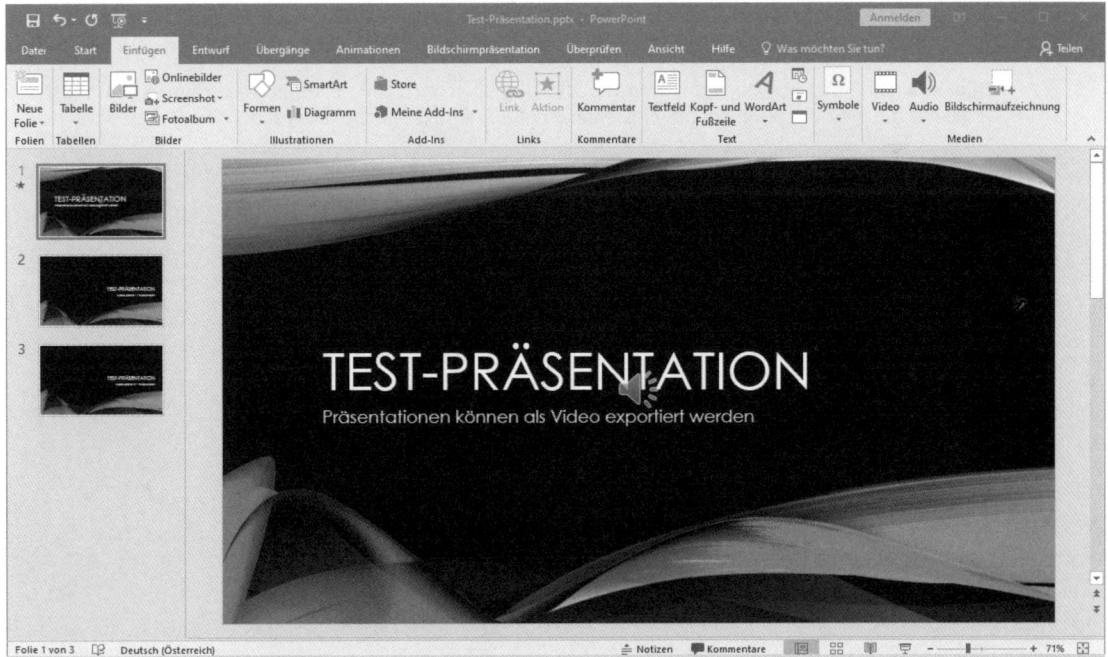

Bild 6.13 Das Vorhandensein eines Audio-Elements in der Präsentation wird mithilfe eines kleinen Lautsprechersymbols auch optisch in der Entwurfsansicht angedeutet.

Nachvertonung besser als „All inclusive"

Soll eine Präsentation ausschließlich als Video zur Verfügung gestellt werden, empfiehlt es sich, diese unvertont zu exportieren und die Sprachaufzeichnung später mit einem Studiomikrofon zu ergänzen. Versprecher und eventuelle Hintergrundgeräusche werden so in der Schlussfassung vermieden.

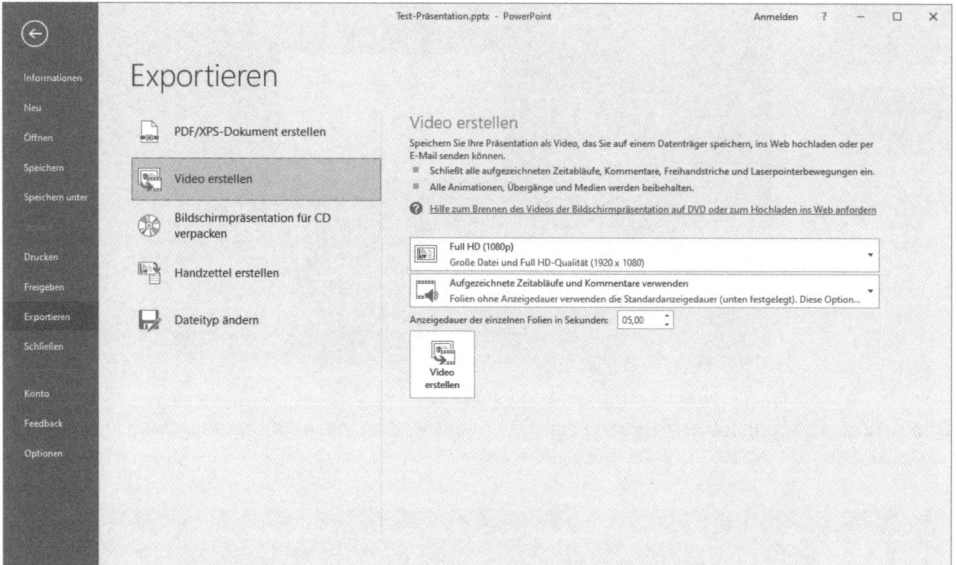

Bild 6.14 Die Präsentation selbst wird wie immer gespeichert. Um ein Video zu erzeugen, muss die Präsentation mit den gewünschten Einstellungen als „Video" exportiert werden.

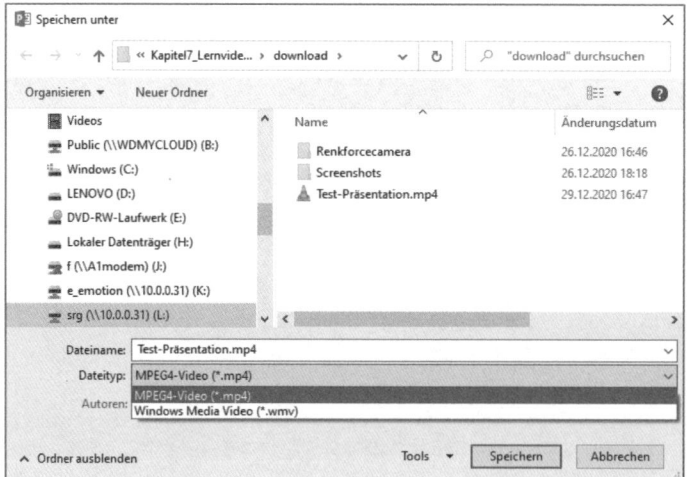

Bild 6.15 Die Auswahl der Videoformate ist mit WMV und MP4 beim Export aus MS-PowerPoint sehr begrenzt, jedoch wird für H5P-Projekte in der Regel nur MP4 benötigt.

Präsentationen werden normalerweise für den Live-Vortrag gestaltet. Der Export als Video ist deswegen nicht grundsätzlich in entsprechender Software vorgesehen. Das LibreOffice-Paket sieht beispielsweise keinen Video-Export vor. Es gibt jedoch im Internet Konverter-Angebote.

LibreOffice Impress als Video exportieren?

LibreOffice bietet derzeit keine Export-Option für Videos in das MP4-Format. Es gibt jedoch Konverter-Angebote im Internet. Hierbei ist jedoch stets zu prüfen, ob die Anbieter vertrauenswürdig sind. Dies gilt grundsätzlich für alle Dienste, die im Internet angeboten werden. Wichtig ist zudem die Beachtung der Datenschutzgrundverordnung. Werden Dienste außerhalb des europäischen Rechtsbereichs verwendet und sind in der Präsentation personenbezogene Daten enthalten, kann dies zu einem Konflikt führen.

6.4.2 Bildschirmaufnahmen

Der Computer ist eines der wichtigsten Medien unserer Zeit geworden. Bei der Gestaltung digitaler Lehrmaterialien geht es häufig auch darum, Software zu erläutern. Dazu bieten sich Live-Präsentationen am laufenden Programm an. Videoaufzeichnungen der Vorgänge auf dem Bildschirm machen das möglich. Wichtig sind derartige Videoausschnitte auch für Service-Anleitungen sowie für Einweisungen in die Wartung und Bedienung komplexer Anlagen und Steuerungen.

6.4.2.1 TechSmith Camtasia

Für die Aufnahme des Bildschirms als Video kann verschiedene Software eingesetzt werden. Die kommerzielle Software Camtasia bietet einen eigenen Screen-Recorder, mit dessen Hilfe alle Inhalte des Bildschirms oder ein Bildausschnitt aufgezeichnet werden können. Das schließt auch die Webcam sowie das Mikrofon des Computers mit ein. Anschließend lassen sich die aufgenommenen Videoszenen bedarfsgerecht zusammenschneiden und falls erforderlich auch nachvertonen.

Mithilfe solcher Programme können auf sehr einfache Weise Screencasts hergestellt werden, welche den Einsatz von Software beschreiben oder die Ergebnisse von Animationssoftware direkt in ein Videobild aufzeichnen.

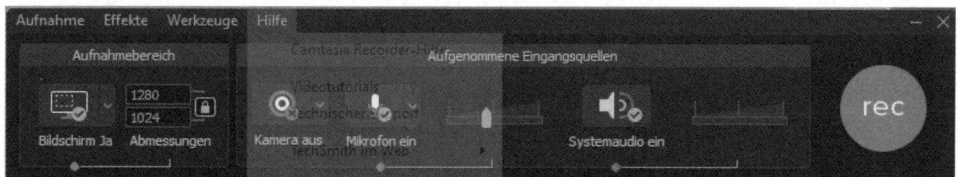

Bild 6.16 Der Camtasia Recorder dient der Aufzeichnung der Bildschirmoberfläche. Es lassen sich auch eine externe Webcam sowie Mikrofon und Systemklänge mit in die Aufnahme einbeziehen.

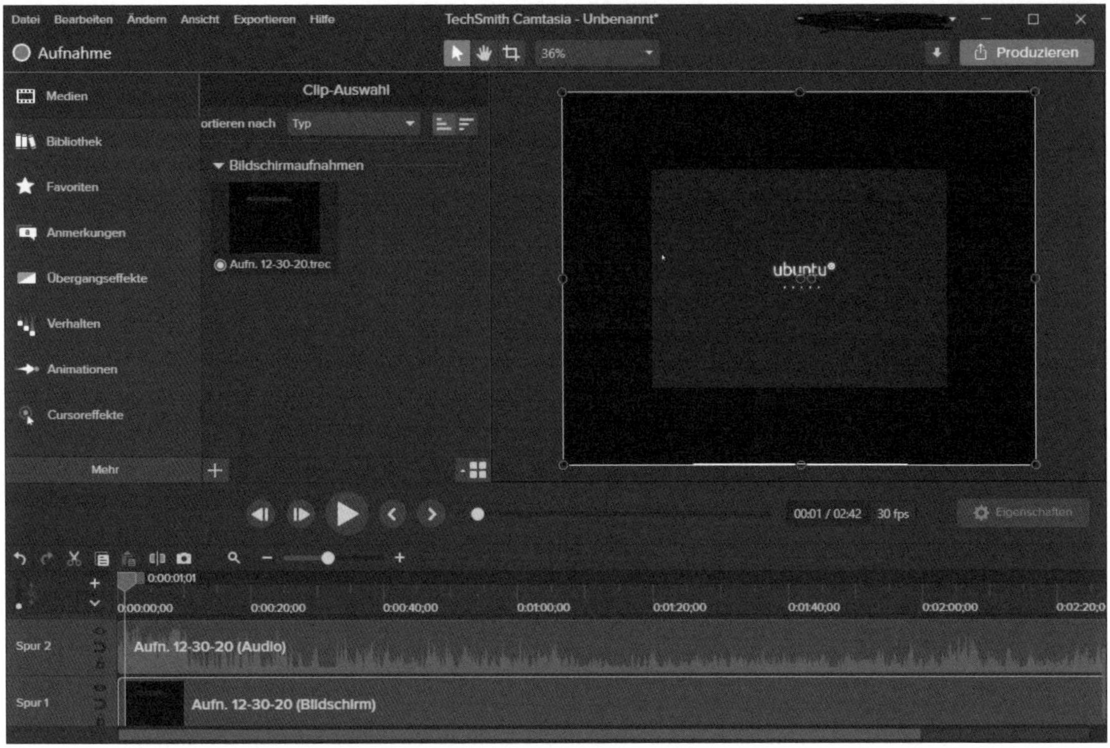

Bild 6.17 Die fertige Aufzeichnung wird mit Camtasia geschnitten und bei Bedarf mit Titeln und anderen Effekten bearbeitet.

Kommerzielle Software!

Die hier als Beispiel vorgestellte Software ist kommerziell. Es gibt besondere Rabatte für Schulen und Bildungsinstitute.

6.4.2.2 Screencast O Matic

Eine Alternative zur Aufzeichnung eigener Bildschirminhalte ist Screencast O Magic. Auch diese Software ist kommerziell, bietet allerdings auch eine freie Version mit eingeschränkten Funktionen an. Zudem muss bei der freien Version ein Wasserzeichen, die Einblendung des Hersteller-Logos, akzeptiert werden. Zu den Highlights gehört bei diesem Produkt jedoch die Verfügbarkeit für heute sehr wichtige Oberflächen. Screencast O Magic kann nicht nur auf MS-Windows-Computern sondern auch auf dem Mac OS/X-Betriebssystem und auf Chromebooks eingesetzt werden.

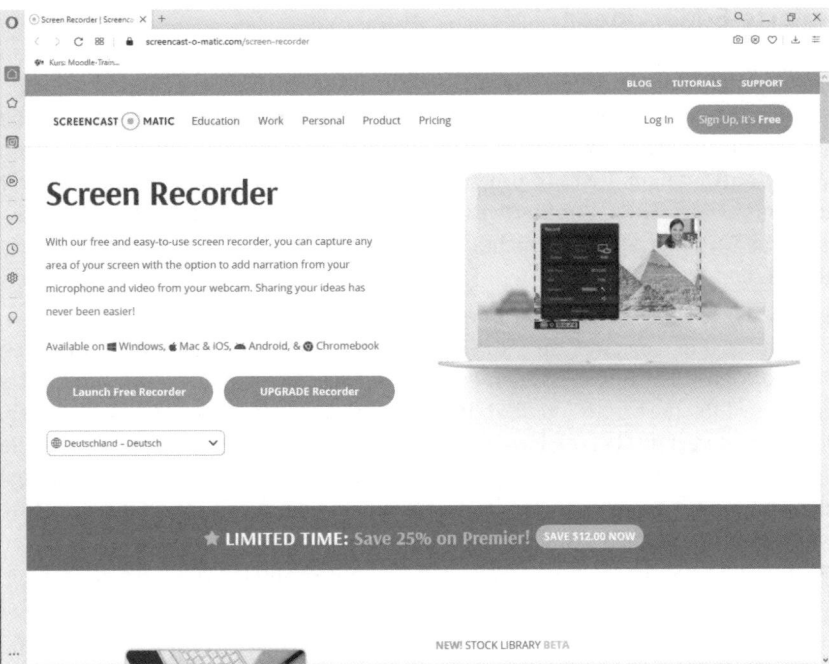

Bild 6.18 Unterstützt von einer kleinen Anwendung auf dem PC startet der Videorecorder über eine Weboberfläche.

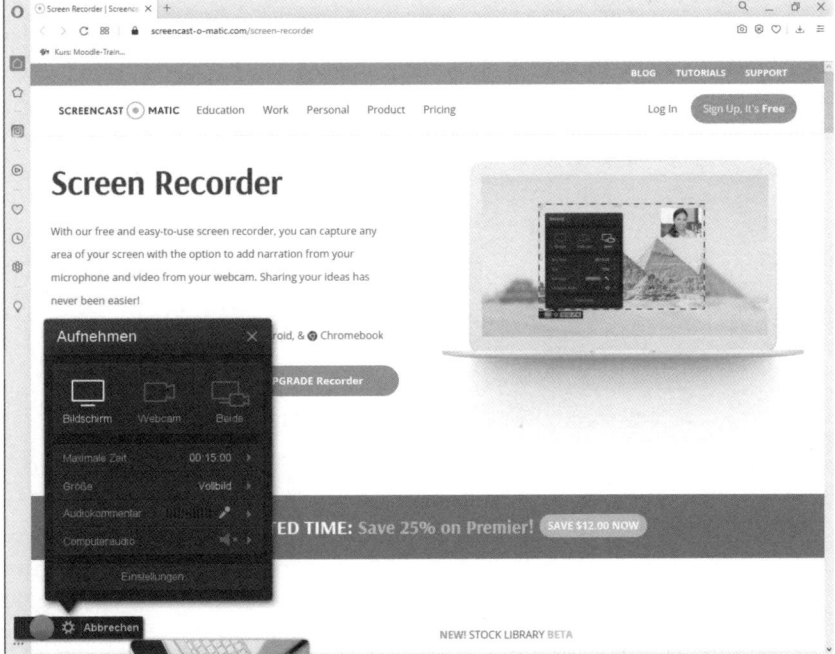

Bild 6.19 Es können der Bildschirm, die Webcam oder beide in die Videoaufzeichnung einbezogen werden. Die Bildschirmaufnahme kann als Vollbild oder als ein Teilausschnitt erfolgen.

6.4.3 Animierte Erklärvideos

Viele komplizierte Abläufe lassen sich durch eine kleine Geschichte in Spielfilmform oder als Trickfilm gut darstellen. Für die Produktion von Spielfilmen werden Schauspieler und eine umfassende Organisation von Technik und Örtlichkeiten benötigt. Trickfilme waren bisweilen nur mit aufwendiger Technik produzierbar. Mittlerweile gibt es einige Anbieter von Lösungen, mit deren Hilfe animierte Erklärvideos recht einfach gestaltet werden können. Ganz zum Nulltarif geht das nicht. Viele Angebote sind nur in der Form eines Abonnements nutzbar.

Eine sehr beliebte Form der Präsentation in einem Lehrgang ist die gemeinsame Erarbeitung eines *Flipcharts*. Auf dem weißen Papierbogen oder auf dem Whiteboard entstehen Skizzen, die mit erklärenden Bemerkungen ergänzt werden. Der geführte Stift am Whiteboard bzw. auf dem Flipchart leitet das Publikum gewissermaßen durch die Kurseinheit. Ein ähnliches Konzept verfolgt beispielsweise Scribely[8] von Sparkol. Die Elemente und die Texte werden auf der Arbeitsfläche platziert. Sie können individuell in eine Reihenfolge gesetzt werden, in der sie erscheinen sollen. Für das Erscheinen der Elemente wird eine Animation vorgesehen. Es handelt sich um eine Hand mit einem Stift, welche scheinbar die Elemente zeichnet. Anders als bei einer statischen Abbildung entsteht eine gewisse Dynamik, welche Neugierde beim Publikum auslöst.

Es können verschiedene Hintergründe und Vorlagebilder gewählt werden. Auch eigene Bilder, beispielsweise ein Logo oder ein näher zu erklärendes Element, lassen sich in die Animation einfügen. Während bei den mitgelieferten Vorlagen die Konturen vom künstlichen Stift nachgezeichnet werden, werden die eigenen importierten Bilder lediglich durch eine angedeutete Schraffur in Szene gesetzt.

Werden kurze Videosequenzen zusammengeschnitten, lassen sich sehr abwechslungsreiche Schulungsvideos in einer Mischung aus realen Filmausschnitten, Sprecheransichten und Animationen erzeugen.

---

[8] Eine kostenfreie Testmöglichkeit (7 Tage aktiv) gibt es auf *www.scribely.co*. Der Download beispielsweise als MP4-Video ist jedoch nur in einer bezahlten Version möglich. Ebenso ist in der Testversion das Volumen der Elemente begrenzt.

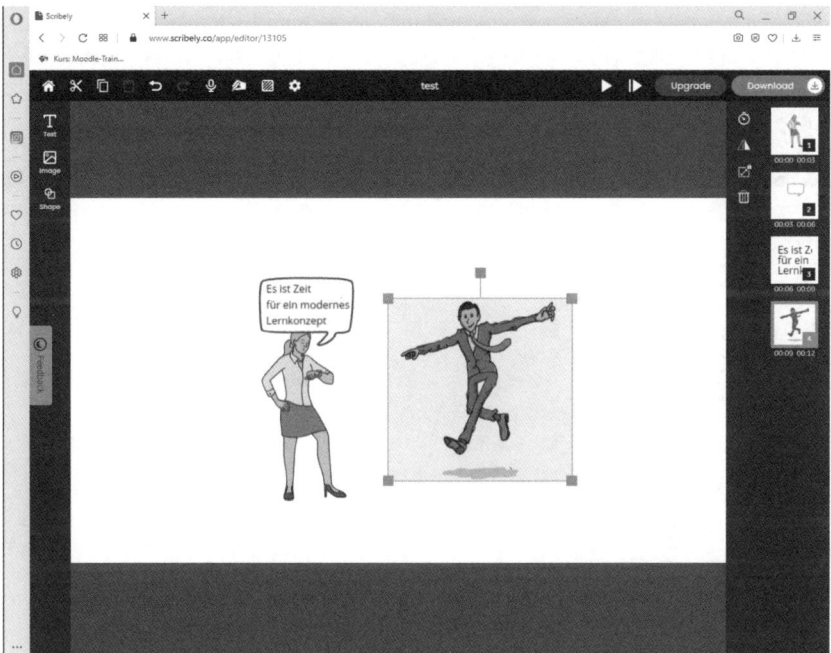

Bild 6.20 Zuerst wird die Szene aufgebaut. Das zeitliche Erscheinen der einzelnen Bildelemente wird rechts in der Zeitleiste festgelegt.

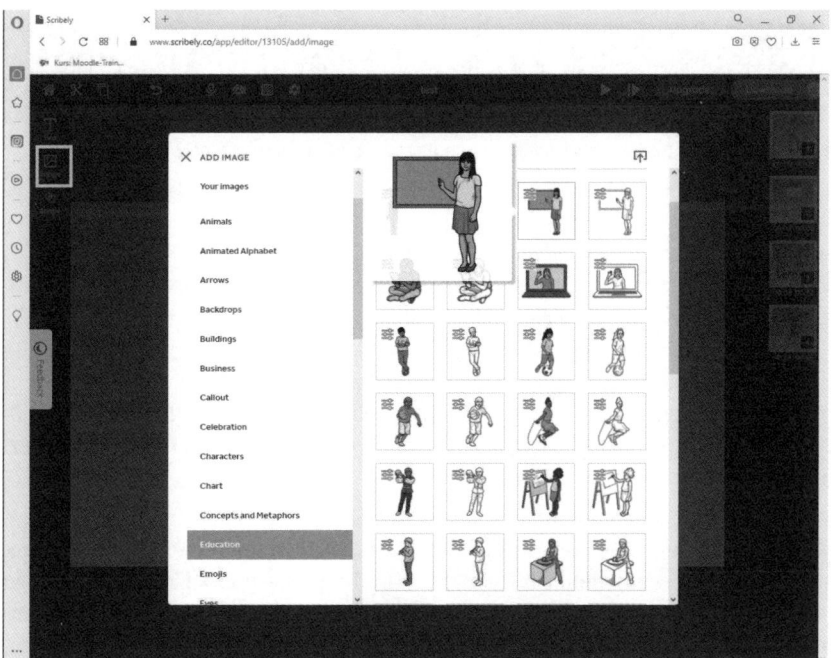

Bild 6.21 Es können sehr vielseitige Szenen zu verschiedenen Themen konstruiert werden. Vorschläge für grafische Elemente liefert das Programm bereits zur Auswahl mit. Es können jedoch auch eigene Bilder verwendet werden.

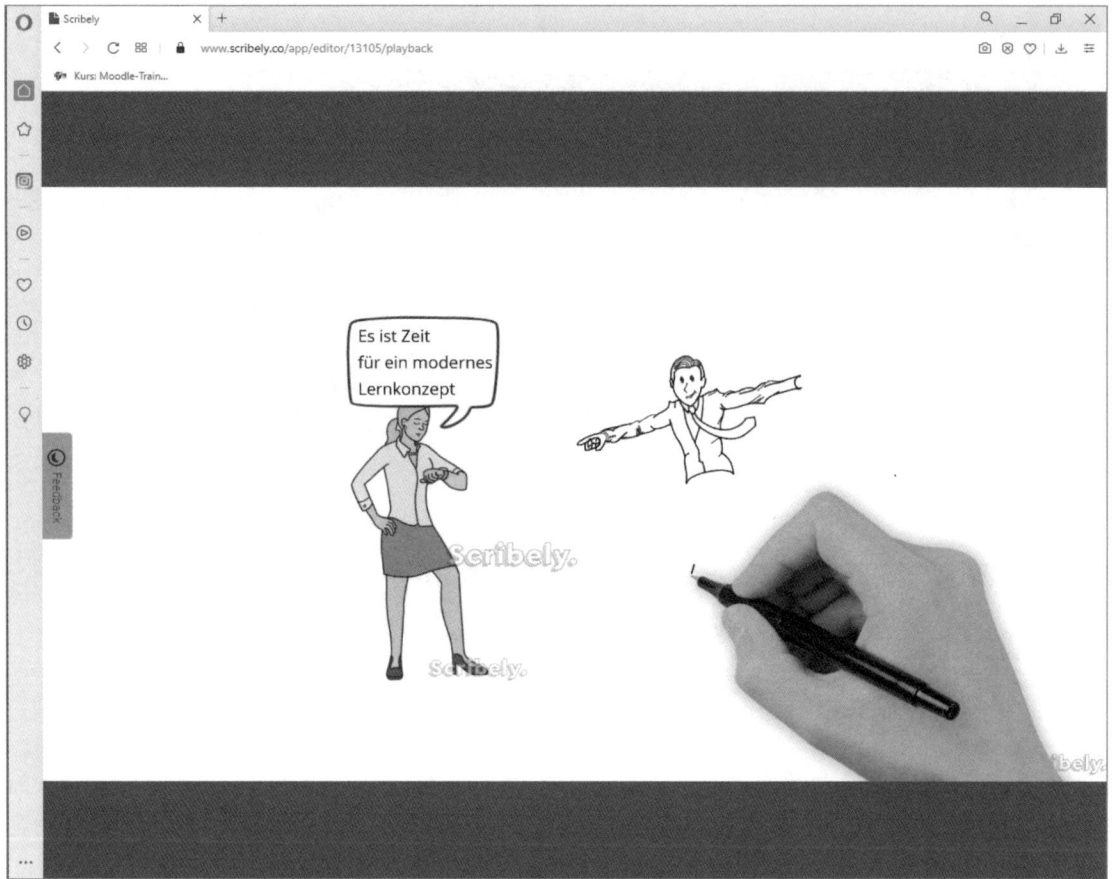

Bild 6.22 Das fertige Produkt zeigt nicht sofort das eigentliche Bild. Es entsteht wie von einer fiktiven Hand live gezeichnet.

Es gibt weitere Alternativen für *Whiteboard-Animationen* sowie für Trickfilm-Animationen erklärender Szenen. Diese sind in der Regel kommerziell. Die Komplexität dieser Programme ist gewiss ein Grund dafür, dass sie kaum als kostenfreie Version – auch nicht für Testzwecke – verfügbar sind. Die Hersteller beschreiten mittlerweile andere Wege, um aus ihrer Arbeit auch ein Entgelt zu akquirieren. So werden die Programme DOODLY – ein Whiteboard-Animationsprogramm – und POWTOON – ein Programm zur Erstellung erklärender *Cartoons* – nur dann nutzbar, wenn zuvor ein Vertrag abgeschlossen wird. Allerdings werden einfache Rücktrittsrechte angeboten.

Man steht grundsätzlich noch am Beginn der animierten Lehrmittel. Es werden noch weitere interessante Lösungen zu erwarten sein und damit auch getrieben vom Wettbewerbsdruck andere Nutzungs- und Lizenzmodelle. Wichtig ist allerdings, dass ein Export in gängige Videoformate möglich ist. Hier sollte man auf das MP4-Format achten, um die Videosequenzen unter Umständen auch direkt auf webbasierenden Plattformen wiedergeben zu können.

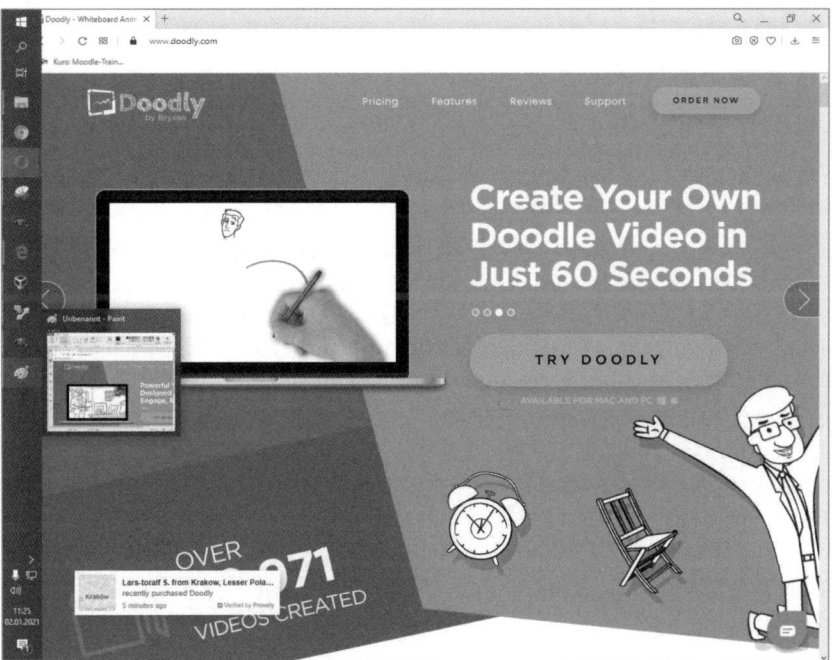

Bild 6.23 Auch DOODLY erzeugt Videos, die wie eine Präsentation auf einem Whiteboard wieder-gegeben werden. Das Programm liefert dazu verschiedene Charaktere, Hintergründe, Szenerien und Musikuntermalungen mit.

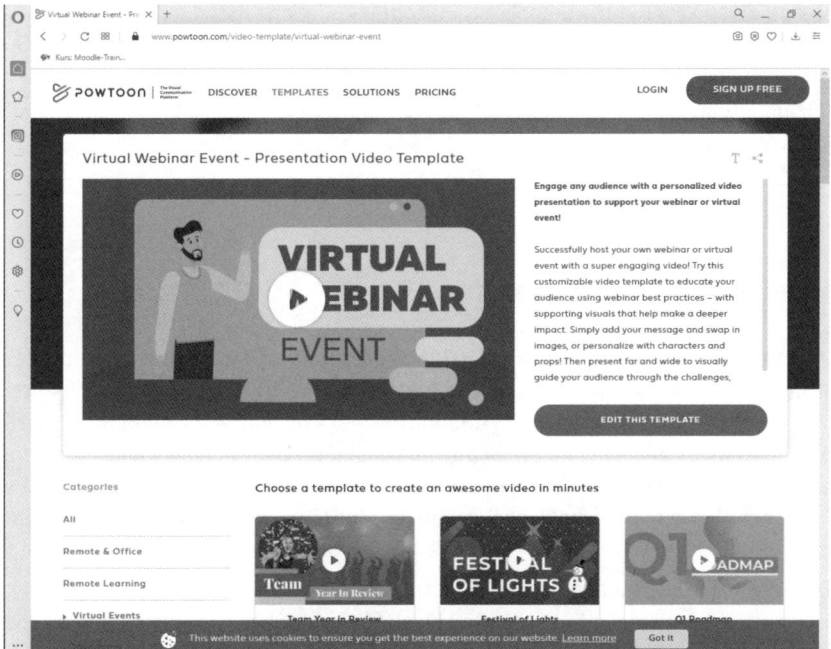

Bild 6.24 Erklärende Geschichten müssen nicht zwingend mit Spielfilmszenen gestaltet werden, die zeit-, personal- und kostenaufwendig sind. POWTOON macht es möglich, erklärende Cartoons zu gestalten.

■ 6.5 Videoschnitt

Videos für einen H5P-Lehrinhalt sind keine Spielfilme. Sie sollen Wissen vermitteln und unterhaltsam sein. Die Konzentration auf ein Schulungsvideo lässt jedoch besonders bei sehr jungen Menschen rasch nach. Es gibt für sie interessantere Angebote bei den Streaming-Diensten.

Um ein Video sinnvoll und informativ als Lernaktivität einsetzen zu können, muss es auf die wesentlichen Inhalte reduziert und mit einem Titel und Erklärungen ergänzt werden. Dafür gibt es eine Vielzahl von Videobearbeitungssoftware. Die meisten Programme kosten einige Euro (beginnend ab knapp 100 € und mehr), fordern aber vor allem auch die Hardware (Speicherplatz, schnelle Grafikkarte und ausreichend RAM).

Im Folgenden wird mit DaVinci Resolve ein kostenloses Programm verwendet, um die einfachsten Aufgaben zu beschreiben. DaVinci Resolve ist insgesamt jedoch ein sehr komplexes Programm, welches erst durch eine passende Studio-Hardware das volle Potenzial entfalten kann.

 Zum Testen: Viele Programme kostenlos, jedoch mit Einschränkungen

Software für den Videoschnitt gibt es im Internet oft als kostenlose Testversion. Diese eignen sich gut, um festzustellen, welches Programm dem eigenen Bedarf am besten gerecht wird und welches – ohne komplizierte Schulungen – schnell eingesetzt zum gewünschten Ergebnis führen kann.

Meist sind diese Programme jedoch mit Einschränkungen verbunden. Das können beispielsweise maximale Längen der fertigen Videos sein, es können Wasserzeichen oder Audiohinweise in das fertige Video eingebaut werden oder es fehlen gegenüber den Vollversionen möglicherweise wichtige Funktionen.

6.5.1 Videosequenzen schneiden

Das Schneiden eines Videos, das heißt überflüssige Szenen entfernen oder Szenen anderer Videoquellen in das Video ergänzen, beherrscht nahezu jede Videobearbeitungssoftware. Dabei wird das Video in einer Zeitleiste (Timeline) betrachtet. Im Vorschaufenster wird exakt die Stelle des Videos gesucht, wo die Schnittmarke zu platzieren ist. Danach wird die Stelle des Videos in der Zeitleiste gewählt, an die eine zweite Schnittmarke zu setzen ist. Es entsteht ein eigener Bereich innerhalb der Zeitleiste, der nun verschoben oder gelöscht werden kann.

Ein Video wird bereits beim Importieren in das Schnittprogramm häufig in einzelne Szenen gegliedert, welche durch automatische Schnitte getrennt sind. In der regulären Wiedergabe fallen diese Schnitte nicht auf. Sie erzeugen keine Störungen.

In getrennten Zeitleisten können zudem verschiedene Videospuren gespeichert werden. Verschiebt man durch einen Schnitt erzeugte Lücken, lassen sich andere Videosequenzen einfügen. Auf diese Weise können Videoteile, die im Laufe des Produktionsprozesses stückweise nach dem Drehbuch angefertigt werden, zu einem gesamten Video zusammengesetzt werden.

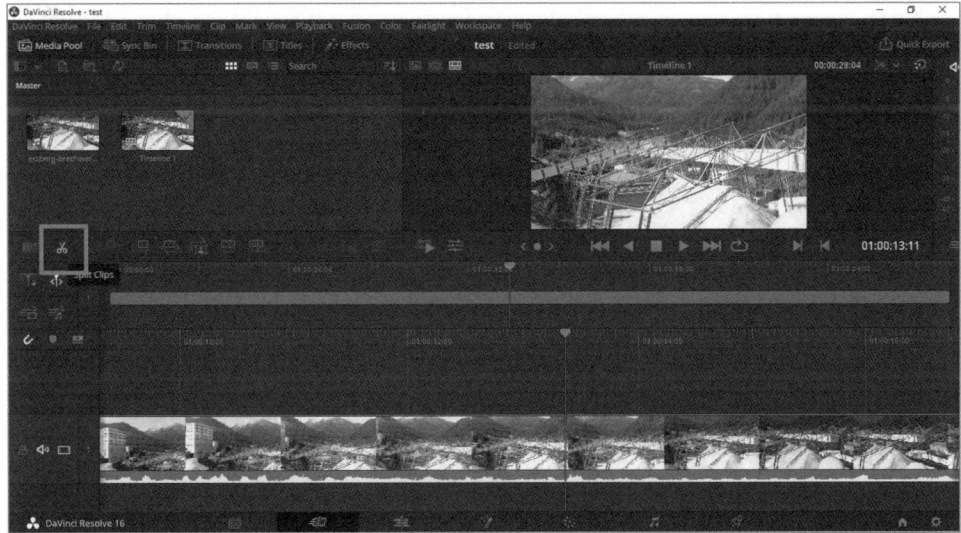

Bild 6.25 Das kleine Symbol mit der Schere setzt eine Unterbrechung in die Zeitleiste ein. Den Ablauf des Videos stört das nicht, jedoch können nun Teile des Videos entfernt oder verschoben werden.

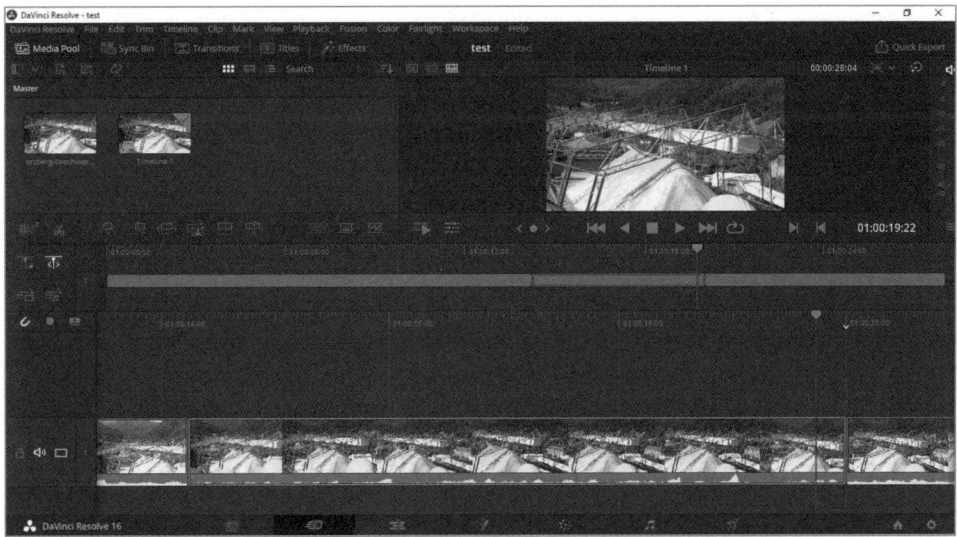

Bild 6.26 Werden zwei Schnittmarken gesetzt und der Abschnitt dazwischen mit der Maus markiert, genügt ein Druck auf [Entf], um diesen Teil des Videos zu löschen.

Quelldateien bleiben erhalten

Wenn das neu erstellte Video nicht zufällig eine der Quellen überschreibt, dann werden durch Änderungen oder Löschungen von Abschnitten in der Zeitleiste die Quellen nicht beeinträchtigt.

Bild 6.27 Es verbleibt ein Schnitt in der Zeitleiste, der jedoch den Bildfluss nicht stört. Die gelöschte Passage ist nicht mehr in der Zeitleiste vorhanden.

Bild 6.28 Werden auf die beschriebene Weise zwei Videodateien in jeweils eigene Zeitleisten geladen und bearbeitet, so lässt sich ein Gesamtvideo aus verschiedenen Quellen erstellen.

6.5.2 Achtung: Speichergröße!

Videodateien – insbesondere, wenn man von hochauslösenden Videos in HD-Qualität spricht – können sehr schnell sehr groß werden. Das Thema dieses Buchs ist aber, Videoangebote für Lernpakete zu entwickeln, die über das Internet und oft auch über mobile Geräte betrachtet werden. Es gilt deswegen, die Dateigröße zu reduzieren.

Hier wird man zweckmäßigerweise nicht mit qualitätsreduzierten Videoquellen arbeiten, sondern das geschnittene Produkt in das gewünschte Ausgabeformat rendern. Auch die Darstellungsgröße, also die Bildauflösung in Bildpunkten hat einen direkten Einfluss auf die Dateigröße. Schulungsvideos für H5P-Projekte müssen keinesfalls in Ultra-High Definition-Qualität angeboten werden. Es genügen oft Auflösungen, die der ehemaligen PAL[9]-Qualität entsprechen. Diese Qualität war im analogen Fernsehen über Jahrzehnte der Standard. Für die Übertragung im Internet und vor allem für die Darstellung auf mobilen Geräten ist diese Auflösung möglicherweise ideal.

Qualität ist stets zu prüfen!

Die Einschränkung der Bildschirmauflösung des Videos hat das Ziel, die Dateigröße zu reduzieren. Dies ist jedoch nur solange möglich, wie das letztendliche Produkt die gestellten Anforderungen an die Qualität erfüllen kann. So ist es möglich, dass unter Umständen doch eine höhere Auflösung gewählt werden muss. Es kann sich aber bei der Prüfung des erstellten Videos erweisen, dass man mit einer noch kleineren Auflösung ebenso gute Ergebnisse erzielen und dabei noch mehr Dateigröße einsparen kann.

Als Videoformat kommen heute sehr viele Codecs in Betracht. Für Videoübertragungen im Internet sind dies heute mp4, ogg und webm. In der Regel wird man das mp4-Format verwenden, was sich derzeit allgemein etabliert hat. Auch einst komplizierte Lizenzschwierigkeiten sind überwunden.

---

[9] PAL steht für **P**hase **A**lternating **L**ine. Es handelt sich um die ehemalige analoge Farbfernsehtechnologie, wie sie in Deutschland und Österreich gebräuchlich war. Die Auflösung in Pixel beträgt (4:3-Seitenverhältnis) 768 x 576 Bildpunkte.

Bild 6.29 Bei dem hier gezeigten Programm – *DaVinci Resolve* – ist alles etwas „komplizierter". Das Rendern und das Speichern des fertigen Videos erfolgt nicht über das „File"-Menü, sondern über die unscheinbare Schaltfläche am unteren Rand des Fensters: *Deliver*.

Bild 6.30 Als Dateiformat für das fertige Video soll mp4 gewählt werden. Das ist das heute gängige Videoformat im Internet.

Bild 6.31 Die Auflösung hat maßgeblichen Einfluss auf die Größe der Videodatei und damit auf das anfallende Datenvolumen bei Volumentarifen während der Ansicht des Videos über das Internet.

Bild 6.32 Wenn das Video Untertitel vorsieht, die normalerweise direkt im Video eingeblendet werden, können diese mit der gezeigten Software in das WebVTT-Format exportiert werden.

Manche Videobearbeitungsprogramme sehen die Möglichkeit vor, Untertitel in das Video einzufügen. Diese können dann bei Bedarf zur Unterstützung hörbeeinträchtigter Menschen in das Bild eingeblendet werden. Auf einer DVD würde man die jeweiligen Untertitel über das Menü wählen. Das passiert beispielsweise für die Übersetzung der Dialoge in eine andere Sprache.

Kann die Software die Untertitel direkt exportieren, ist dies auch für die weitere Nutzung in H5P-Inhalten vorteilhaft. Das Format WebVTT speichert in einer vergleichsweise einfachen Syntax die Texte der Untertitel und setzt zudem Zeitvorgaben ein, an denen ein Text erscheinen soll und wieder ausgeblendet wird. WebVTT-Texte lassen sich auch in H5P-Inhaltstypen einfügen, die Videomaterial als Lehrmaterial verwenden.

Bild 6.33 Das Rendern und Speichern fertig geschnittener Videos kann etwas Zeit beanspruchen. In diesem Fall wird die Aufgabe in eine Render Query abgelegt. Das Rendern kann dann – auch mit mehreren Projekten – zu einer Zeit gestartet werden, zu der der Computer nicht direkt benötigt wird.

7 Rechtliches

Moderne digitalisierte Lehrkonzepte berühren auch verschiedene rechtliche Fragen. Die wichtigste betrifft zweifellos das Urheberrecht und davon abzuleiten das Nutzungsrecht. Werden Schülerinnen und Schüler in Fotografien, Videoaufnahmen oder auch in Audiosequenzen in die Gestaltung von Lehrmitteln mit einbezogen und diese Personen darin gezeigt, so müssen Persönlichkeitsrechte berücksichtigt werden. Nicht zuletzt regelt die Datenschutzgrundverordnung (DSGVO) den Umgang mit personenbezogenen Daten.

Dieses Werk erhebt selbstverständlich keinen Anspruch auf juristische Vollständigkeit. Es soll jedoch aufzeigen, welche juristischen Fragen von Lehrkräften, den Schul- und Hochschulleitungen aber auch von Lernenden zu berücksichtigen sind.

Es handelt sich bei den rechtlichen Rahmenbedingungen nicht allein um juristische Fallstricke, deren Missachtung zu straf- und zivilrechtlichen Konsequenzen führen kann. Diese Gesetze schützen natürlich auch die eigenen geistigen Arbeiten. Mit der Erstellung von – auch digitalen – Lehrmaterialien wird geistiges Eigentum geschaffen, das Urheber- und Nutzungsrechte mit sich bringt.

 Auszugsweise Kopien für Unterrichtszwecke

Es ist in Schulen heute allgemein gängige Praxis, dass Auszüge aus Schulbüchern kopiert und im Unterricht an die Lernenden zur Bearbeitung verteilt werden. Dies ist unter Umständen sogar legal, wenngleich auch an enge Bedingungen gebunden. Digitale Medien bieten wesentlich weitreichendere Möglichkeiten, auch fremde Inhalte zu verwenden und diese mannigfaltig zu vervielfältigen. Es eröffnen sich große juristische Grauzonen, die einen vorsichtigen Umgang erfordern. Insbesondere die Potenziale von H5P verleiten dazu, die Grenzen der Legalität fahrlässig zu überschreiten. Die Rede ist nicht nur vom gedruckten Text, sondern vor allem von Audio- und Videomedien und von Präsentationen etc. bis hin zu vollständigen Unterrichtseinheiten.

■ 7.1 Urheberrecht und Nutzungsrecht

Es ist gesetzlich genau festgelegt, wer Urheber eines Werks ist und unter welchen Bedingungen das Werk genutzt, verwendet und verbreitet werden darf. Grundlage ist das Urheberrechtsgesetz und dieses kann sich auf Art. 14, Absatz 1 des Grundgesetzes beziehen, denn auch geistiges und kreatives Eigentum ist legitimes Eigentum.

„… Das Eigentum und das Erbrecht werden gewährleistet. Inhalt und Schranken werden durch die Gesetze bestimmt. …"

7.1.1 Urheber

§ 7 UrhG[1] klärt eindeutig, wer Urheber ist: „Urheber ist der *Schöpfer* des Werkes" (PUNKT!). Ein kurzer, aber doch sehr eindeutiger Satz, welcher insbesondere bei der Gestaltung von Lehrinhalten zu berücksichtigen ist. Der Schöpfer eines Werks ist *eine Person*, keine Institution.

§ 11 UrhG[2] definiert zudem, welchen Zweck das Urheberrecht für den Urheber eines Werks bewirkt.

Absatz 1: Das Urheberrecht schützt den Urheber in seinen geistigen und persönlichen Beziehungen zum Werk und in der Nutzung des Werks.

Absatz 2: Es dient zugleich der Sicherung einer angemessenen Vergütung für die Nutzung des Werks.

7.1.2 Vervielfältigungs- und Verbreitungsrecht

Für den Schöpfer des Werks ist es natürlich auch denkbar und möglich, dass er sein Werk ganz alleine verbreitet, jedoch wird dies in den meisten Fällen nicht zum gewünschten Erfolg führen. Kunst und andere Schöpfungen leben schließlich von ihrer Bekanntheit und der Urheber auch vom finanziellen Erfolg, den diese Bekanntheit begründet.

Hier kann der Urheber das Vervielfältigungsrecht an einen Partner abtreten, der sich gleichzeitig um die Verbreitung des Werks kümmert. Dies regeln die §§ 16 und 17 UrhG. So besagt § 16 UrhG in Absatz 2 beispielsweise, dass „… eine Vervielfältigung auch die Übertragung des Werkes auf Vorrichtungen zur wiederholbaren Wiedergabe von Bild- oder Tonfolgen (Bild- oder Tonträger) …" ist. Damit kommen auch Lernplattformen[3] in den Fokus. Entsprechend fordert also § 16 UrhG, dass die Vervielfältigung eines fremden Werks die Genehmigung des Urhebers erfordert. Die weitere Präsentation, also die Verbreitung, ist in weiteren Gesetzen des UrhG geregelt.

---

[1] Es liegt für die folgenden Ausführungen das Gesetz vom 09.09.1965 (BGBl. I S. 1273), zuletzt geändert durch Gesetz vom 28.11.2018 (BGBl. I S. 2014) m. W. v. 05.12.2018 bzw. 01.01.2019 (Zitat: *https://dejure.org/gesetze/UrhG*), Zugriff: 30.11.2020) zugrunde.

[2] Zitat: *https://dejure.org/gesetze/UrhG/11.html*, Zugriff: 04.12.2020

[3] Ausnahmen und damit gesetzlich erlaubte Nutzungen im Unterricht regeln die §§ 60a ff. UrhG.

Unter dem Verbreitungsrecht versteht man

„... das Recht, das Original oder Vervielfältigungsstücke des Werkes der Öffentlichkeit anzubieten oder in Verkehr zu bringen. ..." (§ 17 UrhG, Absatz 1).

Die Verbreitung eines Werks oder Teilen davon im Rahmen eines persönlichen Vortrags regelt u. a. § 19 UrhG. In Absatz 4 heißt es: „... Das Vorführungsrecht ist das Recht, ein Werk der bildenden Künste, ein Lichtbildwerk, ein Filmwerk oder Darstellungen wissenschaftlicher oder technischer Art durch technische Einrichtungen öffentlich wahrnehmbar zu machen. ..."

Nutzung fremder Werke nur durch Übertragung eines Verwertungsrechts zulässig!

Vervielfältigungs- und Verbreitungsrechte, im Speziellen auch Senderechte sowie nicht zuletzt das Recht zur Bearbeitung und Umgestaltung eines Werks werden unter dem Sammelbegriff der *Verwertungsrechte* zusammengefasst.

Geht es um die Gestaltung von multimedialen Lehrmitteln – auch von freien Projekten, die letztlich den Weg in die Öffentlichkeit finden – muss möglicherweise auch der § 23 UrhG beachtet werden, der die *Bearbeitung und Umgestaltung* eines Werks reglementiert.

§ 23 UrhG, Absatz 2 besagt dabei u. a. Folgendes: „... Handelt es sich *um eine Verfilmung des Werkes*, um die Ausführung von Plänen und Entwürfen eines Werkes der bildenden Künste, um den Nachbau eines Werkes der Baukunst oder um die Bearbeitung oder Umgestaltung eines Datenbankwerkes, so bedarf bereits das Herstellen der Bearbeitung oder Umgestaltung der Einwilligung des Urhebers. ...". Dieser Paragraph kann schlagend werden, wenn Literatur verfilmt und das Ergebnis in öffentlichen Umlauf gebracht wird. Dies kann bereits die Publikation des Ergebnisses der Umgestaltung in einem YouTube-Kanal sein.

7.1.3 Gesetzlich erlaubte Nutzung im Unterricht

Für Zwecke des Unterrichts dürfen abweichend von den zuvor genannten Paragraphen des Urheberrechtsgesetzes Kopien eines urheberrechtlich geschützten Werks unter bestimmten Voraussetzungen angefertigt werden. Doch hier liegen die Fallstricke im Detail und Lehrende müssen sehr genau darauf achten, wie sie geschützte Werke im Unterricht einsetzen. Gleich vorweg: Die Nutzung urheberrechtlich geschützter Werke in elektronischen Medien kann rechtlich problematisch sein. Der § 60a des Urheberrechtsgesetzes soll deswegen näher betrachtet und hinsichtlich der Gültigkeit beim Einsatz digitaler Lehrmittel analysiert werden.

Kopieren: ja, speichern: nein

Das Kopieren von Auszügen aus einem Werk zu reinen Unterrichtszwecken auf Papier war im geregelten Umfang zulässig. Das Speichern geschützter Inhalte ist es dagegen nicht.

Das Urheberrecht regelt auch die Nutzung und Vervielfältigung geschützten Materials für Unterrichtszwecke:

„... § 60a UrhG: Unterricht und Lehre[4]

(1) Zur Veranschaulichung des Unterrichts und der Lehre an Bildungseinrichtungen dürfen zu nicht kommerziellen Zwecken bis zu 15 Prozent eines veröffentlichten Werkes vervielfältigt, verbreitet, öffentlich zugänglich gemacht und in sonstiger Weise öffentlich wiedergegeben werden

1. für Lehrende und Teilnehmer der jeweiligen Veranstaltung,

2. für Lehrende und Prüfer an derselben Bildungseinrichtung sowie

3. für Dritte, soweit dies der Präsentation des Unterrichts, von Unterrichts- oder Lernergebnissen an der Bildungseinrichtung dient. ... “

Die Betonung liegt auf den zwei wesentlichen Nutzungseigenschaften *nicht kommerziell* und zudem *an Lehre und Unterricht gebunden*. Das Gesetz schreibt auch vor, dass Kopien nur auszugsweise, nämlich in einem Umfang von bis zu 15 % angefertigt werden dürfen.

Der folgende Absatz 2 des § 60a UrhG legt Ausnahmen fest, in denen die Werke vollständig genutzt werden können:

„... (2) Abbildungen, einzelne Beiträge aus derselben Fachzeitschrift oder wissenschaftlichen Zeitschrift, sonstige Werke geringen Umfangs und vergriffene Werke dürfen abweichend von Absatz 1 vollständig genutzt werden. ... “

Die beiden ersten Absätze sind für reguläre Präsenzunterrichtseinheiten, bei denen die Verbreitung von Auszügen aus den im Unterricht behandelten Werken sowie von Fachzeitschriftenbeiträgen überschaubar bleibt, nachvollziehbar. Der Absatz 3 des § 60a UrhG schränkt die Nutzung jedoch auch für Unterrichtszwecke deutlich ein. So ist gemäß Satz 1 der Mitschnitt öffentlicher Wiedergaben auch für Unterrichtszwecke nicht gestattet. Ausgeschlossen von der Nutzung nach Absatz 1 sind Werke, die ausschließlich für Unterrichtszwecke vorgesehen sind.

„... (3) Nicht nach den Absätzen 1 und 2 erlaubt sind folgende Nutzungen:

1. Vervielfältigung durch Aufnahme auf Bild- oder Tonträger und öffentliche Wiedergabe eines Werkes, während es öffentlich vorgetragen, aufgeführt oder vorgeführt wird,

2. Vervielfältigung, Verbreitung und öffentliche Wiedergabe eines Werkes, das ausschließlich für den Unterricht an Schulen geeignet, bestimmt und entsprechend gekennzeichnet ist, an Schulen sowie

3. Vervielfältigung von grafischen Aufzeichnungen von Werken der Musik, soweit sie nicht für die öffentliche Zugänglichmachung nach den Absätzen 1 oder 2 erforderlich ist. ... “

7.1.3.1 Änderung eines Werks

Es ist nicht nur die Verbreitung geschützter Werke besonderen Regeln unterworfen, sondern auch deren Veränderung. Streng genommen machen sich zahlreiche private Nutzer sozialer Netzwerke tagein, tagaus eines Verstoßes gegen das Urheberrecht schuldig, wenn sie geschützte Werke verändern und als ihr eigenes Werk in diesen Medien verbreiten. Das

---

[4] *https://dejure.org/gesetze/UrhG/60a.html*, Zugriff: 05.12.2020

Veränderungsverbot gilt aber auch für Personen oder Institutionen, die das Nutzungsrecht vom Urheber erworben haben. Dies regelt § 39 UrhG, Absatz 1:

> *„… Der Inhaber eines Nutzungsrechts darf das Werk, dessen Titel oder Urheberbezeichnung (§ 10 Abs. 1) nicht ändern, wenn nichts anderes vereinbart ist. …"*

7.1.3.2 Quellennachweis

Wird ein Werk ganz oder teilweise verwendet – auch zitiert –, dann ist die Quelle des Werks zu benennen. Dies schreibt 63 UrhG in Absatz 1 vor:

> *„… Bei der Vervielfältigung oder Verbreitung ganzer Sprachwerke oder ganzer Werke der Musik ist neben dem Urheber auch der Verlag anzugeben, in dem das Werk erschienen ist, und außerdem kenntlich zu machen, ob an dem Werk Kürzungen oder andere Änderungen vorgenommen worden sind. …"*

Der Gesetzestext sieht nicht nur die Nennung der Quelle vor, sondern auch die ausdrückliche Kennzeichnung eventueller Veränderungen.

7.1.4 Erlöschen des Urheberrechts

Urheber ist stets der Schöpfer eines Werks und dieser allein genießt sein Leben lang das Urheberrecht. Er kann – wie bereits ausgeführt – die Rechte zur *Verwendung* auf Andere übertragen. Der Urheberschutz überträgt sich auch auf die Erben, jedoch gilt dieser dann nicht endlos lange. Dies regelt § 64 UrhG:

> *„… Das Urheberrecht erlischt siebzig Jahre nach dem Tode des Urhebers. …"*

7.1.5 Angemessene Vergütung

Der Urheber eines Werks hat grundsätzlich ein Anrecht auf eine „angemessene Vergütung". In § 60 h UrhG heißt es in Absatz 1 klar und deutlich:

> *„… Für Nutzungen nach Maßgabe dieses Unterabschnitts hat der Urheber Anspruch auf Zahlung einer angemessenen Vergütung. …"*

Es gibt aber auch hier wieder die berühmten Ausnahmen, wobei Absatz 2, Satz 1 auch die Vergütungsfreiheit der öffentlichen Wiedergabe

> *„für Angehörige von Bildungseinrichtungen und deren Familien"*

regelt. Nicht vergütungsfrei ist aber auch hier die öffentliche Wiedergabe.

Eine Urhebervergütung ist auch vorgesehen für Fälle, in denen eine direkte Abrechnung mit den Verwertern nicht möglich ist. Diese Rechte nehmen Verwertungsgesellschaften[5] wahr. Für die Musik sind das in Deutschland die GEMA und für Schriften die VG-WORT.

---

[5] Eine Liste der Verwertungsgesellschaften für die verschiedenen Schaffensrichtungen ist für Deutschland beim Deutschen Patent- und Markenamt (DPMA) zu finden: *https://www.dpma.de/dpma/wir_ueber_uns/weitere_aufgaben/verwertungsges_urheberrecht/aufsicht_verwertungsges/liste_vg/*. In Österreich bietet die Aufsichtsbehörde für Verwertungsgesellschaften eine Übersicht: *https://www.justiz.gv.at/aufsichtsbehoerde/aufsichts behoerde-fuer-verwertungsgesellschaften/verwertungsgesellschaften-und–einrichtungen/vgr~2c94848a5af59e24 015c1a67fa265260.de.html*

Die Verwertungsgesellschaften finanzieren sich und die Ausschüttungen an die Urheber, welche einen Wahrnehmungsvertrag abgeschlossen haben, aus Zusatzabgaben für Kopierer, Drucker und Speichermedien. Es darf allerdings daraus kein allgemeines Recht zum Kopieren abgeleitet werden, denn das Gros der legitimen Entgelte der Urheber müssen aus direkten Verkäufen erzielt werden.

■ 7.2 Persönlichkeitsrecht

Zu den markantesten Persönlichkeitsrechten gehört das Recht am eigenen Bild. Dieses wird im *„Gesetz betreffend das Urheberrecht an Werken der bildenden Künste und der Photographie"*, kurz: KunstUrhG geregelt. Grundsätzlich hat das Gesetz jedoch noch grundlegendere Wurzeln im Grundgesetz[6] der Bundesrepublik Deutschland, Art. 1 (Menschenwürde) und Art. 2 (Entfaltung der Persönlichkeit).

Art. 1, Absatz 1 beschreibt eines der ultimativsten Menschenrechte:

> *„Die Würde des Menschen ist unantastbar. Sie zu achten und zu schützen ist Verpflichtung aller staatlichen Gewalt."*

Es stellt sich natürlich stets die Frage, wo und in welcher Form von einer Verletzung der Menschenwürde gesprochen werden kann. Ist es bereits eine Verletzung der Menschenwürde, wenn ein neutrales Foto von einer Person in einem sozialen Netz veröffentlicht wird? Politiker und andere „Personen des öffentlichen Lebens" müssen damit leben, dass ihre Fotos in Zeitungen erscheinen und von Satirikern sogar verändert werden.

Artikel 2 wird hier schon deutlicher. So heißt es in Absatz 1:

> *„Jeder hat das Recht auf die freie Entfaltung seiner Persönlichkeit, soweit er nicht die Rechte anderer verletzt und nicht gegen die verfassungsmäßige Ordnung oder das Sittengesetz verstößt."*

Hier kann tatsächlich bereits das Recht gedeutet werden, dass das eigene Bild nicht in Medien veröffentlicht oder anderweitig verwendet wird, wenn es dazu keine ausdrückliche Erlaubnis gibt.

7.2.1 Recht am eigenen Bild

Eine jede Leserin und ein jeder Leser prüfe sein eigenes Verhalten selbst: Wer hat nicht bereits Fotos in die sozialen Netzwerke gepostet, auf denen weitere Personen ebenfalls deutlich zu sehen und zu erkennen waren? In Schulen werden gerne Klassenfotos mit großem Stolz im Internet veröffentlicht und nicht immer werden die erforderlichen Formalitäten eingehalten, oft sogar nicht für wichtig erachtet und nicht ernst genommen. Das kann schnell unangenehme Konsequenzen nach sich ziehen, wie es in § 33 KunstUrhG, Absatz 1 festgeschrieben ist:

---

[6] Grundgesetz der Bundesrepublik Deutschland: *https://www.bundestag.de/gg,* Zugriff: 07.12.2020

„Mit Freiheitsstrafe bis zu einem Jahr oder mit Geldstrafe wird bestraft, wer entgegen den §§ 22, 23 ein Bildnis verbreitet oder öffentlich zur Schau stellt."

Das Strafgesetzbuch der Bundesrepublik Deutschland ist in § 201a noch deutlicher und sieht Freiheitsstrafen von bis zu zwei Jahren vor.

Im „Gesetz betreffend das Urheberrecht an Werken der bildenden Künste und der Photographie"[7] sind die meisten der ursprünglichen 55 Paragraphen weggefallen. Mindestens drei der verbleibenden Paragraphen sind jedoch von großer Sprengkraft für die Verwendung von Video- und Bildmaterial in modernen digitalen Medien. Lehrmedien sind hier durchaus eingeschlossen zu betrachten.

§ 22 KunstUrhG:

„Bildnisse dürfen nur mit Einwilligung des Abgebildeten verbreitet oder öffentlich zur Schau gestellt werden. Die Einwilligung gilt im Zweifel als erteilt, wenn der Abgebildete dafür, dass er sich abbilden ließ, eine Entlohnung erhielt. Nach dem Tode des Abgebildeten bedarf es bis zum Ablaufe von 10 Jahren der Einwilligung der Angehörigen des Abgebildeten. Angehörige im Sinne dieses Gesetzes sind der überlebende Ehegatte oder Lebenspartner und die Kinder des Abgebildeten und, wenn weder ein Ehegatte oder Lebenspartner noch Kinder vorhanden sind, die Eltern des Abgebildeten."

Auf den Punkt gebracht bedeutet dies, dass es grundsätzlich verboten ist, Fotos eines Menschen zu veröffentlichen, es sei denn, es gibt eine ausdrückliche Genehmigung dafür. Diese Genehmigung kann allgemein erteilt oder auf einzelne Medien begrenzt erteilt werden.

Honorarbezug entspricht einer Einwilligung!

§ 22 KunstUrhG besagt auch, dass eine Entlohnung für die Aufnahme, welche die darauf abgebildete Person erhält (also auch annimmt), einer Einwilligung gleichkommt.

7.2.2 Sonderfall „Gruppenbilder"

Im schulischen Umfeld wird das Recht auf das eigene Bild oft falsch verstanden, wenn es um die Verbreitung von Gruppenbildern geht. Oft werden Klassenfotos oder Gruppenfotos von Veranstaltungen wie selbstverständlich im Internet veröffentlicht. Dabei ist dies mit großer Wahrscheinlichkeit verboten.

Tatsächlich dürfen Aufnahmen von Personen nach § 23 KunstUrhG ohne eine Einwilligung, wie sie in § 22 gefordert wird, *„verbreitet und zur Schau gestellt werden"*. Dies ist unter verschiedenen Voraussetzungen zulässig, wobei hier in erster Linie Fälle gemeint sind, bei denen

---

[7] Gesetz betreffend das Urheberrecht an Werken der bildenden Künste und der Photographie (KunstUrhG): *https://www.gesetze-im-internet.de/kunsturhg/__22.html*, Bundesministerium der Justiz und für Verbraucherschutz, Zugriff: 08.12.2020

„*die Personen nur als Beiwerk neben einer Landschaft oder sonstigen Örtlichkeit erscheinen*"
(Absatz 2) oder es sich um

„*Bilder von Versammlungen, Aufzügen und ähnlichen Vorgängen, an denen die dargestellten
Personen teilgenommen haben*"
(Absatz 3) handelt.

Von einer bestimmten Anzahl von Personen auf einem Foto ist übrigens keine Rede. In beiden Fällen gelten die Ausnahmen nur, wenn die Örtlichkeiten oder Versammlungen als Motiv für die Aufnahme dienen. Es sind also eher die zufälligen Aufnahmen von Personen im Sinne des Gesetzes gemeint. Dennoch sollte es vermieden werden, dass Personen, die keine Zustimmung für die Veröffentlichung ihres Bilds erteilt haben, identifizierbar sind.

Vorsicht bei Gruppenfotos!

Auch bei Gruppenfotos haben die darauf abgebildeten Personen das Recht auf ihr eigenes Bild. Es sollten grundsätzlich schriftliche Einverständniserklärungen eingeholt werden. Dies gilt auch für Aufnahmen, die im Rahmen von Lehrmittelproduktionen entstehen.

7.2.3 Publikation in sozialen Netzwerken

Soziale Netzwerke spielen auch im (digitalisierten) Bildungssystem eine zunehmend wichtigere Rolle. In diesen sozialen Netzwerken werden auch Bilder, Audio- und Videoinhalte verbreitet. Das Risiko, gegen das Urheberrecht zu verstoßen, ist sehr groß. Folgende Aktivitäten sind zu beachten:

- direktes *Posten* von Inhalten,
- das *Teilen* von Inhalten,
- das *Verlinken* von Inhalten,
- *Veränderung* von Inhalten,
- das *Liken* von Inhalten.

7.2.3.1 Posting

Beim *Posten* gibt es die wenigsten Unstimmigkeiten in der Interpretation des Urheberrechts, denn hierbei handelt es sich um eine direkte Veröffentlichung von Inhalten, die von einer eigenen Quelle (eigene Festplatte etc.) stammen. Handelt es sich um kein eigenes Werk, sondern um ein fremdes, so wurde dieses Werk also mindestens über einen beliebigen Weg (z. B. Download) auf den eigenen Datenträger übertragen. Mit dieser physischen Übertragung findet jedoch keine Übertragung von Urheber- und Nutzungsrechten statt. Werden also Inhalte gepostet, zu denen man nicht das Nutzungsrecht besitzt oder deren Urheber man nicht ist, so begeht man einen Verstoß gegen das Urheberrecht und man riskiert eine entsprechende Bestrafung.

7.2.3.2 Teilen und Verlinken

Auch das *Teilen*, was an sich keine eigene Publikation fremder Inhalte darstellt, kann an sich bereits problematisch im Sinne des Urheberrechts sein. Zwar werden keine Inhalte von fremden Quellen „gestohlen", also nicht von diesen heruntergeladen und mit eigener Motivation erneut verbreitet, jedoch kann nicht ausgeschlossen werden, dass der geteilte Inhalt bereits widerrechtlich gepostet wurde. Es kann somit durchaus auch hier ein Verstoß gegen das Urheberrecht vermutet werden. Anders als beim (unerlaubten Posting) ist allerdings die Entfernung eines unerlaubt veröffentlichten Inhalts einfach möglich. Dieser muss nur von demjenigen gelöscht werden, der den Inhalt gepostet hat. Die Verbreitung durch Teilen wird in diesem Fall allgemein beendet, weil hierbei stets ein Verweis auf die Quelle stattfindet. Wird diese Quelle entfernt, werden auch alle durch Teilung erzeugten Verbreitungen beendet.

Ähnlich wie beim Teilen funktioniert die *Verlinkung*. Die Verlinkung erfolgt durch den Einsatz klassischer Hyperlinks. Es wird also keine interne Schaltfläche eines sozialen Netzwerks verwendet. Genau hier liegt der Unterschied. In beiden Fällen wird keine aktive Verbreitung von Inhalten vorgenommen, sondern es werden Verweise auf bereits vorhandene Inhalte gesetzt. Beim Teilen erfolgt dies über eine Schaltfläche. Wer einen Inhalt veröffentlicht, kann durchaus selbst entscheiden, ob es möglich ist, diesen zu teilen. Bei einer Verlinkung auf den externen Link ist das nicht möglich.

Teilen-Button als Willenserklärung

Wenn ein legitimer Urheber die Teilung seiner – in einem sozialen Netzwerk publizierten – Inhalte mit der Bereitstellung eines Teilen- bzw. „Share"-Buttons ermöglicht, darf davon ausgegangen werden, dass die Verbreitung in der Community zugelassen, wenn nicht sogar gewünscht ist.

Kritisch wird unter Juristen auch gesehen, dass bereits das Erscheinen der Vorschau – auch bei verlinkten oder geteilten Inhalten – eine unzulässige Verbreitung darstellen könne. Diese Vorschau erweckt den Eindruck, dass es sich um einen eigenen Inhalt handelt.

Quellenangabe und Vorsicht beim Teilen/Verlinken

Es empfiehlt sich in jedem Fall, beim Teilen oder Verlinken zusätzlich die Quellenangabe zu ergänzen. Ist diese nicht ersichtlich oder feststellbar, sollte auf die Verbreitung des Inhalts verzichtet werden.

7.2.3.3 Veränderung von Werken in sozialen Netzen

Wer kennt sie nicht, die Sprüche und Weisheiten auf hübschen Hintergrundbildern? Die Verbreitung (eigener) Poesie auf ansprechenden und passenden Hintergründen ist nahezu alltäglich. Dies erfolgt oft sehr leichtfertig und ohne ein Schuldbewusstsein. Auch für die optische Gestaltung von Lehrmitteln ist es – nicht zuletzt aus Zeitdruck und mangels Kapazitäten für die Herstellung – verführerisch, sich fremder Inhalte zu bedienen und diese für die Gestaltung des Lehrmittels zu verwenden. Das ist auch bei Nennung der Quelle problematisch, denn es stellt eine Veränderung des Werks dar.

Die Veränderung ist ein eigenes Recht des Urhebers, was nicht mit der Verbreitung oder dem Konsum des Werks verbunden ist. Unter Umständen kann der Urheber in einer Veränderung sogar eine direkte Schädigung seines Werks interpretieren.

 Veränderungen eines Werks sind rechtlich kritisch!

Veränderungen fremder Werke können auch dann straf- und zivilrechtliche Folgen haben, wenn offizielle Fotos und Videos von Personen des öffentlichen Lebens verunstaltet werden. Das Urheberrecht des Fotografen wird hier ebenso berührt wie möglicherweise das Persönlichkeitsrecht der „prominenten" Personen. Die Rechtsprechung unterstellt zwar bei Politikern etc., dass diese Satire und Karikaturen erdulden müssen, jedoch setzt dies nicht die Urheberrechte der Fotografen außer Kraft. Die Veränderung offizieller Pressefotos von Personen des öffentlichen Lebens ist also nicht ohne Erlaubnis des Urhebers zulässig.

7.2.3.4 Liken ohne Risiko?

Ein „Like", also der Klick auf einen „Gefällt mir"-Button, erscheint urheberrechtlich vollkommen harmlos. Allerdings ist auch hiermit ein juristisches Risiko verbunden: So kann – ähnlich dem Teilen – in den eigenen Profilen eine Verlinkung erscheinen. Ob damit bereits eine Verletzung des Urheberrechts vorliegt, ist strittig. Ein Urteil des Landgerichts Hamburg vom 10. Januar 2013, AZ: 327 O 438/11[8] wird oft herangezogen, um den Klick auf den „Gefällt mir"-Button als urheberrechtlich unkritisch zu bewerten. Diese Aktion wird vom Nutzer lediglich als eine allgemeine *Gefallensäußerung in Bezug auf die bereitgestellte Mitteilung* betrachtet. In dem zitierten Prozess wurde jedoch nicht eine Urheberrechtsverletzung verhandelt, sondern ein Verdacht von Wettbewerbsverzerrung und irreführender Werbung. Es wird jedoch in diesem Urteil der Zweck der „Gefallensäußerung" und nicht ein anderes Motiv beim Klick auf den Button wie die Verbreitung eines Inhalts in den Fokus gestellt.

7.2.4 Kinderfotos

Es sei noch einmal der § 22 des Kunst-Urheberrechtgesetzes (KunstUrhG) betrachtet:

> „… *Bildnisse dürfen nur mit Einwilligung des Abgebildeten verbreitet oder öffentlich zur Schau gestellt werden. Die Einwilligung gilt im Zweifel als erteilt, wenn der Abgebildete dafür, dass er sich abbilden ließ, eine Entlohnung erhielt. Nach dem Tode des Abgebildeten bedarf es bis zum Ablaufe von 10 Jahren der Einwilligung der Angehörigen des Abgebildeten. Angehörige im Sinne dieses Gesetzes sind der überlebende Ehegatte oder Lebenspartner und die Kinder des Abgebildeten und, wenn weder ein Ehegatte oder Lebenspartner noch Kinder vorhanden sind, die Eltern des Abgebildeten. …"*

---

[8] Quelle: Openjur.de, *https://openjur.de/u/612069.html*, Zugriff: 12. 12. 2020

Die Eltern des Abgebildeten sind nicht allein im Fall dessen Todes berechtigt, über eine Veröffentlichung des Fotos zu entscheiden, sondern vor allem bei Minderjährigen in ihrer Eigenschaft als Erziehungsberechtigte. Kinder sind noch nicht geschäftsfähig. Hier treffen die Eltern die Entscheidung. Das tun diese auch oft privat mit Familienfotos oder gar Babybildern. In Schulen werden gern Klassenfotos auf Webseiten und in sozialen Netzwerken veröffentlicht. Passiert dies ohne Erlaubnis der Abgebildeten oder deren Erziehungsberechtigten, so ist dies rechtlich kritisch. Auch Eltern selbst sollten jedoch darüber nachdenken, welche Bilder sie von ihren Kindern selbst veröffentlichen oder zur Veröffentlichung freigeben.

7.2.5 Creative Common, GNU und Public Domain

Es gibt nicht nur Nutzungs- und Verbreitungslizenzen im kommerziellen Kontext, sondern durchaus auch Lizenzmodelle, deren Sinn die kulturelle und informelle Verbreitung von Wissen ist. Tatsächlich gibt es heute sowohl sehr leistungsfähige Software – zu nennen ist beispielsweise das Office-Paket LibreOffice oder OpenOffice und der weit verbreitete Apache-Webserver – die nach solchen Lizenzmodellen entwickelt und verbreitet werden.

7.2.5.1 GPL – GNU General Public License

Auch das OpenSource-Lernpaket „Moodle™" ist nicht nur quelloffen, sondern auch unter der *GNU General Public License* zur kostenlosen Verbreitung und zur Bearbeitung freigegeben. Die GNU General Public License setzt aber auch eine Bedingung: Welche Produkte auch immer auf der Basis dieses Programmcodes entstehen, sie müssen mit der gleichen Lizenz und den gleichen Nutzungsrechten weitergegeben werden. Eine kommerzielle Nutzung ist jedoch gestattet.

Die *GNU General Public License*, kurz: *GPL* entstand in den 80er-Jahren. Es war die Zeit, als es das Bestreben gab, ein Betriebssystem zu schaffen, welches dem Großrechner-Betriebssystem UNIX sehr ähnlich war, jedoch keine rein kommerziellen Ziele verfolgte und schon gar nicht den Interessen eines Unternehmens dienen sollte. Pioniere dieser Lizenz waren frühe Informatik-Spezialisten wie beispielsweise Richard Stallman, Gründer der *Free Software Foundation*, und Linus Torwalds, Begründer des Linux-Betriebssystems.

Die Philosophie der GPL war nicht nur, die Nutzung (in diesem Fall von Software) und deren Weiterentwicklung zu erlauben, sondern zu beidem sogar ausdrücklich aufzufordern. Persönlichkeiten wie Stallman und Torwalds wollten die geistige Kraft der gesamten Community nutzen, um wirklich gute und sichere Produkte zu schaffen, deren Daseinsmaßstab nicht nur der finanzielle Erfolg sein sollten. Der Erfolg gab diesen Leuten recht, denn Linux ist ein sehr stabiles und modernes Betriebssystem, der Apache Webserver ist einer der am häufigsten genutzten Internet-Server und das Office-Paket LibreOffice, kann sich in Qualität und Funktionsumfang sehr gut mit dem kommerziellen MS-Office messen lassen.

7.2.5.2 Public Domain – gemeinfrei

Die US-amerikanische *Public-Domain*-Lizenz ist zwar nicht vollkommen identisch mit dem in Deutschland und Österreich gebräuchlichen Begriff der Gemeinfreiheit, jedoch gibt es viele Parallelen. Unterschiede sind vor allem in der Auffassung darüber zu sehen, ob auf ein

Urheberrecht grundsätzlich verzichtet werden kann. Dies ist in Europa nicht der Fall, denn der Schöpfer eines Werks ist und bleibt Urheber, auch bis zu 70 Jahre über dessen Tod hinaus.

Ein als *„gemeinfrei"* oder unter der Public-Domain-Lizenz veröffentlichtes Werk oder Produkt (z.B. eine Software) darf bearbeitet und weiterverbreitet werden. Auch die kommerzielle Nutzung ist durchaus unter bestimmten Voraussetzungen möglich.

7.2.5.3 Creative Common (CC)

Zwischen GPL, Public Domain und europäischer Gemeinfreiheit gibt es immer noch gewisse Unterschiede in der Interpretation und vor allem in der Auslegung bei der kommerziellen Nutzung. Mehr Klarheit verspricht das Konzept der Creative Common Licence, der auch H5P (CC0) sowie die darauf basierenden Technologien unterworfen wurden.

Creative Common bietet lizenzrechtliche Regelungen, welche die Weitergabe, Veränderung und auch die kommerzielle Nutzung vorsehen können. Auch das Recht auf Erwähnung des Urhebers wird mit der Creative Common Licence berücksichtigt. Insgesamt werden vier Lizenzmodule definiert, die nahezu beliebig kombinierbar sind. Damit die Lizenzbedingungen ohne aufwendiges „Kleingedrucktes" allgemein – auch international – verständlich sind, werden sie mit Abkürzungen und in Form kleiner grafischer Symbole bezeichnet.

Tabelle 7.1 Module der Creative Common Licence

Abkürzung	Symbol	Bedeutung
CC		Einleitender Hinweis, dass die Schöpfung der Creative Common Licence unterliegt. Die rechtlichen Details definieren weitere Bezeichner.
CC0		Die besondere Form der Creative Common Licence entspricht der Gemeinfreiheit bzw. der ursprünglichen Public Domain Licence.
BY		Die Nutzung der Schöpfung erfordert die Namensnennung des Urhebers.
NC		Die Schöpfung und darauf basierende Werke dürfen nicht für kommerzielle Zwecke verwendet werden (NC = Non-Commercial).
ND		Eine Veränderung des Werks ist nicht zulässig (ND = No Derivatives).
SA		Die Weitergabe ist erlaubt, jedoch nur unter gleichen Lizenzbedingungen wie das Ausgangswerk (SA = Share alike).

Creative Common-Lizenzen bestehen in der Regel aus Kombinationen der einzelnen Module. Beispiele dafür sind:

- CC BY-SA – das Werk darf unter Nennung des Urhebers zu gleichen Bedingungen weiter genutzt werden.
- CC BY-NC-SA – das Werk darf unter Nennung des Urhebers zu gleichen Bedingungen, jedoch nicht zu kommerziellen Zwecken weiter genutzt werden.
- CC BY-NC-ND – das Werk darf unter Nennung des Urhebers, jedoch nicht zu kommerziellen Zwecken genutzt und auch nicht verändert werden.

 CC-Lizenz ist keine Garantie

Eine hundertprozentige Garantie, dass ein Werk, welches mit einer CC-Lizenz deklariert ist, auch tatsächlich dieser Lizenz und deren Bedingungen genügt, gibt es nicht. Ein Beispiel stellt die Bearbeitung eines Werks dar, welches danach – fälschlicher- und verbotenerweise – unter einem neuen Urhebernamen mit einer CC-Lizenz publiziert wird. Dessen Nutzung – im guten Glauben, es mit einem nicht geschützten Werk zu tun zu haben – kann zu juristischen Kontroversen führen.

7.2.5.4 Open Educational Resources (OER)

Open Educational Resources steht für den freien Zugang zu Lehrmaterialien. Dies ist vergleichbar mit dem Grundgedanken, der dem Public-Domain-Lizenzmodell zugrunde liegt. Das Konzept bietet die Chance der freien Verbreitung hochwertiger Lehrmittel auch in Regionen der Welt, in denen Bildung ein kostbares und oft unbezahlbares Gut ist. OER erleichtert durch den freien Austausch von Lehrmaterialien die Vorbereitung des Unterrichts. Pädagogen profitieren jedoch auch zusätzlich von der Teilung des Wissens in der Community und ergänzen einander in der Entwicklung der Materialien.

Public Domain und ebenso im Bildungsbereich OER stehen im Widerspruch zum kommerziellen Gedanken. Es existieren durchaus polarisierende Gedanken: Während die eine Seite das Monopol der Verlage anprangert, plädiert die andere Seite auch im Bildungssektor für die Durchsetzung der Urheberrechte. Tatsächlich wird wohl beides gebraucht, sowohl das freie als auch das urheberrechtlich geschützte Material. Dieses sichert auch den Autoren und Produzenten des Lehrmaterials ein verdientes Einkommen, denn bei allem lobenswerten Idealismus kann ehrenamtliche Tätigkeit nach wie vor niemanden ernähren und auch sonst nicht den Lebensstandard decken. Die Erarbeitung, Gestaltung und fortlaufende Evaluierung von Lehrmaterialien ist zeitintensiv. Sehr hochwertige Lehrmaterialien haben zudem einen attraktiven materiellen Wert.

Offenes und frei nutzbares Material wird in vielen Fällen von Autoren zur Verfügung gestellt, die selbst nicht auf einen Ertrag aus diesen Arbeiten angewiesen sind. Die Qualität lässt sich auch im nicht kommerziellen, offenen System auf einem hohen Niveau halten. Eine Möglichkeit ist bei wissenschaftlichen Publikationen auf universitärem Niveau durchaus längst etabliert: das Peer-Review. Werke werden kompetenten Kolleginnen und Kollegen zur Begutachtung vorgelegt, welche das Werk kommentieren und ihrerseits Verbesserungsvorschläge einbringen können.

Open Educational Resources in Deutschland und Österreich

https://www.openeducation.at

https://open-educational-resources.de

Bild 7.1 Das Logo für Open Educational Resources symbolisiert die Philosophie, dass Bildung und Bildungsmaterial jedermann zur Verfügung stehen sollten. Lizenz CC-BY 3.0 von Jonathas Mello

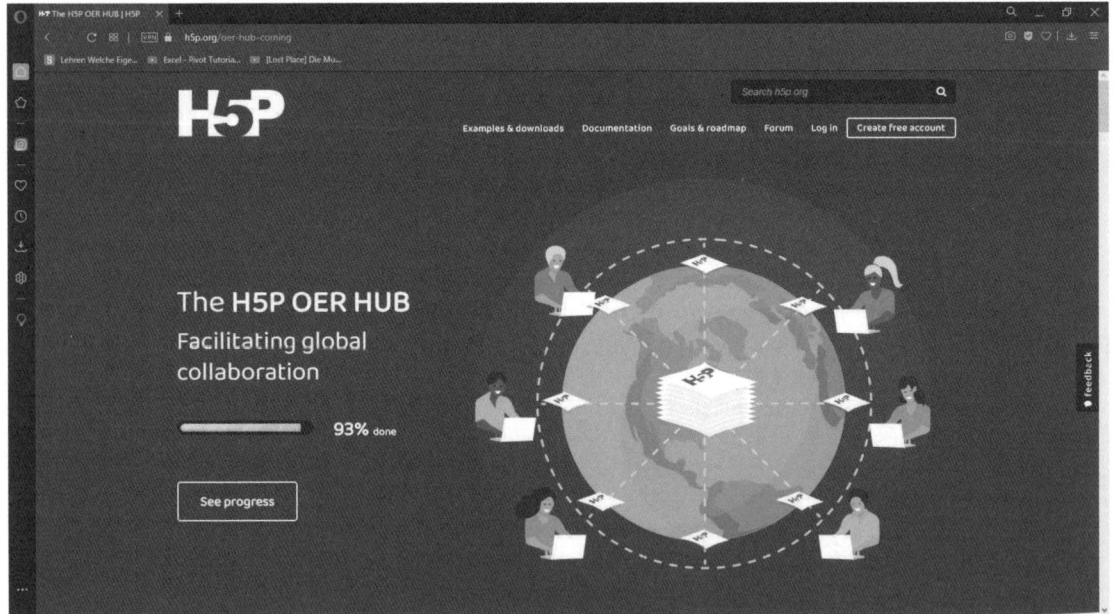

Bild 7.2 Ein Ziel von H5P ist die Schaffung einer Plattform für offenes Bildungsmaterial im Sinne der Open Educational Resources.

7.2.6 Problemfall: Verwaiste Werke

Insbesondere die Möglichkeit, Inhalte rasant im weltweiten Netz verbreiten zu können, macht es nicht immer leicht, die Urheberschaft eines im Netz angebotenen Werks sicher festzustellen. Auch besteht das Risiko, dass eigentlich geschützte Werke unter einer vermeintlichen Creative Common License publiziert werden. Im Strudel dieser Kommunikations- und Verbreitungswege können eigentlich urheberrechtlich geschützte Werke an verschiedenen Stellen im Netz begleitende Informationen verlieren. Man könnte es als einen „Stille-Post-Effekt" bezeichnen, der letztlich dazu führt, dass einem Werk keine Lizenzbedingungen für dessen Nutzung und auch kein Urheber namentlich zugeordnet werden können. Kritisch wird es, wenn ein solches verwaistes Werk absichtlich oder aus Unwissenheit in einer weiteren Verwendung unter der Creative Common License weiterverbreitet wird. Das kann durchaus im guten Glauben passieren, ändert aber nichts am Bestand der legitimen Urheberrechte.

Das Urheberrecht hält einen gewissen Aufwand zur Feststellung des Urhebers eines verwaisten Werks für angemessen. Unkenntnis der Urheberschaft wird also nicht vor eventuellen Haftungsansprüchen schützen. §61 UrhG definiert in Absatz 2 den Begriff des „Verwaisten Werks" wie folgt:

„… Verwaiste Werke im Sinne dieses Gesetzes sind (1) Werke und sonstige Schutzgegenstände (…), deren Rechtsinhaber auch durch eine sorgfältige Suche nicht festgestellt oder ausfindig gemacht werden konnten. …"

Dieser Paragraph regelt in Absatz 5 zudem, unter welchen Umständen die Verwendung eines verwaisten Werks möglicherweise zulässig ist.

(4) Bestandsinhalte, die nicht erschienen sind oder nicht gesendet wurden, dürfen durch die jeweilige in Absatz 2 genannte Institution genutzt werden, wenn die Bestandsinhalte von ihr bereits mit Erlaubnis des Rechtsinhabers der Öffentlichkeit zugänglich gemacht wurden und sofern nach Treu und Glauben anzunehmen ist, dass der Rechtsinhaber in die Nutzung nach Absatz 1 einwilligen würde.

(5) Die Vervielfältigung und die öffentliche Zugänglichmachung durch die in Absatz 2 genannten Institutionen sind nur zulässig, wenn die Institutionen zur Erfüllung ihrer im Gemeinwohl liegenden Aufgaben handeln, insbesondere wenn sie Bestandsinhalte bewahren und restaurieren und den Zugang zu ihren Sammlungen eröffnen, sofern dies kulturellen und bildungspolitischen Zwecken dient.

Es ist sogar erlaubt, für die (legitime) Verbreitung eines verwaisten Werks Entgelte zu erheben. Diese sollen jedoch nicht dem eigenen Gewinn aus dem (fremden Werk unbekannten Ursprungs) dienen, sondern lediglich die Kosten für die öffentliche Zugänglichmachung abdecken.

■ 7.3 Datenschutz

Der Datenschutz gehört zu den Menschenrechten, wie sie u. a. in der Charta der Grundrechte der Europäischen Union beschrieben werden. In der Bevölkerung wird die Bedeutung des Datenschutzes in den letzten Jahrzehnten sehr unterschiedlich wahrgenommen: Auf der einen Seite werden Daten nahezu ungeniert freiwillig in den sozialen Netzwerken verbreitet. Auf der anderen Seite nimmt die Sensibilität zu und mündet teilweise sogar in Verschwörungstheorien. Für den Bildungsbereich kann diese allgemeine Unsicherheit, die nicht zuletzt auch in den – datenschutztechnisch sehr zweifelhaften – sozialen Medien gestützt wird, sehr kontraproduktiv sein. Wichtig ist es deswegen, Transparenz zu schaffen und sich strikt an die geltenden Gesetze zum Schutz personenbezogener Daten zu halten.

7.3.1 Datenschutz in den letzten Jahrzehnten

Persönliche Daten sind wertvoll! Davon waren die Menschen im Jahr 1983 felsenfest überzeugt, als sie den Versuch, eine Volkszählung in der Bundesrepublik Deutschland durchzuführen, vor dem Bundesverfassungsgericht stoppen konnten. Im Urteilsspruch des ersten Senats vom 15. Dezember 1983 (Aktenzeichen: 1 BvR 209/83 -, Rn. 1-215[9]) stellten die höchsten Verfassungsrichter in Absatz 5 fest, dass die im

> „... VoZählG 1983 § 9 Abs. 1 bis 3 vorgesehenen Übermittlungsregelungen (unter anderem Melderegisterabgleich) ... gegen das allgemeine Persönlichkeitsrecht. ...“

verstoßen. Die Volkszählung wurde jedoch nicht grundsätzlich in Frage gestellt und unter Berücksichtigung des Verfassungsgerichtsurteils im Jahr 1987 durchgeführt.

Tatsächlich war in den 1980er-Jahren der persönliche Datenschutz im Hinblick auf die Entwicklung der Computertechnologie von großer Bedeutung. Die Menschen hatten ein hohes Maß an Skepsis gegenüber den Möglichkeiten, welche moderne Informationsverarbeitung bietet. Man ging damals auf die Straße und riskierte sogar Strafen, die eine Verweigerung an der Volkszählungsteilnahme mit sich brachte.

Weit über 35 Jahre später geben Menschen weitaus intimere und persönlichere Daten in den sozialen Netzwerken preis. Anders als damals werden die Daten nicht im kontrollierten Umfang und schon gar nicht ausschließlich an gesetzlich legitimierte Behörden übertragen, sondern an freie Unternehmen, deren Firmensitz sich nicht einmal innerhalb des europäischen Rechtsraumes befindet. Die Wertschätzung gegenüber der eigenen Persönlichkeit ist bei vielen Menschen in den Hintergrund gerückt.

Das befeuert natürlich die Gier nach Daten, die von diversen Motiven getrieben wird. Grundsätzlich sind verkaufsfördernde Maßnahmen nur dann wirklich effektiv, wenn dem Werbenden die potenziellen Kunden idealerweise „persönlich“ bekannt sind. Geöffnet werden die Tore zu persönlichen und personenbezogenen Daten vor allem durch das Internet. So nehmen staatliche, vor allem jedoch (internationale) Begehrlichkeiten immer weiter zu. Der Datenschutz der Menschen, nicht alleine die Datensicherheit in den Systemen, musste also geregelt werden. Datenschutz ist somit keine Neuheit aus dem Frühjahr 2018!

---

[9] *http://www.bverfg.de/e/rs19831215_1bvr020983.html*, Zugriff am 28. 12. 2020

Im Jahr 1995 entstand die Datenschutzrichtlinie (Richtlinie 95/46/EG zum Schutz natürlicher Personen bei der Verarbeitung personenbezogener Daten und zum freien Datenverkehr) der Europäischen Union.

7.3.2 Datenschutz ist Menschenrecht

Neben dem eingangs zitierten Urteil des Bundesverfassungsgerichts vom 15. Dezember 1983, das sich bereits auf die ersten beiden Artikel des Deutschen Grundgesetzes bezog und die informelle Selbstbestimmung jedes Menschen ausdrücklich betonte, wird der Datenschutz auch in der Charta der Grundrechte der Europäischen Union als Menschenrecht fixiert. Der Art. 8[10] beschreibt den „Schutz personenbezogener Daten":

„... *(1) Jede Person hat das Recht auf Schutz der sie betreffenden personenbezogenen Daten.*

(2) Diese Daten dürfen nur nach Treu und Glauben für festgelegte Zwecke und mit Einwilligung der betroffenen Person oder auf einer sonstigen gesetzlich geregelten legitimen Grundlage verarbeitet werden. Jede Person hat das Recht, Auskunft über die sie betreffenden erhobenen Daten zu erhalten und die Berichtigung der Daten zu erwirken. ..."

Die betonten Passagen des Textes des Artikels 8 sind bereits wesentliche Teile der Datenschutzgrundverordnung (DSGVO).

 Menschenrechte werden unterschiedlich interpretiert

Das große Problem bezüglich der Menschenrechte ist, dass diese im internationalen Kontext nicht eindeutig ausgelegt werden. Dies wirkt sich auch auf den Datenschutz aus, der sogar in anerkannt demokratischen Staaten dieser Welt mit unterschiedlicher Bedeutung definiert wird.

7.3.3 Datenschutzgrundverordnung (DSGVO)

Die Datenschutzgrundverordnung (DSGVO) trat mit Wirkung vom 25. Mai 2018 endgültig und rechtsverbindlich in allen Staaten der Europäischen Union in der Form nationaler Gesetzgebungen in Kraft. Die Verordnung selbst wurde allerdings bereits im Jahr 2016 verabschiedet und definierte weitgehend bereits etablierte Rechtsgrundsätze zum Datenschutz. Neu waren jedoch die in der DSGVO definierten Sanktionsmöglichkeiten und die nunmehr innerhalb der EU – weitgehend – einheitliche Rechtsgrundlage. „Weitgehend" bedeutet, dass es den Staaten innerhalb der Gemeinschaft durchaus möglich war, die Inhalte der Verordnung zu ergänzen.

---

[10] Quelle: dejure.org, *https://dejure.org/gesetze/GRCh/8.html*, Zugriff am 29.12.2020

Datenschutzgrundverordnung, Verordnung (EU) 2016/679 vom 27.4.2016

Der Wortlaut der Datenschutzgrundverordnung[11] ist öffentlich zugänglich und in allen Sprachen der Europäischen Union nachlesbar. Das Dokument ist zu finden auf der Seite:

https://eur-lex.europa.eu/legal-content/DE/ALL/?uri=celex%3A32016R0679

Die Datenschutzgrundverordnung definiert u. a.:

- Grundsätze zur Verarbeitung personenbezogener Daten,
- Rechte der betroffenen Personen (und Unternehmen),
- Administrative Anforderung zur Wahrung des Datenschutzes,
- Regeln bei der Übermittlung personenbezogener Daten an Drittländer und internationale Organisationen,
- Sanktionen.

7.3.3.1 Grundsätze zur Verarbeitung personenbezogener Daten

Wer Lernplattformen betreibt, kommt um die Speicherung und Verarbeitung personenbezogener Daten nicht umhin! So werden Zugangsdaten zum System benötigt, aber auch Informationen zu den Bildungswegen und Zielen sowie Bewertungen der erbrachten Leistungen etc. verarbeitet. Diese Informationen sind ausgesprochen sensibler Natur, denn sie erlauben eine Klassifizierung der betroffenen Person beispielsweise in Auswahlprozessen bei einem Bewerbungsvorgang. Es ist also unabdingbar, genau die Regeln des Artikel 5 der DSGVO – *Grundsätze für die Verarbeitung personenbezogener Daten* – einzuhalten! Darin finden sich unter anderem Begriffe wieder, wie sie bereits in Artikel 8 der *Charta der Grundrechte der Europäischen Union* benannt werden. In Artikel 5, Absatz 1 DSGVO heißt es beispielsweise:

> *„... personenbezogene Daten müssen (a) auf rechtmäßige Weise, nach Treu und Glauben und in einer für die betroffene Person nachvollziehbaren Weise verarbeitet werden (‚Rechtmäßigkeit, Verarbeitung nach Treu und Glauben, Transparenz‘) ...“*

Es sei ausdrücklich betont, dass die DSGVO *keine Einschränkung allein auf elektronische Datenverarbeitung* vornimmt! Es ist lediglich von *personenbezogenen* Daten die Rede, ganz gleich in welcher Form sie erhoben oder gespeichert werden. So kann beispielsweise auch ein achtlos – nach Ablauf der Aufbewahrungsfrist – in den Altpapier-Container entsorgtes Klassenbuch einen Verstoß gegen die DSGVO darstellen. Die Verarbeitung der in ein solches Klassenbuch eingetragenen Daten ist aufgrund der Schulgesetzmäßigkeiten rechtmäßig. Die Transparenz wird durch die Möglichkeit der Einsichtnahme gewährleistet. Offiziell muss die Transparenz allerdings auch dann gewahrt bleiben, wenn die Dokumente vernichtet werden. Hier ist zu dokumentieren, wann welches Dokument auf welche Weise vernichtet wird.

---

[11] An dieser Stelle kann nur ein kurzer Einblick in die DSGVO gegeben werden. Dies betrifft vor allem die Bereiche, die für die Gestaltung von Lernplattformen – auch im internationalen Kontext – relevant sein können.

Elektronische Datenverarbeitung macht insbesondere den Grundsatz der Transparenz in den heute meist separaten Software-Systemen schwieriger. Dennoch ist sie zu gewährleisten! Ein Verweis auf die dafür zu kalkulierenden Kosten und auf den technischen Aufwand kann den Grundsatz von Art. 5, Absatz 1 DSGVO nicht außer Kraft setzen und begründet auch keinen „Aufschub".[12]

Für Schulen, Universitäten und viele freie Bildungsinstitute stellt die DSGVO eine große Herausforderung dar. Die internen Verwaltungssysteme sind in vielen Fällen nicht mit den verwendeten Lernplattformen verbunden. Werden personenbezogene Daten in verschiedenen Systemen gespeichert, dann erschwert dies die Einhaltung der geforderten Transparenz. Hinzu kommt, dass verschiedene Datenbanksysteme separat Stammdaten sammeln, die dann in mehrfacher Weise vorliegen.

Im Bildungssystem – wenn auch digitale Lernplattformen neben den administrativen Systemen eingesetzt werden – wird auch Art. 5, Absatz 1, Satz (b) berührt:

> „... *Personenbezogene Daten müssen (a) für festgelegte, eindeutige und legitime Zwecke erhoben werden und dürfen nicht in einer mit diesen Zwecken nicht zu vereinbarenden Weise weiterverarbeitet werden ... (Zweckbindung) ...*"

Das bedeutet, dass es datenschutzrechtlich zu Kontroversen kommen kann. Ein Beispiel: Lernende, die in einer Schule/Hochschule/Bildungsinstitut eingeschrieben sind, möglicherweise jedoch nicht aktiv an einer digital unterstützten Lehrveranstaltung teilnehmen, müssten formal betrachtet aus den Datenbanken der Lernplattform nachweislich gelöscht werden. Dies entspricht dem Grundsatz der Datensparsamkeit, welcher in Satz (c) betont wird:

> „... *Personenbezogene Daten müssen dem Zweck angemessen und erheblich sowie auf das für die Zwecke der Verarbeitung notwendige Maß beschränkt sein (Datenminimierung) ...*"

Für administrative Zwecke kann es dagegen erforderlich sein, die Daten der Lernenden auch nach dem Austritt aus der Schule weiterhin vorzuhalten. Es ist also ein erheblicher administrativer Aufwand zu leisten, um die Einhaltung der DSGVO zu gewährleisten. Zusätzlich werden allgemein – in anonymisierter Form – Daten für statistische Zwecke benötigt. Hier greift Satz (e) des eben zitierten Artikel 5, Absatz 1 der DSGVO:

> „... *Personenbezogene Daten müssen in einer Form gespeichert werden, die die Identifizierung der betroffenen Personen nur so lange ermöglicht, wie es für die Zwecke, für die sie verarbeitet werden, erforderlich ist; personenbezogene Daten dürfen länger gespeichert werden, soweit die personenbezogenen Daten vorbehaltlich der Durchführung geeigneter technischer und organisatorischer Maßnahmen, die von dieser Verordnung zum Schutz der Rechte und Freiheiten der betroffenen Person gefordert werden, ausschließlich für im öffentlichen Interesse liegende Archivzwecke oder für wissenschaftliche und historische Forschungszwecke oder für statistische Zwecke gemäß Artikel 89 Absatz 1 verarbeitet werden (Speicherbegrenzung)...*"

---

[12] Die rechtliche Verbindlichkeit der DSGVO trat endgültig und ohne weitere Übergangsfristen am 25. Mai 2018 in Kraft. Das bedeutet, dass die Staaten der Gemeinschaft sowie alle in diesen Staaten ansässigen Unternehmen mehr als zwei Jahre Zeit hatten, sich auf diese Rechtsgrundlage einzustellen. Mittlerweile ist die DSGVO in der EU fest etabliert. Verstöße gegen die darauf basierenden Gesetze können nicht mehr mit Anpassungsverzögerungen in den IT-Systemen oder administrativen Verfahrensabläufen begründet werden.

Ein ganz wichtiger Grundsatz für die Erhebung und die Verarbeitung von Daten ist der Grundsatz der *Einwilligung*. Artikel 7 beschreibt die Einzelheiten. Dabei wird gleich im Absatz 1 ausdrücklich die Nachweispflicht für das Einverständnis definiert. Wer sich darauf beruft, dass eine Person ihr Einverständnis zur Speicherung und Verarbeitung der personenbezogenen Daten gegeben hat, muss dies auch belegen können. Dabei sind selbstverständlich auch die anderen Grundsätze zu berücksichtigen. Artikel 7 DSGVO, Absatz 1:

> *„… Beruht die Verarbeitung auf einer Einwilligung, muss der Verantwortliche nachweisen können, dass die betroffene Person in die Verarbeitung ihrer personenbezogenen Daten eingewilligt hat. …“*

Die Grundsätze bei der Erfassung und Verarbeitung personenbezogener Daten sind also (Auszug):

- Zweckbindung
- Datenminimierung
- Speicherbegrenzung
- Integrität und Vertraulichkeit
- Rechenschaftspflicht
- Rechtmäßigkeit
- Voraussetzung der Einwilligung

7.3.3.2 Rechte der betroffenen Personen

Die Datenschutzgrundverordnung und die darauf basierenden nationalen Gesetze der EU sehen umfassende Rechte für die betroffenen Personen vor, deren Daten erhoben, gespeichert und verarbeitet werden:

- Recht auf transparente Information,
- Auskunftsrecht,
- Recht auf Berichtigung,
- Recht auf Löschung, also auf das „Vergessenwerden“,
- Recht auf Einschränkung der Verarbeitung,
- Recht auf Datenübertragbarkeit,
- Recht auf Widerspruch.

Die Rechte betroffener Personen sind in den Artikeln 12 bis 23 festgeschrieben. Zu den wichtigsten Rechten gehören die *Informationspflichten*, die all diejenigen zu erfüllen haben, welche Daten erheben, speichern und verarbeiten. Das gilt sowohl bei der Erhebung von Daten direkt bei den betroffenen Personen als auch dann, wenn die Daten nicht direkt bei diesen erhoben werden. Wichtig ist dabei, dass die Informationen *transparent und verständlich* vermittelt werden. Streng genommen ist Artikel 12, Absatz 1 ein klares Verbot von unverständlichem „Beamtendeutsch“, mit dem Betroffene in die Irre geführt werden könnten:

> *„… Der Verantwortliche trifft geeignete Maßnahmen, um der betroffenen Person alle Informationen (…), die sich auf die Verarbeitung beziehen, in präziser, transparenter, verständlicher und leicht zugänglicher Form in einer klaren und einfachen Sprache zu übermitteln; dies gilt insbesondere für Informationen, die sich speziell an Kinder richten. …“*

Natürlich kann es bei der Erhebung von Daten und deren Verarbeitung auch zu Fehlern kommen. In der elektronischen Datenverarbeitung kann dies durchaus kritische Konsequenzen haben. Man stelle sich vor, die Bewertung einer Studienarbeit würde mit einer falschen Note im System gespeichert werden. Wird ein Fehler in den (legitim) gespeicherten Daten festgestellt, so haben Betroffene nach Artikel 16 der DSGVO das Recht auf *unverzügliche Berichtigung.*

Man sagt allgemein: „Das Internet vergisst nie!" Das ist grundsätzlich bei der Nutzung von Diensten im Internet zu berücksichtigen. Werden jedoch Daten innerhalb des Rechtsbereichs der Europäischen Union erfasst und verarbeitet, so haben betroffene Personen das Recht auf *Vergessenwerden.* Konkret bedeutet dies, dass Daten neben der Zweckbindung auch nur für die Zeit gespeichert werden dürfen, die für die zweckgebundene Verarbeitung erforderlich ist. Zudem gibt die DSGVO den betroffenen Personen das Recht, eine gegebene Einwilligung zu widerrufen (Art. 21 DSGVO) und die Löschung der eigenen Daten zu verlangen. Allerdings ist auch dieses Recht nicht reiner Willkür unterworfen.

Entspricht der Wunsch der betroffenen Person, die Daten zu löschen, den Gründen, wie sie in der DSGVO in Artikel 17, Absatz 1 (a bis f) formuliert sind, so hat der für die Speicherung und Verarbeitung Verantwortliche die Löschung unverzüglich vorzunehmen. Auch wenn dies in Artikel 17 nicht ausdrücklich gefordert wird, impliziert Artikel 12, dass die Löschung nachweislich und in der Dokumentation verständlich zu belegen ist. In Artikel 19 wird dies ausdrücklich verlangt.

Brisant kann es für die Verantwortlichen der Datenverarbeitung werden, wenn Daten veröffentlicht wurden, denn auch hier haben die Betroffenen das Recht auf „Vergessenwerden". Wer Daten veröffentlicht, muss deren Weg unter Umständen „hinterhertelefonieren", um den Wunsch der betroffenen Personen im Sinne der DSGVO umzusetzen. Dies schreibt Art. 17, Absatz 2 der DSGVO entsprechend vor:

> *„... Hat der Verantwortliche die personenbezogenen Daten öffentlich gemacht und ist er gemäß Absatz 1 zu deren Löschung verpflichtet, so trifft er unter Berücksichtigung der verfügbaren Technologie und der Implementierungskosten angemessene Maßnahmen, auch technischer Art, um für die Datenverarbeitung Verantwortliche, die die personenbezogenen Daten verarbeiten, darüber zu informieren, dass eine betroffene Person von ihnen die Löschung aller Links zu diesen personenbezogenen Daten oder von Kopien oder Replikationen dieser personenbezogenen Daten verlangt hat. ..."*

Zu den wichtigsten Rechten der von der Datenerhebung und deren Verarbeitung Betroffenen gehört das Recht auf Widerspruch, wie es in Artikel 21 der DSGVO festgeschrieben ist. Es sieht nicht nur die Möglichkeit vor, eine einmal erteilte Genehmigung zur Verarbeitung der Daten zu widerrufen, sondern fordert auch die Aufklärung der Betroffenen durch die für die Datenerhebung Verantwortlichen, dass ein solches Recht besteht.

7.3.3.3 Administrative Vorgaben

Die Datenschutzgrundverordnung schreibt nicht nur vor, welche Rechte Betroffene haben und wie mit Daten und den Informationen zu deren Verarbeitung zu verfahren ist. Sie definiert auch verschiedene organisatorische Maßnahmen, mit denen die Einhaltung der gesetzlichen Vorgaben zu gewährleisten sind. Das betrifft auch zumutbare technische Voraussetzungen, mit denen die Sicherheit der personenbezogenen Daten zu gewährleisten ist. Hier ist insbesondere Artikel 25, Absatz 2 DSGVO zu beachten:

„... *Der Verantwortliche trifft geeignete technische und organisatorische Maßnahmen, die sicherstellen, dass durch Voreinstellung grundsätzlich nur personenbezogene Daten, deren Verarbeitung für den jeweiligen bestimmten Verarbeitungszweck erforderlich ist, verarbeitet werden. Diese Verpflichtung gilt für die Menge der erhobenen personenbezogenen Daten, den Umfang ihrer Verarbeitung, ihre Speicherfrist und ihre Zugänglichkeit. Solche Maßnahmen müssen insbesondere sicherstellen, dass personenbezogene Daten durch Voreinstellungen nicht ohne Eingreifen der Person einer unbestimmten Zahl von natürlichen Personen zugänglich gemacht werden. ...*"

Hier werden wieder Probleme ersichtlich, die durch eine gleichzeitige Existenz verschiedener IT-Systeme (Administration und Lernplattformen) entstehen. Während Daten von Personen aufgrund der allgemeinen administrativen Anforderungen zu speichern und zu verarbeiten sind, kann es durchaus der Fall sein, dass personenbezogene Daten in den Lernplattformen nur für die Dauer eines Kurses zu verarbeiten sind. Die Einhaltung der Speicherfristen ist auch unter diesen Umständen zu gewährleisten.

Damit die komplizierten Regeln der DSGVO fachlich kompetent umgesetzt werden können, wird ein Datenschutzbeauftragter bestellt. Dessen Aufgaben und Stellung im Unternehmen beschreiben die Artikel 37 bis 39. Zu den Aufgaben des Datenschutzbeauftragten gehören nach Artikel 39 DSGVO unter anderem die Beratung der Geschäftsleitung aber auch die aktive Überwachung der Gesetze.

„... *(a): Unterrichtung und Beratung des Verantwortlichen oder des Auftragsverarbeiters und der Beschäftigten, die Verarbeitungen durchführen, hinsichtlich ihrer Pflichten nach dieser Verordnung sowie nach sonstigen Datenschutzvorschriften der Union bzw. der Mitgliedstaaten;*

(b): Überwachung der Einhaltung dieser Verordnung, anderer Datenschutzvorschriften der Union bzw. der Mitgliedstaaten sowie der Strategien des Verantwortlichen oder des Auftragsverarbeiters für den Schutz personenbezogener Daten einschließlich der Zuweisung von Zuständigkeiten, der Sensibilisierung und Schulung der an den Verarbeitungsvorgängen beteiligten Mitarbeiter und der diesbezüglichen Überprüfungen; ..."

Ein großes Missverständnis ist die Annahme, dass Datenschutzbeauftragte allgemein rechtlich in die Verantwortung gezogen werden, wenn Verstöße gegen die DSGVO festgestellt werden. Die Verantwortung liegt nach wie vor bei den offiziellen Entscheidungsträgern eines Unternehmens, einer Schule, Universität etc. Datenschutzbeauftragte sind allerdings die Schnittstelle für die zuständigen Aufsichtsbehörden.

7.3.3.4 Internationale Datenübermittlung

Das Thema dieses Werks sind Lernplattformen, die mithilfe von H5P multimedial und interaktiv gestaltet werden sollen. In der Regel werden die Inhalte auf lokalen Plattformen abgelegt. Es stellt sich also die Frage, warum der Abschnitt der DSGVO, der sich mit einer internationalen Datenübermittlung befasst, von Bedeutung ist.

Digitalisierte Bildung ist nicht alleine in Zeiten einer Covid-19-Pandemie ein Thema. Es wird auch nicht alleine der Fokus auf präsenzunterstützende Unterrichtsgestaltung zu legen sein. Vielmehr bieten digitale Bildungssysteme die Möglichkeit, internationale Kooperationen von Schulen und Hochschulen sehr einfach zu gestalten. Bildung ist auch in multinationalen Unternehmen ein wichtiges Thema, wenn es um die interne Fortbildung der Mitarbeiter geht. Hier greifen natürlich nicht nur Fragen zum Datenschutz bezogen auf die

Lernplattformen, sondern insbesondere allgemein innerhalb der Unternehmensorganisation.

Die Grundsätze der Übermittlungen personenbezogener Daten an Drittländer oder an internationale Organisationen wird in Artikel 44 der DSGVO beschrieben. Artikel 44 schreibt im Prinzip vor, dass personenbezogene Daten aus dem europäischen Rechtsraum heraus nur in Drittländer weitergegeben werden dürfen, wenn die Regeln der DSGVO eingehalten werden.

> *„... Jedwede Übermittlung personenbezogener Daten, die bereits verarbeitet werden oder nach ihrer Übermittlung an ein Drittland oder eine internationale Organisation verarbeitet werden sollen, ist nur zulässig, wenn der Verantwortliche und der Auftragsverarbeiter die in diesem Kapitel niedergelegten Bedingungen einhalten und auch die sonstigen Bestimmungen dieser Verordnung eingehalten werden; dies gilt auch für die etwaige Weiterübermittlung personenbezogener Daten durch das betreffende Drittland oder die betreffende internationale Organisation an ein anderes Drittland oder eine andere internationale Organisation. Alle Bestimmungen dieses Kapitels sind anzuwenden, um sicherzustellen, dass das durch diese Verordnung gewährleistete Schutzniveau für natürliche Personen nicht untergraben wird. ...“*

Die weiteren Artikel formulieren die Regeln und die Ausnahmen, für den internationalen Austausch von Daten.

7.3.3.5 Sanktionen

Die Datenschutzgrundverordnung schreibt nicht nur Rechte und Pflichten bezüglich der Erhebung und Verarbeitung personenbezogener Daten vor, sondern definiert auch verschiedene Sanktionen, die bei einem Verstoß drohen. Dabei haben die Gesetzgeber durchaus realistisch kalkuliert und auch die Geschäftsmodelle von Unternehmen, deren Umsatzgrundlage Datenerhebung und -verarbeitung ist, berücksichtigt. Diese multinationalen Unternehmen machen Gewinne von mehreren Milliarden Euro. Die nach der DSGVO vorgesehenen Bußgelder sind auch für solche Unternehmen schmerzhaft. Ein kalkulierter Verstoß gegen das Gesetz ist also mit der unternehmerischen Wirtschaftlichkeit nicht mehr zu vereinbaren. Tatsächlich waren es im Jahr 2018 die drakonischen Geldstrafen, wie sie in Artikel 83 DSGVO genannt werden, die das Thema DSGVO derartig prominent in den Medien platzierten.

Es können Geldbußen von bis zu 10 000 000 Euro oder im Fall eines Unternehmens von bis zu 2 % seines gesamten *weltweit* erzielten Jahresumsatzes des vorangegangenen Geschäftsjahrs verhängt werden. Es wird der höhere Betrag zugrunde gelegt. Natürlich wird nicht jeder Verstoß in einer vergleichbaren Höhe geahndet. Die Artikel 77 bis 84 sehen ein sehr komplexes Regelwerk aus Sanktionen und Haftungsansprüchen vor.

7.3.4 Datenschutzverletzung durch die „Hintertür"

Datenschutz kann ein gefährliches Thema werden und wird sehr oft unterschätzt. Man geht davon aus, die Inhalte der eigenen Publikationen – auch digital zugängliche Lehrmittel sind solche Publikationen – gewissenhaft gestaltet und die rechtlichen Rahmenbedingungen beachtet zu haben. Es werden die Quellen sorgfältig genannt und die Verarbeitung personenbezogener Daten auf das unbedingt erforderliche Maß reduziert. Über die erforderliche Erhebung, Speicherung und Verarbeitung der Daten werden die Betroffenen korrekt unterrichtet.

Trotzdem kann es juristische Probleme wegen einer Verletzung der Datenschutzgesetze geben. Auch die Lernplattform selbst muss berücksichtigt und in ihren Eigenschaften untersucht werden:

- Werden Bilder aus fremden Quellen verwendet?
- Werden externe Schriftarten – z. B. Google Fonts – verwendet?
- Werden Lerninhalte von fremden Plattformen eingebunden?
- Nutzt der Betreiber der eigenen Lernplattform Dienste eines Analysedienstes?

Ist eine dieser Fragen mit Ja zu beantworten, so kann es sein, dass mit der Nutzung der Lernplattform Cookies eines Drittanbieters an den Webbrowser des Lernenden übergeben werden. Technisch wird dies mithilfe sogenannter Tracking-Cookies umgesetzt. In der Masse der Webseiten, die Verlinkungen auf einen Analysedienst setzen, lassen sich brauchbare Nutzungsprofile erstellen.

Das ist nicht grundsätzlich verboten. Ganz im Gegenteil werden häufig Analysedienste in Webseiten platziert, um mehr über die eigene Nutzerzielgruppe und den Erfolg der Publikation in Erfahrung zu bringen. Betreiber der Seiten bezahlen sogar für diese Dienste.

Wichtig ist, dass in einer Datenschutzerklärung darauf hingewiesen wird. Wie die Daten beim Analysedienstleister letztlich verarbeitet werden, kann natürlich nicht im Detail beschrieben werden. Es muss deswegen auch eine Information darüber abgegeben werden, welche externen Unternehmen oder Institutionen Cookies setzen können.

8 Workshop: HTML5

Die Grundsprache einer jeden Webseite ist HTML, HyperText Markup Language. Mit der Version HTML5 ist diese Auszeichnungssprache, mit deren Hilfe die Inhalte einer Webseite „beschrieben" werden, auch in der Lage, multimediale Inhalte ohne den Einsatz von Dritt-Software zu präsentieren. HTML5 ist eine wichtige Grundtechnologie in modernen multimedialen Bildungssystemen und zudem auch Grundlage für H5P, was sich von *HTML5 Package* ableitet.

■ 8.1 Grundsyntax

Ein HTML-Dokument besteht aus Elementen verschiedener Art, die jeweils durch ein Start- und ein End-Tag begrenzt werden. Zwischen diesen Tags, den Auszeichnungsmarken, befinden sich die Inhalte der HTML-Elemente.

Die Schreibweise der Tags entspricht dem folgenden Muster für das Start-Tag:

```
<elementname>
```

und für das End-Tag:

```
</elementname>
```

Die Tags werden grundsätzlich in spitzen Klammern geschrieben. Zwischen den Tags befinden sich die Inhalte der Elemente. Zusätzlich können die Start-Tags noch Attribute enthalten.

Die Grundstruktur eines HTML5-Elements besteht aus einem Dokumententypus <!DOC TYPE html>, einem Wurzelelement <html> und innerhalb dessen aus zwei Kernelementen für den regulär unsichtbaren Bereich <head> sowie dem eigentlichen Darstellungsteil der Webseite <body>. Außer diesen beiden Elementen sind im Wurzelelement lediglich noch Kommentare zugelassen. Auch deren Schreibweise unterscheidet sich von den regulären Programmiersprachen:

```
<!-- Kommentar -->
```

Die Grundstruktur eines HTML-Dokuments sieht also folgendermaßen aus:

```
<!DOCTYPE html>
<head>
    <!-- Einstellung des Zeichensatzes, Deklaration von Schlagworten und einer
    Beschreibung, Seitentitel, Piktogramme sowie die Einbindung externer Dateien
    mit CSS-Formaten und JavaScripten. -->
</head>
<body>
    <!-- Kernelemente der Seite, die sichtbaren Inhalt haben (Überschriften,
    Absatztexte, Listen, Tabellen, Formulare, Bilder, Videos und Audio-Dateien). -->
</body>
```

Im Start-Tag können, müssen jedoch nicht, Attribute enthalten sein. Nicht alle Attribute sind grundsätzlich für alle Elemente geeignet. Beispiele für nahezu überall einsetzbare Attribute sind

- id – eine ID ist eine eindeutige Kennzeichnung eines Elements. Dementsprechend darf eine ID nur ein einziges Mal in einem HTML-Dokument vergeben werden. Eine ID kann wegen ihrer Einmaligkeit als Sprungziel verwendet werden.

- class – eine Klasse eignet sich dazu, verschiedene Elemente, auch unterschiedlicher Art, zu einer Gruppe zusammenzufassen, die gemeinsame Formate zugewiesen bekommt. Das bedeutet nicht zwingend, dass sie völlig identisch sind, sondern dass sie gemeinsame Teilformate besitzen.

Andere Attribute sind sehr speziell und nur für wenige Elemente gültig. Beispiele sind:

- src – dieses Attribut wird u. a. in Bild-Elementen verwendet, um die Quelle des Bilds festzulegen.

- autoplay – dieses Attribut wird in multimedia-Elementen wie <audio> und <video> verwendet.

8.1.1 Standardelemente

Mit der Entwicklung von HTML durch Tim Berners Lee im Jahr 1991 wurden verschiedene Grundelemente festgelegt. Das sind Überschriften, Verlinkungen (Hyperlinks) und Bildelemente. Im Laufe der Zeit wurden weitere Elemente wie Container-Elemente und Absatz-Elemente ergänzt. Verschiedene andere Elemente gelten heute als nicht mehr erwünscht oder veraltet. Nicht zuletzt wird das Chaos bei HTML im Laufe der Entwicklung von proprietären Definitionen der Browser-Entwickler vollendet.

Mit HTML5 gibt es nun einen Ansatz zur Einheit über die Browser-Engines hinweg. Dies ist natürlich nur bedingt richtig, denn HTML wird immer weiterentwickelt und passt sich an moderne multimediale Technologien an. Federführend für die Standardisierungsprozesse ist das World Wide Web Consortium (W3C): *https://w3.org*.

8.1.1.1 Absätze

Es sollte beim Webdesign eine wichtige Regel gelten: Alle Inhalte einer Webseite sind Inhalt mindestens eines HTML-Elements. Es können mehrere Elemente ineinander verschachtelt sein (vgl. Abschnitt 8.1.1.3.4). Das gilt auch für den einfachen Textkörper einer Webseite. Hier wird für jeden einzelnen Absatz ein eigenes HTML-Element <p> verwendet:

```
<p> <!--(= Paragraph, engl. für Absatz). -->
```

Ein Beispiel:

```
<p>Dies ist ein Absatz. </p>
<p>Wie bei einem gewöhnlichen Text erzeugt ein weiterer Absatz einen Zeilenumbruch!</p>
```

8.1.1.2 Überschriften

Überschriften („Headlines") sind bereits in den frühesten HTML-Versionen in bis zu sechs Ebenen definiert worden. Die Elemente heißen entsprechend <h1> bis <h6>.

Beispiel (Überschrift mit einem Absatz)

```
<h1>Überschrift erster Ordnung</h1>
<p>Und dies ist ein darauffolgender Absatz</p>
```

8.1.1.3 Listen und Aufzählungen

Listen sind in verschiedener Weise wichtig in einer Webseite. Auf der einen Seite werden sie zur klassischen strukturierten Darstellung von Informationen verwendet. Auf der anderen Seite können HTML-Listen zudem eine gute Grundlage zur Gestaltung von Menüs sein.

Listen zur zusammengefassten Darstellung von Informationen sind

- ungeordnete Liste (Blickfangpunkte),
- geordnete Liste (Nummerierung),
- Beschreibungslisten.

8.1.1.3.1 Ungeordnete Listen

Ungeordnete Listen (unordered list, <ul>) erscheinen mit Blickfangpunkten für jeden Listeneintrag. Man spricht von den sogenannten „List Item" <li>. Inhalte der List Item können einfache Texte, Bilder oder Verlinkungen (Element <a>) sein.

```
<ul>
  <li>Nur ein Text</li>
  <li><a href="http:///www.srg.at" target="_blank">Ein externer Link</a></li>
</ul>
```

Das Beispiel zeigt eine einfache ungeordnete Liste mit zwei Einträgen. Im ersten Eintrag wird nur ein einfacher Text dargestellt. Das zweite List Item enthält ein Hyperlink-Element <a>, dessen Inhalt wiederum ein Text ist. Entscheidend sind hier jedoch die Attribute „href" und „target". Das Attribut „href" bezeichnet das Sprungziel, das mit dem Link aufgerufen wird. Das zweite Attribut target="_blank" schreibt vor, dass die zu öffnende Seite in einem neuen Fenster zu öffnen ist. Damit wird die eigene, aufrufende Seite nicht verlassen.

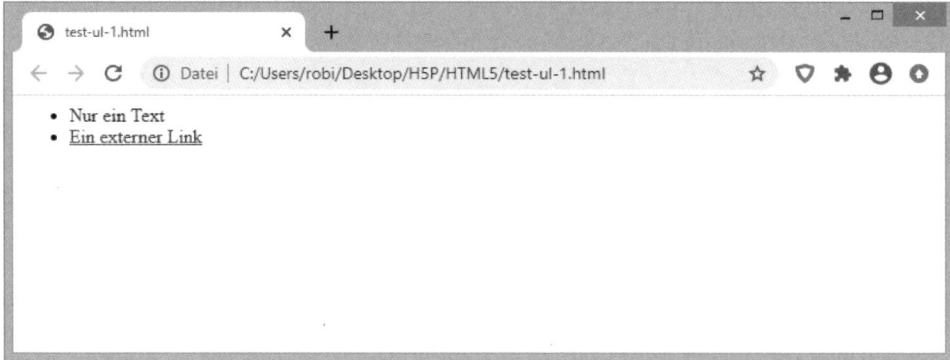

Bild 8.1 Eine kleine ungeordnete HTML-Liste. Ungeordnete Listen werden durch einen Blick-fangpunkt (oder ein anderes, durch Formate festzulegendes Symbol) für jedes einzelne List Item gekennzeichnet.

8.1.1.3.2 Geordnete Listen

Wird der gleiche Code wie zuvor nur in zwei kleinen Details verändert, so zeigt sich die Liste in einer anderen Form. Anstelle der Blickfangpunkte werden die Listeneinträge num-meriert.

Erreicht wird dieser Effekt durch eine Änderung des Container-Elements: <ul> wird gegen <ol> (ordered list) getauscht.

```
<ol>
  <li>Nur ein Text</li>
  <li><a href="http:///www.srg.at" target="_blank">Ein externer Link</a></li>
</ol>
```

Bild 8.2 Die geordnete Liste wird durch einen <ol>-Container definiert. Im Browser erscheinen die List Item in nummerierter Form.

8.1.1.3.3 Beschreibungslisten

Beschreibungslisten haben eine andere Struktur als die zuvor vorgestellten geordneten und ungeordneten Listen. Sie besitzen weder Blickfangpunkte noch Nummerierungen. Beschrei-bungslisten werden zu strukturierten Auflistungen in verschiedenen Bereichen verwendet.

Das bezeichnende Container-Element ist <dl> (= definition list, „Beschreibungsliste"). Die verschiedenen Themenbereiche werden mithilfe von „definition terms" <dt> markiert. Anders als bei den zuvor gezeigten Listen gibt es keine List Item. Stattdessen werden die eigentlichen Definitionen <dd> als Listeneinträge gesetzt.

```
<dl>
   <dt>Baustoffe</dt>
      <dd>Zement</dd>
      <dd>Sand</dd>
      <dd>Steine</dd>
      <dd>Eisen</dd>
   <dt>Elektrotechnik</dt>
      <dd>Steckdosen</dd>
      <dd>Schalter</dd>
      <dd>Leitungsschutzschalter</dd>
      <dd>Klemmen</dd>
   <dt>Werkzeuge</dt>
      <dd>Zangen</dd>
      <dd>Schraubendreher</dd>
      <dd>Sägen</dd>
      <dd>Hämmer</dd>
</dl>
```

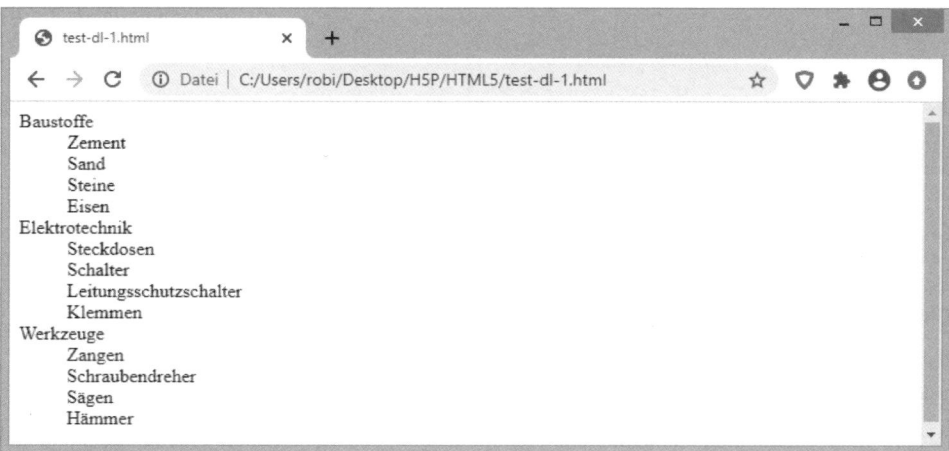

Bild 8.3 Beispiel für eine Beschreibungsliste

8.1.1.3.4 Verschachtelungen

HTML-Elemente können allgemein ineinander verschachtelt werden. Ein Beispiel zeigte bereits Bild 8.1. In diesem Beispiel wurde ein Hyperlink-Element <a> in ein List Item <li> eingefasst.

Solche Verschachtelungen sind auch mit sehr komplexen Containern möglich, ebenso aber auch mit Listen. So können ungeordnete Listen in andere ungeordnete Listen integriert oder auch verschiedene Listen gemischt werden. Die Verschachtelung erfolgt innerhalb der List Item.

```
<ul>
  <li><a href="#internesziel">Interner Link</a>
    <ul>
        <li>Eintrag 1 innere Liste</li>
        <li>Eintrag 1 innere Liste</li>
      </ul>
  </li>
  <li><a href="http:///www.srg.at" target="_blank">Ein externer Link</a></li>
</ul>
```

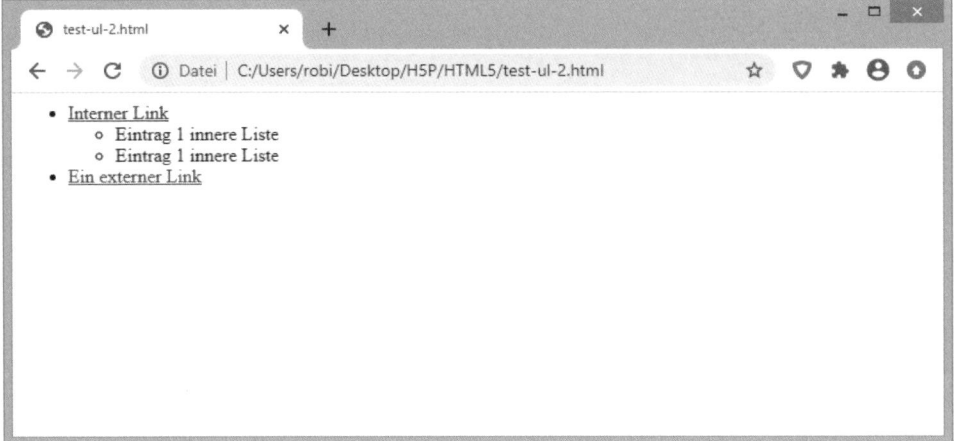

Bild 8.4 Das Bild zeigt zwei ineinander verschachtelte ungeordnete Listen. Die innere Liste ist Inhalt des ersten List Item.

8.1.1.4 Container-Elemente

Bevor der Begriff „HTML5" geprägt wurde, kannten Webdesigner lediglich zwei Container-Elemente:

- das Block-Container-Element <div>,
- das Inline-Container-Element <span>.

Nach wie vor sind beide Elemente wichtige Bestandteile im Webdesign.

8.1.1.4.1 Standard-Block-Element <div>

Das Element <div> ist ein sogenanntes Block-Container-Element. Das Block-Element zeichnet sich vor allem durch die Zeilenumbrüche aus: Ein Block-Element belegt stets in einem unformatierten HTML-Dokument eine eigene Zeile. Wird ein solches Element mit CSS[1] formatiert, dann können hier Höhe und Breite für das Element festgelegt werden.

Abgesehen von der Block-Eigenschaft des <div>-Elements weist dieses Element keine weitere Formatierung auf. Es werden also weder Schriften, Farben noch andere Formate ohne Weiteres mit diesem Element verbunden. Möglich ist es jedoch, mithilfe von CSS Formate

---

[1] CSS = Cascaded Style Sheet steht für die Formatierungstechnik, mit deren Hilfe HTML-Elemente mit Schrift-, Farb- und Hintergrundformaten versehen werden können.

zuzuweisen. Weil in der Regel mehrere Container mit unterschiedlichen Formaten in einer Webseite existieren, unterschied man diese mithilfe von Klassenattributen. Für die heutigen Ansprüche an die Barrierefreiheit einer Webseite stellte dies ein Problem dar, denn Klassen können vom Webdesigner frei benannt werden. Es gibt also mit dieser Methode keine Chance einer verbindlichen Bezeichnung der Elemente, mit deren Hilfe Screenreader-Programme den inhaltlichen Schwerpunkt einer Seite gezielt vorlesen können. Dies führte zur Definition weiterer Block-Elemente in HTML5 (vgl. Abschnitt 8.1.1.4.3).

8.1.1.4.2 Standard-Inline-Element <span>

Mit <span> existiert ein weiteres Container-Element, das jedoch gegenüber <div> andere Eigenschaften hat. Es handelt es sich um ein sogenanntes Inline-Element. Inline-Elemente wirken wie Buchstaben in einem Text. Sie erzeugen keinen Zeilenumbruch, sondern fügen sich in den Textfluss nahtlos ein. Aus dieser Tatsache leitet sich eine weitere, bezeichnende Eigenschaft eines Inline-Elements ab: Es können mithilfe von CSS keine Breiten und Höhen vorgegeben werden. Stattdessen wird die Breite des Elements durch den Inhalt und die Höhe durch die sogenannte Zeilenhöhe vorgegeben.

8.1.1.4.3 Semantische Elemente (Auswahl)

Mit HTML5 sind weitere Block-Container-Elemente bekannt. Sie haben vergleichbare Eigenschaften wie das klassische Blockelement <div> und zeichnen sich vor allem durch die definierten Namen aus. Diesen Namen lassen sich eindeutige Zwecke zuordnen.

Tabelle 8.1 Semantische HTML-Blockelemente (Auszug)

Element	Bedeutung
<article>	Container für zusammenhängende Abschnitte wie zum Beispiel die Einträge eines Blogs. Das Element <article> kann mehrmals in einer Seite verwendet werden.
<aside>	Randbereiche in Webseiten, die für Nebeninhalte, ergänzende Informationen oder schlicht für Werbung genutzt werden, werden im Container <aside> platziert.
<footer>	Für den Fußbereich einer Webseite wird der Container <footer> vorgesehen. Hier findet man beispielsweise Links auf ein Impressum, Datenschutzerklärungen etc.
<header>	Der Seitenkopf – meist mit einer Überschrift und/oder einem Logo – ist der Aufmacher der gesamten Seite. Hierzu wird der <header>-Container eingesetzt.
<main>	Die Verwendung des Containers <main> ist nur einmal in einem HTML-Dokument zulässig. Er enthält den Schwerpunktteil der Seite. Hier können durchaus weitere Unterteilungen mit <article>- oder <section>-Containern vorgenommen werden, von denen mehrere im <main>-Container enthalten sein können.
<nav>	Menüs oder auch die Navigation einer Seite werden in <nav>-Containern platziert.
<section>	<section>-Elemente sind – ähnlich wie <article>-Elemente – Container für zusammenhängende Inhaltsabschnitte. Sie können durchaus zur weiteren Gliederung von <article>-Inhalten verwendet werden.

■ 8.2 Bilder in HTML5

Eine Webseite ohne Bilder ist heute nicht mehr zeitgemäß. Besonders wichtig sind Illustrationen in digitalen Lehrmedien. Gerade hier sagen Bilder mehr als tausend Worte. Das Standardelement zur Einbindung eines Bilds ist <img>. Dieses Element hat verschiedene bemerkenswerte Eigenschaften:

- Es handelt sich um ein sogenanntes „Inline-Element".
- Es handelt sich um ein sogenanntes „leeres" Element.

Bei einem *Inline-Element* handelt es sich um ein Element, das in den laufenden Textfluss integriert werden kann, ohne einen Zeilenumbruch zu erzeugen. Unter einem leeren Element versteht man ein Element, das nur das Start-Tag besitzt, kein Schluss-Tag und deswegen auch keinen „Inhalt" zwischen den beiden Tags. Alles, was dieses Element ausmacht, wird in den Attributen des Elements festgelegt. Im Fall des Bild-Elements <img> sind das unter anderem die folgenden Attribute:

- src: src steht als Abkürzung für „source", die Quelle. Mit diesem Attribut wird der Name der Bilddatei und der Pfad, unter dem diese Datei zu finden ist, dem Element übergeben.
- alt: alt steht als Abkürzung für einen Alternativtext. Heute hat dieses Element eine sehr wichtige Bedeutung, um möglichst barrierefreie Seiten zu erstellen. Blinde Menschen, die das Bild nicht sehen können, haben so die Chance, sich die Illustration vorzustellen.
- title: Mit diesem Attribut wird ein kurzer Text festgelegt, der bei der Überfahrt mit der Maus sichtbar wird.

Das folgende Beispiel zeigt ein Bild, das Inhalt eines Absatzes ist. Vor und nach dem Bild ist ein Text geschrieben.

Bild 8.5 Man erkennt an diesem Bild die Eigenschaft eines Bilds als „Inline-Element". Es wird wie ein regulärer Buchstabe in den fließenden Text eingebunden.

```
<h1>Bilder in einer Webseite</h1>
<p>
   In diesem Absatz
   <img src="bild1.png" alt="Ein Kater und eine Husky-Hündin unterhalten sich über
   den Sinn des Lebens." title="Hund und Katze">
   befindet sich ein Bild!
</p>
```

8.2.1 Barrierefreiheit

Digitale Lehrmittel, wie sie auch mit dem H5P-Framework erzeugt werden, sollen idealerweise allen Menschen zugänglich sein. Auch blinde Menschen sollen an diesem Angebot teilhaben. Da sie Bilder nicht selbst sehen können, nutzen sie sogenannte *Screenreader*, die die Textinhalte vorlesen. Damit auch Bildinhalte Sehbehinderten und Blinden zugänglich gemacht werden können, braucht es einen erklärenden Text. Der „alternative Text" wird mit dem Attribut alt in das <img>-Element geschrieben. Hier sollte der Webdesigner wirklich literarisch kreativ sein und den Bildinhalt anschaulich beschreiben.

Bild 8.6 Die Bilddatei konnte nicht geladen werden. Auch in diesem Fall wird der Alternativtext sichtbar. Wichtig ist dieses Attribut aber vor allem für die Barrierefreiheit der Webseite.

8.2.2 Bildgrößen und Verzerrungen

Bilder können sowohl mit Attributen des HTML-Elements <img> als auch mithilfe von CSS in Höhe oder Breite formatiert werden. Auch beide Dimensionen können gleichzeitig beeinflusst werden, jedoch besteht das Risiko der Verzerrung, wie es das folgende Beispiel zeigt, bei dem die Breite mit 500 px und die Höhe lediglich mit 100 px festgelegt wird.

```
<p>
   <img src="bild1.png" alt="Ein Kater und eine Husky-Hündin unterhalten sich über den
Sinn des Lebens." title="Hund und Katze"
   style="width: 500px; height: 100px;">
</p>
```

Bild 8.7 Die Breite wurde mit 500 px, die Höhe mit 100 px festgelegt. Beide Vorgaben werden umgesetzt. Das Ergebnis ist deswegen verzerrt.

Wird nur die Höhe (oder nur die Breite) formatiert, so bleibt das Bild unverzerrt. Die nicht deklarierte Dimension wird automatisch skaliert.

```
<p>
  <img src="bild1.png" alt="Ein Kater und eine Husky-Hündin unterhalten sich über den
Sinn des Lebens." title="Hund und Katze"
  style="height: 100px;">
</p>
```

Bild 8.8 Die Höhe des Bilds wird mit 100 px vorgegeben, die Breite wird nicht formatiert. Das Bild ist entsprechend klein in der Darstellung, aber die Breite wird automatisch richtig skaliert, wodurch das Bild unverzerrt bleibt.

8.2.3 Responsives Design

Ganz wichtig für digitale Lehrmittel ist die Möglichkeit, sowohl an einem stationären PC als auch auf mobilen Geräten das Bildungsangebot nutzen zu können. Mobile Geräte werden zudem meist mit Volumentarifen für die Datenkommunikation benutzt. Große Bilddateien belasten das im Grundpreis verfügbare Datenvolumen. Das bedeutet, dass die Bilder sehr klein und/oder nur gering aufgelöst sein sollten.

Die Betrachtung an einem stationären Computer mit hochauflösendem Flachbildschirm kann jedoch mit derartigen Minibildchen zur Zumutung werden. Die Herausforderung an ein responsives Angebot ist es nun, die verfügbare Bildschirmauflösung zu erkennen und die jeweils dazu passende Bilddatei zu laden. Hierzu werden mit HTML5 zwei neue Elemente definiert:

- <picture>,
- <source>.

Der <picture>-Container ist mit einer speziellen Botschaft an den Webbrowser verbunden. Der Browser wird innerhalb dieses Containers eventuell vorhandene <source>-Elemente suchen und auswerten. Das Element <source> benötigt in den meisten Fällen innerhalb des <picture>-Elements zwei Attribute. Lediglich beim letzten <source>-Element innerhalb von <picture> genügt das Attribut „srcset". Alle anderen – davor verwendeten – <source>-Elemente benötigen zudem das „media"-Attribut. Dieses erzeugt eine „bedingte Verzweigung", ein Programm-Element, das eigentlich nur aus höheren Programmiersprachen bekannt ist. Es wird eine Entscheidung getroffen, die von der Bildschirmbreite oder dessen Höhe in Bildpunkten abhängig ist. Die erste zutreffende Bedingung wird aktiviert und es wird mit dem Attribut „srcset" das „src"-Attribut des ebenfalls zwingend im <picture>-Container enthaltenen <img>-Elements überschrieben. Dieses wird grundsätzlich nur noch dann ausgewertet, wenn ein veralteter Browser keine HTML5-Elemente interpretieren kann.

Das folgende Skript ist ein Beispiel für die Verwendung des Picture-Containers: Der Inhalt des Containers wird von oben nach unten untersucht. Im ersten <source>-Element legt das „media"-Attribut eine Mindestbreite des Browserfensters[2] von 1000 px fest.

Ist die Bildschirmbreite nur 999 px oder noch kleiner, dann werden die weiteren Bedingungen geprüft. Ist die Bedingung jedoch erfüllt, wird das <img>-Element aufgerufen. Anstelle des im „src"-Attribut gesetzten Bilds wird die Bilddatei geladen, die im Attribut „srcset" vorgegeben wurde.

```
<picture>
  <source media="(min-width: 1000px)"
  srcset="bild4-1920px.png">
  <source media="(min-width: 800px)"
  srcset="bild3-1000px.png">
  <source srcset="bild2-600px.png">
```

---

[2] Die Breite des Browserfensters bzw. des „Viewports" ist nicht zu verwechseln mit der Breite des Bildschirms. Es handelt sich tatsächlich ausschließlich um die für die Präsentation der Webseite verfügbare Bildschirmbreite (bzw. Höhe, wenn von der Browserhöhe gesprochen wird).

```
<img src="bild1.png" alt="Ein Kater und eine Husky-Hündin unterhalten sich über den
Sinn des Lebens." title="Hund und Katze" width="100%">
</picture>
```

 Automatische Anpassung

Wird das Browserfenster vergrößert oder verkleinert, passt sich die Illustration automatisch der aktuellen Größe an. In der Regel werden Bilddateien gleichen Inhalts jedoch mit verschiedener Größe und Auflösung verwendet.

Bild 8.9 Im Debugger-Modus des Browsers werden unter anderem bei einer Änderung der Breite und Höhe des Browserfensters die Maße angezeigt. Die Datei „bild4-1920px.png" soll geladen werden, wenn das Fenster Platz für mindestens 1000 px bietet. Hier ist die Breite sogar 1043 px.

Bild 8.10 Es sei der Blick auf die Hervorhebung oben rechts gerichtet: Die Bildschirmbreite beträgt nur noch 999 px. Das ist ein Bildpunkt kleiner als für die Verwendung der vorherigen Datei gefordert. Es wird stattdessen die Datei „bild3-1000px.png" geladen.

8.2.4 Imagemaps

Eine recht alte Technik des Webdesigns, die jedoch auch für die Gestaltung interaktiver Lehrinhalte sehr interessant ist, stellen *Imagemaps* dar. Imagemaps werden über ganz gewöhnliche Bilder überlagert. Dazu wird dem <img>-Element ein weiteres Attribut hinzugefügt. Das Attribut usemap="#austria" verweist auf eine Koordinatendeklaration verschiedener Bildbereiche. Diese Deklaration wird im Element <map> vollzogen. Das Attribut „name" stellt die Referenz für das Attribut im <img>-Element dar.

Es gibt drei verschiedene Möglichkeiten, Zielbereiche (shapes) in einer „area" zu definieren:

- *Rechteckiger* Bereich (shape="rect") – es werden zwei Koordinatenpaare definiert: Jeweils die x- und die y-Koordinate (in Bildpunkten) oben links und unten rechts des Rechteck-Bereichs bezeichnen die Dimensionen des shapes.

- *Kreisförmiger* Bereich (shape="circle") – die aktive Fläche innerhalb des Bilds wird durch die x- und y-Koordinaten des Kreismittelpunkts und ergänzend durch den Radius definiert. Alle Werte werden in Bildpunkten (ohne Einheit) angegeben.

- *Polygoner* Bereich (shape="poly") – der polygone Bereich kann nahezu beliebig viele Knotenpunkte besitzen, welche den Weg der unsichtbaren Rahmenlinien bezeichnen. Es werden stets x- und y-Koordinaten in Bildpunkten angegeben.

```
<img src="imagemap.png" alt="Österreichkarte" usemap="#austria">
<map name="austria">
  <area shape="rect" coords="68,120,188,175" alt="München" href="#falsch">
  <area shape="rect" coords="496,152,612,200" alt="Wien" href="#richtig">
</map>
```

Bild 8.11 Die beiden betonten Flächen geben die Antwortmöglichkeiten vor. Ein Klick auf das Bild innerhalb der definierten Koordinaten aktiviert einen Hyperlink auf eine andere Seite oder ein Sprungziel innerhalb der eigenen Seite. [Bildquelle: Wikipedia/Reinim19 (CC BY-SA 3.0), Ursprung: DEMIS Mapserver (Public Domain)]

8.2.5 Die erste HTML5-Seite

HTML5 bietet die Chance, eine Webseite so zu strukturieren, dass sie sowohl barrierefrei als auch responsiv erscheinen kann. *Barrierefrei*[3] ist die Webseite, wenn sie mit vergleichsweise geringem Aufwand gezielt von einem *Screenreader* vorgelesen werden kann. Das setzt definierte Marken voraus, damit nicht primär die Inhalte der Nebenelemente vorgelesen werden. Blinde Menschen haben selbst keine Chance, eine gezielte Auswahl zu treffen. Diese „Marken" sind neue, mit HTML5 definierte Container-Elemente (vgl. Abschnitt 8.1.1.4.3).

---

[3] Der Begriff „Barrierefreiheit" für den Zugriff sehbeeinträchtigter Menschen kann zum heutigen Stand der Technik noch nicht als zuverlässig bewertet werden. Dies liegt an der Freiheit in der Organisation der Webseiten und in der nach wie vor nicht verbindlichen Wahl der Container-Elemente.

Responsiv ist eine Webseite, wenn sie sich automatisch an die Breite des Browserfensters anpassen kann. Dies wird mithilfe der Formatierungssprache CSS erreicht, der ein eigenes Kapitel gewidmet ist.

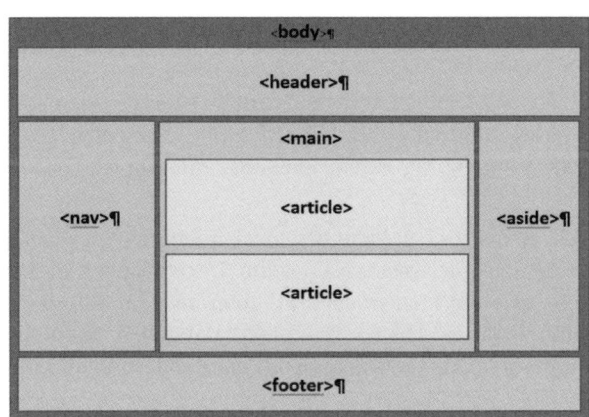 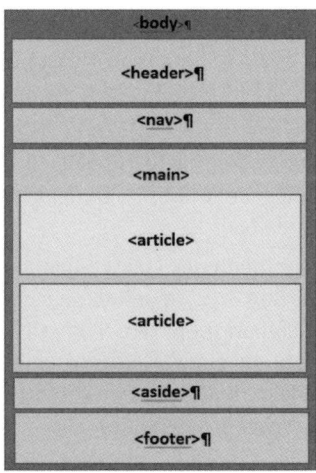

Bild 8.12 Die Abbildung zeigt zwei vollkommen verschiedene Screendesigns, die beide mit ein und demselben HTML-Code zu gestalten sind. Das setzt eine saubere Struktur voraus.

Mit dem nachfolgenden HTML-Code wird eine Seite beschrieben, mit der die beiden Screendesigns in Bild 8.12 umgesetzt werden können:

```
<!DOCTYPE html>
<html>
<head>
        <meta charset="utf-8">
        <title>Webseite</title>
</head>

<body>
        <header>
          <!-- Kopfbereich der Seite -->
        <h1>HTML-Beispiel</h1>
        </header>
        <nav>
        <!-- Navigationsbereich / Menü -->
        </nav>

        <main>
        <!-- Kernbereich der Seite mit Hauptinhalt -->
                <article>
                <!-- Artikel, erster Themenschwerpunkt -->
                </article>
                <article>
                <!-- Artikel, zweiter Themenschwerpunkt -->
                </article>
        </main>

        <aside>
```

```
            <!-- Nebeninhalte der Seite -->
            </aside>

            <footer>
            <!-- Fussbereich der Seite -->
            </footer>

    </body>
    </html>
```

Der Code besteht zunächst aus dem Dokumententypus (<!DOCTYPE html>) sowie dem Wurzelelement <html>, in dem lediglich die Verwendung zweier Elemente zulässig ist: <head> und <body>.

Der Inhalt des <body>-Elements besteht in der groben Struktur aus den Elementen, wie sie in Bild 8.12 zu sehen sind, in der Reihenfolge der rechten Bildseite. Der <header> ist der sichtbare Kopf der Seite, der beispielsweise ein Firmenlogo enthalten oder im Fall einer Lektion einer elektronischen Lerneinheit deren Thema prominent darstellen kann. Es folgen die Navigation (Menü), ein Hauptteil <main> sowie optional ein Rand- und ein Fußbereich für die Seite.

◼ 8.3 Multimediales HTML5

Eine der wichtigsten Voraussetzungen für ein modernes elektronisches Lernkonzept ist Multimedialität. Audio- und Videoelemente waren jedoch bisweilen keine Selbstverständlichkeit in Webseiten. Multimediale Inhalte erforderten Drittsoftware – die bekannteste war Adobe Flash®. HTML5, eine der Grundtechnologien von H5P, sieht neue Elemente für die Wiedergabe von Audio- und Videodateien vor. Das funktioniert natürlich nur, weil auch moderne Webbrowser die Medienwiedergabe unterstützen.

HTML5 sieht zwei neue Container-Elemente vor:

- <video>
- <audio>

8.3.1 Video in HTML

Beide Elemente benötigen als Inhalt noch mindestens ein <source>-Element. Dieses Element gibt mithilfe des bereits aus dem <img>-Element bekannten Attributs „src" die Quelle oder die Quellen der möglichen Video-/Audiodateien an. Die Dateien liegen auf dem Webserver oder sind an einer über das Netzwerk erreichbaren Adresse deponiert.

Es können durchaus mehrere <source>-Elemente in einem <audio>- oder <video>-Container enthalten sein. Die zuerst passende Quelle wird wiedergegeben. Alle weiteren Quellen werden ignoriert. „Passend" bedeutet, dass die Quelle verfügbar ist und der Codec zu den Möglichkeiten des Computers kompatibel ist.

Das <video>-Element kann zahlreiche Attribute enthalten. So kann es ohne die <source>-Elemente selbst eine Videoquelle mit dem „src"-Attribut benennen. Mit dem Attribut „poster" ist es möglich, anstelle des ersten Videobilds eine Bilddatei in das Videofenster einzublenden.

Das Attribut „controls", welches ohne einen Wert im HTML5-Element <video> und <audio> verwendet wird, schaltet Steuerelemente ein, mit denen die Wiedergabe gestartet oder pausiert werden kann. Das Attribut „muted" schaltet die Tonwiedergabe aus. Damit kann das Video, selbst wenn es automatisch gestartet würde, nicht sofort störend aktiv werden.

Ein sehr wichtiges Attribut ist „preload". Mit preload="none" wird vermieden, dass das Video bereits mit der Webseite geladen wird. Damit wird eine maximale Performance des Seitenaufbaus gewährleistet.

```
<video controls poster="bild1.png" muted preload="none">
  <source src="./video/html5.mp4" type="video/mp4">
  <source src="./video/html5.ogg" type="video/ogg">
  Dieser Browser unterstützt kein HTML5-Video.
</video>
```

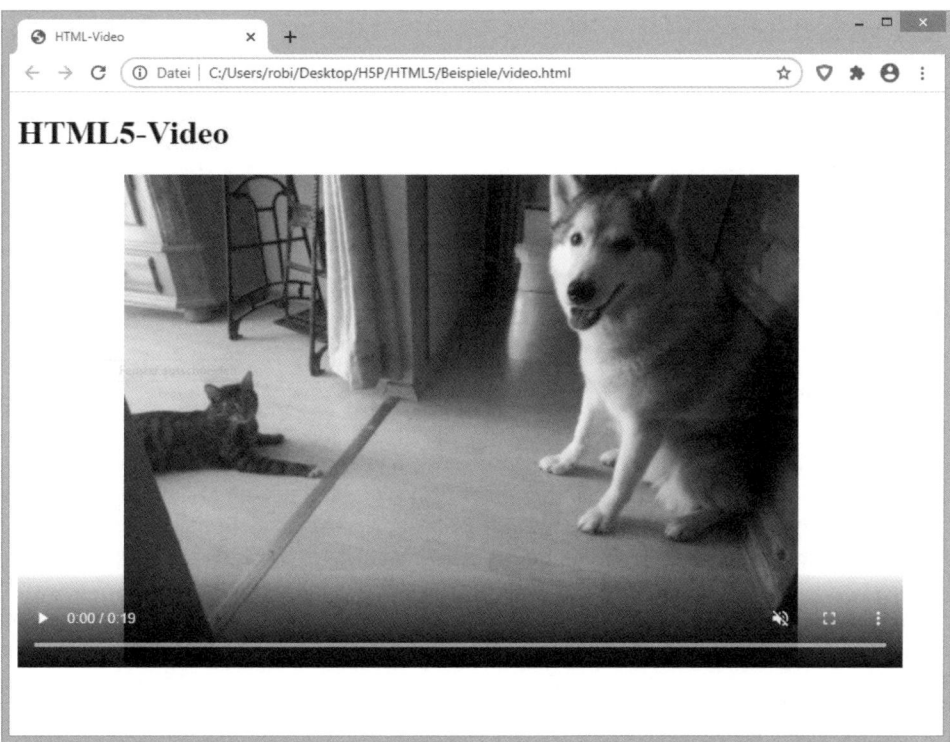

Bild 8.13 Das Videofenster zeigt ein Vorschaubild (definiert mit dem Attribut „Poster") sowie die Steuerflächen (controls), mit denen das Video gestartet und angehalten oder auf die volle Bildschirmgröße erweitert werden kann.

8.3.2 Audio in HTML

Ähnlich werden Audio-Dateien wiedergegeben. Das Element erscheint allerdings weit dezenter in der Seite und wird in der Regel durch die Schaltflächen dargestellt. Auch mit dem Container <audio> können mehrere Dateien als Quellen definiert werden. Diese und deren Pfade werden jeweils mit <source>-Elementen benannt. Es wird die zuerst kompatible Datei abgespielt. Alle weiteren Dateien werden ignoriert. Für den Fall, dass der Browser nicht in der Lage ist, Audio-Dateien wiederzugeben, kann ein einfacher Hinweistext ausgegeben werden, mit dem auf eine nicht abspielbare Audiodatei hingewiesen wird.

```
<audio muted>
  <source src="./audio/soundtest.mp3" type="audio/mpeg">
  Dieser Browser unterstützt keine HTML5-Audio-Wiedergabe.
</audio>
```

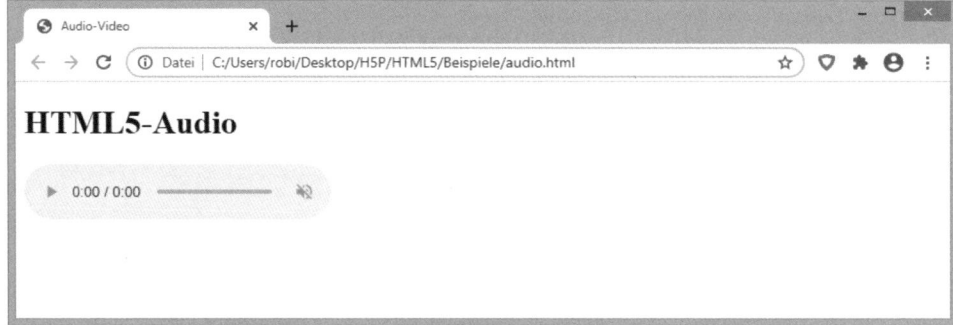

Bild 8.14 Die Audio-Datei wird mit den Schaltflächen gestartet, was das Attribut „controls" voraussetzt.

8.3.3 Kurzexkurs: SVG-Vektorgrafik

Ein sehr spannendes Thema, wenn es um die Gestaltung webbasierter Lerninhalte geht, sind die skalierbaren Vektorgrafiken (SVG[4]). Mithilfe von Vektorgrafiken lassen sich Ergebnisse interaktiver Prozesse visualisieren. SVG-Grafiken werden über komplexe Deklarationen von Koordinaten für Punkte, Linien und andere Figuren mithilfe einer XML-Syntax definiert. Die vollständige Beschreibung einer Vektorgrafik wird in ein HTML-<svg>– Element eingebunden. Das folgende Beispiel zeigt die Gestaltung einer grauen Linie. Die Details werden nachfolgend erläutert.

```
<svg width="400" height="250">
  <line class="linie1" x1="10" y1="10" x2="300" y2="100">
</svg>
```

---

[4] Scalable Vector Graphic

Die Attribute des HTML-Start-Tags (width und height) legen die Größe des Zeichenbereichs fest. Die graue Unterlegung dieses Bereichs wurde mithilfe von CSS[5] formatiert.

Interessant ist das Element <line>. Hierbei handelt es sich nicht um ein HTML-Element! Es ist XML-Code, dessen Elemente in ihren Bedeutungen speziell für die Interpretation im <svg>-Element festgelegt wurden. Das Element <line> benötigt verschiedene Attribute, um tatsächlich eine Linie „zeichnen" zu können:

- x- und y-Koordinate des Startpunkts (x1/y1)
- x- und y-Koordinate des Endpunkts (x2/y2)
- Farbgebung
- Linienstärke
- Anweisung zum Zeichnen

Bei diesem einfachen Beispiel wird deutlich, dass das (XML-)Element <line> noch nicht selbst das Zeichnen auslöst. Es werden Stile definiert, mit denen die Farbe und die Stärke der Linie festgelegt werden. Erst diese Kombination erzeugt die Linie. Dies ist sowohl direkt mit Attributen als auch mit CSS-Code möglich.

Im Beispiel wurde die CSS-Variante gewählt. Auch wenn dieses Thema in einem eigenen Kapitel behandelt wird, hat es sich bewährt, Formate von strukturellem Code zu trennen.

```
.linie1 {
  stroke: gray;
  stroke-width: 5px;
}
```

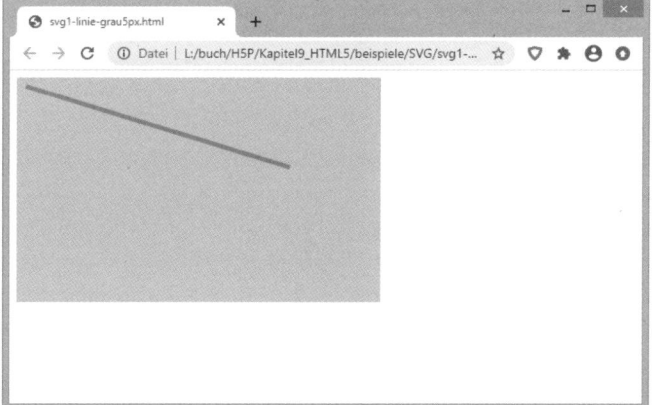

Bild 8.15 Der hellgrau unterlegte Bereich beschreibt den Zeichenbereich des <svg>-Elements. In diesem wird eine graue Linie mit einer Stärke von 5 Punkten gezeichnet. Die Koordinaten der Linie sind 10/10 nach 300/100.

[5.] Dem Thema Cascaded Style Sheets (CSS) ist in diesem Werk ein eigenes Kapitel gewidmet.

Die Linie kann auch gestrichelt gezeichnet werden.

```
.linie1 {
  stroke: red;
  stroke-width: 5px;
  stroke-dasharray: 25 10;
}
```

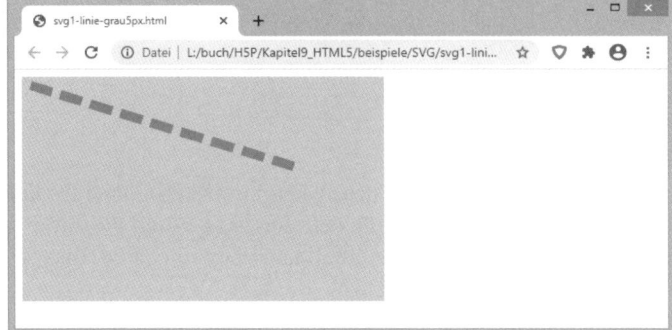

Bild 8.16 Mit einer kleinen Erweiterung des CSS-Regelblocks, die das Linien/Lücken-Verhältnis beschreibt, wurde die Linie gestrichelt gezeichnet.

Die folgende CSS-Regel definiert eine gestrichelte Linie, deren Sequenz wie folgt aussieht: Linie 35px, Pause 5px, Linie 25px, Pause 10px, Linie 25px, Pause 35px.

```
stroke-dasharray: 35 5 25 10 25 35;
```

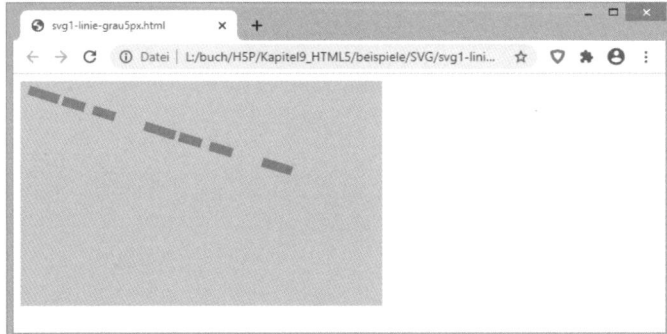

Bild 8.17 Die CSS-Regel zur Definition der Linien/Lücken-Verhältnisse kann sehr variabel sein, indem mehrere Parameterpaare festgelegt werden.

Mithilfe von SVG können auch weitere geometrische Figuren wie Kreise und Rechtecke gezeichnet werden. Neben der Zeichnung einer Umrisslinie ist die Füllung gesondert zu deklarieren. Es genügt, das SVG-Element zu benennen und mit CSS zu formatieren. Es ist auch möglich, die Eigenschaften des Elements als Attribute zu setzen. Wird die Formatierung mithilfe von CSS vorgenommen, ist es zu empfehlen, für jede Figur eine eigene Klasse zu verwenden. Für komplexe Grafiken bedeutet dies allerdings eine sehr umfassende CSS-

Datei mit sehr komplexen und individuellen Deklarationen. Alternativ können direkt im XML-Element für das jeweilige Grafik-Objekt Attribute festgelegt werden. Ein Rechteck wird wie folgt gezeichnet:

```
<svg width="400" height="150">
  <rect x="50px" y="5px">
</svg>
```

Der CSS-Regelblock für Bild 8.18 sieht wie folgt aus und kann in einer eigenen Datei oder in ein <style>-Element in die Seite eingebunden werden.

```
rect {
    stroke: red;
    stroke-width: 5px;
    width: 300px;
    height: 100px;
    fill: blue;
    }
```

Alternativ können alle Attribute, die das Rechteck und dessen Farbgebung beschreiben, in das Element <rect> eingebunden werden. Auch hier kann CSS-Syntax verwendet werden, welche in ein „style"-Attribut eingefügt wird.

```
<svg width="400" height="110">
<rect x="50" y="20" width="300" height="100"
 style="fill:blue; stroke:red; stroke-width:5;"/>
</svg>
```

Bild 8.18 Ein Rechteck mit andersfarbiger Umrandung, gezeichnet als skalierbare Vektorgrafik.

Ein letztes Beispiel zum Thema SVG beschreibt das Zeichnen eines Kreises bzw. einer farblich gefüllten Kreisfläche. Das passende Element heißt <circle>. Die wichtigsten Parameter legen die X- und die Y-Koordinate des Kreismittelpunkts sowie den Kreisradius fest. Linienbreite, Linienfarbe und Füllung werden wie beim Rechteck deklariert.

```
<svg width="400" height="300">
  <circle/>
</svg>
```

```
circle {
  stroke: red;
  stroke-width: 5px;
  cx: 200px;
  cy: 50px;
  r: 40px;
  fill: blue;
}
```

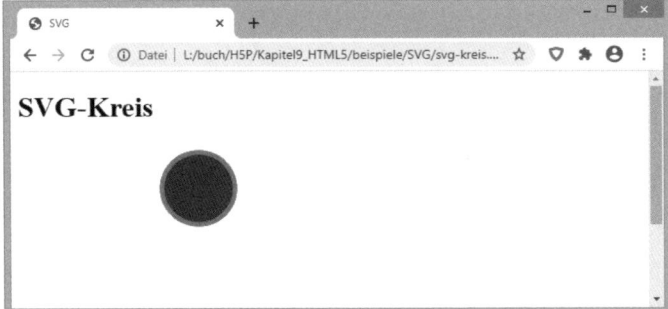

Bild 8.19 Beispiel für einen gefüllten Kreis, der in einer Webseite aus einem SVG-Element entstanden ist.

■ 8.4 HTML-Formulare

Webseiten sind heute interaktiv. Das gilt natürlich ganz besonders für Lernplattformen, denn diese leben nicht nur von der Darstellung der Informationen, sondern sollen auch Feedback einfordern und Lernergebnisse prüfen können. Hier bieten HTML-Formularfelder sehr weitreichende Möglichkeiten.

8.4.1 Das Formular-Element

Grundsätzlich lassen sich HTML-Formularfelder sehr vielseitig einsetzen, jedoch werden sie in der Regel innerhalb eines <form>-Containers verwendet. Diesem Container werden verschiedene Attribute zugewiesen. Die wichtigsten Attribute sind „action" und „method".

8.4.1.1 Was das Formular tun soll

Mit dem Attribut „action" wird die Adresse eines weiterverarbeitenden Skripts festgelegt. Dieses befindet sich in der Regel auf dem Webserver und kann beispielsweise als PHP-Datei auf dieser Maschine verarbeitet werden. Die im Formular eingetragenen Daten werden an die genannte Adresse übermittelt. Die Verarbeitung der Daten selbst erfolgt nicht auf dem eigenen PC. Ausnahmen stellen hier JavaScripte dar. Wird kein „action"-Attribut gesetzt, wird angenommen, dass die Verarbeitung auf der aktuellen Seite erfolgen soll. Hier sind jedoch entsprechende PHP-Programmierungen vorzunehmen, die über HTML hinaus reichen.

8.4.1.2 Attribut „method" (GET und POST)

Während mit dem Attribut „action" festgelegt wird, wohin die in das Formular eingegebenen Daten zu übertragen sind, wird mit dem Attribut „method" festgelegt, wie dies genau zu erfolgen hat. Die Methode „GET" bewirkt hier, dass die Datenpaare (Datenfeldname und Wert) an die URL, die eigentliche Internet-Adresse, angehängt und somit dem weiterverarbeitenden Programm übergeben werden. Das hat den Nachteil, dass diese Daten im Klartext in der Adressleiste sichtbar sind, was auch für Passwörter gelten würde.

Die Methode „POST" nutzt das http- oder – sicherer wegen der verschlüsselten Übertragung zum Webserver – https-Protokoll, um die Formulardaten zu übermitteln. Hier ist auch die Menge der übermittelbaren Daten größer.

8.4.2 Das Label-Element

Für die Beschriftung von Formularfeldern wird das Element <label> verwendet. Bei der Platzierung muss die Reihenfolge von Formularfeld und Label berücksichtigt oder eine feste Regel mithilfe von CSS definiert werden. Wichtig ist das Attribut „for", dessen Inhalt mit einer gleichnamigen ID im Element des Formularfelds <input> oder <textarea> übereinstimmen muss. Das Label erweitert auch den Bereich, der auf ein Ereignis (z.B. Mausklick) reagiert. Dies ist insbesondere bei sehr kleinen Formularelementen („Checkbox", „Radiobutton") vorteilhaft.

```
<label for="test">Geben Sie Ihren Namen ein:</label>
<input id="test" type="text" name="nachname">
```

8.4.3 Das <textarea>-Element

Das Formularelement <textarea> bietet ein mehrzeiliges Eingabefeld für nahezu beliebig lange Texteingaben an. Mit den Attributen „rows" (Zeilen) und „cols" (Spalten) wird festgelegt, in welchen Abmessungen das Formularfeld im Browserfenster erscheint. Die sich aus dem Produkt von rows und cols errechnete sichtbare Zeichenzahl ist allerdings keine Begrenzung des eingebbaren Textvolumens. Ist der eingegebene Text länger, erscheinen im Fenster Bildlaufleisten, mit denen an die jeweilige Textstelle gescrollt werden kann. Die Größe des Eingabefelds kann zudem individuell im Browserfenster verändert werden. Dazu befindet sich in der unteren rechten Ecke des Felds eine kleine Schaltfläche. Diese kann mit der Maus gegriffen und auf die gewünschte Feldgröße gezogen werden.

Es ist möglich, die Größe des einzugebenden Texts zu begrenzen. Dazu dient das Attribut „maxlenght". Weitere Attribute sind eine ID (als Referenz zu einem <label>-Element und „name" zur Bezeichnung des Datenfelds für die spätere Auswertung). Ein zwischen dem Starttag <textarea> und dessen Schlusstag geschriebener Inhalt belegt das Eingabefeld vor. Dieser Inhalt kann mit dem Feld übernommen oder bei Bedarf überschrieben werden.

```
<label for="test">Mehrzeiliges Textfeld:</label>
<textarea id="test" name="eingabetext" rows="5" cols="100">
  Geben Sie hier ihren Text ein …
</textarea>
```

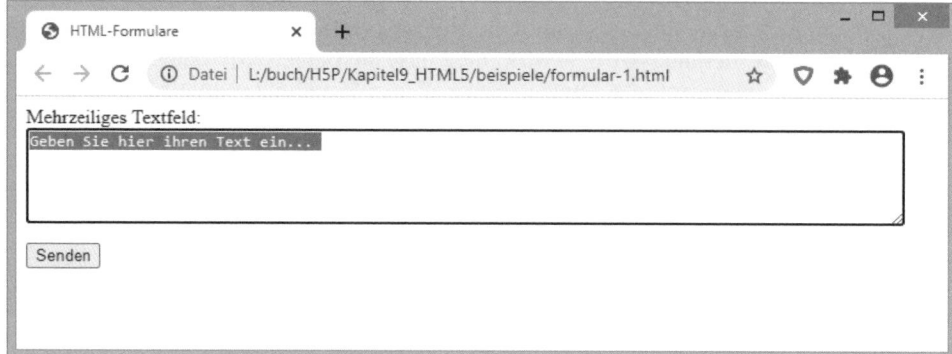

Bild 8.20 Die mit den Attributen „cols" und „rows" festgelegten Abmessungen des Eingabefelds beschränken nicht die maximale Textlänge. Es ist zudem möglich, ein angezeigtes <textarea>-Feld individuell in der Größe zu verändern. Dazu kann es mit der kleinen Schaltfläche am rechten unteren Rand auf die gewünschte Größe gezogen werden.

8.4.4 Das <input>-Element

Das Element <input> kann – abgesehen von den Elementen <button> und <textarea> als universelles Eingabeelement für HTML-Formulare betrachtet werden. Wie das Eingabefeld erscheint und welche (einfachen) Vorfilter damit gesetzt werden, bestimmt das Attribut „type". Es existieren unter anderem Felder für folgende Eingaben:

- einzeilige Texte,
- Datum und Uhrzeit,
- numerische Werte,
- Checkboxen und Radiobutton,
- Listen,
- Datei-Uploads.

8.4.4.1 Formularfelder für Text

Formularfelder für Textzeilen werden grundsätzlich mit <input>-Elementen gebildet. Es sind verschiedene Typen zu unterscheiden, die mithilfe des „type"-Attributs definiert werden:

- offene Eingabe einer Textzeile (type="text"),
- verdeckte Eingabe eines Passworts (type="password"),
- Eingabe einer Web-Adresse (type="url"),
- Eingabe einer E-Mail-Adresse (type="emai"),

- Eingabe einer Suchanfrage (type="search"),

- Eingabe einer Telefonnummer (type="tel").

Bei all diesen Typen des <input>-Elements handelt es sich im Grunde genommen um Texteingaben. Allerdings kennzeichnen diese Felder bestimmte Eingabeforderungen und erleichtern somit rein semantisch die Programmierung eines Formulars. In einzelnen Fällen werden vom Browser anhand des <input>-Typs Vorabprüfungen der Eingabe vorgenommen. Diese sind allerdings sehr trivial und keinesfalls zuverlässig. Beispielsweise wird die Eingabe in ein Feld vom Typ „email" lediglich auf das Vorhandensein eines „@"-Zeichens geprüft und nicht, ob die E-Mail-Adresse tatsächlich vollständig ist (rechts vom @ eine gültige Domain (Domain.tld) vorhanden ist). Die genaue Prüfung muss in einem eigenen Programm erfolgen.

Eine Besonderheit ist das <input>-Element mit dem type="password". Dieses stellt im Grunde ein reines Textfeld dar, jedoch wird die Eingabe nicht reflektiert, sondern es erfolgt eine *verdeckte Darstellung* durch Punkte. Das Passwort-Feld bietet allerdings keine Verschlüsselung! Es wird lediglich die Eingabe unsichtbar gestaltet. Einen echten Sicherheitsgewinn bietet dieses Eingabefeld also nicht.

Bild 8.21 zeigt das Ergebnis des folgenden HTML-Codes:

```
<form … >
<p>
  <label for="test">Textzeile:</label>
  <input id="test" name="eingabetext" type="text"></input>
</p>
<p>
  <label for="pw">Passworteingabe:</label>
  <input id="pw" name="passwort" type="password"></input>
</p>
<input type="submit">
</form>
```

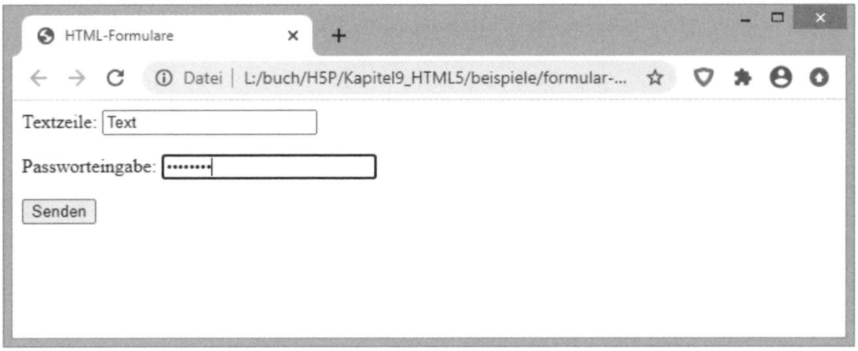

Bild 8.21 Beispiele für Text-Eingabefelder in einem HTML-Formular: oben type="text", darunter type="password".

8.4.4.2 Formularfelder für Zeiten

Zeit- und Datumseingaben erscheinen sehr einfach, stellen jedoch für einen Webdesigner gewisse Anforderungen, wenn es darum geht, die eingetragenen Daten in eine Datenbank zu übertragen. So kommt es bei einer Datumsaufgabe auf das richtige Format an (z. B. YYYY-MM-DD oder DD-MM-YYYY) an.

Zudem gibt es spezielle Eingabeformate für Wochen oder Monate. Es stehen dabei unterstützende Funktionen zur Verfügung. So kann beispielsweise ein „Kalender" geöffnet werden, in dem sich die Eingabe mit wenigen Mausklicks vornehmen lässt.

 Unterschiedliche Darstellung der Eingabehilfen

Die Darstellung der Eingabefelder, insbesondere der unterstützenden Funktionen, kann bei den verschiedenen Webbrowser-Typen unterschiedlich sein.

Es gibt folgende Eingabefeldtypen für das Datum und die Zeit:

- Eingabe einer Woche (type="date"),
- Eingabe einer Woche (type="datetime-local"),
- Eingabe einer Woche (type="week"),
- Eingabe eines Monats (type="month"),
- Eingabe einer Uhrzeit (type="time").

Das folgende Beispiel zeigt ein HTML-Formularfeld für die Eingabe eines Datums:

```
<p>
  <label for="test">Datum:</label>
  <input id="test" name="datum" type="date"></input>
</p>
```

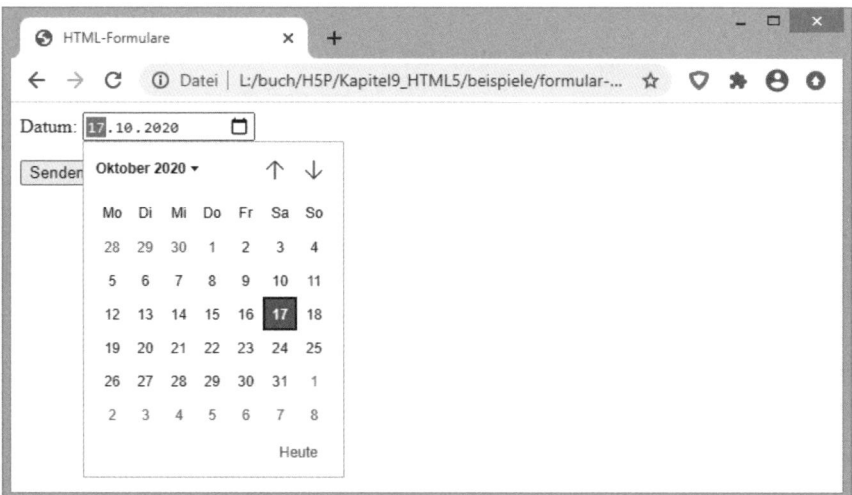

Bild 8.22 Das Eingabefeld mit dem Attribut type="date" bietet – abhängig von den Eigenschaften des Webbrowsers – eine komfortable Unterstützung durch einen Kalender und ein vorgegebenes Feld, womit Falscheingaben vermieden werden können.

8.4.4.3 Formularfelder für numerische Werte

Das Eingabefeld kann so definiert werden, dass nur reine Zahlenwerte akzeptiert werden. Dazu wird das Attribut type="number" verwendet. Es lassen sich konkrete Filtervorgaben mit weiteren Attributen festlegen:

- „min" – der Mindestwert, der akzeptiert wird.
- „max" – der Maximalwert, der akzeptiert wird.
- „step" – Schrittweite der zwischen dem Mindest- und Maximalwert akzeptierten Werte. Sind keine Mindest- und Maximalwerte bezeichnet, basiert die Schrittweite auf 0.
- „value" – ein Vorgabewert gewährleistet, dass das Feld nicht leer bleiben kann. Dieser Wert wird übernommen, wenn kein anderer Wert in das Feld eingetragen wird.

Die folgenden HTML-Zeilen erzeugen ein numerisches Formularfeld. Die verwendeten Attribute lassen nur die Eingabe von Werten zwischen 20 und 100 zu. Allerdings werden wegen des „step"-Attributs nur Zahlen in Fünfer-Schritten akzeptiert.

```
<p>
  <label for="test">Zahleneingabe:</label>
  <input id="test" name="zahl" type="number" min="20" max="100" step="5"></input>
</p>
```

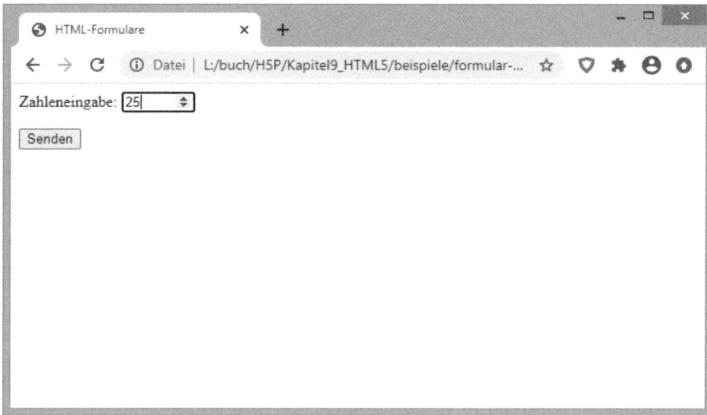

Bild 8.23 Mit den kleinen Pfeiltasten – die Form des Eingabefelds kann bei verschiedenen Webbrowsern anders aussehen – wird mit dem beschriebenen HTML-Code in „5er"-Schritten auf- oder abwärts gezählt. Da das Attribut step="5" gesetzt wurde, wird eine manuelle Eingabe eines nicht passenden Werts zu einer Meldung führen.

8.4.4.4 Checkboxen

Checkboxen erlauben die Markierung einer Auswahl angebotener Informationen mit einem Mausklick. Es können eine oder mehrere Optionen gewählt werden. Auffällig ist, dass jedes Checkbox-Feld einen eigenen „Namen" zugewiesen bekommt. Damit entstehen grundsätzlich Paare aus Feldname und logischem Wert, der mit dem Attribut „value" vorgegeben wird.

```
<p>
  <label for="feld1"> Satteldach </label>
  <input type="checkbox" id="feld1" name="dach1" value="satteldach">
</p>
<p>
  <label for="feld2"> Falchdach </label>
  <input type="checkbox" id="feld2" name="dach2" value="flachdach">
</p>
<p>
  <label for="feld3"> Ölheizung </label>
  <input type="checkbox" id="feld3" name="heizung1" value="oelheizung">
</p>
<p>
  <label for="feld4"> Fernwärme </label>
  <input type="checkbox" id="feld4" name="heizung2" value="fernwaerme">
</p>
<input type="submit">
```

Bild 8.24 Es können mehrere Checkboxen markiert werden. Das erlaubt beispielsweise im Bildungsbereich die Gestaltung von Multiple-Choice-Fragen.

8.4.4.5 Radiobutton

Im Gegensatz zu den Checkboxen werden alle Radiobuttons mit dem gleichen Namen-Attribut versehen. Das bedeutet aber auch, dass nur ein einziger Radiobutton markiert werden kann. Mit dem Attribut "checked" (es wird in HTML5 kein Wert benötigt, früher: checked="checked") kann eine Vorauswahl getroffen werden.

Das folgende Beispiel zeigt eine einfache Kombination von drei Radiobuttons. Alle drei Elemente weisen dem Attribut „name" den gleichen Wert zu. Diese Radiobuttons stellen damit zugleich ein gemeinsames Konstrukt dar. Es kann nur ein Element markiert werden. Der Wert im Attribut „value" wird dem Namen zugewiesen und letztlich wird das Datenpaar als Ergebnis übermittelt.

```
<p>
  <label for="version1">Der Himmel ist blau!</label>
  <input type="radio" name="frage" id="version1" value="v1">
</p>
<p>
```

```
  <label for="version2">Der Himmel ist bunt gestreift!</label>
  <input type="radio" name="frage" id="version2" value="v2">
</p>

<p>
  <label for="version3">Der Himmel ist voller grüner Punkte!</label>
  <input type="radio" name="frage" id="version3" value="v3">
</p>
<p>
  <input type="submit" value="Submit">
</p>
```

Bild 8.25 Es kann immer nur ein Radiobutton (gleiches Namen-Attribut) markiert werden.

8.4.4.6 Datei-Upload

HTML-Formulare bieten neben der Erfassung von Texten, numerischen Werten und Zeit-/Datum-Informationen auch die Möglichkeit, ganze Dateien vom lokalen PC auf den Server hochzuladen. Bei der Gestaltung des HTML-Formulars wird dies mit dem Attribut type="file" im <input>-Element umgesetzt. Zu beachten ist, dass der Wert des Attributs „name" eine Besonderheit aufweist: Der Name wird als ein sogenanntes Array[6] bei der Übertragung verwendet. Tatsächlich werden mit dem Formular-Typus „file" nicht nur möglicherweise mehrere Dateien auf den Webserver geladen – genau genommen deren Upload-Prozess organisiert –, sondern verschiedene Daten zu der (den) eigentlichen Datei(en) übermittelt. Dies sind u. a.:

- der ursprüngliche Dateiname,
- MIME[7]-Typisierung des Dateityps,
- Dateigröße in Byte.

---

[6] Unter einem Array versteht man ein Datenfeld, das ähnlich einer Variablen in Programmen verwendet wird. Im Gegensatz zu einer Variablen bietet das Array die Möglichkeit, mehrere Daten innerhalb eines Arrays zu speichern. Auf die einzelnen Dateninhalte wird über Indizes gezielt zugegriffen.

[7] MIME steht für *Multipurpose Internet Mail Extensions*. Es handelt sich um eine Kurzbeschreibung von Dateitypen, mit denen die Kompatibilität zwischen Absender und Empfänger einer Datei hergestellt werden soll.

```
<label for="upload">Laden Sie eine Textdatei auf den Webserver!</label>
  <input id="upload" name="datei" type="file" accept="text/*"></input>
```

Im Browser wird kein Formular-Eingabefeld, sondern eine Schaltfläche angeboten. Diese öffnet das allgemein bekannte Explorer-Fenster zur Auswahl der Datei. In der Regel kann nur eine einzige Datei auf den Webserver geladen werden. Mithilfe des Attributs „multiple" im <input>-Element dürfen auch mehrere Dateien gleichzeitig hochgeladen werden. Beim Upload mehrerer Dateien werden nicht die Dateinamen, sondern die Anzahl der Dateien neben der Schaltfläche angezeigt.

 Weitere Verarbeitung der Dateien

Wo die Dateien letztlich weiterverarbeitet werden, legt der Betreiber der Seite mit der Programmierung der Server-Skripte fest. Auf dem Server werden auch die Verzeichnisse festgelegt, in die die Dateien letztlich abgelegt werden. Dies wird nicht mit dem HTML-Formular beeinflusst.

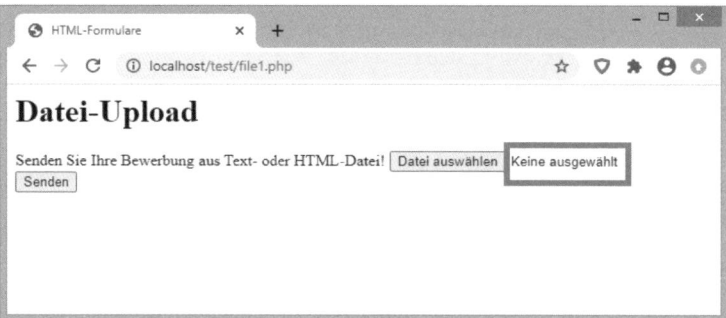

Bild 8.26 Das Formularfeld vom Typ „file" präsentiert sich mit einer Schaltfläche „Datei auswählen". Diese öffnet ein Explorerfenster, in dem die gewünschte Datei ausgewählt wird. Der umrandete Bereich zeigt den Schriftzug „Keine ausgewählt". Das bedeutet, dass noch keine Datei gewählt wurde.

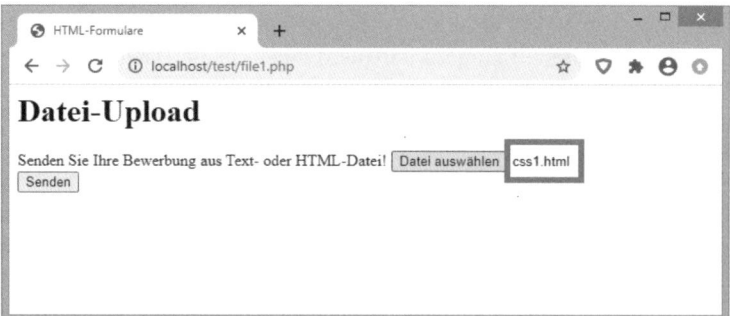

Bild 8.27 Das gleiche Webformular nach der Auswahl einer Datei. Mit dem Senden-Button wird die Übertragung gestartet.

8.4.4.7 Listen mit dem Element <select>

Wird nur die Auswahl bestimmter Optionen zugelassen, können Listen eine sehr platzsparende Lösung für ein Formular in einer Webseite sein. Eingeleitet wird eine solche Auswahlliste mit dem Element <select>. Dieses Element ist ein Container, der eine Auswahl der möglichen Alternativen umfasst. Die Alternativen selbst werden mit dem Element <option> deklariert.

Es kann in der Regel nur eine Option gewählt werden, es sei denn, im Element <select> wird das Attribut „multiple" verwendet. In diesem Fall können mehrere Elemente selektiert werden. Wird das Attribut „multiple" verwendet, so können bei gedrückter [Strg]-Taste gezielt einzelne Listeneinträge oder mit der [Umschalt]-Taste ganze Bereiche durch einen Mausklick gewählt werden.

Die gewählten Werte werden mit dem Attribut „value" in den <option>-Elementen deklariert. Sie werden dem „name"-Attribut des <select>-Containers zugeordnet. Das weiterverarbeitende Skript auf dem Server wird diese Daten in einem Array speichern, einem Datenfeld mit gemeinsamen Namen, dessen Inhalte durch Indizes adressiert werden können.

Das <select>-Element kann weitere Attribute wie beispielsweise eine ID besitzen, die als Referenz zu einem Label verwendet wird. Interessant ist das Attribut „size", denn dieses legt die Anzahl der in der Liste direkt angezeigten Einträge fest. Sind in der Liste mehr Einträge vorhanden als mit dem Attribut „size" vorgegeben, so kann mit einer Bildlaufleiste am Rand die Liste durchsucht werden.

Ein Beispiel zeigt der folgende HTML-Code: Es wird eine Aussage formuliert, zu der aus der Liste die richtige Antwort zu wählen ist. Weil das Attribut „multiple" fehlt, ist nur eine Antwort möglich.

```html
<label for="history">Caesar war ein …</label>
<select id="history" name="caesar" size="3">
  <option value="feldherr">französischer Feldherr</option>
  <option value="poet">deutscher Schriftsteller und Dichter</option>
  <option value="kaiser">römischer Kaiser</option>
  <option value="papst">katholischer Papst</option>
  <option value="monarch">englischer König</option>
</select>
```

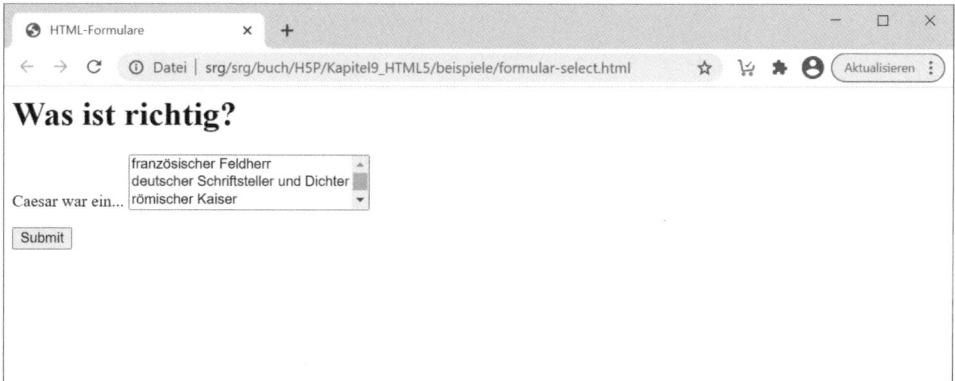

Bild 8.28 Der Container <select> bietet verschiedene Optionen in einer Auswahlliste an.

8.4.5 Das <button>-Element

Schaltflächen sind wichtige Elemente in einem HTML-Formular. Schaltflächen wurden einst mit einem <imput>-Element (type="submit" oder type="cancel") erzeugt. In HTML5 setzt man das bedeutend flexiblere Element <button> ein. Es können verschiedene Schaltflächen deklariert werden:

- type="submit" – Standard-Typ eines <button>-Elements: Damit werden die in das Formular eingegebenen Daten übertragen. Wie die Verarbeitung erfolgt, bestimmt das Attribut „action" im <form>-Element.

- type="reset" – es werden alle Formularfelder zurückgesetzt. Eine Datenübertragung an den Server erfolgt nicht.

- type="button" – dieser Typ erzeugt eine Schaltfläche für beliebige Zwecke. Sie wird in der Regel in Verbindung mit einer JavaScript-Funktion verwendet, die bei einem Klick auf den Button aufgerufen wird.

Der bereits im Zusammenhang mit dem Element <select> gezeigte HTML-Code wird um eine Codezeile mit dem <button>-Element erweitert. Der in der Schaltfläche angezeigte Schriftzug wird als Inhalt des Elements, also zwischen Start- und Endtag, gesetzt.

```
<p>
<label for="history">Caesar war ein …</label>
<select id="history" name="caesar" size="3">
  <option value="feldherr">französischer Feldherr</option>
  <option value="poet">deutscher Schriftsteller und Dichter</option>
  <option value="kaiser">römischer Kaiser</option>
  <option value="papst">katholischer Papst</option>
  <option value="monarch">englischer König</option>
</select>
</p>
  <button type="submit" value="WAHR">Eingabe abschicken</button>
```

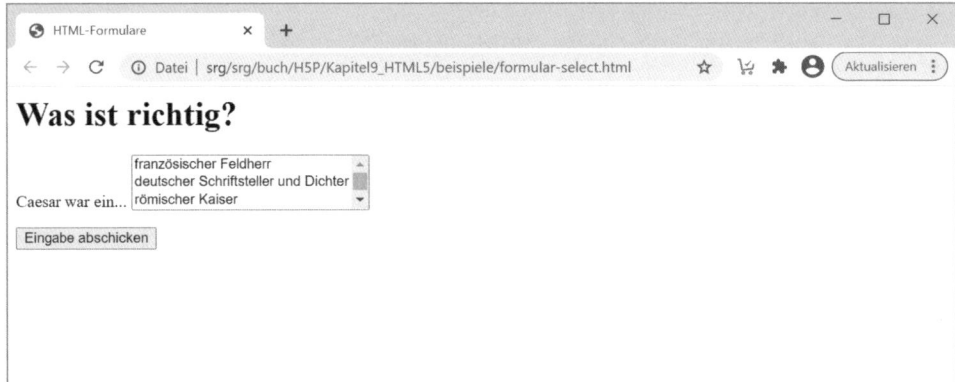

Bild 8.29 Ein individuell beschrifteter Sendebutton wird mit dem Element <button> erzeugt.

Anstelle eines Schriftzugs kann der Button auch mit einer Bilddatei realisiert werden. Mit dem Klick auf die Schaltfläche kann mit dem Attribut „value" auch ein Wert übergeben werden. Dazu wird die Codezeile für das <button>-Element wie folgt angepasst. Der Name und der Pfad der Datei sind individuell zu wählen. Zudem ist die Breite und/oder die Höhe der Schaltfläche an die Anforderungen der Webseite anzupassen. In jedem Fall sollte ein Alternativtext (Attribut „alt") definiert werden, damit die Schaltfläche auch dann aussagekräftig bleibt, falls es beim Laden des Bilds Probleme gibt.

```
<button type="submit" value="WAHR"><img src="schalter.png" width="180px" alt="Aktion
bei Mausklick auslösen …"></button>
```

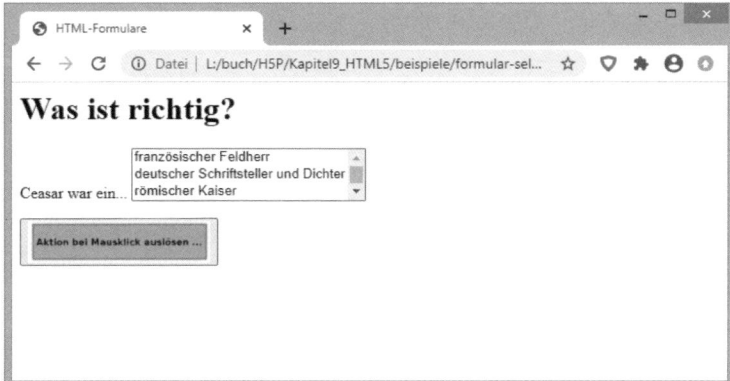

Bild 8.30 Wird anstelle eines Schriftzugs ein <img>-Element als Inhalt des <button>-Elements gesetzt, kann eine beliebige grafische Schaltfläche erzeugt werden.

Bild 8.31 Wenn die Bilddatei nicht gefunden werden kann, liefert ein gut gewählter Alternativtext die nötigen Informationen für die Kennzeichnung der Schaltfläche.

■ 8.5 Tabellen

Tabellen werden zur strukturierten Darstellung von Werten und allgemeinen Informationen verwendet. Ein echtes No-go ist der Einsatz von Tabellen-Elementen zur Gestaltung mehrspaltiger Webseiten! Eine Tabelle besteht aus Zeilen und Spalten. Sie kann unterschiedliche Formate für Überschriften und reguläre Zellen besitzen und mit Über- oder Unterschriften ausgestattet werden. Gelegentlich kann es erforderlich sein, Zellen zeilen- und/oder spaltenweise zu verbinden.

8.5.1 Tabellen-Grundelemente

HTML-Tabellen werden in einem Container-Element <table> eingefasst. Dabei besteht jede Tabelle in ihrer einfachsten Grundform aus wenigen Elementen:

- Jede Tabelle wird zeilenweise aufgebaut. Das Container-Element für eine Zeile ist „Table Row" – <tr>.

- In jeder Zeile befinden sich Datenzellen. Hierbei ist zu unterscheiden zwischen den Zellen für Überschriften – diese werden mit einem <th>-Element („Table Headline") gebildet – und regulären Datenzellen <td> („Table Data")

Mit diesen insgesamt vier Elementen kann bereits eine vollständige Tabelle erstellt werden, wie es das folgende Beispiel mit insgesamt vier Zeilen (eine Zeile für die Spaltenüberschriften sowie drei Datenzeilen) zeigt.

```
<h1> HTML-Tabelle Brutto-Netto-Preise</h1>
<table>
  <tr>
    <th>Produkt</th>
    <th>Netto</th>
    <th>Brutto (19% USt)</th>
  </tr>
  <tr>
    <td>Fahrrad</td>
    <td>200,00€</td>
    <td>238,00€</td>
  </tr>
  <tr>
    <td>e-Scooter</td>
    <td>500,00€</td>
    <td>595,00€</td>
  </tr>
  <tr>
    <td>e-Bike</td>
    <td>1250,00€</td>
    <td>1487,50€</td>
  </tr>
</table>
```

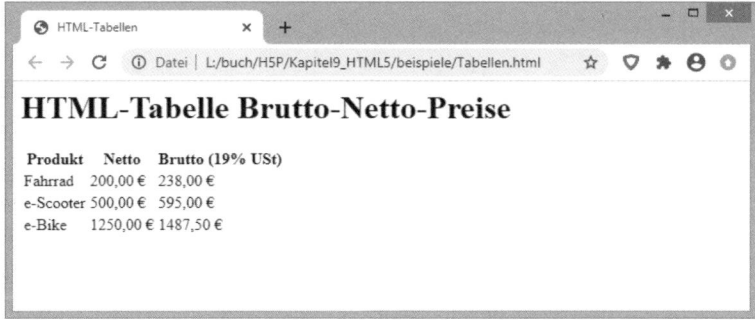

Bild 8.32 Nicht erschrecken: Die Tabelle erscheint optisch nicht besonders attraktiv. Die gewünschten Formate werden der Tabelle jedoch mithilfe von CSS zugewiesen.

Sollen auch den Zeilen „Überschriften" zugewiesen werden, so wird die erste Zelle der Zeilen anstelle eines <td>-Elements mit <th> gebildet. Allen HTML-Elementen sind feste Grundformate zugeordnet, sodass sofort optische Unterschiede erkennbar sind. Jedes Element kann mit der Formatierungssprache CSS nach eigenem Ermessen optisch gestaltet werden.

8.5.2 Tabellen-Über-/Unterschriften

Das Element <caption> steht für eine Über- oder Unterschrift für die Tabelle. Das Element ist ohne weitere Deklaration als Tabellenüberschrift voreingestellt. Mit einem (CSS-)Attribut *style="caption-side: bottom;"* kann die Tabelle mit einer Unterschrift versehen werden. Hierbei ist es gleichgültig, an welcher Stelle innerhalb des <table>-Containers das <caption>-Element platziert ist. Es sollte jedoch nicht innerhalb eines Zeilen-Containers platziert werden.

```
<table style="caption-side: bottom;">
<caption>Dies ist eine Tabellenbeschriftung</caption>
…
</table>
```

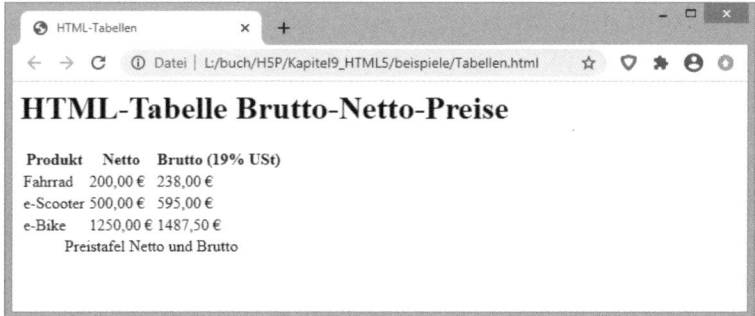

Bild 8.33 Beispiel einer Tabelle mit Unterschrift, einem <caption>-Element, welches mit einem Attribut im <table>-Container nach der Tabelle platziert wird.

8.5.3 Zellen verbinden

Mit den Attributen „colspan" (spaltenübergreifend) und „rowspan" (zeilenübergreifend) wird angegeben, wie viele Zeilen und/oder Spalten miteinander verbunden werden sollen. Die Verbindung beginnt in dem Element, in dem das jeweilige Attribut gesetzt wird. Beginnend ab dieser Zelle wird die Anzahl der als Wert angegebenen Zellen nach rechts (colspan) bzw. nach unten (rowspan) zusammengefasst. Durch Kombination von „colspan" und „rowspan" können Blöcke aus Zeilen und Spalten zusammengefasst werden.

Natürlich ist hier zu beachten, dass die durch die Kombination bereits reservierten Zellen in den betreffenden Zeilen bzw. Spalten nicht durch ein <td>- bzw. <th>-Element belegt werden dürfen. Dies würde zu einer Verschiebung der folgenden Inhalte und damit zur Verzerrung der Tabelle führen.

```
<table style="caption-side: bottom;">
  <tr>
    <!-- Marke 1 im Bild -->
    <th colspan="2"></th>
    <!-- Marke 2 im Bild -->
    <th colspan="2">Preise</th>
  </tr>

  <tr>
    <th>Produkt</th>
    <th>Netto</th>
    <th>Brutto (19% USt)</th>
  </tr>
  <tr>
    <th>Manuell</th>
    <td>Fahrrad</td>
    <td>200,00€</td>
    <td>238,00€</td>
  </tr>
  <tr>
    <!-- Marke 3 im Bild -->
    <th rowspan="2">E-Antrieb</th>
    <td>e-Scooter</td>
    <td>500,00€</td>
    <td>595,00€</td>
  </tr>
  <tr>
    <td>e-Bike</td>
    <td>1250,00€</td>
    <td>1487,50€</td>
  </tr>
</table>
```

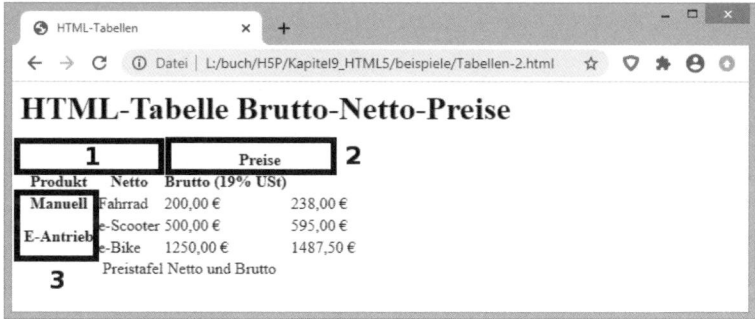

Bild 8.34 Die markierten Bereiche sind verbundene Zellen: 1 und 2 sind verbundene Spalten. Die Marke 3 bezeichnet zwei Zellen, die zeilenübergreifend verbunden wurden.

9 Exkurs: CSS-Grundlagen

Der HTML-Exkurs zeigte, wie Webseiten grundsätzlich aufgebaut werden. Diese Webseiten sind die Basis für die Gestaltung von H5P-Lerninhalten, denn wie es die Abkürzung „H5P" (HTML5-Package) bereits ausdrückt, basiert H5P vollkommen auf Web-Technologien wie HTML, JavaScript, – zur optischen Formgebung der Inhalte – auf Cascaded Style Sheets (CSS) sowie auf dem Webserver auf PHP.

Der Begriff „Style Sheets" lässt sich grob mit „Stilvorlagen" für die Formate einzelner HTML-Elemente und deren Inhalte beschreiben. Eine besondere Betonung liegt auf *„Cascaded"*: hintereinanderliegend, stufenförmige Anordnung. Dies beschreibt das Prinzip der Formatierung, ausgehend von grundlegenden Formaten des sogenannten *„User Agent"* (der Webbrowser), die von selbstdefinierten Formaten überschrieben werden können. Das wird im Abschnitt 9.2.1.4 verdeutlicht. Mithilfe von CSS können gezielt einzelnen Elementen besondere Formate wie Schrift- und Hintergrundfarben, Größen der Elemente und deren Inhalte, Umrahmungen und weitere Formate zugewiesen werden.

CSS-(Formatierungs-)Regeln werden mit einer eigenen Syntax formuliert:

```
selektor {
  eigenschaft: wert;
  eigenschaft: wert;
  …
}
```

Eine *CSS-Regel* wird mit einem Selektor eingeleitet. In geschweiften Klammern werden schließlich die Regeln geschrieben. Eine CSS-Regel besteht aus einer Eigenschaft, welche die Art der Formatierung bezeichnet und – von der Eigenschaft durch einen Doppelpunkt getrennt – einen entsprechenden Wert. Abgeschlossen wird jede Regel mit dem Semikolon.

 Ausnahmen beim Semikolon

CSS ist keine Programmiersprache, die einen klaren Abschluss einer Codezeile mit einem Semikolon zwingend fordert. Das Zeichen dient der Trennung verschiedener Regeln innerhalb eines Regelblocks. Es kann auf das Setzen des Semikolons verzichtet werden, wenn es die letzte Regel innerhalb des Blocks abschließen würde oder wenn lediglich eine einzige Regel innerhalb des Blocks existiert.

■ 9.1 Zusammenspiel von HTML und CSS

Damit die CSS-Formate auf den HTML-Code angewendet werden können, müssen sie mit diesem in Verbindung gebracht werden. Dies ist mit drei verschiedenen Methoden möglich:

■ Anwendung von CSS-Formate auf ein einzelnes HTML-Element mithilfe eines Attributs „style“.

■ Einbindung von CSS-Formaten in den HTML-Head mithilfe eines <style>-Elements. Diese Variante wird im folgenden Beispiel verwendet.

■ Einbindung von CSS-Formaten mithilfe einer externen Format-Datei (Dateinamenerweiterung .css) über das <link>-Element. *Beispiel:* <link href="formate.css" rel="stylesheet">.

Externe CSS-Datei versus CSS-Format im HTML-<head>

Externe CSS-Dateien haben den Vorteil, dass sie von mehreren HTML-Dokumenten gleichermaßen genutzt werden können, die in einem identischen Erscheinungsbild dargestellt werden sollen. Änderungen in der Formatdatei wirken sich somit sofort auf alle Webseiten aus. Kleinere Formate in nur einer Webseite können dagegen mithilfe des <style>-Elements deklariert werden. ■

9.1.1 Externe Formatdatei

CSS-Formate können in ein HTML-Dokument importiert werden. Dabei ist es nicht von Bedeutung, ob die Formatdatei sich auf dem eigenen Webserver oder auf einem fremden, über das Netzwerk zugänglichen System befindet. Die Datei wird mit dem HTML-Element <link> in das Dokument eingebunden. Der Import erfolgt im Kopf des HTML-Dokuments:

```
<head>
  <link href="formate.css" rel="stylesheet">
</head>
```

Die Adresse der eigentlichen Formatdatei wird mit dem Attribut *„href“* übergeben. Wichtig ist zudem das Attribut *„rel“* (Relationship). Es definiert die Bedeutung der importierten Daten im Zusammenspiel mit dem HTML-Dokument. Das ursprünglich im Link-Element verwendete Attribut *type="text/css"* ist in HTML5 als optional zu betrachten.

Zusammenhang von Formaten und DSGVO

Werden externe Formatdateien von einem fremden Webserver geladen, so besteht eine Beziehung zwischen dem eigenen Webbrowser und dem fremden Server. Dieser darf somit ein sogenanntes Cookie an den Browser übergeben. Cookies sind kleine Textdateien, die wie ein Fingerabdruck zur Identifizierung des Webbrowsers verwendet werden können. Mithilfe dieser Technologien lässt sich das Surfverhalten von Personen untersuchen. Die Verwendung von Cookies berührt deswegen die Datenschutzgrundverordnung (DSGVO). ■

Externe CSS-Dateien bieten den großen Vorteil, universell für verschiedene Projekte einsetzbar zu sein. Damit können verschiedene Seiten im identischen Erscheinungsbild präsentiert werden. Bei Formatänderungen genügt eine Anpassung in der zentralen Formatdatei und sie sind sofort in allen Webseiten vollzogen, in denen die Formate eingebunden sind.

9.1.2 Format-Code im HTML-Kopf

Wird eine HTML-Seite mit einer überschaubaren Zahl von Formaten gestaltet, können diese Formate auch direkt in den Kopf der Seite (Element <head>) mithilfe des <style>-Elements eingefügt werden. Es ist dann nicht zwingend eine separate Formatdatei nötig.

Das Element <style> kann auch ergänzende Formate oder Anpassungen enthalten. In diesem Fall wird das Element und die darin enthaltenen CSS-Formate nach den Importen externer Formatdateien platziert.

CSS-Formate, die im <style>-Element deklariert werden, haben den Vorteil, dass auf eine Verlinkung zu externen Formaten verzichtet werden kann. Diese Methode der Formatierung kann jedoch zum Nachteil und lästig für den Programmierer werden, wenn die Anzahl der Formate zunimmt. Es geht die Übersicht in der Datei verloren.

```
<head>
  <style>
    p {
      color: red;
    }
  </style>
</head>
```

9.1.3 Direkte Formate mit einem Attribut

Neben dem HTML-Element <style>, welches reine CSS-Syntax zum Inhalt hat, gibt es auch das gleichnamige Attribut „style". Dieses Attribut kann in nahezu jedem HTML-Element verwendet werden, wenn dieses formatierbar ist. Mit dem Attribut „style" werden Ausnahmen geschaffen. Es sind keine zentralen Formate möglich und deswegen wird diese Art der Formatzuweisung sehr ungern verwendet. Ein Format in einem „style"-Attribut ist nur sehr aufwendig an zentraler Stelle zu überschreiben, weil es die letzte gültige Deklaration in der CSS-Hierarchie darstellt.

Die Verwendung des „style"-Attributs ist allerdings interessant, wenn mit Lernplattformen wie Moodle gearbeitet wird. Hier sind die Formatdateien regulären Nutzern (Student- und Teacher-Rollen, aber auch den meisten höhergestellten administrativen Ebenen) in der Regel nicht zugänglich. Zentrale CSS-Formate würden sich auf die gesamte Plattform auswirken. Diese dürfen also nicht nach reinem Belieben von jedermann geändert werden. Trotzdem ist es häufig sinnvoll, über die im Editor verfügbaren Standardformate hinaus, eigene Formate zur Betonung von Textpassagen etc. zu verwenden. Hier hilft die Möglichkeit, direkt in den HTML-Code einzugreifen und ein CSS-Format-Attribut („style") zu verwenden. Im folgenden Beispiel wird das Wort „Wolf" mit roter Schrift hervorgehoben. Das Element <span> ist ein sogenannter Inline-Container, der selbst keine signifikanten Eigenschaften bietet. Er erbt die Eigenschaften des Elternelements. Dieser Container wird benötigt, um mithilfe des „style"-Attributs das eigentliche Format zuzuweisen.

```
<p>In einem Wald wurde ein <span style="color: red;">Wolf</span> gesehen.</p>
```

9.1.4 Kombinationen sind möglich

Die verschiedenen Formen der Verknüpfung der CSS-Formate mit einer HTML-Datei können durchaus kombiniert werden. Es muss lediglich eine gewisse Disziplin eingehalten werden, um eine lästige Fehlersuche zu vermeiden, wenn ein Format vermeintlich unwirksam erscheint. Es kommt entscheidend auf die *Reihenfolge der Regeln* an, welche letztlich wirksam werden.

Reihenfolge ist entscheidend!

Es ist möglich und nach dem Konzept von CSS auch gewollt, bestehende CSS-Formate durch nachfolgende Regeln zu überschreiben. Hierbei ist Verschiedenes zu beachten, insbesondere wenn CSS-Regeln aus mehreren Quellen gemeinsam in einem Projekt benutzt werden. Mehr dazu ist im Abschnitt 9.2.1.4 nachzulesen.

■ 9.2 CSS-Selektoren

Auf welches Element ein Format wirkt, bestimmt der sogenannte Selektor. Hier werden verschiedene Selektoren unterschieden:

- *Typenselektor*
- *Klassenselektor*
- *ID-Selektor*

Zudem sind Selektoren für verschiedene Ereignisse und Zustände der Elemente bekannt („*Pseudoklassen*") und es können *Pseudoelemente* durch CSS erzeugt werden. Gezielte Formate werden im Allgemeinen durch Kombination von Selektoren zugewiesen.

Hinweis

Es ist zudem möglich, CSS-Formate auf bestimmte Attribute in HTML-Elementen und auf deren Werte anzuwenden. Das Thema soll in dieser Einführung jedoch nicht näher vertieft werden.

9.2.1 Selektoren für Elemente, Klassen, IDs

HTML-Elemente können direkt, also sehr allgemein mit CSS-Formaten bearbeitet werden. Es können zudem Elemente einer Klasse zugeordnet werden. So wird es möglich, auch verschiedenartigen Elementen ein gemeinsames Format zuzuweisen. Eine ID wird in einem HTML-Dokument nur ein einziges Mal vergeben. CSS-Selektoren, die auf eine ID verweisen, adressieren also ausschließlich ein einziges Element. Die verschiedenen Selektoren werden im Folgenden näher beschrieben. Für die Erläuterungen soll mit einem Beispielformat auf Abschnitt 9.3.1 etwas vorgegriffen werden. Die CSS-Codezeile

```
color: red;
```

legt die *Schriftfarbe* auf Rot fest.

9.2.1.1 Typenselektoren

Die Wirkungsweise von CSS soll an einem einfachen HTML-Skript, bestehend aus einer Überschrift <h1> und zwei Absatzelementen <p>, demonstriert werden:

```
<h1>Ohne CSS: Überschriftebene 1</h1>
<p>Ohne CSS: Das ist ein gewöhnlicher Absatz!</p>
<p>Ohne CSS: Das ist ein weiterer gewöhnlicher Absatz!</p>
```

Bild 9.1 Das HTML-Dokument erscheint natürlich mit gewissen Grundformaten für Absätze und Überschriften im Webbrowser. Insgesamt wirkt eine solche Seite jedoch langweilig und wenig individuell.

Typenselektoren verweisen direkt auf HTML-Elemente. Die Schreibweise entspricht deswegen denen der Elemente, jedoch ohne die Einfassung in spitze Klammern. Um beispielsweise die Schriftfarbe der HTML-Absatzelemente <p> mit CSS auf Rot festzulegen, wird folgender Code geschrieben:

```
p {
  color: red;
  }
```

Ein Typenselektor h1 legt fest, dass der nachfolgende Regelblock auf alle Überschriften der ersten Ebene (Element <h1>) wirkt. Das folgende Beispiel legt fest, dass die Überschrift der ersten Ebene mit einem grauen Hintergrund erscheint.

```
h1 {
  background-color: grey;
  }
```

Bild 9.2 Die über Typenselektoren zugewiesenen neuen Formate wirken auf alle Elemente des jeweiligen Typs gleichermaßen.

9.2.1.2 Klassenselektoren

HTML-Elementen kann das Attribut „class" zugewiesen werden. Auf diese Weise ist es möglich, dass HTML-Elemente verschiedenen Typs gemeinsamen Klassen angehören und mit einer einzigen Regel identische Formate erhalten. Im folgenden Beispiel wird sowohl der Überschrift <h1> als auch dem zweiten Absatz <p> die Klasse „marke" zugewiesen. Das erste Absatzelement enthält kein derartiges Attribut.

```
<h1 class="marke">Mit CSS: Überschriftebene 1</h1>
<p>Mit CSS: Das ist ein gewöhnlicher Absatz!</p>
<p class="marke">Mit CSS: Das ist ein weiterer gewöhnlicher Absatz!</p>
```

Der „Klassenselektor" wird mit einem *führenden Punkt* eingeleitet. Der darauffolgende Name der Klasse entspricht dem Wert des Attributs in den HTML-Elementen. Auch hier wird die eigentliche CSS-Regel bzw. der CSS-Regelblock in geschweiften Klammern eingeschlossen. Jede Regel endet mit einem Semikolon.

```
.marke {
  background-color: grey;
  }
```

Bild 9.3 Eine Klasse kann auf verschiedene Elemente gleichzeitig angewendet werden. Eine einzige CSS-Regel formatiert hier sowohl die Überschrift als auch eines der beiden Absatzelemente. Gemeinsam haben diese Elemente das style-Attribut class="marke".

9.2.1.3 ID-Selektoren

Eine ID wird nur ein einziges Mal in einem HTML-Dokument vergeben. Werden CSS-Formate auf eine ID angewendet, so bedeutet dies, dass – im Gegensatz zur Verwendung eines Typen- oder Klassenselektors – nur ein einziges Element formatiert werden kann. Für das Beispiel wird der bereits bekannte HTML-Code modifiziert (fett betont):

```
<h1>Mit CSS: Überschriftebene 1</h1>
<p>Mit CSS: Das ist ein gewöhnlicher Absatz!</p>
<p id="marke">Mit CSS: Das ist ein weiterer gewöhnlicher Absatz!</p>
```

Der CSS-Code ist ebenfalls aus dem vorherigen Beispiel bekannt. Lediglich der Selektor wurde angepasst. Ein ID-Selektor wird mit dem Zeichen *Hash* („Raute", #) eingeleitet. Der Name des Selektors entspricht dem der ID im HTML-Dokument.

```
#marke {
  background-color: grey;
}
```

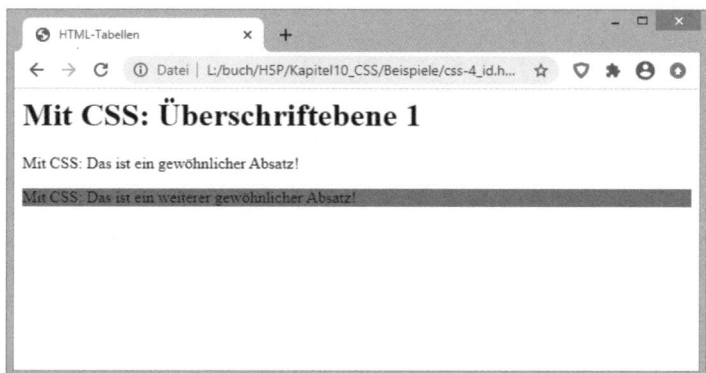

Bild 9.4 Eines der Absatzelemente wurde mit dem Attribut id="marke" versehen. Auf diese ID wird eine Regel angewendet, die das Element mit grauem Hintergrund darstellt.

9.2.1.4 Hierarchien der Selektoren

Es wurden drei Möglichkeiten beschrieben, um HTML-Elementen neue Formate zuzuweisen:

- Allgemein auf den Typ des Elements bezogen: Typenselektor,
- Klassenselektoren,
- ID-Selektoren.

Es stellt sich die Frage, was wohl passieren wird, wenn Klassen- und ID-Attribute kombiniert werden und zudem CSS-Formate auf die Elemente deklariert wurden. Welches Format wird letztlich gelten? Das Problem verdeutlicht der folgende HTML-Code. Das zweite Absatzelement besitzt sowohl ein Klassen- als auch ein ID-Attribut. Das erste Absatzelement wird ohne ein Attribut verwendet.

```
<h1>Mit CSS: Überschriftebene 1</h1>
<p>Mit CSS: Das ist ein gewöhnlicher Absatz!</p>
<p id="marke1" class="marke2">Mit CSS: Das ist ein weiterer gewöhnlicher Absatz!</p>
```

Auf diese HTML-Codezeilen wirken folgende CSS-Regeln:

```
#marke1 {
  background-color: grey;
}

.marke2 {
  background-color: blue;
}

p {
  background-color: red;
}
```

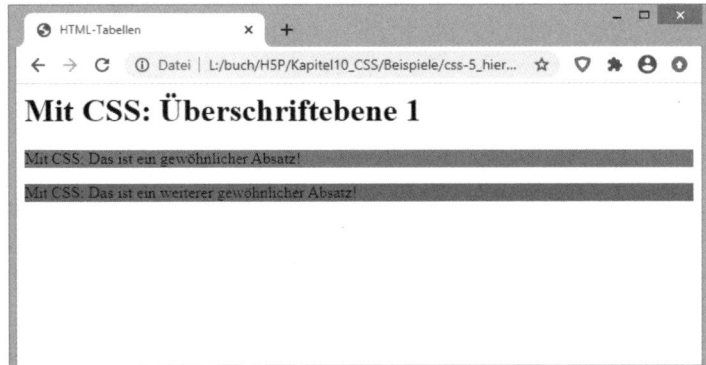

Bild 9.5 Das erste Absatzelement wird mit einem roten Hintergrund formatiert. Hier greift der Typenselektor, der alle Absatzformate betrifft. Dennoch wird der zweite Absatz mit einem grauen Hintergrund dargestellt. Das dafür verantwortliche CSS-Format wurde mit einem ID-Selektor deklariert.

Der obere Absatz kommt mit einem roten Hintergrund daher. Das entspricht der Formatierung über den Typenselektor „p". Weil diesem Element weder Klassen noch eine ID zugewiesen wurden, betreffen diese Formate den Absatz nicht.

Beim zweiten Absatz sieht es etwas anders aus: Auch hier handelt es sich um ein <p>-Element und es gelten zunächst auch die Regeln, die über den Typenselektor „p" deklariert wurden. Allerdings wurden noch weitere Regeln für die Klasse und ID, die diesem Element zugewiesen wurden, deklariert. Wie sich zeigt, setzt sich die Regel für die ID durch. Das begründet sich mit den Hierarchien in CSS.

Der Typenselektor – also der allgemeine Selektor für alle namentlich bezeichneten HTML-Elemente – hat die niedrigste Priorität. Wenn ein allgemeines Erscheinungsbild formatiert werden soll, ist es deswegen zu empfehlen, vorzugsweise mit Typenselektoren zu arbeiten. Klassen werden bei verschiedenen Gruppen von Elementen verwendet, die nicht einem gemeinsamen Container zugeordnet werden können. Klassenselektoren haben eine höhere Priorität als ein Typenselektor. Diesbezügliche Regeln werden auch dann überschrieben, wenn der Klassenselektor vor dem Typenselektor verwendet wird. Die höchste Priorität hat der ID-Selektor. Eine ID hat in HTML auch die Bedeutung einer Sprungadresse für interne Hyperlinks. Sie sollte für CSS-Formate nur in wenigen Ausnahmen verwendet werden.

Grundsätzlich gilt bei gleichen Selektoren: *Die zuletzt gültige Deklaration* wird umgesetzt! – Das ist das Grundprinzip der *Cascaded* Style Sheets. So existiert zunächst grundsätzlich für jedes HTML-Element die User-Agent-Deklaration. Das sind die Grundformate, die im Webbrowser fest verankert sind. Neue, vom Webdesigner selbst deklarierte Formate ersetzen die User-Agent-Regeln. Das gleiche passiert, wenn weitere Regeln deklariert werden. Es gilt immer die zuletzt in der Reihenfolge der Verarbeitung auftauchende Regel. Dies zeigt das nachfolgende Beispiel, bei dem drei verschiedene Regeln mit dem gleichen Typenselektor deklariert werden.

Dieses Beispiel zeigt jedoch auch einen Ausnahmefall: Mit der Direktive *!important* kann die Hierarchie aufgehoben und eine entsprechende Regel bevorzugt gesetzt werden, auch dann, wenn für den gleichen Selektor auf die gleiche Eigenschaft nachfolgend eine neue Regel geschrieben wird. Tauchen zwei Regeln mit der *!important*-Direktive auf, wird sich auch in diesem Fall die zuletzt gültige Regel durchsetzen.

Die folgenden HTML-Codezeilen zeigen zunächst einmal ein ähnliches Bild wie in den Beispielen zuvor, jedoch wurden die Klassen- und ID-Attribute zur besseren Verständlichkeit entfernt. Interessant sind die beiden Absatzelemente <p>.

```
<h1>Mit CSS: Überschriftebene 1</h1>
<p>Mit CSS: Das ist ein gewöhnlicher Absatz!<p>
<p>Mit CSS: Das ist ein weiterer gewöhnlicher Absatz!<p>
```

Alle drei Regelblöcke legen für das Absatzelement sowohl eine Hintergrund- (background-color) als auch eine Schriftfarbe (color) fest. Nur im ersten Regelblock befindet sich eine CSS-Codezeile „*text-decoration: underline;*", die eine Unterstreichung der Texte vorsieht.

Den vorherigen Ausführungen zufolge werden die Regeln des ersten Blocks von denen des zweiten Blocks überschrieben. Zudem werden die Regeln des zweiten Blocks, die an dieser Stelle der Verarbeitung gelten, von denen des dritten Blocks überschrieben. Das betrifft allerdings nur die Regeln, die tatsächlich verändert wurden. Aus diesem Grund bleibt die ausschließlich im ersten Regelblock deklarierte Textunterstreichung auch im Endergebnis bestehen.

Auffällig ist aber auch, dass im ersten Regelblock die Direktive *!important* verwendet wird. Diese taucht in den beiden folgenden Blöcken nicht mehr auf. !important wird auf die Hintergrundfarbe angewendet, die im ersten CSS-Regelblock auf grau gesetzt wird. Die Deklarationen für den Hintergrund in den beiden folgenden Blöcken bleiben deswegen unwirksam.

Lediglich die Schriftfarbe wird in diesem Beispiel mit jedem Regelblock neu deklariert: Im ersten Block wird sie auf „weiß" eingestellt, jedoch bereits im zweiten Regelblock wieder auf „blau" verändert. Weil die zuletzt gültige Deklaration im dritten Regelblock „gold" (ein gelber Farbton) lautet, ist diese Einstellung letztlich das tatsächliche Format des Absatzes.

```
/* Erster Regelblock auf das Element <p> */
p {
  background-color: grey !important;
  color: white;
  text-decoration: underline;
}

/* Zweiter Regelblock auf das Element <p> */

p {
  background-color: blue;
}

/* Dritter Regelblock auf das Element <p> */
p {
  background-color: red;
  color: gold;
}
```

Der Absatz wird letztendlich wie folgt formatiert:

- *grauer Hintergrund*: Die Direktive *!important* verhindert Änderungen in den nachfolgenden Blöcken.

- *unterstrichene Schrift:* Die Eigenschaft „*text-decoration*" wird ausschließlich im ersten Regelblock verwendet und im Folgenden nicht mehr verändert. Gültige Regeln bleiben unverändert, selbst wenn der Selektor erneut verwendet wird.

- *Schriftfarbe ist „Gold":* Dies ist die zuletzt gültige CSS-Regel, die in diesen drei CSS-Regelblöcken für die Schriftfarbe deklariert wurde.

Bild 9.6 Aus drei Regelblöcken greifen zwei Regeln des ersten und eine Regel des dritten CSS-Blocks für das Absatzformat.

Mehrere gleichnamige Regelblöcke?

In Kursen zum Webdesign wird der Autor dieses Werks immer wieder gefragt, wer denn wohl bei „sauberer" Programmierung verschiedene Regelblöcke für ein und dasselbe Element schreiben würde. Die Antwort scheint zunächst irritierend, denn es handelt sich beinahe schon um den Regelfall. Das Überschreiben von Formaten ist notwendig, wenn mit „Formatbibliotheken" (z. B. Bootstrap) gearbeitet wird. Hier ist unter anderem auch zu bedenken, dass dort fast ausschließlich Klassenformate und nicht selten die Direktive *!important* verwendet werden, was die Programmierung individueller Formate komplizierter macht.

Zudem werden oft externe CSS-Dateien eingebunden, welche womöglich in ihrer Grundform bereits für andere Projekte verwendet wurden. Diese werden dann nicht selbst verändert, sondern das neue Format mit eigenen Regeln gestaltet, die fallweise die Grundformate überschreiben.

Insbesondere jedoch bei der Arbeit mit Lernplattformen wie Moodle und den dafür eingesetzten Lehrinhalten, welche beispielsweise mit H5P erstellt wurden, kann es nötig sein, direkt im HTML-Editor der Plattform mithilfe des *style*-Attributs individuelle Formate zu setzen. Zentrale CSS-Deklarationen sind in diesen Fällen meist nicht zugänglich.

9.2.1.5 Kombinationen von Selektoren

Neben der direkten Adressierung von HTML-Elementen, Klassen und IDs lassen sich mithilfe von Kombinatoren Selektoren so verbinden, dass die Formate nur in ganz bestimmten Konstellationen der HTML-Elemente, also deren Reihenfolge und deren Containerstruktur, gelten. Auf diese Weise ist es beispielsweise möglich, einfache HTML-Listen so zu formatieren, dass sie als Schaltflächen (Menü-Button) erscheinen, während Listen gleicher Art an einer völlig anderen Stelle des HTML-Skripts nach wie vor als gewöhnliche Aufzählungen dargestellt werden. Folgende *Kombinatoren* für CSS-Selektoren sollen gezeigt werden:

- Nachfahren-Kombinator: ein einfaches *Leerzeichen* zwischen den Selektoren,
- Nachbar-Kombinator: +,
- Kind-Kombinator: >,
- Geschwister-Kombinator: ~.

Für die Wirkung der verschiedenen *Kombinatoren* soll der folgende HTML-Code als Beispiel dienen. Es werden insgesamt sieben Absatzelemente dargestellt. Die beiden ersten Absätze befinden sich vor und die beiden letzten Absätze nach einen <div>-Container. Innerhalb des <div>-Containers befinden sich ein Absatzelement, ein <section>-Container, der wiederum einen Absatz beinhaltet, und ein weiterer Absatz nach dem <section>-Element.

```
<p>Das ist ein gewöhnlicher Absatz (vor dem DIV-Container)!<p>
<p>Zweiter Absatz (vor dem DIV-Container)!<p>
<div>
   <p>Absatz in einem DIV-Container<p>
   <section>
```

```
      <p>Das ist ein Absatz in einem DIV- und einem SECTION-Container!<p>
   </section>
   <p>Dritter Absatz in einem DIV-Container!<p>
</div>
<p>Absatz nach dem DIV-Container!<p>
<p>Zweiter Absatz nach dem DIV-Container!<p>
```

Auf diesen HTML-Code werden nun identische Regeln, jedoch mit verschiedenen Kombinatoren angewendet. Es wird zunächst eine Regel mit einem reinen Typenselektor „p" deklariert. Diese sieht einen roten Hintergrund mit gelber Schriftfarbe vor. Zudem wird eine Regel mit grauem Hintergrund und weißer Schrift für die Kombination eines Absatzes mit einem <div>-Container vorgesehen. Das bedeutet nicht zwingend, dass sich das Format auf Absätze innerhalb des <div>-Containers auswirkt, und auch nicht, dass es alle Absätze betrifft.

```
div KOMBINATOR p {                /*KOMBINATOR steht hier als Platzhalter */
   background-color: grey;
   color: white;
}

p {
   background-color: red;
   color: gold;
}
```

Die ausgesprochen familiären Bezeichnungen der Kombinatoren erleichtern bildhaft das Verständnis und die Wirkung ihres Einsatzes. So sind *Nachfahren* (Kombinator: Leerzeichen) alle Nachkommen, die über Generationen hinweg den gleichen Ursprung haben. So ist dies auch in der Bedeutung bei CSS, wenn Elemente zu formatieren sind, die in mehreren ineinander verschachtelten Containern eingefasst wurden.

 Wichtig: Kein Komma!

Es sei an dieser Stelle betont, dass ein Komma keinen Kombinator darstellt. Wohl aber spielt das Komma bei der Gestaltung von CSS-Selektoren eine Rolle. Sollen mehrere Elemente bzw. Element-Kombinationen mit den gleichen Regeln formatiert werden, müssen nicht für jedes Element identische Regelblöcke formuliert werden. Stattdessen können die verantwortlichen Selektoren durch Kommas getrennt aneinandergereiht werden. Die betreffenden Elemente teilen zwar die gleichen Regeln, stehen jedoch nicht in einem Zusammenhang zueinander.

Der Nachfahren-Kombinator wird – wie bereits beschrieben – mit einem einfachen Leerzeichen dargestellt. Die betreffenden Selektoren werden also direkt hintereinander – ohne Komma! – geschrieben. Interessant ist hierbei, dass die bezeichneten HTML-Elemente nicht unmittelbar aufeinander folgen müssen. Nachfahren-Kombinatoren wirken auch über mehrere Container-Ebenen hinweg.

```
div p {
  background-color: grey;
  color: white;
}

p {
  color: gold;
}
```

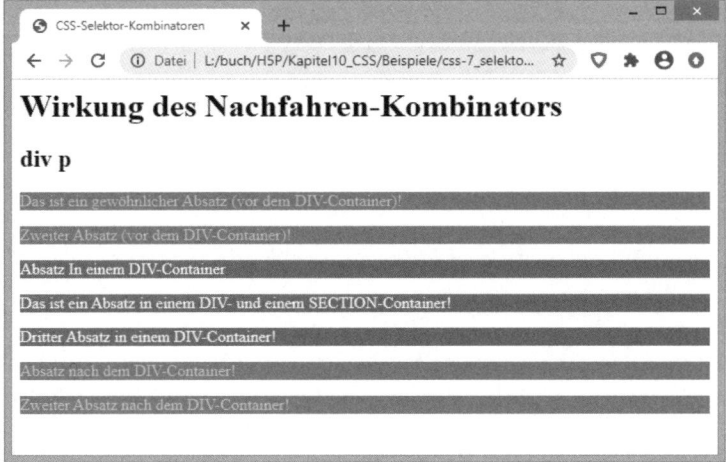

Bild 9.7 Wirkung des Nachfahren-Kombinators: Alle – auch in einem weiteren Container eingeschlossenen – Absatzelemente, die sich innerhalb des <div>-Containers befinden, werden mit grauem Hintergrund dargestellt.

Ein „*Kind*" hat direkte Elternteile (Kombinator: „>"). Es handelt sich damit um einen direkten Nachfahren, nur eine Generationsstufe weiter. Zum Vergleich: Ein Enkel wäre hier nicht mehr betroffen, denn dieses „Element" (um es im Zusammenhang mit HTML und CSS zu formulieren) hätte noch eine zwischengeschaltete Generation. Im Zusammenhang mit HTML und CSS bedeutet dies, dass ein Container als Elternelement verstanden wird, welches ein Kindelement umschließt.

Bild 9.8 beweist dies, denn ein Absatz innerhalb des <div>-Containers wird zusätzlich in einem <section>-Container eingefasst. Damit greift das CSS-Format nicht mehr, welches einen grauen Hintergrund festlegt. Stattdessen wird dieser erneut umschlossene Absatz im gleichen Format erscheinen wie alle übrigen Absätze auch.

```
div > p {
  background-color: grey;
  color: white;
}

p {
  background-color: red;
  color: gold;
}
```

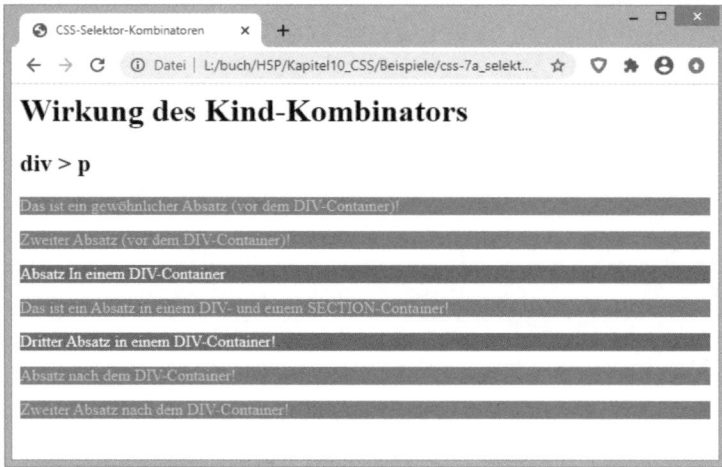

Bild 9.8 Mit dem Kind-Kombinator werden ausschließlich die direkt im Container enthaltenen Elemente formatiert. Die Einfassung in einen weiteren Container – hier ein <section>-Container – verhindert das Format.

Entsprechend bedeutet ein *Geschwister-Kombinator* (~) eine Referenz auf Elemente in der gleichen Generationsstufe. Die „Geschwister" umfassen einander also nicht als Container, sondern existieren auf gleicher Ebene nebeneinander. Das Element rechts des Kombinators muss im Code dem Element links des Operators folgen. Alle Elemente zuvor werden nicht formatiert, auch wenn sie auf der gleichen Ebene angeordnet sind.

Als Geschwister-Ebene wirken im folgenden Beispiel (vgl. Bild 9.9) nur die dem <div>-Container nachfolgenden Absatzelemente auf gleicher Ebene. Das Format greift auch dann, wenn andersartige Elemente dazwischengesetzt werden (z. B. Überschriften). Das Format wird jedoch nicht angewendet, wenn (hier) ein Absatz in einem weiteren Container eingefasst wird.

```
div ~ p {
  background-color: grey;
  color: white;
}
p {
  background-color: red;
  color: gold;
}
```

Bild 9.9 Geschwister sind Elemente auf gleicher Ebene (nicht zusätzlich in weitere Container eingebunden). In diesem Fall betrifft das besondere Format nur die beiden dem <div>-Container folgenden Elemente.

Eine *Nachbarschaft* (Kombinator „+") liegt dann vor, wenn zwei Elemente unmittelbar aufeinander folgen. Es wird also nur ein Element formatiert, selbst dann, wenn weitere Elemente gleichen Typs folgen. Dieser Kombinator erlaubt interessante Effekte in einem Blog, wenn beispielsweise der erste Absatz nach der Überschrift als Einleitung mit einem besonderen Format versehen werden soll.

Der Nachbarschaft-Kombinator wirkt im folgenden Beispiel ähnlich wie der Geschwister-Kombinator, betrifft in diesem Beispiel jedoch nur den unmittelbaren Nachbarn des <div>-Containers. Deswegen wird auch nur eines der auf den <div>-Container folgenden Absatzelemente mit der weißen Schrift versehen.

```
div + p {
  background-color: grey;
  color: white;
}
p {
  background-color: red;
  color: gold;
}
```

Bild 9.10 Es gibt nur ein „Nachbar"-Element von <div>, das mit dem Nachbarschafts-Kombinator adressierbar ist.

9.2.2 Pseudoklassen

Pseudoklassen werden mit einem Doppelpunkt eingeleitet. Es gibt strukturelle Pseudoklassen sowie Pseudoklassen für Kind- und Geschwisterelemente. Es soll an dieser Stelle nur eine einzige Pseudoklasse als Beispiel gezeigt werden: *nth-child()*.

Zur Erinnerung: Im letzten Abschnitt wurde dargestellt, wie Kindelemente, also Elemente, die in Containern ihrer Elternelemente eingeschlossen sind, formatiert werden können. Diese Pseudoklasse gestattet nun eine gezielte Formatierung eines speziellen Kindelements oder einer Sequenz von Kindelementen in bestimmten Intervallen. Genau diese Eigenschaft kann man sich zur Herstellung eines Schachbretts in einer Webseite zunutze machen.

Grundlage für das Schachbrett soll eine einfache HTML-Tabelle sein. Diese besteht aus neun Zeilen und neun Spalten, wobei jeweils eine Zeile und eine Spalte als „Überschrift" (Element <th>) belegt werden sollen. Das Element <th> bekommt eine eigene Hintergrundfarbe (hier: hellgrün) und eine weiße Schriftfarbe. Es werden die gängigen Koordinaten eines Schachbretts in diese Überschriftenzellen eingetragen. Die weiteren Zellen werden – im Vergleich zur ursprünglichen Nutzung einer Tabelle sehr ungewöhnlich – leer gelassen. Die Elemente werden also lediglich aus einem Start- und einem End-Tag ohne Inhalt verkörpert. Damit ist die HTML-Programmierung bereits abgeschlossen.

```
<table>
  <tr>
    <th>8</th>
    <td></td>
    <td></td>
    <td></td>
    <td></td>
    <td></td>
    <td></td>
    <td></td>
```

```
      <td></td>
    </tr>
  <!-- Die <tr>-Container für die folgenden sieben Tabellenzeilen sehen identisch aus.
  Der einzige Unterschied ist die <th>-Zelle, die jeweils andere Ziffern (7 … 1)
  enthält. -->
    <tr>
      <th></th>
      <th>A</th>
      <th>B</th>
      <th>C</th>
      <th>D</th>
      <th>E</th>
      <th>F</th>
      <th>G</th>
      <th>H</th>
    </tr>
</table>
```

Der – im Folgenden gezeigte – CSS-Code bedarf einiger Erläuterungen, denn viele Regeln werden erst im Verlauf dieses Kapitels eingeführt. Interessant sind die fett hervorgehobenen Codezeilen: Sie zeigen den Einsatz der Pseudoklasse *:nth-child()*. Es handelt sich um zwei Regelblöcke, deren einzige Aufgabe darin besteht, einen schwarzen Hintergrund zu setzen. Doch zuvor die allgemeinen Regeln dieses CSS-Formats.

Mit dem *Typenselektor* „table" werden die Eigenschaften der gesamten Tabelle deklariert. Diese sehen eine getrennte Darstellung der einzelnen Zellen mit einem Abstand von 2 px[1] und einem Rahmen aus einer durchgezogenen Linie von ebenfalls 2 px vor.

Die Regel zur Kombination der Typenselektoren <td> und <th> (durch ein Komma!) bewirkt, dass sowohl dem Element <td> als auch dem Element <th> eine Höhe und eine Breite von jeweils 50 px zugewiesen wird. Damit haben die Tabellenzellen bereits ihre quadratische Form, die dem Schachbrett entsprechen soll.

Es folgen „Farbzuweisungen": Die „Datenzellen" <td> – sie enthalten in diesem Fall keine Daten, jedoch werden die entsprechenden Tabellenelemente verwendet – bekommen einen gelben (yellow) Hintergrund. Die Zuweisung einer Schriftfarbe ist nicht nötig, weil diese Zellen keinen Inhalt haben werden.

Der Hintergrund der Headline-Zellen wird mit einer hellgrünen Farbe vorgegeben. Zudem soll die Schrift weiß daherkommen. In diesem Fall ist tatsächlich eine Schriftfarbe (hier: weiß) wichtig, denn die Koordinaten des Schachbretts werden mit den Ziffern 1… 8 und den Buchstaben A … H angegeben.

```
<style>
  table {
    border-collapse: separate;
    border-spacing: 2px;
    border: solid 2px;
  }
```

---

[1] px ist eine HTML/CSS-„Maßeinheit". Sie gibt die Anzahl der Bildpunkte auf dem Bildschirm an. Sie kann nicht in metrische Maße (z. B. cm) umgerechnet werden, weil die Bildschirme mit vergleichbaren Bildschirmauflösungen durchaus verschiedene Abmessungen haben können.

```
td, th {
  width: 50px;
  height: 50px;
  }

td {
  background-color: yellow;
  }

th {
  background-color: lightgreen;
  color: white;
  }

tr:nth-child(2n) td:nth-child(2n) {
  background: black;
  }
tr:nth-child(2n+1) td:nth-child(2n+1) {
  background: black;
  }
</style>
```

Bis zu dieser Stelle haben die Felder des Schachbretts die richtigen Größen und die Rand-felder mit den Koordinaten eine eigene Hintergrund- und Schriftfarbe. Was allerdings das bisherige „Produkt" von einem Schachbrett unterscheidet, ist die Tatsache, dass bisher nur helle (gelbe) Felder existieren. An dieser Stelle kommt die Pseudoklasse *:nth-child()* zur Anwendung. Interessant ist dabei der Klammerausdruck, denn dieser gibt an, auf das wie-vielte „Kindelement" die Pseudoklasse wirken soll. Ist der Klammerausdruck als Kombi-nation einer Zahl und des Buchstabens „n" (als Zählvariable) gestaltet, so wird damit eine wiederholte Formatierung in bestimmten Intervallen festgelegt.

Es sei der Selektor der ersten Regel betrachtet, der in diesem Beispiel mit einer Pseudo-klasse kombiniert wird:

```
tr:nth-child(2n) td:nth-child(2n) {
```

Das Elternelement ist in diesem Fall die Tabellenzeile (Table Row, <tr>). Durch den Doppel-punkt wird dieser Typenselektor mit der Pseudoklasse *:nth-child()* (das „n"-te Kind) kombi-niert. In der Klammer befindet sich der Wert „2n", wobei „n" für den Zähler steht: 1, 2, 3, 4, … usw. Für n = 1 bedeutet dies, dass das „2 * 1". Kindelement von <tr> mit diesem Format versehen wird. Das bedeutet, dass das Format auf jede ganzzahlige Zeile wirkt (2, 4, 6, 8).

Es handelt sich allerdings nicht um die einzige Kombination, die diesen Selektor ausmacht. Es gibt einen weiteren Typenselektor mit der gleichen Pseudoklasse, der – nach einem Leer-zeichen – dem eben beschriebenen Selektor folgt. Das Leerzeichen hat – wie im vorherigen Abschnitt beschrieben – die Bedeutung, alle Nachfahren zu selektieren. Bei diesen Nach-fahren (des <tr>-Elements) handelt es sich um Datenzellen (<td>-Elemente). Diese sind jedoch ebenfalls mit der Pseudoklasse *:nth-child(2n)* verbunden.

Würde man den Code bis an diese Stelle umsetzen, so würde jede geradzahlige Zeile abwechselnd mit einem gelben und einem schwarzen Hintergrund erscheinen. Gelb sind die nicht berührten Tabellenzellen wegen der zuvor mit dem Typenselektor festgelegten Formatierung. Die schwarzen Zellen überschreiben mithilfe der eben beschriebenen Formate die allgemeinen Formate. Leider ist jede ungeradzahlige Zeile ausschließlich mit gelben Feldern belegt. Abhilfe schafft ein identischer CSS-Code-Block wie eben beschrieben, jedoch mit dem Klammerausdruck (2n+1). Hier werden alle ungeradzahligen Zeilen (<tr>-Elemente) und die darin enthaltenen ungeradzahligen Nachfahren (<td>-Elemente) mit einem schwarzen Hintergrund versehen. Das Schachbrett ist fertig.

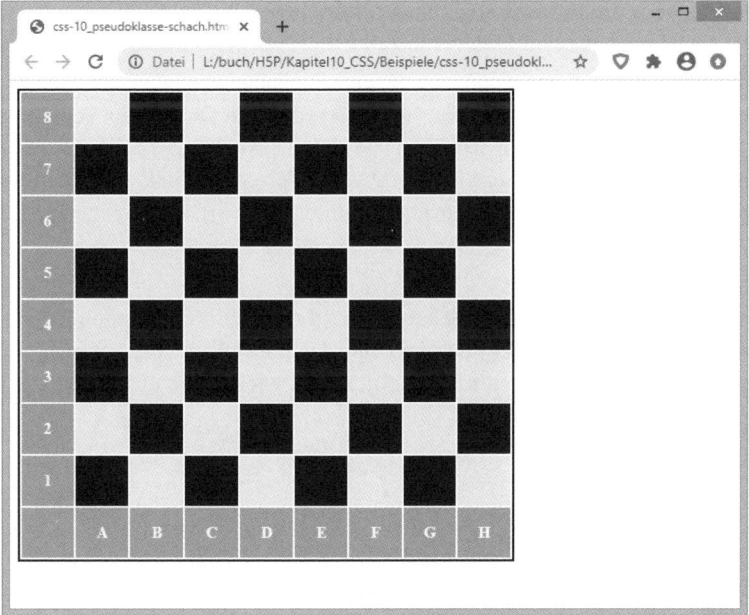

Bild 9.11 Das Schachbrett kann mit einer einfachen HTML-Tabelle erzeugt werden, erfordert allerdings eine Reihe komplexer CSS-Formate unter dem Einsatz von Pseudoklassen.

9.2.3 Dynamische Pseudoklassen

Dynamische Pseudoklassen reagieren auf Ereignisse wie zum Beispiel das Überfahren eines Elements mit dem Mauszeiger. Im Folgenden soll eine kleine Auswahl dieser Pseudoklassen vorgestellt werden:

- :hover
- :focus
- :target

Die dynamische Pseudoklasse *:hover* kann nur von Besuchern der Seite sinnvoll genutzt werden, die mit einem klassischen PC arbeiten, der mit einer Maus gesteuert wird. Auf einem Bildschirm mit einem Touchscreen (ebenso Tablet oder Smartphone) kann diese dynamische Pseudoklasse jedoch nicht korrekt arbeiten. Das Element reagiert bei Touchscreens anders. Hier erfolgt eine Reaktion auf einen längeren Druck auf das Objekt (ca. 2 Sekunden). Welche Wirkung sich entfaltet, legen auch hier die CSS-Regeln fest.

HTML-Code für die folgenden Beispiele

Für Bild 9.12 wird ein HTML-Code auf der Basis der Beispiele aus Abschnitt 9.2.1.5 verwendet.

Der folgende CSS-Code zeigt zwei Regelblöcke. Der obere Block wird mit dem Typenselektor p eingeleitet. Es wird in diesem Block eine gelbe (gold) Schriftfarbe auf einem roten Hintergrund festgelegt.

Der zweite CSS-Block sieht ähnlich aus. Jedoch werden die Farben für Schrift und Hintergrund vertauscht. Interessant ist jedoch der Selektor. Auch hier wird wieder mit einem Typenselektor p auf einen regulären HTML-Absatz referenziert, jedoch wird dieser Selektor mit der dynamischen Pseudoklasse :hover kombiniert:

```
p:hover
```

Wird der Mauszeiger über das Element bewegt, so greifen sofort die neuen Regeln und überschreiben die Regeln, welche über den einfachen Typenselektor zugewiesen werden. Überlagert der Mauszeiger das Element nicht mehr, so gilt wieder das ursprüngliche Format.

```
p {
    background-color: red;
    color: gold;
}

p:hover {
    background-color: gold;
    color: red;
}
```

Bild 9.12 zeigt das Ergebnis der beschriebenen Codezeilen. Die Absatzzeile, die vom Mauszeiger berührt wird, erscheint plötzlich in roter Schrift vor gelbem Hintergrund.

Eine weitere höchst interessante dynamische Pseudoklasse ist :target. :target reagiert nicht auf den Mauszeiger, sondern auf die Wahl eines bestimmten Elements durch einen Hyperlink, der durch das HTML-<a>-Element verkörpert wird. Als „Ziele" (Targets) müssen die Elemente mithilfe eines ID-Attributs gekennzeichnet werden. Das HTML-Beispiel muss also ein wenig umgeschrieben werden. Zunächst wird eine Liste formuliert, deren Inhalte die benötigten Verlinkungen enthalten:

```
<ul>
  <li><a href="#ziel1">Färbe den ersten Absatz</a></li>
  <li><a href="#ziel2">Färbe den zweiten Absatz</a></li>
  <li><a href="#ziel3">Färbe den dritten Absatz</a></li>
</ul>
```

Die Sprungziele werden im „href"-Attribut als Werte übergeben. Weil in diesem Fall ein Sprung auf eine interne Marke (die ID eines Elements) erfolgt, wird das Sprungziel mit einer vorangestellten „Raute" (Zeichen „Hash", #) bezeichnet. Die ID wird in den betreffenden Elementen als Attribut deklariert (ohne vorangestelltes #).

```
<p id="ziel1">Das ist ein gewöhnlicher Absatz!<p>
<p id="ziel2">Das ist ein zweiter gewöhnlicher Absatz!<p>
<p id="ziel3">Das ist der dritte Absatz!<p>
```

Der CSS-Code ähnelt dem Beispiel zur dynamischen Pseudoklasse :hover. Anstelle von „hover" wird nun jedoch die dynamische Pseudoklasse :target verwendet.

```
p {
  background-color: red;
  color: gold;
}

p:target {
  background-color: gold;
  color: red;
}
```

Bild 9.12 Auch ohne einen Klick auf das Objekt reagiert dieses bereits dank der dynamischen Pseudoklasse *:hover* auf den Mauszeiger. Auf einem Touchpad funktioniert das natürlich nicht, denn dort kann die Position des Fingers nicht erkannt werden.

Wird ein Hyperlink auf einer Webseite angeklickt, so kann hier eine externe Seite ebenso aufgerufen werden wie eine Textstelle innerhalb der eigenen Seite. Eine solche Textstelle ist ein ID-Attribut. Beim Klick auf den Hyperlink wird die neue Adresse in die Adresszeile des Browsers eingetragen. Bei einem Link auf die ID ist das die Adresse der jeweiligen Webseite – dies kann durchaus auch eine externe Seite sein – kombiniert mit dem Zeichen Hash (#) der Name der ID.

Ist das Fenster des Browsers groß genug, dass alle Elemente der Seite in das Fenster passen, wird sich scheinbar nichts tun. Liegt das Element mit der angesprochenen ID jedoch außerhalb des Sichtbereichs, wird der Fokus des Fensters auf dieses Element verschoben. Der Browser „springt" zum adressierten Element. In Verbindung mit der dynamischen Pseudoklasse :target können diesem Element zudem temporär besondere Formate zugewiesen werden. Das Beispiel in Bild 9.13 zeigt, wie dem betroffenen Element eine gelbe Hintergrund- und eine rote Schriftfarbe zugewiesen werden. Ein Klick auf ein anderes Element bewirkt einen erneuten Farbwechsel zurück zur ursprünglichen Formatierung. Das neu gewählte Element erhält nun die Sonderformate.

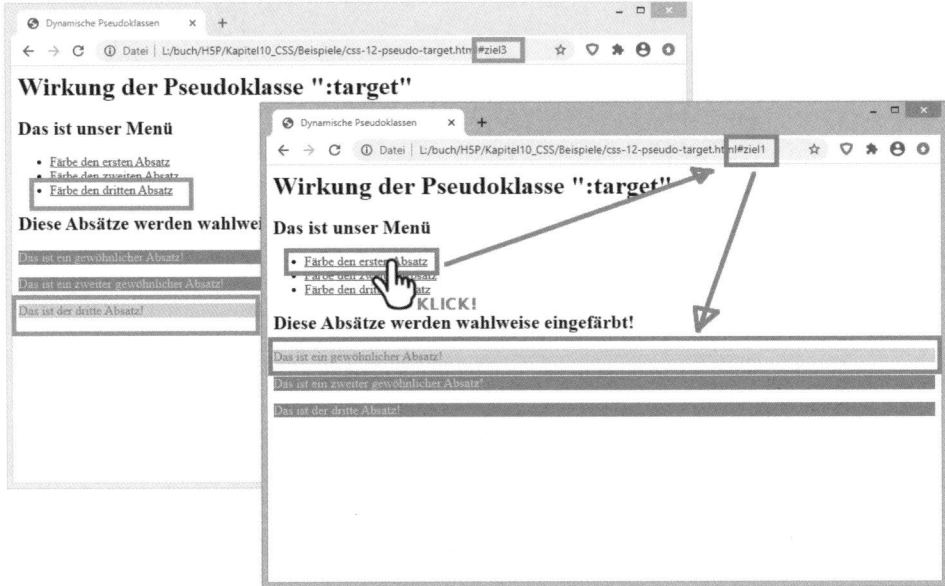

Bild 9.13   Zwei Browserfenster zeigen jeweils einen Menüklick auf einen Hyperlink. Diese sprechen jeweils ein ID-Attribut in den Absatzelementen an. Über die dynamische Pseudoklasse :target erfolgt die Anpassung der CSS-Formate für genau die adressierten Absätze. Die jeweilige ID ist auch in der Adresszeile des Browsers zu finden.

9.2.4 Pseudoelemente

Mithilfe von CSS können Inhalte ergänzend zu den HTML-Elementen quasi „künstlich" erzeugt werden. Dazu dienen die Pseudoklassen *::before* und *::after*. Die Pseudoklasse ::before setzt einen Inhalt vor das eigentliche Element. Der zuvor verwendete HTML-Code wird etwas verändert. Die Absätze werden in allgemeine Container-Elemente <div> eingefasst. Die ID-Attribute werden nun in diese Elemente eingefügt.

Die Liste mit den verschiedenen Hyperlinks wird den folgenden Code nach wie vor ergänzen.

```
<div id="ziel1">
  <p>Absatz 1</p>
```

```
  </div>

  <div id="ziel2">
    <p>Absatz 2</p>
  </div>

  <div id="ziel3">
    <p>Absatz 3</p>
  </div>
```

Völlig anders werden nun jedoch die CSS-Codezeilen gestaltet. Sie stellen zudem ein zusammenfassendes Beispiel für die Kombination von Selektoren dar. So ist der erste Selektor – *div:target* – eine Kombination des Typenselektors auf das Element *<div>* mit der oben beschriebenen dynamischen Pseudoklasse *:taget*. Durch ein Leerzeichen wird eine weitere Kombination, diesmal die eines Typenselektors *p* mit dem Pseudoelement *::after* ergänzt.

Die beiden Selektor-Kombinationen werden miteinander durch das Leerzeichen verbunden. Das Leerzeichen bedeutet, dass es sich bei der Kombination aus p::after um einen Nachfahren des durch einen Link angesprochenen <div>-Elements handelt. Es handelt sich nur um dieses eine Element, das im Menü gewählt wurde!

Der Regelblock beschreibt nun mit der Eigenschaft „content" den Inhalt des dynamisch erzeugten Elements, das dem betreffenden Absatz nachgestellt werden soll. Analog dazu kann ein Pseudoelement einem HTML-Element vorangestellt werden (Pseudoelement *::before*). Das Beispiel definiert einen Inhalt aus zwei Teilen:

- Eine Zeichenkette (hier: nur ein einfaches Leerzeichen, um einen Abstand zum vorangehenden Element zu setzen)
- Eine Bilddatei wird mit der Sequenz *url(pointer-30px.png)* in das Element eingebunden. Der Klammerausdruck enthält den Pfad und den Dateinamen des Bilds. Wenn nur der Dateiname genannt wird, befindet sich das Bild im gleichen Verzeichnis wie die CSS-Datei.

```
div:target p::after {
    content: " " url(pointer-30px.png);
}
```

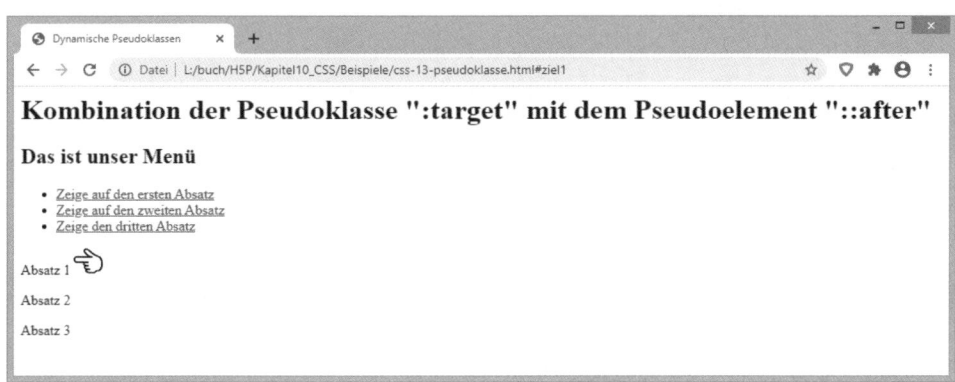

Bild 9.14 Das Pseudoelement – hier der Zeigefinger – ist nicht Teil des HTML-Codes. Dieser Inhalt wird durch einen CSS-Code erzeugt.

■ 9.3 Einfache CSS-Formate

Nachdem verstanden wurde, wie CSS-Formate gezielt auf HTML-Elemente angewendet werden können, sollen einige Formate in Beispielen vorgestellt werden. Ausgewählt wurden:

- Farbformate (Schriftfarbe, Hintergründe),
- Textformate (Schriftart, Schriftgröße, Schriftattribute),
- Element-Eigenschaften,
- Größenformate für Inline- und Blockelemente.

 Erinnerung:

Die nachfolgend beschriebenen Beispiele zeigen einen einfachen HTML-Code, der mit CSS-Formaten optisch umgestaltet wird, welcher in einem <style>-Element innerhalb des <head>-Elements oder in einer externen CSS-Datei definiert ist.   ■

9.3.1 Farben und Hintergründe

Die einfachsten Formate – Schriftfarbe und Hintergründe – wurden bereits in verschiedenen Beispielen vorgestellt. Ein einfaches HTML-Skript soll eine Überschrift <h1> und einen Absatz <p> zeigen:

```
<h1>Überschrift</h2>
<p>Ein einfacher Absatz</p>
```

Wie in einigen Beispielen zuvor bereits zu sehen war, wird die Schriftfarbe mit der Eigenschaft „color" festgelegt. Als Wert wird ein Farbcode zugewiesen. Dieser kann in verschiedenen Formen angegeben werden:

- Farbname (z. B. red, blue, lightblue, white, ...),
- Farbcode in hexadezimaler Schreibweise (z. B. #FF0000 für rot),
- Farbcode in dezimaler Schreibweise (z. B. rgb (255, 0, 0)),
- Farbcode in dezimaler Schreibweise mit „Alphakanal[2]" (z. B. rgba (255, 0, 0, 0.5)).

---

[2] Als Alphakanal wird die Definition einer Farbe mit einem gewissen Toleranzbereich bezeichnet, der aus dem Bild ausgeblendet und durch den das Bild an dieser Stelle durchsichtig, also transparent gesetzt wird. Das Verfahren wird verwendet, um Bildinhalte vor beliebige Hintergründe zu setzen. Das Prinzip ist nicht neu und wird bereits seit Jahrzehnten in der Trickfilmindustrie als „Bluescreen"- oder „Greenscreen"-Technik eingesetzt. Heute ist diese Technologie nicht mehr wegzudenken, doch dies gilt nicht nur für die Herstellung von Spielfilmen und für virtuelle Nachrichtenstudios, sondern auch im Webdesign.

Alle der folgenden CSS-Code-Varianten erzeugen das gleiche Bild:

Schreibweise mit *Farbnamen*:

```css
h1 {
    color: red;
}
```

Hexadezimale Schreibweise:

```css
h1 {
    color: #FF0000;
}
```

Dezimale Schreibweise:

```css
h1 {
    color: rgb(255, 0, 0);
}
```

Alle diese Beispiele bewirken eine rote Schriftfarbe für das Überschriftenelement <h1>. Andere Elemente (z. B. <h2>, … <p> etc.) werden nicht formatiert.

Hinweis:

Die Formatzuweisung, wie sie hier mit einem Typenselektor gezeigt wird, muss nicht zwingend endgültig sein! Spätere Formate gleicher Art können dieses Format wieder „überschreiben". Formate, die mit Klassen- oder ID-Selektoren auf diese Eigenschaft gesetzt wurden, können dies ebenso bewirken. Zudem kann die Direktive „!important", die nach dem Wert und vor dem Abschluss der Regel mit dem Semikolon gesetzt werden darf, die Hierarchie beeinflussen.

Bild 9.15 Die Überschrift kann mit nur einer CSS-Zeile eingefärbt werden. Wird ein Typenselektor verwendet, gilt ein solches Format für alle Elemente des gleichen Typs in der gesamten Webseite.

Die Beispiele zuvor zeigen jeweils einen Farbcode mit drei Parametern für die Farbkanäle Rot, Grün und Blau. Es gibt jedoch auch die Möglichkeit, einen vierten Parameter für den sogenannten *Alphakanal* zu verwenden. Dieser Parameter mit Werten von 0.0 bis 1.0 (dezimal) verursacht eine Transparenz. Dabei steht 1.0 für keine Transparenz, also farblich voll deckend. Der Wert 0.0 ist vollkommene Transparenz. Um dies zu demonstrieren, werden im folgenden Beispiel fünf Absatzelemente mit verschiedenen Klassenattributen geschrieben:

```
<h1 class="p100">Überschrift in Rot (100%)</h1>
<h1 class="p70">Überschrift in Rot (70%)</h1>
<h1 class="p50">Überschrift in Rot (50%)</h1>
<h1 class="p30">Überschrift in Rot (30%)</h1>
<h1 class="p10">Überschrift in Rot (10%)</h1>
```

Im folgenden CSS-Code soll die erste Regel zunächst kommentarlos hingenommen werden. Die mit einem Klassenselektor[3] eingeleiteten Regeln sehen eine dezimale Werte-Definition *rgba(...)* vor. Im ersten Fall (Klasse „p100") wird die volle Farbdeckung programmiert. In der zweiten Regel legt der vierte Parameter im Klammerausdruck (0.7) eine Deckkraft von 70 % fest. Weitere Beispiele reduzieren die Deckkraft bis zur 90 %igen Transparenz. Das Ergebnis zeigt Bild 9.16.

```
h1 {
   background-color: black;
}

.p100 {
   color: rgba(255, 0, 0, 1.0);
}
.p70 {
   color: rgba(255, 0, 0, 0.7);
}
.p50 {
   color: rgba(255, 0, 0, 0.5);
}
.p30 {
   color: rgba(255, 0, 0, 0.3);
}
.p10 {
   color: rgba(255, 0, 0, 0.1);
}
```

---

[3] Klassenselektoren werden mit einem führenden Punkt eingeleitet. Es folgt der Name der im HTML-Attribut „class" definierten Klasse.

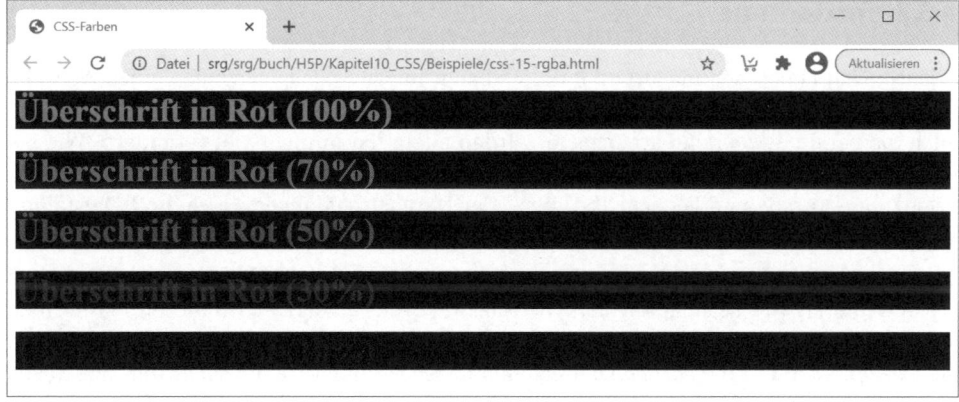

Bild 9.16 Die Schriftfarbe wird auf „Rot" gesetzt. Mithilfe eines vierten Parameters neben den Farbkanälen Rot, Grün und Blau bewirkt ein Alphakanal eine definierte Transparenz bzw. verminderte Deckkraft der Farbe.

Die erste CSS-Regel in diesem Beispiel wurde vorerst zurückgestellt. Es wurde die Eigenschaft „background-color" verwendet. Mithilfe dieser Eigenschaft wird die Hintergrundfarbe festgelegt, was mit den bereits beschriebenen Farbcodes erfolgt.

```
h1 {
   background-color: black;
}
```

Bild 9.16 zeigt die Wirkung. Hier wird der Hintergrund des Überschriftenelements <h1> auf Schwarz festgelegt. In Bild 9.17 wurde das vorangegangene Experiment etwas verändert und rote Hintergründe mit unterschiedlicher Deckkraft definiert.

Zu beachten ist: Wie es der Begriff der Transparenz bereits aussagt, werden von diesem Element überlagerte andere Elemente sichtbar.

```
.p50 {
   background-color: rgba(255, 0, 0, 0.5);
}
```

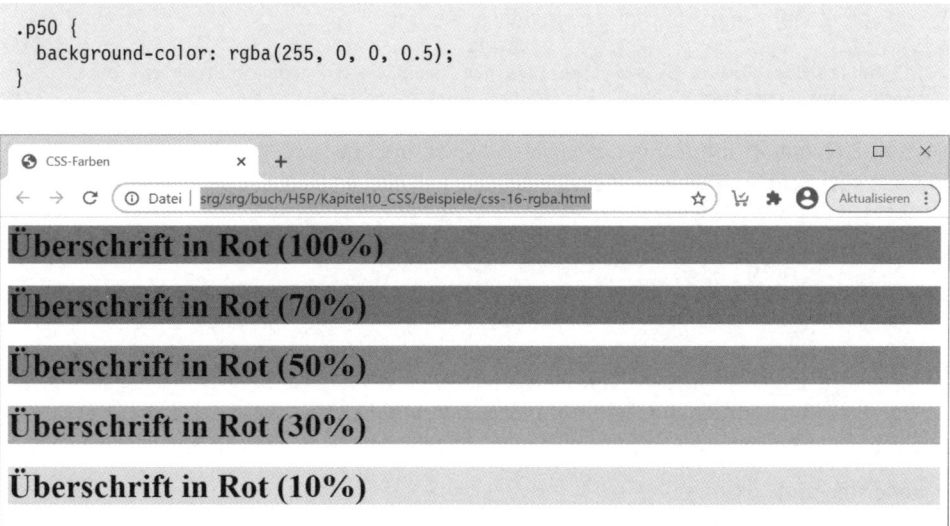

Bild 9.17 Auch Hintergründe können mit teiltransparenten Farben formatiert werden.

9.3.2 Textformate

Wichtig sind neben den modernen multimedialen Informationspotenzialen einer Webseite nach wie vor die reinen Textinhalte. Standard-HTML ist hier ausgesprochen langweilig und auch die bereits gezeigten Farbformate würden allein daran nicht viel verändern. Wie bei einer gewöhnlichen Textverarbeitung wären Texte ohne verschiedene Schriftgrößen, Schriftarten, ohne Kursiv- und Fettschrift, Unter- oder Durchstreichungen, Hoch- und Tiefstellungen – besonders im Bildungsbereich – kaum noch zeitgemäß.

Texthervorhebungen mithilfe von CSS sind unter anderem durch das „style"-Attribut in den HTML-Editoren von Lernplattformen wie Moodle direkt umsetzbar. In diesen Plattformen können Trainerinnen und Trainer natürlich nicht auf zentrale CSS-Formate zugreifen, denn sie würden nicht nur die Formate der eigenen Kurse verändern, sondern grundsätzlich alle Formate im System. Es gäbe ein heilloses Durcheinander.

Direkte Formate in einzelnen Lektionen lassen sich vergleichsweise risikofrei durch „style"-Attribute umsetzen. Im Vergleich zum klassischen Webdesign ist dieser Weg hier durchaus sinnvoll und legitim.

9.3.2.1 Schriftgröße

Die Schriftgröße in einem HTML-Element wird mit der Eigenschaft font-size eingestellt. Die Größenangabe kann dabei in verschiedenen Maßeinheiten erfolgen. Sogenannte relative Einheiten (%) beziehen sich auf das Elternelement, welches als Referenz dient und quasi die 100 % definiert.

Es gibt absolute Einheiten, wie beispielsweise pt (Punkt, Ausdruck auf dem Papier) und px (Bildschirmpunkte), die eine direkte Größendeklaration bezogen auf das jeweilige Darstellungsmedium bewirken. Beliebt sind auch Einheiten, die eine Relation zur Standard-Schriftgröße beschreiben: das *em* (1 em entspricht ungefähr der Größe des Großbuchstaben M) und das *ex* (entspricht der Größe des Kleinbuchstaben x).

Das folgende Beispiel zeigt ein einfaches HTML-Absatzelement innerhalb dessen einige Worte von einem <span>-Container eingefasst werden.

```
<p>Schriftgröße: Dieses Beispiel zeigt einen <span class="gross">Sprung auf eine
große</span> Schrift.</p>
```

Diesem Element wird mithilfe eines Klassenselektors eine CSS-Regel zugewiesen. Sie deklariert eine Schriftgröße von „2 em".

```
.gross {
  font-size: 2em;
}
```

9.3.2.2 Schriftdekorationen

Zu den Schriftdekorationen gehören Unter-, Über- und Durchstreichungen:

- overline,
- underline und
- line-through.

Es können dabei verschiedene Linienarten definiert werden. Die Festlegung erfolgt mit der Eigenschaft *text-decoration*.

Wird eine solche Schriftdekoration festgelegt, so ist der Standard eine einfache durchgezogene Linie. Alternativ gibt es aber auch folgende Linienarten:

- dashed: gestrichelte Linie
- dotted: gepunktete Linie
- double: doppelte Linie (parallele durchgezogene Linien)
- inherit: Es wird die Linieneigenschaft vom Elternelement geerbt.
- initial: Es wird das Standardformat gesetzt.
- solid: durchgezogene Linie
- wavy: Linie in Wellenform

Im folgenden Beispiel soll eine Überschrift einen doppelt durchgestrichenen Teil enthalten:

```
<h1>Morgens geht die Sonne <span class="deco">unter</span> auf!</h1>
```

Auch hier wird der betreffende Teil des Texts durch ein <span>-Element eingerahmt, dem eine Klasse zur eindeutigen Adressierung zugewiesen wird. Auf dieses Element wirkt der folgende CSS-Code, der eine Durchstreichung der falschen Aussage mit einer Doppellinie erzeugt.

```
.deco {
  text-decoration: line-through double;
  }
```

9.3.2.3 Weitere Schriftattribute

HTML kennt spezielle Elemente, um Textteile zu betonen. Das sind beispielsweise <u> (underline), <i> (italic, Kursivschrift) und <b> (bold, Fettschrift). Alle diese HTML-Elemente sind zwar gültig, werden jedoch in der Regel durch CSS-Formate abgelöst.

Tabelle 9.1 CSS-Schriftattribute

Bedeutung	HTML-Element	CSS-Regel
Fettschrift (bold)	<b>	font-weight: bold;
Kursivschrift (italic)	<i>	font-style: italic;
Unterstrichen (underline)	<u>	text-decoration: underline;

Darüber hinaus kennt HTML die Elemente <sup> (superscript, hochgestellt) und <sub> (subscript, tiefgestellt). Hier ist es meist einfacher, die HTML-Elemente zu verwenden, weil ein vergleichbares CSS-Format sehr aufwendig zu gestalten ist.

9.3.2.4 Text-Transformationen

Mithilfe von CSS können Texte in reine Groß- oder Kleinbuchstaben gewandelt werden. Eine elegante Form der Texthervorhebung bieten *Kapitälchen*. Hierbei handelt es sich um eine Großbuchstabenschreibweise des ersten Buchstaben eines jeden Worts. Diese Text-Umwandlungen werden mit der Eigenschaft *text-transform* vollzogen.

Bedeutung	CSS-Regel
Wandeln in Kleinbuchstaben	text-transform: lowercase;
Wandeln in Großbuchstaben	text-transform: uppercase;
Kapitälchen	text-transform: capitalize;

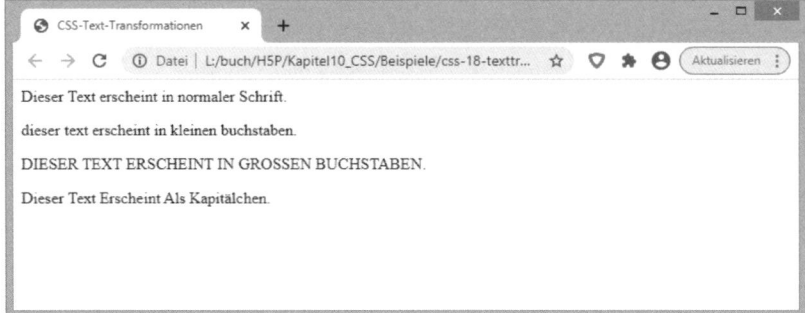

Bild 9.18 Verschiedene Arten der Text-Transformation (Eigenschaft „text-transform") erzeugen aus regulär gemischt geschriebenen Text (Groß- und Kleinbuchstaben) bestimmte Erscheinungsbilder.

9.3.2.5 Schattierung

Wer einmal mit Kohle etwas gezeichnet und mit dem Finger über sein Werk gestrichen hat, kennt die interessanten Schattierungseffekte, die auf diese Weise entstehen können. CSS bietet Ähnliches, um HTML-Schriften mit einem Schatten zu versehen: Mit der Eigenschaft *text-shadow* werden zunächst die Abweichungen in Bildpunkten in waagerechter und senkrechter Richtung benannt.

Der Grad der „Verwischung" (Blur) wird mit dem dritten Parameter festgelegt. Je größer dieser Welt ist, desto diffuser wird der Schatten. Auch die Farbe der Schattierung kann mit den bereits bekannten Farbcodes festgelegt werden. Das Beispiel zeigt die Schattierung einer Standardschrift für das Überschriftenelement <h1>.

```
h1 {
   text-shadow: 2px 2px 6px #222222;
}
```

Bild 9.19 Schattierungen bieten eine attraktive Möglichkeit zur Hervorhebung von Textstellen.

9.3.2.6 Schriftart

Ähnlich einer modernen Textverarbeitung können auch Webseiten mit verschiedenen Schriftarten gestaltet werde. Es gibt hierzu jedoch einiges zu berücksichtigen:

- Nur Standard-Schriftarten gewährleisten die Darstellung der Texte in der beabsichtigten Weise.
- Bei speziellen Schriftarten sollten Alternativen festgelegt werden.
- Externe, fremde Schriftarten können mit der Webseite auf den Browser geladen und genutzt werden (Achtung: Urheberrecht ist zu beachten!)
- Schriftarten können von einem externen Server geladen werden (Achtung: Datenschutzbestimmungen sind zu beachten!)

Quellen von Webfonts

Die Suche nach Webfonts führt in der Regel sehr schnell zum Ziel, wobei nicht verwunderlich ist, dass Google-Fonts in der namensgleichen Suchmaschine weit oben gelistet werden. Ein umfassendes Portfolio bietet auch Adobe. Zahlreiche Anbieter von Internet-Diensten eröffnen ihren Kundinnen und Kunden ebenfalls Zugriff auf nutzbare Schriften für Webseiten.

Eine Schrift wird nach dem folgenden Muster in den CSS-Code eingebunden. Befindet sich die Font-Datei auf dem eigenen Webserver und im gleichen Verzeichnis wie die Formatdatei, genügt als Klammerausdruck im url-Wert der Dateiname.

Font-Dateien werden heute meist im Format .woff verwendet. Zudem existieren die Formate .woff2, .ttf und .otf. Es ist zu beachten, dass besonders ältere Webbrowser nicht mit allen Formaten arbeiten können. Besuchern der Seite sollte heute – allein aus Gründen der eigenen Sicherheit im Netz – das Upgrade auf einen modernen Webbrowser empfohlen werden.

```
@font-face {
  font-family: spezialschrift;
  src: url(pfad.schriftart.woff);
}
```

Rechtsfragen bei der Verwendung externer Schriften

Schriftarten – Fonts – sind möglicherweise geistiges Eigentum anderer und doch sind sie im Internet meist frei zugänglich. Ihre Nutzung ist zwar durchaus meist legal möglich, jedoch ist einiges dabei zu beachten:

- Das Mitliefern von Fonts über den eigenen Webserver setzt die entsprechende Nutzungslizenz voraus. Im Idealfall handelt es sich um eine Public-Domain- oder Creative Common-Licence. Werden kommerzielle Fonts verwendet, müssen die Nutzungsrechte eingekauft werden. Es gilt das *Urheberrecht*.

■ Die Verlinkung auf externe Fonts ist grundsätzlich möglich, jedoch muss berücksichtigt werden, dass damit zwischen dem Webbrowser des Betrachters und dem Server des Lieferanten eine Kommunikation stattfindet, die eine Übertragung von Cookies rechtfertigt. Cookies werden heute überwiegend zur Analyse des Surfverhaltens (Tracking-Cookies) eingesetzt. Das ist im Sinne der *Datenschutzgrundverordnung* (DSGVO) nicht verboten, jedoch muss auf diesen Fakt in der *Datenschutzerklärung* hingewiesen werden. ■

Die Zuweisung eines Fonts zu einem Element erfolgt mit der Eigenschaft font-family. Dieser Eigenschaft können mehrere Schriftarten übergeben werden, die einer gemeinsamen Familie zuzuordnen sind. Die zwei allgemeinsten Schriftfamilien werden durch ihre Form definiert:

■ Serifenschriften: Die Schriften zeichnen sich durch kleine Verzierungen aus.

■ Serifenlose Schriften: Schriften mit klaren Strukturen.

```
p {
  font-family: "Times New Roman", Times, serif;
}
```

ABCDEF

Serifenlose Schrift, hier: Arial

ABCDEF

Serifenbehaftete Schrift, hier: Times New Roman

Bild 9.20 Unterschied: Serifen- und serifenlose Schriften

9.3.3 Boxmodell

CSS betrachtet jedes Element wie den Inhalt einer Kiste. Dieser Inhalt hat eine bestimmte Größe. Zwischen dem eigentlichen Element in der „Kiste" und der Wand der Kiste besteht ein Abstand. Dieser ist im Minimalfall Null, jedoch in der Definition zu berücksichtigen. Natürlich hat eine solche Kiste auch eine Wandstärke. In das Regal gestellt, neben anderen Kisten, besteht zwischen diesen Kisten ein Abstand, der Außenabstand (margin).

Ein an dieses Beispiel angelehntes Modell wird im CSS als das *Boxmodell* bezeichnet. Man kann sich die entsprechenden CSS-Eigenschaften im übertragenen Sinn vorstellen:

■ *width:* die Breite des Elements als solches,

■ *height:* die Höhe des Elements als solches,

- *padding:* Innenabstand zwischen dem Element und der Umrahmung,
- *border:* Wandstärke der Umrahmung,
- *margin:* Außenabstand.

Diese Begriffe sind – so einfach sie auf dem ersten Blick erscheinen – erklärungsbedürftig.

 Hinweis

Es gibt eine Reihe spezieller CSS-Eigenschaften für den Innen- und Außenabstand sowie für die Umrahmung. In diesem Exkurs sollen lediglich die elementaren Eigenschaften erläutert werden.

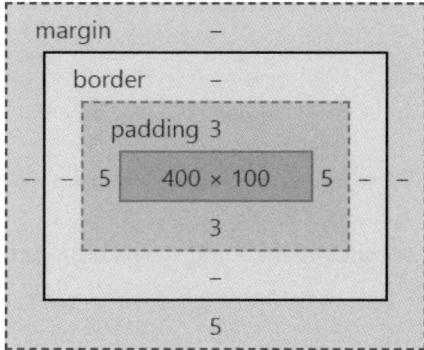

Bild 9.21 Die Größen- und Abstände eines HTML-Elements werden mit dem CSS-Boxmodell beschrieben und festgelegt.

9.3.3.1 Elementgrößen

Die Eigenschaften *width* (Breite) und *height* (Höhe) scheinen eindeutige Größen zu sein, doch hier beginnen bereits die Definitionsprobleme. Diese beiden Eigenschaften lassen sich nur für sogenannte Blockelemente festlegen (vgl. Abschnitt 9.3.3.5). Dagegen sind Inline-Elemente in ihren Dimensionen von deren Inhalt abhängig. Die Höhe eines Inline-Elements kann mit der Eigenschaft *line-height* beeinflusst werden.

Bild 9.21 zeigt ein Element mit der Breite (width) = 400 px und der Höhe (height) = 100 px. Es ist das innere Feld des Bilds. Die äußeren Bereiche sind nicht maßstäblich.

9.3.3.2 Innenabstand (Padding)

Der Innenabstand *padding* greift bei allen Elementypen, sowohl bei Inline- als auch bei Block-Elementen. Dieser Wert beschreibt den Abstand der Elementgrenzen zur Umrahmung. Dieser Wert ist unabhängig davon, ob tatsächlich eine Umrahmung gesetzt wird oder nicht (Rahmendicke = Null).

Die Innenabstände können für jede Richtung (oben, rechts, unten und links) individuell festgelegt werden. Es werden also bis zu vier Parameter im Wert übergeben. Auch weniger Werte sind möglich. Bei der Zuweisung von ein bis drei Werten werden genau definierte Seiten formatiert.

Tabelle 9.2 Padding- und Margin-Deklarationen mit unterschiedlichen Parameteranzahlen

Parameterzahl	Oben (top)	Rechts (right)	Unten (bottom)	Links (left)
Ein Wert	Erster Wert	Erster Wert	Erster Wert	Erster Wert
Zwei Werte	Erster Wert	Zweiter Wert	Erster Wert	Zweiter Wert
Drei Werte	Erster Wert	Zweiter Wert	Dritter Wert	Zweiter Wert
Vier Werte	Erster Wert	Zweiter Wert	Dritter Wert	Vierter Wert

Um die Innenabstände (Padding) eines Elements so zu formatieren, wie es Bild 9.21 zeigt, gibt es die folgenden Möglichkeiten:

```
padding: 3px 5px;
```

Das gleiche Ergebnis wird erzielt mit der Regel:

```
padding: 3px 5px 3px;
```

Oder es werden alle vier Parameter verwendet, um jede Seite direkt zu deklarieren:

```
padding: 3px 5px 3px 5px;
```

 Leerzeichen als Trennzeichen – nicht zwischen Betrag und Einheit!

Die einzelnen Parameter werden der Eigenschaft durch Leerzeichen getrennt übergeben. Es wird kein Komma oder ähnliches verwendet! Zwischen dem Betrag und der Einheit des Werts darf deswegen *kein* Leerzeichen geschrieben werden!

9.3.3.3 Rahmen und Begrenzungen (Border)

Umrahmungen werden mit der Eigenschaft *border* deklariert. Dieser Eigenschaft können verschiedene Werte übergeben werden:

- Dicke der Linie
- Art der Linie
- Farbe der Linie

In einem Beispiel soll einem Element eine durchgezogene schwarze Rahmenlinie mit einer Breite von 5 px zugewiesen werden:

```
border: 5px solid black;
```

Es gibt verschiedene Linienarten, die auf diese Weise vorgegeben werden können:

- solid
- dotted
- dashed
- double

- groove
- ridge
- inset
- outset
- none

Die Farbcodes werden wie bereits beschrieben deklariert.

Es gibt die Möglichkeit, gezielt Rahmenlinien für die einzelnen Seiten festzulegen:

- border-top – obere Rahmenlinie
- border-right – rechte Rahmenlinie
- border-bottom – untere Rahmenlinie
- border-left – linke Rahmenlinie.

Mit der Eigenschaft border-radius ist es möglich, Ecken eines Elements abzurunden. Wie stark sich die Rundung zeigt, wird mit deren Radius festgelegt. Es können alle vier Ecken des Elements mit einer Eigenschaft, jedoch mit individuellen Radien formatiert werden. Für die Zuweisung werden die gleichen Regeln zugrunde gelegt, wie sie Tabelle 9.2 für die Deklarationen der Innen- und Außenabstände zeigt. Allerdings beginnt die Zählweise an der oberen linken Ecke und setzt sich im Uhrzeigersinn fort.

```
border-radius: 10px 20px 10px 15px;
```

 Kreisförmige und ovale Elemente

Schaltflächen, wie sie in einem Menü verwendet werden, können mit einfachen CSS-Formaten erzeugt werden. Um eine runde Schaltfläche zu schaffen, genügt es, ein Blockelement mit gleicher Höhe und Breite zu definieren und alle Radien der Ecken auf die halbe Kantenlänge zu setzen:

```
width: 400px;
height: 400px;
border-radius: 200px;
```

9.3.3.4 Außenabstände (margin)

Außerhalb der Umrahmung wird mit dem Außenabstand die Distanz zum benachbarten Element bestimmt. Während der Innenabstand sehr eindeutig zu bemessen ist, (vom Element zum Rahmen) muss beim Außenabstand berücksichtigt werden, dass hier zum benachbarten Element der jeweils größte Wert gilt.

Beim Außenabstand (margin) gilt es zudem eine Einschränkung zu berücksichtigen: Einem mit der *display*-Eigenschaft als „table-cell" formatierten Element kann kein Außenabstand zugewiesen werden. Es muss sich hierbei nicht einmal zwingend um eine echte Tabelle handeln, denn ein als „table-cell" deklariertes Element bietet die problemlose Möglichkeit, Text auch vertikal zu zentrieren.

```
<header>
  <h1>Überschrift h1 im Seitenkopf</h1>
</header>
```

Dem <header>-Element im folgenden Beispiel wird nun unter Beachtung der vorangegangenen Abschnitte eine Breite von 400 px und eine Höhe von 100 px zugewiesen. Der endgültige Flächenbedarf ergibt sich nun zusätzlich aus den Innen- und Außenabständen sowie aus der Breite der Umrahmung.

Das <header>-Element hat damit eine effektive Breite, die sich wie folgt zusammensetzt:

■ Breite des Elements: 400 px,

■ Innenabstand (padding, links und rechts): zweimal 5 px = 10 px,

■ Umrahmung (border, links und rechts): zweimal 5 px = 10 px,

■ Außenabstand (margin, links und rechts) zweimal 20 px = 40 px.

Das Element belegt also in der Seite eine Gesamtbreite von 460 px. Für die Berechnung der gesamten Höhe gilt Entsprechendes.

```
header {
  width: 400px;
  height: 100px;
  padding: 3px 5px;
  margin: 15px 20px;
  background-color: grey;
  border: 5px solid black;
}
```

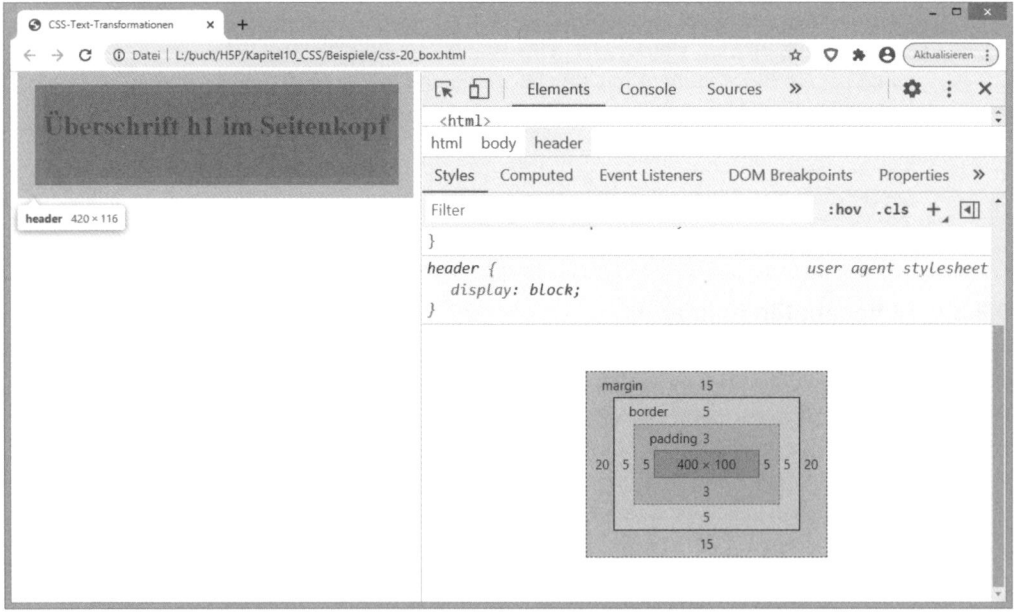

Bild 9.22 Ein häufiger Einsteiger-Planungsfehler im Webdesign ist es, nur die eigentliche Breite eines Elements bei der Platzierung zu berücksichtigen. Es müssen aber auch Innen- und Außenabstände sowie Umrahmungen beachtet werden.

9.3.3.5 Inline-, Block- und Inline-Block-Elemente

In den vorangegangenen Abschnitten wurden Begriffe wie *Inline-* und *Block-Element* verwendet. Diese verhalten sich insbesondere bei der Formatierung mit CSS sehr unterschiedlich in der Seite.

Ein Inline-Element integriert sich direkt in den Textfluss. Es gibt weder zu Beginn noch am Ende des Elements einen Umbruch. Zu den Inline-Elementen gehören das Container-Element <span> sowie das Element zum Einfügen eines Bilds <img>. Grundsätzlich kann nahezu jedes Element als Inline-Element deklariert werden. Dies wird in CSS mit der Eigenschaft „display" vorgenommen:

```
display: inline;
```

Block-Elemente können mit einer definierten Höhe und Breite formatiert werden. Sie sehen grundsätzlich Umbrüche vor und integrieren sich also nicht wie Buchstaben in den Textfluss. Das folgende Beispiel demonstriert den Unterschied. Es zeigt zunächst zwei nahezu identische Absatzelemente, die jeweils einen <span>-Container enthalten, welche durch eine Klasse gekennzeichnet sind.

```
<p>In diesem Absatz befindet sich ein <span class="inline">Container-Element</span>,
welches als "Inline-Element" deklariert wurde.</p>
<p>In diesem Absatz befindet sich ein <span class="block">Container-Element</span>,
welches als "Block-Element" deklariert wurde.</p>
```

Über die Klassen werden den beiden <span>-Containern fast identische CSS-Regeln zugewiesen. Der einzige Unterschied ist die Werte-Zuweisung der Eigenschaft *display*. Obwohl die restlichen Regeln der Blöcke identisch sind, werden nicht alle Regeln tatsächlich umgesetzt.

Der erste Block wird mit der Deklaration „*display: inline;*" eingeleitet. Diese Zeile wäre eigentlich überflüssig, weil das Element <span> per se ein *Inline-Element* ist. Die Zeile dient lediglich der Veranschaulichung.

Darüber hinaus sind *Höhen- und Breiten-Deklarationen in einem Inline-Element nicht wirksam.* Der obere Teil von Bild 9.23 zeigt das Ergebnis: Der Container bleibt im Textfluss bestehen, wird jedoch mit einem grauen Hintergrund und einer schwarzen Umrahmung dargestellt.

```
.inline {
    display: inline;
    width: 400px;
    height: 100px;
    background-color: lightgrey;
    border: 2px solid black;
}
```

Der zweite Regelblock formatiert das <span>-Element mit dem Klassenattribut „block" neu als Block-Element. Die übrigen Regeln bleiben unverändert. Bei einem Block-Element werden Umbrüche eingefügt, sodass der – hier als Block formatierte – <span>-Container in einer eigenen Zeile erscheint. Zudem greifen nun die Höhen- und Breitenformate. Das Ergebnis zeigt der untere Teil von Bild 9.23.

```
.block {
  display: block;
  width: 400px;
  height: 100px;
  background-color: lightgrey;
  border: 2px solid black;
}
```

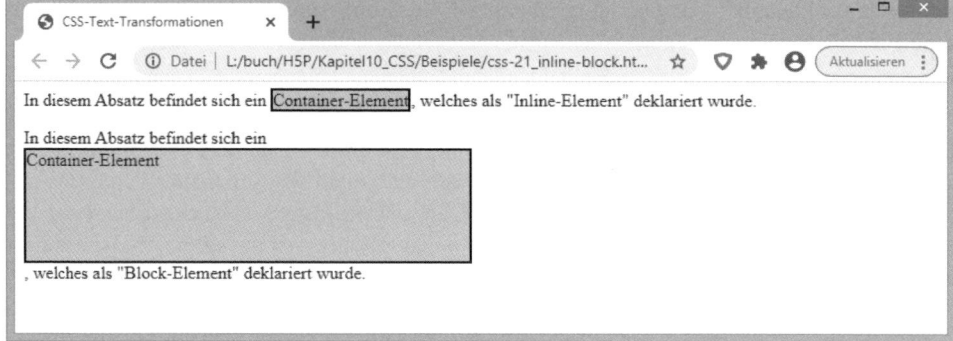

Bild 9.23 Zwei nahezu identische Absätze enthalten jeweils einen Text in einem <span>-Container. Im oberen Absatz ist dieser als ein Inline-, im unteren Element als ein Block-Element formatiert worden.

Es seien weitere Formate für das Wirken eines Elements im Layout erwähnt:

- *display: inline-block;* – das Element wirkt nach außen wie ein gewöhnliches Inline-Element. Im Inneren kann es wie ein Block formatiert werden.

- *display: table-cell;* – das Element wirkt wie eine einzelne Zelle einer Tabelle. Es ist nicht möglich, einen Außenabstand (margin) zuzuweisen. Dafür können Texte auch vertikal zentriert werden.

■ 9.4 Wichtige CSS-Eigenschaften

9.4.1 Eigenschaft „float"

Die Eigenschaft „float" bestimmt, wie ein Element den übrigen Inhalt „umfließen" wird. Die Werte dieser Eigenschaft (left, right, none) werden oft missverstanden. Vier Beispiele, die alle auf einem identischen HTML-Code basieren, sollen die Möglichkeiten des Umfließens verdeutlichen:

```
<p>… Lorem ipsum dolor sit amet, consetetur sadipscing elitr, sed diam nonumy eirmod
tempor invidunt ut labore et dolore magna aliquyam erat, sed diam voluptua. At vero
eos et accusam et justo duo dolores et ea rebum. Stet clita kasd gubergren, no sea
takimata sanctus est Lorem ipsum dolor sit amet.</p>
<p><img src="flippi.png"/>Duis autem vel eum iriure dolor in hendrerit in vulputate
velit esse molestie consequat, … .</p>
<p>Ut wisi enim ad … .</p>
```

Insgesamt besteht der – hier gekürzte – HTML-Code aus vier Absatzelementen. Zu Beginn des zweiten Absatzes wird ein <img>-Element eingefügt. Das Bild ist also Bestandteil des Absatzes. Wie bereits ausgeführt, ist ein Bild ein Inline-Element. Das bedeutet, dass das Bild wie ein Textzeichen im Fluss des Absatzes mitgleitet. Die „Zeilenhöhe" wird allerdings durch ein großes Bild deutlich beeinflusst.

Das erste Bild zeigt das Ergebnis des HTML-Codes ohne CSS-Format bzw. mit dem CSS-Format

```
float: none;
```

Das Bild ist Teil der Absatzzeile mit gleicher Schriftlinie. Lediglich die erste Zeile des Absatzes wird direkt rechts neben das Bild geschrieben. Nach oben ist die Zeile – bedingt durch die Höhe des Bildes sehr groß.

 Lorem Ipsum

Der vollkommen sinnbefreite Text entspricht in seiner Zusammenstellung statistisch einem durchschnittlichen Text in deutscher Sprache. Von Printmedien wird dieser *Dummy-Text* zur Kalkulation von Textmengen verwendet. Im Webdesign eignet sich dieser Text zur Illustration von Formaten in einem simulierten Projekt. Es gibt verschiedene kostenlos nutzbare „Lorem Ipsum"-Generatoren im Internet.

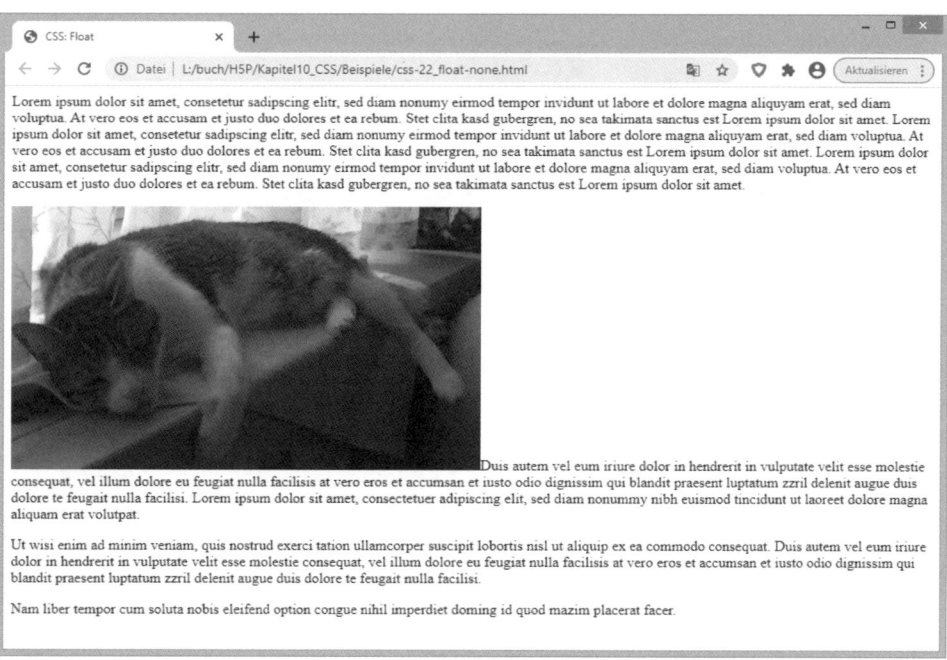

Bild 9.24 Ein in den Absatz eingefügtes Foto wirkt wie ein überdimensionales „Textzeichen". Ein Umbruch erfolgt nicht.

In einem weiteren Beispiel soll die Eigenschaft „float" verwendet werden. Mit der CSS-Regel

```
img {
  float: left;
}
```

wird festgelegt, dass das Bild – bzw. das betreffende Element – auf der linken Seite den weiteren Inhalt umfließt.

 Bedeutung von „float"

Der der Eigenschaft „float" zugewiesene Wert gibt an, auf welcher Seite das Element den restlichen Inhalt umfließt. Achtung: Ein häufiger Denkfehler ist die Annahme, dass der folgende Inhalt das Element auf der gesamten Seite umfließt. Das ist falsch.

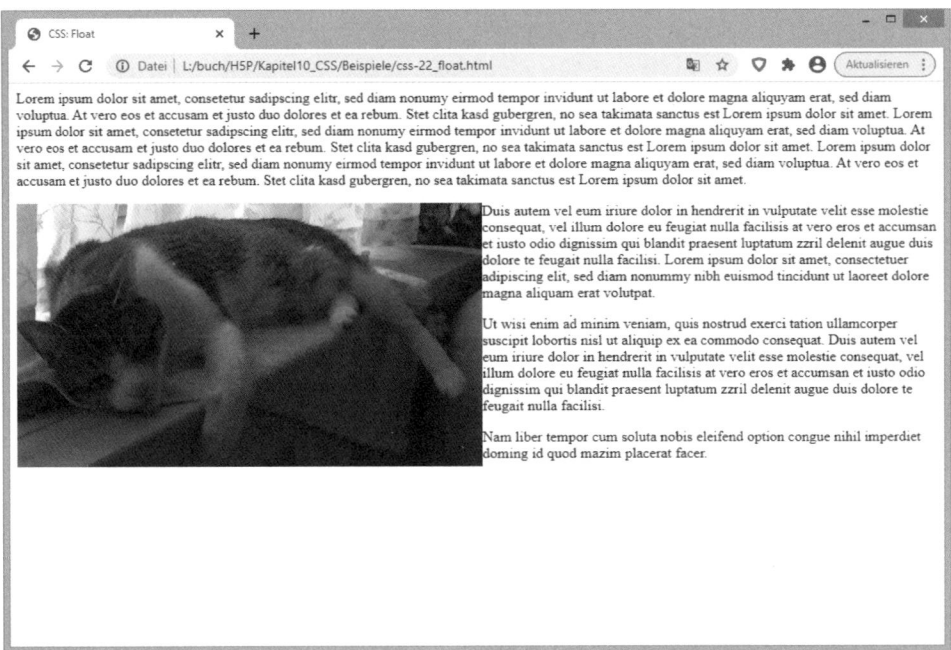

Bild 9.25 Die CSS-Regel „float: left;", welche auf das <img>-Element angewendet wird, zwingt das Bild dazu, den nachfolgenden Inhalt auf der linken Seite zu „umfließen". Der im vorherigen Bild durch die gestörte Zeilenhöhe frei gebliebene Platz wird gefüllt.

Es ist natürlich auch möglich, das Bild rechts neben dem folgenden Inhalt zu platzieren. Dazu wird der CSS-Code entsprechend formuliert:

```
img {
  float: right;
}
```

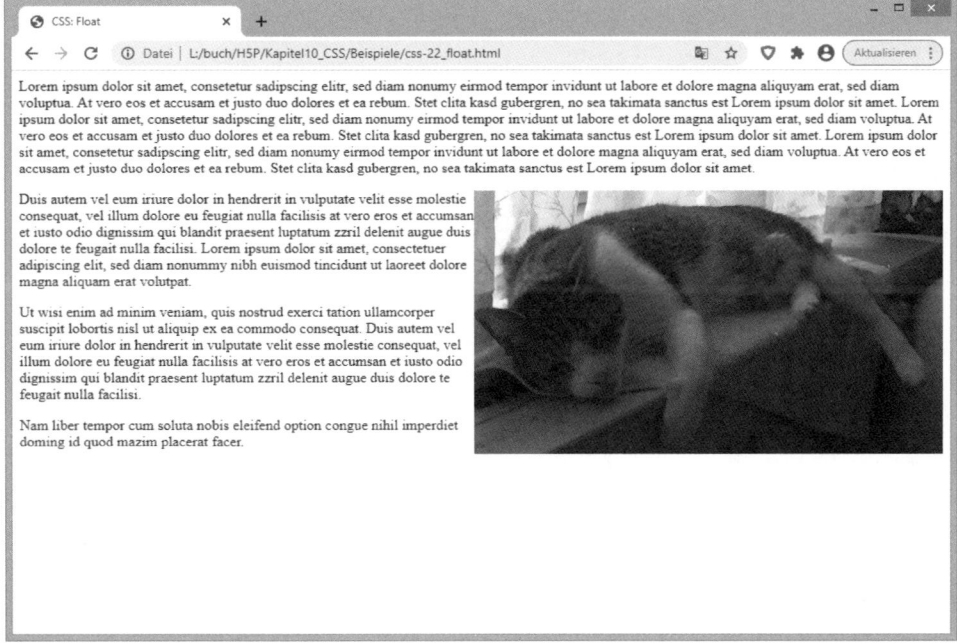

Bild 9.26 Mit der CSS-Regel „float: right;" „umfließt" das Bild den folgenden Text auf der rechten Seite.

In beiden Beispielen fällt auf, dass nicht nur der Absatz vom Bild umflossen ist, in dem dieses selbst Bestandteil ist, sondern dass sich das „Floaten" allgemein auf die folgenden Inhalte fortsetzt. Das ist nicht immer erwünscht. Insbesondere dann, wenn das Floaten zur Gestaltung der Seitenstruktur verwendet werden soll, ist es wichtig, den Umfluss auch zu stoppen. Das ist beispielsweise mit der Eigenschaft *clear* möglich. Diese kann folgende Werte annehmen: „left", „right" und „both".

Das gezeigte Beispiel wird um eine „clear"-Eigenschaft ergänzt, die auf das Absatzelement <p> wirkt.

```
img {
float: left;
}
p {
  clear: both;
  }
```

Zu beachten ist: Das <img>-Element ist Inhalt eines Absatzelements. Der ebenfalls in diesem Absatz enthaltene Text wird tatsächlich vom Bild umflossen. Alle übrigens Absätze werden dagegen nicht umflossen. Dies bewirkt die CSS-Regel „clear: both;", die auf Absatzelemente angewendet wird.

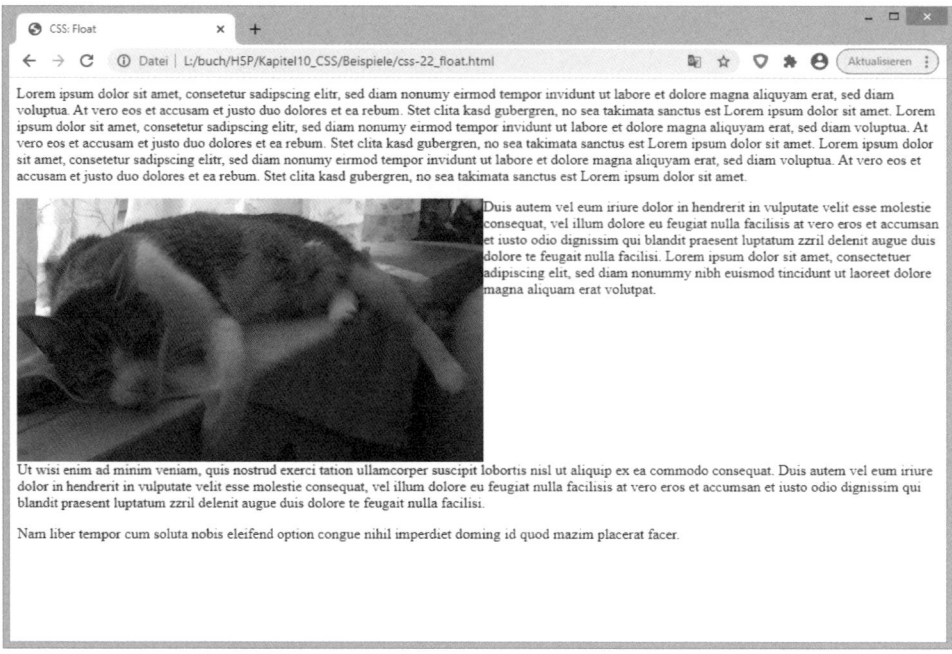

Bild 9.27 Nur ein Absatztext wird vom Bild umflossen. Das liegt daran, dass das Bild selbst Teil des Absatzes ist. Ansonsten werden alle Absätze durch die Regel „clear: both;" vom Umfließen ausgeschlossen.

9.4.2 Eigenschaft „position"

Mit der Eigenschaft „position" kann auf die Platzierung von Elementen direkter Einfluss genommen werden. Es gibt für die Eigenschaft „position" fünf Werte:

- absolute
- fixed
- relative
- static
- sticky

Von diesen Werten sollen zwei in diesem Exkurs beispielhaft erläutert werden: absolute und relative.

9.4.2.1 position: absolute

Bei einer absoluten Positionierung kann ein Element an einem nahezu beliebigen Ort angeordnet werden. Es gibt allerdings zu beachten, dass die Definition der Nullkoordinate nicht unbedingt der Nullpunkt (x, y) des Bildschirms ist. Die Nullkoordinate wird grundsätzlich durch das zuletzt mit einer position-Eigenschaft formatierte Vorfahrenelement bestimmt. Dies veranschaulichen die beiden Beispiele im Anschluss. Sie basieren auf dem folgenden HTML-Code (hier als Auszug):

Der Code zeigt einen HTML-Absatz, in dem eine Bilddatei mit einem <img>-Element einge-fügt wird. Zur optischen Veranschaulichung werden die Absätze mit einer Umrahmung[4] hervorgehoben.

```
<p>Dies ist ein einfacher Text innerhalb eines Absatz-Elementes.
<img src="finchen.png">
In diesen Absatz ist ein Bild (eine Katze) eingefügt. Ohne weiteres Zutun erscheint
das Bild wie erwartet innerhalb der Absatzzeile.</p>
```

Das erste Bild zeigt die Situation ohne eine „position"-Formatierung. Das Bild mit der Katze fügt sich nahtlos auf der Grundlinie in den Schriftfluss ein und vergrößert nach oben die „Zeilenhöhe". Nach dem Bild wird der Text – wie im HTML-Absatz programmiert – fort-gesetzt.

Bild 9.28 Ein <img>-Element ist ein Inline-Element. Das Bild fügt sich in den Text ein wie ein gewöhnlicher Buchstabe, nur eben mit wesentlich größerer „Zeilenhöhe".

Nun soll auf das Bildelement ein CSS-Format mit absoluter Positionierung angewendet wer-den. Zudem gibt es zwei weitere Eigenschaften, mit denen die Positionierungskoordinaten deklariert werden: „left" und „top". Auch die Eigenschaften „right" und „bottom" sind defi-niert, werden hier jedoch nicht verwendet.

```
img {
  position: absolute;
  left: 100px;
  top: 0px;
}
```

---

[4] Wie eine Umrahmung erzeugt wird, erklärt Abschnitt 10.3.3.3.

Dieser CSS-Code bewirkt, dass das Bild vom linken Rand um 100 px nach rechts verschoben wird. Der Abstand von oben wird mit 0 px festgelegt. Das Bild erscheint nun an einer völlig anderen Stelle im Bild und zwar genau am oberen Bildrand (um 100 Pixel nach rechts eingerückt).

Bild 9.29 Mit der im Beispiel deklarierten absoluten Positionierung wandert das Bild direkt an den oberen Bildschirmrand.

Möglicherweise ist es jedoch nicht gewünscht, das Bild zu platzieren, wie es Bild 9.29 zeigt, sondern es soll an dem Nullpunkt des Absatzes ausgerichtet werden, in dem sich das Bild befindet. Der bereits bestehende CSS-Code muss in diesem Fall um eine weitere Regel erweitert werden:

```
p {
  position: relative;
}
```

Im Beispiel zuvor wurde noch keine Positionierung deklariert, bevor das Bild formatiert wurde. Deswegen erfolgte die Ausrichtung an den Nullkoordinaten des Wurzelelements (<html>). Die Positionierung des p-Elements – hier ohne nähere Koordinatenangaben – verlegt den Koordinatennullpunkt für die Nachfahrenelemente auf den Nullpunkt des Absatzes.

 Veränderung der Nullkoordinate

Wird eine Positionierung in einem Container deklariert, so bildet dieses Container-Element für dessen Nachfahren die Nullkoordinate bei einer weiteren Positionierung.

Der CSS-Code für das Element <img> bleibt unverändert. Durch die Formatierung des <p>-Elements verschiebt sich jedoch das Bild und wird an dem oberen linken Punkt des Absatzes ausgerichtet. Auch hier gilt wieder, dass das Bild von oben um 0px und von links um 100px verschoben wird. Dies passiert nur nicht mehr vom oberen Rand des Browserfensters.

Bild 9.30 Auch hier erfolgte eine absolute Positionierung. Die Referenz stellen nun jedoch die Grenzen des Absatzelements dar.

9.4.2.2 position: relative

Die relative Positionierung bezieht sich auf den eigentlichen Ort, wo das Element ohne weitere Formatierung erscheinen würde. Für das Verständnis der folgenden Beispiele sei noch einmal Bild 9.28 betrachtet. Es zeigt, wie sich das Bild normalerweise in den Fluss der Seite integriert.

Für das <img>-Element sei nun der CSS-Code leicht abgewandelt: Der Eigenschaft „position" wird statt „absolute" nun der Wert „relative" zugewiesen. Die Formatierung des <p>-Elements ist für die folgenden Beispiele nicht nötig.

```
img {
  position: relative;
  left: 100px;
  top: 0px;
}
```

 Nullpunkt der relativen Positionierung

Bei der relativen Positionierung ist die Nullkoordinate des Elements grundsätzlich der Punkt, an dem das Element ohne Formatierung regulär erscheinen würde.

Bild 9.31 Im Beispiel wurde das Bild um 100 px (relativ zur eigentlichen Position) nach rechts verschoben.

Die Verschiebung kann in jede beliebige Richtung erfolgen. Es ist auch möglich, negative Werte einzustellen, wodurch die Verschiebung entgegen der Vorgabe erscheint. Es fällt grundsätzlich bei der relativen Positionierung auf, dass der für das Element vorgesehene Platz in der Seite frei bleibt. Dies sollte nicht vergessen werden.

Bild 9.32 In diesem Beispiel wurde das Bild nicht nur um 100 px nach rechts, sondern auch um 100 px nach unten verschoben. Der ursprünglich für das Bild an der regulären Stelle reservierte Platz bleibt unbelegt. Das gilt auch bezogen auf die Zeilenhöhe in diesem Beispiel.

9.4.3 Eigenschaft „display"

Die CSS-Eigenschaft „display" gehört zu den mächtigsten und wichtigsten Eigenschaften insgesamt. Diese Eigenschaft wurde bereits in einigen Beispielen dieses Kapitels verwendet (z. B. Abschnitt 9.3.3.5). Tatsächlich ist die häufigste Verwendung der Eigenschaft „display" die Umdeklaration von Inline- in Block-Elemente und umgekehrt. Das passiert – wie gesehen – mit diesen Regeln:

- display: inline; /* Deklaration eines Elements als „Inline"-Element */
- display: block; /* Deklaration eines Elements als „Block"-Element */

In diesem Zusammenhang gibt es zudem den Wert „inline-block", mit dem sich interessante Effekte erzielen lassen. „inline-block" weist dem betreffenden Element nach außen die Eigenschaft eines regulären Inline-Elements zu. Es wird sich also in den regulären Fluss der Zeile einordnen. Innerhalb des Elements wirkt dieses jedoch wie ein Block. Das bedeutet, es kann dem Element eine Höhe und eine Breite zugewiesen werden.

- display: inline-block; /* Deklaration eines Elements das äußerlich wie ein „Inline"-Element erscheint und nach innen wie ein Block-Element wirkt. */

Mit der Eigenschaft „display" kann man aber bei Bedarf auch Elemente in der Ansicht verschwinden lassen. Für das folgende Beispiel sei noch einmal Abschnitt 9.2.3 in Erinnerung gerufen. Darin wurde die dynamische Pseudoklasse *:target* vorgestellt. Eine mit dieser dynamischen Pseudoklasse im Selektor deklarierte Regel wird nur dann ausgeführt, wenn die ID Teil der Sprungadresse des gewählten Hyperlinks ist.

Der HTML-Code für das folgende Beispiel ist sehr einfach: Es umfasst ein <img>-Element und einen in einem Absatz gekapselten Hyperlink. Das Bild soll erst nach einem Klick auf den Hyperlink in der Seite erscheinen.

```
<img id="cat" src="kloppo.png">
<p><a href="#cat">Klicken, um den Kater zu zeigen</a></p>
```

Der CSS-Code besteht aus zwei Regeln: Im Normalfall soll das Bild verborgen sein. Hier wird diese Aufgabe mit der Eigenschaft „display" gelöst, welcher der Wert „none" zugewiesen wird. Das Element wird unsichtbar gesetzt. Zudem wird der für dieses Element normalerweise benötigte Platz in der Seite freigegeben. Das ist daran zu erkennen, dass der Hyperlink direkt unter der Überschrift erscheint.

```
img {
  display: none;
}
img:target {
  display: inline;
}
```

Wenn der Link angeklickt wird, greift die dynamische Pseudoklasse „:target" und die in diesem Block deklarierte Regel wird wirksam. Hier wird dem Bildelement seine ursprüngliche Eigenschaft als „inline-Element" wiedergegeben und es erscheint in der Seite zwischen der Überschrift und dem nun unter dem Bild befindlichen Hyperlink.

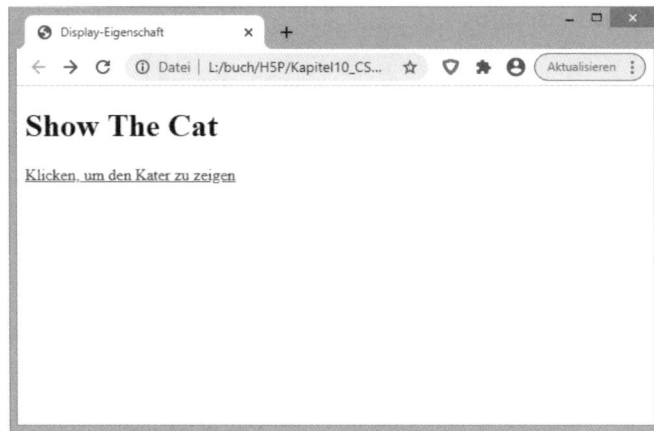

Bild 9.33 Das Bildelement ist ausgeblendet. Verantwortlich dafür ist die CSS-Eigenschaft „display", welcher der Wert „none" zugewiesen ist.

Bild 9.34 Ein Klick auf den Link aktiviert in diesem Fall die dynamische Pseudoklasse *:target* und der zugehörige Regelblock wird wirksam. Das Bild des Katers erscheint und verschiebt den Link nach unten.

9.4.4 Die visibility-Eigenschaft

Elemente mithilfe von CSS ausblenden kann man auch mit anderen Eigenschaften als mit „display". Bekannt ist die Eigenschaft „visibility" (Sichtbarkeit). Hier gibt es zwei mögliche Werte:

- *hidden* – das Element wird versteckt.
- *visible* – das Element ist sichtbar.

Visibility hat allerdings auch einen Nachteil: Es wird nur das Element unsichtbar gesetzt. Der für dieses Element im sichtbaren Zustand benötigte Platz wird jedoch nicht freigegeben. Es bleiben unter Umständen sehr große freie Flächen in der Seite, die störend wirken können. Um dies zu kompensieren, müssten weitere CSS-Regeln geschrieben werden, was zusätzlichen Aufwand bedeutet und in komplexen Webseiten den Code aufbläht.

```
img{
    visibility: hidden;
}

img:target {
    visibility: visible;
}
```

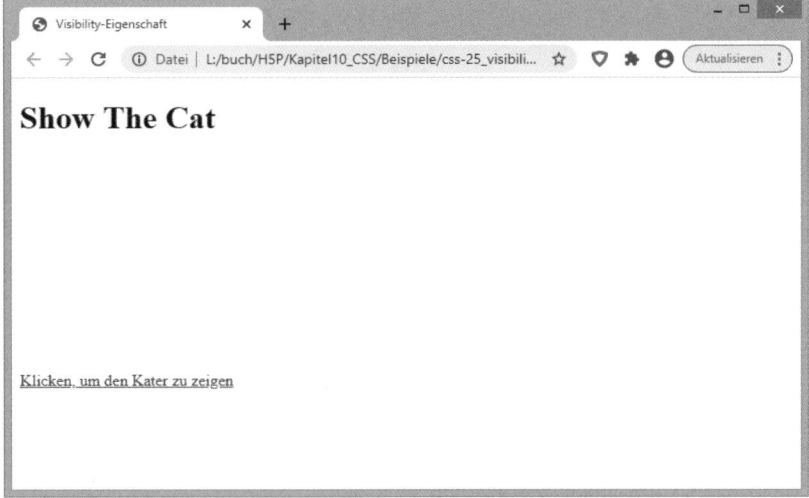

Bild 9.35 Auch mit der Regel „visibility: hidden;" kann das Bild unsichtbar gesetzt werden. Der große Abstand zwischen der Überschrift und dem Hyperlink-Element zeigt jedoch den Nachteil. Der vorgesehene Platz in der Seite bleibt erhalten.

10 Exkurs: JavaScript

JavaScript ist die aktive Komponente in einer Webseite. Es handelt sich im Gegensatz zu HTML und CSS tatsächlich um eine Programmiersprache,[1] die Variablen, Verzweigungen und Schleifen etc. kennt. Das bedeutet auch, dass man eine Webseite mithilfe von JavaScript in ihrer Aufbaugeschwindigkeit stark bremsen oder sogar eine Seite „aufhängen" kann. Man sollte sich also den Einsatz eines Skripts gut überlegen und JavaScript nur dort verwenden, wo mit HTML und CSS keine sinnvollen Ergebnisse[2] erzielt werden.

JavaScript ist aber für echte Interaktionen mit einer Webpublikation unerlässlich. Auch H5P nutzt diese Technologie und darauf aufbauende Bibliotheken. So ist JavaScript eine objektorientierte Programmiersprache, die bereits mit Instanzen arbeitet, welche von den gängigen Webbrowsern im „Document Object Model" (DOM) bereitgestellt werden. Deswegen ist es möglich, dass JavaScript auf vielfältige Ereignisse beim Aufbau und bei der Arbeit mit der Webseite reagieren kann. Hier bieten sich gerade für die Gestaltung von Lehrmaterialien großartige interaktive Möglichkeiten. JavaScript ist eine Schlüsseltechnologie für die Gestaltung der H5P-Inhaltstypen.

Hinweis

Um die Beispiele dieses Kapitels nachzuvollziehen, werden lediglich ein geeigneter Texteditor und ein Webbrowser benötigt.

---

[1] Genau genommen handelt es sich bei JavaScript um eine *Interpretersprache*. Jede einzelne Codezeile wird also während der Ausführung des „Programms" gelesen, in „Maschinencode" übersetzt und ausgeführt. Das kostet viel Rechenzeit und kann die Performance der Seite stark bremsen.

[2] CSS bietet bereits einige Möglichkeiten, Inhalte einer Webseite zu animieren. Auch können in HTML beispielsweise Eingaben in Formularfelder rudimentär überprüft werden.

■ 10.1 Grundlegendes

Am Beispiel einer Ausgabe in einer einfachen *Meldungs-Box* sollen gleichzeitig grundlegende Syntax-Regeln erläutert werden.

10.1.1 JavaScript in HTML einbinden

JavaScript wird grundsätzlich mithilfe eines eigenen Elements – <script> – in den HTML-Code eingebunden. Dabei gibt es zwei Möglichkeiten:

- Direktes Schreiben eines JavaScripts innerhalb des <script>-Elements.
- Einbinden einer *externen JavaScript-Datei* mithilfe des *src-Attributes* in einem <script>-Element.

Beide Varianten haben ihre Vor- und Nachteile: Wird nur eine Webseite bearbeitet – wie hier in den Experimenten – und werden nur kurze, überschaubare Skripte verwendet, dann sollte man das Skript direkt in das HTML-Dokument schreiben. Werden mehrere HTML-Seiten geschrieben, die alle auf das gleiche Skript oder auf gleiche Funktionen etc. zugreifen sollen, dann ist es von Vorteil, JavaScript in eine eigene Datei zu schreiben. Änderungen oder Ergänzungen müssen dann nur ein einziges Mal geschrieben werden und gelten sofort für die gesamte Publikation.

Das Attribut „type"

Wer ab und zu ältere Skripte untersucht, wird feststellen, dass die Deklaration eines JavaScripts meist in der folgenden Weise vorgenommen wird:

```
<script type"text/javascript"> … </script>
```

Das type-Attribut ist bei HTML5 – und bezogen auf H5P darf man diesen Standard unterstellen – nicht mehr erforderlich. Der <script>-Container kann also auch deutlich einfacher geschrieben werden:

```
<script> … </script>
```

Beim direkten Einbinden eines JavaScripts werden die Codezeilen direkt zwischen das Start- und das End-Tag des <script>-Containers geschrieben.

```
<script type="text/javascript">
      alert("Hallo H5P-Freunde!");
</script>
```

Im Gegensatz zum hier gezeigten Beispiel kann es sich auch durchaus um sehr komplexe Programme oder Funktionsbibliotheken handeln.

Die zweite Variante – auch hier gibt es natürlich wieder „Langfassungen" und eine in HTML5 gültige Kurzfassung – sieht das Einbinden einer externen JavaScript-Datei vor. Der Vorteil einer externen Datei liegt einerseits in der Übersichtlichkeit und andererseits in der globalen Verwendbarkeit innerhalb einer komplexen Publikation aus mehreren HTML-Dokumenten.

Der HTML5-Code sieht wie folgt aus:

```
<script src="javascript-03-alert.js"></script>
```

Die Langfassung, welche selbstverständlich auch in HTML5 gültig bleibt, sieht entsprechend so aus:

```
<script src="javascript-03-alert.js" type="text/javascript" language="javascript"></script>
```

Der Inhalt der Skript-Datei ist dann reines JavaScript ohne zusätzliche Container!

```
alert("Hallo H5P-Freunde!");
```

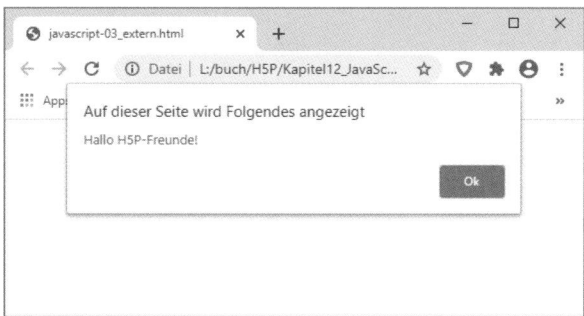

Bild 10.1 Das Ergebnis der ersten Experimente: Der programmierte Test wird in einer Meldungsbox ausgegeben und ist mit OK zu bestätigen. Mehr passiert hier noch nicht.

 Achtung: <script> ist kein leeres Element!

Das Element <script> ist kein sogenanntes „leeres" Element, obgleich in diesem Fall kein Inhalt in den Container geschrieben wird. Es muss also sowohl ein Start-Tag (mit dem src-Attribut, über das die JavaScript-Datei geladen wird) also auch ein End-Tag vorhanden sein. Es kann durchaus direkt JavaScript-Code in dieses Element geschrieben werden.

10.1.2 JavaScript ist casesensitiv

Wer zuvor bereits mit reinem HTML gearbeitet hat, mag etwas verwöhnt von der Gleichgültigkeit des Webbrowsers gegenüber Groß- und Kleinschreibung sein. Bei HTML5 ist es nämlich völlig egal, ob die Tags groß, klein oder gemischt geschrieben werden. Es hat sich in den meisten Fällen nur ergeben, die Tags mit kleinen Buchstaben zu schreiben. JavaScript ist deutlich restriktiver: Hier wird grundsätzlich jedes Schlüsselwort klein geschrieben!

Die bereits bekannte JavaScript-Zeile

```
alert("Hallo H5P-Freunde!");
```

ist also nicht identisch mit der folgenden Zeile:

```
Alert("Hallo H5P-Freunde!");
```

Das groß geschriebene „A" im Schlüsselwort „alert" führt bei der Ausführung des Skripts zu einem Fehler.

 Achtung: Groß- und Kleinschreibung beachten!

JavaScript fordert die strikte Einhaltung der Kleinschreibung! Im Fall eines Fehlers lohnt es sich, die Syntax diesbezüglich zu überprüfen.

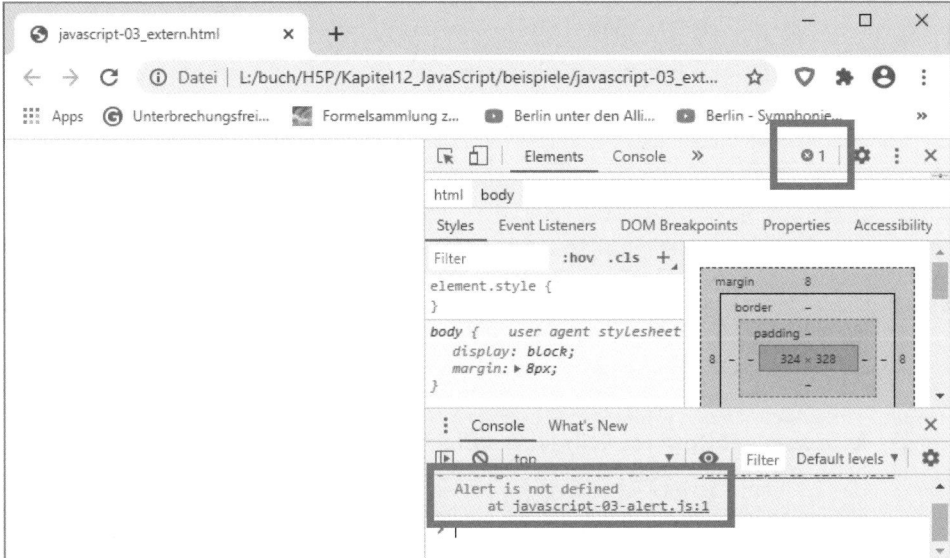

Bild 10.2 Das Browser-Fenster bleibt leer! Ein Blick in die „Konsole" offenbart den Fehler in einem am Anfang groß geschriebenen JavaScript-Schlüsselwort „A"lert.

10.1.3 Zeilenabschluss mit Semikolon

In vielen Programmiersprachen ist der Abschluss einer Befehlszeile mit einem *Semikolon* obligatorisch. Dies gilt auch für JavaScript. Wichtig ist hierbei zu berücksichtigen, dass natürlich HTML-Zeilen, also die Code-Zeilen außerhalb des <script>-Containers nicht mit dem Semikolon geschlossen werden. Es handelt sich also bei einem HTML-Dokument mit JavaScript-Elementen um Code aus mindestens drei Sprachen (CSS wurde hier ebenfalls berücksichtigt).

10.1.4 Kommentare in JavaScript

Auch bei den Kommentaren gibt es Parallelen zu gängigen Programmiersprachen. Es gibt sowohl ein- als auch mehrzeilige Kommentare.

Einzeilige Kommentare werden mit zwei aufeinanderfolgenden „Slashes" eingeleitet.

```
// Einzeiliger Kommentar in JavaScript
```

Das Schließen des (einzeiligen) Kommentars ist nicht nötig. Mit dem Weiterschreiben in einer neuen Zeile wird automatisch wieder von regulären JavaScript-Code ausgegangen.

```
// Einzeiliger Kommentar in JavaScript
Diese Zeile ist KEIN Kommentar mehr!
```

Um einen mehrzeiligen Kommentar zu verfassen, sind Markierungen am Beginn und am Ende des Kommentars erforderlich. Diese unterscheiden sich in der Reihenfolge der verwendeten Zeichen:

- Anfang eines mehrzeiligen Kommentars: /*
- Ende eines mehrzeiligen Kommentars: */

 Kleine „Eselsbrücke":

Beim mehrzeiligen Kommentar stützt der „Balken" (das Slash) den Block von außen!

```
/* Mehrzeilige Kommentare eignen sich hervorragend für etwas ausführlichere
Erklärungen innerhalb des Programmcodes. Sie werden nicht ausgeführt, auch dann
nicht, wenn innerhalb eines Kommentars gültiger JavaScript-Code geschrieben wird. */
```

 Tipp: Kommentare als Programmierhilfe

Kommentare können ganz hervorragend zur Deaktivierung von Teilen des Programmcodes eingesetzt werden. Auf diese Weise ist es möglich, auch alternative Skript-Ideen auszuprobieren, ohne gleich ein sonst vielleicht funktionierendes Skript verwerfen zu müssen. Absolut alles innerhalb der Kommentarmarken wird vom Interpreter ignoriert und bleibt somit wirkungslos.

10.1.5 Variable und Variablentypen?

Auf Variablen (und Konstanten) wird in diesem Kapitel noch näher eingegangen (vgl. Abschnitt 10.4). Interessant und deswegen an dieser Stelle bereits zu erwähnen ist die Art, wie JavaScript mit Variablentypen umgeht. Wer bereits mit einer anderen höheren Programmiersprache gearbeitet hat, weiß, dass Variablen mit einem bestimmten Typus zu deklarieren sind. Der Versuch, eine Variable mit einem anderen Datentyp zu belegen, kann also in gängigen Programmiersprachen zu Problemen führen.

JavaScript sieht das dagegen etwas „lockerer". Einer Variablen wird grundsätzlich automatisch der Datentyp zugewiesen, der dem aktuellen Inhalt entspricht. Das vereinfacht zunächst (scheinbar) die Programmierung, jedoch bedeutet es auch, dass sich der Datentyp einer Variablen grundsätzlich ändern kann. In komplexen Skripten kann dies zur Verwirrung beitragen. Es ist deswegen empfehlenswert, Variablen am Beginn eines Programmblocks zu deklarieren und in einem Kommentar den zu verwendenden Datentyp zu vermerken. Wichtig ist allerdings, dass man sich dann auch an die selbst gesetzten Regeln halten muss, denn JavaScript wird eine Änderung widerstandslos akzeptieren. Das sollen die folgenden Beispiele zeigen.

Im ersten Beispiel werden zwei Variablen deklariert: x und a. Dazu wird ein einzeiliger Kommentar als ein unverbindlicher Hinweis geschrieben, der auf die geplante Belegung hinweist. Der Kommentar hat selbst jedoch keine deklarierende Wirkung.

```
var x; //numerische Variable
var a; //String-Variable
```

Im nächsten Schritt werden den Variablen Inhalte zugewiesen, in beiden Fällen jeweils zwei durch den Operator „+" verbundene Werte.

```
x=5+7;
a=5+"sieben";
```

Im ersten Fall ist dies einleuchtend, denn es werden zwei Zahlen addiert und das Ergebnis in die Variable geschrieben.

Im zweiten Fall wird es schwieriger: Hier wird eine Zahl mit einer Zeichenkette, einem String „addiert". In beiden Fällen werden die Variablen mit einem Inhalt gefüllt und in beiden Fällen erhalten sie durch diesen Vorgang auch einen Datentyp zugewiesen.

Die beiden folgenden Zeilen geben nun HTML-Code-Elemente, die Inhalte der Variablen und deren Datentypus aus.

```
document.write("<p> x ist gleich "+x+". Der Datentyp ist: "+typeof(x)+".</p>");
document.write("<p> a ist gleich "+a+". Der Datentyp ist: "+typeof(a)+".</p>");
```

 Hinweis

Die Methode[3] „document.write()" sowie der Operator „typeof()" werden an späterer Stelle in diesem Kapitel erläutert. Hier soll es zunächst genügen, zu verstehen, dass mithilfe dieser beiden JavaScript-Elemente sowohl der Inhalt einer Variablen als auch deren Datentyp im Browser ausgegeben wird.

---

[3] „Methode" ist ein Begriff der „objektorientierten Programmierung". Es handelt sich hierbei um die ausführbaren Programmschritte innerhalb einer Klasse bzw. den daraus „instanzierten" Objekten. In einer Methode passiert also etwas. Es findet eine Aktion statt. Eine Eigenschaft (property) ist dagegen ein Wert.

Das Ergebnis zeigt Bild 10.3. Erwartungsgemäß wird in der ersten Zeile das Ergebnis der Addition „5+7" korrekt mit „12" ausgegeben. Auch wird der Datentyp als „number", also als Zahl, richtig erkannt.

In der zweiten Zeile der Ausgabe passiert nun scheinbar etwas Eigenartiges: Die Ziffer „5" wird der Zeichenkette „sieben" vorangestellt. Die Ziffer wird also nicht als Zahl, sondern wie jeder gewöhnliche Buchstabe betrachtet und mit der (eindeutigen) Zeichenkette verknüpft. Entsprechend wird der Variablen der Inhalt „5sieben" und der Datentyp „string" zugewiesen.

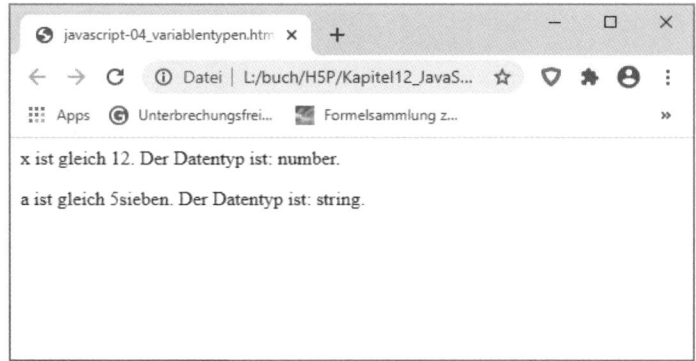

Bild 10.3 Die Variablen x und a haben einen jeweils zum Inhalt passenden Datentyp angenommen.

Das JavaScript soll nun um drei weitere Zeilen[4] ergänzt werden:

```
document.write("<p>Aber …</p>");
a=5+7;
document.write("<p> a ist gleich "+a+". Der Datentyp ist: "+typeof(a)+".</p>");
```

Die erste Zeile gibt lediglich einen Absatz mit dem Inhalt „Aber …" aus. In der zweiten Zeile wird die bereits bekannte Addition durchgeführt. Diesmal wird das Ergebnis jedoch der Variablen a zugewiesen, die aus der früheren Operation eine Zeichenkette enthält. Vor der Rechenoperation war der Datentyp der Variablen noch „string". Wie in Bild 10.4 nun zu sehen ist, hat sich sowohl der Inhalt der Variablen als auch deren Datentyp geändert.

 Vorsicht beim „variablen" Datentyp einer Variablen

Weil der Datentyp einer Variablen direkt vom Inhalt der Variablen abhängig ist, kann es in komplexeren Programmen zu unerwünschten Ergebnissen kommen, wenn die Variable neu mit einem Wert anderen Typs beschrieben wird. ∎

---

[4] Wer mit JavaScript bereits Erfahrungen hat, wird sich an dieser Stelle wundern, dass alle HTML-Elemente mit einem document.write() aufgebaut werden. Tatsächlich ist dies in der späteren Praxis aus verschiedenen Gründen unüblich. An dieser Stelle sollte jedoch deutlich werden, dass die Variablen tatsächlich innerhalb eines Skripts ihren Datentypus an die Inhalte anpassen.

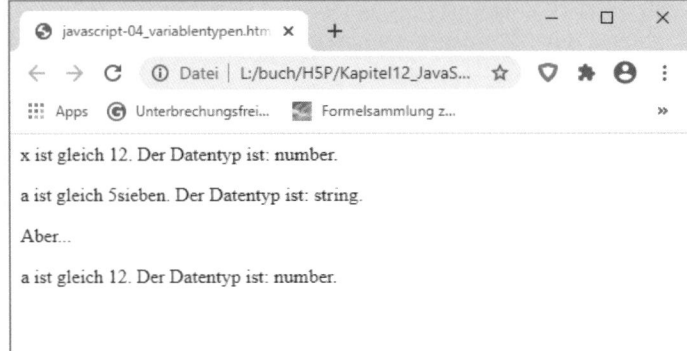

Bild 10.4 Mit der Neuzuweisung eines rein numerischen Werts wurde der Datentyp der Variablen a von „string" in „number" geändert, ohne dass dies ausdrücklich so programmiert werden musste.

◼ 10.2 Einfache JavaScript-Ausgaben

Die einleitenden Beispiele haben bereits eine Reihe von Ausgabeaktivitäten gezeigt, ohne dass diese näher erläutert wurden. Um JavaScript, die Entwicklungshilfsmittel des Browsers und die allgemeine Syntax kennenzulernen, sollen diese Verfahren sowie weitere einfache Ausgabe-Methoden mithilfe von JavaScript beschrieben werden:

- Ausgabe in einer „Box" – hier zeigte Bild 10.1 ein erstes Beispiel.
- Ergänzung einer Webseite – dazu konnten Bild 10.3 sowie Bild 10.4 Beispiele liefern.
- Ausgabe in der „Konsole" – diese eignet sich sehr gut zur Fehlersuche.
- Gezielte Ausgabe innerhalb des HTML-Codes – das wird in den meisten Fällen der Standard sein.

10.2.1 Dialogboxen mit JavaScript

Dialogboxen sind Popup-Fenster, welche den Besucher der Seite zu einer Interaktion auffordern. Dabei kann es sich um einfache Meldungen, die mit einem Mausklick zu bestätigen sind, oder um die Eingabe ganzer Textpassagen handeln.

Dialogboxen werden bei den Besuchern einer Webseite nicht immer gerne gesehen, denn sie wirken lästig und „nötigen" förmlich zu einer Aktion. Allerdings eignen sie sich hervorragend für Warnmeldungen und zur Aufforderung zur Eingabe unbedingt erforderlicher Aussagen wie zum Beispiel Bestätigung von Datenschutzregeln oder Akzeptanz (bzw. Ablehnung) von „Cookies".

10.2.1.1 Einfaches JavaScript-Popup (alert-Box)

Im ersten Beispiel dieses Kapitels wurde bereits die einfache Meldungsbox in JavaScript vorgestellt. Korrekt muss die Zeile eigentlich lauten:

```
window.alert("Hallo H5P-Freunde!");
```

Wichtig ist – das wurde bereits ausgeführt –, dass die Schlüsselworte klein geschrieben werden. Sonst funktioniert der Befehl nicht und es wird eine Fehlermeldung in die Konsole[5] geschrieben.

„alert()" ist eine sogenannte „Methode" des Objekts „window". Das wird durch die Schreibweise deutlich, bei der Methoden bzw. Eigenschaften eines Objekts durch einen Punkt getrennt dem Namen des Objekts[6] folgen:

```
objekt.methode
```

oder

```
objekt.eigenschaft
```

Der aufmerksamen Leserin bzw. dem aufmerksamen Leser wird aufgefallen sein, dass die JavaScript-Zeile im Eingangsbeispiel etwas anders aussah:

```
alert("Hallo H5P-Freunde!");
```

Der vorangestellte Name des Objekts (hier: window) fehlte! Nur beim window-Objekt ist das möglich! Der Browser, der das JavaScript interpretiert und verarbeitet, setzt dieses Objekt voraus, wenn eine gültige Methode oder Eigenschaft dieses Objekts verwendet wird.

 Achtung: Kurzschreibweise

Das Objekt „window" steht in der Hierarchie des sogenannten *Document Object Models* (DOM) an oberster Stelle. Daraus abgeleitete Eigenschaften und Methoden können verwendet werden, ohne das Objekt voranzustellen.

Die Programmierung einer „alert-Box" ist sehr einfach: In die Klammer wird der auszugebende Text (in Hochkommas) geschrieben. Hierbei ist es möglich, sowohl einfache als auch doppelte Hochkommas zu verwenden. Wichtig ist, dass eine einheitliche Schreibweise innerhalb der Zeile gewählt wird.

Auch richtig ist also:

```
alert('Hallo H5P-Freunde!');
```

Falsch ist dagegen:

```
alert("Hallo H5P-Freunde!');
```

oder

```
alert('Hallo H5P-Freunde!");
```

---

[5] Auf die Bedeutung der „Konsole" als Hilfsmittel des Browsers, speziell bei der Entwicklung von JavaScript-Elementen, geht der Abschnitt 12.2.3 näher ein.

[6] Näheres zur objektorientierten Programmierung mit JavaScript ist im Abschnitt 12.7 nachzulesen.

10.2.1.2 Bestätigungs-Dialog (confirm-Box)

Eine zweite Variante des Dialogfensters lässt eine Entscheidung zu (OK oder Abbrechen bzw. OK oder Cancel). Der Dialog geht also über die reine Bestätigung der Box hinaus. Sinnvoll ist dies allerdings nur dann, wenn die Entscheidung auch ausgewertet werden kann. Dazu wird der Mausklick mit einem Wert verknüpft. Dieser kann als Rückgabewert der confirm()-Methode ausgelesen und weiter verarbeitet werden. Es sind jedoch nur zwei Werte möglich: true (wahr, 1) oder false (falsch, 0). Man spricht von einem booleschen bzw. einem logischen Wert.

Ein Beispiel soll dies demonstrieren: In der Dialogbox wird die Behauptung aufgestellt, der Mond sei ein Planet. Wird die Behauptung als richtig angesehen, wird dies mit einem Klick auf *OK* beantwortet, wird sie als falsch bewertet, erfolgt ein Klick auf ***Abbrechen***. Das folgende Skript führt diese Abfrage aus und zeigt das Ergebnis als logischen Wert im Browserfenster an:

```
x = confirm ("Behauptung: Der Mond ist ein Planet!");
document.write ("<p>Sie meinen, diese Aussage ist: "+x+". </p>");
```

Die eigentliche Dialogbox wird in der ersten Zeile programmiert. Sie ist ähnlich aufgebaut wie die zuvor beschriebene „alert"-Box. Auch hier wird der auszugebende Text in Hochkommas in die Klammer geschrieben. Die Schaltflächen setzt die confirm()-Methode automatisch. Wie bereits zu erfahren war, nimmt die Variable x automatisch den Datentyp des ihr zugewiesenen Werts an. In der zweiten Zeile des Skripts erfolgt die Ausgabe der Variablen in einem HTML-Absatzelement.

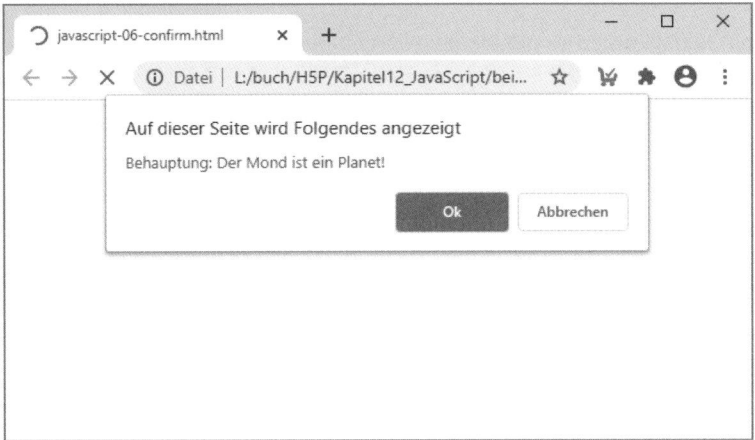

Bild 10.5 Die Box bietet zwei Möglichkeiten zur Bearbeitung der Behauptung an. OK gibt als Ergebnis ein logisches „wahr", Abbrechen dagegen ein logisches „falsch" an das weiterführende Programm aus.

10.2.1.3 Eingabe-Dialog (prompt-Box)

Die dritte Dialogbox, welche JavaScript bietet, ist noch etwas flexibler: Sie bietet eine Eingabezeile an, die mit einem Text oder einem beliebigen Zahlenwert ausgefüllt werden kann. So könnte theoretisch eine Rechenaufgabe formuliert werden. In das Eingabefeld wäre dann die Lösung einzutragen.

Auch in diesem Fall ist die Schreibweise wieder den vorangegangenen Beispielen sehr ähnlich: Der Text wird in Hochkommas in den Klammerausdruck geschrieben. Es ändert sich bei der Programmierung lediglich das Schlüsselwort.

```
x = prompt ("Was ist JavaScript?");
document.write("<p>Ihre Antwort lautet: "+x+" </p>");
```

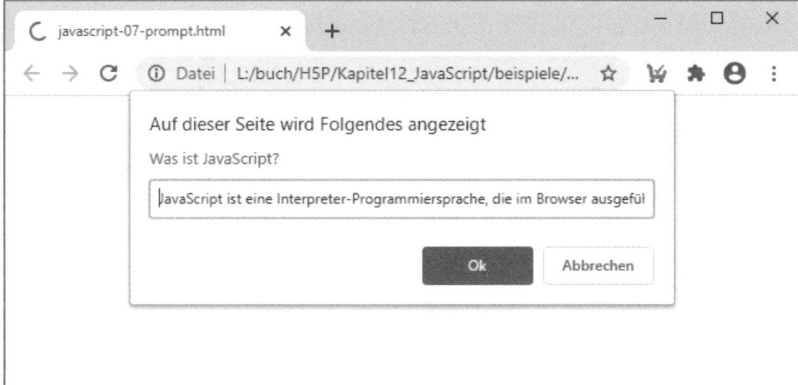

Bild 10.6 Mit der Methode prompt() wird eine Dialogbox mit einer Eingabezeile erzeugt.

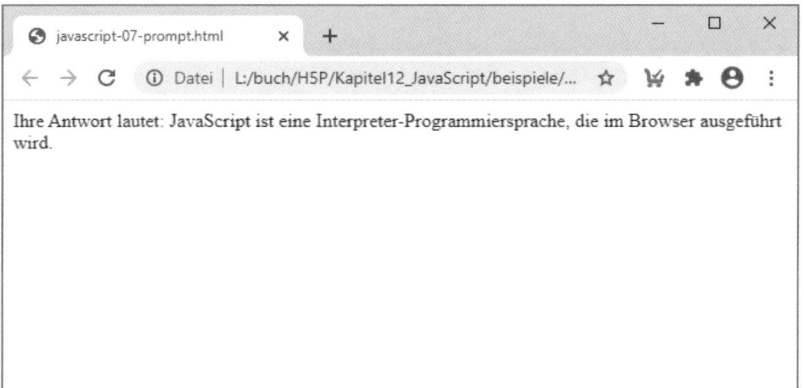

Bild 10.7 Der in die Eingabezeile eingegebene Wert oder Text kann direkt im weiteren Programmlauf verwendet werden. Hier wird er zum Aufbau eines HTML-Absatzes eingesetzt.

10.2.2 JavaScript baut ganze Webseiten

Im vorangegangenen Abschnitt wurden Möglichkeiten vorgestellt, um Hinweise oder Eingabeaufforderungen in einer von drei Dialogboxen auszugeben und Eingaben zu erfassen. Es wurde aber auch immer wieder eine weitere Möglichkeit zur Ausgabe von Inhalten mithilfe von JavaScript quasi ganz nebenbei gezeigt:

Das document.write() hängt den Inhalt der Klammer an das Ende eines HTML-Dokuments an. Doch hier gilt es aufzupassen, denn diese Methode birgt verschiedene Risiken:

- Es besteht das Risiko, eine Webseite vollkommen zu überschreiben.
- Es besteht das Risiko, Schadcode in die Seite einzubauen.
- Es bremst den Aufbau der Seite massiv, wenn reine HTML-Code-Zeilen mit JavaScript generiert werden.
- Es macht es Suchmaschinen unmöglich, eine Webseite zu scannen und zu indizieren.

 JavaScript kann vollständigen HTML-Code schreiben!

Die Methode document.write() ist geeignet, um vollständigen HTML- und CSS-Code in den Browser zu schreiben und diesen korrekt darstellen zu lassen. Allerdings muss für jede Codezeile der Interpreter des Browsers durchlaufen werden, wodurch die Seite deutlich langsamer dargestellt wird, als wenn sie einfach nur im HTML-/CSS-Code verfasst werden würde.

Es soll ein einfaches Beispiel gezeigt werden, wie es in ähnlicher Form bereits in den Abschnitten zuvor verwendet wurde. Lediglich auf die Kombination von Zeichenketten und Variablen sei an dieser Stelle verzichtet. Dies wird an späterer Stelle beschrieben. Am Beginn des folgenden Listings wird eine HTML-Überschrift gesetzt. Darauf folgt ein <script>-Element.

```
<h1>Dies ist eine document.write-Testseite.</h1>
<script>
        document.write("<p>Zeile 1 mit JavaScript erzeugt …</p>");
        document.write("<p>Zeile 2 mit JavaScript erzeugt …</p>");
</script>
<p>Und noch ein Skript per Klick auf die Checkbox:</p>
<p><input type="checkbox" id="test" name="test" onclick="loeschen()">Klicken</input>
```

Bis auf die hervorgehobenen Stellen handelt es sich um HTML-Code (auch das Element <script> gehört dazu). Dies ist aus vorherigen Kapiteln bekannt. Die dritte und vierte Zeile enthält jeweils eine JavaScript-Zeile:

```
document.write("<p>Zeile 1 mit JavaScript erzeugt …</p>");
document.write("<p>Zeile 2 mit JavaScript erzeugt …</p>");
```

Diese beiden Zeilen geben jeweils einen HTML-Absatz aus.

Interessant ist nun die letzte Zeile, in der ein Ereignis[7] – nämlich ein Mausklick auf die Checkbox – abgefragt wird. Mit

```
onclick="loeschen()"
```

wird bei einem Mausklick die Funktion loeschen() aufgerufen. Diese existiert allerdings zum jetzigen Zeitpunkt noch nicht, wodurch nach dem Laden der Seite und einem Klick auf die Checkbox der folgende Inhalt im Browser zu erkennen ist:

---

[7] Ereignisse können beispielsweise eine fertig geladene Webseite oder ein Mausklick und vieles mehr sein. JavaScript kann diese Ereignisse erkennen. Dies wird an späterer Stelle ausführlicher erläutert. Hier soll es genügen, zu wissen, dass eine Reaktion auf einen Mausklick erfolgt.

Bild 10.8 Die JavaScript-Methode document.write() erzeugt zwei Absatzzeilen innerhalb eines HTML-Codes, und zwar an der Stelle, wo das Skript eingebunden wird. Die Checkbox reagiert zwar mit einem Haken auf den Mausklick, die noch nicht definierte Funktion wird jedoch noch nicht berücksichtigt.

Das Beispiel soll nun um weitere Zeilen *ergänzt* werden, denn es fehlt noch die Deklaration der Funktion[8] „loeschen()". Dazu dient das Schlüsselwort „function()", wobei in den darauf folgenden geschweiften Klammern der Code-Block der Funktion programmiert wird. Ein Aufruf dieser Funktion führt also zur Ausführung des darin geschriebenen Programmteils. Auch hier handelt es sich um eine einfache Ausgabe eines HTML-Absatzes mithilfe von document.write().

```
<script>
function loeschen() {
document.write("<p>Nanu? Wo sind die anderen Inhalte geblieben?</p>");
}
</script>
```

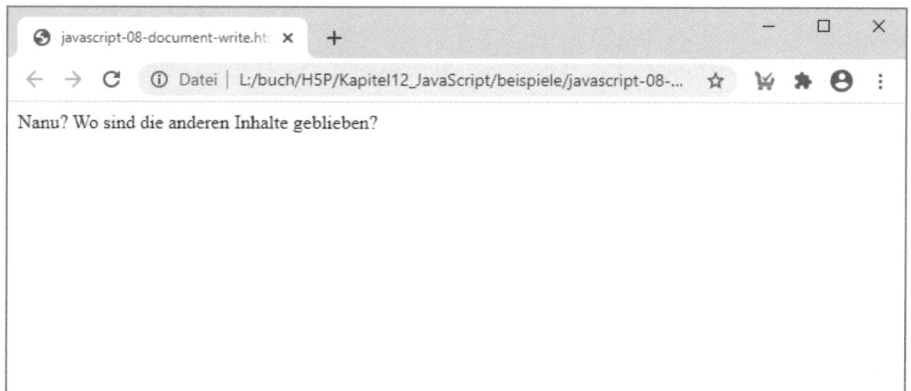

Bild 10.9 So sieht das Bild aus, was man nun nach einem Mausklick im Browser sehen kann: Die bisher vorhandene Webseite ist vollkommen durch eine neue HTML-Absatzzeile ersetzt worden.

---

[8] Das Thema „Funktionen" in JavaScript wird im Abschnitt 12.6 besprochen.

Wer in Bild 10.9 eine Fortsetzung der in Bild 10.8 aufgebauten Seite erwartet hat, wird nun enttäuscht sein. Die Funktion stellt eine völlig andere Ebene innerhalb der Seitenstruktur dar und deswegen wird document.write() davon ausgehen, eine völlig neue Seite zu beschreiben. Es ist keine eindeutige Position durch das Mausklick-Ereignis zuzuordnen. Das führt in diesem Fall zur Vernichtung der zuvor bestehenden Inhalte.

Es kann jedoch nicht nur reiner Text ausgegeben werden. Auch andere Skriptelemente sind mit document.write() darstell- und ausführbar. Man stelle sich vor, dass direkt während des Seitenaufbaus die Inhalte dynamisch von einem Server heruntergeladen werden. Auch diese werden nun an den Browser übergeben. Das folgende – stark vereinfachte – Beispiel zeigt eine veränderte document.write()-Zeile in der Funktion:

```
<script>
function loeschen() {
document.write(alert('Ihre Seite wurde gehackt!'));
return NULL;
}
</script>
```

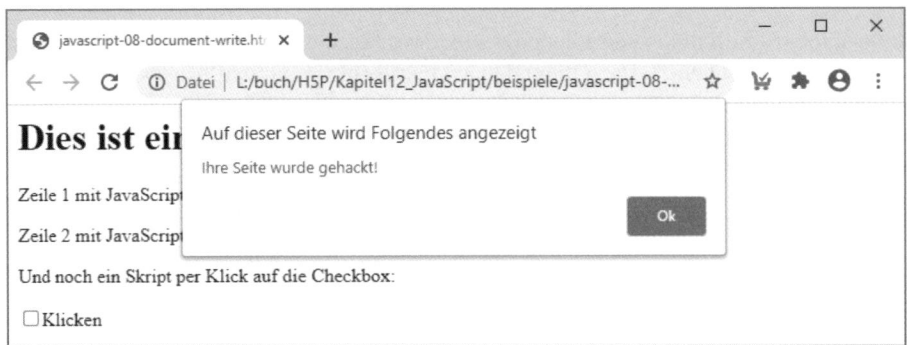

Bild 10.10 Eine Alert-Box stellt selbstverständlich an sich noch kein Risiko dar, dennoch können derartige „Hoaxes" für beachtliche Unruhe sorgen, wenn eine solche Meldung plötzlich aufpoppt.

Anstelle der Ausgabe einer HTML-Absatzzeile wurde nun eine Meldungsbox mit einer kleinen Textzeile gestartet. Das Beispiel ist selbstverständlich trivial, soll aber zeigen, dass auch Skripte innerhalb eines Skripts geladen und aktiviert werden können. Unter Umständen kann es sich hierbei auch um schädliche Inhalte handeln.

10.2.3 Konsole als Entwicklerhilfe

Jeder moderne Webbrowser, auf dem HTML5, CSS3 und JavaScript problemlos funktionieren, hat auch eine Debugger- und Entwicklerumgebung. Für JavaScript ist die sogenannte Konsole interessant. In diese schreibt der Browser eventuelle Fehlermeldungen und Warnungen während der Ausführung eines Skripts hinein (vgl. Bild 10.2). Allerdings können in die Konsole auch direkt Inhalte von Variablen oder Konstanten ausgegeben werden. Es ist sogar möglich, direkt JavaScript-Codes in die *Konsole* zu schreiben und dessen Funktion zu testen.

Ein kleiner Versuch soll das demonstrieren: Zuerst wird in einem nahezu beliebigen Webbrowser die Debugger-Umgebung gestartet (z. B. mit der Tastenkombination *[Strg]+-[Umschalt]+[i]* oder direkt mit der Funktionstaste *[12]*).[9]

Im Browser sollte in der Konsole ein Prompt, eine Eingabeposition, erscheinen. Hier wird nun die bereits von der Struktur bekannte folgende JavaScript-Zeile eingegeben:

```
document.write("Hallo Welt!");[Enter]
```

Mit Betätigung der Eingabetaste sollte im Browser ein Bild wie dieses zu sehen sein:

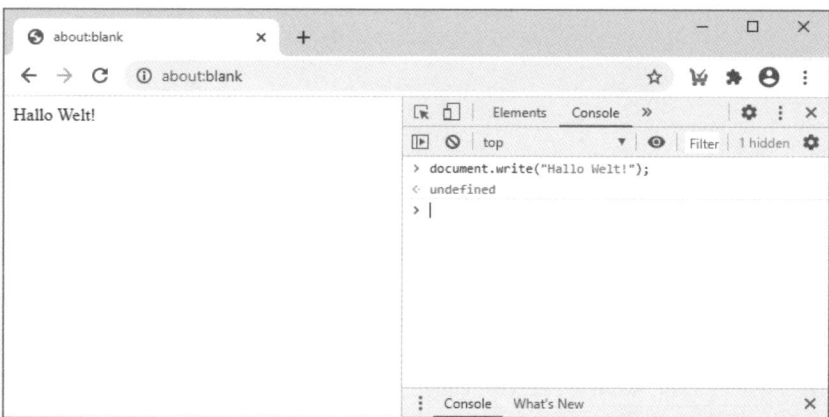

Bild 10.11 Der in der Konsole eingegebene JavaScript-Befehl wird im Browser direkt umgesetzt.

Viel interessanter ist es jedoch, aus einem regulär laufenden Programm heraus Daten an die Konsole senden zu lassen. Damit können sogenannte Breakpoints gesetzt werden. Das sind bewusst programmierte Unterbrechungen eines Programms oder während des Ablaufs ausgegebene Meldungen, mit denen sich Fehler leichter eingrenzen und damit beheben lassen. Hierzu wird die Methode „console.log()" verwendet. Ein kleines Skript soll dies demonstrieren:

```
document.write("<p>Ausgabe im Browserfenster als HTML-Absatz</p>");
console.log("Diese Ausgabe erfolgt in der Konsole!");
```

Die Wirkungsweise der ersten Skriptzeile ist bereits bekannt. Hier wird ein HTML-Absatz-Element <p>...</p> an die Browseroberfläche gesendet und dort dessen Inhalt dargestellt. In der zweiten Zeile wird die Methode „console.log()" eingesetzt. Diese leitet den Inhalt des Klammerausdrucks direkt in die Konsole um. Damit ist der Text – eine Zeichenkette wird in Hochkommas eingefasst – in der Konsole lesbar, erscheint jedoch nicht im Browserfenster.

Wird anstelle des – in Hochkomma eingefassten – Texts die Ausgabe einer Variablen gewünscht, so ist auch das möglich. Es wird lediglich die Variable in die Klammer geschrieben. Ein Beispiel:

```
var x = 5;
console.log(x);
```

---

[9] Hier gibt es keine einheitliche Vorgehensweise bei den verschiedenen Browsern!

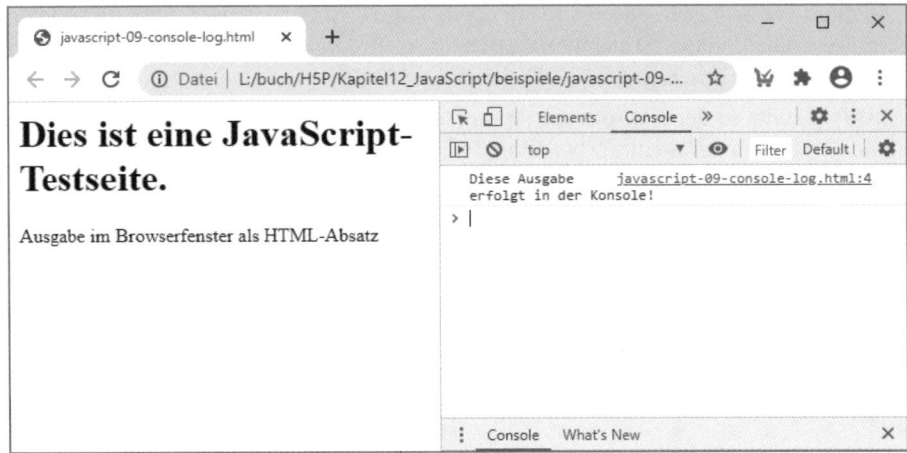

Bild 10.12 Die Methode document.write() erzeugt eine Ausgabe im Browserfenster. Dagegen gibt console.log() den Inhalt der Klammer in die Konsole aus.

10.2.4 Gezielte Ausgabe in HTML-Dokumenten

Wie eingangs erwähnt, kann JavaScript ganze Webseiten umschreiben und das auch, nachdem sie vollständig geladen wurden. Es ist also direkt möglich, gezielt einzelne HTML-Elemente zu bearbeiten, deren Inhalte oder Attribute zu verändern. Hier kommt die Eigenschaft „innerHTML" zum Einsatz.

Eine *Eigenschaft* (Property) im Sinne objektorientierter Programmierung[10] entspricht einem Wert, der innerhalb einer Methode verarbeitet wird. Ein solcher Wert, die Eigenschaft der Methode, kann verändert werden. Man kann es sich sehr entfernt wie die Arbeit mit einer Variablen vorstellen. Die dazu gehörige Methode befindet sich im ersten Beispiel:

```
document.getElementById()
```

 Wichtige Erinnerung:

JavaScript ist eine „*casesensitive*" Sprache, das bedeutet, dass die korrekte Einhaltung von Groß- und Kleinschreibung in der Syntax entscheidend für die Funktion des Skripts ist.

Um das Prinzip zu erläutern, sei zunächst ein sehr einfaches HTML-Skript geschrieben;

```
<h1>Kennen Sie die Hauptstadt?</h1>
<p>Die Hauptstadt von Italien ist <span id="loesung"></span></p>
```

---

[10] Das Thema der objektorientierten Programmierung ist nicht immer ganz einfach zu verstehen. Es wird im Abschnitt 12.7 deswegen näher darauf eingegangen.

Der HTML-Code umfasst drei Elemente:

- eine Überschrift <h1>,
- einen Absatz <p> und
- innerhalb des Absatzes einen leeren Inline-Container <span>.

Das Element <span> enthält zudem ein Attribut *id="loesung"*. Diesem wird noch eine wichtige Bedeutung zukommen. Insgesamt ist dieses kleine HTML-Skript jedoch wenig spektakulär und liefert auch keine brauchbare Aussage.

Bild 10.13 Auf dieser Seite ist einfach noch nichts los: Es fehlt eine Eingabemöglichkeit der Antwort und zudem soll diese Antwort auch in der Seite erscheinen.

Um eine Antwort in die Seite eingeben zu können, gibt es verschiedene Möglichkeiten. Eine wäre die Verwendung eines HMTL-Formulars. Auch dessen Eingabefelder können mithilfe von JavaScript ausgewertet und deren Inhalte verarbeitet werden. An dieser Stelle soll jedoch des besseren Verständnisses wegen ein bereits vorgestelltes Verfahren mit einer Dialogbox eingesetzt werden. Der Code wird um folgende Zeilen ergänzt:

```
<script>
        prompt("Geben Sie hier Ihre Antwort ein!");
</script>
```

Damit ist man schon einen Schritt weiter, denn nun bietet eine Dialogbox die Möglichkeit, tatsächlich eine Antwort zu formulieren, jedoch ist das Ergebnis ernüchternd, wenn auf OK geklickt wird. Es verbleibt die Seite in der gleichen Ansicht, wie es schon Bild 10.13 zeigt.

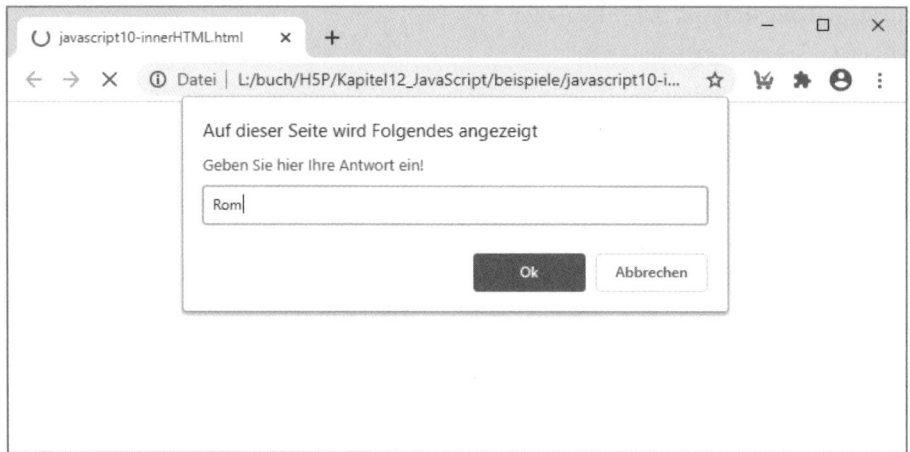

Bild 10.14 Zwar ist die eigentliche Fragestellung noch nicht zu lesen, aber eine Texteingabe ist nun mithilfe der JavaScript-Methode „prompt()" möglich.

Damit die Eingabe und somit die ganze Seite einen Sinn ergeben, muss der JavaScript-Block noch ergänzt werden. Zudem gilt es, die Antwort an genau die Stelle zu platzieren, wo sie innerhalb der Seite sinnvoll erscheint. In diesem Beispiel handelt es sich lediglich um eine einzige Absatzzeile, wobei die Antwort links neben dem Ausrufezeichen eingefügt werden soll. Hier bekommt nun das noch leere Element <span> einen Sinn. Es ist mithilfe eines ID-Attributs[11] eindeutig im HTML-Code bezeichnet worden.

Die Methode *document.getElementById()* wählt nun ein vollständiges HTML-Element aus. Damit die Methode auch eine Information bekommt, welcher Inhalt neu zu setzen ist, wird die Eigenschaft „innerHTML()" ergänzt.

 Nur zur besseren Übersicht:

Die Dialogbox „*prompt()*" kann auch direkt in die Eigenschaft „*innerHTML*" eingefügt werden. Zur besseren Übersicht soll deren Inhalt jedoch zuvor einer Variablen zugewiesen werden.

```
antwort = prompt("Geben Sie hier Ihre Antwort ein!");
document.getElementById("loesung").innerHTML = antwort;
```

Der Variablen „antwort" wird das Ergebnis der Eingabe in die Dialogbox zugewiesen. In der darauf folgenden Zeile wird der Methode *getElementbyId()* in einem Klammerausdruck die ID des zu bearbeitenden HTML-Elements übergeben. Die Eigenschaft *innerHTML* wird dagegen wie eine Variable behandelt, der ein Wert zugewiesen wird. Deswegen wird hier die Verbindung zum Inhalt von „antwort" durch ein Gleichheitszeichen hergestellt.

---

[11] Zur Erinnerung: Eine ID muss in einem HTML-Dokument einmalig sein!

Zusammenfassend:

- Eine *Methode* ist ein aktives Element in einem Objekt. Hier wird etwas ausgeführt. Zu verarbeitende Parameter werden in einem Klammerausdruck übergeben.

- Die *Eigenschaft* verkörpert einen Wert innerhalb des Objekts bzw. einen Wert einer Methode innerhalb eines Objekts. Ihr kann ein neuer Wert – vergleichbar der Wertzuweisung bei einer Variablen – übergeben werden. Dies geschieht mithilfe eines Gleichheitszeichens.

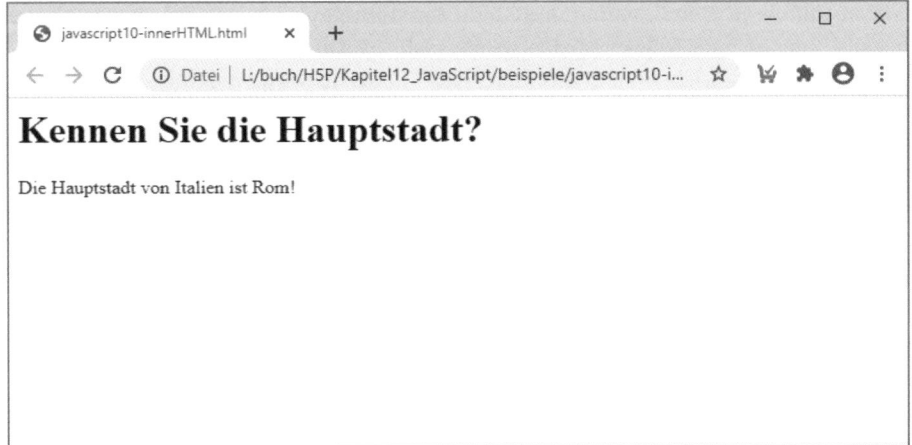

Bild 10.15 Mit dem nun vollständigen JavaScript funktionieren die Eingabe und die Ausgabe des Ergebnisses an der richtigen Stelle.

 Richtige Schreibweise mit Groß und Klein?

Das Wechselspiel mit Klein- und Großschreibung bei JavaScript – wo es ja auf deren richtige Umsetzung ankommt – erscheint zunächst verwirrend, ist aber recht einfach in den Griff zu bekommen. Es wird das Prinzip der Camel-Case-Schreibweise angewendet. Am Beispiel der eben verwendeten Methode *getElementById()* soll das gezeigt werden:

- Ein Ausdruck beginnt mit einem kleinen Buchstaben: get.

- Alle „Worte" des Begriffs werden ohne Leerzeichen zusammen geschrieben, jedoch wird jedes weitere Wort mit einem großen Buchstaben begonnen und das unabhängig davon, ob es grammatikalisch sinnvoll ist: get*E*lement*B*y*I*d().

Das „Auf-und-ab" zwischen Klein- und Großschreibung erinnert ein wenig an die Höcker eines Kamels. Daher wurde der Begriff „CamelCase" geprägt.

■ 10.3 Das Document Object Model (DOM)

Das Document Object Model (DOM) ist ein recht komplexes Thema. Es kann als Teil eines Browser Object Models verstanden werden (BOM), ein Begriff, der leider noch keinen echten Standard kennt, und der deswegen nur kurz mit den wichtigsten Methoden und Eigenschaften erwähnt werden soll.

Hinter beiden Modellen steckt eine baumförmig, hierarchisch organisierte Struktur aus Objekten, auf deren Eigenschaften und Methoden mithilfe von JavaScript zugegriffen werden kann. Das oberste Objekt ist das window-Objekt. Dies ist bitte nicht mit einem im Namen ähnlichen Betriebssystem aus dem Haus Microsoft zu verwechseln.

 Zu beachten:

Es gibt keine allgemeingültigen Standards zum Thema Browser Object Model. ■

10.3.1 Das window-Objekt

window ist das zentrale Objekt der Baumstruktur, auf die JavaScript zugreifen kann. Diesem Objekt sind u. a. direkt die folgenden Elemente untergeordnet:

- window.screen
- window.history
- window.location
- window.document
- window.cookies
- window.timing
- Popup-Boxen (window.alert, window.confirm und window.prompt)

Die Popup-Boxen wurden bereits erläutert. Dabei wurde auch erklärt, dass das Objekt window nicht ausdrücklich bei einem Zugriff auf untergeordnete Objekte durch JavaScript in den Code geschrieben werden muss.

Ein paar sehr interessante Eigenschaften bietet das window-Objekt selbst:

- window.innerWidth
- window.innerHeight
- window.outerHeight
- window.outerWidth

Vorsicht: Verwechslungsgefahr!

Diese Eigenschaften von window beziehen sich auf das Browserfenster (innere und äußere Abmessungen). Sie sind nicht mit den Eigenschaften von window.screen zu verwechseln!

Diese Eigenschaften des window-Objekts geben Auskunft über die Breite und die Höhe des aktuellen Browser-Fensters. Insbesondere die inneren Werte sind wichtig, wenn ein responsives Design programmiert werden soll. Zwar bietet CSS bereits sehr gute und meist erschöpfende Funktionen, um auf die Browserbreite angemessen im Design zu reagieren, jedoch kann es darüber hinaus erforderlich sein, einzelne Elemente gezielt anders zu gestalten, wenn der Viewport zu schmal oder zu flach wird.

Ein kleines Skript soll dies demonstrieren. Es zeigt im ersten Abschnitt (reiner HTML-Code) eine gewöhnliche ungeordnete Liste (<ul>), deren List-Item (<li>) Texte und jeweils ein (noch leeres) <span>-Element enthalten. Jedem <span>-Element ist eine eigene ID als Attribut zugewiesen worden.

Im <script>-Element befinden sich nun vier JavaScript-Zeilen. Die Ausgabe mit der Methode *document.getElementById()* und dessen Eigenschaft *innerHTML* wurde bereits im Abschnitt 10.2.4 beschrieben. Auch hier tauchen in den Klammerausdrücken von *document.getElementById()* die in den HTML-Zeilen zuvor verwendeten IDs der <span>-Elemente auf. Die Ausgaben dieser Zeilen erfolgen also direkt in der Liste.

```
<ul>
      <li>Aktuelle Browser-Breite (nutzbar): <span id="abb"></span></li>
      <li>Aktuelle Browser-Höhe (nutzbar): <span id="abh"></span></li>
      <li>Aktuelle Browser-Breite (gesamt): <span id="oabb"></span></li>
      <li>Aktuelle Browser-Höhe (gesamt): <span id="oabh"></span></li>
</ul>

<script>
document.getElementById("abb").innerHTML = innerWidth;
document.getElementById("abh").innerHTML = innerHeight;
document.getElementById("oabb").innerHTML = outerWidth;
document.getElementById("oabh").innerHTML = outerHeight;
</script>
```

Das folgende Bild wurde mit Absicht im Debugger-Modus aufgenommen. Damit existiert ein deutlicher Unterschied zwischen der im Browserfenster tatsächlich nutzbaren Ansichtsbreite und -höhe (innerWidth und innerHeight) zur äußeren Größe des Browserfensters (outerWidth und outerHeight) allgemein inkl. aller Nebenfenster, Bildlauf- und Titelzeilen etc.

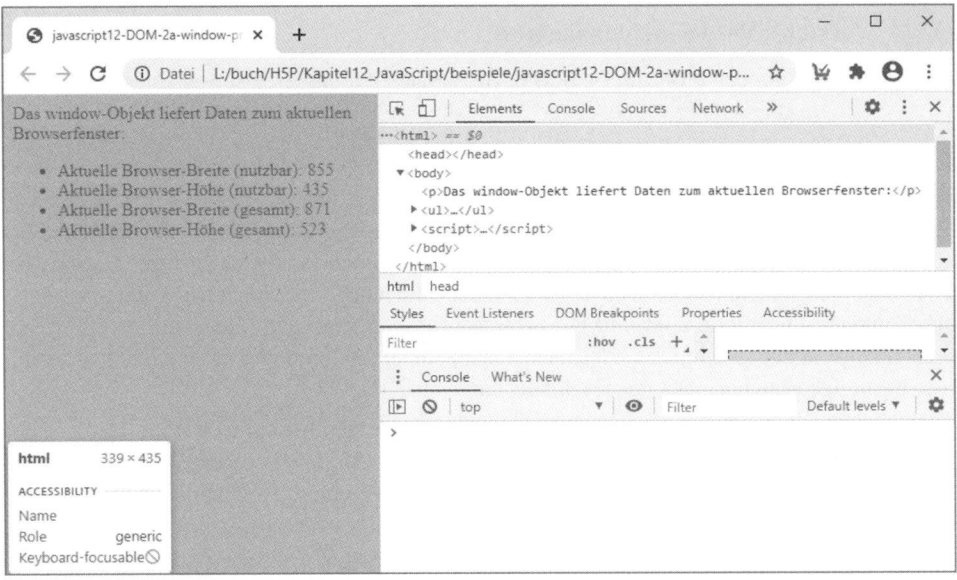

Bild 10.16 Die Unterschiede zwischen dem Darstellungsbereich des Browsers und dessen äußeren Abmessungen sind deutlich zu erkennen. Wie sich das in Zahlenwerten (Pixel) ausdrückt, sagen die window-Eigenschaften aus.

Für die meisten Fälle trifft es wohl zu, dass die Methode *window.open()* eigentlich in Webseiten überflüssig ist. Sie öffnet einen Link im aktuellen oder in einem neuen Fenster. Im Gegensatz zum HTML-<a>-Element gibt es allerdings noch einige Optionen, mit denen zum Beispiel das Fenster in einer genau vorgegebenen Größe dargestellt wird. Doch ist Vorsicht geboten, denn es gibt keine einheitlichen Parameter, die für alle Browser gelten.

Beispiel:

```
<p><input type="checkbox" id="test" name="test" onclick="auf()">Bitte Klicken</
input></p>
<script>
function auf() {
window.open("http://www.srg.at", "_blank");
}
</script>
```

Mit den Methoden window.setTimeout() und window.clearTimeout() können Verzögerungen im Programmablauf gesteuert werden. Ein Beispiel ist das folgende kleine Skript, das diesmal zwei HTML-Button zeigt. Button sind HTML-Formular-Elemente. Hier wird jedoch kein Formular erstellt, sondern das *„Ereignis"* eines Mausklicks abgefragt. Je nachdem, welcher Button geklickt wird, wird eine bestimmte Funktion aufgerufen.

An dieser Stelle soll zunächst die Funktion los() interessieren: Es fällt auf, dass diese Funktion einer Variablen einen Wert übergibt. Das ist wichtig, denn hier handelt es sich um eine Referenz auf die Funktion, genauer gesagt auf den in ihr gestarteten Timer.

Dieser Timer kann mithilfe des Variableninhalts in einer anderen Funktion übergeben werden. Diese wird durch einen Klick auf den zweiten Button aufgerufen. Darin wird die zweite Timer-Methode gestartet und dieser der eben belegten Variablen übergeben.

window.clearTimeout(merker); hält den durch die Variable bezeichneten Timer an. Übrigens kommt beim Start des Timers wieder die bereits beschriebene Methode *window.open()* zum Einsatz.

```
<p><button type="button" onclick="los()">Timer starten</button></p>
<p><button type="button" onclick="halt()">Timer stoppen</button></p>
<script>
function los() {
merker = window.setTimeout (auf, 5000);
}
function halt() {
window.clearTimeout(merker);
}
function auf() {
window.open("http://www.srg.at", "_blank");
}
</script>
```

Bild 10.17 „Ereignisse" auf beiden Schaltflächen werden von JavaScript ausgewertet. Die oberste startet über einen Timer ein zeitversetztes Öffnen einer neuen Seite. Ein Klick auf die untere Schaltfläche bricht den Timer ab und verhindert die Aktion.

10.3.1.1 window.screen

Das Objekt window.screen bietet eine Reihe interessanter Eigenschaften (Properties), die mithilfe von JavaScript zweckmäßig für eine möglichst optimale Darstellung in der Seite verwendet werden können:

- window.screen.width – Breite des Bildschirms (eingestellte Breite der Hardware in Punkten).
- window.screen.availWidth – es handelt sich um die verfügbare Breite, die der Webbrowser im Fenster einnehmen kann.
- window.screen.height – Höhe des Bildschirms (eingestellte Höhe der Hardware in Punkten).
- window.screen.availHeight – Es handelt sich um die verfügbare Höhe, die der Webbrowser im Fenster einnehmen kann.
- window.screen.colorDepth – eingestellte Farbtiefe des Bildschirms.
- window.screen.pixelDepth – eingestellte Pixelauflösung des Bildschirms.

Bitte beachten:

Diese Eigenschaften von window.screen beziehen sich auf die Bildschirmein-
stellungen und die verfügbaren Bildschirmdimensionen. Sie sind nicht mit den
window-Eigenschaften zu verwechseln, die das Browserfenster analysieren.

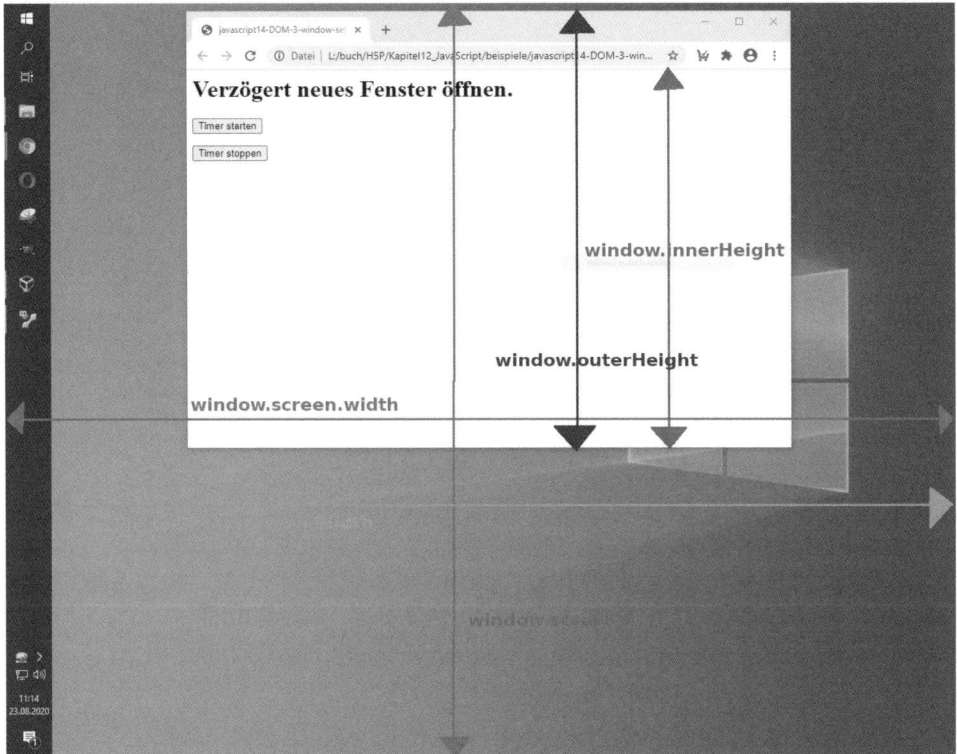

Bild 10.18 Beispiele für die JavaScript-Eigenschaften zur Feststellung von Bildschirm- und Browser-
Dimensionen.

10.3.1.2 window.history

Nicht immer ist es sinnvoll, die Pfeiltasten des Browsers für die Navigation in der Seite zu
verwenden. In einer Webpublikation aus mehreren Seiten bietet JavaScript auch Alternativen mit folgenden window-Methoden:

- window.history.back() – zurück zur letzten Seite.

- window.history.forward() – weiter zur nächsten Seite (falls das Skript von einer Seite
  innerhalb der Gesamthistorie aufgerufen wird).

- window.history.go(n) – es wird eine Site aufgerufen, die „n" Positionen zurückliegt (nega-
  tiver Wert) oder „n" Positionen weiter vorne liegt (positiver Wert).

- window.history.length – diese Eigenschaft der window.history-Methode zeigt an, wie viele
  Seiten sich im Verlauf befinden.

10.3.1.3 window.document

Das window.document-Objekt ist sicher das interessanteste Objekt in der JavaScript-Programmierung. Über dieses Objekt werden Manipulationen der HTML-Elemente durchgeführt (vgl. Abschnitt 10.3.2). Es lassen sich allerdings auch Eigenschaften des HTML-Dokuments abrufen. So liefert beispielsweise die Eigenschaft

```
var typus = window.document.doctype.name;
```

in einer Standard-HTML5-Webseite den Inhalt „html". In älteren Webseiten können über ergänzende Daten aus dem DOCTYPE mit den Eigenschaften

```
var typus = window.document.doctype.publicId;
var typus = window.document.doctype.systemId;
```

die im DOCTYPE übergebenen zusätzlichen Informationen zur HTML-Version (publicId) und Hinweise auf die DTD-Datei (systemId) ausgelesen werden.

Noch viel interessanter ist die Möglichkeit, beispielsweise über die gezielte Manipulation von Eigenschaften dieses Objekts die Adresszeile im Browser zu verändern. Ein Beispiel soll dies zeigen. Das folgende HTML-Dokument enthält drei kleine <article>-Elemente mit jeweils eigenen Inhalten.

```
<h1>Sprungziel setzen</h1>
<p><a href="#ziel1">Ziel 1</a></p>
<p><a href="#ziel2">Ziel 2</a></p>
<p><a href="#ziel3">Ziel 3</a></p>
<article id="ziel1">
        <p>Dies ist der Inhalt des Containers für Ziel 1 und für die Startseite!</p>
</article>
<article id="ziel2">
        <p>Dies ist der Inhalt des Containers für Ziel 2!</p>
</article">
<article id="ziel3">
        <p>Dies ist der Inhalt des Containers für Ziel 3!</p>
</article>
```

Es soll jedoch stets nur einer der Inhalte sichtbar geschaltet werden und zwar das Element, dessen ID im Hyperlink-Element <a> aufgerufen wird. Das wird mit einfachen CSS-Code-Zeilen erreicht:

```
article {
        display: none;
        }
article:target {
        display: block;
        }
```

Allerdings hat das hier gezeigte Verfahren einen kleinen Nachteil, denn beim erstmaligen Aufruf der Seite werden zwar die Hyperlink-Elemente sichtbar sein, jedoch enthält die Seite keinen wirklichen Informationsinhalt.

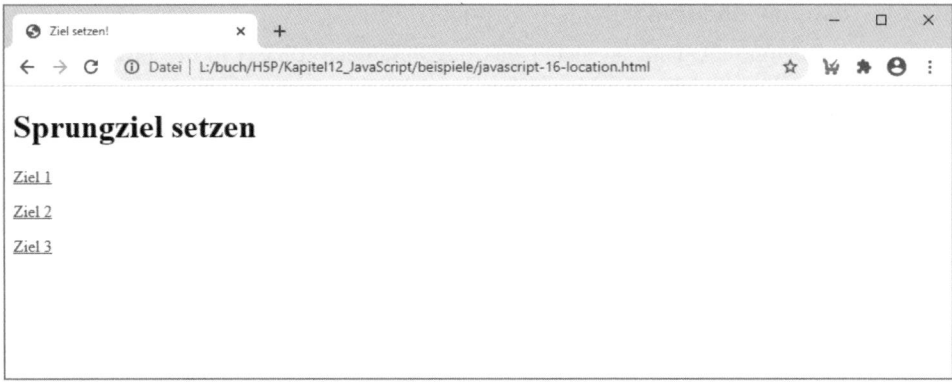

Bild 10.19 Die Seite ist alles andere als optimal, denn beim direkten Aufruf der Seite fehlt der eigentliche Informationsinhalt!

Eine Eigenschaft des window.document-Objekts – *document.location.hash* – löst das Problem:

```
<script>
  if (document.location.hash == "" || document.location.hash == "#")
    document.location.hash = "#ziel1";
</script>
```

Dieses Skript ergänzt beim ersten Aufruf der Seite den URL um die Zeichenkette „#ziel1" und erweitert damit die Adresse so, dass das erste <article>-Element aufgerufen wird. Erkennt das Skript bereits ein #-Zeichen, wird keine Änderung der Adresse vorgenommen.

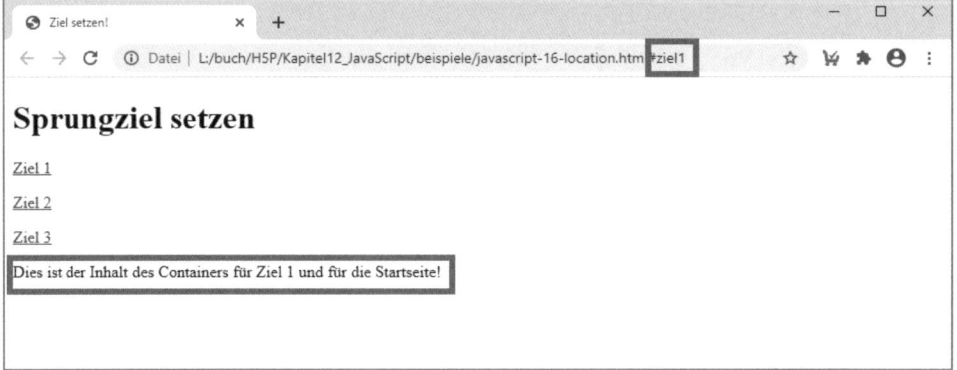

Bild 10.20 JavaScript ergänzt die Adresszeile im Browser beim ersten Aufruf der Seite, sodass diese sofort auch ohne manuelle Auswahl einen Inhalt anzeigen kann.

10.3.2 Das (HTML-)Document Object Model (DOM)

Jedes HTML-Dokument wird innerhalb des Webbrowsers als ein hierarchisches baumförmiges Konstrukt abgebildet. Dieses Modell definiert Schnittstellen für den direkten Zugriff auf die einzelnen Knoten der Struktur. Knoten im Sinne des DOM sind die HTML-Elemente und deren Inhalte. Diese Elemente haben Eigenschaften, die mithilfe von JavaScript manipuliert werden können.

DOM als Programmierschnittstelle

Für die Manipulation der HTML-Elemente, deren Inhalte, Attribute und Formate kennt das JavaScript window.document-Objekt verschiedene Eigenschaften und Methoden. Im Folgenden soll die (zulässige) kurze Schreibweise ohne das Prefix „window" verwendet werden.

10.3.2.1 Die Methode getElementById und innerHTML

Im Bild 10.15 wird ein Beispiel gezeigt, wie Bildschirm- und Browser-Dimensionen ausgelesen und mithilfe einer bis dahin nicht näher erklärten Methode und einer Eigenschaft des DOM an einer genau definierten Stelle im HTML-Code dargestellt werden.

Die *Methode*

```
document.getElementById("idname")
```

sucht genau das eine HTML-Element, dem das Attribut id="idname" zugewiesen wurde. Eine ID darf in einem HTML-Dokument nur ein einziges Mal vergeben werden. Damit ist eine eindeutige Adressierung mithilfe dieser Methode möglich.

Allerdings bewirkt erst die Neuzuweisung eines Werts auf die *Eigenschaft* innerHTML eine tatsächliche Manipulation des Inhalts des HTML-Elements.

Zur Erinnerung: Das Codebeispiel von Bild 10.15 lautet:

```
antwort = prompt("Geben Sie hier Ihre Antwort ein!");
document.getElementById("loesung").innerHTML = antwort;
```

Methode und Eigenschaft

In der objektorientierten Programmierung ist eine *Methode* immer ein Unterprogramm eines Objekts, während einer *Eigenschaft* Werte zugewiesen werden können. Es handelt sich also um Variablen innerhalb eines Objekts.

Das Beispiel ruft, wie gesehen, eine Prompt-Box auf, in die ein Text eingetragen werden kann. Dieser wird der Variablen „antwort" zugewiesen. In der zweiten Codezeile wird dann der Inhalt der Variablen einem HTML-Element als dessen Inhalt zugewiesen, welches ein Attribut ID mit dem Wert „loesung" enthält:

```
<p>Die Hauptstadt von Italien ist <span id="loesung"></span></p>
```

Achtung:

Eine Manipulation der Eigenschaft *innerHTML* mit der Methode *document.get ElementById* überschreibt den Inhalt des betreffenden Elements vollständig! Diese Manipulation kann auf jedes HTML-Element einschließlich <body> und sogar das Wurzelelement <html> angewendet werden.

10.3.2.2 Methoden zum Adressieren von Elementen

Neben der bereits beschriebenen Methode

```
document.getElementById,
```

welche ein einziges, genau durch die ID bezeichnetes HTML-Element anspricht, sind auch weitere Methoden definiert, mit denen HTML-Elemente in Gruppen bearbeitet werden können. Mit der Methode

```
document.getElementsByTagName("tagname")
```

werden alle Elemente vom gleichen HTML-Typ angesprochen. Wichtig ist die Mehrzahl in der Schreibweise: Element**s**! Entsprechend muss das Ergebnis betrachtet werden. Die Referenz ist also ein sogenanntes Array.[12]

Sollen Elemente, denen eine bestimmte Klasse zugewiesen wurde, bearbeitet werden, so wird mit der Methode

```
document.getElementsByClassName("klassenname")
```

gearbeitet. Auch hier hat man es mit einem Array zu tun.

Achtung:

Diese Methoden erzeugen sogenannte Arrays, Speicherplätze, die von 0 bis n indiziert werden. Die jeweiligen Elemente werden also über den jeweiligen Index gezielt angesprochen.

Im folgenden Beispiel wird das deutlich: Es wird die Methode

```
document.getElementsByTagName("p")
```

verwendet. Der folgende HTML-Code[13] wird nun mithilfe dieser Methode verändert:

```
<p class="bunt">Dies ist ein einfacher Absatz. Er erscheint in grün.</p>
<p class="bunt">Das ist ein weiterer gewöhnlicher Absatz. Er erscheint in rot.</p>
<p class="bunt">Noch ein einfacher Absatz. Er erscheint in blau.</p>
```

---

[12] Ein Array bezeichnet ein Datenfeld. Es werden also mehrere Daten innerhalb eines Arrays gespeichert, die mithilfe eines Index ausles- und überschreibbar sein können.

[13] Die Klassen haben für dieses Beispiel keine Bedeutung. Sie werden etwas später benötigt.

Die Abbildung zeigt, wie dieser Code im Browserfenster erscheint.

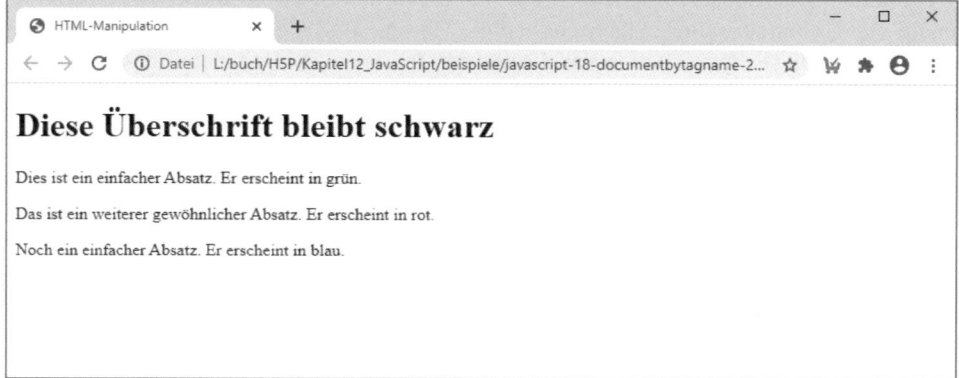

Bild 10.21 Ohne das JavaScript erscheint der Text im Fenster genauso, wie er in HTML geschrieben wurde, jedoch ohne Farben.

Mit der Eigenschaft *innerHTML* werden den mit dem nachfolgenden JavaScript jeweils indizierten Absätzen neue Texte zugewiesen.

```
<script>
    document.getElementsByTagName('p')[0].innerHTML = "Das ist jetzt ein neuer Text
    im ersten Absatz.";
    document.getElementsByTagName('p')[1].innerHTML = "Das zweite Absatz-Element
    bekommt einen neuen Text.";
    document.getElementsByTagName('p')[2].innerHTML = "Und das Dritte ebenso.";
</script>
```

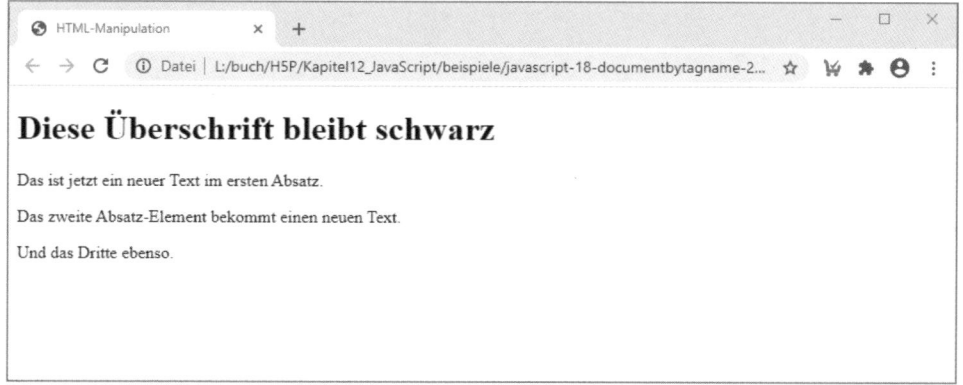

Bild 10.22 Das JavaScript hat alle Absatz-Elemente <p> neu beschrieben. Das wurde gezielt durch Nennung der Indizes vollzogen.

10.3.11.9 Eigenschaften von HTML-Elementen

Während die Eigenschaft „innerHTML" für den Inhalt des zu manipulierenden HTML-Elements steht, können weitere Eigenschaften die Formate und die Attribute von Elementen beeinflussen. Diese Eigenschaften und die zuvor beschriebenen Methoden sollen am bereits bekannten HTML-Code des vorherigen Beispiels erläutert werden. Es wird jedoch der vollständige JavaScript-Block ausgetauscht:

```
<script>
  document.getElementsByTagName('p')[0].style.color = '#00ff00';
  document.getElementsByTagName('p')[1].style.color = "#ff0000";
  document.getElementsByTagName('p')[2].style.color = "#0000ff";
</script>
```

Auch hier sind wieder die Indizes in den eckigen Klammern zu beachten, weil die Methode getElementsByTagName() ein Array generiert. Die Eigenschaft „style", in Verbindung mit der zugehörigen CSS-Eigenschaft, weist dem durch den Index genau bezeichneten Element nun das neue Format zu. Im Beispiel wird die Zeichenfarbe (color) neu gesetzt. Es können aber alle für das Element gültigen CSS-Eigenschaften an dieser Stelle neu gesetzt werden.

Bild 10.23 Die drei Absatzelemente wurden mit verschiedenen Farben formatiert. Die Auswahl erfolgte über die Methode *getElementsByTagName()[i]*. Die genaue Ansprache der Elemente erfolgte über den Index „i", dessen Zählweise bei 0 für das erste Element beginnt.

■ 10.4 Variablen und Konstanten

Variablen sind zunächst einmal in einem Programm definierte Speicherbereiche für Daten. Wie es der Begriff bereits ausdrückt, sind die darin enthaltenen Werte veränderbar, also variabel. Bei einer Konstanten ist dagegen keine Veränderung vorgesehen. Der Versuch, einer einmal deklarierten Konstante einen neuen Wert zuzuweisen, erzeugt eine Fehlermeldung.

10.4.1 Datentypen

JavaScript kennt nur vier Datentypen:

- *boolean:* Dieser Datentyp kennt nur rein logische Werte (0, 1 oder false, true).
- *number:* Dieser Datentyp repräsentiert alle Zahlenwerte. Es gibt in JavaScript also keine Unterscheidung zwischen Ganzzahlen und Gleitkommazahlen in den jeweils verschiedenen Breiten.
- *object:* Der Datentyp object kann sehr komplex gestaltet werden. Es ist hier möglich, mehrere „Variablen" und deren Werte in einem Ausdruck zu kombinieren. Die Wertepaare, bestehend aus einem Namen und dem eigentlichen Inhalt (Wert), werden durch einen Doppelpunkt getrennt geschrieben. Die einzelnen Wertepaare werden durch Kommas getrennt deklariert. Das gesamte Objekt wird in geschweiften Klammern eingefasst. Ein Beispiel: var meinObject {}
- *string:* Dieser Datentyp kann beliebige Text- und Ziffernzeichen enthalten. Sonderzeichen müssen unter Umständen „maskiert" werden, weil sie in JavaScript selbst eine Bedeutung haben (z. B. einzelne und doppelte Hochkommas)

Eine Variable, die ohne Typangabe deklariert (vgl. Abschnitt 10.4.4) und der noch kein Wert zugewiesen wurde, gilt als „undefined". Ein weiterer Sondertypus ist „null". Dieser ist nicht mit dem Zahlenwert „0" zu verwechseln. Mit diesem Typus hat man es zu tun, wenn beispielsweise eine „prompt-Box" (vgl. Abschnitt 10.2.1.3) ohne Eingabe in die Dialogzeile mit „Abbrechen" verlassen wird. Anstelle des Inhalts in der Dialogzeile gibt prompt() dann als Ergebnis „null" (nicht „0"!) zurück.

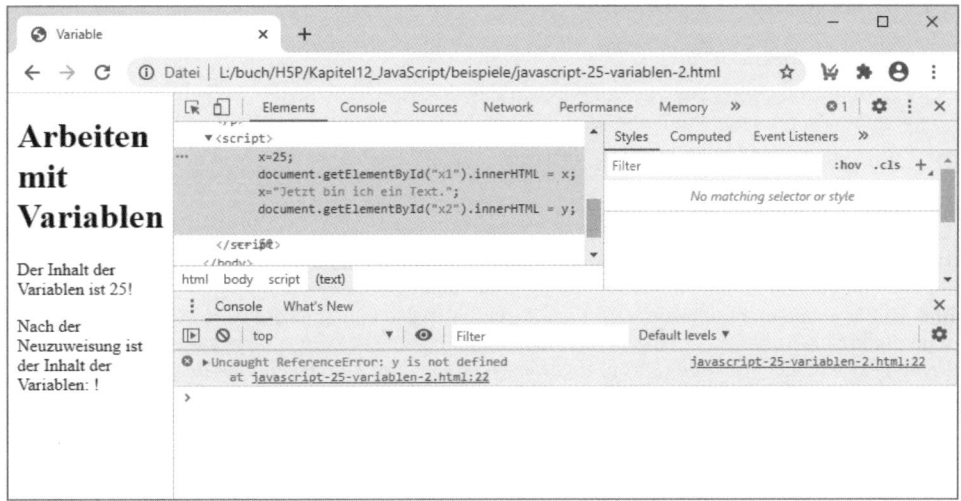

Bild 10.24 Die Variable y ist nicht mit einem Wert belegt. Daraus folgt ein „Reference Error" „not defined".

10.4.2 Typensicherheit

JavaScript ist im Vergleich zu den meisten anderen Programmiersprachen im Umgang mit Variablen **nicht typensicher**! Typensicher bedeutet, dass eine Variable vor ihrer Benutzung einem Datentyp zugeordnet werden muss. Werte, die der Variablen zugewiesen werden, müssen dann grundsätzlich diesem Datentypus entsprechen.

In JavaScript nimmt dies der Browser, der das Skript verarbeitet, nicht so genau. Es ist ihm schlicht egal, ob eine Variable zunächst „numerisch" ist und später als „string" oder „boolean" genutzt wird. Es ist dennoch ratsam, sich an eine einmal festgelegte Typisierung zu halten, denn es hilft, Fehler zu vermeiden und erleichtert im Fall der Fälle die Fehlersuche.

```
<p>Der Inhalt der Variablen ist <span id="x1"></span>!</p>
<p>Nach der Neuzuweisung ist der Inhalt der Variablen: <span id="x2"></span>!</p>

<script>
    x=25;
    document.getElementById("x1").innerHTML = x;
    x="Jetzt bin ich ein Text.";
    document.getElementById("x2").innerHTML = x;
</script>
```

Bild 10.25 In beiden Fällen wurde ein und dieselbe Variable (x) mit einem Wert belegt. Untypisch in der Informatik ist es jedoch, dass im ersten Fall ein numerischer Wert (eine ganze Zahl) und im zweiten Fall eine Zeichenkette (String) zugewiesen wurde. Das ist in JavaScript absolut möglich! Die Programmiersprache ist damit nicht „typensicher".

10.4.3 Datentypen und Typensicherheit

In einfach gestricktem JavaScript-Code ist es nicht nötig, eine Variable zu deklarieren. Sie wird mit der Zuweisung eines Werts im Programm automatisch deklariert und anschließend wird ihr ein Datentyp zugewiesen. Die automatische Deklaration des Datentyps erfolgt grundsätzlich mit jeder neuen Wertezuweisung.

Keine Typensicherheit!

JavaScript akzeptiert die Zuweisung jedes Werts zu einer Variablen, ganz
gleich welchen Datentyps! Das ist auch innerhalb eines Programms wechselnd
möglich. Man bezeichnet JavaScript deswegen auch als eine *nicht typensichere
Programmiersprache*.

Was zunächst sehr flexibel und damit positiv erscheint, birgt gewaltige Fehlerpotenziale in
sich. Sehr einfach lassen sich im laufenden Programm Werte in eine Variable schreiben, die
zum weiteren Ablauf nicht passen und zu Fehlern oder „sonderbaren" Ergebnissen führen
können.

Es kommt hinzu, dass Variablen nicht einmal als solche offiziell deklariert werden müssen.
In einfachem JavaScript-Code kann man ganz unkompliziert eine Variable – nennen wir sie
x – in eine Programmzeile einfügen und mit ihr arbeiten. Man kann nach einer gewissen
Entwicklungszeit auch die gleiche Variable erneut verwenden, jedoch ohne Bezug zum ersten Einsatz (vgl. Bild 10.25). Die fehlende Typensicherheit macht es leicht.

Man kann das Risiko von Verwendungsfehlern ein wenig reduzieren, indem man eine
Deklaration als Variable oder als Konstante vor der ersten Benutzung vorschreibt. Damit
wird die Verwendung einer nicht korrekt deklarierten Variable oder Konstante nicht mehr
möglich. Ebenso sind dann mehrfache Deklarationen nicht erlaubt. Diese Einschränkung
muss jedoch ausdrücklich erzwungen werden mit der Phrase

```
"use strict";
```

Diese Direktive verhindert:

- die Verwendung einer nicht mit einem Schlüsselwort (var, let) deklarierten Variable,
- die Verwendung einer nicht mit dem Schlüsselwort const deklarierten Konstante.

Das war es dann aber auch schon mit den hilfreichen Einschränkungen.

Problemlos wird das folgende Skript funktionieren:

```
<p>Der Inhalt der Variablen ist <span id="x1"></span>!</p>
<script>
  x=25;
  document.getElementById("x1").innerHTML = x;
</script>
```

Anders sieht es jedoch nun aus, wenn der Code um eine Zeile ergänzt wird:

```
<p>Der Inhalt der Variablen ist <span id="x1"></span>!</p>
<script>
"use strict";
  x=25;
  document.getElementById("x1").innerHTML = x;
</script>
```

Es handelt sich um den gleichen, zuvor funktionierenden Code. Jetzt aber reklamiert eine
Fehlermeldung in der Konsole „*x is not defined!*" Mit der „use strict"-Direktive wird eine
saubere Deklaration eingefordert. Diese setzt einmalig das Schlüsselwort „var" voraus.

Bild 10.26 Die „use strict"-Direktive fordert eine Deklaration als Variable oder als Konstante ein, sonst erfolgt eine Fehlermeldung. Die Festlegung eines Datentyps ist jedoch nicht gefordert und auch nicht ohne eine Wertzuweisung möglich.

10.4.4 Deklarationen und Gültigkeitsbereiche

Variablen sind nicht typensicher, was zu verschiedenen Problemen beim Programmieren führen kann, jedoch bietet JavaScript die Möglichkeit, die Gültigkeit von Variablen (in bestimmten Bereichen, „Scopes") zu begrenzen. Zu unterscheiden ist der

- *Global* Scope – die Variablen gelten überall im Programm.
- *Block* Scope – die Variablen gelten innerhalb eines durch geschweifte Klammern beschriebenen Bereichs.
- *Function* Scope – die Variablen gelten innerhalb einer Funktion.

Nicht alle Deklarationen wirken auf jeden dieser Bereiche! Die einzelnen Fälle sollen näher betrachtet werden.

10.4.4.1 Variablendeklaration mit var

Die Deklaration einer Variablen mit dem Schlüsselwort *var* ist quasi der Standard. Dieses Verfahren kennt jedoch keinen *Block Scope*. Das bedeutet, dass eine mit *var* deklarierte Variable selbst dann im gesamten Programm (Ausnahme in Funktionen) verwendet werden kann, wenn sie innerhalb eines Blocks deklariert wurde.

Das folgende Beispiel soll die Situation verdeutlichen (referenzierende Code-Abschnitte sind der besseren Übersicht wegen hervorgehoben):

```
<p>Der Inhalt der Variablen ist <span id="x1"></span>!</p>
<p>Der Inhalt der Variablen innerhalb des Blocks ist: <span id="x2"></span>!</p>
<p onclick="fkt()">Der Inhalt der Variablen innerhalb der Funktion ist: <span
id="x3"></span>!</p>
```

```
<script>
"use strict"
      var x=" außerhalb von allem deklariert.";
      document.getElementById("x1").innerHTML = x;
      {
      document.getElementById("x2").innerHTML = x;
      }
function fkt()
      {
      document.getElementById("x3").innerHTML = x;
      }
</script>
```

In diesem Beispiel erfolgt die Zuweisung eines Werts gleich zum Beginn des JavaScripts. Damit gibt es keine Probleme und die Ausgabe erfolgt in allen drei Zeilen völlig korrekt. Es muss jedoch darauf hingewiesen werden, dass die letzte Zeile erst nach einem Klick auf den Absatz vervollständigt wird, weil die Funktion über „onclick()" aufgerufen wird.

Bild 10.27 Die mit dem Schlüsselwort „var" deklarierte Variable x (der Inhalt ist hervorgehoben) funktioniert überall, auch innerhalb einer Funktion. Allerdings muss die Reihenfolge von Deklaration/ Zuweisung und Verwendung beachtet werden.

 „Globale" Deklaration einer Variablen (global scope)

In welchen Bereichen eines JavaScripts ein Variable gültig ist, hängt davon ab, wo sie deklariert wurde! Erfolgte die Deklaration außerhalb eines durch geschweifte Klammern definierten Blocks und außerhalb einer Funktion, so ist die Variable global gültig. Welchen Wert sie enthält oder ob ihr Wert als „undefined" erscheint, hängt von der Reihenfolge der Zuweisung und der Verwendung ab.

Erfolgt die Deklaration/Zuweisung der Variablen mit *var* in einem Block, funktioniert das Skript auch „global", allerdings muss – wenn das vorherige Beispiel verwendet wird – die Reihenfolge angepasst werden. Die Variable darf erst verwendet werden, wenn ihr ein Wert zugewiesen und – wie es in JavaScript gilt – diese damit auch als Variable deklariert wurde.

Wird die Reihenfolge nicht eingehalten, so ist der Inhalt der Variablen gleich „undefined". Diesen Fall zeigt Bild 10.28. Die kursive Codezeile zeigt die Änderung gegenüber dem vorherigen Beispiel: Die Zuweisung der Zeichenkette zur Variablen x erfolgt innerhalb eines *Blocks* direkt nach der ersten geschweiften Klammer. Der erste Aufruf der Variablen x erfolgt jedoch bereits vor dieser Klammer. Hier ist der Inhalt noch nicht definiert.

```
document.getElementById("x1").innerHTML = x;
{
var x=" wurde in einem Block deklariert.";
document.getElementById("x2").innerHTML = x;
}
```

Bild 10.28 In der ersten Ausgabe wird versucht, den Inhalt der Variablen x auszugeben, bevor ihr ein solcher zugewiesen wurde. Damit ist der Inhalt noch „undefined". Eine Fehlermeldung wird nicht in der Konsole ausgegeben! Das Problem ist lediglich die Reihenfolge.

Ein anderes Ergebnis ist zu beobachten, wenn die Deklaration der Variablen innerhalb einer Funktion (vgl. Abschnitt 10.6) erfolgt. Die betreffenden JavaScript-Codezeilen für das o. g. Beispiel lauten:

```
function fkt()
    {
    var x=" wurde in einer Funktion deklariert.";
    document.getElementById("x3").innerHTML = x;
    }
```

Die Deklaration erfolgt hier innerhalb eines Funktionsblocks. Dieser Block wird nur dann ausgeführt, wenn die Funktion tatsächlich aufgerufen wird. Allerdings bleibt x auch dann nur innerhalb der Funktion gültig (function scope).

Bild 10.29 Function Scope bedeutet, dass eine Variable nur innerhalb einer Funktion gültig ist. Außerhalb der Funktion sind sie nicht definiert.

 Auf die Funktion begrenzte Deklaration (function scope)

Während globale Variablen durchaus auch innerhalb einer Funktion gültig sein können, sind innerhalb einer Funktion deklarierte und mit Werten belegte Variablen *nicht* außerhalb der Funktion gültig.

Ein Beispiel soll das verdeutlichen: Das bereits bekannte Skript wird um ein weiteres HTML-Absatz-Element erweitert, welches wieder ein leeres <span>-Element enthält. Diesem wird die ID „x4“ zugewiesen. Ebenso wird das JavaScript ergänzt. Es wird eine Ausgabezeile im globalen Bereich unterhalb der Funktionsdeklaration geschrieben. Die Ausgabe erfolgt durch die Referenz auf die ID „x4“.

Das Beispiel zeigt also tatsächlich zwei Deklarationen der scheinbar „gleichen“ Variablen. Allerdings wird die Variable x innerhalb des Funktionsblocks überschrieben. Weil dies nur innerhalb der Funktion selbst von Bedeutung ist, zeigt die letzte Ausgabe wieder den global zugewiesenen Wert (vgl. Bild 10.29).

```
<p>Der Inhalt der Variablen ist <span id="x1"></span>!</p>
<p>Der Inhalt der Variablen innerhalb des Blocks ist: <span id="x2"></span>!</p>
<p onclick="fkt()">Der Inhalt der Variablen innerhalb der Funktion ist: <span
id="x3"></span>!</p>
<p>Der Inhalt der Variablen ist <span id="x1"></span>!</p>
<script>
"use strict"
     var x=" außerhalb von allem deklariert.";
     document.getElementById("x1").innerHTML = x;
     {
     document.getElementById("x2").innerHTML = x;
     }
function fkt()
     {
```

```
        var x=" wurde in einer Funktion deklariert.";
        document.getElementById("x3").innerHTML = x;
        }
        document.getElementById("x4").innerHTML = x;
</script>
```

Bild 10.30 Die Variable x wurde sowohl global als auch innerhalb der Funktion mit jeweils verschiedenen Zeichenketten belegt. Die Zuweisung innerhalb des Funktionsblocks hat auf alle Bereiche außerhalb jedoch keine Wirkung.

10.4.4.2 Konstanten-Deklarationen mit const

Eine Konstante ist unveränderlich in einem Programm. Einmal deklariert und mit einem Wert belegt, kann sie nicht mehr verändert werden. Der Versuch, dies zu tun, mündet in eine Fehlermeldung und beendet möglicherweise die Ausführung des gesamten Skripts.

Eine Ausnahme gibt es allerdings auch hier: Wird die Konstante global deklariert und mit einem Wert belegt, kann sie dennoch innerhalb einer Funktion noch einmal belegt werden. Auch hier ist der neue Wert jedoch nur innerhalb der Funktion gültig.

Der zugehörige HTML-Code ist bereits mit verändertem Test aus dem vorherigen Beispiel bekannt:

```
<script>
"use strict"
        const x=" eine global deklarierte Konstante";
        document.getElementById("x1").innerHTML = x;
        {
        document.getElementById("x2").innerHTML = x;
        }
function fkt()
        {
        var x=" eine in einer Funktion deklarierte Variable";
        document.getElementById("x3").innerHTML = x;
        }
        document.getElementById("x4").innerHTML = x;
</script>
```

Bild 10.31 Innerhalb einer Funktion kann eine global deklarierte Konstante noch einmal individuell belegt und auch als Variable deklariert und verwendet werden. Deren Gültigkeit ist allerdings nur auf die Funktion begrenzt.

10.4.4.3 Lokale Variablen mit let

Im Abschnitt 10.4.4.1 wurde der Begriff eines *Blocks* eingeführt. Ein Programmblock ist mit geschweiften Klammern umschlossen und wird in der Regel zur Abgrenzung zusammengehöriger Codezeilen in Kontrollstrukturen (siehe Abschnitt 10.5) verwendet. In den bisherigen Beispielen wurden Blöcke lediglich direkt in den Code hineingeschrieben und damit bedingungslos durchlaufen. Auch zeigte die Deklaration einer Variablen außerhalb wie innerhalb des Blocks mit dem Schlüsselwort *var* keine Unterschiede.

Eine andere Situation liegt vor, wenn anstelle des Schlüsselworts *var* für die Deklaration das Schlüsselwort *let* verwendet wird. Dieses kennt im Gegensatz zu *var* den sogenannten *Block Scope*. Es ist also möglich, Variablen zu deklarieren, deren Gültigkeit ausschließlich auf einen durch geschweifte Klammern begrenzten Programmabschnitt begrenzt ist. Das bedeutet aber auch, dass eine innerhalb eines Blocks mit *let* deklarierte Variable im globalen Bereich ungültig ist. Dies zeigt das folgende kleine Beispiel (es wird der zuvor gezeigte HTML-Code verwendet, wobei jedoch die erste Absatzzeile – ID="x1" entfernt wurde):

```
<script>
"use strict"
  {
  let x=" wurde in einem Block deklariert.";
  document.getElementById("x2").innerHTML = x;
  }
function fkt()
  {
  var x=" wurde in einer Funktion deklariert.";
  document.getElementById("x3").innerHTML = x;
  }
document.getElementById("x4").innerHTML = x;
</script>
```

Bild 10.32 Die Variable x wurde in einem Block mit *let* und noch einmal in einer Funktion mit *var* deklariert und mit einem Wert belegt. Beides ist innerhalb eines Skripts möglich, allerdings kann die Variable nicht im globalen Bereich genutzt werden. Dort ist sie unbekannt!

Die Abbildung zeigt, dass im letzten Absatz kein Variablenwert eingesetzt werden konnte. Der Grund dafür liegt in der Deklaration der Variablen innerhalb eines Blocks mit dem Schlüsselwort *let*. Die Funktion stellt ohnehin ein eigenes Konstrukt mit eigenen Grenzen dar (Function Scope). Wäre allerdings innerhalb des Blocks das Schlüsselwort *var* verwendet worden – dieses kennt keine Block-Grenzen – wäre auch im dritten Absatz eine Ausgabe erfolgt.

Bemerkenswert – dies gilt sinngemäß auch für *var* in Bezug auf den Function Scope – ist eine gemischte Deklaration über verschiedene Bereiche:

- Deklaration mit *var* oder *let* im globalen Bereich
- Deklaration mit *let* im Block-Bereich
- Deklaration mit *var* oder *let* im Funktionsbereich

In diesem Fall gelten die Deklarationen ausschließlich in den jeweiligen Bereichen. Zwar würde sich eine Deklaration aus dem globalen Bereich durchaus in eine Funktion oder in einen Programmblock *vererben*, jedoch sind innerhalb dieser Grenzen Neudeklarationen zulässig. In die übergeordnete Ebene (aus dem Block in den globalen Bereich oder aus einer Funktion in den globalen Bereich) sind keine Vererbungen möglich!

```
<script>
"use strict"
    let x=" außerhalb von allem deklariert.";
    {
    let x=" wurde in einem Block deklariert.";
    document.getElementById("x2").innerHTML = x;
    }
function fkt()
    {
    var x=" wurde in einer Funktion deklariert.";
    document.getElementById("x3").innerHTML = x;
    }
    document.getElementById("x4").innerHTML = x;
</script>
```

Bild 10.33 Eine „bunte" Mischung! – die Variable x wurde global mit *var* oder *let* deklariert (beides ist möglich). Zusätzlich erfolgten Deklarationen in einem Block mit *let* und innerhalb einer Funktion. Alle Variablen werden korrekt verarbeitet, weil sie sich innerhalb ihrer Deklarationsgrenzen befinden.

10.4.5 Datentyp einer Variablen ermitteln

JavaScript ist wie bereits besprochen keine typensichere Programmiersprache. Der Datentyp einer Variablen wird also durch deren Inhalt bestimmt. Aus diesem Grund kann es sinnvoll sein, den Datentyp festzustellen. Dies ist mit dem „typeof"-Operator möglich. Diesem kann eine Variable direkt nachgestellt oder wie bei einer Funktion in einem Klammerausdruck übergeben werden.

Der folgende Code-Ausschnitt zeigt die beiden JavaScript-Ausgabezeilen, mit denen die jeweils aktuelle Variable x sowohl mit ihrem Wert als auch mit ihrem Typ in einer HTML-Zeile ausgegeben wird:

```
// Ausgabe des Wertes von x:
document.getElementById("wert1").innerHTML = x;
// Ausgabe des Datentyps von x:
document.getElementById("typ1").innerHTML = typeof x;
```

 Nicht deklarierte Variablen

Wird der Operator „typeof" auf eine nicht deklarierte Variable angewendet, so ist das Ergebnis „undefined".

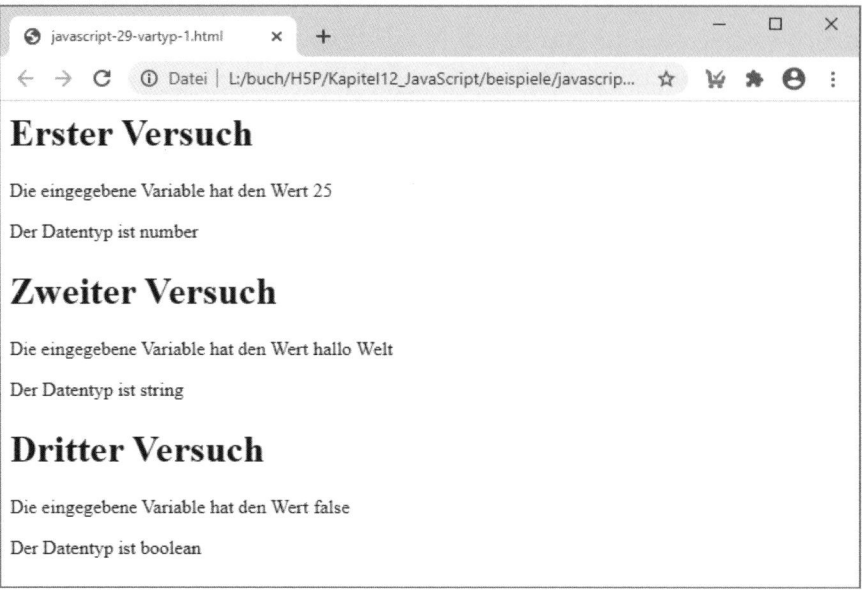

Bild 10.34 Der Variablen „x" wurde dreimal ein Wert zugewiesen. Jedes Mal erfolgte danach eine Ausgabe in einem HTML-Element. Mit jeder Wertezuweisung passte sich auch der Datentyp an.

■ 10.5 Kontrollstrukturen

Eine Programmiersprache zeichnet sich vor allem dadurch aus, dass sie Eingaben speichern und verarbeiten, Werte miteinander verknüpfen und aus ihnen Berechnungen anstellen sowie aus den Ergebnissen Entscheidungen treffen kann. Das geschieht in Kontrollstrukturen wie

- Verzweigungen und
- Schleifen.

Damit diese Kontrollstrukturen funktionieren können, bedarf es *Operatoren*, welche die Grundlage für die notwendigen Entscheidungen verkörpern.

10.5.1 Operatoren

Bei den Operatoren muss man grundlegend zwischen zwei verschiedenen Arten unterscheiden:

- Operatoren, mit denen Berechnungen durchgeführt und Inhalte von Variablen verändert werden können.
- Operatoren, die Werte miteinander direkt vergleichen und damit die Grundlage einer Entscheidung darstellen.

Die verschiedenen Operatoren sind in ihrer Schreibweise oft ähnlich, was zu Programmierfehlern führen und unerwünschte Ergebnisse hervorrufen kann.

10.5.1.1 Arithmetische Operatoren

Für Berechnungen in den einfachen Grundrechenarten werden arithmetische Operatoren verwendet. Diese Berechnungen liefern grundsätzlich numerische Ergebnisse. Neben den vier Grundrechenarten gibt es noch drei weitere Operatoren, mit denen Berechnungen vereinfacht bzw. kürzer geschrieben werden können.

Tabelle 10.1 Arithmetische Operatoren in JavaScript

Operator	Bedeutung	Erklärung
+	Addition	Die Werte rechts und links des Operators werden addiert.
-	Subtraktion	Der Wert rechts vom Operator wird vom Wert links des Operators abgezogen.
*	Multiplikation	Die Werte rechts und links vom Operator werden miteinander multipliziert.
/	Division	Der Wert links vom Operator wird durch den rechten Wert geteilt.
++	Inkrement	Erhöhung um den Wert 1
- -	Dekrement	Verringerung um den Wert 1
%	Modulo	Der Wert links vom Operator wird durch den rechten Wert geteilt. Ergebnis ist der Rest der Division.

Es werden bei arithmetischen Operatoren die mathematischen Grundregeln wie „Punkt-vor-Strich-Rechnung" und die Klammerrechnung voll berücksichtigt. Höhere Rechenoperationen wie Potenzieren oder Wurzelrechnung können mithilfe spezieller mathematischer Funktionen durchgeführt werden.

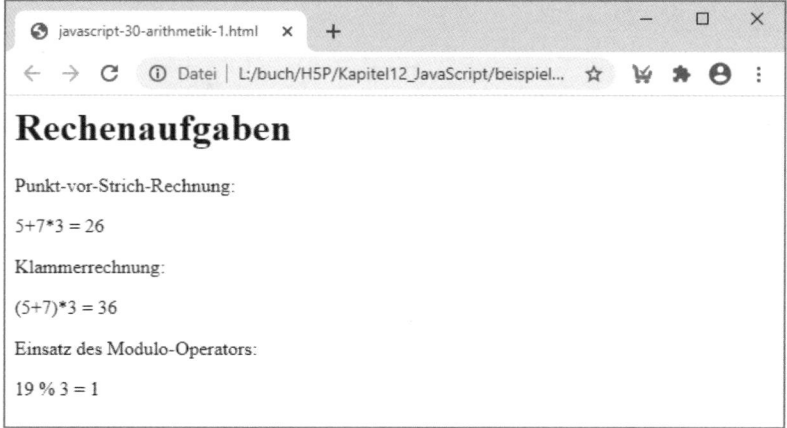

Bild 10.35 Beispiele für Rechenoperationen mit JavaScript

Der Operator *Modulo* kann anstelle des Divisionsoperators eingesetzt werden. Als Ergebnis wird jedoch nicht der Quotient, sondern der ganzzahlige Rest der Operation ausgegeben.

```
<p>Punkt-vor-Strich-Rechnung:</p>
<p> 5+7*3 =  <span id="wert1"></span></p>
<script>
  x = 5+7*3;
  document.getElementById("wert1").innerHTML = 5+7*3;
</script>
```

Besonders bemerkenswert sind die Operatoren „++" und „- -". Sie stehen für die Erhöhung oder Verminderung eines Wertes um „1". Wie sie wirken, hängt von der Position ab. Im Beispiel wird die Variable x dreimal ausgegeben, wobei zweimal der ++-Operator einmal voran- und einmal nachgestellt verwendet wird.

Nach der Zuweisung des Werts 25 wird die Variable mit vorangestelltem ++-Operator ausgegeben. Der vorangestellte ++-Operator bewirkt, dass der Inhalt der Variablen noch vor der Ausgabe um 1 erhöht wird.

Bei der zweiten Ausgabe hat die Variable also den Wert 26 gespeichert. Tatsächlich wird dieser ausgegeben, obwohl der ++-Operator verwendet wird. Die Erhöhung um 1 erfolgt jedoch erst nach der Ausgabe, weil der Operator der Variablen nachgestellt wurde. Dies belegt die dritte Ausgabezeile, welche den Inhalt der Variablen x nun unverändert präsentiert.

```
// x wird der numerische Wert 25 zugewiesen.
  x = 25;
// Es wird x in einem Element mit der ID "wert1" ausgegeben. Der ++-Operator
// ist der Variablen vorangestellt.
  document.getElementById("wert1").innerHTML = ++x;
// Nun erfolgt die Ausgabe in einem Element mit der ID "wert2". Wieder wird der
++-Operator verwendet, jedoch ist dieser der Variablen nachgestellt.
  document.getElementById("wert2").innerHTML = x++;
// Es wird die Variable x nun direkt ausgegeben.
  document.getElementById("wert3").innerHTML = x;
```

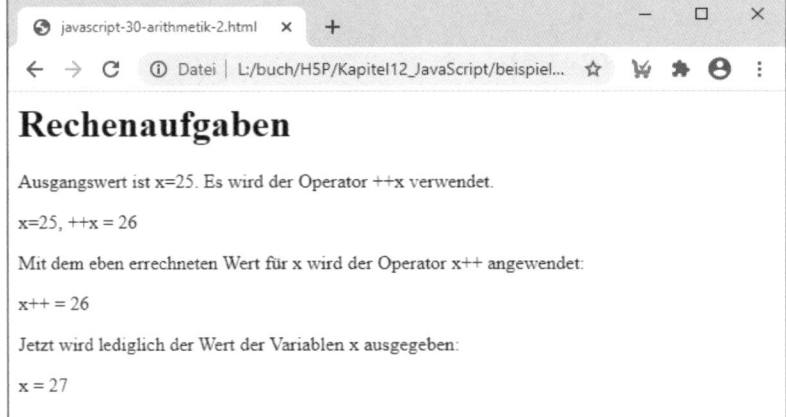

Bild 10.36 Es ist bei der Verwendung des ++-Operators für das Ergebnis der aktuellen Operation entscheidend, ob dieser vor oder nach der Variablen gesetzt wird.

10.5.1.2 Zuweisungsoperatoren

Es gibt eine Reihe von Zuweisungsoperatoren, von denen hier nur die wichtigsten vorgestellt werden sollen. Bitorientierte Zuweisungen sollen in dieser Einführung nicht betrachtet werden. Die Aufgabe eines Zuweisungsoperators ist es, einer Variablen einen Wert zuzuweisen. Dabei kann es sich um einen festen Wert oder um eine Zeichenkette als neuen Inhalt handeln. Es kann aber auch das Ergebnis einer Berechnung, einer arithmetischen Operation, sein.

 Allgemeiner Zuweisungsoperator

Der Operator „=" ist der allgemeine Zuweisungsoperator. Er wird sowohl für arithmetische als auch für alle anderen Zuweisungen eingesetzt. Dieser Operator nimmt alleine keine anderen Aufgaben wahr.

Der Zuweisungsoperator kann mit arithmetischen Operatoren und mit Bit-Operatoren kombiniert werden. Die folgende Tabelle zeigt eine Auswahl möglicher kombinierter Zuweisungsoperatoren.[14]

Tabelle 10.2 Zuweisungs-Operatoren in JavaScript

Operator	Bedeutung	Erklärung
=	Zuweisung	Allgemeine Zuweisung
+=	Addition und Zuweisung	Der Wert rechts vom Operator wird zu dem bereits in der Variablen gespeicherten Wert addiert und das Ergebnis der Variablen neu zugewiesen. Handelt es sich bei dem „Wert" in mindestens einem Fall um eine Zeichenkette, werden die Inhalte zu einer gesamten Zeichenkette verknüpft. Die Variable ist im Ergebnis vom Typ „String".
-=	Subtraktion und Zuweisung	Der Wert rechts vom Operator wird vom bereits in der Variablen gespeicherten Wert abgezogen und das Ergebnis der Variablen neu zugewiesen. Diese Operation ist nicht mit Zeichenketten durchführbar!
*=	Multiplikation und Zuweisung	Der Wert rechts vom Operator wird mit dem bereits in der Variablen gespeicherten Wert multipliziert und das Ergebnis der Variablen neu zugewiesen. Diese Operation ist nicht mit Zeichenketten durchführbar!
/=	Division und Zuweisung	Der bereits in der Variablen gespeicherte Wert wird durch den Wert rechts vom Operator dividiert und das Ergebnis der Variablen neu zugewiesen. Diese Operation ist nicht mit Zeichenketten durchführbar!
%=	Modulo-Operation und Zuweisung	Der bereits in der Variablen gespeicherten Wert wird durch den Wert rechts vom Operator dividiert und der *Rest der Division* der Variablen neu zugewiesen. Diese Operation ist nicht mit Zeichenketten durchführbar!
Zusätzlich: Kombinationen mit Bitoperatoren möglich		

---

[14] Auf Bit-Operationen soll in diesem Exkurs verzichtet werden. Sie sind deswegen nicht in der Tabelle gelistet.

Ein Beispiel für die kombinierte Zuweisung zeigt Bild 10.37. Die Variable x enthält vor der Operation bereits den numerischen Wert 25. Das folgende JavaScript addiert den Wert 5 hinzu und weist gleichzeitig der Variablen das Ergebnis neu zu:

```
x = 25;
x += 5;
document.getElementById("wert1").innerHTML = x;
```

Für die Ausgabe kann beispielsweise die folgende HTML-Zeile verwendet werden:

```
<p>x = <span id="wert1"></span></p>
```

 Aufpassen!

Es ist unbedingt die richtige Reihenfolge einzuhalten: += wird funktionieren. Der Versuch, die Zuweisungs- und Operatorenzeichen zu vertauschen (=+), funktioniert dagegen nicht!

Bild 10.37 Verschiedene Operationen, die mit dem bereits in einer Variablen gespeicherten Wert durchgeführt werden, lassen sich mit einer kombinierten Zuweisung vereinfachen.

10.5.1.3 Verknüpfungen

Der bereits von arithmetischen Operationen bekannte Operator „+" hat eine besondere Bedeutung, wenn Zeichenketten (Strings) an der Operation beteiligt sind. In diesem Fall dient er als *Verknüpfungsoperator*.

Dieser Operator funktioniert zur Verbindung zweier oder mehrerer Zeichenketten, ganz gleich, ob diese in Variablen gespeichert oder als String in Hochkommas übergeben werden. Zu beachten ist stets, dass auch ein Leerzeichen ein Zeichen eines Strings ist. Sollen zwei Worte miteinander verbunden werden, muss das berücksichtigt werden. Die folgende Verknüpfung führt zu einem unerwünschten Ergebnis:

```
x = "Hallo"+"Welt";
```

Bild 10.38 Die beiden zu verknüpfenden Zeichenketten enthalten kein Leerzeichen. Das Ergebnis ist eine direkte Zusammenschreibung beider Wörter.

Das Problem wird beseitigt, wenn auch Leerzeichen wie gewöhnliche Druckzeichen behandelt werden. Im folgenden Skript wird dafür lediglich ein weiterer String zwischen die beiden Worte eingefügt:

```
x = "Hallo"+" "+"Welt";
```

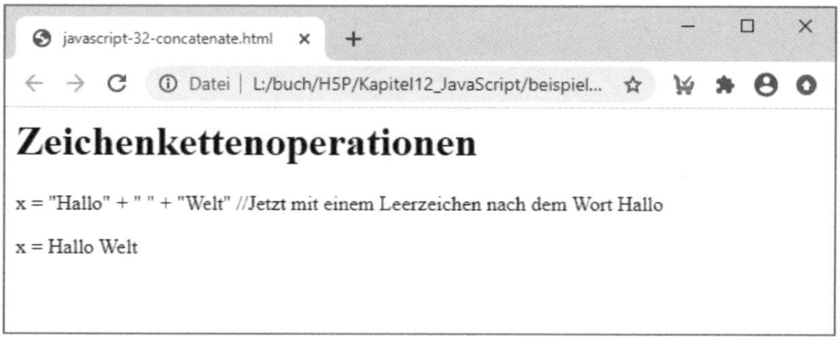

Bild 10.39 Hier werden insgesamt drei Strings miteinander verknüpft. Die mittlere „Zeichenkette" besteht allerdings nur aus einem einzigen Zeichen, dem Leerzeichen. Damit erscheinen die beiden Wörter jedoch in getrennter Schreibweise im Ergebnis.

10.5.1.4 Logische Operatoren

Logische Operatoren verknüpfen logische – boolesche – Zustände miteinander. Es gibt nur zwei mögliche Zustände: WAHR und FALSCH. Die Verknüpfung der Operanden liefert ein Ergebnis, welches ebenfalls nur WAHR oder FALSCH sein kann. Andere Bezeichnungen für die logischen Zustände sind:

- 0 (FALSCH bzw. UNWAHR) oder 1 (WAHR),
- LOW (FALSCH) oder HIGH (WAHR) – abgeleitet aus elektrischen Spannungspotenzialen,
- TRUE (WAHR) oder FALSE (FALSCH) – englische Schreibweise.

Tabelle 10.3 Logische Operatoren in JavaScript

Operator	Bedeutung	Erklärung
&&	UND-Verknüpfung	Das Ergebnis der Operation ist WAHR, wenn ausnahmslos alle Operanden WAHR sind.
||	ODER-Verknüpfung	Das Ergebnis der Operation ist WAHR, wenn mindestens einer der Operanden WAHR ist.
!	NICHT	Das Ergebnis der Operation ist WAHR, wenn der Operand FALSCH ist und umgekehrt: Das Ergebnis ist FALSCH, wenn der Operand WAHR ist.
^	Exklusiv-ODER	Das Ergebnis der Operation ist WAHR, wenn mindestens EINER der Operanden WAHR ist UND weder alle Operanden FALSCH noch alle Operanden WAHR sind.

Die verschiedenen möglichen logischen Zustände, die Ergebnis einer Operation sind, lassen sich in sogenannten Wahrheitstabellen darstellen. Das folgende Beispiel zeigt eine Wahrheitstabelle für zwei Operanden:

Tabelle 10.4 Wahrheitstabelle für zwei Eingangsoperanden (UND, ODER, Exklusiv-ODER)

Operand 1	Operand 2	UND &&	ODER ||	Exklusiv-ODER ^
FALSCH	FALSCH	FALSCH	FALSCH	FALSCH
FALSCH	WAHR	FALSCH	WAHR	WAHR
WAHR	FALSCH	FALSCH	WAHR	WAHR
WAHR	WAHR	WAHR	WAHR	FALSCH

10.5.1.5 Vergleichsoperatoren

Vergleichsoperatoren sind die Basis für Entscheidungen in bedingten Verzweigungen und in den Kriterien für den Durchlauf bzw. den Abbruch einer Schleife.

 Verwechslungsgefahr!

Der Vergleichsoperator == und der Zuweisungsoperator (=) werden oft in der Programmierung verwechselt. Dies führt zu dementsprechend unerwünschten Ergebnissen. Auch sollte der strikte Vergleich === und !== mit großer Überlegung eingesetzt werden. Hier ist zu beachten, dass JavaScript keine typensichere Programmiersprache ist. 99 ist nicht strikt gleich „99"!

Tabelle 10.5 Vergleichsoperatoren in JavaScript

Operator	Bedeutung	Erklärung
==	Ist gleich	Das Ergebnis ist WAHR, wenn beide Operanden im Wert gleich sind.
===	Ist strikt gleich	Das Ergebnis ist WAHR, wenn beide Operanden im Wert *und* im Datentypus gleich sind.
!=	Ist ungleich	Das Ergebnis ist WAHR, wenn beide Operanden ungleich sind.
!==	Ist strikt ungleich	DAS Ergebnis ist WAHR, wenn beide Operanden ungleich sind und/oder einen unterschiedlichen Datentypus haben.
<		Das Ergebnis ist WAHR, wenn der Wert links des Operators kleiner ist als der Wert rechts davon.
<=		Das Ergebnis ist WAHR, wenn beide Operanden gleich sind oder der Wert links des Operators kleiner ist als der Wert rechts davon.
>		Das Ergebnis ist WAHR, wenn der Wert links des Operators größer ist als der Wert rechts davon.
>=		Das Ergebnis ist WAHR, wenn beide Operanden gleich sind oder der Wert links des Operators größer ist als der Wert rechts davon.

10.5.1.6 Bedingungsoperator

Der als *ternärer Operator* bezeichnete *Bedingungsoperator* ist ein Sonderfall, weil er neben dem Vergleich zweier Objekte auch gleichzeig eine Entscheidung trifft und umsetzt. Im folgenden Beispiel sollen zunächst in einem JavaScript-Block drei Variablen deklariert und mit numerischen Werten belegt werden. Die vergebenen Zahlen sind willkürlich gewählt. Des Weiteren werden drei Ausgaben in das Skript programmiert.

```
<script>
  var x = 25;
  var y = 35;
  var z = 15;

  document.getElementById("wertx").innerHTML = x;
  document.getElementById("werty").innerHTML = y;
  document.getElementById("wertz").innerHTML = z;
</script>
```

Um den Inhalt der Variablen im Browser-Fenster darzustellen, wird der folgende HTML-Code verwendet. Die Bedeutung dieser Zeilen wurde in Abschnitt 10.3.2.2 beschrieben.

```
<p>x = <span id="wertx"></span></p>
<p>y = <span id="werty"></span></p>
<p>z = <span id="wertz"></span></p>
```

Der JavaScript-Block wird nun um Vergleiche und Entscheidungen über den *Bedingungsoperator* (ternärer Operator) ergänzt. Die Ergebnisse der Entscheidung werden wieder in der gewohnten Weise ausgegeben.

Die allgemeine Struktur des Bedingungsoperators besteht aus drei Teilen:

```
Entscheidungskriterium ? Ergebnis für WAHR : Ergebnis für FALSCH
```

Das Entscheidungskriterium wird von den beiden möglichen Ergebnisalternativen durch ein Fragezeichen, die beiden Ergebnisalternativen durch einen Doppelpunkt getrennt.

```
var xy = x<y ? "X ist kleiner als Y!" : "X ist größer oder gleich Y!";
var xz = x<z ? "X ist kleiner als Z!" : "X ist größer oder gleich Z!";

document.getElementById("ergebnis1").innerHTML = xy;
document.getElementById("ergebnis2").innerHTML = xz;
```

Der HTML-Code für die dazugehörige Ausgabe lautet:

```
<p><span id="ergebnis1"></span></p>
<p><span id="ergebnis2"></span></p>
```

Bild 10.40 Mithilfe des Bedingungsoperators können Entscheidungen in nur einer kurzen Zeile getroffen werden.

10.5.2 Verzweigungen

Verzweigungen stellen programmierbare Weichen dar, nach denen entschieden wird, welchen Ablauf das Programm nehmen wird. Grundlage ist ein Entscheidungskriterium.

10.5.2.1 Einfache „if"-Abfrage

Die einfachste Variante einer „Verzweigung" wird durch die Entscheidung dargestellt, ob ein Programmblock durchlaufen wird oder nicht. Ist die Bedingung nicht erfüllt, wird der nachfolgende Programmblock schlicht und einfach ignoriert. Ein einfaches Beispiel soll dies demonstrieren:

Zunächst wird mithilfe einer confirm-Box (vgl. Abschnitt 10.2.1.2) eine Abfrage formuliert, die definitionsgemäß nur zwei Antwortmöglichkeiten zulässt (*OK* = „TRUE" und *Abbrechen* = „FALSE").

Die Abfrage mit der Confirm-Box wird wie folgt innerhalb des <script>-Elements programmiert:

```
x = confirm("Soll der Text unterstrichen werden?");
```

Die confirm-Box liefert in jedem Fall einen logischen (booleschen) Wert zurück: WAHR oder FALSCH. Dieser kann nun mit einer „if"-Anweisung ausgewertet werden. Es wird lediglich der Name der Variablen x in die Bedingung geschrieben. In diesem Fall ist die Bedingung erfüllt, wenn x den Inhalt WAHR (TRUE) hat oder mit einem beliebigen Wert belegt ist. Die Bedingung ist nicht erfüllt, wenn x UNWAHR (FALSE), NULL, 0 oder undefiniert ist.

```
if (x)
  {
  // Dieser Teil wird nur ausgeführt, wenn x WAHR ist!
  }
```

Zwischen den geschweiften Klammern besteht ein eigener Programmblock. Zur Erinnerung: Variablen, die im „Block-Scope" mit dem Schlüsselwort *let* deklariert werden, gelten nur innerhalb dieses Blocks. Der einer *if-Anweisung* folgende Block wird allerdings nur dann ausgeführt, wenn die Bedingung wahr ist. In diesem Beispiel enthält der Block nur eine einzige JavaScript-Zeile:

```
document.getElementById("choose").style.textDecoration = "underline";
```

Es wird die Eigenschaft textDecoration des <style>-Objekts mit dem Wert „underline" belegt. Das Format gilt für ein Element, dessen ID „choose" lautet. Die ID wird willkürlich gewählt, muss jedoch in den Attributen übereinstimmen.

```
<p id="choose">Ist dieser Text unter- oder durchgestrichen?</p>
```

 Spezielle Schreibweisen für CSS-Eigenschaften in JavaScript

Viele CSS-Eigenschaften werden aus zwei oder mehr Begriffen gebildet, die mit einem Bindestrich getrennt geschrieben werden. In JavaScript ist diese Schreibweise nicht üblich. Stattdessen findet eine CamelCase-Schreibweise Anwendung: Es wird mit Kleinschreibung begonnen und weitere kombinierte Worte werden ohne Bindestrich direkt nach dem ersten Begriff gesetzt. Allerdings beginnt jeder Begriff mit einem großen Buchstaben. Beispiel:

CSS: text-decoration

JavaScript: textDecoration

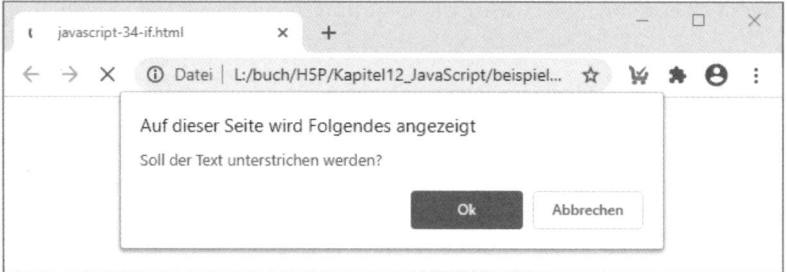

Bild 10.41 In der confirm-Box wird eine Entscheidung getroffen. Sie kann als Ergebnis nur die logischen Zustände WAHR oder FALSCH liefern. Einer dieser Werte wird der Variablen übergeben und entscheidet damit, ob der Programmblock in der if-Anweisung ausgeführt wird oder nicht.

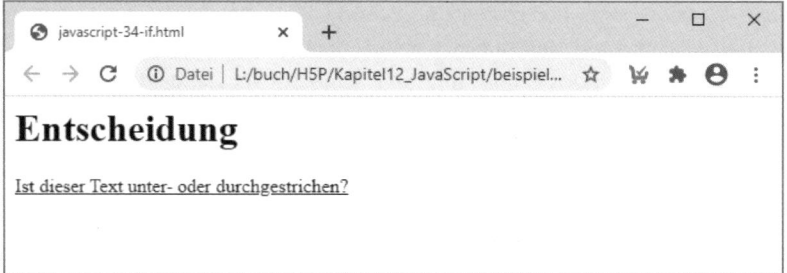

Bild 10.42 Es wurde der Button „OK" angeklickt. Der Inhalt von „x" wird damit mit dem logischen Wert WAHR belegt. Der Programmblock in der if-Anweisung formatiert den bezeichneten Text mit einer Unterstreichung.

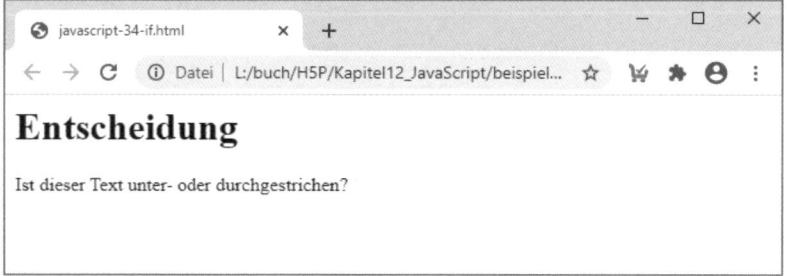

Bild 10.43 Ein Klick auf „Abbrechen" setzt den Inhalt der Variablen auf „FALSCH". Damit wird der Block der if-Anweisung ignoriert und das Programm erst nach diesem Block fortgesetzt.

10.5.2.2 Verzweigung mit zwei Möglichkeiten „if" – „else"

Die eben gezeigte Verarbeitung sieht nur dann eine Verarbeitung des Programmblocks vor, wenn die Bedingung in der if-Anweisung erfüllt ist. Anschließend oder auch wenn die Bedingung nicht erfüllt ist, wird das Programm unmittelbar nach dem Block fortgesetzt.

Oft wird jedoch gefordert, dass in jedem Fall ein Programmblock ausgeführt wird, wobei diese Blöcke für die möglichen Entscheidungsalternativen jeweils individuell aussehen. Erst nach der Ausführung des einen oder des anderen Blocks wird das Programm dann entscheidungsneutral fortgesetzt.

Das eben gezeigte Beispiel soll erweitert werden. Im Fall eines Abbruchs soll der Text im Absatz nicht unterstrichen, sondern durch einen neuen Text ersetzt werden. Der zugehörige HTML-Code wird lediglich im Inhalt etwas angepasst, bleibt jedoch sonst unverändert. Folgender JavaScript-Teil ist die Grundlage der Entscheidung:

```
x = confirm("Soll der Text unterstrichen werden?");
if (x)
        {
        document.getElementById("choose").style.textDecoration = "underline";
        }
else
        {
        document.getElementById("choose").innerHTML = "Sie haben die Operation
abgebrochen!";
        }
```

Es erscheint die gleiche confirm-Box wie im Beispiel zuvor, jedoch haben die verschiedenen Klick-Möglichkeiten nun die nachfolgenden Reaktionen zur Folge. Nach der Abarbeitung eines der beiden Entscheidungsblöcke wird das Programm wieder neutral fortgesetzt.

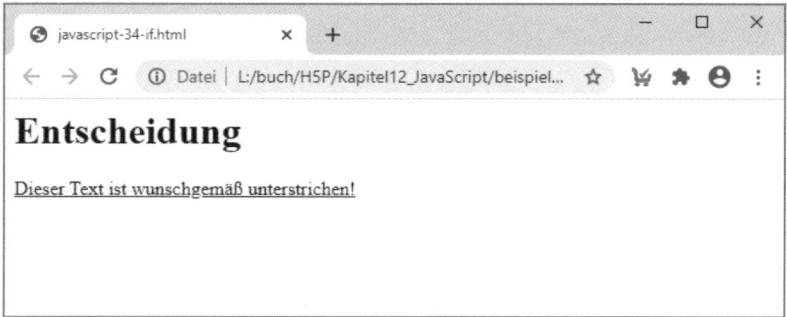

Bild 10.44 Der Klick auf OK bewirkt, dass die Bedingung erfüllt ist (Variable x = „WAHR").

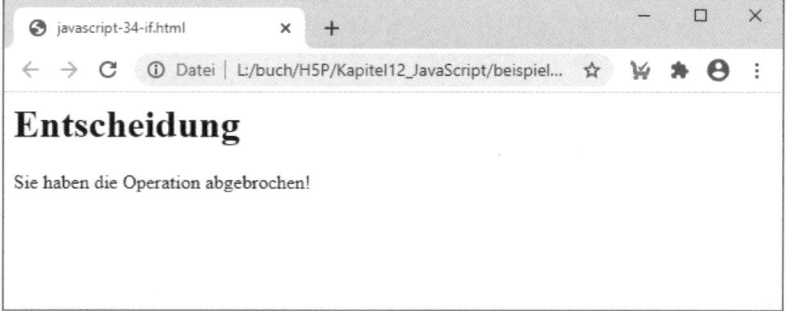

Bild 10.45 Wird die confirm-Box mit Abbrechen geschlossen, ist die Bedingung nicht erfüllt (x = „FALSE"). In diesem Fall wird der Programmblock, der auf „else" folgt ausgeführt.

10.5.2.3 Verzweigungen mit „n" Möglichkeiten: „if" – „else if" – „else"

Dem Muster folgend gibt es auch *bedingte Verzweigungen* für drei und mehr Alternativen. Eine Variante ist die Kombination der „if"- mit der „else"-Anweisung. Mit der Anweisung

„else if (Bedingung)" können beliebig viele zusätzliche Bedingungen geprüft werden. Die erste Abfrage ist grundsätzlich mit „if" durchzuführen. Mit „else" wird gewährleistet, dass alle möglichen Zustände mit einem definierten Programmblock verarbeitet werden.

```javascript
var x = 10;

if (x < 10)
   {
   document.getElementById("choose").innerHTML = "X ist kleiner als 10!";
   }
else if (x == 10)
   {
   document.getElementById("choose").innerHTML = "X ist gleich 10!";
   }
else
   {
   document.getElementById("choose").innerHTML = "X ist größer als 10!";
   }
```

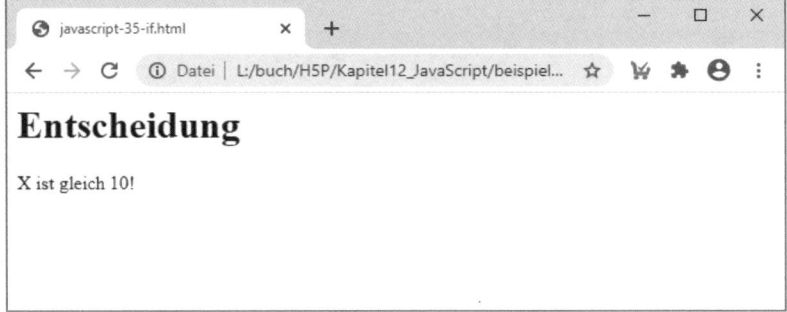

Bild 10.46 Im Listing wurde die Variable x mit dem numerischen Wert „10" belegt. Die bedingten Verzweigungen aktivieren nur den Programmblock, der zur erfüllten Bedingung passt.

 Zu beachten: Vergleichsoperator versus Zuweisung

Um Werte auf Gleichheit in einer Bedingung zu überprüfen, muss ein Vergleichsoperator wie == oder === verwendet werden. Wird der Operator = verwendet, so findet eine Zuweisung statt. Dies passiert auch in einer Bedingung. Es erfolgt die Zuweisung und anschließend wird die Verzweigung nach dem neuen Inhalt der Variablen ausgeführt. Dies ist ein sehr häufiger Programmierfehler.

10.5.2.4 Verzweigungen mit „n" Möglichkeiten: „switch" – „case"

In verschiedenen Fällen kann es vorkommen, dass deutlich mehr als zwei oder drei Alternativen geprüft und basierend auf dem Ergebnis der Prüfung individuelle Entscheidungen getroffen werden müssen. Die Programmierung mit „if – else if – else" ist zwar grundsätzlich auch in diesem Fall möglich, jedoch sehr aufwendig. Es gibt eine recht einfach programmierbare Alternative mit den Anweisungen *switch*, *case* und *break*.

Mit *switch* wird die in (runden) Klammern geschriebene Bedingung geprüft und anschlie-ßend lediglich ein einziger Programmblock durchlaufen. Achtung: Nach der „switch-Bedin-gung" folgt kein Semikolon! In dem auf *switch* folgenden Programmblock existieren Sprung-marken, die mit der Anweisung *case* gebildet werden. Die Syntax von *case* ist:

```
case Ausdruck:
```

Der Ausdruck wird in der für dessen Format gängigen Schreibweise übergeben. Das bedeu-tet, dass Zeichenketten (Strings) in Hochkommas eingefasst werden. Logische (boolean) und numerische Werte werden direkt hinter das Schlüsselwort geschrieben. Es ist auch möglich, Variablen nach case zu setzen. In diesem Fall wird der in *switch* übergebene Wert mit dem Inhalt der nach *case* geschriebenen Variablen verglichen.

Zu beachten ist bei dieser Form der bedingten Verzweigungen jedoch, dass case nur eine Sprungmarke darstellt. Es werden lediglich die vor der passenden Sprungmarke existieren-den Codezeilen übersprungen, ohne diese auszuführen. Alle nachfolgenden Codezeilen innerhalb des Blocks werden dagegen ausgeführt! Um zu vermeiden, dass die auf weiteren Sprungmarken folgenden Codezeilen ebenfalls ausgeführt werden, bedarf es der Anwei-sung *break*. Diese Anweisung bewirkt das sofortige Verlassen des auf switch folgenden Pro-grammblocks. Alle nachfolgenden Zeilen werden ignoriert! Das gilt auch dann, wenn mög-licherweise ein weiterer nachfolgender *case* zutreffend wäre.

Einige Beispiele sollen die Wirkungsweise von *switch – case* und *break* verdeutlichen. Die Ausgaben sollen in allen Beispielen mit den nachfolgenden Beispielen zu *switch* mit diesem HTML-Code erfolgen:

```
<p>Der Inhalt der Variablen x ist <span id="wertx"></span>!</p>
<p>In Worten: <span id="wert"></span>!</p>
<p>Der Typ von x ist <span id="typ1"></span>!</p>
```

Die erste Zeile wird den Inhalt einer Variablen x ausgeben. Die dafür verantwortliche Java-Script-Codezeile wird sich noch vor der switch-Verzweigung befinden und ist damit unab-hängig von der nachfolgenden Entscheidung. In der zweiten Zeile soll der zur Variablen passende Wert in Worten ausgegeben werden. Diese Ausgabe hängt nun tatsächlich vom Ergebnis des Vergleichs zwischen der Bedingung in *switch* und dem Referenzwert in *case* ab.

Die dritte HTML-Zeile gibt lediglich den Datentyp der Variablen x aus und ist grundsätzlich in allen Fällen identisch. Sie dient nur zur Demonstration, dass innerhalb des switch-Pro-grammblocks keine weiteren geschweiften Klammern erforderlich sind.

Im ersten Beispiel fehlen die *break*-Anweisungen. Damit wird ab dem passenden *case* der vollständige Programmblock durchlaufen, der auf *switch* folgt. Das ist natürlich uner-wünscht, denn es wird letztlich keine tatsächlich von der Bedingung abhängige Entschei-dung getroffen. Das wird in diesem Beispiel deutlich, dessen Ergebnis Bild 10.47 zeigt. Es wird folgendes JavaScript verarbeitet:

```
var x = 10;
document.getElementById("wertx").innerHTML = x;

switch (x)
  {
```

```
case 10:
  document.getElementById("wert").innerHTML = "zehn";
  document.getElementById("typ1").innerHTML = typeof x;
case 20:
  document.getElementById("wert").innerHTML = "zwanzig";
  document.getElementById("typ1").innerHTML = typeof x;
case 30:
  document.getElementById("wert").innerHTML = "dreißig";
  document.getElementById("typ1").innerHTML = typeof x;
}
```

Die im Code fett betonten Stellen zeigen einerseits den zutreffenden case (hier: *case 10:*) und andererseits die tatsächlich letztlich für die Ausgabe verantwortlichen Zeilen. Was ist also passiert?

Es wurde tatsächlich an der richtigen Sprungmarke die Ausführung des auf switch folgenden Programmteils begonnen. Allerdings wird dieser Codeblock bis zu dessen Ende durchlaufen. Die Elemente mit den IDs „wert" und „typ1" werden also insgesamt dreimal mit einem Inhalt belegt. Die zuletzt vorgenommene Zuweisung ist deswegen im Browserfenster zu sehen.

Bild 10.47 Das Ergebnis kann nicht korrekt sein, denn der numerische Wert „10" ist nicht in Worten gleich „dreißig". Es wurde die zuletzt innerhalb des Code-Blocks gültige Ausgabe präsentiert. Die Ursache dafür ist die fehlende „break"-Anweisung nach den tatsächlich relevanten Codezeilen.

Es werden in das Beispiel nur wenige neue Code-Zeilen eingefügt. Die Anweisung *break;* bewirkt das sofortige Verlassen des switch-Blocks. Wird diese Anweisung an den richtigen Stellen gesetzt, dann wird auch letztlich die richtige Ausgabe im Browserfenster erzeugt.

```
var x = 10;
document.getElementById("wertx").innerHTML = x;
switch (x)
  {
  case 10:
    document.getElementById("wert").innerHTML = "zehn";
    document.getElementById("typ1").innerHTML = typeof x;
    break;
  case 20:
```

```
      document.getElementById("wert").innerHTML = "zwanzig";
      document.getElementById("typ1").innerHTML = typeof x;
      break;
   case 30:
      document.getElementById("wert").innerHTML = "dreißig";
      document.getElementById("typ1").innerHTML = typeof x;
}
```

Bild 10.48 Dieses Mal funktioniert das Programm einwandfrei. Wirklich zufriedenstellend ist es aber noch nicht umgesetzt, denn wie werden nichtzutreffende Inhalte von x verarbeitet?

Bild 10.49 Ärgerlich! Für den Wert 9 als Variableninhalt ist kein case definiert! Es wird also keine Ausgabe in den HTML-Zeilen durch JavaScript generiert.

Das eben gezeigte JavaScript wird korrekte Ergebnisse liefern, wenn die Variable x mit den Werten 10, 20 oder 30 belegt wird. Es stellt sich jedoch die Frage, wie das Programm auf nicht definierte Werte reagiert. Das gezeigte Programm führt einfach gar keine Codezeile aus. Das kann, muss aber nicht gewollt sein.

Um auch für nicht durch einen *case* definierte Werte eine entsprechende Operation anbieten zu können, wurde die Marke *default:* (die Codezeile ist mit einem Doppelpunkt abzuschließen) vorgesehen. Die auf *default:* folgenden Zeilen werden an den Schluss des Programmblocks platziert. Sie werden nur dann ausgeführt, wenn kein *case* mit einem passenden Vergleichswert gefunden wurde.

Das eben gezeigte Codebeispiel soll nun um die folgenden vier Zeilen unmittelbar vor der schließenden geschweiften Klammer ergänzt werden:

```
    break;
  default:
    document.getElementById("wert").innerHTML = "kein Treffer!";
    document.getElementById("typ1").innerHTML = "nicht definiert";
```

Zudem wird nun der Wert der Variablen x auf den Wert 11 (oder einen beliebig anderen Wert ungleich 10, 20 oder 30) gesetzt. Es wird jetzt – denn kein *case* passt zum Wert 11 – der auf *default:* folgende Programmteil ausgeführt.

Bild 10.50 Mit der Anweisung *default:* wird ein Programmteil markiert, der auszuführen ist, wenn kein passender *case* zur *switch*-Bedingung vorgesehen wurde.

10.5.3 Schleifen

Schleifen bzw. Iterationen sind sich wiederholende Programmabläufe. Die Programmteile werden so oft wiederholt, bis ein Abbruchkriterium erfüllt ist. Sobald dies der Fall ist, wird die Schleife verlassen und das Programm in der auf die Schleife folgenden Codezeile fortgesetzt. Abhängig davon, wie die Abbruchkriterien verarbeitet und über den Durchlauf der Schleife entschieden wird, unterscheidet man

- kopfgesteuerte Schleifen,
- fußgesteuerte Schleifen und
- Zählschleifen.

Bei einer kopfgesteuerten Schleife wird das Kriterium vor dem ersten Durchlauf der Schleife geprüft. Die Schleife wird somit nicht durchlaufen, wenn das Entscheidungskriterium bereits zu Beginn logisch FALSCH ist.

Soll die Schleife in jedem Fall – unabhängig davon, ob das Entscheidungskriterium vor dem ersten Durchlauf WAHR oder FALSCH ist – durchlaufen werden, so wird man eine fußgesteuerte Schleife wählen. Bei der fußgesteuerten Schleife wird erst nach dem Durchlauf geprüft, ob das Entscheidungskriterium WAHR ist, sodass die Schleife bei bestehendem WAHR bereits durchlaufen wurde und danach erst über einen erneuten Durchlauf entschieden wird.

Eine wichtige Bedeutung haben zudem Zählschleifen. Sie lassen sich natürlich mithilfe der zuvor genannten Grundformen programmieren, sind allerdings mit deutlich weniger Code umsetzbar, weil der Start- und Endwert sowie die Zählintervalle in nur einem Ausdruck programmiert werden.

Achtung – Systemhänger/Abstürze:

Insbesondere bei der Programmierung von Schleifen besteht das Risiko, dass eine Schleife endlos abgearbeitet wird, weil das Abbruchkriterium falsch definiert wurde und damit nie erreicht werden kann. Der Anwender des Programms nimmt dies als einen „Absturz" wahr.

10.5.3.1 while-Schleife

Die *while*-Schleife ist eine *kopfgesteuerte* Schleife. Vor dem ersten Durchlauf wird bereits das Entscheidungskriterium ausgewertet. Ist das Ergebnis der Bedingung WAHR, wird die Schleife durchlaufen. Ist das Ergebnis dagegen FALSCH, wird der Durchlauf der Schleife nicht gestartet. Das kann dazu führen, dass der in der Schleife programmierte Code gar nicht erst aufgerufen wird.

Das folgende Beispiel zeigt ein JavaScript mit zwei Teilen: Der erste Teil deklariert zwei Variablen x und y und belegt y mit dem Wert 0. Zudem wird eine Eingabebox (prompt) aufgerufen. Diese fordert die Eingabe einer Zahl von 0 bis 10. Es sei an dieser Stelle angemerkt, dass keine Überprüfung der Grenzen vorgesehen ist. Das Skript wird also auch funktionieren, wenn die Zahl 10 000 eingegeben wird. Auch wird keine Prüfung vollzogen, ob tatsächlich ganze Zahlen eingegeben werden. Der Versuch, einen Buchstaben einzugeben, wird ebenfalls nicht unterbunden.

Egal mit welcher Eingabe in die Prompt-Box wird nun im zweiten Teil des JavaScripts die Bedingung für den Schleifendurchlauf überprüft. Ist der eingegebene Wert (in x gespeichert) kleiner oder gleich y (mit 0 vorbelegt), dann wird die Schleife nicht durchlaufen. Nur wenn x größer als y ist, die Bedingung lautet y < x, wird die Schleife betreten.

Der Programmblock der Schleife führt zwei Operationen aus:

- Ausgabe einer HTML-Absatzzeile in das Dokument,[15] die neben einen fest definierten Text auch den Inhalt von y ausgibt.
- Erhöhung von y um den Wert 1 (y++[16])

---

[15] Der Einsatz von document.write() sollte gut überlegt werden. Diese Methode ist geeignet, um den gesamten Inhalt einer Webseite im Browserfenster zu überschreiben. Natürlich wird nicht der programmierte HTML-Code auf dem Server zerstört.

[16] Ob y++ oder ++y geschrieben wird, ist in diesem Beispiel nicht von Bedeutung. Es gibt jedoch einen Unterschied, wenn dieser Ausdruck mit anderen Anweisungen in einer Codezeile kombiniert wird.

Nach dem Durchlauf der Schleife wird die Bedingung erneut geprüft. y hat nun einen anderen Wert. Der Wert für x bleibt unverändert. Dieser Vorgang wiederholt sich so oft, bis die Bedingung nicht mehr erfüllt ist.

```
var y = 0;
// Erster Teil: Über eine "Prompt-Box" wird der Grenzwert der Schleife abgefragt.
var x = prompt("Bitte geben Sie eine ganze Zahl ein", "0 bis 10");

// Start der Schleife: Ist die Variable y kleiner als der eingegebene Grenzwert?
while (y < x)
  {
  document.write("<p>Dies ist Schleifendurchlauf Nr. "+y+"</p>");
  y++;
  }
```

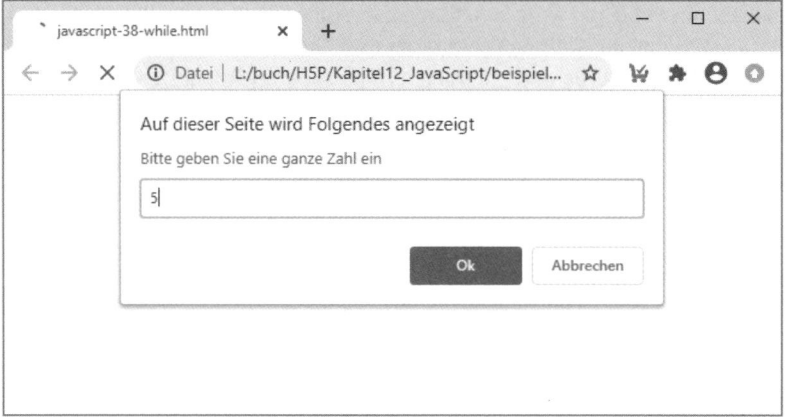

Bild 10.51 Es wird mit der Prompt-Box beispielsweise die Zahl 5 eingegeben. Sie liefert den Vergleichswert für die im Beispiel programmierte *while*-Schleife.

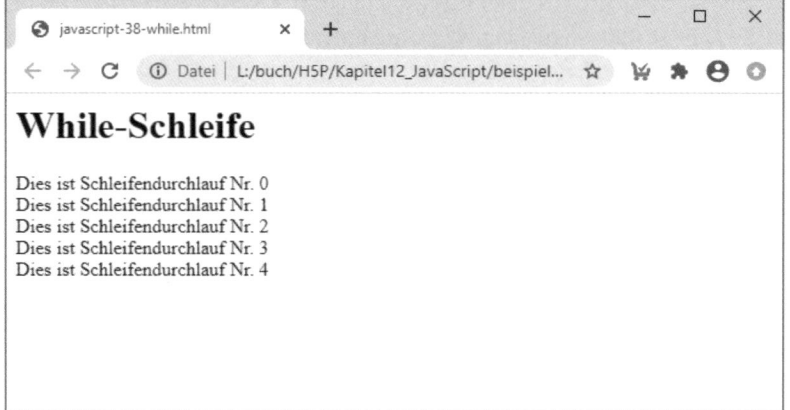

Bild 10.52 Obwohl die Zahl 5 eingegeben wurde, verweist die letzte Ausgabe auf einen Wert 4. Das ist der Bedingung geschuldet, die heißt: „Führe die Schleife aus, solange y < x ist". Sobald y = x ist (oder größer) ist die Bedingung nicht mehr erfüllt.

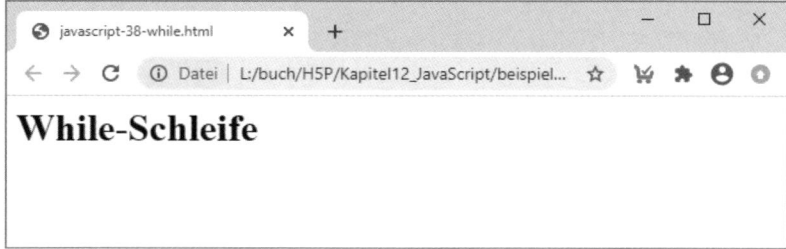

Bild 10.53 Das Bild zeigt keinen Fehler, sondern das tatsächliche Verhalten des Beispiels, wenn eine Zahl 0 oder kleiner in die Prompt-Box (= x) eingetragen wird. Ist nämlich x kleiner oder gleich y (hier: 0), so wird die Schleife nicht gestartet. Es erfolgt keine Ausgabe von Absatzelementen.

10.5.3.2 do-while-Schleife

Etwas anders als die eben gezeigte while-Schleife verhält sich die Variante „do – while". Das Schlüsselwort do steht lediglich als Startmarke für den Beginn der Schleife. Die Bedingung wird erst *nach dem Durchlauf* der Schleife überprüft. Man spricht deswegen auch von einer *fußgesteuerten Schleife.*

Das folgende Beispiel zeigt prinzipiell das gleiche Skript wie zuvor mit dem Unterschied, dass die Schleife nicht mit *while*, sondern mit *do* gestartet wird, und der schließenden Klammer das Schlüsselwort *while* inklusive der Bedingung für den weiteren Schleifendurchlauf folgt.

```
var y = 0;
var x = prompt("Bitte geben Sie eine ganze Zahl ein", "0 bis 10");

do {
  document.write("Dies ist Schleifendurchlauf Nr. "+y+"<br>");
  y++;
  }
  while (y < x)
```

Bei der Eingabe der Zahl 5 wie im Beispiel zuvor wird das gleiche Ergebnis zu sehen sein wie in Bild 10.52.

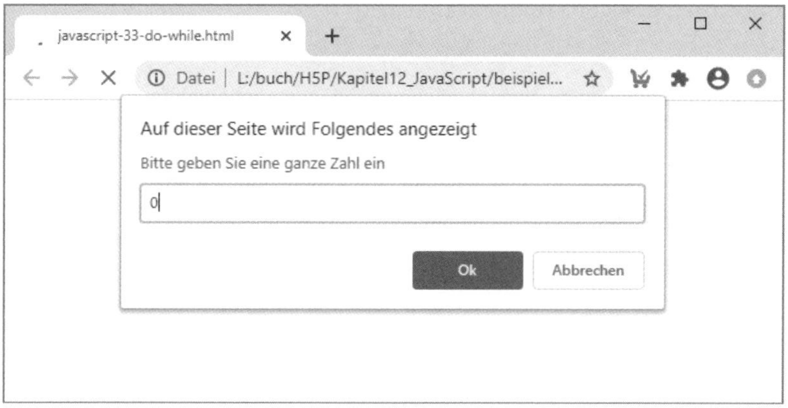

Bild 10.54 Für diesen Versuch wird der Wert 0 in die Eingabezeile eingetragen.

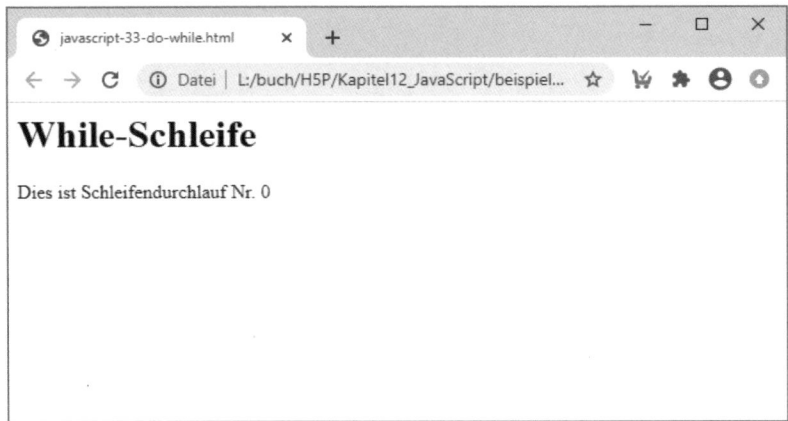

Bild 10.55 Tatsächlich wird dieses Mal die Schleife – anders als bei der *while*-Schleife – einmal durchlaufen, weil die Bedingung erst nach dem Durchlauf geprüft wird.

10.5.3.3 Zählschleife – for

Grundsätzlich können Zählschleifen auch mit den bereits beschriebenen Varianten programmiert werden. Im Vergleich zu einer *while*-Schleife, die im gezeigten Beispiel eine zuvor deklarierte Variable y=0 mit einem über eine Prompt-Box eingegebenen Wert vergleicht und innerhalb der Schleife eine Erhöhung des Vergleichswerts benötigt, bietet die *for*-Schleife eine sehr einfache Alternative an.

Dem Schlüsselwort *for* folgen im Klammerausdruck drei Argumente:

- Initialisierung eines Zählwerts,
- Schleifenbedingung (vergleichbar der Bedingung in der while-Schleife),
- Iteration (Erhöhung der Zählvariable um den gewünschten Intervallschritt).

Beim Zählwert muss darauf geachtet werden, dass dieser vor der Verwendung als Variable mit *var* (oder *let*) zu deklarieren ist, sofern die Direktive *„use strict"* verwendet wird.

Das Beispiel zeigt eine for-Schleife, deren Zählwert beginnend bei 0 nach jedem Durchlauf um 3 erhöht wird. Dies geschieht mit der Kurzschreibweise y+=3. Ist die Bedingung dann immer noch erfüllt, erfolgt ein weiterer Durchlauf.

```
"use strict"
var x = prompt("Bitte geben Sie eine ganze Zahl ein", "0 bis 100");
var y; // Deklaration nötig wegen use-strict
for (y = 0; y < x; y+=3)
  {
  document.write("Dies ist Schleifendurchlauf Nr. "+y+"<br>");
  }
```

Schleifen sind grundsätzlich kritische Fehlerquellen. Wird in diesem Beispiel die Bedingung allein auf Gleichheit untersucht, kann dies problematisch werden und zu einer Fehlermeldung oder im schlimmsten Fall zum Absturz führen. Bedingungen in Schleifen sollten immer für definierte und erreichbare Zustände formuliert werden.

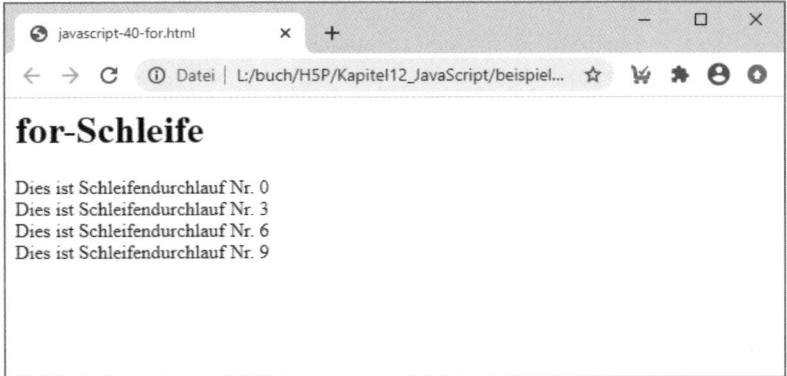

Bild 10.56 Die *for*-Schleife kann in ähnlicher Weise auch mit einer *while*-Schleife programmiert werden, jedoch sind bei einer *while*-Schleife mehr Code-Zeilen erforderlich.

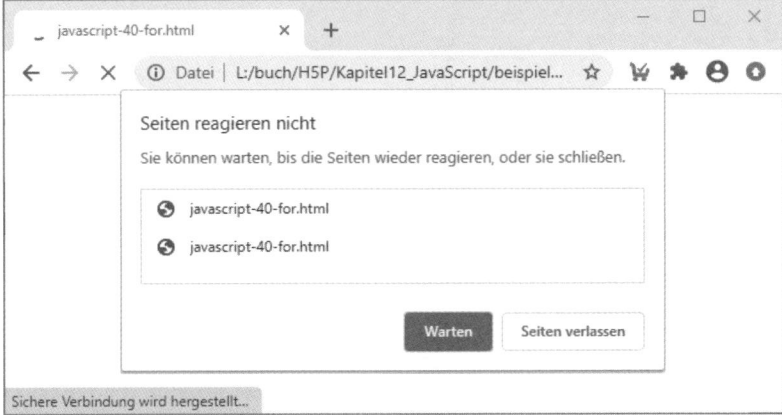

Bild 10.57 Die Seite wird nicht mehr reagieren, so oft auch die Schaltfläche „Warten" betätigt wird. Die *for*-Schleife wurde fehlerhaft programmiert.

10.5.3.4 Schleifen für Arrays und Objekte

Inhalte des Datentyps *„object"* bestehen aus Wertepaaren, die – getrennt durch einen Doppelpunkt – mit name:wert formuliert werden. Das Objekt kann ein oder mehrere Wertepaare enthalten. Die Wertepaare werden – getrennt durch Kommas – in einen Block geschrieben, der durch geschweifte Klammern begrenzt ist. Dieser Block folgt dem Namen des Objekts.

Ein Beispiel für ein JavaScript-Daten-Objekt:

```
var haus = {zimmer:5, etagen:2, baujahr:1980, dachtyp:"satteldach", keller:true};
```

Das Objekt beschreibt verschiedene *Eigenschaften*[17] eines Hauses. Mit der „for … in"-Schleife ist es möglich, die einzelnen Werte auszulesen. Es wird auch in dieser Schleife eine Zählvariable verwendet, die von 0 in Einser-Schritten erhöht wird. Damit werden der Reihe

---

[17] Methoden, also ausführbare Programmteile, die ein Objekt enthalten kann, sind hier nicht definiert.

nach die einzelnen Werte des Objekts gezielt angesprochen. Im folgenden Skript werden die Inhalte des Objekts – getrennt durch ein zusätzlich eingefügtes Leerzeichen – in einer gemeinsamen Zeile im Browser ausgegeben.

```
var i;
var haus = {zimmer:5, etagen:2, baujahr:1980, dachtyp:"satteldach", keller:true};

for (i in haus)
  {
  document.write(haus[i]+" ");
  }
```

Bild 10.58 Ergebnis der „for – in"-Schleife auf das Objekt „haus" im Beispiel: Die Werte werden der Reihe nach ausgegeben.

Das Objekt aus Wertepaaren ist nicht „iterabel". Anders ein Array oder eine Zeichenkette, die schrittweise ausgelesen werden können. Diese können Element für Element oder Zeichen für Zeichen ausgelesen werden. Hier wird die „for – of"-Schleife verwendet.

Während bei der „for – in"-Schleife die Variable „i" den Index darstellt, mit dem der Datenwert ausgelesen wird, werden in der „for – of"-Schleife die ausgelesenen Werte jeweils in diese Variable hineingeschrieben. Das folgende Beispiel liest die Inhalte des Arrays „haus" aus und präsentiert diese zeilenweise als HTML-Absätze.

```
<script>
"use strict"

var i;
var haus = ["5 Zimmer", "2 Etagen", 1980, "Satteldach", "unterkellert"];

for (i of haus)
  {
  document.write("<p>" + i + "</p>");
  }
</script>
```

Bild 10.59 Das Array „haus" wird Element für Element ausgelesen und als HTML-Absatz dargestellt.

Anstelle eines Arrays kann auch eine Zeichenkette mit der „for – of"-Schleife durchfahren und ausgelesen werden. Das erlaubt Textanalysen auf bestimmte Inhalte. Das folgende Beispiel demonstriert das Prinzip, indem ein Wort Buchstabe für Buchstabe ausgelesen und diesem ein „-" nachgestellt wird.

```
var i;
var wort = "H5P";
for (i of wort)
  {
  document.write(i + " - ");
  }
</script>
```

Bild 10.60 Mit der „for – of"-Schleife können Zeichenketten wie Arrays ausgelesen werden.

Die Methode foreach ruft im Klammerausdruck eine Funktion auf, die ein Array, welches hier als ein Objekt betrachtet wird, durchsucht. Das Array wird mit foreach() vom ersten bis zum letzten Element des Gesamtinhalts durchlaufen. In der Funktion wird bestimmt, wie mit den drei möglichen Inhalten zu verfahren ist. Es können drei Parameter übergeben werden. Dabei handelt es sich um

- den Wert bzw. den Inhalt des jeweiligen Elements im Array (erster Parameter),
- den Index, also den Zählwert, beginnend mit 0, der die Position des zuvor bezeichneten Werts im Array beschreibt (zweiter Parameter) und
- den Inhalt des gesamten Arrays (dritter Parameter).

Es müssen nicht zwingend alle Parameter verwendet werden, jedoch ist die Reihenfolge stets zu beachten. Wenn der Index ausgelesen werden soll, muss also zwingend ein – womöglich nicht verwendeter – Parameter an erster Stelle im Klammerausdruck der Funktion übergeben werden.

Das folgende Beispiel zeigt, wie die foreach()-Methode funktioniert. In einer Webseite sollen alle Bundeskanzler und Bundeskanzlerinnen der Bundesrepublik Deutschland ausgelesen und in einer HTML-Seite wiedergegeben werden.

```
…
<p>Die Bundeskanzler von heute bis zur Gründung der Bundesrepublik Deutschland sind
bzw. waren:</p>
<p id="kanzler"></p>
…
```

Im recht übersichtlichen HTML-Code ist nur eine Zeile relevant: Ein leeres Absatz-Element <p>, dem eine ID „kanzler" zugewiesen wurde, legt den Ort der Ausgabe fest.

Das dazugehörige JavaScript sieht drei Abschnitte sowie die Deklaration einer Funktion (vgl. Abschnitt 10.6) vor:

Zuerst erfolgen die Deklarationen einer Ausgabevariable und eines Arrays. Die Ausgabevariable wird mit einem leeren String deklariert. Das Array wird in diesem Beispiel mit den Namen der deutschen Bundeskanzler befüllt, welche jeweils durch ein Komma getrennt werden.

Im zweiten Teil des Scripts wird mit der foreach()-Methode des „kanzler"-Objekts die selbst deklarierte Funktion „leseArray()" aufgerufen. Die Funktion wird am Ende des JavaScript-Blocks definiert. Auf die Details einer Funktion wird im folgenden Abschnitt 10.6 eingegangen. Die Aufgabe der Funktion ist es, die Variable „ausgabe" mit einer Kombination aus Zeichenketten zu belegen. Es wird jeweils ein Ausgabeabsatz generiert, der genau einen Wert, eine Indexnummer und zudem das gesamte Array ausgibt. Zwischen jedem Inhalt des Absatzes wird ein Zeilenumbruch (HTML-Element <br>) gesetzt. Zwei solcher Zeilenumbrüche schließen die kombinierte Zeichenkette ab, welche an den Inhalt der Variablen „ausgabe" angehängt wird (ausgabe = ausgabe + …).

Die Methode foreach() ruft die Funktion nun solange auf, bis alle Werte des Arrays ausgelesen wurden. Mit jedem Aufruf wächst der Inhalt von „ausgabe" um einen Datensatz.

```
<script>
"use strict"

var ausgabe = "";
var kanzler = ["Konrad Adenauer", "Ludwig Erhard", "Kurt Georg Kisinger", "Willy
Brandt", "Helmut Schmidt", "Helmut Kohl", "Gerhard Schröder", "Angela Merkel"];
```

```
kanzler.forEach(leseArray);

document.getElementById("kanzler").innerHTML = ausgabe;

function leseArray(wert, index, gesamt) {
  ausgabe = ausgabe + wert + "<br>index = " + index + "<br>Array: " + gesamt +
"<br><br>";
}
</script>
```

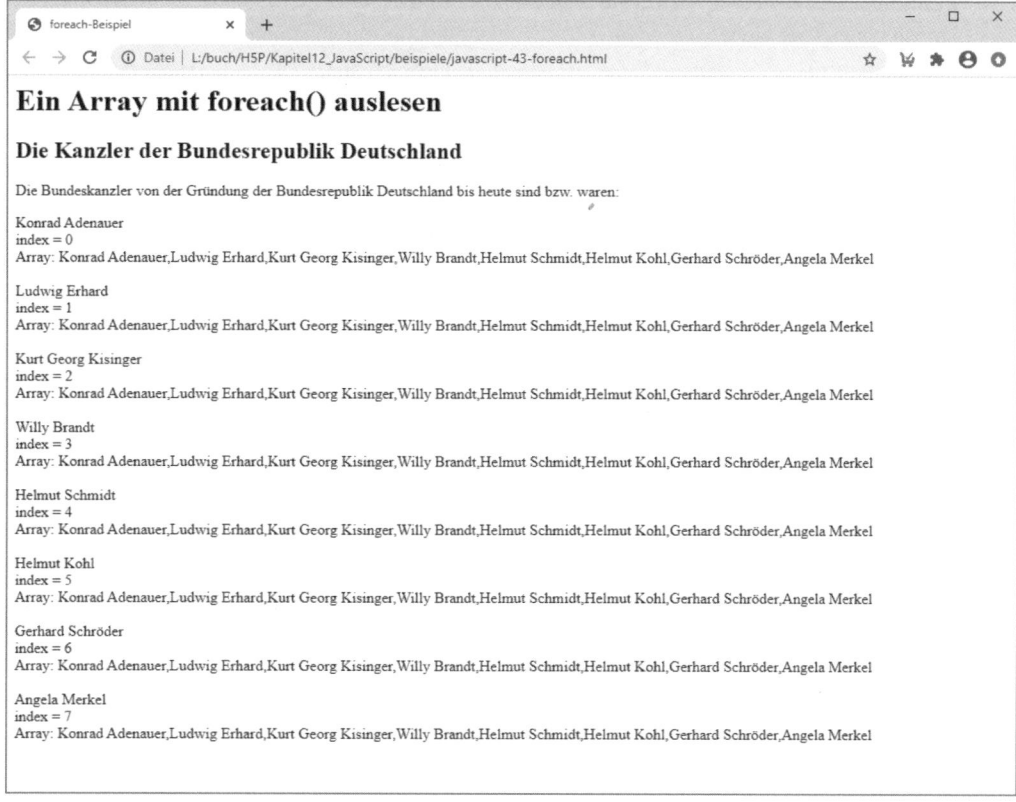

Bild 10.61 Ergebnis der foreach()-Methode: Sie liest das Array Element für Element aus und übergibt diese Daten jeweils an eine Funktion, die letztlich die Ausgabe erzeugt.

■ 10.6 Funktionen

Innerhalb eines JavaScripts können Unterprogramme geschrieben werden. Diesen wird ein Name zugewiesen, über den sich diese Programme beliebig oft starten und ausführen lassen. Es gibt die Möglichkeit, in einem Klammerausdruck Parameter an die Funktion zu übergeben. Die Funktion selbst kann ein Ergebnis des internen Programmlaufs an das aufrufende Programm zurückgeben. Dieses Ergebnis lässt sich wiederum einer Variablen zuordnen.

10.6.1 Eigene Funktionen

Eigene Funktionen werden ähnlich deklariert wie es bei den Variablen beschrieben wurde (vgl. Abschnitt 10.4). Die Deklaration wird mit einem Schlüsselwort *function* eingeleitet. Es folgt der Name der Funktion, der weitgehend frei gewählt werden kann. Diesem Namen folgen zwei Klammerausdrücke, der erste in runden Klammern „(…)" und der zweite Ausdruck in geschweiften Klammern „{…}".

Der erste Klammerausdruck legt die zu übergebenen Parameter fest, die innerhalb der Funktion verarbeitet werden. Der Ausdruck kann auch leer sein. Die Klammern müssen jedoch gesetzt werden.

Der zweite Klammerausdruck, der durch geschweifte Klammern begrenzt wird, enthält das komplette Unterprogramm der Funktion. Dieses kann Parameter aus dem ersten Klammerausdruck ebenso verarbeiten, wie es auf *globale* Variablen[18] zugreifen kann. Der Funktionsblock kann mit der Anweisung „return" einen Rückgabewert festlegen, welcher vom aufrufenden Programm weiterverarbeitet wird.

Das folgende Beispiel zeigt die Addition zweier beliebig über prompt()-Boxen eingegebener Zahlen.

Hinweis:

Das Beispiel zeigt eine Funktion *parseInt()*, welche einen String in einen numerischen Wert wandelt. Dies ist erforderlich, weil prompt() grundsätzlich Zeichenketten zurückliefert (vgl. hierzu Abschnitt 10.2.1.3). Die Bedeutung von parseInt() wird im folgenden Abschnitt 10.6.2 erläutert.

Die Bedeutung des HTML-Codes ist mittlerweile bekannt. In einem Absatzelement <p> werden drei leere <span>-Elemente mit jeweils einer ID geschrieben. Diese <span>-Elemente dienen wieder als Platzhalter für die auszugebenden Werte, wobei *x1* und *x2* die Eingabewerte und *summe* das Ergebnis der Addition sind.

```
<h1>Addition</h1>
<p>Die Summe aus den Zahlen <span id="x1"></span> und <span id="x2"></span> ist
gleich <span id="summe"></span>.</p>
```

Im folgenden JavaScript werden zunächst drei Variablen ohne eine Zuweisung deklariert. Den Variablen x1 und x2 werden die Rückgaben der prompt()-Box zugewiesen. Die Rückgabewerte aus den prompt()-Boxen werden durch die Funktion parseInt() in Zahlen umgewandelt. Anschließend erfolgt mit der folgenden Zeile der Aufruf einer Funktion „addition", der die beiden Werte x1 und x2 im Klammerausdruck übergeben werden.

```
summe = addition(x1, x2);
```

---

[18] Wie bereits in Abschnitt 12.4.4 beschrieben, sind globale Variablen sowohl außerhalb als auch innerhalb von Funktionen gültig. Variablen, die innerhalb einer Funktion deklariert wurden, sind dagegen nur innerhalb der Funktion, nicht jedoch in anderen Funktionen und im Hauptprogramm gültig.

Damit diese Funktion verwendet werden kann, muss sie zunächst deklariert und in der Funktion ein entsprechendes Unterprogramm programmiert werden, welches mit dem Funktionsaufruf ausgeführt wird.

```
function addition(x1, x2) {
   return x1+x2;
}
```

Die hier gezeigte Funktion beinhaltet nur eine einzige Codezeile: Es wird mit der Anweisung „return" die Summe der beiden Parameter an das aufrufende Programm zurückgegeben. Das vollständige Skript sieht folgendermaßen aus:

```
<script>
"use strict";
var x1, x2, summe;

x1 = parseInt(prompt());
x2 = parseInt(prompt());
summe = addition(x1, x2);

document.getElementById("x1").innerHTML = x1;
document.getElementById("x2").innerHTML = x2;
document.getElementById("summe").innerHTML = summe;

function addition(x1, x2) {
   return x1+x2;
}
</script>
```

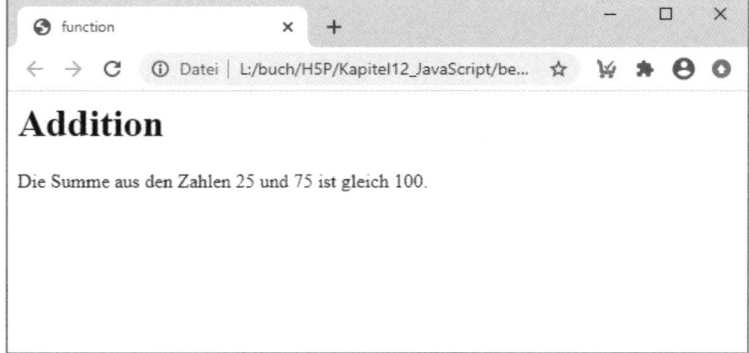

Bild 10.62 Die selbsterzeugte Funktion „addition(x1, x2)" liefert die Summe der beiden übergebenen Werte als Ergebnis zurück.

 Nutzung einer Funktion

Eine einmal deklarierte Funktion kann mehrfach und an verschiedenen Stellen eines Programms verwendet werden.

10.6.2 Feste JavaScript-Funktionen

Im vorangegangenen Beispiel blieb eine Funktion weitgehend unerklärt. Zwar wurde die Aufgabe von parseInt() beschrieben, jedoch fällt auf, dass es keine Deklaration dieser Funktion gibt. Dennoch liefert die Funktion ein Ergebnis und gibt dieses an das aufrufende Skript zurück. Betroffen sind im Beispiel diese Codezeilen.

```
x1 = parseInt(prompt());
x2 = parseInt(prompt());
```

Es handelt sich um eine bereits vordefinierte Funktion in JavaScript. Ihre Aufgabe ist es, eine Zeichenkette in eine *Integerzahl* umzuwandeln. Dies funktioniert allerdings nur, wenn die Zeichenkette aus Ziffern besteht. Ist keine Ziffer der erste Bestandteil der Zeichenkette, so wird von der Funktion das Ergebnis *NaN* (Not a Number) zurückgegeben. Enthält die Zeichenkette alphanumerische Zeichen (Buchstaben, Satzzeichen etc.), die jedoch erst an späterer Stelle nach einer Ziffer im String enthalten sind, so wird die bis dahin gefundene Zahl als Integerwert übernommen. Weitere nach den alphanumerischen Zeichen enthaltene Ziffern werden ignoriert.

Eine Integerzahl ist stets eine *ganze Zahl* (keine Kommastelle). Die Funktion kann jedoch nicht für kaufmännische Rechnungen verwendet werden, denn die Eingabe einer Kommazahl hat zur Folge, dass sowohl das Komma als auch alle Nachkommastellen abgeschnitten werden. Eine Rundung erfolgt nicht.

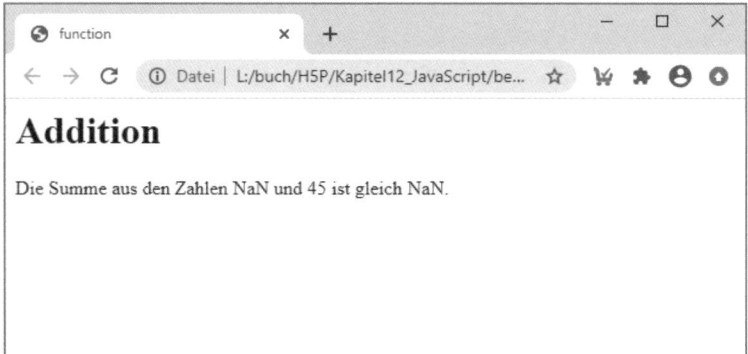

Bild 10.63 In die erste Prompt-Box wurde eine Kombination aus einem Buchstaben und einer Zahl eingetragen. In die zweite wurden die Zahl 45 geschrieben. Die Prompt-Box liefert als Ergebnis eine Zeichenkette. Reine Ziffern können jedoch ins numerische Format übersetzt werden. Buchstaben und Mischungen aus Ziffern und anderen Zeichen dagegen nicht.

Es gibt eine äquivalente Funktion, die aus einer Zeichenkette mit numerischem Inhalt eine Gleitkommazahl (Float) erzeugen kann. Sie heißt *parseFloat()*. Bei der Verwendung von *parseFloat()* ist zu beachten, dass lediglich der *Punkt* als Dezimaltrennzeichen akzeptiert wird. Ein im deutschsprachigen Raum übliches Komma wird als Text-/Sonderzeichen betrachtet und nicht als Teil des Zahlenwerts interpretiert.

- richtige (Gleitkomma-)Eingabe: 100.95 (ergibt den numerischen Wert 100.95),
- falsche (Gleitkomma-)Eingabe: 100,95 (ergibt den numerischen Wert 100).

```
x1 = parseFloat(prompt());
```

Es existieren weitere JavaScript-Funktionen, die vorzugsweise zur Konvertierung von Werten in andere Formate verwendet werden.

Tabelle 10.6 JavaScript-interne Funktionen

Funktionsname	Bedeutung
eval(String)[19]	Ausführung von in der Zeichenkette übergebenen JavaScript-Code (sicherheitskritisch!).
encodeURI(Zeichenkette)	Übersetzung einer Zeichenkette mit speziellen Zeichen in eine im HTML-Code abbildbare Zeichenkette im UFT-8-Format.
decodeURI(Zeichenkette)	Rückübersetzung eines übertragbaren URI in darstellbare, UTF-8-konforme Zeichen.
isFinite(wert)	Ergebnis der Funktion ist „true", wenn ein endlicher Wert übergeben wird.
isNaN(wert)	Ergebnis der Funktion ist „true", wenn der „wert" kein numerisches Datenformat besitzt.
number(Objektname)	Umwandlung eines Objekts in eine Zahl. Wenn das nicht möglich ist, ist das Ergebnis NaN.
string(Objektname)	Umwandlung eines Objekts in eine Zeichenkette.
parseInt(Zeichenkette)	Umwandlung des Inhalts einer Zeichenkette in eine Integerzahl.
parseFloat(Zeichenkette)	Umwandlung des Inhalts einer Zeichenkette in eine Gleitkommazahl.

 „CamelCase"-Schreibweise beachten!

Viele Funktionsnamen werden aus zusammengesetzten Worten gebildet. Diese müssen in der sogenannten CamelCase-Schreibweise geschrieben werden. Weil JavaScript Groß- und Kleinschreibung unterscheidet, führen Abweichungen unweigerlich zu einem Fehler.

Die Schreibweise ist wie folgt:

- Das erste Zeichen der Funktion wird klein geschrieben.
- Ein neues Wort beginnt direkt im Anschluss ohne ein Leerzeichen mit einem großen Buchstaben.

Beispiel: „get**E**lement**B**y**I**d()"

---

[19] Die Funktion eval() eröffnet das Risiko des „Cross-Site-Scripting" durch die Ausführung von kritischen Code-Elementen, die dieser Funktion übergeben werden können.

■ 10.7 Objekte

In JavaScript können Objekte deklariert und vielseitig genutzt werden. Zudem gibt es bereits eine Reihe vordefinierter Objekte und JavaScript versteht auch die HTML-Elemente in einer Webseite bereits als Objekte. Diese werden im sogenannten Document Object Model (DOM) abgebildet.

Aus der Sicht von JavaScript wird ein Objekt zunächst als eine Variable (Datentyp ist object) deklariert. Im Gegensatz zu einer konventionellen Variablen kann ein Objekt allerdings mehrere Werte enthalten. Dies ist bitte nicht zu verwechseln mit einem Array, bei dem die Werte über Indizes angesprochen werden. Zudem können die Inhalte eines Objekts auch Funktionen sein. Ein Objekt kann also aus reinen Werten (ähnlich dem Inhalt einer einfachen Variablen), den sogenannten Eigenschaften (Properties), und ausführbaren Inhalten, den sogenannten Methoden bestehen.

10.7.1 Eigenschaften und Methoden

Wenn ein Objekt als ein definierter Programmcode zu verstehen ist, der an beliebigen Stellen im Hauptprogramm verwendet werden kann, dann besitzt dieser geschlossene Programmcode auch interne Variablen und möglicherweise sogar Funktionen.

Auf die Eigenschaften eines Objekts wird zugegriffen, indem diese durch eine Kombination des Objektnamens mit dem Namen der Eigenschaft, verbunden durch das Zeichen „." (Punkt) bezeichnet wird.

Beispiel:

```
x1 = mueller.vName;
```

Der Variablen x1 wird der Inhalt der *Eigenschaft* „vName" des Objekts „mueller" zugewiesen.

Ebenso kann eine Funktion innerhalb des Objekts deklariert werden. Man spricht von einer *Methode* des Objekts. Dieser Methode können über die Referenz des Objekts Parameter zur Verarbeitung übergeben werden:

```
personalCode = mueller.kombi ("01011990", 1234);
```

10.7.2 Ein Objekt erzeugen

Um ein Objekt zu erzeugen, gibt es zwei Möglichkeiten:

- Objekt aus einer Konstruktor-Funktion
- Objekt aus einer Variablendeklaration.

Beide Verfahren führen zum Ziel.

Eine Variable kann vom Typ *object* sein. Wie in JavaScript üblich, erfolgt die Deklaration mit der Zuweisung der Werte. In diesem Beispiel werden zwar zwei leere Strings sowie ein Wert 0 zugewiesen, entscheidend ist jedoch, dass eine Struktur mehrerer namentlich bezeichneter Parameter übergeben wird. Jede Deklaration einer *Eigenschaft* wird hier durch ein *Komma* von der darauffolgenden Eigenschaft getrennt.

```
var personal = {
  nName: "",
  vName: "",
  personalNummer: 0
  }
```

Das gleiche Objekt kann auch mit einer Konstruktor-Funktion erzeugt werden:

```
function personal (param1, param2, param3)
  {
  this.vName = param1;
  this.nName = param2;
  this.personalNummer = param3;
  }
```

In der Funktion werden – im Gegensatz zur Variante der Variablendeklaration – die Zuweisungen durch ein Semikolon getrennt. Auffällig ist zudem bei der Deklaration einer Konstruktor-Funktion die Referenz „*this*". Dieses Schlüsselwort steht stellvertretend für den Namen des späteren Objekts, denn aus der hier gezeigten Deklaration lassen sich verschiedene Objekte gleicher Struktur ableiten.

So, wie es möglich ist, innerhalb von Funktionen weitere Funktionen zu deklarieren, können auf gleiche Weise Funktionen auch Bestandteil eines Objekts sein. Man nennt sie in diesem Zusammenhang jedoch *Methoden*. Der hervorgehobene Teil des folgenden Listings zeigt die Deklaration einer solchen Methode innerhalb einer Objektdeklaration – hier mit einer Konstruktor-Funktion:

```
function personal (param1, param2, param3, param4)
  {
  this.vName = param1;
  this.nName = param2;

  this.kombi = function (param3, param4)
    {
    return param4+"."+param3
    }
  }
```

Die Methode *this.kombi(param3, param4)* übernimmt zwei Parameter (param3 und param4). Diese werden über den „+"-Kombinator zu einer Zeichenkette zusammengefasst, wobei – ebenfalls mithilfe des „+"-Kombinators – ein Punkt zwischen die Parameter eingefügt wird.

10.7.3 Eigenschaften und Methoden nutzen

Im Verlauf dieses Kapitels wurden bereits in mehreren Beispielen bewusst oder unbewusst *Eigenschaften* und *Methoden* verschiedener Objekte genutzt. Welche Zusammenhänge dabei gelten, sollen die nächsten Beispiele zeigen, in denen die Eigenschaften und die Methoden des zuvor deklarierten Objekts verwendet werden.

Im ersten Beispiel wurden drei *Eigenschaften* für das Objekt *personal* deklariert:

- vName,
- nName,
- personalNumber.

Diese Eigenschaften können in JavaScript ähnlich einer deklarierten Variablen nach dem folgenden Prinzip mit Werten beschrieben werden:

```
objekt.eigenschaft = wert;
```

Das kann ungefähr so aussehen:

```
personal.vName = "Heinrich";
personal.nName = "Müller";
personal.personalNumber = 9876;
```

Ebenso, wie diese Eigenschaften mit Werten belegt werden können, lassen sich diese Werte auch auslesen.

Methoden eines Objekts können entsprechend mit einem externen Zugriff genutzt werden. Im Beispiel wurde die Methode *kombi(param3, param4)* erzeugt, welche zwei Parameter für die Verarbeitung erwartet. Der Rückgabewert kann einer Variablen zugewiesen oder direkt im aufrufenden Programm genutzt werden.

```
x3 = personal.kombi("01011990", 1234);
```

10.7.4 Wo bleiben die Klassen?

Wer bereits Erfahrungen mit höheren (objektorientierten) Programmiersprachen gesammelt hat, dem sind Unterschiede aufgefallen. In höheren Programmiersprachen werden Objekte aus Klassen *instanziert*. *Klassen* sind gewissermaßen die Schablonen, welche die Kombination aus Eigenschaften und Methoden eines Objekts festlegen.

In JavaScript gibt es das Schlüsselwort *class* ebenso, jedoch setzt sich zumeist die kürzere Schreibweise mit der Konstruktor-Funktion durch, wodurch bereits auch ein nutzbares Objekt deklariert wird. Mit dem Schlüsselwort *class* wird eine Schablone deklariert. Eine direkte Nutzung als Objekt ist hiermit noch nicht möglich!

```
class personal {
  constructor (param1, param2, param3, param4)
  {
    this.vName = param1;
    this.nName = param2;
```

```
        this.kombi = function (param3, param4)
          {
          return param4+"."+param3
          }
        }
      }
```

Die Deklaration der Klasse wird mit dem Schlüsselwort *class* eingeleitet, dem der Name der Klasse und anschließend (unmittelbar ohne einen Ausdruck in runden Klammern) eine geschweifte Klammer folgt. Das erste Schlüsselwort dieses Codeblocks ist nun *constructor*. Der Constructor steht stellvertretend für den späteren Namen des Objekts. Ihm folgt eine Struktur, wie sie bereits aus der Deklaration einer Funktion (Abschnitt 10.6.1) bekannt ist.

10.7.5 Objekte instanzieren

Um auf die Eigenschaften und Methoden, die innerhalb der Klasse definiert wurden, zugreifen zu können, muss zunächst ein Objekt aus der Klasse erzeugt werden. Ein Objekt ist eine Instanz der Klasse. Man spricht deswegen auch vom *Instanzieren* eines Objekts.

Für die Instanzierung wird das Schlüsselwort *new* verwendet. Dieses unterscheidet die Erzeugung eines Objekts von einer Wertzuweisung, denn das Verfahren ähnelt einer Variablendeklaration:

```
var mueller = new personal ("Hubertus", "Müller", 9876);
```

Das kann man jetzt einmal mit dem folgenden HTML- und JavaScript-Code ausprobieren:

```
<p>Der Mitarbeiter <span id="vorname"></span> <span id="nachname"></span> hat die
Personalnummer <span id="nummer"></span>.</p>
```

Bei dem HTML-Code handelt es sich lediglich um eine einfache Absatzzeile, die neben reinem Text auch drei Inline-Elemente <span> mit jeweils einer eigenen ID beinhaltet. Die <span>-Elemente selbst sind ansonsten leer und dienen nur als Platzhalter für die Java-Script-Ausgaben.

Das folgende Listing zeigt den kompletten JavaScript-Teil inkl. erläuternder Kommentare (kursiv).

```
<script>
"use strict";

/* Deklaration einer Klasse mit dem Namen "personal". Dies ist noch kein Objekt! */
class personal {
  /* Der Constructor steht stellvertretend für den späteren Objektnamen */
  constructor (param1, param2, param3, param4)
    {
    /* Es werden zwei Eigenschaften "vName" und "nName" deklariert. */
    this.vName = param1;
    this.nName = param2;
    /* Zusätzlich enthält die Klasse die Methode "kombi()". */
    this.kombi = function (param3, param4)
```

```
      {
      return param4+"."+param3
      }
    }
  }

/* An dieser Stelle wird aus der Klasse ein Objekt erzeugt */
/* Es werden mit der Deklaration bereits Inhalte übergeben. Das könnte auch später
erfolgen. */
var mueller = new personal ("Hubertus", "Müller");

/* Die Inhalte der Eigenschaften werden an den Platzhalter im HTML-Code übergeben. */
document.getElementById("vorname").innerHTML = mueller.vName;
document.getElementById("nachname").innerHTML = mueller.nName;
/* Der Methode werden mit ihrem Aufruf zwei Parameter übergeben und deren
Rückgabewert ebenfalls im HTML-Code an der vorgesehenen Stelle ausgegeben. */
document.getElementById("nummer").innerHTML = mueller.kombi("01011990", 1234);
</script>
```

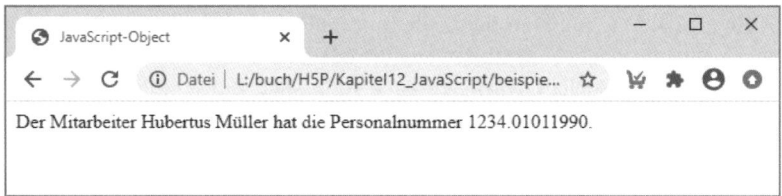

Bild 10.64 Für den Mitarbeiter „Hubertus Müller" wurde ein eigenes Objekt erzeugt, welches von der Klasse „personal" abgeleitet wurde.

 Vorteile von Klassen und Objekten

Wie zu sehen war, können Objekte als sehr komplexe Variablenstrukturen betrachtet werden, in die sich komplette Datensätze speichern lassen. Zudem können Methoden definiert werden, die über entsprechende Objekte mehrfache Verwendung finden. Nur die Klasse ist programmiert. Das Objekt existiert lediglich im Speicher und kann auch wieder geschlossen werden, ohne andere Objekte der Klasse zu beeinträchtigen.

10.7.6 Fest definierte JavaScript-Objekte

Es gibt eine Vielzahl bereits deklarierter Objekte in JavaScript, die in diesem Exkurs des Umfangs wegen nicht im Detail erläutert werden können. Einige dieser Objekte wurden jedoch bereits in verschiedenen Beispielen benutzt:

getElementById() ist beispielsweise eine Methode des Objekts *„document"*. Eine Eigenschaft des Objekts „document" ist *bgColor* für die Hintergrundfarbe.

Weitere Objekte, die mannigfaltige Klassen und Eigenschaften enthalten sind u. a.:

- date,
- forms,
- images,
- math,
- number,
- screen,
- string,
- style.

Die Auswahl erfüllt keinesfalls den Anspruch auf Vollständigkeit. Detaillierte Erläuterungen würden jedoch den Rahmen dieser Einführung in JavaScript bei weitem sprengen.

■ 10.8 Ereignisse auswerten

Der Exkurs JavaScript soll mit einem Blick auf die Ereignisse, die in JavaScript Aktivitäten auslösen können, abgeschlossen werden. Tritt ein Ereignis ein, wird eine frei programmierbare Funktion aufgerufen, welche die entsprechenden Aktivitäten ausführt. Es handelt sich also um keine an einer bestimmten Zeile im Programmcode vorhersehbaren Ereignisse.

Brückenschlag zur Interaktivität

Ereignisse werden vom Webbrowser erkannt und in interne Aktionen umgesetzt, die auch auf JavaScript zugreifen. Damit können Webseiten Reaktionen der Benutzer erkennen. Das Lehrmittelframework H5P profitiert von diesen Möglichkeiten und kann so ein hohes Maß an Interaktivität der Lehrinhalte mit den Lernenden bieten.

JavaScript bedient sich zur *Ereignisbehandlung* sogenannter *Eventhandler*. Sie sind Eigenschaften des *document*-Objekts im Document Object Model (DOM). JavaScript greift auf Eigenschaften der DOM-Objekte zu, wertet deren Status aus und führt die vom Programmierer gewünschten Aufgaben aus. Ein gutes Beispiel ist die Erkennung eines Mausklicks auf ein HTML-Element. Dies verdeutlicht eine ganz einfache HTML-Zeile, welche lediglich ein <img>-Element, ergänzt um ein Attribut „onclick", enthält. Der Wert des Attributs ist der Name der zu startenden JavaScript-Funktion.

```
<img id="chichi" src="chenoa-normal.png" onclick="redeye()"/>
```

Der JavaScript-Code selektiert zunächst das Element, welches zu bearbeiten ist. Hier wird eine bereits häufig gesehene Methode des Objekts „document" verwendet, der die ID des <img>-Elements „chichi" übergeben wird: *getElementById()*. Die Eigenschaft „*getAttribute()*"

setzt mit ihren zwei Parametern (Name des Attributs und Wert des Attributs) die neue Bildquelle. Es wechselt somit mit einem Mausklick der Bildinhalt.

```
function redeye() {
    document.getElementById("chichi").setAttribute("src", "chenoa-redeye.png");
}
```

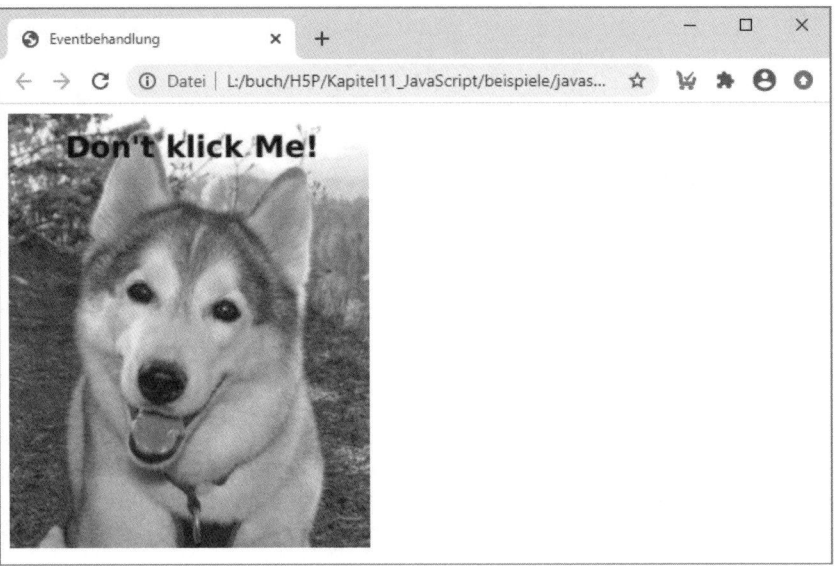

Bild 10.65 Scheinbar nichts Besonderes, doch durch die Methode onclick() wird das Bild zur Schaltfläche.

Bild 10.66 Mit dem Mausklick auf das Bild wird eine Funktion gestartet, die das Attribut „src" im <img>-Element verändert. Es wird ein neues Bild geladen.

Ein anderes Beispiel zeigt, wie die die Eigenschaft „onkeypress()" auf das Wurzelelement wirkt. Es wird erkannt, wenn eine beliebige Taste gedrückt wird. Welche Taste betätigt wurde, stellt die selbst deklarierte Funktion „taste()" fest, indem sie die Eigenschaft „key" des event-Objekts auswertet.

```html
<!DOCTYPE html>
<html onkeypress="taste()">
<body>

<p>Sie haben die folgende Taste gedrückt: <span id="test"></span></p>

<script>
  function taste() {
    document.getElementById("test").innerHTML = event.key;
  }
</script>

</body>
</html>
```

 JavaScript als Risiko?

Das Beispiel zeigt bewusst die Auswertung eines *jeden* Tastenklicks, der in der Webseite stattfindet, weil die Ereignisbehandlung auf das Wurzelelement <html> bezogen ist. Theoretisch ließe sich mit derartig einfachen Skript-Zeilen ein Keylogger programmieren, der im Zusammenhang mit gefälschten Webseiten für Phishing-Attacken geeignet wäre. In Beispielen wie diesen liegt ein gewisses Misstrauen gegenüber Skriptsprachen im Webdesign begründet.

Es gibt eine ganze Reihe von Ereignis-Eigenschaften, die nicht nur auf den direkten Klick mit der Maus warten. JavaScript kann die Betätigung von Tasten erkennen, kann beim Laden einer Seite bereits aktiv werden oder auch Änderungen in der Bildgröße wahrnehmen. Die Tabelle zeigt eine kleine Übersicht:

Tabelle 10.7 Von JavaScript erkennbare Ereignisse (Auswahl)

Ereignis-Eigenschaft	Bedeutung
onbeforeunload()	Erkennt, wenn die aktuelle Seite – beispielsweise durch Klick auf einen Link – verlassen wird.
onblur()	Erkennt das Verlassen eines Formularfelds.
onchange()	Erkennt Zustands- bzw. Inhaltswechsel in einem Formularelement.
onclick()	Erkennt einen Mausklick auf ein Element.
ondblclick()	Erkennt einen Doppelklick auf ein Element.
onfocus()	Wird ein Element – beispielsweise mit der Tabulatortaste – in den Fokus gesetzt, kann dieses Ereignis mit dieser Eigenschaft erkannt und ausgewertet werden.

(Fortsetzung nächste Seite)

Tabelle 10.7 Von JavaScript erkennbare Ereignisse (Auswahl) *(Fortsetzung)*

Ereignis-Eigenschaft	Bedeutung
onkeypress()	Erkennung einer gedrückten Taste innerhalb des markierten Elements.
onload()	Erkennt, wenn die Seite vollständig geladen wurde.
onmouseenter()	Erkennt, wenn der Mauszeiger über das Element geführt wird.
onmousedown()	Erkennt, wenn ein Klick (rechte oder linke Taste) auf das Element erfolgt. Das Ereignis bleibt erkannt, solange die Maustaste betätigt wird.
onmouseleave()	Erkennt das Loslassen der Maustaste.
onmousemove()	Erkennt, wenn der Mauszeiger über ein Element geführt wird.
onmouseout()	Erkennt, wenn der Mauszeiger den Bereich des Elements verlässt.
onmouseup()	Erkennt, wenn über einem Element eine Maustaste losgelassen wird.
onreset()	Erkennt das Zurücksetzen eines HTML-Formulars.
onselect()	Erkennt, wenn ein Text innerhalb eines Eingabefelds markiert wird.
onsubmit()	Erkennt, wenn die Übermittlung eines HTML-Formulars mit einem Button aktiviert wurde.
onabort()	Wird im Zusammenhang mit den Elementen <audio> und <video> verwendet und reagiert auf den Abbruch einer Wiedergabe.
oncopy()	Die Eigenschaft kann auf verschiedene Elemente angewendet werden. Sie erkennt, wenn Inhalte des Elements kopiert wurden (z. B. mit [Strg]+[C]).

11 Kurzeinführung in PHP

PHP steht für „PHP Hypertext Preprocessor", wobei die rekursive Namensgebung – die Abkürzung ist Bestandteil der ausgeschriebenen Form – in der Szene heute gängige Praxis ist. Es handelt sich um eine Programmiersprache, die lediglich als Skript direkt auf dem *Webserver* läuft, nicht jedoch vom Browser des Seitenbesuchers verarbeitet wird.

Konkret bedeutet dies, dass der geschriebene Code einer Webseite vollkommen anders aussehen wird wie der HTML-Code, der dann letztlich vom Webserver an den Browser des Besuchers geschickt wird.

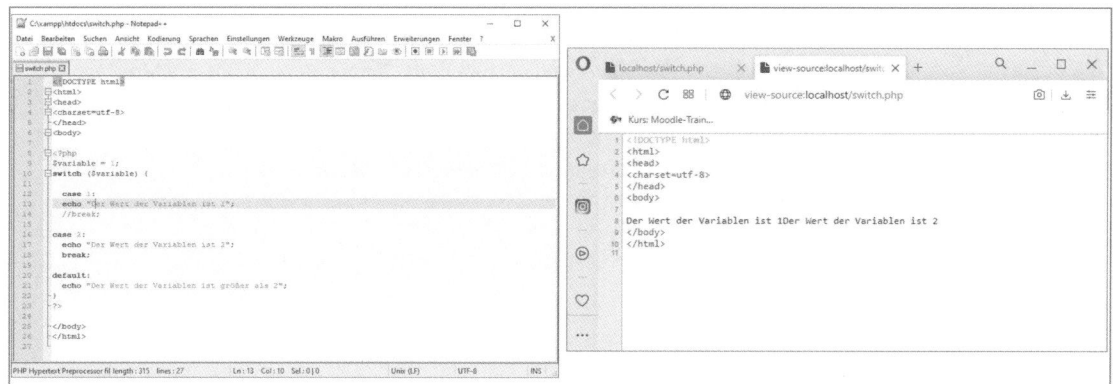

Bild 11.1 Links der HTML-/PHP-Code auf dem Webserver: Die vom PHP-Parser abzuarbeitenden Skripte werden nicht an den Browser gesendet. Dieser bekommt reinen HTML-Code präsentiert (rechts).

◼ 11.1 XAMPP als Testumgebung

Während die Beispiele aus reinem HTML-, CSS- und JavaScript-Code direkt in den Webbrowser geladen und ohne einen Server ausgeführt werden können, ist PHP eine Skriptsprache, die ausschließlich von einem PHP-Parser auf dem Server verarbeitet wird. Der PHP-Parser führt die Anweisungen des Skripts direkt aus und sendet das Ergebnis in der

Form von HTML-Code an den Webbrowser. Um mit PHP zu experimentieren, benötigt man also einen Webserver.

Ein Webserver muss nicht zwingend mit einer teuren Investition verbunden sein. Für reine Testzwecke und für Schulungen kann man – zum Nulltarif – ein vollwertiges Serverpaket aus dem Internet herunterladen: XAMPP. XAMPP ist eine Abkürzung für

- X = (X)-Beliebiges Betriebssystem (MS-Windows, Linux, Mac OS X),
- A = Apache Webserver[1],
- M = MySQL-Datenbank bzw. MariaDB,
- P = Unterstützung der Programmiersprache PHP,
- P = Unterstützung der Programmiersprache Pearl.

Der Apache-Webserver ist einer der weltweit am meisten eingesetzten Webserver überhaupt. Als Open-Source-Software ist das System kostenlos. MariaDB ist eine Datenbanklösung, die vom Entwickler von MySQL entwickelt wurde. „My" und „Maria" sind die Namen der Töchter von Michael Widenius. SQL steht für Standard Query Language.

Neben dem Apache-Webserver, der MariaDB-Datenbank und PHP umfasst das XAMPP-Paket den Apache-Tomcat-Webserver, den FileZilla-FTP-Server und den Mercury-Mailserver. Für einfache PHP-Experimente reicht die Aktivierung von Apache und MySQL vollkommen aus.

 Nur für Schulung und Entwicklung!

Obwohl das XAMPP-Server-Paket vollwertige Web-, Datenbank-, FTP- und Mail-Serverlösungen umfasst, ist dieses Paket in der öffentlichen Umgebung mit den Grundkonfigurationen nicht einsetzbar. XAMPP wurde für experimentelle Zwecke entwickelt und verzichtet auf alle Sicherheitsbarrieren wie zum Beispiel Administrator-Passwörter.

---

[1] Die Herkunft des Namens „Apache" wird vielseitig gedeutet. Nach einer Meinung leitet sich der Name von einem amerikanischen Ureinwohnerstamm ab. Andere sehen den Begriff als phonetische Interpretation des englischen Begriffs „A patchy Server" (ein lückenhafter bzw. ein „zusammengeschusterter" Server). Dies wird auf den modularen Aufbau des Servers zurückgeführt.

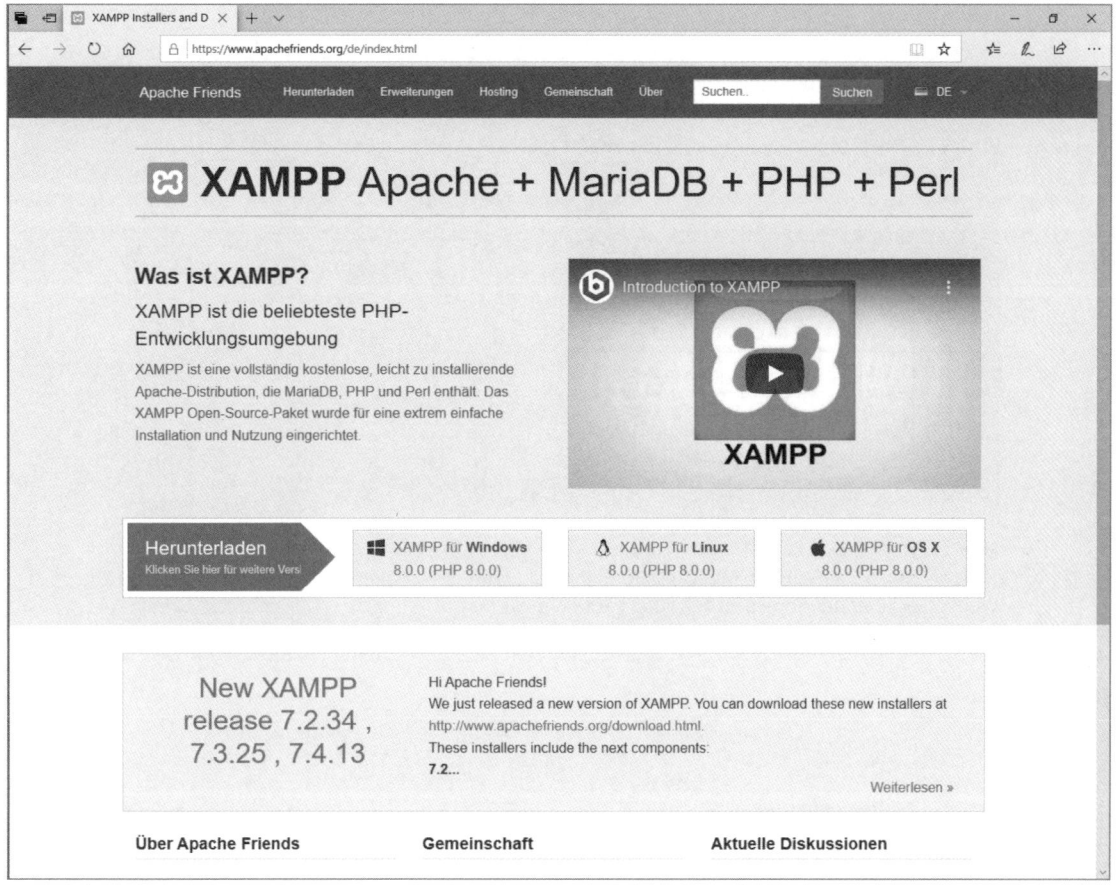

Bild 11.2 Für eigene Experimente oder für die Fortbildung muss man keinen öffentlichen Webspace anmieten. Es reichen ein PC mit einem beliebigen Betriebssystem (MS-Windows, Linux oder Mac OS X) und das XAMPP-Server-Paket. Die Installation ist in der Tat kinderleicht, jedoch ist dieses vorkonfigurierte Server-Paket nicht für öffentlich zugängliche Netze geeignet.

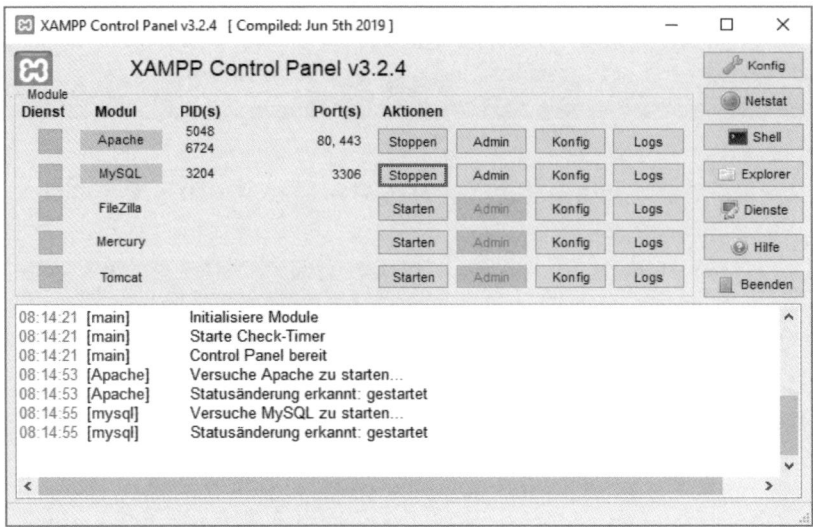

Bild 11.3 Über das XAMPP-Kontrollzentrum werden die Serverdienste gestartet. Wenn der Apache-Webserver und die MySQL-Datenbank auf „grün" geschaltet werden, kann der eigene Webserver über die Adresse `localhost` erreicht werden.

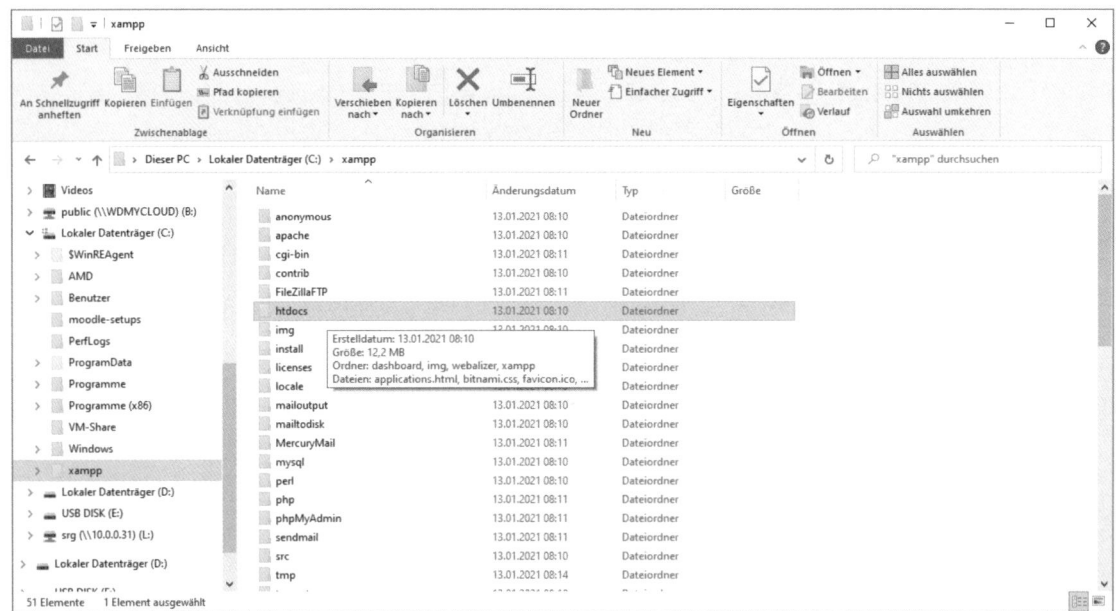

Bild 11.4 Das Stammverzeichnis des Webservers, aus dem die Webseiten aufgerufen werden, ist in der Grundinstallation C:\xampp\htdocs.

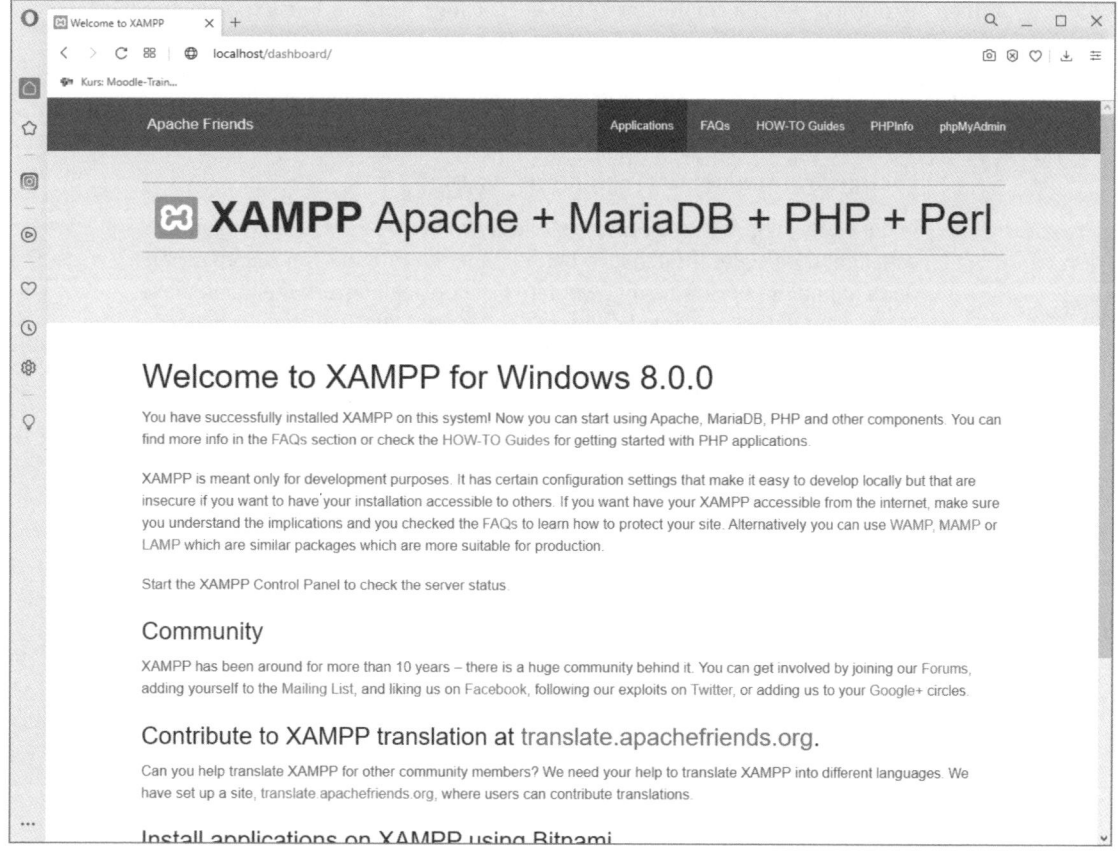

Bild 11.5 So sieht es grundsätzlich beim ersten Start von XAMPP aus. Es existieren jede Menge Sicherheitslücken, deren Grund die allgemein bekannten Default-Einstellungen sind. In einer geschlossenen Testumgebung kann der Server so bedenkenlos eingesetzt werden. In einem Netzwerk oder gar in einem öffentlich zugänglichen System sind aber Hausaufgaben zu machen und neue Passwörter zu setzen.

Im Prinzip kann der lokale Webserver nun bereits genutzt werden. Das Root-Verzeichnis des Webservers ist auf einem MS-Windows-Computer *C:\xampp\htdocs* und auf einem Linux-System */opt/lampp/htdocs*. In dieses Verzeichnis werden die PHP-Skripte gespeichert und im Browser mit der folgenden Adresszeile aufgerufen:

```
localhost/skriptname.php [Enter]
```

Allerdings handelt es sich um einen Server, der mit Default-Konfigurationen betrieben wird und in diesem Zustand sehr unsicher ist. Wenn sich der Computer in einem Intranet oder im öffentlich zugänglichen Netz befindet, muss dies geändert werden. Zumindest die Passwörter sollten neu gesetzt werden. Die Zugriffe auf die jeweiligen Konfigurationsdateien werden über das XAMPP-Kontrollzentrum erreicht.

Eine Konfigurationsdatei muss möglicherweise bearbeitet werden: *php.ini*. Sie ist im Verzeichnis *C:\xampp\php* zu finden. Die Datei muss mit einem Texteditor bearbeitet und im reinen Textformat (kein formatierter Text!) gespeichert werden. Für Experimente wird die Einstellung `display_errors = On` gesetzt. Das bewirkt, dass Warnungen und Fehlermeldungen im Browserfenster ausgegeben werden. Für offizielle Webseiten im regulären Betrieb sollte diese Einstellung mit `display_errors = Off` deaktiviert werden.

Lästige Warnungen und Fehlermeldungen?

In der Datei „php.ini" ist es möglich, die Ausgabe von Fehlermeldungen abzuschalten. Dies sollte für den Live-Betrieb einer im Internet frei zugänglichen Seite unbedingt berücksichtigt werden. Für Entwicklungsarbeiten sind diese Meldungen jedoch meist sehr sinnvoll, sodass auf dem Testsystem in der Datei „php.ini" die Einstellung `display_errors = On` gesetzt werden sollte. Es ist dabei daran zu denken, den Webserver bei einer Veränderung dieser Einstellung bzw. grundsätzlich bei Änderungen in der Datei php.ini neu zu starten.

■ 11.2 PHP-Grundstruktur

PHP kann direkt in den Code einer gängigen HTML-Seite eingebunden werden. Damit der PHP-Parser des Webservers auf die Seite reagiert, muss die Dateinamenerweiterung entsprechend verändert werden. Im Folgenden wird deshalb anstelle der Datei „index.html" mit der Datei „index.php" gearbeitet. Für die PHP-Syntax innerhalb der Seite werden spezielle Tags verwendet, mit denen die eigentlichen Skript-Bereiche umschlossen werden:

```php
<?php
// Hier steht der eigentliche Code des PHP-Skripts
?>
```

Kurzschreibweise

Es ist noch eine Kurzschreibweise für das einleitende Tag eines PHP-Skripts definiert: `<? …. ?>`. Diese Kurzschreibweise (Short Tags) wird allerdings nicht von allen Webservern unterstützt, weil sie speziell aktiviert werden muss. Um eine universelle Einsetzbarkeit der Skripte zu erreichen, wird deswegen die klassische Schreibweise verwendet: `<?php …. ?>`

Das kurze Listing zeigt das Eröffnungs-Tag **<?php** und das schließende Tag **?>**. Dazwischen befindet sich in diesem Beispiel lediglich eine Kommentarzeile. Kommentare sollten reichlich verwendet werden, um einerseits zu einem späteren Zeitpunkt selbst schnell wieder in das Programm einsteigen zu können, aber auch, um anderen Programmierern überhaupt einen schnellen Einstieg in das Listing zu eröffnen. Kommentare können in PHP auf verschiedene Weise in den Quellcode eingebaut werden:

```
// Dies ist ein einzeiliger Kommentar. Soll der Kommentar eine zweite Zeile
// beanspruchen, dann muss diese zusätzliche Zeile ebenfalls mit zwei Slash-Zeichen
// eingeleitet werden.

# Auch dies ist ein einzeiliger Kommentar.

/* Ein mehrzeiliger Kommentar beginnt mit der Kombination aus einem Hash "/" und
einem Asterisk "*". Der mehrzeilige Kommentar muss unbedingt wieder geschlossen
werden. Hier wird eine umgekehrte Reihenfolge der Zeichen des Tags verwendet: "*/" */"
```

 HTML-, CSS- und PHP-Kommentare: Unterschiede beachten

Die Kommentar-Formen, die mit **//**, **#** und **/* … */** beschrieben werden, gelten innerhalb eines PHP-Code-Blocks. CSS kennt lediglich eine (mehrzeilige) Kommentarschreibweise: /* … */. HTML-Kommentare werden mit dem Tag <!-- … --> umschrieben.

Zwischen den PHP-Tags befinden sich die Deklarationen, Anweisungen und Funktionen. *Funktionen* übernehmen Werte und verarbeiten diese. Sie liefern einen Wert an den aufrufenden Programmteil zurück, können aber auch direkte Ausgaben im Browser veranlassen. *Anweisungen* steuern beispielsweise den Programmablauf mit *Kontrollstrukturen* wie *Schleifen* und Sprunganweisungen. *Deklarationen* betreffen *Variablen* und *Konstanten*, die bestimmten Datentypen zugeordnet und denen Werte zugewiesen werden.

Ganz wichtig ist bei der Syntax zu beachten, dass jede Anweisung mit einem Semikolon abgeschlossen wird. Erfahrungsgemäß sind die meisten Fehler im Vergessen dieses kleinen „Satzzeichens" zu suchen. Ähnlich, wie es bereits bei JavaScript[2] zu sehen war.

■ 11.3 Variablen, Konstanten, Datentypen

Im Kapitel zum Thema HTML wurden Formulare vorgestellt, mit denen Besucher der Seite eigene Eingaben machen und diese Daten über vorprogrammierte Wege versenden können. „Vorprogrammierte Wege" bedeutet, dass die entsprechenden Verfahren auch tatsächlich auf der Seite des Webservers zu programmieren sind. Dies geschieht mit PHP. Bestandteil dieser Programme sind Schleifen, Dialoge mit Datenbanken und eben die Verarbeitung von Daten selbst. Daten werden innerhalb des Programms, also im Ablauf des PHP-Skripts, in Variablen gespeichert und bearbeitet.

---

[2] Sowohl PHP als auch JavaScript sind bedeutende Skriptsprachen im Webdesign. In beiden Fällen handelt es sich um sogenannte Interpreter-Sprachen. Während JavaScript jedoch direkt im Webbrowser ausgeführt wird, der die Seite dem Benutzer präsentiert, wird PHP noch auf dem Webserver verarbeitet. Die Besucher der Seite bekommen das PHP-Skript nie – auch nicht in der Anzeige des Quellcodes – zu sehen.

Hinweis für die folgenden Ausführungen

Um die Ausführungen zu veranschaulichen, wird ein wenig vorgegriffen und die Anweisung *print* vorgestellt. *print* gibt direkt Textstrings oder Variablen- und Konstanten-Inhalte aus. Allerdings gilt *print* nicht als Funktion im Sinne der PHP-Definition. PHP kennt zudem die Anweisung *echo*, die vergleichbare Eigenschaften wie *print* hat.

11.3.1 Variablen und Datentypen

Variablen sind definierte Speicherplätze für Zahlenwerte aber auch für Zeichenketten (Strings). Variablen können unterschiedlichen *Datentypen* angehören.

Die Deklaration einer Variablen erfolgt über die Zuweisung eines Werts. Eine explizite Deklaration des Datentyps ist also nicht erforderlich. Allerdings sind verschiedene Regeln zu beachten, die unbedingt eingehalten werden müssen:

- Der Name einer Variablen beginnt stets mit einem „Dollar-Zeichen" ($).
- Der Name einer Variablen darf große und kleine Buchstaben, Ziffern und den Unterstrich enthalten.
- Der Name einer Variablen darf auf keinem Fall Umlaute (ä, ö, ü etc.), das „ß" oder Sonderzeichen (mit Ausnahme des Unterstrichs) enthalten.
- Namen reservierter Begriffe (beispielsweise in PHP verwendete Anweisungen) sind für Variablen unzulässig.
- Bei Variablennamen wird zwischen Groß- und Kleinschreibung unterschieden. $test ist eine andere Variable wie $TEST.

Beispiele für die Belegung und gleichzeitige Deklaration einer Variablen:

```php
<?php
$variable1 = 5;
$variable2 = 9.72;
$variable3 = "Zeichenkette";
$variable4 = TRUE;
$variable5;
//Noch zu ergänzender PHP-Code
?>
```

Die fünf Variablen werden mit verschiedenen Inhalten belegt. Damit wird ihnen gleichzeitig der zum Inhalt passende Datentyp zugewiesen. Der Variablen „variable1" wird die Zahl „5" zugewiesen. Es handelt sich also um eine *ganze Zahl*, weshalb der Datentyp *„Integer"* gesetzt wird. Interessant ist die Deklaration der Variablen „variable5", der kein Wert zugewiesen wurde. Dieser undefinierte Zustand wird dem Datentyp *„NULL"* zugewiesen. „NULL" ist ein wichtiger Parameter, mit dessen Hilfe „leere" Rückgabewerte einer Funktion im Programm verarbeitet werden können.

Wert einer undeklarierten Variablen

Die Verwendung einer bislang nicht deklarierten Variablen führt nicht zu einem Fehler. Die Variable liefert in diesem Fall als Wert „NULL". Die Deklaration einer Variablen erfolgt in PHP durch Zuweisung eines Werts.

Anders als viele andere Programmiersprachen, handhabt PHP die Inhalte der Variablen sehr flexibel und passt den Datentyp automatisch an den jeweils aktuellen Inhalt an. Mit jeder neuen Wertzuweisung erfolgt also auch gleichzeitig eine Neudeklaration des Datentyps.

11.3.2 Datentypen

Die Anzahl der Datentypen ist in PHP recht überschaubar. Neben vier elementaren Datentypen sind die Typen „Array" und „Object" sowie Typen für Referenzen auf externe Datenquellen definiert. Undeklarierte Variablen führen den Inhalt „NULL" und gehören damit dem gleichnamigen Typ an. Zu den elementaren Datentypen zählen:

- *Integer* (ganze Zahl),
- *Double* (Gleitkommazahl, wobei die Kommastelle mit einem Punkt geschrieben wird),
- *String* (Zeichenkette) und
- *Boolean* (logische Variable, die nur zwei Werte – „true" und „false" – annehmen kann)

Etwas näher sollte man sich die Variablen vom Typ „Integer" ansehen. Hier werden ganze Zahlen verarbeitet, die jedoch in sehr unterschiedlicher Form eingegeben werden können:

- *Dezimalschreibweise:* Die allgemein aus Sicht des Benutzers geläufige Form der Zahleneingabe dürfte die Schreibweise im bekannten dezimalen Zahlensystem (Ziffern von 0 bis 9) sein. Hier gibt es keine besonderen Regeln. Die Zahl wird wie im alltäglichen Gebrauch geschrieben.
- *Hexadezimale Schreibweise:* Da die Computertechnik auf dem binären Zahlensystem basiert und sich vierstellige binäre Zahlen mit einer hexadezimalen Ziffer darstellen lassen (Ziffern 0 bis 9 und A bis F), hat das Hexadezimalsystem in der Informatik eine große Bedeutung. Um die Schreibweise vom dezimalen System zu unterscheiden, wird ihnen „0x" vorangestellt. Beispiele für hexadezimale Zahlen sind: 0x5F oder 0x59. Nur „59" ist dagegen eine Dezimalzahl. Wenngleich auch die Ziffern identisch sind, ist der Wert verschieden.
- *Oktale Schreibweise:* Ebenfalls zur vereinfachten Darstellung binärer Werte gern verwendet, ist das oktale Zahlensystem (Ziffern von 0 bis 7). Damit lassen sich die Werte von jeweils drei Bit in einer Ziffer ausdrücken. Die Schreibweise in PHP sieht das Voranstellen einer Null (0) vor. Die Angabe von 014 ist für PHP also eine oktale Zahl.

Darüber hinaus gibt es „Arrays" (=Felder). Damit lässt sich sehr einfach eine tabellarische Darstellung von Daten einer Tabelle realisieren. Ein weiterer Vorteil eines Arrays ist die Möglichkeit, die Indizes durch Variablen darzustellen. Ein Beispiel soll dies zeigen:

```
<!DOCTYPE html>
<html>
<head>
<charset ="utf-8"></charset>
</head>
<body>
<?php
$name = array(100, 5, 12, 88);
$index = 0;
echo "Inhalt des Arrays an ".($index+1).". Position: $name[$index] <br>";
?>
</body>
</html>
```

Der PHP-Codeblock – eingeschlossen in die Tags <?php und ?> – besteht zunächst einmal aus zwei Deklarationen: In der ersten Zeile wird das Array mit insgesamt vier Werten definiert. Die Zuweisung erfolgt scheinbar auf eine einfache Variable $name, jedoch beschreibt diese letztlich ein Feld aus vier Variablen, die auf Basis des gleichen Namens nur durch ihren Index voneinander unterschieden und somit separat ausgelesen werden können.

Dieser Index soll in der zweiten Deklaration $index = 0 mit dem Wert „0" – *wichtig: nicht NULL!* – vorbelegt werden. Zu beachten ist, dass in Arrays die Zählung mit Null und nicht mit Eins beginnt.

Die Ausgabe mit der Anweisung echo greift nun ein wenig dem weiteren Inhalt dieses Kapitels vor. Im Groben passieren hier jedoch drei Dinge:

- Im ersten Teil wird – in Anführungszeichen eingeschlossen – ein Text ausgegeben: „Inhalt des Arrays an".

- Der zweite Abschnitt – eingebunden durch Punkte (zu diesen „Punkten" später mehr) am Beginn und am Ende der Operation – wird das Ergebnis einer Rechenoperation (Addition des Inhalts der Variablen $index und des Werts „1") in die Ausgabe einbeziehen. Da kein Zeilenumbruch gesetzt wurde, fügt sich diese Ausgabe unmittelbar in die Zeile ein.

- Der dritte Abschnitt ist wieder eine Textausgabe. Innerhalb des Strings wird das Array $name[$index] erkannt. Es wird nicht die darstellende Zeichenkette, sondern dessen Inhalt ausgegeben. Welches Element des Arrays ausgegeben wird, gibt der Inhalt der Variablen $index vor.

Man kann dieses Programm mit verschiedenen Zuweisungen für $index mit Werten von 0 bis 3 ausprobieren und das Ergebnis der Ausgabe vergleichen:

- $index = 0; – Ausgabe: Inhalt des Arrays an 1. Position: 100
- $index = 1; – Ausgabe: Inhalt des Arrays an 2. Position: 5
- $index = 2; – Ausgabe: Inhalt des Arrays an 3. Position: 12
- $index = 3; – Ausgabe: Inhalt des Arrays an 4. Position: 88

Mit dem Datentyp „object" wird im Grunde genommen keine „Variable" deklariert. Vielmehr wird eine Instanz erzeugt, die auf den Definitionen einer Klasse basiert. Mit dem Datentyp „Resource" kann auf externe Datenquellen (Datenbank oder Datei) zugegriffen werden. Diese beiden Variablentypen werden später in diesem Kapitel sowie im Kapitel zum Thema „externe Datenquellen" besprochen.

Bereits deklarierte Variablen können in ihrem Typ umdeklariert werden. Man spricht vom „Casting". Ein Beispiel zeigt den Effekt:

```php
<?php
$name = 1;
print "Inhalt der Variablen: $name <br>";
print "Typ der Variablen ist: ";
print gettype($name);
print "<br><br>Nun wird der Datentyp umdeklariert:<br>";
$name = (double)$name;
print "<br><br>Inhalt der Variablen: $name <br>";
print "Typ der Variablen ist: ";
print gettype($name);
?>
```

Das Listing zeigt insgesamt zweimal eine Deklaration der Variablen $name, wobei diese im ersten Fall mit der Ganzzahl „1" vollzogen wird. Der Variablen wird damit der Datentyp „Integer" zugewiesen. Die zweite Deklaration verändert den Inhalt der Variablen im Grunde genommen nicht. Nach wie vor enthält die Variable den Wert 1, jedoch nunmehr als Gleitkomma-Zahl. Auch wenn die leeren Stellen nicht angezeigt werden, entspricht der Inhalt der Variablen nun dem Wert „1.0".

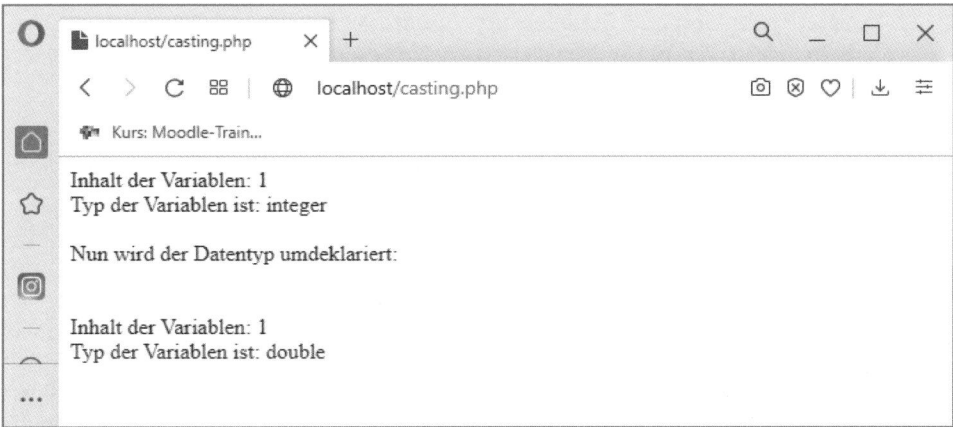

Bild 11.6 Eine Variable vom Typ „Integer" wird umdeklariert in den Typ „Double".

 PHP-Funktion gettype()

Die PHP-Funktion gettype($variablenname) liefert als Rückgabewert den Datentyp der Variablen im Klartext. Dies sei an dieser Stelle zunächst „in den Raum gestellt". Funktionen werden im weiteren Verlauf dieses Kapitels ausführlich beschrieben.

11.3.3 Konstanten

Wie auch Variablen dienen Konstanten dazu, Werte innerhalb des Programmablaufs durch symbolische Namen auszudrücken. Anders als Variablen werden Konstanten allerdings nur ein einziges Mal im Programm deklariert.

Einer allgemeinen Konvention entsprechend, werden Konstanten ausschließlich in Großbuchstaben geschrieben. Für die Deklaration einer Konstanten wird eine spezielle PHP-Funktion verwendet: define(). Anders als bei einer Variablen wird der Name einer Konstanten *nicht* mit dem Dollar-Zeichen („$") eingeleitet.

```php
<?php
define ("NAME", "Schoblick");
echo "Der Name des Autors ist " .NAME;
?>
```

Wichtig: Der Punkt!

Er ist im Listing gewiss leicht zu übersehen: Der Punkt vor der Konstanten „NAME". Der Punkt ist ein sogenannter *Verknüpfungsoperator*. Der Verknüpfungsoperator fasst zwei Zeichenketten zu einer gemeinsamen Zeichenkette zusammen. In diesem Fall wird die so erstellte gesamte Zeichenkette mit der Anweisung echo auf dem Bildschirm ausgegeben.

11.3.4 Zeichenketten (Strings)

Das Ergebnis des vorangegangenen Listings erscheint im Browser-Fenster wie folgt:

Der Name des Autors ist Schoblick

Es handelt sich um eine *Verkettung* einer fest in den Programmcode hinein geschriebenen Zeichenkette („Der Name des Autors ist ") mit dem Inhalt einer Konstanten. Der unscheinbare Punkt, der bereits im Beispiel zu den Arrays erwähnt wurde, ist der Verknüpfungsbzw. Verkettungsoperator, der die einzelnen Teile der Zeichenkette zu einer Einheit werden lässt.

Nicht jeder Punkt ist ein Verknüpfungsoperator!

Punkte, die als Satzzeichen innerhalb eines mit Anführungszeichen umschlossenen Bereichs stehen, werden nicht als Verkettungsoperatoren interpretiert.

```php
$vorname = "Robert";
define ("NAME", "Schoblick");
echo "Der Name des Autors ist $vorname " .NAME.".";
?>
```

Im Browserfenster wird nun der vollständige Satz ausgegeben: „Der Name des Autors ist Robert Schoblick." Der Satz wird mit einem Punkt geschlossen, der in Anführungszeichen das letzte Element der Zeichenkette darstellt. Der kleine Block mit dem (Satzzeichen) Punkt wird mit dem (Verkettungsoperator) Punkt an die vorangehenden Elemente angehängt. Eine weitere Besonderheit fällt beim Vergleich der Behandlung von Variablen und Konstanten auf. Die Variablen können direkt in den Fließtext integriert werden, wie im Beispiel gezeigt wurde[3]. Sie können allerdings auch über den Verkettungsoperator (.) außerhalb der Zeichenkette wie auch eine Konstante verwendet werden.

```
echo "Der Name des Autors ist ".$vorname." ".NAME.".";
```

11.3.5 Verwendung von Operatoren

Operatoren haben eine wichtige Bedeutung in PHP. Zwei dieser Operatoren wurden bereits in diesem Kapitel verwendet:

- der Zuweisungsoperator „=",
- der Verkettungsoperator „.".

Insgesamt gibt es folgende Operatoren mit entsprechend unterschiedlichen Funktionen:

- Verkettungsoperator,
- Zuweisungsoperatoren,
- arithmetische Operatoren,
- Vergleichsoperatoren,
- logische Operatoren,
- Inkrement- und Dekrementoperatoren.

 Es gibt Ähnlichkeiten zu anderen Programmiersprachen!

Bei der Betrachtung der Operatoren ist bereits die Verwandtschaft der Skriptsprache PHP mit höheren Programmiersprachen wie beispielsweise „C" ersichtlich. Auch im Kapitel zu JavaScript wurden derartige Operatoren bereits verwendet.

11.3.5.1 Arithmetische Operatoren

Bei den arithmetischen Operatoren sind zunächst einmal die Operatoren der vier Grundrechenarten zu nennen. Zusätzlich gibt es den Operator „Modulo", dargestellt durch das Prozentzeichen (%). Mit den arithmetischen Operatoren kann man direkt rechnen und zwar innerhalb von Funktionen, aber auch mit Variablen und Konstanten. Beispiele:

- echo 10 + 8; // Beispiel 1,
- echo $zahl – 5; //Beispiel 2,

---

[3] Das funktioniert, wenn doppelte Anführungszeichen verwendet werden. Einfache Hochkomma geben den Namen der Variablen aus.

- $zahl1 = $zahl2 * KONSTANTE; //Beispiel 3,
- $zahl1 = $zahl1 / $zahl2; //Beispiel 4,
- $zahl1 = 20 % 6; //Beispiel 5.

Im ersten Beispiel wird das Ergebnis der Addition „10 plus 8" im Browser ausgegeben. Das Zeichen „+" ist der arithmetische Operator für die Addition. Entsprechend ist das Zeichen „-" der Operator für die Subtraktion. Im zweiten Beispiel ist einer der Operanden jedoch eine Variable. Das Ergebnis, das im Browser-Fenster dargestellt wird, hängt vom Inhalt der Variablen $zahl1 ab. Auch beide Werte können durch Variablen ersetzt werden, was im vierten Beispiel ersichtlich wird, oder es können Konstanten als Operanden eingesetzt werden (drittes Beispiel).

Ein wenig erklärungsbedürftig ist möglicherweise der arithmetische Operator „Modulo" (%). Hier handelt es sich um eine Divisions-Rechnung, bei der jedoch nicht das eigentliche Ergebnis, sondern ein eventuell entstehender Rest angezeigt wird. Das fünfte Beispiel zeigt die Division 20/6, die im Ergebnis 3, Rest 2 ergibt. Das Ergebnis der Modulo-Operation ist lediglich der Rest und damit wird im Browser die „2" als Ergebnis ausgegeben.

11.3.5.2 Zuweisungsoperatoren

Das Gleichheitszeichen wurde bereits mehrfach in diesem Kapitel als Zuweisungsoperator verwendet. Der Begriff des „Zuweisungsoperators" ist nicht mit „ist gleich" zu verwechseln, was eines der Beispiele des vorangegangenen Abschnitts bereits deutlich machte. Streng mathematisch betrachtet, ist die folgenden Zeile natürlich falsch:

```
$zahl1 = $zahl1 / $zahl2; //Beispiel 4
```

Da es sich bei dem Zeichen „=" nicht um das mathematische Zeichen „ist gleich", sondern um einen *Zuweisungsoperator* handelt, ist diese Schreibweise korrekt: Der in der Variablen *$zahl1* enthaltene Wert wird durch den Inhalt von *$zahl2* geteilt und das Ergebnis der Variablen *$zahl1* neu zugewiesen. Der Wert der Variablen ändert sich also nach der Operation.

Mit diesem Hintergrund lässt sich auch die Kurzschreibweise verstehen.

Ausgeschriebene Zuweisung des Ergebnisses der arithmetischen Operation:

```
$zahl1 = $zahl1 / $zahl2;
```

Die Kurzschreibweise der gleichen Operation:

```
$zahl1 /= $zahl2;
```

Beide Zeilen sind in ihrer Bedeutung identisch. Entsprechend kann mit allen fünf arithmetischen Operatoren umgegangen werden:

- $zahl1 += 5; // ist identisch mit $zahl1 = $zahl1 + 5;
- $zahl1 -= 5; // ist identisch mit $zahl1 = $zahl1 - 5;
- $zahl1 *= 5; // ist identisch mit $zahl1 = $zahl1 * 5;
- $zahl1 %= 5; // ist identisch mit $zahl1 = $zahl1 % 5;

Darüber hinaus gibt es einen Zuweisungsoperator „.=" für Zeichenketten. Mit diesem Zuweisungsoperator lassen sich Zeichenketten direkt verbinden.

Das folgende Listing zeigt das Prinzip: Im ersten Schritt wird die Variable mit einer Zeichenkette belegt. Im zweiten Schritt wird mit dem Zuweisungsoperator „.=" eine zweite Zeichenkette direkt an den bereits vorhandenen Inhalt angehängt. Das Ergebnis ist nun wieder der vollständige Satz.

```php
<?php
$satz = "Der Name des Autors ist ";
$satz .= "Robert Schoblick.";
echo $satz;
?>
```

11.3.5.3 Prioritäten bei Rechenoperation

Man kann selbstverständlich mehrere Operationen miteinander verknüpfen und damit Rechenoperation im größeren Umfang ausführen. Wichtig ist hier allerdings, dass die allgemeinen mathematischen Regeln beachtet werden, was bei PHP der Fall ist. PHP bevorzugt Terme in Klammern und berücksichtigt die allgemeine Regel „Punktrechnung geht vor Strichrechnung". Somit liefert der folgende Ausdruck das korrekte Ergebnis: „35"

```php
<?php
print (5+6)*2+5*2+3;
?>
```

11.3.5.4 Inkrement- und Dekrement-Operatoren

Eine Reihe auf Integer-Variablen anwendbarer Operatoren erhöhen oder verringern den darin gespeicherten Wert um Eins. Je nachdem, ob der Operator vor oder nach die Variable gesetzt wird, hat dies einen Einfluss auf die Reihenfolge der Operation, wenn die Variable in anderen Operationen verwendet wird.

Inkrement-Operationen sind:

- `++$variable;`
- `$variable++;`

Dekrement-Operationen sind:

- `--$variable;`
- `$variable--;`

Die Wirkung der verschiedenen Schreibweisen sollen zwei kleine Beispiele verdeutlichen:

```php
<?php
$variable = 10;
echo ++$variable;
echo "<br>";
echo $variable;
?>
```

Im ersten Beispiel wird der Inkrement-Operator *vor* die Variable gesetzt. Damit wird diese Operation vor der Ausführung der Ausgabe über die echo-Anweisung durchgeführt. Die mit dem Wert „10" vorbesetzte Variable wird zuerst um 1 erhöht. Der Wert der Variable ist nun „11". Dieser Wert wird in beiden echo-Anweisungen ausgegeben.

```php
<?php
$variable = 10;
echo $variable++;
echo "<br>";
echo $variable;
?>
```

Eine veränderte Situation: Der Inkrement-Operator *steht nach der Variablen.* In der ersten echo-Anweisung wird nun der ursprüngliche Wert (10) ausgegeben und erst anschließend wird der Wert der Variablen erhöht. Dies belegt das Ergebnis der zweiten echo-Anweisung mit der nun der Wert „11" ausgegeben wird.

 Reihenfolge beachten!

Wird der Inkrement- oder Dekrement-Operator vor die Variable gesetzt, dann wird diese Operation vor einer weiteren Operation ausgeführt. Wird der Operator hinter die Variable gesetzt, so wird zuerst die Funktion bzw. übergeordnete Operation ausgeführt und erst danach der Wert erhöht oder reduziert. Verwechslung bzw. Nichtbeachtung dieser Regeln sind „beliebte" Fehlerursachen, die zu abendfüllenden „Debugging-Partys" führen können.

11.3.5.5 Vergleichsoperatoren und logische Operatoren

Um in einem Programmablauf Entscheidungen treffen zu können, sind Vergleichsoperatoren der Schlüssel. Mit diesen Operatoren werden Alternativen bewertet und basierend auf dem Ergebnis Verzweigungen und Schleifen gesteuert.

Die Ergebnisse eines Vergleichs sind logische Werte. Ein Vergleich ist entweder wahr (true) oder falsch (false). PHP kennt folgende Vergleichsoperatoren:

- == (zwei Gleichheitszeichen): Die Operation ist wahr (true), wenn beide Seiten den gleichen Wert haben.
- === (drei Gleichheitszeichen): Die Operation ist wahr, wenn beide Seiten den gleichen Wert haben und dem gleichen Datentyp entsprechen.
- != Die Werte sind ungleich.
- > Die linke Seite ist größer als die rechte Seite.
- < Die linke Seite ist kleiner als die rechte Seite.
- >= Die linke Seite ist größer als die rechte Seite bzw. beide Seiten sind gleich.
- <= Die linke Seite ist kleiner als die rechte Seite bzw. beide Seiten sind gleich.

Die ersten drei *Vergleichsoperatoren* können sowohl auf numerische Datentypen (Integer, Double) als auch auf logische Daten und Strings angewendet werden. Die „wichtenden" Operatoren, also die Operatoren, die prüfen, ob eine der beiden Seiten einen größeren oder kleineren Wert hat, beziehen sich auf die Datentypen Integer und Double.

 Ohne Vergleiche keine Entscheidung!

Die vergleichenden Operatoren werden im folgenden Abschnitt zum Thema Verzweigungen und Schleifen eine wichtige Rolle spielen.

Logische Verknüpfungen sind im strengen Sinn keine Vergleiche, jedoch werden auch mit ihnen Bedingungen formuliert, deren Ergebnisse „wahr" oder „falsch" sind. Folgende Operationen sind für PHP definiert:

- or – „ODER"-Funktion: Das Ergebnis ist „wahr", wenn mindestens eine der beiden Bedingungen „wahr" ist.
- || – andere Schreibweise für die logische ODER-Operation.
- xor – „EXKLUSIV-ODER": Das Ergebnis ist „wahr", wenn ausschließlich eine der beiden Bedingungen „wahr" ist. Sind beide oder keine der Bedingungen „wahr", dann ist das Ergebnis „falsch".
- and – „UND"-Funktion: Das Ergebnis ist nur dann „wahr", wenn beide Seiten ebenfalls „wahr" sind. Ist nur einer der verknüpften logischen Werte „falsch", dann ist auch das Ergebnis „falsch".
- && – andere Schreibweise für die logische UND-Operation.
- ! – „NOT": Diese Operation negiert den betreffenden Wert. Aus einem logischen „wahr" wird „falsch" und umgekehrt.

Der Operator „NOT" (ein einfaches Rufzeichen) wird sehr häufig verwendet, um die Arbeit mit Verzweigungen zu vereinfachen. Der Grund: Ist eine Bedingung nicht erfüllt, wird meist nur ein sehr kurzer Code-Abschnitt benötigt. Der Verzweigungsblock kann damit klein gehalten werden.

 Ausdrucksmöglichkeiten logischer Werte

„true" (wahr) und „false" (falsch, unwahr) sind rein logische Werte. Sie können auch mit binären Ziffern „true" = 1 und „false" = 0 ausgedrückt werden.

■ 11.4 Schleifen und Verzweigungen

Kontrollstrukturen wie Schleifen und Verzweigungen machen ein Programm dynamisch. Bisweilen handelte es sich stets um rein lineare Abläufe, sei es bei der Beschreibung von Seiteninhalten mit HTML oder in den bisherigen PHP-Beispielen. Verzweigungen und Schleifen erlauben es einer Software, auf Ereignisse während des Programmlaufs zu reagieren.

Bei den Schleifen muss man zwischen *kopf- und fußgesteuerten Schleifen* unterscheiden: Bei der kopfgesteuerten Schleife wird die Bedingung vor dem Durchlaufen der Schleife überprüft. Wenn die Bedingung nicht erfüllt ist, wird die Schleife übergangen. Bei der fußgesteuerten Schleife wird die Schleife immer mindestens einmal durchlaufen. Erst am Ende der Schleife wird die Bedingung überprüft und damit entschieden, ob die Schleife noch einmal zu durchlaufen oder zu verlassen ist.

Verzweigungen funktionieren einfacher: Hier wird ein einziges Mal die Bedingung überprüft und anhand des Ergebnisses ein bestimmter Programmabschnitt durchlaufen.

11.4.1 if und else

Wenn die Bedingung erfüllt ist, dann werden die folgenden Programmschritte abgearbeitet. Ist die Bedingung jedoch nicht erfüllt, wird der Programmblock übergangen bzw. es werden alternative Programmschritte durchlaufen.

Die Bedingungen werden mit Vergleichsoperatoren definiert. Die Bedingung ist erfüllt, wenn der Ausdruck innerhalb der Klammer logisch „wahr" (true) ist. Ist dies nicht der Fall, wird der nachfolgende Block übergangen. Ist jedoch die Anweisung else vorhanden, so wird der auf else folgende Block ausgeführt, wenn die eigentliche if-Bedingung nicht erfüllt ist.

Das folgende Beispiel zeigt einen Fall, in dem die Bedingung erfüllt ist. Die Variable $variable bekommt den Wert „10" zugewiesen. In der if-Verzweigung wird nun geprüft, ob der Inhalt der Variablen größer oder gleich „5" ist. Dies ist hier der Fall und deswegen wird die erste echo-Anweisung aktiv. Der Programmblock hinter else wird nicht ausgeführt und übersprungen.

```php
<?php
$variable = 10;
if ($variable >= 5) {
    echo "Die Variable hat den Inhalt $variable und ist deswegen größer als oder
    gleich 5.";
    }
else {
    echo "Die Variable hat den Inhalt $variable und ist deswegen kleiner als 5.";
    }
?>
```

Man kann den kleinen Programmblock auch mit einer kleinen Änderung testen und anstelle des Werts „10" einen kleineren Wert als „5", z.B. „3" eintragen. In diesem Fall wird der direkt auf if folgende Block übersprungen und lediglich die Alternative – auf else folgend – ausgeführt.

Ein weiteres Beispiel: Im Listing wird diesmal die Variable nicht deklariert und nicht belegt. Der Klammerausdruck der if-Anweisung sieht auch keinen Vergleichsoperator vor und dennoch erfüllt die Verzweigung einen Sinn: Nur dann, wenn die Variable belegt oder eine Konstante definiert ist, wird – unabhängig vom eigentlichen Inhalt – der auf if folgende Block durchlaufen. Ist die Variable undefiniert (Wert und Datentyp ist „NULL"), wird der Block übersprungen. Auch hier kann wieder die Anweisung else folgen.

```php
<?php
if ($variable) {
    echo "Die Variable hat einen Inhalt: $variable";
    }
else {
    echo "Die Variable hat keinen Inhalt. Ihr Datentyp ist deshalb:
    ".gettype($variable);
    }
?>
```

Die bisher gezeigten Verzweigungen sehen nur zwei Alternativen vor, jedoch kann es durchaus Fälle geben, in denen eine else-Anweisung als einzige Alternative nicht ausreicht. Hier wird die Anweisung else if bzw. elseif eingesetzt. Sie kann beliebig oft verwendet werden.

Im folgenden Beispiel wird das bereits gesehene Listing um einen „else if"-Block erweitert. Die if-Anweisung prüft, ob der Inhalt der Variablen kleiner als „5" ist. Ist dies der Fall, so wird der direkt folgende Block durchlaufen. Dieser wird übersprungen, wenn die Bedingung nicht erfüllt ist. Der nächste Schritt im Programmfluss ist nun die „else if"-Anweisung. Hier wird wie zuvor mit der if-Anweisung der Inhalt der Variablen geprüft, ob deren Wert gleich „5" ist. Nur wenn dies der Fall ist, wird die folgende Anweisung ausgeführt. Ist dies nicht der Fall, wird der Block übersprungen.

```php
<?php
$variable = 10;
if ($variable < 5) {
    echo "Die Variable hat den Inhalt $variable und ist deswegen kleiner als 5.";
    }
else if ($variable = 5) {
    echo "Die Variable hat den Inhalt $variable und ist deswegen gleich 5.";
    }
else {
    echo "Die Variable hat den Inhalt $variable und ist deswegen größer als 5.";
    }
?>
```

 Notwendigkeit der geschweiften Klammern

Die geschweiften Klammern markieren den Anfang und das Ende des jeweiligen Anweisungsblocks. Wird eine Klammer geöffnet, so muss sie auch zwingend wieder geschlossen werden, sonst führt dies zu einer Fehlermeldung und das Skript wird abgebrochen. Der routinierte Programmierer schreibt deswegen zuerst das volle Klammernpaar in den Editor. Darin hinein schreibt er dann den Codeblock.

Folgt auf if, else bzw. else if nur eine einzige Codezeile, so könnte auf die Klammern verzichtet werden. *Die Empfehlung ist jedoch, stets Klammern zu verwenden.*

11.4.2 if oder „?"?

Soll eine Entscheidung zwischen lediglich zwei Alternativen getroffen werden, kann dies auch wesentlich kürzer programmiert werden, wenn der Operator „?" verwendet wird. Hier wird die Bedingung am Anfang der Zeile geschrieben, gefolgt vom Operator „?" und den durch einen Doppelpunkt getrennten beiden Alternativen.

```
Bedingung ? Alternative_TRUE : Alternative_FALSE;
```

Ist die Bedingung erfüllt, wird die erste Alternative verwendet. Ist die Bedingung dagegen nicht erfüllt, entscheidet das Skript zugunsten der zweiten Alternative.

11.4.3 switch und case

Die Anweisungskombination if ... else if ... else kann durch eine Aneinanderreihung mehrerer „else if"-Blöcke – rein theoretisch – nahezu endlos erweitert werden. Allerdings verwendet man meist einen anderen Weg. Für komplexe Entscheidungen kommt – weil bedeutend einfacher und übersichtlicher – die Anweisung switch zum Einsatz, die in Verbindung mit case und break verwendet wird.

```php
<?php
$variable = 1;
switch ($variable) {
  case 1:
  echo "Der Wert der Variablen ist 1";
  break;

  case 2:
  echo "Der Wert der Variablen ist 2";
  break;

default:
  echo "Der Wert der Variablen ist größer als 2";
}
?>
```

Der Wert, der switch in Klammern übergeben wird, ist die Entscheidungsgrundlage für den nachfolgenden Block. Es wird nach identischen Werten an den durch case gekennzeichneten Marken gesucht. Wird ein entsprechender Wert gefunden, so wird ab dieser Stelle das Programm fortgesetzt, bis die Anweisung break erreicht wird. Die Anweisung break beendet den Programmlauf und führt zum Verlassen des „switch"-Blocks. Wird kein passender Wert gefunden, kann mit einer „default"-Anweisung ein allgemeingültiger Programmteil definiert werden.

Die Syntax der „switch"-Anweisung ist einfach: Es wird als Klammerausdruck lediglich eine Variable übergeben, deren Wert ausgewertet werden soll. Den Abschluss der Zeile bildet jedoch nicht wie sonst üblich das Semikolon, sondern es wird mit einer geschweiften Klammer ein Programmblock eröffnet.

```php
switch ($variable) {
```

Die Sprungmarken werden mit der Anweisung case markiert. Als Kriterium wird der Referenzwert dahinter gesetzt und die Zeile mit einem Doppelpunkt abgeschlossen. Der Anweisungsblock wird mit break beendet. Fehlt diese Anweisung, so läuft das Programm innerhalb des switch-Blocks über die nachfolgenden Abschnitte weiter.

```php
case wert:
//Auszuführender Programmblock
break;
```

Die Anweisung default:, die ebenfalls wie case mit einem Doppelpunkt geschlossen wird, dient als Standard-Sprungmarke für alle Werte, die nicht mit case definiert wurden. Mit dieser Marke wird für jeden möglichen Fall ein Sprungziel definiert. In einem sauberen Programm sollte diese Anweisung grundsätzlich vorhanden sein, wenn die möglichen

Alternativen – beispielsweise bei Benutzereingaben – nicht sicher auf definierte Werte eingeschränkt werden können.

```php
<?php
$variable = 1;
switch ($variable) {

  case 1:
  echo "Der Wert der Variablen ist 1";
  // Hier fehlt die "break"-Anweisung!!
  case 2:
  echo "Der Wert der Variablen ist 2";
  break;
  …
```

Die Anweisung break ist eminent wichtig, denn case kennzeichnet keinen in sich geschlossenen Block, sondern lediglich eine Sprungmarke. Fehlt break, so setzt sich der Programmlauf über alle anderen Sprungmarken hinweg fort. Erst mit der Anweisung break wird zum Ende des „switch"-Blocks gesprungen.

Bild 11.7 Hier ist offenbar etwas schiefgelaufen: Im Verzweigungsblock aus „switch-case" fehlt eine „break"-Anweisung. Damit wird ein weiterer Anweisungsblock durchlaufen, der mit einem weiteren „case" markiert ist.

11.4.4 while-Schleife

Während if und switch einmalig während des Programmablaufs eine Entscheidung treffen, sind Schleifen wiederholt ablaufende Strukturen. Die Wiederholung findet solange statt, wie die entsprechende Bedingung erfüllt ist. Eine mit while eingeleitete Schleife *prüft zuerst*, ob die Bedingung für den Durchlauf erfüllt ist. Erst dann, wenn dies gegeben ist, wird der im Schleifenblock eingebundene Programmcode ausgeführt. Ist die Bedingung nicht erfüllt, dann wird die Schleife ohne Ausführung des Inhalts übersprungen. Man spricht bei der „while"-Schleife deswegen von einer *kopfgesteuerten Schleife*.

Schleife als „Absturzursache"

Innerhalb der Schleife muss darauf geachtet werden, dass eine Situation geschaffen wird, die zum Verlassen der Schleife führt. Es muss also die Chance bestehen, dass die Bedingung beim Durchlauf der Schleife erfüllt werden kann. Ansonsten wird die Schleife endlos ausgeführt. Aus der Sicht des Benutzers entsteht (folgerichtig) der Eindruck, das Programm habe „sich aufgehängt".

Ein Beispiel zeigt das Prinzip der „while"-Schleife: Zunächst wird eine Variable mit dem Wert „1" *initialisiert* (vorbesetzt) und anschließend die Schleife gestartet. Die Bedingung für den Durchlauf, für die *Iteration* (vom lateinischen für Wiederholung), ist erfüllt, solange der Inhalt der Variablen kleiner als „10" ist. Ist dies der Fall, werden die in der Schleife enthaltenen Textausgaben und die Erhöhung der Variablen um eins vollzogen. Sobald die Erhöhung der Variablen den Wert „10" erreicht, ist die Bedingung nicht mehr erfüllt und das Programm setzt mit den dem Schleifenblock folgenden Programmzeilen fort. Der Wert „10" wird also nicht mehr ausgegeben.

In der Syntax folgt der Anweisung „while" ein Ausdruck in (*runden*) Klammern, der die Bedingung für den Schleifendurchlauf beschreibt. Diesem Klammerausdruck folgt eine öffnende *geschweifte* Klammer. Sie symbolisiert den Beginn des Anweisungsblocks innerhalb der Schleife. *Diese Zeile wird nicht mit einem Semikolon geschlossen!* Am Ende des Schleifenblocks wird lediglich eine schließende geschweifte Klammer gesetzt.

```php
<?php
$variable = 1;
while ($variable < 10) {
   echo "Der Wert der Variablen ist $variable. <br>";
   $variable++;
}
echo "<br>Diese beiden Zeilen sind nicht Teil der Schleife!";
echo "<br>Die Schleife wurde verlassen.";
?>
```

Das Beispiel kann natürlich auch in einer kürzeren Schreibweise dargestellt werden. Enthält die Schleife nur eine einzige Codezeile, dann kann auf die geschweiften Klammern verzichtet werden. Der Schleifeninhalt ist dann lediglich diese eine Zeile. Die nächste nachfolgende Zeile gehört dann also nicht mehr der Schleife an. Möglich wird dies, wenn die Variable mit nachfolgendem Inkrement-Operator bereits innerhalb der „echo"-Anweisung erhöht wird.

```php
<?php
$variable = 1;
while ($variable < 10)
    echo "Der Wert der Variablen ist ".$variable++." <br>";
//Diese Zeile gehört nicht mehr zur Schleife.
echo "<br>Diese beiden Zeilen sind nicht Teil der Schleife!";
echo "<br>Die Schleife wurde verlassen.";
?>
```

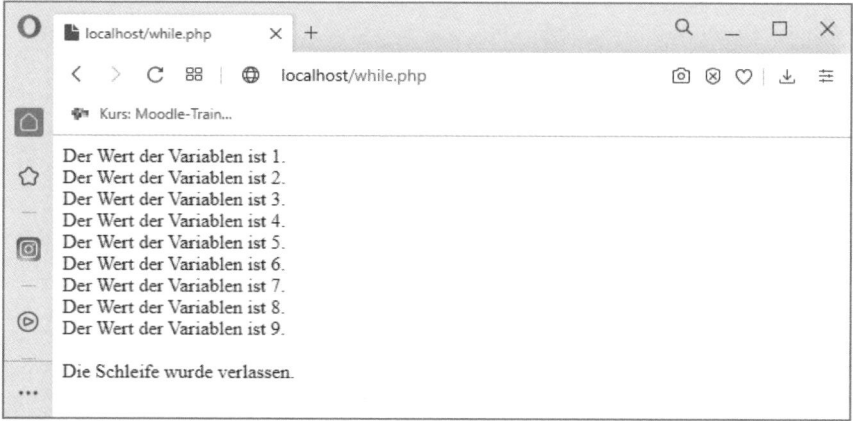

Bild 11.8 Die „while"-Schleife wird solange durchlaufen, wie der Inhalt der Variablen die gesetzte Bedingung erfüllt. Die Prüfung der Bedingung erfolgt vor dem Durchlauf des in der Schleife enthaltenen Codes.

11.4.5 do ... while-Schleife

Die „do ... while"-Schleife ist der vorangegangenen Schleife prinzipiell ähnlich: Die Schleife wird ausgeführt, solange die Bedingung im Klammerausdruck der „while"-Anweisung erfüllt ist. Der Unterschied besteht in der Reihenfolge, denn bei do … while wird zuerst der Programmblock innerhalb der Schleife durchlaufen und erst danach geprüft, ob die Bedingung noch erfüllt ist.

Die Syntax der „do ... while"-Schleife unterscheidet sich in einem wesentlichen Detail von der zuvor beschriebenen Variante while: die Bedingung wird erst *am Ende der Schleife* geprüft. Hier findet man wieder – diesmal hinter der schließenden geschweiften Klammer – die „while"-Anweisung. Sie entspricht der aus der „while"-Schleife bekannten Funktionalität. An dieser Stelle erfolgt jedoch ein Abschluss mit dem Semikolon.

Eröffnet wird die Schleife mit der Anweisung do und einer öffnenden geschweiften Klammer. Ein Semikolon wird nicht gesetzt. Die „do"-Anweisung enthält selbst noch keine Bedingung, was deutlich wird, wenn man im folgenden Beispiel die Variable mit dem Wert „10" (oder höher) initialisiert. In diesem Fall wird die Schleife – obwohl die Bedingungen nicht erfüllt ist – einmal durchlaufen. Erst am Ende der Schleife wird dies erkannt und ein weiterer Durchlauf unterbunden.

```php
<?php
$variable = 1;
do {
  echo "Der Wert der Variablen ist $variable. <br>";
  $variable++;
} while ($variable < 10);
echo "<br>Die Schleife wurde verlassen.";
?>
```

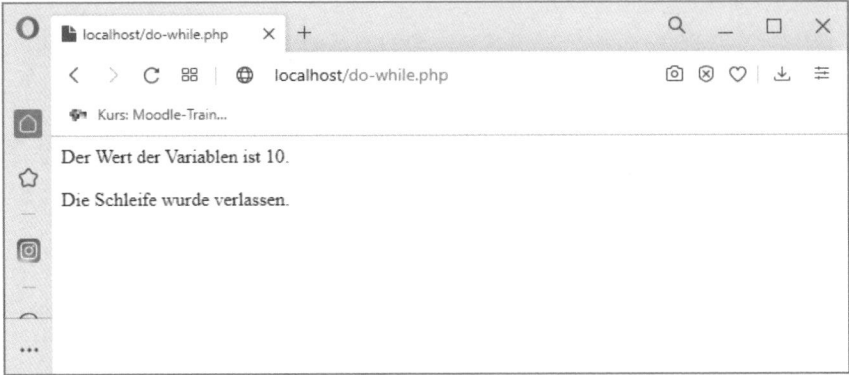

Bild 11.9 Die „do … while"-Schleife definiert einen Wert von kleiner als „10" als Bedingung für einen weiteren Durchlauf. Sie wird hier allerdings bereits mit einem Wert von „10" aufgerufen und trotzdem einmal durchlaufen, bevor sie am Ende korrekt beendet wird.

11.4.6 for

Die „for"-Schleife wird als Zählschleife eingesetzt, wenn es darum geht, eine genau definierte Anzahl von Abläufen zu vollziehen.

 for versus while

Die Aufgabe einer „for"-Schleife kann grundsätzlich auch mithilfe einer „while"-Schleife erfüllt werden. Der Vorteil der „for"-Schleife liegt in der kompakten Programmierung von Ausgangswert, Bedingung und Zählwert in nur einer Anweisung am Schleifenbeginn.

Die Syntax sieht die Anweisung for gefolgt von einem Klammerausdruck und einer geöffneten geschweiften Klammer vor (Pflicht, wenn in der Schleife mehr als eine Codezeile benötigt wird). Ein Abschluss mit dem Semikolon folgt nicht. Der Klammerausdruck beinhaltet drei Parameter:

- eine Initialisierung der Zählvariablen
- die Bedingung zum Verlassen der Schleife
- die Anweisungen zur Veränderung der Zählvariablen

Im Beispiel wird eine Variable mit dem Namen $index mit dem Wert „10" vorbelegt. Die Bedingung ist erfüllt, solange der Wert größer oder gleich „0" ist. Bei jedem Durchlauf soll der Wert der Variablen um „1" vermindert werden.

```php
<?php
for ($index =10; $index >= 0; $index--) {
  echo "Der Wert der Variablen ist $index. <br>";
}
echo "<br>Die Schleife wurde verlassen. Der Wert ist $index.";
?>
```

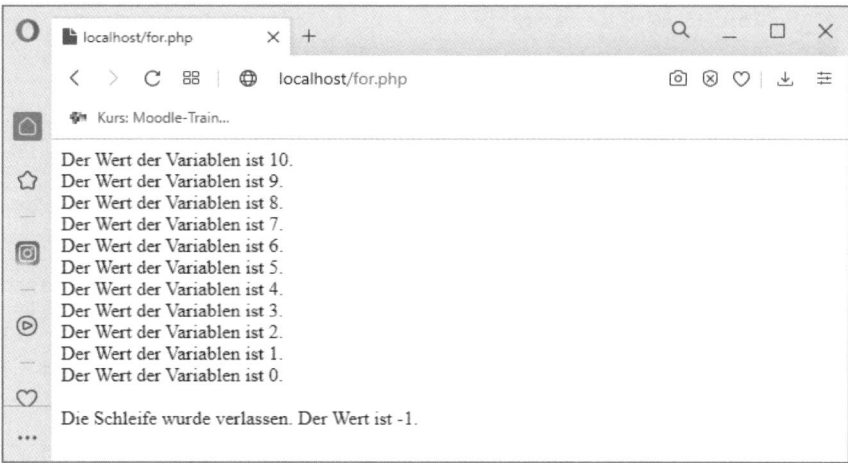

Bild 11.10 Die Bedingung der „for"-Schleife ist in diesem Beispiel auch mit dem Wert „0" noch erfüllt. Deswegen wird die Schleife erst mit dem Wert „-1" verlassen.

11.4.7 foreach

Speziell für die Arbeit mit Arrays wurde die „foreach"-Schleife entwickelt. Die Bedingung der Schleife wird durch die Anzahl der Array-Felder bestimmt. Das folgende Beispiel zeigt das Prinzip: Ein Array mit sechs Feldern wird mit einfachen Zeichenketten belegt. Die „foreach"-Schleife liest die Datensätze der Reihe nach bei jedem Durchlauf aus. Die Bedingung für den Schleifendurchlauf ist solange erfüllt, wie das Array noch definierte Felder besitzt.

```
foreach ($datenfeld as $id => $variable) {…}
```

In dieser Schleife wird ein interner Zähler von null bis zur maximalen Anzahl der Array-Inhalte (minus eins, da die Zählung bei null beginnt) hochgezählt. Dieser Zähler wird in der Variablen $id abgelegt. Der Inhalt des Array-Felds wird der Variablen $variable übergeben. Die Daten in diesen Variablen sind also nur für jeweils einen Schleifendurchlauf gültig und werden mit jedem weiteren Durchlauf überschrieben. Eine solche Schleife eignet sich jedoch ideal dazu, Referenzen auf das ursprüngliche Array zu ermitteln, das während des Durchlaufs unverändert bleibt.

```
<?php
$id = 0;
$datenfeld[0] = "Eintrag 1";
$datenfeld[1] = "Eintrag 2";
$datenfeld[2] = "Eintrag 3";
$datenfeld[3] = "Eintrag 4";
$datenfeld[4] = "Eintrag 5";
$datenfeld[5] = "Eintrag 6";
foreach ($datenfeld as $id => $variable)
    {
    echo "Der Inhalt des Array-Feldes ist \"".$variable."\". <br>";
    echo "Das Index des Feldes ist: ".$id." <br><br>";
    }
```

```
print "Die Schleife wurde verlassen.";
?>
```

Alternativ dazu kann die Schleife auch folgendermaßen eingeleitet werden:

```
foreach ($datenfeld as $variable)
```

In diesem Fall wird der Variablen $variable lediglich der Inhalt des Array-Felds übergeben. Der Index wird auf diese Weise nicht ausgelesen.

Bild 11.11 Ergebnis des Beispiel-Skripts mit einer „foreach"-Schleife. Es werden alle Inhalte des Arrays mit der Schleife ausgelesen, ohne zuvor die Anzahl der Felder explizit als Bedingung für den Schleifendurchlauf ermitteln zu müssen.

11.4.8 break und continue in Schleifen

Schleifen haben in der Regel definierte Abbruchbedingungen, bei deren Erfüllung die Schleife verlassen wird. Weil jedoch die Bedingungen sich während des Schleifendurchlaufs verändern können, besteht die Möglichkeit, dass Zustände auftreten, die ein vorzeitiges Verlassen der Schleife oder sogar einen Abbruch der Schleife erfordern.

Solche Zustände können beispielsweise eintreten, wenn eine Division durch Null droht, die zum Absturz des Programms führen würde. Zwei Anweisungen sind in PHP für solche Fälle definiert:

- „break" beendet den Schleifendurchlauf und bricht die Schleife komplett ab. Die Anweisung „break" ist bereits aus den Beispielen zur „switch"-Anweisung bekannt.

- „continue" unterbricht den aktuellen Schleifendurchlauf und setzt die Schleife an deren Beginn fort.

Die Anweisungen können in den Programmblock einer „if"-Anweisungen eingebunden werden. Würde zum Beispiel der Wert der Variablen $index = 0 für den weiteren Verlauf nicht definiert sein, kann die Schleife mit „break" verlassen werden:

```php
<?php
...
// Innerhalb einer Schleife
if ($index == "0") {
break;
}
...
```

Das in diesem Listing beschriebene Beispiel bedeutet ein Verlassen und Beenden der Schleife. Soll diese jedoch nur verlassen und vom Beginn der Schleife an erneut durchlaufen werden, wird statt break die Anweisung continue gesetzt.

11.4.9 Verschachtelungen von Schleifen

Schleifen können ineinander verschachtelt werden, jedoch muss dabei einiges Grundsätzliches beachtet werden. So dürfen sich die Schleifen nicht „überschneiden". Das heißt, die zuletzt geöffnete Schleife muss zuerst wieder geschlossen werden. Vorsichtiger Umgang ist auch mit außerplanmäßigen Ausstiegen aus einer Schleife zu wahren. Ein „break" verlässt nur die Schleife, in der diese Anweisung gesetzt wurde. Die umschließende Schleife sieht diese Aktion lediglich als einen Programmschritt an und läuft bis zum Erfüllen der Ausstiegsbedingung weiter. Wenn also bei einem außerplanmäßigen Ausstieg aus der eingeschlossenen Schleife Einfluss auf die übergeordnete Bedingung genommen wurde, muss dies zusätzlich berücksichtigt werden.

Schleifen als Fehlerursache

Unsauber programmierte Schleifen oder Fehler bei verschachtelten Schleifen sind häufige Ursachen für Programmabstürze, zum Beispiel durch Endlosschleifen.

■ 11.5 PHP-Funktion

Mit Funktionen erlangt ein PHP-Skript die Fähigkeit zu „delegieren". Funktionen sind eigene, in sich geschlossene Programmblöcke, die aus dem laufenden Programm Parameter übernehmen, diese verarbeiten und ein Ergebnis an das aufrufende Programm zurückliefern.

PHP bringt eine große Zahl vordefinierter Funktionen mit

Dieses Kapitel ist eine Einführung in PHP und wird nicht auf die Vielzahl aller bereits definierten Funktionen im Detail eingehen können, sondern lediglich das Prinzip und die Handhabung von Funktionen erläutern. Darüber hinaus können eigene Funktionen entwickelt werden. Das Volumen des Funktionsangebots ist also ständig wachsend.

Die offizielle Quelle zu PHP ist im Internet unter *www.php.net* zu finden.

11.5.1 Einsatz einer Funktion

In diesem Kapitel wurden bereits einige Beispiele für Funktionsaufrufe gezeigt. Die Ermittlung des Datentyps einer Variablen erfolgt mithilfe einer Funktion `gettype()`. Damit die Funktion weiß, welche Variable geprüft werden soll, wird ihr deren Name im Klammerausdruck als Argument übergeben. Je nachdem, wie die Funktion letztlich definiert wurde, können auch mehrere Argumente übergeben werden. Diese werden mit Kommas voneinander getrennt im Klammerausdruck eingetragen. Der Funktionsaufruf wird mit einem Semikolon abgeschlossen.

```
Funktionsname (Argument1, Argument2, … );
```

Beispiel:

```php
<?php
$name = 1;
echo "Inhalt der Variablen ist: $name";
echo "Typ der Variablen ist: ";
echo gettype($name);
?>
```

Beachtet man im Listing die „echo"-Anweisungen, dann fällt bei genauem Hinsehen ein Unterschied auf: Die Ausgabe des in der Variablen gespeicherten Werts kann innerhalb der Zeichenkette, also innerhalb der Anführungszeichen erfolgen. Anders sieht es bei der Ausgabe des Rückgabewerts der Funktion aus. Diese wird im Beispiel mit einer zweiten „echo"-Anweisung ausgegeben, jedoch lässt sich auch diese Ausgabe in nur einer einzigen Zeile realisieren:

```php
echo "Typ der Variablen ist: ".gettype($name);
```

Beide Ausdrücke – die in Anführungszeichen eingeschlossene Zeichenkette und die Funktion `gettype()` – werden mithilfe des Verkettungsoperators, dem „Punkt", in einer Befehlszeile zusammengefasst. Die Ausgabe erscheint in beiden Fällen in einer Zeile im Browser.

Funktionen sind keine Variablen!

Funktionen können scheinbar ähnlich wie Variablen in einem Programm
verwendet werden, weil sie nach ihrem Aufruf einen weiterzuverarbeitenden
Wert an das aufrufende Programm zurückliefern. Allerdings dürfen Funktionen
keinesfalls mit Variablen verwechselt werden. Es handelt sich beim Aufruf
einer Funktion um den Aufruf eines Unterprogramms, das bestimmte Aufgaben erfüllt. Eine Variable ist lediglich ein Synonym für einen Speicherplatz,
der einen gewissen Inhalt hat.

Unterschiede gibt es auch in der Ausgabe eines Ergebnisses, denn Variablen
können direkt in einen String, also innerhalb der durch Anführungszeichen
begrenzten Zeichenkette, eingefügt werden. Die Funktion muss außerhalb der
Zeichenkette geschrieben und mit dem Verkettungsoperator („.") in den Textfluss der Ausgabe eingebunden werden.

11.5.2 Eigene Funktionen

Neben den PHP-Standard-Funktionen können auch eigene Funktionen definiert werden.
Die Deklaration einer Funktion wird mit dem Schlüsselwort `function(){}` eingeleitet. Die
Syntax ähnelt der einer Schleife: Dem Schlüsselwort folgt ein Klammerausdruck und an-
schließend – in geschweiften Klammern – ein Programmblock. Der durch die geschweiften
Klammern umschriebene Block wird nicht mit einem Semikolon abgeschlossen.

Die Definition einer Funktion muss drei elementare Aufgaben berücksichtigen:

- Wenn Informationen aus dem Hauptprogramm von der Funktion verarbeitet werden
  sollen, müssen diese an die Funktion übergeben werden können.
- Die Funktion kann eigene Aufgaben ausführen, wie beispielsweise Datenbank-Manipu-
  lationen oder Bildschirmausgaben.
- Die Funktion muss gegebenenfalls Werte an das aufrufende Programm zurückgeben können.

Die Übergabe von Werten aus dem aufrufenden Programm heraus an die Funktion erfolgt
mithilfe der Argumente des Klammerausdrucks. Entsprechend muss diese Schnittstelle
auch beim Programmieren der Funktion berücksichtigt werden. Im folgenden Beispiel soll
die Funktion die Summe zweier Zahlen errechnen, wobei die Funktion selbst noch einmal
die einzelnen Zahlen im Browser ausgeben soll. Die Ausgabe des Ergebnisses soll jedoch
vom Hauptprogramm erfolgen.

```php
<?php
// Definition der Funktion
function addition ($arg1, $arg2) {
  echo "<br>Der erste Summand heißt: $arg1.";
  echo "<br>Der zweite Summand heißt: $arg2.";
  $summe = $arg1+$arg2;
  return $summe;
}

// Festlegung der beiden Summanden im Hauptprogramm
```

```
$zahl1 = 5;
$zahl2 = 7;

//Erster Aufruf der Funktion
$ergebnis = addition ($zahl1, $zahl2);

//Ausgabe des ersten Ergebnisses
echo "<br>Das Ergebnis lautet: $ergebnis.";

//Zweiter Aufruf der Funktion
$ergebnis = addition (23, 47);
//Ausgabe des Ergebnisses
echo "<br>Das zweite Ergebnis lautet: $ergebnis.";
?>
</body>
</html>
```

Im ersten Schritt wird die Funktion definiert. Mit der Festlegung der Argumente im Klammerausdruck, werden bereits die ersten Variablen innerhalb der Funktion definiert. Eine Zuweisung von Werten erfolgt an dieser Stelle jedoch nicht. Dies geschieht erst später beim Funktionsaufruf mit der Übergabe der Argumente.

Innerhalb der Funktion befinden sich bereits bekannte Anweisungen. Theoretisch können auch Funktionen ihrerseits Funktionen aufrufen und deren Ergebnisse verarbeiten. Es handelt sich also um ein Programm im Programm. Dies wird in der Praxis – auch bei der noch kennenzulernenden objektorientierten Programmierung mit Klassen – sehr oft vorkommen und erschwert im Endeffekt die Analyse eines Programms.

Wichtig ist in diesem Beispiel die Return-Anweisung. Sie liefert den Inhalt der Variablen $summe an das aufrufende Programm zur weiteren Verarbeitung zurück.

Nun folgen im Programm zwei Abschnitte, in denen jeweils die eben definierte Funktion aufgerufen werden soll. Beim ersten Aufruf werden der Funktion zwei Variablen als Argumente übergeben. In Wirklichkeit übernimmt die Funktion jedoch deren Inhalte.

Beim zweiten Aufruf der Funktion werden reine Zahlenwerte übergeben. Auch diesmal gibt die Funktion die beiden Summanden innerhalb der vorgesehenen Strings aus und übergibt die Summe an das aufrufende Programm mit der „return"-Anweisung.

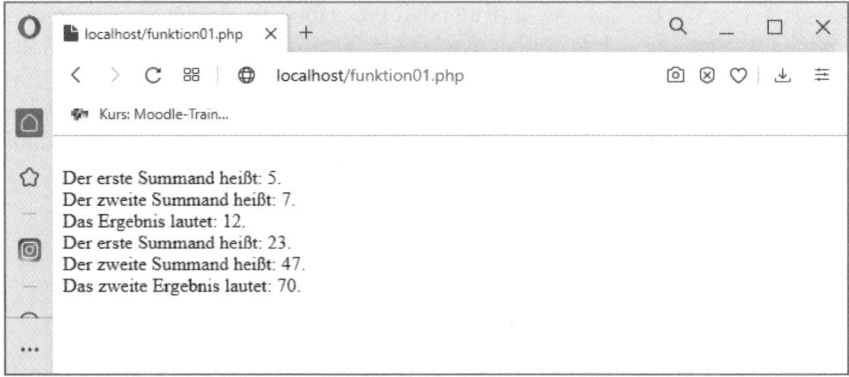

Bild 11.12 Die Funktion wurde einmal definiert, jedoch zweimal mit verschiedenen Argumenten aufgerufen.

11.5.3 Variablen in Funktionen

Funktionen stellen für sich eigene, in sich geschlossene Programmblöcke dar. Dennoch sind diese Programmteile bei ihrem Aufruf Teil des gesamten Programms. Es stellt sich die Frage, wie in diesem scheinbaren Widerspruch mit Variablen umgegangen wird. So könnten Variablennamen in verschiedenen Programmteilen auftauchen und möglicherweise mit unterschiedlicher Bedeutung verwendet werden. Auch können Variablen im Hauptprogramm mit Inhalten belegt sein. Werden diese Inhalte auf gleichnamige Variablen innerhalb von Funktionen übergeben?

Um diese Fragen zu beantworten, muss die Gültigkeit von Variablen in den Bereichen *lokal* und *global* unterschieden werden.

11.5.3.1 Lokale Variablen

Das Beispiel zeigt bereits: Innerhalb der Funktionen, die wie eigene kleine Programme erscheinen, werden Variablen verwendet. Diese Variablen sind jedoch ausschließlich innerhalb der Funktion gültig und im aufrufenden Programm unbekannt. Ein weiteres kleines PHP-Programm soll dies veranschaulichen:

```php
<?php
// Definition der Funktion
function test ($zahl1) {
  $zahl2 = 99;
  echo "<br>Das Argument der Funktion heißt: $zahl1.";
  echo "<br>Inhalt von Variable 2 (Funktion): $zahl2.";
}

$zahl2 = 5;
$zahl3 = 7;
echo "<br>Inhalt von Variable 2 (Hauptprogramm): $zahl2.";
$ergebnis = test ($zahl3);
echo "<br>Inhalt von Variable 2 (Hauptprogramm): $zahl2.";
?>
```

Hier wurde eine sehr einfache Funktion erstellt: Ihre Aufgabe ist es lediglich, ein Argument zu übernehmen und dieses im Browser-Fenster auszugeben. Daneben wird innerhalb der Funktion eine weitere Variable deklariert und deren Wert ebenfalls ausgegeben. Diese trägt nun allerdings den gleichen Namen wie eine bereits im Hauptprogramm verwendete Variable. Es stellt sich die Frage, was beim Aufruf der Funktion passiert.

Innerhalb der Funktion sind die Deklarationen des Hauptprogramms ungültig und dementsprechend unbekannt. Das bedeutet, dass die Funktion die im Hauptprogramm deklarierte Variable und deren Wert nicht kennt. Ebenso kennt das Hauptprogramm die Interna der Funktion und damit auch die verwendeten Variablen und deren Werte nicht. Eine Variable in der Funktion beeinflusst also nicht eine eventuell gleichnamige Variable im Hauptprogramm. Allerdings bedeutet dies auch, dass das gesamte Programm nach dem Beenden der Funktion die darin enthaltenen Werte vergessen wird.

Die Schnittstellen zwischen dem Hauptprogramm und der Funktion sind die Argumente beim Funktionsaufruf und der Rückgabewert durch die „return"-Anweisung beim Beenden der Funktion. Fehlt innerhalb der Funktion die „return"-Anweisung, so hat die Funktion im Hauptprogramm den Wert „NULL". Eine solche Funktion kann jedoch durch ihre allgemeinen Programmabläufe sinnvoll sein.

Lokale Gültigkeit von Variablen in Funktionen

Variablen innerhalb von Funktionen sind nur innerhalb dieser gültig. Gleichnamige Variablen im Hauptprogramm werden nicht beeinflusst.

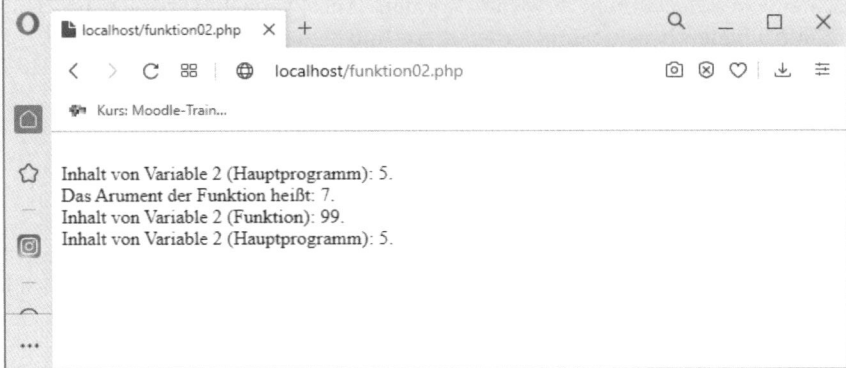

Bild 11.13 Die Ausgabe im Browser-Fenster gilt es zu erläutern. Die Variable 2 wird vor dem Funktionsaufruf im Hauptprogramm mit dem Wert „5" belegt. Innerhalb der Funktion wird jedoch ebenfalls eine Variable gleichen Namens verwendet, der ein anderer Wert (99) zugewiesen wird. Nach Ausführung der Funktion wird im Hauptprogramm wieder der Inhalt der Variable geprüft: Ihr Inhalt wurde von der Funktion nicht verändert.

11.5.3.2 Globale Variablen

Der reguläre Weg des Datenaustauschs zwischen dem Hauptprogramm und einer Funktion ist die Übergabe der Werte über die Argumente innerhalb des Klammerausdrucks. Allerdings kann es in Ausnahmefällen auch sinnvoll sein, direkt Variablen des Hauptprogramms zu bearbeiten. Damit eine globale Variable des Hauptprogramms auch in einer Funktion bekannt ist, muss sie innerhalb der Funktion entsprechend deklariert werden. Dazu dient das Schlüsselwort `global`.

`global` wird innerhalb der Funktion verwendet und auf eine Variable angewendet, die mit gleichen Namen im aufrufenden Programm bereits verwendet wird. Im nachfolgenden Listing ist besonders die Variable `$zahl2` zu beachten. Der erste Abschnitt des Listings zeigt die Definition der Funktion `test()`. Dieser Funktion wird lediglich ein einziges Argument (`$arg1`) übergeben. Die Aufgabe der Funktion ist jedoch, eine Summe aus zwei Zahlen zu bilden. Das Argument ist aber nur einer der beiden Summanden.

Der zweite Summand ist die Variable `$zahl2`. Diese wird nicht als Argument übergeben, sondern als globale Variable betrachtet, die sowohl im Hauptprogramm als auch innerhalb der Funktion gilt. Mit der Anweisung `return` wird das Ergebnis der Addition an das aufrufende Programm zurückgegeben.

```php
<?php
// Definition der Funktion
function test ($arg1) {
  global $zahl2;
  $summe = $arg1+$zahl2;
  return $summe;
}

//Hauptprogramm
$zahl1 = 5;
$zahl2 = 7;
$ergebnis = test ($zahl1);
echo "<br>Die Summe ist: $ergebnis.";
?>
```

Was in einer Richtung funktioniert, ist auch in der anderen Richtung möglich. Das folgende Listing verzichtet auf die Anweisung `return` und deklariert stattdessen innerhalb der Funktion die Variable `$summe` mit dem Schlüsselwort `global` und weist dieser das Ergebnis der bereits beschriebenen Additionsrechnung zu. Die Funktion selbst wird also ohne Rückgabe eines Werts verlassen.

Das Hauptprogramm deklariert nun zwei Variablen und weist ihnen Integer-Zahlen zu. Die Variable `$zahl1` wird, wie bereits im vorangegangenen Beispiel gesehen, als Argument der Funktion übergeben, `$zahl2` wird dagegen als *globale Variable* übernommen. Beim Funktionsaufruf fällt auf, dass dieser nicht mit einer Zuweisung zu einer Variablen verbunden ist. Dies begründet sich damit, dass die Funktion keinen Rückgabewert liefert. Die Funktion hat also grundsätzlich den Wert „NULL". Das Ergebnis der Berechnung innerhalb der Funktionen wird also wieder mit einer globalen Variablen (`$summe`) übergeben, die direkt für die Ergebnisausgabe verwendet wird.

```php
<?php
// Definition der Funktion
function test ($arg1) {
  global $zahl2;
  global $summe;
  $summe = $arg1+$zahl2;
}

//Hauptprogramm
$zahl1 = 5;
$zahl2 = 7;
test ($zahl1);
echo "<br>Die Summe ist: $summe.";
?>
```

Der Einsatz globaler Variablen sollte nur in Ausnahmefällen erfolgen, denn Funktionen sind meist Programmteile, die ohne weiteres auch in anderen Programmen sinnvoll eingesetzt werden können. In diesen Fällen müsste dann jedoch auch die globale Variable sinnvoll im Hauptprogramm deklariert sein. Der bessere Weg ist also eindeutig eine Übergabe genau definierter Parameter als „Argumente" beim Funktionsaufruf und die Rückgabe eines Ergebnisses mithilfe der „return"-Anweisung innerhalb der Funktion selbst.

11.5.4 Funktionen in separaten Bibliotheken

Das reizvolle an der Funktion ist die Möglichkeit, diese für allgemeine Aufgaben programmieren und in verschiedenen Skripten einsetzen zu können. Das erspart dem Programmierer im Laufe der Zeit viel Arbeit, wenn er auf bereits fertige und erprobte Teillösungen zurückgreifen kann.

Es gibt nun zwei PHP-Dateien. Die erste Datei – sie soll an dieser Stelle *lib.php* für Library heißen – wird lediglich Funktionsdefinitionen enthalten. In diesem Beispiel wird nur eine Funktion `addition()` definiert, die bereits aus einem früheren Beispiel bekannt ist. Es können jedoch verschiedene weitere Funktionen in diese Datei eingetragen werden.

```php
<?php
function addition ($arg1, $arg2) {
  echo "<br>Der erste Summand heißt: $arg1.";
  echo "<br>Der zweite Summand heißt: $arg2.";
  $summe = $arg1+$arg2;
  return $summe;
}
?>
```

Die zweite Datei ist nun die vom Browser auf dem Webserver aufgerufene PHP-Datei. Sie enthält selbst keine Funktionsdefinitionen mehr, ruft jedoch die Funktion `addition()` auf. Die Funktion muss natürlich im Skript bekannt gemacht werden. Dies geschieht durch Einbindung der Definitionsdatei *lib.php* mithilfe der Anweisung `include`.

```php
<?php
include "lib.php";
$zahl1 = 5;
$zahl2 = 7;
$ergebnis = addition ($zahl1, $zahl2);
echo "<br>Das Ergebnis lautet: $ergebnis.<br><br>";
?>
```

Die Auslagerung der Funktionsdefinitionen in separate Dateien hat verschiedene Vorteile:

- Eine einzige Definitionsdatei kann im gesamten Projekt verwendet werden.
- Professionelle Webdesigner ersparen sich Programmierarbeit, wenn erprobte Funktionen für Standard-Aufgaben eingesetzt werden können.
- Updates können einfach an einer zentralen Datei vorgenommen werden und gelten für das gesamte Projekt.

11.5.5 Funktionsaufruf aus einem String

Funktionen können auch dynamisch aus dem Programmablauf heraus aufgerufen werden. Der eigentliche Funktionsname wird dabei als String (Zeichenkette) einer Variablen zugewiesen. Der Name der Funktion selbst kann beispielsweise das Ergebnis einer Entscheidungsfindung sein oder über ein Eingabeformular gewählt werden. Die Variable wird nun anstelle der Funktion gesetzt und die benötigten Argumente werden ihr im Klammerausdruck zugewiesen.

```php
<?php
// Definition der Funktion
function addition ($arg1, $arg2) {
  echo "<br>Der erste Summand heißt: $arg1.";
  echo "<br>Der zweite Summand heißt: $arg2.";
  $summe = $arg1+$arg2;
  return $summe;
}
$zahl1 = 5;
$zahl2 = 10;
$substitut = "addition";
$ergebnis = $substitut ($zahl1, $zahl2);
print "<br>Das Ergebnis lautet: $ergebnis.";
?>
```

Das Listing ist bereits in diesem Abschnitt besprochen worden. Interessant ist die Deklaration der Variablen $substitut. Ihr wird die Zeichenkette „addition" zugewiesen. In der darauffolgenden Zeile wird anstelle der Funktion die Variable eingesetzt und ihr der Klammerausdruck mit den Argumenten übergeben.

Dynamische Webseiten

Der dynamische Aufruf von Funktionen ist ein wichtiges Werkzeug heute gängiger *dynamischer Webseiten*. Hier handelt es sich um Webseiten, deren Struktur vom Webserver anhand der jeweiligen Situation (Datenbank-Informationen, Benutzereingaben etc.) direkt beim Aufruf zusammengesetzt und an den Browser übertragen wird. Content-Management-Systeme wie zum Beispiel Joomla!® oder WordPress und Lernmanagementsysteme wie Moodle arbeiten ausschließlich mit dynamischen Webseiten.

In den Quellcodes ist deswegen nicht mehr das letztendliche Ergebnis ableitbar. Es existieren lediglich Schablonen bzw. Templates oder „Themes". Als Programmierer muss man sich in diese Strukturen hineindenken können. Auch H5P erzeugt die dargestellten Inhalte dynamisch.

11.5.6 Anonyme Funktionen

Anonyme Funktionen werden mit dem Schlüsselwort create_function erzeugt. Sie haben keinen eigenen Funktionsnamen und sind lediglich für diesen Aufruf gültig. Man verwendet sie meist für sehr einfache Operationen.

```php
<?php
$zahl1 = 5;
$zahl2 = 7;
$cf = create_function (,$arg1, $arg2', ,return $arg1*$arg2;');

//Ausgabe des Ergebnisses
echo "<br>Das Produkt der Zahlen $zahl1 und $zahl2 lautet: ". $cf( $zahl1,$zahl2
)."."."
?>
```

Mit dem Aufruf der anonymen Funktion werden im Klammerausdruck sowohl die Argumente als auch die Definition des Rückgabewerts übergeben. Im Beispiel ist zu beachten, dass mit Variablen gearbeitet wird. Damit der Klammerausdruck richtig interpretiert wird, müssen beide Parameterblöcke – die zu übergebenden Argumente (hier: `'$arg1, $arg2'`) und die Festlegung des Rückgabewerts (hier: `'return $arg1*$arg2;'`) – von jeweils einem Hochkomma eingeschlossen werden.

■ 11.6 Formulare mit PHP

PHP eignet sich optimal zur Verarbeitung von Informationen, die aus Formularen übernommen werden. Das folgende Beispiel demonstriert dies und integriert darüber hinaus eine Wiederholung wichtiger Themen. Das kleine Programm soll über ein Webformular zwei Zahlen erfassen und dem Besucher der Seite über „Radio-Button" die Auswahl der Rechenart anbieten.

Ein PHP-Skript übernimmt die im Formular erfassten Daten und erzeugt daraus einen Funktionsaufruf. Die verschiedenen Funktionen werden in einer dritten Datei definiert, die in das Skript eingebunden wird.

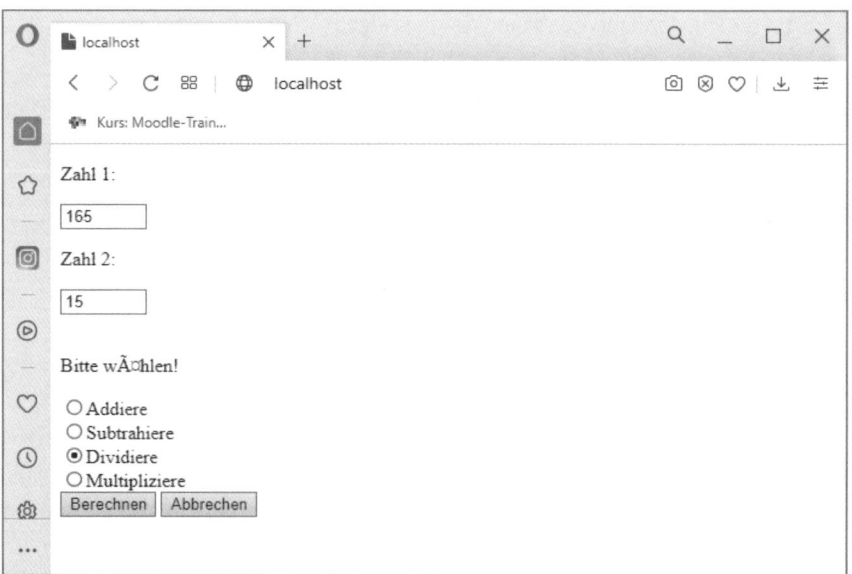

Bild 11.14 Diese einfache (HTML)-Formularseite soll Aufgaben in den vier Grundrechenarten mithilfe eines PHP-Skripts lösen.

Das Formular ist eine HTML-Datei, die noch kein Skript enthält. Die Details wurden im Kapitel zu *HTML* erläutert. Das Formular-Element wird mit dem Tag `<form>` eröffnet, in dessen Attributen die Versandart „*POST*" und die Zieldatei „*calc.php*" übergeben werden. Die PHP-Datei soll sich im gleichen Verzeichnis befinden, wie die Formulardatei (relative

Adresse). Deswegen genügt die Angabe des reinen Dateinamens ohne weitere Pfadinformationen.

Die beiden ersten <input>-Elemente erfassen die Zahlenwerte in jeweils einem Textfeld. Es folgen vier Radio-Button-Definitionen, deren *Name* stets „rechne" sein soll. Es ist wichtig, dass alle vier Radiobutton den gleichen Namen tragen, denn es soll nur eine einzige Auswahl erlaubt sein. Die hier zugewiesenen Werte (Argument „value") sind besonders wichtig. Sie tauchen auch im weiterverarbeitenden PHP-Skript auf. Hier handelt es sich nicht nur um die Daten, aus denen der zu übergebende Wert gewählt wird, sondern um die späteren Funktionsnamen, die letztendlich dafür verantwortlich sind, welche Rechenoperation vom Skript ausgeführt wird.

Das Formular wird mit zwei Schaltflächen zum *„Berechnen"* oder *„Abbrechen"* abgeschlossen.

```
<body>
<form action="calc.php" method="POST">
<p>Zahl 1: </p><input name="zahl1" type="text" size="5">
<p>Zahl 2: </p><input name="zahl2" type="text" size="5">
<p><br>Bitte wählen!<br></p>
<input name="rechne" type="radio" value="addiere">Addiere <br>
<input name="rechne" type="radio" value="subtrahiere">Subtrahiere <br>
<input name="rechne" type="radio" value="dividiere">Dividiere <br>
<input name="rechne" type="radio" value="multipliziere">Multipliziere <br>
<button type="submit" value="Berechnen">
<button type="reset" value="Abbrechen">
</form>
</body>
```

Das PHP-Skript der im Formular im *„action"*-Attribut aufgerufenen Datei *„calc.php"* beginnt mit einer *„include"*-Anweisung, die auf eine weitere PHP-Datei *„lib1.php"* verweist. Wie bereits in diesem Kapitel erläutert, können Funktionen in eine separate Datei ausgelagert werden, wodurch sie von verschiedenen Skripten gemeinsam nutzbar sind. Das kleine Beispiel arbeitet also mit insgesamt drei Dateien!

Alternativ dazu könnten die einzelnen Funktionen natürlich auch direkt in die vom Formular aufgerufene Datei hineingeschrieben werden. Das Listing wird dann jedoch erheblich größer und dieser Nachteil gilt ebenso für eventuell weitere Skripte, die eine oder mehrere Funktionen der hier verwendeten „Funktionsbibliothek" nutzen sollen.

Interessant sind nun die drei folgenden Deklarationen. Drei Variablen werden dem Wert von $_POST[] zugewiesen. $_POST ist eine sogenannte *„superglobale"* Variable in PHP, die eng mit dem Attribut *„method"* im HTML-Element <form> im Zusammenhang steht. Die im Formular vom Besucher der Seite eingetragenen Werte werden der Variablen $_POST (Typ: Array) übergeben. Die Namen der Formularfelder dienen der Indizierung des jeweiligen Werts. Auf diese Weise können gezielt die Formulardaten den jeweiligen Variablen des Skripts zugewiesen werden.

Superglobale Webserver-Variablen

„*Superglobals*" wurden bereits mit PHP 4.1.0 eingeführt und sind über den kompletten Gültigkeitsbereich eines Skripts nutzbar. Es handelt sich um fest vordefinierte Variablen. Neben $_POST und $_GET sind außerdem definiert:

- $GLOBALS[4]
- $_COOKIE
- $_ENV
- $_FILE
- $_REQUEST
- $_SERVER
- $_SESSION

Besondere Beachtung verdient im Beispiel die Deklaration der Variablen $op. Ihr wird der Inhalt von $_POST['rechne'] zugewiesen. Im darauffolgenden Funktionsaufruf, steht die Variable $op als Funktionsname. Welche Funktion aufgerufen wird, hängt also von der Wahl des Benutzers durch dessen Klick auf den entsprechenden Radiobutton im Formular ab. Der Funktionsname wird dynamisch aus den Benutzereingaben generiert. Die letzte Zeile gibt schließlich den Rückgabewert der Funktion aus.

```php
<?php
include "lib1.php";
$zahl1 = $_POST['zahl1'];
$zahl2 = $_POST['zahl2'];
$op = $_POST['rechne'];
$wert = $op ($zahl1, $zahl2);
echo "<br><br>$zahl1<br>$zahl2<br>";
echo $wert;
echo "$op <br>";
?>
```

---

[4] Es handelt sich tatsächlich nicht um einen Schreibfehler! Während die folgenden Namen der superglobalen Variablen mit einem Underline nach dem Dollarzeichen geschrieben werden, ist $GLOBALS die richtige Schreibweise.

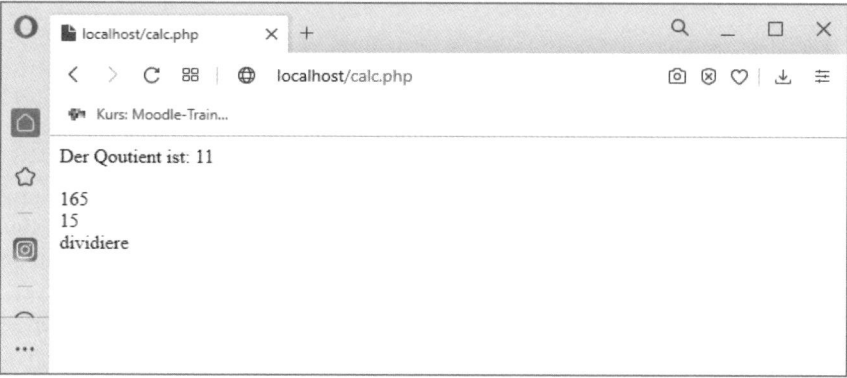

Bild 11.15 Das von der HTML-Seite aufgerufene PHP-Skript liefert lediglich einen Zahlenwert in der Ausgabe, jedoch steht dieser im Browser-Fenster eine Zeichenkette voran. Diese wird von der aufgerufenen Funktion ausgegeben.

Wie man im Listing sehr gut erkennen kann, wird lediglich eine „echo"-Anweisung verwendet. Die Ausgabe des Ergebnisses erfolgt jedoch in Textform. Somit müssen an anderer Stelle noch weitere Anweisungen ausgeführt werden. Hier soll noch einmal die erste Zeile des Skripts „calc.php" in Erinnerung gerufen werden:

```
include "lib1.php";
```

Es wird vom Skript veranlasst, dass der PHP-Parser noch eine weitere PHP-Datei einliest: die hier als Funktionsbibliothek vorgesehene Datei „lib1.php". In dieser Bibliothek werden insgesamt vier Funktionen definiert, von denen bei jedem Programmablauf lediglich eine einzige – gewählt vom Besucher der Seite durch seine Wahl des jeweiligen Radiobutton – verwendet wird. Der durch die Wahl des jeweiligen Radiobutton festgelegte Wert muss also in diesem Beispiel in seiner Schreibweise exakt dem Namen der Funktion entsprechen.

```php
<?php
function addiere ($arg1, $arg2) {
  echo "Die Summe ist: ";
  $ergebnis = $arg1+$arg2;
  return $ergebnis;
}
function subtrahiere ($arg1, $arg2) {
  echo "Die Differenz ist: ";
  $ergebnis = $arg1-$arg2;
  return $ergebnis;
}
function multipliziere ($arg1, $arg2) {
  echo "Das Produkt ist: ";
  $ergebnis = $arg1*$arg2;
  return $ergebnis;
}
function dividiere ($arg1, $arg2) {
  if ($arg2 == 0) {
    echo "Division durch Null unzulässig!<br>";
    $ergebnis = 0;
  }
```

```
   else {
      echo "Der Qoutient ist: ";
      $ergebnis = $arg1/$arg2;
      }
 return $ergebnis;
}
```

Die Funktionen verwenden rein lokal gültige Variablen. Somit kann die Bibliothek problemlos auch anderen Skripten zur Verfügung gestellt werden. Die drei ersten Funktionen – addiere(), subtrahiere() und multipliziere() – sind weitgehend identisch aufgebaut. Sie unterscheiden sich lediglich in der verwendeten Rechenoperation und selbstverständlich in ihrem Namen. Sie übernehmen die beiden Argumente und geben in einer „echo"-Anweisung den zur Rechenoperation passenden Antwortsatz aus. Dann berechnen sie das Ergebnis und liefern dieses über die „return"-Anweisung an das aufrufende Skript zurück – in diesem Fall an die Datei „calc.php".

Ein wenig umfangreicher kommt die Funktion dividiere() daher. Sie beinhaltet zunächst einmal eine „if ... else"-Verzweigung. Das ist an dieser Stelle wichtig, weil eine Division durch Null ausgeschlossen und mit einer entsprechenden Information für den Besucher der Seite abgefangen werden soll. Ist der Divisor ein gültiger Wert ungleich Null, so wird die Berechnung wie in den drei anderen Funktionen ausgeführt und das Ergebnis zurückgegeben.

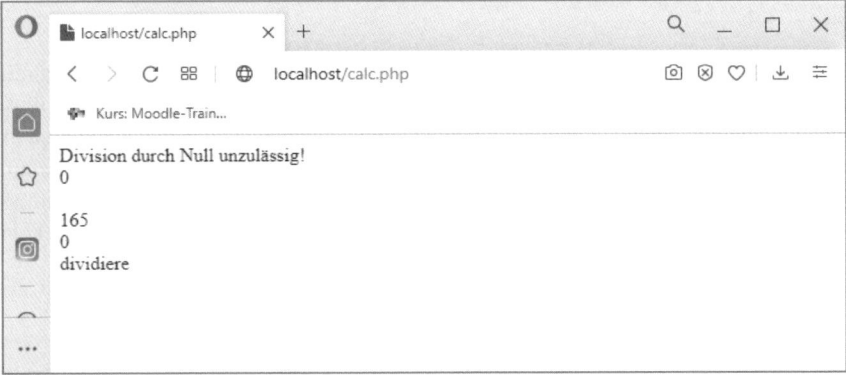

Bild 11.16 Mithilfe einer „if"-Verzweigung in der Funktion für die mathematische Division wird eine Division durch den Wert Null verhindert.

■ 11.7 Cookie-Management mit PHP

Cookies sind kleine Textdateien, die vom Webserver an den Browser übergeben und von diesem auf der lokalen Festplatte des PCs gespeichert werden. Bestandteil eines jeden Cookies ist ein URL, anhand dessen klar festgelegt wird, welcher Webserver später ein gesetztes Cookie wieder abrufen darf. Die Anwendungsfälle für Cookies sind sehr vielseitig. Klassisch und kritisch ist das „User-Tracking" zu sehen. Eine sehr einfache Form des User-Trackings bietet die Kombination aus „Ein-Pixelgrafiken" und einem Cookie. Die „Grafik" wird dabei von einem Webserver geladen, der Seitenaufrufe zählt und dabei auch – wenn die Verbreitung des Analysedienstes groß genug ist – das Surfverhalten des Seiten-Besuchers auswerten kann. Genau genommen kann auf diese Weise das durchschnittliche Surfverhalten aller Benutzer dieses einen Computers erfasst werden, denn eine Personalisierung ist mit Cookies allein nicht möglich.

Diese Analysen sind nicht unbedingt auch im Interesse des Seitenbesuchers und deshalb wird die Annahme von Cookies oft automatisch untersagt oder zumindest bestimmten Regeln unterworfen. Die analytische Aussagekraft eines Cookies ist deswegen ausgesprochen gering, wenn dessen Einsatz nicht im großen Stil erfolgt. Cookies sind aber auch wichtig für die Wiedererkennung eines Kunden in einem Online-Shop oder zur Einschränkung von Überflutungen der Datenbanken in Foren und Blogs.

Datenschutzrechtliche Relevanz

Die Verwendung von Cookies sollte auf wirklich wichtige Fälle eingeschränkt werden, weil in vielen Browsern sehr restriktive Einschränkungen für das Setzen von Cookies gegeben sind. Die Annahme eines Cookies zur Bedingung für die Nutzung der Seite zu machen, kann sich also negativ auf die Akzeptanz durch die Besucher auswirken.

Die Verwendung von Cookies kann zudem die gesetzlichen Bestimmungen berühren, wie sie in der DSGVO beschrieben werden. Beim Einsatz von Cookies sollte deswegen in der Datenschutzerklärung darauf hingewiesen und deren Zweck erläutert werden.

11.7.1 Ein Cookie mit PHP setzen

Wichtig beim Setzen eines Cookies ist, dass dieses geschieht, bevor irgendeine Codezeile durchlaufen wird. Das bedeutet, dass das Cookie noch vor der DOCTYPE-Definition zu setzen ist:

```php
<?php
//Setzen des Cookies
?>
<!DOCTYPE html>
<html>
<head>
<!-- HTML-Kopfbereich -->
</head>
<body>
<!-- HTML-Kernbereich -->
</body>
</html>
```

Für das Cookie-Management gibt es die PHP-Funktion setcookie(), die – wie bereits erwähnt – vor dem eigentlichen HTML-Code der Seite verwendet werden muss. An setcookie() können bis zu sieben Argumente übergeben werden, von denen die meisten per definitionem optional sind, jedoch wichtige Aufgaben wahrnehmen:

```php
<?php
setcookie (name, value, expire, path, domain, secure, httponly);
?>
```

- *name* (Zeichenkette) – der Name des Cookies ist das einzige Pflicht-Argument. Dieser Parameter ist erforderlich, um das Cookie adressieren zu können. Der Sinn wird verständlich, wenn man berücksichtigt, dass von einer besuchten Webseite durchaus mehrere Cookies gesetzt werden können.

- *value* (Zeichenkette) – hier kann ein individueller Wert eingetragen werden. Bedenkt man, dass ein Cookie nach RFC2109 bis zu 4096 Byte groß sein darf, wird deutlich, dass vergleichsweise viel Informationen gespeichert werden können. Es können sogar kleine Texte in einem Cookie abgelegt werden, jedoch sollte es vermieden werden, sensible Daten in Cookies zu speichern. Besser ist es dagegen, mit zufälligen Referenzwerten zu arbeiten und die eigentlichen Benutzerinformationen sicher auf dem Server zu verwalten.

- *time()* (Funktion) – dem Cookie kann ein „Verfallsdatum" übergeben werden, an dem es vom Webbrowser des Besuchers automatisch gelöscht wird. Das ist aus verschiedenen Gründen wichtig, denn einerseits ist es ein Aspekt der Datensicherheit, dass der Browser „vergesslich" ist und veraltete Cookies aus dem System entfernt. Zum anderen ist aber der Speicherplatz für Cookies per definitionem auf 300 Cookies limitiert (RFC 2109). Das Ablaufdatum wird in Sekunden auf das „Unix"-Zeitformat angegeben. Das Referenzdatum ist der 1. Januar 1970 um 0 Uhr. Allerdings errechnet die Funktion „time()" aus dem aktuellen Datum bereits die jeweilige Differenz zum Referenzdatum. Der Programmierer muss lediglich den Wert ab dem aktuellen Datum ermitteln.

- *path (Zeichenkette)* – hier wird ein Bezug zum Pfad auf den Webserver gesetzt, unterhalb dessen das Cookie abgerufen werden darf. Wird dieses Argument nicht verwendet, gilt der Pfad der aufrufenden Seite. Insbesondere bei Content-Management-Systemen und komplexen Lernplattformen existieren aber meist weite Strukturen in Subverzeichnissen, die möglicherweise zu berücksichtigen sind. Soll ein Cookie von allen Seiten der Publikation abrufbar sein, so wird der Pfad auf den Wert des „root"-Verzeichnisses (der Webseite, natürlich nicht des Server-Betriebssystems) gesetzt: „/".

- *domain (Zeichenkette)* – mit der Domain-Angabe wird festgelegt, welche Domain auf das Cookie zugreifen kann. Dies ist grundsätzlich die Domain, unter der die – das Cookie setzende – Seite zu finden ist. Diese Domain wird automatisch eingesetzt, wenn auf dieses Argument verzichtet wird. Allerdings wird es zu Problemen kommen, wenn mit „Subdomains" gearbeitet wird. Ein Beispiel: Setzt eine Webseite unter „www.srg.at" ein Cookie, so wird das Cookie auch nur unter dieser Domain abrufbar sein. Der Zugriff von „hotline. srg.at" wird dagegen scheitern. Wenn also mit Subdomains gearbeitet werden soll, wird an dieser Stelle als Argument „.srg.at" übergeben.

- *secure (logischer Wert)* – Cookies sind reine Textdateien und sollten deswegen von Haus aus nicht mit sensiblen personenbezogenen Daten belegt werden. Allerdings kann als zusätzliche Sicherheitsanforderung für das Auslesen des Cookies eine SSL-verschlüsselte Sitzung zur Bedingung gemacht werden, wenn dieser Wert auf „1" (entspricht logisch TRUE) gesetzt wird.

- *httponly (logischer Wert)* – mit PHP 5.2 kam dieses Argument neu hinzu, das den Zugriff auf das Cookie lediglich auf das HTTP (Hypertext Transfer Protocol) einschränkt und somit Identitätsdiebstählen mithilfe von JavaScript etc. sowie sogenannte *Cross Site Attacks* (XSS) verhindern soll. Auch dieser Parameter ist ein logischer Wert.

Ein kleines Beispiel soll das Prinzip des Cookie-Managements demonstrieren: Es wird noch vor dem HTML-Bereich ein PHP-Skript geschrieben, mit dem ein Cookie gesetzt werden soll. Das Cookie erhält den Namen „*testcookie*", der in Anführungszeichen gesetzt als Zeichenkette (String) übergeben wird. Das zweite Argument ist wieder eine Zeichenkette, die jedoch einen Beispieltext enthält. Stattdessen lassen sich hier jedoch auch beliebige andere Informationen speichern, wie zum Beispiel das Datum des letzten Besuchs, ein Zähler oder eine Benutzer-ID. Mit dem dritten Argument wird das Ablaufdatum festgelegt, das hier bei 60 Sekunden nach dem Setzen des Cookies liegen soll. In der Praxis wird man das Ablaufdatum so wählen, dass das Cookie einen Tag, eine Woche oder sogar einen Monat gültig ist. Auch beliebig längere Ablaufzeiten sind denkbar, jedoch meist nicht sinnvoll, weil das Speichern eines Cookies oft schon von den Vorgaben in der Browser-Einstellung begrenzt wird.

```php
<?php
setcookie ("testcookie", "Dies ist der Inhalt des Testcookies", time()+60);
?>
<!doctype html>
<html>
<head>
<meta charset="utf-8">
</head>
<body>
<?php
if (isset ($_COOKIE['testcookie'])) {
  print "Ausgabe des Cookie-Inhaltes: <br>";
  print "{$_COOKIE['testcookie']}";
}
else {
  print "Das Cookie war vor dem Aufruf dieser Seite noch nicht gesetzt oder es ist
bereits abgelaufen.";
}
?>
</body>
</html>
```

Innerhalb der Datei existiert nun ein zweites PHP-Skript, das zwei Aufgaben ausführt: Zuerst einmal überprüft das Skript, ob ein Cookie bereits bei einem früheren Seitenaufruf gesetzt wurde. Im Klartext bedeutet dies, dass das soeben mit dem aktuellen Seitenaufruf gesetzte Cookie ignoriert und erst beim nächsten Besuch – innerhalb der vorgegebenen Verfallsfrist – als solches erkannt wird. Die Überprüfung, ob eine Variable einen Inhalt besitzt, erfolgt mit der Funktion isset(), die einen logischen Rückgabewert (TRUE oder FALSE) liefert. Enthält $_COOKIE['testcookie'] einen definierten Wert, so wird der Inhalt des Cookies in einer „echo"-Anweisung ausgegeben.

 Superglobale Variable $_COOKIE des Servers

„$_COOKIE" ist eine superglobale Variable. Dieser Variablentyp wurde bereits im Zusammenhang mit der Verarbeitung von Formular-Informationen angesprochen. Er bedeutet, dass der Inhalt des Cookies auch von Unterseiten der Publikation ausgelesen werden kann.

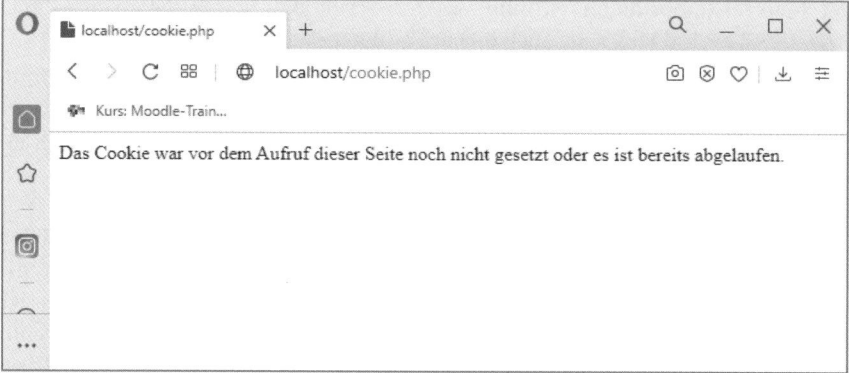

Bild 11.17 Obwohl das Cookie noch vor der ersten HTML-Zeile gesetzt wurde, findet das Skript es noch nicht. Das ist vollkommen korrekt, denn es soll per definitionem erst beim nächstfolgenden Aufruf erkannt werden.

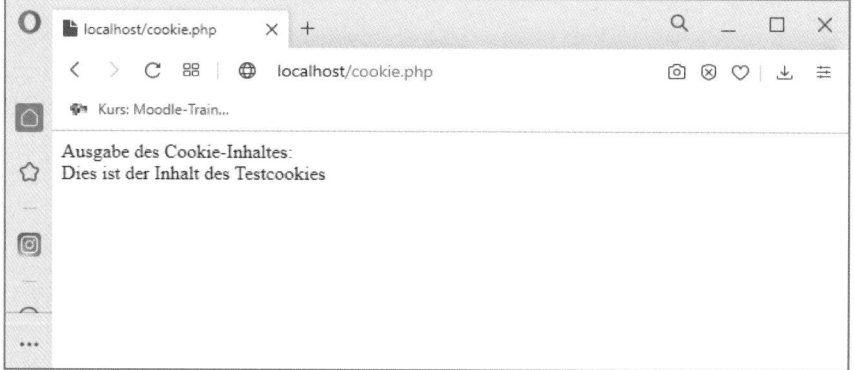

Bild 11.18 Beim zweiten Aufruf der Seite – bzw. nach dem „Aktualisieren" – wird das Cookie als gesetzt erkannt und dessen Inhalt ausgelesen.

11.7.2 Cookies löschen

Es ist manchmal nicht einfach, die Geister, die man rief, wieder loszuwerden. Dies kann durchaus auch auf Cookies zutreffen, denn eine Anweisung zum Löschen eines Cookies gibt es in PHP nicht. Per definitionem wird festgelegt, dass ein Cookie mit einem „leerem" Inhalt zu überschreiben ist. Das ist für das – im eben gezeigten Beispiel – verwendete Cookie mit folgendem Skript möglich:

```
<?php
setcookie ("testcookie");
?>
<!doctype html>
…
```

Allerdings hat diese Methode den Nachteil, dass sie zwar definiert ist, jedoch wie so oft in der „anarchistischen" Welt des Webdesigns sich nicht unbedingt jeder Browser daran hält.

So kann ein leeres Cookie durchaus bis zum Schließen des Browsers einen der 300 wertvollen Cookie-Speicherplätze unnötig belegen. Es sollte deswegen etwas ergänzt und neben der Übergabe eines „leeren" Werts auch ein Verfallsdatum *in der Vergangenheit* übergeben werden. Damit ist das Cookie ungültig und wird vom PC des Seitenbesuchers gelöscht. Welcher zeitliche Wert gewählt wird, ist im Grunde genommen reine „Geschmackssache". Um das Datum um einen Tag zurückzuversetzen, würde man die Funktion `time()-86400` setzen. Alternativ dazu ist auch diese Schreibweise möglich: `time()-60*60*24`. Wenn das zu kompliziert erscheint, kann man eine beliebige Zahl von Sekunden abziehen, die groß genug erscheint, um das Cookie sicher – auch bei möglicherweise internationalem Publikum – zu löschen. Mit `time()-100000` ist man auf der sicheren Seite.

```
<?php
setcookie ("testcookie", "", time()-100000);
?>
<!doctype html>
…
```

 Cookie mit Verfallsdatum

Das Verfallsdatum ist das dritte Argument der Funktion `setcookie()`. Neben dem Namen des Cookies als Pflichtelement muss also auch für den Wert ein Parameter übergeben werden. Soll der Wert des Cookies leer bleiben, so wird dies mit zwei Anführungszeichen ("") *ohne ein dazwischenliegendes Leerzeichen* ausgedrückt.

◼ 11.8 Objektorientierte Programmierung

Spätestens seit PHP 5 ist Objektorientierung beim Webdesign endgültig angekommen. Das Verständnis der entsprechenden Begriffe wie „Klasse", „Objekt", „Eigenschaft" und „Methode" ist auch Voraussetzung, um die Hintergründe moderner objektorientierter Programmierung verstehen zu können.

In diesem Kapitel wurden bereits die PHP-Funktionen vorgestellt. Das sind gewissermaßen kleine Unterprogramme, die eine bestimmte Aufgabe ausführen, dazu Werte vom aufrufenden Programm übernehmen und ein Ergebnis zurück liefern. Hier handelte es sich – wenn man es sehr weiträumig auslegt – um eine erste, sehr einfache „Vorstufe" zur objektorientierten Programmierung. „Weiträumig ausgelegt" deswegen, weil bei den PHP-Funktionen ein Unterprogramm geschrieben wird, was direkt in die Programmausführung nach dessen Aufruf einbezogen wird. Das geschieht auch dann, wenn es Bestandteil einer Bibliothek ist und während der Laufzeit gar nicht benötigt wird.

Ein bildliches Beispiel soll das Problem veranschaulichen: Wenn ein Fertighausunternehmen für jeden Haustyp einen individuellen Konstruktionsplan erstellen würde, entspräche das einer Programmierung mit einfachen PHP-Funktionen. Für jedes Projekt wird ein eigener Plan erstellt, der von den ausführenden Arbeitern immer wieder „aufgerufen" wird.

Bei der objektorientierten Programmierung ist es im Grunde genommen ähnlich. Aber man arbeitet nicht mehr mit direkten Unterprogrammen, sondern abstrahiert diese Technologie. Wieder soll das Beispiel eines Fertighausunternehmens veranschaulichen. Der Architekt erstellt nicht mehr für jedes Projekt die detaillierten Pläne, sondern legt sich in seinem Zeichenprogramm „Klassen" an. Das können beispielsweise die Klassen haus, garage, garten und viele mehr sein.

Die Klasse ist eine Art Vorlage oder *Schablone* für die eigentlichen Objekte. Am Beispiel der Klasse haus lässt sich das verdeutlichen. Die Klasse haus beschreibt ein Gebilde, das einen Keller, ein Erdgeschoss, ein Dach, eine Fassade und Fenster haben soll.

Aus dieser allgemeinen Definition, der „Klasse" werden für die Dauer der Laufzeit des Programmes *Instanzen* (aus dem lateinischen „instantia" = darauf bestehen) bzw. *Objekte*[5] erzeugt. Diese Objekte sind gewissermaßen abstrakte Abbilder der Klasse. Objekt A hat nun beispielsweise zwei Kellerräume, ein Erdgeschoss mit zwei Zimmern, Bad und Küche, Satteldach, geklinkerte Fassade und Kunststofffenster. Objekt B definiert sich mit drei Kellerräumen, ein Erdgeschoss mit drei Zimmern, Bad und Küche, Walmdach, verputze Fassade und Holzfenster. Beide *Objekte* sind im Detail verschieden, entsprechen jedoch jeweils der Klasse haus in diesem Beispiel.

11.8.1 Klassen und Objekte

Zurück zu PHP: In PHP definierte Klassen bestehen aus Variablen und Funktionen. Von diesen Klassen werden *Instanzen* abgeleitet, die als „Objekte" *während der Laufzeit des Programms* existieren. Objekte sind also keine eigens geschriebenen Programme, sondern Abbilder ihrer Klasse. Es können verschiedene Objekte der gleichen Klasse definiert werden und deren interne Variablen, die als *„Eigenschaften"* bezeichnet werden, mit unterschiedlichen Werten belegt werden, ohne sich gegenseitig zu beeinflussen.

Klassen werden zumeist in eigenen Dateien als Bibliothek gespeichert, auf die grundsätzlich alle Skripte des Projekts zugreifen können. In diesen Bibliotheken werden die Klassen mit dem Schlüsselwort class deklariert.

```php
<?php
class Haus {
// Hier werden Eigenschaften und Methoden der Klasse definiert.
}
```

Der Name der Klasse beginnt nach der geltenden *Namenskonvention* von Zend Technologies, dem hauptverantwortlichen Entwickler von PHP, stets mit einem *großen Buchstaben*. Die Namen einer PHP-Klasse dürfen nur Buchstaben (jedes Wort beginnt mit einem großen Buchstaben, danach folgt konsequente Kleinschreibung) und Ziffern enthalten, wobei jedoch die Verwendung von Ziffern *nicht empfohlen* wird. Werden mehrere Worte für einen Klassennamen verwendet, so werden diese mit dem Unterstrich voneinander getrennt und – wie erwähnt – das erste Zeichen grundsätzlich großgeschrieben. Es hat sich anstelle der Trennung von Worten mit dem Unterstrich in Programmiererkreisen auch die Camel-Case-Schreibweise etabliert. Auch diese Klassennamen beginnen bei PHP mit einem

---

[5] In der Informatik wird das Erzeugen eines Objekts aus einer Klasse als „Instanzieren" bezeichnet.

Großbuchstaben. Die weiteren Worte werden unmittelbar hintereinandergeschrieben, wobei auch diese jeweils mit einem Großbuchstaben beginnen. Beispiel:

```
DiesIstDieCamelCaseSchreibweise
```

 Begriff „Camel-Case"

Der Begriff der Camel-Case-Schreibweise leitet sich von den Höckern eines Kamels ab, die über die Rückenlinie hinausstehen.

Um innerhalb des laufenden Skripts – daher ist auch die Definition des Objekts als zur Laufzeit gültigen Instanz der Klasse abgeleitet – ein Objekt zu erstellen, wird das Schlüsselwort new in der Deklaration verwendet:

```
$objektname = new Klassenname();
```

11.8.2 Eigenschaften von Klassen

Eine Klasse beschreibt Eigenschaften und Methoden, die innerhalb eines von ihr abgeleiteten Objekts genutzt werden. Als Eigenschaften werden die Variablen der Klasse bezeichnet, auf die die Objekte Zugriff haben. Hier kommen die folgenden Schlüsselwörter zum Einsatz:

- *public* – auf die Eigenschaften der Klasse kann auch von außen zugegriffen werden.
- *protected* – auf die Eigenschaften der Klasse kann nur innerhalb dieser Klasse sowie innerhalb der sich davon ableitenden Klasse zugegriffen werden.
- *private* – auf die Eigenschaften der Klasse kann nur innerhalb dieser Klasse zugegriffen werden.

Im Zusammenhang mit diesen drei Schlüsselwörtern spricht man auch von der *„Sichtbarkeit"* der Eigenschaften.

 Eigenschaft eines Objekts

Als Eigenschaften bezeichnet man die innerhalb einer Klasse deklarierten Variablen.

Ein Beispiel soll dies veranschaulichen: In einer Klasse „Haus" existieren die Eigenschaften $zimmer und $dach. Die *Eigenschaft* $zimmer wird mit dem Schlüsselwort public, die *Eigenschaft* $dach mit dem Schlüsselwort protected deklariert.

```php
<?php
class Haus {
public $zimmer = 4;
protected $dach = "satteldach";
}
?>
```

Das kleine Programm wird nun um weitere Zeilen erweitert. Diese müssen ein wenig genauer betrachtet werden, denn zunächst werden die *Objekte* $vorstadthaus und $gartenhaus aus der *Klasse* Haus abgeleitet. Es folgt für das *Objekt* $gartenhaus ein Zugriff auf die *Eigenschaft* $zimmer. Hier wird der *Pfeiloperator* „->" verwendet, um über das Objekt dessen Eigenschaft zu adressieren.

Schreibweise des Pfeiloperators

Wichtig: Der Pfeiloperator wird mit einem einfachen „Minus"-Zeichen gebildet, keinesfalls mit dem Gleichheitszeichen. Richtig ist: „->", falsch dagegen: „=>".

Über diesen Zugriff wird die *Eigenschaft* $*garten*haus->zimmer auf den Wert „2" gesetzt. Anschließend sollen die gleichnamigen Eigenschaften beider neu erzeugten Objekte mit der „echo"-Anweisung ausgegeben werden. Die Eigenschaft $*vorstadt*haus->zimmer bleibt unverändert. Sie behält also den in der Klassendeklaration festgelegten Wert (4).

```
…
$vorstadthaus = new Haus();
$gartenhaus = new Haus();

$gartenhaus->zimmer = 2;

echo "$vorstadthaus->zimmer <br>";
echo "$gartenhaus->zimmer <br>";
?>
```

Das Ergebnis wird „4" und „2" – jeweils mit einem Zeilenumbruch – sein. Beide Objekte der gleichen Klasse haben nun also unterschiedliche Eigenschaften. Noch etwas ist hier von großer Bedeutung: Der Zugriff auf die Eigenschaften erfolgte außerhalb der Objekte. Das ist deswegen möglich, weil die Eigenschaft $zimmer als *„public"* deklariert wurde. Erweitert man das Programm erneut um die im folgenden Listing mit kursiver Fettschrift betonten Zeilen:

```
…
$vorstadthaus = new Haus();
$gartenhaus = new Haus();

$gartenhaus->zimmer = 2;
$gartenhaus->dach = "Flachdach";

echo "$vorstadthaus->zimmer <br>";
echo "$gartenhaus->zimmer <br>";
echo "$vorstadthaus->dach <br>";
echo "$gartenhaus->dach <br>";
?>
```

Die Ausgabe im Browser-Fenster wird nun eine *Fehlermeldung*[6] sein. Die Ursache ist die Verletzung der *Zugriffsbeschränkung*, die mit der Definition der Klasse „Haus" für die Eigenschaft `$dach` festgelegt wurde. `$dach` wurde als *protected* deklariert. Damit wird diese Eigenschaft nur innerhalb von Objekten dieser Klasse bzw. innerhalb von Objekten einer von der ursprünglichen (Parent-)Klasse abgeleiteten (Child-)Klasse zugänglich. Noch strenger wäre die Deklaration „*private*", die lediglich einen Zugriff auf die jeweilige Eigenschaft *innerhalb der eigenen Klasse* bzw. innerhalb der daraus instanzierten Objekte gestattet.

Die Gelegenheit bietet sich an, an dieser Stelle einen kleinen Exkurs in die Analyse einer solchen Fehlermeldung zu unternehmen. Der Browser benennt als Fehlerort die Zeile 19 in der Datei „*.../class1.php*". Das ist die im Browser direkt aufgerufene Datei. Leider ist in Zeile 19 nur eine vollkommen korrekt geschriebene PHP-Kommandozeile zu finden. Die Fehlermeldung zeigt also noch nicht das gesamte Bild. Hier muss die Meldung im Detail betrachtet werden:

„*... Cannot access protected property Haus::$dach ...*"

Der Zugriff auf eine mit „*protected*" deklarierte – und in diesem Fall auch in direkter Übersetzung „*geschützte*" – Eigenschaft der Klasse Haus ist fehlgeschlagen. Dieser Hinweis ist entscheidend, um schnell die Ursache des Problems zu erkennen, denn in Zeile 19 finden wir lediglich das Objekt `$gartenhaus` als Referenz. Erst bei weiterer Analyse des Listings entdeckt man in Zeile 16 die Deklaration des Objekts als Instanz der Klasse Haus. Die Klassen werden jedoch in einer weiteren PHP-Datei deklariert, so dass auch diese genauer betrachtet werden muss. Dort wird man fündig und muss nun eine Entscheidung treffen: Entweder kann die Eigenschaft „$dach" nicht außerhalb des Objekts verwendet werden oder aber sie muss in der Klasse umdeklariert werden auf „public".

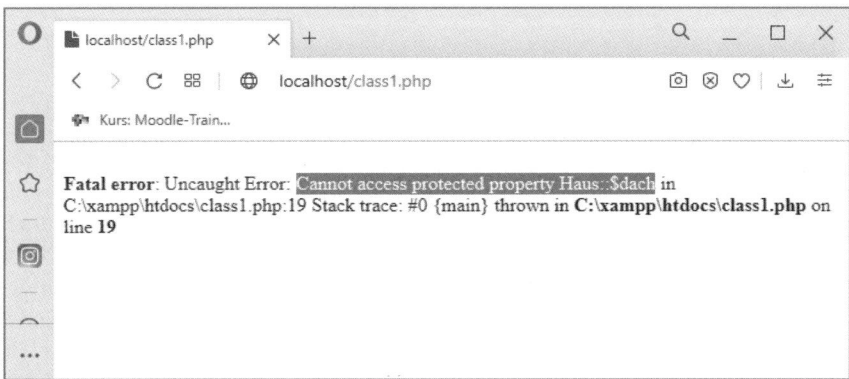

Bild 11.19 Der Versuch, auf eine als „protected" deklarierte Eigenschaft zuzugreifen, endet erwartungsgemäß mit einer Fehlermeldung. Es wird die Datei und die Zeile benannt, in der dieser Fehler verursacht wurde.

---

[6] Eine Fehlermeldung wird nur dann im Webbrowser ausgegeben, wenn in der Webservereinstellung in der Datei php.ini die Einstellung „*display_errors = On*" gesetzt ist. Dies ist für die Entwicklung von php-Skripten sinnvoll, sollte aber für die Präsentation von Live-Seiten ausgeschaltet werden.

Bild 11.20 Ein Blick in den Editor zeigt zunächst eine vollkommen korrekt geschriebene PHP-Zeile. Für die weitere Analyse des Fehlers muss also auch die Deklaration der jeweiligen Klasse betrachtet werden.

11.8.3 Methoden von Klassen

Die Ausführungen bisher werden spätestens ab dem Fall der Fehlermeldung im Zusammenhang mit der *„protected"*-Deklaration Fragen aufwerfen, denn wenn man nicht auf die Eigenschaften der Klasse zugreifen kann, ist die Frage angebracht, was diese dann überhaupt für einen Sinn haben. Die Antwort wurde bereits in der Beschreibung der Schlüsselwörter *„public"*, *„protected"* und *„private"* gegeben. Sie werden innerhalb der Klassen verwendet und bearbeitet. Innerhalb der Klassen laufen also selbst Programme ab. Es handelt sich also bei einer Klasse ebenfalls – wie schon zuvor in diesem Kapitel gesehen – um kleine Unterprogramme, die jedoch anders als „Funktionen" nicht direkt ablaufen, sondern lediglich als Schablone ihrer Abbilder – die Objekte – existieren. Die Objekte selbst existieren lediglich während ihrer Laufzeit im Arbeitsspeicher des Computers.

Diesmal soll das Beispiel in umgekehrter Reihenfolge vorgestellt werden und es wird mit dem Blick in das PHP-Skript begonnen, in dem die Objekte aus der Klasse Haus erzeugt werden:

```php
<?php
include "classlib2.php";
```

```
$vorstadthaus = new Haus();
$gartenhaus = new Haus();

$gartenhaus->zimmer = 2;

echo "<h1>Vorstadthaus: <br></h1>";
$vorstadthaus->inhalt();
echo "<br><h1>Gartenhaus: <br></h1>";
$gartenhaus->inhalt();
?>
```

Hier fällt auf, dass lediglich die Wertzuweisung auf die Eigenschaft $zimmer des Objekts $gartenhaus direkt vorgenommen wird, sonst aber die Eigenschaften als solche nicht mehr betrachtet werden. Dennoch wird die Ausgabe im Browser für beide Objekte die Zahl der Zimmer und die Form des Dachs korrekt darstellen. Sogar die Form des Dachs wird ausgegeben, obwohl die Eigenschaft im vorangegangenen Abschnitt als „*protected*" deklariert wurde und somit nicht von außerhalb des Objekts nutzbar ist.

Beides trifft immer noch zu, wenn man nun einen Blick in die Klassendeklaration wirft:

```
class Haus {
public $zimmer = 4;
protected $dach = "satteldach";

function inhalt () {
   echo $this->zimmer."<br>";
   echo $this->dach."<br>";
   }
}
```

Die Klasse ist nun um eine Funktionsdeklaration ergänzt worden. Man spricht allerdings in diesem Zusammenhang – auch wenn das Schlüsselwort „*function*" verwendet wird – nicht von einer Funktion, sondern von einer *Methode* der Klasse. *Innerhalb* der Methode taucht die *Pseudovariable* $this auf. Diese ist als Referenz zum jeweiligen Objekt zu verstehen, dessen Name allerdings nur während der Laufzeit des Skripts existiert, und natürlich der Klasse, die selbst nur die Schablone für eines oder mehrere Objekte ist, nicht bekannt sein kann. $this steht also als „Platzhalter für den Namen des Objekts. Hier in diesem Beispiel werden die Inhalte der Eigenschaften $zimmer und $dach im Browser-Fenster ausgegeben. Mehr Aufgaben hat die Methode an dieser Stelle nicht.

Das ursprüngliche PHP-Skript muss also nicht mehr gezielt auf die Eigenschaften zugreifen, um deren Werte auszugeben, sondern ruft stattdessen gezielt die Methode auf:

```
$vorstadthaus->inhalt();
```

Jetzt wird auch ersichtlich, warum der Inhalt der *Eigenschaft* $dach, ohne eine Fehlermeldung zu provozieren, ausgegeben wird: Auf die geschützte Eigenschaft wird *ausschließlich innerhalb des Objekts* zugegriffen, weil die Methode und die Eigenschaft gleichermaßen Bestandteil der Klasse sind. Die Methode gibt den Wert der Eigenschaft aus, der intern abgefragt wurde. Somit ist die Bedingung dieser Deklaration erfüllt.

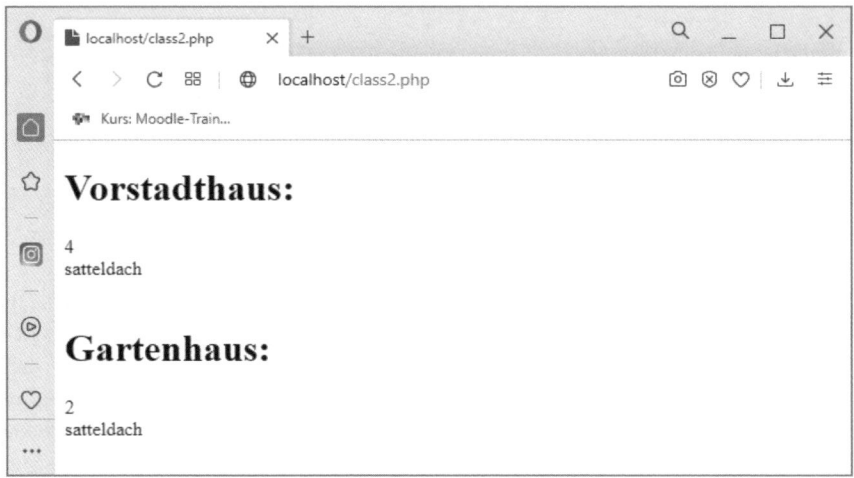

Bild 11.21 Diesmal erfolgt die Ausgabe der Eigenschaft „$dach" in der Klasse „Haus" fehlerfrei, weil eine interne Methode auf die Eigenschaft zugreift.

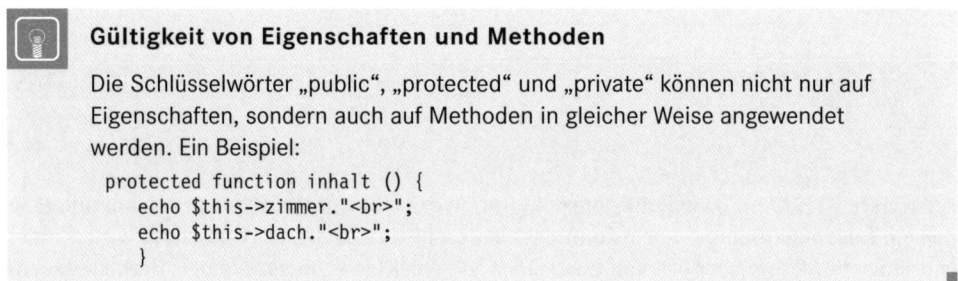

Gültigkeit von Eigenschaften und Methoden

Die Schlüsselwörter „public", „protected" und „private" können nicht nur auf Eigenschaften, sondern auch auf Methoden in gleicher Weise angewendet werden. Ein Beispiel:

```
protected function inhalt () {
    echo $this->zimmer."<br>";
    echo $this->dach."<br>";
    }
```

Auf *Eigenschaften* und *Methoden* eines Objekts kann man direkten Einfluss nehmen, wenn diese in ihrer Klasse als *„public"* deklariert wurden. Damit ist es möglich, *von außen*, also über das aufrufende Skript, Daten zu verändern und ebenso auszulesen. Eben diese Möglichkeiten sind jedoch nicht unbedingt in jedem Fall erwünscht. Aus Gründen der Sicherheit gilt ganz allgemein das Prinzip der „Blackbox". Jedes Skript sollte nur so viel von den Eigenschaften und Methoden einer Klasse „wissen" dürfen, wie es unbedingt erforderlich ist. Am besten ist es also, wenn das Skript gar nicht hinter die Kulissen blicken kann. Es muss also ein Weg gefunden werden, um Daten kontrolliert auszutauschen, ohne einem Skript eine Hintertür für Angriffe zu eröffnen.

Das folgende Skript soll die Eigenschaften der beiden „Haustypen" mit der Deklaration des Objekts festlegen und diese in einfacher Form im Browser-Fenster ausgeben können. Darüber hinaus sollen die Objekte einfache Berechnungen ausführen. Dies geschieht mithilfe von Methoden, die zum Teil vom Skript direkt aufgerufen werden. Um die Wirkung der verschiedenen „Sichtbarkeiten" zu verdeutlichen, wird ein Teil der Berechnung innerhalb in einer privaten Methode ausgeführt.

```php
<?php
include "classlib3.php";

//Deklaration Vorstadthaus
$zimmer_vorstadthaus = 6;
$eindeckung_vorstadthaus = "Walmdach";

//Deklaration Gartenhaus
$zimmer_gartenhaus = 3;
$eindeckung_gartenhaus = "Satteldach";

$vorstadthaus = new Haus($zimmer_vorstadthaus, $eindeckung_vorstadthaus);
$gartenhaus = new Haus($zimmer_gartenhaus, $eindeckung_gartenhaus);

echo "<h1>Vorstadthaus: <br></h1>";
$vorstadthaus->inhalt();
echo "<br>Der Baupreis beträgt ".$vorstadthaus->preis($zimmer_vorstadthaus,
$eindeckung_vorstadthaus)." Euro.";
echo "<br><h1>Gartenhaus: <br></h1>";
$gartenhaus->inhalt();
echo "<br>Der Baupreis beträgt ".$gartenhaus->preis($zimmer_gartenhaus, $eindeckung_
gartenhaus)." Euro.";

?>
```

Das Skript beginnt mit der Deklaration von Variablen durch die Zuweisung von Werten. Anstelle dieser festen Wertzuweisung könnten beispielsweise auch Daten aus einem Formular übernommen und verarbeitet werden. In einem früheren Beispiel dieses Kapitels wurde dies erklärt. In einem solchen Formular würde man die Dachtypen vorzugsweise im Formular mithilfe von Radiobutton auswählen und die Anzahl der Zimmer direkt numerisch eingeben.

Der Deklaration der Variablen folgt in diesem Beispiel die Erschaffung der beiden Objekte für die beiden verschiedenen Haustypen. Beide Objekte sind eine Instanz der Klasse Haus. Im Gegensatz zum vorangegangenen Beispiel werden den Objekten in diesem Fall Parameter übergeben. Es erinnert an den Aufruf einer Funktion, jedoch handelt es sich hier um die Übergabe von Parametern an ein nur während der Laufzeit des Skripts existierendes Objekt.

```php
$vorstadthaus = new Haus($zimmer_vorstadthaus, $eindeckung_vorstadthaus);
$gartenhaus = new Haus($zimmer_gartenhaus, $eindeckung_gartenhaus);
```

Der erste Abschnitt ist aus dem vorangegangenen Beispiel bereits bekannt: Das Skript greift auf die Methode inhalt() der beiden Objekte zu.

```php
$vorstadthaus->inhalt();
```

Interessanter sind nun die neuen Zeilen des Listings. Hier soll anhand der Zimmerzahl und der Dachform der grob berechnete Baupreis ausgegeben werden. Es wird die Methode preis() in den beiden Objekten aufgerufen, der diesmal jeweils zwei Parameter übergeben werden.

```php
echo "<br>Der Baupreis beträgt ".$vorstadthaus->preis($zimmer_vorstadthaus,
$eindeckung_vorstadthaus)." Euro.";
```

Die Anforderungen an die Methode ist es, den Preis zu ermitteln, der von der Dachart und der Anzahl der Zimmer abhängig ist. Das bedeutet, dass die Methode bereits die Grundpreise kennen und die Argumente selektieren muss. Die Klassendefinition sieht wie folgt aus:

```php
<?php
class Haus {
private $zimmer;
private $dach;
private $kosten = 0;
private $zimmerpreis = 25000;
private $dachpreisbasis = 15000;

public function __construct ($z, $d) {
  $this->zimmer = $z;
  $this->dach = $d;
}

private function dach ($dachart) {
if ($dachart == "Walmdach") {
   $dp = $this->dachpreisbasis *1.5;
  }
  else {
   $dp = $this->dachpreisbasis;
  }
  return $dp;
}

function inhalt () {
  echo "Das Haus hat ".$this->zimmer." Zimmer<br>";
  echo "Es ist mit einem <i><b>".$this->dach."</i></b> eingedeckt.<br>";
  }

function preis ($zp_arg, $dp_arg) {
  $zp = $zp_arg * $this->zimmerpreis;
  return $this->kosten = $this->dach ($dp_arg)+$zp;
  }
}
?>
```

Die Klassendefinition beginnt mit der Deklaration von Eigenschaften, die hier jedoch – anders als im vorangegangenen Beispiel – ausschließlich als „*private*" deklariert werden. Das bedeutet, dass auf die Eigenschaften nur innerhalb der Klasse zugegriffen werden kann. Der Versuch, sie aus dem Skript heraus auszulesen, wird also scheitern. Auf diese Weise sind also die Deklarationen der Basispreise, die als Berechnungsgrundlage dienen sollen, vor dem Auslesen von außen geschützt. Sie können aber innerhalb der Klasse für die Berechnung genutzt werden.

```php
class Haus {
private $zimmer;
private $dach;
private $kosten = 0;
private $zimmerpreis = 25000;
private $dachpreisbasis = 15000;
```

Der nächste Abschnitt des Listings ist neu und von einer wichtigen Bedeutung: Der *Konstruktor* deklariert die zu übernehmenden Parameter, die mit dem Erschaffen der Objekte übergeben werden sollen. Diese Parameter werden mithilfe der Pseudovariablen „$this->" den entsprechenden Eigenschaften zugewiesen.

```
public function __construct ($z, $d) {
  $this->zimmer = $z;
  $this->dach = $d;
}
```

Die Methode dach() wird als „*private*" deklariert. Das bedeutet, dass diese Methode nur innerhalb der Klasse und deren davon abgeleiteten Objekten, nicht jedoch von externen Skripten aufgerufen werden kann. Alle Vorgänge dieser Methode bleiben der „Außenwelt" also wie in einer „Blackbox" verschossen.

```
private function dach ($dachart) {
if ($dachart == "Walmdach") {
    $dp = $this->dachpreisbasis *1.5;
  }
  else {
    $dp = $this->dachpreisbasis;
  }
  return $dp;
}
```

Aufgerufen wird die Methode dach() von der Methode preis(). Dabei wird ein einziges Argument übergeben, das die Dachform beschreibt. Dieses ist in der Methode dach() das Entscheidungskriterium der „if"-Anweisung. Es wird anhand der übergebenen Dachform entschieden, ob der Basispreis direkt oder um den Faktor 1,5 erhöht mit der Anweisungen return an die Methode preis() zurückgegeben wird. Diese berechnet daraus die gesamten Kosten und gibt lediglich das Ergebnis an das aufrufende Skript zurück.

```
function preis ($zp_arg, $dp_arg) {
  $zp = $zp_arg * $this->zimmerpreis;
  return $this->kosten = $this->dach ($dp_arg)+$zp;
  }
}
```

Die Methode inhalt() entspricht im Wesentlichen der des vorangegangenen Beispiels und wurde lediglich in der Ausgabeform ein wenig verändert.

Ein kleines Experiment soll noch einmal die Wirkung der „*private*"-Deklaration auf Eigenschaften und Methoden verdeutlichen. Das Einbinden der beiden nachfolgenden Zeilen in das – die Objekte aufrufende – PHP-Skript führt unweigerlich zu einer Fehlermeldung[7]:

```
echo $vorstadthaus->dach($eindeckung_vorstadthaus);
```

bzw.

```
echo "Dachbasispreis: ".$vorstadthaus->dachpreisbasis." Euro.";
```

---

[7] Auch hier ist die Voraussetzung, dass in der Datei php.ini die Einstellung „display_errors = On" aktiviert ist.

Im ersten Fall wird versucht, die Methode dach() aufzurufen. Der zweite Fall zielt darauf ab, über die Eigenschaft dachpreisbasis den Betrag für die Berechnungsgrundlage zu ermitteln. Da beide Parameter als *„private"* deklariert wurden, provozieren diese Zeilen jeweils eine Fehlermeldung „Fatal Error …".

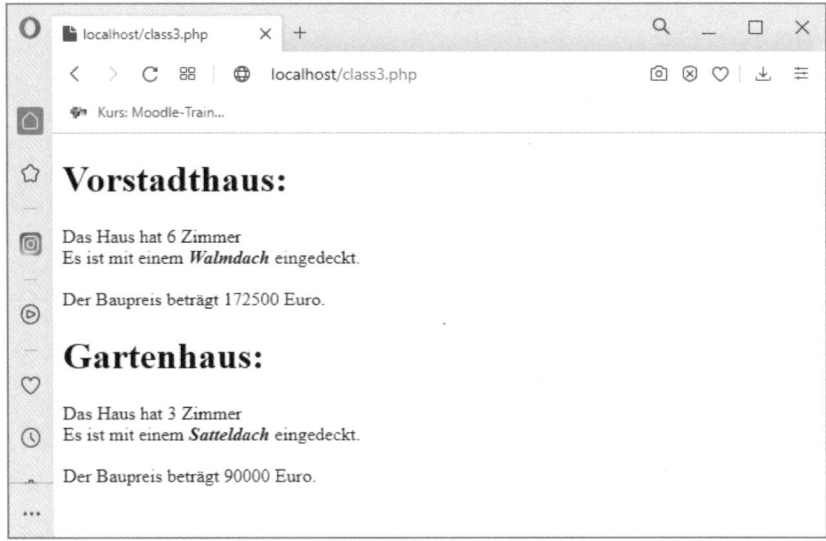

Bild 11.22 Obwohl eine Methode und alle Eigenschaften der Klasse „Haus" sowie der daraus abgeleiteten Objekte als „private" deklariert wurden, funktioniert der Informationsaustausch ohne Probleme, solange er über die definierten Wege erfolgt.

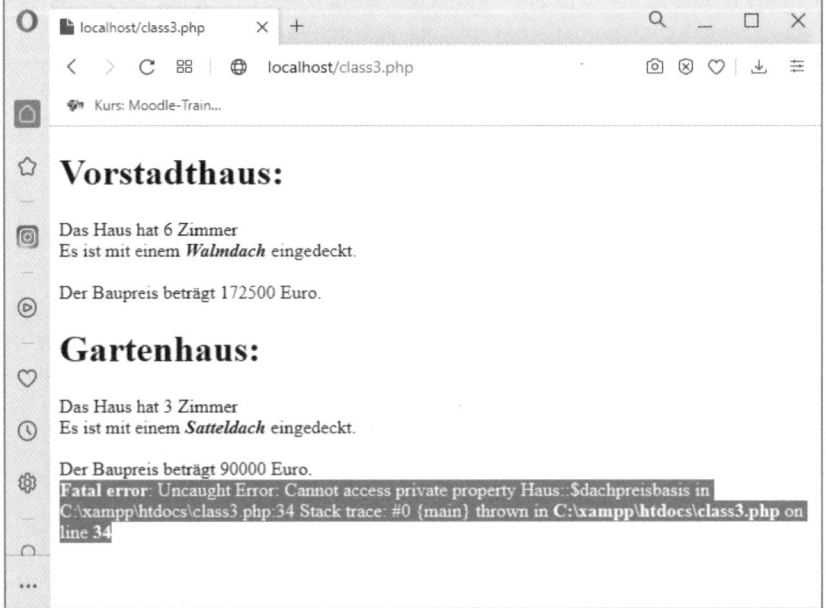

Bild 11.23 Man beachte die Fehlermeldung in den beiden letzten Zeilen: Der Versuch, die Methode „dach()" direkt aus dem Skript aufzurufen, scheitert, weil diese als „private" deklariert wurde und damit nur innerhalb der Klasse und den davon abgeleiteten Objekten nutzbar ist.

11.8.4 Vererbung

Eine recht interessante Möglichkeit, um sich Programmierarbeit zu ersparen, ist die Vererbung von Klassen. Werden mehrere an sich ähnliche Klassen, jedoch mit geringen Funktionsunterschieden, benötigt, so müssen diese nicht von Grund auf neu geschrieben werden. Mithilfe des Instrumentes der „Vererbung" lassen sich Eigenschaften und Methoden einer Klasse („Elternklasse" bzw. „Parent") auf eine neue, davon abgeleitete Klasse („Kindklasse" bzw. „Child") übernehmen, ohne den Programmcode dafür neu schreiben zu müssen. Es müssen lediglich die neuen oder veränderten Eigenschaften und Methoden deklariert werden.

Grundlage für die Erläuterung soll das zuletzt gezeigte Beispiel sein. Wie zu sehen war, löste der Versuch, auf die als „private" deklarierten Eigenschaften der Klasse „Haus" über deren Objekte zuzugreifen, eine Fehlermeldung aus. Beim Zugriff auf die Klasse „Haus" soll dies auch so bleiben, jedoch soll es möglich sein, diese Informationen über Objekte einer anderen Klasse – sie soll Detail heißen – darstellen zu können. Haus und Detail sollen im Prinzip die gleichen Funktionen haben, jedoch soll lediglich die Klasse Detail über eine Methode zur Ausgabe der Berechnungsgrundlagen verfügen. Die Deklaration muss deswegen etwas verändert werden, damit auch die von Haus abgeleiteten Klassen auf deren Eigenschaften und Methoden zugreifen können. Die Deklaration als „protected" ist der Kompromiss. Zwar stehen Eigenschaften und Methoden nun allen Kindklassen offen, jedoch ist nach wie vor kein Zugriff einer fremden Klasse oder eines externen Skripts möglich. Die Interaktion bleibt auf die jeweils dafür vorgesehenen Schnittstellen beschränkt.

Sichtbarkeit bei der Vererbung geschützter Klassen

Eine als „private" deklarierte Eigenschaft oder Methode kann nur innerhalb der eigenen Klasse verwendet werden. Damit von dieser Klasse (Parent-Class) abgeleitete Klassen (Child-Class), Eigenschaften und Methoden „erben" können, müssen diese als „protected" deklariert werden. Damit bleibt der Schutz vor einem Zugriff von außen bewahrt, allerdings wird die „Sichtbarkeit" auf alle abgeleiteten Klassen ausgeweitet.

Die Klasse Detail soll in der Lage sein, die Grundpreise pro zu bauendes Zimmer und für das Dach auszugeben. Dazu muss dies in der Elternklasse „Haus" entsprechend zugelassen werden, indem die Eigenschaften als „protected" deklariert werden. Die Eigenschaften $zimmer, $dach und $kosten können weiterhin als „private" deklariert bleiben, weil sie lediglich intern verwendet werden.

```php
<?php
//Datei classlib4.php
class Haus {
private $zimmer;
private $dach;
private $kosten = 0;
protected $zimmerpreis = 25000;
protected $dachpreisbasis = 15000;

…
?>
```

Nun wird die Klassenbibliothek um die neue Kindklasse `Detail` erweitert. Weil `Detail` weitgehend auf `Haus` basiert und deren Eigenschaften und Methoden erben soll, wird die Referenz mit dem Schlüsselwort `extends` hergestellt:

```
class Detail extends Haus {
```

Diese Zeile deklariert eine neue Klasse mit dem Namen `Detail` und sagt aus, dass sie erweiterte Funktionen der Klasse `Haus` besitzen soll. Würde die Klassen-Deklaration sofort wieder mit einer schließenden Klammer beendet werden, würde `Detail` identische Eigenschaften und Methoden besitzen wie `Haus`. In diesem Beispiel wird allerdings eine Ausgabefunktion ergänzt:

```
class Detail extends Haus {
function grunddaten () {
  echo "Der Basispreis pro Zimmer ist ".$this->zimmerpreis." Euro.<br>";
  echo "Der Basispreis für das Dach ist ".$this->dachpreisbasis." Euro.<br>";
}
}
```

Die Methode `grunddaten()` ist lediglich in Objekten verfügbar, die von der Kindklasse `Detail` gebildet werden. Objekte der Klasse `Haus` kennen diese Methode also nicht. In den beiden „echo"-Anweisungen sind nun direkte Aufrufe der im früheren Beispiel als „private" deklarierten Eigenschaften `$zimmerpreis` und `$dachpreisbasis` zu erkennen, die über die Pseudovariable `$this` adressiert werden. Weil jedoch der Aufruf nicht aus der Elternklasse heraus erfolgt, kann dieser nur funktionieren, wenn die Deklaration auf „`protected`" oder – dann jedoch unsicherer – mit „`public`" erfolgt.

 Vorteile in der Vererbung von Klassen

Wenn neue Klassen durch Vererbung von bereits bestehenden Klassen erzeugt werden, müssen lediglich die veränderten Eigenschaften und Methoden neu geschrieben werden. Alle anderen Parameter übernimmt die Kindklasse von der Elternklasse.

Das bereits im letzten Abschnitt verwendete PHP-Skript musste natürlich auch um einige Code-Zeilen ergänzt werden. So wird zunächst ein neues Objekt `$allgemein` gebildet, das von der Klasse `Detail` abgeleitet wird. Es werden die gleichen Parameter übergeben, wie den Objekten der Klasse `Haus`, da die Klasse `Detail` den Konstruktor der Elternklasse übernommen hat und entsprechend einen Input erwartet.

Am Ende des Skripts werden nun zwei Methodenaufrufe ergänzt. Entsprechend der Ergänzung in der neuen Klasse `Detail` wird die Methode `$allgemein->grunddaten();` aufgerufen. Diese gibt nun die bisher nicht einsehbaren Inhalte der Eigenschaften `$zimmerpreis` und `$dachpreisbasis` aus. Der direkte Versuch, auf diese Eigenschaften zuzugreifen, wird jedoch nach wie vor an der „*protected*"-Deklaration in der Elternklasse scheitern, die lediglich der Kindklasse den Zugriff gewährt.

```
…
$allgemein = new Detail($zimmer_gartenhaus, $eindeckung_gartenhaus);
…
print "<br><h2>Ausgabe aus der abgeleiteten Klasse</h2><br>";
$allgemein->grunddaten();
print "<br>Ausgabe der Funktion \"Inhalt()\" aus der abgeleiteten Klasse.<br>";
$allgemein->inhalt();
?>
```

Interessant ist allerdings auch, dass nicht explizit in der Kindklasse deklarierte Eigenschaften und Methoden der Elternklasse aufrufbar sind, sofern deren Deklaration dies gestattet. Um dies zu veranschaulichen, wurde der Aufruf der Methode $allgemein->inhalt(); in das PHP-Skript eingebaut. Zur Verdeutlichung: $allgemein ist ein Objekt der Klasse Detail, die Methode inhalt() wurde jedoch in der Klasse Haus deklariert. Die Kindklasse hat diese Methode also „geerbt", ohne dass sie explizit neu geschrieben werden musste.

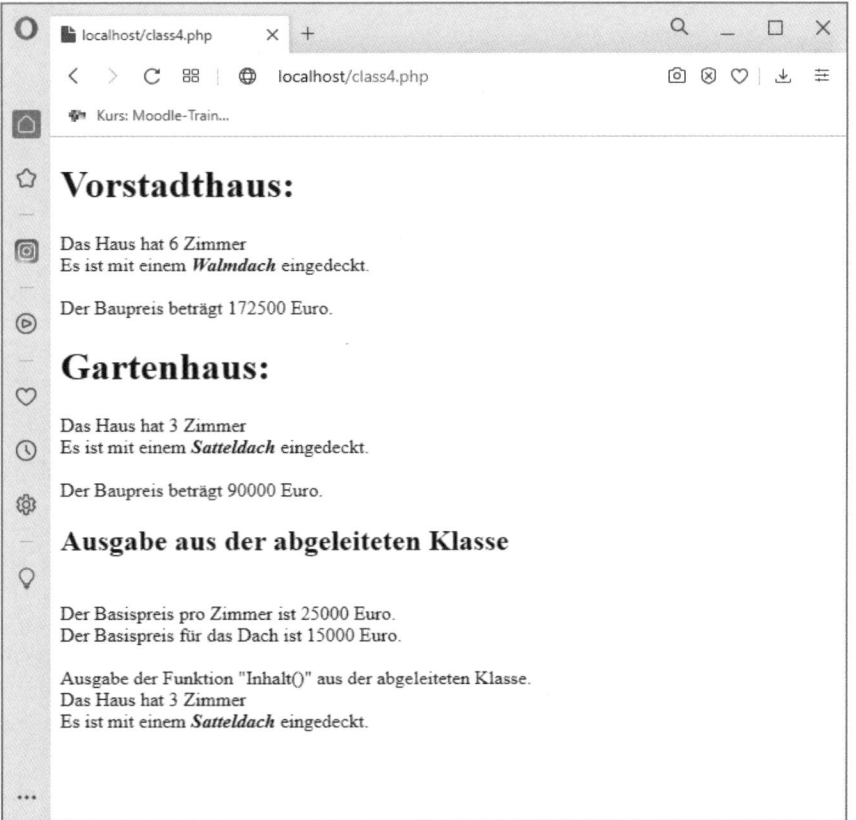

Bild 11.24 Mithilfe einer geeigneten neuen Klasse, die von der zuvor deklarierten Klasse durch „Vererbung" abgeleitet wurde, können in einer eigenen Methode nun die bislang nicht zugänglichen Daten im Browser ausgegeben werden. Allerdings setzt dies eine Umdeklaration auf *„protected"* in der Elternklasse voraus.

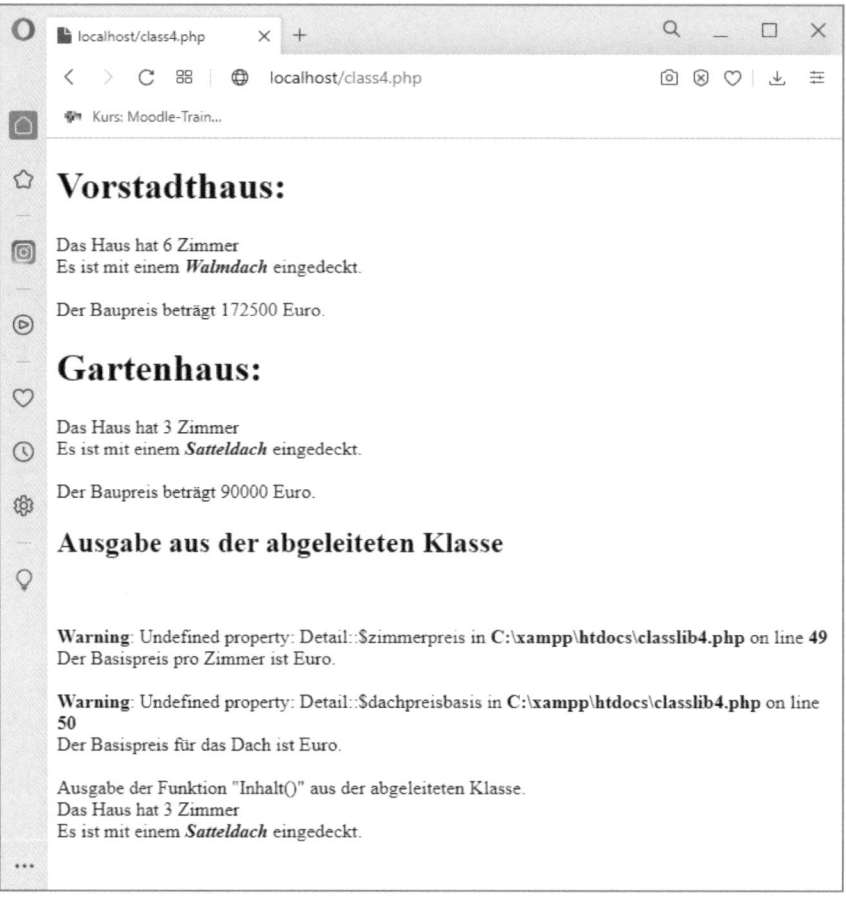

Bild 11.25 Wenn die Deklaration der Eigenschaften in der Elternklasse „private" ist, kann auch die eigene Kindklasse nicht direkt darauf zugreifen. Es kommt zu einer Fehlermeldung.

Beim Vererben der Eigenschaften und Methoden einer Klasse auf eine neue Klasse können nicht nur Eigenschaften und Methoden ergänzt werden. Es ist auch möglich, in der Elternklasse bereits deklarierte Elemente neu zu deklarieren und entsprechend in ihrer Funktion zu verändern. In der Kindklasse wird die dort notierte Eigenschaft oder Methode beim Aufruf durch eines ihrer Objekte gültig und die ursprüngliche Deklaration der Elternklasse ignoriert. Allerdings kann mithilfe des Schlüsselworts parent nach wie vor auf die Deklaration der Elternklasse zurückgegriffen werden.

Im folgenden Beispiel soll die Kindklasse Detail eine eigene Ausgabemethode inhalt() erhalten. Das Listing der vorangegangenen Klassenbibliothek wird an die neue Aufgabe angepasst: Da eine Methode der Kindklasse auf Eigenschaften der Elternklasse zugreifen soll, dürfen diese Eigenschaften nicht als „private" deklariert sein. Es werden deswegen die Eigenschaften $zimmer und $dach" als „*protected*" umdeklariert.

```php
<?php
class Haus {
protected $zimmer;
protected $dach;

…
function inhalt () {
  echo "Das Haus hat ".$this->zimmer." Zimmer<br>";
  echo "Es ist mit einem <i><b>".$this->dach."</i></b> eingedeckt.<br>";
  } …
```

In der Elternklasse werden ansonsten keine Änderungen vorgenommen. Auch die Methode `inhalt()` wird im Original (in der Child-Klasse) nicht verändert. In der abgeleiteten Klasse `Detail` wird allerdings eine neue Methode notiert, die ebenfalls `inhalt()` heißen soll. Diese Deklaration überschreibt – ausschließlich für Objekte der Kindklasse – die ursprüngliche Definition der Elternklasse. Beim Aufruf der Methode durch Objekte von `Haus` gilt also weiterhin die ursprüngliche Deklaration. Lediglich die Objekte der Klasse `Detail` arbeiten mit der neuen Deklaration.

```php
…
class Detail extends Haus {

…
function inhalt () {
  echo "Das Haus hat ".$this->zimmer." Zimmer<br>";
  echo "Es ist mit einem <i><b>".$this->dach."</i></b> eingedeckt.<br>";
  echo "Der Basispreis pro Zimmer ist ".$this->zimmerpreis." Euro.<br>";
  echo "Der Basispreis für das Dach ist ".$this->dachpreisbasis." Euro.<br>";
  }…
```

Der Aufruf der ursprünglichen Methode der Elternklasse ist allerdings nach wie vor möglich. Hier wird das Schlüsselwort `parent` gefolgt von zwei Doppelpunkten verwendet. In der abgeleiteten Klasse `Detail` soll deswegen eine weitere Methode deklariert werden: `inhalt_alt()`. Inhalt dieser Methode ist lediglich eine einzige Zeile: `parent::inhalt();`. Damit wird die Methode `inhalt()` der Elternklasse, nicht jedoch die gleichnamige Methode der abgeleiteten Klasse aufgerufen.

 Zugriff auf Methoden und Eigenschaften der Elternklasse

Wie auch die Pseudovariable `$this` steht auch das Schlüsselwort `parent` als Platzhalter für den Namen der Klasse, auf die sich der Aufruf bezieht. Da `parent` grundsätzlich die Elternklasse adressiert, ist dies der mit `extends` bei der Deklaration übergebene Name. Der zweifache Doppelpunkt ist der Verknüpfungsoperator zwischen dem Klassennamen und der Eigenschaft bzw. Methode.

```php
//Bestandteil der Klasse "Detail":

…
function inhalt_alt () {
  parent::inhalt();
  }
…
```

Die Wirkung dieser Klassen-Deklarationen soll am folgenden – im Vergleich zu den voran-gegangenen Beispielen stark vereinfachten – PHP-Skript demonstriert werden:

```php
<?php
include "classlib5.php";
$zimmer_vorstadthaus = 5;
$eindeckung_vorstadthaus = "Walmdach";

$allgemein = new Detail($zimmer_vorstadthaus, $eindeckung_vorstadthaus);

echo "<b>Aufruf der Methode \"inhalt()\" in der \"Childklasse\": <br><br></b>";
$allgemein->inhalt();
echo "<br><b>Aufruf der Methode \"inhalt()\" der \"Elternklasse\" aus der
\"Childklasse\" heraus: <br><br></b>";
$allgemein->inhalt_alt();
?>
```

Es werden neben verschiedenen „echo"-Anweisungen zwei Methoden aufgerufen: $allge-mein->inhalt() ist die Referenz zur neu, in der abgeleiteten Klasse notierten, Methode inhalt(). $allgemein->inhalt_alt() wird dagegen die Methode der Elternklasse aufru-fen.

Es ist zu beachten, dass in diesem Beispiel zwar mit $allgemein->inhalt_alt() eine Methode der Elternklasse Haus indirekt aufgerufen wird, es jedoch in diesem Skript keine Deklaration eines Objekts der Klasse Haus gibt. Es wird also lediglich mit Objekten der abgeleiteten Klasse gearbeitet.

Index